# 中华人民共和国
# 民法典
# 条文要义

根据民法典相关司法解释全新修订

杨立新 / 编著

【条文要义】【相关司法解释】

中国法制出版社
CHINA LEGAL PUBLISHING HOUSE

**杨立新**

广东财经大学法治与经济发展研究所研究员、广东财经大学法学院特聘教授，中国人民大学法学院教授，中国人民大学民商事法律科学研究中心学术委员会副主席、研究员；国家法官学院、国家检察官学院、福建师范大学法学院等院校特聘、兼职、客座教授。1975年至1989年在吉林省通化市中级人民法院任审判员、副庭长、副院长、常务副院长；1990年至1992年任最高人民法院民事审判庭审判员、婚姻家庭合议庭负责人；1993年至1994年9月任烟台大学法学院副教授；1994年10月至2000年任最高人民检察院检察委员会委员、民事行政检察厅厅长、检察员；2001年以来，在中国人民大学法学院任教授、民商事法律科学研究中心主任。兼任全国人大常委会法工委立法专家委员会立法专家，参与《合同法》《物权法》《侵权责任法》《消费者权益保护法》等十余部法律的起草和修订工作。2015年以来全程参与《民法典》编纂工作，参加了总则编和分则各编的起草工作。研究领域为民法总则、侵权责任法、人格权法、物权法、债法、婚姻家庭法和继承法，著作有民法专著、民法教材和其他民法读物100余部，在《中国社会科学》《法学研究》《中国法学》等刊物发表民法论文600余篇。

# 凡　例

为行文方便，本书中法律法规使用简称，具体如下：

| 文件名简称 | 发文号 | 文件名全称 |
| --- | --- | --- |
| 《宪法》 | 全国人民代表大会公告第 1 号 | 《中华人民共和国宪法》 |
| 《担保法》 | 中华人民共和国主席令第 50 号 | 《中华人民共和国担保法》 |
| 《残疾人保障法》 | 中华人民共和国主席令第 16 号 | 《中华人民共和国残疾人保障法》 |
| 《草原法》 | 中华人民共和国主席令第 81 号 | 《中华人民共和国草原法》 |
| 《产品质量法》 | 中华人民共和国主席令第 22 号 | 《中华人民共和国产品质量法》 |
| 《村民委员会组织法》 | 中华人民共和国主席令第 21 号 | 《中华人民共和国村民委员会组织法》 |
| 《道路交通安全法》 | 中华人民共和国主席令第 81 号 | 《中华人民共和国道路交通安全法》 |
| 《电子商务法》 | 中华人民共和国主席令第 7 号 | 《中华人民共和国电子商务法》 |
| 《妇女权益保障法》 | 中华人民共和国主席令第 122 号 | 《中华人民共和国妇女权益保障法》 |
| 《国家赔偿法》 | 中华人民共和国主席令第 68 号 | 《中华人民共和国国家赔偿法》 |
| 《海岛保护法》 | 中华人民共和国主席令第 22 号 | 《中华人民共和国海岛保护法》 |
| 《合伙企业法》 | 中华人民共和国主席令第 55 号 | 《中华人民共和国合伙企业法》 |
| 《合同法》 | 中华人民共和国主席令第 15 号 | 《中华人民共和国合同法》 |
| 《核安全法》 | 中华人民共和国主席令第 73 号 | 《中华人民共和国核安全法》 |
| 《环境保护法》 | 中华人民共和国主席令第 9 号 | 《中华人民共和国环境保护法》 |
| 《婚姻法》 | 中华人民共和国主席令第 51 号 | 《中华人民共和国婚姻法》 |
| 《继承法》 | 中华人民共和国主席令第 24 号 | 《中华人民共和国继承法》 |
| 《建筑法》 | 中华人民共和国主席令第 29 号 | 《中华人民共和国建筑法》 |
| 《劳动法》 | 中华人民共和国主席令第 24 号 | 《中华人民共和国劳动法》 |
| 《老年人权益保障法》 | 中华人民共和国主席令第 24 号 | 《中华人民共和国老年人权益保障法》 |
| 《立法法》 | 中华人民共和国主席令第 3 号 | 《中华人民共和国立法法》 |
| 《民法通则》 | 中华人民共和国主席令第 18 号 | 《中华人民共和国民法通则》 |
| 《民法总则》 | 中华人民共和国主席令第 66 号 | 《中华人民共和国民法总则》 |

续表

| 文件名简称 | 发文号 | 文件名全称 |
|---|---|---|
| 《民事诉讼法》 | 中华人民共和国主席令第106号 | 《中华人民共和国民事诉讼法》 |
| 《民用航空法》 | 中华人民共和国主席令第81号 | 《中华人民共和国民用航空法》 |
| 《农村土地承包法》 | 中华人民共和国主席令第17号 | 《中华人民共和国农村土地承包法》 |
| 《侵权责任法》 | 中华人民共和国主席令第21号 | 《中华人民共和国侵权责任法》 |
| 《森林法》 | 中华人民共和国主席令第39号 | 《中华人民共和国森林法》 |
| 《商标法》 | 中华人民共和国主席令第29号 | 《中华人民共和国商标法》 |
| 《涉外民事关系法律适用法》 | 中华人民共和国主席令第36号 | 《中华人民共和国涉外民事关系法律适用法》 |
| 《食品安全法》 | 中华人民共和国主席令第81号 | 《中华人民共和国食品安全法》 |
| 《收养法》 | 中华人民共和国主席令第10号 | 《中华人民共和国收养法》 |
| 《土地管理法》 | 中华人民共和国主席令第32号 | 《中华人民共和国土地管理法》 |
| 《网络安全法》 | 中华人民共和国主席令第53号 | 《中华人民共和国网络安全法》 |
| 《未成年人保护法》 | 中华人民共和国主席令第57号 | 《中华人民共和国未成年人保护法》 |
| 《物权法》 | 中华人民共和国主席令第62号 | 《中华人民共和国物权法》 |
| 《消防法》 | 中华人民共和国主席令第81号 | 《中华人民共和国消防法》 |
| 《消费者权益保护法》 | 中华人民共和国主席令第7号 | 《中华人民共和国消费者权益保护法》 |
| 《刑法》 | 中华人民共和国主席令第66号 | 《中华人民共和国刑法》 |
| 《英雄烈士保护法》 | 中华人民共和国主席令第5号 | 《中华人民共和国英雄烈士保护法》 |
| 《邮政法》 | 中华人民共和国主席令第25号 | 《中华人民共和国邮政法》 |
| 《招标投标法》 | 中华人民共和国主席令第86号 | 《中华人民共和国招标投标法》 |
| 《仲裁法》 | 中华人民共和国主席令第76号 | 《中华人民共和国仲裁法》 |
| 《著作权法》 | 中华人民共和国主席令第62号 | 《中华人民共和国著作权法》 |
| 《专利法》 | 中华人民共和国主席令第55号 | 《中华人民共和国专利法》 |
| 《民法典》 | 中华人民共和国主席令第45号 | 《中华人民共和国民法典》 |

# 前　言

2020年5月28日，第十三届全国人民代表大会第三次会议审议通过了《中华人民共和国民法典》（以下简称《民法典》），诞生了我国自1949年以来的第一部民法典。这不仅是我国民法立法、民事司法和民法理论研究的重大事件，也是我国法治建设的重大事件。中国《民法典》的诞生，结束了我国70年来只有松散民法，没有真正意义上的民法典的历史，使我国成为有成文民法典的国家，走进了民法典时代。

《民法典》是调整我国民事法律关系的根本大法，其地位仅次于《宪法》。《民法典》不仅规定了调整民事法律关系的一般规则，而且在人格权领域、婚姻家庭领域、物权领域、债权领域、知识产权领域、继承权领域以及股权和其他投资性权利等商法领域，都确定了具体规则，使之有法可依、有规可循，真正使我国民事法律关系的运行实现全面的法治。其调整范围之广，涉及的社会生活范围之大，都是其他法律所不能比拟的。

笔者研究民法理论和实践已逾40余年，有幸参加了《民法典》编纂的全部过程，自信熟悉《民法典》的规范内涵和适用方法。因而不揣冒昧，对《民法典》1260个条文的要义进行阐释，既是表达对《民法典》条文的理解，也是进一步深化学习《民法典》的过程，因而把自己的学习体会奉献给读者。

《民法典》颁布后，自2020年12月以来，最高人民法院清理、修订了原有的民法相关司法解释，出台了新的适用《民法典》的司法解释，对全面掌握和准确适用《民法典》有了权威的依据。尤其是2023年12月公布实施的《最高人民法院关于适用〈中华人民共和国民法典〉合同编通则若干问题的解释》，是适用《民法典》合同编通则规定的合同法一般规则最重要的司法解释。一经公布，就引起了社会各界的关注，不仅对民事审判中具有重要的司法实践价值，而且对民法理论也具有重要的研究价值；既完善、发展了我国合同法一般规则的体系，也给合同法理论提出了新的研究课题，对遵守诚信原则，维护交易秩序，促进经济发展，具有重要的指导意义。

本书除对《民法典》条文要义进行阐释外，还对适用《民法典》司法解释进行了整理，按照解释的内容纳入《民法典》相关条文及要义解读之后，便于将《民法典》的条文与相关司法解释融为一体，相互衔接，方便读者使用。一条司法解释针对几个法典条文的，选择放置在最主要的法典条文之下。个别司法解释条文能够适用于几个不同法典条文的，分别置于不同的法典条文之下。对类似于民间借贷案件、城镇房屋租赁合同案件适用法律的司法解释等，虽然是对借款合同、租赁合同的司法解释，但是由于专业性较强，不易于确定是对哪一个法典条文进行的解释，或者拆散分解到具体法典条文中会损害司法解释整体性的，则放置在法典规定的该种典型合同的最后，可以整体阅读和掌握。

《民法典》已经实施三年了，在保护人民权利，维护社会稳定，促进社会文明建设中发挥了重要作用。相信在《民法典》的实施过程中，本书会起到"一书在手，民法典的基本精神一目了然"的作用，能够方便读者学法、用法，方便司法人员适用法律处理民事纠纷，方便教学和科研人员的民法理论研究和教学，也方便法律院系学生在学习民法课程时的使用。

《民法典》及其相关司法解释博大精深，条文众多，所涉及的范围极其广泛，因而本书在对法典条文要义的阐释和司法解释的编选中，会存在不当之处，盼读者批评指正，共同把《民法典》及相关司法解释学习好、理解准确，让《民法典》在保护人民权利，繁荣社会生活中发挥更大的作用。衷心感谢热心读者对本书的关注和支持！

中国人民大学民商事法律科学研究中心研究员

广东财经大学法学院特聘教授

杨立新

2023 年 12 月 18 日 · 北京世纪城

# 目 录

## 第一编 总 则

第一章 基本规定 ... 2
第二章 自然人 ... 12
　第一节 民事权利能力和民事行为能力 ... 12
　第二节 监护 ... 22
　第三节 宣告失踪和宣告死亡 ... 39
　第四节 个体工商户和农村承包经营户 ... 49
第三章 法人 ... 52
　第一节 一般规定 ... 52
　第二节 营利法人 ... 66
　第三节 非营利法人 ... 74
　第四节 特别法人 ... 81
第四章 非法人组织 ... 86
第五章 民事权利 ... 91
第六章 民事法律行为 ... 111
　第一节 一般规定 ... 111
　第二节 意思表示 ... 115
　第三节 民事法律行为的效力 ... 120
　第四节 民事法律行为的附条件和附期限 ... 135
第七章 代理 ... 139
　第一节 一般规定 ... 139
　第二节 委托代理 ... 142

第三节　代理终止 ································································· 150

　第八章　民事责任 ········································································· 153

　第九章　诉讼时效 ········································································· 166

　第十章　期间计算 ········································································· 181

## 第二编　物　权

第一分编　通　则 ············································································· 185

　第一章　一般规定 ········································································· 185

　第二章　物权的设立、变更、转让和消灭 ········································· 188

　　第一节　不动产登记 ································································· 188

　　第二节　动产交付 ···································································· 200

　　第三节　其他规定 ···································································· 203

　第三章　物权的保护 ······································································ 207

第二分编　所有权 ············································································· 213

　第四章　一般规定 ········································································· 213

　第五章　国家所有权和集体所有权、私人所有权 ······························· 218

　第六章　业主的建筑物区分所有权 ················································· 231

　第七章　相邻关系 ········································································· 249

　第八章　共　有 ············································································· 256

　第九章　所有权取得的特别规定 ···················································· 266

第三分编　用益物权 ········································································· 275

　第十章　一般规定 ········································································· 275

　第十一章　土地承包经营权 ··························································· 280

　第十二章　建设用地使用权 ··························································· 292

　第十三章　宅基地使用权 ······························································ 303

　第十四章　居住权 ········································································· 305

　第十五章　地役权 ········································································· 310

第四分编　担保物权 ········································································· 318

　第十六章　一般规定 ····································································· 318

　第十七章　抵押权 ········································································· 328

　　第一节　一般抵押权 ································································· 328

第二节　最高额抵押权 ………………………………………… 351

　第十八章　质　　权 ……………………………………………… 355

　　　第一节　动产质权 ……………………………………………… 355

　　　第二节　权利质权 ……………………………………………… 365

　第十九章　留置权 ………………………………………………… 373

**第五分编　占　　有** …………………………………………………… 381

　第二十章　占　　有 ……………………………………………… 381

# 第三编　合　　同

**第一分编　通　　则** …………………………………………………… 386

　第一章　一般规定 ………………………………………………… 386

　第二章　合同的订立 ……………………………………………… 396

　第三章　合同的效力 ……………………………………………… 428

　第四章　合同的履行 ……………………………………………… 441

　第五章　合同的保全 ……………………………………………… 467

　第六章　合同的变更和转让 ……………………………………… 478

　第七章　合同的权利义务终止 …………………………………… 490

　第八章　违约责任 ………………………………………………… 507

**第二分编　典型合同** …………………………………………………… 526

　第九章　买卖合同 ………………………………………………… 526

　第十章　供用电、水、气、热力合同 …………………………… 568

　第十一章　赠与合同 ……………………………………………… 575

　第十二章　借款合同 ……………………………………………… 582

　第十三章　保证合同 ……………………………………………… 596

　　　第一节　一般规定 ……………………………………………… 596

　　　第二节　保证责任 ……………………………………………… 605

　第十四章　租赁合同 ……………………………………………… 615

　第十五章　融资租赁合同 ………………………………………… 635

　第十六章　保理合同 ……………………………………………… 654

　第十七章　承揽合同 ……………………………………………… 660

　第十八章　建设工程合同 ………………………………………… 671

第十九章　运输合同 ······ 691
　第一节　一般规定 ······ 691
　第二节　客运合同 ······ 693
　第三节　货运合同 ······ 699
　第四节　多式联运合同 ······ 706
第二十章　技术合同 ······ 714
　第一节　一般规定 ······ 714
　第二节　技术开发合同 ······ 719
　第三节　技术转让合同和技术许可合同 ······ 727
　第四节　技术咨询合同和技术服务合同 ······ 735
第二十一章　保管合同 ······ 741
第二十二章　仓储合同 ······ 750
第二十三章　委托合同 ······ 758
第二十四章　物业服务合同 ······ 769
第二十五章　行纪合同 ······ 782
第二十六章　中介合同 ······ 788
第二十七章　合伙合同 ······ 792

## 第三分编　准　合　同

第二十八章　无因管理 ······ 800
第二十九章　不当得利 ······ 804

# 第四编　人　格　权

第一章　一般规定 ······ 809
第二章　生命权、身体权和健康权 ······ 820
第三章　姓名权和名称权 ······ 828
第四章　肖　像　权 ······ 833
第五章　名誉权和荣誉权 ······ 839
第六章　隐私权和个人信息保护 ······ 846

# 第五编　婚姻家庭

第一章　一般规定 ······ 857

第二章　结　　婚 ……………………………………………… 863
第三章　家庭关系 ……………………………………………… 872
　　第一节　夫妻关系 …………………………………………… 872
　　第二节　父母子女关系和其他近亲属关系 ………………… 885
第四章　离　　婚 ……………………………………………… 893
第五章　收　　养 ……………………………………………… 915
　　第一节　收养关系的成立 …………………………………… 915
　　第二节　收养的效力 ………………………………………… 924
　　第三节　收养关系的解除 …………………………………… 927

## 第六编　继　　承

第一章　一般规定 ……………………………………………… 932
第二章　法定继承 ……………………………………………… 941
第三章　遗嘱继承和遗赠 ……………………………………… 949
第四章　遗产的处理 …………………………………………… 961

## 第七编　侵权责任

第一章　一般规定 ……………………………………………… 976
第二章　损害赔偿 ……………………………………………… 992
第三章　责任主体的特殊规定 ………………………………… 1009
第四章　产品责任 ……………………………………………… 1027
第五章　机动车交通事故责任 ………………………………… 1038
第六章　医疗损害责任 ………………………………………… 1051
第七章　环境污染和生态破坏责任 …………………………… 1066
第八章　高度危险责任 ………………………………………… 1081
第九章　饲养动物损害责任 …………………………………… 1089
第十章　建筑物和物件损害责任 ……………………………… 1094

## 附　　则

# 第一编

# 总 则

# 第一章　基本规定

**第一条**　为了保护民事主体的合法权益，调整民事关系，维护社会和经济秩序，适应中国特色社会主义发展要求，弘扬社会主义核心价值观，根据宪法，制定本法。

【条文要义】

本条是对民法典立法目的和立法依据的规定。

立法目的是制定法律的根本目标和宗旨。民法典的立法目的是：（1）民法典的首要立法目的，就是保护民事主体的合法权益；（2）民法典保护民事权益，是通过调整民事法律关系实现的，通过调整民事权利和民事义务构成的各种民事法律关系，督促民事义务的履行，保障民事权益的实现；（3）民法典通过保护民事主体的合法权益以及调整民事法律关系，维护好社会和经济秩序，使社会的生活秩序和财产流转秩序得到稳定发展；（4）通过上述这些目的的实现，民法典最终保障中国特色社会主义稳步发展，使社会主义核心价值观得到弘扬。

我国民法典的立法依据是《宪法》。宪法是我国的根本大法，是制定其他法律的依据。尽管民法典是民法的基本法，是国家最重要的基本法，在民事领域中具有最高地位，但也必须服从于宪法，依据宪法的基本原则，体现宪法精神，落实宪法要求，不仅实体内容应当落实宪法的原则和要求，立法程序也必须符合宪法关于立法制度和程序的规定。

**第二条**　民法调整平等主体的自然人、法人和非法人组织之间的人身关系和财产关系。

【条文要义】

本条是对民法典调整对象的规定。

民法典的调整对象，是平等主体的自然人、法人和非法人组织之间的人身关系和财产关系。这一规定的主要含义是：(1) 法律的调整对象是特定法律所调整的特定社会法律关系。民法典的调整对象就是民事法律关系，包括民事法律关系的主体、客体和内容。(2) 我国民事法律关系的主体为自然人、法人和非法人组织。原《民法通则》规定的民事主体只有公民（自然人）和法人，民法典规定的民事主体增加了非法人组织，构建了我国民事主体的三元体系。(3) 三种民事主体的地位平等。民法典调整的民事法律关系的主体，是平等的自然人、法人、非法人组织，不调整非平等主体之间的法律关系，如政府与行政相对人之间的行政关系。(4) 民法典调整的是民事法律关系，包括人身关系和财产关系。与原《民法通则》的规定相比，民法典将民法调整的民事法律关系类型的顺序做了调整，将人身关系放在财产关系之前，突出了民法典的人文主义立场和精神，把调整人身关系放在最重要的地位。

**第三条** 民事主体的人身权利、财产权利以及其他合法权益受法律保护，任何组织或者个人不得侵犯。

**【条文要义】**

本条是对民事权益依法保护原则的规定。

民事权益保护原则也叫私权神圣原则，是民法基本原则之一，指的是民事主体的人身权利和财产权利以及其他合法权益的地位神圣，受法律保护，任何组织和个人不得侵犯。这一原则的含义是：(1) 民事主体所有的民事权利都受到民法的保护。民事权利包括人身权利——人格权和身份权，也包括财产权利——物权、债权、知识产权、继承权、股权以及其他投资性权利。(2) 不仅民事主体的民事权利受到保护，而且合法的民事利益也受到法律保护。那些地位尚未上升到民事权利的民事利益，法律以法益的形式进行保护，如胎儿的利益、死者的人格利益等，尽管不能以民事权利的形式予以保护，但是法律都依法以法益的形式予以保护，任何人不得侵犯。(3) 民事主体的民事权益神圣不可侵犯。民事主体享有民事权益，是保障其行使民事权益的前提，地位极为重要。禁止任何组织或者个人侵害民事主体的民事权益。任何组织或者个人侵害他人的民事权益，都要承担民事责任。(4) 民事主体的民事权益受到侵害，可以行使请求权予以保护。民事主体保护自己的民事权益，既享有民事权利本身所包含的固有请求权（包括人格权请求权、身份权请求权和物权请求权等），也会因侵权行为产生侵权请求权。行使这些请求权，就可以恢复受到侵害的权利，救济自己权益的损害，保护民事主体的民事权益。

**第四条** 民事主体在民事活动中的法律地位一律平等。

【条文要义】

本条是对民事主体地位平等原则的规定。

平等原则是民法的最高原则，是指所有的民事主体在地位上一律平等，没有任何一个民事主体的地位可以高于其他民事主体地位的基本准则。

平等原则是由民法调整的社会关系的性质所决定的。民事主体地位平等的前提是人格独立和人格平等，因而任何民事主体的法律地位一律平等。平等的实现表现在民事主体相互之间互不隶属，能独立地表达自己的意愿，其享有的合法民事权益得到平等保护。

平等原则的含义是：(1) 民事主体的资格平等，即所有的民事主体的民事权利能力一律平等；(2) 民事主体的地位平等，任何一方都不具有凌驾于或者优越于他方的法律地位；(3) 民事主体平等地享有权利和承担义务，平等地享有人格权、身份权、物权、债权、知识产权、继承权、股权等民事权利，平等地承担民事义务；(4) 对民事主体在适用法律时平等对待，在法律面前人人平等，平等地受到法律的拘束，违反法律时平等地承担民事责任，不得有任何偏袒或歧视；(5) 民事主体的民事权益平等地受到法律保护，当民事权益被他人非法侵害时，法律予以平等保护。

**第五条** 民事主体从事民事活动，应当遵循自愿原则，按照自己的意思设立、变更、终止民事法律关系。

【条文要义】

本条是对自愿原则的规定。

自愿原则即意思自治原则，是指平等民事主体之间在确定、变更或者终止民事法律关系时，要以各自的真实意思来表达自己意愿的民法基本准则。

自愿原则的具体内容是：(1) 确立民事主体在法律允许的范围内具有最广泛的行为自由。意思自治原则的实质，就是赋予民事主体以行为自由，在法律允许的范围内自主决定自己的事务，自由从事各种民事活动，确定参与社会生活的交往方式，最充分地实现自己的价值。（2）确立民事主体自由实施法律行为，调整民事主体之间的相互关系。根据民法的一般性规定，通过自主协商达成合意，并使其具有优先于法律任意性规范的适用效力，据此设立、变更或者终止相互之间的民事法律关系。（3）确立"法无明文禁止即可为"的原则，在私法领域中，民事主体实施民事法律行为，只要法律未设立明文禁止的规范，民事主体即可为之，只要不违反法律的强制性规定，就可以自由行使自己的民事权利。

**第六条** 民事主体从事民事活动，应当遵循公平原则，合理确定各方的权利和义务。

【条文要义】

本条是对公平原则的规定。

公平原则，是民法针对民事权益确定的基本准则，是指对社会公共人的人身利益、财产利益进行分配，在确定权利和义务时，须以社会公共人的公平观念作为基础，维持民事主体之间利益均衡的基本准则。

公平是民法的最高规则，是追求进步和正义的道德在民法上的体现。在处理民事权利冲突和利益纠纷时，公平原则是最基本的衡量标准。

公平原则的含义是：（1）基本要求是对民事利益分配关系达到均衡，以实现分配正义。对民事主体进行利益分配，要体现公正、正直、不偏袒、公道的特质和品质，以及公平交易或者正当行事的理念，保证民法分配正义的实现。（2）具体要求是民事主体依照公平观念行使权利、履行义务，以实现交换正义。在民事利益交换中，体现民法的正义要求，不得滥用权利，侵害他人的合法权益，防止造成不公平的后果。（3）确定民事活动的目的性评价标准，以实现实质正义。判断民事活动是否违背公平原则，主要是从结果上判断是否符合公平的要求，如果交易的结果导致当事人之间利益失衡，除非当事人自愿接受，否则法律就应当作出适当的调整。（4）是法官适用民法应当遵循的基本理念，以实现裁判正义。民法是最充分地体现公平、正义要求的法律，法官在适用法律裁判民事纠纷时，应当严格依照公平理念作出判断，公正无私地进行司法活动，保障裁判正义的实现。

**第七条** 民事主体从事民事活动，应当遵循诚信原则，秉持诚实，恪守承诺。

【条文要义】

本条是对诚信原则的规定。

诚信原则即诚实信用原则，是民法对具有交易性质的民事法律行为和民事活动确立的基本准则，是将诚实信用的市场伦理道德准则吸收到民法规则中，约束具有交易性质的民事法律行为和民事活动行为人诚实守信，信守承诺。故诚信原则被称为民法特别是债法的最高指导原则，甚至被奉为"帝王原则"。

诚信原则的基本功能是：

1. 确定民事法律行为的规则。包括：（1）行使民事权利应当以诚信为本，不滥用权利；（2）履行民事义务应当恪守诚信，守信用，重承诺；（3）与他人设立、变更、终止民事法律关系，诚实守信，不欺诈、不作假，不损害他人利益和社会公共利益。

2. 为解释法律和合同确定准则，并填补法律漏洞和合同漏洞。诚信原则应当贯彻于民法的各个环节之中，通行于民法的各个领域。在解释法律和合同时，应当遵守诚信原则，在法律出现漏洞、规范不足时，法官应当依据诚信原则作出补充，在合同出现漏洞时，法官也应当依据诚信原则进行补充。

3. 平衡当事人的利益冲突。在当事人利益发生冲突时，应当以事实为依据、以法律为准绳，全面保护各方当事人的合法权益，平衡相互之间的利益关系。

**第八条** 民事主体从事民事活动，不得违反法律，不得违背公序良俗。

【条文要义】

本条是对公序良俗原则的规定。

公序良俗原则，是民法针对民事法律行为和民事活动确定的最高规则，是指以一般道德为核心，民事主体在进行民事行为时，应当尊重公共秩序和善良风俗的基本准则。这是民法要求民事主体对社会和道德予以基本的尊重，在非交易的民事行为和民事活动中，公序良俗是衡量利益冲突的一般标准。法官依据公序良俗原则，填补法律漏洞，平衡利益冲突，确保公共利益，协调冲突，保护弱者，维护社会正义。

公序良俗原则是由公共秩序和善良风俗两个原则构成的，原《民法通则》第8条将其称为社会公共利益和社会公德。公共秩序是指全体社会成员的共同利益，法律强调违反公共秩序的行为无效，是从正面强调对公共秩序的维护。善良风俗是指由社会全体成员普遍认许、遵循的道德准则，是我国民法所恪守的基本理念。

公序良俗原则的意义是：（1）实现对社会秩序的控制，补充强行法规定的不足；（2）对意思自治进行必要的限制，意思自治必须在不违背公序良俗原则时才为适法；（3）弘扬社会公共道德，建立稳定的社会秩序，从而保障社会的有序发展。

**第九条　民事主体从事民事活动，应当有利于节约资源、保护生态环境。**

**【条文要义】**

本条是对绿色原则的规定。

绿色原则，也称为环境生态原则，是指民法要求民事主体在从事民事活动时，应当有利于节约资源，保护生态环境，实现人与资源关系的平衡，促进人与环境和谐相处的基本准则。

规定绿色原则为民法基本原则的意义是：任何民事主体从事民事活动，都须把保护生态环境、节约资源的基本精神，作为贯穿人格权、物权、债权、知识产权、婚姻家庭、继承以及侵权责任的基本准则。民法典把绿色原则与公平原则、平等原则、诚信原则、公序良俗原则并列，使节约资源、保护生态环境成为贯彻民法典始终的行为准则，使人与资源的关系平衡，人与环境和谐相处。

民事主体从事民事活动遵循绿色原则的目的，就是节约资源，保护生态环境，促进人与自然的和谐发展，保护好代际的根本利益。民事主体行使民事权利，要贯彻绿色原则，不仅要严格执行侵权责任编对环境污染和生态破坏责任的规定，更要在行使物权、债权、知识产权等财产权利时，充分发挥物的效能，防止和避免资源滥用和环境污染，使有限的资源在一定范围内得到更充分的利用，从而达到利益最大化。在人格权、婚姻家庭、继承等方面，也要体现绿色原则，缓解资源紧张关系，使在行使权利、利用家庭财产以及在继承领域分配遗产时，能够采用最有利于发挥物的效能的方法。

**第十条** 处理民事纠纷，应当依照法律；法律没有规定的，可以适用习惯，但是不得违背公序良俗。

## 【条文要义】

本条是对民法法源的规定。

民法法源，是民法的表现形式。民法除了成文法之外，还有其他表现形式，即成文法是普通法源，习惯与法理是补充法源。在民法的成文法之外规定习惯和法理是民法的法源，这是因为社会生活过于复杂，民事法律关系的种类纷繁多样，再完备的民法也不可能把全部社会的法律关系都概括进来，必定会有遗漏。因而在法律没有明文规定时，适用习惯处理民事纠纷；没有成熟的习惯作为习惯法时，应当用法理予以补充。

本条在规定成文法是普通法源之外，还规定了习惯是民法法源。在一个请求权没有具体的成文法律、法规作为法律基础时，应当适用习惯作为其法律基础。对于同一种类事物，由多数人继续通行而视为准则的，就是习惯。

在民事裁判中适用民事习惯作为请求权法律基础的规则是：（1）该请求权确系法律所未规定的，需要民事习惯予以补充；（2）该民事习惯具有通用性，被多数人所相信，并且在一定期间内就同一事项反复为同一的适用；（3）该民事习惯不违反民法平等、公平、诚信和公序良俗规则。符合要求的习惯，就是习惯法，就可以作为司法裁判的依据予以适用。综合起来，在司法实践中，在一定地域、行业范围内，长期为一般人普遍遵守的民间习俗、惯常做法或者商业惯例等，可以认定为本条规定的习惯。

对于适用习惯裁判，既可以由当事人主张证明，也可以由法院依职权查明。对于适用的习惯是否违背善良风俗，应当由法官查明。

## 【相关司法解释】

**《最高人民法院关于适用〈中华人民共和国民法典〉总则编若干问题的解释》**

**第二条** 在一定地域、行业范围内长期为一般人从事民事活动时普遍遵守的民间习俗、惯常做法等，可以认定为民法典第十条规定的习惯。

当事人主张适用习惯的，应当就习惯及其具体内容提供相应证据；必要时，人民法院可以依职权查明。

适用习惯，不得违背社会主义核心价值观，不得违背公序良俗。

**第十一条　其他法律对民事关系有特别规定的，依照其规定。**

【条文要义】

本条是对民法特别法及其效力的规定。

与民法特别法对应的是民法普通法，即民法典。民法普通法是国家立法机关关于民法集中的、专门的规定。其特征是：（1）立法内容的完整性；（2）立法方式的概括性；（3）立法形式的完善性；（4）适用范围的全面性。

民法特别法是指民法普通法以外的单行法律和其他非民事法律中规定的民事法律规范所构成的民事法律规范的总和。其特征是：（1）表现形式是由民法典以外的法律规定，包括民法典以外的其他民事法律，以及其他法律中规定的民事法律规范；（2）具体内容与民法普通法不同；（3）适用范围与民法普通法不同。

我国民法特别法的范围是：（1）商法特别法，如公司法、保险法等；（2）知识产权特别法，如著作权法、专利法、商标法等；（3）民法典第128条链接的权利保护单行法，如《未成年人保护法》《老年人权益保障法》《残疾人保障法》《妇女权益保障法》《消费者权益保护法》，这些法律的主要部分就是民法特别法；（4）其他规定了重要的民事法律规范的非民事法律，如《土地管理法》中规定了大量涉及物权法的规范，《道路交通安全法》第76条有关道路交通事故责任的规定，《产品质量法》规定了产品、缺陷的概念以及产品责任免责事由等；（5）其他非民事法律规定的部分民法特别规范。这些都是民法特别法。

《立法法》第92条规定民法特别法的适用规则是特别法优先于普通法：（1）对作为民法特别法的法律规定优先适用。当一个具体案件所适用的法律是民法特别法中具体法律条款时，应直接适用该法的民法特别法条款，如《消费者权益保护法》规定7天无理由退货，就应直接适用。（2）对作为民法特别法的法律规范优先适用。这样的民法特别法本身就是请求权的法律基础，应依据这样的规定，直接确定争议双方当事人的权利和义务，解决双方争议。

【相关司法解释】

**《最高人民法院关于适用〈中华人民共和国民法典〉总则编若干问题的解释》**

**第一条**　民法典第二编至第七编对民事关系有规定的，人民法院直接适用该规定；民法典第二编至第七编没有规定的，适用民法典第一编的规定，但是根据其性质不能适用的除外。

就同一民事关系，其他民事法律的规定属于对民法典相应规定的细化的，应当适用该民事法律的规定。民法典规定适用其他法律的，适用该法律的规定。

民法典及其他法律对民事关系没有具体规定的，可以遵循民法典关于基本原则的规定。

**第十二条** 中华人民共和国领域内的民事活动，适用中华人民共和国法律。法律另有规定的，依照其规定。

【条文要义】

本条是对民法典地域适用范围的规定。

民法的适用范围，是指民法规范在何时、何地、对何人发生法律效力。民法的地域适用范围，就是民法的空间效力范围。

民法的地域适用范围，是指民事法律规范在地域范围上所具有的效力。任何国家都是根据主权、领土完整和法制统一的原则，来确定各种法律、法规的空间效力范围。民法的地域效力范围分为域内效力和域外效力。

民法的域内效力，是指一国民法的法律效力可以及于该国管辖的全部领域，而在该国管辖领域以外无效。一般原则是，我国民事法律规范的效力及于我国主权管辖的全部领域，但在确定某一个具体民事法律、法规的效力时，由于制定、颁布民事法律、法规的机关不同，民事法律规范适用的空间范围也有所不同。凡属全国人民代表大会及其常务委员会，国务院及其所属各委、部、局、署、办等中央机关制定并颁布的民事法规，均适用于中华人民共和国的领土、领空、领海，以及根据国际法、国际惯例应当视为我国领域的一切领域，如我国驻外使馆，在我国航行或停泊于我国境内的船舶、飞机等。

本条没有规定民法的域外效力。民法的域外效力，是指民法在其制定国管辖领域以外的效力。在现代社会，法律一般不能当然产生域外效力，但是随着国际交往的发展，为保护国家和自然人、法人、非法人组织的利益，也可以在例外情况下产生域外效力。

本条后段规定的"法律另有规定的，依照其规定"，主要是指《涉外民事关系法律适用法》的规定，以及其他法律的规定，涉及的是国际私法问题，依照具体的法律规定处理。除此之外，有些单行民事法律也对涉外民事关系的法律适用作出了规定。根据这些涉外民事关系适用的特别规定，在中华人民共和国领域内的涉外民事活动，应当根据特定的民事法律关系类型不同具体适用相应的法律规范，并非一概适用中国法律。对于中华人民共和国领域外的民事活动是否适用中华人民共和国的法律，由于涉及国际私法的法律适用问题，都依照国际私法作出具体规定，且不同的民事法律关系所适用的法律有不同规定，需要根据具体情况和所在国法律的具体规定来予以确定。

# 第二章 自 然 人

## 第一节 民事权利能力和民事行为能力

**第十三条** 自然人从出生时起到死亡时止，具有民事权利能力，依法享有民事权利，承担民事义务。

【条文要义】

本条是对自然人民事权利能力的规定。

自然人，是指依自然规律产生，具有自然生命，区别于其他动物的人。自然人是最典型的民事主体。民事主体特别是自然人有一个人员数，法律并无特别限制，以一人为通例，以数人为例外。

民事权利能力，是指作为民事主体可以享受民事权利、承担民事义务的资格。自然人的民事权利能力开始于出生，只要胎儿全部脱离母体，且在分离之际有呼吸行为，即为出生完成。"出"，是指胎儿的身体与母体分离，"生"，则是指脱离母体的婴儿应有生命，而不论其生命保持时间长短。按照当代医学公认的出生标准，出生应为胎儿完全脱离母体，独立存在，并能自主呼吸。自然人出生，即具有民事权利能力，享有民事权利，承担民事义务。

自然人的民事权利能力终止于死亡，包括生理死亡和宣告死亡。生理死亡是自然死亡，是指自然人生命的自然终结，现行的标准是心肺死亡，学理上多有主张脑死亡。宣告死亡是基于法律规定而宣告自然人死亡。

自然人死亡的法律效果是：（1）该自然人不再具有民事权利能力，不能再作为民事权利主体；（2）民事权利和民事义务终止，发生继承开始、遗嘱继承或遗赠发生效力、婚姻关系消灭、委托关系终止等法律效果。

**第十四条** 自然人的民事权利能力一律平等。

**【条文要义】**

本条是对自然人民事权利能力平等的规定。

所有的自然人都具有民事权利能力。自然人民事权利能力的特征是：（1）自然人的民事权利能力具有属人性，即民事权利能力与民事主体具有一致性，属于特定人的民事权利能力；（2）自然人的民事权利能力具有普遍性，每一个人都具有民事权利能力；（3）自然人的民事权利能力不得让与或者抛弃，一旦让与或者抛弃，人将不再是人。

自然人的民事权利能力是普遍的，因而派生了自然人的民事权利能力具有平等性的特征。由于人人皆享有权利能力，就说明在权利能力的享有上，人人都处于同等地位，不分男女、种族、阶级、财富等，仅凭其自然出生的事实就取得民事权利能力，没有高低、多少的区别。这就是自然人民事权利能力的平等性。

**第十五条** 自然人的出生时间和死亡时间，以出生证明、死亡证明记载的时间为准；没有出生证明、死亡证明的，以户籍登记或者其他有效身份登记记载的时间为准。有其他证据足以推翻以上记载时间的，以该证据证明的时间为准。

**【条文要义】**

本条是对自然人出生时间和死亡时间的规定。

自然人的出生时间和死亡时间，在民法上具有重要意义，因而必须有准确的认定标准，以及证明出生时间和死亡时间的证据。

自然人的出生时间和死亡时间，以出生证明和死亡证明记载的时间为准。自然人在其出生和死亡后，应当由医院和有关部门开具出生证明书和死亡证明书，自然人出生和死亡的时间，一般都会在出生证明书和死亡证明书上标注清楚，因而应以出生证明书和死亡证明书上记载的时间作为自然人出生和死亡的时间。

自然人没有出生证明或者死亡证明的，应当以户籍登记或者其他有效身份登记记载的时间为准。户籍登记是公安机关对自然人的户籍进行的登记，登记后发给自然人户口簿，这是户籍登记的证明文件。有效身份登记，主要是指身份证。

军人如没有身份证,其使用的军官证、军人证,也是有效的身份证明。户籍登记和有效的身份登记记载的出生时间,是准确的出生时间。户籍登记的死亡时间,也是证明自然人死亡的时间。

出生证明书或者死亡证明书,以及户籍登记和有效身份登记中记载的时间,与自然人出生或者死亡的真实时间有出入时,其他证据足以推翻以上记载的,则应以这些相关证据证明的时间作为自然人出生或者死亡的真实时间。

**第十六条** 涉及遗产继承、接受赠与等胎儿利益保护的,胎儿视为具有民事权利能力。但是,胎儿娩出时为死体的,其民事权利能力自始不存在。

【条文要义】

本条是对胎儿及其部分民事权利能力的规定。

胎儿,是指自然人未出生但在受胎之中的生物体状态。为了保护胎儿的利益,民法实行预先保护主义,规定胎儿以将来非死产者为限,关于其个人利益之保护,视为既已出生。其含义是,在胎儿娩出时是活体的情况下,法律将其出生时间提前,视胎儿为已出生,使胎儿具有部分民事权利能力,从而得以享受部分权利。

胎儿取得部分民事权利能力系以"娩出时为活体"为条件。确定胎儿民事权利能力产生的时间,应当从胎儿出生的事实推溯其出生前享有部分民事权利能力。在胎儿出生前,可以享有的一切权利,包括损害赔偿请求权、抚养费请求权、继承权、受赠与权、非婚生胎儿对其生父的认领请求权等均已存在,尚未实际享有,待其出生成为法律上的"人"时,即可当然地、溯及既往地以自己的名义享有和行使这些权利。

部分民事权利能力,是指具有部分人格要素的主体在特定情况下享有的民事权利能力状态。胎儿就是享有部分民事权利能力,不具有完整的民事主体资格的主体。关于胎儿的部分民事权利能力,本条规定了遗产继承、接受赠与和"等"字所包含的内容,应当包括的内容是:(1)继承权;(2)受遗赠权和受赠与权;(3)人身损害赔偿请求权;(4)抚养损害赔偿请求权;(5)身份权请求权,如对于其生父享有抚养费给付请求权。

胎儿享有部分民事权利能力,他们在母体中尚未出生时并不能行使这些权利,须待其出生后享有完全民事权利能力时方可行使。如果胎儿为死产,尽管其曾经享有部分民事权利能力,但其民事权利能力在事实上并未取得,故以上各项请求权均未发生,也不发生其权利的继承问题。

胎儿受到人身损害,父母在胎儿娩出前可以作为法定代理人代为起诉,代为申请保全或者追索医疗费用,符合法律规定的,可以采取保全措施或者裁定先予执行。有关损害后果、因果关系等事实须在胎儿娩出后才能确定的,可以根据案件的具体情况中止审理。胎儿娩出时是死体的,有关当事人可以请求胎儿父母返还利益,但是为治疗和保障胎儿的正常发育,侵权人依照民法典第1179条规定支出的费用,不得请求返还。

**【相关司法解释】**

**《最高人民法院关于适用〈中华人民共和国民法典〉总则编若干问题的解释》**

第四条 涉及遗产继承、接受赠与等胎儿利益保护,父母在胎儿娩出前作为法定代理人主张相应权利的,人民法院依法予以支持。

**第十七条 十八周岁以上的自然人为成年人。不满十八周岁的自然人为未成年人。**

**【条文要义】**

本条是对成年人和未成年人年龄界限的规定。

我国民法对自然人的年龄界分采用两分法,即成年人和未成年人。界分的标准是18周岁,18周岁以上的自然人是成年人,不满18周岁的自然人是未成年人。这种标准与自然人能否辨认自己民事行为的法律后果相一致。在年龄上,能够辨认自己行为后果的,规定为18周岁以上,不满18周岁的未成年人,对自己行为的法律后果缺少必要的辨认能力,因此才以18周岁作为确定成年人和未成年人的界限。

民法区分自然人为成年人和未成年人的意义是,成年人能够辨认自己行为的法律后果,因此具有完全民事行为能力,对自己的行为承担全部法律后果;未成年人不能或者不能完全辨认自己行为的法律后果,不具有民事行为能力,或者民事行为能力受到限制,因而其实施民事法律行为需要法定代理人代理。

**第十八条** 成年人为完全民事行为能力人，可以独立实施民事法律行为。

十六周岁以上的未成年人，以自己的劳动收入为主要生活来源的，视为完全民事行为能力人。

**【条文要义】**

本条是对成年人为完全民事行为能力人的规定。

民事行为能力，是民事主体以其行为参与民事法律关系，取得民事权利，履行民事义务和承担民事责任的资格。

自然人具有民事权利能力，就有资格享受权利、负担义务。基于法律规定而享有权利和负担义务，只要具备法律规定的要件，权利人即与他人发生权利义务关系。基于人的行为而取得权利、负担义务，则不仅要具有民事权利能力，而且必须具备民事行为能力，才能通过自己的行为与他人发生权利义务关系。

民事行为能力制度的功能，是通过全部或部分否定这些欠缺民事行为能力的人所实施的民事法律行为效力的方式，使他们免受其行为引起的约束。

成年人能够完全辨认自己行为的法律后果，因此具有完全民事行为能力，是完全民事行为能力人，能够以自己的意志独立实施民事法律行为，为自己取得民事权利、负担民事义务，对自己实施的行为承担完全的法律后果。

16周岁以上的未成年人，以自己的劳动收入为主要生活来源的，视为完全民事行为能力人。这是民事行为能力缓和的表现，与《劳动法》第15条关于劳动能力自16周岁起的规定相一致。年满16周岁的未成年人，只要不欠缺辨认自己行为的能力：一是具有一定的劳动收入，即依靠自己的劳动获得了一定的收入；二是劳动收入构成其主要生活来源，也就是其劳动收入能够维持生活，即视为完全民事行为能力人。其法律意义是，对年满16周岁的未成年人，在符合法律规定的条件下，将其视为完全民事行为能力人，可以实施民事法律行为，取得民事权利，负担民事义务，独立承担民事法律后果。

**第十九条** 八周岁以上的未成年人为限制民事行为能力人，实施民事法律行为由其法定代理人代理或者经其法定代理人同意、追认；但是，可以独立实施纯获利益的民事法律行为或者与其年龄、智力相适应的民事法律行为。

**【条文要义】**

本条是对8周岁以上的未成年人为限制民事行为能力人的规定。

限制民事行为能力，是指自然人因年龄的原因，或者辨认自己行为的原因，不具有完全民事行为能力，只能在法律限定的范围内进行有效的法律行为，并取得权利、承担义务的民事行为能力状态。8周岁以上不满18周岁的未成年人，是因年龄原因而不具有完全民事行为能力的民事行为能力人。

限制民事行为能力的未成年人具有受限制的民事行为能力，可以实施与其年龄、智力、健康状况相适应的法律行为，其他民事活动的实施应由其法定代理人代为进行，或征得其法定代理人的同意或者追认。限制民事行为能力的未成年人实施民事法律行为，经过其法定代理人代理，或征得其法定代理人同意或者追认，才能发生法律效力。

限制民事行为能力的未成年人可以独立实施的民事法律行为是：（1）纯获利益的民事法律行为。纯获利益是指单纯取得权利、免除义务，即当限制民事行为能力人获得利益时，不因其法律行为而在法律上负有任何义务。这样的行为，限制民事行为能力的未成年人可以独立实施。（2）与限制民事行为能力人的年龄、智力相适应的民事法律行为。限制民事行为能力人可以实施与其年龄、智力相适应的民事法律行为。遵循"必需品规则"，与未成年人的生活条件及与其在出售和交付时实际需要相适应的物品，应以其经济能力、身份等各种情况为标准来判断。法定代理人事先为其子女确定目的范围，允许子女在该范围内处分财产，是对未成年子女的事先授权，子女在该授权范围内实施的处分行为有效，也属于与限制民事行为能力人的年龄、智力相适应的民事法律行为。

《民法总则（草案）》规定限制民事行为能力人的起点是6周岁，与儿童的入学年龄相一致，是较好的选择。在全国人民代表大会审议时，有很多代表认为，以6周岁界定限制民事行为能力人的年龄偏低，应当定为8周岁，立法采纳了这一意见。实事求是地说，将限制民事行为能力人的年龄起点定在8周岁还是偏高的。

**【相关司法解释】**

**《最高人民法院关于适用〈中华人民共和国民法典〉总则编若干问题的解释》**

**第五条** 限制民事行为能力人实施的民事法律行为是否与其年龄、智力、精神健康状况相适应，人民法院可以从行为与本人生活相关联的程度，本人的智力、精神健康状况能否理解其行为并预见相应的后果，以及标的、数量、价款或者报酬等方面认定。

**第二十条** 不满八周岁的未成年人为无民事行为能力人，由其法定代理人代理实施民事法律行为。

**【条文要义】**

本条是对不满8周岁的未成年人为无民事行为能力人的规定。

无民事行为能力，是指自然人完全不具有独立进行有效法律行为，取得民事权利和承担义务的民事行为能力状态。原《民法通则》规定，不满10周岁的自然人为无民事行为能力人，剥夺了一些未成年人参与民事活动的能力和机会。根据一些人大代表的意见以及我国实际情况，本条规定未满8周岁的未成年人，年龄尚小，其正处于生长发育的最初阶段，虽然其中有些也具有一定的辨认能力，但不能理性地从事民事活动，如果法律准许其实施民事行为，既容易使他们蒙受损害，也不利于维护交易安全，因而规定为无民事行为能力人，不能自己独立实施民事法律行为，应由其法定代理人代理进行。

**第二十一条** 不能辨认自己行为的成年人为无民事行为能力人，由其法定代理人代理实施民事法律行为。

八周岁以上的未成年人不能辨认自己行为的，适用前款规定。

**【条文要义】**

本条是对成年人及8周岁以上的未成年人无民事行为能力的规定。

原《民法通则》规定，只有完全不能辨认自己行为的精神病患者为无民事行为能力人，不完全正确。除了精神病患者之外，还有植物人、老年痴呆症患者等成年人也没有民事行为能力。根据实际情况，民法典采取了新的成年人无民事行为能力标准，即不能辨认自己的行为。已满18周岁的成年人，只要是不能辨认自己行为的，就是无民事行为能力人，而不再区分是因何原因而不能辨认自己的行为。

8周岁以上的未成年人原本是限制民事行为能力人，如果8周岁以上的未成年人也不能辨认自己的行为，与不能辨认自己行为的成年人一样，也是无民事行为能力人。

无民事行为能力的成年人或者 8 周岁以上不能辨认自己行为的未成年人，都是无民事行为能力人，在实施民事法律行为时，都须由其法定代理人代理，不得自己独立实施，否则视为无效。

**第二十二条** 不能完全辨认自己行为的成年人为限制民事行为能力人，实施民事法律行为由其法定代理人代理或者经其法定代理人同意、追认；但是，可以独立实施纯获利益的民事法律行为或者与其智力、精神健康状况相适应的民事法律行为。

**【条文要义】**

本条是对成年人限制民事行为能力的规定。

限制民事行为能力的成年人，是指因不能完全辨认自己的行为而不具有完全民事行为能力，只能在法律限定的范围内实施有效的民事法律行为，取得权利、承担义务的成年人。

年满 18 周岁但不能完全辨认自己行为的成年人，尽管已经成年，但由于只具有受限制的民事行为能力，因而只能实施与其智力和健康状况相适应的法律行为，其他民事法律行为的实施则应由其法定代理人代理进行，或者征得其法定代理人的同意、追认。

限制民事行为能力的成年人可以实施纯获利益的民事法律行为。纯获利益的民事法律行为因未对限制民事行为能力的成年人科以法律上的义务，故限制民事行为能力的成年人可以独立实施。那些无偿的借用、借贷等，虽然限制民事行为能力人能够从中获得权利和利益，但还负有返还义务，因而不属于纯获利益的民事法律行为。

限制民事行为能力人可以实施与其智力、精神健康状况相适应的民事法律行为。例如，一些日常生活所必需的交易行为，限制民事行为能力人完全可以实施。否则，不仅会限制其行为自由，还会给其生活造成不便。

**【相关司法解释】**

**《最高人民法院关于适用〈中华人民共和国民法典〉总则编若干问题的解释》**

**第五条** 限制民事行为能力人实施的民事法律行为是否与其年龄、智力、精神健康状况相适应，人民法院可以从行为与本人生活相关联的程度，本人的智力、精神健康状况能否理解其行为并预见相应的后果，以及标的、数量、价款或者报酬等方面认定。

**第二十三条** 无民事行为能力人、限制民事行为能力人的监护人是其法定代理人。

【条文要义】

本条是对无民事行为能力人和限制民事行为能力人的法定代理人的规定。

对无民事行为能力人或者限制民事行为能力人应当设置监护人。无民事行为能力人或者限制民事行为能力人与他们的监护人形成监护法律关系。在监护法律关系中，与监护人相对应的无民事行为能力人和限制民事行为能力人是被监护人，包括不满 8 周岁的无民事行为能力人和 8 周岁以上不满 18 周岁的限制民事行为能力人，不能辨认自己行为的无民事行为能力的成年人和不能完全辨认自己行为的限制民事行为能力的成年人。

无民事行为能力人和限制民事行为能力人设置监护人的范围是：（1）无民事行为能力或者限制民事行为能力的未成年人，首先由他们的父母基于亲权作为其监护人。如果他们的父母不能履行监护职责，或者已经去世，或者被剥夺了亲权，则应当按照本编规定的监护顺序，确定监护人。（2）无民事行为能力或者限制民事行为能力的成年人，根据法定的监护顺序，或者根据意定监护协议等，决定他们的监护人。

无民事行为能力人不能独立实施民事法律行为，限制民事行为能力人只能实施与他们的年龄、智力和精神健康状况相适应的民事法律行为。不能独立实施的民事法律行为，都需要由其法定代理人代理实施。无民事行为能力人、限制民事行为能力人的监护人，就是其法定代理人，由他们代理无民事行为能力人、限制民事行为能力人依法实施民事法律行为。

**第二十四条** 不能辨认或者不能完全辨认自己行为的成年人，其利害关系人或者有关组织，可以向人民法院申请认定该成年人为无民事行为能力人或者限制民事行为能力人。

被人民法院认定为无民事行为能力人或者限制民事行为能力人的，经本人、利害关系人或者有关组织申请，人民法院可以根据其智力、精神健康恢复的状况，认定该成年人恢复为限制民事行为能力人或者完全民事行为能力人。

本条规定的有关组织包括：居民委员会、村民委员会、学校、医疗机构、妇女联合会、残疾人联合会、依法设立的老年人组织、民政部门等。

【条文要义】

本条是对成年人认定或者恢复民事行为能力的规定。

申请认定成年人为无民事行为能力人或者限制民事行为能力人的主体，即其利害关系人及有关组织，可以向人民法院申请该认定。应具备的要件是：（1）被认定人不能辨认或者不能完全辨认自己的行为；（2）须由利害关系人或者有关组织申请；（3）须经人民法院认定。人民法院审查属实的，作出认定为无民事行为能力人或者限制民事行为能力人的裁判，并指定监护人。

对无民事行为能力人或者限制民事行为能力人民事行为能力恢复的认定，请求的主体是本人、利害关系人或者有关组织。其要件是：（1）被人民法院认定为无民事行为能力人或者限制民事行为能力人的成年人，已经恢复或者部分恢复民事行为能力；（2）经本人、利害关系人或者有关组织申请；（3）人民法院根据其智力、精神健康恢复的状况，认定该成年人恢复为限制民事行为能力人或者完全民事行为能力人。

能够请求宣告或者恢复民事行为能力人的有关组织，为居民委员会、村民委员会、学校、医疗机构、妇女联合会、残疾人联合会、依法设立的老年人组织、民政部门等。其中，依法设立的老年人组织，是指依照《老年人权益保障法》规定设立的老年人组织，而不是乡、村等自愿设立的老年人协会等组织。

**第二十五条** 自然人以户籍登记或者其他有效身份登记记载的居所为住所；经常居所与住所不一致的，经常居所视为住所。

【条文要义】

本条是对自然人的住所和经常居所的规定。

住所，是指自然人长期居住生活的地点，是自然人参与各种法律关系的中心地域。认定住所的要件是：（1）久住的意思，即长期居住的意思，依客观事实

（如户籍登记、居住情形、家属概况及是否在当地工作等）认定该主观的意思；（2）居住的事实，即在事实上住于该地。认定住所采取客观主义立场，并不特别要求考察当事人是否具有久住的意思，因而规定以户籍登记或者其他有效身份登记记载的居所为自然人的住所。户籍登记，是公安机关按照国家户籍管理法律、法规，对公民的身份信息进行登记记载的制度。其他有效身份登记，主要包括身份证、居住证、外国人的有效居留证件的登记。这些身份登记记载的居所就是住所。

住所的法律意义是：（1）确定自然人的民事主体状态，如宣告失踪或者宣告死亡，以自然人离开住所地下落不明为前提；（2）决定债务的清偿地，在没有其他标志确定债务履行地时，可以以债务人的住所地为债务清偿地；（3）决定婚姻登记等身份事项的管辖地点；（4）在涉外民事关系中确定法律适用的准据法；（5）决定诉讼管辖法院和司法文书送达地。

经常居所，也简称为居所，是指自然人出于某种目的而临时居住，并无久住意思的处所。住所与经常居所的区别，就在于有无久住的意思，与居住时间的长短无关，如在监狱服刑，具有长期居住的事实，但无久住的意思，因此不能认为设定住所于该地，而仅能认定其系设定居所而已。

经常居所的法律意义是，当经常居所与住所不一致时，以经常居所为住所。

## 第二节 监 护

**第二十六条** 父母对未成年子女负有抚养、教育和保护的义务。

成年子女对父母负有赡养、扶助和保护的义务。

【条文要义】

本条是对父母与子女之间权利义务的规定。

本条规定父母子女的权利义务关系，第1款规定的是父母与未成年子女之间的亲权法律关系；第2款规定的是父母与成年子女之间的亲属权法律关系。

亲权，是指父母对未成年子女在人身和财产方面的抚养、教育和保护的权利与义务。亲权是身份权，其主要方面是义务。父母对于未成年子女负有的义务，包括身上照护义务和财产照护义务。

子女一经成年，即脱离父母亲权的保护，父母、子女之间不再享有亲权，父母与成年子女之间的身份法律关系即由亲权转化为亲属权。亲属权是指除配偶、未成年子女与父母外的其他近亲属相互之间的基本身份权，表明这些亲属之间互为亲属的身份利益为其专属享有和支配，其他任何人均不得侵犯的义务。本条第2款规定的就是父母与成年子女之间的亲属权法律关系，特别强调的是成年子女对父母的义务，即赡养、扶助和保护义务。这是父母与成年子女之间亲属权法律关系的主要内容，成年子女必须承担这样的义务。

民法典在"监护"一节的本条规定亲权和亲属权，意在确认亲权是监护权的产生基础，也是我国民法典将亲权规定为监护权的基本理由。

**第二十七条　父母是未成年子女的监护人。**

**未成年人的父母已经死亡或者没有监护能力的，由下列有监护能力的人按顺序担任监护人：**

**（一）祖父母、外祖父母；**

**（二）兄、姐；**

**（三）其他愿意担任监护人的个人或者组织，但是须经未成年人住所地的居民委员会、村民委员会或者民政部门同意。**

**【条文要义】**

本条是对未成年人的监护人及监护顺序的规定。

未满18周岁的未成年人都需要依法进行监护，在监护法律关系中都是被监护人。

法定监护，是由法律直接规定谁为监护人的监护类型。法定监护应依照法律规定的监护顺序，以顺序在先者为监护人，在前一顺序的法定监护人缺位时，依次由后一顺序的法定监护人担任。

未成年人的法定监护顺序是：（1）未成年人的父母是未成年人的监护人，这时，由未成年人的亲权人作为未成年人的监护人。（2）未成年人的父母已经死亡或者没有监护能力（也包括父母被剥夺亲权）的，由下列有监护能力的人按照顺序担任监护人：①祖父母、外祖父母；②兄、姐；③其他愿意担任监护人的个人或者组织，但是须经未成年人住所地的居民委员会、村民委员会或者民政部门同意。其中，第三顺序的监护人是自愿监护人，即"其他愿意担任监护人的个人或者组织,但是须经未成年人住所地的居民委员会、村民委员会或者民政部门同意"。自愿监护人的范围比较宽,自愿担任监护人的个人或者组织均可;自愿监护人的条件比较严格,须经未成年人住所地的居委会、村委会或者民政部门同意。

监护能力,是指能够担任监护人监护被监护人的资格。认定自然人的监护能力,应当根据其年龄、身心健康状况、经济条件等因素确定;认定有关组织的监护能力,应当根据其资质、信用、财产状况等因素确定。不符合这些条件要求的自然人或者有关组织,不能担任监护人。

**第二十八条** 无民事行为能力或者限制民事行为能力的成年人,由下列有监护能力的人按顺序担任监护人:

(一)配偶;
(二)父母、子女;
(三)其他近亲属;
(四)其他愿意担任监护人的个人或者组织,但是须经被监护人住所地的居民委员会、村民委员会或者民政部门同意。

【条文要义】

本条是对无民事行为能力或者限制民事行为能力的成年人设置监护人的规定。

无民事行为能力和限制民事行为能力的成年人被设立监护人后,为被监护人。在无民事行为能力或者限制民事行为能力的成年人中,丧失或者部分丧失民事行为能力的老年人更需要监护制度予以保护。例如,老年痴呆症作为一种智力上的障碍,直接影响其辨认能力,甚至会使其辨认能力完全消灭,须设置监护人予以保护。

对丧失或者部分丧失民事行为能力的成年人的监护人范围和监护顺序是:(1)配偶;(2)父母、子女;(3)其他近亲属;(4)其他愿意担任监护人的个人或者组织,但是须经被监护人住所地的居民委员会、村民委员会或者民政部门同意。依照法定监护方式设定监护人,按上述法定顺序,由顺序在先的监护人自动担任,监护人设定之后,即发生监护法律关系。

本条第4项规定的"其他愿意担任监护人的个人或者组织",是自愿监护人。自愿监护人也叫作无因监护人,是指不负有法定监护义务的人自愿担任监护人,并经有关组织同意。自愿监护人与法定监护人的最大区别,就在于是否有法律规定的监护义务。自愿监护人应以有关组织同意为必要，非经同意不能作为监护人。成为无民事行为能力或者限制民事行为能力的成年人的自愿监护人的资格是：（1）须被监护人不存在法定监护人和意定监护人；（2）须自愿监护人出于自愿；（3）须经被监护人住所地的居民委员会、村民委员会或者民政部门同意。

**【相关司法解释】**

《最高人民法院关于适用〈中华人民共和国民法典〉总则编若干问题的解释》

第六条　人民法院认定自然人的监护能力，应当根据其年龄、身心健康状况、经济条件等因素确定；认定有关组织的监护能力，应当根据其资质、信用、财产状况等因素确定。

**第二十九条　被监护人的父母担任监护人的，可以通过遗嘱指定监护人。**

**【条文要义】**

本条是对遗嘱指定监护人的规定。

遗嘱监护人，是指未成年人的父母在担任监护人时，通过遗嘱为未成年子女指定的监护人。

父母通过遗嘱指定的监护人，应当具备以下资格：（1）遗嘱人须是亲权人。非亲权人不得以遗嘱指定监护人。即使是亲权人，如果亲权丧失或者被剥夺的，也不能通过遗嘱指定监护人。（2）遗嘱人须是后死的亲权人。先死的亲权人由于尚有亲权人在世，因此无权指定监护人。如果亲权人共同遗嘱指定监护人，后死的亲权人没有改变遗嘱的意思，应当认为是后死亲权人的遗嘱。亲权人共同遗嘱指定监护人，并且同时死亡的，如在同一事件中死亡推定为同时死亡，遗嘱有效。（3）遗嘱须符合法律要求，违反法律要求的遗嘱无效，不发生遗嘱委任监护人的效力。

指定监护人的遗嘱符合法律要求，承认其指定监护人的效力。遗嘱有效的要求包括遗嘱的内容、程序、形式均须合法、有效，应依遗嘱的一般规定判断。遗嘱符合上述三项条件要求的，为有效遗嘱监护，遗嘱指定的监护人在遗嘱生效之时即为监护人，取得监护权，发生监护法律关系。

未成年人在父母担任监护人的情形下，父母中的一方通过遗嘱指定监护人，另一方在遗嘱生效时有监护能力，有关当事人对监护人的确定有争议的，应当适用民法典第27条第1款的规定。

遗嘱设定监护人的方式，主要适用于对未成年人的监护，即由未成年人后死的父或母以遗嘱指定特定的未成年人监护人。对于成年被监护人，如果监护人是其父母的，该父母也可以用遗嘱指定监护人。

担任监护人的被监护人父母通过遗嘱指定监护人，遗嘱生效时，如果被指定的人不同意担任监护人的，应当适用民法典第27条、第28条规定的监护顺序确定监护人。其他具有监护资格的人对被监护人的确定如果有争议，申请指定监护人的，应当依照民法典第31条的规定处理。

遗嘱指定监护与法定监护的关系是遗嘱指定监护优先于法定监护。遗嘱指定的监护人不限于民法典第27条、第28条规定的具有监护资格的人。遗嘱指定监护人在客观情况发生变化后，如遗嘱指定的监护人因患病等原因丧失监护能力等不能履行监护职责的，应当另行确定监护人。

【相关司法解释】

《最高人民法院关于适用〈中华人民共和国民法典〉总则编若干问题的解释》

第七条 担任监护人的被监护人父母通过遗嘱指定监护人，遗嘱生效时被指定的人不同意担任监护人的，人民法院应当适用民法典第二十七条、第二十八条的规定确定监护人。

未成年人由父母担任监护人，父母中的一方通过遗嘱指定监护人，另一方在遗嘱生效时有监护能力，有关当事人对监护人的确定有争议的，人民法院应当适用民法典第二十七条第一款的规定确定监护人。

**第三十条** 依法具有监护资格的人之间可以协议确定监护人。协议确定监护人应当尊重被监护人的真实意愿。

【条文要义】

本条是对协议监护的规定。

具有监护人资格的人对于确定谁作为被监护人的监护人，可以协商确定，这种由具有监护资格的人协商确定监护人的监护，就是协议监护。

监护是法定职责，具有强行性特点，核心在于保护被监护人，原本不宜委托。

我国司法实践从对被监护人的教育和照顾的必要性出发，有条件地承认监护委托，通过协商确定具有监护人资格的人作为被监护人的监护人，实际上这就是一种监护委托。本条确认这种具有监护资格的人通过协商委托其中一人作为监护人的协议，具有法律上的效力。

协议设立监护人应当有协议文书，将协议签订的具体内容表述清楚、明确，具有监护人资格的人应当在监护协议书上签字、盖章或者按指印。

确立协议监护人，应当充分尊重被监护人的真实意愿，要求是：（1）被监护人为限制民事行为能力人，具有一定行为能力的，应当征求被监护人的意见，究竟愿意由谁来作为自己的监护人，不得违背被监护人的意见，强行让被监护人接受某一监护人；（2）被监护人为无民事行为能力人的，应当根据被监护人的实际利益，确定由能够尊重被监护人真实意愿的人担任监护人。

未成年人的父母对未成年人的监护人职责，不能通过监护协议免除。未成年人的父母与其他依法具有监护资格的人订立协议，约定免除具有监护能力的父母的监护职责，这种监护协议无效。如果协议约定在未成年人父母丧失监护能力时，由该具有监护资格的人监护，这种监护协议是有效的。

通过监护协议确定监护人，既不限制监护人的人数，也不限制监护人的顺序。依法具有监护资格的人之间，按照民法典第30条的规定，约定不同顺序的人共同担任监护人，或者由顺序在后的人担任监护人，都是有效的监护协议。

监护人存在正当理由，可以将自己的监护职责委托给他人，但是不能把监护人的身份转移给他人。例如，监护人因外出务工等原因，在一定期限内不能完全履行监护职责，将全部或者部分监护职责委托给他人，这并不违反法律规定，但是当事人因此主张受托人成为监护人的，没有法律依据，不予支持。

## 【相关司法解释】

**《最高人民法院关于适用〈中华人民共和国民法典〉总则编若干问题的解释》**

**第八条** 未成年人的父母与其他依法具有监护资格的人订立协议，约定免除具有监护能力的父母的监护职责的，人民法院不予支持。协议约定在未成年人的父母丧失监护能力时由该具有监护资格的人担任监护人的，人民法院依法予以支持。

依法具有监护资格的人之间依据民法典第三十条的规定，约定由民法典第二十七条第二款、第二十八条规定的不同顺序的人共同担任监护人，或者由顺序在后的人担任监护人的，人民法院依法予以支持。

第三十一条　对监护人的确定有争议的，由被监护人住所地的居民委员会、村民委员会或者民政部门指定监护人，有关当事人对指定不服的，可以向人民法院申请指定监护人；有关当事人也可以直接向人民法院申请指定监护人。

居民委员会、村民委员会、民政部门或者人民法院应当尊重被监护人的真实意愿，按照最有利于被监护人的原则在依法具有监护资格的人中指定监护人。

依据本条第一款规定指定监护人前，被监护人的人身权利、财产权利以及其他合法权益处于无人保护状态的，由被监护人住所地的居民委员会、村民委员会、法律规定的有关组织或者民政部门担任临时监护人。

监护人被指定后，不得擅自变更；擅自变更的，不免除被指定的监护人的责任。

【条文要义】

本条是对指定监护人的条件和程序的规定。

发生指定监护人的条件，是对担任监护人有争议。没有这个条件，不发生指定监护的问题。具有指定监护人资格的机构，是被监护人住所地的居民委员会、村民委员会或者民政部门。他们有权指定具有监护资格的人担任监护人。由居民委员会或者村民委员会以及民政部门指定的监护人，就是指定监护人。有关当事人对上述机构指定监护人不服的，规定了司法救济程序，即有关当事人可以向人民法院提出申请；有关当事人也可以直接向人民法院提出申请，由人民法院指定。人民法院通过裁判指定的监护人，也是指定监护人。

无论是居民委员会、村民委员会、民政部门还是人民法院，指定监护人须遵守的要求是：（1）应当尊重被监护人的真实意愿，凡是被监护人能够表达自己真实意愿的，其表达意愿都应当予以尊重；（2）按照最有利于被监护人的原则，选择监护人；（3）在具有监护资格的人中指定监护人，而不是在其他人中指定监护人。

居民委员会、村民委员会、民政部门以及人民法院在依照上述规定指定监护人之前，如果被监护人的人身、财产权利及其他合法权益处于无人保护状态的，应当采取临时监护措施，由被监护人住所地的居民委员会、村民委员会、法律规定的有关组织或者民政部门担任临时监护人，担负起对被监护人的监护职责，避免被监护人由于监护人的缺位使其合法权益受到侵害。

有关当事人不服居民委员会、村民委员会或者民政部门对监护人的指定，申请法院指定监护人的，应当在接到指定监护人的通知之日起30日内提出申请。法院经审理，认为指定并无不当的，应当裁定驳回申请；认为指定不当的，应当判决撤销指定，并依法另行指定监护人。有关当事人对监护人的指定逾期提出申请的，法院应当按照申请变更监护关系处理。

在指定监护人中，如何体现尊重被监护人的真实意愿、最有利于被监护人原则的要求，应当参考以下因素作出判断：（1）与被监护人生活、情感联系的紧密程度；（2）具有监护资格的人的监护顺序；（3）是否有不利于履行监护职责的违法犯罪等情形；（4）具有监护资格的人的监护能力、意愿、品行等。结合上述因素，综合确定监护人，一般能够体现尊重被监护人的真实意愿，最有利于被监护人原则的要求。

指定监护人的数量，一般应当是一人，如果数人共同担任监护人更有利于保护被监护人利益，也可以是数人。

监护人被指定后，任何人都不得擅自变更。如果对指定监护人擅自进行变更的，虽然没有直接规定变更无效的后果，但其实是无效的，不能免除被指定监护人的监护责任，被指定监护人仍需承担监护责任。

## 【相关司法解释】

《最高人民法院关于适用〈中华人民共和国民法典〉总则编若干问题的解释》

**第九条** 人民法院依据民法典第三十一条第二款、第三十六条第一款的规定指定监护人时，应当尊重被监护人的真实意愿，按照最有利于被监护人的原则指定，具体参考以下因素：

（一）与被监护人生活、情感联系的密切程度；

（二）依法具有监护资格的人的监护顺序；

（三）是否有不利于履行监护职责的违法犯罪等情形；

（四）依法具有监护资格的人的监护能力、意愿、品行等。

人民法院依法指定的监护人一般应当是一人，由数人共同担任监护人更有利于保护被监护人利益的，也可以是数人。

**第十条** 有关当事人不服居民委员会、村民委员会或者民政部门的指定，在接到指定通知之日起三十日内向人民法院申请指定监护人的，人民法院经审理认为指定并无不当，依法裁定驳回申请；认为指定不当，依法判决撤销指定并另行指定监护人。

有关当事人在接到指定通知之日起三十日后提出申请的，人民法院应当按照变更监护关系处理。

**第三十二条** 没有依法具有监护资格的人的，监护人由民政部门担任，也可以由具备履行监护职责条件的被监护人住所地的居民委员会、村民委员会担任。

【条文要义】

本条是对公职监护人的规定。

没有依法具有监护资格的人的，由民政部门或者被监护人住所地的居民委员会、村民委员会担任监护人，他们是公职监护人。

设定公职监护人，须被监护人没有依法具有监护资格的人，包括法定监护人、意定监护人和自愿监护人。民政部门或者居民委员会、村民委员会对被监护人作出监护意思表示的，即为公职监护人。

政府的民政主管部门在监护制度中具有两项重要职责：一是对无民事行为能力人和限制民事行为能力人的监护进行监督，监督无民事行为能力人或者限制民事行为能力人的监护人依法履行监护职责；二是在无民事行为能力人或者限制民事行为能力人的监护人缺位时，自己可以作为其监护人，履行监护职责。例如，徐州市铜山区民政局履行监护监督职责，对未成年人邵某的监护人侵害被监护人合法权益、不尽监护职责甚至遗弃被监护人的行为依法进行监督，申请法院撤销其监护人的资格；在邵某的法定监护人的资格被撤销后，民政局申请自己作为邵某的监护人，被法院判决支持，指定民政局为邵某的监护人，履行监护职责。这一判决具有典型意义。

被监护人没有依法具有监护资格的监护人，其住所地的居民委员会、村民委员会如果具备履行监护职责条件，也可以担任公职监护人。

**第三十三条** 具有完全民事行为能力的成年人，可以与其近亲属、其他愿意担任监护人的个人或者组织事先协商，以书面形式确定自己的监护人，在自己丧失或者部分丧失民事行为能力时，由该监护人履行监护职责。

**【条文要义】**

本条是对成年人意定监护的规定。

具备完全民事行为能力的成年人，可以在近亲属或者其他与自己关系密切、愿意承担监护责任的个人、组织中进行协商，通过签订监护协议，合意确定自己的监护人。当签订了意定监护协议的成年人在丧失或者部分丧失民事行为能力时，意定监护人依照监护协议，依法承担监护责任，对被监护人实施监护。在成年人监护制度改革中诞生的意定监护制度，具有普遍保护完全丧失或者部分丧失民事行为能力的成年人的重大意义。

成年人设定任意监护人，应当在本人具有完全民事行为能力时，依自己的意思选任监护人，并且与其订立意定监护协议，将有关自己的监护事务全部或者部分授予意定监护人，在本人丧失或者部分丧失民事行为能力的事实发生后发生效力，产生监护关系。

意定监护人应当具有完全民事行为能力，既可以是法定监护人，也可以是法定监护人之外的其他人，即近亲属或者其他与自己关系密切、愿意承担监护责任的个人或者有关组织。

通过意定监护协议设定成年人的监护人，具体办法是：（1）成年人通过监护协议，约定自己丧失或者部分丧失民事行为能力时，由意定监护人进行监护；（2）意定监护的设置是通过协商确定意定监护人，本人与选定的监护人进行协商，达成合意后，通过签订监护协议，确定意定监护法律关系；（3）关于意定监护人的资格，凡是"近亲属或者其他与自己关系密切、愿意承担监护责任的个人或者有关组织"，均可被选定为意定监护人；（4）监护协议应当经过公证。意定监护对于被监护人的权利保护意义重大，我国没有规定监护的登记程序，可以借鉴公证方法，确认意定监护协议须经公证方为有效，这有利于保护被监护人的权益。

签订意定监护协议的行为，性质上属于实施民事法律行为。具有完全民事行为能力的成年人依照民法典第33条的规定与他人协商确定自己的监护人，就是实施身份法律行为。所以，监护协议的成立、生效等，可以依据其性质参照适用民法典关于民事法律行为、合同编通则规定的规则，以及有关委托合同的规定进行。

意定监护协议的任何一方当事人在该成年人丧失或者部分丧失民事行为能力前请求解除监护协议的，属于解除协议的行为，都应当支持。在该成年人丧失或者部分丧失民事行为能力以后，监护人、其他具有监护资格的人请求解除监护协议的,一般不应当予以支持,但是如果符合民法典第39条第1款规定的情形,即被监护人取得或者恢复完全民事行为能力、监护人丧失监护能力、被监护人或者监护人死亡或者人民法院认定监护关系终止的其他情形之一的,应当认定监护关系终止。

监护协议生效后,监护人存在民法典第36条第1款规定的行为之一的(一是实施严重损害被监护人身心健康的行为;二是怠于履行监护职责,或者无法履行监护职责且拒绝将监护职责部分或者全部委托给他人,导致被监护人处于危困状态;三是实施严重侵害被监护人合法权益的其他行为),由该条第2款规定的有关个人、组织申请撤销其监护资格的,应予支持。

## 【相关司法解释】

《最高人民法院关于适用〈中华人民共和国民法典〉总则编若干问题的解释》

第十一条 具有完全民事行为能力的成年人与他人依据民法典第三十三条的规定订立书面协议事先确定自己的监护人后,协议的任何一方在该成年人丧失或者部分丧失民事行为能力前请求解除协议的,人民法院依法予以支持。该成年人丧失或者部分丧失民事行为能力后,协议确定的监护人无正当理由请求解除协议的,人民法院不予支持。

该成年人丧失或者部分丧失民事行为能力后,协议确定的监护人有民法典第三十六条第一款规定的情形之一,该条第二款规定的有关个人、组织申请撤销其监护人资格的,人民法院依法予以支持。

**第三十四条** 监护人的职责是代理被监护人实施民事法律行为,保护被监护人的人身权利、财产权利以及其他合法权益等。

监护人依法履行监护职责产生的权利,受法律保护。

监护人不履行监护职责或者侵害被监护人合法权益的,应当承担法律责任。

因发生突发事件等紧急情况,监护人暂时无法履行监护职责,被监护人的生活处于无人照料状态的,被监护人住所地的居民委员会、村民委员会或者民政部门应当为被监护人安排必要的临时生活照料措施。

## 【条文要义】

本条是对监护人职责的规定。

监护权，是指监护人享有的对未成年人、丧失或者部分丧失民事行为能力的成年人的人身权益、财产权益加以监督、保护的准身份权。监护权的中心内容是义务，这种义务被称为监护职责。我国监护权的中心内容就是监护职责。

监护权的监护职责是：（1）身上监护权。对未成年人的监护，是身上照护权，也有管教权的内容。对成年人的监护，内容大体一致，略有区别，不具有管教权的内容。具体包括居住所指定权、交还请求权、身上事项同意权、扶养义务、监督教育义务和护养医疗义务。（2）财产监护权。监护人应全面保护被监护人的财产权益。具体内容是：财产管理权、使用权和处分权，以及禁止受让财产义务。（3）民事法律行为和民事诉讼行为的代理权。首先是代理民事法律行为，以被监护人的名义进行民事活动，为被监护人取得和行使权利，设定和履行义务。其次是代理民事诉讼行为。对于被监护人发生的诉讼活动，监护人亦为法定代理人，享有诉讼代理权，代理被监护人参加诉讼，行使诉讼权利、承担诉讼义务。

监护人应当承担两种民事责任：（1）监护人不履行监护职责，造成被监护人人身损害或者财产损害的，应当承担相应的民事责任；（2）监护人侵害被监护人的合法权益，滥用监护权，造成被监护人人身损害或者财产损害的，应当承担赔偿责任。

本条规定的新增内容是，因突发事件等紧急情形，监护人暂时无法履行监护职责的，有关组织对被监护人负有临时生活照料的义务。这是根据传染病防控工作的实际情况和经验总结确定的新规则，其要点是：（1）有关组织临时照料义务的适用条件是：第一，因发生突发事件等紧急情况。第二，无民事行为能力人或者限制民事行为能力人的监护人对被监护人暂时无法履行监护职责。第三，由于监护人无法履行监护职责，因而使被监护人的生活处于无人照料的状态，无法正常生活，陷入窘迫甚至危难。（2）负有对被监护人临时生活照料措施义务的组织，是被监护人住所地的居民委员会、村民委员会或者民政部门。（3）该义务的具体内容是为被监护人安排必要的临时生活照料措施。

**【相关司法解释】**

**《最高人民法院关于适用〈中华人民共和国民法典〉总则编若干问题的解释》**

**第十三条** 监护人因患病、外出务工等原因在一定期限内不能完全履行监护职责，将全部或者部分监护职责委托给他人，当事人主张受托人因此成为监护人的，人民法院不予支持。

**第三十五条** 监护人应当按照最有利于被监护人的原则履行监护职责。监护人除为维护被监护人利益外，不得处分被监护人的财产。

未成年人的监护人履行监护职责，在作出与被监护人利益有关的决定时，应当根据被监护人的年龄和智力状况，尊重被监护人的真实意愿。

成年人的监护人履行监护职责，应当最大程度地尊重被监护人的真实意愿，保障并协助被监护人实施与其智力、精神健康状况相适应的民事法律行为。对被监护人有能力独立处理的事务，监护人不得干涉。

【条文要义】

本条是对行使监护权和履行监护职责要求的规定。

监护人行使监护权的基本要求是：（1）按照最有利于被监护人的原则履行监护职责。除为维护被监护人的利益外，不得处分被监护人的财产；（2）尊重被监护人的真实意愿，对未成年人的监护人和成年人的监护人履行监护职责分别作不同的要求。

未成年人的监护人履行监护职责，无论是对被监护人的人身权益进行监护，还是对其财产权益的监护，以及代理被监护人实施民事法律行为或者民事诉讼行为，在作出与被监护人上述权益有关的决定时，均应根据被监护人的年龄和智力状况，尊重被监护人的真实意愿。如果被监护的未成年人已经能够表达自己的真实意愿，并且不违反保护未成年人意旨的，应当按照被监护人的真实意愿处理监护事宜。

成年被监护人的监护人履行监护职责的要求是：（1）凡是成年被监护人能够表达自己真实意愿的，应当依照其真实意愿处理监护事宜。成年被监护人不能正确表达自己真实意愿的，也应当根据其利益推定其真实意愿，最大限度地按照其真实意愿处理监护事宜。（2）保障并协助被监护人独立实施与其智力、精神健康状况相适应的民事法律行为，监护人应当对成年被监护人实施这类民事法律行为予以保障，并且协助其完成。（3）根据成年被监护人的智力和精神健康状况，对其有能力独立处理的事务，应当让成年被监护人独立实施该民事法律行为，处理自己的事务，监护人不得干涉。

**第三十六条** 监护人有下列情形之一的，人民法院根据有关个人或者组织的申请，撤销其监护人资格，安排必要的临时监护措施，并按照最有

利于被监护人的原则依法指定监护人:

（一）实施严重损害被监护人身心健康的行为；

（二）怠于履行监护职责，或者无法履行监护职责且拒绝将监护职责部分或者全部委托给他人，导致被监护人处于危困状态；

（三）实施严重侵害被监护人合法权益的其他行为。

本条规定的有关个人、组织包括：其他依法具有监护资格的人，居民委员会、村民委员会、学校、医疗机构、妇女联合会、残疾人联合会、未成年人保护组织、依法设立的老年人组织、民政部门等。

前款规定的个人和民政部门以外的组织未及时向人民法院申请撤销监护人资格的，民政部门应当向人民法院申请。

【条文要义】

本条是对撤销监护人资格的条件及程序的规定。

撤销监护人资格的条件：（1）实施严重损害被监护人身心健康行为的，如对未成年子女实施性侵行为，虐待被监护人的行为；（2）怠于履行监护职责，或者无法履行监护职责，并且拒绝将监护职责部分或者全部委托给他人，导致被监护人处于危困状态的，如不履行人身照护或者财产照护职责，或者自己不能履行监护职责又不将监护职责委托他人，均会导致被监护人处于危困状态；（3）有严重侵害被监护人合法权益的其他行为的，如转卖、侵吞被监护人的财产等。

撤销监护人资格的程序，应当由有关个人或组织向人民法院提出撤销监护人资格的申请，人民法院认为符合上述条款规定的条件的，作出撤销监护人的裁判，同时要先安排好临时监护措施，并根据最有利于被监护人的原则指定新的监护人。监护人的资格被撤销以后，应当按法定监护顺序继任或指定监护人。新的监护人产生以后，监护法律关系的变更即完成。在撤销监护人的资格，并指定新的监护人之前，须指定临时监护人对被监护人进行监护，避免出现被监护人的权益无法受到保护的情况。临时监护人是被监护人住所地的居民委员会、村民委员会、法律规定的有关组织或者民政部门。民政部门作为国家主管监护职责的机关，有权向人民法院提出申请。

监督监护人履行监护职责的个人和组织是监护监督人，包括负有监护职责的个人和监护监督机关。有监护监督资格的个人，就是其他有监护资格的人。监护监督机关，是指负责对监护人的监护活动进行监督，确保被监护人利益的机关，包括居民委员会、村民委员会、学校、医疗卫生机构、妇女联合会、残疾人联合会、未成年人保护组织、依法设立的老年人组织、民政部门等。

对无民事行为能力人的配偶的监护权的撤销，应当依照《最高人民法院关于适用〈中华人民共和国民法典〉婚姻家庭编的解释（一）》第62条规定的办法进行。

对于监护监督人，也可以由意定确定。当事人依照民法典第29条、第30条或者第33条的规定，通过遗嘱指定或者协议约定监护人，同时指定或者约定监护监督人的，只要不违背公序良俗，应当认为有效。对其效力发生争议的，法院应当依法认定该指定或者约定的效力。监护人存在民法典第36条第1款规定的情形之一或者当事人约定的情形，监护监督人请求撤销监护人资格的，是依法或者依约履行监护监督职责的行为，应当依法予以支持。

对指定或者约定的监护监督人也应当进行监督。监护监督人如果存在民法典第36条第1款规定情形之一，那么该条第2款规定的有关个人、组织申请撤销其监护监督人资格的，也应当依法予以支持。

**【相关司法解释】**

《最高人民法院关于适用〈中华人民共和国民法典〉婚姻家庭编的解释（一）》

第六十二条　无民事行为能力人的配偶有民法典第三十六条第一款规定行为，其他有监护资格的人可以要求撤销其监护资格，并依法指定新的监护人；变更后的监护人代理无民事行为能力一方提起离婚诉讼的，人民法院应予受理。

**第三十七条　依法负担被监护人抚养费、赡养费、扶养费的父母、子女、配偶等，被人民法院撤销监护人资格后，应当继续履行负担的义务。**

**【条文要义】**

本条是对监护人被撤销监护资格后仍存在身份权义务的规定。

监护人的监护权与近亲属之间的身份权是不同的。监护人资格被撤销后，如果监护人是被监护人的近亲属，只是撤销了其监护人身份，而没有撤销或者消灭其近亲属身份，那么该被撤销监护资格的人与原来的被监护人之间的身份关系仍然存在，基于该身份关系产生的权利和义务仍然继续保持，并不发生变化。因此，被撤销监护资格的父母、子女、配偶等，在其监护人的资格被撤销后，近亲属之间的身份权利义务并没有发生变化，应当依照亲权、亲属权和配偶权的要求，继续负担被监护人的抚养费、赡养费、扶养费。

**第三十八条** 被监护人的父母或者子女被人民法院撤销监护人资格后，除对被监护人实施故意犯罪的外，确有悔改表现的，经其申请，人民法院可以在尊重被监护人真实意愿的前提下，视情况恢复其监护人资格，人民法院指定的监护人与被监护人的监护关系同时终止。

【条文要义】

本条是对父母或子女被撤销监护资格后予以恢复的规定。

监护人的资格被撤销后，可以依据法律规定的条件予以恢复。监护人恢复监护资格的要件是：（1）被撤销监护资格的行为不属于对被监护人实施故意犯罪行为。如果监护人是因为对被监护人实施故意犯罪行为，如故意侵害被监护人的人身、财产构成犯罪的，不得恢复其监护人资格。（2）确有悔改表现的情形。被撤销资格的监护人在主观上有悔改的表示，客观上也有悔改的行为，应当认定为确有悔改表现。（3）被撤销监护资格的监护人申请恢复自己的监护人资格，未经申请者，不得恢复其监护资格。（4）尊重被监护人真实意愿，被监护人愿意接受被撤销监护资格的监护人继续作为自己的监护人的，才可以恢复监护人的资格。

符合上述要件要求的，法院可以判决被撤销监护资格的人恢复监护资格。

**第三十九条** 有下列情形之一的，监护关系终止：
（一）被监护人取得或者恢复完全民事行为能力；
（二）监护人丧失监护能力；
（三）被监护人或者监护人死亡；
（四）人民法院认定监护关系终止的其他情形。
监护关系终止后，被监护人仍然需要监护的，应当依法另行确定监护人。

【条文要义】

本条是对监护关系消灭及原因的规定。

监护法律关系的消灭，是因某些法定原因的存在而使监护关系永远地消灭。

监护关系消灭的具体原因是：（1）被监护人取得或者恢复完全民事行为能力。未成年人年满18周岁，即取得了完全的民事行为能力，监护关系自然消灭。被监护的成年人恢复完全民事行为能力的，同样如此。（2）监护人丧失监护能力。监护人丧失监护能力，不能继续担任监护人，是因监护人的原因而消灭监护关系。（3）被监护人或者监护人死亡。无论是被监护人还是监护人死亡，都会引起监护关系的消灭。（4）人民法院认定监护关系终止的其他情形。例如，被监护的未成年人被养父母认领或者被他人收养。

监护法律关系消灭，发生的法律后果是：（1）被监护人脱离监护，即为完全民事行为能力人，可以独立行使民事权利，独立承担民事义务，人身、财产权益均由自己维护，民事行为的实施亦独立为之；（2）在财产上，监护关系的消灭引起财产的清算和归还。

在监护法律关系相对消灭，即监护关系终止后，被监护人仍然需要监护的，实际上是监护关系的变更，应当依照法律规定另行确定监护人。

监护人、其他依法具有监护资格的人之间就监护人是否具有民法典第39条第1款第2项（监护人丧失监护能力）、第4项（人民法院认定监护关系终止的其他情形）规定的，应当终止监护关系的情形产生争议，申请变更监护人的，法院应当依法予以受理。经审理认为理由成立的，应当依照规定另行指定监护人。被依法指定的监护人与其他具有监护资格的人之间协议变更监护人的，人民法院应当尊重被监护人的真实意愿，依照最有利于被监护人的原则作出裁判。

## 【相关司法解释】

**《最高人民法院关于适用〈中华人民共和国民法典〉总则编若干问题的解释》**

**第十二条** 监护人、其他依法具有监护资格的人之间就监护人是否有民法典第三十九条第一款第二项、第四项规定的应当终止监护关系的情形发生争议，申请变更监护人的，人民法院应当依法受理。经审理认为理由成立的，人民法院依法予以支持。

被依法指定的监护人与其他具有监护资格的人之间协议变更监护人的，人民法院应当尊重被监护人的真实意愿，按照最有利于被监护人的原则作出裁判。

## 第三节　宣告失踪和宣告死亡

**第四十条**　自然人下落不明满二年的，利害关系人可以向人民法院申请宣告该自然人为失踪人。

**【条文要义】**

本条是对自然人宣告失踪条件的规定。

宣告失踪，是指自然人离开自己的住所下落不明达到法定期限，经过利害关系人申请，人民法院依照法定程序宣告其为失踪人的制度。规定宣告失踪的目的，是通过人民法院确认自然人失踪的事实，结束失踪人财产无人管理及其应履行的义务不能得到及时履行的非正常状态，以保护失踪人和利害关系人的利益，维护社会经济秩序的稳定。

宣告失踪应当具备的条件是：（1）须自然人下落不明满两年。下落不明，是指自然人离开自己最后的住所或常住地后没有音讯，并且这种状况为持续、不间断的。只有从自然人音讯消失起开始计算，持续地、不间断地经过两年，才可以申请宣告失踪。（2）须由利害关系人向人民法院提出申请。利害关系人的范围界定较宽，包括被申请宣告失踪人的配偶、父母、子女、兄弟姐妹、祖父母、外祖父母、孙子女、外孙子女，以及其他与被申请人有民事权利义务关系的人。其他与被申请人有民事权利义务关系的人，主要是指失踪人的合伙人、债权人等，因为宣告失踪的目的主要是了结债权债务关系，将合伙人和债权人作为利害关系人应属当然。宣告失踪的申请可由这些利害关系人中的一人提出或数人同时提出，没有先后顺序的区别。（3）须由人民法院根据法定程序宣告。人民法院在收到宣告失踪的申请后，应当依据《民事诉讼法》规定的特别程序，发出寻找失踪人的公告。公告期满以后，仍没有该自然人音讯的，人民法院才能宣告该自然人为失踪人。申请宣告失踪的利害关系人：一是被申请人的近亲属；二是被申请人的债权人、债务人、合伙人等，与被申请人有民事权利义务关系。但是，不申请被申请人宣告失踪不影响其权利行使、义务履行的，不是利害关系人。

**【相关司法解释】**

《最高人民法院关于适用〈中华人民共和国民法典〉总则编若干问题的解释》

第十四条 人民法院审理宣告失踪案件时，下列人员应当认定为民法典第四十条规定的利害关系人：

（一）被申请人的近亲属；

（二）依据民法典第一千一百二十八条、第一千一百二十九条规定对被申请人有继承权的亲属；

（三）债权人、债务人、合伙人等与被申请人有民事权利义务关系的民事主体，但是不申请宣告失踪不影响其权利行使、义务履行的除外。

**第四十一条** 自然人下落不明的时间自其失去音讯之日起计算。战争期间下落不明的，下落不明的时间自战争结束之日或者有关机关确定的下落不明之日起计算。

**【条文要义】**

本条是对自然人下落不明时间起算的规定。

宣告自然人失踪，最重要的条件就是达到法定的下落不明的时间要求。具体下落不明的时间，应当从其失去音讯之日，也就是最后获得该自然人音讯之日起计算。例如，在飞机失事事件中，飞机失事的时间其实就是计算下落不明的起算时间。

在战争期间下落不明的，则从战争结束之日或者有关机关确定的下落不明之日起，计算下落不明的时间。

**第四十二条** 失踪人的财产由其配偶、成年子女、父母或者其他愿意担任财产代管人的人代管。

代管有争议，没有前款规定的人，或者前款规定的人无代管能力的，由人民法院指定的人代管。

**【条文要义】**

本条是对自然人被宣告失踪后的财产代管人的规定。

在自然人被宣告为失踪人以后，因为其民事主体资格仍然存在，所以不产生婚姻关系解除和继承开始的后果，只在财产关系上发生财产代管关系，为失踪人的财产设定代管人。

人民法院判决宣告自然人失踪的，应当同时指定失踪人的财产代管人。能够作为财产代管人的人，除其配偶、成年子女、父母外，还包括其他愿意担任财产代管人的人，无论是失踪人的兄弟姐妹、祖父母、外祖父母、孙子女、外孙子女还是其他朋友等，只要愿意担任财产代管人的，都可以请求担任财产代管人，人民法院应当从上述人员中为失踪人指定财产代管人。失踪人是无民事行为能力人或者限制民事行为能力人的，由其监护人作为财产代管人为妥。

在以下情况下，由人民法院指定失踪人的财产代管人：（1）由谁担任财产代管人发生争议；（2）失踪人没有配偶、父母、子女或者其他愿意担任财产代管人的人；（3）失踪人的配偶、父母、子女或者其他愿意担任财产代管人的人无代管财产能力。出现上述情况之一，人民法院应该根据实际情况确定失踪人的财产代管人。

**第四十三条** 财产代管人应当妥善管理失踪人的财产，维护其财产权益。

失踪人所欠税款、债务和应付的其他费用，由财产代管人从失踪人的财产中支付。

财产代管人因故意或者重大过失造成失踪人财产损失的，应当承担赔偿责任。

【条文要义】

本条是对财产代管人职责和责任的规定。

财产代管人兼具财产保管人和指定代理人的性质。财产代管人是代管财产的保管人，应当以善良管理人的注意管理失踪人的财产。财产代管人是失踪人的指定代理人，在法律以及人民法院授权的范围内，有权代理失踪人从事一定的民事活动，包括代理失踪人履行债务和受领他人的履行，以维护失踪人的财产权益。

对失踪人所欠税款、债务和应付的其他费用等广义债务，财产代管人应当以失踪人的财产负担清偿义务。

由于为失踪人代管财产行为是无偿行为，因而仅在代管人因自己的故意或重大过失造成失踪人财产损害时才承担赔偿责任，无须对因一般过失造成的损害承担损害赔偿责任。

财产代管人的诉讼地位，可以作为原告和被告。失踪人的财产代管人向失踪人的债务人请求偿还债务的，应当将财产代管人列为原告。债权人提起诉讼，请求失踪人的财产代管人支付失踪人所欠的债务和其他费用的，应当将财产代管人列为被告。经审理债权人的诉讼请求成立的，应当判决财产代管人从失踪人的财产中支付失踪人所欠的债务和其他费用。

**【相关司法解释】**

《最高人民法院关于适用〈中华人民共和国民法典〉总则编若干问题的解释》

第十五条　失踪人的财产代管人向失踪人的债务人请求偿还债务的，人民法院应当将财产代管人列为原告。

债权人提起诉讼，请求失踪人的财产代管人支付失踪人所欠的债务和其他费用的，人民法院应当将财产代管人列为被告。经审理认为债权人的诉讼请求成立的，人民法院应当判决财产代管人从失踪人的财产中支付失踪人所欠的债务和其他费用。

第四十四条　财产代管人不履行代管职责、侵害失踪人财产权益或者丧失代管能力的，失踪人的利害关系人可以向人民法院申请变更财产代管人。

财产代管人有正当理由的，可以向人民法院申请变更财产代管人。

人民法院变更财产代管人的，变更后的财产代管人有权请求原财产代管人及时移交有关财产并报告财产代管情况。

**【条文要义】**

本条是对变更财产代管人的规定。

失踪人的利害关系人可以申请变更财产代管人，变更的法定事由是：（1）代管人不履行代管职责，即代管人疏于履行职责；（2）侵害失踪人财产权益，即滥用代管职权；（3）代管人丧失代管能力，不能履行代管职责。符合上述财产代管人的变更事由，失踪人的利害关系人可以向人民法院申请变更财产代管人。符合变更事由要求之一的，人民法院判决变更财产代管人。

财产代管人也可以自己申请变更财产代管人，其法定的事由是：财产代管人有正当理由的，可以向人民法院申请变更财产代管人。申请变更理由正当的，人民法院判决变更财产代管人。

由人民法院裁判变更财产代管人的,应当对失踪人的财产在代管期间的情况进行清算,列出财产的清单以及在代管期间发生的变化,并且向新的财产代管人进行移交。新的财产代管人有权要求原财产代管人及时移交有关财产,并报告财产代管情况。原代管人是义务人,负有移交财产和报告财产代管情况的义务,即对被代管的财产作出清算报告,按照报告的内容,移交代管财产。

**第四十五条** 失踪人重新出现,经本人或者利害关系人申请,人民法院应当撤销失踪宣告。

失踪人重新出现,有权请求财产代管人及时移交有关财产并报告财产代管情况。

【条文要义】

本条是对失踪人重新出现撤销失踪宣告的规定。

被宣告失踪的人重新出现,包括确知其下落的,应当撤销对失踪人的失踪宣告。被宣告失踪的本人或者利害关系人应当向人民法院申请,人民法院应当依据法定程序,撤销对失踪人的失踪宣告。

失踪宣告一经撤销,财产代管人与失踪人的财产代管关系也随之终止。

被撤销失踪宣告的自然人的权利是:(1)要求财产代管人及时移交有关财产;(2)报告财产代管情况。

代管人负有满足其权利的义务:(1)将其代管的财产及时移交给被撤销失踪宣告的人;(2)向被撤销失踪宣告的人报告在其代管期间对财产管理和处置的情况。只要代管人并非出于恶意,其在代管期间支付的各种合理费用,失踪人不得要求代管人返还。

**第四十六条** 自然人有下列情形之一的,利害关系人可以向人民法院申请宣告该自然人死亡:

(一)下落不明满四年;

(二)因意外事件,下落不明满二年。

因意外事件下落不明,经有关机关证明该自然人不可能生存的,申请宣告死亡不受二年时间的限制。

**【条文要义】**

本条是对自然人宣告死亡的规定。

宣告死亡，是指自然人下落不明达到法定期限，经利害关系人申请，人民法院经过法定程序，在法律上推定失踪人死亡的民事主体制度。规定宣告死亡制度，能够消除因自然人长期下落不明造成财产关系和人身关系的不稳定状态，及时了结下落不明的人与他人之间的财产关系和人身关系，维护正常的社会秩序。

宣告死亡应当具备的条件是：

1. 自然人下落不明须达到法定期限。下落不明是指生死不明，即自然人离开其原来之住所或居所生死不明。如果知道某人仍然生存，只是没有和家人联系或者不知道其确切地址，就不能认为是下落不明。法定期间：（1）一般的下落不明为满4年；（2）因意外事件下落不明的为满2年，但是因意外事件下落不明，经有关机关证明该自然人不可能生存的，申请宣告死亡不受2年时间的限制。自然人在战争期间下落不明的，利害关系人申请宣告死亡的期间适用民法典第46条第1款第1项的规定，即下落不明满4年。

2. 须由利害关系人向人民法院提出申请。宣告死亡的利害关系人的范围与宣告失踪的利害关系人的范围相同。宣告死亡的利害关系人没有顺序的要求。

3. 须由人民法院依法定程序作出宣告。人民法院受理死亡宣告申请后，依照《民事诉讼法》规定的特别程序进行审理，发出寻找下落不明人的公告，在公告期届满仍没有其音讯的，人民法院才能作出死亡宣告的判决。

申请宣告死亡的利害关系人，首先是被申请人的配偶、父母、子女，他们是民法典第46条规定的利害关系人。其次是被申请人的其他近亲属，如果符合下列情形之一，应当认定为民法典第46条规定的利害关系人：一是被申请人的配偶、父母、子女均已死亡或者下落不明的；二是被申请人的其他近亲属不申请宣告死亡不能保护其相应合法权益的。最后是其他利害关系人，被申请人的债权人、债务人、合伙人、所在单位等民事主体，原则上不能认定为民法典第46条规定的利害关系人，但是不申请宣告死亡不能保护其相应合法权益的除外。

**【相关司法解释】**

《最高人民法院关于适用〈中华人民共和国民法典〉总则编若干问题的解释》

**第十六条** 人民法院审理宣告死亡案件时，被申请人的配偶、父母、子女，以及依据民法典第一千一百二十九条规定对被申请人有继承权的亲属应当认定为民法典第四十六条规定的利害关系人。

符合下列情形之一的，被申请人的其他近亲属，以及依据民法典第一千一百二十八条规定对被申请人有继承权的亲属应当认定为民法典第四十六条规定的利害关系人：

（一）被申请人的配偶、父母、子女均已死亡或者下落不明的；

（二）不申请宣告死亡不能保护其相应合法权益的。

被申请人的债权人、债务人、合伙人等民事主体不能认定为民法典第四十六条规定的利害关系人，但是不申请宣告死亡不能保护其相应合法权益的除外。

第十七条　自然人在战争期间下落不明的，利害关系人申请宣告死亡的期间适用民法典第四十六条第一款第一项的规定，自战争结束之日或者有关机关确定的下落不明之日起计算。

**第四十七条　对同一自然人，有的利害关系人申请宣告死亡，有的利害关系人申请宣告失踪，符合本法规定的宣告死亡条件的，人民法院应当宣告死亡。**

【条文要义】

本条是对宣告失踪和宣告死亡顺序的规定。

对一个下落不明的自然人，既符合宣告失踪的条件，也符合宣告死亡的条件，有的利害关系人申请宣告其死亡，有的利害关系人申请宣告其失踪的，形成请求宣告死亡和宣告失踪的冲突。对此，本条规定的规则是，宣告死亡优先。这是因为符合宣告死亡条件的必然符合宣告失踪的条件要求，既然如此，宣告死亡的法律后果同时也能够达到宣告失踪的后果要求，因而按照利害关系人宣告死亡的申请宣告该自然人死亡，尽管不符合宣告失踪申请人的意图，但是都能够达到所要求的目的。因此，宣告死亡是最好的选择。构成申请宣告死亡和宣告失踪冲突的，人民法院应当宣告死亡。

**第四十八条　被宣告死亡的人，人民法院宣告死亡的判决作出之日视为其死亡的日期；因意外事件下落不明宣告死亡的，意外事件发生之日视为其死亡的日期。**

**【条文要义】**

本条是对确定自然人被宣告死亡日期的规定。

确定被宣告死亡的自然人死亡日期的方法是：（1）人民法院在判决中确定宣告死亡的日期，即判决书确定了被宣告死亡人死亡日期的，该日期就视为其死亡的日期；（2）法院判决没有确定死亡日期，判决作出之日视为其死亡的日期；（3）因意外事件下落不明宣告死亡的，应当将意外事件发生之日视为其死亡的日期。

自然人被宣告死亡后，发生与自然死亡相同的法律后果，被宣告死亡的自然人在法律上被认定为已经死亡，其财产关系和人身关系都发生变动。主要的后果包括：（1）财产继承关系开始；（2）婚姻关系终止，原配偶可以再婚。

**第四十九条** 自然人被宣告死亡但是并未死亡的，不影响该自然人在被宣告死亡期间实施的民事法律行为的效力。

**【条文要义】**

本条是对宣告自然人死亡判决空间效力的规定。

宣告死亡判决发生被宣告的自然人死亡的法律后果，这种效力是相对的空间效力，即自然人尽管被宣告死亡，但这只是一种推定，其有可能还在异地生存。坚持相对的空间效力，就是承认该自然人在异地实施的民事法律行为的效力。

宣告死亡的目的并不是要绝对地消灭或剥夺被宣告死亡人的主体资格，而是在于结束以被宣告死亡人原住所地为中心的民事法律关系。因此，被宣告死亡人的民事权利能力消灭，并不是全部的在事实上的丧失，而仅仅是在法律上的死亡推定，并非已经丧失民事权利能力。被宣告死亡的自然人在其存活地的民事权利能力并不终止，仍可依法从事各种民事活动。自然人并未死亡但被宣告死亡的，不影响该自然人在被宣告死亡后实施的民事法律行为的效力，这意味着被宣告死亡的自然人可能并未死亡，只是在法律上被宣告死亡；在其被宣告死亡但并未死亡的期间，其实施的民事法律行为依然发生法律效力。

**第五十条** 被宣告死亡的人重新出现，经本人或者利害关系人申请，人民法院应当撤销死亡宣告。

**【条文要义】**

本条是对被宣告死亡的人重新出现撤销死亡宣告的规定。

被宣告死亡的人重新出现或者确知其没有死亡，经本人或者利害关系人申请，人民法院应当撤销对其的死亡宣告。

死亡宣告撤销的要件是：（1）须被宣告死亡人仍然生存，重新出现。（2）须由本人或利害关系人提出申请。撤销宣告死亡的利害关系人的范围，与申请宣告死亡的利害关系人的范围是一样的，没有顺序的限制。（3）须由人民法院作出撤销死亡的宣告。

在上述死亡宣告撤销的三个要件中，第一个要件是实体性要件，即被宣告死亡的人重新出现；后两个要件是程序性要件。

**第五十一条** 被宣告死亡的人的婚姻关系，自死亡宣告之日起消除。死亡宣告被撤销的，婚姻关系自撤销死亡宣告之日起自行恢复。但是，其配偶再婚或者向婚姻登记机关书面声明不愿意恢复的除外。

**【条文要义】**

本条是对宣告死亡和撤销死亡宣告后当事人婚姻关系效果的规定。

自然人被宣告死亡之后，发生死亡的后果，其对婚姻关系的法律效果是：婚姻关系消除，其配偶可以另行结婚。

死亡宣告被撤销后，对当事人婚姻关系发生的法律效果是：（1）被宣告死亡的自然人的配偶没有再婚的，死亡宣告被撤销后，原来的婚姻关系可以自行恢复，仍与原配偶为夫妻关系，不必进行结婚登记；（2）其配偶向婚姻登记机关书面声明不愿意与被宣告死亡的配偶恢复婚姻关系的，则不能自行恢复夫妻关系；（3）被宣告死亡的自然人的配偶已经再婚，即使再婚后又离婚或再婚后新配偶已经死亡的，也不得因为撤销死亡宣告而自动恢复原来的婚姻关系。

**第五十二条** 被宣告死亡的人在被宣告死亡期间，其子女被他人依法收养的，在死亡宣告被撤销后，不得以未经本人同意为由主张收养行为无效。

【条文要义】

本条是对宣告死亡被撤销后亲子关系效果的规定。

被撤销死亡宣告的自然人有子女的，即使其被宣告死亡，父母子女的亲子关系也不会因此而消灭，仍然保持亲子关系。如果在被宣告死亡期间，被宣告死亡人的子女被他人依法收养的，则亲子关系消灭。被宣告死亡人的死亡宣告被撤销后，该收养关系仍然有效，被撤销死亡宣告的人不得因自己的死亡宣告被撤销，而主张该收养关系未经其本人同意而无效，应当继续保持收养关系。

如果被撤销死亡宣告的人主张解除收养关系，应当经过协商，通过合意解除收养关系。达成解除收养关系合意的，解除收养关系；未达成解除收养关系合意的，不能解除收养关系。

**第五十三条** 被撤销死亡宣告的人有权请求依照本法第六编取得其财产的民事主体返还财产；无法返还的，应当给予适当补偿。

利害关系人隐瞒真实情况，致使他人被宣告死亡而取得其财产的，除应当返还财产外，还应当对由此造成的损失承担赔偿责任。

【条文要义】

本条是对撤销死亡宣告后财产关系效果的规定。

本条第1款规定的是被撤销死亡宣告的人享有财产返还请求权，对依照继承法取得其财产的民事主体有权请求返还财产，包括依法定继承取得、遗嘱继承取得和受遗赠取得的财产。因其他原因取得财产的，也应当向被撤销死亡宣告的人返还财产。

返还财产以返还原物为原则，如果原物不存在，应当予以适当补偿。确定应补偿的数额，主要考虑返还义务人所取得财产的价值、返还能力等。

利害关系人隐瞒真实情况，致使他人被宣告死亡而取得其财产的，是恶意利用宣告死亡的方法非法取得被宣告死亡人的财产，构成侵权行为，应当承担侵权责任。故当宣告死亡被撤销后，该利害关系人除应当返还原物外，还应当对由此造成的损失承担赔偿责任，赔偿的原则是全部赔偿，对所造成的损害全部予以赔偿。

## 第四节　个体工商户和农村承包经营户

**第五十四条**　自然人从事工商业经营，经依法登记，为个体工商户。个体工商户可以起字号。

**【条文要义】**

本条是对个体工商户的规定。

个体工商户，是指在法律允许的范围内，依法经核准登记，从事工商经营活动的自然人或者家庭。单个自然人申请个体经营，应当是 16 周岁以上有劳动能力的自然人。家庭申请个体经营，作为户主的个人应该有经营能力，其他家庭成员不一定都有经营能力。

个体工商户应当依法进行核准登记。无论是自然人还是家庭，凡是要进行个体经营的，都须依法向市场监督管理部门提出申请，经过市场监督管理部门的核准登记，颁发个人经营的营业执照，取得个体工商户的经营资格。

个体工商户应当在法律允许的范围内从事工商业经营活动，包括手工业、加工业、零售行业以及修理业、服务业等。对此，应当在市场监督管理部门核准的经营范围内进行经营活动。

个体工商户可以起字号，对其字号享有名称权，其他任何人不得侵犯。在经营活动中，没有起字号的个体工商户，应当以市场监督管理部门登记的经营者的姓名作为经营者的名义，这种经营者使用的姓名实际上已经与自然人本身的姓名有所区别，具有字号的含义。

**第五十五条**　农村集体经济组织的成员，依法取得农村土地承包经营权，从事家庭承包经营的，为农村承包经营户。

**【条文要义】**

本条是对农村承包经营户的规定。

农村承包经营户，是指在法律允许的范围内，按照农村土地承包经营合同的约定，利用农村集体土地从事种植业以及副业生产经营的农村集体经济组织成员或者家庭。

农村承包经营户是农村集体经济组织成员，依照法律规定与集体经济组织签订农村土地承包经营合同，利用农村集体土地进行农副业生产，就成为农村承包经营户。在我国农村，承包农村土地基本上是以户的形式进行，只有单身的农民才以个人名义承包土地。

土地承包经营合同应当约定承包的生产项目，交付使用的生产资料数量和承包日期，缴纳集体的公积金、公益金、管理费，承包户有使用水利等公共设施的权利，以及双方各自的权利义务及违约责任。

农村承包经营户的经营范围是利用集体土地，从事土地承包合同约定的农业或者副业生产。随着我国农村经济的发展，农村承包经营户也可以行使"三权分置"中的土地经营权，利用承包的农村集体土地进行商业化开发，开展商业活动，进一步开发土地的利用价值，把承包的农村集体土地作为生产资料，扩大经营范围，在农村经营中取得更好的效益。

**第五十六条** 个体工商户的债务，个人经营的，以个人财产承担；家庭经营的，以家庭财产承担；无法区分的，以家庭财产承担。

农村承包经营户的债务，以从事农村土地承包经营的农户财产承担；事实上由农户部分成员经营的，以该部分成员的财产承担。

【条文要义】

本条是对个体工商户和农村承包经营户债务承担的规定。

个体工商户和农村承包经营户在经营中所负债务，与法人、非法人组织及自然人负担债务的规则有所不同。

个体工商户在经营中所负债务的清偿规则是：（1）个体工商户是以个人进行经营的，其所负债务就是个人债务，应当以其个人财产对债务承担无限责任，与夫妻共同财产和家庭共同财产没有关系；（2）以家庭为单位进行经营的，无论是其收益还是负债，都是家庭共有财产，对在个体经营中负担的债务，应当以家庭的全部财产承担无限责任；（3）个体工商户在经营中无法区分是个人经营还是家庭经营的，应当按照有利于债务人的原则确认，认定为家庭经营的，以家庭财产承担。

农村承包经营户对所负债务的清偿规则是：（1）农村承包经营户的债务，以从事农村土地承包经营的农户财产承担，负无限清偿责任；（2）农村承包经营户的经营活动尽管以户的方式承包，但事实上是由农户的部分成员经营，证明属实的，以该部分成员的财产承担无限清偿责任，该户其他没有进行共同经营活动的成员对此债务不承担责任。

# 第三章 法　人

## 第一节　一般规定

**第五十七条**　法人是具有民事权利能力和民事行为能力，依法独立享有民事权利和承担民事义务的组织。

【条文要义】

本条是对法人概念的规定。

法人，是指依照法律规定具有民事权利能力和民事行为能力，能够独立享有民事权利和承担民事义务的组织。法人的特征是：（1）法人是具有独立名义的社会组织体，具有民事权利能力和民事行为能力；（2）法人具有独立的财产；（3）法人具有独立的意思，能够依自己的意思行使民事权利、承担民事义务；（4）法人独立承担责任。

法人的本质，是法人能够与自然人一样具有民事权利能力，成为享有权利、负担义务的民事主体。我国民法学通说采用法人实在说，在立法上也是以法人实在说作为理论依据的。

民法典以法人成立目的的不同作为标准，将法人分为营利法人、非营利法人和特别法人。

**第五十八条**　法人应当依法成立。

法人应当有自己的名称、组织机构、住所、财产或者经费。法人成立的具体条件和程序，依照法律、行政法规的规定。

设立法人，法律、行政法规规定须经有关机关批准的，依照其规定。

【条文要义】

本条是对法人成立及其条件的规定。

法人成立，是指法人开始取得民事主体资格，享有民事权利能力。法人的成立，表现为营利法人、非营利法人以及特别法人开始具有法人的人格，成为民事权利主体的始期。

法人的成立与法人的设立是不同的概念。设立是行为，成立是结果；设立尚未成立，成立必须经过设立。

法人成立的条件是：

1. 须有设立行为。法人必须经过设立人的设立行为才可能成立。

2. 须符合设立的要求：（1）法人要有自己的名称，确定自己法人人格的文字标识；（2）要有能够进行经营活动的组织机构；（3）必须有自己固定的住所；（4）须有必要的财产或者经费，能够进行必要的经营活动和承担民事责任。

3. 须有法律依据或经主管机关批准。我国的法人设立，不采取自由设立主义，凡是成立法人，均须依据相关的法律。

4. 须经登记。法人的设立，原则上均须经过登记方能取得法人资格。机关法人成立无须登记。事业单位法人和社会团体法人，除法律规定不需要登记外，也要办理登记。成立法人，须完成以上条件才能够取得法人资格。

**第五十九条　法人的民事权利能力和民事行为能力，从法人成立时产生，到法人终止时消灭。**

【条文要义】

本条是对法人的民事权利能力和民事行为能力的规定。

法人的民事权利能力，是指法人作为民事主体，享受民事权利并承担民事义务的资格，即人格。法人作为民事权利主体，与自然人一样，具有民事权利能力，但是二者又有所不同：（1）民事权利能力的范围不同。法人不享有与自然人人身不可分离的权利，如生命权、健康权、身体权、姓名权、肖像权、隐私权，以及配偶权、亲权、亲属权、继承权等。（2）民事权利能力开始与终止的时间不同。法人的民事权利能力始于法人成立，终于法人消灭，即法人的民事权利能力从其成立时产生。法人的民事权利能力在法人存续期间与法人不可分离。法人的民事权利能力从其终止时消灭。自然人的民事权利能力始于出生，终于死亡。（3）民事权利能力的限制不同。法人民事权利能力限制在法律或者行政命令的范围之内，并且受到设立人意志的约束，设立人在设立法人时确立的目的范围直接决定了法人的权利能力范围。自然人的民事权利能力不受法律的限制。

法人的民事行为能力，是指法人作为民事主体，以自己的行为享受民事权利并承担民事义务的资格。法人的民事行为能力从法人成立时产生，到法人终止时消灭。法人的民事行为能力的特点是：（1）法人的民事行为能力与其民事权利能力取得和消灭的时间相一致；（2）法人的民事行为能力与民事权利能力的范围相一致；（3）法人的意志取决于团体的意志。

**第六十条　法人以其全部财产独立承担民事责任。**

**【条文要义】**

本条是对法人承担有限民事责任的规定。

法人以其全部财产独立承担民事责任，即承担有限责任。无论法人应当承担多少责任，最终都以其全部财产来承担，不承担无限责任。

法人以其全部财产独立承担民事责任，这就是法人的民事责任能力。民事责任能力，是指民事主体据以独立承担民事责任的法律地位或法律资格，也叫作侵权行为能力。我国民法采取法人实在说，承认法人的民事责任能力。法人作为一个实在的组织体，对其法定代表人及成员在执行职务中的行为造成他人损害承担民事责任，即代表责任或者替代责任。法人代表责任的根据在于：法人的法定代表人是法人的机关成员，是法人的组成部分，其代表法人从事经营活动时，其职权是由章程以及法律予以确定的，其活动的内容和范围主要是由法人规定的，其活动的目的是实现法人的职能。既然机关成员的经营活动就是法人的行为，他们在合法的职权范围内从事经营活动，所产生的权利义务理所当然应由法人来承担。因此，法人的机关成员在经营活动中实施的行为造成他人损害的，民事责任由法人承担。

**第六十一条　依照法律或者法人章程的规定，代表法人从事民事活动的负责人，为法人的法定代表人。**

**法定代表人以法人名义从事的民事活动，其法律后果由法人承受。**

**法人章程或者法人权力机构对法定代表人代表权的限制，不得对抗善意相对人。**

**【条文要义】**

本条是对法人的法定代表人及权限范围的规定。

法人的法定代表人是法人机关。法人机关，是指存在于法人组织体内部的、担当法人行为和责任的机构。法人机关分为三类：（1）意思形成机关，即权力机关；（2）意思表示机关，即执行机关；（3）法人的监督机关，即监事或者监事会。法人的活动要有一个代表人，代表法人进行意思表示，通过代表人的行为代表法人的行为，通过代表人的行为参加民事活动。

法人的法定代表人，是指依照法律或法人组织章程的规定，代表法人行使职权的负责人。法定代表人的特征是：（1）法定代表人是由法人章程所确定的自然人；（2）法人的法定代表人有权代表法人从事民事活动；（3）法人的法定代表人是法人的主要负责人。在民事诉讼中，应由法定代表人代表法人在人民法院起诉和应诉。

法定代表人以法人名义从事的民事活动，都是法人的民事活动。从事民事活动，法人通常都是通过法定代表人来表达自己的意思。因而，法定代表人以法人名义从事的民事活动，就是法人的民事活动，其后果都由法人承受。

法人章程或者权力机关对法定代表人代表权范围的限制，对于法定代表人有完全的效力，即法定代表人不得超出其法人章程或者权力机构对其的限制。如果法定代表人代表法人进行的民事活动超出了法人章程或者权力机构对法定代表人代表权的限制范围，法人可以追究其责任。

法人章程或者权力机构对法定代表人代表权范围的限制，对于第三人不具有完全的效力。只要进行民事活动的相对人是善意的，对法定代表人超出职权范围不知情且无过失，法人就不能以超越职权为由对抗该善意相对人；如果相对人知情，则可以主张该民事法律行为无效或者撤销。对此，应当对照民法典第504条规定的条件和要求，来确定法定代表人超越权限订立合同的效力。

**第六十二条** 法定代表人因执行职务造成他人损害的，由法人承担民事责任。

法人承担民事责任后，依照法律或者法人章程的规定，可以向有过错的法定代表人追偿。

**【条文要义】**

本条是对法定代表人执行职务造成他人损害责任的规定。

法定代表人因执行职务造成他人损害由法人承担民事责任，包含在民法典第1191条第1款规定的"用人单位的责任"之中。法人为法定代表人因执行职务造成损害承担侵权责任的构成要件是：（1）须有加害他人的侵权行为；（2）须因法人的法定代表人及其他工作人员执行职务的行为造成损害；（3）须因执行职务的行为发生。执行职务的行为，一是执行职务本身的行为或者职务活动本身，二是与职务行为相关联的行为。法人承担的责任形态是替代责任，即其法定代表人或者其他工作人员因执行职务行为造成他人的损害，由法人承担责任。

法定代表人因执行职务造成他人损害的责任承担规则是：（1）法定代表人因执行职务造成他人损害的，由法人承担赔偿责任；（2）法人承担赔偿责任之后，如果法定代表人在执行职务中造成他人损害是有过错的，法人可以向法定代表人要求追偿。

**第六十三条** 法人以其主要办事机构所在地为住所。依法需要办理法人登记的，应当将主要办事机构所在地登记为住所。

**【条文要义】**

本条是对法人住所的规定。

法人的住所，是指法人主要办事机构及与他人发生法律关系的中心地域。法人的住所在法律上的重要意义是：（1）决定登记管辖；（2）决定债务履行地；（3）决定诉讼管辖；（4）决定法律文书的送达地点；（5）决定涉外民事法律关系的准据法。

确定法人住所的基本规则是，法人以其主要办事机构所在地为住所。如果法人仅有一个办事机构，无所谓主、次要之分，该办事机构的所在地就是法人的住所。如果法人有两个以上的办事机构，应当区分主要办事机构，该主要办事机构之外的办事机构为次要办事机构，而主要办事机构的所在地就是该法人的住所。

**第六十四条** 法人存续期间登记事项发生变化的，应当依法向登记机关申请变更登记。

## 【条文要义】

本条是对法人变更登记的规定。

法人登记,是行政主管机关对法人成立、变更、终止的法律事实进行登记,以此为公示的制度。法人登记的意义是:(1)私法上的意义,在于对法人成立、变更、终止的法律事实进行公示,使世人周知,以使他人了解法人变动的事实,因而法人成立、变更、终止的法律事实仅存在尚不足以发生相应的法律效果,只有经过登记后,才能发生法律效力;(2)具有公法上的管理职能,政府主管部门对法人成立、变更、终止的情况进行管理。

法人的变更登记,是法人在进行了设立登记之后,其实际情况与登记的事项不一致,发生变更的,应当进行登记。变更登记的机关与该法人设立登记的机关相同,即由法人进行设立登记的机关负责变更登记。

变更登记的义务人是法人的法定代表人。变更登记的事项包括:法人合并与分立,以及法定代表人、住所、注册资本、名称、经营范围、增减分支机构等事项的变动。法人在存续期间,凡是上述事项发生变动的,都应当经过变更登记。

**第六十五条** 法人的实际情况与登记的事项不一致的,不得对抗善意相对人。

## 【条文要义】

本条是对法人的实际情况与登记事项不一致的规定。

由于各种原因,法人的实际情况可能与在法人登记机关的登记事项不一致。当法人及其法定代表人在与他人从事民事活动中出现这种情况时,将会影响民事法律行为的效果。若法人及其法定代表人在与他人从事民事活动中,其实际情况与该法人在登记机关登记的事项不一致,当民事行为对该法人产生不利益时,以保障该法人的利益,该法人可能会以法人的实际情况与登记的事项不一致主张该民事活动不发生法律效力。在这种情况下,与该法人进行民事活动的相对人,一方面,可以认可该法人的主张,认为该民事活动没有效力;另一方面,相对人知道或者应当知道该法人的实际情况与登记的事项不一致,也可以认可该民事活动无效,或者直接承受该民事活动无效的后果。但是,当法人以其实际情况与登记的事项不一致而主张该民事活动无效时,如果与其进行民事活动的相对人对该法人的实际情况与登记的事项不一致并不知情，且无过失（善意）的，该法人不得以实际情况与登记的事项不一致为由对抗该善意相对人，不得否认已经实施的民事活动的效力，应当承受该民事活动的后果。

适用本条规定，应当结合民法典第 505 条的规定，依照民法典第一编第六章第三节关于民事法律行为效力和合同编关于合同效力的规定确定，不得仅以超越经营范围确认合同无效。

**第六十六条　登记机关应当依法及时公示法人登记的有关信息。**

【条文要义】

本条是对登记机关及时公示法人登记信息义务的规定。

法人的登记机关是法人登记的主管机关，代表国家对法人行使法人登记的管理职责。法人登记机关对法人进行登记，既是其行政管理权力，也是其行政管理义务。其中重要义务之一，是按照法人登记的公示要求，对法人登记的信息及时进行公示。

对登记机关履行登记公示义务的具体要求是：（1）公示应当及时，只要法人进行了相关的登记，就应该及时将法人的相关信息向社会予以公示；（2）公示的法人登记信息的内容，应当包括法人登记的主要事项，包括法人的成立、法人合并与分立，以及法定代表人、住所、注册资本、名称、经营范围、增减分支机构等事项。

本条没有规定法人登记机关违反上述登记义务应当承担的责任。对此，应该按照《国家赔偿法》以及其他法律的有关规定，如果没有及时公示法人登记事项，给法人造成损失，且存在过失的，应当承担国家赔偿责任。

**第六十七条　法人合并的，其权利和义务由合并后的法人享有和承担。**

**法人分立的，其权利和义务由分立后的法人享有连带债权，承担连带债务，但是债权人和债务人另有约定的除外。**

【条文要义】

本条是对法人变更及其规则的规定。

法人的变更，是指法人的合并和法人的分立，是法人的主体发生变化。

法人合并，是指两个或两个以上的法人合而为一，归并成为一个法人的行为。分为两种类型：(1) 新设合并，也叫创设合并，是指两个或两个以上的法人合并成一个新法人，被合并的原法人全部归于消灭的法人合并形式，被合并的法人所有权利和义务都由新法人承受；(2) 吸收合并，也叫存续合并，是指一个或多个法人归入一个现存的法人之中，被合并的法人主体资格消灭，存续的法人主体资格仍然存在，权利义务由合并后存续的法人享有和承担。

法人分立，是指将一个法人分成两个或两个以上的新法人的行为。分为两种类型：(1) 新设分立，也叫创设分立，是指将一个法人分割成两个或者两个以上的新法人，原法人资格消灭，分立后的新法人成立；(2) 派生分立，也叫存续分立，是指将原法人分出一部分，成立一个新的法人，原法人资格仍然存在，分立的法人成为新法人。新设分立，要将原法人的财产所有权和债权债务分割成两个部分或者多个部分，就分割后的财产成立数个新法人。派生分立，仅仅是在仍然存续的法人中，将财产所有权和债权债务分出一部分，归分立后的新法人所有。法人分立的，其权利义务都由分立后的法人享有连带债权，承担连带债务，只有债权人和债务人另有约定的，才不适用这一规则，要按照约定处理。

**第六十八条** 有下列原因之一并依法完成清算、注销登记的，法人终止：

(一) 法人解散；

(二) 法人被宣告破产；

(三) 法律规定的其他原因。

法人终止，法律、行政法规规定须经有关机关批准的，依照其规定。

【条文要义】

本条是对法人终止的规定。

法人的终止也叫法人的消灭，是指法人丧失民事主体资格，不再具有民事权利能力与民事行为能力。法人终止后，其民事权利能力和民事行为能力消灭，民事主体资格丧失，终止后的法人不能再以法人的名义对外从事民事活动。

法人终止的原因是：(1) 法人解散。法人解散是法人终止的主要原因，依照民法典第69条规定予以确定。(2) 法人被宣告破产，法人应当终止。(3) 法律规定的其他原因,在法人存续期间,当出现了法律规定的法人消灭的其他原因时,法人终止。

法人终止的程序是:(1)有法定终止的原因;(2)须依法完成清算程序;(3)进行了注销登记程序;(4)法律、行政法规规定须经有关机关批准的,须经过有关机关批准后,法人资格才能够终止。

**第六十九条** 有下列情形之一的,法人解散:
(一)法人章程规定的存续期间届满或者法人章程规定的其他解散事由出现;
(二)法人的权力机构决议解散;
(三)因法人合并或者分立需要解散;
(四)法人依法被吊销营业执照、登记证书,被责令关闭或者被撤销;
(五)法律规定的其他情形。

**【条文要义】**

本条是对法人解散事由的规定。

法人解散的情形包括:(1)法人章程规定的存续期间届满或者法人章程规定的其他解散事由出现:法人章程规定了法人存续期间的,在存续期间届满时应当解散。法人章程规定了法人解散事由的,在解散事由出现后应当解散。(2)法人的权力机构决议解散:法人的权力机构作出解散的决议,是因法人成员的共同意志而解散。(3)因法人合并或者分立需要解散:新设合并的原法人资格消灭,都需要解散。吸收合并的被吸收法人也需要解散。新设分立的,原法人资格消灭需要解散。派生分立没有需要解散的法人。(4)法人依法被吊销营业执照、登记证书,被责令关闭或者被撤销:这些事由都消灭了法人资格,都需要解散法人。(5)法律规定的其他情形:例如,成立特定的法人是为了完成特定的目的,当目的实现后,该法人就没有必要继续存在。如果法人的目的已经确定无法实现,法人也应当解散。

**第七十条** 法人解散的,除合并或者分立的情形外,清算义务人应当及时组成清算组进行清算。

法人的董事、理事等执行机构或者决策机构的成员为清算义务人。法律、行政法规另有规定的，依照其规定。

清算义务人未及时履行清算义务，造成损害的，应当承担民事责任；主管机关或者利害关系人可以申请人民法院指定有关人员组成清算组进行清算。

【条文要义】

本条是对法人解散进行清算的规定。

清算，是指法人在终止前，应当对其财产进行清理，对债权债务关系进行了结的行为。法人的清算有两种形式：（1）依破产程序进行的清算；（2）非依破产程序进行的清算。

清算中的主体是：（1）清算法人，是指在清算期间只具有部分民事权利能力的法人，即清算期间，法人存续，但是不得从事与清算无关的活动；（2）清算组织，也叫作清算人，是指在法人清算中专门从事清算活动的人，如清算委员会、清算小组等；（3）清算义务人，包括法人的董事、理事等执行机构成员。如果法律另有规定的，凡是符合法律规定的人，也是清算义务人。

法人在清算期间，其人格并不消灭，清算组织就是法人在清算期间的意思机关和执行机构，由清算组织代表法人行使职权。清算组织的职权是：对内清理财产，处理法人的有关事务；对外代表法人了结债权债务，在法院起诉和应诉。

清算义务人在清算中未及时履行清算义务的后果是：（1）要承担法律后果，即应当承担民事责任，对未及时履行清算义务给清算法人所造成的损害，应当承担赔偿责任；（2）启动救济程序，即主管机关或者利害关系人可以申请人民法院指定有关人员组成清算组进行清算。其利害关系人，是与清算法人有权利义务关系的民事主体，如清算法人的债权人。主管机关和利害关系人都可以请求人民法院指定有关人员组成清算组，对清算法人的财产进行清算。

**第七十一条** 法人的清算程序和清算组职权，依照有关法律的规定；没有规定的，参照适用公司法律的有关规定。

【条文要义】

本条是对法人清算程序和清算组职权的规定。

清算程序，是指在法人解散的清算过程中，按照有关法律、法规的规定，应该经过的具体步骤。清算是一个按照法律设置的严格程序进行的过程：（1）法人解散事由出现之日起15日内要成立清算组，清算组正式成立后，法人开始进入实质性清算程序；（2）公告债权人，并进行债权人登记，清理公司财产，编制资产负债表和财产清单；（3）制订清算方案，在经过相关部门组织确认后，可按照方案来分配财产；（4）清算结束后，清算组应当制作清算报告和清算期间收支报表及各种财务账簿，在股东会（股东大会）或者人民法院确认后，报送登记机关申请注销公司登记，并进行公告。

依照清算程序的目的，清算人的职责是：（1）了结现务，将法人于解散前已经着手而未完成的事务予以了结；（2）收取债权，清算人应将属于法人的债权一一收取，对于尚未到期的债权或者条件未成就的债权，应当予以转让或者变价处理；（3）清偿债务，清算人对法人所负债务应当予以清偿，对于未到期债务，应当抛弃期限利益，提前清偿；（4）移交剩余财产，清算人负责移交于有权获得此财产的人；（5）代表法人参加民事诉讼。

法人的清算程序和清算组职权，除了按照法律的上述规定之外，如果没有具体规定，可以参照适用《公司法》等公司法律的有关规定。

**第七十二条** 清算期间法人存续，但是不得从事与清算无关的活动。

法人清算后的剩余财产，按照法人章程的规定或者法人权力机构的决议处理。法律另有规定的，依照其规定。

清算结束并完成法人注销登记时，法人终止；依法不需要办理法人登记的，清算结束时，法人终止。

【条文要义】

本条是对清算法人的资格、清算剩余财产及法人终止的规定。

法人在清算期间有部分民事权利能力：（1）清算期间的法人是具有部分民事权利能力的民事主体，其民事主体资格仍然存在，只是民事权利能力受到限制，民事行为能力也受到限制；（2）享有部分民事权利能力的清算中的法人，由于其主体资格还存在，因而还能享有部分民事权利，负担民事义务；（3）由于其民事主体资格即将消灭，仅需要对法人的财产关系进行清理，尽管其人格利益关系也还存在，但当其财产一旦清理完毕并予以注销以后，其人格关系和财产关系就完全消灭。

清算中的法人具有的部分民事权利能力的内容，是在清算期间，法人仍然存续，但是不得从事与清算无关的活动，即清算中的法人的民事权利能力受到范围限制，只可以实施与清算有关的民事活动。例如，公司法人清算的主要内容是：(1) 清理公司财产、分别编制资产负债表和财产清单；(2) 通知、公告债权人；(3) 处理与清算有关的公司未了结的业务；(4) 清缴所欠税款以及清算过程中产生的税款；(5) 清理债权债务；(6) 处理公司清偿债务后的剩余财产；(7) 代表公司参与民事诉讼活动。清算中的法人对上述活动享有民事权利并负担民事义务，对超出该范围的内容，不再享有民事权利和负担民事义务。

法人清算终结，是指清算人完成了清算职责。清算终结后，如果清算法人还有剩余财产，对于剩余财产的处理，根据法人章程的规定或者根据法人权力机构的决议，决定对剩余财产进行分配，或者作其他处理。如果法律另有规定的，就按照法律的规定处理。

清算终结之后，由清算人向登记机关办理注销登记并予以公告。完成注销登记和公告之后，法人即告消灭。如果该法人依法不需要办理注销登记的，在其清算终结时，该法人终止。

**第七十三条　法人被宣告破产的，依法进行破产清算并完成法人注销登记时，法人终止。**

【条文要义】

本条是对破产法人终止的规定。

法人在其全部资产不足以清偿到期债务的情况下，经法人的法定代表人、主管部门或者法人的债权人等提出申请，由人民法院宣告法人破产。法人被宣告破产后，应当进行破产清算，由清算组依照破产清算程序进行破产清算，清算组负责对破产法人的财产、债权和债务进行清理，并变卖法人的财产清偿债务。对于破产法人，应仅以其资产清偿其债务。

破产法人完成破产清算后，应当进行法人注销登记，经过破产法人的注销登记后，法人资格即告终止。

**第七十四条　法人可以依法设立分支机构。法律、行政法规规定分支机构应当登记的，依照其规定。**

分支机构以自己的名义从事民事活动，产生的民事责任由法人承担；也可以先以该分支机构管理的财产承担，不足以承担的，由法人承担。

**【条文要义】**

本条是对法人设立分支机构及清偿债务的规定。

法人的分支机构，是指企业法人投资设立的、有固定经营场所、以自己名义直接对外从事经营活动的、不具有法人资格，其民事责任由其隶属企业法人承担的经济组织。包括企业法人或公司的分厂、分公司、营业部、分理处、储蓄所等机构。

法人设立分支机构，可以根据自己的实际需要确定。只有在法律、行政法规规定分支机构应当办理登记的时候，设立的分支机构才需要按照规定办理登记。

法人的分支机构是法人的组成部分，其产生的责任，本应由法人承担有限责任，由于法人的分支机构单独登记，又有一定的财产，具有一定的责任能力，因而法人的分支机构自己也能承担一定的责任。法人的分支机构承担责任的规则是：(1) 法人直接承担责任：法人的分支机构以自己的名义从事民事活动，产生的民事责任由法人承担；(2) 分支机构先承担责任、法人承担补充责任：先由该分支机构管理的财产承担，不足以承担的，由法人承担，这种补充责任是不真正连带责任的一种变形形态；(3) 两种责任承担方式的选择权由相对人享有。相对人可以根据自己的利益，选择法人承担民事责任，或者选择法人的分支机构承担民事责任，法人承担补充责任。

**【相关司法解释】**

**《最高人民法院关于适用〈中华人民共和国民法典〉有关担保制度的解释》**

**第十一条** 公司的分支机构未经公司股东（大）会或者董事会决议以自己的名义对外提供担保，相对人请求公司或者其分支机构承担担保责任的，人民法院不予支持，但是相对人不知道且不应当知道分支机构对外提供担保未经公司决议程序的除外。

金融机构的分支机构在其营业执照记载的经营范围内开立保函，或者经有权从事担保业务的上级机构授权开立保函，金融机构或者其分支机构以违反公司法关于公司对外担保决议程序的规定为由主张不承担担保责任的，人民法院不予支持。金融机构的分支机构未经金融机构授权提供保函之外的担保，金融机构或者其分支机构主张不承担担保责任的，人民法院应予支持，但是相对人不知道且不应当知道分支机构对外提供担保未经金融机构授权的除外。

担保公司的分支机构未经担保公司授权对外提供担保，担保公司或者其分支机构主张不承担担保责任的，人民法院应予支持，但是相对人不知道且不应当知道分支机构对外提供担保未经担保公司授权的除外。

公司的分支机构对外提供担保，相对人非善意，请求公司承担赔偿责任的，参照本解释第十七条的有关规定处理。

**第七十五条** 设立人为设立法人从事的民事活动，其法律后果由法人承受；法人未成立的，其法律后果由设立人承受，设立人为二人以上的，享有连带债权，承担连带债务。

设立人为设立法人以自己的名义从事民事活动产生的民事责任，第三人有权选择请求法人或者设立人承担。

## 【条文要义】

本条是对设立中的法人部分民事权利能力及责任承担的规定。

设立中的法人不同于筹备前的法人。筹备前的法人，是指发起人开始筹备设立某个法人组织，但还没有成立筹备机构，从事实际的设立行为。设立中的法人须成立筹备机构，实际地从事设立法人的行为。

因设立中的法人在从事设立行为中要从事某些民事法律行为，会发生一定的债权债务关系，故设立中的法人是具有部分民事权利能力的特殊团体。其受到的限制是：（1）其民事权利能力的范围仅限于从事必要的设立行为；（2）应当以将来法人成立为条件而享有相应的民事权利能力。

设立中的法人由于已经具有独立的行为机构、独立的财产和相对独立的责任能力，具有一定的民事权利能力；但因其并未通过登记获得公示，为保护债权人的利益，其责任不能完全独立。其责任承担的规则是：（1）设立人为设立法人从事的民事活动，其法律后果在法人成立后由法人承受。法人设立完成，具有完全民事权利能力，当然在设立中从事的民事活动后果均由该法人承受。（2）设立中法人的设立行为没有成功，法人未成立的，其在设立法人过程中从事的民事活动的法律后果，应当由设立人承受。设立人如果为2人以上，所有的设立人均应当承担连带责任。（3）上述规则存在缺陷，即有一定组织形式的设立中法人，通常有筹备组，有相对独立的财产，能够承担民事责任的，具有自己承担民事责任的能力，完全可以用设立中法人的名义承担民事活动的法律后果，设立中的法人的成员对于设立中的法人的债务承担无限责任。

在法人设立中，设立人为设立法人而以自己的名义从事民事活动，不是以设立中的法人的名义从事民事活动，因而产生的民事责任，对第三人发生效力。第三人是针对设立人和法人之外的当事人，即设立人为设立法人而从事民事活动的对方当事人。其效力是，第三人享有选择权，既可以请求法人承担该民事活动的后果，也可以请求法人的设立人承担该民事活动的后果。

## 第二节 营利法人

**第七十六条** 以取得利润并分配给股东等出资人为目的成立的法人，为营利法人。

营利法人包括有限责任公司、股份有限公司和其他企业法人等。

【条文要义】

本条是对营利法人概念的规定。

营利法人是指依法设立，以取得利润并分配给其股东等出资人为目的的法人。营利法人是法人中的典型类型。营利法人的法律特征是：（1）营利法人具有人格性，具有法律上的人格；（2）营利法人是个人结合的社团，是社团法人，具有人合性，具有鲜明的团体性特征；（3）营利法人的设立目的是取得利润并分配给其股东，其原则就是股东至上，实现利益最大化，具有营利性。

营利法人的外延包括有限责任公司、股份有限公司和其他企业法人等：（1）有限责任公司的股东，以其认缴的出资额为限对公司承担责任；（2）股份有限公司的股东以其认购的股份为限对公司承担责任，与有限责任公司的主要区别是，承担有限责任的财产范围不同；（3）其他企业法人，则是有限责任公司和股份有限公司以外的其他以营利作为设立目的的企业法人，如无限责任公司、两合公司，性质都属于企业法人，也属于营利法人。

**第七十七条  营利法人经依法登记成立。**

【条文要义】

本条是对营利法人须依法登记的规定。

营利法人成立的必要条件是依法登记。经依法登记成立的营利法人才能取得法人资格。

营利法人成立，是指发起和设立营利法人经过一系列筹建行为而取得法人资格的结果。成立营利法人，首先必须具有民法典第58条第2款规定的法人成立条件，即有自己的名称、组织机构、住所、财产或者经费。其次必须符合营利法人设立的程序要求，特别是须依照法律规定进行登记。设立有限责任公司须向工商行政管理部门申请设立登记，法律、法规规定须经有关部门审批的，采取行政许可主义，经批准后设立。设立股份有限公司，须经过国务院授权的部门或者省级人民政府批准，采行政许可主义。其他企业法人的设立，首先须经主管部门或者有关审批机关批准，其次向登记机关申请登记，采行政许可主义。

公司设立登记的性质有成立要件主义（是指依法必须登记的法人，非经登记不得成立）和对抗要件主义（是指团体已经成立，即使未经登记，也具有法人的权利能力）。我国采取成立要件主义，即营利法人经依法登记成立，登记是法人成立的要件，非经登记不能取得法人资格。

**第七十八条  依法设立的营利法人，由登记机关发给营利法人营业执照。营业执照签发日期为营利法人的成立日期。**

【条文要义】

本条是对营利法人营业执照的规定。

营业执照，是在我国的法人制度中，法人经依法登记成立后，由法人登记机关发给法人的资格证明。营业执照作为营利法人登记活动的产物之一，在我国民商事领域具有重要地位。营业执照既能够证明法人的资格和地位，又是建立法人信用的主要方式。企业法人在营业执照核准的范围内从事经营活动才受法律保护，这使营业执照的颁发被赋予了双重功能，即法人资格的取得和营业资格的取得。

具体的内容是：（1）营业执照由法人登记机关发给经过设立登记的营利法人。

营利法人经过设立登记，即依法成立，由负责登记的工商行政管理部门颁发营业执照。（2）营业执照具有双重属性，既是营利法人资格的证明，也是营利法人经营能力的证明。与营利法人进行交易活动时，审查营利法人的资格和营业能力，主要检查该营利法人的营业执照，因而营业执照在法人进行交易活动中具有重要的地位。（3）营业执照是营利法人成立时间的证明，营利法人以营业执照签发的日期为营利法人成立的日期。

**第七十九条　设立营利法人应当依法制定法人章程。**

【条文要义】

本条是对营利法人章程的规定。

营利法人的章程，是指营利法人的成员就该法人的活动范围、组织机构以及内部成员之间的权利义务等问题所订立的书面文件。营利法人的章程，既是营利法人成立的必备要件，也是营利法人治理的重要依据，还是营利法人的自治性规则。

营利法人的章程调整的是法人成员与法人之间的关系，参与章程行为的当事人的意思表示并不指向其他成员，而是指向法人的意思形成机构，不仅拘束同意该行为的当事人，对于没有表示同意但事后加入的当事人也具有法律的拘束力。

营利法人章程的内容包括：（1）绝对必要记载事项，是法律规定在章程中必须具备的内容，没有这些内容的章程视为无效，登记机关将不予登记。绝对必要记载事项的内容包括法人的名称、宗旨、业务范围、住所、资本总额、所有制形式、人员等。（2）任意记载事项，不是由法律明文规定不可缺少的事项，既可以规定，也可以不规定在章程中。不适当的任意记载事项规定在章程中，将会对营利法人今后的发展形成障碍。

对于营利法人章程的制定有不同的要求。法律要求有限责任公司的章程由股东共同制定。对股份有限公司章程的制定，如果采用发起设立的方式，那么只要发起人制定章程即可；如果采取募集设立的方式，则须由发起人制定章程，并提请创立大会通过。

**第八十条　营利法人应当设权力机构。**

**权力机构行使修改法人章程，选举或者更换执行机构、监督机构成员，以及法人章程规定的其他职权。**

**【条文要义】**

本条是对营利法人权力机构及职权的规定。

营利法人的权力机构,也叫营利法人的意思机关,是营利法人形成法人意思的机关。营利法人的权力机构是营利法人的最高权力机关,是对法人内部作出意思表示的机关。权力机构并不对外进行意思表示,对外的意思表示是由执行机构进行的。

营利法人权力机构的组成形式,是股东会或者股东大会。营利法人作为社团,由相应的社员组成,原则上所有的社员都参与对社团事务的决定。营利法人的社员为股东,股东必须参加按照章程召开的大会,以多数决的方式对社团的事务作出决定。

营利法人权力机构的职权范围是:(1)修改法人章程。法人章程在成立时通过并且生效。对法人章程的修改,是法人的重大事项,必须经过法人的权力机构作出决议。(2)选举或者更换执行机构、监督机构成员。法人成立时设置执行机构和监督机构,成员由权力机构选举。法人成立后更换执行机构和监督机构的成员,由权力机构作出决定。(3)法人章程规定的其他职权。法人章程规定的法人权力机构的职权,就是权力机构的职权。

**第八十一条 营利法人应当设执行机构。**

**执行机构行使召集权力机构会议,决定法人的经营计划和投资方案,决定法人内部管理机构的设置,以及法人章程规定的其他职权。**

**执行机构为董事会或者执行董事的,董事长、执行董事或者经理按照法人章程的规定担任法定代表人;未设董事会或者执行董事的,法人章程规定的主要负责人为其执行机构和法定代表人。**

**【条文要义】**

本条是对营利法人执行机构及职权的规定。

营利法人的执行机构,是对法人的权力机构所形成的意志具体进行贯彻执行的机构。营利法人的执行机构是营利法人的办事机构,只有法定代表人或者法定代表人授权的代表,才能对外代表法人为意思表示,并非由执行机构直接对外作出意思表示。

营利法人执行机构的职权是：（1）执行机构召集权力机构会议。按照法人章程的规定，执行机构确定权力机构会议的召开时间、召开地点、参加会议的人员、会议讨论的议题等。权力机构会议作出决议后，执行机构要贯彻落实；（2）决定法人的经营计划和投资方案。法人的经营计划和投资方案应当符合法人的设立宗旨和目的，不得违背权力机构的意志。法人的经营计划和投资方案决定后，执行机构还要贯彻落实；（3）决定法人内部管理机构的设置，确定和聘任具体的管理人员，以使法人开展正常的经营活动；（4）行使章程规定的其他职权。

采用董事会或者执行董事制的营利法人，董事会和执行董事是执行机构。董事会由股东会/股东大会选举产生，向股东会/股东大会负责，董事长、执行董事或者经理为营利法人的法定代表人，有权对外代表该法人。营利法人未设董事会或者执行董事的，法人章程规定的主要负责人既是其执行机构，又是其法定代表人。

**第八十二条** 营利法人设监事会或者监事等监督机构的，监督机构依法行使检查法人财务，监督执行机构成员、高级管理人员执行法人职务的行为，以及法人章程规定的其他职权。

【条文要义】

本条是对营利法人监督机构及职权的规定。

营利法人的监督机构，是对营利法人的执行机构进行的业务活动进行专门监督的机构。营利法人的监督机构既是监事或者监事会，也是营利法人的法定必备常设机构。监事会应当包括股东代表和适当比例的公司职工代表，具体比例由法人章程来规定。为了保证监事会的独立性，法人的董事、高级管理人员不得兼任监事。监事会与董事会为独立并行的营利法人的机关，共同向股东会负责，监事会行使监督权不受董事会的影响和干涉。

监事会的主要功能是对公司经营者的活动进行监督检查，防止其滥用权力，以保障公司、股东及公司债权人的合法权益，职权是：（1）监督机构依法检查法人的财务，有权对法人的有关财务的所有内容进行检查和监督。（2）对执行机构成员及高级管理人员执行法人职务的行为进行监督。当董事和经理的行为损害公司的利益时，要求董事和经理予以纠正。（3）行使章程规定的其他职权。

**第八十三条** 营利法人的出资人不得滥用出资人权利损害法人或者其他出资人的利益；滥用出资人权利造成法人或者其他出资人损失的，应当依法承担民事责任。

营利法人的出资人不得滥用法人独立地位和出资人有限责任损害法人债权人的利益；滥用法人独立地位和出资人有限责任，逃避债务，严重损害法人债权人的利益的，应当对法人债务承担连带责任。

【条文要义】

本条是对滥用出资人权利和法人人格否认的规定。

滥用出资人权利，是指营利法人的出资人为自己的利益或者为第三人谋取利益，利用自己作为出资人的权利，损害法人或者其他出资人利益的行为。构成滥用出资人权利的要件是：（1）行为的主体是营利法人的出资人；（2）营利法人的出资人实施了不正当地利用自己出资人权利的行为；（3）出资人滥用自己权利的目的，是为自己或者第三人谋取利益，是故意所为；（4）出资人滥用自己权利的行为，给法人或者其他出资人造成损失的，滥用权利的行为与损害后果之间具有引起与被引起的因果关系。滥用出资人权利的法律后果是依法承担损害赔偿责任。损害赔偿请求权人，是因此受到损害的法人或者其他出资人。

法人人格否认，是指法人虽为独立的民事主体，承担独立于其成员的责任，但当出现有悖于法人存在目的及独立责任的情形，再坚持形式上的独立人格与独立责任将有悖于公平时，在具体个案中置法人的独立人格于不顾，直接将法人的责任归结为法人成员的责任。法人人格否认的构成要件是：（1）法人人格否认的行为人是营利法人的出资人；（2）法人人格否认的行为，是营利法人的出资人滥用法人独立地位和出资人有限责任而逃避债务；（3）营利法人的出资人滥用其权利逃避债务的目的，是为自己或者其他第三人谋取利益；（4）出资人滥用法人独立地位和出资人有限责任的行为，损害了法人债权人的利益，滥用行为与损害后果之间具有因果关系，法人债权人是实际损害的受害人，其损害的程度应当达到严重的程度。构成法人人格否认，应当承担损害赔偿责任，请求权人是受到严重损害的法人债权人。责任主体是滥用权利地位的出资人和法人，共同对受到损害的法人债权人承担连带责任。

**第八十四条** 营利法人的控股出资人、实际控制人、董事、监事、高级管理人员不得利用其关联关系损害法人的利益；利用关联关系造成法人损失的，应当承担赔偿责任。

【条文要义】

本条是对利用关联交易损害法人利益的规定。

关联交易，是指营利法人的控股出资人、实际控制人、董事、监事、高级管理人员利用与其直接或者间接控制的企业之间的关系，以及可能导致法人利益发生转移的其他关系，而进行的交易。关联交易的关键在于交易的当事人具有关联关系，即在营利法人之间，如果一方控制、共同控制另一方，或者对另一方施加重大影响，以及两方或两方以上同时受一方控制、共同控制或重大影响的，构成关联方。关联方相互之间进行的交易就是关联交易。

正当的关联交易，法律并不禁止。但是，营利法人的控股出资人、实际控制人、董事、监事、高级管理人员利用这种关联关系，进行关联交易，损害法人的利益，就构成利用关联关系交易的行为。构成利用关联关系损害法人利益责任应具备的要件是：（1）行为的主体是营利法人的控股出资人、实际控制人、董事、监事、高级管理人员；（2）上述行为人同与自己有关联关系的营利法人进行交易行为，即利用双方之间的关联关系，进行关联交易；（3）上述行为人实施关联交易的后果损害了法人的利益，造成了法人的财产损失，具有因果关系。

构成利用关联关系损害法人利益的，应当承担赔偿责任。损害赔偿请求权人是因关联交易受到损害的法人，法人可以向实施关联交易的法人的控股出资人、实际控制人、董事、监事、高级管理人员请求承担损害赔偿责任。

**第八十五条** 营利法人的权力机构、执行机构作出决议的会议召集程序、表决方式违反法律、行政法规、法人章程，或者决议内容违反法人章程的，营利法人的出资人可以请求人民法院撤销该决议。但是，营利法人依据该决议与善意相对人形成的民事法律关系不受影响。

【条文要义】

本条是对营利法人决议瑕疵的规定。

营利法人的权力机构或者执行机构作出的决议在实体内容上或者程序上存在

瑕疵，构成营利法人的决议瑕疵，应当适用法律规定的有关行为瑕疵的规则，对其予以纠正。营利法人决议瑕疵分为：（1）程序瑕疵，会议召集程序瑕疵（如通知存在瑕疵，会议目的事项之外的决议等），会议方法瑕疵（如无表决权，股东或者表决权受限制的股东出席会议并参加表决，没有满足法定人数，要求或者计算方法违法等）；（2）实体瑕疵，决议内容违反章程，营利法人章程本为股东的团体合意，权力机构、执行机构的决议违反章程的规定。

对法人决议瑕疵的救济方法是：（1）营利法人的出资人享有撤销权，可以请求人民法院对有瑕疵的会议决议予以撤销，会议决议一经撤销，就不再对法人具有拘束力。（2）如果营利法人依据该具有瑕疵的决议，已经与相对人形成了民事法律关系，只有相对人为善意即相对人对法人的决议瑕疵不知情且无过失的，该民事法律关系的效力才不受影响；否则，因瑕疵决议而实施的民事法律行为建立的民事法律关系，法人的出资人可以请求撤销。

**【相关司法解释】**

**《最高人民法院关于适用〈中华人民共和国民法典〉有关担保制度的解释》**

**第八条** 有下列情形之一，公司以其未依照公司法关于公司对外担保的规定作出决议为由主张不承担担保责任的，人民法院不予支持：

（一）金融机构开立保函或者担保公司提供担保；

（二）公司为其全资子公司开展经营活动提供担保；

（三）担保合同系由单独或者共同持有公司三分之二以上对担保事项有表决权的股东签字同意。

上市公司对外提供担保，不适用前款第二项、第三项的规定。

**第九条** 相对人根据上市公司公开披露的关于担保事项已经董事会或者股东大会决议通过的信息，与上市公司订立担保合同，相对人主张担保合同对上市公司发生效力，并由上市公司承担担保责任的，人民法院应予支持。

相对人未根据上市公司公开披露的关于担保事项已经董事会或者股东大会决议通过的信息，与上市公司订立担保合同，上市公司主张担保合同对其不发生效力，且不承担担保责任或者赔偿责任的，人民法院应予支持。

相对人与上市公司已公开披露的控股子公司订立的担保合同，或者相对人与股票在国务院批准的其他全国性证券交易场所交易的公司订立的担保合同，适用前两款规定。

**第十条** 一人有限责任公司为其股东提供担保，公司以违反公司法关于公司对外担保决议程序的规定为由主张不承担担保责任的，人民法院不予支持。公司因承担担保责任导致无法清偿其他债务，提供担保时的股东不能证明公司财产独立于自己的财产，其他债权人请求该股东承担连带责任的，人民法院应予支持。

**第八十六条** 营利法人从事经营活动，应当遵守商业道德，维护交易安全，接受政府和社会的监督，承担社会责任。

【条文要义】

本条是对营利法人经营活动准则的规定。

营利法人经营活动准则包括的内容是：（1）遵守商业道德。商业道德，是指公认的道德规范在具体商业活动中的应用，为一定的社会经济和文化所决定，而且也反作用于一定的社会经济，对商业活动具有重要的指导意义，主要表现为为人民服务、向人民负责、文明经商、礼貌待客、遵纪守法、货真价实、买卖公平、诚实无欺。（2）维护交易安全。营利法人在交易中必须诚信，做到平等互利，严格遵守强行法的规定，保障和维护正常的交易秩序，促进交易的有序、顺利进行，减少和消除交易活动中的不安全因素，确保交易行为的法律效用和法律后果的可预见性。（3）接受政府和社会的监督。接受政府的监督，政府有权对营利法人进行监督，对营利法人出现的违法活动依法进行纠正；接受社会的监督，包括各种社会团体对企业的监督，更多的是接受消费者的监督。（4）承担社会责任。营利法人在创造利润、对出资人和员工承担法律责任的同时，还要承担对消费者、社区和环境的责任，要求营利法人超越把利润作为唯一目标的传统理念，强调在生产过程中对人的价值的关注，以及对环境、对消费者、对社会的贡献。

## 第三节 非营利法人

**第八十七条** 为公益目的或者其他非营利目的成立，不向出资人、设立人或者会员分配所取得利润的法人，为非营利法人。

非营利法人包括事业单位、社会团体、基金会、社会服务机构等。

【条文要义】

本条是对非营利法人概念的规定。

非营利法人，是指为公益目的或者其他非营利目的成立，不取得利润或者不向其出资人、设立人或者会员分配利润的，具有民事权利能力和民事行为能力的法人。非营利法人的法律特征是：（1）非营利法人具有法人资格，而不同于非法人组织；（2）非营利法人的设立目的具有非营利性；（3）非营利法人财产权结构具有独特性；（4）非营利法人兼具公与私的双重属性。

非营利法人包括：（1）事业单位法人；（2）社会团体法人；（3）捐助法人，包括基金会、社会服务机构以及宗教捐助法人等。

**第八十八条** 具备法人条件，为适应经济社会发展需要，提供公益服务设立的事业单位，经依法登记成立，取得事业单位法人资格；依法不需要办理法人登记的，从成立之日起，具有事业单位法人资格。

【条文要义】

本条是对事业单位法人的规定。

事业单位法人，是指为适应经济社会发展需要，提供公益服务设立的，由设立人出资，从事非营利性的社会服务活动的非营利法人。例如，从事新闻、出版、广播、电视、电影、教育、文艺等事业的法人。

事业单位法人的特征是：（1）设立的目的具有公益性，是完全为了适应经济社会发展的需要，实现公益目的而设立的事业单位法人；（2）事业单位法人的设立人，通常是国家机关或者其他组织，通常是用国有资产出资；（3）从事的活动通常是教育、科技、文化、卫生等公共事业，活动的方式是进行社会服务；（4）性质属于非营利法人，事业单位法人符合法人条件，不具有私益性，不取得利润，也不向其设立人分配利润。我国事业单位法人的独特性就在于，其任务是要完成政府所希望完成的而又不必由政府直接解决的公共或行政事宜。事业单位法人具有公共性，既是由政府出资成立，但又不是政府行政机关的公共机构，既要完成政府的某些工作，还不能成为政府部门的附属而沦为政府权力随意延伸的工具。

事业单位法人的成立，须经县级以上人民政府及其有关主管部门（以下统称审批机关）批准，并且应当依照《事业单位登记管理暂行条例》的规定登记或者备案。根据法律规定具备法人条件、自批准设立之日起即取得法人资格的事业单位，或者根据法律、其他行政法规规定具备法人条件、经有关主管部门依法审核或者登记，已经取得相应的执业许可证书的事业单位，不再办理事业单位法人登记，由有关主管部门按照分级登记管理的规定向登记管理机关备案。

**第八十九条** 事业单位法人设理事会的，除法律另有规定外，理事会为其决策机构。事业单位法人的法定代表人依照法律、行政法规或者法人章程的规定产生。

【条文要义】

本条是对事业单位法人治理结构的规定。

事业单位法人是以公益为目的而设立的。其治理结构的特点是：（1）事业单位法人的决策机构，原则上是理事会。事业单位法人可以设立理事会，该理事会是该事业单位法人的决策机构，可以对事业单位法人的重大事项作出决策。（2）事业单位法人也要设立法定代表人，由该法定代表人代表事业单位法人行使管理职权，对外代表该法人。事业单位法人须有章程，其法定代表人应该按照法人章程的规定产生。（3）如果法律对事业单位法人的组织机构、法定代表人另有规定的，应当依照其规定，设立事业单位法人的组织机构，确定其法定代表人。

事业单位的设立目的实现，或者政府有关部门批准或者决定撤销，或者其权力机构作出解散的决议，事业单位法人资格终止。事业单位法人终止后，其剩余财产，应该按照民法典第95条的规定处理，不得向其设立人分配剩余财产，仍应用于公益目的，或者转给宗旨相同或者相近的事业单位法人。

**第九十条** 具备法人条件，基于会员共同意愿，为公益目的或者会员共同利益等非营利目的设立的社会团体，经依法登记成立，取得社会团体法人资格；依法不需要办理法人登记的，从成立之日起，具有社会团体法人资格。

【条文要义】

本条是对社会团体法人的规定。

社会团体法人是指基于会员的共同意愿，为实现公益目的或者会员共同利益等非营利目的设立的非营利法人。其特征是：（1）设立的目的具有公益性或者团体性，是为了实现公益目的或者会员的共同利益而设立事业单位法人；（2）社会团体法人的设立是基于会员的共同意愿，经过发起人发起，会员集资形成法人的财产；（3）从事的活动比较广泛，既有公益性活动，也有基于会员共同利益而进行的活动；（4）性质属于非营利法人，须符合法人条件，不得进行商业经营活动，不得获取经营利益。

申请成立社会团体应当经其业务主管单位审查同意，由发起人向登记管理机关申请筹备。成立社会团体应当具备的条件是：（1）有50个以上的个人会员或者30个以上的单位会员。个人会员、单位会员混合组成的，会员总数不得少于50个。（2）有规范的名称和相应的组织机构。（3）有固定的住所。（4）有与其业务活动相适应的专职工作人员。（5）有合法的资产和经费来源，全国性的社会团体有10万元以上活动资金，地方性的社会团体和跨行政区域的社会团体有3万元以上活动资金。（6）有独立承担民事责任的能力。

符合上述条件要求，法律规定需要办理法人登记的，办理完登记手续后，或者法律规定不需要办理法人登记的，自成立之日起，即具有社会团体法人资格，成为民事主体，享有民事权利能力和民事行为能力。

**第九十一条** 设立社会团体法人应当依法制定法人章程。

社会团体法人应当设会员大会或者会员代表大会等权力机构。

社会团体法人应当设理事会等执行机构。理事长或者会长等负责人按照法人章程的规定担任法定代表人。

**【条文要义】**

本条是对社会团体法人治理结构的规定。

社会团体法人的治理结构要比事业单位法人的复杂，比营利法人的简单。对社会团体法人的要求是：（1）制定社会团体法人的章程。在成立之前，应当先制定章程草案，在成立的会员大会或者会员代表大会上通过，成为该社会团体法人的组织行动纲领。（2）设置权力机构。我国社会团体法人的权力机构分为两种：①会员较少的设会员大会；②会员较多的，推举会员代表，成立会员代表大会。（3）设立执行机构。执行机构是理事会，理事由会员大会或者会员代表大会选举产生，成立理事会，代表社会团体法人，执行会员大会或者会员代表大会的决议，按照章程组织社会团体的工作，进行日常管理。（4）设立法定代表人。依照法人章程的规定，该社会团体的理事长或者会长担任法定代表人，对外代表该社会团体法人。

**第九十二条** 具备法人条件，为公益目的以捐助财产设立的基金会、社会服务机构等，经依法登记成立，取得捐助法人资格。

依法设立的宗教活动场所，具备法人条件的，可以申请法人登记，取得捐助法人资格。法律、行政法规对宗教活动场所有规定的，依照其规定。

**【条文要义】**

本条是对捐助法人及宗教捐助法人的规定。

捐助法人，是指由自然人或者法人、非法人组织为实现公益目的，以自愿捐助一定资金为基础而成立，以对捐助资金进行专门管理为目的的非营利法人。捐助法人的特点是：（1）捐助法人是财产集合体，是以财产的集合为基础成立的法人，为财团法人；（2）捐助法人没有成员或者会员，不存在通常的社会团体法人由会员大会组成的权力机构，只设立理事会和监事会；（3）捐助法人具有非营利性，活动宗旨是通过资金资助进行科学研究、文化教育、社会福利和其他公益事业的发展，不具有营利性，为公益法人。

捐助法人的类型是：（1）基金会，是利用自然人、法人或者非法人组织捐赠的财产，以从事公益事业为目的，按照基金会管理条例成立的非营利法人；（2）社会服务机构，是由社会公益性资金或政府财政拨款举办的以公益为目的，运用专业技能在某些专业领域提供社会服务的机构；（3）宗教捐助法人。

宗教捐助法人也是捐助法人，由于具有特殊性，本条第2款专门规定宗教捐助法人。依法设立的宗教活动场所，具有法人条件的，可以申请法人登记，取得捐助法人资格。故宗教捐助法人是依法设立，具有法人条件的宗教活动场所，经过登记成立的捐助法人。其特点是：（1）是依法设立的宗教活动场所，包括寺院、道观、教会等；（2）应当具备法人条件，有自己的名称、组织机构、住所、财产和经费；（3）依照宗教活动场所自己的意愿，可以申请登记成立捐助法人，也可以不申请登记成立捐助法人，愿意登记为宗教捐助法人的须经过登记，登记后取得宗教捐助法人资格，成为民事主体，即享有民事权利能力和民事行为能力，能够自己承担民事责任。

**第九十三条** 设立捐助法人应当依法制定法人章程。

捐助法人应当设理事会、民主管理组织等决策机构，并设执行机构。理事长等负责人按照法人章程的规定担任法定代表人。

捐助法人应当设监事会等监督机构。

【条文要义】

本条是对捐助法人章程及治理结构的规定。

捐助法人应当制定章程，规定捐助法人的设立宗旨和活动范围等。捐助法人的章程应当经过理事会等捐助法人的决策机构通过并生效。

捐助法人的治理结构包括：（1）决策机构。理事会是捐助法人的决策机构和议事机构，依照捐助法人章程的规定产生，决定捐助法人的重大决策和重要事项。（2）执行机构。由捐助法人的章程规定，设置捐助法人的执行机构，执行决策机构的决定，管理捐助法人的日常事务。（3）监督机构。监督机构一般为监事会，若章程规定监督机构另有名称的，按照捐助法人的章程设置监督机构。监督机构监督决策机构和执行机构，依照国家法律的规定和捐助法人章程的规定，处理捐助法人的事务，对于违反国家法律规定和捐助法人章程的行为，有权提出纠正的意见。（4）法定代表人。捐助法人有理事会的，由理事长作为捐助法人的法定代表人，章程另有规定的依照其规定。

**第九十四条** 捐助人有权向捐助法人查询捐助财产的使用、管理情况，并提出意见和建议，捐助法人应当及时、如实答复。

捐助法人的决策机构、执行机构或者法定代表人作出决定的程序违反法律、行政法规、法人章程，或者决定内容违反法人章程的，捐助人等利害关系人或者主管机关可以请求人民法院撤销该决定。但是，捐助法人依据该决定与善意相对人形成的民事法律关系不受影响。

【条文要义】

本条是对捐助法人的捐助人权利的规定。

设置捐助法人的财产，由捐助人提供，因而捐助人尽管不从捐助法人的活动中获得利益，但是对捐助法人享有部分权利。捐助人对捐助法人享有的权利是：

（1）查询捐助财产使用、管理情况。捐助法人对此负有义务，应当及时、如实地答复。（2）对捐助法人使用和管理捐助财产有权提出意见和建议，便于改进工作，使捐助财产发挥更好的公益效益。

对于捐助法人错误的决定有权向人民法院主张撤销。捐助法人的决策机构、执行机构或者其法定代表人作出的决定违反捐助法人章程的规定，不符合捐助人捐助财产设置捐助法人的意愿，捐助人享有向人民法院请求予以撤销的权利。这种错误包括实体错误和程序错误。捐助人主张撤销实体错误或者程序错误的决定，查证属实的，人民法院应当予以撤销。

与捐助法人有关的利害关系人或者捐助法人的主管机关，对此也享有撤销权，可以请求人民法院予以撤销。

如果捐助人、利害关系人或者主管机关请求撤销捐助法人违反法人章程的决定得到了人民法院的支持，捐助法人的该决定可以撤销，但是捐助法人依据该决定与善意相对人形成的民事法律关系不受影响，不能因为捐助法人的该决定被撤销，而主张捐助法人与善意相对人形成的民事法律关系宣告无效或者被撤销。相对人知道或者应当知道捐助法人的决定违反法人章程，该捐助法人与该相对人形成的民事法律关系应当归于无效。

**第九十五条** 为公益目的成立的非营利法人终止时，不得向出资人、设立人或者会员分配剩余财产。剩余财产应当按照法人章程的规定或者权力机构的决议用于公益目的；无法按照法人章程的规定或者权力机构的决议处理的，由主管机关主持转给宗旨相同或者相近的法人，并向社会公告。

【条文要义】

本条是对非营利法人终止的规定。

鉴于为公益目的而成立的非营利法人的财产权结构的特殊性，以及其本身的非营利性，非营利法人在终止时，须遵守的特别规则是：（1）不得向其出资人或者设立人分配剩余财产。如果进行分配，既违背了设立法人的公益目的，也违背了出资人或者设立人设立法人的初衷。（2）其剩余财产应当按照章程的规定或者权力机构的决议用于公益目的。法人章程对其剩余财产的处置有规定的，依照其规定处置；法人章程对其剩余财产的处置没有规定的，由该法人的权力机构对如何处置其剩余财产作出决议,按照决议的要求处置其剩余财产。(3)其剩余财产不能按照法人章程规定或者权力机构的决议处理的,由该非营利法人的主管机关主持协调,将其转给与终止的非营利法人宗旨相同或者相近的以公益为目的的法人,由该受让剩余财产的非营利法人取得所有权,并向社会公告。

对其他不具有公益目的而是为其他非营利目的成立的非营利法人,在终止时的剩余财产处理,不受上述法律规定的限制。

## 第四节　特别法人

**第九十六条　本节规定的机关法人、农村集体经济组织法人、城镇农村的合作经济组织法人、基层群众性自治组织法人,为特别法人。**

**【条文要义】**

本条是对特别法人的规定。

特别法人是在民法典之前没有用过的概念,本条对特别法人概念的界定没有下具体定义,而是从特别法人的范围作的规定。

特别法人,是指我国现实生活中存在的,既不属于营利法人,也不属于非营利法人,具有民事权利能力和民事行为能力,依法独立享有民事权利和承担民事义务的组织。其特点是:(1)特别法人既不属于营利法人,也不属于非营利法人。特别法人是为公益目的或者其他非营利目的而成立的,但又不具有出资人和设立人,而是依据国家法律或者政府的命令而设立的法人。(2)特别法人具有法人的组织形式。特别法人有自己的名称、组织机构、住所,也有一定的财产或者经费,还有其法定代表人,并且依照法律的规定而设立,具备法人的所有组织形式,是一个具有法人资格的组织体。(3)特别法人具有民事权利能力和民事行为能力,能够以自己的财产或者经费承担民事责任。(4)特别法人的外延具有法定性,只有法律规定的机关法人、农村集体经济组织法人、合作经济组织法人、基层群众性自治组织法人,才属于特别法人。

**第九十七条　有独立经费的机关和承担行政职能的法定机构从成立之日起,具有机关法人资格,可以从事为履行职能所需要的民事活动。**

**【条文要义】**

本条是对机关法人及成立的规定。

机关法人是指依照法律和行政命令组建，享有公权力，有独立的经费，以从事国家管理活动为主的各级国家机关。这种机关从成立之日起，即具有法人资格。其基本特征是：（1）代表国家行使公权力；（2）机关法人的独立经费来自中央或者地方财政拨款；（3）只能在因行使职权所必需时才能参与民事活动，如购买办公用品、租赁房屋、购买交通工具与房屋等。

机关法人分为两类：（1）有独立经费的国家机关；（2）有独立经费的承担行政职能的法定机构。前者包括上述国家权力机关法人、国家行政机关法人等。后者包括根据法律、法规授权和中央有关政策规定，授权其行使行政职权的事业单位、非行政主体和无法律法规授权而承担行政职能的事业单位。

上述机关法人都须有独立经费，能够在从事为履行职能所需要的民事活动中，以其独立的经费承担民事责任。独立经费，是就独立的预算单位而言的。

机关法人作为民事主体，只有在其从事为履行职能所需要的民事活动时，才有意义。这是因为机关法人的主要职能是行使公权力，而不是进行民事活动。只有为了行使其公权力所需要才进行的民事活动，机关法人作为民事主体，其法人资格才有意义。

**第九十八条** 机关法人被撤销的，法人终止，其民事权利和义务由继任的机关法人享有和承担；没有继任的机关法人的，由作出撤销决定的机关法人享有和承担。

**【条文要义】**

本条是对机关法人终止及责任承担的规定。

机关法人的终止事由，是该机关被撤销。机关法人一经被撤销，其法人资格就终止，不再具有民事权利能力和民事行为能力。

机关法人因被撤销而终止后，关于其民事责任的承担规则是：（1）机关法人终止后，其在从事为履行机关法人职能所需要的民事活动中发生的民事责任，由于自己的法人资格已经终止，无法承担，因而由继续履行其职能的机关法人予以承担；（2）机关法人终止后，如果没有继续履行其职责的机关法人，被终止资格的机关法人从事为履行职责所需要的民事活动应当承担的民事责任，就由撤销该机关法人的机关法人承担。

**第九十九条　农村集体经济组织依法取得法人资格。**
**法律、行政法规对农村集体经济组织有规定的，依照其规定。**

【条文要义】

本条是对农村集体经济组织法人的规定。

对于农村集体经济组织，《土地管理法》《农村土地承包法》《村民委员会组织法》等法律、法规都作了规定，但并没有对这个概念作出解释。民法典确认农村集体经济组织具有法人资格。

农村集体经济组织法人，是指在自然乡村范围内，农民将其各自所有的生产资料投入集体所有，集体组织农业生产经营，集体劳动或者个人承包，按劳分配，具有民事权利能力和民事行为能力的特别法人。农村集体经济组织法人是农民集体所有的公有制经济组织，代表农民行使集体所有权，既不同于农村合作经济组织法人，即农村合作社法人，也不同于村民委员会，即基层群众性自治组织。

我国的农村集体经济组织法人，经历了较长时间的演变。现有的农村集体经济组织形式多样，有村经济合作社、村股份经济合作社、自然村经济实体等。这些农村集体经济组织都具有法人资格，具有民事权利能力和民事行为能力，以自己的财产承担民事责任。

**第一百条　城镇农村的合作经济组织依法取得法人资格。**
**法律、行政法规对城镇农村的合作经济组织有规定的，依照其规定。**

【条文要义】

本条是对城镇农村的合作经济组织法人的规定。

合作经济组织法人，是指城市居民或者农民等小生产者，为了维护和改善各自的生产及生活条件，在自愿互助和平等互利的基础上，遵守合作社的法律和规章制度，联合从事特定经济活动所组成的具有企业性质的特别法人。合作经济组织依法成立后，符合法律要求的，就具有法人资格，具有民事权利能力和民事行为能力，依法承担民事责任。

城镇农村的合作经济组织法人,其实就是合作社法人。合作社是指依据平等原则,在互助的基础上,自筹资金,共同经营,共同劳动,并共同分享收益的法人。当前,合作社具有越来越普及的趋势。

合作社法人的特点是:(1)是社员自愿联合的组织体。合作社成员基于自己的利益,自愿联合,结成共同的经济体,是私益法人。(2)其主要目的是实现社员之间的互帮互助、互惠互利。设立目的既不是营利,也不是公益,而是为社员谋求经济利益和改善生活。(3)合作社成员的经济利益机制和分配方式特殊,采取按劳分配、按交易额分配,或者在按劳分配、按交易额分配的基础上,结合一定比例的按资分配。(4)合作社的经营须共同经营,民主管理,不得将任何社员排除在合作事业经营之外,管理实行民主制,每一社员享有的投票权完全平等。(5)合作社有相应的法人机关。最高权力机构是社员大会或者代表大会,执行机构可以是理事会,也可以是董事会。

对城镇农村的合作经济组织,其他法律有特别规定的,应当依照其规定办理。

**第一百零一条** 居民委员会、村民委员会具有基层群众性自治组织法人资格,可以从事为履行职能所需要的民事活动。

未设立村集体经济组织的,村民委员会可以依法代行村集体经济组织的职能。

**【条文要义】**

本条是对居民委员会法人和村民委员会法人的规定。

1982年《宪法》规定,城市和农村按照居民居住地区设立居民委员会或者村民委员会。长期以来,法律没有认可其具有法人资格。通常认为,居民委员会受街道办事处的领导,村民委员会接受乡镇政府的领导。但实际上,居民委员会和村民委员会都是独立的实体,是群众性的自治组织,并不是街道办事处和乡镇政府的下属机构。为了进一步强化居民委员会和村民委员会的法律地位,确认居民委员会和村民委员会具有法人资格,为特别法人。

居民委员会和村民委员会具备法人的条件。确认居民委员会和村民委员会为特别法人,具有民事权利能力和民事行为能力,能够承担民事责任,就使居民委员会和村民委员会成为民事主体,能够根据自己履行职责的需要,从事民事活动,设立民事法律关系,享有民事权利,负担民事义务,并且以自己的财产和经费承担民事责任。

　　农村的村民委员会实际上还具有某些对村民的行政管理职能，对组织农业生产、服务村民生活，也都具有重要的职责。在一个村，如果没有设立集体经济组织，村民委员会可以依法代行村集体经济组织的职能，对村集体的财产享有并行使所有权，组织农业生产，安排农业活动，为村民生活创造物质条件。

# 第四章　非法人组织

**第一百零二条**　非法人组织是不具有法人资格，但是能够依法以自己的名义从事民事活动的组织。

非法人组织包括个人独资企业、合伙企业、不具有法人资格的专业服务机构等。

【条文要义】

本条是对非法人组织概念的规定。

我国以前的民法中没有"非法人组织"的概念，使用的是"其他组织"的概念。民法典采纳了"非法人组织"的概念，并将其界定为"非法人组织是不具有法人资格，但是能够依法以自己的名义从事民事活动的组织"。

非法人组织的特征是：（1）非法人组织是不同于自然人和法人的社会组织；（2）非法人组织有自己的名称，以自己的名义进行民事活动，是不具备法人资格的社会组织；（3）非法人组织具有相应的民事权利能力和民事行为能力；（4）非法人组织有自己特定的民事活动目的，如进行经营活动，发展教育、科学以及慈善事业。

非法人组织包括：（1）个人独资企业，是指依照法律规定在中国境内设立，由一个自然人投资，财产为投资人个人所有，投资人以其个人财产对企业债务承担无限责任的经营实体；（2）合伙企业，包括普通合伙企业和有限合伙企业，普通合伙企业是指由普通合伙人组成，合伙人对合伙企业债务承担无限连带责任的组织，有限合伙企业是指由普通合伙人和有限合伙人组成的合伙企业；（3）不具有法人资格的专业服务机构，是特殊的普通合伙企业，是指以专门知识和专门技能为客户提供有偿服务，并依法承担责任的普通合伙企业，主要是指律师事务所、会计师事务所等提供专业服务的企业；（4）其他非法人组织，如依法登记领取我国营业执照的中外合作经营企业、外资企业以及经依法登记领取营业执照的乡镇企业、街道企业，符合民法典关于非法人组织条件要求的企业。

**第一百零三条** 非法人组织应当依照法律的规定登记。

设立非法人组织，法律、行政法规规定须经有关机关批准的，依照其规定。

【条文要义】

本条是对非法人组织设立登记的规定。

非法人组织必须依照法律规定进行登记。非法人组织的设立程序是：（1）非法人组织设立应当依照法律的规定进行登记。按照个人独资企业、合伙企业、不具有法人资格的专业服务机构等的设立登记程序进行登记，取得了非法人组织的经营资格，同时也取得了民事主体地位。（2）对某一类非法人组织的设立，法律或者行政法规规定须经过有关机关批准才能设立的，则应当按照该法律或者行政法规的规定报批。经批准后取得非法人组织的资格，成为民事主体。例如，律师事务所、会计师事务所等不具有法人资格的专业服务机构，按照法律规定应当经过批准，只有经过政府有关机关的批准，才能取得非法人组织的资格，从而成为民事主体。

**第一百零四条** 非法人组织的财产不足以清偿债务的，其出资人或者设立人承担无限责任。法律另有规定的，依照其规定。

【条文要义】

本条是对非法人组织承担无限责任的规定。

非法人组织承担的责任是无限连带责任，与法人承担有限责任不同，是非法人组织与法人的根本性区别之一。无限责任是投资人或者设立人在非法人组织的债务超过了非法人组织拥有的财产时，出资人或者设立人不仅应接受出资损失的事实，以非法人组织的财产清偿债务，还应以自己的全部其他财产对非法人组织的债务承担责任。

承担非法人组织债务的主体是出资人或者设立人。对非法人组织的债务，所有的出资人或者设立人都承担无限责任。出资人或者设立人为2人以上的，对非法人组织的债务承担的责任是无限连带责任。

非法人组织承担债务的财产范围包括两个部分：（1）非法人组织自己的财产，

即出资人或者设立人对非法人组织出资的财产；（2）出资人或者设立人自己个人的财产，由于要承担无限责任，因而自己的财产也是承担非法人组织债务的财产。

如果其他法律对非法人组织的债务承担责任另有规定的，应当依照其特别规定确定非法人组织承担民事责任的方法。例如，《合伙企业法》第2条第3款规定，有限合伙企业中的有限合伙人承担有限责任。这就是法律对非法人组织债务承担责任的"另有规定"，因而不适用无限责任的规定。

**第一百零五条** 非法人组织可以确定一人或者数人代表该组织从事民事活动。

【条文要义】

本条是对非法人组织代表人的规定。

非法人组织可以设定代表人，代表该非法人组织。非法人组织的代表人，是由非法人组织的出资人或者设立人推举产生的对外代表非法人组织的利益，对内组织经营管理的出资人或者设立人。例如，独资企业本来就是出资人个人负责，自己就是负责人，因而才规定为"可以"设定代表人。

确定非法人组织的代表人，如果有数个出资人或者设立人，应当由数个出资人或者设立人全体来推举代表人。非法人组织的代表人既可以是一人，也可以是数人，遵从非法人组织的设立人和出资人的意愿。如果不推举代表人，则其全体出资人或者设立人为代表人。

非法人组织的代表人与非法人组织事务执行人不同。非法人组织的代表人也可能是非法人组织的事务执行人，即便如此，身份也有区别，非法人组织的代表人对外代表非法人组织，对内组织经营活动；而非法人组织的事务执行人仅对非法人组织的个别经营事务具体负责。

**第一百零六条** 有下列情形之一的，非法人组织解散：

（一）章程规定的存续期间届满或者章程规定的其他解散事由出现；

（二）出资人或者设立人决定解散；

（三）法律规定的其他情形。

【条文要义】

本条是对非法人组织解散的规定。

非法人组织解散是非法人组织的终止，是根据法律的规定终结设立非法人组织的协议，经过解散和清算等程序，最终注销非法人组织。如果是合伙企业，其解散就是散伙。

非法人组织解散的事由是：（1）章程规定的存续期间届满或者章程规定的其他解散事由出现。非法人组织章程规定的存续期间届满，出资人或者设立人决定不再经营，非法人组织可以解散。非法人组织章程规定的其他解散事由出现的，非法人组织可以解散。（2）出资人或者设立人决定解散，在非法人组织存续期间内，只要全体出资人或者设立人决定终止非法人组织，就可以解散非法人组织。（3）法律规定的其他情形，法律或者行政法规规定了非法人组织解散的其他事由，当该事由出现后，非法人组织依照这些法律或者行政法规的规定予以解散，如非法人组织被兼并或者被宣告破产，也导致非法人组织解散。

**第一百零七条　非法人组织解散的，应当依法进行清算。**

【条文要义】

本条是对非法人组织解散进行清算的规定。

非法人组织解散后，应当依法进行清算，以终结非法人组织现存的各种法律关系，依法清理非法人组织的债权债务。本条对于非法人组织解散以后的清算并没有规定具体规则，应当依照民法典第108条关于"非法人组织除适用本章规定外，参照适用本编第三章第一节的有关规定"的规定，参照第70~73条的规定进行，包括成立清算组、清算程序、清算组的职权、清算期间非法人组织的存续以及清算后的财产和注销登记等。

**第一百零八条　非法人组织除适用本章规定外，参照适用本编第三章第一节的有关规定。**

【条文要义】

本条是对非法人组织具体规则法律准用的规定。

民法典对非法人组织的规定比较简明，具体规则不足，故本条规定了非法人组织具体规则的法律准用条款。

对于非法人组织的具体规则准用内容，包括：非法人组织的民事权利能力和民事行为能力；非法人组织的成立；非法人组织代表人的职责和责任；非法人组织的住所；非法人组织的登记；非法人组织解散的清算；非法人组织解散的后果；非法人组织在设立和清算期间的民事权利能力和民事行为能力；等等。这些规则，在非法人组织设立和运行以及解散中都应参照适用。

非法人组织并非一种特定的组织形式，而是由不同的组织形式构成的一种民事主体类型。民法典第102条第2款列举的个人独资企业、合伙企业、不具有法人资格的专业服务机构以及其他组织等，都有专门的法律和行政法规进行规范。因此，非法人组织除了适用民法典第四章关于非法人组织的规定之外，还可以参照民法典第三章第一节关于法人的一般规定，也要适用不同的非法人组织类型的专门的法律、行政法规的规定。

# 第五章　民事权利

**第一百零九条**　自然人的人身自由、人格尊严受法律保护。

**【条文要义】**

本条是对自然人的人格尊严和人身自由权的规定。

本条至第 111 条规定的都是人格权。人格权，是指民事主体专属享有，以人格利益为客体，为维护民事主体独立人格所必备的固有民事权利。

本条规定的"人格尊严"是一般人格权。由于民法典第 990 条也规定了一般人格权，这里只对一般人格权作概括性解释。

一般人格权的性质是抽象人格权。与民法典第 130 条规定的自我决定权和第 993 条规定的公开权一道，构成抽象人格权的体系。一般人格权更为抽象和具有概括性，不同于各项具体人格权，而是个人的基本权利。一般人格权属于抽象人格权，不是一种主观权利，不具有独立的权利地位，主要是一种权能性的权利，但具有一定的独立性。

一般人格权的范围极其广泛，在内容上不可能列举穷尽，因而需要采用高度概括的方式，阐释一般人格权的具体内容。一般人格权的内容是人格独立、人格自由和人格尊严。一般人格权的这三项基本内容，是一般人格权客体的三大法益，可以概括为一般人格权的所有内容。

一般人格权的功能，是指一般人格权在人格权体系中所发挥的基本作用，包括解释功能、创造功能和补充功能。这些功能分为两种性质，一种是抽象功能，包括解释功能和创造功能，发挥的是一般人格权的母权利和渊源权的作用；另一种是具体功能即补充功能，对具体人格权无法提供保护的其他人格利益提供保护。

人身自由权是指自然人在法律规定的范围内，按照自己的意志和利益进行行动和思维，人身不受约束、控制或妨碍的权利。其客体人身自由，是自由中的一种表现形式，是指人的身体和思维不受约束、不受控制和不受限制的状态，包括身体自由和思维自由。人格权法研究的自由，是人身自由，而不是一般的自由。人身自由权的内容包括身体自由权和思维自由权。民法典第1003条规定的是身体自由权。

**第一百一十条** 自然人享有生命权、身体权、健康权、姓名权、肖像权、名誉权、荣誉权、隐私权、婚姻自主权等权利。

法人、非法人组织享有名称权、名誉权和荣誉权。

【条文要义】

本条是对自然人和法人、非法人组织享有具体人格权的规定。

自然人享有的具体人格权包括：（1）生命权，是指自然人维持其生命存在，以保证其生命安全利益为基本内容的具体人格权。民法典第1002条规定的是生命权及其内容。（2）身体权，是自然人维护其身体完全并支配其肢体、器官和其他组织的具体人格权。民法典第1003条规定的是身体权及其内容。（3）健康权，是指自然人以自己的机体生理机能正常运作和功能完善发挥，以维持人体生命活动的利益为内容的具体人格权。民法典第1004条规定的是健康权及其内容。（4）姓名权，是指自然人决定、使用和依照规定改变自己姓名，并维护其姓名利益的具体人格权。民法典第1012条规定的是姓名权及其内容。（5）名称权，是指法人和非法人组织依法享有的，决定、使用、改变自己的名称，依照法律规定转让名称，并排除他人非法干涉、盗用或冒用的具体人格权。具体内容规定在民法典第1013条。（6）肖像权，是自然人以在自己肖像上所体现的精神利益和财产利益为内容所享有的具体人格权。肖像权及其内容规定在民法典第1018条。（7）名誉权，是指自然人和法人、非法人组织就其自身属性和价值所获得的社会评价享有的保有和维护的具体人格权。名誉权及其具体内容规定在民法典第1024条。（8）荣誉权，是指自然人、法人和非法人组织对其获得的荣誉及其利益所享有的保持、支配的具体人格权。民法典第1031条规定的是荣誉权及其内容。（9）隐私权，是自然人享有的对其私人生活安宁以及个人与公共利益无关的私人信息、私人活动和私人空间等人格利益自主进行支配和控制，不被他人侵扰的具体人格权。隐私权及其具体内容规定在民法典第1032条。（10）婚姻自主权，是自然人按照法律规定，自主决定其婚姻的缔结和解除，不受任何人强迫或干涉的具体人格权。民法典人格权编没有规定婚姻自主权，具体内容规定在民法典第1042条。

法人、非法人组织享有名称权（民法典第 1013 条）、名誉权（民法典第 1024 条）、荣誉权（民法典第 1031 条）等具体人格权。

**第一百一十一条** 自然人的个人信息受法律保护。任何组织或者个人需要获取他人个人信息的，应当依法取得并确保信息安全，不得非法收集、使用、加工、传输他人个人信息，不得非法买卖、提供或者公开他人个人信息。

**【条文要义】**

本条是对自然人享有的个人信息权的规定。

个人信息权，是指自然人依法对其本人的个人资料信息所享有的支配并排除他人侵害的人格权。个人信息权的特征是：（1）个人信息权是具体人格权；（2）个人信息权的客体是个人的资料信息等人格要素；（3）个人信息权的主体是自然人个人；（4）个人信息权的权利要求是以自我决定权作为其权利基础，是排他的自我支配权。

个人信息权的权利内容包括：（1）占有权；（2）决定权；（3）保护权；（4）知情权；（5）更正权；（6）锁定权；（7）被遗忘权。

个人信息权的义务人应当承担的义务，是本条后段规定的内容：任何组织和个人均应当确保依法取得的个人信息安全，不得非法收集、使用、加工、传输他人个人信息，不得非法买卖、提供或者公开他人个人信息。违反这样的义务，应当承担侵权责任。

负有保护自然人个人信息权的特别义务主体，是依法处理个人信息的任何组织和个人。具体包括：依法处理个人信息的网络服务提供者、其他企业事业单位、国家机关及工作人员，以及其他任何组织或者个人。

《个人信息保护法》主要规定的是个人信息处理者与个人信息权益人之间的权利义务关系，以及对权利人的保护。凡是依法处理自然人个人信息的法人和自然人，都负有确保自然人个人信息安全，防止信息泄露的义务，一旦发生或者可能发生信息泄露时，都必须立即采取补救措施，防止扩大损害，如果未尽此义务，会构成不作为的侵权行为。对于上述侵害自然人个人信息权的侵权行为，应当依照民法典侵权责任编以及《个人信息保护法》的规定，承担侵权责任，从而保护自然人的个人信息权益。

**第一百一十二条** 自然人因婚姻家庭关系等产生的人身权利受法律保护。

【条文要义】

本条是对自然人享有身份权的规定。

身份权，是指自然人基于特定的身份关系产生并由其专属享有，以其体现的身份利益为客体，为维护该种利益所必需的人身权利。换言之，身份权是由亲属身份关系发生的人身权利。其法律特征是：（1）身份权表达的是亲属之间的身份地位；（2）身份权是亲属之间的权利义务关系；（3）身份权的主体有范围的限制；（4）身份权的客体是身份利益；（5）身份权的本质以义务为中心。

身份权的对外关系，表明身份权的绝对性——是绝对性的民事权利，表明享有身份权的权利主体享有这种权利，其他任何人都负有不得侵犯该权利的义务。身份权的对内关系来源于身份权的相对性——由于特定的、相对应的亲属之间才享有身份权，因此身份权的主要内容是对内的权利义务关系。

具体身份权包括配偶权、亲权和亲属权。

配偶是指男女双方因结婚而产生的亲属，即具有合法婚姻关系的夫妻相互间的同一称谓和地位。在婚姻关系存续期间，妻是夫的配偶，夫是妻的配偶，双方互为配偶。配偶权就是配偶之间的身份权，具体内容包括：（1）夫妻姓氏权；（2）住所决定权；（3）同居义务；（4）忠实义务；（5）职业、学习和社会活动自由权；（6）日常事务代理权；（7）相互扶养、扶助权；（8）生育权。

亲权是指父母对未成年子女在人身和财产方面的管教和保护的权利与义务。亲权确定的是父母与未成年子女之间的身份关系，属于亲属法上的身份权。亲权的主要内容是：（1）身上照护权，是父母对未成年子女人身的教养、保护的权利和义务；（2）财产照护权，是父母对未成年子女的财产负有的保护义务。

亲属权也叫作其他亲属权，是指除配偶、未成年子女与父母外的其他近亲属之间的基本身份权，表明这些亲属之间互为亲属的身份利益为其专属享有和支配，其他任何人均负有不得侵犯的义务。主要内容是扶养权，分为抚养权、赡养权和扶养权。

### 第一百一十三条　民事主体的财产权利受法律平等保护。

【条文要义】

本条是对民事主体财产权利平等保护的规定。

本条与民法典第3条关于"民事主体的人身权利、财产权利以及其他合法权益受法律保护,任何组织或者个人不得侵犯"的规定相呼应,特别强调法律对财产权利予以平等保护,尤其是针对原《民法通则》第73条第2款关于"国家财产神圣不可侵犯,禁止任何组织或者个人侵占、哄抢、私分、截留、破坏"的规定。

规定民事主体的财产权利平等保护原则,对保护自然人的私有财产权利具有更重要的意义。故这一条文相当于"私有财产神圣不可侵犯"原则。有了这一原则,就可以更好地保护自然人的私有财产,进而鼓励自然人创造更多的财富,拥有更好的物质生活保障,使整个社会富裕起来。

财产权利平等保护原则,是指不同的民事主体对其所享有的财产权利,享有平等地位,适用规则平等和法律保护平等的民法原则。其内容是:(1)财产权利的地位一律平等,最主要的含义是强调自然人和其他权利人的财产权利受到平等保护;(2)适用规则平等,对于财产权利的取得、设定、移转和消灭,都适用共同规则,体现法律规则适用的平等性;(3)保护的平等,在财产权利出现争议时,平等保护所有受到侵害的财产权利。

财产权利的内容是:(1)物权;(2)债权;(3)知识产权;(4)继承权;(5)股权和其他投资性权利;(6)其他财产权利与利益。

### 第一百一十四条　民事主体依法享有物权。
物权是权利人依法对特定的物享有直接支配和排他的权利,包括所有权、用益物权和担保物权。

【条文要义】

本条是对物权及物权体系的规定。

物权是指民事主体在法律规定的范围内直接支配一定的物,享受利益并排除他人干涉的权利,是人与人之间对于物的归属和利用关系在法律上的体现。

物权的范围是:(1)所有权,是指所有人依法按照自己的意志通过对其所有物进行占有、使用、收益、处分等方式,独占性支配其所有物并排斥他人非法干涉的永久性物权。所有权包括单独所有权、共有权、建筑物区分所有权及相邻关系。(2)用益物权,是指非所有权人对他人所有之物所享有的占有、使用和收益的他物权。用益物权包括土地承包经营权、建设用地使用权、宅基地使用权、居住权、地役权等。(3)担保物权,是指债权人所享有的为确保债权实现,在债务人或者第三人所有的物或者权利之上所设定的,就债务人的债务不履行时,或者发生当事人约定的实现担保物权的情形时,就担保物的变价优先受偿的他物权,包括:①抵押权;②质权;③留置权;④所有权保留;⑤优先权;⑥让与担保。其中,抵押权、质权和留置权在物权编规定,所有权保留在合同编规定,优先权在分则各编规定;对让与担保,民法典并没有规定,但在最高人民法院的司法解释中却有规定。

**第一百一十五条** 物包括不动产和动产。法律规定权利作为物权客体的,依照其规定。

【条文要义】

本条是对物权客体即物及其范围的规定。

物,是指具有实用价值、能够满足人的某种需要,并能为人所控制和支配的物质对象。包括除人体外能够为人力所控制并能够满足人类社会生活所需要的有形物和自然力。

物具有的法律特征是:(1)能够为人力所控制;(2)能够满足人类的某种需要;(3)须存在于人身之外;(4)须为独立一体。在民事法律关系中,物作为最重要的民事权利客体的财产利益,代表的是物质财富,体现的是社会的基本财产形态。

物的类型包括:(1)不动产,是指依自然性或者法律的规定在空间上占有固定位置,移动后会影响其经济价值的物,包括土地、土地定着物、与土地尚未脱离的土地生成物、因自然或者人力添附于土地并且不能分离的其他物;(2)动产,是指不动产以外的其他能在空间上移动而不会损害其经济价值的物。故不动产以外的其他的物都是动产。在法律上各种可以支配的自然力,也属于动产。货币和有价证券,为特别动产。

区分不动产和动产的意义是:(1)物权类型不同,用益物权限于以不动产为客体，而动产质权、留置权的客体则以动产为限；（2）以法律行为作为物权变动的法定要件不同，动产物权变动一般以交付为要件，而不动产物权变动则以登记为要件；（3）公示方式不同，不动产物权以登记为公示方式，而动产物权以占有为公示方式，通常不要求进行登记。

法律规定的权利作为物权客体的，依照其规定。主要是指著作权、商标权和专利权中的财产权、建设用地使用权、土地经营权、股权等，能够作为担保物权的客体，都属于法律规定能够作为物权客体的权利。

**第一百一十六条 物权的种类和内容，由法律规定。**

【条文要义】

本条是对物权法定原则的规定。

物权法定原则是物权法的一项基本原则，也是物权法区别于债法和合同法的重要标志。它又称为物权法定主义，是指物权只能依据法律设定，禁止当事人自由创设物权或变更物权的种类、内容、效力和公示方法。

物权法定原则的内容，包括物权类型强制和物权内容强制。物权类型强制的含义是，物权的种类非经法律规定，当事人不得创设。当事人只能依照法律明确规定的物权类型和条件设立物权，不能超出法律的规定设立法定物权以外的物权类型。物权内容强制（物权类型固定）的含义是，物权的内容非经法律规定，当事人不得创设。法律对一个具体物权的内容规定了是什么就是什么，不得由当事人约定法定物权的具体内容。

本条规定的缺点，是没有规定物权法定之缓和，使我国的物权法定原则过于僵化，缺少必要的灵活性。不过，民法典第388条第1款中规定了"其他具有担保功能的合同"的概念，确认通过其他具有担保功能的合同设立的权利也属于担保物权，使我国的物权法定原则有了一定的缓和性，能够较好地适应我国市场经济发展的需求。

**第一百一十七条 为了公共利益的需要，依照法律规定的权限和程序征收、征用不动产或者动产的，应当给予公平、合理的补偿。**

【条文要义】

本条是对征收、征用应予补偿的规定。

征收是政府为了公共利益的需要，依照法律规定的权限和程序，将集体所有或者个人所有的财产变为国家所有，并加以利用的行为。征用是政府为了公共利益的需要，依照法律规定的权限和程序，将集体所有或者个人所有的财产征召与使用的行为。征收、征用的主体都是国家，通常是政府部门以行政命令的方式，从集体和个人取得土地、房屋等财产的所有权或者使用权，集体和个人必须服从。

征收、征用必须符合公共利益需要的目的。征收导致集体或者个人的所有权丧失，征用导致集体或者个人的所有权受到限制，都会使权利人的财产权利受到损害。因此，国家的征收或者征用行为，虽然是被许可的、合法的，但是都须有公共利益的目的。民法典第243条也规定，限制政府非为公共利益而进行的征收行为，用以保护集体和个人的财产权利。

征收、征用必须依照法律规定的权限和程序进行。凡是依照违反法律规定的权限和程序进行的征收、征用，都是违法行为，都不发生征收、征用的后果。违法征收、征用给集体或者个人的财产权益造成损害的，应当承担赔偿责任。

征收、征用必须给予权利人公平、合理的补偿。按照公平、合理的补偿标准，就是不能使被征收、征用财产的权利人，因征收、征用而受到损失，补偿应当公平，不能出现不公平的现象；补偿应当合理，即补偿的数额应当合情合理，符合实际损失能够得到合情合理补足的要求。

**第一百一十八条　民事主体依法享有债权。**

**债权是因合同、侵权行为、无因管理、不当得利以及法律的其他规定，权利人请求特定义务人为或者不为一定行为的权利。**

【条文要义】

本条是对债权及债权种类的规定。

债权是按照合同约定或者依照法律的规定，在当事人之间产生的特定的权利和义务关系，也称为债权关系或者债的关系。

在债权关系中，享有权利的人为债权人，负有义务的人为债务人。债权人享有的权利为债权，债务人承担的义务为债务。债权就是在债的关系中，一方（债权人）请求另一方（债务人）为一定行为或者不为一定行为的权利。

债权的法律特征是：（1）债权是相对权，是在特定主体之间发生的民事法律关系；（2）债权的性质是请求权，债权的实现有赖于债务人为一定行为或者不为一定行为,即债权人只能请求债务人为一定行为或者不为一定行为;(3)债权具有期限性,原则上不能永久存在;(4)债权具有相容性,对同一标的物可以成立内容相同的数个债权,其相互之间并不排斥;(5)债权具有平等性,数个债权人在对同一债务人,先后发生数个普通债权时,其效力一律平等;(6)债权的客体具有多样性;(7)债权具有任意性。

债权分为合同之债、侵权之债、无因管理之债、不当得利之债和其他法律规定的债,如单方允诺之债。

**第一百一十九条　依法成立的合同,对当事人具有法律约束力。**

【条文要义】

本条是对合同之债的规定。

依法成立的合同,对当事人具有法律约束力。法律约束力,就是合同之债的效力。合同成立之后,缔约当事人成为合同之债的债权债务关系当事人,享有权利的一方为债权人,负有债务的一方为债务人,合同约定的内容就是合同之债的债权债务内容,债权人有权请求债务人按照约定履行义务,实现自己的债权,义务人须依照法律规定和合同约定,履行合同义务,保障债权人的债权实现。如果债务人不履行或者不完全履行债务,则应当承担违约责任。

关于合同之债的基本规则,民法典专设合同编予以规定。

**第一百二十条　民事权益受到侵害的,被侵权人有权请求侵权人承担侵权责任。**

【条文要义】

本条是对侵权之债的规定。

侵权人实施侵权行为,侵害了被侵权人的人身、财产权益,造成损害的,构成侵权责任。这种侵权责任具有双重属性,一是民事责任属性,二是债的属性。被侵权人享有的侵权请求权,性质属于债权,也属于权利保护请求权。侵权人负有赔偿被侵权人损失的义务。

应当注意的是,原《民法通则》将侵权责任从债权体系中分离出来,民法典仍将侵权责任作为侵权之债,使之回归债法体系,作为独立一编规定。民法典使侵权责任介于债与责任之间，具有重要的立法价值，使其既具有债的性质，又具有民事权利保护法的功能。

**第一百二十一条** 没有法定的或者约定的义务，为避免他人利益受损失而进行管理的人，有权请求受益人偿还由此支出的必要费用。

【条文要义】

本条是对无因管理之债的规定。

无因管理是指没有法定义务或者约定的义务，为避免他人利益受到损失而进行管理或者服务的行为。管理他人事务的人称为管理人，其事务被他人管理的人称为本人或者受益人。

构成无因管理须具备三个条件：（1）管理人须对他人事务进行管理或者服务；（2）管理人没有法定的或者约定的义务，无因是指管理人对他人事务的管理没有法律上的原因；（3）管理人须为避免他人利益受损失而管理。

无因管理的效力，是指构成无因管理后在本人和管理人之间发生债权债务关系。无因管理的管理人本无管理本人事务的义务，但管理人一经管理，就应当管好，这是法律为保护民事主体的合法利益和维护社会秩序的必然要求，也是无因管理成为适法行为的必然结果。

民法典没有规定债法总则，因此在合同编设置了"准合同"分编，来规定无因管理之债和不当得利之债的规则。

**第一百二十二条** 因他人没有法律根据，取得不当利益，受损失的人有权请求其返还不当利益。

【条文要义】

本条是对不当得利之债的规定。

不当得利是指没有合法根据而通过造成他人损失取得的不当利益，受损人享有请求得利人返还其不当利益的债权债务关系。当事人之间因不当得利所发生的债权债务关系，称为不当得利之债。获得利益的一方为得利人，受到损失的一方为受损人。不当得利是日常生活中经常发生的现象。

构成不当得利请求权，须具备四个要件：（1）一方获得利益；（2）他方受有损失；（3）取得利益与受有损失之间有因果关系；（4）无合法根据。

不当得利分为两大类：（1）基于法律行为又无法律上的根据而得利；（2）非基于法律行为但也无法律直接根据而得利。

不当得利的法律效果是，得利人应当将取得的不当利益返还受损人。得利人返还的利益可以是原物、原物的价款或者其他利益。

**第一百二十三条** 民事主体依法享有知识产权。

知识产权是权利人依法就下列客体享有的专有的权利：

（一）作品；
（二）发明、实用新型、外观设计；
（三）商标；
（四）地理标志；
（五）商业秘密；
（六）集成电路布图设计；
（七）植物新品种；
（八）法律规定的其他客体。

**【条文要义】**

本条是对知识产权及其客体的规定。

知识产权，也称智慧财产所有权，是指民事主体基于其创造性智力成果和工商业标记依法产生的专有民事权利的统称。知识产权是一种无形财产权，属于广义的财产权利范畴，其客体是智慧劳动成果或者是知识产品，是一种无形财产，或者是一种没有形体的精神财富，也是创造性的智力劳动所产生的劳动成果。

知识产权的内容包括两大部分：（1）人身权利，也称为精神权利，是指权利同取得智力成果的人身不可分离，是人身关系在法律上的反映，包括作者的署名权、作品的发表权、作品的修改权、维护作品完整权等；（2）财产权利，也称为经济权利，是指智力成果被法律承认以后，权利人可以利用这些智力成果取得报酬或者得到奖励的权利。

主要的知识产权类型是：（1）著作权，是制作者及相关主体基于各类作品的创作而依法享有的权利；广义的著作权，除了狭义著作权以外，还包括表演者、录音录像制品的作者与广播电视局旨在传播作品的过程中，就自己的创造性劳动成果所享有的民事权利。（2）专利权，是发明创造人或其他权利受让人对特定的发明创造，在一定期限内依法享有的独占实施的知识产权。（3）商标权，是指商标主管机关依法授予商标所有人对其注册商标予以国家法律保护的专有知识产权。（4）其他知识产权，如地理标志权、商业秘密权、原产地名称权、植物新品种权以及集成电路布图设计专有权等。

知识产权的客体是：（1）作品，包括创作的文学、艺术和自然科学、社会科学、工程技术等作品。（2）发明、实用新型、外观设计，发明是指对产品、方法或者其改进所提出的新的技术方案。实用新型是指对产品的形状、构造或者其结合所提出的适于实用的新的技术方法。外观设计是指对产品的形状、图案或者其结合以及色彩与形状、图案的结合所作出的富有美感并适于工业应用的新设计。（3）注册商标，即经商标局核准注册的商标，包括商品商标、服务商标和集体商标、证明商标。（4）地理标志，即原产地标志，是鉴别原产于一成员国领土或该领土的一个地区或一个地点的产品的标志，标志产品的质量、声誉和其他确定的特性，应当主要决定于其原产地。（5）商业秘密，是不为公众所知悉、能为权利人带来经济利益，具有实用性，并经权利人采取保密措施的技术信息和经营信息。（6）集成电路布图设计，涉及对电子元件、器件间互连线模型的建立，所有的器件和互连线都需安置在一块半导体衬底材料之上，从而形成电路。（7）植物新品种，是指经过人工培育的，或者对发现的野生植物加以开发，具有新颖性、特异性、一致性和稳定性并有适当命名的植物品种。（8）法律规定的其他客体，如民法典第127条规定的数据，就是数据专有权的客体。

**第一百二十四条** 自然人依法享有继承权。

自然人合法的私有财产，可以依法继承。

【条文要义】

本条是对继承权及其客体的规定。

继承权，是指自然人按照被继承人所立的合法有效遗嘱或者法律的直接规定，而享有的继承被继承人遗产的权利。在继承中，遗留财产的死者称为被继承人；死者的财产称为遗产；取得遗产的人称为继承人；继承人继承遗产的权利称为继承权。继承权的特征是：（1）继承权的主体是自然人，而不能是法人、非法人组织或者国家；（2）继承权是自然人依照合法有效的遗嘱或者法律的直接规定而享有的权利,其发生根据有两种,一是法律的直接规定,二是合法有效的遗嘱的指定;(3)继承权的客体是被继承人生前的财产权利,包括合法的财产及财产权利;(4)继承权的性质是财产权,同时具有身份属性,因为继承通常是在特定的亲属之间发生的,因而继承权具有双重属性。

遗产,是继承权的客体,没有遗产就不存在继承法律关系。遗产就是自然人死亡时遗留下来的个人合法财产:(1)遗产是自然人死亡时遗留下来的财产,不是自然人死亡时留下的财产也就不能成为遗产;(2)遗产是自然人的个人财产,不属于个人的财产不能成为遗产;(3)遗产是自然人的合法财产,不是自然人合法取得和合法享有的财产,也不能成为遗产。

遗产的法律特征是:(1)时间上的限定性,被继承人死亡的时间是划定遗产的特定时间界限,在被继承人死亡之前,该自然人具有民事权利能力,其享有财产所有权等各种权利。自然人死亡后,不再具有民事权利能力,其财产即转变为遗产。(2)内容上的财产性,遗产只能是自然人死亡时遗留下来的个人财产,具有财产性。(3)范围上的预定性,遗产必须是自然人死亡时遗留下来的个人财产,只有在被继承人生前属于其个人所有的财产才能成为遗产。(4)性质上的合法性,自然人死亡时遗留下的财产,只有依法可以由自然人拥有的,并且被继承人有合法取得根据的财产才是遗产。(5)处理上的流转性,遗产是要转由他人承受的被继承人死亡时遗留的财产,因而必须具有流转性。

对于遗产的范围,民法典第1122条改变原《继承法》规定的"列举+概括"的做法,采取概括式立法方法,即遗产是自然人死亡时遗留下来的个人合法财产,但是依照法律规定或者根据其性质不得继承的除外。

## 第一百二十五条　民事主体依法享有股权和其他投资性权利。

【条文要义】

本条是对股权和其他投资性权利的规定。

股权是指股东基于出资行为,在依法设立的公司中取得股东地位或者出资人资格,在公司中享有的以财产收益权为核心,并可以依法参与公司事务的权利。股权是财产权利。

其他投资性权利,是指股权以外的,自然人、法人或者非法人组织作为出资人或者开办人,基于其向非公司性的营利法人或者非法人组织出资而获得的出资人或者开办人的身份,以及基于该身份而享有的经营收益权。其他投资性权利也包括民事主体通过购买证券、基金、保险等进行投资而享有的民事权利,这些投资性权利的具体内容,根据《证券法》等具体法律规定,依法享有。其他投资性权利也属于民事权利,与股权类似,民法予以保护。

股权的客体,在股份有限公司是股份,在有限责任公司是出资份额。股份代表对公司的部分拥有权,包含三层含义:(1)股份是股份有限公司资本的构成成分;(2)股份代表股份有限公司股东的权利义务;(3)股份可以通过股票价格的形式表现其价值。股份的特点是:(1)具有金额性;(2)具有平等性;(3)具有不可分性;(4)具有可转让性,股东可以将持有的股份依法转让给他人。

出资份额,是有限责任公司的股东对该有限责任公司出资的比例。有限责任公司以外的其他营利法人以及非法人组织,对于有限责任公司以及其他营利法人或者非法人组织依据其出资,在该有限责任公司等单位资本构成上所占有的份额。出资份额是有限责任公司等资本的构成成分,也代表了有限责任公司股东的权利和义务,同时能够通过其份额的比例表现其价值,并且可以依法转让。

**第一百二十六条　民事主体享有法律规定的其他民事权利和利益。**

【条文要义】

本条是对民事主体享有其他民事权利和法益的规定。

民法典在"民事权利"一章无法对所有的民事权利都作出规定,因而规定其他法律规定的民事权利,民事主体也都享有,依法予以保护。例如,商法、知识产权法以及其他民事权利保护单行法等规定的民事权利,都是法律规定的其他民事权益。无论刑法还是行政法都规定了侵害他人自主权的违法行为的刑事责任和行政责任,民法典第1010条规定了对性骚扰行为的规制,因而性自主权是民事权利。总则编也没有规定信用权,第1029条和第1030条均规定了对信用权的保护,因而信用权也是独立的人格权。对于担保物权,物权编没有规定所有权保留和优先权,第642条规定了所有权保留,其他多部法律都规定了优先权,都是担保物权。对让与担保民法典也没有规定,但是最高人民法院的司法解释认可其为担保物权。类似这样其他法律规定的民事权利,都是民事主体享有的民事权利。

法律所保护的利益,就是法益。本条规定的民事主体享有法律规定的利益是狭义的法益。广义的法益泛指一切受法律保护的利益,权利当然也包含在法益之中。民法在保护民事利益时，对于比较成熟的、具有独立性的民事利益，采用设置民事权利的方式予以保护，如对于身体、健康、生命、姓名、肖像、名誉、隐私、人身自由等民事利益，就规定单独的人格权予以保护。对于一些尚不具有独立保护价值的民事利益，当需要予以保护时，法律就规定对其按照法益来进行保护。例如，由于胎儿和死者只具有部分民事权利能力，而无法设置民事权利，法律又须对其进行保护，因而通过法益予以保护。民法的法益范围是：人格法益，如胎儿的人格利益和死者的人格利益；身份法益，是配偶权、亲权、亲属权等身份权无法包含的其他身份法益；财产法益，是物权、债权等财产权利所不能包含的其他财产利益。

**第一百二十七条　法律对数据、网络虚拟财产的保护有规定的，依照其规定。**

【条文要义】

本条是对数据和网络虚拟财产是民事权利客体的规定。

数据可以分为原生数据和衍生数据。原生数据是指不依赖于现有数据而产生的数据，衍生数据是指原生数据被记录、存储后，经过算法加工、计算、聚合而成的系统的、可读取、有使用价值的数据，如购物偏好数据、信用记录数据等。能够成为知识产权客体的数据是衍生数据。衍生数据的性质属于智力成果，与一般数据不同。在数据市场交易和需要民法规制的数据是衍生数据。以衍生数据为客体建立的权利是数据专有权。数据专有权是一种财产权，性质属于新型的知识产权。数据专有权与传统的知识产权有着明显不同，在权利的主体、客体以及保护等方面，都存在明显的差别。数据专有权具备传统知识产权无形性、专有性、可复制性的特点，但不具备传统知识产权的地域性、时间性的特点，因此是新型的权利类型。

网络虚拟财产是指虚拟的网络本身以及存在于网络上的具有财产性的电磁记录，是一种能够用现有的度量标准度量其价值的数字化的新型财产。网络虚拟财产作为一种新兴的财产，具有不同于现有财产类型的特点。网络虚拟财产属于特殊物，具有以下意义：（1）把网络虚拟财产归入特殊物，顺应了物权法的发展趋势；（2）特殊物准确反映了网络虚拟财产的特性，是对网络虚拟财产的客观界定和准确描述。

法律对数据和网络虚拟财产的保护有规定的，依照其规定。这对衍生数据和网络虚拟财产的保护是很明确的，即对衍生数据应当用数据专有权来保护，对网络虚拟财产用物权来保护。

**第一百二十八条** 法律对未成年人、老年人、残疾人、妇女、消费者等的民事权利保护有特别规定的，依照其规定。

【条文要义】

本条是对单行权利保护法属于民法特别法的规定。

本条与民法典第11条的规定相衔接，已经制定的《未成年人保护法》《老年人权益保障法》《残疾人保障法》《妇女权益保障法》《消费者权益保护法》等法律，都是对某一类弱势群体的权利予以特别保护的法律，这些被保护的权利又主要是民事权利，因而它们是民法特别法，是民法体系的组成部分。民法典通过规定民法特别法条款，整合民法普通法和民法特别法的关系，实现民法体系的一体化，而不使民法特别法游离于民法之外，割裂民法体系。

对民法典以外的其他法律本身就是民法特别法的，在民法特别法的识别上，应当识别在民法特别法的法律中的那些不属于民法特别法的规范。无论是商法的单行法，还是知识产权法的单行法，以及《消费者权益保护法》《未成年人保护法》《残疾人保障法》《妇女权益保障法》《老年人权益保障法》等，其主要的法律规范都是民事法律规范。其中包含的非民事法律规范并不是民法特别法，不具有在民法领域中优先适用的效力，而是应当遵循公法的适用方法予以适用。对于它们的识别，应当依照"另有"和"特别"的要件加以衡量，不具有这些要件的，就不是民法特别法，排除其民事法律适用的效力。

**第一百二十九条** 民事权利可以依据民事法律行为、事实行为、法律规定的事件或者法律规定的其他方式取得。

【条文要义】

本条是对民事权利取得方式的规定。

民事权利的取得，是指民事主体依据法律赋予，或者依据合法的方式或根据，获得并享有民事权利。通说认为，民事权利的取得方式为两种，一是原始取得，二是继受取得。按照民法典第129条的规定，民事权利取得的具体方式是：

1. 民事法律行为。民事法律行为是取得民事权利的基本方式。例如，缔约当事人通过订立合同的行为取得合同债权。

2. 事实行为。事实行为是法律事实的一种，是指行为人实施的不具有设立、变更和消灭民事法律关系的意图，但是依照法律的规定能引起民事法律后果的行为。其特征是：（1）行为作为法律事实，是一种由事实构成的行为，不包括当事人的意思要素；（2）因事实行为而引起的法律后果，非出于当事人的意思表示，而是民法的一种强行性规范；（3）事实行为是一种垫底性的行为，没有当事人的意思表示，法律并不赋予其强制的法律后果，只有在其符合法律要求时才产生法律后果。例如，民法典第231条规定："因合法建造、拆除房屋等事实行为设立或者消灭物权的，自事实行为成就时发生效力。"

3. 事件。事件是指与人的意志无关，能够引起民事法律后果的客观现象。事件与民事主体的意志无关，独立于人的意志之外，是不受人的意志控制的客观事实，它的发生、发展，都依照客观规律。事件一经发生，在法律规定的范围内可以引起法律后果，取得民事权利。例如，民法典第229条规定："因人民法院、仲裁机构的法律文书或者人民政府的征收决定等，导致物权设立、变更、转让或者消灭的，自法律文书或者征收决定等生效时发生效力。"确认了司法行为、仲裁行为和行政行为的法律属性，在民法上属于事件。

4. 法律规定的其他方式。法律规定的民事权利的其他取得方式，主要是法律直接赋予。法律直接赋予的民事权利只有人格权，因此人格权是固有权利，而不是基于某种事实取得的权利。人格权的固有性是人格权与其他民事权利的基本区别之一。

**第一百三十条　民事主体按照自己的意愿依法行使民事权利，不受干涉。**

【条文要义】

本条是对自我决定权的规定。

民事权利主张，是在民事权利的存在或权利的行使受到妨碍时，权利人对特定人提出的承认其权利的存在，或者排除妨碍保障权利行使的要求。民事权利行使，是指民事权利主体具体实施构成民事权利内容的行为，实现其受法律保护的合法民事利益。民事权利行使就是把这种可能性变为现实性的过程。把民事权利的这种可能性变为现实性的具体行为，就是行使民事权利，将民事权利的内容予以实现。民事权利实现，是民事权利行使的最终目的，是把民事权利的可能性变为最终的现实性，是行使权利的最终结果。在这三个概念中，民事权利行使是核心概念。民事权利行使的要求是完全尊重民事权利主体的意愿，这就是自我决定权。

自我决定权是自然人享有的意志，以发展自己的人格和利益为目的，对于生命、身体、健康、姓名、肖像、名誉、荣誉、隐私等人格权以及其他民事权利的行使，有权自行决定，不受他人干涉的抽象人格权。自我决定权作为权利人对自己的具体民事权利进行自我控制与支配，是权利人针对自己的人格发展的要求，做自己权利的主人，决定自己的权利行使，实现自己的人格追求。其特征是：（1）自我决定权是一个体现自我价值、根据自己意愿行使权利的权利；（2）自我决定权相对宽泛，但却是独立的保护对象，即民事权益；（3）自我决定权不是一个具体的民事权利，而是一个支配民事权利的权利，因此是具有权能性的权利。自我决定权的权利内容，就是权利主体对自己所享有的民事权利和利益，依照自己的意愿进行支配，按照自己的意愿行使，通过支配和行使自己的权利，满足自己的要求，实现自我价值。

**第一百三十一条** 民事主体行使权利时，应当履行法律规定的和当事人约定的义务。

【条文要义】

本条是对民事权利与义务相一致原则的规定。

民事权利与民事义务相一致原则，是指民事权利和民事义务相辅相成，民事权利与民事义务永远相对应，民事主体在行使民事权利时，必须履行民事义务的民法基本准则。

民事权利与民事义务相一致的主要表现是：（1）就特定的民事权利而言，必然与特定的民事义务相对应。当一个民事主体享有民事权利时，必有其他民事主体对该民事权利负有民事义务。（2）就特定的民事主体而言，当权利人享有民事权利时，必定也负有相应的民事义务。（3）就特定的行使民事权利行为而言，当一个特定的权利人行使自己的民事权利时，这个权利人的义务人必须履行自己相应的民事义务，以保障民事权利主体享有的民事权利的实现。

正因民事权利与民事义务相一致是民法的基本原则，所以要求民事主体在行使自己的权利时，也必须履行法律规定的和当事人约定的义务。要求是：（1）无论是行使自己的绝对权还是相对权，都有合法的根据，都是依照法律在行使自己的权利；（2）民事主体在行使自己的权利时，也应当履行民事义务，当然也包括绝对权法律关系的民事义务和相对权法律关系的民事义务。

**第一百三十二条　民事主体不得滥用民事权利损害国家利益、社会公共利益或者他人合法权益。**

【条文要义】

本条是对禁止滥用权利原则的规定。

权利人行使权利是自己的自由，但超出必要限度行使权利，就是滥用权利。法律一方面鼓励权利人行使民事权利，获得民事利益；但另一方面却又禁止权利滥用，为权利的行使划清具体边界，防止因行使权利而损害社会公共利益或者他人的民事权益。

权利滥用是指民事权利主体在外表上虽属于行使权利，但实际上却是背离权利本质或超越权利界限的违法行为。其特征是：（1）权利滥用具有行使权利的表征或与行使权利有关，这是权利滥用的形式特征；（2）权利滥用是违背权利本质或超越权利正当界限的行为，这是权利滥用的实质特征；（3）权利滥用是一种违法行为，这是权利滥用的法律特征。法律对权利滥用行为予以否认，或者限制其效力的原则，就是禁止权利滥用原则。

民事权利行使尽管是实现自己的权益，但是也事关义务人的利益，甚至事关国家、社会的利益。因此，民事主体行使民事权利，法律在依法保护的同时，也对民事权利行使进行一定的限制，不能超越边界。这些限制是：（1）宪法限制；（2）民法限制，包括诚信原则的限制、公序良俗的限制和禁止权利滥用原则的限制。

禁止权利滥用原则的功能是：（1）指导民事主体行使民事权利的功能，要求民事主体在行使民事权利的时候不能越界；（2）提供评价民事法律行为标准的功能，法官在审查因民事法律行为发生的争议时，根据禁止权利滥用原则，评判和解释民事主体行使权利的行为；（3）给法官提供解释和补充法律规定民事权利不足时的尺度。

认定权利滥用的标准，是行使民事权利违背其本质或超越其正当界限。这是因为行使权利违背其本质或者超越其正当界限，就是与权利的功能不相容的行为。对此，可以根据权利行使的时间、方式、对象、目的、造成权利人之间利益失衡的程度等因素作出认定。如果行为人故意以损害国家利益、社会公共利益和他人合法权益为主要目的行使民事权利的，应当认定为构成滥用民事权利。

**【相关司法解释】**

《最高人民法院关于适用〈中华人民共和国民法典〉总则编若干问题的解释》

第三条　对于民法典第一百三十二条所称的滥用民事权利，人民法院可以根据权利行使的对象、目的、时间、方式、造成当事人之间利益失衡的程度等因素作出认定。

行为人以损害国家利益、社会公共利益、他人合法权益为主要目的行使民事权利的，人民法院应当认定构成滥用民事权利。

构成滥用民事权利的，人民法院应当认定该滥用行为不发生相应的法律效力。滥用民事权利造成损害的，依照民法典第七编等有关规定处理。

# 第六章 民事法律行为

## 第一节 一般规定

**第一百三十三条** 民事法律行为是民事主体通过意思表示设立、变更、终止民事法律关系的行为。

**【条文要义】**

本条是对民事法律行为概念的规定。

在理论上给民事法律行为概念定义，还要在本条规定的基础上有所补充。民事法律行为是指自然人、法人或者非法人组织，通过意思表示设立、变更、终止民事权利和民事义务关系，能够产生当事人预期法律效果的行为。民事法律行为是行为的一种类型，是行为中最主要的形式，也是法律事实的最基本的形式。

法律事实是民事流转的动力，由于法律事实的出现，民事法律关系才得以产生、变更或消灭，民事法律关系的产生、变更和消灭，推动了社会的不断发展。民事法律行为作为推动民事流转的基本的、主要的形式，在民法社会中发挥着极为重要的作用，具有重要意义。民事法律行为制度不仅统辖着合同编、继承编、婚姻家庭编等具体设权行为的规则，形成了民法不同于法定主义体系的独特法律调整制度，而且又以完备系统的理论形态，概括了民法中一系列精致的概念和原理，形成了学说中令人瞩目的独立领域。

本条对民事法律行为的定义与原《民法通则》第54条规定相比较，有重大修正：（1）删除了关于合法性的规定，因为第54条把民事法律行为限定为合法行为，混淆了行为的成立与行为的有效，本条一律采用民事法律行为的概念，避免了这样的问题；（2）增加了意思表示要素，采取通过意思表示设立、变更、终止民事权利和民事义务的表述，定义更为精准；（3）弥补了行为人范围的不足，第54条规定行为人的范围是公民和法人，本条则把行为人规定为自然人、法人和非法人组织。

**第一百三十四条** 民事法律行为可以基于双方或者多方的意思表示一致成立，也可以基于单方的意思表示成立。

法人、非法人组织依照法律或者章程规定的议事方式和表决程序作出决议的，该决议行为成立。

【条文要义】

本条是对民事法律行为成立的规定。

民事法律行为在符合其成立要件时成立。民事法律行为成立是指民事法律行为在客观上已经存在。不符合民事法律行为成立要件的行为，视为民事法律行为不存在。

民事法律行为的成立要件是：（1）民事法律行为须含有设立、变更或终止民事法律关系的意图。即民事法律行为必须包含追求一定法律效果的意思，没有这种意思就不能成立民事法律行为。（2）民事法律行为须内容表达完整。意思表示表达不完整的，不能成立民事法律行为。（3）民事法律行为须将内心意思表达于外部。仅仅存在于内心的意思而未表达于外部的，不能成立民事法律行为。如果某一民事法律行为是要物行为和要式行为，除上述要件外，还必须具备特别要件：要物行为必须交付实物，要式行为必须符合法定的形式要求。

按照民事法律行为参加的当事人的数量，民事法律行为可以分为双方民事法律行为、单方民事法律行为和多方民事法律行为。

双方民事法律行为是两方当事人参加的民事法律行为，买卖、赠与合同是典型的双方民事法律行为。单方民事法律行为是当事人一方的意思表示就构成的民事法律行为，如设置幸运奖、遗嘱等，都是单方民事法律行为。多方民事法律行为是三方以上的当事人参加的民事法律行为，如三方以上的当事人关于设立公司的协议，就是典型的多方民事法律行为。

法人、非法人组织依照法律或者章程规定的议事方式和表决程序作出的决议，属于多方民事法律行为。这种民事法律行为只要是依照法律或者章程规定的议事方式和表决程序作出的，该决议行为就是民事法律行为，有效成立。

**第一百三十五条** 民事法律行为可以采用书面形式、口头形式或者其他形式；法律、行政法规规定或者当事人约定采用特定形式的，应当采用特定形式。

**【条文要义】**

本条是对民事法律行为表现形式的规定。

书面形式,是指以书面文字的方式进行的意思表示。分为一般书面形式和特殊书面形式。一般书面形式是指以一般性的文字记载形式进行的意思表示,特殊书面形式是指以获得国家机关或者其他职能部门认可的形式进行的意思表示。电子数据、电报信件、传真等,都是特殊书面形式。书面形式可以促使当事人在深思熟虑后实施法律行为,使权利义务关系明确化,并方便保存证据,主要适用于不能即时清结、数额较大的法律行为。

口头形式,是指以谈话的方式进行的意思表示。当面交谈、电话交谈、托人带口信、当众宣布自己的意思等,都是口头形式。口头形式具有简便、迅速的优点,但发生纠纷时举证较为困难。主要适用于即时清结或者标的数额较小的交易。

当事人没有以书面形式或者口头形式实施民事法律行为,但是从实施的行为中能够认定其有实施民事法律行为的意思表示的,是以其他形式实施的民事法律行为。主要包括以下两种情形:(1)推定形式,是指以有目的、有意识的积极行为表示其意思的民事法律行为形式。例如,租期届满后,承租人继续缴纳租金而出租人予以接受的行为,即可推定当事人延长了租赁期限。(2)沉默形式,是指将沉默赋予成立法律行为意义的形式,是指既无语言表示又无行为表示的消极行为,在法律有特别规定的情况下,视为当事人的沉默已经构成了意思表示,因而使法律行为成立。在通常情况下,沉默不能作为意思表示的方式。

对于民事法律行为是采用书面形式、口头形式还是其他形式,由当事人自主选择,法律不干涉。在特殊情况下,出于保护交易安全、避免纠纷等目的,法律或者当事人对民事法律行为的形式提出特殊要求的,应当采用特定形式,如当事人约定民事法律行为采用公证形式。对于未采用特定形式的民事法律行为的后果,一是法律、行政法规明确规定或者当事人约定不采用特殊形式的,该民事法律行为的后果依照法律、行政法规的规定或当事人的约定确定,如约定民事法律行为不采用公证形式就不成立,就依照其约定。二是如果法律、行政法规明确要求或者当事人约定采用特殊形式,但是没有对不采用该形式的民事法律行为的后果作出明确规定的,应当从鼓励交易的角度出发,不宜轻易否定该民事法律行为的效力。

**【相关司法解释】**

**《最高人民法院关于适用〈中华人民共和国民法典〉总则编若干问题的解释》**

第十八条 当事人未采用书面形式或者口头形式，但是实施的行为本身表明已经作出相应意思表示，并符合民事法律行为成立条件的，人民法院可以认定为民法典第一百三十五条规定的采用其他形式实施的民事法律行为。

**第一百三十六条** 民事法律行为自成立时生效，但是法律另有规定或者当事人另有约定的除外。

行为人非依法律规定或者未经对方同意，不得擅自变更或者解除民事法律行为。

**【条文要义】**

本条是对民事法律行为生效的规定。

民事法律行为的生效，是指民事法律行为因符合法律规定而能够引起民事法律关系的设立、变更或者终止的法律效力。民事法律行为成立之后，须具备生效的要件，才能使民事法律行为发生法律上的效力，发生设立、变更或者消灭民事法律关系的法律后果。

民事法律行为成立和生效的时间，既有相一致的情形，也有不一致的情形。有两种不同的形式：（1）民事法律行为的成立和有效处于同一个时间点，依法成立的民事法律行为，具备法律行为生效要件的，即时生效。（2）民事法律行为的成立和生效并非同一个时间，有三种情形：①法律规定民事法律行为须批准、登记生效的，成立后须经过批准、登记程序才能发生法律效力；②当事人约定民事法律行为生效条件的，约定的生效条件成就的，才能发生法律效力；③附生效条件、附生效期限的民事法律行为，其所附条件成就，或者所附期限到来时，该民事法律行为才能生效，其成立和生效也并非同一时间。

民事法律行为生效后，对行为人产生法律上的拘束力。民事法律行为生效后的法律拘束力是：（1）在民事法律行为生效后，行为人必须信守自己的承诺，自觉、全面履行义务，接受民事法律关系的拘束；（2）在民事法律行为生效后，如果对已经生效的民事法律行为需要作出变更和解除的，必须依照法律规定，或者按照当事人双方的约定才可以实施，否则就是违约。

## 第二节 意思表示

**第一百三十七条** 以对话方式作出的意思表示，相对人知道其内容时生效。

以非对话方式作出的意思表示，到达相对人时生效。以非对话方式作出的采用数据电文形式的意思表示，相对人指定特定系统接收数据电文的，该数据电文进入该特定系统时生效；未指定特定系统的，相对人知道或者应当知道该数据电文进入其系统时生效。当事人对采用数据电文形式的意思表示的生效时间另有约定的，按照其约定。

【条文要义】

本条是对意思表示及意思表示生效时间的规定。

意思表示，是指民事主体向外部表明意欲发生一定的民法上法律效果的意思行为。"意思"，是指建立、变更、终止民事法律关系时的内心意图；"表示"，是将内在的意思以适当的方式向适当的对象表示出来的行为。意思表示在具备了表示行为和效果意思两个要素以后就成立，意思表示成立就是意思表示生效。意思表示生效包括两个方面：（1）表意人在作出意思表示并且生效之后，要受自己的意思表示的拘束，不得推翻自己的意思表示或者否认自己的意思表示；（2）意思表示生效以后，对对方当事人即表意人的相对人也发生效力，表意人的相对人将产生对意思表示作出相关意思表示的权利，其可以对表意人的意思表示作出承诺，也可以对表意人的意思表示作出修改，提出反要约。

本条对有相对人作出的意思表示生效时间，分为以对话方式作出的意思表示生效和以非对话方式作出的意思表示生效。

对话，可以理解为当面以口头方式表达，相隔千里以电话沟通也属于对话式的意思表示。除此之外，通过互联网、微信的视频、音频作出的意思表示，也属于对话方式。以对话方式作出的意思表示，在相对人了解该意思表示的内容时生效。

以非对话方式作出的意思表示，其生效采取到达主义，即表意人的意思表示在到达相对人时，该意思表示才生效。以非对话方式作出意思表示，并不是说空间的问题，而是表达意思的表示方式。到达主义，是意思表示到达相对人以后发生效力。表意人的意思表示到达相对人能够控制的范围，该意思表示生效。

在以非对话方式作出的意思表示中，以数据电文方式作出的意思表示的生效规则，也采取到达主义，具体情形分为两种：（1）如果相对人已经指定了特定系统接收数据电文的，表意人以非对话方式作出的采取数据电文形式的意思表示，该数据电文进入该特定系统时，意思表示生效；（2）如果双方没有约定接收数据电文的特定系统的，表意人以非对话方式作出的采用数据电文形式的意思表示，相对人知道或者应当知道该数据电文进入其系统时，该意思表示生效。相对人的系统，即相对人的任何一个接收数据电文的系统接收该项数据电文，都构成到达。除外条款是，当事人对采用数据电文形式的意思表示的生效时间另有约定的，就将其约定的时间作为该意思表示生效的时间。

**第一百三十八条　无相对人的意思表示，表示完成时生效。法律另有规定的，依照其规定。**

【条文要义】

本条是对无相对人的意思表示生效的规定。

无相对人的意思表示就是单方民事法律行为的意思表示，如单方允诺、抛弃、遗嘱等。无相对人的意思表示，不存在表示发出和到达的问题，因此法律规定意思表示完成时，就发生法律效力。意思表示完成，就是意思表示具备了表示行为和效果意思两个要素，即表意人的效果意思通过自己的外部行为作出了表示。

该条文后段规定的"法律另有规定的，依照其规定"，主要是指遗嘱。遗嘱是死因行为，这种意思表示是无相对人的意思表示，遗嘱作出以后并不立即生效，而是在立此遗嘱的人死亡时才生效，因此才规定了这一除外条款。

**第一百三十九条　以公告方式作出的意思表示，公告发布时生效。**

【条文要义】

本条是对以公告方式作出的意思表示生效时间的规定。

对有意思表示的相对人，但表意人不知道或者不能知道其下落的，可以依照《民事诉讼法》关于公告送达的规定，以公告的方式作出意思表示。以公告方式作出的意思表示，公告发布时即生效。

公告方式，既可以在有关机构的公告栏进行公告，也可以在报纸上刊登公告。以公告方式作出的意思表示，表意人一旦发出公告并为社会公众所知，就认为意思表示已经到达，即发生效力。

表意人不是在任何情况下都可以使用公告方式作出意思表示，只有在表意人非因自己的过错不知相对人的下落或者地址的情况下，才可以采用公告方式作出意思表示。表意人知道相对人下落的，不得采用公告方式作出意思表示，除非相对人同意。

**第一百四十条** 行为人可以明示或者默示作出意思表示。

沉默只有在有法律规定、当事人约定或者符合当事人之间的交易习惯时，才可以视为意思表示。

**【条文要义】**

本条是对意思表示方式的规定。

意思表示方式包括明示方式、默示方式和特定沉默方式。

1. 明示方式，是指行为人以语言、文字或者其他方式直接表意，表示内在意思的表意形式。明示具有表意直接、明确的特点，不易产生纠纷，具有广泛的适用性。对于特别需要采用明示方式的法律行为，应当明确规定明示方式方为有效，默示方式为无效。

2. 默示方式，是指行为人以使人推知的方式，间接表示其内在意思的表意形式。行为人以某种表明法律意图的行为间接表示其内在意思的默示，也称为行为默示或者推定行为。例如，在收费停车场停放车辆，或乘坐公共汽车等行为，就是意思实现，是行为默示或者推定行为。

3. 特定沉默方式，是指行为人以不作为或者有特定意义的沉默，间接表示其内在意思的表意形式。只有在法律规定或者当事人有约定或者当事人之间有交易习惯的情况下，才能将特定沉默视为默示。例如，双方长期供货、受领、支付价款，没有书面合同和口头约定，只是交易习惯，就是沉默方式的应用。

**第一百四十一条** 行为人可以撤回意思表示。撤回意思表示的通知应当在意思表示到达相对人前或者与意思表示同时到达相对人。

【条文要义】

本条是对意思表示撤回的规定。

意思表示撤回,是指在意思表示人发出意思表示之后,在意思表示生效之前,或者在意思表示到达的同时,宣告收回发出的意思表示,取消其效力的行为。

意思表示撤回权,是缔约当事人的一项重要权利。由于意思表示的撤回发生在意思表示生效之前,受意思表示人还未曾被赋予承诺的资格,一般不会给表意人造成损害。法律允许表意人根据市场的变化、需求等各种经济情势,改变发出的意思表示,以保护意思表示人的利益。

撤回意思表示的通知,在意思表示到达受意思表示人前或者同时到达受意思表示的相对人时,才可以将意思表示撤回。意思表示撤回的通知不应当迟于受意思表示人收到意思表示的时间,才不至于使受意思表示人的利益受损。以语言对话形式表现的意思表示,由于当事人是面对面进行订约的磋商,意思表示一经发出,受意思表示人即刻收到,对话意思表示本身的性质决定了其是无法撤回的。由他人转达的语言意思表示,应当视为需要通知的形式,是可以撤回的。

意思表示的撤回符合规定的,发生意思表示撤回的效力,视为没有发出意思表示,受意思表示人没有取得承诺资格。意思表示撤回的通知迟于意思表示到达受意思表示人的,不发生意思表示撤回的效力,意思表示仍然有效,受意思表示人取得承诺的资格。

**第一百四十二条** 有相对人的意思表示的解释,应当按照所使用的词句,结合相关条款、行为的性质和目的、习惯以及诚信原则,确定意思表示的含义。

无相对人的意思表示的解释,不能完全拘泥于所使用的词句,而应当结合相关条款、行为的性质和目的、习惯以及诚信原则,确定行为人的真实意思。

【条文要义】

本条是对意思表示解释方法的规定。

意思表示的解释,是指在意思表示不清楚、不明确而发生争议的情况下,人民法院或者仲裁机构对意思表示进行的解释。其特征是:(1)意思表示解释的主体是人民法院和仲裁机构；（2）意思表示解释的对象是当时已经表示出来的意思；（3）意思表示解释的前提，是当事人对意思表示发生争议，影响到法律关系的权利义务的内容，有必要进行解释；（4）意思表示解释是有权解释机构依据一定的规则进行的解释；（5）意思表示解释的主要功能，是法律行为的成立要件是否齐备以及法律行为的具体法律效果是何种内容。

意思表示解释的方法分为两种：

1. 对有相对人的意思表示的解释，应当按照所使用的词句，结合相关条款、行为的性质和目的、习惯以及诚信原则，确定意思表示的含义。这是采取表示主义方法进行解释，因为有相对人的意思表示，是要让相对人接收、理解，并且可能基于该意思表示作出相对应的意思表示，所以应该以表示主义为其方法，根据表达在外的意思的公开表示，确定意思表示的内容。具体的解释方法是：

（1）文意解释，是指通过对意思表示所使用的文字词句含义的解释，探求当事人的真实意思。这就是按照"所使用的词句"对意思表示所作出的解释。

（2）体系解释，是指把意思表示的全部条款和构成部分看作一个统一的整体，从各个条款以及构成部分的相互关联、所处地位的总体联系上，阐释当事人有争议的用语的含义。这就是按照"结合相关条款"对意思表示所作出的解释。

（3）目的解释，是指如果意思表示所使用的文字或某个条款有可能作出两种解释的，应采取最适合意思表示目的的解释。这就是按照"行为的性质和目的"对意思表示所作出的解释。

（4）习惯解释，是指如果意思表示所使用的文字词句有疑义时，应参照当事人的习惯解释，包括语言习惯、行为习惯、交易习惯等。这就是按照"习惯"对意思表示所作出的解释。

（5）诚信解释，是指当对意思表示进行解释时，应遵循诚信原则进行解释。这就是按照"诚信原则"对意思表示所作出的解释。

2. 对无相对人的意思表示的解释，不能拘泥于所使用的词句，而应当结合相关条款、行为的性质和目的、习惯以及诚信原则，确定行为人的真实意思。这是采取意思主义方法进行解释，因为没有相对人的意思表示，就没有接收意思表示的相对人，自己作出的意思表示成立后就发生效力，因此不存在用表示主义解释意思表示的客观要求，应当以表意人自己的真实意思作出解释。

## 第三节　民事法律行为的效力

**第一百四十三条**　具备下列条件的民事法律行为有效：
（一）行为人具有相应的民事行为能力；
（二）意思表示真实；
（三）不违反法律、行政法规的强制性规定，不违背公序良俗。

**【条文要义】**

本条是对民事法律行为生效要件的规定。

民事法律行为的生效，是指法律行为应符合法律规定，而能够引起民事法律关系的设立、变更或者终止的法律效力。民事法律行为成立之后，具备生效的要件才能使民事法律行为发生法律上的效力，发生设立、变更或者消灭民事法律关系的法律后果。

本条规定民事法律行为生效要件为三个，但实际上是四个：

1. 行为人具有相应的民事行为能力。民事法律行为以行为人的意思表示为要素，当事人必须具有健全的理智和判断能力，因而必须具有相应的民事行为能力。

2. 意思表示真实。是指当事人的内心意思与外部表示相一致。当事人必须在意思自由、能够辨认自己行为的法律效果的情况下进行意思表示，不存在胁迫、误解等情况。

3. 不违反法律、行政法规的效力性强制性规定。不违反法律、行政法规，是不违反效力性强制性的法律和行政法规，违反管理性强制性法律、行政法规的规定，要根据具体情况确定，而不是一律无效。违反法律、行政法规强制性规定的民事法律行为，是指当事人在订约目的、内容、形式上都违反法律和行政法规强制性规定的民事法律行为。

4. 不违背公序良俗。民法典第 8 条也规定了公序良俗原则，要求民事主体从事民事活动，不得违反法律，不得违背公序良俗，违反法律、违背公序良俗的民事法律行为无效。

**第一百四十四条** 无民事行为能力人实施的民事法律行为无效。

【条文要义】

本条是对无民事行为能力人实施的民事法律行为效力的规定。

无民事行为能力人实施的行为是绝对无效的法律行为，无论是无民事行为能力的未成年人，还是无民事行为能力的成年人，其实施的民事法律行为都自始无效。

原《民法通则》第58条第1款第1项规定，无民事行为能力人实施的民事法律行为是绝对无效的行为，从行为开始时起就没有法律约束力。原《合同法》规定合同行为的效力时，仅规定了限制民事行为能力人订立的合同的效力状态，并没有规定无民事行为能力人订立的合同的效力状态，因而须依照原《民法通则》第58条第1款第1项的规定，确认无民事行为能力人订立合同的效力。民法典继续沿用原《民法通则》的规定，确认无民事行为能力人实施的民事法律行为一律无效。

**第一百四十五条** 限制民事行为能力人实施的纯获利益的民事法律行为或者与其年龄、智力、精神健康状况相适应的民事法律行为有效；实施的其他民事法律行为经法定代理人同意或者追认后有效。

相对人可以催告法定代理人自收到通知之日起三十日内予以追认。法定代理人未作表示的，视为拒绝追认。民事法律行为被追认前，善意相对人有撤销的权利。撤销应当以通知的方式作出。

【条文要义】

本条是对限制民事行为能力人实施的民事法律行为效力的规定。

限制民事行为能力人实施的两种行为有效：（1）纯获利益的民事法律行为，在民法典第19条、第22条已经作了规定。（2）与其年龄、智力、精神健康状况相适应的民事法律行为，其中与其年龄相适应，是指限制民事行为能力的未成年人；与其智力、精神健康状况相适应，是指限制民事行为能力的成年人。

限制民事行为能力人实施的其他民事法律行为，是效力待定的民事法律行为，是限制民事行为能力人独立实施的依法不能独立实施的民事法律行为，其效力是，法律行为虽已成立，但是否生效尚不确定，只有经过特定当事人的追认后，才能确定其生效或者不生效。

限制民事行为能力人实施了依法不能独立实施的法律行为，需要其法定代理人的追认才可能生效。其效力的确定须经由以下途径：

1. 法定代理人的同意权和追认权。经法定代理人同意的限制民事行为能力人实施的民事法律行为，发生法律效力；法定代理人虽然没有同意，但在行为实施之后予以追认，该民事法律行为同样生效。

2. 相对人的催告权。限制民事行为能力人实施的民事法律行为，其法定代理人没有同意，又没有追认的，相对人可以在30日内催告法定代理人予以追认。法定代理人未作表示的，视为拒绝追认，该民事法律行为无效。

3. 善意相对人的撤销权。在该民事法律行为被追认前，善意相对人对该行为享有撤销的权利，撤销的方式应以通知的方式作出。撤销权是形成权，只要在该期限内行使，该民事法律行为就被撤销，自始不发生法律效力。

【相关司法解释】

《最高人民法院关于适用〈中华人民共和国民法典〉总则编若干问题的解释》

第二十九条　法定代理人、被代理人依据民法典第一百四十五条、第一百七十一条的规定向相对人作出追认的意思表示的，人民法院应当依据民法典第一百三十七条的规定确认其追认意思表示的生效时间。

第一百四十六条　行为人与相对人以虚假的意思表示实施的民事法律行为无效。

以虚假的意思表示隐藏的民事法律行为的效力，依照有关法律规定处理。

【条文要义】

本条是对虚假行为和隐藏行为及效力的规定。

虚假行为，是指行为人与相对人通谋而为虚假的意思表示。虚假表示是双方行为，是双方进行串通的行为，是双方当事人的意思表示都不真实，而不是一方当事人的意思表示不真实。虚假行为的特点是双方当事人进行通谋，通常具有不良动机，因而在主观上是共同故意，在意思表示上是双方的不真实。如果仅有一方是非真意表示，而对方为真意表示的合意，或有误解，或者发生错误的，不构成虚假意思表示。虚假行为的法律后果是一律无效，不具有虚伪表示的行为所应当发生的法律效力。但是，行为人与相对人以虚假的意思表示实施民事法律行为后，又以该民事法律行为无效为由，主张对抗善意第三人的，不予支持。民法典及其他法律对善意相对人的保护另有规定的，应当依照该规定对善意相对人进行保护。当事人以偷税、违法招投标等为目的订立的虚假合同，认定为无效。认定虚假合同无效时，对以虚假合同隐藏的合同应当依法作出认定。

本条第1款规定行为人与相对人以虚假的意思表示实施的民事法律行为无效是其后果。这属于双方虚假的民事法律行为。行为人一方内心不希望受意思表示约束，但是仍然以该意思表示实施民事法律行为后，又请求确认该民事法律行为不发生效力的，是真意保留，法律对这种行为不予支持。这是为了保护善意相对人的利益。但是，如果行为人能够证明相对人明知该意思表示不真实的，就构成了双方虚假的民事法律行为，当然是无效的。

隐藏行为，是指行为人将其真意隐藏在虚假的意思表示中。表意人与相对人之间因碍于情面或者其他原因，所为的意思表示虽非出于真意，却隐藏他项法律行为的真正效果，其实质，就是在通谋虚伪的意思表示中，隐藏着他项法律行为。确定隐藏行为效力的原则是，虚伪行为隐藏其他法律行为者，适用关于该隐藏的法律行为的规定。这就是"依照有关法律规定处理"的含义。具体规则是：虚假的意思表示行为无效，至于其隐藏的真实意思表示行为是否有效，应当依照该行为的法律规定作出判断。符合该种法律行为规定的，认定为有效，否则为无效。

**第一百四十七条　基于重大误解实施的民事法律行为，行为人有权请求人民法院或者仲裁机构予以撤销。**

【条文要义】

本条是对重大误解及效力的规定。

重大误解，是指当事人非因对方欺诈造成的对订立合同的基础条件、合同主要内容等产生误解，可能给当事人造成较大损失，按照常人理解如果当事人不发生该误解则不会订立合同的情形。本条虽然没有规定错误，但是对合同表述错误的可以适用这一界定，认定为重大误解。其特点是：（1）误解是当事人对民事法律行为发生认识上的错误；（2）误解是当事人对民事法律行为内容的认识错误；（3）误解直接影响当事人的权利和义务。

重大误解的构成要件是：(1)须是当事人因为误解作出了意思表示；(2)重大误解的对象须是民事法律行为的内容；(3)误解是由当事人自己的过失造成的。当事人由于重大误解而实施的民事法律行为，其法律后果是相对无效，发生重大误解的一方行为人，有权请求人民法院或者仲裁机构予以撤销。如果行为人不行使撤销权，不请求对该民事法律行为予以撤销，该重大误解的民事法律行为继续有效。

电子商务经营者以价格标识明显错误为由，主张构成重大误解并请求撤销合同的，认定时应当综合考虑价格标识是否明显错误、是否属于促销行为、是否及时采取了补救和补偿措施等因素。

消费者提交订单并支付价款后，电子商务经营者以库存不足为由取消订单，消费者请求其承担违约责任的，应予支持。对此，电子商务经营违约行为造成消费者损失的，在确定损失赔偿额时，当事人有约定的，从其约定；当事人没有约定的，按照消费者能够证明的实际损失进行赔偿；消费者不能证明其实际损失的，主张按照取消订单时中国人民银行授权全国银行间同业拆借中心公布的一年期贷款市场报价利率（LPR）四倍计算自支付价款之日起至退款之日止已支付价款利息的，应予支持。

电子商务经营者因重大误解发布商品或者服务信息，用户起诉请求电子商务经营者履行合同，电子商务经营者在一审法庭辩论终结前请求撤销合同或者以合同具有可撤销事由提出抗辩的，应予支持，但是自发布该要约之日起5年内没有行使撤销权的除外。

误传，也是一种错误。意思表示人委托第三人转达意思表示，第三人转达错误，善意相对人主张其因此实施的民事法律行为对意思表示人发生效力的，应当依法予以支持。

## 【相关司法解释】

《最高人民法院关于适用〈中华人民共和国民法典〉总则编若干问题的解释》

**第十九条** 行为人对行为的性质、对方当事人或者标的物的品种、质量、规格、价格、数量等产生错误认识，按照通常理解如果不发生该错误认识行为人就不会作出相应意思表示的，人民法院可以认定为民法典第一百四十七条规定的重大误解。

行为人能够证明自己实施民事法律行为时存在重大误解，并请求撤销该民事法律行为的，人民法院依法予以支持；但是，根据交易习惯等认定行为人无权请求撤销的除外。

**第二十条** 行为人以其意思表示存在第三人转达错误为由请求撤销民事法律行为的，适用本解释第十九条的规定。

**第一百四十八条** 一方以欺诈手段，使对方在违背真实意思的情况下实施的民事法律行为，受欺诈方有权请求人民法院或者仲裁机构予以撤销。

【条文要义】

本条是对当事人一方欺诈行为及效力的规定。

当事人一方的欺诈，是指民事法律关系的当事人一方故意实施某种欺骗对方的行为，并使对方陷入错误，而与欺诈行为人实施的民事法律行为。概括起来，故意告知虚假情况，或者依照法律规定、诚信原则、交易习惯等负有告知义务的人故意隐瞒真实情况，诱使当事人作出错误意思表示的，就是欺诈。

一方欺诈的构成要件是：（1）欺诈的一方须出于故意，或者是以欺诈为手段引诱对方当事人与其订立民事法律行为，或者是订立民事法律行为的行为本身就是欺诈。（2）欺诈行为人在客观上实施了欺诈的行为，包括：行为人故意捏造事实，虚构情况，诱使对方当事人上当受骗；行为人故意隐瞒真实情况，不将真实情况告知对方当事人，致使对方当事人上当受骗，与其订立合同。（3）受欺诈一方是在违背真实意思的情况下实施民事法律行为。另一方当事人受行为人的欺诈，而使自己陷入错误的认识之中，由此作出错误的意思表示，与行为人订立民事法律行为。故本条和第149条规定的"欺诈"应当定义为，故意虚构事实，或者故意隐瞒依照法律规定、按照当事人约定或者根据诚信原则应当告知一方当事人的真实情况，导致该当事人在违背真实意思的情况下订立合同。

一方欺诈行为的法律后果是，受欺诈方有权请求人民法院或者仲裁机构予以撤销，即可撤销的民事法律行为。对此，受欺诈方享有撤销权，可以向人民法院或者仲裁机构请求撤销该意思表示。

【相关司法解释】

《最高人民法院关于适用〈中华人民共和国民法典〉总则编若干问题的解释》

**第二十一条** 故意告知虚假情况，或者负有告知义务的人故意隐瞒真实情况，致使当事人基于错误认识作出意思表示的,人民法院可以认定为民法典第一百四十八条、第一百四十九条规定的欺诈。

**第一百四十九条** 第三人实施欺诈行为,使一方在违背真实意思的情况下实施的民事法律行为,对方知道或者应当知道该欺诈行为的,受欺诈方有权请求人民法院或者仲裁机构予以撤销。

【条文要义】

本条是对第三人欺诈行为及效力的规定。

第三人欺诈行为,是指民事法律行为当事人以外的第三人,对一方当事人故意实施欺诈行为,致使该方当事人在违背真实意思的情况下,与对方当事人实施的民事法律行为。其构成要件是:(1)实施欺诈行为的欺诈行为人,是民事法律行为双方当事人之外的第三人,而不是民事法律行为的当事人;(2)第三人实施欺诈行为是针对民事法律行为当事人的一方,而不是针对民事法律行为当事人的双方;(3)受欺诈的一方当事人由于受第三人的欺诈,在违背真实意思的情况下,与对方当事人实施了民事法律行为;(4)尽管第三人不是对受欺诈人的对方当事人实施的欺诈行为,但是对方当事人在与受欺诈一方当事人实施民事法律行为时,可能知道或者应当知道第三人的欺诈行为,但是也可能不知道这种欺诈行为。

第三人欺诈行为的法律效力是,因第三人欺诈行为而实施的民事法律行为,对方当事人知道或者应当知道该欺诈行为的,构成可撤销的民事法律行为,受欺诈一方当事人享有撤销权,有权请求人民法院或者仲裁机构对该民事法律行为予以撤销。

**第一百五十条** 一方或者第三人以胁迫手段,使对方在违背真实意思的情况下实施的民事法律行为,受胁迫方有权请求人民法院或者仲裁机构予以撤销。

【条文要义】

本条是对一方或者第三人胁迫行为及效力的规定。

胁迫是指行为人以将来发生的祸害或者实施不法行为,给另一方当事人以心理上的恐吓或者直接造成损害,迫使对方当事人与其实施民事法律行为。胁迫分为两种，一种是以恐吓为手段的胁迫，另一种是以不法行为为手段的胁迫。概括起来，以给自然人及其亲友等的人身、财产权益造成损害，或者以给法人、非法人组织的名誉、荣誉、财产等造成损害为要挟，迫使其作出不真实的意思表示的，就是胁迫。

胁迫行为的构成要件是：（1）行为人须有实施威胁的事实。在以恐吓为手段的胁迫行为中，行为人威胁的事实是将来可能发生的损害，包括生命、身体、健康、财产、名誉、自由等方面所要受到的严重损害。在以不法行为为手段的胁迫行为中，使相对人感受恐怖的行为人直接实施的不法行为已经或者正在对相对人产生人身的或者财产的损害。（2）行为人实施胁迫行为须出于故意。胁迫的故意是通过威胁使相对人与其订立民事法律行为。（3）相对人因受到胁迫而实施订立民事法律行为的行为。相对人由于在心理上或者人身上受到威胁，因而不得不与行为人订立民事法律行为。

胁迫行为是可撤销的民事法律行为，受胁迫方对该民事法律行为享有撤销权，有权请求人民法院或者仲裁机构予以撤销。

**【相关司法解释】**

《最高人民法院关于适用〈中华人民共和国民法典〉总则编若干问题的解释》

第二十二条　以给自然人及其近亲属等的人身权利、财产权利以及其他合法权益造成损害或者以给法人、非法人组织的名誉、荣誉、财产权益等造成损害为要挟，迫使其基于恐惧心理作出意思表示的，人民法院可以认定为民法典第一百五十条规定的胁迫。

**第一百五十一条**　一方利用对方处于危困状态、缺乏判断能力等情形，致使民事法律行为成立时显失公平的，受损害方有权请求人民法院或者仲裁机构予以撤销。

**【条文要义】**

本条是对显失公平行为及效力的规定。

本条将乘人之危的行为归并在显失公平的行为之中，统一称为显失公平。

显失公平，是指一方当事人利用对方处于困境，或者缺乏判断能力等情况下，与对方当事人实施的对自己明显有重大利益而对对方明显不利的民事法律行为。

其特征是：（1）民事法律行为的内容对双方当事人明显不公平，一方承担更多的义务却享有更少的权利，而另一方享有更多的权利却承担更少的义务；（2）获得利益的一方当事人所获得的利益超过法律所允许的程度；（3）受害的一方是因处于困境或者在缺乏判断能力的情况下实施的订立民事法律行为的行为。

显失公平的构成要件是：（1）利用对方当事人处于困境或者缺乏判断能力等。困境包括经济、生命、健康、名誉等方面的窘迫或急需，情况比较紧急，迫切需要对方提供金钱、物资、服务或劳务。缺乏判断能力，是指当事人由于知识、经验等的欠缺，导致对合同的内容、性质、风险等缺乏判别断定的能力。（2）对方当事人因困境或者缺乏判断能力而与其订立民事法律行为。（3）行为人所获得的利益超出了法律所准许的限度，其结果是显失公平的。一般认为，出卖人交付的标的物的价格少于其实有价值的一半，或者超出其市场价格一倍的，属于显失公平。显失公平的发生时间为订立民事法律行为之时。

显失公平，受损害方有权请求人民法院或者仲裁机构予以撤销。受到损害的一方基于显失公平的民事法律行为，有权向人民法院或者仲裁机构请求行使撤销权，撤销显失公平的民事法律行为。

**第一百五十二条** 有下列情形之一的，撤销权消灭：

（一）当事人自知道或者应当知道撤销事由之日起一年内、重大误解的当事人自知道或者应当知道撤销事由之日起九十日内没有行使撤销权；

（二）当事人受胁迫，自胁迫行为终止之日起一年内没有行使撤销权；

（三）当事人知道撤销事由后明确表示或者以自己的行为表明放弃撤销权。

当事人自民事法律行为发生之日起五年内没有行使撤销权的，撤销权消灭。

【条文要义】

本条是对撤销权及其消灭事由的规定。

因重大误解、胁迫、欺诈以及显失公平实施的民事法律行为，一方当事人享有撤销权。但撤销权可以因一定的法定事由而消灭：（1）超过除斥期间没有行使权利；（2）撤销权人放弃撤销权。

撤销权的除斥期间有两种情形：（1）一般除斥期间，当事人自知道或者应当知道撤销事由之日起1年内没有行使撤销权的,起算时间为知道或者应当知道撤销事由之日。(2)特别除斥期间是:①重大误解的除斥期间,是当事人自知道或者应当知道撤销事由之日起90日;②当事人受胁迫而实施的民事法律行为的除斥期间为1年,自胁迫行为终止之日起计算,对于胁迫行为,在起算时间上采取特别方法以保护受胁迫的当事人;③如果当事人不知道或者不应当知道撤销事由发生的,最长除斥期间是当事人自该民事法律行为发生之日起的5年。在上述规定的除斥期间完成后,撤销权即消灭。

当事人放弃撤销权,也是撤销权消灭的法定事由。当事人放弃撤销权有两种形式:(1)以明示方式放弃撤销权,即当事人知道撤销事由后明确表示自己放弃撤销权;(2)以默示方式放弃撤销权,即当事人知道撤销事由后,以自己的行为表明放弃撤销权。以明示或者默示方式放弃撤销权的,原来的民事法律行为继续有效。

当事人行使撤销权,应当以提起诉讼或者提出反诉的方式进行。在诉讼中,经审查,撤销权成立的,应当予以支持。撤销权的行使实行当事人主义,当事人未主张行使撤销权的,法院不得依职权撤销民事法律行为。当事人仅以抗辩的方式主张行使撤销权的,不能产生行使撤销权的法律后果。

**第一百五十三条　违反法律、行政法规的强制性规定的民事法律行为无效。但是,该强制性规定不导致该民事法律行为无效的除外。**

**违背公序良俗的民事法律行为无效。**

【条文要义】

本条是对违反法律、行政法规强制性规定和违背公序良俗行为无效的规定。

违反法律、行政法规强制性规定的法律行为,是指当事人在订约目的、内容、形式上都违反法律和行政法规的强制性规定的民事法律行为。当事人在主观上可以是故意所为,也可以是过失所致。规定违反法律、行政法规的强制性规定的民事法律行为无效,其基础是民法典第8条和第143条。

"但是,该强制性规定不导致该民事法律行为无效的除外",这个但书表明的是,在法律和行政法规中有些虽然也是强制性规定,但是却不是效力性强制性规定,而是管理性强制性规定。违反效力性强制性规定直接导致的后果是民事法律行为无效,违反管理性强制性法律规定并不一定直接导致该民事法律行为无效,而要看所违反的管理性强制性规定的法律属性。

这种行为的类型划分是：公然违法行为与非公然违法行为。前者叫形式违法行为，是指当事人在订立法律行为时，就明知法律行为违法，却仍然订立法律行为。公然违法的法律行为一经实施就是无效的法律行为。后者叫实质违法行为，是指行为的违法性并非显而易见，而是表面合法、实质违法。一经查实，亦为绝对无效的法律行为。

认定违背公序良俗的民事法律行为，是因为在私权神圣的原则下，既要尊重民事主体的意思自治，按照自己的意思设立、变更、终止民事法律关系，也必须尊重公共秩序和善良风俗。违背公序良俗原则，法律强制认定这种民事法律行为无效。民事法律行为，特别是民事主体进行的非交易性质的民事法律行为，如果行为人违背了我国民法所恪守的基本理念，就构成了违背善良风俗。非交易性质的民事法律行为，如果损害了全体社会成员的共同利益，破坏了社会的共同生活规则，违反了社会成员相互之间的共同行为准则，就是违反公共秩序的民事法律行为。这样的民事法律行为都是无效的。在司法实践中，确定民事法律行为是否因违反法律行政法规强制性规定而无效，应当把握的方法是：

1. 违反强制性规定合同绝对无效的具体情形。有下列情形之一，当事人请求确认违反该法律、行政法规强制性规定的合同无效的，应予支持：（1）明确规定合同无效的，包括民法典第197条（诉讼时效的强制性规定）、第497条（格式条款无效）、第682条（主合同无效保证合同无效）、第705条（超过租赁期间20年）、第850条（非法垄断技术和侵害他人技术成果合同）、第1007条（买卖人体细胞、组织、器官、遗体）等；（2）涉及公序良俗的，包括民法典第680条第1款（高利放贷）、第791条（违法分包）、第792条（国家重大工程违规）等；（3）禁止特定主体从事特定种类交易的，包括民法典第683条（国家机关作保证人）等；（4）禁止或者限制特定类型的物或者权利流转或者设定担保物权等权利的，包括民法典第369条（居住权转让、继承、非法出租），第399条第1项、第2项、第3项（土地所有权抵押，宅基地、自留地、自留山使用权抵押，非营利机构的教育设施、医疗卫生设施和其他公益设施抵押）等。

2. 违反强制性规定合同有效的具体情形。符合下列情形之一的法律、行政法规的强制性规定，当事人请求确认违反该规定的合同无效的，不予支持：（1）明确规定违反该规定不导致合同无效的，包括民法典第706条（租赁合同未办理登记）、第738条（融资租赁物使用未经行政许可）等；（2）规定典型合同一方当事人的主要义务，仅涉及当事人利益，不涉及公共利益的，包括民法典第726条（出租人出卖租赁物未按照规定通知承租人侵害其优先购买权）等。

3. 违反强制性规定的合同效力的一般规则。适用民法典第153条第1款"该强制性规定不导致该民事法律行为无效"认定合同效力时，应当根据强制性规定的规范目的进行认定，如违反该强制性规定不影响规范目的的实现的，应认定为不构成无效。违反下列情形之一的强制性规定，一般应认定为不构成无效：（1）强制性规定的目的仅是规范合同一方当事人市场准入资格的，如《城市房地产管理法》第45条关于商品房预售许可的规定等；（2）强制性规定要求当事人必须采用特定行为模式的，如《矿产资源法》第6条关于矿业权转让须经批准的强制性规定等；（3）强制性规定的规范目的是未经许可不得从事某类事实行为，当事人之间的合同不可能违反该强制性规定的，如出租人就尚未取得建设工程规划许可证或者未按照建设工程规划许可证的规定建设房屋，与承租人订立的租赁合同；（4）违反强制性规定的行政责任和刑事责任足以实现规范目的的，如《商业银行法》第82条关于借款人采取欺诈骗取贷款的规定等；（5）违反强制性规定的行为不影响实现规范目的的其他情形。

4. 违反规章强制性规定的合同效力。规章的强制性规定涉及金融安全、市场秩序、国家宏观政策等公序良俗，当事人主张违反该规定的合同无效的，应予支持。在认定前款规定的强制性规定是否涉及公序良俗时，应当在考察规范对象的基础上，兼顾监管或者调控强度、交易安全保护以及社会影响等方面进行慎重考量，并在裁判文书中进行充分说理。

**第一百五十四条　行为人与相对人恶意串通，损害他人合法权益的民事法律行为无效。**

【条文要义】

本条是对恶意串通行为效力的规定。

恶意串通，是当事人为实现某种目的，进行串通，造成国家、集体或者第三人利益损害的违法行为。

恶意串通的构成要件是：（1）当事人在主观上具有恶意，当事人相互之间具有共同的非法目的。（2）当事人之间互相串通。串通是指相互串连、勾通，使当事人之间在行为的动机、目的以及结果上达成一致，共同实现非法的目的。

（3）双方当事人串通实施的行为损害他人的合法权益。例如，某城建集团将自己下属的一个资产总额1亿元的开发部，以300万元的对价出让给对方当事人，双方当事人均得到好处，受到损害的却是资产所有者的利益。这样的行为就是恶意串通。

恶意串通的民事法律行为是绝对无效的民事法律行为，发生民事法律行为无效的法律后果。在司法实践中，法人的法定代表人、非法人组织的负责人或其授权的人和相对人通过商业贿赂等方式恶意串通，以法人、非法人组织的名义订立合同，损害法人、非法人组织的合法权益，法人、非法人组织主张合同对其不发生效力、不承担民事责任的，应予支持。法人、非法人组织请求法定代表人、负责人或其授权的人和相对人对由此而造成的损失承担连带责任的，应予支持。

**第一百五十五条　无效的或者被撤销的民事法律行为自始没有法律约束力。**

【条文要义】

本条是对民事法律行为被宣告无效或者被撤销后自始无效的规定。

民事法律行为无效或者被撤销所发生的法律后果是必须由法律作出明确规定，确定应当如何承担无效或者被撤销的民事法律行为的后果。

无论是可撤销的民事法律行为，还是无效的民事法律行为，根据本条的规定，在其被撤销或者被宣告为无效以后，该民事法律行为都自始、绝对、确定地不按照行为人设立、变更、终止民事法律关系的意思表示发生法律效力。

民事法律行为无效，是民事法律行为不发生民事法律行为应有的法律约束力，民事法律行为约定的权利、义务不再发生，与原来没有订立民事法律行为的状况是一样的。民事法律行为无效包括绝对无效与相对无效。

绝对无效民事法律行为，由于都是内容违反法律或公序良俗，因而在订立之始就没有效力。这种无效是绝对无效，不仅自始无效，而且不准当事人予以追认。

相对无效民事法律行为，在经过当事人请求，依法对民事法律行为予以撤销之后，该民事法律行为虽然在撤销前有过一段效力，但民事法律行为一经撤销就自始无效，其无效的后果溯及既往，前面发生过的效力亦一并消灭，回归到没有民事法律行为的状态。

无效或者被撤销的民事法律行为自始没有法律拘束力，仍然应当适用民法典

第 507 条的规定，不能影响民事法律行为中关于解决民事法律行为争议方法的条款的效力，处理争议还必须按照原来民事法律行为的约定进行。包括四个内容：（1）民事法律行为被宣告无效的，解决民事法律行为争议方法的条款继续有效；（2）民事法律行为被撤销的，解决民事法律行为争议方法的条款不能撤销；（3）即使是变更民事法律行为，在争议处理中对解决民事法律行为争议方法的条款原则上也不能变更；（4）民事法律行为终止，解决民事法律行为争议方法的条款的效力不能消灭。不过，在司法实践中有两个问题需要特别处理：

1. 在一审法庭辩论终结前，导致合同无效的因素已经消除的，应当认定合同有效。

2. 无效合同包含另一个有效合同效果，按照常人理解当事人在知道合同无效时会愿意接受其中包含的另一个有效合同效果，且一方当事人主张以该效果作为依据处理纠纷的，则该无效合同可转换为所包含的另一个有效合同发生效力。

**第一百五十六条** 民事法律行为部分无效，不影响其他部分效力的，其他部分仍然有效。

【条文要义】

本条是对民事法律行为部分无效的规定。

民事法律行为部分无效，是民事法律行为的部分内容违反法律或公序良俗等，但是其他部分并不存在这样的内容。例如，在一个买卖民事法律行为中，民事法律行为的其他内容都没有问题，但在价款上，当事人违反政府定价而自行定价，导致价款的内容无效，其他内容有效。对这种民事法律行为，无效条款并不影响其他条款的效力，其他条款是有效的，只要在价款条款上按照政府定价，民事法律行为即可继续履行。

民事法律行为无效部分的内容影响到其他部分内容的效力，则民事法律行为全部无效。例如，双方当事人买卖国家禁止买卖的物品，尽管民事法律行为的其他条款都遵守国家的规定，但由于无效的内容影响到了其他内容，则该民事法律行为的全部内容均为无效。

**第一百五十七条** 民事法律行为无效、被撤销或者确定不发生效力后，行为人因该行为取得的财产，应当予以返还；不能返还或者没有必要返还的，应当折价补偿。有过错的一方应当赔偿对方由此所受到的损失；各方都有过错的，应当各自承担相应的责任。法律另有规定的，依照其规定。

【条文要义】

本条是对民事法律行为无效、被撤销或者确定不发生效力后返还财产的规定。

民事法律行为无效、被撤销或者确定不发生法律效力后，其法律后果是返还或者折价补偿。

返还是恢复原状的一种处理方式，即无效的民事法律行为和被撤销的民事法律行为自始没有法律约束力，已经按照约定进行的履行因无法律效力而需要恢复到没有履行前的状况，已接受履行的一方将其所接受的履行返还给对方，是恢复原状的最基本的方式。

不是所有的已经履行的无效民事法律行为都能够或者需要采取返还方式。有些法律行为的性质决定了无法采取返还方式，如提供劳务的无效民事法律行为、提供工作成果的民事法律行为（如建设工程承包民事法律行为）。有些民事法律行为适用返还不经济，如返还需要的费用较高，强制返还会带来经济上的极大浪费。因此，不能返还或者没有必要返还的，应当折价补偿。

无效民事法律行为和民事法律行为被撤销后造成损失的，有过错的一方应当赔偿对方因此所受到的损失，赔偿的标准是全部赔偿。如果是双方都有过错的，应当各自承担相应的赔偿责任。法律另有规定的除外，是指有的民事法律行为无效后，需要承担罚款、没收、收缴等法律责任的，就不能适用返还、补偿和赔偿损失的责任。

应当补充的是，本条只规定了民事法律行为无效、被撤销或者确定不发生效力的法律后果，没有被规定的民事法律行为不成立，其后果也与上述规定的后果是一样的。所以，当事人之间的民事法律行为不成立，一方向对方请求返还财产、折价补偿或者赔偿损失的，也应当依照本条规定处理。在司法实践中，具体处理返还财产、折价补偿和赔偿损失时应当注意的问题是：

1. 有下列情形之一，当事人依据民法典第157条的规定主张不能返还或者没有必要返还取得的财产的，应予支持：（1）取得的财产已经毁损、灭失的；（2）取得的财产已经被第三人通过交易取得的；（3）取得的财产是由对方的劳动或者利用对方的智力成果等无形资产形成的；（4）取得的财产已经添附于其他财产，返还不符合当事人约定或者充分发挥物的效用以及保护无过错当事人原则的;(5)取得的有限责任公司股权或者合伙企业财产份额等自变更登记之日起已经超过一年,且股东或者合伙人、企业经营状况等发生重大变化的,但是取得财产的一方当事人对合同无效的过错明显大于转让方的除外;(6)其他不能返还或者没有必要返还的情形。

2. 合同不成立、无效、被撤销或者确定不发生效力后,当事人请求返还财产或者折价补偿的,应当根据诚信原则和公平原则,综合考虑市场、当事人所起的作用等因素,在当事人之间合理分配财产增值收益或者贬值损失。

3. 合同不成立、无效、被撤销或者确定不发生效力后,当事人请求赔偿损失的,应当根据当事人的诉讼请求,按照双方当事人的过错程度,并考虑返还财产时财产增值收益和贬值损失的分配情况,合理确定损失赔偿额。

**【相关司法解释】**

《最高人民法院关于适用〈中华人民共和国民法典〉总则编若干问题的解释》

第二十三条　民事法律行为不成立,当事人请求返还财产、折价补偿或者赔偿损失的,参照适用民法典第一百五十七条的规定。

## 第四节　民事法律行为的附条件和附期限

第一百五十八条　民事法律行为可以附条件,但是根据其性质不得附条件的除外。附生效条件的民事法律行为,自条件成就时生效。附解除条件的民事法律行为,自条件成就时失效。

**【条文要义】**

本条是对附条件民事法律行为效力的规定。

附条件的法律行为是指法律行为效力的开始或者终止,取决于以将来不确定事实的发生或不发生为条件的法律行为。法律规定民事法律行为可以附条件,目的是以所附的条件来确定或者限制法律行为的效力。这是商品经济和市场经济发展的要求,是社会生活复杂性、多样性所决定的。

条件是表意人附加于意思表示的一种任意限制,使其意思表示的效力靠着将来客观不确定的事实的成就与否来决定。所附条件的种类是：（1）生效条件，即延缓条件，是指民事法律行为效力的发生决定于所附条件的成就；（2）解除条件，是指民事法律行为中所确定的民事权利和民事义务应当在所附条件成就时失去法律效力的条件，是决定民事法律行为的法律效力是否终止的条件。民事法律行为所附条件，可以是事件，也可以是行为。条件是：（1）约定的条件必须是将来发生的事实；（2）约定的条件必须是不确定的客观事实；（3）约定的条件必须是当事人任意选择的事实；（4）约定的条件必须是合法的事实。

附条件的民事法律行为的后果是：（1）附生效条件的民事法律行为，自条件成就时生效；（2）附解除条件的民事法律行为，自条件成就时失效。应当强调的是，无论是何种附条件的民事法律行为，即使其所附条件没有成就，也不是对当事人没有拘束力，即当事人不得任意更改或者撤销。

民事法律行为所附条件违反法律、行政法规的强制性规定，违背公序良俗，或者不可能发生，当事人约定为生效条件的，应当认定该民事法律行为不生效；当事人约定为解除条件的，应当认定为未附条件，该民事法律行为是否失效，应当依照民法典和相关法律、行政法规关于民事法律行为效力的规定认定。

民事法律行为的部分条款所附生效条件尚未成就，且该部分条款不影响其他部分效力，当事人一方请求对方履行其他部分义务的，有法律根据，应当依法予以支持。民事法律行为的部分条款所附解除条件已经成就，且该附解除条件的条款不影响其他条款效力，当事人主张民事法律行为全部无效的，为无理由，不应予以支持。

**【相关司法解释】**

**《最高人民法院关于适用〈中华人民共和国民法典〉总则编若干问题的解释》**

**第二十四条** 民事法律行为所附条件不可能发生，当事人约定为生效条件的，人民法院应当认定民事法律行为不发生效力；当事人约定为解除条件的，应当认定未附条件，民事法律行为是否失效，依照民法典和相关法律、行政法规的规定认定。

**第一百五十九条** 附条件的民事法律行为，当事人为自己的利益不正当地阻止条件成就的，视为条件已经成就；不正当地促成条件成就的，视为条件不成就。

【条文要义】

本条是对恶意阻止或者恶意促成条件成就的法律后果的规定。

附条件的法律行为一旦成立，就对当事人具有法律上的约束力，应当遵守法律行为的约定，无论是生效条件还是解除条件，都必须按照事实发生或者不发生的客观规律，任其自然地发生或者不发生，由此来确定法律行为的生效或者解除，不得人为地加以干预。

人为地干预法律行为所附条件的发生或者不发生，违背了法律行为所附条件的意义，使所附条件的成就或者不成就加入了人的意志，而且是一方当事人的意志，因而使法律行为的生效或者解除就由一方当事人加以控制，使法律行为的双方当事人的利益平衡发生动摇，违背民法的公平原则和诚信原则。凡是当事人不正当地阻止所附条件成就的，应当视为条件已经成就，法律行为应当按照原来的约定生效或者解除；凡是当事人不正当地促成所附条件成就的视为条件不成就，应当按照法律行为原来的约定，确认法律行为不生效或者不解除。这样规定，有利于保护非恶意一方当事人的利益，制裁恶意的当事人，维护交易秩序，保护交易安全。

**第一百六十条** 民事法律行为可以附期限，但是根据其性质不得附期限的除外。附生效期限的民事法律行为，自期限届至时生效。附终止期限的民事法律行为，自期限届满时失效。

【条文要义】

本条是对附期限民事法律行为的规定。

附期限的法律行为，是指在法律行为中附有一定的期限，并把该期限的到来作为当事人的民事权利和民事义务发生或者消灭的前提的法律行为。例如，房屋租赁法律行为约定，一个月内将房屋租赁给承租人，就是附期限的民事法律行为。附期限的民事法律行为在法律行为的内容上，与一般的法律行为并没有严格的不同，只是在法律行为中约定了一定的期限，将这个期限作为法律行为生效或者失效的条件，在这个期限届至时，法律行为生效或者失效。

法律规定附期限的法律行为的意义，在于限制法律行为当事人所确定的民事权利和民事义务发生法律效力或者终止法律效力的时间，使法律行为能够按照当事人的约定有计划地进行。

　　法律行为的当事人限定法律行为在什么时候发生效力或失去效力，这种限定的时间就是期限。所附期限的种类是：（1）延缓期限，也称为始期，是指在法律行为中规定的期限到来之前，该法律行为所确定的民事权利和民事义务尚不能发生法律效力，要等待期限的到来；期限到来，法律行为所约定的民事权利和民事义务就开始发生法律效力，权利人开始有权请求义务人履行义务，义务人才开始承担履行义务的责任。（2）终止期限，又称为终期或解除期限，是指在法律行为中约定的期限到来时，该法律行为所约定的民事权利和民事义务的法律效力即行消灭的期限。该法律行为所约定的这样的效力一直在延续，直至法律行为所约定的期限到来，法律行为的效力即终止。

# 第七章 代　理

## 第一节　一般规定

**第一百六十一条**　民事主体可以通过代理人实施民事法律行为。

依照法律规定、当事人约定或者民事法律行为的性质，应当由本人亲自实施的民事法律行为，不得代理。

【条文要义】

本条是对代理及不得代理的规定。

代理是指代理人在代理权范围内，以被代理人的名义独立与第三人实施法律行为，由此产生的法律效果直接归属于被代理人的民法制度。在代理关系中，以他人名义实施法律行为的人称为代理人；其名义被他人使用而由他人实施法律行为的人称为被代理人或者本人，即本条所说的"民事主体"；与代理人实施法律行为的相对人称为第三人。代理的法律特征是：（1）代理人要为被代理人作出意思表示；（2）代理人是否以被代理人的名义进行活动须区别对待；（3）代理人在代理权限内独立进行法律行为；（4）代理行为的法律后果直接归属于被代理人。

代理主要适用于民事法律行为。凡是民事主体有关权利、义务的设立、变更、消灭的民事法律行为，都可以适用代理制度，包括：（1）双方或者多方的法律行为，如买卖、租赁、借贷、承揽、保险等；（2）单方法律行为，如代理他人行使追认权、撤销权等；（3）准法律行为，如代理他人进行要约邀请、要约撤回、承诺撤回、债权的主张和承认等。代理还可以适用于下列行为：（1）申请行为，如代理申请注册商标；（2）申报行为，如代理申报纳税行为；（3）诉讼行为，如代理诉讼中的当事人进行各种诉讼行为（包括申请仲裁的行为）。

不适用代理的行为包括：（1）法律规定不得适用代理的行为，如设立遗嘱不得代理，结婚、离婚不得代理；（2）当事人约定某些事项不得代理，则不得适用代理；（3）根据民事法律行为的性质，该种民事法律行为的性质不得适用代理的，也不能适用代理；（4）人身行为，如婚姻登记、收养子女等；（5）人身性质的债务，如受约演出不得代为演出。

**第一百六十二条** 代理人在代理权限内，以被代理人名义实施的民事法律行为，对被代理人发生效力。

【条文要义】

本条是对代理权和代理行为效力的规定。

代理权，是指代理人基于被代理人的意思表示、法律的规定或者有关机关的指定，能够代理他人实施法律行为的权利。

代理行为就是代理权行使的行为，是指代理人以被代理人的名义，在代理权限范围内与第三人实施的，法律效果直接归属于被代理人的法律行为。

代理行为的构成要件是：（1）代理人须有被代理人的授权；（2）代理人须以被代理人的名义实施；（3）须代理人独立为意思表示；（4）代理人须有相应的行为能力。

代理人在代理权限内，以被代理人名义实施的民事法律行为，对被代理人发生效力包括两个方面：（1）代理行为的一般法律后果。符合代理行为的构成要件，发生代理的法律后果，即代理的法律后果直接归属于被代理人，而不是由代理人承受。（2）代理行为的撤销权或者解除权的效果。凡是在代理行为中因意思表示瑕疵而产生撤销权的，撤销权属于被代理人而不是代理人。同样地，如果代理行为订立的合同具有解除事由，那么该解除权也归属于被代理人享有，而不是归属于代理人。

**第一百六十三条** 代理包括委托代理和法定代理。

委托代理人按照被代理人的委托行使代理权。法定代理人依照法律的规定行使代理权。

【条文要义】

本条是对委托代理和法定代理及代理权行使规则的规定。

委托代理，是指基于被代理人的委托授权而发生代理权的代理，分为授权代理和意定代理。在委托代理中，委托授权行为是基于被代理人的意志进行的，本人的意思是发生委托代理的前提，代理法律关系的产生，是基于被代理人的意志，由被代理人授权，而产生代理法律关系，使代理人产生的代理权。

法定代理，是依据法律规定而产生代理权的代理。法定代理的产生，是基于自然人无法参与或只能有限制地参与个人事务，但是该种个人事务又必须进行，否则将会损害其合法权益，因此设定法定代理制度，使法定代理直接产生于法律的规定，而不是依赖于任何授权行为，故法定代理是一种保护被代理人的法律制度，具有保护被代理人民事权益的功能。主要形式是：（1）父母对未成年子女的法定代理权；（2）其他担任未成年子女监护人的人是该未成年子女的法定代理人；（3）夫妻日常家事代理权，也是法定代理；（4）基于紧急状态法律特别授权的代理，如作为货主的代理人。

代理权的行使规则，是指代理人在履行代理权时应当遵守的规则，也就是代理人所应当承担的义务。代理人通过行使代理权的行为履行代理义务，代理人就实现了设立代理的目的。

代理人行使代理权的基本要求，是委托代理人按照被代理人的委托行使代理权。法定代理人依照法律的规定行使代理权。行使代理权的基本要求是：（1）代理人必须为被代理人的利益实施代理行为；（2）代理人必须亲自实施代理行为；（3）代理人必须在代理权限范围内行使代理权；（4）代理人必须谨慎、勤勉、忠实地行使代理权。

**第一百六十四条** 代理人不履行或者不完全履行职责，造成被代理人损害的，应当承担民事责任。

代理人和相对人恶意串通，损害被代理人合法权益的，代理人和相对人应当承担连带责任。

【条文要义】

本条是对不当代理损害赔偿责任的规定。

未善尽代理职责的责任，是代理人因懈怠行为，即不履行勤勉义务、疏于处理或者未处理代理事务，使被代理人设定代理的目的落空，蒙受损失的赔偿责任。代理人根据被代理人的授权实施代理行为，应当负有善良管理人注意的勤勉义务，认真处理代理事务。未尽上述义务，就是懈怠行为。法律禁止代理人的懈怠行为，被代理人因此遭受的损失可以要求代理人赔偿。这种民事责任的构成，即使代理人没有故意也没有过失，就是不履行或者不完全履行代理职责，只要造成了被代理人的损害，就构成这种民事责任。赔偿责任的范围，按照实际损失的范围确定。

代理人与第三人恶意串通损害被代理人合法权益的连带责任，是指在代理人履行代理职责期间，代理人利用代理权，与第三人恶意串通，实施侵害被代理人合法权益的行为，代理人与第三人应当承担连带损害赔偿责任。这种行为发生在代理人与第三人之间，具有损害被代理人合法权益的共同故意，利用代理权实施损害被代理人合法权益的行为，并且造成了被代理人的人身或者财产权益的损害，行为和损害之间具有因果关系。这种责任的性质属于共同侵权行为，其行为后果是承担连带责任。被代理人可以请求代理人或者第三人单独承担责任，也可以要求代理人和第三人共同承担连带责任，代理人和第三人承担的最终责任份额应当依照各自的过错程度和损害的原因力确定。

## 第二节　委托代理

**第一百六十五条**　委托代理授权采用书面形式的，授权委托书应当载明代理人的姓名或者名称、代理事项、权限和期限，并由被代理人签名或者盖章。

【条文要义】

本条是对委托代理授权委托书的形式和内容的规定。

委托代理必须有委托授权，被代理人将代理权授予代理人，才能使代理人有权代理被代理人实施民事法律行为。委托代理的授权是要式行为，被代理人和代理人首先应当签订书面合同，并依据该合同，由被代理人向代理人出具授权委托书。

授权委托书也叫代理证书，是证明代理人有代理权的书面文件。授权委托书与委托合同不同：（1）授权委托书是授权行为，是单方法律行为的表现形式，委托合同是授权委托的基础法律关系，但却是双方法律行为，被代理人依据委托合同出具授权委托书；（2）授权委托书一经颁发，会立刻产生授权的效力，委托合同需双方达成合意；（3）授权委托书可以直接证明代理权的存在，至于其是否存在委托代理合同关系则不重要，而委托合同的存在并不能证明代理权的存在。

授权委托书的内容应当包括：（1）代理人的姓名或者名称，代理人可以是自然人，也可以是法人或者非法人组织。（2）代理事项，是被代理人向代理人授权代理民事法律行为的范围，根据代理事项的不同，将代理事项区分为一般代理和特别代理。（3）权限，代理权限是在代理事项的范围内，可以作出何种决定，超出代理权限范围的，构成超越代理权的无权代理；没有规定明确的代理事项和代理权限，为代理事项和权限不明。（4）期限，即代理权的起止时间。（5）被代理人签名或者盖章，表明是谁向代理人授予代理权。

**第一百六十六条　数人为同一代理事项的代理人的，应当共同行使代理权，但是当事人另有约定的除外。**

**【条文要义】**

本条是对共同代理及规则的规定。

共同代理与单独代理相对，是以代理人的数量为标准对代理进行的分类。

单独代理是指代理人为一人的代理，即代理人只有一人，由代理人单独行使代理权。法定代理人只有一人的，也是单独代理。

共同代理是指代理权由数人共同行使的代理，即代理人为2人及以上的数人行使代理权。共同代理的本质，是数人为同一委托事项作代理人。被代理人在授权时，就应当把代理权授予数人，被授予代理权的数人应当都接受授权委托，共同为被代理人作代理人。

共同代理权的行使要求是"共同行使代理权"：（1）每一个共同代理人都享有平等的代理权，地位平等；（2）共同代理权为共同代理人所共同享有，代理权是一个整体，如果被代理人将代理权分割给每一个代理人行使，就构成数个代理而不是共同代理；（3）代理权由共同代理人共同行使，由共同代理人共同的意思决定。如果共同代理人中的一人单独行使代理权，未经被代理人或者其他共同代理人承认，则构成无权代理，不发生代理的效果。

上述规则，只有当事人另有约定的，才适用约定的规则。

数个委托代理人共同实施代理权，其中一人或者数人未与其他委托代理人协商，擅自行使代理权的，依照民法典第171条关于无权代理的规定或者第172条关于表见代理的规定处理，符合哪一条规定，就适用哪一条规定。但是，如果当事人另有约定的，则按照约定处理。

**【相关司法解释】**

《最高人民法院关于适用〈中华人民共和国民法典〉总则编若干问题的解释》

第二十五条 数个委托代理人共同行使代理权，其中一人或者数人未与其他委托代理人协商，擅自行使代理权的，依据民法典第一百七十一条、第一百七十二条等规定处理。

**第一百六十七条** 代理人知道或者应当知道代理事项违法仍然实施代理行为，或者被代理人知道或者应当知道代理人的代理行为违法未作反对表示的，被代理人和代理人应当承担连带责任。

**【条文要义】**

本条是对代理违法责任的规定。

代理违法分为两种，即代理人知道或者应当知道代理的事项违法仍然实施代理行为，以及被代理人知道或者应当知道代理人的代理行为违法而未作反对表示的代理行为。

代理人知道或者应当知道代理的事项违法，是指被代理人授权的代理事项本身就是违法的，代理人知道或者应当知道被代理人授权自己代理的事项违法，而未作反对表示，仍然实施该代理行为，造成了相对人的损害。违法的代理行为是由代理人实施的，违法的代理是由被代理人授权的。因此，对造成相对人损害的后果，应当由代理人和被代理人共同承担连带责任。

被代理人知道或者应当知道代理人的代理行为违法，是指代理人实施的代理行为是违法的，而被代理人委托的代理事项并不违法，由于被代理人知道或者应当知道代理人实施的代理行为违法而未作反对表示，造成相对人损害的行为。因而，对于造成相对人损害的后果，应当由代理人和被代理人共同承担连带责任。

构成代理违法的，应当承担连带责任。受到损害的权利人有权依照本条规定，请求代理人或者被代理人一方或者双方承担连带赔偿责任。

**第一百六十八条** 代理人不得以被代理人的名义与自己实施民事法律行为，但是被代理人同意或者追认的除外。

代理人不得以被代理人的名义与自己同时代理的其他人实施民事法律行为，但是被代理的双方同意或者追认的除外。

**【条文要义】**

本条是对禁止自己代理和双方代理的规定。

为了维护被代理人的利益，实行禁止代理权滥用规则，即法律规定或者委托合同约定的代理人不得滥用其代理权，实施损害被代理人权益的代理行为的规则。自己代理和双方代理都是代理权的滥用方式。

自己代理，是指代理人在代理权限内，以被代理人的名义与自己实施法律行为。代理人同时作为代理人与自己作为当事人，交易双方的意思表示实际上是由一个人作出，交易行为是由一个人实施的，存在代理人为自己的利益而牺牲被代理人利益的极大危险，除非事前得到被代理人的同意或者事后得到追认，否则法律不承认自己代理的效力。自己代理分为两种情况：（1）代理人以自己的名义向被代理人发出要约且代理人以被代理人的名义予以承诺；（2）代理人以被代理人的名义向自己发出要约且以自己的名义进行承诺。特例是，如果被代理人同意或者追认，自己代理是经被代理人认可的，则不妨碍其代理行为的效力。

双方代理，也称为同时代理，是指一个代理人同时代理双方当事人实施法律行为，也就是同时代理双方当事人的本人和相对人实施同一法律行为。同一个人代表两方当事人的利益，无法实现讨价还价的过程，两种利益难以达到平衡。因此，除非事前得到双方被代理人的同意或者事后得到追认，否则法律不承认双方代理的效力。双方代理的特点是：（1）代理人获得了本人和相对人的授权，如果仅有一方当事人的授权，不构成双方代理；（2）双方授权的内容是相同的，如果双方都对同一个代理人作出了授权，但授权内容、代理事项不同，也不构成双方代理。同样，如果被代理人同意或者追认双方代理的，也不妨碍其代理行为的效力。

**第一百六十九条** 代理人需要转委托第三人代理的，应当取得被代理人的同意或者追认。

转委托代理经被代理人同意或者追认的，被代理人可以就代理事务直接指示转委托的第三人，代理人仅就第三人的选任以及对第三人的指示承担责任。

转委托代理未经被代理人同意或者追认的，代理人应当对转委托的第三人的行为承担责任；但是，在紧急情况下代理人为了维护被代理人的利益需要转委托第三人代理的除外。

【条文要义】

本条是对转委托即复代理的规定。

转委托也叫复代理，与本代理相对应，是指代理人为实施代理权限内的全部或者部分行为，以自己的名义选定他人担任自己的被代理人的代理人，并由该他人代理被代理人实施法律行为的情形。被选定的该他人叫作复代理人（或者再代理人），其代理的法律效果直接归属于被代理人。代理人为被代理人另行委任代理人的权限，称为复任权，属于代理权的内容。

由于被代理人与代理人之间存在人身信赖关系，代理人因此负有亲自执行代理事务、不得转委托他人处理代理事务的义务。以下两种情形，可以设定复代理：（1）紧急情况。在紧急情况下，代理人不能亲自处理代理事务，如此下去又会损害被代理人的利益时，法律允许进行复代理。紧急情况，是指代理人身患急病、与被代理人通信联络中断、重大突发事件等特殊原因，代理人不能办理代理事项，又不能与被代理人及时取得联系，如果不及时转托他人代理，就会给被代理人的利益造成损失或者扩大损失的情况。（2）被代理人事先同意或者事后认可。如果被代理人事先同意或者事后认可复代理，法律也允许复代理。

转委托产生的复代理经被代理人同意或者追认的，被代理人可以就代理事务直接指示转委托的第三人即复代理人，他们之间发生的代理关系，由他们自己负责。在这种情况下，代理人仅就第三人即复代理人的选任以及对第三人即复代理人的指示承担责任，对于被代理人直接与复代理人之间发生的代理关系，不承担责任。

转委托产生的复代理如果未经被代理人同意或者追认的，代理人应当对转委托的第三人即复代理人的行为承担责任。只是在紧急情况下代理人为了维护被代理人的利益需要转委托第三人作为复代理人代理的，按照前述规则，认可其复代理的效果。

【相关司法解释】

《最高人民法院关于适用〈中华人民共和国民法典〉总则编若干问题的解释》

第二十六条　由于急病、通讯联络中断、疫情防控等特殊原因，委托代理人自己不能办理代理事项，又不能与被代理人及时取得联系，如不及时转委托第三人代理，会给被代理人的利益造成损失或者扩大损失的，人民法院应当认定为民法典第一百六十九条规定的紧急情况。

**第一百七十条** 执行法人或者非法人组织工作任务的人员，就其职权范围内的事项，以法人或者非法人组织的名义实施的民事法律行为，对法人或者非法人组织发生效力。

法人或者非法人组织对执行其工作任务的人员职权范围的限制，不得对抗善意相对人。

**【条文要义】**

本条是对职务代理行为及后果的规定。

职务代理，是指根据代理人所担任的职务而产生的代理。尽管职务代理也是由法人或者非法人组织的委托而产生的代理权，但是这种委托与委托代理的委托不同，这是基于代理人在法人和非法人组织中的职务，经由法人和非法人组织的授权而产生的代理权。职务代理的代理人，是执行法人或者非法人组织工作任务的人员。不具有这样的身份不能构成职务代理。职务代理的代理人执行的事务是其职权范围内的事项。职务代理的代理人在自己职权范围内实施的行为，都是法人或者非法人组织的行为。职务代理的代理人执行职务实施的民事法律行为，应当以法人或者非法人组织的名义实施。没有表明是以法人或者非法人组织的名义实施的，其实也不影响代理的效果，因为只要职务代理人在自己的职权范围内实施的事项，都是有合法授权的事项。职务代理人在其职责范围内实施的民事法律行为，性质属于代理行为，因此其代理的一切事项，都对法人或者非法人组织发生法律效力，由职务代理人所在的法人或者非法人组织承受。

法人或者非法人组织的工作人员在执行职务代理行为时，如果超出了职权范围，构成越权代理的，法人或者非法人组织可以主张其工作人员的越权代理实施的民事法律行为无效。不过，对法人或者非法人组织的工作人员超越职权范围的代理行为无效的请求，不得对抗善意相对人，只要其在与职务代理行为的代理人实施民事法律行为时，自己不知道或者不应当知道工作人员的职务代理行为越权，且无过失的，就可以否认民事法律行为无效的主张，确认该民事法律行为有效。

**第一百七十一条** 行为人没有代理权、超越代理权或者代理权终止后，仍然实施代理行为，未经被代理人追认的，对被代理人不发生效力。

相对人可以催告被代理人自收到通知之日起三十日内予以追认。被代理人未作表示的，视为拒绝追认。行为人实施的行为被追认前，善意相对人有撤销的权利。撤销应当以通知的方式作出。

行为人实施的行为未被追认的，善意相对人有权请求行为人履行债务或者就其受到的损害请求行为人赔偿。但是，赔偿的范围不得超过被代理人追认时相对人所能获得的利益。

相对人知道或者应当知道行为人无权代理的，相对人和行为人按照各自的过错承担责任。

**【条文要义】**

本条是对无权代理及后果的规定。

无权代理，是指代理人不具有代理权、超越代理权或者代理权终止后仍然实施的代理行为，包括不具有代理权的代理、超越代理权的代理和代理权终止后的代理。严格的无权代理仅指前一种情形，广义的无权代理包括上述三种情形。无权代理的特征是：（1）行为人实施的法律行为符合代理行为的表面特征；（2）行为人对所实施的代理行为不具有代理权。无权代理的法律效果是，只要未经被代理人追认，就不发生代理的法律效果。

本条第2款将无权代理行为规定为效力待定的行为。具体规则是：（1）被代理人享有追认权。无权代理设立的民事行为，如果经过被代理人的追认，使无权代理性质发生改变，其所欠缺的代理权得到补足，转化为有权代理，发生与有权代理同样的法律效果。（2）相对人享有催告权。如果无权代理行为的相对人欲使其有效，可以催告被代理人在30日内予以追认。被代理人未作表示的，则视为拒绝追认，代理行为不发生效力。（3）善意相对人享有撤销权。善意相对人如果不承认该代理行为的效力，须在被代理人追认之前以通知的方式行使撤销权，撤销该代理行为。

本条规定了两种无权代理的民事责任：（1）无权代理人实施的行为未被追认的责任。无权代理人实施的行为未被追认的，善意相对人有权请求无权代理人履行债务，或者就其受到的损害请求行为人承担赔偿责任，赔偿范围不得超过被代理人追认时相对人所能获得的利益。（2）相对人知道或者应当知道代理人无权代理的责任。相对人知道或者应当知道代理人是无权代理，造成了被代理人的权益损害，相对人和行为人都存在过错，应当按照各自的过错承担按份责任。

无权代理争议中的举证责任规则是：无权代理行为未被追认，相对人请求行为人履行债务或者赔偿损失的，由行为人就相对人知道或者应当知道行为人无权代理承担举证责任。行为人不能证明的，人民法院应当依法支持相对人请求行为人履行债务或者赔偿损失的主张；行为人能够证明的，人民法院应当按照各自的过错认定行为人与相对人的责任。

行为人能够证明自己非因过失而不知道行为时没有代理权、超越代理权或者代理权已经终止，善意相对人请求履行债务或者赔偿无权代理被追认时所能获得的利益的，不予支持；善意相对人请求赔偿因信赖行为人有权代理所受到的损失的，则应当予以支持。

【相关司法解释】

《最高人民法院关于适用〈中华人民共和国民法典〉总则编若干问题的解释》

第二十七条　无权代理行为未被追认，相对人请求行为人履行债务或者赔偿损失的，由行为人就相对人知道或者应当知道行为人无权代理承担举证责任。行为人不能证明的，人民法院依法支持相对人的相应诉讼请求；行为人能够证明的，人民法院应当按照各自的过错认定行为人与相对人的责任。

第二十九条　法定代理人、被代理人依据民法典第一百四十五条、第一百七十一条的规定向相对人作出追认的意思表示的，人民法院应当依据民法典第一百三十七条的规定确认其追认意思表示的生效时间。

**第一百七十二条　行为人没有代理权、超越代理权或者代理权终止后，仍然实施代理行为，相对人有理由相信行为人有代理权的，代理行为有效。**

【条文要义】

本条是对表见代理的规定。

表见代理，是指被代理人的行为足以使第三人相信无权代理人具有代理权，并基于这种信赖而与无权代理人实施法律行为的代理。表见就是表现，表见代理就是表现为有权代理的无权代理。其意义是：（1）承认外表授权，外表授权是指具有授权行为的外表或者假象，而事实上并没有实际授权，外表授权规则的适用使表见代理的性质发生了变化；(2) 保护善意交易相对人的利益，使善意相对人不因相信表见代理人的行为而受到损害；(3) 保护动态交易安全。

表见代理的构成要件是：(1) 须代理人没有代理权。(2) 客观上存在使相对人相信行为人具有代理权的理由的要件是：①无权代理在客观上存在有权代理的外观；②有权代理外观的形成与被代理人具有关联性；③相对人相信行为人在行为时有代理权。(3) 相对人与无权代理人成立法律行为。(4) 相对人对此为善意且无过失。

表见代理发生的主要原因是：(1) 被代理人以书面或者口头形式直接或者间接地向第三人表示以他人为自己的代理人；(2) 被代理人与代理人之间的委托合同不成立、无效或者被撤销，但尚未收回代理证书；(3) 代理关系终止后被代理人未采取必要措施公示代理关系终止的事实，并收回代理人持有的代理证书；(4) 行为人的外观表象足以使第三人认为其是有代理权而与之交易。

表见代理发生以下法律效力：(1) 发生有权代理的效力；(2) 表见代理人对被代理人的损失承担损害赔偿责任；(3) 善意相对人主张撤销时，被代理人不得主张表见代理。

【相关司法解释】

《最高人民法院关于适用〈中华人民共和国民法典〉总则编若干问题的解释》

第二十八条　同时符合下列条件的，人民法院可以认定为民法典第一百七十二条规定的相对人有理由相信行为人有代理权：

（一）存在代理权的外观；

（二）相对人不知道行为人行为时没有代理权，且无过失。

因是否构成表见代理发生争议的，相对人应当就无权代理符合前款第一项规定的条件承担举证责任；被代理人应当就相对人不符合前款第二项规定的条件承担举证责任。

## 第三节　代理终止

第一百七十三条　有下列情形之一的，委托代理终止：

（一）代理期限届满或者代理事务完成；

（二）被代理人取消委托或者代理人辞去委托；

（三）代理人丧失民事行为能力；

（四）代理人或者被代理人死亡；

（五）作为代理人或者被代理人的法人、非法人组织终止。

【条文要义】

本条是对委托代理消灭事由的规定。

委托代理消灭的具体事由是：（1）代理期限届满或者代理事务完成，包括代理授权所要进行的工作已经结束，或者代理的时间已经完成；（2）被代理人取消委托或者代理人辞去委托；（3）代理人丧失民事行为能力，丧失了行使代理权的资格和能力；（4）代理人死亡，不再存在行使代理权的主体；（5）作为被代理人或者代理人的法人、非法人组织终止，代理关系也不再存在，代理权消灭。

代理权消灭的效果是：（1）代理关系消灭后，代理权消灭，代理人不得再以被代理人的代理人身份进行活动；（2）代理权消灭后，代理人在必要和可能的情况下，应当向被代理人或者其继承人、遗嘱执行人、清算人、新代理人等，就其代理事务及有关财产事项作出报告和移交；（3）委托代理人应向被代理人交回代理证书及其他证明代理权的凭证。

**第一百七十四条** 被代理人死亡后，有下列情形之一的，委托代理人实施的代理行为有效：

（一）代理人不知道且不应当知道被代理人死亡；

（二）被代理人的继承人予以承认；

（三）授权中明确代理权在代理事务完成时终止；

（四）被代理人死亡前已经实施，为了被代理人的继承人的利益继续代理。

作为被代理人的法人、非法人组织终止的，参照适用前款规定。

【条文要义】

本条是对被代理人死亡后委托代理行为效力的规定。

被代理人死亡后的代理行为有效的情形是：（1）代理人不知道且不应当知道被代理人死亡的，是确实不知道，并且也不应该知道；（2）被代理人的继承人予以承认；（3）代理权授权中明确代理权在代理事项完成时终止的；（4）在被代理人死亡前已经实施，在被代理人死亡后为被代理人的继承人的利益而继续代理。

除此之外，被代理人死亡后，委托代理人实施的代理行为无效。

作为被代理人的法人、非法人组织终止，相当于自然人的死亡，因而可以参照适用本条第1款的规定。

**第一百七十五条** 有下列情形之一的，法定代理终止：
（一）被代理人取得或者恢复完全民事行为能力；
（二）代理人丧失民事行为能力；
（三）代理人或者被代理人死亡；
（四）法律规定的其他情形。

【条文要义】

本条是对法定代理终止原因的规定。

法定代理的终止与委托代理的消灭原因不同。法定代理的消灭原因是：（1）被代理人取得或者恢复完全民事行为能力，无民事行为能力或者限制民事行为能力的被代理人取得了民事行为能力或者恢复了民事行为能力，法定代理没有再存在的基础和必要；（2）代理人丧失民事行为能力，代理人无法行使代理权；（3）被代理人或者代理人死亡，法定代理和指定代理的基础不再存在，代理权消灭；（4）法律规定的其他情形，如人民法院或者其他指定代理的机关取消该指定代理，则丧失了法定代理的法律基础，因此代理关系消灭。

法定代理关系消灭后，依据其产生的法定代理权即行消灭。

# 第八章　民事责任

**第一百七十六条**　民事主体依照法律规定或者按照当事人约定，履行民事义务，承担民事责任。

【条文要义】

本条是对民事义务和民事责任的规定。

民事义务是与民事权利相对应的概念，是指义务人为满足权利人的要求而为一定的行为或者不为一定行为的法律负担。其特征是：（1）民事义务产生于法律的规定或者当事人的约定；（2）民事义务的内容表现为为一定行为或者不为一定行为；（3）民事义务的履行是为满足民事权利人的利益；（4）履行民事义务具有法律的强制性。

民事责任，是指民事主体不履行或者不完全履行民事义务应当依法承担的不利后果。不履行或者不完全履行民事义务，就是违反民事义务。民事责任既是违反民事义务所承担的法律后果，也是救济民事权利损害的必要措施，还是保护民事权利的直接手段。民事责任的特征是：（1）民事责任是以民事义务的存在为前提产生的法律责任；（2）民事责任是具有强制性的法律责任；（3）民事责任是具有制裁性的法律责任；（4）民事责任主要是具有财产性的法律责任；（5）民事责任主要是具有补偿性的责任，也包括一定的惩罚性赔偿责任。

民事责任与民事义务的区别是：（1）民事责任产生在民事义务的不履行之后；（2）民事责任与民事义务分别与法律责任、民事权利概念相关联；（3）民事义务属于"当为"，而民事责任不仅是"当为"，更是"必为"。

民事责任与民事义务既有严格的区别，又有密切的联系。本条同时规定民事义务和民事责任，反映的就是这样的关系，即不履行民事义务的行为是产生民事责任的原因和依据，而民事责任是由不履行民事义务的行为所引起的不利法律后果。

**第一百七十七条** 二人以上依法承担按份责任，能够确定责任大小的，各自承担相应的责任；难以确定责任大小的，平均承担责任。

【条文要义】

本条是对按份责任的规定。

按份责任是指数个责任人按照约定或者法律规定，按照不同的份额，对一个责任按份承担的民事责任。分为两种形式：（1）约定的按份债务不履行发生的按份责任；（2）依照法律规定发生的按份责任，如分别侵权行为发生的按份责任。

按份责任与连带责任的基本区别是，连带责任的责任人之间虽然也有份额，但是这种份额具有相对性，对外每一个责任人都负有承担全部责任的义务。而按份责任的各个责任人的责任份额不具有连带性，只对自己的份额负责，不对整体的责任负责。

按份责任的规则是，数个责任人承担按份责任的，如果能够确定责任大小，应当按照行为人各自的过错程度和行为原因力的大小比例，承担相应的责任；如果难以确定责任大小的，则平均承担责任。发生按份责任，每个行为人只对自己的行为后果承担责任。

**第一百七十八条** 二人以上依法承担连带责任的，权利人有权请求部分或者全部连带责任人承担责任。

连带责任人的责任份额根据各自责任大小确定；难以确定责任大小的，平均承担责任。实际承担责任超过自己责任份额的连带责任人，有权向其他连带责任人追偿。

连带责任，由法律规定或者当事人约定。

【条文要义】

本条是对连带责任的规定。

连带责任是指因违反连带债务或者依照法律的直接规定，两个以上的义务人向赔偿权利人连带承担全部责任，权利人有权要求连带责任人中的一人或数人承担全部责任，而一人或数人在承担全部责任后，将免除其他责任人之责任的民事责任形态。分为两种：（1）违反连带债务发生的连带责任，如连带义务人违反连带债务的违约责任；（2）依照法律的直接规定发生的连带责任，如共同侵权行为的侵权连带责任。

连带责任规则是：（1）连带责任的对外关系。凡是法律规定承担连带责任的，权利人有权请求部分或者全体连带责任人承担责任。因为连带责任是一个完整的责任，每一个连带责任人都有义务承担全部赔偿责任。（2）连带责任的对内关系。首先，连带责任人根据各自责任大小，确定相应的赔偿数额。责任大小的确定，一是看过错程度，二是看原因力大小。难以确定责任大小的，责任份额平均分配。其次，其中一个或者数个连带责任人支付超出自己赔偿责任份额的，有权向其他连带责任人追偿。

更简洁的规则是把连带责任分为中间责任和最终责任，规则是：（1）中间责任，任何一个连带责任人都应当对权利人承担全部责任；（2）最终责任，每一个连带责任人最终承担的，是自己应当承担的责任份额；（3）一个连带责任人承担了超出自己责任份额的赔偿责任的（中间责任），可以通过追偿的方法实现最终责任，将连带责任分配给每一个连带责任人。

连带责任的产生事由：（1）法律规定，如民法典合同编和侵权责任编都规定了连带责任；（2）当事人约定，当事人约定的连带债务，当连带债务不履行时就产生了连带责任。

**第一百七十九条　承担民事责任的方式主要有：**

（一）停止侵害；

（二）排除妨碍；

（三）消除危险；

（四）返还财产；

（五）恢复原状；

（六）修理、重作、更换；

（七）继续履行；

（八）赔偿损失；

（九）支付违约金；

（十）消除影响、恢复名誉；

（十一）赔礼道歉。

法律规定惩罚性赔偿的，依照其规定。

本条规定的承担民事责任的方式，可以单独适用，也可以合并适用。

**【条文要义】**

本条是对民事责任方式的规定。

民事责任方式,是指行为人将承担与其所实施的违反法定义务或者约定义务的行为,以及救济对方当事人相适应的民事责任的具体方法和形式。

民事责任方式的种类是:(1)返还财产,主要是指返还原物;(2)恢复原状,是指恢复权利被侵害前的原有状态;(3)修理、更换、重作,是指交付的标的物不符合合同要求的质量标准,债务人应当承担的民事责任方式;(4)支付违约金,是指当事人通过协商预先确定的,在违约后作出的独立于履行行为之外的给付;(5)赔偿损失,包括补偿性损害赔偿和惩罚性损害赔偿;(6)停止侵害,是指应当承担的立即停止侵害行为的民事责任方式;(7)消除影响、恢复名誉,是指行为人在侵权行为影响所及的范围内消除不良后果,恢复受害人的名誉评价到未受侵害时的状态的民事责任方式;(8)赔礼道歉,是指侵权行为人向受害人承认错误,表示歉意,求得受害人原谅;(9)继续履行,是指债务人应当将没有履行的义务继续履行完毕,以实现债权人的债权;(10)排除妨碍,是指行为人实施的行为使权利人无法行使或不能正常行使自己的财产权利、人身权利,应当将妨碍权利实施的障碍予以排除;(11)消除危险,是指行为人的行为和其管理下的物件对他人的人身和财产安全造成威胁,应当将具有危险因素的行为或者物件予以消除。

法律规定惩罚性赔偿的,主要有民法典和《消费者权益保护法》《食品安全法》《著作权法》《商标法》《专利法》《反不正当竞争法》和《电子商务法》等。分为两种:(1)违约惩罚性赔偿,如产品欺诈或者服务欺诈应当承担价金3倍的惩罚性赔偿责任,《食品安全法》规定了价金10倍的惩罚性赔偿责任;(2)侵权惩罚性赔偿,如恶意的产品侵权或者服务侵权,造成消费者死亡或者健康严重损害的,应当承担损失2倍以下的惩罚性赔偿;侵权人故意违反国家规定损害生态环境造成严重后果的,应当承担惩罚性赔偿;故意侵害知识产权情节严重的,承担1倍至5倍的惩罚性赔偿。

适用民事责任方式的规则:(1)救济权利损害需要;(2)民事责任方式可以并用;(3)权利人可以适当处分;(4)必要情形下的先予执行。

**第一百八十条** 因不可抗力不能履行民事义务的,不承担民事责任。法律另有规定的,依照其规定。

不可抗力是不能预见、不能避免且不能克服的客观情况。

【条文要义】

本条是对不可抗力及后果的规定。

不可抗力是指人力所不可抗拒的力量,包括自然原因(如地震、台风、洪水、海啸等)和社会原因(如战争等)。

不可抗力应当符合以下要求:(1)不可预见,是指根据现有的技术水平,一般人对某种事件的发生无法预料;(2)不可避免且不能克服,是当事人已经尽最大努力和采取一切可以采取的措施,仍然不能避免某种事件的发生并克服事件造成的损害后果;(3)属于客观情况。

司法实践应用不可抗力的基本规则是,因不可抗力造成损害的,当事人一般不承担民事责任,但不可抗力须为损害发生的唯一原因,当事人对损害的发生和扩大不能产生任何作用。在发生不可抗力的时候,应当查清不可抗力与造成的损害后果之间的关系,并确定当事人的活动在发生不可抗力的条件下对所造成的损害后果的作用。

在法律有特别规定的情况下,不可抗力不作为免责事由。例如,《邮政法》第47条规定,保价的给据邮件的损失,即使是因不可抗力造成的,邮政企业也不得免除赔偿责任。

**第一百八十一条** 因正当防卫造成损害的,不承担民事责任。

正当防卫超过必要的限度,造成不应有的损害的,正当防卫人应当承担适当的民事责任。

【条文要义】

本条是对正当防卫和防卫过当的规定。

正当防卫,是指当国家利益、公共利益、他人或本人的人身、财产或者其他利益遭受正在进行的不法侵害时,行为人在必要范围内采取的制止不法侵害行为的防卫行为。正当防卫是保护性措施,是合法行为,对造成的损害,防卫人不负赔偿责任。

构成正当防卫须具备的要件是：（1）须有侵害事实；（2）侵害须为不法；（3）须以合法防卫为目的；（4）防卫须对加害人本人实行；（5）防卫不能超过必要限度。

适用正当防卫的基本规则是：（1）构成正当防卫的，防卫人不承担侵权责任；（2）正当防卫超过必要限度，是防卫过当。

对防卫过当的把握，关键在于对正当防卫必要限度的判断，民法上的正当防卫行为只能与不法侵害相适应，一般不应超过不法侵害的强度。判断必要限度通常考虑两个方面：（1）不法侵害的手段和强度。例如，为阻止不法侵害人偷窃而致其轻伤，是正当防卫。重伤或杀死小偷就超过了必要限度。（2）所防卫权益的性质。使用严重损害侵害者的反击方法来保卫较小的财产利益，为超过必要限度。

正当防卫超过必要限度造成不应有的损害的，应当承担适当的民事责任：（1）防卫过当不能免除民事责任；（2）对防卫过当造成的损害，应当减轻责任；（3）故意加害行为的赔偿责任，对超出必要限度的损害应当全部赔偿。

防卫过当的赔偿范围，应当是超出防卫限度的那部分损害，即"不应有"的那部分损害。对此，应当综合不法侵害的性质、手段、强度、危害程度和防卫的时机、手段、强度、损害后果等情节，考虑双方的力量对比，立足防卫人防卫时所处的情境，结合社会公众的一般认知作出判断。

能够认定正当防卫超过必要限度的，可以判决防卫人在造成的不应有的损害范围内承担部分赔偿责任；造成的不应有的损害较小的，也可以判决不承担责任。不法侵害人请求正当防卫人承担全部损失的，人民法院不予支持。

不法侵害人不能证明防卫行为造成不应有的损害，仅以防卫人采取的反击方式和强度与不法侵害不相当为由主张防卫过当的，不予支持。

## 【相关司法解释】

**《最高人民法院关于适用〈中华人民共和国民法典〉总则编若干问题的解释》**

**第三十条** 为了使国家利益、社会公共利益、本人或者他人的人身权利、财产权利以及其他合法权益免受正在进行的不法侵害，而针对实施侵害行为的人采取的制止不法侵害的行为，应当认定为民法典第一百八十一条规定的正当防卫。

**第三十一条** 对于正当防卫是否超过必要的限度，人民法院应当综合不法侵害的性质、手段、强度、危害程度和防卫的时机、手段、强度、损害后果等因素判断。

经审理，正当防卫没有超过必要限度的，人民法院应当认定正当防卫人不承担责任。正当防卫超过必要限度的，人民法院应当认定正当防卫人在造成不应有的损害范围内承担部分责任；实施侵害行为的人请求正当防卫人承担全部责任的，人民法院不予支持。

实施侵害行为的人不能证明防卫行为造成不应有的损害，仅以正当防卫人采取的反击方式和强度与不法侵害不相当为由主张防卫过当的，人民法院不予支持。

**第一百八十二条** 因紧急避险造成损害的，由引起险情发生的人承担民事责任。

危险由自然原因引起的，紧急避险人不承担民事责任，可以给予适当补偿。

紧急避险采取措施不当或者超过必要的限度，造成不应有的损害的，紧急避险人应当承担适当的民事责任。

**【条文要义】**

本条是对紧急避险及避险超过必要限度的规定。

为了使国家利益、社会公共利益、自身或者他人的人身、财产和其他合法权益免受正在发生的危险，在不得已的情况下而采取的造成他人少量损失的紧急措施，称为紧急避险。紧急避险是一种合法行为，是在两种合法利益不可能同时都得到保护的情况下，不得已采用的牺牲其中较轻利益、保全较重大利益的行为。

构成紧急避险须具备以下要件：（1）危险正在发生并威胁公共利益、本人或者他人的利益；（2）采取避险措施须为不得已；（3）避险行为不得超过必要的限度。

紧急避险规则的适用要求是：（1）引起险情发生之人的责任。如果有引起险情发生的人，应由引起险情发生的人承担民事责任。（2）自然原因引起险情的责任。危险是由自然原因引起，没有引起险情发生的人，在一般情况下紧急避险人不承担民事责任。在特殊情况下避险人也可以承担适当的民事责任。（3）超过必要限度的赔偿。紧急避险采取措施不当或者超过必要限度，造成不应有的损害的，避险人应当承担适当的民事责任。（4）受益人适当补偿。既没有第三者的过错，也没有实施紧急避险行为人本身的过错，遭受损害的人与受益人又不是同一个人的，则受益人应当适当补偿受害人的损失。

对民法典第182条第3款规定的"紧急避险采取措施不当或者超过必要的限度"的认定,应当按照一般人的判断能力,根据危险的性质和程度,结合避险行为的保护结果和损害后果等因素进行判断。能够认定紧急避险采取措施不当或者超过必要的限度的,可以判决紧急避险人在造成的不应有的损害范围内承担部分责任;如果造成的不应有的损害较小,也可以判决不承担责任。受害人请求紧急避险人承担全部责任的,不予支持;但是,紧急避险人引起险情或者紧急避险人是受益人的,应当对全部损失承担责任。

因紧急避险造成损害的危险是由自然原因引起,受害人请求给予适当补偿的,应当按照下列情形处理:(1)避险人与受益人不是同一人,受害人请求受益人予以适当补偿的,应予支持;受害人请求避险人予以适当补偿的,不予支持。(2)避险人与受益人是同一人,受害人请求避险人予以适当补偿的,应予支持。可以根据受害人所受损失的情况、受益人受益的多少及其经济条件等因素,确定补偿数额。

**【相关司法解释】**

《最高人民法院关于适用〈中华人民共和国民法典〉总则编若干问题的解释》

**第三十二条** 为了使国家利益、社会公共利益、本人或者他人的人身权利、财产权利以及其他合法权益免受正在发生的急迫危险,不得已而采取紧急措施的,应当认定为民法典第一百八十二条规定的紧急避险。

**第三十三条** 对于紧急避险是否采取措施不当或者超过必要的限度,人民法院应当综合危险的性质、急迫程度、避险行为所保护的权益以及造成的损害后果等因素判断。

经审理,紧急避险采取措施并无不当且没有超过必要限度的,人民法院应当认定紧急避险人不承担责任。紧急避险采取措施不当或者超过必要限度的,人民法院应当根据紧急避险人的过错程度、避险措施造成不应有的损害的原因力大小、紧急避险人是否为受益人等因素认定紧急避险人在造成的不应有的损害范围内承担相应的责任。

**第一百八十三条** 因保护他人民事权益使自己受到损害的,由侵权人承担民事责任,受益人可以给予适当补偿。没有侵权人、侵权人逃逸或者无力承担民事责任,受害人请求补偿的,受益人应当给予适当补偿。

**【条文要义】**

本条是对见义勇为受害人特别请求权的规定。

见义勇为受害人的特别请求权，是指行为人为了保护他人的民事权益，在为保护他人民事权益的见义勇为行为中自身受到损害，所享有的赔偿和补偿自己损失的请求权。见义勇为受害人的请求权包含两个内容：(1) 对侵权人的侵权损害赔偿责任请求权；(2) 对受益人的适当补偿请求权，包括侵权人承担侵权责任的同时就可以行使的补偿请求权，以及无侵权人、侵权人逃逸或者无力承担民事责任时行使的请求权。

产生见义勇为受害人特别请求权的要件是：(1) 行为人实施了见义勇为行为，见义勇为行为须是为保护他人民事权益而实施的行为，须行为人实施保护他人合法权益的行为无法定或约定义务，须针对侵害他人合法权益的侵害行为或者他人处于危难的危险事实，须在客观上使受益人少受或免受损害的行为；(2) 见义勇为的行为人须因实施该行为而遭受人身和财产损害；(3) 见义勇为行为人遭受的损害与其实施见义勇为行为有因果关系。

行使见义勇为受害人特别请求权，承担民事责任的规则是：(1) 侵权人应当承担民事责任，即侵权人应当按照人身损害、财产损害和精神损害责任的规定承担全部赔偿责任；(2) 受益人承担适当补偿责任，即使侵权人承担了侵权赔偿责任，受益人也可以给予适当补偿；(3) 没有侵权人、侵权人逃逸或者无力承担赔偿责任的适当补偿责任，由于因见义勇为受害的人无法从侵权人处获得损害赔偿，受益人则应当予以补偿。其中，第二种适当补偿带有酬谢的意思，第三种适当补偿才是责任性质的补偿。

确定适当补偿数额的方法是，根据受害人所受损失和已获赔偿的情况、受益人受益的多少及其经济条件等因素，确定受益人的具体补偿数额。

**【相关司法解释】**

《最高人民法院关于适用〈中华人民共和国民法典〉总则编若干问题的解释》

第三十四条 因保护他人民事权益使自己受到损害，受害人依据民法典第一百八十三条的规定请求受益人适当补偿的，人民法院可以根据受害人所受损失和已获赔偿的情况、受益人受益的多少及其经济条件等因素确定受益人承担的补偿数额。

**第一百八十四条** 因自愿实施紧急救助行为造成受助人损害的，救助人不承担民事责任。

【条文要义】

本条是对善意救助人责任豁免的规定。

很多国家都规定"好撒马利亚人法"，我国有说法叫"好人法"。"好撒马利亚人"就是善意救助人。"好撒马利亚人法"的核心，是赋予"好撒马利亚人"以责任的豁免权，救助者在救助过程中即使存在一般过失，也不对此承担责任。

我国规定"好撒马利亚人法"的含义是：（1）坚持鼓励善意救助人的救助积极性；（2）承认特殊救助义务，不宜确定一般救助义务；（3）承认善意救助人的豁免权。

善意救助人享有豁免权须具备以下要件：（1）行为人为善意救助人；（2）行为人实施了救助行为；（3）行为人的善意救助行为造成了受救助者的损害。符合上述条件的善意救助者不承担民事责任。

在我国当前社会中，在"好撒马利亚人法"的适用方面，存在影响诚信道德建设的问题，主要是对"好撒马利亚人"难辨真假而引起的法律适用问题。一方面，被救助者讹诈救助人，使"好撒马利亚人"蒙冤，错误地判决其承担侵权责任；另一方面，行为人造成损害后冒充"好撒马利亚人"，混淆是非，造成不良社会影响。这些都需要进一步改进，以保护善意救助人。

**第一百八十五条** 侵害英雄烈士等的姓名、肖像、名誉、荣誉，损害社会公共利益的，应当承担民事责任。

【条文要义】

本条是对侵害英雄烈士人格利益责任的规定。

本条的立法本意，是在现实生活中，一些人歪曲事实，诽谤抹黑、恶意诋毁、侮辱英雄烈士的名誉、荣誉等，损害了社会公共利益。加强对英烈姓名、名誉、荣誉等的法律保护，对于促进社会尊崇英烈，扬善抑恶，弘扬社会主义核心价值观意义重大。

对死者的人格利益进行侵害，构成侵权行为的，应当承担民事责任。规定对侵害英雄烈士等的姓名、肖像、名誉、荣誉，损害社会公共利益的，应当承担民事责任，这是一种特殊保护规定。这正是将保护死者人格利益的经验应用在对英雄烈士的人格利益保护问题上。对此，《英雄烈士保护法》也作出了具体规定，凡是侵害英雄烈士等的姓名、肖像、名誉、荣誉，损害社会公共利益的，均应当判令侵权人承担民事责任。

【相关司法解释】

《最高人民法院关于适用〈中华人民共和国民法典〉时间效力的若干规定》

第六条 《中华人民共和国民法总则》施行前，侵害英雄烈士等的姓名、肖像、名誉、荣誉，损害社会公共利益引起的民事纠纷案件，适用民法典第一百八十五条的规定。

**第一百八十六条** 因当事人一方的违约行为，损害对方人身权益、财产权益的，受损害方有权选择请求其承担违约责任或者侵权责任。

【条文要义】

本条是对违约责任与侵权责任竞合的规定。

民事责任竞合即请求权竞合，是指因某种法律事实的出现，而导致两种或两种以上的民事责任产生，各项民事责任相互发生冲突的现象。即不法行为人实施的一个行为，在法律上符合数个法律规范的要求，就会使受害人产生多项请求权，这些请求权相互冲突。民事责任竞合具有如下特点：（1）民事责任竞合是由违反民事义务的行为引起的，责任是违反法定义务的必然后果；（2）数个民事责任的产生是由一个违反民事义务的行为造成的；（3）在一个行为产生的数个责任之间相互冲突。同一民事违法行为同时符合数种民事权利保护的规定，就构成民事责任竞合。

本条规定的违约责任与侵权责任竞合，是一个违约行为，既产生违约损害赔偿请求权，又产生侵权损害赔偿请求权，两个请求权救济的内容是一致的，权利人只能行使一个请求权。这个请求权实现之后，另一个请求权消灭。例如，服务者为消费者提供服务的过程中造成人身损害，受害人既可以选择违约损害赔偿责任起诉，也可以选择侵权责任起诉。

本条虽然规定的只是违约责任与侵权责任的竞合规则，但对其他民事责任竞合也提供了法律依据，如侵权责任与不当得利责任的竞合，也应当适用这样的规则。

对于提出违约和侵权责任竞合行使选择权的时间界限，限制在起诉后至一审法庭辩论终结之前。当事人依照民法典第186条的规定向法院起诉时作出选择后，在一审法庭辩论终结前又变更诉讼请求的，应当准许。在一审法庭辩论终结后，当事人不得再行使选择权，变更其已经选择的诉讼请求。

**第一百八十七条** 民事主体因同一行为应当承担民事责任、行政责任和刑事责任的，承担行政责任或者刑事责任不影响承担民事责任；民事主体的财产不足以支付的，优先用于承担民事责任。

【条文要义】

本条是对非冲突性责任竞合和民事责任优先权保障的规定。

法规竞合，是指一个违法行为，同时触犯数个法律或者数个法律条文，在法律适用时，选择适用该行为触犯的某一个法律条文同时排除其他法律条文适用，或者同时适用不同的法律条文的法律适用规则。其构成要件有两个，分别为"同一行为"与"多个法律条文"。

责任竞合是法规竞合，是法规竞合的具体表现形式。作为一种客观存在的现象，法规竞合分为两种：（1）发生在同一法律部门内部的法规竞合，如前条规定的违约责任与民事责任竞合；（2）发生在不同的法律部门之间，如民事责任与刑事责任、民事责任与行政责任的竞合。后一种竞合为非冲突性竞合，数个法律规范可以同时适用，根据不同法律规范产生的数个法律后果并行不悖，可以共存。

民事责任与刑事责任或者行政责任竞合，后果是"不影响依法承担民事责任"。在形成民事责任与刑事责任或者民事责任与行政责任竞合时，一个违法行为人承担刑事责任或者行政责任，并不影响其民事责任的承担。受害人一方主张有关机关追究违法行为人的刑事责任和行政责任，并不妨碍受害人向违法行为人主张追究民事责任。

非冲突性法规竞合发生，产生民事主体损害赔偿请求权的优先权保障。由于对侵权行为有可能由刑法、行政法、侵权法等不同部门法进行规范，因此形成了刑法、行政法、民法的法律规范竞合，性质属于非冲突性法规竞合。侵权人因同一个违法行为，同时要承担民事责任、刑事责任或者行政责任。由于不同部门法律规范的竞合属于非冲突性竞合，因此可以同时适用。例如，侵权人因同一个违法行为，既要承担罚金、没收财产的刑事责任，或者罚款、没收违法所得的行政责任，又要承担损害赔偿的民事责任，发生财产性的行政责任、刑事责任与民事责任的竞合，应当同时承担。赋予请求权人以损害赔偿请求权的优先权优先于罚金、没收财产的刑事责任或者罚款、没收违法所得的行政责任，使民事主体的权利救济得到更有力的保障。这就是损害赔偿请求权优先于行政责任或者刑事责任的优先权保障赖以产生的法理基础。民事主体的财产不足以支付的，先承担民事责任。

# 第九章 诉讼时效

**第一百八十八条** 向人民法院请求保护民事权利的诉讼时效期间为三年。法律另有规定的，依照其规定。

诉讼时效期间自权利人知道或者应当知道权利受到损害以及义务人之日起计算。法律另有规定的，依照其规定。但是，自权利受到损害之日起超过二十年的，人民法院不予保护，有特殊情况的，人民法院可以根据权利人的申请决定延长。

【条文要义】

本条是对诉讼时效期间的规定。

诉讼时效，是能够引起民事法律关系发生变化的法律事实，又称为消灭时效，是指权利人在一定期间内不行使权利，即在某种程度上丧失请求利益的时效制度。设立诉讼时效制度的主要目的，是促进法律关系安定，及时结束权利义务关系的不确定状态，稳定法律秩序，降低交易成本，即"法律帮助勤勉人，不帮助睡眠人"。

诉讼时效期间的种类是：（1）一般诉讼时效，是指由民法典统一规定的，普遍适用于法律没有作特殊诉讼时效规定的各种民事法律关系的消灭时效；（2）特别诉讼时效，也叫特殊诉讼时效，是指由民法典或民法单行法特别规定的，只适用于某些特殊民事法律关系的消灭时效；（3）最长诉讼时效，也叫绝对诉讼时效，是指不适用诉讼时效中止、中断、延长规定的长期诉讼时效期间。

本条规定的是一般诉讼时效和最长诉讼时效的期间及起算的规则。

一般诉讼时效期间为3年，自权利人知道或者应当知道权利受到损害以及义务人之日起计算。期间起始的时间须具备两个要件：（1）权利人知道或者应当知道权利受到损害；（2）知道或者应当知道义务人。具备了这两个要件，即开始计算诉讼时效期间。对诉讼时效期间的起算时间，法律另有规定的情况是民法典第189~191条。

最长诉讼时效为 20 年。如果权利受到侵害的事实发生之后，权利人一直不知道或者不应当知道权利受到损害及其义务人的，则从权利受到损害之日起计算，超过 20 年的，人民法院不予保护。不过，本条第 2 款最后一句有一个特别规定，即有特殊情况的，人民法院可以根据权利人的申请决定延长，条件比较弹性，并非一律卡死，关键在于对特殊情况的判断，并且须有权利人的申请。其含义是，具有特殊情况和权利人申请的两个要件，可以突破 20 年的最长诉讼时效期间，寻求民法对民事权利的保护。

对于本条规定的诉讼时效期间的中止、中断和延长，第 1 款规定的 3 年诉讼时效期间，可以适用民法典有关诉讼时效中止、中断的规定，不适用延长的规定。第 2 款规定的 20 年的诉讼时效期间，可以适用延长的规定，不适用中止、中断的规定。

无民事行为能力人或者限制民事行为能力人的权利受到损害的，由于其本人不具有应有的识别能力，因而其诉讼时效期间的计算，应当自其法定代理人知道或者应当知道权利人本人受到损害以及义务人之日起计算，但是法律另有规定的除外。

**【相关司法解释】**

**《最高人民法院关于审理民事案件适用诉讼时效制度若干问题的规定》**

**第一条** 当事人可以对债权请求权提出诉讼时效抗辩，但对下列债权请求权提出诉讼时效抗辩的，人民法院不予支持：

（一）支付存款本金及利息请求权；

（二）兑付国债、金融债券以及向不特定对象发行的企业债券本息请求权；

（三）基于投资关系产生的缴付出资请求权；

（四）其他依法不适用诉讼时效规定的债权请求权。

**第三条** 当事人在一审期间未提出诉讼时效抗辩，在二审期间提出的，人民法院不予支持，但其基于新的证据能够证明对方当事人的请求权已过诉讼时效期间的情形除外。

当事人未按照前款规定提出诉讼时效抗辩，以诉讼时效期间届满为由申请再审或者提出再审抗辩的，人民法院不予支持。

**第四条** 未约定履行期限的合同，依照民法典第五百一十条、第五百一十一条的规定，可以确定履行期限的，诉讼时效期间从履行期限届满之日起计算；不能确定履行期限的,诉讼时效期间从债权人要求债务人履行义务的宽限期届满之日起计算,但债务人在债权人第一次向其主张权利之时明确表示不履行义务的,诉讼时效期间从债务人明确表示不履行义务之日起计算。

**第六条** 返还不当得利请求权的诉讼时效期间,从当事人一方知道或者应当知道不当得利事实及对方当事人之日起计算。

**第七条** 管理人因无因管理行为产生的给付必要管理费用、赔偿损失请求权的诉讼时效期间,从无因管理行为结束并且管理人知道或者应当知道本人之日起计算。

本人因不当无因管理行为产生的赔偿损失请求权的诉讼时效期间,从其知道或者应当知道管理人及损害事实之日起计算。

**《最高人民法院关于审理证券市场虚假陈述侵权民事赔偿案件的若干规定》**

**第三十二条** 当事人主张以揭露日或更正日起算诉讼时效的,人民法院应当予以支持。揭露日与更正日不一致的,以在先的为准。

对于虚假陈述责任人中的一人发生诉讼时效中断效力的事由,应当认定对其他连带责任人也发生诉讼时效中断的效力。

**第三十三条** 在诉讼时效期间内,部分投资者向人民法院提起人数不确定的普通代表人诉讼的,人民法院应当认定该起诉行为对所有具有同类诉讼请求的权利人发生时效中断的效果。

在普通代表人诉讼中,未向人民法院登记权利的投资者,其诉讼时效自权利登记期间届满后重新开始计算。向人民法院登记权利后申请撤回权利登记的投资者,其诉讼时效自撤回权利登记之次日重新开始计算。

投资者保护机构依照证券法第九十五条第三款的规定作为代表人参加诉讼后,投资者声明退出诉讼的,其诉讼时效自声明退出之次日起重新开始计算。

**《最高人民法院关于适用〈中华人民共和国民法典〉总则编若干问题的解释》**

**第三十五条** 民法典第一百八十八条第一款规定的三年诉讼时效期间,可以适用民法典有关诉讼时效中止、中断的规定,不适用延长的规定。该条第二款规定的二十年期间不适用中止、中断的规定。

**第一百八十九条** 当事人约定同一债务分期履行的,诉讼时效期间自最后一期履行期限届满之日起计算。

**【条文要义】**

本条是对分期债务诉讼时效期间的规定。

对于分期债务诉讼时效期间的起算,诉讼时效期间自最后一期履行期限届满之日起计算。

分期债务,是当事人约定把一个债务分成若干期、若干批次清偿,如分期付款买卖的付款义务。定期债务,是按照约定的期限按月、年定期清偿,如房屋租赁的租金通常是按月给付。本条所称分期债务是指前者。

分期债务是一个债务,计算诉讼时效期间是在最后一期债务清偿期届满时开始计算诉讼时效期间,不能将每一期的给付定为单独的给付而单独计算诉讼时效期间。例如,购买一辆汽车50万元,要用5年时间分期付款,每年付10万元人民币,在最后一期款的10万元付款期限届满后,开始计算诉讼时效期间。

**第一百九十条　无民事行为能力人或者限制民事行为能力人对其法定代理人的请求权的诉讼时效期间,自该法定代理终止之日起计算。**

**【条文要义】**

本条是对起诉法定代理人诉讼时效期间的规定。

无民事行为能力人或者限制民事行为能力人因自己的法定代理人侵害其合法权益,而对法定代理人提起诉讼的,其诉讼时效期间是一样的,都是3年。但是,为了保护无民事行为能力人或者限制民事行为能力人的合法权益,设定了诉讼时效期间的特殊起算方法。

本条规定的法定代理人,包括未成年人的父母以及无民事行为能力或者限制民事行为能力的成年人的监护人。无民事行为能力人或者限制民事行为能力人的法定代理人侵害了无民事权利能力人或者限制民事行为能力人的人身权益或者财产权益,权利人产生保护自己权利的请求权,可以向自己的法定代理人主张损害赔偿请求权。

无民事行为能力人或者限制民事行为能力人对自己的法定代理人行使请求权,其诉讼时效期间自该法定代理终止之日起计算。原因是,无民事行为能力人或者限制民事行为能力人在法定代理人履行职责期间,并不具有民事行为能力或者民事行为能力受限制,无法判断自己的权益是否受到损害,如果按照诉讼时效期间起算的一般规则，会损害其合法权益。只有当他们取得或者恢复民事行为能力，法定代理终止，才能有效地行使其权利。从这时开始计算诉讼时效期间能够更好地保护他们的合法权益。所以，无民事行为能力人、限制民事行为能力人的权利受到原法定代理人损害的，有关请求权的诉讼时效期间，自其取得、恢复完全民事行为能力或者确定新的法定代理人，且知道或者应当知道权利受到损害之日起计算。

【相关司法解释】

《最高人民法院关于适用〈中华人民共和国民法典〉总则编若干问题的解释》

第三十六条　无民事行为能力人或者限制民事行为能力人的权利受到损害的，诉讼时效期间自其法定代理人知道或者应当知道权利受到损害以及义务人之日起计算，但是法律另有规定的除外。

第三十七条　无民事行为能力人、限制民事行为能力人的权利受到原法定代理人损害，且在取得、恢复完全民事行为能力或者在原法定代理终止并确定新的法定代理人后，相应民事主体才知道或者应当知道权利受到损害的，有关请求权诉讼时效期间的计算适用民法典第一百八十八条第二款、本解释第三十六条的规定。

**第一百九十一条　未成年人遭受性侵害的损害赔偿请求权的诉讼时效期间，自受害人年满十八周岁之日起计算。**

【条文要义】

本条是对未成年人遭受性侵害的诉讼时效期间的规定。

对未成年人遭受性侵害，损害赔偿请求权的诉讼时效期间起算如何规定，立法中有不同意见。立法采肯定说，作出特别规定，原因是未成年人遭受性侵害，由于他们尚未成年，如果适用诉讼时效起算的一般方法，那么他们的合法权益将无法得到切实保障，因而有作出特别规定的必要。

未成年人遭受性侵害，会产生两个方面的损害赔偿责任：（1）造成未成年人的人身损害，侵害的是健康权和身体权，产生人身损害赔偿责任；（2）造成未成年人精神上和心理上的伤害，侵害了其性自主权，应当承担精神损害责任。

当未成年人遭受性侵害的损害赔偿请求权产生后，诉讼时效并不基于权利受到损害的事实，从其知道或者应当知道权利受到损害以及义务人之日起算，那样将会因未成年人尚不具有完全民事行为能力而使其权利无法得到切实保障,诉讼时效期间应自受害人年满18周岁之日起开始计算。

**第一百九十二条** 诉讼时效期间届满的,义务人可以提出不履行义务的抗辩。

诉讼时效期间届满后,义务人同意履行的,不得以诉讼时效期间届满为由抗辩;义务人已经自愿履行的,不得请求返还。

【条文要义】

本条是对诉讼时效期间届满产生抗辩权的规定。

法律规定的诉讼时效期间届满,义务人产生抗辩权,因而可以提出不履行义务的抗辩。抗辩权,是抗辩他人行使权利的对抗权。对方权利人行使请求权,而该方当事人享有抗辩权,就可以行使抗辩权对抗请求权,进而拒绝请求权人的请求给付,拒绝履行义务。

诉讼时效期间完成产生的抗辩权是永久性抗辩权,抗辩权人行使抗辩权对抗请求权后,就永久发生拒绝给付、不履行义务的法律效力。故时效消灭抗辩权是指诉讼时效期间完成后,义务人产生的据以对抗请求权人行使请求权,拒绝履行自己义务的抗辩权。诉讼时效期间完成的法律效果包括两个方面:(1)直接效果,即产生时效消灭抗辩权;(2)本体效果,即时效抗辩请求权行使后的后果。诉讼时效期间完成后,义务人行使抗辩权的,产生的本体效果是:①对于义务人的效果,可拒绝权利人的履行义务的请求,同时将权利人的请求权转化为自然债权,自己的义务转化为自然债务,从而取得时效利益。②对于权利人的效果,其实体权利和诉权都不消灭,只是这种实体权利变成一种自然权利,作为权利根本属性的法律上之力已经不复存在,诉权也存在,但是起诉后人民法院不会支持其请求权。③义务人自愿履行的效果,义务人同意履行的,不得以诉讼时效届满为由抗辩。义务人已经自愿履行的,不得请求返还,因为这两种行为均为义务人放弃了抗辩权。

【相关司法解释】

**《最高人民法院关于审理民事案件适用诉讼时效制度若干问题的规定》**

**第十八条** 主债务诉讼时效期间届满,保证人享有主债务人的诉讼时效抗辩权。

保证人未主张前述诉讼时效抗辩权,承担保证责任后向主债务人行使追偿权的,人民法院不予支持,但主债务人同意给付的情形除外。

**第十九条** 诉讼时效期间届满,当事人一方向对方当事人作出同意履行义务的意思表示或者自愿履行义务后,又以诉讼时效期间届满为由进行抗辩的,人民法院不予支持。

当事人双方就原债务达成新的协议,债权人主张义务人放弃诉讼时效抗辩权的,人民法院应予支持。

超过诉讼时效期间,贷款人向借款人发出催收到期贷款通知单,债务人在通知单上签字或者盖章,能够认定借款人同意履行诉讼时效期间已经届满的义务的,对于贷款人关于借款人放弃诉讼时效抗辩权的主张,人民法院应予支持。

## 第一百九十三条 人民法院不得主动适用诉讼时效的规定。

**【条文要义】**

本条是对时效消灭抗辩权采当事人主义的规定。

因诉讼时效期间完成产生的抗辩权,是义务人的权利,实行当事人主义,而不是法官职权主义。对时效消灭抗辩权行使还是不行使,取决于义务人的态度,任何人都不能干预,人民法院也不能干预。

无论义务人是否主张行使该抗辩权,人民法院在诉讼的任何阶段,都不主动依据职权审查时效期间是否已经完成。只有在义务人提出了时效完成的抗辩后,人民法院才有义务审查诉讼时效期间的完成情况,如果诉讼时效期间确已完成,债务人行使时效消灭抗辩权,就有法律根据,应当支持其主张,驳回权利人即原告的诉讼请求。

**【相关司法解释】**

《最高人民法院关于审理民事案件适用诉讼时效制度若干问题的规定》

第二条 当事人未提出诉讼时效抗辩,人民法院不应对诉讼时效问题进行释明。

## 第一百九十四条 在诉讼时效期间的最后六个月内,因下列障碍,不能行使请求权的,诉讼时效中止:

（一）不可抗力；

（二）无民事行为能力人或者限制民事行为能力人没有法定代理人，或者法定代理人死亡、丧失民事行为能力、丧失代理权；

（三）继承开始后未确定继承人或者遗产管理人；

（四）权利人被义务人或者其他人控制；

（五）其他导致权利人不能行使请求权的障碍。

自中止时效的原因消除之日起满六个月，诉讼时效期间届满。

**【条文要义】**

本条是对诉讼时效期间中止及具体事由的规定。

时效制度意在敦促权利人及时行使权利，但其适用却以权利人可以行使权利而怠于行使为前提，如果出现客观障碍致使权利人无法行使权利，则继续计算时效未免有失公平，因此应暂停计算期间以保证权利人有行使权利的必要时间，从而保护其权益。

诉讼时效中止，是指在诉讼时效期间的最后6个月内，因法定障碍事由的存在，不能行使请求权的，诉讼时效停止进行，待法定障碍事由消除之日起满6个月，诉讼时效期间完成的诉讼时效制度。

引起诉讼时效中止的法定障碍事由是：（1）不可抗力：须有民法典第180条第2款规定的"不能预见、不能避免且不能克服的客观情况"出现；（2）无民事行为能力人或者限制民事行为能力人没有法定代理人，或者法定代理人死亡、丧失代理权或者丧失民事行为能力：这会使正在进行的诉讼行为不能正常进行，继续进行会损害权利人的合法权益；（3）继承开始后未确定继承人或者遗产管理人：这是因为无法确定继承法律关系的主体或者无法确定遗产管理人，就无法进行正常的继承纠纷的诉讼活动；（4）权利人被义务人或者其他人控制：是权利人被义务人或者其他人予以身体强制，对权利人的身体进行拘束，限制人身自由等，而使其无法主张权利或者对权利人进行精神强制，使其不敢或者不能主张权利；（5）其他导致权利人不能行使请求权的障碍。例如，原告或者被告正处于战争状态的武装部队服役。

诉讼时效中止须发生在时效期间的最后6个月内。只要在诉讼时效期间的最后6个月内出现中止时效的原因，就一律从中止时效的原因消除之日起，再加上6个月，诉讼时效期间才届满。

**第一百九十五条** 有下列情形之一的，诉讼时效中断，从中断、有关程序终结时起，诉讼时效期间重新计算：

（一）权利人向义务人提出履行请求；

（二）义务人同意履行义务；

（三）权利人提起诉讼或者申请仲裁；

（四）与提起诉讼或者申请仲裁具有同等效力的其他情形。

**【条文要义】**

本条是对诉讼时效期间中断及后果的规定。

诉讼时效期间中断，是指在诉讼时效期间进行过程中，出现了权利人积极行使权利的法定事由，从而使已经经过的诉讼时效期间归于消灭，从时效期间中断、有关程序终结时起重新计算的诉讼时效制度。

引起诉讼时效期间中断的法定事由是：（1）权利人向义务人提出履行请求：履行请求是指权利人对于因时效受利益的当事人，而于诉讼外行使其权利的意思表示；（2）义务人同意履行义务：义务人承认，是指义务人表示知道权利存在的行为，并通过一定方式（口头的或书面的）向权利人作出愿意履行义务的意思表示；（3）权利人提起诉讼或者申请仲裁：在诉讼时效期间内，当事人向法院提起诉讼，或者向仲裁机构提出申请时，表明其已经开始行使自己的权利；（4）与提起诉讼或者申请仲裁具有同等效力的其他情形：具有同等效力的行为，如申请支付令，申请破产、申报破产债权，为主张权利而申请宣告义务人失踪或死亡，申请诉前财产保全、诉前临时禁令等诉前措施，申请强制执行，申请追加当事人或者被通知参加诉讼，在诉讼中主张抵销。权利人向义务人的代理人、财产代管人或者遗产管理人等提出履行请求的，也是诉讼时效中断的事由。

诉讼时效期间中断，使以前经过的期间归于消灭，时效重新开始计算。重新计算时效期间起算点的方法是：（1）以起诉或提请仲裁、调解而中断的，自判决、裁定、调解协议生效时重新计算；（2）以其他方式主张权利而中断的，自中断原因发生时重新计算；（3）因债务人同意履行债务而中断的，自中断原因发生时重新计算。

诉讼时效中断可以再次适用，即诉讼时效根据民法典第195条的规定中断后，在新的诉讼时效期间内，再次出现第195条规定的中断事由，可以认定诉讼时效再次中断，并且还可以再次中断。

**【相关司法解释】**

**《最高人民法院关于审理民事案件适用诉讼时效制度若干问题的规定》**

**第八条** 具有下列情形之一的，应当认定为民法典第一百九十五条规定的"权利人向义务人提出履行请求"，产生诉讼时效中断的效力：

（一）当事人一方直接向对方当事人送交主张权利文书，对方当事人在文书上签名、盖章、按指印或者虽未签名、盖章、按指印但能够以其他方式证明该文书到达对方当事人的；

（二）当事人一方以发送信件或者数据电文方式主张权利，信件或者数据电文到达或者应当到达对方当事人的；

（三）当事人一方为金融机构，依照法律规定或者当事人约定从对方当事人账户中扣收欠款本息的；

（四）当事人一方下落不明，对方当事人在国家级或者下落不明的当事人一方住所地的省级有影响的媒体上刊登具有主张权利内容的公告的，但法律和司法解释另有特别规定的，适用其规定。

前款第（一）项情形中，对方当事人为法人或者其他组织的，签收人可以是其法定代表人、主要负责人、负责收发信件的部门或者被授权主体；对方当事人为自然人的，签收人可以是自然人本人、同住的具有完全行为能力的亲属或者被授权主体。

**第九条** 权利人对同一债权中的部分债权主张权利，诉讼时效中断的效力及于剩余债权，但权利人明确表示放弃剩余债权的情形除外。

**第十条** 当事人一方向人民法院提交起诉状或者口头起诉的，诉讼时效从提交起诉状或者口头起诉之日起中断。

**第十一条** 下列事项之一，人民法院应当认定与提起诉讼具有同等诉讼时效中断的效力：

（一）申请支付令；

（二）申请破产、申报破产债权；

（三）为主张权利而申请宣告义务人失踪或死亡；

（四）申请诉前财产保全、诉前临时禁令等诉前措施；

（五）申请强制执行；

（六）申请追加当事人或者被通知参加诉讼；

（七）在诉讼中主张抵销；

（八）其他与提起诉讼具有同等诉讼时效中断效力的事项。

**第十二条** 权利人向人民调解委员会以及其他依法有权解决相关民事纠纷的国家机关、事业单位、社会团体等社会组织提出保护相应民事权利的请求，诉讼时效从提出请求之日起中断。

**第十三条** 权利人向公安机关、人民检察院、人民法院报案或者控告，请求保护其民事权利的，诉讼时效从其报案或者控告之日起中断。

上述机关决定不立案、撤销案件、不起诉的，诉讼时效期间从权利人知道或者应当知道不立案、撤销案件或者不起诉之日起重新计算；刑事案件进入审理阶段，诉讼时效期间从刑事裁判文书生效之日起重新计算。

**第十四条** 义务人作出分期履行、部分履行、提供担保、请求延期履行、制定清偿债务计划等承诺或者行为的，应当认定为民法典第一百九十五条规定的"义务人同意履行义务"。

**第十五条** 对于连带债权人中的一人发生诉讼时效中断效力的事由，应当认定对其他连带债权人也发生诉讼时效中断的效力。

对于连带债务人中的一人发生诉讼时效中断效力的事由，应当认定对其他连带债务人也发生诉讼时效中断的效力。

**第十六条** 债权人提起代位权诉讼的，应当认定对债权人的债权和债务人的债权均发生诉讼时效中断的效力。

**第十七条** 债权转让的，应当认定诉讼时效从债权转让通知到达债务人之日起中断。

债务承担情形下，构成原债务人对债务承认的，应当认定诉讼时效从债务承担意思表示到达债权人之日起中断。

**《最高人民法院关于审理银行卡民事纠纷案件若干问题的规定》**

**第三条** 具有下列情形之一的，应当认定发卡行对持卡人享有的债权请求权诉讼时效中断：

（一）发卡行按约定在持卡人账户中扣划透支款本息、违约金等；

（二）发卡行以向持卡人预留的电话号码、通讯地址、电子邮箱发送手机短信、书面信件、电子邮件等方式催收债权；

（三）发卡行以持卡人恶意透支存在犯罪嫌疑为由向公安机关报案；

（四）其他可以认定为诉讼时效中断的情形。

**《最高人民法院关于适用〈中华人民共和国民法典〉总则编若干问题的解释》**

**第三十八条** 诉讼时效依据民法典第一百九十五条的规定中断后,在新的诉讼时效期间内,再次出现第一百九十五条规定的中断事由,可以认定为诉讼时效再次中断。

权利人向义务人的代理人、财产代管人或者遗产管理人等提出履行请求的,可以认定为民法典第一百九十五条规定的诉讼时效中断。

**第一百九十六条** 下列请求权不适用诉讼时效的规定:
(一)请求停止侵害、排除妨碍、消除危险;
(二)不动产物权和登记的动产物权的权利人请求返还财产;
(三)请求支付抚养费、赡养费或者扶养费;
(四)依法不适用诉讼时效的其他请求权。

**【条文要义】**

本条是对不适用诉讼时效期间的请求权的规定。

诉讼时效的适用范围也称诉讼时效的客体,是指哪些权利适用诉讼时效制度。本条对此未作明确规定,只规定了不适用诉讼时效的部分请求权。这意味着,诉讼时效制度的适用范围其实就是请求权,是采用排除法来规定诉讼时效的适用范围。

不适用诉讼时效事由的具体情形是:(1)请求停止侵害、排除妨碍、消除危险:尽管都是保护权利的请求权,但是性质有所区别,无论经过多长时间,法律不可能任由侵害物权的行为取得合法性;(2)不动产物权和登记的动产物权的权利人请求返还财产:不动产和登记的动产物权价值较大,事关国计民生和社会稳定,并且具有公示性,不能因时效期间的完成而使侵害行为合法化;(3)请求支付抚养费、赡养费或者扶养费:目的是保护近亲属之间不能依靠自己的劳动收入而维持生活的人,使其具有请求与其有亲属关系的依照法律规定负有赡养、扶养或者抚养义务的人给付费用的请求权,以使自己能够正常生活;(4)依法不适用诉讼时效的其他请求权。例如,民法典第995条规定的停止侵害、排除妨碍、消除危险、消除影响、恢复名誉请求权,都是人格权请求权,不适用诉讼时效的规定。

**第一百九十七条** 诉讼时效的期间、计算方法以及中止、中断的事由由法律规定，当事人约定无效。

当事人对诉讼时效利益的预先放弃无效。

【条文要义】

本条是对诉讼时效强制性与时效利益放弃无效的规定。

民法典规定的诉讼时效制度属于强制性法律规范，对任何人都具有强制的拘束力，不得违反诉讼时效制度的规定。故，有关诉讼时效的期间、计算方法以及中止、中断的事由等须由法律规定，当事人对此作出不同于民法典规定的有关诉讼时效的约定，一律无效。

时效利益放弃，是指义务人在诉讼时效期间完成之前，以明示或者默示的方法放弃其时效利益的行为。正是诉讼时效制度的强制性，决定了当事人对时效利益不得放弃。当事人违反法律规定，约定延长或者缩短诉讼时效期间，预先放弃时效利益的，人民法院都不予认可。故，诉讼时效完成之前，当事人不得事先放弃时效利益。放弃时效利益的行为属于无效行为，对双方当事人都不具有拘束力。

诉讼时效利益放弃如果发生在诉讼时效期间届满之后，则为义务人放弃时效完成的抗辩权，在民法典第 192 条中已经规定，是可以的。

**第一百九十八条** 法律对仲裁时效有规定的，依照其规定；没有规定的，适用诉讼时效的规定。

【条文要义】

本条是对仲裁时效准用诉讼时效规则的规定。

仲裁时效，是指权利人向仲裁机构请求保护其权利的法定期间，即债务人在法定的仲裁时效期间完成后，在对方当事人提请仲裁保护其权益的仲裁程序中，可以据此主张时效消灭抗辩权，以拒绝履行义务。《仲裁法》规定的仲裁时效制度，在仲裁程序中当然应当适用。《仲裁法》对仲裁时效的具体制度没有规定的，则应当适用民法典有关诉讼时效的规定。

民法典规定的除斥期间制度是否也应当在仲裁程序中予以适用，由于民法典本来就把除斥期间制度放在诉讼时效制度中规定，且除斥期间也是关于权利存续时间的规定，与诉讼时效的性质相同。既然本条规定法律对仲裁时效没有规定的，适用诉讼时效的规定，同样在仲裁程序中也应当适用民法典关于除斥期间的规定。

**第一百九十九条** 法律规定或者当事人约定的撤销权、解除权等权利的存续期间，除法律另有规定外，自权利人知道或者应当知道权利产生之日起计算，不适用有关诉讼时效中止、中断和延长的规定。存续期间届满，撤销权、解除权等权利消灭。

【条文要义】

本条是对除斥期间的规定。

除斥期间，也称不变期间，是指法律对某种权利规定的存续期间。其法律意义在于，督促权利人尽快行使权利，超过除斥期间怠于行使该权利的，则该权利消灭。其法律特征是：（1）除斥期间是法定期间，不是当事人约定的期间，也不准许当事人约定，是强制性法律规范；（2）除斥期间是权利存续期间，是权利被排除、期限被截止的意思，除斥期间完成，后果是该权利消灭；（3）除斥期间的适用采法官职权主义，不必对方当事人主张，其期间利益不是当事人主动选择的，只能被动承受，不能抛弃。

除斥期间的适用范围是形成权：（1）撤销权：是形成权，其权利的存续期间适用除斥期间；（2）解除权：是解除合同的权利，性质属于形成权，解除权人只要将解除合同的意思表示通知对方，即发生解除合同的效力；（3）某些特殊的民事权利，如民法典第 692 条规定的保证期间也是除斥期间。

除斥期间与诉讼时效的区别是：（1）适用范围不同，除斥期间主要适用于形成权，诉讼时效只适用于债权请求权以及其他有关的请求权；（2）期间的计算方法不同，除斥期间的起算时间一般从权利成立之时计算，不适用中止、中断和延长的规定，诉讼时效期间的起算时间是从当事人知道或者应当知道权利被侵害及义务人时起算，适用中止、中断或者延长的规定；（3）法律效果不同，除斥期间完成的法律效果是直接消灭权利，诉讼时效期间完成的法律效果是义务人取得抗辩权，可以对抗请求权；（4）适用方法不同，除斥期间实行法官职权主义，而诉讼时效采用当事人主义。

除斥期间届满，撤销权、解除权等权利发生实体消灭的法律后果，使这些权利永远不复存在。

对于除斥期间是否可以约定，本条规定是可以的，但是学理认为除斥期间不能由当事人约定。

**【相关司法解释】**

**《最高人民法院关于审理民事案件适用诉讼时效制度若干问题的规定》**

**第五条** 享有撤销权的当事人一方请求撤销合同的，应适用民法典关于除斥期间的规定。对方当事人对撤销合同请求权提出诉讼时效抗辩的，人民法院不予支持。

合同被撤销，返还财产、赔偿损失请求权的诉讼时效期间从合同被撤销之日起计算。

# 第十章　期间计算

**第二百条**　民法所称的期间按照公历年、月、日、小时计算。

【条文要义】

本条是对期间计算标准的规定。

期间是民法上的特定概念，其上位概念是时间，与其并列的概念是期日。即时间包括期间和期日，民法典只规定了期间的计算，并没有规定期日。

时间是重要的法律事实，人的出生、死亡、权利能力、行为能力、公法上或私法上的法律行为效力的发生与消灭，都与时间发生关系。时间的期日和期间可以独立发生作用，也可以与其他事实相结合，以成立特殊法律事实的形式发挥作用。时间是一种法律事实，与人的意志无关，属于事件的范畴。民法的时间的重大意义是：（1）决定民事主体的民事权利能力与民事行为能力的起止；（2）是进行某些法律推定的依据；（3）决定权利行使和义务履行的时间限度；（4）是法律行为效力的起点或终点；（5）可以用来确定权利的取得、存续或丧失。

期间，是指从某一时间点到另一时间点所经过的时间。实际上，期间是期日与期日之间的间隔时间。期日表现的是时间点，期间表现的是时间段，即时段，是以一定时点为起点，以到达另一时点为终点，其间延续的时间长度。确定期间，须首先确定其起始时间和终止时间，即确定期日。期间的效果是：（1）在通常情况下，期间是指一段时间，有起始和终止的时间，即始期和终期，在始期和终期之间就是期间；（2）一定的时间经过，会产生一定的法律后果。因此，期间的经过也能成为民法上的法律事实，发生特定的法律后果。

期间在民法上的意义表现是：（1）对于主体资格的意义，例如，期间对主体资格的存在产生相当的影响；（2）对于法律关系的意义，成为民法上的重要法律事实，可以引起民事法律关系的产生、变更和消灭；（3）对于民事权利存续的意义，如解除权适用除斥期间的规定；（4）对于民事义务履行的意义，届时不履行义务构成违约责任。

期日，是指不可分或者视为不可分的一定时间，是时之静态，为时之点。期日常表现为某时、某日，该具体日期即为期日。期日分为：（1）独立的期日；（2）为计算期间的方便而作为期间的起点与终点的期日。

本条规定，民法关于时间的问题，按照公历的年、月、日、小时计算，而不能按照农历计算。在很多省份，自然人的出生时间通常采用农历，对此应当进行换算，按照公历计算。

**第二百零一条　按照年、月、日计算期间的，开始的当日不计入，自下一日开始计算。**

**按照小时计算期间的，自法律规定或者当事人约定的时间开始计算。**

【条文要义】

本条是对时间单位计算方法的规定。

期间是按照年、月、日计算的，无论是法定还是约定，期间开始的当天都不计算在内，而是以下一日开始计算。计算撤销权的除斥期间，在知道或者应当知道的当天，不计算在期间之内，从下一日开始计算。例如，约定2012年12月10日计算期间的，应当从次日即12月11日开始计算。

对小时的计算方法。法律规定或者当事人约定的期间是以小时计算的，如果当事人有约定，按照约定的期限时间到终止时间计算；如果当事人没有约定，或者当事人约定不明确，或者是当事人约定适用法定的计算方法的，则应当依照法律规定的起始和终止的时间点计算。按照小时计算期间的，从规定的时点开始。例如，从10点开始，两个小时就是到12点终止。

**第二百零二条　按照年、月计算期间的，到期月的对应日为期间的最后一日；没有对应日的，月末日为期间的最后一日。**

【条文要义】

本条是对按照年、月期间计算方法的规定。

所谓到期月，是按照月或者年计算期间的那个月，按月计算的，是指下个月；按年计算的，是指下一年的该月。对应日，是按照月和年计算期间的下月和下年该月的当日。如果有对应日，至该日为终期；如果没有对应日，月末日为期间的最后一日，这是指每年的2月，如果始期的对应日为12月29日，而这一年的2月只有28日，就没有对应日，因此2月28日就是终期。

**第二百零三条** 期间的最后一日是法定休假日的，以法定休假日结束的次日为期间的最后一日。

期间的最后一日的截止时间为二十四时；有业务时间的，停止业务活动的时间为截止时间。

【条文要义】

本条是对期间最后一日特殊计算的规定。

期间的最后一日具有特殊的意义，即最后一日期间完成的时间，其法律后果都将出现，因此对当事人意义重大。期间的最后一日的特殊计算方法，其宗旨是更好地保护当事人的权利，不至于因特殊问题而使当事人的权益受到损害。

如果期间的最后一日是法定休假日，最后一日当事人将无法行使权利，故将法定期间的最后一日延长，即法定休假日结束的次日为期间的最后一日，给当事人留出一天的时间可以行使权利。例如，《消费者权益保护法》第24条规定远程交易的消费者享有7天的无理由退货的权利，如果是在春节前一天购物，春节休息7天，就无法行使这一权利，故延长到春节假期后的第二天，给消费者留出一天可以行使该权利。

期间的最后一日最终截止的时间是24时，这是一般的计算方法。如果特定的法律关系涉及的是业务活动，而该业务活动有时有业务时间的，那么到停止业务活动的时间，就是最后一日的截止时间。

**第二百零四条** 期间的计算方法依照本法的规定，但是法律另有规定或者当事人另有约定的除外。

【条文要义】

本条是对期间计算方法的除外规定。

期间的计算对当事人的利益关系重大，除民法典规定的计算方法外，如果法律另有规定，如单行法对期间的计算方法有规定的，依照其规定。同时，允许当事人依据意思自治原则确定计算方法，如当事人可以选择特定的交易习惯计算期间，或者采用周、半月等作为计算单位等，都依照当事人的约定确定计算方法。

# 第二编

# 物　权

# 第一分编 通 则

# 第一章 一般规定

**第二百零五条** 本编调整因物的归属和利用产生的民事关系。

【条文要义】

本条是对民法典物权编调整范围的规定。

物权法律关系，是因物的归属和利用在民事主体之间产生的权利义务关系。这一定义的关键点是：（1）物，是物权法律关系的客体，在社会生活中代表的是财富。对物的支配的权利义务关系，就是物权编调整的范围。（2）归属，是在物权法律关系中，确定特定的物归属于特定的民事主体的关系，在物权体系中，表现为所有权即自物权，是最典型的物权，包括单独所有权、共有权、建筑物区分所有权。（3）利用，是在物权法律关系中，民事主体利用他人的物为自己创造利益的关系，在物权体系中是他物权，包括用益物权和担保物权。用益物权包括土地承包经营权、建设用地使用权、宅基地使用权、居住权和地役权。担保物权包括抵押权、质权和留置权等。

所有权、用益物权和担保物权以及占有，构成我国的物权体系，这些物权法律关系是物权编的调整范围。

**第二百零六条** 国家坚持和完善公有制为主体、多种所有制经济共同发展，按劳分配为主体、多种分配方式并存，社会主义市场经济体制等社会主义基本经济制度。

国家巩固和发展公有制经济，鼓励、支持和引导非公有制经济的发展。

国家实行社会主义市场经济，保障一切市场主体的平等法律地位和发展权利。

**【条文要义】**

本条是对我国基本经济制度和市场经济原则的规定。

我国是社会主义国家，国家基本经济制度的表现是：第一，坚持和完善公有制为主体、多种所有制经济共同发展，只有公有制经济和非公有制经济相互促进，共同发展，才能够推动国家经济的发展。第二，坚持和完善按劳分配为主体、多种分配方式并存，不同分配方式并存作为基本的分配方式体系，能够调动劳动者积极性，共同建设国家。第三，坚持和完善社会主义市场经济体制，而不是搞计划经济，向计划经济倒退。

在这一国家基本经济制度下实行市场经济。市场经济的最大要求是市场经济主体的平等性。在我国的市场经济中，民法典保障所有的市场经济主体都有平等的法律地位，都享有平等的发展权利。

**第二百零七条** 国家、集体、私人的物权和其他权利人的物权受法律平等保护，任何组织或者个人不得侵犯。

**【条文要义】**

本条是对物权平等保护原则的规定。

财产权利平等保护原则在民法典第113条就作了规定，物权平等保护包含在第113条规定的财产权利平等保护原则中。由于在物权法律关系中，存在国家所有权、集体所有权和私人所有权的区别，《宪法》还有关于公有财产神圣不可侵犯的规定，为避免在物权法律关系领域出现对私人所有权的歧视，因而仍然需要规定物权平等保护原则。

物权平等保护原则表现为：(1)物权的主体平等，不得歧视非公有物权的主体；(2)物权平等，无论是国家的、集体的、私人的还是其他权利人的物权，都是平等的物权，受物权法规则的约束，不存在高低之分；(3)平等受到保护，当不同的所有权受到侵害时，在法律保护上一律平等，不得对私人的物权歧视对待。

在上述平等保护的权利主体中的"其他权利人"称谓，是指国家、集体和私人之外的捐助法人等。捐助法人享有法人地位，性质为财团法人，既不是国家、集体，也不是私人，因此称为其他权利人，其物权同样受到平等保护。

**第二百零八条** 不动产物权的设立、变更、转让和消灭，应当依照法律规定登记。动产物权的设立和转让，应当依照法律规定交付。

## 【条文要义】

本条是对物权公示、公信原则的规定。

公示、公信原则是物权法的基本原则，包括物权公示原则和物权公信原则，是相互依存的两个原则，基本含义是物权经过法定公示方法而取得物权的公信力。

公示，即公开揭示、使之周知之义。物权公示，是指在物权变动时，必须将物权变动的事实通过一定的公示方法向社会公开，使第三人知道物权变动的情况，以避免第三人遭受损害并保护交易安全。物权公示原则，是指物权的变动即物权产生、变更或者消灭，必须以特定的、可以从外部察知的方式，即公示表现出来的物权法基本规则。

公信，是指物权变动经过公示以后所产生的公信力。物权公信原则所着眼的正是物权变动中公示形式所产生的这种公信力，其是指物权变动按照法定方法公示以后，不仅正常的物权变动产生公信后果，而且即使物的出让人事实上也无权处分，善意受让人基于对公示的信赖，仍能取得物权的原则。

按照公示、公信原则的要求，不动产物权变动的公示方法是登记，不动产物权的设立、变更、转让和消灭应当依照法律规定登记，才能取得公信力；动产物权变动的公示方法是交付，动产物权的设立和转让，应当依照法律规定交付，动产交付产生动产物权变动的公信力。

# 第二章 物权的设立、变更、转让和消灭

## 第一节 不动产登记

**第二百零九条** 不动产物权的设立、变更、转让和消灭,经依法登记,发生效力;未经登记,不发生效力,但是法律另有规定的除外。

依法属于国家所有的自然资源,所有权可以不登记。

【条文要义】

本条是对不动产登记及效力的规定。

不动产物权的设立、变更、转让和消灭,统称为不动产物权变动。不动产物权变动的公示方法是登记。不动产物权变动必须依照法律规定进行登记,只有经过登记,才能够发生物权变动的效果,才具有发生物权变动的外部特征,才能取得不动产物权变动的公信力。不动产物权变动未经登记,不发生物权变动的法律效果,法律不承认其物权已经发生变动,也不予以法律保护。

本条但书规定的内容是,在不动产物权变动的规则中,登记发生物权变动是基本规则,不必登记是例外规则,且须法律特别规定。其含义在于,进行不动产物权变动,在法律没有特别规定的情况下,必须登记才发生物权变动效果,只有在法律有特别规定的情况下,才应当按照法律规定的方式进行不动产物权变动。例如,民法典第374条规定:"地役权自地役权合同生效时设立……"这就是法律规定的例外,即地役权的设立自地役权合同生效时生效,而不是登记时生效。

【相关司法解释】

《最高人民法院关于适用〈中华人民共和国民法典〉物权编的解释(一)》

第一条 因不动产物权的归属,以及作为不动产物权登记基础的买卖、赠与、抵押等产生争议,当事人提起民事诉讼的,应当依法受理。当事人已经在行政诉讼中申请一并解决上述民事争议,且人民法院一并审理的除外。

**第二百一十条** 不动产登记，由不动产所在地的登记机构办理。

国家对不动产实行统一登记制度。统一登记的范围、登记机构和登记办法，由法律、行政法规规定。

【条文要义】

本条是对不动产登记的属地原则及统一登记制度的规定。

不动产登记的属地原则，是指不动产登记由不动产所在地的登记机构专属管辖，不得在异地进行不动产物权变动登记。这一规则的判断标准清晰，方便当事人进行登记，也方便登记机构对不动产物权的实际情况进行考察，能够避免重复登记等不利情况的发生。

国家对不动产实行统一登记制度，国务院已于2014年11月24日发布《不动产登记暂行条例》，自2015年3月1日起施行。该条例规定的就是统一的不动产物权变动的登记制度，是依据原《物权法》等法律制定的。该条例改变了我国不动产登记的机构不统一、程序不统一、登记簿不统一等不动产登记的分散状况，实行了登记机构统一、登记范围统一、登记方式统一、登记程序统一、登记效果统一以及登记信息共享和保护的统一，建立了不动产统一登记制度，在我国不动产权属管理和物权制度上实现了重大改革。对此，民法典予以确认并继续实行。

**第二百一十一条** 当事人申请登记，应当根据不同登记事项提供权属证明和不动产界址、面积等必要材料。

【条文要义】

本条是对申请不动产登记应当提供必要材料的规定。

《不动产登记暂行条例》第16条规定了必要材料的范围，同时要求申请人应当对申请材料的真实性负责。

申请人应当提供必要材料的范围是：(1) 登记申请书；(2) 申请人、代理人身份证明材料、授权委托书；(3) 相关的不动产权属来源证明材料、登记原因证明文件、不动产权属证书；(4) 不动产界址、空间界限、面积等材料；(5) 与他人利害关系的说明材料；(6) 法律、行政法规以及本条例实施细则规定的其他材料。

《不动产登记暂行条例》第 16 条第 2 款规定，不动产登记机构应当在办公场所和门户网站公开申请登记所需材料目录和示范文本等信息。以便于申请人掌握应当提供必要材料的范围，尽快准备相关材料。

**第二百一十二条　登记机构应当履行下列职责：**
（一）查验申请人提供的权属证明和其他必要材料；
（二）就有关登记事项询问申请人；
（三）如实、及时登记有关事项；
（四）法律、行政法规规定的其他职责。
申请登记的不动产的有关情况需要进一步证明的，登记机构可以要求申请人补充材料，必要时可以实地查看。

**【条文要义】**

本条是对不动产登记机构职责的规定。

本条规定的登记机构应当查验申请人提供的权属证明和其他必要材料，就有关登记事项询问申请人，如实、及时登记有关事项。《不动产登记暂行条例》规定不动产登记机构收到不动产登记申请材料，应当分别按照下列情况办理：(1) 属于登记职责范围，申请材料齐全、符合法定形式，或者申请人按照要求提交全部补正申请材料的，应当受理并书面告知申请人，不动产登记机构未当场书面告知申请人不予受理的，视为受理；(2) 申请材料存在可以当场更正的错误的，应当告知申请人当场更正，申请人当场更正后，应当受理并书面告知申请人；(3) 申请材料不齐全或者不符合法定形式的，应当当场书面告知申请人不予受理并一次性告知需要补正的全部内容；(4) 申请登记的不动产不属于本机构登记范围的，应当当场书面告知申请人不予受理，并告知申请人向有登记权的机构申请。

不动产登记机构在履行上述职责中，有以下权力：(1) 查验。不动产登记机构应当按照下列要求进行查验：①不动产界址、空间界限、面积等材料与申请登记的不动产状况是否一致；②有关证明材料、文件与申请登记的内容是否一致；③登记申请是否违反法律、行政法规规定。(2) 实地查看。不动产登记机构可以对申请登记的不动产进行实地查看的范围是：①房屋等建筑物、构筑物所有权首次登记；②在建建筑物抵押权登记；③因不动产灭失导致的注销登记；④不动产登记机构认为需要实地查看的其他情形。(3) 调查。对可能存在权属争议，或者可能涉及他人利害关系的登记申请，不动产登记机构可以向申请人、利害关系人或者有关单位进行调查。不动产登记机构进行实地查看或者调查时，申请人、被调查人应当予以配合。

对于登记机构进行登记的时限要求是，应当自受理登记申请之日起 30 个工作日内办结不动产登记手续，法律另有规定的除外。

**第二百一十三条** 登记机构不得有下列行为：
（一）要求对不动产进行评估；
（二）以年检等名义进行重复登记；
（三）超出登记职责范围的其他行为。

**【条文要义】**

本条是对不动产登记机构禁止从事行为的规定。

在不动产物权登记中，立法的基本精神是减少对权利人的负担，体现登记为民的精神，故在对不动产登记机构职责的规定中，严格禁止从事其职责之外的行为，避免给当事人造成困难和负担。本条列举的要求对不动产进行评估、以年检等名义进行重复登记、超出登记职责范围的其他行为，都属于不动产登记机构职责范围之外的行为，都是被禁止的行为。如果申请人在申请不动产登记过程中，对于不动产登记机构提出属于上述禁止行为范围的要求的，可以拒绝，并且向有关部门举报，并追究其法律责任。

**第二百一十四条** 不动产物权的设立、变更、转让和消灭，依照法律规定应当登记的，自记载于不动产登记簿时发生效力。

**【条文要义】**

本条是对不动产物权变动登记效力发生时间的规定。

不动产物权变动登记效力的发生时间，是指不动产发生物权变动效力的具体时间。只有不动产物权变动发生了效力，不动产物权才真正归属于不动产登记申请人，才可以依照自己的意志行使物权。

按照本条规定，只有不动产变动登记记载于不动产登记簿的时间，才是不动产物权变动的时间，即不动产变动的信息登记记载在不动产登记簿上时，设立登记的申请人才成为真正的物权人，变更登记的申请人的物权发生变更，转让物权的申请人取得物权，消灭物权的申请人的物权予以消灭。

这里的问题是，不动产物权登记机构究竟应当何时将物权变动的申请记载于不动产登记簿，存在申请人申请的时间、登记机构受理的时间、登记机构审查完成的时间以及登记簿记载的时间。由于自受理不动产登记申请到完成登记要30个工作日，时日较久，不动产登记申请人的权属会存在不确定的时间，其间一旦发生权属冲突，将会影响申请人的权利。对此，应当以登记机构审查认为符合不动产变动登记要求的时间，作为不动产变动登记记载于不动产登记簿的时间。

**第二百一十五条** 当事人之间订立有关设立、变更、转让和消灭不动产物权的合同，除法律另有规定或者当事人另有约定外，自合同成立时生效；未办理物权登记的，不影响合同效力。

【条文要义】

本条是对不动产物权变动区分原则的规定。

一个不动产物权的变动要有两个行为：（1）债权行为，即当事人之间订立不动产物权变动的合同，如转让建筑物区分所有权的合同；（2）物权行为，即物权自出让人手中转让到受让人手中的行为。这里的债权行为是物权变动的基础法律行为，而物权变动是当事人转让物权的债权行为的意愿，是实现物权变动的目的。在不动产物权变动中，这两个行为比较清晰，即订立了不动产权属转让合同之后，还必须进行不动产产权的过户登记行为，才能真正实现物权变动的效果。

当事人之间订立有关设立、变更、转让和消灭不动产物权的合同，就是不动产物权变动的债权行为。这个合同当然是除法律另有规定或者当事人另有约定外，自其成立时生效。这是对不动产变动合同发生法律效力的规定。如果在不动产物权变动的债权行为成立后，双方当事人并未办理物权登记，这表明物权还没有发生变动，但并不影响该合同的效力，这个物权变动的合同仍然有效，并不因为物权没有登记而使合同行为的效力发生影响。

这一规则具有重要意义。当不动产权属交易合同生效之后，由于没有进行物权过户登记，一方当事人借故否认合同的效力，对方当事人有权主张合同有效，进而主张进行物权登记而取得约定的物权。

**第二百一十六条** 不动产登记簿是物权归属和内容的根据。不动产登记簿由登记机构管理。

**【条文要义】**

本条是对不动产登记簿的效力及管理的规定。

不动产登记簿,是不动产登记机构按照国务院国土资源主管部门规定设立的统一的不动产权属登记簿,记载不动产的坐落、界址、空间界限、面积、用途等自然状况,不动产权利的主体、类型、内容、来源、期限、权利变化等权属状况,涉及不动产权利限制、提示等事项。不动产登记簿采用电子介质,具有唯一、确定的纸质转化形式;暂不具备条件的,可以采用纸质介质。不动产登记机构应当依法将各类登记事项准确、完整、清晰地记载于不动产登记簿。任何人不得损毁不动产登记簿,除依法予以更正外,不得修改登记事项。由于不动产登记簿是物权归属和内容的根据,因而在不动产登记簿上记载某人享有某项物权时,就直接推定该人享有该项物权,其物权的内容也以不动产登记簿上的记载为准。这就是不动产登记簿所记载的权利的正确性推定效力规则,对客观、公正的不动产交易秩序的建立和维护,保障交易的安全,具有重要意义。

我国的不动产统一登记机构是国土资源管理部门。国土资源管理部门领导下的不动产登记机构,按照国务院国土资源主管部门的规定,设立统一的不动产登记簿,并由登记机构管理,对不动产登记簿的真实性负责。不动产登记簿由不动产登记机构永久保存,不动产登记簿损毁、灭失的,不动产登记机构应当依据原有登记资料予以重建。行政区域变更或者不动产登记机构职能调整的,应当及时将不动产登记簿移交给相应的不动产登记机构。

**第二百一十七条** 不动产权属证书是权利人享有该不动产物权的证明。不动产权属证书记载的事项,应当与不动产登记簿一致;记载不一致的,除有证据证明不动产登记簿确有错误外,以不动产登记簿为准。

**【条文要义】**

本条是对不动产权属证书及与不动产登记簿关系的规定。

不动产权属证书是权利人享有该不动产物权的证明。当不动产登记机构完成登记后,依法向申请人核发不动产权属证书。当事人持有不动产权属证书,就能够证明自己是不动产权属证书登记的物权的权利人。

不动产权属证书尽管具有这样的证明作用，但其证明力来源于不动产登记簿的登记。因此，不动产权属证书与不动产登记簿的关系是：完成不动产物权公示的是不动产登记簿，不动产物权的归属和内容以不动产登记簿的记载为根据；不动产权属证书只是不动产登记簿所记载内容的外在表现形式。简言之，不动产登记簿是不动产权属的母本，不动产权属证书是证明不动产登记簿登记内容的证明书。故，不动产权属证书记载的事项应当与不动产登记簿一致；如果出现记载不一致的，除有证据证明并且经过法定程序认定不动产登记簿确有错误外，物权的归属以不动产登记簿为准。

尽管不动产权属证书只是不动产登记簿登记内容的证明，但也是国家公文书。伪造、变造不动产权属证书、不动产登记证明，或者买卖、使用伪造、变造的不动产权属证书、不动产登记证明的，由不动产登记机构或者公安机关依法予以收缴；有违法所得的，没收违法所得；给他人造成损害的，依法承担赔偿责任；构成违反治安管理行为的，依法给予治安管理处罚；构成犯罪的，则依法追究刑事责任。

**第二百一十八条** 权利人、利害关系人可以申请查询、复制不动产登记资料，登记机构应当提供。

【条文要义】

本条是对不动产登记资料查询、复制的规定。

由于不动产登记具有公示性和公信力，因而具有公开的性质，权利人和利害关系人都有权进行查询和复制。这是权利人和利害关系人的权利，登记机构应当满足权利人和利害关系人查询、复制的要求。权利人，是指不动产权属持有者以及不动产权属交易合同的双方当事人；利害关系人是在合同双方当事人以外的或者物权人以外的人之中，可能和这个物权发生联系的这部分人。

这里规定只有权利人和利害关系人可以查询和复制，涉及的问题是不动产登记公开性的范围问题：究竟是向全体民事主体公开，还是向部分民事主体公开。按照本条规定，是向与该物权登记有利害关系的人进行公开，而不必对全体民事主体公开。在查询和复制不动产登记资料中，申请人应当证明自己是权利人或者利害关系人。例如，主张登记错误的人或者欲与物权登记人进行交易的人，都是利害关系人。

此外，有关国家机关可以依照法律、行政法规的规定查询、复制与调查处理事项有关的不动产登记资料。

**第二百一十九条** 利害关系人不得公开、非法使用权利人的不动产登记资料。

【条文要义】

本条是对利害关系人不得非法使用、公开不动产登记资料的规定。

利害关系人查询、复制权利人不动产登记资料应当具有正当目的。故，利害关系人申请不动产登记资料的查询、复制时，应当向不动产登记机构说明查询、复制的目的。该目的应当具有正当性、合法性。对查询、复制，利害关系人应负的义务是：(1) 不得非法使用，即不得超出其正当性、合法性的目的，不得将查询获得的不动产登记资料用于其他目的，如利用查询、复制他人不动产登记资料而非法出卖；(2) 不得公开，即不得将查询、复制他人不动产登记获得的资料交给查询、复制目的之外的第三人，未经权利人同意，不得泄露查询获得的不动产登记资料。

本条没有规定违反上述义务的法律责任。按照责任是违反义务的法律后果的规则，利害关系人违反上述义务，权利人享有物权请求权，可以请求行为人承担停止侵害、排除妨碍、消除危险等民事责任；给物权人造成损害的，享有侵权损害赔偿请求权，行为人应当承担损害赔偿责任。

**第二百二十条** 权利人、利害关系人认为不动产登记簿记载的事项错误的，可以申请更正登记。不动产登记簿记载的权利人书面同意更正或者有证据证明登记确有错误的，登记机构应当予以更正。

不动产登记簿记载的权利人不同意更正的，利害关系人可以申请异议登记。登记机构予以异议登记，申请人自异议登记之日起十五日内不提起诉讼的，异议登记失效。异议登记不当，造成权利人损害的，权利人可以向申请人请求损害赔偿。

【条文要义】

本条是对不动产更正登记和异议登记的规定。

更正登记，是指已经完成的登记，由于当初登记手续的错误或者遗漏，致使登记与原始的实体权利关系不一致，为消除这种不一致的状态，对既存的登记内容进行修正补充的登记。故，更正登记的目的是对不动产物权登记订正错误、补充遗漏。进行更正登记的主要内容是：（1）不动产登记簿记载的权利人书面同意更正；（2）有证据证明登记确有错误的。符合这两种情形之一的，登记机构应当进行更正登记。更正登记的对象是：（1）登记错误，是指虽然登记簿上有记载，但是所记载的内容与不动产真实状态不一致；（2）登记遗漏，是指因消极的行为而使登记簿的记载与不动产的现实情况发生抵触，应当登记的内容未予登记。更正登记可以由权利人或者利害关系人提出，也可以由登记机关自己依职权进行。

异议登记，是指将事实上的权利人以及利害关系人对不动产登记簿记载的权利所提出的异议记入登记簿的登记。其效力是，登记簿上所记载的权利失去正确性推定，第三人也不得主张依照登记的公信力而受到保护。因此，异议登记的目的在于对抗现实登记的权利的正确性，中止不动产登记权利的正确性推定效力和公信力，是为了阻却登记公信力而设置的一种预防措施，借以排除第三人的公信力利益。申请异议登记的条件是利害关系人提出更正登记，不动产登记簿记载的权利人不同意更正。符合这个要求，利害关系人就可以申请异议登记。异议登记的后果是，申请人应当自异议登记之日起的15日内向人民法院提起诉讼，由人民法院判决确权。超过15日不起诉的，异议登记失效，原来的物权登记排除异议登记的阻碍。异议登记不当，给权利人造成损害的，构成侵权行为，权利人可以依据本条或者民法典侵权责任编的规定，请求申请人承担赔偿责任。

【相关司法解释】

《最高人民法院关于适用〈中华人民共和国民法典〉物权编的解释（一）》

**第二条** 当事人有证据证明不动产登记簿的记载与真实权利状态不符、其为该不动产物权的真实权利人，请求确认其享有物权的，应予支持。

**第三条** 异议登记因民法典第二百二十条第二款规定的事由失效后，当事人提起民事诉讼，请求确认物权归属的，应当依法受理。异议登记失效不影响人民法院对案件的实体审理。

**第二百二十一条** 当事人签订买卖房屋的协议或者签订其他不动产物权的协议，为保障将来实现物权，按照约定可以向登记机构申请预告登记。预告登记后，未经预告登记的权利人同意，处分该不动产的，不发生物权效力。

预告登记后，债权消灭或者自能够进行不动产登记之日起九十日内未申请登记的，预告登记失效。

【条文要义】

本条是对预告登记的规定。

预告登记，是指为了保全债权的实现、保全物权的顺位请求权等而进行的提前登记。预告登记与一般的不动产登记的区别在于：一般的不动产登记是指不动产物权在已经完成的状态下所进行的登记，而预告登记则是为了保全将来发生的不动产物权变动而进行的登记。预告登记完成后，并不导致不动产物权的设立或者变动，只是使登记申请人取得请求将来发生物权变动的权利。纳入预告登记的请求权，对后来发生与该项请求权内容相同的不动产物权的处分行为，具有排他的效力，以确保将来只发生该请求权所期待的法律后果。预告登记应当以当事人的自愿为原则。

当事人签订买卖房屋合同或者其他不动产物权合同时，可以进行预告登记，以保证买受人和出让人的权利，特别是保障将来实现物权。进行了预告登记后，具有对抗效力，未经预告登记人的同意，出卖一方当事人不能再处分该不动产，处分该不动产的也不能发生物权转移的效力，使预告登记人登记的债权得到保障。

预告登记的期限较短，只有在债权消灭或者自能够进行不动产登记之日起的90日内：（1）债权消灭使债权不复存在，如已经交付房屋，合同义务履行完毕；（2）能够进行不动产登记，是指具备了物权登记条件，可以进行物权登记。自上述两种情况出现起的3个月内，预告登记人未申请登记的，预告登记失效，不再具有对抗效力。

【相关司法解释】

《最高人民法院关于适用〈中华人民共和国民法典〉物权编的解释（一）》

第四条　未经预告登记的权利人同意，转让不动产所有权等物权，或者设立建设用地使用权、居住权、地役权、抵押权等其他物权的，应当依照民法典第二百二十一条第一款的规定，认定其不发生物权效力。

第五条　预告登记的买卖不动产物权的协议被认定无效、被撤销，或者预告登记的权利人放弃债权的，应当认定为民法典第二百二十一条第二款所称的"债权消灭"。

**《最高人民法院关于适用〈中华人民共和国民法典〉有关担保制度的解释》**

**第五十二条** 当事人办理抵押预告登记后，预告登记权利人请求就抵押财产优先受偿，经审查存在尚未办理建筑物所有权首次登记、预告登记的财产与办理建筑物所有权首次登记时的财产不一致、抵押预告登记已经失效等情形，导致不具备办理抵押登记条件的，人民法院不予支持；经审查已经办理建筑物所有权首次登记，且不存在预告登记失效等情形的，人民法院应予支持，并应当认定抵押权自预告登记之日起设立。

当事人办理了抵押预告登记，抵押人破产，经审查抵押财产属于破产财产，预告登记权利人主张就抵押财产优先受偿的，人民法院应当在受理破产申请时抵押财产的价值范围内予以支持，但是在人民法院受理破产申请前一年内，债务人对没有财产担保的债务设立抵押预告登记的除外。

**第二百二十二条** 当事人提供虚假材料申请登记，造成他人损害的，应当承担赔偿责任。

因登记错误，造成他人损害的，登记机构应当承担赔偿责任。登记机构赔偿后，可以向造成登记错误的人追偿。

**【条文要义】**

本条是对不动产登记错误损害赔偿责任的规定。

不动产登记错误的损害赔偿责任分为两种情形：

1. 登记错误的当事人责任，是由于当事人向登记机构提供虚假材料申请登记，登记机构在登记中没有发现而进行不动产登记后，给他人造成损害的，错误申请人应当承担的赔偿责任。这里的他人，实际上就是真正的权利人，受到的损害是因为自己的物权被申请人错误登记而造成的损害。这是典型的侵权责任，是侵害物权的侵权行为。对此，错误申请人应当对给他人造成的损害承担赔偿责任。

2. 登记错误的登记机构责任，是因登记错误，给他人造成损害的，登记机构应当承担的赔偿责任。这里也包括两种情况：（1）登记机构自己的责任。没有错误申请人的登记错误，完全是由于登记机构的疏忽而造成，导致权利人损害的，登记机构应当自己承担赔偿责任。（2）不真正连带责任，是由于当事人提供虚假材料申请登记，登记机构予以登记，造成权利人损害的，登记机构承担赔偿责任后，可以向造成登记错误的人进行追偿。这种损害赔偿法律关系存在两个责任人，一是最终责任人即错误申请人，二是中间责任人即登记机构。受到损害的权利人享有选择权，既可以依照本条第 1 款规定直接请求错误申请人承担赔偿责任，也可以按照第 2 款规定请求登记机构承担赔偿责任；如果请求登记机构承担赔偿责任的，则登记机构承担了赔偿责任后，有权向申请错误的当事人进行追偿，该当事人应当承担登记机构的全部损失。

**第二百二十三条** 不动产登记费按件收取，不得按照不动产的面积、体积或者价款的比例收取。

**【条文要义】**

本条是对不动产登记收费标准的规定。

对不动产登记的收费标准，在物权法立法过程中有两种意见：一是按件收费；二是按照不动产的面积、体积或者价款的比例收费。为保护业主的权益，减少负担，最终确定按件收费，不得按照不动产的面积、体积或者价款的比例收费。

2016 年 12 月 6 日，国家发展和改革委员会、财政部发布《关于不动产登记收费标准等有关问题的通知》（发改价格规〔2016〕2559 号），按照按件收费的要求，确定了收费标准：

1. 住宅类不动产登记收费标准。落实不动产统一登记制度，实行房屋所有权及其建设用地使用权一体登记。原有住房及其建设用地分别办理各类登记时收取的登记费，统一整合调整为不动产登记收费，即住宅所有权及其建设用地使用权一并登记，收取一次登记费。规划用途为住宅的房屋（以下简称住宅）及其建设用地使用权申请办理不动产登记事项，提供具体服务内容，据实收取不动产登记费，收费标准为每件 80 元。

2. 非住宅类不动产登记收费标准。办理下列非住宅类不动产权利的首次登记、转移登记、变更登记，收取不动产登记费，收费标准为每件 550 元。

3. 证书工本费标准。不动产登记机构按本通知第 1 条规定收取不动产登记费，核发一本不动产权属证书的不收取证书工本费。向一个以上不动产权利人核发权属证书的，每增加一本证书加收证书工本费 10 元。不动产登记机构依法核发不动产登记证明，不得收取登记证明工本费。

## 第二节　动产交付

**第二百二十四条**　动产物权的设立和转让，自交付时发生效力，但是法律另有规定的除外。

【条文要义】

本条是对动产物权变动生效时间的规定。

动产物权的变动，包括动产物权的设立和转让，生效时间是自动产交付之时发生效力。这既是动产物权变动的公示方式，也是动产物权以交付占有确定物权变动的标志。

动产的权属公示作用是，占有在静态形态下，即在不发生物权变动的情况下，发挥动产物权变动的公示作用，即占有推定所有权；交付是在动态的形态下，即在物权发生变动的情况下，发挥动产物权的公示作用，即交付标志物权的变动。动产交付着眼于动态的动产物权变动，交付作为公示方法，公示着物权的运动过程，其结果是转移占有和受让占有，最终的占有作为事实状态表示了交付的结果。

交付，是指动产的直接占有的转移，即一方按照法律行为的要求，将动产的直接占有转移给另一方直接占有。这就是现实交付，是最传统的交付方式，是对动产的事实管领力的移转，使受让人直接占有标的物。动产因交付而取得直接占有，故动产的交付使受让人取得了对物的事实上的管领力。现实交付的基本特征，是现实表现出来的交付，也就是使动产标的物从出让人的支配管领范围脱离，而进入买受人的支配管领领域，因而不是观念形态的交付，而是具有可以被客观认知的现实形态，能够被人们所识别。动产因交付而实现变动，受让人实际取得对物权变动的动产的现实占有，取得了该动产的所有权。所以，动产物权变动的生效时间就是动产交付的时间。

法律另有规定的除外条款是指：（1）关于动产观念交付的法律规定，即民法典第226~228条规定；（2）本章依非法律行为而发生物权变动的第229~231条规定；（3）本编担保物权分编对动产抵押权和留置权的规定。这些情形都不适用本条的规定。

**第二百二十五条** 船舶、航空器和机动车等的物权的设立、变更、转让和消灭，未经登记，不得对抗善意第三人。

【条文要义】

本条是对船舶、航空器、机动车等物权变动登记效力的规定。

船舶、航空器和机动车等都是动产，由于这些动产在交易中须进行登记，且价值较大，与不动产近似，因而被称为准不动产。

这些物权变动需要登记的动产，登记的性质是否与不动产物权登记相同，并不能得到确定的回答。在制定《侵权责任法》时，立法已经明确机动车交易过户登记是行政管理措施而非物权登记。尽管船舶、航空器等的登记是否为物权登记尚不明确，但基本不是不动产物权变动的登记，而是具有管理性质的登记。正因如此，尽管船舶、航空器、机动车等动产交易需要过户登记，但这种登记并没有物权登记的效力，受让人已经支付合理价款并取得占有，即使没有经过登记，转让人的债权人主张其是善意第三人而主张权利的，依法不予支持。

【相关司法解释】

《最高人民法院关于适用〈中华人民共和国民法典〉物权编的解释（一）》

第六条 转让人转让船舶、航空器和机动车等所有权，受让人已经支付合理价款并取得占有，虽未经登记，但转让人的债权人主张其为民法典第二百二十五条所称的"善意第三人"的，不予支持，法律另有规定的除外。

**第二百二十六条** 动产物权设立和转让前，权利人已经占有该动产的，物权自民事法律行为生效时发生效力。

【条文要义】

本条是对简易交付的规定。

与现实交付相对应的交付形态是观念交付。观念交付也称替代交付，即交付存在于观念上，而不是现实的转移占有，是法律为了实现交易的便捷，在特殊情形下采用变通方法，以观念上的占有转移代替现实的占有转移，实现动产物权的变动，包括简易交付、占有改定和指示交付三种交付形态。

简易交付，是指交易标的物已经为受让人占有，转让人无须进行现实交付的无形交付方式。简易交付,须发生在受让人已经占有了动产的场合,仅需当事人之间就所有权让与达成合意,即产生物权变动的效力。转让人将自主占有的意思授予受让人,受让人就从他主占有变为自主占有,以代替现实的交付行为,就实现了动产交付,也实现了动产物权的变动。简易交付就是以观念的方式,授予占有的一种交付形态,免除了因现实交付所带来的麻烦,达到简化交易程序、节省交易成本的目的。

简易交付的规则是:动产物权在设立和转让之前,如果受让的权利人已经占有该动产的,只要以观念的方式授予占有,物权自民事法律行为生效时,就发生物权变动的效力,物权归受让人享有。

**第二百二十七条** 动产物权设立和转让前,第三人占有该动产的,负有交付义务的人可以通过转让请求第三人返还原物的权利代替交付。

【条文要义】

本条是对指示交付的规定。

指示交付,又叫返还请求权让与,是指在交易标的物被第三人占有的场合,出让人与受让人约定,出让人将其对占有人的返还请求权移转给受让人,由受让人向第三人行使,以代替现实交付的动产交付方式。

指示交付的适用条件是:(1)双方当事人达成动产物权变动协议;(2)作为交易标的的动产在物权交易之前就由第三人占有;(3)出让人对第三人占有的动产享有返还原物请求权;(4)出让人能将对第三人占有的动产返还请求权转让给受让人。具备上述指示交付的适用条件,双方当事人约定指示交付的,负有交付义务的出让人就可以通过转让请求第三人返还原物的请求权,代替交易标的物的现实交付,完成观念交付。

**第二百二十八条** 动产物权转让时,当事人又约定由出让人继续占有该动产的,物权自该约定生效时发生效力。

【条文要义】

本条是对占有改定的规定。

占有改定,是指在动产物权交易中出让人与受让人约定,由出让人继续直接占有动产，使受让人取得对于动产的间接占有，并取得动产的所有权的动产观念交付方式。这种交付方式是建立在将占有区分为直接占有和间接占有基础上的制度。没有占有的这种区分，就无法确立占有改定的交付形态。

占有改定应当具备的要件是：（1）认可直接占有和间接占有的区分；（2）须因某种法律关系的存在使出让人有暂时占有让与物的必要性；（3）须出让人对物已为直接或间接占有。动产物权转让时，双方约定由出让人继续占有该动产的，就具备了上述占有改定的要件，物权自该约定生效时发生效力。

占有改定与简易交付不同。简易交付没有物的现实交付，是以观念交付代替现实交付，但其前提是，出让人出让标的物时没有实际占有标的物，由受让人实际占有，因而能够产生交付的实际后果。而占有改定无论是交付的前提还是交付的结果，交易标的物都由出让人占有，并非由受让人占有，受让人是间接占有。

占有改定与指示交付也不同。指示交付的交易标的物既不由让与人占有，也不由受让人占有，而是由第三人占有，出让人交付的是对第三人占有的标的物的返还请求权，将该返还请求权交付受让人，使受让人能够依据该返还请求权而取得交易的标的物。占有改定的标的物虽然也是观念交付，但是该标的物仍然由出让人占有，只是将让与人对标的物的直接占有改为受让人的间接占有。

## 第三节 其他规定

**第二百二十九条** 因人民法院、仲裁机构的法律文书或者人民政府的征收决定等，导致物权设立、变更、转让或者消灭的，自法律文书或者征收决定等生效时发生效力。

【条文要义】

本条是对裁判文书、征收决定导致物权变动效力发生时间的规定。

物权变动除包括依照法律行为引起的物权变动外，还包括非法律行为引起的物权变动。本节规定的都是非法律行为引起的物权变动规则。

因人民法院、仲裁机构的法律文书导致的物权变动，是非法律行为引起的物权变动的一种，是指人民法院以国家裁判机关的身份，就物权争议制作判决书、调解书，以及仲裁机构就物权争议作出的裁决书，确定了物权变动的结果，在上述法律文书发生效力之时,导致物权发生的变动结果。因此,人民法院、仲裁机构的法律文书导致物权的设立、变更、转让或者消灭的,自法律文书生效时发生效力,在此时物权变动完成。

因征收决定导致的物权变动,是指人民政府根据公共利益需要,作出对他人的物权进行征收的决定,该征收决定一经生效,即引起物权发生的变动。人民政府的征收决定导致物权设立、变更、转让或者消灭的,自征收决定生效时发生效力,物权发生变动,由原权利人享有的物权变动为政府享有的物权。

**【相关司法解释】**

**《最高人民法院关于适用〈中华人民共和国民法典〉物权编的解释(一)》**

第七条 人民法院、仲裁机构在分割共有不动产或者动产等案件中作出并依法生效的改变原有物权关系的判决书、裁决书、调解书,以及人民法院在执行程序中作出的拍卖成交裁定书、变卖成交裁定书、以物抵债裁定书,应当认定为民法典第二百二十九条所称导致物权设立、变更、转让或者消灭的人民法院、仲裁机构的法律文书。

## 第二百三十条 因继承取得物权的,自继承开始时发生效力。

**【条文要义】**

本条是对因继承取得遗产物权时间的规定。

继承也会发生物权变动,由被继承人生前所有的财产因其死亡而成为遗产,该遗产由继承人继承,因而导致被继承人的物权消灭,继承人取得遗产的物权,发生了物权变动。发生继承的事实,遗产的物权变动究竟是在何时发生,本条规定自继承开始时发生物权变动的效力。具体的时间确定,是根据民法典第1121条第1款的规定,继承开始时就是被继承人死亡之时。从表面上看,被继承人死亡时好像并未直接发生继承,还要办继承手续,有的还要进行诉讼通过裁判确定。但无论在被继承人死亡之后多久才确定继承的结果,继承人实际取得被继承人的遗产物权,都是在被继承人死亡之时,因为法律规定被继承人死亡的时间,就是继承开始的时间,所以该继承开始的时间,就是遗产的物权变动的时间,是继承人取得遗产物权的时间。

在编纂民法典的过程中,将原来规定的受遗赠取得物权也适用这一关于遗产取得时间的规定删除了，原因是受遗赠取得物权有受遗赠人是否接受遗赠的问题，且接受遗赠还有可能会与继承人发生争议。因此，遗赠取得遗产物权的时间不适用继承遗产物权变动时间的规定，而应当适用赠与物权变动时间的规定。

**第二百三十一条** 因合法建造、拆除房屋等事实行为设立或者消灭物权的，自事实行为成就时发生效力。

【条文要义】

本条是对因事实行为发生物权变动时间的规定。

事实行为也是导致物权发生变动的非法律行为导致物权变动的类型之一。法律事实分为自然事实和人的行为。

自然事实包括两种：（1）状态，即某种客观情况的持续，如下落不明、权利继续不行使、未成年人已成年等；（2）事件，即某种客观情况的发生，如人的生死、果实自落于邻地等事由的出现。不过，引起法律后果的自然事实是有限的，限于法律的明文规定。

人的行为分为法律行为和事实行为，法律行为以意思表示为核心要素，因而是表示行为。事实行为不以意思表示为要素，属于无关乎心理状态的行为，即非表示行为。事实行为是指不以意思表示为要素，能够产生民事法律后果的法律事实。事实行为是人的行为，是人的有意识的活动，与自然事实是不一样的；事实行为又是一种法律事实，能够在人与人之间产生、变更或者终止民事法律关系；且事实行为不以意思表示为要素，行为人是否表达了某种心理状态，法律并不关心，只要某种事实行为存在，便直接赋予其法律效果。

在物权变动中，能够引起物权变动的事实行为，主要是利用建筑材料建造房屋，或者用木料制作家具、用布料缝制衣服等。这些事实行为都能够引起物权变动。这些事实行为引起物权变动的时间，都是自事实行为成就时发生效力，即在房屋建造完成之时、家具制作完成之时、衣服缝制完成之时，取得这些物的所有权；同样，将建筑物拆毁、将家具或者衣服损毁之时，是这些物的所有权消灭之时。不过，本条所指的主要还是不动产的所有权变动。

**第二百三十二条** 处分依照本节规定享有的不动产物权，依照法律规定需要办理登记的，未经登记，不发生物权效力。

**【条文要义】**

本条是对非以法律行为享有的不动产物权变动登记的规定。

物权变动须以法律规定的公示方法进行，如动产交付、不动产登记等。在民法典第224~228条规定的非以法律行为导致物权变动的情况下，不必遵循依照法律行为导致物权变动应当遵循的一般公示方法，这就有可能会损害交易秩序和交易安全，原因在于，这三种不动产物权的变动方式并不按照法律规定的物权变动公示方法进行。为维护交易秩序和交易安全，民法典在规定上述三种非以法律行为导致物权变动的方式和时间之后，对其进行适当限制，明确规定，上述三种非以法律行为导致物权变动的，尽管享有该物权，但是在处分该不动产物权时，依照法律规定应当登记而未登记的，不发生物权效力，故在处分该物权之前，一定要办理不动产登记，否则无法取得转让物权的效力。

# 第三章　物权的保护

**第二百三十三条**　物权受到侵害的，权利人可以通过和解、调解、仲裁、诉讼等途径解决。

【条文要义】

本条是对物权保护争讼程序的规定。

物权的保护，是指通过法律规定的方法和程序，保障物权人在法律许可的范围内，对其所有的财产行使占有、使用、收益、处分权利的制度。物权的保护是物权法律制度必不可少的组成部分。

物权的民法保护，主要是通过物权请求权实现的。物权的权利人在其权利的实现上遇有某种妨害时，有权对造成妨害其权利事由发生的人请求除去妨害，这种权利叫作物权请求权。物权请求权的主要内容是请求他人返还原物、排除妨碍、恢复原状等权利。

物权的民法保护还有侵权请求权的方法，即对行为人的行为构成侵害物权的侵权行为的，权利人可以依照民法典侵权责任编的规定，请求侵权行为人承担损害赔偿责任。

物权权利人行使保护物权请求权，可以直接向行为人请求，也可以通过民事程序等方法进行。本条规定的就是物权权利人通过和解、调解、仲裁、诉讼等途径，行使物权请求权，保护自己的物权。和解通常认为是"私了"；调解是通过第三人进行调停；仲裁是当事人协议约定仲裁条款选择仲裁机构由仲裁机构裁决解决；诉讼则是向人民法院起诉由人民法院判决或者调解解决。

**第二百三十四条**　因物权的归属、内容发生争议的，利害关系人可以请求确认权利。

【条文要义】

本条是对确权请求权的规定。

确权请求权也叫物权确认请求权,与物权请求权不是同一性质的权利,因为物权请求权的行使,可以自力救济,也可以公力救济,但物权确认请求权必须依赖于公权力,由司法机关行使裁判权,无法通过自力救济确认物权。

物权确认请求权仍然是物权人享有的权利,不享有物权的人不享有物权确认请求权。

物权确认请求权的权利主体为与物权有关的利害关系人。物权确认请求权的主体包括物权人本人、物权人的监护人及其他近亲属、委托代理人、指定代理人。在争议发生时,物权的名义登记人和真实的物权人都是利害关系人。物权确认请求权的确认者是人民法院、行政机关以及仲裁机构。其他人不享有这样的权力。

物权确认请求权的内容是确认物权的归属。物权确认请求权行使之后,确认人应当认真审查,根据证据作出物权确认请求权是否成立的判断。确定物权确认请求权成立的,确认争议的物权归属于物权确认请求权人;确定物权确认请求权不成立的,驳回请求人的请求。

**第二百三十五条** 无权占有不动产或者动产的,权利人可以请求返还原物。

【条文要义】

本条是对返还原物请求权的规定。

返还原物请求权,是指物权人对于无权占有标的物之人的请求返还该物的权利。所有权人在其所有物被他人非法占有时,可以向非法占有人请求返还原物,或请求人民法院责令非法占有人返还原物。适用返还原物保护方法的前提,是原物仍然存在,如果原物已经灭失,只能请求赔偿损失。

财产所有权人只能向没有法律根据而侵占其所有物的人,即非法占有人请求返还。如果非所有权人对所有权人的财产的占有是合法的,那么在合法占有人合法占有期间,所有权人不能请求返还原物。因返还原物的目的是追回脱离所有权人占有的财产,故要求返还的原物应当是特定物。如果被非法占有的是种类物,除非该种类物的原物仍存在,否则就不能要求返还原物,只能要求赔偿损失,或者要求返还同种类及同质量的物。所有权人要求返还财产时,对由原物所生的孳息可以同时要求返还。

请求权人向相对人主张返还原物请求权,应当举证证明自己是物权人,占有人对该物的占有属于无权占有。对不动产，请求权人只要能够举证证明自己的不动产已经登记，即可证明自己是物权人；如果占有人主张请求权人不享有物权，须举证证明。对于动产，由于没有登记的公示方式证明，须请求权人证明动产归属于自己的证据。占有人对请求权人的物权归属没有异议，仅主张自己为合法占有的，须自己举证证明这一主张成立。

权利人行使物权返还财产请求权，应当受到民法典第 196 条第 2 项规定的约束，即不动产物权和需要登记的动产物权的权利人请求返还财产的，不适用诉讼时效的规定，除此之外的不用登记的动产物权的权利人请求返还财产的，要适用诉讼时效的规定。

【相关司法解释】

《最高人民法院关于适用〈中华人民共和国民法典〉物权编的解释（一）》

第八条 依据民法典第二百二十九条至第二百三十一条规定享有物权，但尚未完成动产交付或者不动产登记的权利人，依据民法典第二百三十五条至第二百三十八条的规定，请求保护其物权的，应予支持。

**第二百三十六条 妨害物权或者可能妨害物权的，权利人可以请求排除妨害或者消除危险。**

【条文要义】

本条是对停止侵害、排除妨碍、消除危险请求权的规定。

停止侵害请求权，是物权本身包含的权利人有权禁止他人侵害其物权，在行为人实施侵害物权的行为时有权请求其停止侵害的权利。

排除妨碍请求权，是指当物权的享有和行使受到占有以外的方式妨碍，物权人对妨害人享有请求排除妨碍，使自己的权利恢复圆满状态的物权请求权。他人的非法行为妨碍物权人行使其占有、使用、收益、处分的权能时，物权人可以请求侵害人或者请求法院责令排除妨碍，以保护物权人充分行使其物权的各项权能。行使排除妨碍请求权的条件是：（1）被妨碍的标的物仍然存在，且由所有权人占有；（2）妨碍人以占有以外的方法妨碍所有人行使所有权，如在他人的房屋边挖洞危及房屋安全、对他人财产非法利用、非法为所有权设定负担等；（3）妨碍须为非法、不正当，但并不要求妨碍人系故意或者过失；（4）妨碍的行为超越了正常的容忍限度，物权人应当承担适度容忍义务，对他人对物权形成轻微、正当的妨碍予以容忍，既是维护社会和睦所必需，也是相邻关系的重要内容。排除妨碍的费用应当由非法妨碍人负担。

消除危险请求权，是指他人的非法行为足以使财产有遭受毁损、灭失的危险时，物权人有权请求人民法院责令其消除危险，以免造成财产损失的物权请求权。采用消除危险保护方法时，应当查清事实，只有危险是客观存在的，且这种违法行为足以危及财产安全时，才能运用消除危险的方法来保护其所有权，其条件是根据社会一般观念确认危险有可能发生。危险的可能性主要是针对将来而言，只要将来有可能发生危险，所有人便可行使此项请求权。对于曾经发生但依事实将来不可能发生的危险，不能行使消除危险请求权。消除危险的费用，由造成危险的行为人负担。

【相关司法解释】

《最高人民法院关于适用〈中华人民共和国民法典〉物权编的解释（一）》

第八条 依据民法典第二百二十九条至第二百三十一条规定享有物权，但尚未完成动产交付或者不动产登记的权利人，依据民法典第二百三十五条至第二百三十八条的规定，请求保护其物权的，应予支持。

**第二百三十七条 造成不动产或者动产毁损的，权利人可以依法请求修理、重作、更换或者恢复原状。**

【条文要义】

本条是对恢复原状请求权的规定。

恢复原状请求权，是指权利人的财产因受非法侵害遭到损坏时，如果存在恢复原状的可能，可以请求侵害人恢复财产原来状态，或者请求人民法院责令侵害人恢复财产原状的物权请求权。恢复原状一般是通过修理或其他方法使财产在价值和使用价值上恢复到财产受损害前的状态。

确立恢复原状请求权的基础是，如果被毁损的物是不可替代物，加害人应当负责修缮，而不能通过金钱赔偿方式请求加害人让与该物的所有权。加害人对恢复原状或价格赔偿有选择权，其主动权在于受害人。因此，恢复原状应当作为一项独立的物权请求权，对于保护物权具有重要意义。

本条规定的修理、重作和更换并不是合同法意义上的含义，而是通过修理、重作或者更换而使物的原状予以恢复。不过，这种解释还是比较牵强，因为这一规定本身就是不正确的，修理当然可以恢复原状，重作尚可勉强，更换即以新换旧，性质属于实物赔偿，其性质就不再是恢复原状了。

恢复原状的标准，是使受到损坏的原物性状如初。通过修理或者重作以及其他方法，使受到损害的物恢复到原来状态，就完成了恢复原状的要求。不过在实际中，原物被损坏后，通过修理，尽管能够达到原物的使用性能，但通常会使价值贬损，损失并没有完全得到填补。这称为"技术上贬值"的损失，不能达到恢复原状的要求。通过维修等使受到损坏的物初步恢复原状但存在技术贬值的，应当对贬值部分予以赔偿。

本条规定依法请求恢复原状等中的"依法"，表明恢复原状请求权的性质属于侵权请求权，依法就是要依据物权法之外的法律，即侵权责任法。

**【相关司法解释】**

**《最高人民法院关于适用〈中华人民共和国民法典〉物权编的解释（一）》**

第八条　依据民法典第二百二十九条至第二百三十一条规定享有物权，但尚未完成动产交付或者不动产登记的权利人，依据民法典第二百三十五条至第二百三十八条的规定，请求保护其物权的，应予支持。

**第二百三十八条　侵害物权，造成权利人损害的，权利人可以依法请求损害赔偿，也可以依法请求承担其他民事责任。**

**【条文要义】**

本条是对救济物权损害的侵权损害赔偿请求权的规定。

损害赔偿请求权，是指他人的非法行为造成财产的毁损和灭失，侵害了权利人的物权时，权利人所享有的补偿其损失的侵权请求权。

确定侵害物权的侵权请求权，应当依照民法典第944条第1款或者其他条文规定，具备侵权责任构成要件。物权由于他人的侵权行为造成毁损、灭失，无法恢复原状或返还原物时，财产所有权人可以请求侵权人赔偿损失。赔偿损失是对不法侵害造成的财产毁损、灭失，以原物的价值折合货币进行赔偿，分为两种情况：（1）因侵害人的侵权行为而致财产不能要求返还或全部毁损的，侵权人要依财产的全部价值予以赔偿；（2）财产受到侵害，但在现有情况下仍有使用的可能的，侵权人要按照财产减损的价值进行赔偿。

本条规定依法请求损害赔偿等中的"依法"，表明损害赔偿请求权的性质属于侵权请求权，依法就是要依据物权法之外的法律，即侵权责任法。

本条规定的"也可以依法请求承担其他民事责任"，是指损害赔偿之外的其他民事责任方式，如返还原物、停止侵害、排除妨碍、消除危险等民事责任方式。

【相关司法解释】

《最高人民法院关于适用〈中华人民共和国民法典〉物权编的解释（一）》

第八条 依据民法典第二百二十九条至第二百三十一条规定享有物权，但尚未完成动产交付或者不动产登记的权利人，依据民法典第二百三十五条至第二百三十八条的规定，请求保护其物权的，应予支持。

**第二百三十九条** 本章规定的物权保护方式，可以单独适用，也可以根据权利被侵害的情形合并适用。

【条文要义】

本条是对物权保护方式适用规则的规定。

民法典物权编在物权保护中规定了数种不同的保护方式。根据这些救济物权损害各种保护方式的不同性质，在一个具体的物权损害救济中，既可以单独适用，也可以合并适用。合并适用上述保护物权方式时，应当根据权利被侵害的具体情形确定。

# 第二分编  所有权

## 第四章  一般规定

**第二百四十条**　所有权人对自己的不动产或者动产,依法享有占有、使用、收益和处分的权利。

【条文要义】

本条是对所有权概念及权能的规定。

所有权,是权利人依法按照自己的意志通过对其所有物进行占有、使用、收益和处分等方式,进行独占性支配,并排斥他人非法干涉的永久性物权。

所有权是物权制度的基本形态,是其他各种物权的基础,所有权以外的物权都是由所有权派生出来的。因此,所有权是其他物权的源泉。其特征是:(1)所有权具有完全性,包括对物最终予以处分的权利;(2)所有权具有原始物权性,不是从其他财产权派生出来的,而是法律直接确认财产归属关系的结果;(3)所有权具有弹力性,能够在某所有物上为他人设定他物权;(4)所有权具有永久存续性,不能预定其存续期间,也不因时效而消灭。

所有权的权能,是所有权人为利用所有物以实现对所有物的独占利益,而于法律规定的范围内可以采取的各种措施与手段,表现了所有权的不同作用形式,是构成所有权内容的有机组成部分,包括积极权能和消极权能。

所有权的积极权能,是所有权人利用所有物实现所有权而须主动进行行为的效力,包括:(1)占有权能,是指所有权的权利主体对于物实际管领和支配的权能,它不是行使所有权的目的,而是所有权人对物进行使用、收益或处分的前提;(2)使用权能,是指所有权人按照物的性能和用途对物加以利用,以满足生产、生活需要的权能;(3)收益权能,是指收取由原物产生出来的新增经济价值的权能,所有物新增的经济价值包括孳息与利润;(4)处分权能,是指权利主体对其财产在事实上和法律上进行处置的权能，是所有权的主要权能，因为处分权能涉及物的命运和所有权的发生、变更和终止问题，而占有、使用、收益通常不发生所有权的根本改变。占有、使用、收益、处分四项权能共同构成所有权的积极权能。

所有权的消极权能，是指所有权人有权排除他人对其所有物违背其意志的干涉。其权利表现形式，就是物权请求权。

**第二百四十一条** 所有权人有权在自己的不动产或者动产上设立用益物权和担保物权。用益物权人、担保物权人行使权利，不得损害所有权人的权益。

【条文要义】

本条是对所有权人有权设置他物权的规定。

所有权是自物权。所有权人行使自物权，可以在自己的不动产或者动产上设立他物权。

他物权，是指权利人根据法律规定或者合同约定，对他人所有之物享有的以所有权的一定权能为内容，并与所有权相分离的限制性物权。他物权的法律特征是：(1) 他物权是在他人所有之物上设定的物权，离开他人所有之物，他物权无从设定；(2) 他物权是派生于所有权又与所有权相分离的物权，是所有的派生之权，并不是完全独立的物权；(3) 他物权是受限制的物权，既受到所有权的限制，又限制所有权的行使；(4) 他物权是依法律规定或合同约定而发生的物权。

他物权分为用益物权和担保物权。用益物权包括土地承包经营权、建设用地使用权、宅基地使用权、地役权、居住权；担保物权包括抵押权、质权和留置权，还包括所有权保留、优先权、让与担保等非典型担保物权。由于用益物权和担保物权都是在他人所有之物上设置的物权，因此在行使用益物权和担保物权时，权利人不得损害所有权人的权益。

所有权人根据自己的意愿，可以在自己的不动产或者动产上设立用益物权和担保物权。用益物权和担保物权都是限定物权，他物权人行使用益物权和担保物权都要对所有权人享有的所有权有所限制，以保障用益物权和担保物权设立目的的实现。但是，即使如此，取得用益物权或者担保物权的他物权人行使他物权，也不得损害所有权人的权益。

**第二百四十二条** 法律规定专属于国家所有的不动产和动产，任何组织或者个人不能取得所有权。

【条文要义】

本条是对国家专有物特别保护的规定。

国家专有物，是指只能为国家所有而不能为任何其他人所拥有的财产。当法律规定某一项财产属于国家专有时，这项财产就只能为国家专有，其他任何人都不能拥有，也不能在国家专有财产上设置他人的所有权，更不能通过交换或者赠与等任何流通手段转移所有权。

国家专有的不动产和动产的范围主要是：（1）国有土地；（2）海域；（3）水流；（4）矿产资源；（5）野生动物资源；（6）无线电频谱资源。

**第二百四十三条** 为了公共利益的需要，依照法律规定的权限和程序可以征收集体所有的土地和组织、个人的房屋以及其他不动产。

征收集体所有的土地，应当依法及时足额支付土地补偿费、安置补助费以及农村村民住宅、其他地上附着物和青苗等的补偿费用，并安排被征地农民的社会保障费用，保障被征地农民的生活，维护被征地农民的合法权益。

征收组织、个人的房屋以及其他不动产，应当依法给予征收补偿，维护被征收人的合法权益；征收个人住宅的，还应当保障被征收人的居住条件。

任何组织或者个人不得贪污、挪用、私分、截留、拖欠征收补偿费等费用。

【条文要义】

本条是对国家征收不动产的规定。

征收，是国家取得所有权的一种方式，是将集体或者个人的财产征收到国家手中，成为国家所有权的客体，其后果是集体或者个人消灭所有权，国家取得所有权。征收的后果严重，应当给予严格限制：（1）征收的目的必须是公共利益的需要，而不是一般的建设需要。(2) 征收的财产应当是土地、房屋及其他不动产。(3) 征收不动产应当支付补偿费，对丧失所有权的人给予合理的补偿。征收集体所有的土地，应当支付土地补偿费、安置补助费、地上附着物补偿费等费用。同时，要足额安排被征地农民的社会保障费用，维护被征地农民的合法权益，保障被征地农民的生活。征用单位、个人的房屋或者其他不动产，应当给予拆迁补偿，维护被征收人的合法权益。征收居民住房的，还应当保障被征收人的居住条件。(4) 为了保证补偿费能够足额地发到被征用人的手中，任何组织和个人不得贪污、挪用、私分、截留、拖欠征收补偿费等费用。

**第二百四十四条** 国家对耕地实行特殊保护，严格限制农用地转为建设用地，控制建设用地总量。不得违反法律规定的权限和程序征收集体所有的土地。

【条文要义】

本条是对耕地特殊保护的规定。

耕地是重要的财富，对于国计民生都具有极为重要的作用。我国地少人多，耕地后备资源贫乏，耕地具有更重要的价值，关系民族的生存和发展。故，对耕地需要进行最严格的保护，严格控制农用地改为建设用地。为保障我国的长远发展、经济平稳、社会安定，须强化土地调控，制止违法违规用地的行为。近年来，各地对耕地的过度征用，已经造成了一定的后果，必须严加管束。本条专门规定，国家对耕地实行特殊保护，严格限制农用地转为建设用地，控制建设用地总量，明文禁止违反法律规定的权限和程序征收集体所有的土地。

**第二百四十五条** 因抢险救灾、疫情防控等紧急需要，依照法律规定的权限和程序可以征用组织、个人的不动产或者动产。被征用的不动产或者动产使用后，应当返还被征用人。组织、个人的不动产或者动产被征用或者征用后毁损、灭失的，应当给予补偿。

【条文要义】

本条是对财产征用的规定。

征用，是国家对单位和个人的财产的强制使用。遇有抢险救灾、疫情防控等紧急需要时，国家可以依照法律规定的权限和程序，征用组织、个人的不动产或者动产。

对于被征用的所有权人的权利保护方法是：（1）被征用的动产或者不动产在使用后，应当返还被征用人，其条件是被征用的不动产或者动产的价值仍在；（2）如果不动产或者动产被征用后毁损、灭失的，则应当由国家给予补偿，不能使权利人因此受到损失。

# 第五章　国家所有权和集体所有权、私人所有权

**第二百四十六条**　法律规定属于国家所有的财产，属于国家所有即全民所有。

国有财产由国务院代表国家行使所有权。法律另有规定的，依照其规定。

【条文要义】

本条是对国家所有权的规定。

国家所有权，是国家对全民所有的财产进行占有、使用、收益和处分的权利。

国家所有权具有特殊的法律地位，这是由国家所有权所反映的全民所有制经济地位决定的。全民所有制是社会全体成员共同占有社会生产资料的一种所有制形式，这种所有制形式在法律上必然表现为国家所有权。国家作为社会中心，代表着全体人民的根本利益，全体人民须通过其代表者即国家，才能形成一个整体，有步骤、有计划、有目的地共同支配全民财产，使生产资料在分配使用上与社会的共同利益结合并协调起来。其特征是：（1）国家所有权的权利主体具有统一性和唯一性；（2）国家所有权的权利客体具有无限广泛性和专有性。

国家所有权取得的方法是：（1）没收；（2）赎买；（3）积累资金；（4）税收；（5）征收、征用；（6）罚款和罚金；（7）依法取得无主财产。此外，开展国内民事活动、从事对外经济贸易、接受赠与等，也是国家所有权取得的方法。

法律规定属于国家所有的财产，是国家所有权的客体。国家所有权的性质是全民所有。国家所有权的行使方法，是国务院代表国家行使；法律另有规定的，也可以由地方各级人民政府等部门行使国家所有权的有关权利。

**第二百四十七条**　矿藏、水流、海域属于国家所有。

【条文要义】

本条是对矿藏、水流、海域由国家所有的规定。

矿藏，主要是指矿产资源，即存在地壳内部或者地表的，由地质作用形成的，在特定技术条件下能够探明和开发利用的，呈固态、液态或者气态的自然资源。所有的矿藏都归国家所有。

水流，是对江、河、湖等的统称，包括地表水、地下水和其他性能的水资源。水流属于国家所有。

海域，是指中华人民共和国内水、领海的水面、水体、海床和底土，是空间资源的概念，是对传统民法"物"的概念的延伸与发展。海域属于国家所有。

**第二百四十八条　无居民海岛属于国家所有，国务院代表国家行使无居民海岛所有权。**

【条文要义】

本条是对无居民海岛为国家所有的规定。

无居民海岛，是指不属于居民户籍管理的住址登记地的海岛。2010年3月1日，我国《海岛保护法》施行，明确规定无居民海岛属国家所有，由国务院代表国家行使无居民海岛所有权，凡是对无居民海岛开发利用，都必须报经省级人民政府或者国务院批准并取得海岛使用权、缴纳海岛使用金。2011年4月12日，国家海洋局公布了首批176个可以开发利用的无居民海岛名录，涉及辽宁、山东、江苏、浙江、福建、广东、广西、海南8个省区。本条规定，无居民海岛属于国家所有，由国务院代表国家，行使对无居民海岛的国家所有权。

**第二百四十九条　城市的土地，属于国家所有。法律规定属于国家所有的农村和城市郊区的土地，属于国家所有。**

【条文要义】

本条是对国家所有土地的规定。

土地，是人类可利用的一切自然资源中最基本、最宝贵的资源，是人类赖以生存的基地，是最基本的生产资料，是为人类提供食物和其他生活资料的重要源泉。将这种最重要的资源中的城市土地确定为国家所有，由全民享有权利。国家所有的土地范围是：（1）城市土地：城市是指国家按照行政建制设立的直辖市、市、镇，这些城市的土地都属于国家所有；（2）法律规定属于国家所有的农村和城市郊区的土地：农村土地和城市郊区的土地属于农民集体所有，但是法律规定农村和城市郊区的土地属于国家所有，即国家法律没有确定为集体所有的土地，均属于国家所有。

**第二百五十条** 森林、山岭、草原、荒地、滩涂等自然资源，属于国家所有，但是法律规定属于集体所有的除外。

【条文要义】

本条是对自然资源属于国家所有的规定。

自然资源，包括土地资源、水资源、矿产资源、生物资源、海洋资源等，是国民经济与社会发展的重要物质基础。由于自然资源对于国计民生的重要作用，因而规定为国家所有，只有法律规定属于集体所有的除外，如属于农村集体经济组织所有的森林、山岭、草原、荒地等资源，都属于集体所有，不属于国家所有。

**第二百五十一条** 法律规定属于国家所有的野生动植物资源，属于国家所有。

【条文要义】

本条是对野生动植物资源属于国家所有的规定。

野生动物，是指受保护的野生动物，即珍贵的、濒危的陆生、水生野生动物，以及有益的或者有重要经济、科学研究价值的陆生野生动物。野生植物，是指原生地天然生长的珍贵植物和原生地天然生长并具有重要经济、科学研究、文化价值的濒危、稀有植物。这些都是我国的自然财富，因而规定为国家所有。

**第二百五十二条** 无线电频谱资源属于国家所有。

【条文要义】

本条是对无线电频谱资源权属的规定。

无线电频谱资源，是指在 9kHz～3000GHz 频率范围内发射无线电波的无线电频率的总称。所有的无线电业务都离不开无线电频率，就像汽车离不开道路一样。无线电频率是自然界存在的电磁波，不仅是一种物质，也是一种各国可以均等获得的，看不见、摸不着的自然资源，具有有限性、排他性、复用性、非耗竭性、固有的传播性和易污染性。无线电频谱资源是有限的自然资源，对于国计民生具有重要价值，因而规定其属于国家所有。

**第二百五十三条　法律规定属于国家所有的文物，属于国家所有。**

【条文要义】

本条是对国家所有文物的规定。

文物，具有重要的历史价值和现实意义。并不是所有的文物都属于国家所有，只有法律规定属于国家所有的文物才归国家所有。没有归国家所有的文物，可以为民事主体所有。

属于国家所有的文物是：（1）境内地下、内水和领海中遗存的一切文物；（2）古文化遗址、古墓葬、石窟寺等；（3）境内的出土文物，国有文物收藏单位等收藏的文物，国家征集、购买的文物，民事主体捐赠给国家的文物等。

**第二百五十四条　国防资产属于国家所有。**

**铁路、公路、电力设施、电信设施和油气管道等基础设施，依照法律规定为国家所有的，属于国家所有。**

【条文要义】

本条是对国防资产、基础设施归国家所有的规定。

国防是国家生存与发展的安全保障。建立强大、巩固的国防，是现代化建设的战略任务。规定国防资产属于国家所有，具有重要的价值。

铁路、公路、电力设施、电信设施和油气管道等都属于国家的基础设施，对方便人民生活，提高人民生活水平，对国民经济发展和保证人民生命财产安全的意义重大。因此，这些基础设施，法律规定为国家所有的，都属于国家所有，没有规定为国家所有的，可以为民事主体所有。

**第二百五十五条　国家机关对其直接支配的不动产和动产，享有占有、使用以及依照法律和国务院的有关规定处分的权利。**

【条文要义】

本条是对国家机关享有物权的规定。

国家机关作为特别法人，应当享有必要的财产或者经费，才能够依法执行职责，承担民事责任。本条规定，国家机关对其直接支配的不动产和动产享有所有权，包括占有、使用以及依照法律和国务院的有关规定处分的权利，不得擅自处置国有财产，防止国有资产流失。

**第二百五十六条** 国家举办的事业单位对其直接支配的不动产和动产，享有占有、使用以及依照法律和国务院的有关规定收益、处分的权利。

【条文要义】

本条是对事业单位法人享有物权的规定。

按照民法典第87条规定，事业单位是非营利法人。国家举办的事业单位，是指国家出于社会公益目的，由国家机关举办或者其他组织利用国有资产举办的，从事教育、科技、文化、卫生等活动的社会服务组织。事业单位作为法人，在为实现其设立目的而进行的活动中，也需要经费，要有自己的财产。本条规定，事业单位对其直接支配的不动产和动产，享有所有权，可以占有、使用以及依照法律和国务院的有关规定收益和处分。

**第二百五十七条** 国家出资的企业，由国务院、地方人民政府依照法律、行政法规规定分别代表国家履行出资人职责，享有出资人权益。

【条文要义】

本条是对国有企业出资人的规定。

国有企业，是我国国民经济的基础和支柱，在国民经济中发挥主导作用。在经济体制改革中，设立了国有资产出资人代表制度，即国家出资的企业，由国务院、地方人民政府依照法律、行政法规规定分别代表国家履行出资人职责，通过出资人代表行使国家所有者的职能，按照出资额享有资产收益、重大决策和选择经营管理者等权利，对企业的债务承担有限责任，不干预企业日常经营活动。

**第二百五十八条** 国家所有的财产受法律保护，禁止任何组织或者个人侵占、哄抢、私分、截留、破坏。

【条文要义】

本条是对国有财产受法律保护的规定。

国家所有的财产是全民所有的财产，是国家经济的基础，必须依法进行保护。任何组织和个人采取的侵占、哄抢、私分、截留、破坏国家所有财产的行为，都是侵害国家所有权的侵权行为，应当依法予以制裁，以保护国家所有的财产不受侵害。

**第二百五十九条** 履行国有财产管理、监督职责的机构及其工作人员，应当依法加强对国有财产的管理、监督，促进国有财产保值增值，防止国有财产损失；滥用职权，玩忽职守，造成国有财产损失的，应当依法承担法律责任。

违反国有财产管理规定，在企业改制、合并分立、关联交易等过程中，低价转让、合谋私分、擅自担保或者以其他方式造成国有财产损失的，应当依法承担法律责任。

【条文要义】

本条是对国有财产管理及责任的规定。

保护国家所有的财产，是所有民事主体的职责，尤其是国有财产管理、监督职责的机构和人员。本条规定，履行国有财产管理、监督职责的机构及其工作人员，应当依法加强对国有财产的管理、监督，促进国有财产保值增值，防止国有财产损失。这些管理、监督机构及其工作人员滥用职权，玩忽职守，造成国有财产损失的，应当依法承担法律责任。

同样，有关机构及其工作人员违反国有财产管理规定，在企业改制、合并分立、关联交易等过程中，以低价转让、合谋私分、擅自担保或者其他方式造成国有财产损失的，也应当依法承担法律责任。

这里规定的法律责任，包括刑事责任、行政责任和民事责任，并且承担刑事责任和行政责任的，不能免除其民事责任。

**第二百六十条** 集体所有的不动产和动产包括：

（一）法律规定属于集体所有的土地和森林、山岭、草原、荒地、滩涂；

（二）集体所有的建筑物、生产设施、农田水利设施；

（三）集体所有的教育、科学、文化、卫生、体育等设施；

（四）集体所有的其他不动产和动产。

【条文要义】

本条是对集体所有财产范围的规定。

集体所有权，是指劳动群众集体对集体所有财产的占有、使用、收益和处分的权利，是劳动群众集体所有制的法律表现。集体所有权同国家所有权一样，是建立在生产资料公有制基础上的所有权制度。集体所有权与国家所有权相比，具有的法律特征是：（1）权利主体的广泛性与多元化；（2）客体的限定性，集体组织所有权的客体不是针对任何种类的财产；（3）所有权的独立性，权利人独立地享有和行使所有权；（4）所有权取得方式的有限性，最初来自劳动群众的自愿互利出资，财产主要通过民事方式取得。

集体所有的不动产和动产包括：（1）法律规定属于集体所有的土地和森林、山岭、草原、荒地、滩涂；（2）集体所有的建筑物、生产设施、农田水利设施；（3）集体所有的教育、科学、文化、卫生、体育等设施；（4）集体所有的其他不动产和动产，如生产原材料、半成品和成品、村建公路等。

**第二百六十一条** 农民集体所有的不动产和动产，属于本集体成员集体所有。

下列事项应当依照法定程序经本集体成员决定：

（一）土地承包方案以及将土地发包给本集体以外的组织或者个人承包；

（二）个别土地承包经营权人之间承包地的调整；

（三）土地补偿费等费用的使用、分配办法；

（四）集体出资的企业的所有权变动等事项；

（五）法律规定的其他事项。

## 【条文要义】

本条是对农民集体所有财产归属及重大事项集体决定的规定。

农民集体所有的特点，是集体财产集体所有、集体事务集体管理、集体利益集体分享。农民集体所有的不动产和动产，属于本集体成员集体所有，此即农民集体财产集体所有的基本内容。集体所有权的主体是农民集体，具体的组织形式依照民法典第99条规定，是农村集体经济组织；第101条第2款规定，未设立村集体经济组织的，村民委员会可以依法代行村集体经济组织的职能。

农民集体行使集体所有权，应当依照法定程序，经本集体成员决定的重大事项是：（1）土地承包方案以及将土地发包给本集体以外的组织或者个人；（2）个别土地承包经营权人之间承包地的调整；（3）土地补偿费等费用的使用、分配办法；（4）集体出资的企业的所有权变动等事项；（5）法律规定的其他事项。

**第二百六十二条** 对于集体所有的土地和森林、山岭、草原、荒地、滩涂等，依照下列规定行使所有权：

（一）属于村农民集体所有的，由村集体经济组织或者村民委员会依法代表集体行使所有权；

（二）分别属于村内两个以上农民集体所有的，由村内各该集体经济组织或者村民小组依法代表集体行使所有权；

（三）属于乡镇农民集体所有的，由乡镇集体经济组织代表集体行使所有权。

## 【条文要义】

本条是对农民集体行使所有权代表的规定。

对于集体所有的土地和森林、山岭、草原、荒地、滩涂等不动产，由于集体所有的形式不同，行使权利的代表也不相同。最主要的表现是，农民集体所有有村集体、乡镇集体或者两个以上的村集体，这是在人民公社化时期形成的不同所有形式，即"三级所有，队为基础"的体制，基本上是生产队所有，也有生产大队、公社所有的情况。在改革开放后，形成了不同的集体组织的形式。

对于集体经济组织行使权利的代表，依照下列规定行使所有权：（1）属于村农民集体所有的，由村集体经济组织或者村民委员会依法代表集体行使所有权，不过，有的村规模比较大，实际的集体经济组织是社或者组，社或者组是所有权单位；(2) 分别属于村内两个以上农民集体所有的，由村内各该集体经济组织或者村民小组依法代表集体行使所有权，应当按照共有的形式行使所有权；(3) 属于乡镇农民集体所有的，由乡镇集体经济组织代表集体行使所有权。

**第二百六十三条** 城镇集体所有的不动产和动产，依照法律、行政法规的规定由本集体享有占有、使用、收益和处分的权利。

【条文要义】

本条是对城镇集体所有财产的规定。

城镇集体所有，是城镇集体所有组织对其财产的所有形式。城镇中的手工业、工业、建筑业、运输业、商业、服务业等行业的各种形式的合作经济，都是劳动群众集体所有制经济，城镇集体所有制企业是财产属于劳动群众集体所有、实行共同劳动、在分配方式上以按劳分配为主体的经济组织。劳动群众集体所有，就是本集体企业的劳动群众集体所有。

城镇集体所有的财产范围，包括集体所有的不动产和动产。对于这些财产享有集体所有权，城镇集体组织享有占有、使用、收益、处分的权利。

**第二百六十四条** 农村集体经济组织或者村民委员会、村民小组应当依照法律、行政法规以及章程、村规民约向本集体成员公布集体财产的状况。集体成员有权查阅、复制相关资料。

【条文要义】

本条是对集体经济组织应当公布集体财产的规定。

在农村集体经济组织中，农村集体经济组织是特别法人，集体经济组织成员即农民，是组织成员，享有成员权。集体经济组织以及代行集体经济组织职权的村委会，都对全体农民即组织的成员负有义务，其中之一是向本集体成员公布集体财产的状况。这是农民作为集体经济组织成员享有知情权的具体表现。集体经济组织或者村委会、村民小组依照法律、行政法规以及章程、村规民约的规定，向本集体成员公布集体财产状况，才能使成员的知情权得到满足。

**第二百六十五条** 集体所有的财产受法律保护，禁止任何组织或者个人侵占、哄抢、私分、破坏。

农村集体经济组织、村民委员会或者其负责人作出的决定侵害集体成员合法权益的，受侵害的集体成员可以请求人民法院予以撤销。

【条文要义】

本条是对集体所有财产受法律保护的规定。

集体所有的财产，无论是农村集体所有的财产，还是城镇集体所有的财产，都平等地受到法律保护，他人不得侵害。故，本条规定禁止任何组织或者个人侵占、哄抢、私分、破坏集体所有的财产。

法律特别授予集体组织成员一个权利，即在集体经济组织、村民委员会或者其负责人作出的决定侵害集体成员合法权益时，受侵害的集体成员享有撤销权，符合上述要求的，可以请求人民法院对侵害集体成员合法权益的决定予以撤销。这个撤销权没有规定除斥期间，原则上应当适用民法典第152条有关除斥期间为1年的规定。

**第二百六十六条** 私人对其合法的收入、房屋、生活用品、生产工具、原材料等不动产和动产享有所有权。

【条文要义】

本条是对私人所有权的规定。

私人所有权，是指私人对其所有的财产依法进行占有、使用、收益和处分的权利。私人，是指自然人、个体工商户、农村承包经营户、外国人、无国籍人等。营利法人和非营利法人、特别法人以及非法人组织的所有权，也规定在私人所有权范围内。我国私人所有权的法律特征是：（1）私人所有权的主体，主要是自然人个人以及非公有制的法人、非法人组织；（2）私人所有权的客体，包括私人的生活资料和生产资料；（3）私人财产的基本来源，是私人的劳动所得和其他合法收入；（4）私人所有权与其他所有权受到同等法律保护。

私人所有权包括占有、使用、收益、处分四项权能。私人行使这四项权能与国家、集体有所不同，通常以直接的方式进行，即私人自己以积极主动的行为直接作用于所有物。私人通过行使这些权能，在生产、生活中发挥其财产的效用，满足其物质文化生活的需求。

本条规定的私人所有权的客体，主要是自然人所有权的客体，是生活资料和生产资料，即合法的收入、房屋、生活用品、生产工具、原材料等不动产和动产。这里的列举是不完全列举，凡是私人合法所有的财产，权利人都享有所有权，都依法受到平等保护。

**第二百六十七条** 私人的合法财产受法律保护，禁止任何组织或者个人侵占、哄抢、破坏。

【条文要义】

本条是对私人所有权受法律保护的规定。

民法典确定的物权保护原则是平等保护，即第113条。在物权编的所有权部分，通过本条再次规定，私人的合法财产受法律保护，禁止任何组织和个人侵占、哄抢、破坏，确立了私人所有权法律保护的原则。事实上，在所有的财产权利保护中，最需要保护的就是私人所有权。原因是，公有财产有国家、集体的力量予以保护，而私人所有权缺少这样的保护力量，具有脆弱性。因此，在对国家所有权、集体所有权以及私人所有权的保护中，应当有所倾斜，要更好地保护私人所有权。通常说，"大河有水小河满"是不正确的，真正的道理是"小河有水大河满"，所有的小河都有水了，汇聚到大河里，大河就会波涛滚滚，因为大河是由小河之水汇聚而成的。按照这个道理，对私人所有权的倾斜保护就具有特别的意义。

**第二百六十八条** 国家、集体和私人依法可以出资设立有限责任公司、股份有限公司或者其他企业。国家、集体和私人所有的不动产或者动产投到企业的，由出资人按照约定或者出资比例享有资产收益、重大决策以及选择经营管理者等权利并履行义务。

【条文要义】

本条是对企业出资人权利的规定。

出资人是对企业投入资本的自然人、法人或者非法人组织。国家、集体和私人依法可以出资设立有限责任公司、股份有限公司或者其他企业。既然向有限责任公司、股份有限公司或者其他企业投资，出资人就应对该企业享有股权以及其他投资性权利。国家、集体和私人所有的不动产或者动产投入企业的，由出资人按照约定或者出资比例享有股权，包括：（1）资产收益，出资人有权通过企业盈余分配，从中获得红利；（2）重大决策，出资人通过股东会或者股东大会等作出决议的方式，决定企业的重大行为；（3）选择经营管理者，有权通过股东会或者股东大会作出决议选择，或者更换公司的董事或者监事，决定董事或者监事的薪酬，通过董事会聘任或者解聘经理等企业高管；（4）其他权利。

出资人同时也应当履行相应的义务，如按照约定或者章程的规定，按期、足额地缴纳出资，不得滥用出资人的权利干涉企业正常的经营活动等。这正是民法典第 125 条规定的股权是基本民事权利的宗旨所在。

**第二百六十九条** 营利法人对其不动产和动产依照法律、行政法规以及章程享有占有、使用、收益和处分的权利。

营利法人以外的法人，对其不动产和动产的权利，适用有关法律、行政法规以及章程的规定。

【条文要义】

本条是对营利法人和其他法人所有权的规定。

营利法人在民法上的地位是民事主体，其享有的所有权，相对于国家所有权和集体所有权而言，属于私人所有权的范畴。因而，营利法人对其不动产和动产享有所有权，应当依照法律、行政法规以及章程的规定，对其不动产和动产享有占有、使用、收益和处分的权利，具有绝对的支配权利。

营利法人以外的法人，对其不动产和动产的权利也是私人所有权，适用有关法律、行政法规以及章程的规定，对其所有的财产享有占有、使用、收益、处分的权利，也是绝对的支配权。

**第二百七十条** 社会团体法人、捐助法人依法所有的不动产和动产，受法律保护。

【条文要义】

本条是对社会团体法人、捐助法人所有权的规定。

社会团体法人和捐助法人都是非营利法人，相对于国家所有权和集体所有权，对其财产享有的所有权也是私人所有权，对其依法所有的不动产和动产都享有占有、使用、收益、处分的权利，是绝对的支配权。社会团体法人、捐助法人的所有权同样适用平等保护原则，同样受法律保护。

# 第六章 业主的建筑物区分所有权

**第二百七十一条** 业主对建筑物内的住宅、经营性用房等专有部分享有所有权,对专有部分以外的共有部分享有共有和共同管理的权利。

【条文要义】

本条是对建筑物区分所有权概念的规定。

建筑物区分所有权,是指区分所有建筑物的所有人对其专有部分享有独自占有、使用的专有权,对共同使用部分享有共有权,以及对建筑物的整体享有成员权,构成的建筑物的复合共有权。

建筑物区分所有权的法律特征是:(1)建筑物区分所有权的客体具有整体性,建筑物区分所有权是建筑在整体的建筑物上面的所有权形式;(2)建筑物区分所有权的内容具有多样性,由专有权、共有权和成员权构成;(3)建筑物区分所有权的本身具有统一性,尽管建筑物区分所有权包括专有权、共有权和成员权三个部分,但它却是一个独立的、统一的、整体的权利;(4)建筑物区分所有权中的专有权具有主导性,只登记专有权即设立了区分所有权,共有权、成员权随此而发生,不必单独进行登记。

建筑物区分所有权的内容是:(1)对区分所有建筑物的专有部分享有专有权;(2)对区分所有建筑物的共有部分享有共有权;(3)对区分所有建筑物的管理享有成员权。

【相关司法解释】

《最高人民法院关于审理建筑物区分所有权纠纷案件适用法律若干问题的解释》

**第一条** 依法登记取得或者依据民法典第二百二十九条至第二百三十一条规定取得建筑物专有部分所有权的人,应当认定为民法典第二编第六章所称的业主。

基于与建设单位之间的商品房买卖民事法律行为,已经合法占有建筑物专有部分,但尚未依法办理所有权登记的人,可以认定为民法典第二编第六章所称的业主。

**第二条** 建筑区划内符合下列条件的房屋，以及车位、摊位等特定空间，应当认定为民法典第二编第六章所称的专有部分：

（一）具有构造上的独立性，能够明确区分；

（二）具有利用上的独立性，可以排他使用；

（三）能够登记成为特定业主所有权的客体。

规划上专属于特定房屋，且建设单位销售时已经根据规划列入该特定房屋买卖合同中的露台等，应当认定为前款所称的专有部分的组成部分。

本条第一款所称房屋，包括整栋建筑物。

**第十六条** 建筑物区分所有权纠纷涉及专有部分的承租人、借用人等物业使用人的，参照本解释处理。

专有部分的承租人、借用人等物业使用人，根据法律、法规、管理规约、业主大会或者业主委员会依法作出的决定，以及其与业主的约定，享有相应权利，承担相应义务。

**第十七条** 本解释所称建设单位，包括包销期满，按照包销合同约定的包销价格购买尚未销售的物业后，以自己名义对外销售的包销人。

**第十八条** 人民法院审理建筑物区分所有权案件中，涉及有关物权归属争议的，应当以法律、行政法规为依据。

**第二百七十二条** 业主对其建筑物专有部分享有占有、使用、收益和处分的权利。业主行使权利不得危及建筑物的安全，不得损害其他业主的合法权益。

**【条文要义】**

本条是对建筑物区分所有权的专有权的规定。

建筑物区分所有权中的专有权，是指权利人享有的以区分所有建筑物的独立建筑空间为标的物的专有所有权。专有权是建筑物区分所有权的核心部分，是区分所有权的单独性灵魂，也是建筑物区分所有权中的单独所有权要素。

在区分所有的建筑物中，建筑区划内符合下列条件的房屋，以及车位、摊位等特定空间，应当认定为专有部分。规划上专属于特定房屋，且建设单位销售时已经根据规划列入该特定房屋买卖合同中的露台等，应当认定为专有部分的组成部分。

专有部分的范围须是建筑物的独立建筑空间所包括的范围：(1) 构造上的独立性，是一个单独的单元，在构造上能够明确区分这个单元和那个单元是分开的独立空间；(2) 利用上的独立性，一个单元就是一个利用的单位，单元之间不可以相通，能独立、排他使用；(3) 能够登记成为特定业主所有权的客体，业主买到特定单元就可以登记所有权。确定专有部分的具体标准，采"最后粉刷表层兼采壁心"说，在内部，专有部分应仅包含壁、柱、地板及天花板等境界部分表层所粉刷的部分；在外部，专有部分应包含壁、柱、地板及天花板等境界部分厚度的中心线。不能独立使用的建筑空间不能设定专有权。

专有权人的权利是：(1) 包括所有权的一切权能；(2) 对自己的专有部分可以转让、出租、出借、出典、抵押；(3) 享有物权保护请求权。专有权人的义务是：(1) 不得违反使用目的而使用；(2) 维护建筑物牢固和完整；(3) 不得侵害专有部分中的共有部分；(4) 准许进入的义务；(5) 损害赔偿义务。业主作为专有权人，共居一栋建筑物之内，相邻关系是非常重要的权利义务关系，必须严加规范，以保持建筑物区域内秩序的协调和生活的安宁，行使权利不得危及建筑物的安全，不得损害其他业主的权益，从而更好地保护各业主的合法权益。

**第二百七十三条** 业主对建筑物专有部分以外的共有部分，享有权利，承担义务；不得以放弃权利为由不履行义务。

业主转让建筑物内的住宅、经营性用房，其对共有部分享有的共有和共同管理的权利一并转让。

**【条文要义】**

本条是对建筑物区分所有权的共有权的规定。

建筑物区分所有权中的共有权，是指以区分所有建筑物的共有部分为标的物，全体业主共同享有的不可分割的共同共有权。其权利人为全体业主。共有权是建筑物区分所有权的"共同性灵魂"，与建筑物区分所有权中的专有权构成建筑物区分所有权的两个"灵魂"。

共有权的标的物，是区分所有建筑物中的共有部分。确定共有部分的一般规则是"建筑物专有部分以外"的部分都是"共有部分"，主要包括：(1) 建设用地使用权；(2) 建筑物基本构造部分；(3) 车库车位（不含设置专有权的车库车位）；(4) 道路；(5) 绿地；(6) 会所；(7) 其他公共场所；(8) 公用设施；

(9) 物业服务用房；(10) 楼顶平台；(11) 外墙面；(12) 维修资金；(13) 共有部分产生的收益。

共有权的权利义务关系，表现为业主作为共有权人对共有部分享有的权利和负担的义务。业主对于共有部分所有的权利是：(1) 使用权；(2) 收益共享权；(3) 处分权；(4) 物权请求权。业主对于共有部分负有的义务是：(1) 维护现状的义务；(2) 不得侵占的义务；(3) 按照共有部分的用途使用的义务；(4) 费用负担义务。对于上述义务，业主不得以放弃其权利为由而拒绝履行。

业主在转让自己专有部分时，对共有部分的专有权和对全部建筑物的成员权是一起转让的，不必分别约定，只约定转移专有部分，其他部分的权利随着专有权的转让而一并转让。

【相关司法解释】

《最高人民法院关于审理建筑物区分所有权纠纷案件适用法律若干问题的解释》

**第三条** 除法律、行政法规规定的共有部分外，建筑区划内的以下部分，也应当认定为民法典第二编第六章所称的共有部分：

(一) 建筑物的基础、承重结构、外墙、屋顶等基本结构部分，通道、楼梯、大堂等公共通行部分，消防、公共照明等附属设施、设备，避难层、设备层或者设备间等结构部分；

(二) 其他不属于业主专有部分，也不属于市政公用部分或者其他权利人所有的场所及设施等。

建筑区划内的土地，依法由业主共同享有建设用地使用权，但属于业主专有的整栋建筑物的规划占地或者城镇公共道路、绿地占地除外。

**第四条** 业主基于对住宅、经营性用房等专有部分特定使用功能的合理需要，无偿利用屋顶以及与其专有部分相对应的外墙面等共有部分的，不应认定为侵权。但违反法律、法规、管理规约，损害他人合法权益的除外。

**第二百七十四条** 建筑区划内的道路，属于业主共有，但是属于城镇公共道路的除外。建筑区划内的绿地，属于业主共有，但是属于城镇公共绿地或者明示属于个人的除外。建筑区划内的其他公共场所、公用设施和物业服务用房，属于业主共有。

**【条文要义】**

本条是对区分所有建筑物的道路、绿地、其他公共场所、公用设施和物业服务用房权属的规定。

区分所有建筑物中的道路属于业主共有，但属于城镇公共道路的除外。只要小区中的道路不是城镇公共道路，就都属于业主共有，是"私家路"，不属于私家路的才是公共道路，界限应当清楚。

确定区分所有建筑物绿地的权属规则是：小区的绿地属于全体业主共有，除外的是：（1）城镇公共绿地。城镇公共绿地属于国家，不能归属于全体业主或者个别业主。（2）明示属于个人的。以下两项绿地明示属于个人：①连排别墅业主的屋前屋后的绿地，明示属于个人的，归个人所有或者专有使用；②独栋别墅院内的绿地，明示属于个人的，归个人所有或者专有使用。至于普通住宅的一层业主窗前绿地的权属问题，开发商把窗前绿地赠送给一层业主，实际上等于把绿地这一部分共有的建设用地使用权和草坪的所有权都给了一层业主。如果没有解决土地使用权和绿地所有权的权属，这样做不妥。如果在规划中就确定一层业主窗前绿地属于一层业主，并且对土地使用权和绿地所有权的权属有明确约定，缴纳了必要费用的且不存在侵害全体业主共有权的，可以确认窗前绿地为"明示属于个人"，不属于共有部分。

其他公共场所属于确定的共有部分，不得归属于开发商所有。相对于会所以外的，为全体业主使用的广场、舞厅、图书室、棋牌室等，属于其他公共场所。而园林属于绿地，走廊、门庭、大堂等则属于建筑物的构成部分，本来就是共有部分，不会出现争议，不必专门规定。

公用设施是指小区内的健身设施、消防设施，属于共有部分，不存在例外。

现代住宅建筑物的物业管理是必要的，故建设住宅建筑物必须建设物业服务用房。物业服务用房属于业主共有，不得另行约定，这就从根本上解决了这个问题，只有这样才能够保障业主的权益。

**第二百七十五条** 建筑区划内，规划用于停放汽车的车位、车库的归属，由当事人通过出售、附赠或者出租等方式约定。

占用业主共有的道路或者其他场地用于停放汽车的车位，属于业主共有。

**【条文要义】**

本条是对区分所有建筑物车库、车位权属的规定。

在区分所有的建筑物中，车库、车位的问题很复杂，也非常重要，现代城市建筑住宅必须有足够的车库和车位。过去认为，地下车库不能设立所有权，而应当采取共有，设立专有使用权的办法，以保障车库、车位的防空和反恐的需要，自《物权法》实行开始，规定车库、车位的基本权属状态是业主所有。车库和车位有所区别，车库是指六面封闭的停车场，而车位则是指在地表设立的停车区域。

车位和车库的权属应当依据合同确定。通过出售和附赠取得车库、车位的，所有权归属于业主；车库、车位出租的，所有权归属于开发商，业主享有使用权。确定出售和附赠车位、车库的所有权属于业主的，车库、车位的所有权和土地使用权也应当进行物权登记，在转移专有权时，车库、车位的所有权和土地使用权并不必然跟随建筑物的权属一并转移，须单独进行转让或者不转让。

占用共有道路或者其他场地建立的车位，属于全体业主共有。至于如何使用，确定的办法是：（1）应当留出适当部分作为访客车位；（2）其余部分不能随意使用，应当建立业主的专有使用权，或者进行租赁，均须交付费用，而不是随意由业主使用，保持业主对车位利益的均衡，防止出现买车位的业主吃亏、没买车位的业主占便宜的现象；（3）属于共有的车位取得的收益，除管理费外，归属于全体业主，由业主大会或业主委员会决定，将其归并于公共维修基金或者按照面积分给全体业主。

**第二百七十六条**　建筑区划内，规划用于停放汽车的车位、车库应当首先满足业主的需要。

**【条文要义】**

本条是对车库和车位首先满足业主需要的规定。

车库、车位只有在业主的需求解决之后，才可以向外出售或者出租。这是从实际情况出发规定的内容，有利于纠纷的预防和解决。何谓首先满足业主的需要，司法实践经验是，建设单位按照配置比例将车位、车库，以出售、附赠或者出租等方式处分给业主的，应当认定其符合"应当首先满足业主的需要"的规定；反之，超出配置比例的，就是没有首先满足业主需要。至于没有首先满足业主需要的应当如何处理,受到损害的业主有权向人民法院起诉。

**【相关司法解释】**

**《最高人民法院关于审理建筑物区分所有权纠纷案件适用法律若干问题的解释》**

第五条 建设单位按照配置比例将车位、车库,以出售、附赠或者出租等方式处分给业主的,应当认定其行为符合民法典第二百七十六条有关"应当首先满足业主的需要"的规定。

前款所称配置比例是指规划确定的建筑区划内规划用于停放汽车的车位、车库与房屋套数的比例。

第六条 建筑区划内在规划用于停放汽车的车位之外,占用业主共有道路或者其他场地增设的车位,应当认定为民法典第二百七十五条第二款所称的车位。

**第二百七十七条** 业主可以设立业主大会,选举业主委员会。业主大会、业主委员会成立的具体条件和程序,依照法律、法规的规定。

地方人民政府有关部门、居民委员会应当对设立业主大会和选举业主委员会给予指导和协助。

**【条文要义】**

本条是对建筑物区分所有权人的成员权及业主大会、业主委员会的规定。

成员权就是管理权,是区分所有建筑物的业主作为整栋建筑物所有人团体成员之一,所享有的对区分所有的建筑物进行管理的权利。

整栋建筑物的所有权,实际上是一种特殊的按份共有。与按份共有关系一样,各业主之间是共有关系,构成所有人的团体,即业主大会和业主委员会。全体业主组成一个团体,整体享有住宅建设用地使用权以及其他共同的权利,管理共用设施及其他事务,解决纠纷。每一个业主作为团体成员之一,享有权利,承担义务。区分所有建筑物的管理,是指为维持区分所有建筑物的物理机能,并充分发挥其社会的、经济的机能,对其所为的一切活动,有关建筑物之保存、改良、利用、处分,以及业主共同生活秩序的维持等,均属管理范畴。管理权的特征是:(1)管理权基于业主的团体性而产生;(2)管理权与专有权、共有权相并列,处于同等地位;(3)管理权是永续性的权利。

全体业主享有管理权,行使管理权的团体是业主大会,业主大会选举业主委员会,行使日常管理权。业主大会具有团体性,应当将其认定为非法人组织,可以作为民事主体和民事诉讼主体,享有相应的资格,以更好地保护全体业主的合法权益。地方人民政府有关部门和居委会对设立业主大会和选举业主委员会给予指导和协助。业主大会由全体业主组成,每个业主都有选举权和被选举权,有决定事项的投票权。业主大会的活动方式是举行会议,作出决议。其职责为:对外,代表该建筑物的全体业主,其性质为非法人组织性质的管理团体,代表全体所有人为民事法律行为和诉讼行为,具有非法人组织的功能;对内,对建筑物的管理工作作出决策,对共同事务进行决议,如制定管理规约,选任、解任管理人,共有部分的变更,建筑物一部分毁损的修建等。业主大会应当定期召开,一般每年至少召开一次至两次。

**第二百七十八条** 下列事项由业主共同决定:
(一)制定和修改业主大会议事规则;
(二)制定和修改管理规约;
(三)选举业主委员会或者更换业主委员会成员;
(四)选聘和解聘物业服务企业或者其他管理人;
(五)使用建筑物及其附属设施的维修资金;
(六)筹集建筑物及其附属设施的维修资金;
(七)改建、重建建筑物及其附属设施;
(八)改变共有部分的用途或者利用共有部分从事经营活动;
(九)有关共有和共同管理权利的其他重大事项。

业主共同决定事项,应当由专有部分面积占比三分之二以上的业主且人数占比三分之二以上的业主参与表决。决定前款第六项至第八项规定的事项,应当经参与表决专有部分面积四分之三以上的业主且参与表决人数四分之三以上的业主同意。决定前款其他事项,应当经参与表决专有部分面积过半数的业主且参与表决人数过半数的业主同意。

【条文要义】

本条是对业主大会决定事项和决定方法的规定。

全体业主共同决定,是业主通过业主大会作出的决定。业主共同决定的事项是：(1)制定和修改业主大会议事规则；(2)制定和修改管理规约；(3)选举业主委员会或者更换业主委员会成员；(4)选聘和解聘物业服务企业或者其他管理人；(5)使用建筑物及其附属设施的维修资金；(6)筹集建筑物及其附属设施的维修资金；(7)改建、重建建筑物及其附属设施；(8)改变共有部分的用途或者利用共有部分从事经营活动；(9)有关共有和共同管理权利的其他重大事项，是指改变共有部分的用途、利用共有部分从事经营性活动、处分共有部分，以及业主大会依法决定或者依管理规约确定应由业主共同决定的事项。

业主共同决定事项，应当由专有部分面积占比三分之二以上的业主且人数占比三分之二以上的业主参与表决。决定前款第6项至第8项规定的事项（一是筹集建筑物及其附属设施的维修资金，二是改建、重建建筑物及其附属设施，三是改变共有部分的用途或者利用共有部分从事经营活动的），应当经参与表决专有部分面积四分之三以上的业主且参与表决人数四分之三以上的业主同意。决定前款其他事项，包括制定和修改业主大会议事规则、制定和修改管理规约、选举业主委员会或者更换业主委员会成员、选聘和解聘物业服务企业或者其他管理人、使用建筑物及其附属设施的维修资金，以及有关共有和共同管理权利的其他重大事项，应当经参与表决专有部分面积过半数的业主且参与表决人数过半数的业主同意。

专有部分面积和建筑物总面积的计算方法是：专有部分面积，按照不动产登记簿记载的面积计算；尚未进行物权登记的，暂按测绘机构的实测面积计算；尚未进行实测的，暂按房屋买卖合同记载的面积计算。建筑物总面积，按照前项的统计总和计算。业主人数和总人数的计算方法是：业主人数，按照专有部分的数量计算，一个专有部分按一人计算，建设单位尚未出售和虽已出售但尚未交付的部分，以及同一买受人拥有一个以上专有部分的，按一人计算；总人数，按照前项的统计总和计算。

**【相关司法解释】**

**《最高人民法院关于审理建筑物区分所有权纠纷案件适用法律若干问题的解释》**

**第七条** 处分共有部分，以及业主大会依法决定或者管理规约依法确定应由业主共同决定的事项，应当认定为民法典第二百七十八条第一款第（九）项规定的有关共有和共同管理权利的"其他重大事项"。

**第八条** 民法典第二百七十八条第二款和第二百八十三条规定的专有部分面

积可以按照不动产登记簿记载的面积计算；尚未进行物权登记的，暂按测绘机构的实测面积计算；尚未进行实测的，暂按房屋买卖合同记载的面积计算。

**第九条** 民法典第二百七十八条第二款规定的业主人数可以按照专有部分的数量计算，一个专有部分按一人计算。但建设单位尚未出售和虽已出售但尚未交付的部分，以及同一买受人拥有一个以上专有部分的，按一人计算。

**第二百七十九条** 业主不得违反法律、法规以及管理规约，将住宅改变为经营性用房。业主将住宅改变为经营性用房的，除遵守法律、法规以及管理规约外，应当经有利害关系的业主一致同意。

## 【条文要义】

本条是对不得将住宅改变为经营性用房的规定。

业主负有维护住宅建筑物现状的义务，其中包括不得将住宅改变为经营性用房。将住宅改变为歌厅、餐厅、浴池等经营性用房，会干扰其他业主的正常生活，引起邻里不和，引发矛盾，造成公共设施使用的紧张状况，产生安全隐患，使城市规划目标难以实现。故，业主不得违反法律、法规以及管理规约，将住宅改变为经营性用房。如果业主要将住宅改变为经营性用房，除应当遵守法律、法规以及管理规约外，还应当经过有利害关系的业主的一致同意，有利害关系的业主只要有一人不同意，就不得改变住宅用房的用途。

有利害关系的业主，应当根据改变为经营性用房用途的不同，影响范围和影响程度的不同，具体分析确定。无论是否为隔壁的业主，凡是因住宅改变为经营性用房受到影响的业主，都是有利害关系的业主。

## 【相关司法解释】

**《最高人民法院关于审理建筑物区分所有权纠纷案件适用法律若干问题的解释》**

**第十条** 业主将住宅改变为经营性用房，未依据民法典第二百七十九条的规定经有利害关系的业主一致同意，有利害关系的业主请求排除妨害、消除危险、恢复原状或者赔偿损失的，人民法院应予支持。

将住宅改变为经营性用房的业主以多数有利害关系的业主同意其行为进行抗辩的，人民法院不予支持。

**第十一条** 业主将住宅改变为经营性用房，本栋建筑物内的其他业主，应当认定为民法典第二百七十九条所称"有利害关系的业主"。建筑区划内，本栋建筑物之外的业主，主张与自己有利害关系的，应证明其房屋价值、生活质量受到或者可能受到不利影响。

**第二百八十条** 业主大会或者业主委员会的决定，对业主具有法律约束力。

业主大会或者业主委员会作出的决定侵害业主合法权益的，受侵害的业主可以请求人民法院予以撤销。

【条文要义】

本条是对业主大会或者业主委员会决定的效力与业主撤销权的规定。

业主大会或者业主委员会的决定，对业主具有约束力。业主作为业主大会的成员，除了有参加业主大会的权利和义务以外，还负有服从业主大会或者业主委员会多数成员所作决议的义务，服从管理、承担应当承担的工作的义务。业主无理由拒不执行业主大会或者业主委员会的决议，其他业主可以对其进行批评，甚至予以适当的处分。

业主对业主大会或者业主委员会作出的决议享有撤销权。当业主大会或者业主委员会作出的决定侵害业主合法权益的，受侵害的业主可以请求人民法院予以撤销。是否构成侵害业主的合法权益，由人民法院裁决。这一撤销权没有规定除斥期间，应当适用民法典第152条关于一般撤销权除斥期间的规定，为1年，经过1年的，撤销权发生失权后果。

【相关司法解释】

《最高人民法院关于审理建筑物区分所有权纠纷案件适用法律若干问题的解释》

第十二条 业主以业主大会或者业主委员会作出的决定侵害其合法权益或者违反了法律规定的程序为由，依据民法典第二百八十条第二款的规定请求人民法院撤销该决定的，应当在知道或者应当知道业主大会或者业主委员会作出决定之日起一年内行使。

**第二百八十一条** 建筑物及其附属设施的维修资金，属于业主共有。经业主共同决定，可以用于电梯、屋顶、外墙、无障碍设施等共有部分的维修、更新和改造。建筑物及其附属设施的维修资金的筹集、使用情况应当定期公布。

紧急情况下需要维修建筑物及其附属设施的，业主大会或者业主委员会可以依法申请使用建筑物及其附属设施的维修资金。

【条文要义】

本条是对建筑物及其附属设施的维修资金性质和使用范围的规定。

建筑物及其附属设施的维修资金属于共有部分，尽管这部分资金是业主购房时交付的，但属于全体业主共有，其他人不得主张权利。

建筑物及其附属设施的维修资金的用途，是电梯、屋顶、外墙、无障碍设施等共有部分保修期满之后的维修、更新和改造。之所以是在保修期满之后使用，是因为保修期满之前是开发商负责维修的，不应使用维修资金。建筑物及其附属设施的维修资金必须专款专用，不得挪作他用，也不得作为业主大会及其承担责任的基础，以此承担民事责任。建筑物及其附属设施的维修资金的筹集和使用是重大事项，应当经过业主大会讨论决定，不得擅自进行。

维修基金的使用方法是：（1）经业主共同决定，可以用于电梯、屋顶、外墙、无障碍设施等共有部分的维修、更新和改造；（2）紧急情况下需要维修建筑物及其附属设施的，业主大会或者业主委员会可以依法申请使用维修资金；（3）维修资金的筹集、使用情况，应当定期向全体业主公布，增加透明度，便于监督管理。

第二百八十二条　建设单位、物业服务企业或者其他管理人等利用业主的共有部分产生的收入，在扣除合理成本之后，属于业主共有。

【条文要义】

本条是对建筑物共有部分收益归属的规定。

区分所有建筑物的共有部分属于业主共有，如果共有部分发生收益，应当归属于全体业主所有。物业服务机构将这些收益作为自己的经营收益，侵害全体业主权利的，构成侵权行为。

处置这些共有部分产生收益的办法是：（1）应当扣除物业服务企业合理的管理成本，这是应当负担的部分，不应当由物业服务企业自己负担。（2）应当给物业服务企业必要的利润。物业服务企业也是经营者，为经营业主的共有部分获得收益付出了代价，应当有一定的回报，但应当实事求是。（3）其余部分，归属于全体业主共有。至于如何处置，应当由业主大会决定。如果业主大会决议归属于公共维修资金，应当归入公共维修资金；如果业主大会决议分给全体业主个人享有，应当按照每一个业主专有部分的建筑面积比例分配。

**第二百八十三条** 建筑物及其附属设施的费用分摊、收益分配等事项，有约定的，按照约定；没有约定或者约定不明确的，按照业主专有部分面积所占比例确定。

【条文要义】

本条是对费用分摊、收益分配的规定。

业主应当负担共有部分的正常费用，合理分摊。对全体共有部分由全体业主分摊，对部分共有部分由部分业主分摊。共同费用包括日常维修费用、更新土地或楼房的共同部分及公共设备的费用、管理事务的费用等。负担的办法，应当按照持分比例决定，即共同所有的部分，计算各业主专有部分在全部建筑面积中的千分率，计算其所分担的份额。

业主对建筑物的共有部分享有收益权，对共有部分收取的收益，包括收取的共有部分的天然孳息（如果树收获的果实）和法定孳息（如出租屋顶设置广告物的租金）。对于建筑物的收益，各业主有权共同分享，按照自己专有部分所占比例分享收益。

本条着重规定的是，建筑物及其附属设施的费用分摊、收益分配等事项，在业主大会章程中有约定的，按照其约定确定；没有约定或者约定不明确的，按照业主专有部分面积所占比例确定。

**第二百八十四条** 业主可以自行管理建筑物及其附属设施，也可以委托物业服务企业或者其他管理人管理。

对建设单位聘请的物业服务企业或者其他管理人，业主有权依法更换。

【条文要义】

本条是对业主选择管理方法的规定。

当代建筑，是建筑业利用当代建筑技术建造的精密的建筑作品，在管理上要求十分专业，确定建筑物及其附属设施的管理，通常需要专业团体进行。规定业主对建筑物的管理方法有两种：（1）自行管理建筑物及其附属设施；（2）委托物业服务企业或者其他管理人管理。后者是业主管理建筑物及其附属设施的常态，特别是为了实现社区管理的社会化、专业化，由物业服务企业进行管理具有重要意义。其他管理人也应当是具有物业管理资质的专业管理人员，而不是随便什么人都可以做管理人。国家鼓励物业管理采用新技术、新方法，依靠科技进步提高小区的管理和服务水平。

对于建设单位聘请的物业服务企业或者其他管理人，即前期物业管理，是在业主尚未普遍入住的情况下，不得已采取的委托物业管理人的办法。当成立了业主大会、业主委员会之后，对前期物业服务企业不满意的，业主有权依法更换。

**第二百八十五条** 物业服务企业或者其他管理人根据业主的委托，依照本法第三编有关物业服务合同的规定管理建筑区划内的建筑物及其附属设施，接受业主的监督，并及时答复业主对物业服务情况提出的询问。

物业服务企业或者其他管理人应当执行政府依法实施的应急处置措施和其他管理措施，积极配合开展相关工作。

【条文要义】

本条是对物业服务企业与业主关系的规定。

业主、业主大会、业主委员会与物业服务企业或者物业管理人之间的关系，既是建筑物区分所有权法律关系中附带的一个法律关系，也是一个独立的法律关系。业主大会和业主委员会都是业主的自治组织，是业主的组织形式，代表业主权益。业主和物业服务企业以及物业管理人之间的法律关系是委托合同关系，而不是隶属关系。双方须在平等协商的基础上，建立合同关系，担负物业服务的业务，确定双方的权利和义务，按照民法典合同编的规定解决双方的权利义务纠纷。物业服务企业或者其他管理人在管理物业中，应当根据业主的要求，依照民法典合同编有关物业服务合同的规定，管理好建筑区划内的建筑物及其附属设施，并接受业主的监督。对业主提出的询问和咨询，物业服务企业或者其他管理人应当及时答复。

在突发事件等紧急情况下，政府依照法律规定进行紧急处置，物业服务企业或者其他管理人负有执行和配合的义务，一是必须执行政府依法实施的应急处置措施和其他管理措施,应当不折不扣地执行政府的指令;二是积极配合开展相关工作,管理好小区的有关事务,保护好小区居民的合法权益。

【相关司法解释】

《最高人民法院关于审理建筑物区分所有权纠纷案件适用法律若干问题的解释》

第十二条 业主以业主大会或者业主委员会作出的决定侵害其合法权益或者违反了法律规定的程序为由,依据民法典第二百八十条第二款的规定请求人民法院撤销该决定的,应当在知道或者应当知道业主大会或者业主委员会作出决定之日起一年内行使。

第十三条 业主请求公布、查阅下列应当向业主公开的情况和资料的,人民法院应予支持:

(一)建筑物及其附属设施的维修资金的筹集、使用情况;

(二)管理规约、业主大会议事规则,以及业主大会或者业主委员会的决定及会议记录;

(三)物业服务合同、共有部分的使用和收益情况;

(四)建筑区划内规划用于停放汽车的车位、车库的处分情况;

(五)其他应当向业主公开的情况和资料。

第二百八十六条 业主应当遵守法律、法规以及管理规约,相关行为应当符合节约资源、保护生态环境的要求。对于物业服务企业或者其他管理人执行政府依法实施的应急处置措施和其他管理措施,业主应当依法予以配合。

业主大会或者业主委员会,对任意弃置垃圾、排放污染物或者噪声、违反规定饲养动物、违章搭建、侵占通道、拒付物业费等损害他人合法权益的行为,有权依照法律、法规以及管理规约,请求行为人停止侵害、排除妨碍、消除危险、恢复原状、赔偿损失。

业主或者其他行为人拒不履行相关义务的,有关当事人可以向有关行政主管部门报告或者投诉,有关行政主管部门应当依法处理。

【条文要义】

本条是对业主守法义务及业主大会及业主委员会职责的规定。

业主守法义务，除遵守法律、行政法规外，还要遵守管理规约的规定，相关行为应当符合节约资源、保护生态的要求，保护好生态环境。管理规约是业主大会制定的区分所有建筑物管理的自治规则，内容是业主为了增进共同利益，确保良好的生活环境，经业主大会决议的共同遵守事项。管理规约的订立、变更或废止，都必须经过业主大会决议，经专有部分占建筑物总面积过半数的业主且占总人数过半数的业主同意，始得订立、变更或者废止。管理规约的内容主要包括：(1) 业主之间的权利义务关系；(2) 业主之间的共同事务；(3) 业主之间利益调节的事项；(4) 对违反义务的业主的处理办法。规约的效力在于约束全体业主的行为，故规约只对该建筑物的业主有效，也及于业主的特定继受人。业主委员会和物业服务机构不得违反该规约而另行处置管理事务，与规约相抵触的管理行为不具有效力。

民法典除对物业服务企业或者其他管理人负有执行政府依法实施的应急处置措施和其他管理措施的义务作出规定外，还规定了业主对此负有的义务，即对于物业服务企业或者其他管理人执行政府依法实施的应急处置措施和其他管理措施，业主应当依法予以配合。从物业服务企业或其他管理人与业主的关系上，业主应当服从管理；从执行政府的应急处置措施和其他管理措施的层面上，业主作为管理相对人，也有服从管理的义务。因此，业主应当依法予以配合。

业主大会和业主委员会是业主的自治组织，代表业主对区分所有建筑物进行管理。业主大会或者业主委员会，对任意弃置垃圾、排放污染物或者噪声、违反规定饲养动物、违章搭建、侵占通道、拒付物业费等损害他人合法权益的行为，有权依照法律、法规以及管理规约，请求行为人停止侵害、排除妨碍、消除危险、恢复原状、赔偿损失。业主以及其他行为人应当服从管理，承担责任。业主或者其他行为人拒不履行相关义务的，有关当事人可以向有关行政主管部门投诉，有关行政主管部门应当依法处理。

【相关司法解释】

**《最高人民法院关于审理建筑物区分所有权纠纷案件适用法律若干问题的解释》**

**第十四条** 建设单位、物业服务企业或者其他管理人等擅自占用、处分业主共有部分、改变其使用功能或者进行经营性活动，权利人请求排除妨害、恢复原状、确认处分行为无效或者赔偿损失的，人民法院应予支持。

属于前款所称擅自进行经营性活动的情形，权利人请求建设单位、物业服务企业或者其他管理人等将扣除合理成本之后的收益用于补充专项维修资金或者业主共同决定的其他用途的，人民法院应予支持。行为人对成本的支出及其合理性承担举证责任。

第十五条　业主或者其他行为人违反法律、法规、国家相关强制性标准、管理规约，或者违反业主大会、业主委员会依法作出的决定，实施下列行为的，可以认定为民法典第二百八十六条第二款所称的其他"损害他人合法权益的行为"：

（一）损害房屋承重结构，损害或者违章使用电力、燃气、消防设施，在建筑物内放置危险、放射性物品等危及建筑物安全或者妨碍建筑物正常使用；

（二）违反规定破坏、改变建筑物外墙面的形状、颜色等损害建筑物外观；

（三）违反规定进行房屋装饰装修；

（四）违章加建、改建，侵占、挖掘公共通道、道路、场地或者其他共有部分。

**第二百八十七条　业主对建设单位、物业服务企业或者其他管理人以及其他业主侵害自己合法权益的行为，有权请求其承担民事责任。**

【条文要义】

本条是对业主维护合法权益请求权的规定。

业主作为建筑物区分所有权的权利人，面对的是建设单位、物业服务企业或者其他管理人，会发生利益上的冲突。如果建设单位、物业服务企业或者其他管理人侵害业主的合法权益，本条赋予业主以请求权，对建设单位、物业服务企业或者其他管理人以及其他业主侵害自己合法权益的行为，有权请求其承担民事责任，维护自己的合法权益。业主行使该请求权，可以直接向建设单位、物业服务企业和其他管理人请求，也可以向有关行政主管部门投诉，还可以向人民法院起诉，由人民法院裁判。

【相关司法解释】

《最高人民法院关于审理建筑物区分所有权纠纷案件适用法律若干问题的解释》

第十四条　建设单位、物业服务企业或者其他管理人等擅自占用、处分业主共有部分、改变其使用功能或者进行经营性活动，权利人请求排除妨害、恢复原状、确认处分行为无效或者赔偿损失的，人民法院应予支持。

属于前款所称擅自进行经营性活动的情形，权利人请求建设单位、物业服务企业或者其他管理人等将扣除合理成本之后的收益用于补充专项维修资金或者业主共同决定的其他用途的，人民法院应予支持。行为人对成本的支出及其合理性承担举证责任。

# 第七章  相邻关系

**第二百八十八条**  不动产的相邻权利人应当按照有利生产、方便生活、团结互助、公平合理的原则,正确处理相邻关系。

【条文要义】

本条是对处理相邻关系基本原则的规定。

相邻关系,是指不动产的相邻各方在行使所有权或其他物权时,因相互间应当给予方便或接受限制而发生的权利义务关系。相邻权利义务关系也可以从权利的角度称为相邻权。不过,相邻权不是一种独立的物权,而是法律直接规定产生的所有权的内容,其实质是对不动产所有权人、用益物权人以及占有人行使所有权、用益物权或占有的合理延伸和必要限制,故不能以法律行为改变不动产相邻关系,只能根据不动产相邻的事实进行判断和主张。

相邻关系涉及面广,种类繁多,都涉及权利主体的切身利益,极易引起纠纷。正确处理相邻关系,能够在界定不动产的权利边界的基础上,解决权利冲突的协调问题,对相邻各方的利益关系进行合理协调,妥善处理,解决纠纷,使人民团结,社会安定。

处理不动产相邻关系的基本原则是:(1)有利生产、方便生活。充分发挥不动产的使用效益,最大限度地维护各方的利益,以实现法律调整相邻关系所追求的社会目的。(2)团结互助、公平合理。相邻各方在行使其权利时,应互相协作,团结互助,互相尊重对方的合法权益,不能以邻为壑,损人利己。当争议发生时,应在相互协商的基础上,以团结为重,强调互助,公平合理地处理相邻纠纷。(3)尊重历史和习惯。相邻各方发生纠纷,依照历史的情况和当地的习惯来处理,往往是最好的解决方法。

**第二百八十九条**  法律、法规对处理相邻关系有规定的,依照其规定;法律、法规没有规定的,可以按照当地习惯。

**【条文要义】**

本条是对处理相邻关系依据的规定。

处理相邻关系，首先是依照法律、法规的规定。当没有法律和行政法规的规定时，可以适用习惯作为处理相邻关系的依据。习惯，是指在长期的社会实践中逐渐形成的，被人们公认的行为准则，具有普遍性和认同性，一经国家认可，就具有法律效力，成为调整社会关系的行为规范。民事习惯虽然没有上升为法律，但它之所以存在并被人们普遍接受和遵从，自有其社会根源、思想根源、文化根源和经济根源，只要不违反法律的规定，人民法院在规范民事裁判尺度时就应当遵从。在相邻关系的法律适用中，如果法律已经有所规范，应当适用法律规范，不适用习惯。当法律、法规对某种相邻关系没有规定时，应当按照习惯确定行为规范。例如，对越界枝丫、根系以及果实坠落的相邻关系规则，法律和行政法规都没有规定的，可以根据习惯确定这种纠纷的处理。

**第二百九十条** 不动产权利人应当为相邻权利人用水、排水提供必要的便利。

对自然流水的利用，应当在不动产的相邻权利人之间合理分配。对自然流水的排放，应当尊重自然流向。

**【条文要义】**

本条是对相邻用水、排水、流水关系的规定。

相邻用水、排水和流水关系，是相邻关系的重要内容，其基本规则是：

1. 相邻用水关系。这是重要的相邻关系之一。在我国，水资源为国家所有，相邻各方均有权利用自然流水。对水资源的利用，应依"由远及近、由高至低"的原则依次灌溉、使用，任何一方不得擅自堵塞或者截留；如果一方擅自堵塞、独占或改变自然水流，影响他人正常生产、生活的，他方有权请求排除妨碍和赔偿损失。

2. 相邻排水关系。不动产相邻之间必须解决排水问题。如果相邻一方必须通过另一方的土地排水，另一方应当准许。排水人应当对对方的土地等财产采取必要的保护措施，防止损害对方的权利。无论是不可避免的损害，还是由于过错而造成对方的损害，甚至是有造成损害危险的，都有义务停止侵害、消除危险、恢复原状，造成损失的应当赔偿。

3. 相邻滴水、流水关系。不动产权利人修建房屋或者开挖沟渠，应与相邻他方的不动产保持一定距离和采取必要措施，防止屋檐滴水或流水对相邻对方造成损害。由此而妨碍和损害对方的，应当排除妨碍、赔偿损失。

**第二百九十一条　不动产权利人对相邻权利人因通行等必须利用其土地的，应当提供必要的便利。**

## 【条文要义】

本条是对邻地通行关系的规定。

利用相邻土地是相邻关系中的重要内容，对确有必要的，相邻方应当提供必要便利。土地权利人的基本权利之一，是禁止他人进入自己的土地。非法侵入不动产特别是土地，构成侵害财产权的侵权行为。不过，在相邻土地之间，如果存在通行的必要，须保证相邻方的必要通行权。

相邻土地通行关系主要包括：

1. 邻地通行。也称为袋地通行权，是指土地与公路无适宜的道路相连，致不能为通常使用，土地所有人可以通行周围地以至公路的相邻权。相邻一方的土地处于另一方土地包围之中，或者由于其他原因，相邻一方必须经过相邻方使用的土地通行的，另一方应当准许；对邻地享有通行权的人，应当选择对相邻方损害最小的线路通行；因邻地通行造成相邻一方损害的，应当依法赔偿相邻方的损失。

2. 通行困难。也称为准袋地通行权。虽然不动产权利人有路通行，但如果不经过另一方的土地通行则非常不便利，且会发生较高费用的，相邻方应当准许不动产权利人通过自己的土地，提供便利。通行困难不同于袋地通行。袋地通行是指不动产权利人无路可走，不得不利用相邻一方的土地通行。通行困难不是无路可走，而是不通过相邻一方的土地通行则非常不便利，且费用过巨，或者具有危险。通行困难与袋地通行存在差别，在法律适用上也有所区别。相邻方提供便利，准许通行困难的不动产权利人在自己的土地上通行的，不动产权利人应当对相邻方予以补偿。

3. 历史通道。因历史原因形成的必要通道，所有人、用益人或者占有人不得随意堵塞或妨碍他人通行；需要改造的，必须与通行人事先协商一致；如果另有其他通道可以通行，并且堵塞后不影响他人通行的，则可以堵塞历史通道而行其他通道。

第二百九十二条　不动产权利人因建造、修缮建筑物以及铺设电线、电缆、水管、暖气和燃气管线等必须利用相邻土地、建筑物的，该土地、建筑物的权利人应当提供必要的便利。

【条文要义】

本条是对相邻土地与建筑物利用关系的规定。

不动产权利人由于行使自己的权利而必须利用相邻方的土地、建筑物时，构成相邻土地及建筑物的利用关系。其规则是：不动产权利人因建造、修缮建筑物以及铺设电线、电缆、水管、暖气和煤气等管线必须利用相邻土地、建筑物的，该土地、建筑物的权利人应当提供必要的便利。主要包括：

1. 临时占用。相邻一方因建造、修缮建筑物或者其他管线，需要临时占用他方土地、建筑物时，他方应当允许。

2. 长期使用。相邻一方因建造、修缮建筑物或者其他管线，必须通过另一方所有或使用的土地、建筑物而架设电线，埋设电缆、水管、煤气管、下水道等管线时，他方应当允许。安设管线应选择对相邻他方损害最小的线路和方法为之，由此而造成的损失，应当由安设方给予赔偿。

第二百九十三条　建造建筑物，不得违反国家有关工程建设标准，不得妨碍相邻建筑物的通风、采光和日照。

【条文要义】

本条是对相邻建筑物通风、采光、日照的规定。

建筑物通风、采光和日照，是相邻关系中的重要内容。相邻各方修建房屋或其他建筑物，相互间应保持适当距离，不得妨碍邻居的通风、采光和日照。如果建筑物影响相邻方的通风、采光、日照和其他正常生活的，受害人有权请求排除妨碍、恢复原状和赔偿损失。例如，在城市建筑物密集地区，安装空调机应当与相邻对方建筑物的门窗保持适当距离，不能将空调的排风口直接对着相邻对方建筑物的门窗，防止对相邻对方的生活造成损害。

**第二百九十四条** 不动产权利人不得违反国家规定弃置固体废物,排放大气污染物、水污染物、土壤污染物、噪声、光辐射、电磁辐射等有害物质。

【条文要义】

本条是对相邻环保关系的规定。

相邻环保关系是相邻关系中的重要关系,关系相邻各方的生活和生产安全。其规则是:

1. 排放污染物的限制。相邻各方应当按照《环境保护法》的有关规定,不得违反国家规定弃置固体废物,排放大气污染物、水污染物、土壤污染物、噪声、光辐射、电磁辐射等有害物质,注意保护环境,防止造成污染。如果排放的污染物造成了损害,即使排放的污染物并没有超过标准,相邻方也有权要求治理并请求赔偿损失。相邻一方产生的粉尘、光、噪声、电磁波辐射等超过国家规定标准,或者散发有害异味的,对方有权请求其停止侵害、赔偿损失。

2. 修建、堆放污染物。相邻一方修建厕所、粪池、污水池、牲畜栏厩,或堆放垃圾、有毒物、腐烂物等,应当与相邻方的不动产保持一定距离,并采取防污措施,防止对相邻方的人身和财产造成损害。上述污染物侵入相邻不动产一方,影响其生产、生活的,受害人有权请求其排除妨碍、消除危险或赔偿损失。

3. 有害物质侵入。有害物质包括臭气、烟气、煤烟和其他来自他人土地的类似干扰的侵入。除上述列举外,在环境保护法规中经常提到的废气、废渣、废水、垃圾、粉尘、放射性物质等,均包括在内。有害物质侵入的防免关系内容,主要是权利人享有请求排放一方的相邻人停止排放的权利,排放一方的相邻人负有停止侵入的义务,须按照环境保护法和有关规定处理,不得妨碍或损害相邻人的正常生产与生活。

**第二百九十五条** 不动产权利人挖掘土地、建造建筑物、铺设管线以及安装设备等,不得危及相邻不动产的安全。

【条文要义】

本条是对相邻防险关系的规定。

相邻防险关系也叫作相邻防险权，是指相邻一方当事人因使用、挖掘土地，或其所建建筑物有倒塌可能，给相邻当事人造成损害的危险时，在该相邻双方当事人间产生的一方享有请求他方预防损害，他方负有预防邻地损害的权利义务关系。相邻防险关系的类型是：

1. 挖掘土地或建筑的防险关系。相邻一方在自己使用的土地上挖掘地下工作物，如挖掘沟渠、水池、地窖、水井，或者向地下挖掘寻找埋藏物以及施工等，必须注意保护相邻方不动产的安全，为相邻方保留必要的侧面支撑，不得因此使相邻方的地基动摇或发生危险，或者使相邻方土地上的工作物受到损害。已留出适当距离的挖掘或建筑，仍给相邻方造成损害的，应依据科学鉴定，予以免责或减轻责任。

2. 建筑物及其他设施倒塌危险的防免关系。相邻一方的建筑物或者其他设施的全部或部分有倒塌的危险，威胁相邻另一方的人身、财产安全，受该危险威胁的相邻人有权请求必要的预防。这种必要预防的请求权不以被告有过失为必要，只需有危险的存在即可。

3. 放置或使用危险物品的防险关系。危险物品包括易燃品、易爆品、剧毒性、强腐蚀性物品等具有危险性的物品。放置或使用这些物品，必须严格按照有关规定办理，并应当与相邻方的建筑物等保持适当距离，或采取必要的防范措施，使相邻方免遭人身和财产损失。

违反相邻防险义务的，适用民法典的规定确定责任。给相邻方造成妨碍的，可以要求停止侵害，排除妨碍；给相邻方造成损失的，可以要求损害赔偿。

**第二百九十六条** 不动产权利人因用水、排水、通行、铺设管线等利用相邻不动产的，应当尽量避免对相邻的不动产权利人造成损害。

【条文要义】

本条是对行使相邻权避免损害相邻权利人的规定。

不动产权利人因用水、排水、通行、铺设管线等利用相邻不动产的，应当遵守约定，负有尽量避免对相邻不动产权利人造成损害的义务。对于没有造成损害的，相邻方应当容忍，一般不应要求不动产权利人给付费用。

相邻方违反相邻关系造成对方损害的救济方法，本条没有规定，主要有以下几种：

1. 依据约定进行救济。双方当事人之间事先存在合同约定，或者在区分所有建筑物的业主管理规约中有明确规定的，应当按照合同的约定或者管理规约的规定，处理双方的争议。没有按照约定或者管理规约的规定处理相邻纠纷的，违约一方应当承担责任。

2. 强制拆除。对于相邻方建设妨害对方权利行使，对方提出强制拆除的，应当予以准许，对妨害相邻关系的建筑物或者其他设施予以强制拆除。

3. 适当补偿。在相邻一方给相邻另一方的不动产权利行使提供方便，对自己的权利行使造成妨害的，提供方便的一方可以请求予以适当补偿。对方应当根据实际情况，对造成妨害的对方予以适当补偿。

4. 合理损失赔偿原则。利用相邻方的不动产，对相邻方造成损害的，既包括已经利用对方不动产造成的损害，也包括本可避免而未能避免的对相邻不动产权利人造成的损害，都应当对实际造成的损失承担赔偿责任。相邻关系的赔偿责任不以过错为要件，只要造成损害就应当承担赔偿责任。

# 第八章　共　有

**第二百九十七条**　不动产或者动产可以由两个以上组织、个人共有。共有包括按份共有和共同共有。

【条文要义】

本条是对共有权及类型的规定。

共有权，是指两个以上的民事主体对同一项财产共同享有的所有权。其特征是：（1）共有权的主体具有非单一性，须由两个或两个以上的自然人、法人或非法人组织构成；（2）共有物的所有权具有单一性，共有权的客体即共有物是同一项财产，共有权是一个所有权；（3）共有权的内容具有双重性，包括所有权具有的与非所有权人构成的对世性的权利义务关系，以及内部共有人之间的权利义务关系；（4）共有权具有意志或目的的共同性，基于共同的生活、生产和经营目的，或者基于共同的意志发生共有关系。

共有权包括的类型是：（1）按份共有，即对同一项财产数个所有人按照既定的份额，享有权利，承担义务；（2）共同共有，即对同一项财产数个所有人不分份额地享有权利、承担义务；（3）准共有，即共有的权利不是所有权，而是所有权之外的他物权和知识产权。

**第二百九十八条**　按份共有人对共有的不动产或者动产按照其份额享有所有权。

【条文要义】

本条是对按份共有的规定。

按份共有亦称分别共有、通常共有，是共有的基本类型，是指两个以上的民事主体，对同一项财产按照应有部分，共同享有权利、分担义务的共有关系。其法律特征是：（1）各个共有人对共有物按份额享有不同的权利，份额是按份共有的基本特征，也是产生按份共有关系的客观基础；（2）各个共有人对共有财产享有权利和承担义务依据不同的份额确定，份额权是按份共有的基本特征；（3）共有人的权利及于共有财产的全部，每个共有人的权利不限于共有物的某一个具体部分，适用于整个共有物。

按份共有与共同共有的区别是：（1）成立的原因不同，按份共有的成立无须以共同关系的存在为前提，共同共有的成立须以共同关系的存在为前提；（2）标的物不同，按份共有的共有财产多数为单一物或者少数财产集合，共同共有的客体通常为一项财产，为财产集合；（3）权利的享有不同，无论是对外关系还是对内关系，按份共有权人享有的权利和承担的义务都是按照份额确定的，共同共有则没有份额的限制，共同享有权利，共同承担义务；（4）存续的期间不同，共同共有通常有共同的目的，因而存续期间较长，按份共有在本质上为暂时关系，可以随时终止；（5）分割的限制不同，按份共有可以随时请求分割共有财产，共同共有人在共有关系存续期间不得请求分割共有财产。

**第二百九十九条　共同共有人对共有的不动产或者动产共同享有所有权。**

**【条文要义】**

本条是对共同共有的规定。

共同共有也称为公同共有，是指两个以上的民事主体基于某种共同关系，对于同一项财产不分份额地共同享有权利、承担义务的共有关系。狭义的共同共有是指合有，是各共有人根据法律或合同的效力结合在一起，不分份额地共同所有某项财产。广义的共同共有包括合有和总有。共同共有的法律特征是：（1）共同共有依据共同关系而发生，没有这种共同关系的存在，不能发生共同共有关系；（2）共同共有人在共有关系中不分份额，只要共同共有关系存在，共有人对共有财产就无法划分各自的份额；（3）共同共有人平等地享受权利和承担义务，共同共有人的权利及于整个共有财产，行使全部共有权；（4）共同共有人对共有财产享有连带权利，承担连带义务。

共同共有的性质是不分割的共有权，具体表现是：（1）共同共有不分份额，因而是没有应有部分即份额的共有权；（2）共同共有人中的每一个人都享有共有权，却不能独立地享有所有权，每个共有人并不是对全部共有财产的全部所有，而只是共有，实际上存在潜在的应有部分；（3）在共同共有关系终止时，共有财产才可以分割，形成按份额分割出来的单独所有权。

**第三百条　共有人按照约定管理共有的不动产或者动产；没有约定或者约定不明确的，各共有人都有管理的权利和义务。**

【条文要义】

本条是对共有人管理共有物的规定。

共有人对共同财产的管理规则，分为约定管理和共同管理。

管理共有财产的基本原则是约定管理，共有人有约定管理协议的，依照协议的约定进行管理。约定管理主要是分别管理，可以订立分管协议。分管协议也称为专属管理、分别管理约定，是指共有人之间约定某个人或各自分别占有共有财产的特定部分，并对该部分进行管理的约定。当事人进行协商，订立分管协议，约定分管的范围与内容，按照协议进行管理。

分管协议的效力是：

1. 分管协议的对内效力是：（1）共有人可以依据分管协议的内容就共有物分管部分为使用、收益及管理，即取得管理权；（2）共有人就共有物分管的特定部分，依据分管协议，行使使用、收益及管理权，凡属协议范围内的管理行为，分管的共有人均可以自由为之。

2. 分管协议的对外效力，是对非分管协议签订人之外的第三人的效力，如果共有的是不动产，且经过登记，对应有部分的受让人或取得物权的人即具有效力。如果共有的是动产，应有部分的受让人或者取得物权的人知悉有分管协议或有可得知的情形者，亦应受此项分管协议的约束。不动产未经登记，或者动产的分管协议为第三人所不知悉者，对应有部分受让人或者取得物权的人不发生拘束力。

没有约定管理或者管理不明确的，是共同管理。在共同管理的基本原则之下，对共同财产的普通管理行为，符合共有财产使用目的和用途的行为，各共有人可以单独进行，以使共有财产保值增值，保护全体共有人的利益。

**第三百零一条　处分共有的不动产或者动产以及对共有的不动产或者动产作重大修缮、变更性质或者用途的，应当经占份额三分之二以上的按份共有人或者全体共同共有人同意，但是共有人之间另有约定的除外。**

**【条文要义】**

本条是对处分或者改良共有财产的规定。

对共有物的管理行为分为：(1) 处分行为，是指对共有物的事实处分，即变卖或者转让等；(2) 保存行为，是指以保全共有财产或在共有财产上设置的其他权利为目的的行为，如为防止共有财产的灭失或者共有财产上设置的其他权利的消灭等行为；(3) 改良行为，是指以对于共有物或物上其他权利的利用或改善为目的的行为，属于为增加共有物的收益或效用为目的的行为；(4) 利用行为，是指以满足共有人共同需要为目的，不变更共有物的性质，决定其使用、收益方法的行为。

对共有物实施的处分行为，是事实上决定共有物的命运，即转让共有物的所有权。对共有物的改良行为，是对共有物的更新或者改建行为，对共有物或物上其他权利进行利用或改善，为增加共有物的收益或效用。这两种行为都对共有人的利益具有重要意义。本条规定，对共有的不动产或者动产作处分的决定（处分行为），或者进行重大修缮、变更性质或者用途的改良行为，应当经占份额三分之二以上的按份共有人或者共同共有人全体一致同意。只有在共有人另有约定的情况下，才可以按照当事人的约定处理。没有达到这一规定的份额的部分共有人处分全部共有财产的，为无效。

**第三百零二条** 共有人对共有物的管理费用以及其他负担，有约定的，按照其约定；没有约定或者约定不明确的，按份共有人按照其份额负担，共同共有人共同负担。

**【条文要义】**

本条是对共有费用承担的规定。

共有财产的管理费用，是指因保存、改良或者利用共有财产的行为所支付的费用。管理费用也包括其他负担，如因共有物致害他人所应支付的损害赔偿金。

对管理费用的负担规则是：(1) 对共有物的管理费用以及其他负担，有约定的，按照其约定处理；(2) 没有约定或者约定不明确的，按份共有人按照其份额负担，共同共有人共同负担；(3) 共有人中的一人支付管理费用，该费用是必要管理费用的，其超过应有份额所应分担的额外部分，对其他共有人可以按其各应分担的份额请求偿还。

**第三百零三条** 共有人约定不得分割共有的不动产或者动产，以维持共有关系的，应当按照约定，但是共有人有重大理由需要分割的，可以请求分割；没有约定或者约定不明确的，按份共有人可以随时请求分割，共同共有人在共有的基础丧失或者有重大理由需要分割时可以请求分割。因分割造成其他共有人损害的，应当给予赔偿。

【条文要义】

本条是对分割共有财产的规定。

在共有关系存续期间，共有人负有维持共有状态的义务。分割共有财产的规则是：

1. 约定不得分割共有财产的，不得分割。共有人约定不得分割共有的不动产或者动产以维持共有关系的，应当按照约定，维持共有关系，不得请求分割共有财产，消灭共有关系。共同共有关系存续期间，原则上不得分割。

2. 有不得分割约定，但有重大理由需要分割共有财产的。共有人虽有不得分割共有的不动产或者动产以维持共有关系的协议，但有重大理由需要分割的，可以请求分割。至于请求分割的共有人究竟是一人、数人或者全体，则在所不问。共有人全体请求分割共有财产的，则为消灭共有关系的当事人一致意见，可以分割。

3. 没有约定或者约定不明确的，按份共有的共有人可以随时请求分割；共同共有的共有人在共有的基础丧失或者有重大理由需要分割时，也可以请求分割。

4. 造成损害的赔偿。无论是否约定保持共有关系，共有人请求对共有财产进行分割，在分割共有财产时对其他共有人造成损害的，应当给予赔偿。

**第三百零四条** 共有人可以协商确定分割方式。达不成协议，共有的不动产或者动产可以分割且不会因分割减损价值的，应当对实物予以分割；难以分割或者因分割会减损价值的，应当对折价或者拍卖、变卖取得的价款予以分割。

共有人分割所得的不动产或者动产有瑕疵的，其他共有人应当分担损失。

【条文要义】

本条是对共有财产分割方法的规定。

为了避免纠纷、减少矛盾，使分割顺利进行，在分割共有财产时应遵循的原则是：（1）法律的原则；（2）约定的原则；（3）平等协商、团结和睦的原则；（4）保存和发挥物的效用的原则。

分割共有财产时采取以下方式：

1. 实物分割：对共有财产，在不影响其财产使用价值和特定用途时，可在各共有人之间进行实物分割，使各共有人取得其应得的部分。实物分割是分割共有财产的基本方法。

2. 变价分割：是指共有财产不能分割或分割有损其价值，各共有人都不愿意取得共有物时，将其变卖，所得价款由各共有人分别领取的分割方法。

3. 作价补偿：是指共有人中的一人或数人取得共有物，对其他共有人的应得部分作价补偿。这种分割方式多适用于共有物为不可分割且有共有人愿意放弃对该物所有权的情况。

共有财产分割后，共有关系消灭，各共有人各自取得其所分得部分的所有权。由共有人对全部共有财产的共同所有，变成各共有人对原共有财产的各个部分的单独所有。共有财产分割后，各共有人都应以其所得的财产，互负瑕疵担保责任。共有人之一分得的财产因其分割前的权利瑕疵而被第三人强制追索，或分得的财产本身就有瑕疵，其所受的损失应由其他共有人按其所得财产的份额比例进行补偿。

**第三百零五条** 按份共有人可以转让其享有的共有的不动产或者动产份额。其他共有人在同等条件下享有优先购买的权利。

【条文要义】

本条是对按份共有份额转让权和优先购买权的规定。

按份共有的共有人对于其享有的共有份额，享有转让权，这是共有人的权利。

在按份共有人转让其共有份额时，其他共有人享有优先购买权，即在同等条件下，其他按份共有人可以先于共有人之外的其他人购买该份额。这是因为，按份共有的共有人出让自己的份额，共有人有优先购买权，在同等条件下优先购买，可以将共有关系仍然保持在原来的共有人之间，不会有共有人之外的人加入共有关系而破坏共有人之间的信赖，进而使共有关系受到损害。通过按份共有的共有人享有优先购买权，就能在尽可能的情况下，使共有关系存续下去，避免外部的第三人加入现存的共有关系，维持共有关系的稳定。行使优先购买权的条件是同等条件，即其他共有人就购买该份额所给出的价格等条件与欲购买该份额的非共有人相同。当其他共有人与共有关系之外的其他人出价相同时，其他共有人有优先购买的权利。

**【相关司法解释】**

《最高人民法院关于适用〈中华人民共和国民法典〉物权编的解释（一）》

**第九条** 共有份额的权利主体因继承、遗赠等原因发生变化时，其他按份共有人主张优先购买的，不予支持，但按份共有人之间另有约定的除外。

**第十条** 民法典第三百零五条所称的"同等条件"，应当综合共有份额的转让价格、价款履行方式及期限等因素确定。

**第十一条** 优先购买权的行使期间，按份共有人之间有约定的，按照约定处理；没有约定或者约定不明的，按照下列情形确定：

（一）转让人向其他按份共有人发出的包含同等条件内容的通知中载明行使期间的，以该期间为准；

（二）通知中未载明行使期间，或者载明的期间短于通知送达之日起十五日的，为十五日；

（三）转让人未通知的，为其他按份共有人知道或者应当知道最终确定的同等条件之日起十五日；

（四）转让人未通知，且无法确定其他按份共有人知道或者应当知道最终确定的同等条件的，为共有份额权属转移之日起六个月。

**第十二条** 按份共有人向共有人之外的人转让其份额，其他按份共有人根据法律、司法解释规定，请求按照同等条件优先购买该共有份额的，应予支持。其他按份共有人的请求具有下列情形之一的，不予支持：

（一）未在本解释第十一条规定的期间内主张优先购买，或者虽主张优先购买，但提出减少转让价款、增加转让人负担等实质性变更要求；

（二）以其优先购买权受到侵害为由，仅请求撤销共有份额转让合同或者认定该合同无效。

**第十三条** 按份共有人之间转让共有份额，其他按份共有人主张依据民法典第三百零五条规定优先购买的，不予支持，但按份共有人之间另有约定的除外。

**第三百零六条** 按份共有人转让其享有的共有的不动产或者动产份额的，应当将转让条件及时通知其他共有人。其他共有人应当在合理期限内行使优先购买权。

两个以上其他共有人主张行使优先购买权的，协商确定各自的购买比例；协商不成的，按照转让时各自的共有份额比例行使优先购买权。

【条文要义】

本条是对行使优先购买权方法的规定。

共有人行使优先购买权的具体方法是：（1）按份共有人决定要转让其享有的共有不动产或者动产的份额。（2）决定转让其共有份额的按份共有人应当将转让条件及时通知其他共有人，其转让条件是其他人购买该份额时的出价等。（3）其他共有人应当在合理期限内行使优先购买权，该合理期限通常为30天。（4）两个以上的其他共有人都主张行使优先购买权的，应当采用协商的方法，确定各自的购买比例；协商不成的，则按照转让时各自的共有份额比例，行使优先购买权，取得出让的共有份额。

**第三百零七条** 因共有的不动产或者动产产生的债权债务，在对外关系上，共有人享有连带债权、承担连带债务，但是法律另有规定或者第三人知道共有人不具有连带债权债务关系的除外；在共有人内部关系上，除共有人另有约定外，按份共有人按照份额享有债权、承担债务，共同共有人共同享有债权、承担债务。偿还债务超过自己应当承担份额的按份共有人，有权向其他共有人追偿。

【条文要义】

本条是对共有财产产生的债权债务效力的规定。

因共有财产产生的债权债务关系，其发生效力的基本规则是：

1. 对外关系，无论共同共有还是按份共有，统一都产生连带债权、负担连带债务，这是为了保护善意第三人的权益。第三人很难获知共有人之间共有关系的性质，如果不使各共有人承担连带义务，很容易产生共有人推脱义务的行为，对债权人不利。但是，如果法律另有规定或者第三人知道共有人不具有连带债权债务关系时，共有人不承担连带责任，而是按照约定或者共有人享有的份额各自享有债权、承担债务。

2. 对内关系，除共有人另有约定外，按份共有人按照份额享有债权、承担债务，共同共有人共同享有债权、承担债务。

3. 偿还债务超过自己应当承担份额的按份共有人，有权向其他共有人追偿，通过行使追偿权，实现将所有的债务由按份共有人按份承担的效果。

**第三百零八条** 共有人对共有的不动产或者动产没有约定为按份共有或者共同共有，或者约定不明确的，除共有人具有家庭关系等外，视为按份共有。

【条文要义】

本条是对共有性质不明的确定方法的规定。

共有人对共有的不动产或者动产没有约定为按份共有或者共同共有，或者约定不明确的，就是共有关系性质不明。在共有性质上，按份共有是常态，共同共有是非常态，其区别在于，共同共有须存在建立共同共有的关系，如婚姻关系、家庭关系、合伙关系等。在通常情况下，没有共同关系，就不会建立共同共有关系。所以，在共有关系性质不明的情况下，确定的规则是，除共有人具有婚姻、家庭关系或者合伙关系外，都视为按份共有，按照按份共有确定共有人的权利义务和对外关系。本条使用的是"视为"，视为就是推定，如果共有人之一能够推翻"视为"的推定，则应当按照证据认定共有的性质。

**第三百零九条** 按份共有人对共有的不动产或者动产享有的份额，没有约定或者约定不明确的，按照出资额确定；不能确定出资额的，视为等额享有。

【条文要义】

本条是对按份共有份额不明的规定。

在按份共有中，如果按份共有人对共有的不动产或者动产享有的份额没有约定或者约定不明确，就无法确定各自的份额比例，无法确定各共有人的权利和义务。本条规定的规则是：

1. 没有约定或者约定不明确的，按照各共有人的出资额确定各自的共有份额。

2. 如果对出资额也不能确定，无法按照出资额确定份额的，则视为各共有人等额共有，按照相同的份额享有权利、承担义务。

**第三百一十条** 两个以上组织、个人共同享有用益物权、担保物权的，参照适用本章的有关规定。

【条文要义】

本条是对准共有的规定。

准共有，是指两个或两个以上民事主体对所有权以外的财产权共同享有权利的共有。准共有与普通共有既有联系，又有区别，共同组成完整的共有法律制度。本条虽然只对用益物权、担保物权适用准共有进行了规定，但其实，知识产权也能构成准共有，民法典物权编囿于其性质的限制，只规定了他物权的准共有。

准共有适用共有的基本规则，即"参照适用本章的有关规定"。准共有是共有的一种特殊类型，除共有的权利有所不同外，在其他方面与一般共有适用同样的基本原理。对于其他形式的准共有，法律都有专门的规定。例如，共有知识产权规定在《著作权法》《商标法》《专利法》中，都有专门的规则。

准共有按照共有的不同性质，分成以下类型：

1. 用益物权的准共有：用益物权的准共有是最主要的准共有。其共有的权利就是用益物权，包括建设用地使用权共有、宅基地使用权共有、地役权共有、土地承包经营权共有和居住权共有。

2. 担保物权的准共有：共有的担保物权就是担保物权的准共有，包括抵押权共有、质权共有和留置权共有。

3. 特许物权的准共有：在取得采矿权、取水权和养殖权等特许物权时，如果是两个以上的民事主体共同享有，或者按份共有，或者共同共有，也是准共有性质的权利。

4. 知识产权的准共有：一般是基于数个主体依据共同的创造性劳动，共同取得一个著作权、商标权或者专利权，形成准共有。知识产权的准共有包括著作权共有、专利权共有和商标权共有。

# 第九章　所有权取得的特别规定

**第三百一十一条**　无处分权人将不动产或者动产转让给受让人的，所有权人有权追回；除法律另有规定外，符合下列情形的，受让人取得该不动产或者动产的所有权：

（一）受让人受让该不动产或者动产时是善意；

（二）以合理的价格转让；

（三）转让的不动产或者动产依照法律规定应当登记的已经登记，不需要登记的已经交付给受让人。

受让人依据前款规定取得不动产或者动产的所有权的，原所有权人有权向无处分权人请求损害赔偿。

当事人善意取得其他物权的，参照适用前两款规定。

**【条文要义】**

本条是对善意取得的规定。

善意取得，是指无权处分他人财产的财产占有人，将其占有的财产转让给第三人，受让人在取得该财产时系出于善意，即依法取得该财产的所有权，原财产所有人不得要求受让人返还财产的物权取得制度。在现代商品经济高度发展的社会，善意取得制度既是适应商品经济发展的交易规则，也是物权法的一项重要制度。

善意取得的构成要件是：（1）受让人受让该不动产或者动产时为善意；受让的财产包括动产和不动产，受让人受让时的主观状态是善意，即对无权处分不知情且无过失；（2）以合理的价格转让；即受让人须通过交换而实际占有已取得的财产，为有偿转让且价格合理；（3）转让的动产或者不动产依照法律规定应当登记的已经登记，不需要登记的已经交付给受让人，不符合物权变动公示方法要求的，不发生善意取得效力。

具备善意取得的构成要件，即发生善意取得的法律效力，不得向善意受让人请求返还原物。确认善意取得，保护的是交易的动态安全，但也须对原所有权人的权益进行保护。原所有权人权利受到侵害的原因，是出让财产的无处分权人的出让行为，属于侵害财产权的行为。依据这一法律事实，原所有权人取得侵权损害赔偿请求权，让与人对原所有权人负有损害赔偿义务，赔偿的范围包括原物的价值及因此而造成的其他损失。

不构成善意取得的转移占有，不发生善意取得效力，所有权人依物权请求权，向受让人请求返还，受让人负返还义务。原物已经灭失或毁损的，可以向受让人请求赔偿转让的价金。受让人负返还责任后，可以向出让人请求返还价金。

善意取得不仅适用于所有权的取得，也适用于他物权的取得，特别是用益物权的善意取得。

## 【相关司法解释】

**《最高人民法院关于适用〈中华人民共和国民法典〉物权编的解释（一）》**

**第十四条** 受让人受让不动产或者动产时，不知道转让人无处分权，且无重大过失的，应当认定受让人为善意。

真实权利人主张受让人不构成善意的，应当承担举证证明责任。

**第十五条** 具有下列情形之一的，应当认定不动产受让人知道转让人无处分权：

（一）登记簿上存在有效的异议登记；

（二）预告登记有效期内，未经预告登记的权利人同意；

（三）登记簿上已经记载司法机关或者行政机关依法裁定、决定查封或者以其他形式限制不动产权利的有关事项；

（四）受让人知道登记簿上记载的权利主体错误；

（五）受让人知道他人已经依法享有不动产物权。

真实权利人有证据证明不动产受让人应当知道转让人无处分权的，应当认定受让人具有重大过失。

**第十六条** 受让人受让动产时，交易的对象、场所或者时机等不符合交易习惯的，应当认定受让人具有重大过失。

**第十七条** 民法典第三百一十一条第一款第一项所称的"受让人受让该不动产或者动产时"，是指依法完成不动产物权转移登记或者动产交付之时。

当事人以民法典第二百二十六条规定的方式交付动产的，转让动产民事法律行为生效时为动产交付之时；当事人以民法典第二百二十七条规定的方式交付动产的，转让人与受让人之间有关转让返还原物请求权的协议生效时为动产交付之时。

法律对不动产、动产物权的设立另有规定的，应当按照法律规定的时间认定权利人是否为善意。

**第十八条** 民法典第三百一十一条第一款第二项所称"合理的价格"，应当根据转让标的物的性质、数量以及付款方式等具体情况，参考转让时交易地市场价格以及交易习惯等因素综合认定。

**第十九条** 转让人将民法典第二百二十五条规定的船舶、航空器和机动车等交付给受让人的，应当认定符合民法典第三百一十一条第一款第三项规定的善意取得的条件。

**第二十条** 具有下列情形之一，受让人主张依据民法典第三百一十一条规定取得所有权的，不予支持：

（一）转让合同被认定无效；

（二）转让合同被撤销。

《最高人民法院关于适用〈中华人民共和国民法典〉有关担保制度的解释》

**第三十七条** 当事人以所有权、使用权不明或者有争议的财产抵押，经审查构成无权处分的，人民法院应当依照民法典第三百一十一条的规定处理。

当事人以依法被查封或者扣押的财产抵押，抵押权人请求行使抵押权，经审查查封或者扣押措施已经解除的，人民法院应予支持。抵押人以抵押权设立时财产被查封或者扣押为由主张抵押合同无效的，人民法院不予支持。

以依法被监管的财产抵押的，适用前款规定。

**第三百一十二条** 所有权人或者其他权利人有权追回遗失物。该遗失物通过转让被他人占有的，权利人有权向无处分权人请求损害赔偿，或者自知道或者应当知道受让人之日起二年内向受让人请求返还原物；但是，受让人通过拍卖或者向具有经营资格的经营者购得该遗失物的，权利人请求返还原物时应当支付受让人所付的费用。权利人向受让人支付所付费用后，有权向无处分权人追偿。

**【条文要义】**

本条是对遗失物善意取得的规定。

对于遗失物是否适用善意取得制度，存在争论，在很长的时间里，对遗失物采用追回的方法处理，不适用善意取得制度。本条对遗失物的善意取得制度作出了规定。规则是：

1. 所有权人或者其他权利人有权追回遗失物，这是一般性原则。

2. 如果该遗失物通过转让被他人占有的，权利人可以选择，或者向无处分权人请求遗失物转让的损害赔偿，这是承认善意取得的效力，因而向无处分权人请求损害赔偿；或者自知道或者应当知道受让人之日起2年内向受让人请求返还原物，这是在行使物权请求权，但是受让人通过拍卖或者向具有经营资格的经营者购得该遗失物的，权利人请求返还原物时应当支付受让人所付的费用。

3. 如果权利人取得了返还的遗失物，又向受让人支付了所付费用后，则有权向无处分权人进行追偿。

**第三百一十三条** 善意受让人取得动产后，该动产上的原有权利消灭。但是，善意受让人在受让时知道或者应当知道该权利的除外。

**【条文要义】**

本条是对善意取得动产效果的规定。

对于动产，具备善意取得的构成要件，即发生善意取得的法律效力，受让人即时取得受让动产的所有权，原所有权人对该动产的所有权归于消灭，并不得向善意受让人请求返还原物，不像不动产善意取得那样需要登记。但是，善意受让人在受让时知道或者应当知道该权利的，受让人就不是善意，因为既然已经知道该动产的权利，就知道该动产出让人是没有权利的，因而不符合善意取得的要件要求，当然不能取得该动产的所有权。

**第三百一十四条** 拾得遗失物，应当返还权利人。拾得人应当及时通知权利人领取，或者送交公安等有关部门。

**【条文要义】**

本条是对拾得遗失物的规定。

遗失物，是所有权人和合法占有人不慎丢失，不为任何人占有的动产。遗失物既不是基于所有权人抛弃权利的意思，也不是因他人侵夺所致，亦不是无主财产，只是所有权人或合法占有人偶尔丧失了占有，又不为任何人所占有的动产。拾得遗失物的基本规则，是应当返还权利人。拾得人应当及时通知权利人领取，或者送交公安等有关部门。遗失物返还权利人后，是权利人恢复占有，而不是原始取得。

**第三百一十五条** 有关部门收到遗失物，知道权利人的，应当及时通知其领取；不知道的，应当及时发布招领公告。

【条文要义】

本条是对有关部门处理遗失物的规定。

有关部门收到遗失物后，应当查找遗失人，知道权利人的，应当及时通知其领取；不知道遗失人的，应当及时发布招领公告，寻找遗失人，进行失物招领。

**第三百一十六条** 拾得人在遗失物送交有关部门前，有关部门在遗失物被领取前，应当妥善保管遗失物。因故意或者重大过失致使遗失物毁损、灭失的，应当承担民事责任。

【条文要义】

本条是对拾得人和有关部门保管遗失物的规定。

无论是拾得人还是有关部门，在占有遗失物后，都负有妥善保管的义务，防止遗失物的灭失、毁损，损害遗失物权利人的权益。这是规定拾得人在遗失物送交有关部门前，有关部门在遗失物被领取前，应当妥善保管遗失物的原因。

拾得人或者有关部门如果因故意或者重大过失致使遗失物毁损、灭失的，应当承担损害赔偿的责任，权利人有权请求其承担损害赔偿责任。

**第三百一十七条** 权利人领取遗失物时，应当向拾得人或者有关部门支付保管遗失物等支出的必要费用。

权利人悬赏寻找遗失物的，领取遗失物时应当按照承诺履行义务。

拾得人侵占遗失物的，无权请求保管遗失物等支出的费用，也无权请求权利人按照承诺履行义务。

## 【条文要义】

本条是对权利人领取遗失物的规定。

所有权人等权利人在领取遗失物时负有的义务是：

1. 应当向拾得人或者有关部门支付遗失物的保管费等支出的必要费用，以弥补保管遗失物实际费用的损失。

2. 权利人通过悬赏寻找遗失物的，悬赏人在领取遗失物时，依照民法典第499条规定，按照承诺履行义务。

3. 拾得人侵占而非善意保管遗失物的，无权请求保管遗失物等支出的费用，即使遗失人悬赏寻找遗失物的，也无权请求权利人按照承诺履行义务。

**第三百一十八条**　遗失物自发布招领公告之日起一年内无人认领的，归国家所有。

## 【条文要义】

本条是对失物招领公告期限的规定。

遗失物自发布招领公告之日起 1 年内无人认领的，归国家所有。对此，原《物权法》规定是 6 个月，民法典改为 1 年，更有利于保护遗失人的权利。

遗失物归国家所有的，属于原始取得。

**第三百一十九条**　拾得漂流物、发现埋藏物或者隐藏物的，参照适用拾得遗失物的有关规定。法律另有规定的，依照其规定。

## 【条文要义】

本条是对拾得漂流物、埋藏物或者隐藏物的规定。

漂流物，是指在河流等水域漂流的无主物或者所有权人不明的物。埋藏物，是指藏附于土地中的物。隐藏物，是指隐匿于土地之外的其他包藏物中的物。

对于漂流物、埋藏物或者隐藏物的权属取得规则，本条规定准用拾得遗失物的规则。漂流物、埋藏物和隐藏物归还失主的，不发生原始取得；归国家所有的，属于原始取得。

法律另有规定的，依照法律的规定确定。例如，属于国家所有的资源，由国家所有，他人不能取得。

**第三百二十条** 主物转让的，从物随主物转让，但是当事人另有约定的除外。

【条文要义】

本条是对从物随主物转让的规定。

对两个以上具有一定关联关系的物，如果关联关系是主从关系，构成主物与从物的关系，从物依附于主物而存在，失去主物，从物没有存在的价值。

在物的转让中，同样实行"从随主"原则，即在具有主从关系的两个物的转让中，从物随主物转让。例如，转让锁头，就必须转让钥匙，钥匙随着锁头的转让而转让。如果当事人对主物与从物的转让另有约定的，依照其约定。

**第三百二十一条** 天然孳息，由所有权人取得；既有所有权人又有用益物权人的，由用益物权人取得。当事人另有约定的，按照其约定。

法定孳息，当事人有约定的，按照约定取得；没有约定或者约定不明确的，按照交易习惯取得。

【条文要义】

本条是对物的孳息及归属的规定。

孳息，是指由原物滋生、增值、繁衍出来的财产。孳息因产生的原因不同，分为天然孳息和法定孳息：

1. 天然孳息是指按照原物的自然规律而自然滋生和繁衍的新的独立的物，如从羊身上剪下的羊毛、牲畜或家禽所产下的幼畜或禽蛋、树上结的果实等。天然孳息的产生须无损于原物，孳息能与原物通过人工方式或自然分离而成为独立的物，如果是用原材料加工制造的产品则不得视为天然孳息。

2. 法定孳息是指根据法律的规定，通过就原物实施一定的法律行为而取得的由原物派生的孳息，如租金、利息、股息、红利等。该孳息是财产交由他人使用而产生的，如果财产是由所有权人自己运用而产生的收益，则不是法定孳息。

孳息的所有权归属规则是：（1）天然孳息，应当由所有权人取得；既有所有权人又有用益物权人的，应当由用益物权人取得，即用益物权人优先原则。如果当事人另有约定的，按照其约定。（2）法定孳息，当事人有约定的，应当按照约定取得。如果没有约定或者约定不明确的，按照交易习惯取得。交易习惯通常是，孳息在没有与原物分离以前，由原物所有权人享有，原物所有权转移后，孳息的所有权随之转移。

**第三百二十二条** 因加工、附合、混合而产生的物的归属，有约定的，按照约定；没有约定或者约定不明确的，依照法律规定；法律没有规定的，按照充分发挥物的效用以及保护无过错当事人的原则确定。因一方当事人的过错或者确定物的归属造成另一方当事人损害的，应当给予赔偿或者补偿。

【条文要义】

本条是对添附的规定。

添附，是指不同所有权人的物被结合、混合在一起成为一个新物，或者利用别人之物加工成为新物的事实状态。把添附作为取得所有权的根据，原因在于添附发生后，要恢复各物的原状在事实上已不可能或者在经济上是不合理的，有必要使添附物归一方所有或各方共有，以解决双方的争执。

添附物的归属因添附情况的不同，分为三种类型：

1. 加工：是指一方使用他人的物，将其加工改造为具有更高价值的物。原物因为加工人的劳动而成为新物，如在他人的木板上作画。加工物的所有权归属，如果当事人有约定的依约定处理；无约定的，加工所增价值未超过原材料价值，则加工物归原材料所有权人；如果加工价值显然大于原物的价值，新物可以归加工人所有；如果加工价值与原材料价值相当，可由双方共有。除共有外，无论哪种情况，取得加工物所有权的一方都应对对方的加工劳动或原材料的价值予以补偿。

2. 附合：是指不同所有权人的物密切结合在一起而成为一种新物。在附合的情况下，各原所有权人的物虽可识别，但非经拆毁不能恢复原来的状态。如砖、木的附合构建成房屋。附合物的所有权归属应区分两种情况：（1）当动产附合于不动产之上时，由不动产所有权人取得附合物的所有权，原动产所有权人则可取得与其原财产价值相当的补偿。（2）当动产与动产附合时，附合的动产有主从之别的，由主物的所有权人取得附合物的所有权，同时给对方以价值上的补偿。如无主从之别，则由各动产所有权人按其动产附合时的价值共有附合物。

3. 混合：是指不同所有权人的物互相结合在一起，难以分开并形成新的财产，如米与米的混合、酒与酒的混合。混合与附合不同，在混合的情况下，已无法识别原各所有权人的财产，而附合则仍然能够识别原各所有权人的财产。混合物一般应由原物价值量较大的一方取得所有权，给另一方以相当的补偿。如果原物价值量相差不多，也可由各方共有。

添附物的所有权归属规则是：（1）因加工、附合、混合而产生的物的归属，有约定的按照约定。（2）没有约定或者约定不明确的，依照法律规定。（3）当事人没有约定，法律也没有规定的，按照充分发挥物的效用以及保护无过错当事人的原则确定。发挥物的效用原则，是根据物归属于哪一方更能够发挥物的效用，就应归属于哪一方的规则。保护无过错当事人的原则，是指对于无过错一方当事人给予更好的保护。两个原则，应当首先考虑物的效用原则。（4）因一方当事人的过错或者确定物的归属给另一方当事人造成损失的，应当给予赔偿或者补偿。

# 第三分编　用益物权

## 第十章　一般规定

**第三百二十三条**　用益物权人对他人所有的不动产或者动产，依法享有占有、使用和收益的权利。

【条文要义】

本条是对用益物权概念的规定。

用益物权，是指非所有权人对他人所有的物所享有的占有、使用和收益的他物权，包括土地承包经营权、建设用地使用权、宅基地使用权、居住权、地役权。

用益物权的重要价值是：（1）用益物权是所有权的一种实现方式，所有权人通过对自己所有之物设定用益物权，能够在他人对自己所有之物的使用中实现一定的收益，从而实现所有权本身的价值；（2）用益物权的目的是满足非所有人利用他人不动产的需求；（3）用益物权有利于实现物的最高价值的利用，做到物尽其用。

用益物权的法律特征是：（1）用益物权是一种他物权，是在他人所有之物上设立一个新的物权；（2）用益物权是以使用和收益为内容的定限物权，目的就是对他人所有的不动产的使用和收益；（3）用益物权为独立物权，一旦依当事人约定或法律直接规定设立，用益物权人便能独立地享有对标的物的使用和收益权，除了能有效地对抗第三人以外，也能对抗所有权人；（4）用益物权的客体限于不动产。

用益物权的基本内容，是对用益物权的标的物享有占有、使用和收益的权利，是通过直接支配他人之物而占有、使用和收益。这是从所有权的权能中分离出来的权能，表现的是对财产的利用关系。用益物权人享有用益物权，就可以占有用益物、使用用益物、对用益物直接支配并进行收益。

**第三百二十四条** 国家所有或者国家所有由集体使用以及法律规定属于集体所有的自然资源，组织、个人依法可以占有、使用和收益。

【条文要义】

本条是对组织和个人依法可以取得公有自然资源用益物权的规定。

在我国，国家对土地等资源实行公有制，是我国生产资料公有制的重要组成部分。城市的土地属于国家所有，农村和城市郊区的土地除了法律规定属于国家所有的以外，还属于集体所有，宅基地和自留地、自留山等也属于集体所有。

随着社会主义建设事业的不断发展，城市作为政治、经济和文化的中心，在国家和社会生活中起到突出作用，城市中各种形式的用地十分重要和宝贵。在农村和城市郊区，土地是从事农业生产的主要生产资料，是农民集体劳动群众集体所有制的重要物质基础。无论是城市还是农村，组织和个人都存在对土地等资源利用的基本需求，没有土地，就没办法生活和生产，因此用益物权制度就是必然的、必需的。土地等自然资源的公有制，组织、个人利用土地等资源又具有必然性，因此组织和个人要在国家所有和集体所有的土地等资源上取得用益物权。

用益物权是不动产所有权与不动产使用权分离的法律形式，实行市场经济体制要有用益物权制度。我国在土地公有制的基础上实行市场经济，作为土地所有者的国家自己不使用土地而交给各类企业、个人使用，是国家国有土地使用关系的主要形式。作为土地所有者的农民集体自己不使用土地，而交给农户使用，是农村土地使用关系的主要形式。因此，用益物权制度对于我国实行市场经济具有重要意义和作用。根据我国的基本经济制度以及建立和完善市场经济体制的要求，在用益物权中规定了土地承包经营权、建设用地使用权、宅基地使用权等用益物权。组织或者个人对土地等资源的利用，通过法律规定的程序，依法取得对土地等资源的用益物权，满足生产和生活的需要。

**第三百二十五条** 国家实行自然资源有偿使用制度，但是法律另有规定的除外。

【条文要义】

本条是对自然资源有偿使用的规定。

自然资源分为国家所有、国家所有集体使用以及法律规定属于集体所有。对于国家所有的自然资源，实行有偿使用，即在经过行政许可取得自然资源的特许物权时，需要支付必要的对价，使自然资源所有权在经济上更充分地得到实现，充分发挥市场对经济发展的积极作用，避免无序使用，造成资源浪费，损害国家利益。

法律对有偿使用另有规定的，就是法律规定无偿使用的自然资源。例如，在水资源的利用上，农村集体经济组织和农民已有的使用水资源等自然资源的权益，予以无偿使用，避免增加农民的负担。

**第三百二十六条　用益物权人行使权利，应当遵守法律有关保护和合理开发利用资源、保护生态环境的规定。所有权人不得干涉用益物权人行使权利。**

【条文要义】

本条是对用益物权人和所有权人义务的规定。

特许物权人的义务，是对自然资源依法保护和合理开发利用。特许物权作为用益物权，其标的物主要是自然资源。用益物权人依法取得用益物权后，在行使该权利时，必须依照法律规定，保护自然资源，合理利用，不得滥用权利，破坏性地使用自然资源，更不得毁坏自然资源。

所有权人的义务，是不得干涉用益物权人行使权利。用益物权是在所有权上设置的负担，所有权人依法将自然资源交付用益物权人占有、使用和收益，对所有权人自己的权利就设置了限制。用益物权人对于自然资源享有除处分外的其他所有的所有权权能，完全可以依照自己的意愿，对自然资源进行占有、使用和收益，所有权人无权干涉。所有权人无端对用益物权人行使权利进行非法干涉，构成对用益物权人的权利侵害时，应当承担民事责任。

**第三百二十七条　因不动产或者动产被征收、征用致使用益物权消灭或者影响用益物权行使的，用益物权人有权依据本法第二百四十三条、第二百四十五条的规定获得相应补偿。**

【条文要义】

本条是对用益物被征收、征用时有权获得补偿的规定。

在用益物权的标的物被国家征收、征用，致使用益物权消灭，或者影响用益物权行使的,用益物权人有权得到补偿。征收、征用,对所有权人和用益物权人都应当进行补偿,而不能只对所有权人予以补偿,对用益物权人不予补偿。对用益物权人的补偿,应当衡量用益物权的期限、性质和可能的收益等因素,依照民法典第 243 条关于征收和第 245 条关于征用的规定确定。

**第三百二十八条　依法取得的海域使用权受法律保护。**

【条文要义】

本条是对海域使用权的规定。

海域使用权,是指依法经批准获得的持续使用特定海域 3 个月以上的排他性特许物权。依法取得的海域使用权受法律保护。

海域使用权的特征是:(1)海域使用权的客体是海域,包括我国的内水、领海的水面、水体、海底和底土;(2)海域使用权是国家对海域所有权派生的物权;(3)海域使用权的内容具有广泛性;(4)海域使用权不具有单一性,而是一种集合性的物权,是一系列权利的总称,包括养殖权、拆船用海权、旅游用海权、娱乐用海权、矿业权、公益事业用海权、港口和修造船厂建设工程用海权等。

海域使用权的取得方式有三种:(1)依法申请取得;(2)招标取得;(3)拍卖取得。取得海域使用权的条件是缴纳海域使用金,按照规定一次性缴纳或者按照年度缴纳。

海域使用权的消灭事由是:(1)海域使用权因期间届满,没有申请续期或者经过申请却没有被批准而消灭;(2)因公共利益需要或者国家安全的需要,原批准用海的人民政府依法收回海域使用权,因而消灭;(3)海域使用权人因抛弃权利而消灭;(4)因人工填海或者自然原因导致海域变成陆地,海域使用权因标的物的改变,原海域不复存在而消灭。取得、变更、终止海域使用权,应当进行登记。

**第三百二十九条　依法取得的探矿权、采矿权、取水权和使用水域、滩涂从事养殖、捕捞的权利受法律保护。**

【条文要义】

本条是对特许物权的取得和保护的规定。

特许物权,是指经过行政特别许可而开发、利用自然资源,获得收益的准物权。它是基于开发、利用土地之外的自然资源而享有的权利，也称为自然资源使用权。

传统民法对土地的归属及利用关系的调整，是通过所有权和用益物权的理论和立法模式实现的。自然资源附属于土地，依附于土地，成为土地的附属物，因而对自然资源的开发利用，应参照不动产的规则处理。这种状况在当代遭到挑战，皆因水、渔业、动物、林业等附属于土地的资源的利用和开发具备了独特的价值，逐渐脱离于土地所有人的支配范围，不能再作为一般的不动产用益物权，逐步形成了特许物权制度，使环境和自然资源得到有效的开发和保护。

特许物权的特征是：（1）特许物权的标的是自然资源而不是土地本身；（2）特许物权的权利行使方式是对自然资源的摄取和开发行为；（3）特许物权一般不具有物权的排他性效力；（4）特许物权的取得方式是行政许可；（5）特许物权的设定目的具有一定的公法意义。

特许物权的取得，主要是经过国家的行政许可，需要经过申请、受理、审查、听证、作出决定等程序实现。对符合条件的，行政主管部门作出对申请人颁发行政许可的决定；对不符合条件的作出不予许可的决定，并向申请人说明理由。

民事主体取得特许物权，就对该权利的自然资源取得了占有、使用和收益的权利，并且具有排他效力和优先效力，享有物权请求权。

采矿权，是指全民和集体所有制单位及自然人个人依照法定程序取得的在采矿许可证规定的范围内开采矿产资源，并获得所开采的矿产品的特许物权。

探矿权，是指全民和集体所有制单位及自然人依照法定程序取得的，在特定工作区域内进行勘查、勘探相应的国有矿产资源，取得矿石标本和地质资料等的特许物权。

取水权，是水权的一种，是指权利人依法取得的从地表水或地上水引取定量的水的特许物权。广义的取水权包括水利水权、航运水权、排水权、竹木流放水权等。

渔业权，是指自然人、法人或其他组织依法取得的在一定水域从事养殖或捕捞水生动植物的特许物权。其中，养殖权是指权利人经过批准，在国家或者集体所有的海面、河道、湖泊以及水库的水面从事养殖、经营，并排斥他人干涉的特许物权。

捕捞权，是指自然人、法人依法经批准获得的，在我国管辖的内水、滩涂、领海、专属经济区以及我国管辖的一切海域内从事捕捞水生动植物等活动的特许物权。

上述这些特许物权都受法律保护，任何人不得侵害。

# 第十一章　土地承包经营权

**第三百三十条**　农村集体经济组织实行家庭承包经营为基础、统分结合的双层经营体制。

农民集体所有和国家所有由农民集体使用的耕地、林地、草地以及其他用于农业的土地，依法实行土地承包经营制度。

【条文要义】

本条是对农村土地实行承包经营的规定。

土地承包经营，是我国农村经济体制改革的产物，对于促进我国农村经济的发展起到了重大推动作用。在经历了单干、互助组、合作社和人民公社的发展历程，中国农村实行一大二公的公有体制，最终造成农民对土地失去热情、农业经济发展严重受阻的状况。经过改革开放，实行土地承包经营，激发了农民对土地的积极性，推动了农村经济的发展。时至今日，土地承包经营权对于农民而言，已经没有了刚包产到户时的热情，由于土地承包经营权的设置而激发的农民经营土地的热情已经减弱。这说明，土地承包经营权对于一大二公的农村集体所有、集体经营的模式而言，大大地解放了农村生产力，能够激发生产力的发展。但是，土地承包经营权的模式既不是完善的用益物权，也不是最能够发挥农民经营土地创造财富积极性的最好模式。我国农村土地法律制度的进一步改革势在必行。

【相关司法解释】

《最高人民法院关于审理涉及农村土地承包纠纷案件适用法律问题的解释》

**第一条**　下列涉及农村土地承包民事纠纷，人民法院应当依法受理：

（一）承包合同纠纷；

（二）承包经营权侵权纠纷；

（三）土地经营权侵权纠纷；

（四）承包经营权互换、转让纠纷；

（五）土地经营权流转纠纷；

（六）承包地征收补偿费用分配纠纷；

（七）承包经营权继承纠纷；

（八）土地经营权继承纠纷。

农村集体经济组织成员因未实际取得土地承包经营权提起民事诉讼的，人民法院应当告知其向有关行政主管部门申请解决。

农村集体经济组织成员就用于分配的土地补偿费数额提起民事诉讼的，人民法院不予受理。

**第二条** 当事人自愿达成书面仲裁协议的，受诉人民法院应当参照《最高人民法院关于适用〈中华人民共和国民事诉讼法〉的解释》第二百一十五条、第二百一十六条的规定处理。

当事人未达成书面仲裁协议，一方当事人向农村土地承包仲裁机构申请仲裁，另一方当事人提起诉讼的，人民法院应予受理，并书面通知仲裁机构。但另一方当事人接受仲裁管辖后又起诉的，人民法院不予受理。

当事人对仲裁裁决不服并在收到裁决书之日起三十日内提起诉讼的，人民法院应予受理。

**第三条** 承包合同纠纷，以发包方和承包方为当事人。

前款所称承包方是指以家庭承包方式承包本集体经济组织农村土地的农户，以及以其他方式承包农村土地的组织或者个人。

**第四条** 农户成员为多人的，由其代表人进行诉讼。

农户代表人按照下列情形确定：

（一）土地承包经营权证等证书上记载的人；

（二）未依法登记取得土地承包经营权证等证书的，为在承包合同上签名的人；

（三）前两项规定的人死亡、丧失民事行为能力或者因其他原因无法进行诉讼的，为农户成员推选的人。

**第三百三十一条** 土地承包经营权人依法对其承包经营的耕地、林地、草地等享有占有、使用和收益的权利，有权从事种植业、林业、畜牧业等农业生产。

【条文要义】

本条是对土地承包经营权的规定。

土地承包经营权，是指农村集体经济组织成员对集体所有或国家所有，由集体经济组织长期使用的耕地、林地、草地等农业土地，采取家庭承包、公开协商等方式进行承包，依法对所承包的土地等占有、使用和收益的用益物权。土地承包经营权人对其承包经营的耕地、林地、草地等依法享有占有、使用和收益的权利，有权自主从事种植业、林业、畜牧业等农业生产。

【相关司法解释】

**《最高人民法院关于审理涉及农村土地承包纠纷案件适用法律问题的解释》**

第八条　承包方违反农村土地承包法第十八条规定，未经依法批准将承包地用于非农建设或者对承包地造成永久性损害，发包方请求承包方停止侵害、恢复原状或者赔偿损失的，应予支持。

第二十三条　林地家庭承包中，承包方的继承人请求在承包期内继续承包的，应予支持。

其他方式承包中，承包方的继承人或者权利义务承受者请求在承包期内继续承包的，应予支持。

第三百三十二条　耕地的承包期为三十年。草地的承包期为三十年至五十年。林地的承包期为三十年至七十年。

前款规定的承包期限届满，由土地承包经营权人依照农村土地承包的法律规定继续承包。

【条文要义】

本条是对土地承包经营权期限的规定。

土地承包经营权的期限是：(1) 耕地的承包期为30年；(2) 草地的承包期为30年至50年；(3) 林地的承包期为30年至70年。

承包期届满，由土地承包经营权人依照农村土地承包的法律规定继续承包。《农村土地承包法》第25条规定，承包合同生效后，发包方不得因承办人或者负责人的变动而变更或者解除，也不得因集体经济组织的分立或者合并而变更或者解除。这既有利于土地承包经营权的稳定，也有利于维护土地承包经营权人的合法权益。

【相关司法解释】

《最高人民法院关于审理涉及农村土地承包纠纷案件适用法律问题的解释》

第七条 承包合同约定或者土地承包经营权证等证书记载的承包期限短于农村土地承包法规定的期限，承包方请求延长的，应予支持。

**第三百三十三条 土地承包经营权自土地承包经营权合同生效时设立。**

**登记机构应当向土地承包经营权人发放土地承包经营权证、林权证等证书，并登记造册，确认土地承包经营权。**

【条文要义】

本条是对土地承包经营权设立方式的规定。

通过土地承包合同取得土地承包经营权，是土地承包经营权取得的主要方式。土地承包经营权以承包合同的方式设定时，土地所有权人应当与承包人签订土地承包合同，通过合同确定双方当事人的权利义务关系。土地承包合同为要式合同，必须采用书面形式，这有利于明确当事人的权利义务，防止和避免土地所有权人任意改变和撤销合同。

在土地承包过程中应当遵循的规则是：（1）公平、公开、公正原则，正确处理国家、集体和个人之间的利益关系；（2）土地承包经营权男女平等原则，防止歧视妇女；（3）民主议定原则，防止集体组织领导独断专行，侵害农民利益；（4）土地承包程序合法原则，保证依法进行。

土地承包合同一般包括以下条款：（1）土地所有权人、土地承包经营权人的名称，土地所有权人负责人和土地承包经营权人代表的姓名、住所；（2）承包土地的名称、坐落、面积、质量等级；（3）承包期限和起止日期；（4）承包土地的用途；（5）土地所有权人和土地承包经营权人的权利和义务；（6）违约责任。

土地承包经营权的取得时间，是土地承包经营合同生效的时间。土地承包经营合同成立，并且具备生效要件时，该合同生效，土地承包经营权人取得土地承包经营权。

本条规定，尽管土地承包经营权仍然是在合同生效时设立，但是改变了登记对抗主义的立场。登记机构应当向土地承包经营权人发放土地承包经营权证、林权证等证书，并登记造册，确认土地承包经营权。

【相关司法解释】

《最高人民法院关于审理涉及农村土地承包纠纷案件适用法律问题的解释》

第十八条　本集体经济组织成员在承包费、承包期限等主要内容相同的条件下主张优先承包的，应予支持。但在发包方将农村土地发包给本集体经济组织以外的组织或者个人，已经法律规定的民主议定程序通过，并由乡（镇）人民政府批准后主张优先承包的，不予支持。

第十九条　发包方就同一土地签订两个以上承包合同，承包方均主张取得土地经营权的，按照下列情形，分别处理：

（一）已经依法登记的承包方，取得土地经营权；

（二）均未依法登记的，生效在先合同的承包方取得土地经营权；

（三）依前两项规定无法确定的，已经根据承包合同合法占有使用承包地的人取得土地经营权，但争议发生后一方强行先占承包地的行为和事实，不得作为确定土地经营权的依据。

**第三百三十四条　土地承包经营权人依照法律规定，有权将土地承包经营权互换、转让。未经依法批准，不得将承包地用于非农建设。**

【条文要义】

本条是对土地承包经营权互换、转让的规定。

土地承包经营权可以采取互换、转让的方式进行流转。进行互换、转让的，当事人双方应当签订书面合同。

1. 互换。基于需要，土地承包经营权可以在不同的土地承包经营权人之间互换。土地承包经营权人之间为了方便耕种或者各自需要，可以对属于同一集体经济组织的土地的承包经营权进行互换。

2. 土地承包经营权具有可让与性。如果土地承包经营权人有稳定的非农职业或者有稳定的收入来源的，经土地所有权人同意，可以将全部或者部分土地承包经营权转让给其他从事农业生产经营的农户，由该农户与土地所有权人确立新的承包关系，原土地承包经营权人与土地所有权人在该土地上的承包关系即行终止。

3. 采取转让方式流转的，应当经土地所有权人同意；采取互换方式流转的，应当报土地所有权人备案。

**第三百三十五条** 土地承包经营权互换、转让的，当事人可以向登记机构申请登记；未经登记，不得对抗善意第三人。

【条文要义】

本条是对互换、转让土地承包经营权登记的规定。

土地承包经营权采取互换、转让方式流转，受让一方对土地承包经营权的取得是继受取得，而不是原始取得。土地承包经营权的原始取得，是农民家庭通过承包经营合同的设立而取得，法律规定应当进行登记。对于通过互换或者转让继受取得土地承包经营权的，应当向登记机构申请登记。如果未经登记即取得该物权，不得对抗善意第三人。

**第三百三十六条** 承包期内发包人不得调整承包地。

因自然灾害严重毁损承包地等特殊情形，需要适当调整承包的耕地和草地的，应当依照农村土地承包的法律规定办理。

【条文要义】

本条是对承包土地调整的规定。

土地所有权人负有维护土地承包经营权人土地承包经营权的义务。尽管土地的所有权归属于集体经济组织，但是集体经济组织在自己的土地上设置了土地承包经营权后，就等于在自己的土地上设置了负担，因此必须尊重和维护承包经营权人的他物权。土地承包经营权人所享有的土地承包经营权受国家法律保护，土地所有权人作为土地的所有者，也不得侵犯土地承包经营权人的土地承包经营权，但有义务维护土地承包经营权人的土地承包经营权，不得非法变更、解除土地承包合同，不得调整承包土地。

不过，集体经济组织也有对承包土地的必要调整权。因自然灾害严重毁损承包地等特殊情形，需要适当调整承包的耕地和草地的，应当依照农村土地承包的法律规定办理。内容是：（1）调整权行使的条件是，因自然灾害严重毁损承包地等特殊情形，对个别农户之间承包的耕地和草地适当进行调整；（2）调整权行使的程序，须经过本集体的村民会议三分之二以上成员和县级人民政府农牧业等行政主管部门批准；（3）行使调整权的除外条款是，如果土地承包经营权合同约定不得进行调整的，应当按照约定，不得行使这一调整权。

【相关司法解释】

《最高人民法院关于审理涉及农村土地承包纠纷案件适用法律问题的解释》

第五条 承包合同中有关收回、调整承包地的约定违反农村土地承包法第二十七条、第二十八条、第三十一条规定的，应当认定该约定无效。

第六条 因发包方违法收回、调整承包地，或者因发包方收回承包方弃耕、撂荒的承包地产生的纠纷，按照下列情形，分别处理：

（一）发包方未将承包地另行发包，承包方请求返还承包地的，应予支持；

（二）发包方已将承包地另行发包给第三人，承包方以发包方和第三人为共同被告，请求确认其所签订的承包合同无效、返还承包地并赔偿损失的，应予支持。但属于承包方弃耕、撂荒情形的，对其赔偿损失的诉讼请求，不予支持。

前款第（二）项所称的第三人，请求受益方补偿其在承包地上的合理投入的，应予支持。

**第三百三十七条　承包期内发包人不得收回承包地。法律另有规定的，依照其规定。**

【条文要义】

本条是对发包人不得收回承包地的规定。

土地承包经营权是用益物权，农民享有土地承包经营权，这就赋予了农民长期而有保障的土地使用权。土地所有人将土地承包给农民家庭，就负有维护土地承包经营权稳定的义务。因此，在承包期内，发包人不得收回承包地，以保障承包权人的权益。只有在法律另有规定的情况下，才可以依照法律的规定进行。《农村土地承包法》第27条规定："承包期内，发包方不得收回承包地。国家保护进城农户的土地承包经营权。不得以退出土地承包经营权作为农户进城落户的条件。承包期内，承包农户进城落户的，引导支持其按照自愿有偿原则依法在本集体经济组织内转让土地承包经营权或者将承包地交回发包方，也可以鼓励其流转土地经营权。承包期内,承包方交回承包地或者发包方依法收回承包地时,承包方对其在承包地上投入而提高土地生产能力的,有权获得相应的补偿。"

**【相关司法解释】**

《最高人民法院关于审理涉及农村土地承包纠纷案件适用法律问题的解释》

第九条 发包方根据农村土地承包法第二十七条规定收回承包地前,承包方已经以出租、入股或者其他形式将其土地经营权流转给第三人,且流转期限尚未届满,因流转价款收取产生的纠纷,按照下列情形,分别处理:

(一)承包方已经一次性收取了流转价款,发包方请求承包方返还剩余流转期限的流转价款的,应予支持;

(二)流转价款为分期支付,发包方请求第三人按照流转合同的约定支付流转价款的,应予支持。

第十条 承包方交回承包地不符合农村土地承包法第三十条规定程序的,不得认定其为自愿交回。

**第三百三十八条** 承包地被征收的,土地承包经营权人有权依据本法第二百四十三条的规定获得相应补偿。

**【条文要义】**

本条是对承包地被征收有权获得补偿的规定。

国家基于公共利益的需要而征收集体所有的农村土地时,在该土地上设立的土地承包经营权消灭。国家在征收承包经营的土地时,应当给予土地承包经营权人相应的补偿。对此,民法典第243条有明确的规定。有关方面应当将征地的补偿标准、安置办法告知土地承包经营权人。土地补偿费等费用的使用、分配办法,应当依法经村民会议讨论决定。任何单位和个人不得贪污、挪用、截留土地补偿费等费用。

**【相关司法解释】**

《最高人民法院关于审理涉及农村土地承包纠纷案件适用法律问题的解释》

第二十条 承包地被依法征收,承包方请求发包方给付已经收到的地上附着物和青苗的补偿费的,应予支持。

承包方已将土地经营权以出租、入股或者其他方式流转给第三人的，除当事人另有约定外，青苗补偿费归实际投入人所有，地上附着物补偿费归附着物所有人所有。

**第二十一条** 承包地被依法征收，放弃统一安置的家庭承包方，请求发包方给付已经收到的安置补助费的，应予支持。

**第二十二条** 农村集体经济组织或者村民委员会、村民小组，可以依照法律规定的民主议定程序，决定在本集体经济组织内部分配已经收到的土地补偿费。征地补偿安置方案确定时已经具有本集体经济组织成员资格的人，请求支付相应份额的，应予支持。但已报全国人大常委会、国务院备案的地方性法规、自治条例和单行条例、地方政府规章对土地补偿费在农村集体经济组织内部的分配办法另有规定的除外。

**第三百三十九条** 土地承包经营权人可以自主决定依法采取出租、入股或者其他方式向他人流转土地经营权。

**【条文要义】**

本条是对土地经营权流转的规定。

土地经营权，是建立在农村土地承包经营的权利分置制度之上产生的权利，即在农村土地集体所有权的基础上，设立土地承包经营权；再在土地承包经营权之上设立土地经营权，构成权利分置的农村土地权利结构。其中，土地所有权归属于农村集体经济组织所有，土地承包经营权归属于承包该土地的农民家庭享有。由于土地承包经营权流转性不强，因而在土地承包经营权之上，再设立一个土地经营权，即属于土地承包经营权人享有的、可以进行较大范围的流转、能够保持土地承包经营权不变的用益物权。由于这个权利是建立在用益物权基础上的用益物权，因此也可以称为"用益物权"或者"他物权"。

建立在土地承包经营权上的土地经营权，是土地承包经营权人的权利，权利人可以将其转让，由他人享有和行使土地经营权，而土地承包经营权人保留土地承包经营权，并因转让土地经营权而使自己获益。这就是设置此权利分置制度的初衷。

依照这一规定，土地承包经营权人为了发展农业经济，实现自己的权益，可以将土地经营权以出租、入股或者其他方式，向他人流转土地经营权，将承包土地的占有、使用、收益权转让给他人，自己获得转让的收益。

**第三百四十条** 土地经营权人有权在合同约定的期限内占有农村土地，自主开展农业生产经营并取得收益。

## 【条文要义】

本条是对土地经营权人受让权利后果的规定。

土地经营权也是用益物权，通过转让而取得土地经营权的权利人，是用益物权人，享有用益物权的权利。

由于土地经营权是建立在土地承包经营权之上的用益物权，其期限受到原来的用益物权即土地承包经营权期限的制约，因而土地经营权人的权利行使期限是在合同约定的期限内，即设置土地经营权的期限不得超过土地承包经营权的期限。在合同约定的期限内，土地经营权人享有用益物权的权能，即占有、使用、收益的权利，有权占有该土地，自主开展农业生产经营活动，获得收益。

## 【相关司法解释】

**《最高人民法院关于审理涉及农村土地承包纠纷案件适用法律问题的解释》**

第十一条 土地经营权流转中，本集体经济组织成员在流转价款、流转期限等主要内容相同的条件下主张优先权的，应予支持。但下列情形除外：

（一）在书面公示的合理期限内未提出优先权主张的；

（二）未经书面公示，在本集体经济组织以外的人开始使用承包地两个月内未提出优先权主张的。

第十二条 发包方胁迫承包方将土地经营权流转给第三人，承包方请求撤销其与第三人签订的流转合同的，应予支持。

发包方阻碍承包方依法流转土地经营权，承包方请求排除妨碍、赔偿损失的，应予支持。

第十三条 承包方未经发包方同意，转让其土地承包经营权的，转让合同无效。但发包方无法定理由不同意或者拖延表态的除外。

第十四条 承包方依法采取出租、入股或者其他方式流转土地经营权，发包方仅以该土地经营权流转合同未报其备案为由，请求确认合同无效的，不予支持。

第十五条 因承包方不收取流转价款或者向对方支付费用的约定产生纠纷，当事人协商变更无法达成一致，且继续履行又显失公平的，人民法院可以根据发生变更的客观情况,按照公平原则处理。

**第十六条** 当事人对出租地流转期限没有约定或者约定不明的,参照民法典第七百三十条规定处理。除当事人另有约定或者属于林地承包经营外,承包地交回的时间应当在农作物收获期结束后或者下一耕种期开始前。

对提高土地生产能力的投入,对方当事人请求承包方给予相应补偿的,应予支持。

**第十七条** 发包方或者其他组织、个人擅自截留、扣缴承包收益或者土地经营权流转收益,承包方请求返还的,应予支持。

发包方或者其他组织、个人主张抵销的,不予支持。

**第三百四十一条** 流转期限为五年以上的土地经营权,自流转合同生效时设立。当事人可以向登记机构申请土地经营权登记;未经登记,不得对抗善意第三人。

## 【条文要义】

本条是对土地经营权设立时间及登记的规定。

土地经营权作为用益物权,其设立的方式是出让方和受让方签订土地经营权出租、入股等合同,在合同中约定双方各自的权利义务。流转期限为5年以上者,当该合同生效时土地经营权就已设立,受让方取得土地经营权。对于土地经营权的登记问题,本条规定采取登记对抗主义,即当事人可以向登记机构申请土地经营权登记,未经登记的,不得对抗善意第三人。这一规定的含义是:(1)5年以上的土地经营权经过登记的,可以对抗任何人,包括善意第三人;(2)流转期限5年以上的未经登记的土地经营权,只能对抗恶意第三人,即只能对抗知情的第三人。

对于不满5年的土地经营权流转,本条没有明文规定,其实也应当自流转合同生效时设立,不会在其他时点发生取得土地经营权的效力。至于是否应当登记,可以理解为可以登记也可以不登记,鉴于5年以上的土地经营权的登记是自愿为之,也没有规定为强制登记,因而不足5年的土地经营权应当理解为不必登记。

**第三百四十二条** 通过招标、拍卖、公开协商等方式承包农村土地,经依法登记取得权属证书的,可以依法采取出租、入股、抵押或者其他方式流转土地经营权。

## 【条文要义】

本条是对通过招标、拍卖、公开协商取得土地承包经营权流转土地经营权的规定。

对于"四荒"土地，即荒山、荒沟、荒丘、荒滩等农村土地，可以通过招标、拍卖和公开协商的方式进行承包经营，取得合意后，土地所有权人应当将"四荒"土地交给承包经营权人经营。通过这种方式取得的土地承包经营权，尽管与通过承包合同取得的土地承包经营权有所不同，但是都可以参加民事流转，对土地经营权进行转让、入股、抵押或者以其他方式流转，使承包人通过流转自己的土地承包经营权的土地经营权而获得利益，实现自己的权利。

**第三百四十三条** 国家所有的农用地实行承包经营的，参照适用本编的有关规定。

## 【条文要义】

本条是对国有农用地实行承包经营的规定。

我国法律规定，国家所有的农村和城市郊区的农用土地都属于国家所有，法律规定属于集体所有的除外。

国有的农用土地可以由单位和个人承包经营，单位和个人取得承包经营权，承包人同样也可以流转土地经营权。这些国有土地和资源的承包经营，没有具体的规定，都准用民法典物权编关于用益物权的规定。

## 第十二章　建设用地使用权

**第三百四十四条**　建设用地使用权人依法对国家所有的土地享有占有、使用和收益的权利，有权利用该土地建造建筑物、构筑物及其附属设施。

【条文要义】

本条是对建设用地使用权概念的规定。

建设用地使用权，是指自然人、法人、非法人组织依法对国家所有的土地享有的占有、使用和收益，建造并经营建筑物、构筑物及其附属设施的用益物权。建设用地使用权人对国家所有的土地依法享有占有、使用和收益的权利，有权自主利用该土地建造并经营建筑物、构筑物及其附属设施。

建设用地使用权的法律特征如下：（1）建设用地使用权以开发利用、生产经营和社会公益事业为目的；（2）建设用地使用权的标的物为城镇国家所有的土地；（3）建设用地使用权人使用土地的范围限于建造并经营建筑物、构筑物及其附属设施；（4）建设用地使用权的性质是地上权，是使用权人在国有土地上设立的地上权。

建设用地使用权是我国国有土地使用制度改革的产物，实现了我国土地利用从无偿使用到有偿使用的转变。自20世纪80年代中期以来，国有土地使用制度改革，使建设用地使用权能够进入市场进行交易。这样的改革，既增加了国家的财政收入，也改变了因无偿使用土地所造成的土地盲目占有、大量浪费、使用效益低下的现象。

**第三百四十五条**　建设用地使用权可以在土地的地表、地上或者地下分别设立。

【条文要义】

本条是对分层设立建设用地使用权的规定。

建设用地使用权可以在土地上分层设立，在地表上设立的叫作建设用地使用权，在地表之上和地表之下设立的叫作分层建设用地使用权。

分层建设用地使用权，是指在他人所有的土地地表之上或者地表之下的一定空间范围内设定的建设用地使用权。在城市建设的地铁、地下商场，以及穿越地表建筑物的桥梁、通道等构筑物，都是利用地表以下或者地表以上的空间设立的分层建设用地使用权建造的。

分层建设用地使用权与建设用地使用权性质相同，其区别在于，设定建设用地使用权时，与该设定面积内的土地所有权相同；设定分层建设用地使用权时，于设定面积内，在其上、下所及效力的范围，不是该面积内的土地所有权的全部，而仅为其中的一部分空间。因此，分层建设用地使用权的客体实际上不是土地，而是地表之上或者地表之下的特定空间。

分层建设用地使用权的特征是：（1）分层建设用地使用权的性质是用益物权；（2）分层建设用地使用权是在土地的地上或者地下的空间中设定的用益物权；（3）分层建设用地使用权以建设建筑物或者其他工作物为目的；（4）分层建设用地使用权是可以与建设用地使用权在空间的上下相重合的他物权。

法律确认分层建设用地使用权的必要性体现在：（1）扩大土地利用范围，满足社会发展需要；（2）确定建设用地使用权和分层建设用地使用权的合理界限，防止权利发生冲突；（3）确认分层建设用地使用权对于解决实际纠纷具有重要意义。

**第三百四十六条** 设立建设用地使用权，应当符合节约资源、保护生态环境的要求，遵守法律、行政法规关于土地用途的规定，不得损害已经设立的用益物权。

【条文要义】

本条是对设立建设用地使用权要求的规定。

设立建设用地使用权，应当遵守的要求是：（1）符合节约资源、保护生态环境的要求，应当按照民法典第9条规定的绿色原则要求，不浪费资源，不损害生态环境，保护好共同生活的生态环境；（2）应当遵守法律、行政法规关于土地用途的规定，按照批准的土地用途使用土地；（3）不得损害已设立的用益物权。在地表、地上或者地下分层设立建设用地使用权，最重要的是划清权利界限，防止发生冲突，新设立的建设用地使用权，不得损害已经设立的用益物权，发生冲突时，保护设立在先的用益物权为优先选择。

**第三百四十七条** 设立建设用地使用权，可以采取出让或者划拨等方式。

工业、商业、旅游、娱乐和商品住宅等经营性用地以及同一土地有两个以上意向用地者的，应当采取招标、拍卖等公开竞价的方式出让。

严格限制以划拨方式设立建设用地使用权。

【条文要义】

本条是对设立建设用地使用权方式的规定。

建设用地使用权的设立，是指建设用地使用权的取得或发生。建设用地使用权的设立方式有两种，即出让和划拨。

通过出让设立建设用地使用权，是国家以土地所有人的身份，将建设用地使用权在一定年限内出让给土地使用者，由土地使用者向国家支付建设用地使用权出让金的行为。适用出让方式设立建设用地使用权的，工业、商业、旅游、娱乐和商品住宅等经营性用地，以及同一土地有两个以上意向用地者的，应当采取招标、拍卖等公开竞价的方式出让。出让设立建设用地使用权，是通过法律行为的方式进行的，其出让行为的当事人包括国家和土地使用者，双方当事人通过协议方式，为使用者设立建设用地使用权。国家作为土地使用权的出让方，在出让行为中的主要义务是将作为建设用地使用权客体的国有土地，在一定年限内出让给建设用地使用权人使用，主要权利是收取建设用地使用权出让金。土地使用者作为建设用地使用权人，在出让行为中，主要义务是支付建设用地使用权的出让金，主要权利是请求国家交付建设用地使用权客体即国有土地由其使用。

建设用地使用权的划拨，也是建设用地使用权的原始取得方式之一。建设用地使用权划拨，是经县级以上人民政府依法批准，在土地使用者缴纳补偿、安置等费用后，将国有土地交付其使用，或者将建设用地使用权无偿交付给土地使用者使用的行为。建设用地使用权的划拨有两种方式：（1）县级以上人民政府依法批准，在土地使用者缴纳补偿、安置等费用后，将国有土地交付给土地使用者使用；（2）县级以上人民政府依法批准，将建设用地使用权无偿交付给土地使用者使用。法律严格限制以划拨方式设立建设用地使用权。

**第三百四十八条** 通过招标、拍卖、协议等出让方式设立建设用地使用权的，当事人应当采用书面形式订立建设用地使用权出让合同。

建设用地使用权出让合同一般包括下列条款：

（一）当事人的名称和住所；

（二）土地界址、面积等；

（三）建筑物、构筑物及其附属设施占用的空间；

（四）土地用途、规划条件；

（五）建设用地使用权期限；

（六）出让金等费用及其支付方式；

（七）解决争议的方法。

【条文要义】

本条是对建设用地使用权出让合同的规定。

采取招标、拍卖、协议等出让方式设立建设用地使用权的，当事人应当采取书面形式订立建设用地使用权出让合同。在建设用地使用权出让合同中，由代表国家的各级人民政府土地管理部门作为出让方，与土地使用者之间订立建设用地使用权出让合同。

建设用地使用权出让合同具有如下特征：（1）建设用地使用权出让合同属于民事合同；（2）建设用地使用权出让合同以设立物权为目的；（3）建设用地使用权出让合同属于要式合同。

订立建设用地使用权出让合同，应当采取书面形式。建设用地使用权出让合同应当包括以下内容：

1. 当事人的名称和住所，其中出让人不列为国家，而是由出让土地权属的政府土地管理部门代表国家作为出让人。

2. 土地界址、面积等，要附有出让宗地界址图，表明界址和面积等。

3. 建筑物、构筑物及其附属设施占用的空间，明确界定每一建设用地使用权具体占用的空间，即建设用地占用的面积和四至，建筑物、构筑物以及附属设施的高度和深度。

4. 土地用途，具体确定为工业、商业、娱乐、住宅等。

5. 使用期限，如住宅用地为 70 年，工业用地为 50 年，教育、科技、文化、卫生、体育用地为50年，商业、旅游、娱乐用地为40年，综合或者其他用地为50年。

6. 出让金等费用及其支付方式，明确按照国务院规定的标准和方法确定。

7. 解决争议的方式。

**第三百四十九条** 设立建设用地使用权的，应当向登记机构申请建设用地使用权登记。建设用地使用权自登记时设立。登记机构应当向建设用地使用权人发放权属证书。

【条文要义】

本条是对设立建设用地使用权登记的规定。

建设用地使用权是我国用益物权的最重要类型，采取登记发生主义，即建设用地使用权经过登记才能正式取得，非经登记不能取得。所以，设立建设用地使用权仅签订建设用地使用权出让合同还不能完成，还应当向登记机构申请建设用地使用权登记。建设用地使用权自登记时设立，权利人开始享有建设用地使用权。登记机构在完成建设用地使用权登记之后，应当向建设用地使用权人发放权属证书，证明其为建设用地使用权人。

**第三百五十条** 建设用地使用权人应当合理利用土地，不得改变土地用途；需要改变土地用途的，应当依法经有关行政主管部门批准。

【条文要义】

本条是对建设用地使用权人合理利用土地的规定。

建设用地使用权人依法取得建设用地使用权后，应当按照建设用地使用权设立时确认的用途、土地的自然属性和法律属性合理地使用土地，保护土地完好，不受他人侵害，维护土地的价值和使用价值。建设用地使用权人不得改变土地用途，如不得将公共事业用地改为住宅用地或商业用地。需要改变土地用途的，应当依法经过有关行政主管部门批准。

**第三百五十一条** 建设用地使用权人应当依照法律规定以及合同约定支付出让金等费用。

【条文要义】

本条是对建设用地使用权人支付费用的规定。

以出让方式取得建设用地使用权的,土地使用权人应当依照法律规定以及合同约定支付出让金等费用。转让建设用地使用权,如果是通过划拨方式取得的建设用地使用权,应当按照法律规定补缴建设用地使用权出让金。不缴纳出让金等费用,应当承担相应的法律责任,出让方可以解除合同,并可以请求其承担违约损害赔偿责任。

**第三百五十二条** 建设用地使用权人建造的建筑物、构筑物及其附属设施的所有权属于建设用地使用权人,但是有相反证据证明的除外。

【条文要义】

本条是对建设用地使用权与建筑物等地上物所有权关系的规定。

在不动产权属关系中,建设用地使用权和建筑物等所有权的关系,是一个复杂的问题,容易发生冲突,原因是,一旦出现建设用地使用权人与建筑物等的所有权人非一人时,在地权和房权流转时就会出现麻烦,影响正常的流转秩序。本条规定,建设用地使用权和建筑物等的所有权实行"房地一体主义",即建设用地使用权人建造的建筑物、构筑物及其附属设施的所有权,属于建设用地使用权人,在流转时,房随地走,或者地随房走,这样能够保障流转秩序,则顺利流转。

"房地一体主义"是一个理想的物权和谐状态,但是实际上往往并非如此。当民事主体租用他人享有权属的建设用地建造建筑物、构筑物及其附属设施时,就会出现房地不能一体的情形。如果当事人能够提供相反的证据证明,在建设用地使用权人的建设用地上建造的建筑物等非为房地一体的,应当按照实际情况认定建筑物、构筑物及其附属设施的所有权。

**第三百五十三条** 建设用地使用权人有权将建设用地使用权转让、互换、出资、赠与或者抵押,但是法律另有规定的除外。

【条文要义】

本条是对建设用地使用权流转方式的规定。

建设用地使用权是在国有土地上设定的用益物权，具有重要的经济价值，能够为权利人创造利益，具有可流转性。本条规定，建设用地使用权流转的方式是：（1）转让，建设用地使用权人有权将建设用地使用权转让给他人，取得转让的对价；（2）互换，两个不同的建设用地使用权人出于利益需要，可以将享有的建设用地使用权相互交换，取得对方的建设用地使用权；（3）出资，在设立公司等经营实体时，建设用地使用权人可以用建设用地使用权出资，进行合作；（4）赠与，权利人将自己享有的建设用地使用权无偿转让给他人，成为权利人；（5）抵押，将建设用地使用权作为抵押物，设定抵押权，对自己负担的债务或者为他人负担的债务提供担保。

上述建设用地使用权流转方式，如果法律有相反的限制性规定，则受其拘束。例如，未按土地使用权出让合同规定的期限和条件投资开发、利用土地的，土地使用权不得转让。

**第三百五十四条** 建设用地使用权转让、互换、出资、赠与或者抵押的，当事人应当采用书面形式订立相应的合同。使用期限由当事人约定，但是不得超过建设用地使用权的剩余期限。

【条文要义】

本条是对建设用地使用权流转应当订立合同的规定。

建设用地使用权的流转行为是要式行为，无论是转让、互换、出资、赠与还是抵押，当事人都应当采取书面形式订立相应的合同，没有书面合同，则不能实现建设用地使用权流转的目的。对流转的建设用地使用权的期限，应当由当事人约定，但是最长不得超过建设用地使用权出让合同约定的剩余期限，超过建设用地使用权剩余期限的约定一律无效。

**第三百五十五条** 建设用地使用权转让、互换、出资或者赠与的，应当向登记机构申请变更登记。

【条文要义】

本条是对建设用地使用权流转须进行物权变动登记的规定。

对建设用地使用权转让、互换、出资或者赠与的，权利主体将会发生变更，必须向登记机构申请变更登记，只有进行了物权变更登记，建设用地使用权流转的目的才能实现，发生物权变动的结果。

经过物权变更登记，以物权变更登记的时间，作为建设用地使用权变动的时间。

**第三百五十六条** 建设用地使用权转让、互换、出资或者赠与的，附着于该土地上的建筑物、构筑物及其附属设施一并处分。

【条文要义】

本条是对地房一体转让的规定。

对建设用地使用权进行转让、互换、出资或者赠与的，通常在土地上会有不动产附着物，即建筑物、构筑物及其附属设施。为防止在不动产流转中出现矛盾，维护交易秩序，采取地房一体转让主义，在处分建设用地使用权时，附着于该土地上的建筑物、构筑物及其附属设施一并处分，一并流转。对建设用地使用权进行抵押的，本条没有规定，在此范围之外，可以单独抵押。

**第三百五十七条** 建筑物、构筑物及其附属设施转让、互换、出资或者赠与的，该建筑物、构筑物及其附属设施占用范围内的建设用地使用权一并处分。

【条文要义】

本条是对房地一体转让规则的规定。

权利人处分建筑物、构筑物及其附属设施，进行转让、互换、出资或者赠与的，由于建筑物、构筑物及其附属设施必须建立在土地之上，与建设用地使用权相互联系，为维护交易秩序，保障不动产流转的正常进行，处分该建筑物、构筑物及其附属设施时，在其占用范围内的建设用地使用权必须一并处分，否则不能发生建筑物、构筑物及其附属设施权属的转让。这里也没有规定抵押，对土地附着物进行抵押的，可以单独进行。

**第三百五十八条** 建设用地使用权期限届满前，因公共利益需要提前收回该土地的，应当依据本法第二百四十三条的规定对该土地上的房屋以及其他不动产给予补偿，并退还相应的出让金。

**【条文要义】**

本条是对建设用地使用权提前收回的规定。

权利人取得建设用地使用权,出让方应当保障其权利的行使,不得任意收回土地,损害权利人的权利。但是,如果出于公共利益的需要,出让方有权提前收回该土地,消灭权利人享有的建设用地使用权。如果出现这样的情况,土地管理部门作为出让方应当依照民法典第243条的规定,对附着于该土地上的房屋及其他不动产进行评估,给予合理的补偿,同时对尚未届满期间的出让金,应当予以退还,以保障权利人的权利。

**第三百五十九条** 住宅建设用地使用权期限届满的,自动续期。续期费用的缴纳或者减免,依照法律、行政法规的规定办理。

非住宅建设用地使用权期限届满后的续期,依照法律规定办理。该土地上的房屋以及其他不动产的归属,有约定的,按照约定;没有约定或者约定不明确的,依照法律、行政法规的规定办理。

**【条文要义】**

本条是对建设用地使用权续期的规定。

建设用地使用权到期之后,可以续期。本条规定,建设用地使用权续期分为两种:(1)住宅建设用地使用权期限届满的,自动续期,不存在期限届满而消灭的问题;(2)非住宅建设用地使用权期限届满需要续期的,须申请续期。

住宅建设用地使用权到期续期主要存在的问题是,虽然规定了自动续期,但是没有规定应当续多长时间、续期是否要缴纳费用。本条仅仅规定了"续期费用的缴纳或者减免,依照法律、行政法规的规定办理"。这只是确定了只有法律和行政法规才可以决定续期的费用问题,但是并没有给出具体的解决办法。依笔者所见,自动续期的含义,就是住宅建设用地使用权是一次取得、永久使用的永久性用益物权,70年期满自动续期后,应当以地产税的方式替代缴纳费用。

在非住宅建设用地使用权期限届满之前,建设用地使用权人如果需要继续使用该土地的,应当在期限届满之前1年申请续期。对于建设用地使用权人申请续期的要求,土地出让人应当准许,除非有出于公共利益的目的需要收回该土地的。建设用地使用权续期,建设用地使用权人应当办理续期手续,交付出让金。交付出让金应当按照约定，没有约定或者约定不明确的，按照国家的规定交付。续期手续完备后，建设用地使用权继续存在，并不消灭。

**第三百六十条** 建设用地使用权消灭的，出让人应当及时办理注销登记。登记机构应当收回权属证书。

【条文要义】

本条是对建设用地使用权消灭应当办理注销登记的规定。

建设用地使用权是用益物权，设立应当进行物权登记，消灭也须进行注销登记，实现该物权的公示效果。还应当强调的是，物权变动以物权登记为根本，权属证书仅是物权进行登记的证明书。建设用地使用权消灭，出让人应当及时办理注销登记，在注销登记后，建设用地使用权消灭，故登记机构应当收回权属证书。

**第三百六十一条** 集体所有的土地作为建设用地的，应当依照土地管理的法律规定办理。

【条文要义】

本条是对集体建设用地使用权的规定。

集体建设用地使用权，是指乡（镇）、村企业等自然人、法人依法对集体所有的土地享有的占有、使用和收益，建造并经营建筑物、构筑物及其附属设施的建设用地使用权。

因设立乡（镇）、村企业或者乡村公共设施、公益事业建设等需要使用集体所有的土地的，依照土地管理法的规定取得建设用地使用权。乡村建设用地使用权是否可以采取出让的方式设立，在理论上存在不同的看法：有的认为，乡村建设用地使用权可以采取出让的方式设立的理由主要是，在市场经济条件下，集体土地所有权与国有土地所有权在民事法律地位上是平等的，应当同等对待，既然允许国有建设用地使用权以出让的方式取得，也就应当允许乡村建设用地使用权以出让的方式取得；还有的认为，集体土地只有在征为国有土地后，才能以出让的方式设立建设用地使用权。

虽然集体土地所有权与国有土地所有权在法律地位上是平等的，但平等并不意味着法律对它们的规范和调整没有差别。由于集体土地所有权的行使、处分与国家的农业政策紧密相关，而集体土地所有权的主体众多，因此对集体所有权的行使必须加以适当限制。在建设用地使用权设立方面的限制，表现在不允许乡村建设用地使用权以出让的方式设立。如果允许乡村建设用地使用权以出让的方式设立，则由于出让收益要远大于农业经营收益，大量的耕地将会被出让，国家的土地利用总体规划将难以实施。同时，这一后果也会冲击国有土地市场。因而，乡村建设用地使用权不能采取出让的方式设立，而应采取审批的方式设立，由土地管理部门依照权限，根据土地所有权人和土地使用者的申请予以审批。乡村建设用地使用权的审批，不得损害国家的土地利用总体规划和耕地的强制保护制度。

# 第十三章　宅基地使用权

**第三百六十二条**　宅基地使用权人依法对集体所有的土地享有占有和使用的权利，有权依法利用该土地建造住宅及其附属设施。

【条文要义】

本条是对宅基地使用权概念的规定。

宅基地使用权，是指农村居民对集体所有的土地占有和使用，自主利用该土地建造住房及其附属设施，以供居住的用益物权。宅基地使用权人依法享有对集体所有的土地占有和使用的权利，有权依法利用该土地建造住房及其附属设施。

宅基地使用权是我国特有的一种用益物权，主要特征是：（1）宅基地使用权是我国农村居民因建造住宅而享有的用益物权；（2）宅基地使用权与农村集体经济组织成员的资格和福利不可分离；（3）宅基地使用权是特定主体在集体土地上设定的用益物权；（4）集体经济组织的成员只能申请一处宅基地。

宅基地使用权是我国特有的用益物权类型，其立法背景和政策背景是我国实行多年的城乡"二元化"体制和政策，即农村人口和城市人口严格区分的政策。这种政策除民事主体的不平等外，还存在阻止农民进城，把农民隔离在现代化社会之外的严重缺陷。随着改革开放的深入和城市化进程的加快，进城务工的农民越来越多，他们脱离农村，长期居住在城市，而有些发达地区的农民住房不断进入市场进行交易，农村住房的流转也面临新的问题，宅基地使用权面临着越来越强烈的改革呼声。

**第三百六十三条**　宅基地使用权的取得、行使和转让，适用土地管理的法律和国家有关规定。

【条文要义】

本条是对宅基地使用权准用土地管理法的规定。

对宅基地使用权的取得、行使和转让，民法典没有规定具体规则，准用土地管理等法律和国家有关规定。对此，土地管理法有专门规定，中央、国务院也都通过有关文件，强调农村居民建设住宅的基本要求，禁止城市居民在农村购置宅基地。对此，应当按照法律规定和国家的有关规定，规范宅基地使用权的取得、行使和转让。

**第三百六十四条** 宅基地因自然灾害等原因灭失的，宅基地使用权消灭。对失去宅基地的村民，应当依法重新分配宅基地。

【条文要义】

本条是对宅基地灭失后重新分配的规定。

作为宅基地使用权客体的宅基地，由于发生自然灾害等原因而灭失，宅基地使用权将随之丧失存在的基础，归于消灭。宅基地灭失，原宅基地使用权人将无处安身，对失去宅基地的村民，集体经济组织或者村委会应当对其按照规则重新分配宅基地，以便建造住宅，安心生活。如果只是宅基地上的建筑物或其他附属物灭失，土地并未灭失的，不影响宅基地使用权的效用，宅基地使用权人有权在宅基地上重新建造房屋。

**第三百六十五条** 已经登记的宅基地使用权转让或者消灭的，应当及时办理变更登记或者注销登记。

【条文要义】

本条是对宅基地使用权变更登记和注销登记的规定。

对宅基地使用权的变动，法律未规定必须进行登记，特别是取得宅基地使用权的登记。从长远的情况来看，为便于管理，明确权属，增加宅基地使用权的流动性，对宅基地使用权进行物权登记是完全有必要的。本条规定一是考虑这一长远需求，二是考虑已经进行了宅基地使用权取得登记的情况，因而规定了宅基地使用权的变更登记和注销登记规则，即在宅基地使用权转让或者消灭时，应当及时办理变更登记或者注销登记。

# 第十四章　居　住　权

**第三百六十六条**　居住权人有权按照合同约定，对他人的住宅享有占有、使用的用益物权，以满足生活居住的需要。

【条文要义】

本条是对居住权概念的规定。

居住权，是指自然人依照合同的约定，对他人所有的住宅享有占有、使用的用益物权。民法的居住权与公法的居住权不同。在公法中，国家保障人人有房屋居住的权利也叫居住权，或者叫作住房权。

民法的居住权是民事权利，是用益物权的一种，其特征是：（1）居住权的基本属性是他物权，具有用益性；（2）居住权是为特定自然人基于生活用房而设立的物权，具有人身性；（3）居住权是一种长期存在的物权，具有独立性；（4）居住权的设定是一种恩惠行为，具有不可转让性。

我国历史上没有规定过居住权，居住权存在的必要性表现在：（1）充分发挥房屋的效能；（2）充分尊重所有权人的意志和利益；（3）有利于发挥家庭职能，体现自然人之间的互帮互助。

居住权作为用益物权具有特殊性，即居住权人对于权利的客体即住宅只享有占有和使用的权利，不享有收益的权利，不能以此进行出租等营利性活动。

**第三百六十七条**　设立居住权，当事人应当采用书面形式订立居住权合同。

居住权合同一般包括下列条款：

（一）当事人的姓名或者名称和住所；

（二）住宅的位置；

（三）居住的条件和要求；

（四）居住权期限；

（五）解决争议的方法。

**【条文要义】**

本条是对通过合同设立居住权的规定。

居住权既可以通过合同方式设立，也可以通过遗嘱方式设立。通过合同设立居住权，是房屋所有权人通过书面合同的方式与他人协议，设定居住权。例如，男女双方离婚时在离婚协议中约定，离婚后的房屋所有权归一方所有，另一方对其中的一部分房屋享有一定期限或者终身的居住权。

设定居住权的合同一般包括下列条款：（1）当事人的姓名或者名称和住所，应当写明双方当事人的姓名或者名称和住所，特别是居住权人的姓名或者名称和住所；（2）住宅的位置，约定清楚设定居住权的住宅地址、门牌号码、面积等事项，使居住权的标的能够确定；（3）居住的条件和要求，明确约定取得居住权的条件、行使居住权的要求是什么；（4）居住权期限，即从何时起至何时止；（5）解决争议的方法，即发生争议后，通过何种程序解决纠纷。

**第三百六十八条** 居住权无偿设立，但是当事人另有约定的除外。设立居住权的，应当向登记机构申请居住权登记。居住权自登记时设立。

**【条文要义】**

本条是对居住权的属性和登记的规定。

居住权为无偿设立，因而居住权人对取得居住权无须支付对价。不过，居住权人应当支付住房及其附属设施的日常维护费用和物业管理费用，以通常的保养费用、物业管理费用为限。如果房屋需要进行重大修缮或者改建，只要没有特别的约定，居住权人不承担此项费用。对于居住权收费另有约定的，按照约定处理。

居住权是用益物权，对其设立采用登记发生主义，只有经过登记才能设立居住权。设立居住权的双方当事人在订立了居住权设立协议后，还应当向登记机构申请居住权登记。经过登记后，居住权才正式设立，即居住权人取得居住权。

之所以对居住权采取登记发生主义，是因为居住权与租赁权相似，但租赁权是债权，而居住权是物权，性质截然不同，如果不采取登记发生主义，可能会与租赁权相混淆。规定居住权须经登记而发生，就能够确定其与租赁权的界限，不会发生混淆，一旦没有登记，就没有发生居住权。

**第三百六十九条** 居住权不得转让、继承。设立居住权的住宅不得出租，但是当事人另有约定的除外。

【条文要义】

本条是对居住权人义务的规定。

居住权人行使居住权，须履行应尽的义务：

1. 合理使用房屋的义务：居住权人不得将房屋用于生活消费以外的目的，可以对房屋进行合理的装饰、装修，进行必要的维护，但不得改建、改装和作重大的结构性改变。

2. 对房屋的合理保管义务：居住权人应当合理保管房屋，在居住期内尽到善良管理人的注意义务，不得从事任何损害房屋的行为。如果房屋存在毁损的隐患，应当及时通知所有人进行修缮或者采取必要的措施。

3. 不得转让、继承和出租的义务：居住权人对其居住的房屋不得转让，在居住权存续期间，对居住权的标的负有不得出租义务，不能以此进行营利性活动；居住权也不能成为居住权人的遗产，不能通过继承方式由其继承人所继承。居住权也不得转让，具有专属性。如果双方当事人在设立居住权合同中对上述义务另有约定的，依照其约定处理。

**第三百七十条** 居住权期限届满或者居住权人死亡的，居住权消灭。居住权消灭的，应当及时办理注销登记。

【条文要义】

本条是对居住权消灭事由的规定。

居住权依据一定的事实而消灭。本条只规定了居住权期限届满和居住权人死亡是居住权消灭的原因，其实这只是居住权消灭的部分原因。

居住权消灭的原因包括：

1. 居住权抛弃：居住权人采用明示方法抛弃居住权的，居住权消灭。这种明示的抛弃意思表示应当对所有权人作出。居住权人作出抛弃表示的，即发生消灭居住权的效力，并且不得撤销，除非得到所有权人的同意。

2. 居住权期限届满：居住权设定的期限届满，居住权即时消灭，所有权的负担解除。

3. 居住权人死亡：权利主体消灭，居住权也随之消灭。

4. 解除居住权条件成就：在设定居住权的遗嘱、遗赠或者合同中，对居住权设有解除条件的，如果该条件成就，则居住权消灭。

5. 居住权撤销：居住权人具有以下两种情形的，房屋所有权人有权撤销居住权：（1）故意侵害住房所有权人及其亲属的人身权或者对其财产造成重大损害的；（2）危及住房安全等严重影响住房所有权人或者他人合法权益的。房屋所有人行使撤销权，应当经过法院裁决，不得自行为之。

6. 住房被征收、征用、灭失：房屋被征收、征用，以及房屋灭失，都会使居住权消灭。住房所有权人因此取得补偿费、赔偿金的，居住权人有权请求分得适当的份额；如果居住权人没有独立生活能力，也可以放弃补偿请求权而要求适当安置。

7. 权利混同：住房所有权和居住权发生混同，即两个权利归属于同一人的，发生居住权消灭的后果。例如，房屋所有权人将房屋转让或者赠与居住权人，此时居住权的存在已经丧失意义，因此发生居住权消灭的后果。

居住权消灭，在当事人之间消灭居住权的权利义务关系。居住权人应当腾还住房，同时到物权登记机构办理居住权注销登记。

**第三百七十一条 以遗嘱方式设立居住权的，参照适用本章的有关规定。**

【条文要义】

本条是对以遗嘱设立居住权的规定。

依据遗嘱方式设立居住权，包括遗嘱继承和遗赠。

1. 依据遗嘱继承方式设立：房屋所有权人可以在遗嘱中对死后房屋作为遗产的使用问题，为法定继承人中的一人或者数人设定居住权，但须留出适当房屋由其配偶终身居住。

2. 依据遗赠方式设立：房屋所有权人可以在遗嘱中，为法定继承人之外的人设定居住权。例如，遗嘱指定将自己所有的房屋中的一部分，让自己的保姆终身或者非终身居住。

无论是依据遗嘱继承方式还是依据遗赠方式取得居住权，都是依据遗嘱取得居住权。遗嘱生效后，还须进行居住权登记，否则不能取得居住权。

当事人以遗嘱方式设立居住权的，应当参照适用民法典第366条至第370条关于居住权的概念、居住权合同的内容、居住权的设立、居住权的限制、居住权的消灭的规定进行。

# 第十五章 地 役 权

**第三百七十二条** 地役权人有权按照合同约定，利用他人的不动产，以提高自己的不动产的效益。

前款所称他人的不动产为供役地，自己的不动产为需役地。

【条文要义】

本条是对地役权概念的规定。

地役权，是指在他人的不动产之上设立的供自己的不动产便利使用，以提高自己的不动产效益的用益物权。在地役权法律关系中，为自己不动产的便利而使用他人不动产的一方当事人称为地役权人，也叫需役地人，将自己的不动产提供给他人使用的一方当事人称为供役地人。因使用他人不动产而获得便利的不动产为需役地，为他人不动产的便利而供其使用的不动产为供役地，即他人的不动产为供役地，自己的不动产为需役地。

地役权的产生，必须有两个或者两个以上不同权属的不动产存在。地役权关系的成立并不要求供役地和需役地相邻，即使在不相互毗连的不动产之间也可能设立地役权。地役权的法律特征是：（1）地役权是存在于他人不动产上的他物权；（2）地役权是利用他人不动产的用益物权；（3）地役权是为需役地的便利而设定的用益物权；（4）地役权具有从属性和不可分性，须从属于需役地而存在。

地役权与相邻权的区别是：

1. 权利性质的区别：相邻权不是一种独立的物权；地役权是一种独立的物权。

2. 权利的取得方式不同：相邻权是法定的权利，不动产所有权人或者占有人因相邻而依照法律的规定取得；地役权是约定的权利，当事人须经过约定而设定这种权利。

3. 权利的内容不同：相邻关系的一方有权对另一方提出提供便利的最低要求；而地役权设定的目的并非满足不动产权利行使过程中的最低要求，而是使自己的权利更好地得到行使。

4. 对不动产是否相邻的要求不同：相邻关系依法发生在相互毗邻的不动产权利人或者合法占有人之间，而地役权则既可以发生在相邻的两块不动产权利人或者合法占有人之间，也可以发生在不相邻的不动产权利人或者合法占有人之间。

5. 权利的有偿性和期限限制不同：相邻权是无偿的、无固定期限限制的，地役权一般是有偿的、有固定期限限制的。

地役权的基本内容是，地役权人有权按照合同约定，利用供役地人的土地或者建筑物，以提高自己的需役地即土地或者建筑物的效益。

**第三百七十三条** 设立地役权，当事人应当采用书面形式订立地役权合同。

地役权合同一般包括下列条款：

（一）当事人的姓名或者名称和住所；

（二）供役地和需役地的位置；

（三）利用目的和方法；

（四）地役权期限；

（五）费用及其支付方式；

（六）解决争议的方法。

【条文要义】

本条是对取得地役权方法的规定。

地役权的约定取得，也叫作地役权基于法律行为取得，即当事人之间以地役权设定合同来设定地役权。设定地役权的法律行为是要式行为，当事人应当采取书面形式订立地役权合同。

设定地役权的原则是，应当以对供役地损害最小的方法为之，且不得违背公共秩序与善良风俗。当事人设定禁止袋地通行为内容的地役权，或设定容忍权利滥用的地役权，都不符合公序良俗原则，不具有法律效力。

当事人设定地役权的合同一般包括下列条款：（1）当事人的姓名或者名称和住所，当事人可以是土地所有人、建设用地使用权人、宅基地使用权人和土地承包经营权人；（2）供役地和需役地的位置，标明供役地和需役地的方位、四至以及面积等；（3）利用目的和方法，目的包括通行、取水、排水、铺设管线等，方法是指利用供役地的具体方法；（4）利用期限，明确约定地役权的起止时间；（5）

费用及其支付方式；(6) 解决争议的方法。当事人应当按照上述要求订立地役权合同，内容可以适当增减，但基本内容应当完整。

**第三百七十四条** 地役权自地役权合同生效时设立。当事人要求登记的，可以向登记机构申请地役权登记；未经登记，不得对抗善意第三人。

【条文要义】

本条是对地役权登记的规定。

地役权登记，法律规定为登记对抗主义，因而地役权自地役权合同生效时设立，而不是登记生效。地役权设立后，可以登记也可以不登记。当事人要求登记的，可以向登记机构申请地役权登记，确认地役权；地役权未经登记的，不得对抗善意第三人。当事人在订立地役权合同时，应当斟酌情势，决定地役权是否应当进行登记。

**第三百七十五条** 供役地权利人应当按照合同约定，允许地役权人利用其不动产，不得妨害地役权人行使权利。

【条文要义】

本条是对供役地人义务的规定。

供役地人的主要义务，是容忍土地上的负担和不作为，即允许地役权人利用其不动产，不得妨害地役权人行使权利。(1) 供役地人负有容忍土地上负担的义务，应当根据设定的地役权性质的不同，承担不同的义务，供役地人应主动放弃对自身土地部分使用的权利，甚至容忍他人对自己土地实施合同约定的某种程度上的干预和损害等；(2) 不得妨害地役权人行使权利，对地役权人行使权利实施干扰、干涉、破坏的，应当承担责任。

此外，供役地人还有相应的权利和义务：

1. 附属设施使用权及费用分担义务。对于在供役地上所建的附属设施，供役地人在不影响地役权行使的范围内，有权对其加以利用。例如，地役权人铺设的管道，在地役权人没有使用的情况下，或者已经使用但不妨害地役权人行使权利的情况下，供役地人有权进行利用，且应当按其收益的比例，分担附属设施的保养维修费用。

2. 变更使用场所及方法的请求权。在设定地役权时定有权利行使场所及方法的，供役地人也可以提出变更。变更的条件是，如变更该场所及方法对地役权人并无不利，而对于供役地人有利的，则供役地人请求地役权人变更地役权的行使场所及方法，地役权人不得拒绝。因此支出的费用，由供役地人负担。

3. 费用及其调整请求权。有偿地役权，供役地人依约享有请求地役权人按期支付费用的权利。如果地役权人不按期支付费用，则应承担违约责任。地役权人长期拖欠费用的，供役地人可依法终止地役权合同。无偿地役权，如果由于土地所有人就土地的负担增加，非当时所能预料，以及依原约定显失公平的，供役地人有权请求酌定地租；地役权设定后，如果土地价值有升降，依原定地租给付显失公平的，供役地人也可以请求予以增加。

**第三百七十六条　地役权人应当按照合同约定的利用目的和方法利用供役地，尽量减少对供役地权利人物权的限制。**

【条文要义】

本条是对地役权人权利义务的规定。

地役权人的主要权利和义务，是按照合同约定的利用目的和方法利用供役地，尽量减少对供役地权利人物权的限制。地役权存在的目的，在于以供役地供需役地的便利之用。地役权人当然享有使用供役地的权利。

地役权人对供役地的使用权是：

1. 对供役地有权使用。地役权人对供役地使用的方法、范围及程度等，应依当事人的约定而定，不得超过或变更当事人约定的范围。

2. 选择对供役地损害最小的方法使用。在供役地人共同利用供役地的情形下，如果合同对此没有约定的，则地役权人享有优先利用的权利。

3. 遵循物权效力优先原则。如果在一块供役地上有数个内容相同的地役权，依物权效力顺位，设定在先的地役权优先于设定在后的地役权行使。

4. 地役权人在行使供役地的使用权时，对供役地造成变动或损害的，应当在事后恢复原状并给予相应的补偿。

此外，地役权人还有的权利和义务是：

1. 地役权行使处所或方法变更权。地役权人主观上认为行使地役权的处所或者方法有变更的必要，并且其变更亦无碍于供役地所有人权利行使的，地役权人方可行使变更权。因变更所产生的费用，由需役地人自行负担。

2. 为必要的附随行为与设施的权利。必要的附随行为不是指行使地役权的行为，而是指为达到地役权的目的或者实行其权利内容而不得不实施的行为，如为达到排水的目的而开挖沟渠等。

3. 行使所有权的物上请求权的权利。当地役权的行使受到上述侵害或者妨害的时候，地役权人可以行使物上请求权，保护地役权。

4. 支付费用的义务。若设定的地役权是有偿的，则地役权人负有支付约定费用的义务。

5. 维持附属设施的义务，以防止供役地因此而受到损害。

**第三百七十七条** 地役权期限由当事人约定；但是，不得超过土地承包经营权、建设用地使用权等用益物权的剩余期限。

【条文要义】

本条是对地役权期限的规定。

地役权期限的确定方法，是由当事人约定的，当事人没有约定或者约定不明确的，应当进行补充协议，按照补充协议的约定确定期限。但是，如果供役地或者需役地是土地承包经营权或者建设用地使用权的，不论是约定地役权的期限，还是补充协议约定地役权的期限，只要是设定地役权，地役权的期限就不能超过该土地承包经营权和建设用地使用权的剩余期限。如供役地和需役地所剩余的期限不同，应当按照最短的剩余期限确定地役权的期限。如果供役地和需役地是土地所有权或者宅基地使用权的，尽管这两个土地权利不具有期限，但是在设定地役权时，也不得约定为永久期限，而应当约定地役权的期限。

**第三百七十八条** 土地所有权人享有地役权或者负担地役权的，设立土地承包经营权、宅基地使用权等用益物权时，该用益物权人继续享有或者负担已经设立的地役权。

【条文要义】

本条是对土地所有权人享有或者负担地役权的土地新设用益物权的权利人继续享有或负担地役权的规定。

如在权利人所有的土地上，原来既存供土地使用的地役权的权利或者负担，在该土地上设立土地承包经营权、宅基地使用权时，该用益物权的权利人对于既存的土地使用设施有继续使用的必要时，则继续享有或者负担以使用该设施为内容的地役权。换言之，在国有或集体所有的土地上，如果已经存在供整宗土地使用的设施，如引水设施、道路设施等，就该土地的一部分设立土地承包经营权、宅基地使用权等用益物权，而权利人又有继续使用这些设施必要的，则用益物权的权利人依法取得或者负担既存设施的地役权。

**第三百七十九条　土地上已经设立土地承包经营权、建设用地使用权、宅基地使用权等用益物权的，未经用益物权人同意，土地所有权人不得设立地役权。**

【条文要义】

本条是对已经设立用益物权的土地所有人不得设立地役权的规定。

设立地役权的权利，原则上是属于土地占有人、使用人的权利。除前条规定的情形外，即权利人所有的土地既设立地役权，又设定用益物权的，用益物权人应当继续享有或者负担地役权。但是，在他人所有的土地上已设立了土地承包经营权、建设用地使用权、宅基地使用权等权利的，设定地役权的权利属于用益物权人。因此，未经用益物权人同意，土地所有权人不得在该土地上设立地役权，即只有经过用益物权人的同意，土地所有权人才可以设立地役权。

**第三百八十条　地役权不得单独转让。土地承包经营权、建设用地使用权等转让的，地役权一并转让，但是合同另有约定的除外。**

【条文要义】

本条是对地役权不得单独转让的规定。

地役权不得单独转让，是因为地役权依附于特定的土地，该土地的权属没有转让，地役权也无法转让。建设用地使用权人、土地承包经营权人、宅基地使用权人将其权利转让，受让人对于既存的供土地使用的地役权设施有继续使用的必要时，则取得以使用该设施为内容的地役权。故地役权只能跟随用益物权的转让而转让，即需役地以及需役地上的土地承包经营权、建设用地使用权转让时，涉及地役权的，受让人同时取得地役权。供役地以及供役地上的土地承包经营权、建设用地使用权转让时，转让涉及地役权的，地役权对受让人具有约束力。

**第三百八十一条** 地役权不得单独抵押。土地经营权、建设用地使用权等抵押的，在实现抵押权时，地役权一并转让。

【条文要义】

本条是对地役权不得单独抵押的规定。

地役权不得单独抵押，是因为地役权依附于特定的土地，该土地的权属没有设置抵押，地役权就无法设置抵押。实际上，地役权设置抵押也没有价值。建设用地使用权人、土地承包经营权人将其权利设置抵押，债权人对于既存的地役权等于同时设置了抵押。不过，地役权随用益物权抵押后，并不影响地役权的作用。只有在实现抵押权时，即拍卖抵押物而转让抵押物的权属时，地役权才随之一并转让，为受让人一并享有，供役地人向新的权利人负担义务。

**第三百八十二条** 需役地以及需役地上的土地承包经营权、建设用地使用权等部分转让时，转让部分涉及地役权的，受让人同时享有地役权。

【条文要义】

本条是对需役地部分转让效果的规定。

地役权的基本属性是依附于不动产而存在的用益物权，对其所附属的需役地的权属进行转让，必然涉及附着于需役地上的地役权的命运。本条规定，需役地以及需役地上的土地承包经营权、建设用地使用权等部分转让时，需役地以及需役地上的土地承包经营权、建设用地使用权等的转让部分涉及的地役权，受让人在取得这些物权的同时，也取得该地役权，即地役权随之转让。

**第三百八十三条** 供役地以及供役地上的土地承包经营权、建设用地使用权等部分转让时，转让部分涉及地役权的，地役权对受让人具有法律约束力。

【条文要义】

本条是对供役地部分转让效果的规定。

同样地，权利人部分转让供役地以及供役地上的土地承包经营权、建设用地使用权等时，供役地上的负担亦随之一并转让，即转让的部分涉及地役权负担的，该地役权的负担一并转让给受让人，地役权的负担对受让人具有法律约束力。

**第三百八十四条** 地役权人有下列情形之一的，供役地权利人有权解除地役权合同，地役权消灭：

（一）违反法律规定或者合同约定，滥用地役权；

（二）有偿利用供役地，约定的付款期限届满后在合理期限内经两次催告未支付费用。

【条文要义】

本条是对地役权解除权的规定。

地役权消灭的原因是：(1) 约定的地役权期限届满；(2) 约定消灭地役权的事由出现；(3) 设定地役权的目的不可能实现；(4) 供役地人依法解除地役权关系；(5) 抛弃；(6) 让与；(7) 土地征收。

本条规定的是供役地权利人依法解除地役权而消灭地役权。在地役权设定以后，任何一方当事人都须遵守约定，尊重各自的权利，履行其义务，不得擅自解除地役权关系。地役权人违反法律规定或者合同约定滥用地役权，或者有偿地役权在约定付款期限届满后在合理期限内经过两次催告仍未支付费用，供役地人有权解除地役权关系，地役权以解除而消灭。这种解除权是法定解除权，解除事由一经出现，供役地权利人就立即产生解除权，其行使解除权的方式是通知，通知一经到达需役地人，即发生解除地役权合同、地役权消灭的后果。

**第三百八十五条** 已经登记的地役权变更、转让或者消灭的，应当及时办理变更登记或者注销登记。

【条文要义】

本条是对登记地役权变更登记或注销登记的规定。

地役权的登记并非强制进行。但是地役权一经登记，在其后发生地役权变动的，须进行相应的物权变动登记。本条规定，已经登记的地役权如果发生变更、转让或者消灭的，包括随着供役地、需役地上的用益物权发生变动而发生的地役权变动，都应当及时办理变更登记或者注销登记，使其发生的变动具有公示性，产生公信力。

# 第四分编　担保物权

# 第十六章　一般规定

**第三百八十六条**　担保物权人在债务人不履行到期债务或者发生当事人约定的实现担保物权的情形，依法享有就担保财产优先受偿的权利，但是法律另有规定的除外。

【条文要义】

本条是对担保物权概念的规定。

担保物权，是指债权人所享有的为确保债权实现，在债务人或者第三人所有的物或者权利之上设定的，就债务人不履行到期债务或者发生当事人约定的实现担保物权的情形，优先受偿的他物权。担保物权的基本性质仍属对担保物的支配权，而不是请求权；担保物权所具有的优先受偿性，是基于物权的排他效力产生的，是对物权而不是对人权；尽管担保物权也以权利作为其客体，但担保物权是价值权，而非实体权，仍属物权范畴。因此，担保物权的基本属性仍是物权。

担保物权的特征是：（1）担保物权以担保债权的实现为目的；（2）担保物权的标的是债务人或第三人所有的特定动产、不动产或其他财产权利；（3）担保物权限制了担保人对担保标的物的处分权；（4）债权人享有对担保标的物的换价权；（5）担保物权能够担保其债权享有优先受偿权。

担保物权的法律属性是：（1）从属性：担保物权必须从属于债权而存在；（2）不可分性：被担保的债权在未受全部清偿前，担保物权人可以就担保物的全部行使权利；（3）物上代位性：担保物因灭失、毁损而获得赔偿金、补偿金或保险金的，该赔偿金、补偿金或保险金成为担保物的代位物，权利人有权就其行使担保物权。

法律对担保物权的效力另有规定的，依照其规定确定具体规则。

## 【相关司法解释】

**《最高人民法院关于适用〈中华人民共和国民法典〉有关担保制度的解释》**

第四条 有下列情形之一，当事人将担保物权登记在他人名下，债务人不履行到期债务或者发生当事人约定的实现担保物权的情形，债权人或者其受托人主张就该财产优先受偿的，人民法院依法予以支持：

（一）为债券持有人提供的担保物权登记在债券受托管理人名下；

（二）为委托贷款人提供的担保物权登记在受托人名下；

（三）担保人知道债权人与他人之间存在委托关系的其他情形。

第二十三条 人民法院受理债务人破产案件，债权人在破产程序中申报债权后又向人民法院提起诉讼，请求担保人承担担保责任的，人民法院依法予以支持。

担保人清偿债权人的全部债权后，可以代替债权人在破产程序中受偿；在债权人的债权未获全部清偿前，担保人不得代替债权人在破产程序中受偿，但是有权就债权人通过破产分配和实现担保债权等方式获得清偿总额中超出债权的部分，在其承担担保责任的范围内请求债权人返还。

债权人在债务人破产程序中未获全部清偿，请求担保人继续承担担保责任的，人民法院应予支持；担保人承担担保责任后，向和解协议或者重整计划执行完毕后的债务人追偿的，人民法院不予支持。

**第三百八十七条** 债权人在借贷、买卖等民事活动中，为保障实现其债权，需要担保的，可以依照本法和其他法律的规定设立担保物权。

第三人为债务人向债权人提供担保的，可以要求债务人提供反担保。反担保适用本法和其他法律的规定。

## 【条文要义】

本条是对设立担保物权和反担保的规定。

设立担保物权，适用的范围是借贷和买卖等民事活动。为了保障实现债权，可以依照本法和其他法律的规定设立担保物权，对债权进行担保。这里提到的依照本法和其他法律的规定设立担保物权，本法规定的担保物权分为三种：（1）物权编规定的抵押权、质权和留置权；（2）民法典第642条规定的所有权保留；（3）其他法律规定的优先权等。这些都是担保物权，可以分为典型担保物权，如抵押权、质权、留置权，非典型担保物权，如所有权保留、优先权以及法律没有规定的让与担保。

反担保也叫作求偿担保，是第三人为债务人向债权人提供担保，担保人为承担担保责任后，对债务人的追偿权能够实现而设定的担保。反担保建立的基础是本担保，是债务人对担保人提供的担保。在反担保关系中，原担保人为本担保人，提供反担保的人为反担保人，反担保人既可以是债务人本人，也可以是第三人。反担保的意义是，担保人为了自身的利益安全，为了避免其对债务人期待的追偿权成为既得权后无法实现的风险，可以要求债务人或债务人以外的人向其提供反担保，以保障其承担担保责任后向债务人追偿损失的权利得以实现。

反担保的显著特点是：（1）反担保的担保对象不是原来的债权，而是本担保人的追偿权；（2）反担保合同的当事人不是担保人和债权人，而是本担保人和债务人或者债务人提供的第三人，即反担保人；（3）反担保从属于担保人与债权人间的担保合同，是担保合同的从合同而不是主合同的从合同；（4）担保人在取得对债务人的追偿权后，债务人不对担保人的损失履行清偿义务时，反担保人对本担保人负代为清偿责任。

反担保也是担保，抵押反担保和质押反担保适用民法典物权编的规定，保证反担保适用民法典合同编的规定。

**第三百八十八条** 设立担保物权，应当依照本法和其他法律的规定订立担保合同。担保合同包括抵押合同、质押合同和其他具有担保功能的合同。担保合同是主债权债务合同的从合同。主债权债务合同无效的，担保合同无效，但是法律另有规定的除外。

担保合同被确认无效后，债务人、担保人、债权人有过错的，应当根据其过错各自承担相应的民事责任。

【条文要义】

本条是对设立担保物权方式的规定。

担保物权分为约定担保物权和法定担保物权。法定担保物权如留置权和优先权，依据法律的规定发生，无须订立担保合同。约定担保物权的设立，则须订立担保合同，通过担保合同设立担保物权。本条规定，设立担保物权，应当依本法和其他法律的规定订立担保合同。

担保合同的外延，不仅包括抵押合同和质押合同，还包括其他具有担保功能的合同。这意味着，担保合同还包括其他能够设立担保物权的合同。在非典型担保物权中，优先权是法定担保物权，当然不必通过担保合同设立。民法典合同编有规定的，如设立所有权保留的担保合同，属于抵押合同和质押合同之外的其他担保合同。民法典没有规定，但是其他法律或者司法解释规定的担保物权，如让与担保，设立这种担保物权的担保合同，应当属于本条规定的其他具有担保功能的合同，也是担保合同。

担保合同和主债权债务合同之间的关系是，被担保的债权债务合同是主债权债务合同，担保合同是主债权债务合同的从合同。基于主债权债务合同与担保合同的主从关系，主债权债务合同无效，担保合同也无效，但是法律另有规定的除外，如国际贸易中见索即付、见单即付的保证合同。

担保合同被确认无效后，并非不发生任何效果、担保人一律不承担责任，而是根据造成担保合同无效后果中，债务人、担保人、债权人各自的过错分担责任。债务人、担保人、债权人有过错的，应当根据其过错的程度，各自承担相应的民事责任。

在本条第1款中，最值得重视的是"担保合同包括抵押合同、质押合同和其他具有担保功能的合同"这句话，其中规定"其他具有担保功能的合同"的重要价值在于：第一，不仅抵押合同、质押合同能够约定产生担保物权，而且设立其他具有担保功能的合同也能够产生担保物权。例如，让与担保合同、融资租赁合同、保理合同等，产生的都是具有担保功能的担保物权。第二，既然其他具有担保功能的合同能够产生担保物权，因而就打破了严格的物权法定原则，具有了一定程度的物权法定缓和。

**【相关司法解释】**

**《最高人民法院关于适用〈中华人民共和国民法典〉有关担保制度的解释》**

**第二条** 当事人在担保合同中约定担保合同的效力独立于主合同，或者约定担保人对主合同无效的法律后果承担担保责任，该有关担保独立性的约定无效。主合同有效的，有关担保独立性的约定无效不影响担保合同的效力；主合同无效的，人民法院应当认定担保合同无效，但是法律另有规定的除外。

因金融机构开立的独立保函发生的纠纷，适用《最高人民法院关于审理独立保函纠纷案件若干问题的规定》。

第三条　当事人对担保责任的承担约定专门的违约责任，或者约定的担保责任范围超出债务人应当承担的责任范围，担保人主张仅在债务人应当承担的责任范围内承担责任的，人民法院应予支持。

担保人承担的责任超出债务人应当承担的责任范围，担保人向债务人追偿，债务人主张仅在其应当承担的责任范围内承担责任的，人民法院应予支持；担保人请求债权人返还超出部分的，人民法院依法予以支持。

第十七条　主合同有效而第三人提供的担保合同无效，人民法院应当区分不同情形确定担保人的赔偿责任：

（一）债权人与担保人均有过错的，担保人承担的赔偿责任不应超过债务人不能清偿部分的二分之一；

（二）担保人有过错而债权人无过错的，担保人对债务人不能清偿的部分承担赔偿责任；

（三）债权人有过错而担保人无过错的，担保人不承担赔偿责任。

主合同无效导致第三人提供的担保合同无效，担保人无过错的，不承担赔偿责任；担保人有过错的，其承担的赔偿责任不应超过债务人不能清偿部分的三分之一。

第十八条　承担了担保责任或者赔偿责任的担保人，在其承担责任的范围内向债务人追偿的，人民法院应予支持。

同一债权既有债务人自己提供的物的担保，又有第三人提供的担保，承担了担保责任或者赔偿责任的第三人，主张行使债权人对债务人享有的担保物权的，人民法院应予支持。

第二十一条　主合同或者担保合同约定了仲裁条款的，人民法院对约定仲裁条款的合同当事人之间的纠纷无管辖权。

债权人一并起诉债务人和担保人的，应当根据主合同确定管辖法院。

债权人依法可以单独起诉担保人且仅起诉担保人的，应当根据担保合同确定管辖法院。

第六十八条　债务人或者第三人与债权人约定将财产形式上转移至债权人名下，债务人不履行到期债务，债权人有权对财产折价或者以拍卖、变卖该财产所得价款偿还债务的，人民法院应当认定该约定有效。当事人已经完成财产权利变动的公示，债务人不履行到期债务，债权人请求参照民法典关于担保物权的有关规定就该财产优先受偿的，人民法院应予支持。

债务人或者第三人与债权人约定将财产形式上转移至债权人名下,债务人不履行到期债务,财产归债权人所有的,人民法院应当认定该约定无效,但是不影响当事人有关提供担保的意思表示的效力。当事人已经完成财产权利变动的公示,债务人不履行到期债务,债权人请求对该财产享有所有权的,人民法院不予支持;债权人请求参照民法典关于担保物权的规定对财产折价或者以拍卖、变卖该财产所得的价款优先受偿的,人民法院应予支持;债务人履行债务后请求返还财产,或者请求对财产折价或者以拍卖、变卖所得的价款清偿债务的,人民法院应予支持。

债务人与债权人约定将财产转移至债权人名下,在一定期间后再由债务人或者其指定的第三人以交易本金加上溢价款回购,债务人到期不履行回购义务,财产归债权人所有的,人民法院应当参照第二款规定处理。回购对象自始不存在的,人民法院应当依照民法典第一百四十六条第二款的规定,按照其实际构成的法律关系处理。

**第六十九条** 股东以将其股权转移至债权人名下的方式为债务履行提供担保,公司或者公司的债权人以股东未履行或者未全面履行出资义务、抽逃出资等为由,请求作为名义股东的债权人与股东承担连带责任的,人民法院不予支持。

**第七十条** 债务人或者第三人为担保债务的履行,设立专门的保证金账户并由债权人实际控制,或者将其资金存入债权人设立的保证金账户,债权人主张就账户内的款项优先受偿的,人民法院应予支持。当事人以保证金账户内的款项浮动为由,主张实际控制该账户的债权人对账户内的款项不享有优先受偿权的,人民法院不予支持。

在银行账户下设立的保证金分户,参照前款规定处理。

当事人约定的保证金并非为担保债务的履行设立,或者不符合前两款规定的情形,债权人主张就保证金优先受偿的,人民法院不予支持,但是不影响当事人依照法律的规定或者按照当事人的约定主张权利。

**第三百八十九条** 担保物权的担保范围包括主债权及其利息、违约金、损害赔偿金、保管担保财产和实现担保物权的费用。当事人另有约定的,按照其约定。

**【条文要义】**

本条是对担保物权担保范围的规定。

担保物权的担保范围，是指担保物权所担保的效力范围。本条规定的担保效力范围是：(1) 主债权，如借贷中的本金债权；(2) 利息，如借贷中的利息之债权；(3) 违约金，违约一方依照约定应当给付的违约金之债；(4) 损害赔偿金，违约方造成守约方损害的损害赔偿之债；(5) 保管担保财产的费用，在担保范围之内；(6) 实现担保物权的费用。如果当事人另有约定的，按照约定确定效力范围。

应当注意的是，这里规定的担保范围是一般效力范围，其中某些范围对于某些担保物权并不适用。例如，不承担保管担保财产的抵押权就不存在保管担保财产费用的问题。

## 【相关司法解释】

《最高人民法院关于适用〈中华人民共和国民法典〉有关担保制度的解释》

第二十二条 人民法院受理债务人破产案件后，债权人请求担保人承担担保责任，担保人主张担保债务自人民法院受理破产申请之日起停止计息的，人民法院对担保人的主张应予支持。

**第三百九十条** 担保期间，担保财产毁损、灭失或者被征收等，担保物权人可以就获得的保险金、赔偿金或者补偿金等优先受偿。被担保债权的履行期限未届满的，也可以提存该保险金、赔偿金或者补偿金等。

## 【条文要义】

本条是对担保范围及于担保财产代位物的规定。

担保物权的担保效力及于担保财产的代位物。担保期间，如果担保财产发生毁损、灭失或者被征收等情形，该担保财产依据法律能获得保险金、损害赔偿金或者补偿费。根据担保物权的物上代位性规则，担保物权人可以就担保人所获得的保险金、赔偿金或者补偿金等代位物优先受偿。被担保债权的履行期限未届满的，也可以提存该保险金、赔偿金或者补偿金等。这是因为，这些保险金、赔偿金和补偿金都是担保财产毁损、灭失或者被征收的代位物，是担保财产的另一种表现形式，担保物权的担保效力当然及于该代位物。由于这些代位物都是金钱形式，因而可以直接由债权人在债权履行期限未届满之前即期前优先受偿，或者将其提存，待履行期限届满时优先受偿。

**【相关司法解释】**

《最高人民法院关于适用〈中华人民共和国民法典〉有关担保制度的解释》

第四十二条 抵押权依法设立后，抵押财产毁损、灭失或者被征收等，抵押权人请求按照原抵押权的顺位就保险金、赔偿金或者补偿金等优先受偿的，人民法院应予支持。

给付义务人已经向抵押人给付了保险金、赔偿金或者补偿金，抵押权人请求给付义务人向其给付保险金、赔偿金或者补偿金的，人民法院不予支持，但是给付义务人接到抵押权人要求向其给付的通知后仍然向抵押人给付的除外。

抵押权人请求给付义务人向其给付保险金、赔偿金或者补偿金的，人民法院可以通知抵押人作为第三人参加诉讼。

**第三百九十一条** 第三人提供担保，未经其书面同意，债权人允许债务人转移全部或者部分债务的，担保人不再承担相应的担保责任。

**【条文要义】**

本条是对债务转让对担保物权效力的规定。

第三人作为担保人向债权人提供担保，尽管是在债权人和第三人之间发生的法律关系，但通常是第三人作为担保人与债务人存在信赖关系。在担保期间，债务人转移债务，会对担任担保人的第三人利益产生影响。如果第三人知道债务转移，仍然同意继续提供担保的，则没有问题。如果债务转移未经第三人的书面同意，债权人同意债务人转让全部或者部分债务的，第三人不再承担相应的担保责任。第三人同意债务转移应当是书面同意，因而即使口头同意，也不发生第三人继续提供担保的后果。所谓"相应的担保责任"，是指全部转让债务的，相应的担保责任是全部担保责任，部分转让债务的，相应的担保责任是转移的部分债务的担保责任。

**【相关司法解释】**

《最高人民法院关于适用〈中华人民共和国民法典〉有关担保制度的解释》

第三十九条 主债权被分割或者部分转让，各债权人主张就其享有的债权份额行使担保物权的，人民法院应予支持，但是法律另有规定或者当事人另有约定的除外。

主债务被分割或者部分转移，债务人自己提供物的担保，债权人请求以该担保财产担保全部债务履行的，人民法院应予支持；第三人提供物的担保，主张对未经其书面同意转移的债务不再承担担保责任的，人民法院应予支持。

**第三百九十二条** 被担保的债权既有物的担保又有人的担保的，债务人不履行到期债务或者发生当事人约定的实现担保物权的情形，债权人应当按照约定实现债权；没有约定或者约定不明确，债务人自己提供物的担保的，债权人应当先就该物的担保实现债权；第三人提供物的担保的，债权人可以就物的担保实现债权，也可以请求保证人承担保证责任。提供担保的第三人承担担保责任后，有权向债务人追偿。

【条文要义】

本条是对不同担保形式之间效力关系的规定。

在各种不同的担保形式之间，其效力应当怎样确定，历来是实践中的难题。本条规定的基本规则是：

1. 被担保的债权既有物的担保又有人的担保的，债务人不履行到期债务或者发生当事人约定的实现担保物权的情形，在原来的合同中已经约定了如何处理的，应当按照约定实现债权。对此，任何一方都不会也不应有异议。

2. 当事人事先没有约定或者约定不明确的，如果是债务人自己提供物的担保的，债务人的物权担保优先，债权人应当就该物的担保实现债权。清偿不足部分，第三人作为担保人的，承担补充的担保责任。

3. 第三人提供物的担保的，物的担保和人的担保处于同等地位，由债权人选择，既可以就物的担保实现债权，也可以请求保证人承担保证责任。

4. 提供担保的第三人承担了担保责任的，取得向债务人的追偿权，可以向债务人追偿，补偿自己因承担担保责任发生的损失。

【相关司法解释】

《最高人民法院关于适用〈中华人民共和国民法典〉有关担保制度的解释》

**第十三条** 同一债务有两个以上第三人提供担保，担保人之间约定相互追偿及分担份额，承担了担保责任的担保人请求其他担保人按照约定分担份额的，人民法院应予支持；担保人之间约定承担连带共同担保，或者约定相互追偿但是未约定分担份额的，各担保人按照比例分担向债务人不能追偿的部分。

同一债务有两个以上第三人提供担保，担保人之间未对相互追偿作出约定且未约定承担连带共同担保，但是各担保人在同一份合同书上签字、盖章或者按指印，承担了担保责任的担保人请求其他担保人按照比例分担向债务人不能追偿部分的，人民法院应予支持。

除前两款规定的情形外，承担了担保责任的担保人请求其他担保人分担向债务人不能追偿部分的，人民法院不予支持。

第十四条　同一债务有两个以上第三人提供担保，担保人受让债权的，人民法院应当认定该行为系承担担保责任。受让债权的担保人作为债权人请求其他担保人承担担保责任的，人民法院不予支持；该担保人请求其他担保人分担相应份额的，依照本解释第十三条的规定处理。

第二十四条　债权人知道或者应当知道债务人破产，既未申报债权也未通知担保人，致使担保人不能预先行使追偿权的，担保人就该债权在破产程序中可能受偿的范围内免除担保责任，但是担保人因自身过错未行使追偿权的除外。

**第三百九十三条　有下列情形之一的，担保物权消灭：**
**（一）主债权消灭；**
**（二）担保物权实现；**
**（三）债权人放弃担保物权；**
**（四）法律规定担保物权消灭的其他情形。**

【条文要义】

本条是对担保物权消灭一般事由的规定。

法律规定担保物权消灭一般事由的意义是，就担保物权消灭的一般情形作出规定，当出现这样的事由时，担保物权消灭，担保人不再承担担保责任。

担保物权消灭的一般事由是：

1. 主债权消灭：主债权既然已经消灭，担保物权的存在就没有了意义，因而就没有继续存在的必要。

2. 担保物权实现：债权人作为担保物权人，实现了担保物权，其债权得到了保障，担保物权自然消灭。

3. 债权人放弃担保物权：放弃担保物权是债权人对自己享有的权利的处分，已经放弃的，担保物权自然消灭。

4. 法律规定担保物权消灭的其他情形：如担保财产灭失等。

# 第十七章 抵押权

## 第一节 一般抵押权

**第三百九十四条** 为担保债务的履行，债务人或者第三人不转移财产的占有，将该财产抵押给债权人的，债务人不履行到期债务或者发生当事人约定的实现抵押权的情形，债权人有权就该财产优先受偿。

前款规定的债务人或者第三人为抵押人，债权人为抵押权人，提供担保的财产为抵押财产。

**【条文要义】**

本条是对抵押权概念的规定。

抵押权，是指债权人对于债务人或者第三人不转移占有而为债权提供担保的抵押财产，于债务人不履行到期债务或者发生当事人约定的实现抵押权的情形时，依法享有的就该物变价优先受偿的担保物权。其法律特征是：（1）抵押权的性质属于担保物权；（2）抵押权的标的物是债务人或者第三人的不动产、动产或者权利；（3）抵押权的标的物不需要移转占有；（4）抵押权的价值功能在于就抵押财产所卖得的价金优先受偿。

在抵押权法律关系中，提供担保财产的债务人或者第三人为抵押人；享有抵押权的债权人为抵押权人；抵押人提供的担保财产为抵押财产，也叫作抵押物。

抵押权是最重要的担保类型，被赋予最高的担保地位。其价值功能就在于被担保债权的优先受偿性。其表现为：（1）与债务人的普通债权人相比，抵押权人有权就抵押财产卖得的价金优先于普通债权人而受清偿。（2）与债务人的其他抵押权人相比，抵押权登记生效的，按照抵押登记的先后顺序清偿；顺序相同的，按照债权比例清偿。（3）抵押合同自签订之日起生效，抵押权登记的，按照登记的先后顺序清偿；无须登记的，已登记的抵押权优先于未登记的抵押权，均未登记的，按照债权比例清偿。（4）债务人破产时，抵押权人享有别除权，仍可以就抵押财产卖得的价金优先受偿。

抵押权人优先受偿的范围，以抵押财产的变价款为限，如果抵押财产的变价款不足以清偿所担保的债权，则债权人就未清偿的部分对债务人的其他财产无优先受偿的效力，与其他债权人一起平均受偿。

**【相关司法解释】**

《最高人民法院关于适用〈中华人民共和国民法典〉有关担保制度的解释》

第四十条 从物产生于抵押权依法设立前，抵押权人主张抵押权的效力及于从物的，人民法院应予支持，但是当事人另有约定的除外。

从物产生于抵押权依法设立后，抵押权人主张抵押权的效力及于从物的，人民法院不予支持，但是在抵押权实现时可以一并处分。

第四十一条 抵押权依法设立后，抵押财产被添附，添附物归第三人所有，抵押权人主张抵押权效力及于补偿金的，人民法院应予支持。

抵押权依法设立后，抵押财产被添附，抵押人对添附物享有所有权，抵押权人主张抵押权的效力及于添附物的，人民法院应予支持，但是添附导致抵押财产价值增加的，抵押权的效力不及于增加的价值部分。

抵押权依法设立后，抵押人与第三人因添附成为添附物的共有人，抵押权人主张抵押权的效力及于抵押人对共有物享有的份额的，人民法院应予支持。

本条所称添附，包括附合、混合与加工。

**第三百九十五条** 债务人或者第三人有权处分的下列财产可以抵押：
（一）建筑物和其他土地附着物；
（二）建设用地使用权；
（三）海域使用权；
（四）生产设备、原材料、半成品、产品；
（五）正在建造的建筑物、船舶、航空器；
（六）交通运输工具；
（七）法律、行政法规未禁止抵押的其他财产。
抵押人可以将前款所列财产一并抵押。

**【条文要义】**

本条是对抵押财产的规定。

抵押财产，也称为抵押权标的物或者抵押物，是指被设置了抵押权的不动产、动产或者权利。

抵押财产的特点是：（1）抵押财产包括不动产、特定动产和权利。抵押财产主要是不动产，也包括特定的动产，建设用地使用权、地役权等物权可以设置抵押权。（2）抵押财产须具有可转让性，抵押权的性质是变价权，供抵押的不动产或者动产如果有妨害其使用的目的、具有不得让与的性质或者即使可以让与但其价值将会受到影响，都不能设置抵押权。

法定的抵押财产范围是：（1）建筑物和其他土地附着物；（2）建设用地使用权；（3）海域使用权；（4）生产设备、原材料、半成品、产品；（5）正在建造的建筑物、船舶、飞行器；（6）交通运输工具；（7）法律、法规规定可以抵押的其他财产，如土地经营权。

依照学理，允许抵押的财产可以分为以下三类：（1）不动产。允许抵押的不动产包括房屋、厂房、林木、没有收割的农作物及其他地上附着物，还包括正在建造的建筑物。（2）特定的动产。允许抵押的动产主要包括：生产设备、原材料、产品、航空器、船舶（包括在建）、交通工具，以及家具、家用电器、金银珠宝及其制品等。（3）权利。以权利作为抵押财产须符合两个条件：①只有不动产上的用益物权以及特别法确立的特许物权才能进行抵押；②依据物权法定原则，不动产上的用益物权以及特别法确立的物权只有在法律允许抵押时才能抵押。符合这样条件的权利，有建设用地使用权以及土地承包经营权上设置的土地经营权。

【相关司法解释】

《最高人民法院关于适用〈中华人民共和国民法典〉有关担保制度的解释》

**第四十九条** 以违法的建筑物抵押的，抵押合同无效，但是一审法庭辩论终结前已经办理合法手续的除外。抵押合同无效的法律后果，依照本解释第十七条的有关规定处理。

当事人以建设用地使用权依法设立抵押，抵押人以土地上存在违法的建筑物为由主张抵押合同无效的，人民法院不予支持。

**第五十条** 抵押人以划拨建设用地上的建筑物抵押，当事人以该建设用地使用权不能抵押或者未办理批准手续为由主张抵押合同无效或者不生效的，人民法院不予支持。抵押权依法实现时，拍卖、变卖建筑物所得的价款，应当优先用于补缴建设用地使用权出让金。

当事人以划拨方式取得的建设用地使用权抵押，抵押人以未办理批准手续为由主张抵押合同无效或者不生效的，人民法院不予支持。已经依法办理抵押登记，抵押权人主张行使抵押权的，人民法院应予支持。抵押权依法实现时所得的价款，参照前款有关规定处理。

**第三百九十六条** 企业、个体工商户、农业生产经营者可以将现有的以及将有的生产设备、原材料、半成品、产品抵押，债务人不履行到期债务或者发生当事人约定的实现抵押权的情形，债权人有权就抵押财产确定时的动产优先受偿。

## 【条文要义】

本条是对浮动抵押的规定。

浮动抵押，也称动产浮动抵押，是指企业、个体工商户、农业生产经营者作为抵押人，以其所有的全部财产包括现有的以及将有的生产设备、原材料、半成品、产品为标的而设立的动产抵押权。浮动抵押的法律特征是：（1）抵押人具有特殊性，只有企业、个体工商户、农业生产经营者才可以作为浮动抵押的抵押人；（2）抵押财产具有特殊性，包括生产设备、原材料、半成品、产品，既包括抵押人现有的财产，也包括抵押人将来取得的财产；（3）抵押财产在浮动抵押权实现前处于变动之中，数额是无法固定和明确的；（4）对于抵押财产，抵押权人在抵押期间仍然可以使用、处分，其财产的进出并不受限制。

浮动抵押权具有抵押人利用其财产自由经营的特点，对于抵押人来说，在抵押权实现前可以进行经营，具有优势；对于抵押权人来说有所不利，这是浮动抵押的缺陷，因为在抵押权实现之前，抵押人的财产是不断变化的，如果抵押人的财产状况恶化，抵押权人就不能从抵押财产的价值中完全受偿。因此，对于浮动抵押权的适用范围应当进行适当限制。

浮动抵押的抵押人可以就其财产进行经营活动，为收益和处分。只有在浮动抵押权确定时，抵押人的全部财产才成为确定的抵押财产。浮动抵押权的效力及于浮动抵押确定时，包括确定时的抵押人所有的或者有权处分的全部财产。为了防止抵押人恶意实施损害抵押权人利益的行为，浮动抵押权成立后，抵押人在经营过程中处分的财产不属于抵押财产，但抵押人为逃避债务而处分公司财产的，抵押权人享有撤销权，可以请求撤销该处分行为。

浮动抵押权的实现，自抵押权人向人民法院提出实现抵押权的申请，经人民法院作出浮动抵押权实现的决定时开始。人民法院作出浮动抵押权实现的决定应当予以公告，并同时发布查封抵押人总财产的公告，抵押人的全部财产由财产管理人管理，财产管理人应当在抵押人住所地办理浮动抵押权登记的机关进行浮动抵押权开始实现的登记。

浮动抵押权的实现与其他抵押权的实现相比没有特别之处，应当按照一般抵押权实现的方式实现，债务人不能履行债务时，债权人有权就浮动抵押确定时的动产优先受偿。

特别提示：浮动抵押与民法典第404条、第411条和第416条的规定密切相关。

**第三百九十七条** 以建筑物抵押的，该建筑物占用范围内的建设用地使用权一并抵押。以建设用地使用权抵押的，该土地上的建筑物一并抵押。

抵押人未依据前款规定一并抵押的，未抵押的财产视为一并抵押。

【条文要义】

本条是对建筑物与其建设用地使用权一并抵押的规定。

我国对建筑物所有权和土地所有权、建设用地使用权的关系，实行房地一体主义，民法典第356条和第357条对此作出了原则规定。在抵押权中同样实行这个规则。所以，以建筑物抵押的，该建筑物占用范围内的建设用地使用权一并抵押；以建设用地使用权抵押的，该土地上的建筑物一并抵押。抵押人未依据上述规定一并抵押的，未抵押的财产视为一并抵押。这样规定的目的就在于体现和维护"房随地走"和"地随房走"的原则，实现房地一体主义，避免在抵押权设置上出现纠纷。

**第三百九十八条** 乡镇、村企业的建设用地使用权不得单独抵押。以乡镇、村企业的厂房等建筑物抵押的，其占用范围内的建设用地使用权一并抵押。

【条文要义】

本条是对乡村企业的建设用地使用权不得单独抵押的规定。

我国严格限制农用地转为建设用地，除在兴办乡镇、村企业和村民建设住宅经依法批准使用农民集体所有的土地，或者乡镇、村公共设施和公益事业建设经依法批准使用农民集体所有的土地外，任何单位和个人进行建设，都必须依法申请国有土地的建设用地使用权。抵押权的实现会带来建设用地使用权转让的后果，如果对农村建设用地使用权的抵押不加以任何限制，可能出现规避法律，以抵押为名将农村建设用地直接转为城市建设用地的后果。因此，本条规定，乡镇、村企业的建设用地使用权不得单独抵押。如果是以乡镇、村企业的厂房等建筑物抵押的，则是允许的，将其占用范围内的建设用地使用权一并抵押。

**第三百九十九条** 下列财产不得抵押：

（一）土地所有权；

（二）宅基地、自留地、自留山等集体所有土地的使用权，但是法律规定可以抵押的除外；

（三）学校、幼儿园、医疗机构等为公益目的成立的非营利法人的教育设施、医疗卫生设施和其他公益设施；

（四）所有权、使用权不明或者有争议的财产；

（五）依法被查封、扣押、监管的财产；

（六）法律、行政法规规定不得抵押的其他财产。

**【条文要义】**

本条是对禁止抵押财产的规定。

基于公共利益、社会政策等各种考虑，法律禁止抵押的财产范围比较大。

以下财产禁止抵押：

1. 土地所有权。无论是国有土地所有权，还是农民集体土地的所有权，都禁止设置抵押权。

2. 宅基地、自留山、自留地等集体所有土地的使用权，但是法律规定可以抵押的除外。在这些土地上设立的土地使用权，都具有不可流转性，设置抵押权无法实现，因此禁止设置抵押权。

3. 学校、幼儿园、医疗机构等以公益为目的成立的非营利法人的教育设施、医疗卫生设施和其他公益设施。这是因为，无论是公办还是民办，这些单位都是出于社会公益目的设立的，这些设施一旦设定抵押权，在抵押权实现时将会造成公益目的无法实现的后果，所以禁止设置抵押权。

4. 所有权、使用权不明或者有争议的财产。这些财产会发生权属争议，不仅对抵押权的实现有影响，而且会酿成新的纠纷，故予以禁止。

5. 依法被查封、扣押、监管的财产。因这些财产被采取强制措施，不能自由流转，故禁止设置抵押权。

6. 法律、行政法规规定不得抵押的其他财产。

**第四百条** 设立抵押权，当事人应当采用书面形式订立抵押合同。

抵押合同一般包括下列条款：

（一）被担保债权的种类和数额；

（二）债务人履行债务的期限；

（三）抵押财产的名称、数量等情况；

（四）担保的范围。

【条文要义】

本条是对抵押合同的规定。

抵押权设立，是取得抵押权最常见的方式，即债权人与债务人或者第三人通过抵押合同设定抵押权。基于法律行为取得的抵押权也叫作约定抵押或意定抵押。抵押合同是要式行为，应当订立书面抵押合同。

抵押合同应当包括的内容为：（1）被担保债权的种类和数额；（2）债务人履行债务的期限；（3）抵押财产的名称、数量等情况；（4）担保的范围。抵押合同不完全具备上述内容的，可以补正。

本条规定抵押合同条款的上述规定，没有说明其主要条款。事实上，任何合同都有主要条款。其中"被担保债权的种类"和"抵押财产"条款是抵押合同的主要条款。具备这两个主要条款，即使其他条款不明确或者没有约定，抵押合同亦成立；不具备这两个主要条款，即使其他条款都具备的，抵押合同也不能成立。

抵押合同的当事人是抵押权人和抵押人。取得抵押权的主体就是主债权人，也是抵押权人。在自己的财产上设定抵押权而为自己或者他人的债务提供担保的人，就是抵押人。债务人用自己的财产提供抵押的，债务人就是抵押人。第三人以其财产为债权人提供抵押的，该抵押人也叫作物上担保人或限物担保人。

【相关司法解释】

《最高人民法院关于适用〈中华人民共和国民法典〉有关担保制度的解释》

**第五十三条** 当事人在动产和权利担保合同中对担保财产进行概括描述，该描述能够合理识别担保财产的，人民法院应当认定担保成立。

**第四百零一条** 抵押权人在债务履行期限届满前，与抵押人约定债务人不履行到期债务时抵押财产归债权人所有的，只能依法就抵押财产优先受偿。

【条文要义】

本条是对禁止流押的规定。

流押，也叫作流押契约、抵押财产代偿条款或流抵契约，是指抵押权人与抵押人约定，当债务人届期不履行债务时，抵押权人有权直接取得抵押财产的所有权的协议。抵押权人在债务履行期届满前，不得与抵押人约定在债务人不履行到期债务时，抵押财产归债权人所有。在抵押权人和抵押人订立的合同中，流押的条款一律无效。即使是在抵押权实现时订立的实现抵押权协议中，也不得出现流押条款。只有当事人以抵押财产折价方式清偿债务的，才是正常的抵押权实现方法。

订立流押条款的，虽然流押条款无效，但是抵押权仍然成立，只能依法就抵押财产优先受偿，使债务得到清偿。

在实践中，下列约定也被认为属于流押契约：（1）在借款合同中，当订有清偿期限届至而借款人不还款时，贷款人可以将抵押财产自行加以变卖的约定；（2）抵押权人在债权清偿期届满后与债务人另订有延期清偿的合同，在该合同中附以延展的期限内如果仍未能清偿时，就将抵押财产交给债权人经营为条件的约定；（3）债务人以所负担的债务额作为某项不动产的出售价，与债权人订立一个不动产买卖合同，但并不移转该不动产的占有，只是约明在一定的期限内清偿债务以赎回该财产。此种合同虽然在形式上是买卖，但实际上是就原有债务设定的抵押权，只不过以回赎期间作为清偿期间罢了。

【相关司法解释】

《最高人民法院关于适用〈中华人民共和国民法典〉时间效力的若干规定》

**第七条** 民法典施行前，当事人在债务履行期限届满前约定债务人不履行到期债务时抵押财产或者质押财产归债权人所有的，适用民法典第四百零一条和第四百二十八条的规定。

**第四百零二条** 以本法第三百九十五条第一款第一项至第三项规定的财产或者第五项规定的正在建造的建筑物抵押的，应当办理抵押登记。抵押权自登记时设立。

【条文要义】

本条是对不动产抵押权登记的规定。

抵押权登记，是指依据财产权利人的申请，登记机关将与在该财产上设定抵押权相关的事项记载于登记簿上的事实。其基本功能是：（1）保障交易安全，通过抵押权登记，将物上是否设定了抵押权的状态向外界加以展示，不仅能够节省交易成本，而且能够有效地避免抵押权人与其他利害关系人发生利益冲突，维护交易安全；（2）强化担保效力，在抵押权经过登记而成立的情况下，法律就认为第三人已经知晓抵押权的存在，因而使抵押权对债权的担保功能得到进一步强化；（3）有助于预防纠纷和解决纠纷，抵押权登记簿的存在既可以事先预防各类冲突，还可以为法院审理案件提供确实的证据。

抵押权是担保物权，设定抵押权除要订立抵押合同外，对某些不动产抵押设置抵押权还须进行抵押权登记，并且只有经过抵押权登记，才能发生抵押权的效果。本条规定，须登记才能发生法律效力的抵押权是：（1）建筑物和其他土地附着物；（2）建设用地使用权；（3）海域使用权；（4）正在建造的建筑物。以这些不动产设置抵押权的，在订立抵押合同之后，应当进行抵押权登记，经过登记之后，抵押权才发生，即抵押权自登记时设立。这种登记效力被称为绝对登记主义。

【相关司法解释】

**《最高人民法院关于适用〈中华人民共和国民法典〉有关担保制度的解释》**

第四十六条 不动产抵押合同生效后未办理抵押登记手续，债权人请求抵押人办理抵押登记手续的，人民法院应予支持。

抵押财产因不可归责于抵押人自身的原因灭失或者被征收等导致不能办理抵押登记，债权人请求抵押人在约定的担保范围内承担责任的，人民法院不予支持；但是抵押人已经获得保险金、赔偿金或者补偿金等，债权人请求抵押人在其所获金额范围内承担赔偿责任的,人民法院依法予以支持。

因抵押人转让抵押财产或者其他可归责于抵押人自身的原因导致不能办理抵押登记,债权人请求抵押人在约定的担保范围内承担责任的,人民法院依法予以支持,但是不得超过抵押权能够设立时抵押人应当承担的责任范围。

**第四十七条** 不动产登记簿就抵押财产、被担保的债权范围等所作的记载与抵押合同约定不一致的,人民法院应当根据登记簿的记载确定抵押财产、被担保的债权范围等事项。

**第四十八条** 当事人申请办理抵押登记手续时,因登记机构的过错致使其不能办理抵押登记,当事人请求登记机构承担赔偿责任的,人民法院依法予以支持。

**第四百零三条** 以动产抵押的,抵押权自抵押合同生效时设立;未经登记,不得对抗善意第三人。

【条文要义】

本条是对动产抵押设立时间的规定。

以动产抵押的,如民法典第396条规定的生产设备、原材料、半成品、产品、正在建造的船舶、航空器、交通运输工具等,采取登记对抗主义,抵押权自抵押合同生效时设立;未经抵押权登记的,抵押权亦设立,只是不得对抗善意第三人。这种登记对抗要件主义,也叫相对登记主义。

【相关司法解释】

《最高人民法院关于适用〈中华人民共和国民法典〉有关担保制度的解释》

**第五十四条** 动产抵押合同订立后未办理抵押登记,动产抵押权的效力按照下列情形分别处理:

(一)抵押人转让抵押财产,受让人占有抵押财产后,抵押权人向受让人请求行使抵押权的,人民法院不予支持,但是抵押权人能够举证证明受让人知道或者应当知道已经订立抵押合同的除外;

(二)抵押人将抵押财产出租给他人并移转占有,抵押权人行使抵押权的,租赁关系不受影响,但是抵押权人能够举证证明承租人知道或者应当知道已经订立抵押合同的除外;

(三)抵押人的其他债权人向人民法院申请保全或者执行抵押财产,人民法院已经作出财产保全裁定或者采取执行措施，抵押权人主张对抵押财产优先受偿的，人民法院不予支持；

（四）抵押人破产，抵押权人主张对抵押财产优先受偿的，人民法院不予支持。

**第四百零四条** 以动产抵押的，不得对抗正常经营活动中已经支付合理价款并取得抵押财产的买受人。

## 【条文要义】

本条是对动产抵押不得对抗抵押财产正常流转的规定。

动产抵押采取登记对抗主义，未经登记不得对抗善意第三人；而且对办理了登记的动产抵押，也不得对抗在正常经营活动中已经支付合理价款并取得抵押财产的买受人，如果在动产抵押过程中，抵押人在与他人进行正常的经营活动，对抵押财产与对方当事人进行交易，对方已经支付了合理价款、取得了该抵押财产的，这些抵押财产就不再是抵押权的客体，抵押权人对其不能主张抵押权。

## 【相关司法解释】

《最高人民法院关于适用〈中华人民共和国民法典〉有关担保制度的解释》

**第五十六条** 买受人在出卖人正常经营活动中通过支付合理对价取得已被设立担保物权的动产，担保物权人请求就该动产优先受偿的，人民法院不予支持，但是有下列情形之一的除外：

（一）购买商品的数量明显超过一般买受人；

（二）购买出卖人的生产设备；

（三）订立买卖合同的目的在于担保出卖人或者第三人履行债务；

（四）买受人与出卖人存在直接或者间接的控制关系；

（五）买受人应当查询抵押登记而未查询的其他情形。

前款所称出卖人正常经营活动，是指出卖人的经营活动属于其营业执照明确记载的经营范围，且出卖人持续销售同类商品。前款所称担保物权人，是指已经办理登记的抵押权人、所有权保留买卖的出卖人、融资租赁合同的出租人。

**第四百零五条** 抵押权设立前,抵押财产已经出租并转移占有的,原租赁关系不受该抵押权的影响。

**【条文要义】**

本条是关于抵押对租赁关系影响的规定。

对抵押权设立之前的抵押财产出租,租赁关系不受抵押权的影响。其条件是:(1)订立抵押合同前抵押财产已出租;(2)成立租赁合同关系并且已经将租赁物转移占有。如果抵押权设立之前仅订立了租赁关系,但是抵押财产并未被承租人占有的,或者抵押权设立之后对抵押财产进行租赁,不论抵押财产是否被承租人实际占有,租赁关系都会受到抵押权的影响。

**第四百零六条** 抵押期间,抵押人可以转让抵押财产。当事人另有约定的,按照其约定。抵押财产转让的,抵押权不受影响。

抵押人转让抵押财产的,应当及时通知抵押权人。抵押权人能够证明抵押财产转让可能损害抵押权的,可以请求抵押人将转让所得的价款向抵押权人提前清偿债务或者提存。转让的价款超过债权数额的部分归抵押人所有,不足部分由债务人清偿。

**【条文要义】**

本条是对抵押期间转让抵押财产效力的规定。

在抵押关系存续期间,抵押人转让抵押财产的,原《物权法》第191条采取了比较严格的规则,即抵押期间,抵押人经抵押权人同意转让抵押财产的,应当将转让所得的价款向抵押权人提前清偿债务或者提存。转让的价款超过债权数额的部分归抵押人所有,不足部分由债务人清偿。抵押期间,抵押人未经抵押权人同意,不得转让抵押财产,但受让人代为清偿债务消灭抵押权的除外,当然应当准许转让。

事实上,在财产上设置抵押权,并不禁止抵押财产的流转,只要抵押权跟随抵押财产一并移转,就能够保障抵押权人的权利。故民法典在规定抵押期间转让抵押财产的规则上,改变了原《物权法》的上述规定,采纳了从宽的规则:

1. 抵押期间,抵押人可以转让抵押财产的,并不加以禁止,只是在转让时应当通知抵押权人。

2. 如果当事人对此另有约定的，按照其约定。

3. 抵押期间，抵押人将抵押财产转让的，抵押权不受影响，即抵押财产是设有抵押权负担的财产，进行转让，抵押权随着所有权的转让而转让，取得抵押财产的受让人在取得所有权的同时，也负有抵押人所负担的义务，受到抵押权的约束。

4. 抵押权人能够证明抵押财产转让可能损害抵押权的，可以请求抵押人将转让所得的价款向抵押权人提前清偿债务或者提存。转让的价款超过债权数额的部分，归抵押人所有，不足部分由债务人清偿。

【相关司法解释】

《最高人民法院关于适用〈中华人民共和国民法典〉有关担保制度的解释》

第四十三条 当事人约定禁止或者限制转让抵押财产但是未将约定登记，抵押人违反约定转让抵押财产，抵押权人请求确认转让合同无效的，人民法院不予支持；抵押财产已经交付或者登记，抵押权人请求确认转让不发生物权效力的，人民法院不予支持，但是抵押权人有证据证明受让人知道的除外；抵押权人请求抵押人承担违约责任的，人民法院依法予以支持。

当事人约定禁止或者限制转让抵押财产且已经将约定登记，抵押人违反约定转让抵押财产，抵押权人请求确认转让合同无效的，人民法院不予支持；抵押财产已经交付或者登记，抵押权人主张转让不发生物权效力的，人民法院应予支持，但是因受让人代替债务人清偿债务导致抵押权消灭的除外。

第四百零七条 抵押权不得与债权分离而单独转让或者作为其他债权的担保。债权转让的，担保该债权的抵押权一并转让，但是法律另有规定或者当事人另有约定的除外。

【条文要义】

本条是对抵押权转让与债权关系的规定。

抵押权不是独立的物权，而是附随于被担保的债权的从权利，因而抵押权不得与债权分离而单独转让，也不能作为已经提供担保的债权以外的其他债权的担保。所以，债权转让的，担保该债权的抵押权一并转让，但是法律另有规定或者当事人另有约定的除外,如民法典第421条规定,最高额抵押担保的债权确定前,部分债权转让的,最高额抵押权不得转让,当事人另有约定的除外。

**第四百零八条** 抵押人的行为足以使抵押财产价值减少的,抵押权人有权请求抵押人停止其行为;抵押财产价值减少的,抵押权人有权请求恢复抵押财产的价值,或者提供与减少的价值相应的担保。抵押人不恢复抵押财产的价值,也不提供担保的,抵押权人有权请求债务人提前清偿债务。

**【条文要义】**

本条是对防止抵押财产价值减少对策的规定。

抵押权的作用在于用抵押财产的价值,为债权的实现作担保,一旦债权不能实现,则用抵押财产变价清偿债务,实现债权。由于抵押财产并不为抵押权人即债权人占有,而为抵押人占有,因而有可能出现抵押人处分抵押财产使抵押财产价值减少的情形。对此,本条规定的规则是:

1. 抵押人的行为足以使抵押财产价值减少的,抵押权人有权请求抵押人停止其行为。

2. 抵押人的行为确实使抵押财产价值减少的,有两个办法解决:(1)抵押权人有权请求恢复抵押财产的价值,如请求处分抵押财产的受让人返还财产;(2)提供与减少的价值相应的担保,为抵押财产的减少部分进行担保。

3. 抵押人既不恢复抵押财产的价值也不提供担保的,抵押权人有权请求债务人提前清偿债务,使自己的债权在期前得到清偿,实现债权。

**第四百零九条** 抵押权人可以放弃抵押权或者抵押权的顺位。抵押权人与抵押人可以协议变更抵押权顺位以及被担保的债权数额等内容。但是,抵押权的变更未经其他抵押权人书面同意的,不得对其他抵押权人产生不利影响。

债务人以自己的财产设定抵押,抵押权人放弃该抵押权、抵押权顺位或者变更抵押权的,其他担保人在抵押权人丧失优先受偿权益的范围内免除担保责任,但是其他担保人承诺仍然提供担保的除外。

**【条文要义】**

本条是对抵押权人放弃抵押权、抵押权顺位和变更抵押权的规定。

为了使抵押权人能更充分地利用抵押权的交换价值，抵押权人投下的金融资本在多数债权人之间仍有灵活周转的余地，并有相互调整其复杂利害关系的手段，本条规定的抵押权及其顺位权的让与、变更和抛弃的规则是：

1. 抵押权人可以放弃抵押权或者抵押权的顺位。放弃抵押权的，抵押权人丧失抵押权，其债权不再受到该抵押权的担保。放弃抵押权的顺位的，不再具有顺位在先的抵押权效力。

2. 抵押权人与抵押人可以协议变更抵押权顺位，以及被担保的债权数额等内容，但抵押权的变更，未经其他抵押权人的书面同意，不得对其产生不利影响。

3. 债务人以自己的财产设定抵押的，抵押权人放弃该抵押权、抵押权顺位或者变更抵押权的，其他担保人在抵押权人丧失优先受偿权益的范围内免除担保责任，但其他担保人承诺仍然提供担保的除外。

在上述规则中，关于抵押权顺位放弃和变更的规则比较特殊。抵押权人的顺位权，是指抵押权人依其顺序所能获得分配受偿金额的权利。抵押权顺位的放弃，是指抵押权人对顺位在先的抵押权的抛弃，不再享有该顺位在先的抵押权的优先权，成为没有顺位优先的抵押权。抵押权顺位变更的效力与抵押权顺序的抛弃的效力不同。抵押权顺位发生变更时：（1）必须由同一抵押财产上的所有不同顺序的抵押权人达成合意；（2）由于此种变更可能危及就顺位发生变更的抵押权享有法律利益的其他人，因此除必须经过各个抵押权人的同意外，还必须经过这些利害关系人的同意；（3）变更抵押权顺位还需办理抵押权变更登记。

**第四百一十条** 债务人不履行到期债务或者发生当事人约定的实现抵押权的情形，抵押权人可以与抵押人协议以抵押财产折价或者以拍卖、变卖该抵押财产所得的价款优先受偿。协议损害其他债权人利益的，其他债权人可以请求人民法院撤销该协议。

抵押权人与抵押人未就抵押权实现方式达成协议的，抵押权人可以请求人民法院拍卖、变卖抵押财产。

抵押财产折价或者变卖的，应当参照市场价格。

## 【条文要义】

本条是对实现抵押权的规定。

实现抵押权，是指债务履行期届满债务人未履行债务，或者发生当事人约定实现抵押权的情形，通过依法处理抵押财产而使债权获得清偿。

抵押权实现的条件是：（1）抵押权有效存在；（2）债务人不履行到期债务或者发生当事人约定的实现抵押权的情形；（3）抵押权的实现未受到法律上的特别限制。具备以上条件，抵押权人可以实现其抵押权。

实现抵押权的程序是：

1. 协议实现：抵押权人可以与抵押人通过协议，以抵押财产折价或者以拍卖、变卖该抵押财产所得的价款优先清偿债务。如果双方当事人的协议损害其他债权人的利益，则其他债权人可以行使撤销权，请求人民法院撤销该协议。

2. 诉讼实现：协议实现抵押权不成的，抵押权人可以向人民法院提起诉讼，由人民法院判决或者调解拍卖、变卖抵押财产实现抵押权，就抵押财产的变价款优先受偿。抵押财产折价或者变卖的，应当参照市场价格。这是为了保护抵押人的合法权益，防止低价变价造成抵押人的损失。

## 【相关司法解释】

**《最高人民法院关于适用〈中华人民共和国民法典〉有关担保制度的解释》**

**第四十五条** 当事人约定当债务人不履行到期债务或者发生当事人约定的实现担保物权的情形，担保物权人有权将担保财产自行拍卖、变卖并就所得的价款优先受偿的，该约定有效。因担保人的原因导致担保物权人无法自行对担保财产进行拍卖、变卖，担保物权人请求担保人承担因此增加的费用的，人民法院应予支持。

当事人依照民事诉讼法有关"实现担保物权案件"的规定，申请拍卖、变卖担保财产，被申请人以担保合同约定仲裁条款为由主张驳回申请的，人民法院经审查后，应当按照以下情形分别处理：

（一）当事人对担保物权无实质性争议且实现担保物权条件已经成就的，应当裁定准许拍卖、变卖担保财产；

（二）当事人对实现担保物权有部分实质性争议的，可以就无争议的部分裁定准许拍卖、变卖担保财产，并告知可以就有争议的部分申请仲裁；

(三) 当事人对实现担保物权有实质性争议的，裁定驳回申请，并告知可以向仲裁机构申请仲裁。

债权人以诉讼方式行使担保物权的，应当以债务人和担保人作为共同被告。

**第四百一十一条** 依据本法第三百九十六条规定设定抵押的，抵押财产自下列情形之一发生时确定：

(一) 债务履行期限届满，债权未实现；
(二) 抵押人被宣告破产或者解散；
(三) 当事人约定的实现抵押权的情形；
(四) 严重影响债权实现的其他情形。

**【条文要义】**

本条是对浮动抵押财产确定的规定。

当事人在设定浮动抵押权后，在抵押期间，抵押人在正常经营活动中对抵押财产的转让，买受人已经支付合理价款并取得抵押财产，是浮动抵押的正常情形，抵押权人不得对抗正常的经营活动。由于浮动抵押权其抵押财产的不特定性，在抵押权实现时，应当按照规定将其确定，才能够保障抵押权的实现。

浮动抵押权在以下情形时确定：

1. 债务履行期限届满，债权未实现。应当对浮动抵押的抵押财产进行确定，不得再进行浮动。

2. 抵押人被宣告破产或者解散。抵押财产必须确定，这种确定称为自动封押，浮动抵押变为固定抵押，无论浮动抵押权人是否知道该事由的发生或者有没有实现抵押权，都不影响抵押财产的自动确定。

3. 当事人约定的实现抵押权的情形。实现抵押权，抵押的财产必须确定，浮动抵押必须经过确定变为固定抵押，抵押权的实现才有可能。

4. 严重影响债权实现的其他情形。抵押财产也必须确定。例如，抵押人因经营管理不善而导致经营状况恶化或严重亏损，或者抵押人为了逃避债务而故意低价转让财产或隐匿、转移财产，都属于严重影响债权实现的情形。

浮动抵押财产被确定后，变成固定抵押，在抵押权实现的规则上，与普通抵押没有区别。

**第四百一十二条** 债务人不履行到期债务或者发生当事人约定的实现抵押权的情形，致使抵押财产被人民法院依法扣押的，自扣押之日起，抵押权人有权收取该抵押财产的天然孳息或者法定孳息，但是抵押权人未通知应当清偿法定孳息义务人的除外。

前款规定的孳息应当先充抵收取孳息的费用。

【条文要义】

本条是对抵押财产孳息归属的规定。

抵押财产原本属于抵押人占有，抵押权人并不占有抵押财产。在此期间，抵押财产发生孳息的，其孳息应当由抵押人享有权利，与抵押权人没有关系。

当出现债务人不履行到期债务或者发生当事人约定的实现抵押权情形时，致使抵押财产被人民法院依法扣押的，等于抵押权人对抵押财产已经开始主张权利，因而自抵押财产被扣押之日起，抵押权人有权收取该抵押财产的天然孳息或者法定孳息，但是抵押权人未通知应当清偿法定孳息的义务人的除外，故抵押权人自抵押财产被扣押后，如果要收取抵押财产的法定孳息，抵押权人应当通知清偿法定孳息的义务人。

已经被扣押的孳息，尽管抵押权人可以收取，但仍然是抵押人的财产，扣押的孳息仍然应当用于清偿抵押权人的债务，实现抵押权人的债权。在债务抵充上，扣押财产的孳息用以清偿的债务有多笔的，应当先充抵收取孳息的费用，剩余部分再按照清偿抵充的规则，清偿应当清偿的债务。

**第四百一十三条** 抵押财产折价或者拍卖、变卖后，其价款超过债权数额的部分归抵押人所有，不足部分由债务人清偿。

【条文要义】

本条是对抵押财产变现清偿债务的规定。

抵押权实现的具体方法是：

1. 抵押财产折价，是指在抵押权实现时，抵押权人与抵押人协议，或者协议不成经由人民法院判决，按照抵押财产自身的品质、参考市场价格折算为价款，把抵押财产所有权转移给抵押权人，从而达到抵押权实现的方式。

2. 抵押财产拍卖，是指通过拍卖程序将抵押财产变价，以其变价款实现抵押权。

3. 抵押财产变卖，是指以一般的买卖形式出卖抵押财产，以其变价款实现债权的方式。

当事人可以通过协商方式将抵押财产变卖。协商不成的，抵押权人可以向人民法院起诉，在判决胜诉后，通过人民法院的强制执行程序将抵押财产拍卖或变卖。人民法院处置抵押财产，一般是以拍卖为原则、以变卖为例外。

抵押财产折价或者拍卖、变卖后，其变价款超过债权数额的部分归抵押人所有，不足部分由债务人清偿。

**第四百一十四条** 同一财产向两个以上债权人抵押的，拍卖、变卖抵押财产所得的价款依照下列规定清偿：

（一）抵押权已经登记的，按照登记的时间先后确定清偿顺序；

（二）抵押权已经登记的先于未登记的受偿；

（三）抵押权未登记的，按照债权比例清偿。

其他可以登记的担保物权，清偿顺序参照适用前款规定。

【条文要义】

本条是对抵押权顺位权的规定。

抵押权的顺位，也叫抵押权的顺序，是指抵押人因担保两个或两个以上债权，就同一财产设定两个或两个以上的抵押权时，各抵押权之间优先受偿的先后次序，即同一抵押财产上多个抵押权之间的顺位关系。

同一财产向两个以上的债权人抵押的，拍卖、变卖抵押财产所得价款的清偿顺位有三项标准：

1. 抵押权已经登记的，按照登记的先后顺序清偿。顺序相同的，按照债权比例清偿。抵押登记的日期是在同一天的，抵押权的顺序相同。

2. 抵押权已经登记的，先于未登记的受偿。已经登记的优先清偿，没有登记的，只能在经过登记的抵押权实现后，以剩余的抵押财产受偿。

3. 抵押权未登记的，经抵押权担保的债权仍然是平等债权，不具有对抗效力，无优先受偿权，仍按照债权比例平均清偿。

顺序在先的抵押权因实行抵押权以外的原因消灭时，顺序在后的抵押权是否依次升进，有顺序不升进的固定主义和顺序当然升进的升进主义。我国采用顺序升进主义。抵押权与其担保的债权同时存在，被担保的债权消灭之后，抵押权也随之消灭。当被在先抵押权所担保的债权因清偿等原因而消灭后，从属于该债权的抵押权也随之消灭；既然在先的抵押权已经消灭，那么当在后的抵押权实现时，必然是在后的抵押权相继取代在先的抵押权的位置。

**第四百一十五条** 同一财产既设立抵押权又设立质权的，拍卖、变卖该财产所得的价款按照登记、交付的时间先后确定清偿顺序。

【条文要义】

本条是对抵押权与质权关系的规定。

我国立法承认动产抵押，因而抵押财产被质押或质押财产被抵押的情形会发生。同一财产既设立抵押权又设立质权的，本条规定的清偿顺序是：拍卖、变卖该财产所得的价款，按照登记、交付的时间先后确定清偿顺序。这一规则十分简单，即无论是抵押权还是质权，无论是登记成立还是交付成立，只要是权利设立在先，就优先受清偿。

**第四百一十六条** 动产抵押担保的主债权是抵押物的价款，标的物交付后十日内办理抵押登记的，该抵押权人优先于抵押物买受人的其他担保物权人受偿，但是留置权人除外。

【条文要义】

本条是对动产抵押权中间价款超级优先权的规定。

在动产抵押特别是浮动抵押中，抵押财产在抵押过程中，只要没有被确定，都可以增加或者减少，无须经过任何附加手续。在抵押的动产中，"流入"抵押财产的特定动产将成为抵押财产，"流出"的动产将移出抵押财产，逃离抵押的命运。流入抵押财产的特定动产如果是设有抵押权的，流入抵押财产就自动负担浮动抵押权，因而会产生在同一个物上有两个并存的抵押权，产生两个抵押权的受偿顺序的问题。流出抵押财产的特定动产，尽管也负担浮动抵押权，但是由于担保的债权没有确定，因而流出的特定动产应当是"逃离"了浮动抵押的担保财产的范围。

对于前者，需要法律作出规范，确定流入浮动抵押财产上的两个抵押权的先后顺序。本条规定的，就是流入浮动抵押财产的特定动产在其流入前设有抵押，流入后负担浮动抵押权,而发生同一物上存在两个抵押权受偿顺序问题的规则。这个规则称为"购买价金担保权""买卖价款抵押权"或者"中间价款超级优先权",规则是:

1. 动产抵押担保的主债权是抵押物的价款,即流入的特定动产已经设定的抵押权,担保的是该主债权,其担保数额是该抵押物的价款。

2. 如果该标的物在交付后十日内办理了抵押登记的,该抵押权就具有了"超级"优先权,即使其设立时间在后,也享有最优先的顺位。

3. 该超级优先权优先顺位对抗的是原来存在的浮动抵押权人的抵押权,即在具有超级优先权的抵押权的抵押财产,尽管也负担了浮动抵押权,但是由于其享有超级优先权,因而享有该超级优先权的抵押权人,优先于抵押物买受人的其他担保物权,包括浮动抵押权,能够最优先受偿。

4. 留置权除外,买受人即浮动抵押人在其所负担的其他担保物权中,不包括留置权,因为留置权是法定担保物权,并非约定担保物权,所以超级优先抵押权的优先效力不能对抗留置权。

对于后者,本条没有规定,但是从逻辑上可以推出这个结论。

**【相关司法解释】**

《最高人民法院关于适用〈中华人民共和国民法典〉有关担保制度的解释》

**第五十七条** 担保人在设立动产浮动抵押并办理抵押登记后又购入或者以融资租赁方式承租新的动产,下列权利人为担保价款债权或者租金的实现而订立担保合同,并在该动产交付后十日内办理登记,主张其权利优先于在先设立的浮动抵押权的,人民法院应予支持:

(一)在该动产上设立抵押权或者保留所有权的出卖人;

(二)为价款支付提供融资而在该动产上设立抵押权的债权人;

(三)以融资租赁方式出租该动产的出租人。

买受人取得动产但未付清价款或者承租人以融资租赁方式占有租赁物但是未付清全部租金,又以标的物为他人设立担保物权,前款所列权利人为担保价款债权或者租金的实现而订立担保合同,并在该动产交付后十日内办理登记,主张其权利优先于买受人为他人设立的担保物权的,人民法院应予支持。

同一动产上存在多个价款优先权的,人民法院应当按照登记的时间先后确定清偿顺序。

**第四百一十七条** 建设用地使用权抵押后，该土地上新增的建筑物不属于抵押财产。该建设用地使用权实现抵押权时，应当将该土地上新增的建筑物与建设用地使用权一并处分。但是，新增建筑物所得的价款，抵押权人无权优先受偿。

【条文要义】

本条是对建设用地使用权抵押后新增建筑物不属于抵押财产的规定。

以建设用地使用权设置抵押权，在设立该抵押权后，在该土地上新增的建筑物不属于抵押财产，用以抵押的仍是该土地的建设用地使用权。在对该建设用地使用权实现抵押权时，应当按照房地一体主义的要求，将该土地上新增的建筑物与建设用地使用权一并处分，通过折价、变卖、拍卖取得变价款，用建设用地使用权的变价款清偿债务，实现债权，对新增建筑物所得的价款，抵押权人无权优先受偿，属于建筑物所有人的财产，即使抵押权实现的变价款对债权清偿不足，债权人对建筑物所得价款也没有优先受偿权，只能与其他债权人以平等债权的身份平均受偿。

【相关司法解释】

《最高人民法院关于适用〈中华人民共和国民法典〉有关担保制度的解释》

**第五十一条** 当事人仅以建设用地使用权抵押，债权人主张抵押权的效力及于土地上已有的建筑物以及正在建造的建筑物已完成部分的，人民法院应予支持。债权人主张抵押权的效力及于正在建造的建筑物的续建部分以及新增建筑物的，人民法院不予支持。

当事人以正在建造的建筑物抵押，抵押权的效力范围限于已办理抵押登记的部分。当事人按照担保合同的约定，主张抵押权的效力及于续建部分、新增建筑物以及规划中尚未建造的建筑物的，人民法院不予支持。

抵押人将建设用地使用权、土地上的建筑物或者正在建造的建筑物分别抵押给不同债权人的，人民法院应当根据抵押登记的时间先后确定清偿顺序。

**第四百一十八条** 以集体所有土地的使用权依法抵押的，实现抵押权后，未经法定程序，不得改变土地所有权的性质和土地用途。

## 【条文要义】

本条是对集体所有土地使用权抵押实现抵押权的规定。

以集体所有土地的使用权，包括乡镇、村建设用地使用权、土地经营权等用益物权依法抵押的抵押权在实现时，应当依照法定程序，对土地所有权的性质进行变更，如征收为建设用地使用权、签订出让合同，缴纳出让金等，然后才能拍卖、变卖、变价，清偿债务。未经法定程序，不得改变土地所有权的性质和土地用途，不能直接按照集体所有的土地使用权设置的抵押权实现债权。

**第四百一十九条** 抵押权人应当在主债权诉讼时效期间行使抵押权；未行使的，人民法院不予保护。

## 【条文要义】

本条是对抵押权存续期间的规定。

债权不能永续存在，抵押权也不能永续存在，都受到一定时间的限制。债权的存续期间受到诉讼时效的限制，受民法典第188条规定的3年或者20年的时效期间约束。对于附随于债权的抵押权，其存续期间的确定，与主债权的诉讼时效期间相一致。本条规定，抵押权人应当在主债权诉讼时效期间内行使抵押权，体现的就是抵押权的存续期间与债权的诉讼时效期间相一致；在诉讼时效期间内，抵押权未行使的，人民法院不再予以保护。

## 【相关司法解释】

**《最高人民法院关于适用〈中华人民共和国民法典〉有关担保制度的解释》**

**第四十四条** 主债权诉讼时效期间届满后，抵押权人主张行使抵押权的，人民法院不予支持；抵押人以主债权诉讼时效期间届满为由，主张不承担担保责任的，人民法院应予支持。主债权诉讼时效期间届满前，债权人仅对债务人提起诉讼，经人民法院判决或者调解后未在民事诉讼法规定的申请执行时效期间内对债务人申请强制执行，其向抵押人主张行使抵押权的，人民法院不予支持。

主债权诉讼时效期间届满后，财产被留置的债务人或者对留置财产享有所有权的第三人请求债权人返还留置财产的，人民法院不予支持；债务人或者第三人请求拍卖、变卖留置财产并以所得价款清偿债务的，人民法院应予支持。

主债权诉讼时效期间届满的法律后果，以登记作为公示方式的权利质权，参照适用第一款的规定；动产质权、以交付权利凭证作为公示方式的权利质权，参照适用第二款的规定。

## 第二节　最高额抵押权

**第四百二十条**　为担保债务的履行，债务人或者第三人对一定期间内将要连续发生的债权提供担保财产的，债务人不履行到期债务或者发生当事人约定的实现抵押权的情形，抵押权人有权在最高债权额限度内就该担保财产优先受偿。

最高额抵押权设立前已经存在的债权，经当事人同意，可以转入最高额抵押担保的债权范围。

【条文要义】

本条是对最高额抵押权概念的规定。

最高额抵押权，也称最高限额抵押，是指为担保债务的履行，债务人或者第三人对一定期间内将要连续发生的债权提供担保财产，债务人不履行到期债务或者发生当事人约定的实现抵押权的情形，抵押权人有权在最高债权额限度内就该担保财产优先受偿的特殊抵押权。

最高额抵押权主要用于连续交易关系、劳务提供关系和连续借款关系等场合，是为适应当代市场经济发展的需要而产生的一种特殊抵押担保。它是对债权人在一定范围内的不特定的债权，预定一个最高的限额，由债务人或第三人提供抵押财产予以担保的特殊抵押权。

最高额抵押权的特征是：（1）最高额抵押权是为一定范围内连续发生的不特定债权提供担保的抵押权，其划定一个担保债权的上限，在该上限之内予以担保，所担保的债权必须是在一定期间连续发生的债权；（2）最高额抵押权并不从属于特定的债权，因债权通常尚未发生，将来才会发生，故不特定；（3）最高额抵押权以最高债权额限度内为担保，抵押权人基于最高额抵押权所能够优先受清偿的债权为最高数额限度；（4）最高额抵押权的从属性具有特殊性，只是从属于产生各个具体债权的基础法律关系，可以与具体的债权相分离而独立存在。

最高额抵押权在当代市场经济中的重要作用是，当代的交易大部分是不断进行的连续性交易，其中不断产生债权，也不断消灭债权。如果在连续性交易中，凡是出现的债权都要设置一般抵押权进行担保，不符合追求交易便捷与安全的市场经济本质。最高额抵押权可以克服这些缺陷，只要设定一个抵押权，就可以担保上述这些基于一定法律关系，并在一定的期限内重复发生的债权，不仅使债权担保的设定十分方便，也能节省大量的劳力和费用。

在最高额抵押权所担保的债权没有确定之前，债权数额可以随时增减变动，即使债权一度为零，也不因此影响最高额抵押权的效力，仍对此后发生的新的债权具有担保效力，这就是最高额抵押权担保债权的新陈代谢规则。对于最高额抵押权设立前已经存在的债权，经当事人同意，可以转入最高额抵押权担保的债权范围。

**第四百二十一条** 最高额抵押担保的债权确定前，部分债权转让的，最高额抵押权不得转让，但是当事人另有约定的除外。

【条文要义】

本条是对最高额抵押权担保部分债权转让效力的规定。

普通抵押权的转让，可以随被担保债权的转让一起转让，法律并不加以限制。但最高额抵押权的转让具有特殊性，只要是在最高额抵押担保的债权确定之前，由于最高额抵押权所担保的债权具有不确定性，债权人将部分债权予以转让的，转让的债权就是"裸奔"，最高额抵押权并不随之一起转让。如果当事人另有约定的，则不受这一规则的限制。

**第四百二十二条** 最高额抵押担保的债权确定前，抵押权人与抵押人可以通过协议变更债权确定的期间、债权范围以及最高债权额。但是，变更的内容不得对其他抵押权人产生不利影响。

【条文要义】

本条是对最高额抵押合同内容变更的规定。

设定最高额抵押权的抵押合同内容，在抵押关系存续期间可以进行变更。这种变更仅指对最高额抵押合同所独有条款的变更效力。最高额抵押合同独有条款有三项：（1）变更确定债权的期间，有两种情形：①将该期间的终止期日提前；②将终止期日推后。（2）变更债权范围：是指变更最高额抵押权担保的债权范围。（3）变更最高债权额限度，也有两种情形：①增加最高债权额限度；②减少最高抵押权债权额。

在最高额抵押担保的债权确定前，允许变更确定债权的期间、变更债权范围、变更最高债权额限度，都会对顺序在后的抵押权人的利益产生影响。所以，虽然准许最高额抵押权的当事人协议变更确定债权的期间等，但是不得对其他抵押权人产生不利影响。对这三种最高额抵押合同所独有的条款，如果随意允许最高额抵押合同当事人进行变更，且这种变更能够对抗顺序在后的抵押权人，将会对后顺序抵押权人或其他利害关系人的合法权益造成损害。因此，变更上述内容，对其他抵押权人产生不利影响的，变更的内容无效。

**第四百二十三条** 有下列情形之一的，抵押权人的债权确定：

（一）约定的债权确定期间届满；

（二）没有约定债权确定期间或者约定不明确，抵押权人或者抵押人自最高额抵押权设立之日起满二年后请求确定债权；

（三）新的债权不可能发生；

（四）抵押权人知道或者应当知道抵押财产被查封、扣押；

（五）债务人、抵押人被宣告破产或者解散；

（六）法律规定债权确定的其他情形。

【条文要义】

本条是对最高额抵押权担保债权确定的规定。

最高额抵押权担保债权的确定，是指最高额抵押权担保的一定范围内的不特定债权，因一定事由的发生而归于具体、特定。

最高额抵押权设有确定制度的主要理由是：（1）优先受偿的债权及金额有确定的必要；（2）保护利害关系人利益的考虑。

本条规定的最高额抵押权担保债权的确定事由是：（1）约定的债权确定期间届满；（2）没有约定债权确定期间或者约定不明确，抵押权人或者抵押人自最高额抵押权设立之日起满2年后请求确定债权；（3）新的债权不可能发生；（4）抵押权人知道或者应当知道抵押财产被查封、扣押；（5）债务人、抵押人被宣告破产或者解散；(6)法律规定债权确定的其他情形。

最高额抵押权担保的债权确定后，发生下列效力：(1)只有在确定时已经发生的主债权属于最高额抵押权担保的范围，确定之后产生的债权即使来源于基础法律关系，也不属于担保的范围。至于确定时已经存在的被担保主债权的利息、违约金、损害赔偿金，只有在确定时已经发生而且与主债权合计后的数额没有超过最高债权额限度时，才可以列入最高额抵押权担保的债权范围。(2)最高额抵押权担保的债权一经确定，无论出于何种原因，担保债权的流动性都随之丧失，该抵押权所担保的不特定债权变为特定债权，这时，最高额抵押权的从属性与普通抵押权完全相同。

**第四百二十四条　最高额抵押权除适用本节规定外，适用本章第一节的有关规定。**

【条文要义】

本条是对最高额抵押权适用一般抵押权规则的规定。

最高额抵押权具有特殊性，在规定了最高额抵押权的特别规则之后，本条规定，最高额抵押权在适用法律上，除这些特殊规则必须适用外，对于其他方面的规则，其实与一般抵押权的规则是相同的，因此适用一般抵押权的规定。

不过，在最高额抵押权实现时，除适用与一般抵押权相同的规则外，还应注意的是：

1. 最高额抵押权所担保的不特定债权在确定后，债权已届清偿期的，最高额抵押权人可以根据一般抵押权的规定行使其抵押权。债权已届清偿期，是指最高额抵押权担保的一系列债权中任何一个已届清偿期。

2. 债权确定时，如果实际发生的债权余额高于最高限额的，以最高限额为限，超过部分不具有优先受偿的效力；如果实际发生的债权余额低于最高限额的，以实际发生的债权余额为限，对抵押财产优先受偿。

3. 如果在抵押财产上存在两个以上抵押权时，最高额抵押权与一般抵押权一样，依据法律规定的清偿顺序进行清偿。

# 第十八章 质 权

## 第一节 动产质权

**第四百二十五条** 为担保债务的履行,债务人或者第三人将其动产出质给债权人占有的,债务人不履行到期债务或者发生当事人约定的实现质权的情形,债权人有权就该动产优先受偿。

前款规定的债务人或者第三人为出质人,债权人为质权人,交付的动产为质押财产。

【条文要义】

本条是对动产质权概念的规定。

质权,是指债务人或第三人将特定的财产交由债权人占有,或者以财产权利为标的作为债权的担保,债务人不履行债务或者发生当事人约定实现质权的情形时,债权人享有以该财产折价或拍卖、变卖所得价款优先受偿的权利。

债务人或者第三人交由债权人占有的特定财产既可称作质押财产,也可称作质押物或质物;接受质权的债权人叫质权人,提供质押财产出质的人叫出质人。

质权的特征是:(1)质权是为了担保债权的实现而设立的担保物权,以主债权的存在为前提;(2)质权只能在债务人或者第三人提供的特定财产或者权利上设定;(3)动产质权以债权人占有债务人或第三人提供的动产为必要条件;(4)质权人在债务人履行债务前对质押财产享有留置的权利,质权人对质押财产的变价款享有优先受偿的权利。质权具有从属性、不可分性和物上代位性。

质权分为动产质权与权利质权。本条规定的是动产质权,是指债务人或者第三人将其动产移交债权人占有,将该动产作为债权的担保,债务人不履行债务或者发生当事人约定实现质权的情形时,债权人以该动产折价或者拍卖、变卖该动产的价款优先受偿的担保物权。动产质权的法律特征是:(1)动产质权是以他人的动产为标的物所设定的质权;(2)动产质权以质权人占有动产质物为必要条件;

（3）动产质权是以质物所卖得的价金优先受偿的权利。

**第四百二十六条　法律、行政法规禁止转让的动产不得出质。**

【条文要义】

本条是对出质动产范围的规定。

质押财产就是质物、质押物。对于质物的条件，本条仅规定"法律、行政法规禁止转让的动产不得出质"，没有规定具体的条件。

一般认为，作为质权标的物的动产须符合以下条件：

1. 该动产须为特定物。这是物权的标的物需要具有特定性的当然要求。特别是质物需要交付才发生质权，因而质物没有特定化就不成立质权。质权合同中对质押财产约定不明，或者约定的出质财产与实际移交的财产不一致的，应当以实际交付占有的财产为准。

2. 该动产须为独立物。这是物权的标的物必须具有独立性的必然结果，没有独立性、从属于他物的从物，无法与主物分开，既不能单独交付，也不能成立质权。

3. 该动产必须是法律允许流通或者允许让与的动产。以法律、法规禁止流通的动产或者禁止转让的动产设定质权担保的，质权合同无效。如果当事人以法律、法规限制流通的动产设定质权的，在实现债权时，人民法院应当按照有关法律、法规的规定对该财产进行处理。

**第四百二十七条　设立质权，当事人应当采用书面形式订立质押合同。**

质押合同一般包括下列条款：

（一）被担保债权的种类和数额；

（二）债务人履行债务的期限；

（三）质押财产的名称、数量等情况；

（四）担保的范围；

（五）质押财产交付的时间、方式。

【条文要义】

本条是对质押合同形式与内容的规定。

质押合同为要式合同。设立质权，当事人应当采取书面形式订立质押合同。

质押合同一般应当包括下列条款：

1. 被担保债权的种类和数额。被担保的主债权的种类，是说质权担保的是债权人享有的哪一项债权，特别是在债权人享有数项债权的情形下，更须确定被担保的债权的种类。被担保的债权的数额，是说质权所担保的该项债权的特定数额，质权只对约定的该项债权的特定数额提供担保。

2. 债务人履行债务的期限。确定债权人履行的期限，主要解决的是质权人何时可以行使质权的问题，只有债务履行期限届满而债权人未受清偿时，质权人才能行使质权。

3. 质押财产的名称、数量等情况。确定质物的范围，旨在将质物特定化。如果质物未经特定化，质权就无从产生。

4. 担保的范围。是质权对特定债权所担保的范围，只有在该范围内的债权，质权才对其进行担保，超出该范围的，质权不承担担保职能。

5. 质押财产交付的时间。质物交付的时间对于质权的设立非常重要，因为动产质权的效力是从出质人交付质物时设立的，因此，质押合同必须明确约定质押财产的交付时间。

在上述质押合同的条款中，法律没有规定必要条款，被担保的主债权的种类和质押财产两项条款是必要条款。具备这两项必要条款，质押合同就可以成立，其他内容可以继续完善。欠缺这两项必要条款，质押合同不能成立。

**第四百二十八条** 质权人在债务履行期限届满前，与出质人约定债务人不履行到期债务时质押财产归债权人所有的，只能依法就质押财产优先受偿。

【条文要义】

本条是对禁止流质的规定。

流质，也称绝押，是指转移质物所有权的预先约定。订立质押合同时，出质人和质权人在合同中不得约定在债务人履行期限届满质权人未受清偿时，将质物所有权转移为债权人所有。

禁止流质的主要原因有：

1. 体现民法的公平、等价有偿原则。如果债务人为经济困难所迫，会自己提供或者请求第三人提供高价值的抵押财产担保较小的债权，债权人乘人之危，迫使债务人订立流质契约而获取暴利，损害债务人或者第三人的利益，或者质权设定后质物价值减损以致低于所担保的债权，对债权人不公平。

2. 避免债权人胁迫或者乘人之危迫使债务人订立流质条款，或者债务人基于对质物的重大误解而订立显失公平的流质契约。

3. 禁止流质条款是质权本质属性的表现。质权是一种变价受偿权，质物未经折价或者变价，就预先约定质物转移归抵押权人所有，违背了质权的价值权属性。

当事人在质押合同中约定流质条款的，流质条款无效，但是质押合同仍然有效，因此，只能依法就质押财产优先受偿。

【相关司法解释】

《最高人民法院关于适用〈中华人民共和国民法典〉时间效力的若干规定》

第七条 民法典施行前，当事人在债务履行期限届满前约定债务人不履行到期债务时抵押财产或者质押财产归债权人所有的，适用民法典第四百零一条和第四百二十八条的规定。

## 第四百二十九条 质权自出质人交付质押财产时设立。

【条文要义】

本条是对质权成立时间的规定。

质权自出质人交付质押财产时设立。质押合同是要物合同，即实践性合同。出质人未将质押财产移交于质权人占有前，质权合同不能发生效力。质押财产的占有，即出质人应将质押财产的占有移转给质权人，不局限于现实的移转占有，也包括简易交付或指示交付，但出质人不得以占有改定的方式继续占有标的物，这是因为动产质权以占有作为公示要件，如果出质人代质权人占有质押财产，则无法将该动产上所设立的质权加以公示。同时，由于出质人仍直接占有质押财产，质权人无法对质押财产加以留置，质权的留置效力无法实现。所以，出质人代质权人占有质押财产的，质权合同不生效。

如果债务人或者第三人未按质权合同约定的时间移交质押财产，由此给质权人造成损失的，出质人应当根据其过错承担赔偿责任。

**【相关司法解释】**

《最高人民法院关于适用〈中华人民共和国民法典〉有关担保制度的解释》

第五十五条 债权人、出质人与监管人订立三方协议，出质人以通过一定数量、品种等概括描述能够确定范围的货物为债务的履行提供担保，当事人有证据证明监管人系受债权人的委托监管并实际控制该货物的，人民法院应当认定质权于监管人实际控制货物之日起设立。监管人违反约定向出质人或者其他人放货、因保管不善导致货物毁损灭失，债权人请求监管人承担违约责任的，人民法院依法予以支持。

在前款规定情形下，当事人有证据证明监管人系受出质人委托监管该货物，或者虽然受债权人委托但是未实际履行监管职责，导致货物仍由出质人实际控制的，人民法院应当认定质权未设立。债权人可以基于质押合同的约定请求出质人承担违约责任，但是不得超过质权有效设立时出质人应当承担的责任范围。监管人未履行监管职责，债权人请求监管人承担责任的，人民法院依法予以支持。

第四百三十条 质权人有权收取质押财产的孳息，但是合同另有约定的除外。

前款规定的孳息应当先充抵收取孳息的费用。

**【条文要义】**

本条是对质物孳息权属的规定。

质权人有权收取质押财产的孳息。孳息不仅包括天然孳息，也包括法定孳息。质权合同另有约定的，按照其约定。不过，质权人收取质物的孳息，并不是取得孳息的所有权，而是取得质物孳息的质权，取得对质物孳息的占有，但质物孳息的所有权仍然归属于出质人。

质权人收取质押财产的孳息，应当首先充抵收取孳息的费用。这种规则能够真正剥夺出质人的占有，促使其尽早清偿债务，发挥质权的留置效力。

第四百三十一条 质权人在质权存续期间，未经出质人同意，擅自使用、处分质押财产，造成出质人损害的，应当承担赔偿责任。

【条文要义】

本条是对质权人擅自使用、处分质押财产造成损害应当承担赔偿责任的规定。

质权人虽然在质押期间有权占有质押财产，但出质人并未因设立动产质权而丧失对质押财产的所有权，质权人没有经过出质人的同意，不得擅自使用、处分质押财产。

质权人在质权存续期间，未经出质人同意，擅自使用、处分质押财产，造成出质人损害的，应当承担赔偿责任。另外，如果质权人出于履行妥善保管质押财产的义务而对该财产加以必要的使用，为法律所允许，出质人不得因此要求质权人承担赔偿责任。

**第四百三十二条** 质权人负有妥善保管质押财产的义务；因保管不善致使质押财产毁损、灭失的，应当承担赔偿责任。

质权人的行为可能使质押财产毁损、灭失的，出质人可以请求质权人将质押财产提存，或者请求提前清偿债务并返还质押财产。

【条文要义】

本条是对质物保管义务的规定。

质权人占有质物，对质物负有妥善保管义务。履行妥善保管义务，应以善良管理人的注意义务加以保管。质权人之所以要对质物承担最高的注意义务，是因为质权人占有质物并不是为出质人的利益，而是确保清偿自己债权的必要，是为自己的利益，所以，质权人的责任要重于为他人利益而占有他人之物的人的责任。

质权人违反保管质物的善良管理人的注意义务，造成质物损害的，应承担损害赔偿责任。对于质权人的过错，由出质人依客观标准证明，有过错则承担责任，无过错不承担责任。质物因不可抗力而遭受损害的，质权人无须承担责任。

**第四百三十三条** 因不可归责于质权人的事由可能使质押财产毁损或者价值明显减少，足以危害质权人权利的，质权人有权请求出质人提供相应的担保；出质人不提供的，质权人可以拍卖、变卖质押财产，并与出质人协议将拍卖、变卖所得的价款提前清偿债务或者提存。

## 【条文要义】

本条是对质押财产保全的规定。

在质权存续期间，质权人对质押财产享有保全请求权。因不可归责于质权人的事由可能使质押财产毁损或者价值明显减少，足以危害质权人权利的，质权人可以行使质押财产保全请求权，请求出质人提供相应的担保，以保障自己债权的实现。出质人不提供担保的，质权人可以将质押财产拍卖、变卖，与出质人进行协议，将拍卖、变卖所得的价款，用于提前清偿债务，或者予以提存，以消灭债务，实现债权。

质权保全权的行使规则如下：

1. 质权人不能直接将质押财产加以拍卖或变卖，而须先要求出质人提供相应的担保，如果出质人提供了担保，质权人不得行使物上代位权。

2. 出质人拒不提供担保时，质权人才能行使物上代位权；质权人可以自行拍卖、变卖质押财产，无须出质人同意。

3. 质权人对于拍卖或变卖质押财产的价金，应当与出质人协商，作出选择，或者将价金用于提前清偿质权人的债权，或者将价金提存，在债务履行期限届满之时再行使质权。

**第四百三十四条** 质权人在质权存续期间，未经出质人同意转质，造成质押财产毁损、灭失的，应当承担赔偿责任。

## 【条文要义】

本条是对转质的规定。

转质，是指质权人为了担保自己或者他人的债务，以质押财产向第三人再度设定新的质权。本条尽管没有明确规定转质，却是条文的应有之义。

转质分为两类：（1）责任转质，即质权人于质权存续期间，无须经过出质人的同意，而以自己的责任将质押财产为第三人设定质权；（2）承诺转质，即质权人在获得出质人的同意后，为了担保自己或者他人的债务，而以质押财产向第三人设定质权，即质权人在得到质押财产所有人的处分承诺时，为担保自己的债务，在其占有的质押财产上设定比自己享有的质权更为优先的新的质权。

承诺转质与责任转质的差异是：（1）承诺转质须经出质人的同意，而责任转质无须经出质人同意,质权人是以自己的责任设立转质的。(2)在承诺转质中,转质权并非基于质权人的质权而设定。因此,转质权所担保的债权范围及债务清偿期,不受原质权所担保的债权范围及债务清偿期的限制。责任转质则不允许如此。(3)在承诺转质中,由于出质人承诺了质权人的转质,故质权人的责任不因转质而加重。但在责任转质中,就质押财产因转质所遭受的不可抗力损害,质权人须承担责任。(4)承诺转质是基于出质人的同意而产生的,而不是基于原质权设定的转质权,故原质权即使因主债权满足或者其他原因消灭时,转质权也不受影响。但在责任转质中,原质权消灭时,转质权也消灭。(5)在承诺转质中,只要自己的债权已届清偿期,即便原质权尚未具备质权的实现条件,转质权人也可以直接行使转质权。在责任转质中,原质权与转质权的实现条件必须同时具备,转质权人才能实现转质权。

本条承认上述两种转质类型,规则是:在责任转质中,即未经出质人同意而转质,造成质押财产的毁损、灭失的,质权人应当承担民事责任。在承诺转质中,即出质人同意转质的,转质成立,应当按照约定处理。

转质的后果是:(1)转质权担保的债权范围,应当在原质权所担保的债权范围之内,超过的部分不具有优先受偿的效力;(2)转质权的效力优于原质权。

**第四百三十五条** 质权人可以放弃质权。债务人以自己的财产出质,质权人放弃该质权的,其他担保人在质权人丧失优先受偿权益的范围内免除担保责任,但是其他担保人承诺仍然提供担保的除外。

【条文要义】

本条是对放弃质权的规定。

放弃质权,就是质权人放弃自己的债权就质物优先受偿的权利。质权是物权,是民事权利,质权人作为权利人当然可以放弃。

如果是债务人以自己的财产出质,即债务人是出质人的,质权人放弃对出质人的质权,就意味着放弃了债务人以自己的财产出质作为担保的权利,因而发生对外的效力,质权人即债权人的其他担保人在质权人丧失优先受偿权的范围内,免除担保责任。只有一个例外情况,就是其他担保人仍然承诺愿意为债权人的债权提供担保,因而其他担保人仍然承担担保责任,不受债权人放弃质权的影响。

**第四百三十六条** 债务人履行债务或者出质人提前清偿所担保的债权的，质权人应当返还质押财产。

债务人不履行到期债务或者发生当事人约定的实现质权的情形，质权人可以与出质人协议以质押财产折价，也可以就拍卖、变卖质押财产所得的价款优先受偿。

质押财产折价或者变卖的，应当参照市场价格。

【条文要义】

本条是对质押财产返还和质权实现的规定。

由于动产质权以质押财产的占有作为生效要件与存续要件，当债务人履行债务或者出质人提前清偿所担保的债权时，质权人应当将质押财产返还给出质人。返还质押财产，是指质权人基于自己的意思而将质押财产在事实上的占有移转给出质人。

动产质权的实现，是指质权所担保的债权已届清偿期，债务人未履行债务，质权人与出质人协议以质押财产折价，或依法拍卖、变卖质押财产并就所得的价款优先受偿的行为。

动产质权实现的条件是：(1)动产质权有效存在；(2)债务人不履行到期债务，或者发生当事人约定的实现质权的情形；(3)作为质权人的主债权人未受清偿。

动产质权实现的方法是：(1)折价；(2)拍卖；(3)变卖。其中，拍卖是主要方法。质押财产拍卖、变卖的变价款，质权人有权优先受偿。质押财产折价或者拍卖、变卖后，其价款超过债权数额的部分归出质人所有，不足部分由债务人清偿。

**第四百三十七条** 出质人可以请求质权人在债务履行期限届满后及时行使质权；质权人不行使的，出质人可以请求人民法院拍卖、变卖质押财产。

出质人请求质权人及时行使质权，因质权人怠于行使权利造成出质人损害的，由质权人承担赔偿责任。

【条文要义】

本条是对出质人请求质权人及时行使质权的规定。

在债务履行期限届满后，出质人享有对质权人及时行使质权的请求权。在债务履行期限届满后，质权人应当及时行使质权，实现自己的债权。如果质权人不及时行使质权，出质人享有请求质权人及时行使质权的权利，即及时行使质权请求权。

出质人不及时行使质权请求权的后果如下：

1. 质权人不行使质权的，出质人可以请求人民法院拍卖、变卖质押财产，尽早结束现存的债权债务关系，解脱出质人。

2. 质权人怠于行使质权，由此致使质押财产造成损害的，出质人及时行使质权请求权转化为损害赔偿请求权，请求质权人就此造成的损失承担赔偿责任，质权人应当予以赔偿。例如，出质的汽车至履行期限届满时价格为30万元，出质人请求质权人及时行使质权，但质权人迟迟不予理睬，一年后才主张实现质权，该车辆的价格仅剩16万元，质物价值遭受贬损。这就是出质人的质押财产的损失，质权人应当予以赔偿。

**第四百三十八条** 质押财产折价或者拍卖、变卖后，其价款超过债权数额的部分归出质人所有，不足部分由债务人清偿。

【条文要义】

本条是对质押财产变价款归属的规定。

质权人实现质权，将质押财产折价或者拍卖、变卖后，质押财产变价款的归属规则是：（1）如果变价款超过债权数额的，清偿债务之后，其超出的部分归出质人所有；（2）变价款不足以清偿债务的，其不足部分，由债务人继续承担清偿义务。

**第四百三十九条** 出质人与质权人可以协议设立最高额质权。

最高额质权除适用本节有关规定外，参照适用本编第十七章第二节的有关规定。

【条文要义】

本条是对最高额质权的规定。

最高额质权,是指对一定期间内连续发生的不特定的债权预定一个限额,由债务人或者第三人提供质物予以担保而设定的特殊质权。最高额质权的特点是:(1)最高额质权用以担保债权人一定范围内的不特定债权;(2)最高额质权所担保的债权限于预定的最高担保额;(3)最高额质权的标的为债务人或者第三人的财产或权利。

本条对最高额质权规定的基本规则是:(1)出质人与质权人可以协议设立最高额质权;(2)最高额质权除适用本节有关规定外,还可参照适用民法典物权编第十七章第二节最高额抵押权的规定。按照这一规定,关于最高额抵押权的法律规定可以适用于质权。关于最高额质权的具体规则,应参照关于质权的规定和最高额抵押权的规定。

## 第二节 权利质权

**第四百四十条** 债务人或者第三人有权处分的下列权利可以出质:
(一)汇票、本票、支票;
(二)债券、存款单;
(三)仓单、提单;
(四)可以转让的基金份额、股权;
(五)可以转让的注册商标专用权、专利权、著作权等知识产权中的财产权;
(六)现有的以及将有的应收账款;
(七)法律、行政法规规定可以出质的其他财产权利。

【条文要义】

本条是对权利质权概念及出质权利范围的规定。

权利质权,是指以所有权以外的依法可转让的债权或者其他财产权利为标的物而设定的质权。

权利质权的特征是:(1)权利质权的属性是质权。(2)权利质权是以所有权以外的财产权为标的物的质权,能够作为权利质权标的物的权利须符合以下几项条件:①仅以财产权利为限;②必须是依法可以转让的财产权利;③必须是不违反现行法规定及权利质权性质的财产权利。(3) 权利质权的设定以登记或者权利凭证的交付作为生效要件。

权利质权的性质为担保物权。债务人或者第三人可以出质的有权处分的权利有:(1) 汇票、本票、支票;(2) 债券、存款单;(3) 仓单、提单;(4) 可以转让的基金份额、股权;(5) 可以转让的注册商标专用权、专利权、著作权等知识产权中的财产权;(6) 现有的以及将有的应收账款;(7) 法律、行政法规规定可以出质的其他财产权利。

【相关司法解释】

《最高人民法院关于适用〈中华人民共和国民法典〉有关担保制度的解释》

第六十三条　债权人与担保人订立担保合同,约定以法律、行政法规尚未规定可以担保的财产权利设立担保,当事人主张合同无效的,人民法院不予支持。当事人未在法定的登记机构依法进行登记,主张该担保具有物权效力的,人民法院不予支持。

第四百四十一条　以汇票、本票、支票、债券、存款单、仓单、提单出质的,质权自权利凭证交付质权人时设立;没有权利凭证的,质权自办理出质登记时设立。法律另有规定的,依照其规定。

【条文要义】

本条是对有价证券质权设立时间的规定。

能够作为权利质权标的物的有价证券包括下述五类有价证券,成立权利质权:

1. 票据质权。汇票、本票和支票都可以设立质权。四类不得转让的票据是:(1) 出票人禁止转让的票据;(2) 背书人禁止转让的票据;(3) 记载了"委托收款"字样的票据;(4) 被拒绝承兑、被拒绝付款或者超过付款提示期限的票据。设立票据质权,出质人和质权人应当以书面形式订立质权合同,出质人应当在合同约定的期限内将权利凭证交付质权人,自权利凭证交付之日起生效。

2. 债券质权。债券是由政府、金融机构或者企业为了筹措资金而依照法定程序向社会发行的,约定在一定期限内还本付息的有价证券,出质人和质权人应当以书面形式订立质押合同,出质人应当在合同约定的期限内将权利凭证交付质权人,自权利凭证交付之日起生效。

3. 存款单质权。存款单是由银行等储蓄机构开具的证明自身与存款人之间存在储蓄法律关系的凭证，可以设定质权的存款单主要是指各类定期存款单，出质人和质权人应当以书面形式订立质押合同，出质人应当在合同约定的期限内将权利凭证交付质权人。质押合同自权利凭证交付之日起生效。

4. 仓单质权，是指以仓单为标的物而设立的质权。存货人或者仓单持有人在仓单上背书并经保管人签字或者盖章的，既可以转让提取仓储物的权利，也可以设立质权。以仓单为标的物设定质权时，出质人与质权人应当订立书面质押合同，出质人应当在合同约定的期限内，将权利凭证交付质权人。质押合同自权利凭证交付之日起生效。

5. 提单质权，是指以提单为标的物而设立的质权。以提单设立质权的，发生质权，出质人与质权人应当订立书面质押合同，出质人应当在合同约定的期限内将权利凭证交付质权人。质押合同自权利凭证交付之日起生效。提单质权均以交付为生效要件，但未记名提单、未经质押背书的，不能对抗善意第三人。

## 【相关司法解释】

### 《最高人民法院关于适用〈中华人民共和国民法典〉有关担保制度的解释》

**第五十八条** 以汇票出质，当事人以背书记载"质押"字样并在汇票上签章，汇票已经交付质权人的，人民法院应当认定质权自汇票交付质权人时设立。

**第五十九条** 存货人或者仓单持有人在仓单上以背书记载"质押"字样，并经保管人签章，仓单已经交付质权人的，人民法院应当认定质权自仓单交付质权人时设立。没有权利凭证的仓单，依法可以办理出质登记的，仓单质权自办理出质登记时设立。

出质人既以仓单出质，又以仓储物设立担保，按照公示的先后确定清偿顺序；难以确定先后的，按照债权比例清偿。

保管人为同一货物签发多份仓单，出质人在多份仓单上设立多个质权，按照公示的先后确定清偿顺序；难以确定先后的，按照债权比例受偿。

存在第二款、第三款规定的情形，债权人举证证明其损失系由出质人与保管人的共同行为所致，请求出质人与保管人承担连带赔偿责任的，人民法院应予支持。

**第六十条** 在跟单信用证交易中，开证行与开证申请人之间约定以提单作为担保的，人民法院应当依照民法典关于质权的有关规定处理。

在跟单信用证交易中，开证行依据其与开证申请人之间的约定或者跟单信用证的惯例持有提单,开证申请人未按照约定付款赎单,开证行主张对提单项下货物优先受偿的,人民法院应予支持;开证行主张对提单项下货物享有所有权的,人民法院不予支持。

在跟单信用证交易中,开证行依据其与开证申请人之间的约定或者跟单信用证的惯例,通过转让提单或者提单项下货物取得价款,开证申请人请求返还超出债权部分的,人民法院应予支持。

前三款规定不影响合法持有提单的开证行以提单持有人身份主张运输合同项下的权利。

**第四百四十二条** 汇票、本票、支票、债券、存款单、仓单、提单的兑现日期或者提货日期先于主债权到期的,质权人可以兑现或者提货,并与出质人协议将兑现的价款或者提取的货物提前清偿债务或者提存。

【条文要义】

本条是对提前行使权利质权的规定。

汇票、本票、支票、债券、存款单、仓单、提单都有兑现日期或者提货日期。如果兑现日期或提货日期与债权同时到期,刚好可以同时行使质权清偿债务,实现债权。如果兑现日期或提货日期在债权到期后到期,在兑现日期或者提货日期到期后,可以实现质权,或者提前实现债权。如果这些权利质权标的的兑现日期或者提货日期先于主债权到期,由于债权还没有到期,质权人不能实现质权,其债权可能受到损害。因此,质权人可以在兑现日期或者提货日期届至时,主张兑现或者提货,并与出质人协议,将兑现的变价款或者提取的货物变现,提前清偿债务,或者提存,实现债权。

**第四百四十三条** 以基金份额、股权出质的,质权自办理出质登记时设立。

基金份额、股权出质后,不得转让,但是出质人与质权人协商同意的除外。出质人转让基金份额、股权所得的价款,应当向质权人提前清偿债务或者提存。

## 【条文要义】

本条是对基金份额质权、股权质权的规定。

基金份额质权，是指以基金份额为标的而设立的质权。股权质权，是指以股权为标的而设立的质权。

以基金份额、股权出质的，当事人应当订立书面合同。以基金份额、证券登记结算机构登记的股权出质的，质权自证券登记结算机构办理出质登记时设立。以其他股权出质的，质权自办理出质登记时设立。股权是由股份、股票来表彰的，股权质权也就表现为以股份、股票质押。基金份额是指基金管理人向不特定的投资者发行的，表示持有人对基金享有资产所有权、收益分配权和其他相关权利，并承担相应义务的凭证。

基金份额、上市公司股票质权的设立，须经登记结算机构登记后生效。证券登记结算机构是为证券交易提供集中的登记、托管与结算服务的机构，是不以营利为目的的法人。目前，我国的证券登记结算机构是中国证券登记结算有限责任公司，下设深圳分公司和上海分公司。基金份额的登记结算适用《证券登记结算管理办法》的规定。

以非上市公司的股权出质的，或者以有限责任公司的股份出质的，自办理出质登记时发生效力。

基金份额、股权出质后，不得转让，但是，经出质人与质权人协商同意的可以转让。出质人转让基金份额、股权所得的变价款，应当向质权人提前清偿债务，也可以进行提存，实现质权。

**第四百四十四条** 以注册商标专用权、专利权、著作权等知识产权中的财产权出质的，质权自办理出质登记时设立。

知识产权中的财产权出质后，出质人不得转让或者许可他人使用，但是出质人与质权人协商同意的除外。出质人转让或者许可他人使用出质的知识产权中的财产权所得的价款，应当向质权人提前清偿债务或者提存。

## 【条文要义】

本条是对知识产权质权的规定。

知识产权质权，是指以知识产权的财产权为标的而设立的质权。以注册商标专用权、专利权、著作权等知识产权中的财产权出质的，当事人应当订立书面合同，为要式行为。质权自有关主管部门办理出质登记时设立。商标专用权质押登记机关是市场监督管理局，具体办理商标专用权质押登记。以依法可以转让的专利权与著作权中的财产权出质的，应当向各自的管理部门办理出质登记。国家知识产权局是专利权质权合同登记的管理部门；国家版权局是著作权质权合同登记的管理机关，指定专门机构进行著作权质权合同登记。

知识产权中的财产权出质后，出质人不得转让或者许可他人使用商标、专利和著作权等的财产权，但是经过出质人与质权人协商同意的除外。出质人转让或者许可他人使用出质的知识产权中的财产权所得的变价款，应当向质权人提前清偿债务，或者进行提存，以实现质权。

**第四百四十五条** 以应收账款出质的，质权自办理出质登记时设立。

应收账款出质后，不得转让，但是出质人与质权人协商同意的除外。出质人转让应收账款所得的价款，应当向质权人提前清偿债务或者提存。

【条文要义】

本条是对应收账款质权的规定。

应收账款质权也叫不动产收益权质权，是指以应收账款请求权为标的而设立的质权。应收账款，是指权利人因提供一定的货物、服务或设施而获得的要求义务人付款的权利，但不包括因票据或其他有价证券而产生的付款请求权。具体的应收账款权利有：(1) 销售产生的债权，包括销售货物，供应水、电、暖，以及知识产权的许可使用等；(2) 出租产生的债权，包括出租动产或不动产；(3) 提供服务产生的债权；(4) 公路、桥梁、隧道、渡口等不动产收费权；(5) 提供贷款或其他信用产生的债权。

设立应收账款质权，须以应收账款出质，当事人应当订立书面合同。质权自信贷征信机构办理出质登记时设立。信贷征信机构，是指中国人民银行的征信中心，该中心具体办理应收账款质押登记。登记由质权人办理，质权人也可以委托他人办理。登记的内容包括质权人和出质人的基本信息，应收账款的描述，登记期限，质权人应将在办理质押登记前与出质人签订的协议作为登记附件提交给登记公示系统。质权人可以与出质人约定将主债权金额等项目作为登记内容。

应收账款出质后不得转让,但是经过出质人与质权人协商同意的除外。出质人转让应收账款,其所得的变价款,应当向质权人提前清偿债务,或者进行提存,实现质权。

**【相关司法解释】**

《最高人民法院关于适用〈中华人民共和国民法典〉有关担保制度的解释》

第六十一条 以现有的应收账款出质,应收账款债务人向质权人确认应收账款的真实性后,又以应收账款不存在或者已经消灭为由主张不承担责任的,人民法院不予支持。

以现有的应收账款出质,应收账款债务人未确认应收账款的真实性,质权人以应收账款债务人为被告,请求就应收账款优先受偿,能够举证证明办理出质登记时应收账款真实存在的,人民法院应予支持;质权人不能举证证明办理出质登记时应收账款真实存在,仅以已经办理出质登记为由,请求就应收账款优先受偿的,人民法院不予支持。

以现有的应收账款出质,应收账款债务人已经向应收账款债权人履行了债务,质权人请求应收账款债务人履行债务的,人民法院不予支持,但是应收账款债务人接到质权人要求向其履行的通知后,仍然向应收账款债权人履行的除外。

以基础设施和公用事业项目收益权、提供服务或者劳务产生的债权以及其他将有的应收账款出质,当事人为应收账款设立特定账户,发生法定或者约定的质权实现事由时,质权人请求就该特定账户内的款项优先受偿的,人民法院应予支持;特定账户内的款项不足以清偿债务或者未设立特定账户,质权人请求折价或者拍卖、变卖项目收益权等将有的应收账款,并以所得的价款优先受偿的,人民法院依法予以支持。

**第四百四十六条** 权利质权除适用本节规定外,适用本章第一节的有关规定。

**【条文要义】**

本条是对权利质权准用动产质权规则的规定。

权利质权和动产质权都是以其客体的交换价值的取得为目的的担保物权,都有用其客体直接取得一定价值担保债权的作用,并不因为客体的不同而有所不同。

在规定权利质权的规则中，着重解决的是权利质权的生效问题，因为这是与动产质权的主要区别。除此之外，权利质权与动产质权的规则基本相同，况且本章第一节规定动产质权的规则时，是作为质权的一般规则设计的，所以，凡是权利质权一节中没有规定的内容，都适用动产质权规定的规则，如质权合同的主要条款、流质的禁止、质权人的义务、质权的实现方式和最高额质权，都适用同样的规则。

# 第十九章 留 置 权

**第四百四十七条** 债务人不履行到期债务，债权人可以留置已经合法占有的债务人的动产，并有权就该动产优先受偿。

前款规定的债权人为留置权人，占有的动产为留置财产。

**【条文要义】**

本条是对留置权概念的规定。

留置权，是对法律规定可以留置的债权，债权人依债权占有属于债务人的动产，在债务人未按照约定的期限履行债务时，债权人有权依法留置该财产，以该财产折价或者以拍卖、变卖的价款优先受偿的法定担保物权。

在留置权法律关系中，留置债务人财产的债权人叫留置权人，被留置的财产叫留置财产或者留置物，被留置财产的债务人叫被留置人或者债务人。

留置权的法律特征是：（1）留置权的性质为他物权。（2）留置权是法定担保物权。（3）留置权是二次发生效力的物权，第一次效力发生在留置权产生之时，债权人即留置权人于其债权未受清偿前可以留置债务人的财产，促使债务人履行义务；第二次效力是在第一次效力发生之后，留置权人于债务人超过规定的宽限期仍不履行其义务时，得依法以留置财产折价或拍卖、变卖的变价款优先受偿。（4）留置权是不可分性物权，其效力就债权的全部及于留置财产的全部。（5）留置权为从权利，依主权利的存在而存在，依主权利的消灭而消灭。

留置权的作用是担保债权实现。其担保作用与其他担保物权相比，更具单纯性，因为抵押权与质权都是当事人主动设定的，除具有债权担保作用外，还具有融通资金的作用；而留置权是被动发生的，仅具有债权担保一项作用，不能起到融通资金的作用。留置权的基本规则是债务人不履行到期债务，债权人可以留置已经合法占有的债务人的动产，并有权就该动产变价后，优先受偿，实现债权。

**【相关司法解释】**

《最高人民法院关于适用〈中华人民共和国民法典〉有关担保制度的解释》

第六十二条　债务人不履行到期债务，债权人因同一法律关系留置合法占有的第三人的动产，并主张就该留置财产优先受偿的，人民法院应予支持。第三人以该留置财产并非债务人的财产为由请求返还的，人民法院不予支持。

企业之间留置的动产与债权并非同一法律关系，债务人以该债权不属于企业持续经营中发生的债权为由请求债权人返还留置财产的，人民法院应予支持。

企业之间留置的动产与债权并非同一法律关系，债权人留置第三人的财产，第三人请求债权人返还留置财产的，人民法院应予支持。

**第四百四十八条　债权人留置的动产，应当与债权属于同一法律关系，但是企业之间留置的除外。**

**【条文要义】**

本条是对留置权成立的积极要件的规定。

留置权是法定担保物权，当具备一定条件时，即依照法律规定当然成立，发生留置权的效力，而不能依当事人的约定而产生，必须具备法律规定的条件始成立。其成立的积极要件是：（1）须债权人合法占有债务人的动产；（2）债权人占有的债务人的动产与债权属于同一法律关系；（3）须债权已届清偿期且债务人未履行债务。

本条规定的是第二个要件，即债权人占有的债务人的动产与债权属于同一法律关系，才可成立留置权。通常认为，留置财产为债权发生的原因时，即认为有同一法律关系，只有债权人是依合同占有债务人之物者，为有直接原因，始成立留置权，否则没有留置权的发生。特别的情形是，在企业之间行使留置权的可以采取间接原因说，不受直接原因要求的限制。具体考察这一要件是否成立，应看依合同占有的物是否为债权发生的原因。有原因的，无论是直接原因还是间接原因，均为有同一法律关系。如果债权、债务与取得占有的合同没有因果关系，就不发生留置权。例如，以贵金属加工首饰，加工成的首饰被债权人占有，是加工合同发生的原因，因而为同一法律关系。

**第四百四十九条** 法律规定或者当事人约定不得留置的动产,不得留置。

**【条文要义】**

本条是对留置权成立的消极要件的规定。

留置权成立的消极要件是留置权成立的否定条件,即虽然具备留置权成立的上述积极要件,但因有消极要件的存在,使留置权仍不能成立。留置权成立的消极要件虽然有多项,但只要具备其中之一,即发生否定留置权的效果。

留置权成立的消极要件有以下五项:(1)须当事人事先无不得留置的约定;(2)须留置债务人的财产不违反公共秩序或善良风俗;(3)须留置财产与债权人所承担的义务不相抵触;(4)须留置财产与对方交付财产前或交付财产时所为的指示不相抵触;(5)对动产的占有须非因侵权行为而取得。

本条规定的是第一个消极要件,即须当事人事先无不得留置的约定。当事人在合同中约定不得留置的物,对该物不再成立留置权,债权人不得就该物行使留置权。如果当事人事先有此约定,债权人仍留置不得留置的物,则构成债的不履行,应负违约责任。当事人关于不得留置的物的约定,应当以书面形式作出;虽无书面约定,但双方当事人均承认该口头约定的,亦认可其效力,发生不得留置该物的效果。这种约定应就物而约定,如果一个合同有数项标的物,当事人仅就其中一项或数项标的物为约定,则仅对该一项或数项标的物发生不得留置的效果。如果当事人笼统约定该合同的标的物不得留置,则发生全部标的物不得留置的作用。

**第四百五十条** 留置财产为可分物的,留置财产的价值应当相当于债务的金额。

**【条文要义】**

本条是对可分留置物的规定。

可分物是不可分物的对称,是指把物分割之后,不影响其经济用途或不降低其经济价值的物,如布匹、粮食、石油等。民法区分可分物与不可分物的法律意义在于:(1)分割可分物时,共有人可将实物加以分割;分割不可分物时,则只能有人获得该物,有人得到金钱补偿。(2)同一项债有多数债权人或债务人参加、债的标的物属于可分物时,债权人或者债务人按份享有权利或承担义务;如标的物为不可分物时，债权人或者债务人则享有连带债权或承担连带债务。正因如此，如果留置物是可分物，就可以对留置物进行分割留置，当债权人占有的留置财产为可分物，且其价值远远大于所担保的债务数额的，留置权人行使留置权时，其留置财产的价值，就应当相当于债务的金额，不能过分高于债务的数额，以至于损害债务人的权利。

【相关司法解释】

《最高人民法院关于适用〈中华人民共和国民法典〉有关担保制度的解释》

第三十八条　主债权未受全部清偿，担保物权人主张就担保财产的全部行使担保物权的，人民法院应予支持，但是留置权人行使留置权的，应当依照民法典第四百五十条的规定处理。

担保财产被分割或者部分转让，担保物权人主张就分割或者转让后的担保财产行使担保物权的，人民法院应予支持，但是法律或者司法解释另有规定的除外。

**第四百五十一条　留置权人负有妥善保管留置财产的义务；因保管不善致使留置财产毁损、灭失的，应当承担赔偿责任。**

【条文要义】

本条是对留置权人保管义务的规定。

留置权人对留置财产的保管义务产生于留置权产生之时，但从严格意义上说，这种保管义务是留置权产生之前，债权人对该物的保管义务的延续。因为债权人在依债权占有该物时就负有保管义务，当债权人行使留置权时，这种基于合同产生的保管义务就转化为基于担保物权而产生的保管义务。保管义务贯穿于留置期间的始终，直至留置权消灭，这种物权保管义务才消灭。事实上，保管义务实际延续至留置财产交还之时，因为从留置权消灭到留置财产交还还有一定的期间，在这个短暂的期间内，留置权人仍负有对留置财产的保管义务。

留置权人对留置财产的保管应负善良管理人的注意义务。留置权人在保管留置财产期间，如因怠于为必要的注意造成留置财产灭失、毁损，应向债务人负赔偿责任。无论留置权人对留置财产的保管是否有过失，都应依客观标准判断。留置权人有无过错，由其自己举证证明，对债务人提起的留置财产损害之诉实行过错推定，举证责任倒置。留置权人保管留置财产，应自己为之。但为保管留置财产需由债务人协助时,债务人应予以协助。如果债务人不应留置权人的请求予以协助,对因此而造成的留置财产毁损、灭失,则不得请求留置权人损害赔偿。

**第四百五十二条** 留置权人有权收取留置财产的孳息。

前款规定的孳息应当先充抵收取孳息的费用。

【条文要义】

本条是对留置财产孳息留置权的规定。

留置权人在其占有留置财产期间,对于留置财产的孳息有收取的权利,为留置财产孳息留置权,只能以收取的孳息优先受清偿,而不能直接取得孳息的所有权。留置财产孳息留置权的作用与留置权一样,为担保债权的实现。如果孳息为金钱,应当首先充抵收取孳息的费用,在充抵收取孳息的费用后,可直接以其充抵债务。留置财产孳息充抵债权清偿顺序的一般规则是:先充抵收取孳息的费用,次及利息,然后是原债权。

对留置财产的孳息充抵债务应于孳息收取之时进行。留置权人就留置财产收取的孳息以充抵债权,实际上是为债务人的利益行使权利,对债务人有利,因而留置权人的这项权利实际上也是义务。留置权人应以善良管理人的注意为之,对留置财产的孳息进行妥善管理,如未尽该种注意义务,怠于收取孳息,造成债务人损失的,应对债务人负损害赔偿责任。

**第四百五十三条** 留置权人与债务人应当约定留置财产后的债务履行期限;没有约定或者约定不明确的,留置权人应当给债务人六十日以上履行债务的期限,但是鲜活易腐等不易保管的动产除外。债务人逾期未履行的,留置权人可以与债务人协议以留置财产折价,也可以就拍卖、变卖留置财产所得的价款优先受偿。

留置财产折价或者变卖的,应当参照市场价格。

【条文要义】

本条是对留置权实现程序和条件的规定。

留置权的实现必须经过一定的程序和具备一定的条件。也就是宽限期、通知义务和变价取偿。

1. 确定留置财产后的履行债务宽限期。债权人一经留置依债权占有的债务人的财产，应当立即确定宽限期。宽限期的确定有两种办法：（1）由当事人双方事先在合同中约定，约定的期限不得少于两个月；（2）当事人双方在合同中没有事先约定宽限期，债权人在留置财产后，应自行确定一个宽限期，但最短亦不得少于六十日。如果约定或自定的宽限期不足六十日，则约定或自定无效，应依法定的六十日期限执行。

2. 对债务人的通知义务。债权人留置合同标的物以后，应当立即通知债务人，通知内容为：已将合同标的物留置，告知债务人宽限期，催告债务人在宽限期内履行债务。债权人未经通知债务人上述内容，不得实现留置权。

3. 留置财产变价、取偿。债务人在宽限期届满既不履行债务，也不另行提供担保的，即具备了留置权实现的条件，留置权人可以对留置财产变价、取偿。如果债务人在宽限期届满前履行了债务，或者另行提供了担保，则留置权消灭，不得再行使留置权。

对留置财产进行折价或者变卖的，应当参照市场价格进行。

**第四百五十四条** 债务人可以请求留置权人在债务履行期限届满后行使留置权；留置权人不行使的，债务人可以请求人民法院拍卖、变卖留置财产。

【条文要义】

本条是对债务人请求留置权人行使留置权的规定。

留置权是担保物权，权利人行使权利不受诉讼时效的限制，并不会因为超过诉讼时效而使留置权的行使受到妨碍。如果留置权人长期不行使留置权，将会使不确定的法律关系长期存在，损害债务人的利益。故债务人可在债务履行期限届满后，请求留置权人行使留置权，对留置财产进行变价、取偿，以消灭债权债务关系，将实现债权后的财产返还债务人。如果留置权人仍然不行使留置权，债务人可以请求人民法院拍卖或者变卖留置财产，将留置财产变现，以变价款清偿债务，剩余的财产返还债务人。

**第四百五十五条** 留置财产折价或者拍卖、变卖后，其价款超过债权数额的部分归债务人所有，不足部分由债务人清偿。

## 【条文要义】

本条是对留置权实现方式的规定。

留置权的实现方式有两种,即折价、变卖。当事人协商一致折价的,可依约定办理;当事人约定折价不成的,则须依变价方式。当事人约定变价的,也应准许。

拍卖、变卖留置财产,并无必要由法院审查留置权、由法院来执行,如果当事人对留置权的实行并无争议,法院没有必要过问,如果当事人就此提出异议并诉至法院,则法院应依法处理。

留置权人最终实现留置权,是以处分留置财产的变价款和留置财产的折价款,优先偿付债权人的债权。在统一计算出债权的总额后,留置财产折价或者拍卖、变卖后,其价款超过债权数额的部分归债务人所有,不足部分由债务人清偿,但剩余债权因已无担保,成为普通债权,并无优先受偿权。

**第四百五十六条** 同一动产上已经设立抵押权或者质权,该动产又被留置的,留置权人优先受偿。

## 【条文要义】

本条是对留置权优先于其他担保物权效力的规定。

在同一动产上,已经设立了抵押权或者质权的,该动产又被留置,就会发生抵押权或者质权与留置权的效力冲突,应当确定哪一个权利优先。本条规定,已经设立抵押权或者质权的同一动产,又被留置的,留置权优先,留置权实现之后,该动产尚有余额的,用以实现抵押权、质权。

同一动产如果被留置,又设立抵押权或者质权的,哪一个担保物权优先,没有规定,不过,举重以明轻,设置在先的抵押权或者质权都不能对抗后发生的留置权,那么在留置之后发生的抵押权或者质权,当然也不能对抗留置权。

**第四百五十七条** 留置权人对留置财产丧失占有或者留置权人接受债务人另行提供担保的,留置权消灭。

## 【条文要义】

本条是对留置权特别消灭事由的规定。

留置权消灭的特别事由，是引起留置权消灭的特殊事实，既不能适用于其他担保物权，也不能适用于其他物权。

留置权人对留置财产丧失占有，是指留置权人不再继续占有留置财产，并非仅丧失其直接占有，其间接占有也不存在。留置权人对留置财产占有的丧失，包括其占有被他人侵夺和留置权人自己放弃占有。

1. 他人侵夺留置财产丧失占有而消灭留置权，与质押财产占有丧失而消灭质权相同，但不同之处是，质权有追及效力，质权人在其质押财产占有被侵夺时，有权请求返还质押财产。因此，质权并不随质押财产占有的丧失而立即消灭。留置权无此追及效力，留置财产丧失占有，留置权就立即消灭，不能基于留置权而请求不法侵占者返还标的物，只能依保护占有的规定请求返还标的物。

2. 留置权人放弃留置财产占有，如将留置财产给付债务人、转让他人等，均消灭留置权，其中将留置财产转让他人时如未经债务人同意，则为侵权行为。

债务人另行提供担保，是债务人为避免财产被留置而另行提供担保。留置权成立以后，留置财产被债权人留置，债务人无法对该物行使权利，留置财产无法被利用，显然不利于发挥物的效益。留置财产的价值一般大于债务人债务的价值，对债务人更为不利。为平衡这种双方当事人之间的利益关系，保障债权人债权的实现，也为保障债务人不遭受更大的损失，法律准许债务人在另行提供债权担保的情况下，由债权人返还留置财产给债务人，因而使留置权消灭。这实际上是把债权人的债权由留置权担保改换为另一种形式的担保。债权人的债权由另一种担保形式得到切实的担保，当然可以放弃留置权的担保。债务人另行提供的担保在形式上包括物保和人保，其必要条件是被债权人所接受。留置权人不接受的，债务人无论提供何种担保，也不发生留置权消灭的后果；反之，只要留置权人认为对其债权担保有效而予以接受，则不论债务人提供何种担保，都发生留置权消灭的后果。债务人另行提供担保不必非以消灭留置权为目的才能消灭留置权，只要提供的担保足以充分保障债权人的债权，就当然发生留置权消灭的后果。债权人另行提供担保消灭留置权，其效力是终局的，不能仅为一时消灭。

# 第五分编 占 有

# 第二十章 占 有

**第四百五十八条** 基于合同关系等产生的占有,有关不动产或者动产的使用、收益、违约责任等,按照合同约定;合同没有约定或者约定不明确的,依照有关法律规定。

【条文要义】

本条是对有权占有的规定。

占有,是指人对于物具有事实上的管领力的状态。在占有中,对物为管领的人是占有人,是占有法律关系的主体;被管领的物,为占有物,是占有法律关系的客体。占有的法律特征是:(1)占有是一种受法律保护的事实状态;(2)占有的对象仅限于物;(3)占有是对物具有的事实上的管领力。占有的性质,民法典明确表明是一种事实状态,而不是一种权利。

占有在法律上具有的功能:(1)保护功能,是指占有具有保护现实存在的状态不受第三人侵犯,从而维护法律秩序稳定的作用;(2)公示功能,是指占有具有的表彰本权的作用;(3)持续功能,是指占有人对占有物具有继续使用的权利。在某些情况下,为了保障占有人对其占有物具有继续使用的利益,占有制度所产生的保护合法占有人不受所有权人的权利继受人侵犯的功能。占有制度具有此项功能的原因,在于维护经济秩序的客观、公正。

依据占有人是否是基于本权而对物进行的占有,可以将占有分为有权占有和无权占有。本权是指基于法律上的原因,享有的包含占有物在内的权利,如所有权、租赁权、质权、留置权等权利都是本权。占有人基于本权对物进行的占有为有权占有;占有人无本权对物的占有为无权占有。不动产或者动产的占有,除有相反证据证明外,推定为有权占有。区分有权占有与无权占有的意义在于:(1)

无权占有人在权利人请求返还占有物时，负有返还的义务；有权占有人可以拒绝他人包括所有权人在内的返还请求权。（2）作为留置权成立要件的占有必须是有权占有，如果是无权占有，则占有人不因此而享有留置权。

有权占有的规则是：（1）基于合同关系等产生的占有，都是有权占有，有关不动产或者动产的使用、收益、违约责任等，应当按照合同约定确定；（2）合同没有约定或者约定不明确的，依照有关法律规定。

**第四百五十九条** 占有人因使用占有的不动产或者动产，致使该不动产或者动产受到损害的，恶意占有人应当承担赔偿责任。

【条文要义】

本条是对占有人使用占有物致占有物损害责任的规定。

无权占有人在占有占有物时，可以使用该占有物。占有人使用占有物对占有物造成损害是否承担赔偿责任，应当区分占有人的占有是善意的还是恶意的。本条采纳多数立法例，规定恶意占有人在占有期间使用占有物，致使占有物受到损害的，应当承担赔偿责任，而善意占有人使用占有物致使占有物受到损害的，并不科以这种赔偿责任。

**第四百六十条** 不动产或者动产被占有人占有的，权利人可以请求返还原物及其孳息；但是，应当支付善意占有人因维护该不动产或者动产支出的必要费用。

【条文要义】

本条是对占有人返还占有物的规定。

占有不是权利，而是事实状态。占有人有权占有占有物，但是不能对抗占有物权利人的权利请求。当占有物权利人主张返还占有物时，占有人负有返还义务。占有物的权利人可以请求返还原物及其孳息，占有人应当对权利人履行返还原物及其孳息的义务。

不过，应当区分占有人的善意或者恶意：对善意占有人，权利人请求返还原物和孳息时，应当对善意占有人支付因维护该不动产或者动产支出的必要费用，对于恶意占有人，权利人不负有这种责任。

**第四百六十一条** 占有的不动产或者动产毁损、灭失，该不动产或者动产的权利人请求赔偿的，占有人应当将因毁损、灭失取得的保险金、赔偿金或者补偿金等返还给权利人；权利人的损害未得到足够弥补的，恶意占有人还应当赔偿损失。

【条文要义】

本条是对占有物毁损、灭失代位物返还责任的规定。

占有的不动产或者动产毁损、灭失，不论是不可抗力，还是被遗失或者盗窃，其责任规则是：

1. 如果该不动产或者动产即占有物的权利人请求赔偿，占有人应当将因毁损、灭失取得的保险金、赔偿金或者补偿金等代位物如数返还给权利人。对此，不论是善意占有人还是恶意占有人，均负此责任。

2. 占有物因毁损、灭失取得的保险金、赔偿金或者补偿金全部返还权利人，权利人的损害未得到足够弥补的，恶意占有人应当承担赔偿损失的责任，善意占有人不负此责任。

**第四百六十二条** 占有的不动产或者动产被侵占的，占有人有权请求返还原物；对妨害占有的行为，占有人有权请求排除妨害或者消除危险；因侵占或者妨害造成损害的，占有人有权依法请求损害赔偿。

占有人返还原物的请求权，自侵占发生之日起一年内未行使的，该请求权消灭。

【条文要义】

本条是对占有保护请求权的规定。

占有保护请求权，是占有人对占有的公力救济，即请求国家有权机关通过运用国家强制力来保护其占有。具体的请求权是：

1. 返还原物请求权。当占有人的占有被侵夺时，占有人有权请求返还占有物。有权行使占有物返还请求权的人，不仅包括直接占有人，也包括间接占有人；不仅包括有权占有人，也包括无权占有人，但占有辅助人不能享有此项权利。占有物返还请求权所指向的对象是侵夺占有物的人及其继承人。但是善意的特定继承人在符合善意取得规定的情况下，其占有受到法律保护。此外，即使侵夺人对于占有物享有实体的权利，如所有人或出租人，占有人亦得针对其行使返还请求权。

2. 排除妨碍请求权。当占有人的占有被妨害时，占有人有权行使排除妨碍请求权，对妨害占有的行为，占有人有权请求排除妨碍。享有排除妨碍请求权的人是占有人，而相对人为妨害其占有的人。

3. 消除危险请求权。当占有人的占有虽未被现实地妨害，但是存在妨害危险时，占有人有权请求消除危险。

4. 损害赔偿请求权。因侵占或者妨害占有人的占有，造成损害的，占有人有权请求侵害人承担损害赔偿责任。

# 第三编

# 合 同

# 第一分编 通　则

## 第一章 一般规定

**第四百六十三条** 本编调整因合同产生的民事关系。

【条文要义】

本条是对民法典合同编调整范围的规定。

合同编的调整范围，本应是因合同产生的民事法律关系，即合同法律关系。不过，由于民法典立法体例的原因，本编规定的内容实际上不仅包括合同法律关系，还包括无因管理之债和不当得利之债的法律关系。

形成这个问题的原因，是民法典未设置债法总则，而在合同编第一分编"通则"中规定了债法的一般性规则，且将侵权责任之债单独规定为侵权责任编，因而使无因管理之债和不当得利之债的规则无处规定。因此，合同编专门规定了第三分编，即"准合同"。形成的立法格局是：（1）债法总则的一般性规定包含在合同编的通则之中；（2）合同编的第一分编和第二分编主要规定的是合同之债；（3）合同编的第三分编规定的是无因管理之债和不当得利之债；（4）侵权之债规定在民法典第七编即侵权责任编。

本编不仅调整合同法律关系，实际上还包含了债法的主要内容，但不包括侵权之债。所以，民法典合同编就是不包括侵权之债的债法。

**第四百六十四条** 合同是民事主体之间设立、变更、终止民事法律关系的协议。

婚姻、收养、监护等有关身份关系的协议，适用有关该身份关系的法律规定；没有规定的，可以根据其性质参照适用本编规定。

【条文要义】

本条是对合同概念和本编适用范围的规定。

合同的定义是民事主体之间设立、变更、终止民事法律关系的协议。其特征是：(1) 合同的主体是民事主体，包括自然人、法人和非法人组织；(2) 合同的内容是民事主体设立、变更、终止民事法律关系；(3) 合同是协议，是民事主体之间就上述内容达成的协议。因此，合同的本质是民事主体就民事权利义务关系的变动达成合意而形成的协议。

婚姻、收养、监护等有关身份关系的协议也是民事合同，由于其内容的性质不同，因而应当适用有关该身份关系的法律规定。例如，结婚、离婚、收养、解除收养、设置监护等的协议，应当适用有关编和其他法律的规定。"等"字包含的不仅是与婚姻、收养、监护等具有相同性质的身份关系的协议，还包含了有关人格关系的协议。例如，民法典人格权编规定的肖像许可使用协议。这些具有身份关系、人格关系的协议在总则编、人格权编、婚姻家庭编等或者其他法律中没有规定的，可以根据其性质参照适用本编关于合同的规定。

**第四百六十五条　依法成立的合同，受法律保护。**

**依法成立的合同，仅对当事人具有法律约束力，但是法律另有规定的除外。**

【条文要义】

本条是对合同效力的规定。

依法成立的合同受法律保护，说的是合同成立后所发生的法律效力，当事人必须受到合同约定效力的约束。如果当事人在合同依法成立后，不履行合同义务，或者不完全履行合同义务，法律将强制其履行，并令其接受违约责任的制裁。因此，合同的法律效力，一方面是指依法成立的合同对当事人具有法律上的拘束力，另一方面是指不履行合同时法律基于合同而保护当事人的债权。

合同的法律约束力是有限度的，即只对合同当事人发生，对合同以外的人不发生法律拘束力。这就是合同的相对性原则，是对合同的法律约束力不可扩张到合同当事人之外的其他民事主体的准则。合同的相对性主要表现在以下三个方面：(1) 合同主体的相对性；(2) 合同内容的相对性；(3) 合同责任的相对性。

本条第 2 款规定的但书，含义是在法律另有规定的情况下，可以打破合同相对性原则，主要有：（1）涉他合同，合同约定为他人设置权利的，债务人应当向第三人履行义务，突破了合同相对性原则的拘束；（2）债的保全，即债权人代位权和债权人撤销权是为保护债权人债权实现的广义担保形式，一旦法定的条件具备，债权人可以向非合同当事人的债务人或者处分行为的相对人主张代位权或撤销权；（3）第三人侵害债权，债权人得以请求合同外的第三人承担侵权责任；（4）合同对第三人的效力，如运输合同中的收货人、保理合同中的应收账款债务人，都是合同中的第三人，法律规定这些合同对其发生法律效力。

**第四百六十六条** 当事人对合同条款的理解有争议的，应当依据本法第一百四十二条第一款的规定，确定争议条款的含义。

合同文本采用两种以上文字订立并约定具有同等效力的，对各文本使用的词句推定具有相同含义。各文本使用的词句不一致的，应当根据合同的相关条款、性质、目的以及诚信原则等予以解释。

**【条文要义】**

本条是对合同条款解释的规定。

合同解释，是指对合同及其相关资料的含义所作的分析和说明，以确定双方当事人的共同意思。合同解释的根本目的在于使不明确、不具体的合同内容归于明确、具体，使当事人之间的纠纷得以合理解决。如果合同文本是采用两种以上文字订立，并约定具有同等效力的，对各文本使用的词句推定具有相同含义。如果各文本使用的词句不一致，应当根据合同解释的原则进行解释。

依据民法典第 142 条的规定，合同解释规则分为以下六种：

1. 文义解释规则，是指当事人对合同条款的理解有争议的，应当按照合同使用的词句确定该条款真实意思的解释规则。

2. 整体解释规则，也叫体系解释规则，是指将合同的所有条款和构成部分视为统一的整体，从合同的各条款之间以及各构成部分之间的相互联系和总体联系上，阐明争议条款含义的解释规则。

3. 习惯解释规则，是指在合同条款的含义不明或发生争议时，可以参照交易习惯或者惯例予以明确的解释规则。

4. 诚信解释规则，是指在合同用语有疑义时，应依诚实信用原则确定其正确意思，在合同内容有漏洞时，应依诚实信用原则予以补充。当事人对合同条款的理解有争议的，应当按照诚实信用的原则确定该条款的真实意思。

5. 目的解释规则，是解释合同应当首先判断当事人的目的。当事人对合同条款的理解有争议的，应当按照订立合同的目的确定该条款的真实意思。

6. 不利解释规则，是指对于合同的内容发生争议时，应当对起草者作不利解释的合同解释规则。这个解释规则主要是针对格式条款的解释，同时对其他非格式条款的解释也有作用。

在司法实践中解释合同，应当首先按照争议条款所使用的词句，根据通常的理解进行解释。根据案件事实能够认定当事人对争议条款有不同于词句字面含义的其他共同理解的，再适用其他解释方法进行解释，结合合同的其他条款、合同的性质和目的、交易习惯以及诚信原则进行解释。

在实践中要注意的是，对合同条款有两种以上解释，可能影响该条款的效力的，应当作出有利于该条款生效的解释，以促进交易。

## 【相关司法解释】

**《最高人民法院关于适用〈中华人民共和国民法典〉合同编通则若干问题的解释》**

**第一条** 人民法院依据民法典第一百四十二条第一款、第四百六十六条第一款的规定解释合同条款时，应当以词句的通常含义为基础，结合相关条款、合同的性质和目的、习惯以及诚信原则，参考缔约背景、磋商过程、履行行为等因素确定争议条款的含义。

有证据证明当事人之间对合同条款有不同于词句的通常含义的其他共同理解，一方主张按照词句的通常含义理解合同条款的，人民法院不予支持。

对合同条款有两种以上解释，可能影响该条款效力的，人民法院应当选择有利于该条款有效的解释；属于无偿合同的，应当选择对债务人负担较轻的解释。

**第二条** 下列情形，不违反法律、行政法规的强制性规定且不违背公序良俗的，人民法院可以认定为民法典所称的"交易习惯"：

（一）当事人之间在交易活动中的惯常做法；

（二）在交易行为当地或者某一领域、某一行业通常采用并为交易对方订立合同时所知道或者应当知道的做法。

对于交易习惯，由提出主张的当事人一方承担举证责任。

**第四百六十七条** 本法或者其他法律没有明文规定的合同,适用本编通则的规定,并可以参照适用本编或者其他法律最相类似合同的规定。

在中华人民共和国境内履行的中外合资经营企业合同、中外合作经营企业合同、中外合作勘探开发自然资源合同,适用中华人民共和国法律。

**【条文要义】**

本条是对非典型合同法律适用规则的规定。

非典型合同又叫无名合同,是指法律尚未规定,也未赋予其一定名称的合同。"本法或者其他法律没有明文规定的合同"就是非典型合同。依照合同自由原则,在不违反法律强制性规定和公序良俗的前提下,当事人可以根据实际生活需要,选择订立法律没有规范的非典型合同。

非典型合同对应的是典型合同。典型合同也叫有名合同,是指法律设有规范,并赋予其一定名称的合同。例如,买卖合同、赠与合同、借款合同,都是典型合同。

确定非典型合同的法律适用规则是:(1)尊重当事人的约定;(2)适用本编通则对合同规定的一般性规则;(3)针对不同类型的非典型合同采用本编或者其他法律规定的典型合同的法律规则,即能够找到相类似的典型合同的,参照本编规定的典型合同的规则适用法律,对纯粹的非典型合同即法律对其具体事项全无规定,其内容不符合任何典型合同的要件的合同,如果当事人的意思表示不完整,则根据诚实信用原则,并斟酌交易惯例,确定权利义务关系,解决纠纷。

本条第2款规定的内容,是原《合同法》第126条第2款规定的内容,确定在中华人民共和国境内的中外合资经营企业合同、中外合作经营企业合同、中外合作勘探开发自然资源合同,适用中华人民共和国法律,当事人不能选择适用域外法律。不违反法律、行政法规的强制性规定和不违背公序良俗情形的交易习惯,在合同法的法律适用中具有重要意义。对此,认定为民法典合同编所称的"交易习惯",一是在交易行为当地或者某一领域、某一行业通常采用并为交易对方订立合同时所知道或者应当知道的做法;二是当事人双方经常使用的习惯做法,即往例。对于交易习惯,由提出主张的一方当事人承担举证责任。

## 【相关司法解释】

《最高人民法院关于审理旅游纠纷案件适用法律若干问题的规定》①

**第一条** 本规定所称的旅游纠纷，是指旅游者与旅游经营者、旅游辅助服务者之间因旅游发生的合同纠纷或者侵权纠纷。

"旅游经营者"是指以自己的名义经营旅游业务，向公众提供旅游服务的人。

"旅游辅助服务者"是指与旅游经营者存在合同关系，协助旅游经营者履行旅游合同义务，实际提供交通、游览、住宿、餐饮、娱乐等旅游服务的人。

旅游者在自行旅游过程中与旅游景点经营者因旅游发生的纠纷，参照适用本规定。

**第二条** 以单位、家庭等集体形式与旅游经营者订立旅游合同，在履行过程中发生纠纷，除集体以合同一方当事人名义起诉外，旅游者个人提起旅游合同纠纷诉讼的，人民法院应予受理。

**第三条** 因旅游经营者方面的同一原因造成旅游者人身损害、财产损失，旅游者选择请求旅游经营者承担违约责任或者侵权责任的，人民法院应当根据当事人选择的案由进行审理。

**第四条** 因旅游辅助服务者的原因导致旅游经营者违约，旅游者仅起诉旅游经营者的，人民法院可以将旅游辅助服务者追加为第三人。

**第五条** 旅游经营者已投保责任险，旅游者因保险责任事故仅起诉旅游经营者的，人民法院可以应当事人的请求将保险公司列为第三人。

**第六条** 旅游经营者以格式条款、通知、声明、店堂告示等方式作出排除或者限制旅游者权利、减轻或者免除旅游经营者责任、加重旅游者责任等对旅游者不公平、不合理的规定，旅游者依据消费者权益保护法第二十六条的规定请求认定该内容无效的，人民法院应予支持。

**第七条** 旅游经营者、旅游辅助服务者未尽到安全保障义务，造成旅游者人身损害、财产损失，旅游者请求旅游经营者、旅游辅助服务者承担责任的，人民法院应予支持。

因第三人的行为造成旅游者人身损害、财产损失，由第三人承担责任；旅游经营者、旅游辅助服务者未尽安全保障义务，旅游者请求其承担相应补充责任的，

---

① 就民法典规定的典型合同而言，旅游合同是非典型合同。将旅游合同司法解释放置在这里，可以说明非典型合同的法律适用问题。不过，就《旅游法》的规定而言，旅游合同也是典型合同。

人民法院应予支持。

**第八条** 旅游经营者、旅游辅助服务者对可能危及旅游者人身、财产安全的旅游项目未履行告知、警示义务，造成旅游者人身损害、财产损失，旅游者请求旅游经营者、旅游辅助服务者承担责任的，人民法院应予支持。

旅游者未按旅游经营者、旅游辅助服务者的要求提供与旅游活动相关的个人健康信息并履行如实告知义务，或者不听从旅游经营者、旅游辅助服务者的告知、警示，参加不适合自身条件的旅游活动，导致旅游过程中出现人身损害、财产损失，旅游者请求旅游经营者、旅游辅助服务者承担责任的，人民法院不予支持。

**第九条** 旅游经营者、旅游辅助服务者以非法收集、存储、使用、加工、传输、买卖、提供、公开等方式处理旅游者个人信息，旅游者请求其承担相应责任的，人民法院应予支持。

**第十条** 旅游经营者将旅游业务转让给其他旅游经营者，旅游者不同意转让，请求解除旅游合同、追究旅游经营者违约责任的，人民法院应予支持。

旅游经营者擅自将其旅游业务转让给其他旅游经营者，旅游者在旅游过程中遭受损害，请求与其签订旅游合同的旅游经营者和实际提供旅游服务的旅游经营者承担连带责任的，人民法院应予支持。

**第十一条** 除合同性质不宜转让或者合同另有约定之外，在旅游行程开始前的合理期间内，旅游者将其在旅游合同中的权利义务转让给第三人，请求确认转让合同效力的，人民法院应予支持。

因前款所述原因，旅游经营者请求旅游者、第三人给付增加的费用或者旅游者请求旅游经营者退还减少的费用的，人民法院应予支持。

**第十二条** 旅游行程开始前或者进行中，因旅游者单方解除合同，旅游者请求旅游经营者退还尚未实际发生的费用，或者旅游经营者请求旅游者支付合理费用的，人民法院应予支持。

**第十三条** 签订旅游合同的旅游经营者将其部分旅游业务委托旅游目的地的旅游经营者，因受托方未尽旅游合同义务，旅游者在旅游过程中受到损害，要求作出委托的旅游经营者承担赔偿责任的，人民法院应予支持。

旅游经营者委托除前款规定以外的人从事旅游业务，发生旅游纠纷，旅游者起诉旅游经营者的，人民法院应予受理。

**第十四条** 旅游经营者准许他人挂靠其名下从事旅游业务，造成旅游者人身损害、财产损失，旅游者依据民法典第一千一百六十八条的规定请求旅游经营者与挂靠人承担连带责任的，人民法院应予支持。

**第十五条** 旅游经营者违反合同约定，有擅自改变旅游行程、遗漏旅游景点、减少旅游服务项目、降低旅游服务标准等行为，旅游者请求旅游经营者赔偿未完成约定旅游服务项目等合理费用的，人民法院应予支持。

旅游经营者提供服务时有欺诈行为，旅游者依据消费者权益保护法第五十五条第一款规定请求旅游经营者承担惩罚性赔偿责任的，人民法院应予支持。

**第十六条** 因飞机、火车、班轮、城际客运班车等公共客运交通工具延误，导致合同不能按照约定履行，旅游者请求旅游经营者退还未实际发生的费用的，人民法院应予支持。合同另有约定的除外。

**第十七条** 旅游者在自行安排活动期间遭受人身损害、财产损失，旅游经营者未尽到必要的提示义务、救助义务，旅游者请求旅游经营者承担相应责任的，人民法院应予支持。

前款规定的自行安排活动期间，包括旅游经营者安排的在旅游行程中独立的自由活动期间、旅游者不参加旅游行程的活动期间以及旅游者经导游或者领队同意暂时离队的个人活动期间等。

**第十八条** 旅游者在旅游行程中未经导游或者领队许可，故意脱离团队，遭受人身损害、财产损失，请求旅游经营者赔偿损失的，人民法院不予支持。

**第十九条** 旅游经营者或者旅游辅助服务者为旅游者代管的行李物品损毁、灭失，旅游者请求赔偿损失的，人民法院应予支持，但下列情形除外：

（一）损失是由于旅游者未听从旅游经营者或者旅游辅助服务者的事先声明或者提示，未将现金、有价证券、贵重物品由其随身携带而造成的；

（二）损失是由于不可抗力造成的；

（三）损失是由于旅游者的过错造成的；

（四）损失是由于物品的自然属性造成的。

**第二十条** 旅游者要求旅游经营者返还下列费用的，人民法院应予支持：

（一）因拒绝旅游经营者安排的购物活动或者另行付费的项目被增收的费用；

（二）在同一旅游行程中，旅游经营者提供相同服务，因旅游者的年龄、职业等差异而增收的费用。

**第二十一条** 旅游经营者因过错致其代办的手续、证件存在瑕疵，或者未尽妥善保管义务而遗失、毁损，旅游者请求旅游经营者补办或者协助补办相关手续、证件并承担相应费用的，人民法院应予支持。

因上述行为影响旅游行程，旅游者请求旅游经营者退还尚未发生的费用、赔偿损失的，人民法院应予支持。

**第二十二条** 旅游经营者事先设计，并以确定的总价提供交通、住宿、游览等一项或者多项服务，不提供导游和领队服务，由旅游者自行安排游览行程的旅游过程中，旅游经营者提供的服务不符合合同约定，侵害旅游者合法权益，旅游者请求旅游经营者承担相应责任的，人民法院应予支持。

**第四百六十八条** 非因合同产生的债权债务关系，适用有关该债权债务关系的法律规定；没有规定的，适用本编通则的有关规定，但是根据其性质不能适用的除外。

## 【条文要义】

本条是对非因合同产生的债的关系法律适用的规定。

非因合同产生的债权债务关系，是合同以外的债权债务关系，依照民法典第118条第2款的规定，包括无因管理之债、不当得利之债、侵权责任之债以及法律规定的其他债，如单方允诺之债。

本条规定的主要目的是合同编第三分编规定的无因管理之债和不当得利之债的法律适用，提供一般规则的法律依据，同时，也对侵权责任之债以及其他法律规定的债与合同编通则规定的关系予以明确。

对于非合同之债的法律适用规则是：

1. 首先适用有关该债权债务关系的法律规定，即对无因管理之债、不当得利之债等，适用合同编第三分编关于无因管理和不当得利规则的规定。

2. 没有有关债权债务关系的法律规定的，适用合同编通则的有关规定。这一规定，就为非合同之债适用本编通则的一般性规定提供了法律依据，凡是非合同之债，只要没有特别规定，就可以适用关于合同编通则规定的一般性规则，如合同保全的规定。

3. 根据债的性质不能适用的除外，如无论是无因管理之债、不当得利之债还是侵权责任之债，根据其性质都不能适用有关要约、承诺的规定，因此适用除外条款的规定。

在具体的法律适用中，审理非合同之债应当依照本条的规定，首先适用民法典及其他法律关于该债权债务关系的具体规定；相应具体规定没有涉及的内容，适用民法典合同编通则第四章至第八章关于债权债务关系的规定。没有前述规定的，可以适用民法典关于合同权利义务关系的规定。但是，根据其性质不得适用于非因合同产生的债权债务关系的，不得适用。

# 第二章　合同的订立

第四百六十九条　当事人订立合同，可以采用书面形式、口头形式或者其他形式。

书面形式是合同书、信件、电报、电传、传真等可以有形地表现所载内容的形式。

以电子数据交换、电子邮件等方式能够有形地表现所载内容，并可以随时调取查用的数据电文，视为书面形式。

【条文要义】

本条是对合同形式的规定。

合同分为书面形式、口头形式和其他形式。法律规定或者当事人约定合同形式的目的有：（1）证据目的；（2）警告目的；（3）警戒线目的；（4）信息提供目的；（5）其他目的。

合同的书面形式，是指以文字等有形的表现方式订立合同的形式。合同书和合同确认书是典型的书面形式的合同，即"书面形式是合同书、信件、电报、电传、传真等可以有形地表现所载内容的形式"。书面形式的合同能够准确地固定合同双方当事人的权利义务，在发生纠纷时有据可查，便于处理。所以，法律要求凡是比较重要、复杂的合同，都应当采用书面形式订立合同。使用电子数据交换和电子邮件等订立的合同，都是能够有形地表现所载内容，并且可以随时调取查用的电子数据，具有与文字等形式订立的合同相同的属性。因此，对于这一类用数据电文订立的合同，视为书面合同，承认其书面合同的效力。

合同的口头形式是以口头语言的方式订立合同，其意思表示都是用口头语言的形式表示的，没有用书面语言记录下来。当事人直接运用语言对话的形式确定合同内容，订立合同，是口头合同。

合同的其他形式有两种：（1）当事人未以书面形式或者口头形式订立合同，但从双方从事的民事行为能够推定双方有订立合同意愿的，可以认定是合同的其他形式；（2）法律另有规定或者当事人约定采用公证形式、鉴证形式订立的合同。

**第四百七十条** 合同的内容由当事人约定，一般包括下列条款：
（一）当事人的姓名或者名称和住所；
（二）标的；
（三）数量；
（四）质量；
（五）价款或者报酬；
（六）履行期限、地点和方式；
（七）违约责任；
（八）解决争议的方法。
当事人可以参照各类合同的示范文本订立合同。

**【条文要义】**

本条是对合同条款和示范文本的规定。

合同条款是表达合同当事人约定的合同内容的具体条款。合同应当包含的合同条款是：（1）当事人的姓名或者名称和住所，表达的是合同主体的内容。合同的一方当事人不能确定，对方当事人主张开具发票的单位或者个人为该当事人的，应予支持。电子商务合同中，账户注册人出借账户给他人使用订立合同时，账户实际使用人主张自己作为合同主体的，应予支持；但是，相对人订立合同时如果知道账户实际使用人就不会订立合同的除外。账户实际使用人不履行合同义务或者履行义务不符合约定，相对人主张账户注册人和账户实际使用人履行义务或者赔偿损失的，应予支持。（2）标的，是合同的权利和义务所指向的对象，需要明确写明物品或服务的名称，使合同的标的特定化。（3）数量，是度量标的的基本条件，应当确切，确认双方认可的计量方法。（4）质量，也是度量标的的条件，重要性低于数量。（5）价款或者报酬，价款一般针对取得物而言，报酬一般针对取得服务而言，无偿合同不存在价款和报酬条款。（6）履行期限、地点和方式，履行期限是合同履行的时间规定，履行地点是确定合同义务履行的区域概念，合同的履行方式是履行的具体方法。（7）违约责任，是当事人在违反合同约定的义务后应当承担的合同法上的不利后果。（8）解决争议的方法，是指在将来合同发生纠纷应当诉诸何种方式和方法予以解决。

本条第1款在规定上述合同条款时,没有规定合同的主要条款。合同的主要条款是合同的必备条款,缺少必备条款,合同不能成立,缺少其他条款,则可以通过法律规定的方法等予以确定,不能导致合同不能成立。合同的主要条款就是标的和数量。当事人对合同是否成立存在争议,能够确定当事人名称或者姓名、标的和数量的,一般应当认定合同成立。如果法律另有规定或者当事人另有约定的,依照规定或者约定确定。

合同的示范文本,是根据合同法的相关规定而制定出的标准式合同样本或者标准合同文本。合同示范文本对于提示当事人在订立合同时更好地明确各自的权利和义务能够起到重要的作用。在原《合同法》实施之后,工商管理部门等机关制定了各类合同的示范文本,发挥了合同示范文本的作用。本条第2款继续强调当事人订立合同可以参照各类合同的示范文本,使自己的权益能够得到保障。

经营者在经营场所公示的顾客须知、公告等符合要约条件,消费者主张成为合同内容的,应予支持。电子商务平台服务协议、交易规则和公示的用户须知等包含电子商务合同权利义务条款,当事人主张成为电子商务合同内容的,应予支持。

**【相关司法解释】**

《最高人民法院关于适用〈中华人民共和国民法典〉合同编通则若干问题的解释》

第三条 当事人对合同是否成立存在争议,人民法院能够确定当事人姓名或者名称、标的和数量的,一般应当认定合同成立。但是,法律另有规定或者当事人另有约定的除外。

根据前款规定能够认定合同已经成立的,对合同欠缺的内容,人民法院应当依据民法典第五百一十条、第五百一十一条等规定予以确定。

当事人主张合同无效或者请求撤销、解除合同等,人民法院认为合同不成立的,应当依据《最高人民法院关于民事诉讼证据的若干规定》第五十三条的规定将合同是否成立作为焦点问题进行审理,并可以根据案件的具体情况重新指定举证期限。

**第四百七十一条** 当事人订立合同,可以采取要约、承诺方式或者其他方式。

## 【条文要义】

本条是对订立合同方式的规定。

合同订立，是缔约人为意思表示并达成合意的状态。合同订立是当事人为实现预期目的，为意思表示并达成合意的动态过程，包含当事人各方为了进行交易，与对方进行接触、洽谈，最终达成合意的整个过程，是动态行为和静态协议的统一体。合同订立与合同成立不同，是两个既互相联系又互相区别的概念。合同成立是合同订立的组成部分，标志着合同的产生和存在，属于静态的协议。合同订立既包括合同成立，又包括缔约各方接触和洽商的动态过程，涵盖了交易行为的主要内容。

合同订立的意义有：（1）没有合同订立就没有合同的存在；（2）合同订立是合同权利义务得以实现的前提；（3）没有合同订立就没有合同责任的发生。

合同订立的方式是要约和承诺。在订立合同中，一方当事人提出要约，另一方当事人予以承诺，双方就交易目的及其实现达成合意，合同即告成立。因此，要约和承诺既是合同订立的方式，也是合同订立的两个阶段，其结果是合同成立。

订立合同的其他方式包括：（1）交叉要约，是指合同当事人各自采取非直接对话的方式，同时作出为订立同一内容合同的要约；（2）同时表示，与交叉要约在本质上相同，交叉要约是在非直接对话方式下发生的，而同时表示则是在对话方式下发生的，是指对话的当事人双方毫无先后之别，同时向对方为同一内容的要约的意思表示；（3）意思实现，是指按照习惯或事件的性质不需要承诺通知，或者要约人预先声明承诺无须通知，在相当时间内如有可以推断受要约人有承诺意思的客观事实，要约人可以据此成立合同。民法典还规定了订立合同的其他方式。如证券的场内交易，每一瞬间都有大量买方和卖方的报价发出，交易系统按照价格优先、时间优先的原则由电脑自动撮合、逐笔不断成交。这种缔约方式就是有别于要约、承诺方式的其他方式。又如，格式条款和悬赏广告，格式条款订立时，要约、承诺的外在形态不明显，而悬赏广告更是缺少典型的要约、承诺的过程，因而是合同成立的其他方式。

## 【相关司法解释】

**《最高人民法院关于审理银行卡民事纠纷案件若干问题的规定》**

**第八条** 发卡行在与持卡人订立银行卡合同或者在开通网络支付业务功能时，

未履行告知持卡人银行卡具有相关网络支付功能义务,持卡人以其未与发卡行就争议网络支付条款达成合意为由请求不承担因使用该功能而导致网络盗刷责任的,人民法院应予支持,但有证据证明持卡人同意使用该网络支付功能的,适用本规定第七条规定。

非银行支付机构新增网络支付业务类型时,未向持卡人履行前款规定义务的,参照前款规定处理。

**第九条** 发卡行在与持卡人订立银行卡合同或者新增网络支付业务时,未完全告知某一网络支付业务持卡人身份识别方式、交易验证方式、交易规则等足以影响持卡人决定是否使用该功能的内容,致使持卡人没有全面准确理解该功能,持卡人以其未与发卡行就相关网络支付条款达成合意为由请求不承担因使用该功能而导致网络盗刷责任的,人民法院应予支持,但持卡人对于网络盗刷具有过错的,应当承担相应过错责任。发卡行虽然未尽前述义务,但是有证据证明持卡人知道并理解该网络支付功能的,适用本规定第七条规定。

非银行支付机构新增网络支付业务类型时,存在前款未完全履行告知义务情形,参照前款规定处理。

**第十条** 发卡行或者非银行支付机构向持卡人提供的宣传资料载明其承担网络盗刷先行赔付责任,该允诺具体明确,应认定为合同的内容。持卡人据此请求发卡行或者非银行支付机构承担先行赔付责任的,人民法院应予支持。

因非银行支付机构相关网络支付业务系统、设施和技术不符合安全要求导致网络盗刷,持卡人请求判令该机构承担先行赔付责任的,人民法院应予支持。

**第四百七十二条** 要约是希望与他人订立合同的意思表示,该意思表示应当符合下列条件:

(一) 内容具体确定;

(二) 表明经受要约人承诺,要约人即受该意思表示约束。

【条文要义】

本条是对要约及构成条件的规定。

要约是在合同订立的过程中,要约人希望和他人订立合同的意思表示。一方当事人以缔结合同为目的,向对方当事人提出合同条件,希望对方当事人接受的意思表示,就是要约,亦称发价、发盘、出盘、出价或者报价。要约的性质,是一种与承诺结合后成立一个民事法律行为的意思表示，本身并不构成一个独立的法律行为。

要约发生法律效力，应当符合下列构成要件：

1. 要约的内容具体、确定。内容具体，是指要约的内容必须具有足以确定合同成立的内容，包含合同的主要条款。当要约人发出要约后，受要约人一旦承诺，合同即告成立。内容确定，是指要约的内容必须明确，不能含混不清，应当达到一般人能够理解其真实含义的水平，否则合同将无法履行。

2. 表明经受要约人承诺，要约人即受该意思表示约束。不论要约人向特定的受要约人还是不特定的受要约人发出要约，要约的内容都须表明，一旦该要约经受要约人承诺，要约人即受该意思表示约束，约束的具体表现是要约被承诺后合同即告成立，要约人要受合同效力的约束。在实践中，不可能要求所有的要约人都能够明确地、直截了当地写明自己接受要约内容约束的文字，但是，只要当事人发出要约，就意味着自己愿意接受要约意思表示的约束。只要依据要约的条文能够合理分析出要约人在要约中含有一经承诺即受拘束的意旨，或者通过要约人明确的订立合同的意图可以合理推断该要约包含了要约人愿意接受承诺后果的意思表示，即可认为符合该要件。

**第四百七十三条** 要约邀请是希望他人向自己发出要约的表示。拍卖公告、招标公告、招股说明书、债券募集办法、基金招募说明书、商业广告和宣传、寄送的价目表等为要约邀请。

商业广告和宣传的内容符合要约条件的，构成要约。

【条文要义】

本条是对要约邀请的规定。

要约邀请，即要约引诱，也称为邀请要约，是一方希望他人向自己发出要约的表示。

要约与要约邀请的区别是：（1）要约是一方向另一方发出的意欲订立合同的意思表示；而要约邀请则表明仍处在订立合同的磋商阶段，是订约的准备行为。（2）要约生效后，受要约人获得承诺资格；而要约邀请仅仅是使相对方当事人获得了信息，从而可以向要约邀请人发出要约。（3）要约人受要约拘束，在要约有效期限内不得任意撤销要约，要约邀请并未给要约邀请人带来任何义务，相对方发出要约也并不是因为要约邀请赋予了其资格。

拍卖公告、招标公告、招股说明书、债券募集办法、基金招募说明书、商业广告和宣传、寄送的价目表，都是要约邀请，因而具有这些形式的意思表示都不是要约，而是要约邀请。

在这些形式的意思表示中，只有商业广告和宣传才有特例，即在一般情况下，它们是要约邀请，但是，如果商业广告和宣传具备了要约的要件，即一是内容具体、确定；二是表明经受要约人承诺，要约人即受该意思表示约束，就构成了要约。因此，这样的广告和宣传构成要约，产生要约的法律效力。

**第四百七十四条　要约生效的时间适用本法第一百三十七条的规定。**

【条文要义】

本条是对要约生效时间的规定。

要约生效，是指要约从什么时间开始发生法律效力。要约生效，对要约人及受要约人都发生法律效力：（1）对要约人发生拘束力，不得随意撤销或者对要约加以限制、变更或者扩张；（2）受要约人在要约生效时，取得承诺的权利，取得了依其承诺而成立合同的法律地位。

根据民法典第137条的规定，我国的要约生效时间采用到达主义。采用到达主义的理由是，要约是希望和他人订立合同的意思表示，要约的约束力不仅针对要约人也针对受要约人。以对话方式发出的要约，在受要约人知道其内容时生效。非对话方式的要约，在要约脱离要约人后，到达受要约人之前，受要约人不可能知悉要约的内容。如果采取发信主义，受要约人还不知道要约的内容，要约发生法律效力对受要约人是不合乎情理的。只有受要约人收到要约后，要约才生效，要约人才能够对此要约针对变化的需求和市场情况，及时地撤回、撤销，而不负法律责任，也不会损害受要约人的利益或者危及交易安全。

**第四百七十五条　要约可以撤回。要约的撤回适用本法第一百四十一条的规定。**

【条文要义】

本条是对要约撤回的规定。

要约撤回，是指在要约人发出要约之后，要约生效之前，宣告收回发出的要约，取消其效力的行为。要约撤回也是意思表示撤回，因此，民法典第141条是关于意思表示撤回的规定。

要约撤回的通知应当在要约到达受要约人之前或者同时到达受要约人。要约撤回的通知不应当迟于受要约人收到要约的时间，才不至于使受要约人的利益受损。以语言对话方式表现的要约，由于当事人是通过面对面的形式进行订约的磋商，要约一经发出，受要约人即刻收到，因而对话要约的性质决定了其是无法撤回的。由他人转达的语言要约，视为需要通知的形式，可以撤回。

以电子数据形式发出的要约，因其性质，发出和收到之间的时间间隔几乎可以忽略不计，也难以撤回。因为要约人的要约撤回无法先于或同时与要约到达收件人。

要约撤回只能是非直接对话式的要约和非电子计算机数据传递方式的要约，即主要是书面形式的要约。为了使后发出的要约撤回通知早于要约的通知或与要约的通知同时到达受要约人，要约人应当采取比要约更迅捷的送达方式。

要约撤回符合要求的，发生要约撤回的效力，视为没有发出要约，受要约人没有取得承诺资格。要约撤回的通知迟于要约到达受要约人的，不发生要约撤回的效力，要约仍然有效，受要约人取得承诺的资格。

**第四百七十六条　要约可以撤销，但是有下列情形之一的除外：**

（一）要约人以确定承诺期限或者其他形式明示要约不可撤销；

（二）受要约人有理由认为要约是不可撤销的，并已经为履行合同做了合理准备工作。

## 【条文要义】

本条是对要约撤销的规定。

要约撤销，是要约人在要约生效之后，受要约人作出承诺之前，宣布取消该要约，使该要约的效力归于消灭的行为。要约撤销与要约撤回的区别在于，要约撤销发生在要约生效之后，受要约人可能已经作了承诺和履行的准备，允许要约人撤销要约，可能会损害受要约人的利益和交易安全。要约撤回没有这样的问题。

鉴于要约的本质要求，要约一旦生效就不允许随意撤销的传统观点，本条在规定要约可以撤销的同时，规定了以下限制性的条件：

1. 要约人以确定承诺期限或者以其他形式明示要约不可撤销。(1) 要约中确定了承诺期限，就意味着要约人向受要约人允诺在承诺期限内要约是可以信赖的。在承诺期限内，发生不利于要约人的变化，应当视为商业风险；也意味着受要约人在承诺期限内取得了承诺资格和对承诺期限的信赖，只要在承诺期限内作出承诺，就可以成立合同。即便受要约人没有发出承诺，但受要约人可能已经在为履约做准备工作，待准备工作就绪后再向要约人承诺，订立合同。因此，在承诺期限内，不得撤销要约。(2) 以其他形式明示要约不可撤销，当然就不可以撤销，如在一定时间内不可撤销的，根据交易习惯等可以认为标明"保证现货供应""随到随买"等字样的要约，就是不得撤销的要约。

2. 受要约人有理由认为要约不可撤销，并且已经为履行合同做了准备工作，判断标准是：(1) 要约中既没有承诺期限，也没有通过其他形式表明要约是不可撤销的；(2) 受要约人有理由认为要约是不可撤销的，如要约使用的言辞足以使受要约人相信，在合理的时间内，受要约人可以随时承诺而成立合同；(3) 受要约人在发出承诺的通知之前，已经为履行合同做了准备工作。

**第四百七十七条** 撤销要约的意思表示以对话方式作出的，该意思表示的内容应当在受要约人作出承诺之前为受要约人所知道；撤销要约的意思表示以非对话方式作出的，应当在受要约人作出承诺之前到达受要约人。

【条文要义】

本条是对要约撤销生效时间的规定。

要约人行使要约撤销权，应当发生在要约生效之后，受要约人作出承诺之前。如果发生在受要约人收到要约之前或者与要约同时到达，为要约撤回。如果受要约人已经发出承诺通知，即使承诺通知仍然在途中，要约人撤销要约无异于撕毁合同，要约人应当承担违约责任或者缔约过失责任。

本条规定的要约撤销生效时间的具体要求是：

1. 撤销要约的意思表示以对话方式作出的，该意思表示的内容应当在受要约人作出承诺之前为受要约人所知道，即仍然采取知道主义，且在受要约人作出承诺之前为受要约人知道。

2. 撤销要约的意思表示以非对话方式作出的，应当在受要约人作出承诺之前到达受要约人。如果在承诺之后撤销要约的意思表示才到达受要约人的，就不再是要约撤销，而是违约行为，因为要约已经承诺，合同即成立。

**第四百七十八条** 有下列情形之一的，要约失效：
（一）要约被拒绝；
（二）要约被依法撤销；
（三）承诺期限届满，受要约人未作出承诺；
（四）受要约人对要约的内容作出实质性变更。

【条文要义】

本条是对要约失效事由的规定。

要约在特定的情形下会丧失效力，对要约人和受要约人不再产生拘束力，要约人不再受要约的约束，受要约人也不再有承诺的资格，即使作出"承诺"，也不再发生承诺的效力，这就是要约失效。

要约失效的事由有：

1. 要约被拒绝。受要约人直接向要约人明确表示对要约予以拒绝，拒绝的通知到达要约人时要约失效。

2. 要约依法被撤销。要约人依照法律规定撤销要约，发生要约失效的法律效力。在撤销要约后，如果收到受要约人拒绝要约的通知，可以免除要约人撤销要约的法律责任。

3. 承诺期限届满，受要约人未作出承诺。凡是要约定有承诺期限的，必须在该期限内作出承诺，超过承诺期限受要约人未作出承诺，要约失效。

4. 受要约人对要约的内容作出实质性变更。承诺是对要约内容的全部接受，凡是对要约的内容进行实质性变更的，都是新的要约，受要约人变成要约人，原要约人成为受要约人，原要约人发出的要约失效。

**第四百七十九条** 承诺是受要约人同意要约的意思表示。

【条文要义】

本条是对承诺的规定。

承诺也叫接盘，是指受要约人同意要约的意思表示。承诺以接受要约的全部条件为内容,其目的在于与要约人订立合同。

承诺应当符合下列条件:

1. 承诺须由受要约人或者其代理人向要约人作出。承诺是受要约人的权利,在承诺期限内,要约人不得随意撤销要约,受要约人一旦承诺,就成立合同,要约人不得否认。这种权利是直接由要约人赋予的。

2. 承诺是受要约人同意要约的意思表示。同意要约,是以接受要约的全部条件为内容,是无条件的承诺,对要约的内容既不得限制,也不得扩张,更不能变更,但对要约的非实质性变更除外。

3. 承诺必须在规定的期限内到达要约人。承诺必须遵守承诺期间,没有规定承诺期间的,按照民法典第481条第2款的规定确定。

4. 承诺的方式必须符合要约的要求。承诺应当以通知的方式作出。要约规定承诺须以特定方式作出,否则承诺无效,承诺人承诺时须符合要约人规定的承诺方式。

**第四百八十条** 承诺应当以通知的方式作出;但是,根据交易习惯或者要约表明可以通过行为作出承诺的除外。

【条文要义】

本条是对承诺方式的规定。

承诺的方式,是受要约人将承诺的意思送达要约人的具体方式。

承诺的法定形式是通知方式,称为积极的承诺方式,是受要约人以明示的方式,包括对话语言、信件、数据电文如电报、电传、传真、电子数据交换和电子邮件等,可以明确无误地表达承诺意思表示内容的形式。

选择通知以外的行为方式进行承诺的有:(1)根据交易习惯或者要约表明可以通过行为的形式作出承诺的,也是符合要求的承诺方式。交易习惯是指某种合同的承诺适合以行为作为承诺方式,或者当事人之间进行交易的某种习惯。(2)要约人在要约中表明可以通过行为作出承诺。只要这种表明没有违反法律和公序良俗,就对受要约人产生拘束力,要约人应当依照要约人规定的方式进行承诺。如要约人在要约中明确表明"同意上述条件,即可在某期限内发货"的,就表明了要约人同意受要约人以发货行为作为承诺的意思表示。

缄默或者不行为不能作为承诺的方式,以缄默或者不行为回应要约的,承诺不成立，而不是承诺无效。因为要约人没有权利为受要约人设定义务。在要约人要求受要约人以缄默或者不行为作为承诺方式的情况下，受要约人不想承诺须以明确方式拒绝要约人，否则合同将会自动成立，构成强制交易，违反了合同自由原则。

**第四百八十一条** 承诺应当在要约确定的期限内到达要约人。

要约没有确定承诺期限的，承诺应当依照下列规定到达：

（一）要约以对话方式作出的，应当即时作出承诺；

（二）要约以非对话方式作出的，承诺应当在合理期限内到达。

**【条文要义】**

本条是对承诺期限的规定。

承诺期限，实际上是受要约人资格的存续期限，在该期限内受要约人具有承诺资格，可以向要约人发出具有拘束力的承诺。承诺资格是要约人依法赋予受要约人的有期限的权利。

确定承诺期限有两种方法：

1. 要约确定了承诺期限的，承诺应当在要约确定的期限内到达要约人。要约人在要约中明确规定承诺期限的方法是：（1）承诺期限为一个明确的时间终点，如6月30日，承诺期限为自要约生效到该时间终点；（2）规定自收到要约之日起的一段时间内，如收到要约之日起一个月内。

2. 要约没有确定承诺期限的，承诺应当依照下列规定到达方为有效承诺：（1）要约以对话方式作出的，应当即时作出承诺。有的要求即时作出承诺，有的商定另外约定承诺时间，有约定的依照约定，没有约定或者约定不明的，视为没有约定，应当即时作出承诺。（2）要约以非对话方式作出的，承诺应当在合理期限内到达。确定合理期限需考虑以下因素：一是根据要约措辞的缓急；二是根据要约的内容；三是根据某种特定行业的习惯做法；四是根据一个理智、善良、业务水平中等的交易人，正常的考虑、准备时间；五是根据合理的在途时间。

**第四百八十二条** 要约以信件或者电报作出的，承诺期限自信件载明的日期或者电报交发之日开始计算。信件未载明日期的，自投寄该信件的邮戳日期开始计算。要约以电话、传真、电子邮件等快速通讯方式作出的，承诺期限自要约到达受要约人时开始计算。

## 【条文要义】

本条是对信件、电报等形式的要约承诺期限的规定。

以信件方式作出的要约，承诺期限应当以信件载明的日期开始计算承诺期限。信件没有载明日期，应当自投寄该信件的邮戳日期开始计算。这些都能够判断和确定信件要约的承诺期间。信件载明的日期，是指发信人在书写载有要约内容的信件时所签署的日期，是信封内的内容。

以电报方式作出的要约，承诺期限应当自电报交发之日开始计算。按照到达主义的规则，要约应当自到达受要约人时生效，受要约人取得承诺资格，开始计算承诺期限。但是，在仅规定了承诺期限的长度，而没有确定具体起算点的要约中，依照这种做法进行，由于使用电报形式要约，其迅捷的方式意味着受要约人能够在极短的时间内收到要约，规定自电报交发之日为承诺期限起算点合乎情理。电报的交发之日，是指发报机关在发报纸上记载的日期。

以电话、传真、电子邮件等快捷通信方式发出的要约，承诺期限从要约到达受要约人的时间开始计算，电话以接听为准，传真、电子邮件即适用民法典第137条第2款规定的该数据电文进入受要约人的特定系统时生效。

**第四百八十三条　承诺生效时合同成立，但是法律另有规定或者当事人另有约定的除外。**

## 【条文要义】

本条是合同成立时间的规定。

合同成立的时间，是双方当事人的磋商过程结束，达成共同意思表示的时间界限。

合同成立的时间标志是承诺生效。承诺生效，意味着受要约人完全接受要约的意思表示，订约过程结束，要约、承诺的内容对要约人和受要约人产生法律拘束力。承诺生效时，合同即告成立。如果当事人对合同是否成立存在争议，则以能够确定当事人名称或者姓名、标的和数量达成合意的时间为认定合同成立的标准，其他内容依照有关合同内容确定和合同内容解释的规定予以确定。

**第四百八十四条** 以通知方式作出的承诺，生效的时间适用本法第一百三十七条的规定。

承诺不需要通知的，根据交易习惯或者要约的要求作出承诺的行为时生效。

【条文要义】

本条是对承诺生效时间的规定。

承诺生效时间，是承诺在何时发生法律拘束力。承诺生效时间在合同法的理论和实践中具有重大意义：(1) 由于承诺的时间就是合同成立的时间，因而承诺在什么时间生效，就直接决定了合同在什么时间成立；(2) 由于合同的成立时间和生效时间的一致性，因而承诺生效之时又是合同生效之日，是双方享有合同权利、承担合同义务之日；(3) 合同的生效时间又可能涉及诉讼时效、履行期限利益等问题；(4) 合同的成立又涉及合同签订地，以至于法院管辖权、准据法的确定等问题。

承诺的生效时间依照需要通知和不需要通知的不同，确定的方法是：

承诺是以通知方式作出的，承诺生效的时间依照民法典第137条的规定确定，采用到达主义。

承诺不需要通知的，应当根据交易习惯或者要约的要求作出承诺的行为时生效：(1) 根据交易习惯，某种承诺的性质可以确定用行为的方式承诺，该承诺行为实施的时间，就是承诺生效的时间；(2) 如果要约已经表明承诺可以由行为作出的意思表示，则实施该行为的时间就是承诺生效时间。

**第四百八十五条** 承诺可以撤回。承诺的撤回适用本法第一百四十一条的规定。

【条文要义】

本条是对承诺撤回的规定。

承诺的撤回，是指在发出承诺之后，承诺生效之前，宣告收回发出的承诺，取消其效力的行为。

法律规定承诺人的承诺撤回权，是由于承诺的撤回发生在承诺生效之前，要约人还未曾知晓受要约人承诺的事实,合同没有成立,一般不会造成要约人的损害,因而允许承诺人可以根据市场的变化、需求等各种经济情势,改变发出的承诺,以保护承诺人的利益。

民法典第141条规定了意思表示撤回的规则,承诺撤回权的行使规则适用该条的规定。因此,撤回承诺有严格的时间限制,即撤回承诺的通知应当在承诺到达要约人之前或者同时到达要约人。

按照这样的规则,以对话方式作出的承诺实际上无法撤回。由他人转达的语言承诺,由于转达需要时间,可以按照承诺撤回权行使的时间限制,予以撤回。采用电子数据形式的承诺,因其本身的性质也难以撤回。对非直接对话方式的承诺和非电子数据传递方式的承诺,则可以行使撤回权。为了使后发出的承诺撤回通知早于承诺的通知,或者与承诺的通知同时到达要约人,承诺人应当采取比承诺更迅捷的送达方式。

承诺的撤回符合撤回权行使期限规定的,发生承诺撤回的效力,即视为没有发出承诺,合同没有成立。承诺撤回的通知迟于承诺到达受承诺人的,不发生承诺撤回的效力,承诺仍然有效。

**第四百八十六条** 受要约人超过承诺期限发出承诺,或者在承诺期限内发出承诺,按照通常情形不能及时到达要约人的,为新要约;但是,要约人及时通知受要约人该承诺有效的除外。

【条文要义】

本条是对逾期承诺及其效果的规定。

逾期承诺,是指受要约人超过承诺期限发出承诺,或者在承诺期限内发出承诺,按照通常情形不能及时到达要约人的承诺。

逾期承诺的特点是:(1)逾期承诺须是受要约人向要约人发出的,完全接受要约的意思表示;(2)逾期承诺须是在承诺期限届满后发出,或者在承诺期限内发出承诺,按照通常情形不能及时到达要约人,因而不是合格的承诺。

因受要约人原因的承诺迟到,是受要约人虽然在承诺期限内发出承诺,但是按照通常情形,该承诺不能及时到达要约人,从而使承诺到达要约人时超过承诺期限。本条将其纳入逾期承诺中,一并规定法律效果。

逾期承诺的效力是:

1. 逾期承诺不发生承诺的法律效力。由于在承诺期限届满之后，受要约人不再有承诺的资格，因而逾期承诺的性质不是承诺，对要约人没有承诺的约束力，不能因此成立合同。

2. 逾期承诺是一项新要约。逾期承诺因时间因素而不具有承诺的性质，但它还是对要约人的要约内容作出响应，故应视为新要约。该新要约须以原来的要约和逾期承诺的内容为内容。对方可以在合理的时间内给予承诺，即按照一般的承诺期限作出承诺的，合同成立。

3. 在要约人及时通知受要约人该承诺有效的情况下，逾期承诺具有承诺的法律效力。逾期承诺到达要约人，要约人认为该逾期承诺可以接受的，应当按照当事人的意志，承认承诺的效力，合同成立。

**第四百八十七条　受要约人在承诺期限内发出承诺，按照通常情形能够及时到达要约人，但是因其他原因致使承诺到达要约人时超过承诺期限的，除要约人及时通知受要约人因承诺超过期限不接受该承诺外，该承诺有效。**

**【条文要义】**

本条是对承诺迟到及其效果的规定。

承诺迟到，是承诺人在承诺期限内发出承诺，在通常情形下能够及时到达要约人，但是因其他原因承诺到达要约人时超出了承诺期限。承诺迟到和逾期承诺不同，逾期承诺的受要约人发出承诺的时间已经超出了承诺期限。

非因受要约人原因的承诺迟到，须具备以下要件：（1）受要约人须在承诺期限内发出承诺；（2）承诺到达要约人时超过了承诺期限；（3）承诺超过承诺期限到达要约人不是由于受要约人的原因，而是因邮电局误投、意外事故等其他原因造成承诺迟延到达。

非因受要约人原因致使承诺迟到，原则上该承诺发生承诺的法律效力，但要约人及时通知受要约人因承诺超过期限不接受承诺的，不发生承诺的效力。承认这种承诺迟到发生承诺效力，是因为这种承诺的迟到不能归责于受要约人，受要约人相信他的承诺能够及时到达，并使合同成立。善意受要约人基于这种合理的信赖，可能已经为合同的履行做了准备。不过，承诺迟到毕竟是事实，要约人有权表示拒绝，如果在接到迟到的承诺就及时通知受要约人因承诺超过期限不接受该承诺的，则应当尊重当事人的意志和选择，使承诺不发生法律效力。

**第四百八十八条** 承诺的内容应当与要约的内容一致。受要约人对要约的内容作出实质性变更的,为新要约。有关合同标的、数量、质量、价款或者报酬、履行期限、履行地点和方式、违约责任和解决争议方法等的变更,是对要约内容的实质性变更。

【条文要义】

本条是对承诺与要约一致性原则及承诺对要约实质性变更的规定。

承诺与要约内容一致性原则,是承诺的一般规则。承诺是以接受要约的全部条件为内容的,是对要约的无条件认可,因而承诺的内容须与要约的内容相一致。这就是英美法的"镜像原则",即要求承诺如同镜子一般照出要约的内容。

随着社会经济的发展,在保证交易安全的前提下,合同规则对传统有所修正,区分承诺变更的实质性和非实质性,规定不同的效果。本条后段规定的是受要约人对要约的内容作出实质性变更及其效果的规定。

受要约人对要约的内容作出实质性变更的效果,是成立新要约。凡是对要约的内容进行了实质性变更的,意味着受要约人不同意要约人的要约,因此,一律作为新要约处理,在学理上称为反要约。

判断受要约人对要约内容的实质性变更,是依据其对要约的主要内容进行的变更:(1)合同标的的变更,改变了要约人的根本目的,发生根本的变化;(2)数量、质量的变更,对要约人的权利义务有重大影响;(3)价款或者报酬的变更,对要约人将来的权利义务有重大影响;(4)履行期限的变更,改变了当事人的期限利益;(5)履行地点的变更,关系到运费的负担、标的物所有权的转移和意外灭失风险的转移;(6)履行方式的变更,对双方的权利有不同影响;(7)违约责任的变更,有可能不利于要约人;(8)解决争议方法的变更,有可能不利于要约人。这些变更都属于对要约内容的实质性变更。

**第四百八十九条** 承诺对要约的内容作出非实质性变更的,除要约人及时表示反对或者要约表明承诺不得对要约的内容作出任何变更外,该承诺有效,合同的内容以承诺的内容为准。

## 【条文要义】

本条是承诺对要约内容作出非实质性变更的规定。

承诺对要约的内容作出非实质性变更的，原则上为有效承诺，合同的内容以承诺的内容为准。非实质性变更的内容，是指民法典第488条规定的内容实质性变更之外的要约内容的变更，即除对要约的合同标的、数量、质量、价款或者报酬、履行期限、履行地点和方式、违约责任和解决争议方法的变更外，都属于非实质性变更。如在要约的条款后又附加了建议，在承诺中添加了新的条款重复或者强调了要约的内容。除此之外，即使承诺对要约的实质性条款只作了轻微的变更，并未改变其实质性，确认为非实质性变更，将有利于促进交易、节约交易费用。

对要约的非实质性变更在下列情况中无效：（1）变更了要约内容的承诺到达要约人后，要约人及时对承诺人表示反对的，该"承诺"不发生承诺的效力，是一种新要约；（2）要约人在要约中明确表示承诺不得对要约的内容作出任何变更的，承诺对要约的内容的非实质性变更，为反要约即新要约。

**第四百九十条**　当事人采用合同书形式订立合同的，自当事人均签名、盖章或者按指印时合同成立。在签名、盖章或者按指印之前，当事人一方已经履行主要义务，对方接受时，该合同成立。

法律、行政法规规定或者当事人约定合同应当采用书面形式订立，当事人未采用书面形式但是一方已经履行主要义务，对方接受时，该合同成立。

## 【条文要义】

本条是对采用合同书订立合同成立时间的规定。

合同生效的原则是承诺生效时合同成立。合同成立的时间，是双方当事人的磋商过程结束，达成共同意思表示的时间界限。如果双方当事人约定签订合同书的，双方的协议只是合同磋商的结果，还需要签订合同书，并且自当事人在合同书上签字、盖章或者按指印的时候成立。签字、盖章或者按指印，是订约人最终对合同书或者确认书的承认，是自愿接受其约束的意思表示，也是当事人签署合同书的三种形式，除非有特别约定，只要有其中一种签署形式，就发生合同成立的效力。双方签字、盖章或者按指印不在同一时间的，以最后一方签字、盖章或者按指印的时间为合同成立的时间。

有两个特殊情形：

1. 在合同书签字、盖章或者按指印之前，如果当事人一方已经履行主要义务，对方予以接受时，该合同成立，对此主张合同未成立的，不予采信。

2. 法律、行政法规规定或者当事人约定合同应当采用书面形式订立，当事人未采用书面形式，但是一方已经履行主要义务，对方接受时，该合同成立，对此主张合同未成立的，不予采信。

法定代表人、法人授权的人以法人的名义在合同书上签名或者按指印，法人以未盖公章、所盖之章为假章或者与备案公章不一致等为由主张合同对其不发生效力的，不予支持。但是，法律、司法解释另有规定，当事人另有约定或者不符合当事人之间的交易习惯的除外。法人能够证明相对人知道或者应当知道法定代表人或者法人授权的人超越权限的，依照民法典第61条第3款、第504条的规定处理。

**【相关司法解释】**

《最高人民法院关于适用〈中华人民共和国民法典〉合同编通则若干问题的解释》

**第四条** 采取招标方式订立合同，当事人请求确认合同自中标通知书到达中标人时成立的，人民法院应予支持。合同成立后，当事人拒绝签订书面合同的，人民法院应当依据招标文件、投标文件和中标通知书等确定合同内容。

采取现场拍卖、网络拍卖等公开竞价方式订立合同，当事人请求确认合同自拍卖师落槌、电子交易系统确认成交时成立的，人民法院应予支持。合同成立后，当事人拒绝签订成交确认书的，人民法院应当依据拍卖公告、竞买人的报价等确定合同内容。

产权交易所等机构主持拍卖、挂牌交易，其公布的拍卖公告、交易规则等文件公开确定了合同成立需要具备的条件，当事人请求确认合同自该条件具备时成立的，人民法院应予支持。

**第四百九十一条** 当事人采用信件、数据电文等形式订立合同要求签订确认书的，签订确认书时合同成立。

当事人一方通过互联网等信息网络发布的商品或者服务信息符合要约

条件的，对方选择该商品或者服务并提交订单成功时合同成立，但是当事人另有约定的除外。

【条文要义】

本条是对信件、数据电文合同签订确认书和网络合同成立时间的规定。

对于采用信件和电子数据订立合同的，实际上在符合要求的承诺作出之后，合同就成立了。不过，如果当事人约定还要签订确认书的，则在签订确认书时，该合同方成立。因此，双方签署确认书的时间，是信件、数据电文合同成立的时间。

网络购物的买卖合同和网络服务合同，通常是在线上签订合同，并且缺少明显的要约、承诺的行为标志。根据网络交易的特点，确认网络交易中的合同订立，一方在互联网等信息网络发布的商品或者服务信息，只要符合要约的条件的，就认为是网络交易合同的要约。对方也就是消费者在网络上选择该商品或者服务，并提交订单的，为承诺。当网络交易服务界面显示提交订单成功时，合同成立。因而，界面显示"提交订单成功"时，就是网络交易合同的成立时间。

**第四百九十二条** 承诺生效的地点为合同成立的地点。
采用数据电文形式订立合同的，收件人的主营业地为合同成立的地点；没有主营业地的，其住所地为合同成立的地点。当事人另有约定的，按照其约定。

【条文要义】

本条是对合同成立地点的规定。

合同成立地点，是当事人经过对合同内容的磋商，最终意思表示一致的地点。最终意思表示一致以承诺的生效为标志。确定合同生效地点的一般原则，是以承诺生效的地点为合同成立的地点。合同成立地点成为缔约地，对于合同的纠纷管辖、法律适用等具有重要意义。

采用数据电文形式订立合同的，没有明显的承诺生效地点，因而以收件人的主营业地为合同成立的地点；如果收件人没有主营业地的，其住所地为合同成立的地点。如果采用数据电文形式订立合同的当事人对合同成立地点另有约定的，按照其约定确定合同成立地点。

**第四百九十三条** 当事人采用合同书形式订立合同的，最后签名、盖章或者按指印的地点为合同成立的地点，但是当事人另有约定的除外。

【条文要义】

本条是对采用合同书签订合同成立地点的规定。

以合同书形式（包括确认书形式）订立合同，当事人最后签字、盖章或者按指印的地点为合同成立的地点。双方当事人签字、盖章或者按指印的地点在同一处的，双方当事人的签字、盖章或者按指印同时、同地完备时，则该地点为承诺生效的地点，是合同的成立地点。签字、盖章或者按指印不在同一地点的，合同书和确认书上双方当事人的签字或者盖章完备时，合同成立。所以，当事人最后签字、盖章或者按指印的地点，为合同成立地点。

在实践中，合同约定的签订地与实际签字、盖章或者按指印的地点不符的，应当认定约定的签订地为合同成立地点；合同没有约定签订地，双方当事人签字、盖章或者按指印不在同一地点的，应当认定最后签字、盖章或者按指印的地点为合同的成立地点。

**第四百九十四条** 国家根据抢险救灾、疫情防控或者其他需要下达国家订货任务、指令性任务的，有关民事主体之间应当依照有关法律、行政法规规定的权利和义务订立合同。

依照法律、行政法规的规定负有发出要约义务的当事人，应当及时发出合理的要约。

依照法律、行政法规的规定负有作出承诺义务的当事人，不得拒绝对方合理的订立合同要求。

【条文要义】

本条是对国家指令性计划或国家订货任务订立合同的规定。

国家指令性计划，是指国家根据国家的整体利益和社会公共秩序的需要，如抢险救灾、传染病防控等，下达的要求有关部门和组织必须执行的任务的计划。直接依据国家指令性计划签订的合同是计划合同。国家订货任务虽非国家指令性计划，但是由国家下达的订货任务。在按照国家指令性计划和国家订货任务订立合同时，当事人应当依照国家法律和行政法规规定的权利和义务订立合同。

在实践中，按照国家指令性计划订立的合同越来越少，主要集中在国防军工、重点建设项目以及满足国家战略储备的需要。对于国家还必须掌握的一些重要物资，将以国家订货方式逐步取代重要物资分配的指令性计划管理。国家订货任务与国家指令性计划管理的主要区别是，订货的价格比过去进一步放开，国家也不再保证生产企业的生产条件，但可以做协调工作。在市场经济体制下，还必须针对市场自身的弱点和消极方面，保留和改善国家对经济的宏观调控。

强调国家指令性计划和国家订货任务合同的当事人应当依照有关法律和行政法规规定的权利、义务订立合同。一方面，强调维护国家计划的权威性和计划性，不得违背国家的意志，借口以企业自己的利益而损害国家的计划。另一方面，则是维护企业的合法权益，不因执行国家计划而损害当事人的权利。这样规定，兼顾了国家和当事人双方的利益。

这里的"有关法律、行政法规"是规定法人或者非法人组织在订立这些合同时的权利义务的法律和行政法规，不包括部门规章、地方性法规和其他规范性文件。

本条第2款、第3款规定的"依照法律、行政法规的规定负有发出要约义务的当事人，应当及时发出合理的要约""依照法律、行政法规的规定负有作出承诺义务的当事人，不得拒绝对方合理的订立合同要求"内容，是对应当发出要约和应当承诺的当事人发出要约和进行承诺的要求，必须按照这样的要求订立合同。采取招标方式订立的合同，自招标人发出的中标通知书到达中标人时成立。合同成立后，招标人改变中标结果，或者中标人放弃中标项目，对方请求其承担违约责任的，应予支持。

采取拍卖方式订立的合同，经拍卖师落槌或者以其他公开表示买定的方式确认后拍卖成交，委托人与竞买人之间的合同成立。买受人不履行合同，委托人或者拍卖人请求其承担违约责任的，应予支持；根据拍卖规则，买受人以不退还保证金为代价悔拍的除外。

**第四百九十五条** 当事人约定在将来一定期限内订立合同的认购书、订购书、预订书等，构成预约合同。

当事人一方不履行预约合同约定的订立合同义务的，对方可以请求其承担预约合同的违约责任。

**【条文要义】**

本条是对预约及效力的规定。

预约，也叫预备合同或合同预约，是指当事人之间约定在将来一定期限内应当订立合同的预先约定。而将来应当订立的合同叫本约，或者本合同。预约是订立合同的意向，本约是订立的合同本身。预约的表现形式，通常是认购书、订购书、预订书、意向书等。

预约也是约，即合意。预约成立之后，产生预约的法律效力，即当事人在将来一定期限内订立本约的债务。双方均负有债务的，为双务预约；单方负有债务的，为单务预约。预约的成立应当遵循合同成立的一般规则。

判断一个约定是预约还是本约，应探求当事人的真意来确定，真意不明的，应当通观合同的全部内容确定：（1）合同要素已经明确、合致，其他事项规定明确，已无另行订立合同必要的，为本约；（2）如果将来系依所订合同履行而无须另订本约，即使名为预约，也应认定为本约；（3）预约在交易上属于例外，当对认定一个合同是预约还是本约有疑问时，应认定为本约；（4）"初步协议""意向性协议"等，只要不具有将来订立本约的法律效力的，不认为是预约；具有将来订立本约的效力的，应当认定为预约。

在司法实践中，要特别注意磋商性文件与预约合同的区别。当事人对意向书等文件属于磋商性文件还是预约合同产生争议，应当以文件内容为基础，结合磋商过程、是否交付定金以及约定法律后果等因素进行认定。能够确定当事人之间形成在将来订立合同的一致意思表示、将来订立合同的一定期限，以及将来订立合同的标的的，应当认定构成预约合同，反之，为磋商性文件。

预约成立，当事人即负有履行预约所规定的订立本约的义务，只要本约未订立，就是预约没有履行。当事人一方不履行预约合同约定的订立本约合同义务，对方主张本约合同成立的，应当按照下列情形分别处理：（1）预约合同没有约定本约合同主要权利义务的，不予支持；（2）一方当事人已经履行主要义务，对方接受的，应予支持；（3）预约合同约定了当事人、标的、数量、价款或者报酬、履行期限等主要条款，仅将正式订立本约合同作为履行步骤的，应予支持。

预约的当事人一方不履行预约约定的订立合同义务的，对方当事人可以请求其承担预约的违约责任。预约违约责任的确定，依照预约的约定或者参照违约责任的法律规定。

当事人一方不履行预约合同约定的订立本约合同义务，导致本约合同未成立，对方请求其赔偿由此造成的损失，当事人对损失赔偿有约定的，按照当事人的约定，并适用民法典关于违约金、定金的相关规定；没有约定的，损失赔偿额包括为订立预约合同和依据预约合同形成的信赖的强弱准备履行本约合同所支付的合理必要费用，以及订立本约合同机会丧失所造成的损失。订立本约合同机会丧失所造成的损失，应当综合考虑当事人依据预约合同形成的信赖的强弱、订立本约合同机会的客观现实性、从订立本约合同机会中获益的可能性和违约方在订立预约合同时预见或者应当预见的因违反预约合同可能造成的损失等因素予以确定。

## 【相关司法解释】

《最高人民法院关于适用〈中华人民共和国民法典〉合同编通则若干问题的解释》

**第六条** 当事人以认购书、订购书、预订书等形式约定在将来一定期限内订立合同，或者为担保在将来一定期限内订立合同交付了定金，能够确定将来所要订立合同的主体、标的等内容的，人民法院应当认定预约合同成立。

当事人通过签订意向书或者备忘录等方式，仅表达交易的意向，未约定在将来一定期限内订立合同，或者虽然有约定但是难以确定将来所要订立合同的主体、标的等内容，一方主张预约合同成立的，人民法院不予支持。

当事人订立的认购书、订购书、预订书等已就合同标的、数量、价款或者报酬等主要内容达成合意，符合本解释第三条第一款规定的合同成立条件，未明确约定在将来一定期限内另行订立合同，或者虽然有约定但是当事人一方已实施履行行为且对方接受的，人民法院应当认定本约合同成立。

**第七条** 预约合同生效后，当事人一方拒绝订立本约合同或者在磋商订立本约合同时违背诚信原则导致未能订立本约合同的，人民法院应当认定该当事人不履行预约合同约定的义务。

人民法院认定当事人一方在磋商订立本约合同时是否违背诚信原则，应当综合考虑该当事人在磋商时提出的条件是否明显背离预约合同约定的内容以及是否已尽合理努力进行协商等因素。

**第八条** 预约合同生效后，当事人一方不履行订立本约合同的义务，对方请求其赔偿因此造成的损失的，人民法院依法予以支持。

前款规定的损失赔偿，当事人有约定的，按照约定；没有约定的，人民法院应当综合考虑预约合同在内容上的完备程度以及订立本约合同的条件的成就程度等因素酌定。

**第四百九十六条** 格式条款是当事人为了重复使用而预先拟定，并在订立合同时未与对方协商的条款。

采用格式条款订立合同的，提供格式条款的一方应当遵循公平原则确定当事人之间的权利和义务，并采取合理的方式提示对方注意免除或者减轻其责任等与对方有重大利害关系的条款，按照对方的要求，对该条款予以说明。提供格式条款的一方未履行提示或者说明义务，致使对方没有注意或者理解与其有重大利害关系的条款的，对方可以主张该条款不成为合同的内容。

【条文要义】

本条是对格式条款及提供格式条款一方义务的规定。

格式条款合同，是指当事人为了重复使用而预先拟定，并在订立合同时未与对方协商的条款。采用格式条款的合同与一般合同不同，主要特征是：（1）格式条款合同一般是由居于垄断地位的一方所拟定；（2）格式条款合同的对方当事人处于从属地位；（3）格式条款合同是完整、定型、持久的合同类型；（4）格式条款合同可以用不同的但必须是明确的书面形式表达出来。

格式条款合同与示范合同不同。示范合同是指通过有关的专业法规、商业习惯等确立的，为当事人订立合同时参考的文本格式，对双方当事人没有强制约束力，当事人可以参照，也可以不参照；可以修改示范合同的条款和格式，也可以增减示范合同的条款。格式条款合同是指对方当事人没有选择余地、只能服从的合同。当事人仅以合同条款未实际多次使用，或者仅以合同约定有关条款不属于格式条款为由，主张不属于格式条款的，人民法院不予支持。

格式条款的优点是便捷、易行、高效；缺点是无协商余地，双方地位不平等。故对提供格式条款的一方当事人规定了法定义务：（1）遵循公平原则确定当事人权利义务的义务；（2）采取合理的方式提示对方注意免除或者减轻其责任等与对方有重大利害关系条款的义务；（3）按照对方的要求对该条款予以说明的义务。

提供格式条款的一方未尽上述第2项和第3项规定的提示义务和说明义务，致使对方当事人没有注意或者理解与其有重大利害关系的条款的，对方当事人可以提出主张，认为该条款不成为合同的内容，即不对当事人发生拘束力。对此，法院和仲裁机构应当支持对方当事人的这一主张。

提供格式条款的一方对格式条款中免除或者减轻其责任等与对方有重大利害关系的内容，在合同订立时采用就文字、符号、字体等作出特别标识等方式向对方提示，按照常人理解足以引起对方注意的，可以认定符合本条规定所称的"采取合理的方式"。在电子商务中提供格式条款的一方，对不同于一般电子商务交易习惯的非通用条款，虽然按照上述规定向对方进行了提示，但未在必经流程中设置显著的确认程序，对方主张不符合本条所称"采取合理的方式"的，应予支持。

提供格式条款的一方按照对方的要求，对格式条款中免除或者减轻其责任等与对方有重大利害关系的内容，以书面或者口头形式作出说明，按照常人理解足以使对方理解其含义的，可以认定符合本条所称"对该条款予以说明"。其他法律规定提供格式条款一方应当作出说明的，按照其规定。

提供格式条款一方没有按照本条规定履行提示和说明义务，对方主张没有注意或者理解与其有重大利害关系的条款不成为合同内容的，应予支持，但是，有相反证据证明对方已经注意或者理解该条款的除外。

对于提供格式条款一方对已尽合理提示及说明义务的证明，应当承担举证责任。对方对提供格式条款一方已尽合理提示及说明义务的事实并在相关文书上签字、盖章或者以其他形式予以确认的，应当认定提供格式条款一方履行了该项义务。但是，另有证据证明提供格式条款一方未履行提示及说明义务的除外。

## 【相关司法解释】

**《最高人民法院关于适用〈中华人民共和国民法典〉合同编通则若干问题的解释》**

**第九条** 合同条款符合民法典第四百九十六条第一款规定的情形，当事人仅以合同系依据合同示范文本制作或者双方已经明确约定合同条款不属于格式条款为由主张该条款不是格式条款的，人民法院不予支持。

从事经营活动的当事人一方仅以未实际重复使用为由主张其预先拟定且未与对方协商的合同条款不是格式条款的，人民法院不予支持。但是，有证据证明该条款不是为了重复使用而预先拟定的除外。

**第十条** 提供格式条款的一方在合同订立时采用通常足以引起对方注意的文字、符号、字体等明显标识，提示对方注意免除或者减轻其责任、排除或者限制对方权利等与对方有重大利害关系的异常条款的，人民法院可以认定其已经履行民法典第四百九十六条第二款规定的提示义务。

提供格式条款的一方按照对方的要求，就与对方有重大利害关系的异常条款的概念、内容及其法律后果以书面或者口头形式向对方作出通常能够理解的解释说明的，人民法院可以认定其已经履行民法典第四百九十六条第二款规定的说明义务。

提供格式条款的一方对其已经尽到提示义务或者说明义务承担举证责任。对于通过互联网等信息网络订立的电子合同，提供格式条款的一方仅以采取了设置勾选、弹窗等方式为由主张其已经履行提示义务或者说明义务的，人民法院不予支持，但是其举证符合前两款规定的除外。

**《最高人民法院关于适用〈中华人民共和国民法典〉时间效力的若干规定》**

**第九条** 民法典施行前订立的合同，提供格式条款一方未履行提示或者说明义务，涉及格式条款效力认定的，适用民法典第四百九十六条的规定。

**《最高人民法院关于审理银行卡民事纠纷案件若干问题的规定》**

**第二条** 发卡行在与持卡人订立银行卡合同时，对收取利息、复利、费用、违约金等格式条款未履行提示或者说明义务，致使持卡人没有注意或者理解该条款，持卡人主张该条款不成为合同的内容、对其不具有约束力的，人民法院应予支持。

发卡行请求持卡人按照信用卡合同的约定给付透支利息、复利、违约金等，或者给付分期付款手续费、利息、违约金等，持卡人以发卡行主张的总额过高为由请求予以适当减少的，人民法院应当综合考虑国家有关金融监管规定、未还款的数额及期限、当事人过错程度、发卡行的实际损失等因素，根据公平原则和诚信原则予以衡量，并作出裁决。

**第四百九十七条** 有下列情形之一的，该格式条款无效：

（一）具有本法第一编第六章第三节和本法第五百零六条规定的无效情形；

（二）提供格式条款一方不合理地免除或者减轻其责任、加重对方责任、限制对方主要权利；

（三）提供格式条款一方排除对方主要权利。

## 【条文要义】

本条是对格式条款无效事由的规定。

格式条款具有以下情形之一的无效：

1. 格式条款具备民法典第一编总则编第六章第三节和合同编第506条规定的情形，即无民事行为能力人实施的民事法律行为、虚假的民事法律行为、违反法律强制性规定的民事法律行为、违背公序良俗的民事法律行为、恶意串通的民事法律行为，以及造成对方人身损害、因故意或者重大过失造成对方财产损害的免责条款，都一律无效。

2. 提供格式条款一方不合理地免除或者减轻责任、加重对方责任、限制对方主要权利。这些情形都不是合同当事人订立合同时所期望的，与当事人订立合同的目的相悖，严重地损害了对方当事人的合法权益，明显违背公平原则等民法基本原则，因而都是导致格式条款无效的法定事由，只要出现其中一种情形，格式条款就无效。

3. 提供格式条款一方排除对方主要权利。排除对方当事人的主要权利，将导致对方当事人订立合同的目的不能实现，因而属于格式条款绝对无效的情形。

## 【相关司法解释】

《最高人民法院关于审理使用人脸识别技术处理个人信息相关民事案件适用法律若干问题的规定》

第十一条　信息处理者采用格式条款与自然人订立合同，要求自然人授予其无期限限制、不可撤销、可任意转授权等处理人脸信息的权利，该自然人依据民法典第四百九十七条请求确认格式条款无效的，人民法院依法予以支持。

**第四百九十八条**　对格式条款的理解发生争议的，应当按照通常理解予以解释。对格式条款有两种以上解释的，应当作出不利于提供格式条款一方的解释。格式条款和非格式条款不一致的，应当采用非格式条款。

## 【条文要义】

本条是对格式条款解释的规定。

格式条款解释，是在当事人对格式条款的含义存在不同理解时，应当依据何种事实、原则对该条款作出合理的说明。当对格式条款的理解发生争议时，应当对格式条款的内容进行解释。

格式条款解释的方法有：

1. 通常解释原则。格式条款解释的一般原则，是对有争议的合同条款按照通常理解予以解释。"按照通常理解予以解释"，是指以可能订立合同的对方的一般、合理的理解为标准，按照所使用的词句，结合相关条款、行为的性质和目的、习惯以及诚信原则确定的格式条款含义。

2. 不利解释原则。对格式条款有两种以上解释的，应当作不利于格式条款的提供方的解释。因为格式条款是由特定的一方当事人提供的，其服从性和不可协商性有可能使对方当事人的意思表示不真实，因而使其利益受到损害。格式条款在整体上会出现有利于提供者而不利于相对方的问题等。为平衡这种不公正现象，保护消费者利益，采取不利解释原则。"两种以上解释"，是指按照通常理解，对争议的条款有两种以上解释。

3. 格式条款和非格式条款不一致的，应当采用非格式条款。这是指在格式条款合同中，既存在格式条款，又存在非格式条款，内容不一致，采用不同的条款会对双方当事人的利益产生重大影响。对此，非格式条款处于优先地位，应当采用非格式条款确认合同内容，与该非格式条款相矛盾的格式条款无效。

**第四百九十九条　悬赏人以公开方式声明对完成特定行为的人支付报酬的，完成该行为的人可以请求其支付。**

【条文要义】

本条是对悬赏广告及其规则的规定。

悬赏广告，是指广告人以公开广告的形式允诺对完成指定行为给付一定的报酬，行为人完成该种行为后，有权获得该报酬的行为。其特征是：(1) 悬赏广告是要式行为，悬赏广告一经发出，即产生悬赏要约的拘束力；(2) 悬赏广告是有赏行为，即约定有报酬，对于完成悬赏行为的人，按照广告确定的数额给付酬金；(3) 悬赏广告是向不特定的任何人发出的，当悬赏行为完成之后，行为人就已经确定；(4) 悬赏广告的悬赏行为是合法行为。

关于悬赏广告的性质，有"契约说"和"单方允诺说"两种观点。本条并未明确规定悬赏广告的性质属于合同，因此应当是单方允诺之债，是广告人以不特定多数人为对象发出的要约，只要某人完成指定的行为即构成承诺，在双方当事人之间就发生债的效力。悬赏广告的效力是，完成广告行为的人享有报酬请求权，广告人负有按照悬赏广告的约定支付报酬的义务。悬赏人不履行或者不适当履行支付报酬义务的，构成违约行为，应当承担违反债的责任。

悬赏行为可以由数人完成，数人共同完成或者同时完成悬赏广告所声明的特定行为的，应当认定该数人共同取得报酬。数人之间因报酬分配产生争议，属于共同完成的，可以根据当事人之间的约定或者在完成特定行为中的作用等因素确定每个人的份额；属于同时完成或者属于共同完成但是无法确定当事人在完成特定行为中的作用的，应当将有关报酬在当事人之间平均分配。报酬依其性质不能分割的，依照法律的有关规定办理。数人先后分别完成悬赏广告所声明的特定行为的，应当认定最先完成行为的人取得报酬；无法证明完成行为的先后顺序的，可以推定该数人同时完成。无民事行为能力人、限制民事行为能力人、行为时不知悬赏广告存在而完成特定行为的人主张报酬的，应当认定符合悬赏广告的要求，发生债的效力。

本条虽然没有规定优等悬赏广告，但是明确，在悬赏广告中声明对在一定期限内应征的特定行为评定等次，完成特定行为的人根据所获得的等次主张悬赏广告中声明的相应报酬的，依法予以支持。应征人有证据证明悬赏人未按照悬赏广告的声明进行评定，或者悬赏广告中虽未声明评定人或者评定方法但悬赏人的评定违背诚信、公平等原则，并主张相应报酬的，依法予以支持。

**第五百条** 当事人在订立合同过程中有下列情形之一，造成对方损失的，应当承担赔偿责任：

（一）假借订立合同，恶意进行磋商；

（二）故意隐瞒与订立合同有关的重要事实或者提供虚假情况；

（三）有其他违背诚信原则的行为。

【条文要义】

本条是对缔约过失责任的规定。

缔约过失责任，也称为先契约责任或者缔约过失中的损害赔偿责任，是指在合同缔结过程中，当事人因自己的过失致使合同不能成立，对相信该合同为成立的相对人，为基于此项信赖而产生的损害应负的赔偿责任。

缔约过失责任的法律特征是：（1）在缔结合同过程中发生的民事责任；（2）以诚实信用原则为基础的民事责任；（3）以补偿缔约相对人损害后果为特征的民事责任。

缔约过失责任的作用在于保护交易安全，可以规范人们在缔约过程中恪守良性交易行为准则，禁止商业欺诈，促进公平交往。

缔约过失责任的主要表现有：

1. 假借订立合同，恶意进行磋商。恶意磋商实际上已经超出了缔约过失的范围，是恶意借订立合同之机而加害于对方当事人或者第三人。对此造成的损失应当予以赔偿。

2. 故意隐瞒与订立合同有关的重要事实或者提供虚假情况。故意隐瞒构成缔约过失，如知道或者应当知道合同无效的原因存在而不告知对方，使对方产生信赖而造成损失。

3. 有其他违背诚实信用原则的行为。这是缔约过失责任的主要部分，只要当事人在缔约过程中具有违背诚实信用原则的过失，使对方相信合同已经成立，因而造成损失的，都构成缔约过失责任。

缔约过失责任的形式，是损害赔偿。对方因基于对对方当事人的信赖，而相信合同成立产生的信赖利益损失，有过失的一方缔约人应当全部予以赔偿。

**第五百零一条** 当事人在订立合同过程中知悉的商业秘密或者其他应当保密的信息，无论合同是否成立，不得泄露或者不正当地使用；泄露、不正当地使用该商业秘密或者信息，造成对方损失的，应当承担赔偿责任。

**【条文要义】**

本条是对缔约当事人承担保密义务的规定。

当事人在订立合同的过程中，凡是知道对方当事人的商业秘密或者其他应当保密的信息，都负有保密义务，禁止向他人泄露，也禁止自己不正当地使用。这是因为商业秘密和其他应当保密的信息，对当事人具有重要的财产价值，一旦失密，将会造成重大损失。基于缔约的需要，当事人开诚布公进行谈判、缔约，一旦掌握了对方的上述秘密，就负有保密义务。

知悉对方当事人的商业秘密或者其他应当保密的信息的当事人，如果违反保密义务，向他人泄露该秘密，或者自己不正当地使用该商业秘密或者信息，凡是给对方造成损失的，都应当承担损害赔偿责任。这种损害赔偿责任的性质，应当根据缔约或者合同发展的不同阶段确认。如果发生在缔约过程中，为缔约过失责任；如果发生在合同无效阶段，构成合同无效责任；如果发生在合同履行阶段，构成违约责任；如果发生在合同履行完毕之后，则构成后契约责任。

# 第三章　合同的效力

**第五百零二条**　依法成立的合同,自成立时生效,但是法律另有规定或者当事人另有约定的除外。

依照法律、行政法规的规定,合同应当办理批准等手续的,依照其规定。未办理批准等手续影响合同生效的,不影响合同中履行报批等义务条款以及相关条款的效力。应当办理申请批准等手续的当事人未履行义务的,对方可以请求其承担违反该义务的责任。

依照法律、行政法规的规定,合同的变更、转让、解除等情形应当办理批准等手续的,适用前款规定。

【条文要义】

本条是对合同生效时间的规定。

合同的效力是合同对当事人的法律强制力。合同一经法律承认,当事人就必须履行。合同的生效时间,是指已经成立的合同在当事人之间产生了法律拘束力,即通常所说的法律效力。合同生效时间,是合同在什么样的时间发生法律约束力。"同时成立之原则",是合同生效时间的基本规则,即合同的成立与其效力同时发生。

合同生效时间包含两个内容:(1)合同生效的一般时间界限,是合同依法成立。这里的"依法",为承诺生效,合同即告成立。在这种情况下,合同成立和合同生效的时间是一致的。(2)法律另有规定或者当事人另有约定的,按照法律规定或者当事人约定的合同生效时间发生法律效力。例如,当事人约定合同经过公证后生效,则在公证后合同生效。

本条第2款规定的是法律规定的合同生效时间。按照法律、行政法规的规定,应当办理批准等手续生效的合同,在办理了相关的手续时生效。如果没有办理批准等手续影响合同效力的,该合同不生效,但不是合同无效,仍然可以通过补办手续而使其生效。因此，不影响合同中履行报批等义务条款以及相关条款的效力，这意味着：(1) 这时的合同并非无效，而是未生效；(2) 尽管合同不生效，但是这些条款的效力仍然不受影响，负有履行报批手续义务的一方仍然应当负担履行报批手续的义务，继续报批；(3) 负有履行报批义务的当事人拒不履行该义务，使该合同无法生效的，应当承担损害赔偿责任，对对方当事人因此造成的损失，承担缔约过失责任。

本条第3款规定的是，依照法律、行政法规的规定，合同的变更、转让、解除等情形也须办理批准等手续的，与合同生效须批准是相同的，因此也应当按照第2款规定的规则处理。

在司法实践中适用本条规定还应当注意的问题是：

1. 合同有效要件不能反向适用。当事人不能仅以不符合民法典第143条的规定为由，请求确认合同无效，主张合同无效必须依据民法典规定的合同无效的特别规定方可支持。

2. 履行报批义务等条款独立生效。依照法律、行政法规的规定应当办理批准等手续才能生效的合同，合同成立后，在一审法庭辩论终结前仍未办理批准等手续的，应当认定该合同未生效，但是，不影响合同中关于履行报批等义务、未履行报批等义务的违约责任等相关条款的效力。当事人直接请求确认合同无效的，不予支持。

3. 未生效合同的补正和解除。未按照法律、行政法规规定办理批准等手续，导致合同未生效，当事人请求对方履行合同主要义务的，不予支持。一审法庭辩论终结前当事人办理了批准等手续的，人民法院应当认定该合同生效。对经当事人按照合同约定依法申请后，有关部门决定不予办理批准等手续，当事人主张解除合同的，应予支持；请求履行申请批准义务的当事人承担违约责任的，不予支持。

4. 不履行报批义务的法律责任。依照法律、行政法规规定应当办理批准等手续的合同，对报批义务及未履行报批义务的违约责任等相关内容作出专门约定的，该约定独立生效。当事人请求未履行申请批准等义务的当事人履行该义务的，应予支持；请求解除合同并承担合同约定的相应违约责任的，依法予以支持。应当申请办理批准等手续的当事人未履行该义务，经判决其履行并强制执行后仍未履行，对方起诉要求其承担合同违约责任的，依法予以支持。

5. 合同未获批准的赔偿责任。依照法律、行政法规的规定应当办理批准等手续才能生效的合同，未获主管机关批准，当事人请求返还财产或者折价补偿的，依法予以支持。当事人请求对方赔偿因合同未被批准而造成的损失的，应当根据双方当事人是否存在过错以及过错大小来确定赔偿责任。

**【相关司法解释】**

《最高人民法院关于适用〈中华人民共和国民法典〉合同编通则若干问题的解释》

第十二条　合同依法成立后，负有报批义务的当事人不履行报批义务或者履行报批义务不符合合同的约定或者法律、行政法规的规定，对方请求其继续履行报批义务的，人民法院应予支持；对方主张解除合同并请求其承担违反报批义务的赔偿责任的，人民法院应予支持。

人民法院判决当事人一方履行报批义务后，其仍不履行，对方主张解除合同并参照违反合同的违约责任请求其承担赔偿责任的，人民法院应予支持。

合同获得批准前，当事人一方起诉请求对方履行合同约定的主要义务，经释明后拒绝变更诉讼请求的，人民法院应当判决驳回其诉讼请求，但是不影响其另行提起诉讼。

负有报批义务的当事人已经办理申请批准等手续或者已经履行生效判决确定的报批义务，批准机关决定不予批准，对方请求其承担赔偿责任的，人民法院不予支持。但是，因迟延履行报批义务等可归责于当事人的原因导致合同未获批准，对方请求赔偿因此受到的损失的，人民法院应当依据民法典第一百五十七条的规定处理。

第十三条　合同存在无效或者可撤销的情形，当事人以该合同已在有关行政管理部门办理备案、已经批准机关批准或者已依据该合同办理财产权利的变更登记、移转登记等为由主张合同有效的，人民法院不予支持。

《最高人民法院关于适用〈中华人民共和国民法典〉时间效力的若干规定》

第八条　民法典施行前成立的合同，适用当时的法律、司法解释的规定合同无效而适用民法典的规定合同有效的，适用民法典的相关规定。

**第五百零三条**　无权代理人以被代理人的名义订立合同，被代理人已经开始履行合同义务或者接受相对人履行的，视为对合同的追认。

**【条文要义】**

本条是对无权代理人订立合同发生追认效力的规定。

无权代理人以被代理人的名义订立的合同，本来受民法典第171条的拘束，未被被代理人追认，该合同就对被代理人不发生效力。本条规定的规则是，对于无权代理人以被代理人的名义订立的合同，尽管被代理人没有明确表示追认，但是被代理人已经开始履行该合同约定的义务，或者对对方当事人的履行行为予以受领的，就以被代理人的实际行为表明他已经接受了该合同订立的事实，并且承认其效力，因而视为被代理人对该合同予以追认，无权代理人订立的该合同，被代理人应当承受法律上的后果，负担应当履行的义务，享有应当享有的权利。对此，被代理人不得再主张该合同对其不发生效力，善意相对人也不得对该合同行使撤销权。

## 【相关司法解释】

### 《最高人民法院关于适用〈中华人民共和国民法典〉合同编通则若干问题的解释》

第二十一条　法人、非法人组织的工作人员就超越其职权范围的事项以法人、非法人组织的名义订立合同，相对人主张该合同对法人、非法人组织发生效力并由其承担违约责任的，人民法院不予支持。但是，法人、非法人组织有过错的，人民法院可以参照民法典第一百五十七条的规定判决其承担相应的赔偿责任。前述情形，构成表见代理的，人民法院应当依据民法典第一百七十二条的规定处理。

合同所涉事项有下列情形之一的，人民法院应当认定法人、非法人组织的工作人员在订立合同时超越其职权范围：

（一）依法应当由法人、非法人组织的权力机构或者决策机构决议的事项；

（二）依法应当由法人、非法人组织的执行机构决定的事项；

（三）依法应当由法定代表人、负责人代表法人、非法人组织实施的事项；

（四）不属于通常情形下依其职权可以处理的事项。

合同所涉事项未超越依据前款确定的职权范围，但是超越法人、非法人组织对工作人员职权范围的限制，相对人主张该合同对法人、非法人组织发生效力并由其承担违约责任的，人民法院应予支持。但是，法人、非法人组织举证证明相对人知道或者应当知道该限制的除外。

法人、非法人组织承担民事责任后，向故意或者有重大过失的工作人员追偿的，人民法院依法予以支持。

第二十二条　法定代表人、负责人或者工作人员以法人、非法人组织的名义订立合同且未超越权限，法人、非法人组织仅以合同加盖的印章不是备案印章或者系伪造的印章为由主张该合同对其不发生效力的，人民法院不予支持。

合同系以法人、非法人组织的名义订立，但是仅有法定代表人、负责人或者工作人员签名或者按指印而未加盖法人、非法人组织的印章，相对人能够证明法定代表人、负责人或者工作人员在订立合同时未超越权限的，人民法院应当认定合同对法人、非法人组织发生效力。但是，当事人约定以加盖印章作为合同成立条件的除外。

合同仅加盖法人、非法人组织的印章而无人员签名或者按指印，相对人能够证明合同系法定代表人、负责人或者工作人员在其权限范围内订立的，人民法院应当认定该合同对法人、非法人组织发生效力。

在前三款规定的情形下，法定代表人、负责人或者工作人员在订立合同时虽然超越代表或者代理权限，但是依据民法典第五百零四条的规定构成表见代表，或者依据民法典第一百七十二条的规定构成表见代理的，人民法院应当认定合同对法人、非法人组织发生效力。

**第二十三条** 法定代表人、负责人或者代理人与相对人恶意串通，以法人、非法人组织的名义订立合同，损害法人、非法人组织的合法权益，法人、非法人组织主张不承担民事责任的，人民法院应予支持。法人、非法人组织请求法定代表人、负责人或者代理人与相对人对因此受到的损失承担连带赔偿责任的，人民法院应予支持。

根据法人、非法人组织的举证，综合考虑当事人之间的交易习惯、合同在订立时是否显失公平、相关人员是否获取了不正当利益、合同的履行情况等因素，人民法院能够认定法定代表人、负责人或者代理人与相对人存在恶意串通的高度可能性的，可以要求前述人员就合同订立、履行的过程等相关事实作出陈述或者提供相应的证据。其无正当理由拒绝作出陈述，或者所作陈述不具合理性又不能提供相应证据的，人民法院可以认定恶意串通的事实成立。

**第五百零四条** 法人的法定代表人或者非法人组织的负责人超越权限订立的合同，除相对人知道或者应当知道其超越权限外，该代表行为有效，订立的合同对法人或者非法人组织发生效力。

【条文要义】

本条是对法人的法定代表人、非法人组织的负责人超越权限订立合同效力的规定。

民法典第 61 条第 3 款规定："法人章程或者法人权力机构对法定代表人代表权的限制，不得对抗善意相对人。"对此，究竟应当如何确定法人的法定代表人等超越权限订立合同的效力问题，需要作出进一步的规定。

与第 61 条的规定相衔接，本条规定，法人的法定代表人或者非法人组织的负责人，在订立合同时超越权限，对于这种合同是否具有法律效力，主要的标准是相对人是否知道或者应当知道其超越权限。如果相对人知道或者应当知道对方的法定代表人或者负责人超越权限，这个相对人就是非善意的，订立的合同就不发生效力，法人或者非法人组织就可以以此对抗非善意的相对人，主张合同无效或者不生效。如果相对人不知道也不应当知道法定代表人或者负责人订立合同超越权限，且无过失，即相对人为善意的，则该代表行为有效，订立的合同发生法律效力，法人或者非法人组织不得以法定代表人或者负责人超越权限而对抗善意相对人，主张该合同无效。

## 【相关司法解释】

### 《最高人民法院关于适用〈中华人民共和国民法典〉合同编通则若干问题的解释》

**第二十条** 法律、行政法规为限制法人的法定代表人或者非法人组织的负责人的代表权，规定合同所涉事项应当由法人、非法人组织的权力机构或者决策机构决议，或者应当由法人、非法人组织的执行机构决定，法定代表人、负责人未取得授权而以法人、非法人组织的名义订立合同，未尽到合理审查义务的相对人主张该合同对法人、非法人组织发生效力并由其承担违约责任的，人民法院不予支持，但是法人、非法人组织有过错的，可以参照民法典第一百五十七条的规定判决其承担相应的赔偿责任。相对人已尽到合理审查义务，构成表见代表的，人民法院应当依据民法典第五百零四条的规定处理。

合同所涉事项未超越法律、行政法规规定的法定代表人或者负责人的代表权限，但是超越法人、非法人组织的章程或者权力机构等对代表权的限制，相对人主张该合同对法人、非法人组织发生效力并由其承担违约责任的，人民法院依法予以支持。但是，法人、非法人组织举证证明相对人知道或者应当知道该限制的除外。

法人、非法人组织承担民事责任后，向有过错的法定代表人、负责人追偿因越权代表行为造成的损失的，人民法院依法予以支持。法律、司法解释对法定代表人、负责人的民事责任另有规定的，依照其规定。

**第二十二条** 法定代表人、负责人或者工作人员以法人、非法人组织的名义订立合同且未超越权限，法人、非法人组织仅以合同加盖的印章不是备案印章或者系伪造的印章为由主张该合同对其不发生效力的，人民法院不予支持。

合同系以法人、非法人组织的名义订立，但是仅有法定代表人、负责人或者工作人员签名或者按指印而未加盖法人、非法人组织的印章，相对人能够证明法定代表人、负责人或者工作人员在订立合同时未超越权限的，人民法院应当认定合同对法人、非法人组织发生效力。但是，当事人约定以加盖印章作为合同成立条件的除外。

合同仅加盖法人、非法人组织的印章而无人员签名或者按指印，相对人能够证明合同系法定代表人、负责人或者工作人员在其权限范围内订立的，人民法院应当认定该合同对法人、非法人组织发生效力。

在前三款规定的情形下，法定代表人、负责人或者工作人员在订立合同时虽然超越代表或者代理权限，但是依据民法典第五百零四条的规定构成表见代表，或者依据民法典第一百七十二条的规定构成表见代理的，人民法院应当认定合同对法人、非法人组织发生效力。

**第二十三条** 法定代表人、负责人或者代理人与相对人恶意串通，以法人、非法人组织的名义订立合同，损害法人、非法人组织的合法权益，法人、非法人组织主张不承担民事责任的，人民法院应予支持。法人、非法人组织请求法定代表人、负责人或者代理人与相对人对因此受到的损失承担连带赔偿责任的，人民法院应予支持。

根据法人、非法人组织的举证，综合考虑当事人之间的交易习惯、合同在订立时是否显失公平、相关人员是否获取了不正当利益、合同的履行情况等因素，人民法院能够认定法定代表人、负责人或者代理人与相对人存在恶意串通的高度可能性的，可以要求前述人员就合同订立、履行的过程等相关事实作出陈述或者提供相应的证据。其无正当理由拒绝作出陈述，或者所作陈述不具合理性又不能提供相应证据的，人民法院可以认定恶意串通的事实成立。

**《最高人民法院关于适用〈中华人民共和国民法典〉有关担保制度的解释》**

**第七条** 公司的法定代表人违反公司法关于公司对外担保决议程序的规定，超越权限代表公司与相对人订立担保合同，人民法院应当依照民法典第六十一条和第五百零四条等规定处理：

（一）相对人善意的，担保合同对公司发生效力；相对人请求公司承担担保责任的，人民法院应予支持。

（二）相对人非善意的，担保合同对公司不发生效力；相对人请求公司承担赔偿责任的，参照适用本解释第十七条的有关规定。

法定代表人超越权限提供担保造成公司损失，公司请求法定代表人承担赔偿责任的，人民法院应予支持。

第一款所称善意，是指相对人在订立担保合同时不知道且不应当知道法定代表人超越权限。相对人有证据证明已对公司决议进行了合理审查，人民法院应当认定其构成善意，但是公司有证据证明相对人知道或者应当知道决议系伪造、变造的除外。

**第五百零五条** 当事人超越经营范围订立的合同的效力，应当依照本法第一编第六章第三节和本编的有关规定确定，不得仅以超越经营范围确认合同无效。

## 【条文要义】

本条是对超越经营范围订立合同效力的规定。

民法典第65条规定："法人的实际情况与登记的事项不一致的，不得对抗善意相对人。"这一规定，在当事人超越经营范围订立合同的效力方面，仅仅是说法人不得以此对抗善意相对人，但是在具体的合同效力上，应当如何体现，需要进一步规定。

本条确定的规则是，当事人超越经营范围订立的合同的效力，应当依照民法典总则编第六章关于民事法律行为效力问题的规定，以及本编关于合同效力的规定来确定，如果具有无效的事由，则应当确定合同无效，如果属于可撤销民事法律行为，则依照撤销权人的意志确定撤销还是不撤销，如果是效力待定的民事法律行为，则应当依照具体规则处理。如果不存在这些方面的法定事由，这个合同就是有效的，不能仅以订立合同超越了该法人或者非法人组织的经营范围而确认合同无效。这样的规则，体现了第65条规定的不得对抗善意相对人的要求。如果相对人是非善意的，则应当依据上述民事法律行为效力的基本规则确定合同的效力。

**第五百零六条** 合同中的下列免责条款无效：
（一）造成对方人身损害的；
（二）因故意或者重大过失造成对方财产损失的。

## 【条文要义】

本条是对合同免责条款无效的规定。

合同免责条款，是指双方当事人在合同中预先达成一项协议，免除将来可能发生损害的赔偿责任的合同条款。合同免责条款的特点是：（1）免责条款具有约定性；（2）免责条款须以明示方式作出，并规定在合同中；（3）免责条款具有免责性，对当事人具有相当的约束力。故本条只规定免责条款无效的事由，排除这两个具体事由的免责条款外，其他都是有效的。合同免责条款分为人身损害的免责条款和财产损害的免责条款。

1. 人身损害的免责条款，是在合同中约定免除当事人在履行合同中，造成人身伤害，对方当事人对此不负责任，免除其赔偿责任的条款。这种免责条款是无效的。按照这一规定，在所有的劳动合同中，双方当事人约定免除人身伤害赔偿责任的，都没有法律上的拘束力，都不能预先免除雇主的赔偿责任。不过这一规定有特例。例如，在竞技体育中，对于某些有严重危险的项目，事先约定免除人身伤害的竞赛者的民事责任，为有效。例如，拳击、散打、跆拳道、搏击等项目，一方过失造成对方的人身伤害，并不需要承担赔偿责任；只有故意伤害对方当事人的，才应当承担赔偿责任。

2. 对财产损害的事先免责条款无效的规定，是因故意或者重大过失造成对方财产损害的予以免责，是无效的免责条款。这样的免责条款，将会给对方当事人以损害他人财产的合法理由，合同当事人都可以在合同中借签订免责条款，逃避法律制裁，使受害人在免责条款的约束下，无从得到法律上的救济。因此，确定这种免责条款无效。

**第五百零七条** 合同不生效、无效、被撤销或者终止的，不影响合同中有关解决争议方法的条款的效力。

## 【条文要义】

本条是对合同解决争议条款效力的规定。

当一个合同不生效、无效、被撤销或者终止的，合同不再对当事人具有拘束力。当事人对合同发生争议，如果合同因不生效、无效、被撤销或者终止，该合同解决争议的条款也都无效或者不发生效力，就使合同争议丧失了解决的具体办法。因此，无论是合同不生效、无效、被撤销或者终止，都不能影响合同关于解决合同争议方法的条款的效力，解决争议，还必须按照原来合同的约定进行。

具体包括：（1）合同不生效的，但是在争议发生时，解决争议的条款已经生效；（2）合同被宣告无效的，解决合同争议方法的条款继续有效，不能因合同无效而使其无效；（3）合同被撤销的，解决合同争议方法的条款不能被撤销，仍然有效；（4）合同终止，意味着合同消灭，但是解决合同争议方法的条款的效力不能消灭。

**第五百零八条　本编对合同的效力没有规定的，适用本法第一编第六章的有关规定。**

【条文要义】

本条是对认定合同效力适用民事法律行为效力规则的规定。

在原《民法通则》和原《合同法》之间，存在民事法律行为效力规则和合同效力规则的双重规制，为避免部分规定引发冲突，故采取新法优于旧法的原则处理。

在编纂民法典时，对这样的做法进行了整合和调整，在第一编即总则编规定了完整的民事法律行为效力的规则。在第三编即合同编的本章，拾遗补阙，规定了部分合同效力的条款，如民法典第506条。故在确定合同效力时，首先要适用本编规定的规则，这是特别法；其次本编没有规定的，适用民法典总则编关于民事法律行为效力的规则。二者综合起来，就是确定合同效力的完整规则。

【相关司法解释】[①]

《最高人民法院关于适用〈中华人民共和国民法典〉合同编通则若干问题的解释》

**第五条**　第三人实施欺诈、胁迫行为，使当事人在违背真实意思的情况下订立合同，受到损失的当事人请求第三人承担赔偿责任的，人民法院依法予以支持；当事人亦有违背诚信原则的行为的，人民法院应当根据各自的过错确定相应的责任。但是，法律、司法解释对当事人与第三人的民事责任另有规定的，依照其规定。

---

[①] 本部分所列司法解释是对《民法典》第148-157条的规定在合同领域适用的解释，《民法典》合同编通则"合同的订立"一章没有相应的条文，因此放在本章的最后部分。

**第十一条** 当事人一方是自然人，根据该当事人的年龄、智力、知识、经验并结合交易的复杂程度，能够认定其对合同的性质、合同订立的法律后果或者交易中存在的特定风险缺乏应有的认知能力的，人民法院可以认定该情形构成民法典第一百五十一条规定的"缺乏判断能力"。

**第十四条** 当事人之间就同一交易订立多份合同，人民法院应当认定其中以虚假意思表示订立的合同无效。当事人为规避法律、行政法规的强制性规定，以虚假意思表示隐藏真实意思表示的，人民法院应当依据民法典第一百五十三条第一款的规定认定被隐藏合同的效力；当事人为规避法律、行政法规关于合同应当办理批准等手续的规定，以虚假意思表示隐藏真实意思表示的，人民法院应当依据民法典第五百零二条第二款的规定认定被隐藏合同的效力。

依据前款规定认定被隐藏合同无效或者确定不发生效力的，人民法院应当以被隐藏合同为事实基础，依据民法典第一百五十七条的规定确定当事人的民事责任。但是，法律另有规定的除外。

当事人就同一交易订立的多份合同均系真实意思表示，且不存在其他影响合同效力情形的，人民法院应当在查明各合同成立先后顺序和实际履行情况的基础上，认定合同内容是否发生变更。法律、行政法规禁止变更合同内容的，人民法院应当认定合同的相应变更无效。

**第十五条** 人民法院认定当事人之间的权利义务关系，不应当拘泥于合同使用的名称，而应当根据合同约定的内容。当事人主张的权利义务关系与根据合同内容认定的权利义务关系不一致的，人民法院应当结合缔约背景、交易目的、交易结构、履行行为以及当事人是否存在虚构交易标的等事实认定当事人之间的实际民事法律关系。

**第十六条** 合同违反法律、行政法规的强制性规定，有下列情形之一，由行为人承担行政责任或者刑事责任能够实现强制性规定的立法目的的，人民法院可以依据民法典第一百五十三条第一款关于"该强制性规定不导致该民事法律行为无效的除外"的规定认定该合同不因违反强制性规定无效：

（一）强制性规定虽然旨在维护社会公共秩序，但是合同的实际履行对社会公共秩序造成的影响显著轻微，认定合同无效将导致案件处理结果有失公平公正；

（二）强制性规定旨在维护政府的税收、土地出让金等国家利益或者其他民事主体的合法利益而非合同当事人的民事权益，认定合同有效不会影响该规范目的的实现；

（三）强制性规定旨在要求当事人一方加强风险控制、内部管理等，对方无能力或者无义务审查合同是否违反强制性规定，认定合同无效将使其承担不利后果；

（四）当事人一方虽然在订立合同时违反强制性规定，但是在合同订立后其已经具备补正违反强制性规定的条件却违背诚信原则不予补正；

（五）法律、司法解释规定的其他情形。

法律、行政法规的强制性规定旨在规制合同订立后的履行行为，当事人以合同违反强制性规定为由请求认定合同无效的，人民法院不予支持。但是，合同履行必然导致违反强制性规定或者法律、司法解释另有规定的除外。

依据前两款认定合同有效，但是当事人的违法行为未经处理的，人民法院应当向有关行政管理部门提出司法建议。当事人的行为涉嫌犯罪的，应当将案件线索移送刑事侦查机关；属于刑事自诉案件的，应当告知当事人可以向有管辖权的人民法院另行提起诉讼。

**第十七条** 合同虽然不违反法律、行政法规的强制性规定，但是有下列情形之一，人民法院应当依据民法典第一百五十三条第二款的规定认定合同无效：

（一）合同影响政治安全、经济安全、军事安全等国家安全的；

（二）合同影响社会稳定、公平竞争秩序或者损害社会公共利益等违背社会公共秩序的；

（三）合同背离社会公德、家庭伦理或者有损人格尊严等违背善良风俗的。

人民法院在认定合同是否违背公序良俗时，应当以社会主义核心价值观为导向，综合考虑当事人的主观动机和交易目的、政府部门的监管强度、一定期限内当事人从事类似交易的频次、行为的社会后果等因素，并在裁判文书中充分说理。当事人确因生活需要进行交易，未给社会公共秩序造成重大影响，且不影响国家安全，也不违背善良风俗的，人民法院不应当认定合同无效。

**第十八条** 法律、行政法规的规定虽然有"应当""必须"或者"不得"等表述，但是该规定旨在限制或者赋予民事权利，行为人违反该规定将构成无权处分、无权代理、越权代表等，或者导致合同相对人、第三人因此获得撤销权、解除权等民事权利的，人民法院应当依据法律、行政法规规定的关于违反该规定的民事法律后果认定合同效力。

**第十九条** 以转让或者设定财产权利为目的订立的合同，当事人或者真正权利人仅以让与人在订立合同时对标的物没有所有权或者处分权为由主张合同无效的，人民法院不予支持；因未取得真正权利人事后同意或者让与人事后未取得处分权导致合同不能履行，受让人主张解除合同并请求让与人承担违反合同的赔偿责任的，人民法院依法予以支持。

前款规定的合同被认定有效，且让与人已经将财产交付或者移转登记至受让人，真正权利人请求认定财产权利未发生变动或者请求返还财产的，人民法院应予支持。但是，受让人依据民法典第三百一十一条等规定善意取得财产权利的除外。

**第二十四条** 合同不成立、无效、被撤销或者确定不发生效力，当事人请求返还财产，经审查财产能够返还的，人民法院应当根据案件具体情况，单独或者合并适用返还占有的标的物、更正登记簿册记载等方式；经审查财产不能返还或者没有必要返还的，人民法院应当以认定合同不成立、无效、被撤销或者确定不发生效力之日该财产的市场价值或者以其他合理方式计算的价值为基准判决折价补偿。

除前款规定的情形外，当事人还请求赔偿损失的，人民法院应当结合财产返还或者折价补偿的情况，综合考虑财产增值收益和贬值损失、交易成本的支出等事实，按照双方当事人的过错程度及原因力大小，根据诚信原则和公平原则，合理确定损失赔偿额。

合同不成立、无效、被撤销或者确定不发生效力，当事人的行为涉嫌违法且未经处理，可能导致一方或者双方通过违法行为获得不当利益的，人民法院应当向有关行政管理部门提出司法建议。当事人的行为涉嫌犯罪的，应当将案件线索移送刑事侦查机关；属于刑事自诉案件的，应当告知当事人可以向有管辖权的人民法院另行提起诉讼。

**第二十五条** 合同不成立、无效、被撤销或者确定不发生效力，有权请求返还价款或者报酬的当事人一方请求对方支付资金占用费的，人民法院应当在当事人请求的范围内按照中国人民银行授权全国银行间同业拆借中心公布的一年期贷款市场报价利率（LPR）计算。但是，占用资金的当事人对于合同不成立、无效、被撤销或者确定不发生效力没有过错的，应当以中国人民银行公布的同期同类存款基准利率计算。

双方互负返还义务，当事人主张同时履行的，人民法院应予支持；占有标的物的一方对标的物存在使用或者依法可以使用的情形，对方请求将其应支付的资金占用费与应收取的标的物使用费相互抵销的，人民法院应予支持，但是法律另有规定的除外。

# 第四章　合同的履行

**第五百零九条**　当事人应当按照约定全面履行自己的义务。

当事人应当遵循诚信原则，根据合同的性质、目的和交易习惯履行通知、协助、保密等义务。

当事人在履行合同过程中，应当避免浪费资源、污染环境和破坏生态。

【条文要义】

本条是对履行合同原则的规定。

合同履行是合同债务人全面地、适当地完成其合同义务，债权人的合同债权得到完全实现。

合同履行的原则，是指当事人在履行合同债务时应当遵循的基本准则。当事人在履行合同债务时，只有遵守这些基本准则，才能够实现债权人的债权，当事人期待的合同利益才能实现。

本条规定了三个合同履行原则：

1. 遵守约定原则，亦称约定必须信守原则。依法订立的合同对当事人具有法律约束力。双方的履行过程一切都要服从约定，信守约定，约定的内容是什么就履行什么，一切违反约定的履行行为都属于对该原则的违背。遵守约定原则包括：（1）适当履行原则，合同当事人按照合同约定的履行主体、标的、时间、地点以及方式等履行，且均须适当，完全符合合同约定的要求；（2）全面履行原则，要求合同当事人按照合同所约定的各项条款，全部而完整地完成合同义务。在司法实践中，债务履行期限届满后以物抵债协议是否为有效履行，对此，当事人在债务履行期限届满后达成以物抵债协议，当事人不履行交付抵债物的义务，债权人请求债务人履行原合同债务的，或者在没有恶意损害第三人合法权益的情况下，请求债务人交付抵债物的，应当予以支持，除非当事人另有约定。

2. 诚实信用原则，对于一切合同及合同履行的各方面均应适用，根据合同的性质、目的和交易习惯履行合同义务。具体包括：（1）协作履行原则，要求当事人基于诚实信用原则的要求，对对方当事人的履行债务行为给予协助，一是及时通知，二是相互协助，三是予以保密；（2）经济合理原则，要求当事人在履行合同时应当讲求经济效益，付出最小的成本，取得最佳的合同利益。

3. 绿色原则，依照民法典第9条的规定，履行合同应当避免浪费资源、污染环境和破坏生态，遵守绿色原则。

**【相关司法解释】**

《最高人民法院关于适用〈中华人民共和国民法典〉合同编通则若干问题的解释》

第二十六条　当事人一方未根据法律规定或者合同约定履行开具发票、提供证明文件等非主要债务，对方请求继续履行该债务并赔偿因怠于履行该债务造成的损失的，人民法院依法予以支持；对方请求解除合同的，人民法院不予支持，但是不履行该债务致使不能实现合同目的或者当事人另有约定的除外。

《最高人民法院关于适用〈中华人民共和国民法典〉时间效力的若干规定》

第二十条　民法典施行前成立的合同，依照法律规定或者当事人约定该合同的履行持续至民法典施行后，因民法典施行前履行合同发生争议的，适用当时的法律、司法解释的规定；因民法典施行后履行合同发生争议的，适用民法典第三编第四章和第五章的相关规定。

《最高人民法院关于适用〈中华人民共和国民法典〉有关担保制度的解释》

第六十八条　债务人或者第三人与债权人约定将财产形式上转移至债权人名下，债务人不履行到期债务，债权人有权对财产折价或者以拍卖、变卖该财产所得价款偿还债务的，人民法院应当认定该约定有效。当事人已经完成财产权利变动的公示，债务人不履行到期债务，债权人请求参照民法典关于担保物权的有关规定就该财产优先受偿的，人民法院应予支持。

债务人或者第三人与债权人约定将财产形式上转移至债权人名下，债务人不履行到期债务，财产归债权人所有的，人民法院应当认定该约定无效，但是不影响当事人有关提供担保的意思表示的效力。当事人已经完成财产权利变动的公示，债务人不履行到期债务，债权人请求对该财产享有所有权的，人民法院不予支持；债权人请求参照民法典关于担保物权的规定对财产折价或者以拍卖、变卖该财产所得的价款优先受偿的，人民法院应予支持；债务人履行债务后请求返还财产，或者请求对财产折价或者以拍卖、变卖所得的价款清偿债务的，人民法院应予支持。

债务人与债权人约定将财产转移至债权人名下，在一定期间后再由债务人或者其指定的第三人以交易本金加上溢价款回购，债务人到期不履行回购义务，财产归债权人所有的，人民法院应当参照第二款规定处理。回购对象自始不存在的，人民法院应当依照民法典第一百四十六条第二款的规定，按照其实际构成的法律关系处理。

**第五百一十条** 合同生效后，当事人就质量、价款或者报酬、履行地点等内容没有约定或者约定不明确的，可以协议补充；不能达成补充协议的，按照合同相关条款或者交易习惯确定。

【条文要义】

本条是对合同非主要条款补充和确定方法的规定。

如前所述，合同的标的和数量是主要条款，其他条款属于非主要条款。当事人就合同的主要条款达成合意即合同成立，非主要条款没有约定或者约定不明确的，并不影响合同成立，采用确定的方法予以确定。

对合同的非主要条款没有约定或者约定不明确的解决办法有：

1. 补充协议。只要事后进行补充协议即可。补充协议对非主要条款作出明确约定，合同内容即为完善，可以进行履行。对合同的非主要条款进行协议补充，应当遵循自愿原则，协商一致即可。

2. 进行确定。当事人就合同的非主要条款的补充协议不能达成一致的，则应当依照合同的相关条款、交易习惯予以确定。

**第五百一十一条** 当事人就有关合同内容约定不明确，依据前条规定仍不能确定的，适用下列规定：

（一）质量要求不明确的，按照强制性国家标准履行；没有强制性国家标准的，按照推荐性国家标准履行；没有推荐性国家标准的，按照行业标准履行；没有国家标准、行业标准的，按照通常标准或者符合合同目的的特定标准履行。

（二）价款或者报酬不明确的，按照订立合同时履行地的市场价格履行；依法应当执行政府定价或者政府指导价的，依照规定履行。

（三）履行地点不明确，给付货币的，在接受货币一方所在地履行；

交付不动产的,在不动产所在地履行;其他标的,在履行义务一方所在地履行。

(四)履行期限不明确的,债务人可以随时履行,债权人也可以随时请求履行,但是应当给对方必要的准备时间。

(五)履行方式不明确的,按照有利于实现合同目的的方式履行。

(六)履行费用的负担不明确的,由履行义务一方负担;因债权人原因增加的履行费用,由债权人负担。

【条文要义】

本条是对合同非主要条款继续确定的规定。

所谓继续确定,就是当事人就有关合同内容约定不明确,依照前条规定仍不能确定的,应当进一步确定,以使合同债务得到履行。

继续确定适用的方法是:

1. 质量要求不明确的,按照强制性国家标准履行;没有强制性国家标准的,按照推荐性国家标准履行;没有推荐性国家标准的,按照行业标准履行;没有国家标准、行业标准的,按照通常标准或者符合合同目的的特定标准履行。其实,这个标准的顺序应当倒过来,即首先是通常标准、合同目的的特定标准,其次是行业标准,最后是国家标准。

2. 价款或者报酬不明确的,按照订立合同时履行地的市场价格履行;依法应当执行政府定价或者政府指导价的,依照规定履行。这个规定很明确。

3. 履行地点不明确,给付货币的,在接受货币一方所在地履行;交付不动产的,在不动产所在地履行;其他标的,在履行义务一方所在地履行。

4. 履行期限不明确的,债务人可以随时履行,债权人也可以随时要求履行,但是应当给对方必要的准备时间。

5. 履行方式不明确的,按照有利于实现合同目的的方式履行,如按照标的物的性质确定履行方式。

6. 履行费用的负担不明确的,由履行义务一方负担;因债权人原因增加的履行费用,由债权人负担。

**第五百一十二条** 通过互联网等信息网络订立的电子合同的标的为交付商品并采用快递物流方式交付的,收货人的签收时间为交付时间。电子合同的标的为提供服务的，生成的电子凭证或者实物凭证中载明的时间为提供服务时间；前述凭证没有载明时间或者载明时间与实际提供服务时间不一致的，以实际提供服务的时间为准。

电子合同的标的物为采用在线传输方式交付的，合同标的物进入对方当事人指定的特定系统且能够检索识别的时间为交付时间。

电子合同当事人对交付商品或者提供服务的方式、时间另有约定的，按照其约定。

【条文要义】

本条是对网络交易合同交付时间的规定。

确定网络交易合同的交付时间，分为三种情形：

1. 网络买卖合同的商品交付，采用快递物流方式交付标的物的，应当以收货人的签收时间为交付时间。网络服务合同，由于没有明显的交付标志，因此以生成的电子凭证或者实物凭证中载明的时间为提供服务的时间；如果前述凭证没有载明时间或者载明的时间与实际提供服务的时间不一致的，以实际提供服务的时间为准。

2. 电子合同的标的物为采用在线传输方式交付的，如网络咨询服务合同，合同标的物（如咨询报告）在进入对方当事人指定的特定系统并且能够检索识别的时间为交付时间。

3. 电子合同当事人对交付商品或者提供服务的方式、时间另有约定的，按照其约定。例如，网络买卖合同的买受人主张自己选择快递物流取货的，将买卖标的物交付买受人自己选择的快递物流单位的时间为交付时间。

第五百一十三条　执行政府定价或者政府指导价的，在合同约定的交付期限内政府价格调整时，按照交付时的价格计价。逾期交付标的物的，遇价格上涨时，按照原价格执行；价格下降时，按照新价格执行。逾期提取标的物或者逾期付款的，遇价格上涨时，按照新价格执行；价格下降时，按照原价格执行。

【条文要义】

本条是对执行政府定价或政府指导价价格调整的规定。

合同的标的物属于政府定价或者政府指导价的，必须按照政府定价和政府指导价确定其价格，当事人不得另行约定价格。

政府定价是国家对少数关乎国计民生的产品由政府直接确定价格，企业不得违背的定价。政府指导价是政府对少数产品确定一个中准价，各地根据当地情况作出具体定价，按照当地政府确定的定价进行交易，当事人应当执行这种定价。

合同在履行过程中，如果遇到政府定价或者政府指导价作出调整时，确定产品价格的原则是保护按约履行合同的一方。具体办法是：

1. 执行政府定价和政府指导价的，在履行中遇到政府定价或者政府指导价作出调整时，应按交付时的政府定价或者政府指导价计价，即按新的价格执行：交付货物时，该货物提价的，按已提的价格执行；降价的，则按所降的价格计算。

2. 当事人逾期交货的，该产品的政府定价或者政府指导价提高时，按原定的价格执行；该产品的政府定价或者政府指导价降低时，按已降低的价格执行。

3. 当事人超过合同规定时间提货或付款的，该产品的政府定价或者政府指导价提高时，按已提高的价格计价付款；该产品的政府定价或者政府指导价降低时，则按原来合同议定的价格执行。

**第五百一十四条　以支付金钱为内容的债，除法律另有规定或者当事人另有约定外，债权人可以请求债务人以实际履行地的法定货币履行。**

【条文要义】

本条是对金钱债务履行方式的规定。

金钱债务，又称金钱之债、货币之债，是指以给付一定数额的金钱为标的的债务。金钱债务的履行，涉及清偿时用何种货币支付的问题。本条规定的规则是：（1）法律规定或者当事人有约定的，依照法律规定或者当事人约定的货币种类予以支付。例如，法律规定在境内不能以外币支付而应当以人民币结算；当事人约定的支付币种不违反国家法律规定的，当然也没有问题。（2）债权人可以请求债务人以实际履行地的法定货币履行。法定货币是指不代表实质商品或货物，发行者亦没有将货币兑现为实物的义务，只依靠政府的法令使其成为合法通货的货币。法定货币的价值来自拥有者相信货币将来能维持其购买力。当金钱债务涉及这些地区时，债权人可以提出用实际履行地的法定货币清偿债务。本条没有规定利息之债的具体规则，在司法实践中应当遵守的规则是：

1. 资金占用费的计算方法。以支付金钱为内容的债务，在依据法律规定或者合同约定的占有期限内的占用费用，按照中国人民银行公布的同期同类存款基准利率计算，但是法律另有规定或者当事人另有约定的除外。

2. 赔偿逾期损失的计算方法。以支付金钱为内容的债务，当事人没有约定逾期付款违约金或者该违约金的计算方法，债权人请求债务人赔偿逾期损失，违约行为发生在2019年8月19日之前的，人民法院可以中国人民银行同期同类人民币贷款基准利率为基础，参照逾期罚息利率标准计算；违约行为发生在2019年8月20日之后的，人民法院可以违约行为发生时中国人民银行授权全国银行间同业拆借中心公布的一年期贷款市场报价利率（LPR）标准为基础，加计30%～50%计算逾期付款损失。

3. 利息、逾期利息、复利、违约金竞合的处理办法。以支付金钱为内容的债务，当事人既约定了利息、逾期利息、复利，又约定了违约金或者向债权人及第三人支付的除解决争议费用外的其他费用，债权人可以选择主张或者一并主张，但总计不得超过一年期贷款市场报价利率四倍计算的起算之日至债务清偿之日的利息之和。

4. 金融机构发放贷款的计算。因金融机构发放贷款等相关金融业务引发的纠纷，不适用上述规则。

**第五百一十五条** 标的有多项而债务人只需履行其中一项的，债务人享有选择权；但是，法律另有规定、当事人另有约定或者另有交易习惯的除外。

享有选择权的当事人在约定期限内或者履行期限届满未作选择，经催告后在合理期限内仍未选择的，选择权转移至对方。

**【条文要义】**

本条是对选择之债及选择权的规定。

选择之债，是指债的关系在成立之时，确定的标的有数个，当事人在履行时可以选定其中一个而为给付的债。其要件是：（1）须预定数种给付债务。（2）须于数种给付债务中选定其一为给付。凡在债的给付标的、履行时间、方式、地点等诸方面可供选择的债，都为选择之债。

选择之债因选择权的行使，而最终确定一个给付为债的标的，并因此产生溯及既往的效力。在数种给付中，确定其一为给付，就是选择之债的确定。选择权也叫择定权，是指在选择之债中，一方当事人享有的因自己的意思表示而引起选择之债变更为简单之债的形成权。

选择权以属于债务人为原则，因为债务毕竟是由债务人实际履行的，债务人在履行债务之前如果选择之债规定的数种选择不能确定，债务人不能做履行的准备，从而也就不能很好地履行债务。将选择权归属于债务人，既有利于保护债务人的利益，也有利于债务的履行。如果法律另有规定或者当事人另有约定，则从其规定或者约定。

选择权可以转移。转移的条件是，享有选择权的当事人在约定期限内或者履行期限届满未作选择，经催告后在合理期限内仍未选择的。选择权转移至对方的，由新的选择权人行使。

**第五百一十六条** 当事人行使选择权应当及时通知对方，通知到达对方时，标的确定。标的确定后不得变更，但是经对方同意的除外。

可选择的标的发生不能履行情形的，享有选择权的当事人不得选择不能履行的标的，但是该不能履行的情形是由对方造成的除外。

【条文要义】

本条是对选择之债选择权行使规则的规定。

选择权是形成权，一经行使，即发生选择的效力，被选择的标的就被特定化，其他选项的标的消灭。故享有选择权的当事人在行使选择权时，以对相对人作出意思表示而发生效力，即及时通知对方，通知到达对方时，标的确定后，该选择之债自始成为简单之债。基于该意思表示的此种效力，该意思表示非经相对人同意，既不得变更，也不得撤销，只有在对方当事人同意的情况下才除外。

如果在选择之债的数种给付中，其中一个或数个因不可抗力等原因而履行不能时，则选择权人只能就剩余的给付加以选择。尤其是只有一种可以履行而其他均发生履行不能时，则当事人丧失选择的余地，只能按可以履行的标的履行，选择之债变更为简单之债，无须另行选择。此种不能履行应当以不可归责于无选择权的当事人为限。如果该履行不能因无选择权的当事人的行为所致，则选择权人仍然有权就该不能履行的给付加以选择。如果选择权人为债务人，可以通过选择不能履行的给付而免予承担自己的债务；如果选择权人为债权人，则其可以通过选择不能履行的给付而解除合同，追究对方的违约责任。

**第五百一十七条** 债权人为二人以上，标的可分，按照份额各自享有债权的，为按份债权；债务人为二人以上，标的可分，按照份额各自负担债务的，为按份债务。

按份债权人或者按份债务人的份额难以确定的，视为份额相同。

【条文要义】

本条是对可分之债及其规则的规定。

可分之债，是指在债的关系中，债权或者债务是可以分割的债。可分之债的性质为复数之债，且只是因为标的的同一而联系在一起，各债权或者债务并无共同目的，故各债权人或者债务人发生的事项，原则上不对其他债权人或者债务人产生效力。债权或者债务是否可以分割的标准是：（1）债权或者债务的分割是否损害债的目的。分割不损害债的目的的，为可分给付；否则为不可分给付。（2）债权或者债务的分割是否在约定中予以禁止。（3）债权或者债务分割是否符合交易习惯和标的物的用途。例如，钥匙与锁的关系，不能仅交付其一。

可分之债分为可分债权和可分债务。债权人为二人以上，标的可分，按照份额各自享有债权的，为按份债权；债务人为二人以上，标的可分，按照份额各自负担债务的，为按份债务。

可分之债的效力是：（1）对于可分之债，能够形成按份之债。债务人可以依其份额向债权人分别作出履行。（2）可分之债可以实行部分免除、抵销等。债权人或者债务人按照同一合同享有按份债权或者负担按份债务，全体债权人请求行使或者向全体债务人行使撤销、解除、追认、减价等权利的，应予支持；仅由部分债权人请求或者仅向部分债务人请求的，不予支持。

债务人为二人以上，标的不可分的民事纠纷案件，可以参照适用民法典关于连带债务的规定。

**第五百一十八条** 债权人为二人以上，部分或者全部债权人均可以请求债务人履行债务的，为连带债权；债务人为二人以上，债权人可以请求部分或者全部债务人履行全部债务的，为连带债务。

连带债权或者连带债务，由法律规定或者当事人约定。

**【条文要义】**

本条是对连带债权和连带债务的规定。

连带之债，是指在一个债的关系中，债权人或者债务人有数人时，各个债权人均得请求债务人履行全部债务，各个债务人均负有履行全部债务的义务，且全部债务因一次全部履行而归于消灭的债。其中，具有连带关系的数个债权人为连带债权人，享有的债权为连带债权；具有连带关系的数个债务人为连带债务人，所负的债务为连带债务。

连带之债产生于两种原因：（1）法定连带之债，如合伙债务、代理上的连带债务、共同侵权行为的损害赔偿责任，以及法律规定的其他连带之债；（2）意定连带之债，当事人通过协议，约定为连带债权或者连带债务，如数个借款合同债务人就同一借贷，约定各负清偿全部债务的义务。

成立连带之债须具备的要件是：（1）债的一方或者双方当事人为二人以上；（2）债的标的须同一；（3）数个债的目的须具有同一性；（4）连带债权人之间或者连带债务人之间须有连带关系，即对于数个债权人或者债务人中的一人发生的非关于个人利益的事项，对于其他债权人或者债务人也发生同样的效力。

连带债权的部分或者全部债权人均可以请求债务人履行债务，其债权实现的，消灭债务人的债务；连带债务的部分或者全部债务人，都有义务满足债权人对部分或者全部债务人履行全部债务的请求，部分债务人履行全部债务的，连带债务全部消灭。连带债务在诉讼时效中断中不具有涉他效力。债权人对部分连带债务人发生诉讼时效中断效力的事由，对其他连带债务人不发生效力。债权人对部分连带债务人诉讼时效届满，在该连带债务人应当承担的份额范围内，其他债务人主张对债权人不履行义务的，应予支持。

**第五百一十九条** 连带债务人之间的份额难以确定的，视为份额相同。

实际承担债务超过自己份额的连带债务人，有权就超出部分在其他连带债务人未履行的份额范围内向其追偿，并相应地享有债权人的权利，但是不得损害债权人的利益。其他连带债务人对债权人的抗辩，可以向该债务人主张。

被追偿的连带债务人不能履行其应分担份额的，其他连带债务人应当在相应范围内按比例分担。

【条文要义】

本条是对连带债务份额的规定。

连带债务对外不分份额,只有对内才分份额,连带债务人在内部对自己的份额承担最终责任。

连带债务人可以事先约定份额,或者根据实际情况确定份额。如果债务份额难以确定的,视为份额相同,各个债务人以同等份额承担最终责任。

在连带债务中,对外由于每一个债务人均负有履行全部债务的义务,债权人有权向连带债务人中的数人或者全体请求履行。被请求的债务人不得以还有其他债务人为由而互相推诿,也不得以自己仅负担债务中的一定份额为由而拒绝履行全部债务。连带债务人这时承担的清偿责任,是中间责任。

在承担中间责任中,如果实际承担债务的连带债务人承担了超过自己份额的债务,有权就超出部分在其他连带债务人未履行的份额范围内向其追偿。在行使追偿权时,承担了超出自己份额的中间责任的债务人,实际上相应地享有了债权人的权利。但是,行使这种债权,不得损害债权人的利益。连带债务人在行使追偿权时,如果其他连带债务人对连带债务的债权人享有抗辩权的,可以向该债务人主张对债权人的抗辩,对抗该债务人的追偿权。

部分连带债务人承担了中间责任之后,承担中间责任的连带债务人对未承担债务的连带债务人享有追偿权。在这个规则里,如果未承担债务的连带债务人不能履行其应当分担的债务份额即自己的最终债务的,不能让承担了中间债务的连带债务人独自负担该债务,只要还有其他有清偿能力的连带债务人,也应当分担不能履行其债务的连带债务人不能履行的债务。究竟应当如何负担,方法是,其他连带债务人在相应范围内按比例分担。例如,共有五名连带债务人,每个连带债务人的最终份额为20%;当一个连带债务人承担了全部清偿债务后,在追偿中,其中一名连带债务人不能履行自己的债务份额,其他四名连带债务人对不能负担最终债务份额的20%债务,每人应当分担四分之一,已经承担连带清偿责任的连带债务人可以向这三个连带债务人每人追偿四分之一债务,自己负担四分之一。被追偿的连带债务人以追偿权的诉讼时效届满为由提出不履行义务的抗辩成立,享有追偿权的连带债务人依据本条第3款请求其他连带债务人分担的,不予支持。

**第五百二十条** 部分连带债务人履行、抵销债务或者提存标的物的，其他债务人对债权人的债务在相应范围内消灭；该债务人可以依据前条规定向其他债务人追偿。

部分连带债务人的债务被债权人免除的，在该连带债务人应当承担的份额范围内，其他债务人对债权人的债务消灭。

部分连带债务人的债务与债权人的债权同归于一人的，在扣除该债务人应当承担的份额后，债权人对其他债务人的债权继续存在。

债权人对部分连带债务人的给付受领迟延的，对其他连带债务人发生效力。

【条文要义】

本条是对连带债务人之一所生事项涉他效力的规定。

在连带债务中，就一债务人所生的事项，效力有的及于其他债务人，有的不及于其他债务人。前者称为有涉他效力的事项，后者称为无涉他效力的事项。

在连带债务中，有涉他效力的事项包括：

1. 部分连带债务人履行、抵销债务或者提存标的物的，其他债务人对债权人的债务在相应范围内消灭；该债务人可以依照前条规定向其他债务人追偿。

2. 部分连带债务人的债务被债权人免除的，在该连带债务人所应承担的份额范围内，其他债务人对债权人的债务消灭。

3. 部分连带债务人的债务与债权人的债权同归于一人的，在扣除该债务人所应承担的份额后，债权人对其他债务人的债权继续存在。

4. 债权人对部分连带债务人的给付受领迟延的，对其他连带债务人发生效力。

还有一个涉他效力的事项，本条没有规定，学理认为，当部分债务人得到法院的有利判决，且其判决非基于该债务与债权人个人关系的，其他债务人可以援用该判决而拒绝履行，但该债务人受败诉的判决，其效力不及于其他债务人。

**第五百二十一条** 连带债权人之间的份额难以确定的，视为份额相同。

实际受领债权的连带债权人，应当按比例向其他连带债权人返还。

连带债权参照适用本章连带债务的有关规定。

【条文要义】

本条是对连带债权规则的规定。

在对外关系上，连带债权的债权人是不分份额地享有债权。但是在连带债权人的内部，享有份额。连带债权人的债权份额，应当按照约定或者实际情况确定。连带债权人之间的份额难以确定的，视为份额相同，按照相同的份额享有债权。

由于连带债权的债权人都可以向债务人主张债权，债务人都有满足连带债权人部分或者全部权利主张的义务，因而会形成实际受领超过自己份额的连带债权人。当出现这种情形时，实际收款债权的债权人应当按照份额的比例向其他连带债权人返还，其他债权人按照份额的比例享有债权利益的返还请求权。

连带债权的规则多数与连带债务的规则相同。因此，对连带债权的法律适用，应当参照适用本章连带债务的有关规定。除外的情形是，部分连带债权人免除债务人债务的，在扣除该连带债权人的份额后，不影响其他连带债权人的债权。

**第五百二十二条** 当事人约定由债务人向第三人履行债务，债务人未向第三人履行债务或者履行债务不符合约定的，应当向债权人承担违约责任。

法律规定或者当事人约定第三人可以直接请求债务人向其履行债务，第三人未在合理期限内明确拒绝，债务人未向第三人履行债务或者履行债务不符合约定的，第三人可以请求债务人承担违约责任；债务人对债权人的抗辩，可以向第三人主张。

【条文要义】

本条是对向第三人履行债务的规定。

向第三人履行，也叫第三人代债权人受领。合同当事人约定向第三人履行合同的，只要该第三人符合法律或合同规定的接受履行资格，能够受领的，该第三人就成为合同的受领主体，是合格的受领主体，有权接受履行。第三人接受履行时，第三人只是接受履行的主体，而不是合同当事人。第三人替债权人接受履行不适当或因此给债务人造成损失的，应由债权人承担民事责任。第三人替债权人接受履行，通常是因为第三人与债权人之间存在一定关系，但第三人并不是债人的代理人，不应当适用关于代理的规定。

当构成向第三人履行债务时，债务人应当向第三人履行清偿义务，履行增加的费用，应当由债权人负担。当债务人未向第三人履行债务或者履行债务不符合约定的，构成违约行为，债务人应当向债权人承担违约责任。

在向第三人履行债务中，如果法律规定或者当事人约定第三人可以直接请求债务人向其履行债务的，第三人可以直接向债务人请求履行债务，债务人应当向其履行。第三人只要未在合理期限内对其有请求债务人向其履行债务的意思予以明确拒绝的，债务人未向第三人履行债务或者履行债务不符合约定的，第三人可以请求债务人承担违约责任；债务人如果对债权人享有抗辩的权利，可以直接向第三人主张其对债权人的抗辩予以抗辩，发生向债权人抗辩的效力。向第三人履行合同，第三人主张行使撤销权、解除权等合同权利的，不予支持。第三人请求债务人赔偿不履行债务给第三人造成损失的，应予支持；请求债务人承担合同约定的违约金、定金等其他责任的，不予支持。

第三人怠于行使债权，导致债权可能罹于时效，经债权人催告后在合理期限内仍不行使债权，债权人请求债务人向其履行债务的，应予支持。

## 【相关司法解释】

**《最高人民法院关于适用〈中华人民共和国民法典〉合同编通则若干问题的解释》**

**第二十九条** 民法典第五百二十二条第二款规定的第三人请求债务人向自己履行债务的，人民法院应予支持；请求行使撤销权、解除权等民事权利的，人民法院不予支持，但是法律另有规定的除外。

合同依法被撤销或者被解除，债务人请求债权人返还财产的，人民法院应予支持。

债务人按照约定向第三人履行债务，第三人拒绝受领，债权人请求债务人向自己履行债务的，人民法院应予支持，但是债务人已经采取提存等方式消灭债务的除外。第三人拒绝受领或者受领迟延，债务人请求债权人赔偿因此造成的损失的，人民法院依法予以支持。

**第五百二十三条** 当事人约定由第三人向债权人履行债务，第三人不履行债务或者履行债务不符合约定的，债务人应当向债权人承担违约责任。

【条文要义】

本条是对第三人履行的规定。

由第三人履行，也叫第三人代债务人履行，是指在合同的履行中，由第三人代替债务人向债权人履行债务。第三人代债务人履行，是合同的履行主体发生变化。第三人代替债务人履行债务的特点，是第三人与债权人、债务人并未达成转让债务协议，第三人并未成为合同当事人，只是按照合同当事人之间的约定，代替债务人向债权人履行债务，并不构成债务转移。根据合同自由原则，只要不违反法律规定和合同约定，且未给债权人造成损失或增加费用，由第三人履行是有效的。

构成由第三人履行，即当事人约定由第三人向债权人履行债务的，如果第三人不履行债务或者履行债务不符合约定，债务人构成违约行为，应当向债权人承担违约责任。可以将由第三人履行中的第三人列为无独立请求权的第三人参加诉讼，没有独立的诉讼地位。当事人约定由第三人向债权人履行债务，在债权人接受履行后，第三人以其与债务人之间的合同已经解除等为由请求债权人返还所取得财产的，不予支持，但当事人另有约定的除外。

债权人未明确同意由第三人向债权人履行债务并且债务人不再承担债务，第三人不履行债务或者履行债务不符合约定，债权人请求债务人承担违约责任的，应予支持。

在民事诉讼中，根据具体案情，可以将民法典第522条第1款、第523条规定的第三人列为民事诉讼中的第三人。第522条第2款规定的第三人起诉债务人的，根据具体案情可以将债权人列为民事诉讼中的第三人。

**第五百二十四条** 债务人不履行债务，第三人对履行该债务具有合法利益的，第三人有权向债权人代为履行；但是，根据债务性质、按照当事人约定或者依照法律规定只能由债务人履行的除外。

债权人接受第三人履行后，其对债务人的债权转让给第三人，但是债务人和第三人另有约定的除外。

【条文要义】

本条是对第三人代为履行债务的规定。

当一个债务已届履行期，债务人不履行债务，该不履行债务的行为有可能损害第三人的利益时，即第三人对履行该债务具有合法利益的，第三人产生代为履行债务的权利，有权向债权人代为履行，以使自己的合法利益得到保全。如果根据债务的性质、按照当事人约定或者依照法律规定，该债务只能由债务人履行的，不适用第三人代为履行的规则。

第三人代债务人履行之后，债权人已经接受第三人履行的，债权人对债务人的债权就转让给了第三人，第三人对债务人享有该债权，可以向债务人主张该债权。如果债务人和第三人对如何确定他们之间的债权债务关系另有约定的，则按照约定办理，不受这一债权转让规则的拘束。在司法实践中，具备下列情形之一的，应当认定为本条第1款规定的对履行该债务具有合法利益的第三人：（1）为该债务设定的抵押、质押等担保财产的所有权人、受让人、用益物权人、合法占有人。（2）为该债务设定的抵押、质押等担保财产上后顺位的担保权人。（3）为该债务设定的质押担保的股权持有人，持有人为公司的，包括该公司的股东。（4）如对债务人的财产依法实施强制执行，则将失去对该财产的合法权利的人。（5）其他对履行该债务具有合法利益的第三人。依据本条及前述代为履行债务的第三人在其代为清偿的范围内取得对债务人的债权，但不得损害债权人的利益。

在司法实践中，有下列情形之一的，人民法院应当认定为本条所称根据债务性质只能由债务人履行的债务：（1）具有特定人身性质或者依赖债务人特定技能履行的债务；（2）不作为债务；（3）其他根据债务性质只能由债务人履行的债务。

## 【相关司法解释】

**《最高人民法院关于适用〈中华人民共和国民法典〉合同编通则若干问题的解释》**

**第三十条** 下列民事主体，人民法院可以认定为民法典第五百二十四条第一款规定的对履行债务具有合法利益的第三人：

（一）保证人或者提供物的担保的第三人；

（二）担保财产的受让人、用益物权人、合法占有人；

（三）担保财产上的后顺位担保权人；

（四）对债务人的财产享有合法权益且该权益将因财产被强制执行而丧失的第三人；

（五）债务人为法人或者非法人组织的，其出资人或者设立人；

（六）债务人为自然人的，其近亲属；

（七）其他对履行债务具有合法利益的第三人。

第三人在其已经代为履行的范围内取得对债务人的债权，但是不得损害债权人的利益。

担保人代为履行债务取得债权后，向其他担保人主张担保权利的，依据《最高人民法院关于适用〈中华人民共和国民法典〉有关担保制度的解释》第十三条、第十四条、第十八条第二款等规定处理。

**《最高人民法院关于适用〈中华人民共和国民法典〉有关担保制度的解释》**

**第十三条** 同一债务有两个以上第三人提供担保，担保人之间约定相互追偿及分担份额，承担了担保责任的担保人请求其他担保人按照约定分担份额的，人民法院应予支持；担保人之间约定承担连带共同担保，或者约定相互追偿但是未约定分担份额的，各担保人按照比例分担向债务人不能追偿的部分。

同一债务有两个以上第三人提供担保，担保人之间未对相互追偿作出约定且未约定承担连带共同担保，但是各担保人在同一份合同书上签字、盖章或者按指印，承担了担保责任的担保人请求其他担保人按照比例分担向债务人不能追偿部分的，人民法院应予支持。

除前两款规定的情形外，承担了担保责任的担保人请求其他担保人分担向债务人不能追偿部分的，人民法院不予支持。

**第十四条** 同一债务有两个以上第三人提供担保，担保人受让债权的，人民法院应当认定该行为系承担担保责任。受让债权的担保人作为债权人请求其他担保人承担担保责任的，人民法院不予支持；该担保人请求其他担保人分担相应份额的，依照本解释第十三条的规定处理。

**第十八条** 承担了担保责任或者赔偿责任的担保人，在其承担责任的范围内向债务人追偿的，人民法院应予支持。

同一债权既有债务人自己提供的物的担保，又有第三人提供的担保，承担了担保责任或者赔偿责任的第三人，主张行使债权人对债务人享有的担保物权的，人民法院应予支持。

**第五百二十五条** 当事人互负债务，没有先后履行顺序的，应当同时履行。一方在对方履行之前有权拒绝其履行请求。一方在对方履行债务不符合约定时，有权拒绝其相应的履行请求。

## 【条文要义】

本条是对同时履行抗辩权的规定。

双务合同的同时履行抗辩权，是指当事人互负债务，没有先后履行顺序的双务合同，当事人一方在他方未为对待给付以前，可以拒绝自己为履行的抗辩权。合同履行中的同时履行抗辩权、后履行抗辩权和不安抗辩权都是一时性抗辩权，当行使抗辩权的法定事由消灭后，债务仍须履行。其作用是：（1）平衡当事人之间的权益，维护当事人的权利；（2）维护交易秩序；（3）增进双方当事人之间的协作。

同时履行抗辩权在符合下列条件时才可以行使：（1）须依据同一双务合同双方当事人互负债务、互享债权；（2）须双方当事人互负的债务均已届清偿期；（3）须对方当事人未履行债务；（4）须对方的对待给付是可能履行的。

同时履行抗辩权的行使后果是在对方履行之前，有权拒绝其履行请求，这种拒绝履行不构成违约。

一方在对方履行债务不符合约定时，也可以行使同时履行抗辩权，但是这种抗辩权的行使，应当不是全面对抗对方的履行要求，而是针对不完全履行的部分行使抗辩权，即有权拒绝对方相应的履行请求。例如，（1）对迟延履行，可以行使同时履行抗辩权；（2）受领迟延，可以在迟延的范围内主张同时履行抗辩权；（3）对部分履行，可以针对不履行的部分主张同时履行抗辩权；（4）对瑕疵履行，可以针对瑕疵履行部分，行使同时履行抗辩权；（5）当事人互负债务，一方当事人在对方已经履行主要合同义务的情况下，以对方没有履行非主要合同义务为由，拒绝履行合同主要义务，或者主张不承担未履行或迟延履行主要合同义务的违约责任的，不予支持，但是当事人另有约定的除外。

## 【相关司法解释】

**《最高人民法院关于适用〈中华人民共和国民法典〉合同编通则若干问题的解释》**

**第三十一条** 当事人互负债务，一方以对方没有履行非主要债务为由拒绝履行自己的主要债务的，人民法院不予支持。但是，对方不履行非主要债务致使不能实现合同目的或者当事人另有约定的除外。

当事人一方起诉请求对方履行债务，被告依据民法典第五百二十五条的规定主张双方同时履行的抗辩且抗辩成立，被告未提起反诉的，人民法院应当判决被告在原告履行债务的同时履行自己的债务,并在判项中明确原告申请强制执行的,人民法院应当在原告履行自己的债务后对被告采取执行行为;被告提起反诉的,人民法院应当判决双方同时履行自己的债务,并在判项中明确任何一方申请强制执行的,人民法院应当在该当事人履行自己的债务后对对方采取执行行为。

当事人一方起诉请求对方履行债务,被告依据民法典第五百二十六条的规定主张原告应先履行的抗辩且抗辩成立的,人民法院应当驳回原告的诉讼请求,但是不影响原告履行债务后另行提起诉讼。

**第五百二十六条** 当事人互负债务,有先后履行顺序,应当先履行债务一方未履行的,后履行一方有权拒绝其履行请求。先履行一方履行债务不符合约定的,后履行一方有权拒绝其相应的履行请求。

**【条文要义】**

本条是对后履行抗辩权的规定。

后履行抗辩权,是指在双务合同中约定有先后履行顺序,负有先履行义务的一方当事人未依照合同约定履行债务,后履行债务的一方当事人可以依据对方的不履行行为,拒绝对方当事人请求履行的抗辩权。后履行抗辩权的特点是:(1)后履行抗辩权在本质上是对违约的抗辩;(2)后履行抗辩权是负有后履行义务一方当事人履行权益的反映;(3)后履行抗辩权是不同于合同解除权的救济方式。

行使后履行抗辩权的要求是:(1)对合同义务的全部抗辩,即先履行的当事人对合同义务全部不履行的,后履行的当事人对全部履行义务都可以拒绝履行;(2)对合同义务的部分抗辩,即先履行的当事人履行债务不符合合同约定的,后履行的当事人只能就与对方当事人相应的履行请求进行抗辩,不得对其他的履行请求进行抗辩。

后履行抗辩权的行使,产生后履行一方可以一时性中止履行债务的效力,对抗先履行一方的履行请求,以此保护自己的期限利益。在先履行一方采取了补救措施,变违约为适当履行的情况下,后履行抗辩权消灭,后履行一方须履行自己的债务。同时,后履行抗辩权的行使并不影响后履行一方向违约方主张违约责任。

**第五百二十七条** 应当先履行债务的当事人,有确切证据证明对方有下列情形之一的,可以中止履行:

（一）经营状况严重恶化；
（二）转移财产、抽逃资金，以逃避债务；
（三）丧失商业信誉；
（四）有丧失或者可能丧失履行债务能力的其他情形。

当事人没有确切证据中止履行的，应当承担违约责任。

**【条文要义】**

本条是对不安抗辩权及行使条件的规定。

不安抗辩权，是指在双务合同中有先履行义务的一方当事人，在有确切证据证明对方当事人有丧失或者可能丧失履行能力的情形因而不能履行合同义务时，享有的暂时中止履行的抗辩权。在通常情况下，双务合同的一方当事人依约定应先履行其债务时，不得对后履行一方提出抗辩。但是，当先履行义务一方发现后履行一方当事人的财产状况显性减少，可能危及先履行一方当事人债权的实现时，如仍强迫先履行义务一方当事人先为给付，则可能出现先履行的一方当事人履行了债务，自己的债权却无法实现的情形，故特设不安抗辩权予以保护。

发生不安抗辩权应当具备的条件是：（1）合同确立的债务合法有效；（2）双方当事人因同一双务合同互负债务且有先后履行顺序；（3）须在合同成立后对方发生财产状况恶化且有难为给付的可能。

按照本条规定，后履行义务的当事人具有下述条件的，先履行义务的当事人可以行使不安抗辩权：（1）经营状况严重恶化，该方当事人极有可能无力清偿债务；（2）转移财产、抽逃资金以逃避债务；（3）严重丧失商业信誉，其履约能力必然会受到影响，构成先期履约危险；（4）有其他丧失或者可能丧失履行债务能力的情形。

对于上述行使不安抗辩权的情形，先履行债务的当事人负有举证责任，须举证证明上述情形确实存在。如果不能举证或者举证不足以确切证明上述情形存在，即主张不安抗辩权的，构成违约行为，应当承担违约责任。

**第五百二十八条** 当事人依据前条规定中止履行的，应当及时通知对方。对方提供适当担保的，应当恢复履行。中止履行后，对方在合理期限内未恢复履行能力且未提供适当担保的，视为以自己的行为表明不履行主要债务，中止履行的一方可以解除合同并可以请求对方承担违约责任。

## 【条文要义】

本条是对不安抗辩权行使及其效果的规定。

法律为求双务合同当事人双方利益的平衡，规定主张不安抗辩权的当事人对后履行一方当事人负担通知义务。法律要求主张不安抗辩权的一方当事人在提出权利主张的同时，应当立即通知另一方。不安抗辩权的行使取决于权利人一方的意思，无须取得另一方同意的必要。法律使其负担即时通知义务是为了避免另一方当事人因此受到损害。

通知的另一个目的在于，经过通知，便于后履行一方在获此通知后，及时提供充分的履行债务担保，以消灭不安抗辩权。不安抗辩权消灭后，先履行一方应当恢复履行。

不安抗辩权行使后产生的法律后果有：

1. 先履行一方已经发出通知后，在后履行一方当事人没有提供适当担保之前，有权中止自己的履行。

2. 后履行一方当事人接到通知后，向对方提供了适当担保的，不安抗辩权消灭，合同恢复履行，主张不安抗辩权的当事人应当承担先履行的义务。

3. 先履行债务的当事人中止履行并通知对方当事人后，对方当事人在合理期限内既没有恢复履行能力，也没有提供适当担保的，先履行债务的当事人产生法定解除权，可以单方解除合同，同时还可以主张追究后履行一方的违约责任。

**第五百二十九条** 债权人分立、合并或者变更住所没有通知债务人，致使履行债务发生困难的，债务人可以中止履行或者将标的物提存。

## 【条文要义】

本条是对因债权人原因债务人中止履行或提存的规定。

在合同履行过程中，债务人应当诚实守信，积极履约，满足债权人的债权要求。但是，由于债权人的原因，而使债务人履行发生困难时，就不能认为债务人违约。

本条规定的就是这样的情形：当债权人发生分立、合并或者变更住所，却没有通知债务人，致使债务人履行债务发生困难的，债务人可以采取的救济措施有：

（1）不强制债务人必须履行债务，而是规定债务人可以中止履行，这种中止履行不是违约行为，因为有合法的不履行原因；（2）将标的物提存，提存以后，债务人已经将债务履行完毕。债务人依照后一种办法以提存方式消灭合同之债。应具备的条件是：债务须已到履行期限，未到履行期限的债务不能以提存方式履行。

**第五百三十条** 债权人可以拒绝债务人提前履行债务，但是提前履行不损害债权人利益的除外。

债务人提前履行债务给债权人增加的费用，由债务人负担。

【条文要义】

本条是对提前履行债务的规定。

提前履行，是指在履行期限到来之前的履行，是合同履行中履行行为的变动。提前履行既可以是债务人自己要求提前履行自己的债务，也可以是债权人请求债务人提前履行。在后一种情况下，如果债务人同意，自然可以提前履行；债务人不同意的，可以拒绝债权人的请求。本条规定的是前一种情形。

合同双方当事人应当严格按照合同约定的期限履行，才能体现双方的合意，实现共同利益。债务人提前履行很可能损害债权人的利益。在一般情况下，债务人提前履行并没有给债权人带来好处，甚至可能给债权人造成困难，故债权人可以拒绝债务人提前履行债务，但是，提前履行不损害债权人利益的除外。分两种情况：（1）如果履行期限是为债务人的利益设定的，债务人可以提前履行自己的义务，因为一般不能限制当事人放弃自己的利益，这种履行是适当的，债权人应当接受；（2）如果债的履行期限是为债权人利益设定的，或者关涉双方的利益，则债务人非经债权人的同意，不得提前履行。例如，在加工承揽合同中，承揽方提前交付定作物，应当事先与对方达成协议，并按协议进行。未经定作方同意提前交付定作物，定作方有权拒收。

提前履行给债权人增加的费用，应当由债务人承担。债务人拒绝承担的，应当强制其承担。

**第五百三十一条** 债权人可以拒绝债务人部分履行债务，但是部分履行不损害债权人利益的除外。

债务人部分履行债务给债权人增加的费用，由债务人负担。

## 【条文要义】

本条是对部分履行债务的规定。

部分履行相对于全面、适当履行而言。依法订立的合同具有法律效力，当事人双方必须全面地、适当地履行合同，使合同权利人的权利得到完全实现。如果当事人只部分履行合同，另外的部分不履行，当事人的预期目的就不能实现。当事人依据合同的标的数量履行债务，而该标的的质量或规格不符合合同要求，对另一方当事人来说，这种履行没有经济意义。

部分履行不是根本没有履行，而是部分履行合同债务。对于债务人的部分履行，债权人有拒绝受领权，拒绝受领债务人的部分履行债务。这种拒绝受领权只是相对于部分履行对于债权人的利益有损害而产生。如果部分履行不损害债权人利益，则债权人不享有拒绝受领权，不能拒绝债务人的部分履行。

债务人部分履行债务有可能给债权人增加接受履行的费用。这种费用的产生是由于债务人的部分履行造成的，应当由债务人负担。

**第五百三十二条　合同生效后，当事人不得因姓名、名称的变更或者法定代表人、负责人、承办人的变动而不履行合同义务。**

## 【条文要义】

本条是对合同主体其他变动不得拒绝履行的规定。

合同主体的姓名、名称的变更，以及法定代表人、负责人、承办人的变动，是经常出现的。为了避免当事人因为这些主体的变动而在合同履行中发生争议，防止当事人假借姓名、名称变更或者法定代表人、负责人、承办人的变动而不履行合同义务，故在合同生效后，当事人不得因姓名、名称的变更或者法定代表人、负责人、承办人的变动而不履行合同的义务。

自然人在改名前已经以其原姓名参与了某种法律关系，其姓名的改变不应影响他人和社会的利益。故当事人以其原姓名签订的合同亦应严格遵守，不得因姓名的改变而不履行合同义务。

法人和非法人组织名称的变更只是其文字标记的变更，不是合同主体的变更，法人和其他组织不能因名称的变更而不履行合同义务。

法人的法定代表人以及非法人组织的负责人、承办人的变更也不影响合同的履行。法人和非法人组织都依法享有合同主体资格，可以作为合同法律关系的主体，具有合同权利能力和合同行为能力，不能因法定代表人、负责人或者承办人的变动而不履行合同义务。

**第五百三十三条** 合同成立后，合同的基础条件发生了当事人在订立合同时无法预见的、不属于商业风险的重大变化，继续履行合同对于当事人一方明显不公平的，受不利影响的当事人可以与对方重新协商；在合理期限内协商不成的，当事人可以请求人民法院或者仲裁机构变更或者解除合同。

人民法院或者仲裁机构应当结合案件的实际情况，根据公平原则变更或者解除合同。

【条文要义】

本条是对情势变更原则的规定。

情势变更原则，是指在合同成立后，订立合同的基础条件发生了当事人在订立合同时无法预见的、不属于商业风险的重大变化，仍然维持合同效力履行合同对于当事人一方明显不公平的情势，受不利影响的当事人可以请求对方重新协商，变更或解除合同并免除责任的合同效力规则。

在合同领域，对情势变更原则的适用条件是相当严格的，应当具备的条件有：（1）须有应变更或解除合同的情势，即订立合同时合同行为的基础条件发生了变动，在履行时成为一种新的情势，与当事人的主观意思无关；（2）变更的情势须发生在合同成立后至消灭前；（3）情势变更的发生不可归责于双方当事人，当事人对于情势变更的发生没有主观过错；（4）情势变更须未为当事人所预料且不能预料，而且不属于商业风险；（5）继续维持合同效力将会产生显失公平的结果。

情势变更原则适用的法律效力是：（1）当事人重新协商，即再协商，再协商达成协议的，按照协商达成的协议确定双方当事人的权利义务关系；（2）再协商达不成协议的，可以变更或解除合同并免除当事人责任。人民法院或者仲裁机构应当结合案件的实际情况，根据公平原则确定变更或者解除合同。

情势变更原则发生两次效力。第一次效力是维持原法律关系，只变更某些内容。第一次效力多用于履行困难的情况，变更方式包括增减给付、延期或分期给付、变更给付标的或者拒绝先为给付。第一次效力不足以消除显失公平的结果时，发生第二次效力，即采取消灭原法律关系的方法以恢复公平，表现为终止合同、解除合同、免除责任或者拒绝履行。在司法实践中，适用情势变更原则，应当遵守以下规则：

1. 不可抗力致使继续履行合同对于当事人一方明显不公平的，适用本条规定的情势变更原则；不可抗力致使不能实现合同目的的，适用民法典第563条第1款第1项的规定产生合同的法定解除权。

2. 合同的基础条件发生了本条第1款规定的重大变化，继续履行合同对于当事人一方明显不公平，当事人在合理期限内协商不成，请求变更合同的，应当结合案件的实际情况，根据公平原则予以调整。通过变更合同无法实现公平，当事人请求变更合同的，不予支持；主张解除合同的，应当予以支持。

3. 依据本条第1款规定判决变更或者解除合同，当事人请求对方分担由此造成的损失的，应当根据公平原则，综合考虑当事人的约定、是否及时减损等因素予以判定。

4. 当事人一方迟延履行后，合同的基础条件发生了本条第1款规定的重大变化，其依据该规定请求变更或者解除合同的，不予支持。

5. 无法确定当事人之间对合同的基础条件存在共同误解还是合同成立之后的基础条件发生变化的，受不利影响的当事人主张构成情势变更的，依法予以支持。

6. 适用情势变更制度变更或者解除合同的时间标准是：依照本条的规定判决变更、解除合同的，起诉状副本送达的时间为合同变更、解除的时间。

7. 符合本条规定的情形，没有其他的违约事实，对方当事人请求受不利影响的当事人承担违约责任的，人民法院不予支持。依法解除合同的，可以结合案件的实际情况，根据公平原则判决对方当事人因合同解除遭受的实际损失由受不利影响的一方承担，或者由双方合理分担。

8. 受不利影响的当事人违背诚信原则迟延请求重新协商，对方主张由受不利影响的当事人承担因迟延请求重新协商所造成的扩大损失的，依法予以支持。

## 【相关司法解释】

《最高人民法院关于适用〈中华人民共和国民法典〉合同编通则若干问题的解释》

**第三十二条** 合同成立后，因政策调整或者市场供求关系异常变动等原因导致价格发生当事人在订立合同时无法预见的、不属于商业风险的涨跌，继续履行合同对于当事人一方明显不公平的，人民法院应当认定合同的基础条件发生了民法典第五百三十三条第一款规定的"重大变化"。但是，合同涉及市场属性活跃、长期以来价格波动较大的大宗商品以及股票、期货等风险投资型金融产品的除外。

合同的基础条件发生了民法典第五百三十三条第一款规定的重大变化，当事人请求变更合同的，人民法院不得解除合同；当事人一方请求变更合同，对方请求解除合同的，或者当事人一方请求解除合同，对方请求变更合同的，人民法院应当结合案件的实际情况，根据公平原则判决变更或者解除合同。

人民法院依据民法典第五百三十三条的规定判决变更或者解除合同的，应当综合考虑合同基础条件发生重大变化的时间、当事人重新协商的情况以及因合同变更或者解除给当事人造成的损失等因素，在判项中明确合同变更或者解除的时间。

当事人事先约定排除民法典第五百三十三条适用的，人民法院应当认定该约定无效。

**第五百三十四条** 对当事人利用合同实施危害国家利益、社会公共利益行为的，市场监督管理和其他有关行政主管部门依照法律、行政法规的规定负责监督处理。

【条文要义】

本条是对政府有关部门依法管理合同职权的规定。

本条是对原《合同法》第127条内容进行整理作出的规定，赋予政府市场监督管理部门和其他有关行政主管部门对合同的监督管理职权。对当事人利用合同实施危害国家利益或者社会公共利益行为的，政府主管部门有权依法进行监督，并且依法作出处理。

# 第五章　合同的保全

**第五百三十五条**　因债务人怠于行使其债权或者与该债权有关的从权利，影响债权人的到期债权实现的，债权人可以向人民法院请求以自己的名义代位行使债务人对相对人的权利，但是该权利专属于债务人自身的除外。

代位权的行使范围以债权人的到期债权为限。债权人行使代位权的必要费用，由债务人负担。

相对人对债务人的抗辩，可以向债权人主张。

【条文要义】

本条是对债权人到期债权行使债权人代位权的规定。

债权人代位权，是指债权人依法享有的为保全其债权，以自己的名义行使属于债务人对相对人权利的实体权利。当债务人怠于行使属于自己的债权或者与该债权有关的从权利而害及债权人的权利实现时，债权人可依债权人代位权，以自己的名义行使债务人怠于行使的债权。其特征是：(1) 债权人代位权是债权的从权利；(2) 债权人代位权是债权人以自己的名义代债务人之位行使的权利；(3) 债权人代位权的目的是保全债权；(4) 债权人代位权的性质是管理权。

本条规定的是债权人债权到期的代位权，其行使要件有：(1) 债权人对债务人的债权合法；(2) 债务人怠于行使其债权以及与该债权有关的从权利；(3) 影响债权人到期债权的实现；(4) 债务人的权利不是专属于债务人自身的权利。

债权人行使代位权，是向人民法院请求以自己的名义代位行使债务人对相对人的权利。行使权利的范围，应当以债务人到期债权以及与该债权有关的从权利为限，对超出到期债权范围以外的部分，不能行使代位权。债权人行使代位权所支出的费用，由债务人负担，债权人可以向其追偿。

在司法实践中，审理债权人代位权纠纷案件的基本规则是：

1. 债权人行使代位权时，相对人对债务人的抗辩，可以向债权人主张。例如，相对人因债务超过诉讼时效而取得抗辩权,该抗辩权可以直接向债权人行使,可以对抗债权人代位权。

2. 对于从权利范围的认定,债务人享有的担保物权、保证债权、建设工程价款优先受偿权、合同解除权等,属于本条第 1 款规定的从权利。

3. 对于专属于债务人自身的权利的认定,应当包括以下债务人自身的权利:(1)基于扶养关系、抚养关系、赡养关系、继承关系产生的给付请求权;(2)基本养老保险金、失业保险金、最低生活保障金等保障当事人基本生活的权利;(3)人身损害赔偿请求权、精神损害赔偿请求权;(4)抚恤金、安置费请求权;(5)劳动报酬请求权。

4. 认定债务人怠于行使债权和有关从权利的方法是:债务人既不履行其对债权人的到期债务,又不以诉讼或者仲裁方式向相对人主张其享有的到期债权或者与该债权有关的从权利的,可以认定为本条规定的"债务人怠于行使其债权或者与该债权有关的从权利"。相对人不认为债务人存在怠于行使其债权或者与该债权有关的从权利情况的,应当承担举证责任。

5. 代位权不具有优先受偿效力。债权人仅以代位权成立为由主张优先于债务人的其他债权人受偿的,人民法院不予支持。债权人接受履行后,债务人的破产管理人以具有《企业破产法》第 32 条规定的情形为由请求撤销该履行行为并追回财产的,人民法院依法予以支持。

6. 代位权诉讼的管辖。债权人依照本条的规定提起代位权诉讼的,由被告住所地人民法院管辖。但是,依法应当适用专属管辖或者债务人与相对人订有有效管辖协议的除外。债权人以境外当事人为被告提起的代位权诉讼,依照《民事诉讼法》第 272 条的规定确定管辖。

7. 提起代位权诉讼不受仲裁协议影响。债权人提起代位权诉讼后,债务人的相对人以订有仲裁条款为由提出异议的,不予支持。相对人与债务人的纠纷已经进入仲裁程序的,应当依法中止代位权诉讼。

8. 代位权诉讼管辖的特别规定。债权人向人民法院起诉债务人以后,又向同一人民法院对债务人的相对人提起代位权诉讼,符合民事诉讼法第 122 条规定的起诉条件的,应当立案受理;不符合前述第 6 项规定的,告知债权人向有管辖权的人民法院另行起诉。受理代位权诉讼的人民法院在债权人起诉债务人的诉讼裁判发生法律效力之前,应当依法中止代位权诉讼。

9. 代位权诉讼的第三人及合并审理。债权人以债务人的相对人为被告向人民法院提起代位权诉讼，未将债务人列为第三人的，人民法院可以追加债务人为第三人。两个或者两个以上债权人以债务人的同一相对人为被告提起代位权诉讼的，可以合并审理。

10. 代位权诉讼的担保。在代位权诉讼中，债权人申请人民法院对债务人的相对人的财产采取保全措施的，应当提供相应的担保。

11. 代位权诉讼中债务人的异议。在代位权诉讼中，债务人对债权人债权的存在或已到期等提出异议，经审查异议成立的，应当裁定驳回债权人的起诉。

12. 代位权诉讼的请求数额。在代位权诉讼中，债权人行使代位权的请求数额超过债务人所负债务额或者超过相对人对债务人所负债务额或者有关从权利对应债务额的，对超出部分人民法院不予支持。

13. 债务人就超过代位请求数额部分起诉相对人。在代位权诉讼中，债务人对超过债权人代位请求数额的债权部分起诉债务人的相对人的，人民法院应当告知其可向有管辖权的人民法院另行起诉。债务人的起诉符合法定条件的，人民法院应当受理；受理债务人起诉的人民法院在代位权诉讼裁判发生法律效力之前，应当依法中止审理。

## 【相关司法解释】

《最高人民法院关于适用〈中华人民共和国民法典〉合同编通则若干问题的解释》

**第三十三条** 债务人不履行其对债权人的到期债务，又不以诉讼或者仲裁方式向相对人主张其享有的债权或者与该债权有关的从权利，致使债权人的到期债权未能实现的，人民法院可以认定为民法典第五百三十五条规定的"债务人怠于行使其债权或者与该债权有关的从权利，影响债权人的到期债权实现"。

**第三十四条** 下列权利，人民法院可以认定为民法典第五百三十五条第一款规定的专属于债务人自身的权利：

（一）抚养费、赡养费或者扶养费请求权；

（二）人身损害赔偿请求权；

（三）劳动报酬请求权，但是超过债务人及其所扶养家属的生活必需费用的部分除外；

（四）请求支付基本养老保险金、失业保险金、最低生活保障金等保障当事人基本生活的权利；

（五）其他专属于债务人自身的权利。

**第三十五条** 债权人依据民法典第五百三十五条的规定对债务人的相对人提起代位权诉讼的，由被告住所地人民法院管辖，但是依法应当适用专属管辖规定的除外。

债务人或者相对人以双方之间的债权债务关系订有管辖协议为由提出异议的，人民法院不予支持。

**第三十六条** 债权人提起代位权诉讼后，债务人或者相对人以双方之间的债权债务关系订有仲裁协议为由对法院主管提出异议的，人民法院不予支持。但是，债务人或者相对人在首次开庭前就债务人与相对人之间的债权债务关系申请仲裁的，人民法院可以依法中止代位权诉讼。

**第三十七条** 债权人以债务人的相对人为被告向人民法院提起代位权诉讼，未将债务人列为第三人的，人民法院应当追加债务人为第三人。

两个以上债权人以债务人的同一相对人为被告提起代位权诉讼的，人民法院可以合并审理。债务人对相对人享有的债权不足以清偿其对两个以上债权人负担的债务的，人民法院应当按照债权人享有的债权比例确定相对人的履行份额，但是法律另有规定的除外。

**第三十八条** 债权人向人民法院起诉债务人后，又向同一人民法院对债务人的相对人提起代位权诉讼，属于该人民法院管辖的，可以合并审理。不属于该人民法院管辖的，应当告知其向有管辖权的人民法院另行起诉；在起诉债务人的诉讼终结前，代位权诉讼应当中止。

**第三十九条** 在代位权诉讼中，债务人对超过债权人代位请求数额的债权部分起诉相对人，属于同一人民法院管辖的，可以合并审理。不属于同一人民法院管辖的，应当告知其向有管辖权的人民法院另行起诉；在代位权诉讼终结前，债务人对相对人的诉讼应当中止。

**第四十条** 代位权诉讼中，人民法院经审理认为债权人的主张不符合代位权行使条件的，应当驳回诉讼请求，但是不影响债权人根据新的事实再次起诉。

债务人的相对人仅以债权人提起代位权诉讼时债权人与债务人之间的债权债务关系未经生效法律文书确认为由，主张债权人提起的诉讼不符合代位权行使条件的，人民法院不予支持。

**第五百三十六条** 债权人的债权到期前，债务人的债权或者与该债权有关的从权利存在诉讼时效期间即将届满或者未及时申报破产债权等情形，影响债权人的债权实现的，债权人可以代位向债务人的相对人请求其向债务人履行、向破产管理人申报或者作出其他必要的行为。

【条文要义】

本条是对未到期债权行使债权人代位权的规定。

债权人对债务人享有的债权在履行期限届满之前，行使债权人代位权须有必要的条件，即债务人对相对人享有的债权或者与该债权有关的从权利存在诉讼时效期间即将届满或者未及时申报破产债权等情形，影响债权人债权的实现。在符合这样的条件要求的情况下，债权人可以行使债权人代位权，其具体方法是：

1. 以债务人的名义，代位向债务人的相对人请求其向债务人履行，这是典型的代位权行使方法。

2. 相对人在破产程序中的，债权人可以代债务人之位，向破产管理人申报债权，将该债权纳入破产财产清偿范围，期待在破产清算中实现债权。

3. 作出其他必要的行为，如符合条件的，可以请求查封、冻结财产等。

后两种方法，超出了传统债权人代位权的范围，其目的仍然是保全债务人的财产以保护自己的债权，是针对实际情况所作的规定，对于保全债权人的债权具有重要意义。

**第五百三十七条** 人民法院认定代位权成立的，由债务人的相对人向债权人履行义务，债权人接受履行后，债权人与债务人、债务人与相对人之间相应的权利义务终止。债务人对相对人的债权或者与该债权有关的从权利被采取保全、执行措施，或者债务人破产的，依照相关法律的规定处理。

【条文要义】

本条是对债权人代位权行使方法及结果的规定。

债权人行使代位权，应当向人民法院起诉，由人民法院确认是否可以行使代位权。人民法院经过审理，认定债权人主张的代位权成立的，就可以判决由债务人的相对人直接向债权人履行债务。债权人接受相对人的履行后，债权人与债务人、债务人与其相对人之间相应的权利义务消灭。

事实上，这样的结果不是传统的债权人代位权的行使方法和结果。债权人代位权是保全债务人的财产，行使代位权的后果是使债务人对相对人的债权得以保全，以增加债务人履行债务的财产资力。我国在合同法立法中，采取了相对人直接向债权人履行债务的做法，可以节省司法资源，避免债权人多次起诉，造成讼累，是有较好的价值的，但与债权人代位权的管理权性质不同。

债务人对相对人的债权或者与该债权有关的从权利如果被采取保全、执行措施，或者债务人破产的，则应当依照民事诉讼法、企业破产法等相关法律的规定，进行处理。

【相关司法解释】

《最高人民法院关于适用〈中华人民共和国民法典〉合同编通则若干问题的解释》

第四十一条 债权人提起代位权诉讼后，债务人无正当理由减免相对人的债务或者延长相对人的履行期限，相对人以此向债权人抗辩的，人民法院不予支持。

第五百三十八条 债务人以放弃其债权、放弃债权担保、无偿转让财产等方式无偿处分财产权益，或者恶意延长其到期债权的履行期限，影响债权人的债权实现的，债权人可以请求人民法院撤销债务人的行为。

【条文要义】

本条是对债务人无偿处分财产行使债权人撤销权条件的规定。

债权人撤销权，是指债权人依法享有的为保全其债权，对债务人无偿或者低价处分作为债务履行资力的现有财产，以及放弃其债权或者债权担保、恶意延长到期债权履行期限的行为，请求法院予以撤销的权利。本条规定的是对债务人无偿处分财产行为的撤销权。

债权人撤销权的目的是保全债务人的一般财产，否定债务人不当减少一般财产的行为（欺诈行为），将已经脱离债务人一般财产的部分，恢复为债务人的一般财产。当债务人实施减少其财产或者放弃其到期债权而损害债权人债权的民事行为时，债权人可以依法行使这一权利，请求法院对该民事行为予以撤销，使已经处分了的财产回复原状，以保护债权人债权实现的物质基础。

债权人对债务人无偿处分财产行为行使撤销权的要件有：（1）债权人与债务人之间有债权债务关系；（2）债务人实施了处分财产的积极行为或者放弃债权、放弃债权担保的消极行为；（3）债务人的行为须有害于债权；（4）无偿处分行为不必具备主观恶意这一要件。

债权人对债务人无偿处分财产及其债权的行为行使撤销权的情形有：（1）放弃其债权，债务人放弃对自己作为债权人的相对人享有的债权，无论是到期还是未到期债权，均可行使撤销权；（2）放弃债权担保，债务人对自己负有的债务，由相对人或者第三人设置的担保予以放弃，使债务人享有的债权失去担保的财产保障，对债权人的债权构成威胁，可以行使撤销权；（3）无偿转让财产，债务人无偿将自己的财产转让给他人，对债权人的债权实现构成威胁，可以行使撤销权；（4）恶意延长其到期债权的履行期限，债务人对相对人享有的债权已经到期，为逃避债务延长履行期限，也是对债权人的债权实现构成威胁，可以行使撤销权。

**第五百三十九条** 债务人以明显不合理的低价转让财产、以明显不合理的高价受让他人财产或者为他人的债务提供担保，影响债权人的债权实现，债务人的相对人知道或者应当知道该情形的，债权人可以请求人民法院撤销债务人的行为。

**【条文要义】**

本条是对债务人有偿处分财产行使债权人撤销权的规定。

债务人有偿处分自己财产的行为，原本与债权人的利益无关，但是债务人为逃避债务，恶意低价处分，就危及债权人的债权。如果受让人对债务人低价处分财产的行为知道或者应当知道该情形，构成恶意。因此，债权人可以行使撤销权，撤销债务人与受让人的低价处分行为，保存债务人履行债务的财产资力。

债权人对债务人低价处分财产行为行使撤销权的要件是：（1）债权人与债务人之间有债权债务关系；（2）债务人实施了明显不合理的低价处分财产的积极行为；（3）债务人的行为须有害于债权；（4）债务人有逃避债务的恶意，低价处分财产行为的受让人知道或者应当知道该情形。

债权人对债务人低价处分财产行为行使撤销权的情形有：（1）债务人以明显不合理的低价转让财产，债务人以明显低于正常的合理价格转让自己的财产；（2）以明显不合理的高价受让他人财产，债务人以明显高于正常的价格受让他人的财产，相当于转移自己的资产；（3）为他人的债务提供担保，债务人在应当履行对债权人债务的情形下，以自己的财产为他人提供担保，将减少自己承担债务的财产资力。当出现这三种情形时，具备上述行使要件，即影响债权人的债权实现，债务人的相对人知道或者应当知道该情形的，债权人可以请求人民法院撤销债务人的行为。

在司法实践中，对于债权人行使撤销权的诉讼，应当把握以下规则。

1. 对于本条规定的明显不合理的低价或者高价，应当以交易当地一般经营者的判断标准，并参考交易当时交易地物价部门的指导价或者市场交易价，结合其他相关因素予以认定。转让价格未达到交易时交易地的指导价或者市场交易价70%的，一般可以认定为明显不合理的低价；转让价格高于交易时交易地指导价或者市场交易价30%的，一般可以认定为明显不合理的高价。

2. 对于债权人撤销权的效力范围可以掌握为：在撤销权诉讼中，被撤销行为的标的可分，当事人主张在受影响的债权数额范围内撤销债务人行为的，应予支持。被撤销行为的标的不可分，当事人主张将债务人行为全部撤销的，应予支持。

3. 对于撤销权诉讼的管辖：债权人依照民法典第538条、第539条的规定提起撤销权诉讼的，由被告住所地人民法院管辖。

4. 对于撤销权诉讼的第三人及合并审理的规则是：债权人依照民法典第538条、第539条的规定提起撤销权诉讼时以债务人和债务人的相对人为共同被告的，应予支持。债权人提起撤销权诉讼时只以债务人为被告的，可以追加债务人的相对人为第三人。两个或者两个以上债权人就债务人的同一行为提起撤销权诉讼的，人民法院可以合并审理。

5. 对于撤销权诉讼的必要费用的负担方法是：债权人行使撤销权所支付的合理的律师代理费、差旅费等必要费用，由债务人负担；债务人的相对人有过错的，应当适当分担。

6. 对于代位权诉讼和撤销权诉讼合并提起的处理方法是：债权人请求人民法院撤销债务人的行为，并同时以自己的名义代位行使债务人在其行为被撤销后对相对人所享有的权利的，人民法院应当受理并可以合并审理。债权人依前款规定起诉的，应当将债务人和债务人的相对人列为共同被告。经审理认定债务人与其相对人的行为应当撤销，从而将使债务人取得对相对人的债权或者与该债权有关的从权利的，视为债务人具有怠于行使其债权或者与该债权有关从权利的情形。债权人主张行使代位权的，依照民法典第535条、第536条、第537条规定处理。

【相关司法解释】

《最高人民法院关于适用〈中华人民共和国民法典〉合同编通则若干问题的解释》

第四十二条 对于民法典第五百三十九条规定的"明显不合理"的低价或者高价，人民法院应当按照交易当地一般经营者的判断，并参考交易时交易地的市场交易价或者物价部门指导价予以认定。

转让价格未达到交易时交易地的市场交易价或者指导价百分之七十的,一般可以认定为"明显不合理的低价";受让价格高于交易时交易地的市场交易价或者指导价百分之三十的,一般可以认定为"明显不合理的高价"。

债务人与相对人存在亲属关系、关联关系的,不受前款规定的百分之七十、百分之三十的限制。

**第四十三条** 债务人以明显不合理的价格,实施互易财产、以物抵债、出租或者承租财产、知识产权许可使用等行为,影响债权人的债权实现,债务人的相对人知道或者应当知道该情形,债权人请求撤销债务人的行为的,人民法院应当依据民法典第五百三十九条的规定予以支持。

**第四十四条** 债权人依据民法典第五百三十八条、第五百三十九条的规定提起撤销权诉讼的,应当以债务人和债务人的相对人为共同被告,由债务人或者相对人的住所地人民法院管辖,但是依法应当适用专属管辖规定的除外。

两个以上债权人就债务人的同一行为提起撤销权诉讼的,人民法院可以合并审理。

**第五百四十条** 撤销权的行使范围以债权人的债权为限。债权人行使撤销权的必要费用,由债务人负担。

**【条文要义】**

本条是对债权人行使债权人撤销权的范围和费用的规定。

债权人对债务人处分其债权、财产危及其债权的行为行使撤销权,是为了保护自己的债权,也是对债务人处分其财产危及债权人债权行为的矫正,是保全自己债权的行为。因此,债权人行使撤销权的范围,应当以保全自己的债权为限,一般不能超出保全自己的债权的范围,只有在债务人处分的财产或者权利是一个整体且无法分割时,才可以对该整体行为进行撤销,超出的部分不属于不当行为。同时,由于撤销权保全的是债务人的财产,即使将来用撤销权行使后回复债务人的财产清偿对债权人的债务,也是债务人应当履行的义务。因此,债权人行使撤销权所需的费用,由债务人负担。债权人已经支出这一费用的,可以向债务人追偿。

**【相关司法解释】**

《最高人民法院关于适用〈中华人民共和国民法典〉合同编通则若干问题的解释》

第四十五条 在债权人撤销权诉讼中，被撤销行为的标的可分，当事人主张在受影响的债权范围内撤销债务人的行为的，人民法院应予支持；被撤销行为的标的不可分，债权人主张将债务人的行为全部撤销的，人民法院应予支持。

债权人行使撤销权所支付的合理的律师代理费、差旅费等费用，可以认定为民法典第五百四十条规定的"必要费用"。

**第五百四十一条** 撤销权自债权人知道或者应当知道撤销事由之日起一年内行使。自债务人的行为发生之日起五年内没有行使撤销权的，该撤销权消灭。

**【条文要义】**

本条是对行使债权人撤销权除斥期间的规定。

债权人撤销权是形成权，存在权利失权的问题。因此，适用除斥期间的规定。本条规定的债权人撤销权的除斥期间，与民法典第152条规定的除斥期间相同，即自债权人知道或者应当知道撤销事由之日起，为一年时间；如果债权人不知道也不应当知道撤销事由，即自债务人实施的处分财产行为发生之日起，最长期间为5年，撤销权消灭。对此，适用民法典第199条关于除斥期间的一般性规定，不适用诉讼时效中止、中断和延长的规定。除斥期间届满，该撤销权消灭，债权人不得再行使。

**第五百四十二条** 债务人影响债权人的债权实现的行为被撤销的，自始没有法律约束力。

**【条文要义】**

本条是对债权人撤销权行使效果的规定。

债权人撤销权的目的是保全债务人的财产，而不是直接用债务人的财产清偿债务。因此，债权人向法院起诉主张撤销债务人损害债权的财产处分行为，人民法院支持其主张，撤销了债务人损害债权人利益的行为，其后果是该处分行为自始没有法律约束力，处分的财产回归债务人手中，成为履行对债权人债务的财产资力。

债权人在撤销债务人的财产处分行为后，行使自己债权的行为，司法实践中可以直接请求实现债权的做法是违反"入库规则"的。本条不再作出这样的规定，坚持"入库规则"。

【相关司法解释】

《最高人民法院关于适用〈中华人民共和国民法典〉合同编通则若干问题的解释》

第四十六条 债权人在撤销权诉讼中同时请求债务人的相对人向债务人承担返还财产、折价补偿、履行到期债务等法律后果的，人民法院依法予以支持。

债权人请求受理撤销权诉讼的人民法院一并审理其与债务人之间的债权债务关系，属于该人民法院管辖的，可以合并审理。不属于该人民法院管辖的，应当告知其向有管辖权的人民法院另行起诉。

债权人依据其与债务人的诉讼、撤销权诉讼产生的生效法律文书申请强制执行的，人民法院可以就债务人对相对人享有的权利采取强制执行措施以实现债权人的债权。债权人在撤销权诉讼中，申请对相对人的财产采取保全措施的，人民法院依法予以准许。

# 第六章 合同的变更和转让

**第五百四十三条** 当事人协商一致,可以变更合同。

【条文要义】

本条是对协议变更合同的规定。

合同的变更,分为法定变更、裁判变更和协议变更。本条规定的是协议变更。

合同变更的协商一致原则强调两层含义:(1)合同当事人协商一致就可以变更合同,强调合同变更的动因是当事人的意思表示一致,即达成变更合同的合意,这个规则受民法典第5条规定的自愿原则即意思自治原则规范,即民事主体"按照自己的意思设立、变更、终止民事法律关系";(2)强调广义合同变更的类型,将合同变更区别于因情势变更原则发生的法定变更和依照合同可变更、可撤销事由请求法院、仲裁机构裁决变更合同的裁判变更以及协议变更。本条规定的合同变更是协议变更,区别于法定变更和裁判变更。

协议变更,是合同变更的主要类型,是民法典规定的典型的合同变更类型。任何一个合同,在其成立以及生效之后,只要当事人协商一致,都可以进行变更。在社会生活中,当事人在订立合同之后,一般会签订《补充协议》《备忘录》等表达变更合同的意思表示。通过这些《补充协议》《备忘录》等协议变更合同内容,就是对合同的协议变更。

协商一致就是合意,即意思表示一致。之所以已经成立、生效的合同在当事人协商一致的情况下可以进行变更,是因为合同本来就是由当事人协商一致而订立的。既然合同当事人可以依据协商一致的原则订立合同,当然也可以依据协商一致原则而变更合同。合同变更的协商一致原则完全符合民法典关于意思自治原则和民事法律行为的规定。

如果一方当事人要变更合同,另一方当事人不同意变更合同,或者双方都有变更合同内容的意愿,但是双方意思表示的内容不能达成一致,还存在分歧,就是没有协商一致,还没有形成合同变更的意思表示一致,合同变更的合意就没有成立，所以不成立合同变更，也不发生合同变更的效果，原合同继续有效。

**第五百四十四条** 当事人对合同变更的内容约定不明确的，推定为未变更。

【条文要义】

本条是对合同变更禁止推定规则的反向规定。

合同变更禁止推定，是指当事人变更合同的意思表示须以明示方式为之，当事人未以明示方式约定合同变更的，禁止适用推定规则推定当事人有变更合同的意愿。禁止推定规则是合同变更须以明示方式为之的应有之义。

在合同变更中适用禁止推定规则的原因是合同变更一旦确认，将改变原合同的权利义务内容，甚至会改变原合同的性质，就会产生消灭原合同的效力，不仅消灭原合同的主债务，而且消灭其从债务，因此会使原合同当事人缔结合同所期待的法律后果发生重大改变，如果在当事人没有明示的意思表示的情况下，就推定合同变更，将会对一方当事人发生严重的不利影响，损害其权益。合同变更不得进行推定，就是要防止这种结果的出现。

本条没有直接规定合同变更的禁止推定规则，是从反面规定了反推定规则，是禁止推定规则的另一种表现形式，也是要维护原合同的稳定性，维护当事人之间利益关系原有的格局，防止出现因新合同对合同变更的约定不明而认定发生了合同变更，进而损害一方当事人的权益。因此，凡是一方或者双方当事人主张合同变更，只要约定变更的新合同对变更的内容约定不明确的，直接推定为未变更。不过，对一方主张变更，另一方主张未变更的，推定为未变更没有问题；如果双方当事人都主张变更，只是对变更的内容约定不明确，则可以让当事人重新协商变更内容，能够达成一致的，不适用这个反推定规则；只有达不成变更协议，仍然属于变更的内容约定不明确的，再推定原合同没有变更。

**第五百四十五条** 债权人可以将债权的全部或者部分转让给第三人，但是有下列情形之一的除外：

（一）根据债权性质不得转让；

（二）按照当事人约定不得转让；

（三）依照法律规定不得转让。

当事人约定非金钱债权不得转让的，不得对抗善意第三人。当事人约定金钱债权不得转让的，不得对抗第三人。

## 【条文要义】

本条是对债权转让及其范围的规定。

债权转让是债的移转的一种形式。债的移转，是指通过债的关系当事人与第三人协议的方式，在不改变债的客体和内容的情况下，对债的主体进行变更的债的转移形态。故债的移转就是债的主体之变更，包括债权转让、债务转移以及债权债务概括转移三种形式。

债权转让，也叫债权让与，是指债权人通过协议将其享有的债权全部或者部分地转让给第三人的行为。债权转让是债的关系主体变更的一种形式，它是在不改变债的内容的情况下，通过协议将债的关系中的债权人进行变更。债权转让的构成要件有：（1）须有有效的债权存在；（2）债权的转让人与受让人应达成转让协议；（3）转让的债权必须是依法可以转让的债权；（4）债权的转让协议须通知债务人。

债权转让的范围，原则上是可以转让的债权。不可以转让的债权，本条规定了三种：（1）根据债权性质不得转让，主要是合同是基于当事人的身份关系订立的，合同权利转让给第三人，违反当事人订立合同的目的，如收养合同；（2）按照当事人约定不得转让，当事人在订立合同时约定禁止将合同债权转让给第三人的，当然该债权不得转让；（3）依照法律规定不得转让，如果法律对某种合同债权规定禁止转让，则转让就违反了法律规定，自然不得转让。

如果当事人在合同中约定非金钱债权不得转让的，当事人应当遵守约定，对该非金钱债权不得转让。债权人一旦转让非金钱债权，原则上是无效的，但这种约定不得对抗善意第三人，如果受让债权的第三人是善意的，即对合同当事人约定的非金钱债权不得转让不知情，且无过失的，第三人主张转让有效的，发生债权转让的效果。

**第五百四十六条** 债权人转让债权，未通知债务人的，该转让对债务人不发生效力。

债权转让的通知不得撤销，但是经受让人同意的除外。

## 【条文要义】

本条是对债权转让应通知债务人的规定。

合同的债权人转让其债权的,应当通知债务人。债权转让的通知一旦到达债务人,即发生债权转让的后果。如果债权人未将转让其债权的行为通知债务人,该转让对债务人不发生法律效力。

债权转让的通知应当以到达债务人时产生法律效力。到达,是指债权转让的事实经过一定的方式使债务人知悉,如书面通知送到债务人的住所,或者口头告知债务人等。法律对通知的形式未作要求,所以债权人无论以何种形式将债权转让的事实通知债务人,都是适当的。如果因债务人以外的原因使债权转让的通知没有到达债务人,则对债务人不发生任何效力。

债权转让通知的时间,应当在债务人依照原来的约定履行债务之前进行,如果通知到达债务人的时间晚于债务人的实际履行时间,则对债务人不产生法律拘束力。债务人的履行不符合原来约定的时间的,不影响该通知对债务人的拘束力,但债务人的履行符合约定时间,只是履行的其他方面不符合合同的约定或者法律的规定的,债权转让的通知对债务人不发生法律效力。

将债权转让通知对方的直接后果即使该转让协议对债务人产生法律拘束力。一经通知,债务人即应当依照债权转让协议对债权的受让人承担履行债务的义务,债务人不得再行向原债权人履行债务。

债权转让的通知送达债务人以后,即发生法律效力,债权人不得再行撤销。只有在债务人同意债权人撤销通知时,债权转让的协议才能失去效力。

## 【相关司法解释】

**《最高人民法院关于适用〈中华人民共和国民法典〉合同编通则若干问题的解释》**

**第四十八条** 债务人在接到债权转让通知前已经向让与人履行,受让人请求债务人履行的,人民法院不予支持;债务人接到债权转让通知后仍然向让与人履行,受让人请求债务人履行的,人民法院应予支持。

让与人未通知债务人,受让人直接起诉债务人请求履行债务,人民法院经审理确认债权转让事实的,应当认定债权转让自起诉状副本送达时对债务人发生效力。债务人主张因未通知而给其增加的费用或者造成的损失从认定的债权数额中扣除的,人民法院依法予以支持。

**第四十九条** 债务人接到债权转让通知后,让与人以债权转让合同不成立、无效、被撤销或者确定不发生效力为由请求债务人向其履行的,人民法院不予支持。但是,该债权转让通知被依法撤销的除外。

受让人基于债务人对债权真实存在的确认受让债权后,债务人又以该债权不存在为由拒绝向受让人履行的,人民法院不予支持。但是,受让人知道或者应当知道该债权不存在的除外。

**第五十条** 让与人将同一债权转让给两个以上受让人,债务人以已经向最先通知的受让人履行为由主张其不再履行债务的,人民法院应予支持。债务人明知接受履行的受让人不是最先通知的受让人,最先通知的受让人请求债务人继续履行债务或者依据债权转让协议请求让与人承担违约责任的,人民法院应予支持;最先通知的受让人请求接受履行的受让人返还其接受的财产的,人民法院不予支持,但是接受履行的受让人明知该债权在其受让前已经转让给其他受让人的除外。

前款所称最先通知的受让人,是指最先到达债务人的转让通知中载明的受让人。当事人之间对通知到达时间有争议的,人民法院应当结合通知的方式等因素综合判断,而不能仅根据债务人认可的通知时间或者通知记载的时间予以认定。当事人采用邮寄、通讯电子系统等方式发出通知的,人民法院应当以邮戳时间或者通讯电子系统记载的时间等作为认定通知到达时间的依据。

**第五百四十七条** 债权人转让债权的,受让人取得与债权有关的从权利,但是该从权利专属于债权人自身的除外。

受让人取得从权利不因该从权利未办理转移登记手续或者未转移占有而受到影响。

【条文要义】

本条是对债权转让从随主原则的规定。

从随主原则,是债权转让的重要规则。主债权发生转移时,其从权利应随之一同转移,但该从权利专属于债权人自身的除外。随同债权转移而一并转移的从权利,包括担保物权和其他从权利。

债权的从权利是指与主债权相联系的,但自身并不能独立存在的权利。债权的从权利大部分是由主债权债务关系的从合同规定的,还有的本身就是主债权内容的一部分。例如,通过抵押合同设定的抵押权、质押合同设定的质权、保证合同设定的保证债权、定金合同设定的定金债权等，都属于由主债权的从合同设定的从权利。违约金债权、损害赔偿请求权、留置权、债权解除权、债权人撤销权、债权人代位权等，则属于由主债权或者依照法律规定产生的债权的从权利。

债权的从权利作为债权的一部分内容，债权人转让其债权的，附属于主债权的从权利也一并由受让人取得。如果转让双方在转让协议中明确规定了债权的从权利与主债权一并转让，在主债权转让的同时，从权利一并转移。即使债权的从权利是否转让没有在转让协议中作出明确规定，也与主债权一并转移于债权的受让人。例外的情况是，如果债权的从权利是专属于债权人的权利，则不会发生与主债权同时转移的效力。

债权转让中从权利的随从转移具有法定性。如果受让人取得了从权利，该从权利未办理权利变更登记，或者未转移占有，不影响债权转让引发从权利转移的效力，不因该从权利未履行转移登记手续或者未转移占有而受到影响。

**第五百四十八条　债务人接到债权转让通知后，债务人对让与人的抗辩，可以向受让人主张。**

【条文要义】

本条是对债权转让后对原债的抗辩仍可对抗新债权人的规定。

债权受让人取代原债权人的地位成为新的债权人，债务人不应因债权的转让而受到损害，所以债务人用以保证其权利的权利都应继续有效。故债务人接到债权转让通知时，债务人对让与人原来享有的抗辩及抗辩权仍然存在，并且可以向受让人主张，对抗债权的受让人履行请求权。

债务人享有的抗辩及抗辩权包括：

1. 法定抗辩事由，是法律规定的债的一方当事人用以主张对抗另一方当事人的免责事由，如不可抗力。

2. 在实际订立合同以后，发生的债务人可据以对抗原债权人的一切事由，债务人可以之对抗债权的受让人，如债务人享有撤销权的。

3. 原债权人的行为引起的债务人的抗辩权，如原债权人的违约行为，原债权人有关免责的意思表示，原债权人履行债务的行为等。

4. 债务人的行为所产生的可以对抗原债权人的一切抗辩事由，如债务人对原债权人已为的履行行为，可以对抗新的债权人。

5. 债务人接到债权转让的通知后，以对让与人的债务不成立、消灭等实体抗辩和管辖等程序抗辩向受让人主张的，应予支持。

6. 债权转让后，债务人对让与人的权利提出抗辩的，人民法院可以将让与人列为第三人。

**【相关司法解释】**

**《最高人民法院关于适用〈中华人民共和国民法典〉合同编通则若干问题的解释》**

第四十七条　债权转让后，债务人向受让人主张其对让与人的抗辩的，人民法院可以追加让与人为第三人。

债务转移后，新债务人主张原债务人对债权人的抗辩的，人民法院可以追加原债务人为第三人。

当事人一方将合同权利义务一并转让后，对方就合同权利义务向受让人主张抗辩或者受让人就合同权利义务向对方主张抗辩的，人民法院可以追加让与人为第三人。

第五百四十九条　有下列情形之一的，债务人可以向受让人主张抵销：

（一）债务人接到债权转让通知时，债务人对让与人享有债权，且债务人的债权先于转让的债权到期或者同时到期；

（二）债务人的债权与转让的债权是基于同一合同产生。

**【条文要义】**

本条是对债权转让后原债抵销权仍然有效的规定。

债务抵销是合同法的重要制度，是债的消灭方式之一，在债权转让中同样适用。被转让的债权如果存在债权人与债务人互负债务的情形，各以其债权充当债务的清偿，可以主张抵销。即使该债权被转让，债务人接到债权转让通知，债权发生转移，如果债务人对原债权人享有的债权先于转让的债权到期或者同时到期的，债务人可以向债权的受让人即新的债权人主张抵销，而使其债务与对方的债务在相同数额内互相消灭，不再履行。

本条规定了两种可以抵销的情形：

1. 债务人接到债权转让通知时，债务人对让与人享有债权，并且债务人的债权先于转让的债权到期或者同时到期的。行使要件是：（1）债务人接到债权转让通知时，债权转让已经完成；（2）债务人对让与人享有债权，即债权人和债务人相互负有债务、享有债权；（3）债务人的债权先于转让的债权到期或者同时到期的，即债权人转让债权时，债务人对债权人的债权已经到期或者同时到期，不包括没有到期的债权。符合这三个要件的要求，债务人可以对新债权人行使抵销权。

2. 债务人的债权与转让的债权都是基于同一个合同产生，就具有债权的关联性，因此可以抵销。

**第五百五十条　因债权转让增加的履行费用，由让与人负担。**

【条文要义】

本条是对债权转让增加履行费用负担的规定。

债权转让无须债务人同意，只要通知送达即可。因为这是债权人转让自己的权利，对债务人而言，债权人的变更与自己的利益关系并不大。尽管如此，如果债权人转让债权使债务人履行债务增加了新的费用，仍然是对债务人的不利益，这样增加的履行费用，由让与债权的让与人负担是公平合理的。

**第五百五十一条　债务人将债务的全部或者部分转移给第三人的，应当经债权人同意。**

**债务人或者第三人可以催告债权人在合理期限内予以同意，债权人未作表示的，视为不同意。**

【条文要义】

本条是对债务转移的规定。

债务转移，也称债务让与，是指债务人将其负有的债务转移给第三人，由第三人取代债务人的地位，对债权人负责给付的债的转移形态。

债务转移的要件有：（1）须有有效的债务存在，自然债务不能转移；（2）转让的债务应具有可转让性，法律规定不得转移、当事人约定不得转移以及依照性质不得转移的债务，不得转移；（3）须有债务转移的内容，债务受让人成为债权人的债务人；（4）须经债权人同意，如果债权人不同意债务转让，则债务人转让其债务的行为无效，不对债权人产生拘束力。

债务转移分为全部转移和部分转移：（1）债务的全部转移，是债务人与第三人达成协议，将其在债的关系中的全部债务一并转移给第三人；（2）债务的部分转移，是债务人将债的关系中债务的一部分转移给第三人，由第三人对债权人承担该部分债务。

债务人转移债务征求债权人意见的，债权人如果未回复意见，债务人或者拟受让债务的第三人可以催告债权人在合理期限内予以同意。该合理期限届满，债权人未作表示的，视为不同意，不发生债务转移的效果。

**第五百五十二条** 第三人与债务人约定加入债务并通知债权人，或者第三人向债权人表示愿意加入债务，债权人未在合理期限内明确拒绝的，债权人可以请求第三人在其愿意承担的债务范围内和债务人承担连带债务。

【条文要义】

本条是对债务加入的规定。

债务加入，也称并存的债务承担，是指原债务人并没有脱离原债务关系，第三人又加入原存的债务关系中，与债务人共同承担债务。

构成债务加入的要件有：（1）第三人与债务人约定，加入债务，与债务人共同承担债务；（2）第三人或者债务人通知债权人，或者向债权人表示，第三人愿意加入债务，与债务人共同承担债务；（3）债权人同意，或者在合理期限内未明确表示拒绝。符合这三个要件要求的，构成债务加入。

债务加入的效果是：（1）对债权人的效力，债务加入使债权人的债权进一步得到保障，债权人既可以向原债务人主张权利，也可以向第三人主张清偿，但仅享有一个债权，而不是两个债权；（2）对原债务人的效力，第三人承诺履行仅为第三人加入原债务，原债务人并不脱离原债权债务关系，仍对债权人负履行合同的义务，依然享有对债权人的合理抗辩权；（3）对第三人的效力，是第三人成为债务人，与原债务人一起向债权人承担义务，可以行使原债务人对债权人的抗辩；（4）对第三人与原债务人关系的影响，是第三人和债务人向债权人并列承担清偿责任，责任性质是连带责任，即第三人在其愿意承担的债务范围内和债务人共同承担连带债务。

债务加入与债务转移的识别方法是，第三人与债务人的约定或者向债权人所作的意思表示难以确定是债务移转还是债务加入，有关约定或者意思表示未明确免除债务人对债权人义务的，应当认定为债务加入。第三人履行债务后请求向债务人追偿的，应予支持。但是，第三人与债务人另有约定的除外。

**【相关司法解释】**

《最高人民法院关于适用〈中华人民共和国民法典〉合同编通则若干问题的解释》

第五十一条　第三人加入债务并与债务人约定了追偿权，其履行债务后主张向债务人追偿的，人民法院应予支持；没有约定追偿权，第三人依照民法典关于不当得利等的规定，在其已经向债权人履行债务的范围内请求债务人向其履行的，人民法院应予支持，但是第三人知道或者应当知道加入债务会损害债务人利益的除外。

债务人就其对债权人享有的抗辩向加入债务的第三人主张的，人民法院应予支持。

《最高人民法院关于适用〈中华人民共和国民法典〉有关担保制度的解释》

第十二条　法定代表人依照民法典第五百五十二条的规定以公司名义加入债务的，人民法院在认定该行为的效力时，可以参照本解释关于公司为他人提供担保的有关规则处理。

第三十六条　第三人向债权人提供差额补足、流动性支持等类似承诺文件作为增信措施，具有提供担保的意思表示，债权人请求第三人承担保证责任的，人民法院应当依照保证的有关规定处理。

第三人向债权人提供的承诺文件，具有加入债务或者与债务人共同承担债务等意思表示的，人民法院应当认定为民法典第五百五十二条规定的债务加入。

前两款中第三人提供的承诺文件难以确定是保证还是债务加入的，人民法院应当将其认定为保证。

第三人向债权人提供的承诺文件不符合前三款规定的情形，债权人请求第三人承担保证责任或者连带责任的，人民法院不予支持，但是不影响其依据承诺文件请求第三人履行约定的义务或者承担相应的民事责任。

**第五百五十三条　债务人转移债务的，新债务人可以主张原债务人对债权人的抗辩；原债务人对债权人享有债权的，新债务人不得向债权人主张抵销。**

**【条文要义】**

本条是对债务转移中债务人抗辩权和抵销权的规定。

债务人转移其债务后，新债务人取得原债务人的一切法律地位，有关对债权人的一切抗辩和抗辩权,新债务人都有权向债权人主张。债务的受让人取得的抗辩权的内容主要包括:(1)法定的抗辩事由,如不可抗力;(2)在实际发生债的关系后发生的债务人可据以对抗债权人的一切事由,新债务人可以之对抗债权人。例如,可撤销的合同原债务人享有的撤销权,债权人的违约行为,债权人有关免责的意思表示,以及原债务人对债权人已经实施的履行行为,新债务人都可以其对抗债权人。

债务转移后,原债务人享有的对债权人的抵销权不发生转移,即原债务人对债权人享有债权的,新债务人不得向债权人主张抵销。因为债务转移是特定债务的主体变更,原债务人没有转让自己对债权人享有的债权,当然不在转让的范围内。原债务人对债权人享有的债权,仍然可以向债权人主张。

债务转移后,新债务人就原债务人对债权人的权利提出抗辩的,人民法院可以将原债务人列为第三人。

**第五百五十四条　债务人转移债务的,新债务人应当承担与主债务有关的从债务,但是该从债务专属于原债务人自身的除外。**

【条文要义】

本条是对债务转移从随主原则的规定。

对附属于主债务的从债务,在债务人转让债务后,新债务人一并应对从债务予以承担。这是从随主原则的具体体现。

从属于主债务的从债务,因主债务的转移而一并发生转移,即使当事人在转让债务时未在转让协议中明确规定从债务问题,也不影响从债务转移给债务的受让人,尤其在全部债务转移时,原债务人的地位由受让人取得,从而脱离债的关系。债权人权利的实现只能依赖于新债务人的履行行为,新债务人自然应当对从债务予以承担,如附属于主债务的利息债务等,因债务转移而将移转承担人。例外的是,第三人原来向债权人所提供的担保,在债务转移时,若担保人未明确表示将继续承担担保责任,则担保责任将因债务转移而消灭。

专属于原债务人的从债务,在主债务转移时不必然随之转移。专属于原债务人的从债务,是指应当由原债务人自己来履行的附属于主债务的债务。一般在债务转移之前已经发生的从债务,要由原债务人来履行,不得转由债务的受让人来承担。对于与债务人的人身相关或者与原债务人有特殊关联的从债务,应由原债务人来承担，不随主债务的转让而由新债务人承担。

**第五百五十五条** 当事人一方经对方同意，可以将自己在合同中的权利和义务一并转让给第三人。

【条文要义】

本条是对债权债务概括转移一般规则的规定。

债权债务概括转移，是指债的关系当事人一方将其债权与债务一并转移给第三人，由第三人概括地继受这些债权和债务的债的移转形态。债权债务概括转移与债权转让及债务转移的不同之处在于，债权转让和债务转移仅是债权或者债务的单一转让，而债权债务概括转移则是债权与债务的一并转让。

债权债务概括转移，一般由债的一方当事人与债的关系之外的第三人通过签订转让协议的方式，约定由第三人取代债权债务转让人的地位，享有债的关系中转让人的一切债权并承担转让人的一切债务。

可以进行债权债务概括转移的只能是双务之债，如双务合同。仅仅一方负有债务、另一方享有债权的合同以及单务合同，不适用债权债务概括转移。

债权债务概括转移的法律效果，是第三人替代合同的原当事人，成为新合同的当事人，一并承受转让的债权和债务。

**第五百五十六条** 合同的权利和义务一并转让的，适用债权转让、债务转移的有关规定。

【条文要义】

本条是对债权债务概括转移具体规则的规定。

由于债权债务概括转移在转让债权的同时，也有债务的转让。因此，应当适用债权转让和债务转移的有关规定。应当特别强调的是，为保护当事人的合法权利，不因债权债务的转让而使另一方受有损失，债权债务概括转移必须经另一方当事人同意，否则转让协议不产生法律效力。

当事人一方将合同权利义务一并转让后，对方就合同权利义务向受让人提出抗辩的，人民法院可以将让与人列为第三人。

# 第七章　合同的权利义务终止

**第五百五十七条**　有下列情形之一的，债权债务终止：

（一）债务已经履行；

（二）债务相互抵销；

（三）债务人依法将标的物提存；

（四）债权人免除债务；

（五）债权债务同归于一人；

（六）法律规定或者当事人约定终止的其他情形。

合同解除的，该合同的权利义务关系终止。

【条文要义】

本条是对债的终止及事由的规定。

债的终止，也叫债权债务关系终止或者债的消灭，是指债的当事人之间的债的关系在客观上已经不复存在，债权与债务归于消灭。

债的消灭原因，本条规定为6种，即（1）债务已经履行，即清偿；（2）债务相互抵销；（3）提存；（4）免除；（5）混同；（6）其他原因。除此之外，解除也消灭债的关系。

这些债的消灭原因综合起来分为以下三种：（1）基于债的目的达到而消灭，即债权人的预期利益得到了满足。（2）基于当事人的意思而消灭，当事人一致意思要消灭债的关系可以消灭债。（3）基于法律的直接规定而消灭，如合同的法定解除，当事人死亡或丧失行为能力，法人的终止等。

债权债务消灭后发生的效力是：（1）债的当事人之间的债权债务关系消灭，债权人不再享有债权，债务人不再负担债务。（2）债权的担保及其他从属的权利义务消灭。（3）负债字据的返还，有负债字据的债的关系消灭后，债务人可以请求返还或者涂销负债字据；债的关系部分消灭的，或者负债字据上载有债权人其他权利的,债务人可以请求将债的消灭的事由记入负债字据。债权人主张不能返还或者不能记入的,债务人可以请求债权人出具债的消灭证书。(4)附随义务履行。(5)不影响债的关系中结算和清理条款的效力。

本条之所以将解除从债的消灭事由中单独规定出来,是因为合同的解除是合同尚未履行完毕就推翻合同约定,与上述六种债的消灭是不一样的。

## 【相关司法解释】

《最高人民法院关于适用〈中华人民共和国民法典〉合同编通则若干问题的解释》

**第二十七条** 债务人或者第三人与债权人在债务履行期限届满后达成以物抵债协议,不存在影响合同效力情形的,人民法院应当认定该协议自当事人意思表示一致时生效。

债务人或者第三人履行以物抵债协议后,人民法院应当认定相应的原债务同时消灭;债务人或者第三人未按照约定履行以物抵债协议,经催告后在合理期限内仍不履行,债权人选择请求履行原债务或者以物抵债协议的,人民法院应予支持,但是法律另有规定或者当事人另有约定的除外。

前款规定的以物抵债协议经人民法院确认或者人民法院根据当事人达成的以物抵债协议制作成调解书,债权人主张财产权利自确认书、调解书生效时发生变动或者具有对抗善意第三人效力的,人民法院不予支持。

债务人或者第三人以自己不享有所有权或者处分权的财产权利订立以物抵债协议的,依据本解释第十九条的规定处理。

**第二十八条** 债务人或者第三人与债权人在债务履行期限届满前达成以物抵债协议的,人民法院应当在审理债权债务关系的基础上认定该协议的效力。

当事人约定债务人到期没有清偿债务,债权人可以对抵债财产拍卖、变卖、折价以实现债权的,人民法院应当认定该约定有效。当事人约定债务人到期没有清偿债务,抵债财产归债权人所有的,人民法院应当认定该约定无效,但是不影响其他部分的效力;债权人请求对抵债财产拍卖、变卖、折价以实现债权的,人民法院应予支持。

当事人订立前款规定的以物抵债协议后,债务人或者第三人未将财产权利转移至债权人名下,债权人主张优先受偿的,人民法院不予支持;债务人或者第三人已将财产权利转移至债权人名下的,依据《最高人民法院关于适用〈中华人民共和国民法典〉有关担保制度的解释》第六十八条的规定处理。

**第五百五十八条** 债权债务终止后,当事人应当遵循诚信等原则,根据交易习惯履行通知、协助、保密、旧物回收等义务。

【条文要义】

本条是对后契约义务的规定。

后契约义务,也叫后合同义务,是指合同的权利义务终止后,当事人依照法律的规定,遵循诚实信用原则和交易习惯应当履行的附随义务。

合同关系终止后,债权债务即告消灭,当事人之间不再存在任何关系。不过,按照现代合同法的观念,在合同关系终止后,当事人之间还存在一定的关系,这就是合同在后契约阶段的附随义务。后契约阶段的附随义务将债的关系终止后的当事人仍然连接在一起,按照附随义务的要求,将附随义务履行完毕,当事人之间债的关系才真正消灭。

后契约义务的确定根据是法律规定和交易习惯。前者如本条规定的通知、协助、保密、旧物回收的义务;后者如售后三包服务等。

法定的后契约义务包括:(1)通知义务,即合同的权利义务终止后,应当通知对方,例如提存后应当通知债权人;(2)协助义务,即合同的权利义务终止后,应当协助对方处理与原合同有关的事务;(3)保密义务,即当事人在合同过程中知悉的对方当事人的商业秘密等,应当予以保守;(4)旧物回收义务,是体现绿色原则的后契约义务,对能够回收的旧物予以回收。后契约义务具有强制性。在后契约阶段,当事人一方违反民法典本条规定的通知、协助、保密、旧物回收等义务的,构成后契约责任,对方请求继续履行或者采取补救措施的,依法予以支持。对方请求赔偿因违反该义务所造成损失的,应予支持。

**第五百五十九条** 债权债务终止时,债权的从权利同时消灭,但是法律另有规定或者当事人另有约定的除外。

【条文要义】

本条是对债权债务终止后债权的从权利一并消灭的规定。

债消灭之后,债的当事人之间的债权债务关系即消灭,债权人不再享有债权,债务人不再负担债务。在债的主债权债务关系消灭后,附随于主债权债务关系的从债权债务关系也随之一并消灭。例如,担保物权、保证债权、违约金债权、利息债权等，在债的关系消灭时一并消灭。如果法律另有规定或者当事人另有约定的，则依照法律规定和当事人约定，不予消灭。

**第五百六十条** 债务人对同一债权人负担的数项债务种类相同，债务人的给付不足以清偿全部债务的，除当事人另有约定外，由债务人在清偿时指定其履行的债务。

债务人未作指定的，应当优先履行已经到期的债务；数项债务均到期的，优先履行对债权人缺乏担保或者担保最少的债务；均无担保或者担保相等的，优先履行债务人负担较重的债务；负担相同的，按照债务到期的先后顺序履行；到期时间相同的，按照债务比例履行。

**【条文要义】**

本条是对原本债务清偿抵充的规定。

清偿抵充，是指同一债权人负担的数宗债务的债务人，其给付的种类相同，所提出的给付不足以清偿全部债务时，决定清偿抵充何种债务的债法制度。例如，债务人欠银行数宗欠款，设置担保、利息高低各不相同，在其给付不能清偿全部债务时，该次清偿应偿还哪笔欠款，就是清偿抵充。

清偿抵充的成立条件是：（1）债务人须对同一债权人负担数宗债务；（2）债务人负担的数宗债务的种类相同；（3）债务人提出的给付不足以清偿全部债权。

清偿抵充分为约定抵充、指定抵充和法定抵充。

1. 约定抵充，是指当事人之间事先约定债务人的清偿系抵充何宗债务。如果当事人之间就债务人的清偿系抵充何宗债务有约定，应从其约定。

2. 指定抵充，是指当事人一方以其意思指定清偿人的清偿应抵充的债务。指定抵充应当具备两个条件：一是指定应于清偿时为之，并且一经指定不得撤回；二是指定抵充的指定权人为清偿人。

3. 法定抵充，是指当事人在未指定抵充时，依据法律规定决定清偿人的清偿应抵充的债务。本条第2款规定的法定抵充顺序是：（1）债务人未作指定的，应当优先履行已到期的债务；（2）数项债务均到期的，优先履行对债权人缺乏担保或者担保最少的债务；（3）均无担保或者担保相等的，优先履行债务负担较重的债务；（4）负担相同的，按照债务到期的先后顺序履行；（5）到期时间相同的，按债务比例履行。

**第五百六十一条** 债务人在履行主债务外还应当支付利息和实现债权的有关费用，其给付不足以清偿全部债务的，除当事人另有约定外，应当按照下列顺序履行：

（一）实现债权的有关费用；

（二）利息；

（三）主债务。

【条文要义】

本条是对利息之债与费用之债清偿抵充的规定。

债务人除原本债务外，还应支付利息和费用之债，而债务人的清偿不足以清偿全部债务时，应当按照清偿抵充的约定顺序进行，没有约定的，依照法定抵充顺序为之。

法定抵充顺序是：（1）实现债权的有关费用；（2）利息之债；（3）主债务。上述抵充顺序，均具有前一顺序对抗后一顺序的效力。

**第五百六十二条** 当事人协商一致，可以解除合同。

当事人可以约定一方解除合同的事由。解除合同的事由发生时，解除权人可以解除合同。

【条文要义】

本条是对合同协议解除和约定解除的规定。

合同的解除分为协议解除、约定解除和法定解除三种类型。

协议解除，也叫合意解除、解除契约或反对契约，是指在合同有效成立之后，尚未履行完毕之前，当事人双方通过协商达成协议，而使合同效力消灭的双方民事法律行为。协议解除，双方当事人须在解除合同的事项上达成意思表示一致，确定合同解除；协议还须对合同存续期间发生的各种权利义务关系如何处理达成一致意思表示。当事人在这两个方面达成合意，合同即可解除。

约定解除，是指在原合同中通过解除权条款或另外签订一个合同，赋予一方或双方当事人在一定条件下享有解除权，有权解除合同。约定解除是单方解除合同。约定解除与附解除条件的区别是：（1）解除条件原则上可以附加于一切民事法律行为及意思表示，而合同约定解除仅限于合同领域；（2）解除条件成就后，附解除条件的民事法律行为当然且自动地消灭，在合同约定解除时，解除条件的具备仅仅是使合同当事人享有了解除权，当解除权人依法行使解除权予以解除时，才会使合同之债解除；（3）所附解除条件成就，一般是使附解除条件的民事法律行为向将来失去效力，并不溯及既往，而合同的解除则是使合同关系自始消灭。

**【相关司法解释】**

《最高人民法院关于适用〈中华人民共和国民法典〉合同编通则若干问题的解释》

第五十二条　当事人就解除合同协商一致时未对合同解除后的违约责任、结算和清理等问题作出处理，一方主张合同已经解除的，人民法院应予支持。但是，当事人另有约定的除外。

有下列情形之一的，除当事人一方另有意思表示外，人民法院可以认定合同解除：

（一）当事人一方主张行使法律规定或者合同约定的解除权，经审理认为不符合解除权行使条件但是对方同意解除；

（二）双方当事人均不符合解除权行使的条件但是均主张解除合同。

前两款情形下的违约责任、结算和清理等问题，人民法院应当依据民法典第五百六十六条、第五百六十七条和有关违约责任的规定处理。

**第五百六十三条**　有下列情形之一的，当事人可以解除合同：

（一）因不可抗力致使不能实现合同目的；

（二）在履行期限届满前，当事人一方明确表示或者以自己的行为表明不履行主要债务；

（三）当事人一方迟延履行主要债务，经催告后在合理期限内仍未履行；

（四）当事人一方迟延履行债务或者有其他违约行为致使不能实现合同目的；

（五）法律规定的其他情形。

以持续履行的债务为内容的不定期合同，当事人可以随时解除合同，但是应当在合理期限之前通知对方。

【条文要义】

本条是对合同法定解除及理由的规定。

法定解除，是指合同在有效成立后尚未履行或未完全履行完毕前，由于法律规定的事由行使解除权，而使合同归于消灭的行为。

法定解除的条件是：

1. 因不可抗力致使不能实现合同目的，须不可抗力且其导致不能实现合同目的的两个条件同时满足。

2. 在履行期限届满之前，当事人一方明确表示或者以自己的行为表明不履行主要债务，即明示的预期违约和默示的预期违约。

3. 当事人一方迟延履行主要债务，经催告后在合理期限内仍未履行，表明债务人根本就没有履行合同的诚意，或者根本就不可能履行合同。

4. 当事人一方迟延履行债务或者有其他违约行为致使不能实现合同目的，即根本违约。

5. 法律规定的其他情形，如当事人在行使不安抗辩权而中止履行的情况下，如果对方在合理期限内未恢复履行能力并且未提供适当的担保，则中止履行的一方可以解除合同。另外，《消费者权益保护法》第24条规定的七天无理由退货，就是法定的合同解除权。

以持续履行的债务为内容的不定期合同，如房屋租赁合同，当事人享有任意解除权，可以随时解除合同，只是应当在合理期限内通知对方后，再解除合同。

**第五百六十四条** 法律规定或者当事人约定解除权行使期限，期限届满当事人不行使的，该权利消灭。

法律没有规定或者当事人没有约定解除权行使期限，自解除权人知道或者应当知道解除事由之日起一年内不行使，或者经对方催告后在合理期限内不行使的，该权利消灭。

【条文要义】

本条是对合同解除权行使期限的规定。

对某种约定解除权或者法定解除权，法律规定或者当事人约定了解除权行使期限，期限届满当事人不行使的，该解除权消灭。

对某种约定解除权或者法定解除权，法律没有规定或者当事人没有约定解除权行使期限的，用以下两种方法确定其行使期限：（1）以除斥期间确定，即除斥期间为一年，自解除权人知道或者应当知道解除事由之日起一年；（2）通过催告确定，即经对方催告后，在合理期限内解除权人不行使解除权的，该权利消灭。

不论是约定的解除权行使期限，还是法定的解除权行使期限，都是不变期间，不适用中止、中断和延长的规定。

## 【相关司法解释】

《最高人民法院关于适用〈中华人民共和国民法典〉时间效力的若干规定》

第二十五条　民法典施行前成立的合同，当时的法律、司法解释没有规定且当事人没有约定解除权行使期限，对方当事人也未催告的，解除权人在民法典施行前知道或者应当知道解除事由，自民法典施行之日起一年内不行使的，人民法院应当依法认定该解除权消灭；解除权人在民法典施行后知道或者应当知道解除事由的，适用民法典第五百六十四条第二款关于解除权行使期限的规定。

第五百六十五条　当事人一方依法主张解除合同的，应当通知对方。合同自通知到达对方时解除；通知载明债务人在一定期限内不履行债务则合同自动解除，债务人在该期限内未履行债务的，合同自通知载明的期限届满时解除。对方对解除合同有异议的，任何一方当事人均可以请求人民法院或者仲裁机构确认解除行为的效力。

当事人一方未通知对方，直接以提起诉讼或者申请仲裁的方式依法主张解除合同，人民法院或者仲裁机构确认该主张的，合同自起诉状副本或者仲裁申请书副本送达对方时解除。

## 【条文要义】

本条是对合同解除权生效时间的规定。

解除权的性质是形成权，行使解除权的方式是通知。故确定解除权生效时间的基本规则是：

1. 解除权人在行使解除权时，只要将解除合同的意思表示通知对方，即产生解除的效力，解除权生效的时间采取到达主义，即合同自通知到达对方时解除。

2. 通知载明债务人在一定期限内不履行债务则合同自动解除，债务人在该期限内未履行债务的，合同自通知载明的期限届满时解除。对方如果对行使解除权解除合同有异议，任何一方当事人都可以向人民法院起诉或者向仲裁机构申请，请求确认解除合同的效力。人民法院或者仲裁机构确认解除权成立的，按照上述解除权生效时间的规定裁判。

如果当事人一方未通知对方，而是直接向人民法院或者仲裁机构起诉或者申请，以诉讼或者仲裁方式主张解除合同，人民法院或者仲裁机构支持该方当事人行使解除权主张的，起诉状副本或者仲裁申请书副本送达对方的时间为合同的解除时间。

当事人一方按照本条第2款的规定，直接以提起诉讼的方式主张解除合同，在一审宣判前申请撤诉或者在二审宣判前申请撤回起诉且对方同意的，可以准许。此后双方当事人因合同是否解除发生纠纷又起诉，经审理确认合同解除的，合同自再次起诉的起诉状副本送达对方当事人时解除，但是因对方同意解除合同而撤诉的除外。

**【相关司法解释】**

《最高人民法院关于适用〈中华人民共和国民法典〉合同编通则若干问题的解释》

第五十三条 当事人一方以通知方式解除合同，并以对方未在约定的异议期限或者其他合理期限内提出异议为由主张合同已经解除的，人民法院应当对其是否享有法律规定或者合同约定的解除权进行审查。经审查，享有解除权的，合同自通知到达对方时解除；不享有解除权的，不发生合同解除的效力。

第五十四条 当事人一方未通知对方，直接以提起诉讼的方式主张解除合同，撤诉后再次起诉主张解除合同，人民法院经审理支持该主张的，合同自再次起诉的起诉状副本送达对方时解除。但是，当事人一方撤诉后又通知对方解除合同且该通知已经到达对方的除外。

《最高人民法院关于适用〈中华人民共和国民法典〉时间效力的若干规定》

第十条 民法典施行前，当事人一方未通知对方而直接以提起诉讼方式依法主张解除合同的，适用民法典第五百六十五条第二款的规定。

**第五百六十六条** 合同解除后，尚未履行的，终止履行；已经履行的，根据履行情况和合同性质，当事人可以请求恢复原状或者采取其他补救措施，并有权请求赔偿损失。

合同因违约解除的，解除权人可以请求违约方承担违约责任，但是当事人另有约定的除外。

主合同解除后，担保人对债务人应当承担的民事责任仍应当承担担保责任，但是担保合同另有约定的除外。

**【条文要义】**

本条是对合同解除效力的规定。

解除效力，是指合同之债解除后所产生的法律后果。

合同解除的直接法律后果，是使合同关系消灭，合同不再履行。解除之前的债权债务关系应当如何处理，涉及解除的溯及力问题。如果解除具有溯及力，则对解除之前已经履行的部分，就要发生恢复原状的法律后果；如果解除不具有溯及力，则解除之前所为的履行仍然有效，当事人无须恢复原状。

本条规定的规则是：（1）尚未履行的，履行终止，不再继续履行；（2）已经履行的，一是根据履行情况和合同性质，二是根据当事人是否请求的态度决定，当事人可以请求恢复原状，也可以不请求，这完全取决于当事人的意志。请求恢复原状的，这种合同之债解除就具有溯及力，反之，就不具有溯及力。当事人也可以采取其他补救措施，并有权要求赔偿损失。根据合同的履行情况和合同性质，能够恢复原状，当事人又予以请求的，则可以恢复原状。如果根据履行情况和合同性质是不可能恢复原状的，即使当事人请求，也不可能恢复原状。例如，租赁、借贷、委托、中介、运输等合同，都是不能恢复原状的。至于损害赔偿，合同的解除不影响当事人要求损害赔偿的权利。只要合同不履行已经造成了债权人的财产利益损失，违约方就应当予以赔偿。如果解除合同的原因是不可抗力，则不发生损害赔偿责任。

合同是因违约而解除的，未违约的一方当事人是解除权人，可以请求违约方承担违约责任，如果当事人另有约定，则按照当事人的约定办理。

主合同解除后，尽管主合同的债权债务关系消灭，但是其担保人对债权人的担保权利并不一并消灭，担保人（包括第三人担保和债务人自己担保）对债权人应当承担的民事责任并不消灭，仍应承担担保责任，但是担保合同另有约定的除外。

**第五百六十七条** 合同的权利义务关系终止，不影响合同中结算和清理条款的效力。

【条文要义】

本条是对合同消灭后其结算和清理条款效力的规定。

合同消灭后,不影响合同中结算和清理条款的效力。这是因为,合同的债权债务关系消灭,如果将在合同中约定的合同之债的结算和清理条款也一并消灭,会使债务关系的结算和清理失去法律依据,势必影响当事人之间交易关系的清结。因此,在债的关系消灭之后,并不影响债的关系中结算和清理条款的效力,债权人和债务人之间的结算和清理能够有据可依。

结算是经济活动中的货币给付行为,如银行汇票的结算,商业汇票的结算,银行本票的结算、汇兑、委托收款等。当事人在合同中约定了结算条款的,合同消灭后,应当按照约定的方式结算。

清理是指对债权债务进行清点、估价和处理。如果合同约定了对债权债务清理的条款,合同消灭后,应当按照合同约定进行清理。

**第五百六十八条　当事人互负债务,该债务的标的物种类、品质相同的,任何一方可以将自己的债务与对方的到期债务抵销;但是,根据债务性质、按照当事人约定或者依照法律规定不得抵销的除外。**

**当事人主张抵销的,应当通知对方。通知自到达对方时生效。抵销不得附条件或者附期限。**

【条文要义】

本条是对法定抵销的规定。

抵销,是指当事人互负给付债务,各以其债权充当债务的清偿,而使其债务与对方的债务在等额内相互消灭的债的消灭制度。未抵销的债权即债务人的债权称为自动债权、抵销债权或反对债权;被抵销的债权,即债权人的债权,叫作被动债权、受动债权或主债权。抵销分为法定抵销与合意抵销两种。

法定抵销,是指由法律规定两债权得以抵销的条件,当条件具备时,依当事人一方的意思表示即可发生抵销效力的抵销。这种通过单方意思表示即可产生抵销效力的权利,是形成权。行使抵销权,就是行使形成权,只要具备了法定的抵销条件,当事人一经提出抵销的请求,抵销即发生法律效力。

法定抵销须具备的要件是:(1)双方当事人必须互负债权、债务;(2)双方当事人所负债务的给付须是同一种类；（3）主张抵销的债务必须均届清偿期；（4）双方所负债务必须都属于可抵销的债务。具备这些条件，双方当事人均取得此项权利，可以即时行使，也可以放弃。

抵销为处分债权的单方法律行为，应当适用关于法律行为和意思表示的法律规定。当事人主张抵销的，应当通知对方。通知自到达对方时生效。抵销既不得附条件，也不得附期限，因为抵销附条件或者附期限，会使抵销的效力变得不确定，有违抵销的本意，也有害于他人的利益。

法定抵销的效力是：（1）双方的债权债务于抵销数额内消灭；（2）抵销的意思表示溯及于得为抵销之时，即相互间的债权溯及可以为抵销时按照抵销数额而消灭。

在抵销的诉讼中，应当把握的规则是：

1. 抵销参照适用抵充规则、抵销权行使的方式：（1）行使抵销权的一方负担数项同种类债务，但享有的债权不足以抵销全部债务，当事人因抵销的顺序发生争议的，可以参照适用民法典第560条的规定；（2）行使抵销权的一方享有的债权不足以抵销其负担的包括实现债权的费用、利息、主债务等在内的全部债务额，当事人因抵销的顺序发生争议的，可以参照适用民法典第561条的规定；（3）基于同一合同关系互负债务的当事人通过反诉或者抗辩的方式主张抵销的，依法予以支持。

2. 根据性质不得抵销的债务是：（1）提供劳务的债务；（2）不作为债务；（3）约定应当向第三人履行的债务；（4）其他根据债务性质不得抵销的债务。此外，因侵害生命权、身体权、健康权或者故意侵害其他人身、财产权利所产生的债务，侵权人主张抵销的，不予支持。

3. 行使抵销权时债务消灭时间的规则是：当事人主张抵销的，人民法院应当认定通知到达时双方互负的债务在同等数额内消灭。

4. 已过诉讼时效债务的抵销。当事人互负债务，其中一方享有的债权已过诉讼时效，对方在该债权范围内主张抵销的，依法予以支持。当事人一方以其享有的已过诉讼时效的债权主张抵销，对方未在合理期限内提出诉讼时效抗辩，经审查符合民法典第568条规定的抵销条件的，应当认定抵销成立。

【相关司法解释】

《最高人民法院关于适用〈中华人民共和国民法典〉合同编通则若干问题的解释》

**第五十五条** 当事人一方依据民法典第五百六十八条的规定主张抵销，人民法院经审理认为抵销权成立的，应当认定通知到达对方时双方互负的主债务、利息、违约金或者损害赔偿金等债务在同等数额内消灭。

**第五十六条** 行使抵销权的一方负担的数项债务种类相同,但是享有的债权不足以抵销全部债务,当事人因抵销的顺序发生争议的,人民法院可以参照民法典第五百六十条的规定处理。

行使抵销权的一方享有的债权不足以抵销其负担的包括主债务、利息、实现债权的有关费用在内的全部债务,当事人因抵销的顺序发生争议的,人民法院可以参照民法典第五百六十一条的规定处理。

**第五十七条** 因侵害自然人人身权益,或者故意、重大过失侵害他人财产权益产生的损害赔偿债务,侵权人主张抵销的,人民法院不予支持。

**第五十八条** 当事人互负债务,一方以其诉讼时效期间已经届满的债权通知对方主张抵销,对方提出诉讼时效抗辩的,人民法院对该抗辩应予支持。一方的债权诉讼时效期间已经届满,对方主张抵销的,人民法院应予支持。

**第五百六十九条** 当事人互负债务,标的物种类、品质不相同的,经协商一致,也可以抵销。

**【条文要义】**

本条是对合意抵销的规定。

合意抵销,也叫约定抵销、意定抵销,是指当事人双方基于协议而实行的抵销。

合意抵销重视的是债权人之间的意思自由,因而可以不受法律所规定的构成要件的限制,当事人只要达成抵销合意,即可发生抵销的效力。之所以这样规定,是因为债权属于债权人的私权,债权人有处分的权利,只要其处分行为不违背法律、法规与公序良俗,法律就无权干涉。

当事人之间这种抵销的合意是一种合同,因而其成立也应当依民法关于意思表示的一般规定和民法典合同编关于合同订立的规则进行。

合意抵销的效力及与法定抵销的区别是:(1)抵销的根据不同,法定抵销是法律规定;合意抵销是当事人约定。(2)债务的性质要求不同,法定抵销要求当事人互负债务的种类、品种相同;合意抵销则允许当事人互负债务的种类、品种不同。(3)债务的履行期限要求不同,法定抵销要求当事人的债务均已届清偿期;合意抵销则不受是否已届清偿期的限制。(4)抵销的程序不同,法定抵销以通知的方式为之，抵销自通知到达对方时生效；合意抵销采用合同的方式为之，双方达成抵销协议时发生抵销的效力。

**第五百七十条** 有下列情形之一，难以履行债务的，债务人可以将标的物提存：

（一）债权人无正当理由拒绝受领；

（二）债权人下落不明；

（三）债权人死亡未确定继承人、遗产管理人，或者丧失民事行为能力未确定监护人；

（四）法律规定的其他情形。

标的物不适于提存或者提存费用过高的，债务人依法可以拍卖或者变卖标的物，提存所得的价款。

【条文要义】

本条是对提存及条件的规定。

提存，是指债务人于债务已届履行期时，将无法给付的标的物提交给提存部门，以消灭债务的债的消灭方式。提存的意义，在于使债务人将无法交付债权人的标的物交付提存部门，消灭债权债务关系，从而免除债务人为债务履行的困扰，为保护债务人的利益提供了一项行之有效的措施。

债务人提存的条件有：（1）债权人无正当理由拒绝受领，债权人存在正常的抗辩事由而拒绝受领的，不得提存；（2）债权人下落不明致使债务人无法履行；（3）债权人死亡未确定继承人，或者丧失民事行为能力未确定监护人，债务人失去履行对象；（4）法律规定的其他情形，如债权人分立、合并或者变更住所没有通知债务人，致使履行债务发生困难的，债务人可以将标的物提存。

提存作为债的消灭原因，提存的标的物应与合同约定给付的标的物相符，否则不发生清偿的效力。给付的标的物是债务人的行为、不行为或单纯的劳务的，不适用提存。其他不适宜提存或者提存费用过高的，如容积过大之物、易燃易爆的危险物等，应由债务人依法拍卖或变卖，将所得的价金进行提存。

**第五百七十一条** 债务人将标的物或者将标的物依法拍卖、变卖所得价款交付提存部门时，提存成立。

提存成立的，视为债务人在其提存范围内已经交付标的物。

【条文要义】

本条是对提存成立及效果的规定。

提存成立的标志，是债务人将标的物或者将标的物依法拍卖、变卖所得价款交付提存部门。在将标的物或者将标的物拍卖、变卖的价款交付提存部门时，提存成立。

提存成立的，发生提存的法律效果，即视为债务人在其提存范围内已经交付标的物。标的物的所有权在提存成立时发生变动，从债务人享有转变为债权人享有。

**第五百七十二条** 标的物提存后，债务人应当及时通知债权人或者债权人的继承人、遗产管理人、监护人、财产代管人。

【条文要义】

本条是对债务人提存后通知义务的规定。

债务人将标的物或者变价款提存后，负有通知义务，应当及时通知债权人受领提存物，也可以通知债权人的继承人、遗产管理人、监护人、财产代管人。在提存时，债务人应附具提存通知书。在提存后，应将提存通知书送达债权人或债权人的继承人、遗产管理人、监护人、财产代管人。

**第五百七十三条** 标的物提存后，毁损、灭失的风险由债权人承担。提存期间，标的物的孳息归债权人所有。提存费用由债权人负担。

【条文要义】

本条是对提存标的物意外灭失风险承担的规定。

按照本章第571条第2款的规定提存成立的，视为债务人在其提存的范围内已经交付标的物，提存的标的物的所有权归债权人享有。既然债权人是提存标的物的所有权人，那么其应当承担标的物意外灭失的风险，损失由债权人承担。同样，既然提存的标的物属于债权人所有，则提存期间标的物的孳息，包括法定孳息和天然孳息，都归属于债权人所有。同时，提存标的物相当于债权人对自己所有的标的物交由提存机构保管。因此，提存的费用由债权人负担。

**第五百七十四条** 债权人可以随时领取提存物。但是，债权人对债务人负有到期债务的，在债权人未履行债务或者提供担保之前，提存部门根据债务人的要求应当拒绝其领取提存物。

债权人领取提存物的权利，自提存之日起五年内不行使而消灭，提存物扣除提存费用后归国家所有。但是，债权人未履行对债务人的到期债务，或者债权人向提存部门书面表示放弃领取提存物权利的，债务人负担提存费用后有权取回提存物。

【条文要义】

本条是对债权人提取提存物权利和期限的规定。

债权人对提存物享有领取权。债权债务关系的标的物提存后，发生债权消灭、标的物所有权转移的后果，提存物的权属归原债权人享有。因此，债权人有权提取提存物，可以随时领取提存物。

例外的情形是，如果债权人对债务人负有到期债务，即债务人对债权人享有债权，在债权人未履行债务或者提供担保之前，债务人可以向提存部门提出要求，拒绝债权人领取提存物，提存部门根据债务人的要求，应当拒绝其领取提存物。这等于是以扣押债权人享有权属的提存物作为担保。不过，债务人将其标的物提存的情形比较少见。

债权人领取提存物的权利，自提存之日起五年内不行使而消灭。当领取权消灭后，提存物扣除提存费用后，归国家所有。但是在两种情况下，提存物的权属回转给债务人：（1）债权人未履行对债务人的到期债务；（2）债权人向提存部门书面表示放弃领取提存物的权利。出现这两种情形之一的，债权人对提存物的权属消灭，标的物的权属回转给债务人，享有取回权，债务人在负担提存费用后，有权取回提存物。

**第五百七十五条** 债权人免除债务人部分或者全部债务的，债权债务部分或者全部终止，但是债务人在合理期限内拒绝的除外。

【条文要义】

本条是对免除的规定。

免除，是指债权人抛弃债权，从而全部或者部分消灭债的关系的单方法律行为。免除是无因行为、无偿行为、不要式行为。

免除应当具备的条件是：（1）免除的意思表示须向债务人为之，免除的意思表示到达债务人或其代理人时生效；（2）债权人须对被免除的债权具有处分能力，如法律禁止抛弃的债权不得免除；（3）免除不得损害第三人利益，如已就债权设定质权的债权人，不得免除债务人的债务而对抗质权人。

免除的效力是使债的关系消灭。债务全部免除的，债的关系全部消灭；债务部分免除的，债的关系于免除的范围内部分消灭。主债务因免除而消灭的，从债务随之消灭。从债务免除的，不影响主债务的存在，但其他债务人不再负担该份债务。

债权人作出免除的意思表示后，债务人可以拒绝。债务人拒绝债务免除的意思表示，应当在合理期限之内为之，超出合理期限的，视为免除已经生效，消灭该债权债务关系。

**第五百七十六条　债权和债务同归于一人的，债权债务终止，但是损害第三人利益的除外。**

【条文要义】

本条是对混同的规定。

混同，是指债权和债务同归于一人，而使合同关系消灭的事实。债因混同而消灭，系基于债的关系成立须有两个主体的观念，任何人不得对自己享有债权，同一人同时为债务人和债权人时，有悖于债的观念，故债的关系自主体混同而消灭。

混同以债权与债务归属于同一人而成立，与人的意志无关，属于事件。发生混同的原因有：（1）概括承受，是债的关系的一方当事人概括承受他人权利与义务；（2）特定承受，是因债权让与或者债务承担而承受权利和义务。

混同的效力是导致债的关系的绝对消灭，并且主债务消灭，从债务也随之消灭，如保证债务因主债务人与债权人混同而消灭。

混同虽然产生债的消灭的效力，但在例外的情形下，即涉及第三人利益时，虽然债权人和债务人混同，但是合同并不消灭。例如，债权出质时，债权不因混同而消灭。

# 第八章　违约责任

**第五百七十七条**　当事人一方不履行合同义务或者履行合同义务不符合约定的，应当承担继续履行、采取补救措施或者赔偿损失等违约责任。

【条文要义】

本条是对违约行为和违约责任类型的规定。

违约行为的形态主要有：

1. 不履行合同义务。主要形态是拒绝履行，是指债务人对债权人表示不履行合同的违约行为。履行期限届至之前的拒绝履行为预期违约，履行期限届满之后发生的拒绝履行是实际违约行为。也包括履行不能，是债务人在客观上已经没有履行能力或者法律禁止该种债务的履行。

2. 履行合同义务不符合约定。一是迟延履行，是指债务人能够履行，但在履行期限届满时却未履行债务的违约行为，也包括债权人的受领迟延行为。二是瑕疵履行，是指债务人虽然履行了债务，但其履行不符合债务本质的违约行为。确定瑕疵履行的标准是履行期届满，仍未消除履行的瑕疵或者另行给付。

违约行为的后果是承担违约责任。承担违约责任的方式有：（1）继续履行；（2）采取补救措施；（3）赔偿损失；（4）其他违约责任方式。

【相关司法解释】

《最高人民法院关于审理使用人脸识别技术处理个人信息相关民事案件适用法律若干问题的规定》

第十二条　信息处理者违反约定处理自然人的人脸信息，该自然人请求其承担违约责任的，人民法院依法予以支持。该自然人请求信息处理者承担违约责任时，请求删除人脸信息的，人民法院依法予以支持；信息处理者以双方未对人脸信息的删除作出约定为由抗辩的，人民法院不予支持。

《最高人民法院关于审理银行卡民事纠纷案件若干问题的规定》

第七条 发生伪卡盗刷交易或者网络盗刷交易，借记卡持卡人基于借记卡合同法律关系请求发卡行支付被盗刷存款本息并赔偿损失的，人民法院依法予以支持。

发生伪卡盗刷交易或者网络盗刷交易，信用卡持卡人基于信用卡合同法律关系请求发卡行返还扣划的透支款本息、违约金并赔偿损失的，人民法院依法予以支持；发卡行请求信用卡持卡人偿还透支款本息、违约金等的，人民法院不予支持。

前两款情形，持卡人对银行卡、密码、验证码等身份识别信息、交易验证信息未尽妥善保管义务具有过错，发卡行主张持卡人承担相应责任的，人民法院应予支持。

持卡人未及时采取挂失等措施防止损失扩大，发卡行主张持卡人自行承担扩大损失责任的，人民法院应予支持。

**第五百七十八条** 当事人一方明确表示或者以自己的行为表明不履行合同义务的，对方可以在履行期限届满前请求其承担违约责任。

【条文要义】

本条是对预期违约责任的规定。

预期违约责任，也叫期前违约，是指在合同履行期届满之前，一方当事人因无正当理由明确表示其在履行期届满之前将不履行合同或者以其行为表明其在履行期届满以后也不可能履行合同，而应当承担的合同责任。其特点是：（1）预期违约行为发生在合同履行期届满之前；（2）预期违约行为的具体表现是未来将不履行合同义务；（3）预期违约侵害的合同债权是期待的债权；（4）预期违约不是仅有一种救济手段，也可以等待履行期限届满之后，要求债务人继续履行或者承担实际违约责任。

预期违约分为以下两种：

1. 明示毁约，是指一方当事人无正当理由，明确、肯定地向另一方当事人表示其将在履行期限到来之际，不履行合同约定的义务的违约行为。构成要件是：（1）毁约方必须肯定地向对方提出毁约的表示；（2）毁约方必须明确表示其在履行期限到来以后不履行合同义务；（3）毁约方必须表示不履行合同的主要义务；

（4）明示毁约没有正当理由，明显具有过错。

2. 默示毁约，是指当事人一方在合同履行期限届满之前，以自己的行为表明不履行合同约定的债务的违约行为。明示毁约是当事人公开表示毁约，有明确的意思表示；默示毁约则是当事人没有明确的表示，只是在行为上表现出不再履行合同债务的意思。

预期违约的法律后果是对方当事人可以在履行期届满之前请求其承担违约责任，而不必等待履行期届满之后再主张实际违约责任。

**第五百七十九条**　当事人一方未支付价款、报酬、租金、利息，或者不履行其他金钱债务的，对方可以请求其支付。

**【条文要义】**

本条是对不履行金钱债务违约责任的规定。

未支付价款、报酬、租金、利息以及不履行其他金钱债务的违约行为，都是金钱债务的违约行为。这些不履行金钱债务的行为，都构成违约责任，对方当事人可以请求其支付，是债权人请求继续履行的违约责任方式，债务人应当继续履行。继续履行是主要的合同责任方式，即继续按照合同的约定履行，适用范围是一切生效合同没有实际履行或者没有完全履行的场合，该合同能够履行且有继续履行的必要。

对于金钱债务的债务人迟延履行的，除继续履行外，还可以请求债务人承担违约金、赔偿逾期利息等违约责任。

**第五百八十条**　当事人一方不履行非金钱债务或者履行非金钱债务不符合约定的，对方可以请求履行，但是有下列情形之一的除外：

（一）法律上或者事实上不能履行；

（二）债务的标的不适于强制履行或者履行费用过高；

（三）债权人在合理期限内未请求履行。

有前款规定的除外情形之一，致使不能实现合同目的的，人民法院或者仲裁机构可以根据当事人的请求终止合同权利义务关系，但是不影响违约责任的承担。

**【条文要义】**

本条是对非金钱债务继续履行及除外条款的规定。

除金钱债务外的其他合同债务，都是非金钱债务。债务人对非金钱债务不履行或者履行债务不符合约定的，是违约行为，应当承担继续履行的责任。

本条非金钱债务继续履行规定的例外情形是：

1. 法律上或者事实上不能履行，即履行不能，是指债务人在客观上已经没有履行能力或者法律禁止该种债务的履行，如以交付特定物为给付标的的合同，该特定物已经毁损、灭失。（1）法律不能，是指基于法律的规定而构成的履行不能，如出卖禁止流通物的合同的履行不能；（2）事实不能，是指基于自然法则而构成的履行不能，如因特定物的灭失而造成的履行不能。

2. 债务的标的不适于强制履行或者履行费用过高，不适于强制履行是无法继续履行，履行费用过高是在成本上不合算。

3. 债权人在合理期限内未请求履行，继续履行变得不必要。

合同履行中出现上述三种情形时，债权人不能请求继续履行，但是并不妨碍债权人请求债务人承担其他违约责任。

在违约责任中，请求继续履行和合同解除是互斥而不能并存的。依照民法典第566条第2款的规定，合同因违约解除的，解除权人可以请求违约方承担违约责任，但是当事人另有约定的除外，而不包括继续履行。如果合同被依法解除，债权人就不能请求债务人继续履行。问题是，债权人坚持不解除合同，而是坚持请求债务人继续履行，由于债务人已经无法继续履行，合同继续存在就并无实质意义，就会出现合同僵局。为了打破合同僵局，本条增加的新规则是：有前款规定的除外情形之一，致使不能实现合同目的的，人民法院或者仲裁机构可以根据当事人的请求终止合同权利义务关系，但是不影响违约责任的承担。非金钱债务合同债务违约方不履行债务，属于本条第1款规定的三种情形之一，为继续履行除外情形，如果因此致使不能实现合同目的的，当事人可以请求人民法院或者仲裁机构裁决终止合同权利义务关系。这里的当事人享有终止合同权利义务的请求权，其实只对债务人具有积极意义，对债权人并无实际意义，因为债权人本身就享有合同的解除权。因此，这实际上是给予债务人一个请求终止合同权利义务的权利，以打破合同僵局。

在继续性合同或者分期付款合同中，应当履行金钱债务的违约方因客观原因难以继续履行合同，请求终止合同权利义务关系，经审查同时符合下列条件的，人民法院可以参照本条第2款规定判决终止该合同权利义务关系：（1）违约方除终止合同外难以采取其他合理替代措施，或者非违约方拒绝违约方提出的合理替代措施；（2）非违约方无须付出重大努力或者花费高额费用即可进行合理的替代交易。

依照本条第2款或者前述情形判决终止合同权利义务关系的，不影响合同中结算和清理条款的效力，以及违约责任的承担。合同没有约定有效的结算和清理条款的，可以参照适用民法典第566条的规定，即合同解除后，尚未履行的，终止履行；已经履行的，根据履行情况和合同性质，可以请求恢复原状或者采取其他补救措施，并有权请求赔偿损失；因违约解除的，可以请求违约方承担违约责任；应当承担担保责任的担保人仍然应当承担担保责任。

【相关司法解释】

《最高人民法院关于适用〈中华人民共和国民法典〉合同编通则若干问题的解释》

**第五十九条** 当事人一方依据民法典第五百八十条第二款的规定请求终止合同权利义务关系的，人民法院一般应当以起诉状副本送达对方的时间作为合同权利义务关系终止的时间。根据案件的具体情况，以其他时间作为合同权利义务关系终止的时间更加符合公平原则和诚信原则的，人民法院可以以该时间作为合同权利义务关系终止的时间，但是应当在裁判文书中充分说明理由。

《最高人民法院关于适用〈中华人民共和国民法典〉时间效力的若干规定》

**第十一条** 民法典施行前成立的合同，当事人一方不履行非金钱债务或者履行非金钱债务不符合约定，对方可以请求履行，但是有民法典第五百八十条第一款第一项、第二项、第三项除外情形之一，致使不能实现合同目的，当事人请求终止合同权利义务关系的，适用民法典第五百八十条第二款的规定。

**第五百八十一条** 当事人一方不履行债务或者履行债务不符合约定，根据债务的性质不得强制履行的，对方可以请求其负担由第三人替代履行的费用。

【条文要义】

本条是对不得强制履行的非金钱债务由第三人替代履行的规定。

当事人一方不履行债务或者履行债务不符合约定，根据债务的性质不得强制履行的，应当是非金钱债务。金钱债务不存在不得强制履行的问题。

非金钱债务由第三人替代履行的要件有：(1) 债务人承担的债务不履行或者履行债务不符合约定；(2) 该债务为非金钱债务；(3) 该非金钱债务不得进行强制履行。符合这三个要件的，可以适用由第三人替代履行。

第三人替代履行的方法是：(1) 债权人可以请求债务人负担费用；(2) 寻找合适的第三人，由第三人替代债务人履行该非金钱债务。

**第五百八十二条** 履行不符合约定的，应当按照当事人的约定承担违约责任。对违约责任没有约定或者约定不明确，依据本法第五百一十条的规定仍不能确定的，受损害方根据标的的性质以及损失的大小，可以合理选择请求对方承担修理、重作、更换、退货、减少价款或者报酬等违约责任。

【条文要义】

本条是对履行不符合约定采取补救措施的规定。

对于非金钱债务，如果债务人履行不符合约定，应当承担的违约责任主要是采取补救措施。如果在合同中对因履行不符合约定承担违约责任没有约定或者约定不明确的，应当采取办法进行确定。确定的办法是：

1. 依照民法典第510条的规定进行确定。合同当事人就质量、价款或者报酬、履行地点等内容的违约责任没有约定或者约定不明确的，可以协议补充，不能达成协议的，按照合同的有关条款、合同性质、目的或者交易习惯确定违约责任。

2. 受损害方根据标的的性质以及损失的大小，合理选择应当采取的补救措施，如请求对方修理、重作、更换、退货、减少价款或者报酬等。

**第五百八十三条** 当事人一方不履行合同义务或者履行合同义务不符合约定的，在履行义务或者采取补救措施后，对方还有其他损失的，应当赔偿损失。

【条文要义】

本条是对继续履行、采取补救措施后可并用损害赔偿的规定。

合同的当事人一方不履行合同义务或者履行合同义务不符合约定的,应当承担继续履行和采取补救措施等违约责任,使对方当事人的债权目的得以实现。但是,违约方承担这些违约责任只能实现受损害一方的合同目的,却不能弥补受损害一方由此造成的损失。因此,在违约方继续履行和采取补救措施之后,对方当事人还有其他损失的,违约方当然要承担损害赔偿的违约责任,受损害方有权利请求其承担损害赔偿责任以补偿自己的损失。

**第五百八十四条** 当事人一方不履行合同义务或者履行合同义务不符合约定,造成对方损失的,损失赔偿额应当相当于因违约所造成的损失,包括合同履行后可以获得的利益;但是,不得超过违约一方订立合同时预见到或者应当预见到的因违约可能造成的损失。

【条文要义】

本条是对违约损害赔偿责任的规定。

赔偿损失这种违约责任方式,是违约责任中应用最广泛的一种,违约责任中损害赔偿责任的目的是对违约行为造成的损害进行补偿,合同的受损害方有权获得其在合同中约定的利益,通过给付这种损害赔偿,保护合同当事人的期待利益。

违约损害赔偿责任方式有两种,即补偿性损害赔偿和惩罚性损害赔偿。一般的合同违约责任适用补偿性损害赔偿,不得适用惩罚性损害赔偿。惩罚性损害赔偿只有在商品欺诈和服务欺诈中才可以适用,不得随意扩大适用范围。

本条规定了确定违约补偿性损害赔偿范围的原则:

1. 赔偿实际损失规则:损失赔偿额应当相当于因违约造成的损失,包括合同履行后可以获得的利益。后一句是对合同履行可得利益赔偿的表述,是合同当事人在合同履行中的期待利益。

2. 可预期损失规则:违约损害赔偿的最高限额不得超过违反合同一方订立合同时预见到或者应当预见到的因违反合同可能造成的损失。这个限额,可以按照合同当事人订立合同的预期利益考虑。应当说明的是,对于加害给付责任,并不考虑这样的赔偿限额。法院在认定违约的赔偿数额时,应当在依照本条确定"因违约所造成的损失"的基础上,扣除非违约方未采取适当措施导致的扩大损失、非违约方也有过错造成的相应损失、非违约方因违约获得的利益。

对于损害赔偿的举证责任分配规则是:非违约方应当对其主张的"因违约所

造成的损失"承担举证责任；违约方认为非违约方主张的"因违约所造成的损失"超过其订立合同时预见或者应当预见的因违约可能造成损失的，应当承担举证责任。违约方应当对非违约方未采取适当措施导致的扩大损失、非违约方也有过错造成的相应损失、非违约方因违约获得的利益承担举证责任。

【相关司法解释】

《最高人民法院关于适用〈中华人民共和国民法典〉合同编通则若干问题的解释》

第六十条 人民法院依据民法典第五百八十四条的规定确定合同履行后可以获得的利益时，可以在扣除非违约方为订立、履行合同支出的费用等合理成本后，按照非违约方能够获得的生产利润、经营利润或者转售利润等计算。

非违约方依法行使合同解除权并实施了替代交易，主张按照替代交易价格与合同价格的差额确定合同履行后可以获得的利益的，人民法院依法予以支持；替代交易价格明显偏离替代交易发生时当地的市场价格，违约方主张按照市场价格与合同价格的差额确定合同履行后可以获得的利益的，人民法院应予支持。

非违约方依法行使合同解除权但是未实施替代交易，主张按照违约行为发生后合理期间内合同履行地的市场价格与合同价格的差额确定合同履行后可以获得的利益的，人民法院应予支持。

第六十一条 在以持续履行的债务为内容的定期合同中，一方不履行支付价款、租金等金钱债务，对方请求解除合同，人民法院经审理认为合同应当依法解除的，可以根据当事人的主张，参考合同主体、交易类型、市场价格变化、剩余履行期限等因素确定非违约方寻找替代交易的合理期限，并按照该期限对应的价款、租金等扣除非违约方应当支付的相应履约成本确定合同履行后可以获得的利益。

非违约方主张按照合同解除后剩余履行期限相应的价款、租金等扣除履约成本确定合同履行后可以获得的利益的，人民法院不予支持。但是，剩余履行期限少于寻找替代交易的合理期限的除外。

第六十二条 非违约方在合同履行后可以获得的利益难以根据本解释第六十条、第六十一条的规定予以确定的，人民法院可以综合考虑违约方因违约获得的利益、违约方的过错程度、其他违约情节等因素，遵循公平原则和诚信原则确定。

第六十三条 在认定民法典第五百八十四条规定的"违约一方订立合同时预见到或者应当预见到的因违约可能造成的损失"时，人民法院应当根据当事人订立合同的目的，综合考虑合同主体、合同内容、交易类型、交易习惯、磋商过程等因素，按照与违约方处于相同或者类似情况的民事主体在订立合同时预见到或者应当预见到的损失予以确定。

除合同履行后可以获得的利益外，非违约方主张还有其向第三人承担违约责任应当支出的额外费用等其他因违约所造成的损失，并请求违约方赔偿，经审理认为该损失系违约一方订立合同时预见到或者应当预见到的，人民法院应予支持。

在确定违约损失赔偿额时，违约方主张扣除非违约方未采取适当措施导致的扩大损失、非违约方也有过错造成的相应损失、非违约方因违约获得的额外利益或者减少的必要支出的，人民法院依法予以支持。

**第五百八十五条** 当事人可以约定一方违约时应当根据违约情况向对方支付一定数额的违约金，也可以约定因违约产生的损失赔偿额的计算方法。

约定的违约金低于造成的损失的，人民法院或者仲裁机构可以根据当事人的请求予以增加；约定的违约金过分高于造成的损失的，人民法院或者仲裁机构可以根据当事人的请求予以适当减少。

当事人就迟延履行约定违约金的，违约方支付违约金后，还应当履行债务。

**【条文要义】**

本条是对违约责任中违约金和赔偿金的规定。

违约金和违约损害赔偿都是救济违约损害的违约责任方式，当事人在合同中既可以约定违约金条款，根据违约情况向对方支付一定数额的金钱；也可以约定因违约造成损失的赔偿额的计算方法，在实际发生违约时，按照约定的违约金或者赔偿金的计算方法进行。

违约金是指按照当事人的约定或者法律的直接规定，一方当事人违约的，应当向另一方支付的金钱，包括约定违约金和法定违约金。违约金具有多种性质，但主要性质是违约赔偿金。违约金的适用可能与违约损害赔偿的适用发生冲突。违约金与违约损害赔偿是一致的，适用违约金，在没有造成损害时，就是惩罚性违约金，造成损害时，就是赔偿性违约金；既然是赔偿性违约金，就应当与违约的损失相结合。原则是：（1）约定违约金的，应当按照违约金的约定执行；（2）

约定的违约金低于造成的损失的，可以请求增加，俗称"找齐"，这是因为违约金具有损害赔偿性质，只要低于实际损失，就应当"找齐"；（3）约定的违约金过分高于造成的损失的，可以请求适当减少。"过分高于"的标准是当事人约定的违约金超过造成损失的30%，一般可以认定为过分高于造成的损失。

当事人在约定违约金条款中，如果对当事人迟延履行约定违约金，当然应当按照约定承担违约金，但是承担了违约金责任后，并不能因此而免除其继续履行的义务，违约方还须继续履行应当履行的债务。

在司法实践中，对于违约金责任的承担有以下规则：

1. 请求调整违约金的方式：当事人通过反诉或者抗辩的方式，请求依照本条第2款的规定调整违约金的，依法予以支持。

2. 违约金的司法酌增：当事人依照本条第2款的规定，请求增加违约金的，增加后的违约金数额以不超过民法典第584条规定的损失为限。增加违约金后，当事人又请求对方赔偿损失的，不予支持。

3. 违约金的司法酌减：当事人主张约定的违约金过分高于所造成的损失，请求予以减少的，应当以民法典第584条规定的损失为基础，兼顾合同主体、交易类型、合同的履行情况、当事人的过错程度以及预期利益等综合因素，根据公平原则和诚信原则予以衡量，并作出裁判。

当事人约定的违约金超过依照民法典第584条的规定确定损失的30%的，一般可以认定为本条第2款规定的"过分高于造成的损失"。对于格式条款提供方请求减少违约金的，一般不予支持。

4. 调整违约金的举证责任：当事人主张约定的违约金低于违约造成的损失，请求予以增加，或者主张约定的违约金过分高于违约造成的损失，请求予以适当减少的，应当承担举证责任；相对人主张违约金约定合理的，也应提供相应的证据。

5. 无法证明违约损失时违约金的调整：合同双方当事人均不能证明因违约所造成的损失数额的，可以结合合同的类型和履行情况、非违约方为准备履行合同的合理支出、当事人的过错程度以及预期利益等因素，根据公平原则、诚信原则酌定违约金的数额。

6. 违约金调整的释明：根据查明的事实，合同约定的违约金过分高于违约造成的损失，但违约方以合同不成立、未生效、无效或者不构成违约等为由进行免责抗辩，因而未主张调整过高的违约金的，可以向当事人释明。一审法院认为免责抗辩不成立且未予释明，二审法院认为应当判决支付违约金的，可以直接释明并改判。

## 【相关司法解释】

**《最高人民法院关于适用〈中华人民共和国民法典〉合同编通则若干问题的解释》**

**第六十四条** 当事人一方通过反诉或者抗辩的方式,请求调整违约金的,人民法院依法予以支持。

违约方主张约定的违约金过分高于违约造成的损失,请求予以适当减少的,应当承担举证责任。非违约方主张约定的违约金合理的,也应当提供相应的证据。

当事人仅以合同约定不得对违约金进行调整为由主张不予调整违约金的,人民法院不予支持。

**第六十五条** 当事人主张约定的违约金过分高于违约造成的损失,请求予以适当减少的,人民法院应当以民法典第五百八十四条规定的损失为基础,兼顾合同主体、交易类型、合同的履行情况、当事人的过错程度、履约背景等因素,遵循公平原则和诚信原则进行衡量,并作出裁判。

约定的违约金超过造成损失的百分之三十的,人民法院一般可以认定为过分高于造成的损失。

恶意违约的当事人一方请求减少违约金的,人民法院一般不予支持。

**第六十六条** 当事人一方请求对方支付违约金,对方以合同不成立、无效、被撤销、确定不发生效力、不构成违约或者非违约方不存在损失等为由抗辩,未主张调整过高的违约金的,人民法院应当就若不支持该抗辩,当事人是否请求调整违约金进行释明。第一审人民法院认为抗辩成立且未予释明,第二审人民法院认为应当判决支付违约金的,可以直接释明,并根据当事人的请求,在当事人就是否应当调整违约金充分举证、质证、辩论后,依法判决适当减少违约金。

被告因客观原因在第一审程序中未到庭参加诉讼,但是在第二审程序中到庭参加诉讼并请求减少违约金的,第二审人民法院可以在当事人就是否应当调整违约金充分举证、质证、辩论后,依法判决适当减少违约金。

**第五百八十六条** 当事人可以约定一方向对方给付定金作为债权的担保。定金合同自实际交付定金时成立。

定金的数额由当事人约定;但是,不得超过主合同标的额的百分之二十,超过部分不产生定金的效力。实际交付的定金数额多于或者少于约定数额的,视为变更约定的定金数额。

## 【条文要义】

本条是对定金及其数额的规定。

定金，是指以担保债权实现为目的，依据法律规定或双方当事人的约定，由一方在合同订立时或订立后至合同履行前，按照合同标的额的一定比例，预先给付对方的一定数额货币的担保形式。其特征有：（1）定金的权利义务关系产生于定金合同；（2）定金是典型的债的担保形式；（3）定金担保是一种双方当事人担保；（4）定金的支付须在合同履行前进行。

定金是担保债权实现的方式，基本性质是违约定金，也具有证约定金、成约定金、解约定金、立约定金的性质，与违约金、预付款、押金都有明显的区别。

定金基于定金合同产生，因而定金的成立是指定金合同的成立。定金合同，是指依附于主合同，为担保债权实现而设定定金权利义务关系的从合同。定金合同是实践性合同，自其交付定金之时起成立。定金合同并不仅限于在买卖合同中适用，在承揽合同、建设工程勘察设计合同中都有适用。

定金均以货币交付，且定金的数额以合同标的额的比例作为根据。确定定金数额的原则是：（1）定金数额由当事人约定，当事人可以自由约定定金数额；（2）定金数额受最高限额的限制，即不得超过主合同标的额的20%，超过该限额的定金约定无效；（3）实际交付的定金数额多于或者少于约定的定金数额的，视为变更约定的定金数额，以实际交付的定金数额为准。

## 【相关司法解释】

《最高人民法院关于适用〈中华人民共和国民法典〉合同编通则若干问题的解释》

**第六十七条** 当事人交付留置金、担保金、保证金、订约金、押金或者订金等，但是没有约定定金性质，一方主张适用民法典第五百八十七条规定的定金罚则的，人民法院不予支持。当事人约定了定金性质，但是未约定定金类型或者约定不明，一方主张为违约定金的，人民法院应予支持。

当事人约定以交付定金作为订立合同的担保，一方拒绝订立合同或者在磋商订立合同时违背诚信原则导致未能订立合同，对方主张适用民法典第五百八十七条规定的定金罚则的，人民法院应予支持。

当事人约定以交付定金作为合同成立或者生效条件，应当交付定金的一方未交付定金，但是合同主要义务已经履行完毕并为对方所接受的，人民法院应当认定合同在对方接受履行时已经成立或者生效。

当事人约定定金性质为解约定金，交付定金的一方主张以丧失定金为代价解除合同的，或者收受定金的一方主张以双倍返还定金为代价解除合同的，人民法院应予支持。

**第五百八十七条** 债务人履行债务的，定金应当抵作价款或者收回。给付定金的一方不履行债务或者履行债务不符合约定，致使不能实现合同目的的，无权请求返还定金；收受定金的一方不履行债务或者履行债务不符合约定，致使不能实现合同目的的，应当双倍返还定金。

**【条文要义】**

本条是对定金效力的规定。

定金的主要效力是抵作价款或收回以及定金罚则。

定金的主要效力，是在主合同履行后，定金应当抵作价款或者收回。抵作价款是以定金抵销货币的给付义务，应当优先适用，只有在不能抵作价款时，才考虑退还定金的办法。

定金的另一个主要效力是定金罚则。当一方当事人违约时，定金罚则发生效力。给付定金的一方不履行约定的债务或者履行债务不符合约定致使不能实现合同目的的，无权要求返还定金；收受定金的一方不履行约定的债务或者履行债务不符合合同约定致使不能实现合同目的的，应当双倍返还定金。适用定金罚则的条件是不履行债务，即违约。违约的归责事由属于哪一方当事人，就由哪一方当事人承担定金罚则的后果。违约的归责事由属于给付定金一方，则由给付定金一方承担；属于收受定金一方，则由收受定金一方承担。具体的违约行为，既可以是主观上的原因，也可以是客观上的原因，具体原因不论，只要不履行债务即可适用定金罚则。

当合同债务不能履行是因不可归责于双方当事人的事由时，不履行者当然不应承担民事责任，定金作为合同的担保也就不再发生效力，应当使其恢复原状，收受定金一方应当将定金返还给付定金的一方当事人。

在司法实践中适用定金罚则的规则是：

1. 当事人一方具有本条规定的违约情形，对方仅有轻微违约并主张适用定金罚则的，依法予以支持。双方当事人均具有民法典本条规定的违约情形的，对适用定金罚则的请求不予支持。

2. 当事人主张按照违约程度等案件具体情况按比例适用定金罚则的，不予支持。

3. 因不可抗力、意外事件致使合同不能履行，非违约方主张适用定金罚则的，不予支持。

4. 当事人约定以交付定金作为订立合同的担保，一方当事人无正当理由拒绝订立合同的，应当依照本条的规定适用定金罚则。当事人约定定金性质为解约定金，交付定金的一方主张以丧失定金为代价解除合同，或者收受定金的一方主张以双倍返还定金为代价解除合同的，依法予以支持。

5. 当事人约定以交付定金作为合同成立或者生效条件的，应当给付定金的一方未支付定金，但合同主要义务已经履行完毕的，应当认定合同已经成立或者生效。

对于定金性质界定的要求是，当事人交付留置金、担保金、保证金、订约金、押金或者订金等，但没有约定定金性质，当事人主张定金权利的，人民法院不予支持。当事人约定了定金性质，但对定金类型约定不明的，推定为违约定金。

**【相关司法解释】**

《最高人民法院关于适用〈中华人民共和国民法典〉合同编通则若干问题的解释》

第六十八条　双方当事人均具有致使不能实现合同目的的违约行为，其中一方请求适用定金罚则的，人民法院不予支持。当事人一方仅有轻微违约，对方具有致使不能实现合同目的的违约行为，轻微违约方主张适用定金罚则，对方以轻微违约方也构成违约为由抗辩的，人民法院对该抗辩不予支持。

当事人一方已经部分履行合同，对方接受并主张按照未履行部分所占比例适用定金罚则的，人民法院应予支持。对方主张按照合同整体适用定金罚则的，人民法院不予支持，但是部分未履行致使不能实现合同目的的除外。

因不可抗力致使合同不能履行，非违约方主张适用定金罚则的，人民法院不予支持。

**第五百八十八条**　当事人既约定违约金，又约定定金的，一方违约时，对方可以选择适用违约金或者定金条款。

定金不足以弥补一方违约造成的损失的，对方可以请求赔偿超过定金数额的损失。

## 【条文要义】

本条是对违约金与定金竞合选择权的规定。

违约金和定金可能发生竞合，如当事人在合同中既约定违约金，又约定定金的，当一方违约时，就发生了违约金和定金的竞合。定金与违约金的区别是：（1）交付的时间不同。定金是在合同履行之前交付的，而违约金是在发生违约行为之后交付的。（2）根本目的不同。定金的目的是担保债权实现，而违约金是民事责任方式，是合同当事人违反合同所应承担的财产责任。（3）作用不同。定金有证约和预先给付的作用，在合同已经履行的情况下，定金还可以抵作价款。违约金则没有这些作用。尽管如此，当一方违约同时触发违约金条款和定金罚则时，就会发生违约金和定金的竞合。

当出现违约金和定金竞合时，非违约方产生选择权，可以选择适用违约金或者定金条款，请求违约方承担这两种责任中的一种违约责任，要么给付违约金，要么执行定金条款，不能合并适用违约金和定金条款。

如果非违约方选择适用定金条款，而定金不足以弥补违约方违约给非违约方造成损失的，非违约方也可以请求违约方赔偿超过定金数额的损失。

**第五百八十九条** 债务人按照约定履行债务，债权人无正当理由拒绝受领的，债务人可以请求债权人赔偿增加的费用。

在债权人受领迟延期间，债务人无须支付利息。

## 【条文要义】

本条是对债权人拒绝受领和受领迟延赔偿责任的规定。

拒绝受领，是指对于已经提供的给付，债权人无理由地拒绝接受。受领迟延，也叫债权人迟延，是指债权人对债务人已经提供的履行未为受领或者未为其他完成给付所必要的协力行为。

债权人对于给付的受领，首先表现为一种权利行使的结果，即受领是债权效力的直接表现。受领的性质，是合同履行的义务，是债的效力的表现。构成拒绝受领和受领迟延应当具备的要件有：（1）债务内容的实现以债权人的受领或者其他协助为必要；（2）债务人依照债务的本质完成了履行；（3）债权人拒绝受领或者受领不能，后者是指债权人不能为完成给付所必需的协助的事实，包括受领行为不能和受领行为以外的协助行为不能，是债权人不为受领或者协助的消极状态，是否基于债权人的主观意思，在所不问。

对债权人拒绝受领和受领迟延，本条规定了两个法律效果：（1）债务人可以请求债权人赔偿履行所增加的费用，债务人提出增加费用请求权的，法院和仲裁机构应当支持；（2）在债权人受领迟延期间，债务人无须支付利息，债权人请求的，不予支持。

在司法实践中，非因债权人自身原因的受领迟延，即债权人非因自身原因不能受领，债务人请求债权人赔偿增加的费用的，依法予以支持。但是，债权人不能受领是由不可抗力引起的除外。债权人非因自身原因不能受领，债务人主张无须支付受领迟延期间利息的，应予支持。

对于受领迟延后标的物的风险负担，即标的物在受领迟延期间毁损、灭失，债权人请求债务人承担民事责任的，不予支持。但是，债务人对标的物毁损、灭失有故意或者重大过失的除外。

**第五百九十条** 当事人一方因不可抗力不能履行合同的，根据不可抗力的影响，部分或者全部免除责任，但是法律另有规定的除外。因不可抗力不能履行合同的，应当及时通知对方，以减轻可能给对方造成的损失，并应当在合理期限内提供证明。

当事人迟延履行后发生不可抗力的，不免除其违约责任。

【条文要义】

本条是关于不可抗力对合同发生后果的规定。

在合同的履行过程中，如果发生了不可抗力，依照民法典第180条规定的一般原则不承担民事责任，法律另有规定的，依照其规定。本条对合同领域中发生不可抗力的规定，就是法律另有的规定。

当事人一方因不可抗力不能履行合同的，并不一定全部免除责任，而是要根据不可抗力的实际影响程度确定。不可抗力是不能履行合同的部分原因的，部分免除责任；不可抗力是不能履行合同的全部原因的，全部免除责任；法律如果另有规定，依照规定，如保价邮包因不可抗力发生灭失的，不免除赔偿责任。因不可抗力不能履行合同时，一方当事人应当及时通知对方，以减轻可能给对方造成的损失，同时，应当在合理期限内提供因不可抗力而不能履行合同的证明。因不可抗力不能履行合同的当事人未依照本条第1款的规定及时履行通知义务，对方主张由义务人赔偿因未及时通知而造成的损失，依法予以支持。

在不可抗力发生之前，当事人一方发生迟延履行的，不能履行合同的原因在于该当事人，因为如果及时履行债务，不可抗力的影响就可能不会发生，因此不免除履行迟延一方的违约责任。

**第五百九十一条** 当事人一方违约后，对方应当采取适当措施防止损失的扩大；没有采取适当措施致使损失扩大的，不得就扩大的损失请求赔偿。

当事人因防止损失扩大而支出的合理费用，由违约方负担。

【条文要义】

本条是对非违约方防止损失扩大义务的规定。

在合同履行过程中，如果一方当事人出现违约行为，另一方不能无动于衷，任凭损失扩大，而应当积极采取措施，防止损失的扩大，尽量减少损失，保护好双方当事人的利益。这就是非违约方的防止损失扩大的义务。非违约方既没有履行这一义务，也没有积极采取适当措施，致使自己的损失扩大的，不得就扩大的损失请求赔偿。

非违约方积极采取措施防止损失的扩大，尽管是自己的损失扩大，但是减少的是违约方的赔偿责任，维护的是违约方的利益。因此，当事人因防止损失扩大而支出的合理费用，由违约方负担。非违约方应当提供证据证明自己在防止损失扩大中支出的合理费用，请求违约方予以赔偿。

**第五百九十二条** 当事人都违反合同的，应当各自承担相应的责任。

当事人一方违约造成对方损失，对方对损失的发生有过错的，可以减少相应的损失赔偿额。

【条文要义】

本条是对双方违约和违约过失相抵规则的规定。

在合同履行过程中，当事人都违反合同的，构成双方违约，即一个合同的不履行或者不适当履行，是双方都有违约行为，每一方的违约行为都对违约后果的发生具有原因力。双方违约的法律后果，是双方当事人按照各自的过错程度和违约行为的原因力，各自承担相应的后果责任。

同样，在合同履行过程中，只是当事人一方的违约行为造成对方损失，但是受损害的对方对损失的发生也有过错的，构成合同责任中的与有过失，应当实行过失相抵。过失相抵的法律后果是，按照受损害一方当事人对自己损害发生的过错程度，对违约方减少相应的损失赔偿额。

**第五百九十三条** 当事人一方因第三人的原因造成违约的，应当依法向对方承担违约责任。当事人一方和第三人之间的纠纷，依照法律规定或者按照约定处理。

【条文要义】

本条是对违约责任中第三人原因的规定。

违约责任中的第三人原因，是指合同当事人一方不能履行合同债务，是由于第三人的行为引起的。在侵权责任中也存在第三人原因，但是发生的法律后果不同，民法典第1175条规定，侵权责任的第三人原因是由第三人承担侵权责任，行为人免除责任。违约责任中的第三人原因不免除违约方的违约责任。因此，违约方的违约行为虽然是第三人的原因所致，但是违约方仍然应当依法对非违约方承担违约责任。

由于造成违约的真正原因是第三人的行为，如果不采取必要措施对违约方承担责任的后果进行补救，是不公平的。因此，本条后段规定，当事人一方和第三人之间的纠纷，依照法律规定或者按照约定处理。按照法律规定，就是违约方对第三人取得追偿权，有权向第三人就承担违约责任的损失请求赔偿。如果合同中有关于第三方原因造成违约的责任约定，则依照约定处理。

**第五百九十四条** 因国际货物买卖合同和技术进出口合同争议提起诉讼或者申请仲裁的时效期间为四年。

【条文要义】

本条是对国际货物买卖和技术进出口合同诉讼时效的规定。

我国违约责任的诉讼时效，适用民法典第188条第1款规定，为三年。由于国际货物买卖合同和技术进出口合同争议涉及国际私法问题和管辖问题，因此适当延长一般诉讼时效的期间，提起诉讼和申请仲裁的诉讼时效期间为四年，以更好地保护合同当事人的合法权益。四年诉讼时效期间，仍然是自当事人知道或者应当知道其权利受到损害以及义务人之日起计算。

# 第二分编　典型合同

# 第九章　买卖合同

**第五百九十五条**　买卖合同是出卖人转移标的物的所有权于买受人，买受人支付价款的合同。

【条文要义】

本条是对买卖合同概念的规定。

买卖合同，是出卖人转移标的物的所有权于买受人，买受人支付相应价款的合同。买卖合同是在民事法律中拥有漫长发展历史的最重要的传统合同，是商品交换发展到一定阶段的产物，是商品交换最基本、最重要、最有代表性的法律形式。

买卖合同的法律特征是：（1）买卖合同是转移标的物的所有权的合同；（2）买卖合同是双务合同；（3）买卖合同是有偿合同；（4）买卖合同是诺成性合同；（5）买卖合同一般是不要式合同。

买卖合同的当事人包括出卖人和买受人：（1）买受人，须具有相应的民事行为能力，具有特殊身份的人不能成为特定买卖合同的买受人，如监护人不得购买被监护人的财产，受托人不得购买委托人委托其出售的财产，公务人员及其配偶不得购买由该公务人员依职权出售、变卖的财产，有限责任公司以及股份有限公司的董事、经理不得同本公司订立合同或者进行交易成为特定买卖合同的买受人；（2）出卖人，除须具备相应的民事行为能力外，根据民法典第597条第1款的规定，还应当是买卖合同标的物的所有权人或者其他有处分权人。

【相关司法解释】

《最高人民法院关于审理买卖合同纠纷案件适用法律问题的解释》

**第一条**　当事人之间没有书面合同，一方以送货单、收货单、结算单、发票等主张存在买卖合同关系的，人民法院应当结合当事人之间的交易方式、交易习惯以及其他相关证据，对买卖合同是否成立作出认定。

对账确认函、债权确认书等函件、凭证没有记载债权人名称，买卖合同当事人一方以此证明存在买卖合同关系的，人民法院应予支持，但有相反证据足以推翻的除外。

**第五百九十六条　买卖合同的内容一般包括标的物的名称、数量、质量、价款、履行期限、履行地点和方式、包装方式、检验标准和方法、结算方式、合同使用的文字及其效力等条款。**

【条文要义】

本条是对买卖合同内容的规定。

买卖合同的内容应由当事人约定。应当包括的主要内容有：

1. 标的，是买卖合同双方当事人权利义务的指向对象，是买卖合同的主要条款。

2. 数量，是确定买卖合同标的物的具体条件之一，是买卖合同成立的主要条款。

3. 质量，是确定买卖合同标的物的具体条件，是这一标的物区别于另一标的物的具体特征。

4. 价款，是当事人取得标的物所有权所应支付的对价，通常是指标的物本身的价款。

5. 履行期限、地点和方式，都直接涉及当事人的期限利益、案件管辖、履行方法等，意义重大。

6. 包装方式，对标的物起到保护和装潢的作用。

7. 检验标准和方法，应当明确规定。

8. 结算方式，是指出卖人向买受人交付标的物之后，买受人向出卖人支付标的物价款、运杂费和其他费用的方式。

9. 合同使用的文字及其效力。

10. 违约责任，是督促当事人履行债务，使非违约方免受或者少受损失的法律措施，对当事人的利益关系重大。

**第五百九十七条　因出卖人未取得处分权致使标的物所有权不能转移的，买受人可以解除合同并请求出卖人承担违约责任。**

**法律、行政法规禁止或者限制转让的标的物，依照其规定。**

【条文要义】

本条是对买卖合同标的物的规定。

买卖合同的标的物，是指买卖合同中买或者卖的某物。买卖合同的标的物附着于所有权，故对标的物的买卖，其实就是对标的物所有权的买卖，在买卖合同中，取得标的物的所有权是买受人的交易目的，将标的物的所有权转移给买受人，是出卖人的主要义务。转移标的物的所有权是在交付标的物的基础上，实现标的物所有权的转移，使买受人获得标的物的所有权。

出卖人出卖标的物及其所有权，是其在买卖合同中的主要义务，因而必须享有标的物的所有权或者处分权。出卖人出卖享有所有权的标的物，当然可以转让标的物的所有权。出卖人不享有标的物的所有权，但是享有标的物的处分权，同样可以通过买卖合同出让标的物的所有权，完成买卖合同的主要义务。如果因出卖人未取得标的物的处分权，致使标的物的所有权不能转移的，就不能实现转让标的物及其所有权的义务，买受人也无法取得标的物的所有权，出卖人构成根本违约，因而买受人享有法定解除权，可以解除买卖合同，并请求出卖人承担违约责任。

买卖合同转让的标的物须具有合法流通性，如果是法律、行政法规禁止或者限制转让的标的物，依照其规定，不能转让或者限制转让。

**第五百九十八条　出卖人应当履行向买受人交付标的物或者交付提取标的物的单证，并转移标的物所有权的义务。**

【条文要义】

本条是对出卖人交付标的物或单证并转移所有权义务的规定。

出卖人在买卖合同中的主要义务，就是交付标的物和标的物的所有权。交付标的物，是将标的物交付买受人，如果标的物是以提取标的物的单证形态所表现的，交付提取标的物的单证也构成交付。例如，交付仓单。

在交付标的物的同时，出卖人负有转移标的物所有权的义务，即将标的物的所有权转移给买受人。标的物所有权转移的原则是：标的物所有权自标的物交付时起转移，但法律另有规定的除外。规则是：（1）动产买卖，除法律另有规定或者当事人另有约定外，所有权依交付而转移；（2）就船舶、航空器、车辆等特殊类型的动产，所有权一般也自交付之时起转移，但未依法办理登记手续的，所有权的转移不具有对抗第三人的效力；（3）不动产所有权的转移须依法办理所有权转移登记。未办理登记的，尽管买卖合同已经生效，但标的物的所有权不发生转移。

【相关司法解释】

《最高人民法院关于审理买卖合同纠纷案件适用法律问题的解释》
第二条　标的物为无需以有形载体交付的电子信息产品，当事人对交付方式约定不明确，且依照民法典第五百一十条的规定仍不能确定的，买受人收到约定的电子信息产品或者权利凭证即为交付。

**第五百九十九条　出卖人应当按照约定或者交易习惯向买受人交付提取标的物单证以外的有关单证和资料。**

【条文要义】

本条是对交付买卖标的物单证以外的有关单证和资料的规定。

出卖人的义务之一，是除交付标的物或者提取标的物单证并转移所有权外，还应当按照约定或者交易习惯，向买受人交付提取标的物的单证以外的有关单证和资料。例如，购买商品的保修单、使用说明书等。这项义务是出卖人在买卖合同中应当履行的从义务，是辅助合同主义务的义务，以实现买受人的交易目的。

【相关司法解释】

《最高人民法院关于审理买卖合同纠纷案件适用法律问题的解释》
第四条　民法典第五百九十九条规定的"提取标的物单证以外的有关单证和资料"，主要应当包括保险单、保修单、普通发票、增值税专用发票、产品合格证、质量保证书、质量鉴定书、品质检验证书、产品进出口检疫书、原产地证明书、使用说明书、装箱单等。

第五条　出卖人仅以增值税专用发票及税款抵扣资料证明其已履行交付标的

物义务，买受人不认可的，出卖人应当提供其他证据证明交付标的物的事实。

合同约定或者当事人之间习惯以普通发票作为付款凭证，买受人以普通发票证明已经履行付款义务的，人民法院应予支持，但有相反证据足以推翻的除外。

**第六条** 出卖人就同一普通动产订立多重买卖合同，在买卖合同均有效的情况下，买受人均要求实际履行合同的，应当按照以下情形分别处理：

（一）先行受领交付的买受人请求确认所有权已经转移的，人民法院应予支持；

（二）均未受领交付，先行支付价款的买受人请求出卖人履行交付标的物等合同义务的，人民法院应予支持；

（三）均未受领交付，也未支付价款，依法成立在先合同的买受人请求出卖人履行交付标的物等合同义务的，人民法院应予支持。

**第七条** 出卖人就同一船舶、航空器、机动车等特殊动产订立多重买卖合同，在买卖合同均有效的情况下，买受人均要求实际履行合同的，应当按照以下情形分别处理：

（一）先行受领交付的买受人请求出卖人履行办理所有权转移登记手续等合同义务的，人民法院应予支持；

（二）均未受领交付，先行办理所有权转移登记手续的买受人请求出卖人履行交付标的物等合同义务的，人民法院应予支持；

（三）均未受领交付，也未办理所有权转移登记手续，依法成立在先合同的买受人请求出卖人履行交付标的物和办理所有权转移登记手续等合同义务的，人民法院应予支持；

（四）出卖人将标的物交付给买受人之一，又为其他买受人办理所有权转移登记，已受领交付的买受人请求将标的物所有权登记在自己名下的，人民法院应予支持。

**第六百条** 出卖具有知识产权的标的物的，除法律另有规定或者当事人另有约定外，该标的物的知识产权不属于买受人。

【条文要义】

本条是对买卖合同知识产权保留条款的规定。

出卖具有知识产权的标的物的，除法律另有规定或者当事人另有约定外，该标的物的知识产权并不随同标的物的所有权一并转移于买受人。这就是"知识产权保留条款",其规范目的在于保护知识产权人的权利,防止知识产权被侵犯。例如,购买著作权人享有著作权的作品,只能买到这本书,而不能买到这本书的著作权,著作权仍然保留在作者手中。同样,购买专利产品,买受人买不到专利权;购买著名品牌的商品,买受人也买不到该商品的商标权。

**第六百零一条** 出卖人应当按照约定的时间交付标的物。约定交付期限的,出卖人可以在该交付期限内的任何时间交付。

【条文要义】

本条是对出卖人按照期限交付标的物的规定。

出卖人应当按照约定的期限交付标的物,期限是约定的期日,出卖人应当在该期日交付标的物。约定交付期间的,即约定了交付的起始日到终止日的,出卖人可以在该交付期间内的任何时间交付,但应当在交付前通知买受人。出卖人提前交付标的物的,应当取得买受人的同意,否则买受人可以拒绝受领,但提前交付不损害买受人利益的除外。出卖人提前交付买受人增加费用的,由出卖人负担。

**第六百零二条** 当事人没有约定标的物的交付期限或者约定不明确的,适用本法第五百一十条、第五百一十一条第四项的规定。

【条文要义】

本条是对未约定标的物交付期限或约定不明确时确定方法的规定。

当事人未约定标的物的交付期限或者约定不明的,按照以下顺序进行确定:(1)依照民法典第510条的规定,双方可以协议补充,确定交付期限;(2)如果不能达成补充协议的,按照合同有关条款或者交易习惯确定;(3)仍然不能确定交付期限的,依据民法典第511条第4项的规定,债务人可以随时交付标的物,债权人也可以随时请求履行,但是应当给买受人或者出卖人以必要的准备时间。

**第六百零三条** 出卖人应当按照约定的地点交付标的物。

当事人没有约定交付地点或者约定不明确,依据本法第五百一十条的规定仍不能确定的,适用下列规定:

（一）标的物需要运输的，出卖人应当将标的物交付给第一承运人以运交给买受人；

（二）标的物不需要运输，出卖人和买受人订立合同时知道标的物在某一地点的，出卖人应当在该地点交付标的物；不知道标的物在某一地点的，应当在出卖人订立合同时的营业地交付标的物。

【条文要义】

本条是对买卖合同标的物交付地点的规定。

买卖合同标的物交付地点的确定方法是：

1. 出卖人应当按照约定的地点交付标的物。约定在哪里交付，哪里就是交付地点。

2. 当事人没有约定交付地点或者约定不明确的，依照民法典第510条的规定，进行补充协商，协商确定的交付地点为交付地点。

3. 通过补充协商仍然不能确定交付地点的，适用下列规定：（1）标的物需要运输的，出卖人应当将标的物交付第一承运人以运交给买受人，交付第一承运人的地点为交付地点；（2）标的物不需要运输，出卖人和买受人订立合同时知道标的物在某一地点的，出卖人应当在该地点交付标的物，该地点为交付地点；不知道标的物在某一地点的，应当在出卖人订立合同时的营业地交付标的物，出卖人订立合同时的营业地是交付地点。

【相关司法解释】

《最高人民法院关于审理买卖合同纠纷案件适用法律问题的解释》

第八条 民法典第六百零三条第二款第一项规定的"标的物需要运输的"，是指标的物由出卖人负责办理托运，承运人系独立于买卖合同当事人之外的运输业者的情形。标的物毁损、灭失的风险负担，按照民法典第六百零七条第二款的规定处理。

第六百零四条 标的物毁损、灭失的风险，在标的物交付之前由出卖人承担，交付之后由买受人承担，但是法律另有规定或者当事人另有约定的除外。

## 【条文要义】

本条是对买卖合同标的物意外灭失风险负担的规定。

买卖合同标的物意外灭失风险负担规则，是指对买卖合同标的物由于不可归责于双方当事人的事由而毁损、灭失所造成的损失应当由谁承担的规则。

买卖合同标的物意外灭失风险负担规则分为以下两种：

1. 当事人约定的规则，是指标的物意外灭失风险负担的规则可以由当事人约定。当事人约定风险负担规则的，按照约定处理。

2. 法律规定的规则，是指当事人没有特别约定的，应当按照法律规定的风险负担的一般规则处理，即标的物毁损、灭失的风险依标的物的交付而转移，即标的物在交付之前发生意外灭失风险的，风险由出卖人承担；标的物在交付之后发生意外灭失风险的，风险由买受人承担。

## 【相关司法解释】

**《最高人民法院关于审理买卖合同纠纷案件适用法律问题的解释》**

**第九条** 出卖人根据合同约定将标的物运送至买受人指定地点并交付给承运人后，标的物毁损、灭失的风险由买受人负担，但当事人另有约定的除外。

**第十条** 出卖人出卖交由承运人运输的在途标的物，在合同成立时知道或者应当知道标的物已经毁损、灭失却未告知买受人，买受人主张出卖人负担标的物毁损、灭失的风险的，人民法院应予支持。

**第十一条** 当事人对风险负担没有约定，标的物为种类物，出卖人未以装运单据、加盖标记、通知买受人等可识别的方式清楚地将标的物特定于买卖合同，买受人主张不负担标的物毁损、灭失的风险的，人民法院应予支持。

**第六百零五条** 因买受人的原因致使标的物未按照约定的期限交付的，买受人应当自违反约定时起承担标的物毁损、灭失的风险。

## 【条文要义】

本条是对因买受人交付期限违约标的物意外灭失风险负担的规定。

在买卖合同履行中，如果出卖人已经按照约定将标的物运送至买受人指定的地点，并且交付承运人的，之后的标的物意外灭失风险由买受人负担。但是，当事人在合同中有特别约定的,应当按照当事人的约定确定由哪一方负担标的物意外灭失的后果。

**第六百零六条** 出卖人出卖交由承运人运输的在途标的物,除当事人另有约定外,毁损、灭失的风险自合同成立时起由买受人承担。

【条文要义】

本条是对在途买卖合同标的物意外灭失风险负担的规定。

出卖人出卖交由承运人运输的在途标的物,是指出卖人享有所有权的标的物,已经交由承运人运输,处在运输途中,在此期间,出卖人与买受人签订买卖合同,将该标的物的所有权出卖给买受人的情形。这种情形称为路货买卖,如出卖人将标的物装上开往某地的运输工具如轮船,在运输途中寻找买主订立买卖合同。按照指示交付的规则,自该合同成立之时,就完成了指示交付,标的物的所有权发生转移。因此,该买卖合同的标的物发生毁损、灭失的风险时,自该买卖合同成立时起,由买受人承担。如果卖方在订立合同时已经知道或者应当知道货物已经遗失或者损坏,而又不将这一事实告知买方,则这种遗失或者损坏后果应当由卖方承担。

**第六百零七条** 出卖人按照约定将标的物运送至买受人指定地点并交付给承运人后,标的物毁损、灭失的风险由买受人承担。

当事人没有约定交付地点或者约定不明确,依据本法第六百零三条第二款第一项的规定标的物需要运输的,出卖人将标的物交付给第一承运人后,标的物毁损、灭失的风险由买受人承担。

【条文要义】

本条是对出卖人将标的物交付第一承运人意外灭失风险负担的规定。

对于双方约定由出卖人将买卖合同标的物运送至买受人指定的地点,交由承运人运送的,标的物的毁损灭失风险如何承担,原《合同法》没有规定,只是规定了本条第2款规定的规则。从逻辑上说,这种情形必须有一个意外灭失风险负担规则。否则,将无法确定由谁承担风险。本条补充规定的这个新规则,就是解决这个问题的。在合同中,出卖人一方按照约定,只要将标的物运送至买受人指定地点，并且一经交付给承运人后，标的物毁损、灭失的风险就由买受人承担。这里存在一个意外风险转移的标志点，就是将标的物交付给承运人。在交付承运人之前，意外灭失风险由出卖人负担，交付承运人之后，买受人承担意外灭失的风险。

买卖合同的当事人没有约定标的物的交付地点或者约定不明确的，如果属于民法典第603条第2款第1项关于"标的物需要运输的，出卖人应当将标的物交付给第一承运人以运交给买受人"规定的，自出卖人将标的物交付第一承运人之后，就完成了标的物的交付义务，该标的物的所有权发生转移，由买受人享有。交付之后的标的物毁损、灭失的风险发生了转移，也由出卖人转移给买受人，交付之后的标的物发生了毁损、灭失的，由买受人承担后果。

**第六百零八条** 出卖人按照约定或者依据本法第六百零三条第二款第二项的规定将标的物置于交付地点，买受人违反约定没有收取的，标的物毁损、灭失的风险自违反约定时起由买受人承担。

**【条文要义】**

本条是对买受人未收取买卖标的物，标的物意外灭失风险负担的规定。

当事人对买卖合同的标的物交付地点没有约定或者约定不明确，交付的标的物又不需要运输的，如果出卖人和买受人订立合同时知道标的物在某一地点，出卖人应当在该地点交付标的物；不知道标的物在某一地点的，应当在出卖人订立合同时的营业地交付标的物。出卖人将标的物放置在订立合同时知道的某一地点的或者不知道标的物在某一地点而放置在出卖人订立合同的营业地的，都是符合法律规定的交付行为，这就是在特定地点交付标的物。出卖人将标的物置于上述两个交付地点之一，就完成了交付，发生标的物所有权的转移，同时也发生了标的物意外灭失风险负担的转移。如果买受人违反约定没有收取已经交付的标的物的，则自买受人违反约定之日起，标的物毁损、灭失的风险即转移给买受人，由买受人承受标的物毁损、灭失的后果。

**第六百零九条** 出卖人按照约定未交付有关标的物的单证和资料的，不影响标的物毁损、灭失风险的转移。

【条文要义】

本条是对未交付标的物单证和资料的意外灭失风险负担的规定。

在动产买卖合同中，出卖人交付了买卖合同的标的物，就转移了标的物的所有权。在交付标的物的同时，还应当交付标的物的单证和资料的，应当一并交付。没有交付单证和资料，并不意味着权属没有转移。交付单证和资料仅仅是从义务，而不是主义务。动产交易只要完成交付标的物的主义务，标的物的所有权就发生转移。因此，不能因为有关单证和资料没有交付而认为交付没有完成。既然标的物的所有权已经发生转移，标的物意外灭失风险当然也就由买受人负担。

**第六百一十条** 因标的物不符合质量要求，致使不能实现合同目的的，买受人可以拒绝接受标的物或者解除合同。买受人拒绝接受标的物或者解除合同的，标的物毁损、灭失的风险由出卖人承担。

【条文要义】

本条是对标的物质量根本违约拒绝受领权、合同解除权及意外灭失风险负担的规定。

在买卖合同中，出卖人交付的标的物不仅不符合质量要求，而且还致使不能实现合同目的，即构成标的物质量的根本违约的，买受人享有拒绝受领权和合同解除权，既可以行使拒绝受领权，并不构成违约；也可以直接行使解除权而解除合同，使合同归于消灭，保护自己的合法权益。买受人拒绝接受标的物或者解除合同的，标的物的毁损、灭失风险由出卖人承担。

**第六百一十一条** 标的物毁损、灭失的风险由买受人承担的，不影响因出卖人履行义务不符合约定，买受人请求其承担违约责任的权利。

【条文要义】

本条是对标的物意外灭失风险负担不影响违约责任的规定。

标的物意外灭失风险负担与承担违约责任是两种不同的规则，前者是由于买卖合同的标的物发生不可归责于当事人的原因而意外灭失，法律判断这种意外灭失风险由哪一方负担的规则；后者是当事人一方违反合同义务，应当向对方承担违约责任，救济对方因违约而发生损害的规则。

这两种后果可能会发生重合，如一方出卖人因自己的过失而违约，而其违约行为刚好阻碍了标的物所有权的转移。在这时，标的物毁损、灭失的风险由出卖人承担，但不影响因其履行义务不符合约定，买受人请求其承担违约责任的权利。再如，出卖人交付标的物而未交付有关标的物的单证或资料，标的物的毁损、灭失风险虽然已经转移由买受人承担，但出卖人仍应负债务不履行的违约责任。

**第六百一十二条** 出卖人就交付的标的物，负有保证第三人对该标的物不享有任何权利的义务，但是法律另有规定的除外。

【条文要义】

本条是对买卖合同标的物权利瑕疵担保的规定。

权利瑕疵担保又称追夺担保，是指出卖人担保其出卖的标的物的所有权完全转移于买受人，第三人不能对标的物享有任何权利的担保义务。这一规则要求的是出卖人就交付的标的物负有保证第三人不得向买受人主张任何权利的义务。

出卖人违反权利瑕疵担保责任的，应当承担违约责任。具体表现是：（1）出卖人出卖标的物为无权处分且不符合善意取得要件；（2）抵押人将已经设定抵押并办理了抵押登记的财产出卖给买受人，出卖人未通知抵押权人或者未告知买受人；（3）共有人出卖共有财产或者出卖共有财产中他人的份额；（4）出卖人向买受人出售第三人享有法定优先权的财产；（5）出卖人出售给买受人的财产上存在第三人的租赁权；（6）出卖人出售给买受人的财产，第三人可以根据知识产权主张权利或者要求；（7）其他情形。

本条规定的法律另有规定的除外条款，是指如果专门法律对有权利瑕疵的标的物买卖作出特别规定的，则首先要适用该特别规定。

出卖人对标的物的权利瑕疵担保责任与民法典关于善意取得的规定相互联系。本条规定的是出卖人应当保障自己出卖的标的物第三人没有权利主张。民法典规定的善意取得制度，是一旦出现出卖人对出卖的标的物没有所有权或者没有处分权，由于第三人善意取得而买受人不能取得标的物的所有权的，则应当按照民法典的规定，第三人取得其所有权，买受人只能主张损害赔偿。如果第三人善意取得的主张不成立，则买受人能够取得买卖标的物的所有权。

**第六百一十三条** 买受人订立合同时知道或者应当知道第三人对买卖的标的物享有权利的，出卖人不承担前条规定的义务。

【条文要义】

本条是对出卖人不承担标的物权利瑕疵担保责任的规定。

买卖合同的标的物权利瑕疵担保责任，是出卖人出卖标的物的主要义务之一，即须保障自己出卖的标的物的权属属于自己，第三人没有权利争议。反之，将要承担权利瑕疵担保责任。本条规定的是例外情形，即在本条规定的情形下，出卖人不承担权利瑕疵担保责任。

例外的情形是，在买卖合同订立时，出卖人出卖的标的物确实存在权利瑕疵，但是买受人知道或者应当知道第三人对买卖的标的物享有权利。如果出现这种情形，出卖人对出卖的标的物不负担权利瑕疵担保义务，买受人自负其责。

另外，买受人依据保护交易安全的规定，善意取得标的物所有权的，出卖人也无须承担权利瑕疵担保责任。

**第六百一十四条** 买受人有确切证据证明第三人对标的物享有权利的，可以中止支付相应的价款，但是出卖人提供适当担保的除外。

【条文要义】

本条是对可能出现买卖标的物权利瑕疵买受人抗辩权的规定。

在买卖合同履行中，如果买受人有确切证据证明第三人对标的物享有权利，出现第三人对买卖合同标的物权属发生争议的，有可能出现出卖人不能向买受人交付标的物权属的情形，这就出现了买受人可以行使合同履行抗辩权的条件。因此，只要出卖人没有对标的物瑕疵提供适当担保，买受人就可以行使合同履行抗辩权，中止支付相应的价款。如果第三人对标的物享有权利等情形没有出现或虽然出现了但出卖人提供了适当担保的，买受人不得以此为抗辩权行使的基础，主张中止支付相应的价款，否则应当承担违约责任。

对于第三人对标的物享有权利的证明责任，由买受人承担。

**第六百一十五条** 出卖人应当按照约定的质量要求交付标的物。出卖人提供有关标的物质量说明的，交付的标的物应当符合该说明的质量要求。

## 【条文要义】

本条是对出卖人按照约定质量要求交付标的物的规定。

对买卖合同标的物的质量要求，既是买卖合同的重要条款，也是买受人订立买卖合同实现缔约目的的重要方面。履行买卖合同债务，出卖人应当按照约定的质量要求交付标的物，否则买卖合同的买受人不能实现合同目的。

确定买卖合同标的物的质量，通常是在买卖合同中专门约定标的物的质量条款，出卖人交付标的物，按照合同的质量条款保证标的物的质量，就符合合同的要求。除此之外，如果出卖人在合同的附件中提供有关标的物的质量说明，该买卖标的物质量说明是合同的组成部分，应当作为对标的物质量的约定，出卖人交付的标的物应当符合该说明的质量要求，不符合该说明的质量要求的，应当认为违反标的物质量的约定，则构成违约行为。

**第六百一十六条** 当事人对标的物的质量要求没有约定或者约定不明确，依据本法第五百一十条的规定仍不能确定的，适用本法第五百一十一条第一项的规定。

## 【条文要义】

本条是对标的物质量要求确定方法的规定。

在买卖合同中，当事人如果对标的物的质量要求没有约定或者约定不明确的，可以通过法律规定的质量要求确定方法予以确定。确定的办法有：（1）依照民法典第510条进行补充协议，通过补充协商，确定标的物的质量要求；（2）在补充协商中，双方当事人不能达成补充协议的，应当依照民法典第510条的规定，首先按照合同的有关条款或者交易习惯确定；（3）按照合同的有关条款或者交易习惯仍然不能确定的，出卖人应按照国家标准、行业标准履行；没有国家标准、行业标准的，出卖人应按照通常标准或者符合合同目的的特定标准确定。

**第六百一十七条** 出卖人交付的标的物不符合质量要求的，买受人可以依据本法第五百八十二条至第五百八十四条的规定请求承担违约责任。

## 【条文要义】

本条是对标的物不符合质量要求承担违约责任的规定。

出卖人在履行买卖合同的义务中，如果交付的标的物不符合质量要求，应当承担违约责任。按照本条规定，质量违约的责任是采取补救措施和承担损害赔偿责任：

1. 出卖人交付的标的物不符合质量约定的，应当按照当事人在买卖合同中约定的方法承担违约责任。对违约责任没有约定或者约定不明确，经过补充协议仍然不能确定的，买受人根据标的物的性质以及损失的大小，可以合理选择要求对方承担修理、重作、更换、退货、减少价款或者报酬等补救措施的违约责任。

2. 出卖人交付的标的物质量不符合合同约定，给对方造成损失的，构成加害给付责任，应当对买受人承担赔偿责任，损失赔偿额应相当于因违约所造成的损失，既包括标的物本身的损失，也包括因标的物质量不合格造成人身损害的损失，承担补偿性的损害赔偿责任。如果出卖人提供的商品或者服务有欺诈等违法行为，符合《消费者权益保护法》《食品安全法》等关于惩罚性赔偿责任规定的，应当承担惩罚性赔偿责任。

**【相关司法解释】**

《最高人民法院关于审理买卖合同纠纷案件适用法律问题的解释》

**第十五条** 买受人依约保留部分价款作为质量保证金，出卖人在质量保证期未及时解决质量问题而影响标的物的价值或者使用效果，出卖人主张支付该部分价款的，人民法院不予支持。

**第十六条** 买受人在检验期限、质量保证期、合理期限内提出质量异议，出卖人未按要求予以修理或者因情况紧急，买受人自行或者通过第三人修理标的物后，主张出卖人负担因此发生的合理费用的，人民法院应予支持。

**第十七条** 标的物质量不符合约定，买受人依照民法典第五百八十二条的规定要求减少价款的，人民法院应予支持。当事人主张以符合约定的标的物和实际交付的标的物按交付时的市场价值计算差价的，人民法院应予支持。

价款已经支付，买受人主张返还减价后多出部分价款的，人民法院应予支持。

**第六百一十八条** 当事人约定减轻或者免除出卖人对标的物瑕疵承担的责任，因出卖人故意或者重大过失不告知买受人标的物瑕疵的，出卖人无权主张减轻或者免除责任。

【条文要义】

本条是对出卖人不告知标的物瑕疵造成损害不减免责任的规定。

在买卖合同中，如果当事人在合同中约定交付的标的物出现瑕疵可以减轻或者免除出卖人承担的责任，当出卖人交付的标的物存在瑕疵时，可按照约定减免责任。如销售残次品等买卖合同。具体的处理方法是：

1. 根据当事人之间的约定，出卖人已经向买受人告知标的物存在瑕疵，或者在主观上没有过失，或者在主观上只有一般过失，可以按照合同的约定，减轻或者免除出卖人的违约责任。

2. 如果出卖人因故意或者重大过失不向买受人告知标的物存在瑕疵，属于隐瞒标的物瑕疵，构成产品欺诈，出卖人无权主张减轻或者免除责任，应当承担违约责任，采取补救措施或者承担赔偿责任，不符合法律规定的甚至要承担惩罚性赔偿责任。

**第六百一十九条** 出卖人应当按照约定的包装方式交付标的物。对包装方式没有约定或者约定不明确，依据本法第五百一十条的规定仍不能确定的，应当按照通用的方式包装；没有通用方式的，应当采取足以保护标的物且有利于节约资源、保护生态环境的包装方式。

【条文要义】

本条是对出卖人标的物包装方式确定方法的规定。

包装方式，是指对标的物在交付时的包装方法，既包括包装物的材料，也包括对标的物包装的操作方式。包装方式对标的物的品质保护具有重要作用，特别是对那些易腐蚀、易碎、易潮、易变质的标的物，包装方式更为重要。因此，出卖人在交付标的物时，必须按照约定的包装方式交付标的物。

具体方法是：

1. 买卖合同对标的物包装方式有明确约定的，出卖人应当按照约定的包装方式交付标的物。

2. 买卖合同对包装方式没有约定或者约定不明确的，可以依照民法典第510条的规定，进行协议补充，达成补充协议的，依照补充协议约定的包装方式交付标的物。

3. 进行协议补充不能达成包装方式的补充协议的，应当按照合同有关条款或者交易习惯确定。

4. 按照合同的有关条款或者交易习惯仍不能确定的，应当按照通用的方式包装。

5. 该类标的物没有通用的包装方式的，应当采取足以保护标的物且有利于节约资源、保护生态环境的包装方式包装。这是依据绿色原则，针对过度包装的现象作出的保护生态环境的规定。

**第六百二十条** 买受人收到标的物时应当在约定的检验期限内检验。没有约定检验期限的，应当及时检验。

【条文要义】

本条是对买受人对标的物检验期限的规定。

在买卖合同中，买受人收到标的物时，有及时检验的义务。对于标的物检验符合要求的，应当受领，完成标的物的交付；不符合要求的，则应当进行交涉，交付并没有完成。

买受人履行检验义务应当在检验期限内。确定检验期限，应当视买卖合同中是否约定了检验期限来确定：

1. 当事人约定有检验期限的，买受人应当在约定期限内及时检验，不能超出约定的检验期限进行检验。

2. 买卖合同中如果没有约定检验期限，则应当及时进行检验。"及时"是一个不确定概念，对当事人而言，应当在收到标的物之后，尽快地在合理期限内进行检验，不能无故拖延；在发生争议之后，人民法院和仲裁机构应当根据实际情况，确定及时的合理期限。

在检验期限内，出卖人应当负有提供标的物的技术资料的义务，以使买受人能够正常地对标的物进行检验。出卖人是否履行或者及时履行这一义务，也是对买受人是否履行检验义务的一个判断的依据。

**第六百二十一条** 当事人约定检验期限的，买受人应当在检验期限内将标的物的数量或者质量不符合约定的情形通知出卖人。买受人怠于通知的，视为标的物的数量或者质量符合约定。

当事人没有约定检验期限的，买受人应当在发现或者应当发现标的物的数量或者质量不符合约定的合理期限内通知出卖人。买受人在合理期限内未通知或者自收到标的物之日起二年内未通知出卖人的，视为标的物的数量或者质量符合约定；但是，对标的物有质量保证期的，适用质量保证期，不适用该二年的规定。

出卖人知道或者应当知道提供的标的物不符合约定的，买受人不受前两款规定的通知时间的限制。

## 【条文要义】

本条是对买受人检验期限对标的物异议通知权的规定。

在出卖人交付标的物之后，买受人应当履行检验义务，并且对检验标的物发现的问题提出异议通知。标的物异议通知的重要价值在于，买受人在检验期限内提出标的物异议通知的，双方应当进行协商，如果确认异议通知的事实存在，出卖人构成违约行为；如果怠于提出异议通知，则视为标的物的质量和数量符合约定。因此，标的物异议通知对双方当事人的利益关系重大。

对此的处理方法是：

1. 当事人在买卖合同中约定有检验期限的，买受人发现标的物存在问题的，应当在检验期限内，将标的物的数量或者质量不符合约定的情形通知出卖人。如果买受人怠于通知，即超过检验期限未进行异议通知的，视为标的物的数量或者质量符合约定。

2. 当事人在买卖合同中没有约定检验期限的，买受人发现或者应当发现标的物的数量或者质量不符合约定的，应当在合理期限内通知出卖人。如果买受人在合理期限内未通知或者自收到标的物之日起二年内未通知出卖人的，视为标的物的数量或者质量符合约定。如果对标的物定有质量保证期，应当适用质量保证期，不适用该二年的规定。

3. 如果出卖人在交付标的物时知道或者应当知道自己所提供的标的物不符合约定，在客观上构成欺诈。为保护欺诈行为受损害的一方即买受人的利益，买受人提出标的物异议通知的时间限制应当放宽，不受前两款规定的通知时间，即检验期限和合理期限的限制。超出这两种期限限制而提出异议通知的，亦为有效通知，即买受人可以在发现标的物质量或者数量不符合约定的任何时间，向出卖人主张责任的承担。

**【相关司法解释】**

**《最高人民法院关于审理买卖合同纠纷案件适用法律问题的解释》**

第十二条　人民法院具体认定民法典第六百二十一条第二款规定的"合理期限"时，应当综合当事人之间的交易性质、交易目的、交易方式、交易习惯、标的物的种类、数量、性质、安装和使用情况、瑕疵的性质、买受人应尽的合理注意义务、检验方法和难易程度、买受人或者检验人所处的具体环境、自身技能以及其他合理因素，依据诚实信用原则进行判断。

民法典第六百二十一条第二款规定的"二年"是最长的合理期限。该期限为不变期间，不适用诉讼时效中止、中断或者延长的规定。

第十三条　买受人在合理期限内提出异议，出卖人以买受人已经支付价款、确认欠款数额、使用标的物等为由，主张买受人放弃异议的，人民法院不予支持，但当事人另有约定的除外。

第十四条　民法典第六百二十一条规定的检验期限、合理期限、二年期限经过后，买受人主张标的物的数量或者质量不符合约定的，人民法院不予支持。

出卖人自愿承担违约责任后，又以上述期限经过为由翻悔的，人民法院不予支持。

**第六百二十二条**　当事人约定的检验期限过短，根据标的物的性质和交易习惯，买受人在检验期限内难以完成全面检验的，该期限仅视为买受人对标的物的外观瑕疵提出异议的期限。

约定的检验期限或者质量保证期短于法律、行政法规规定期限的，应当以法律、行政法规规定的期限为准。

**【条文要义】**

本条是对约定检验期限、质量保证期过短的补救方法的规定。

在买卖合同中，会出现当事人约定的检验期限、质量保证期过短的问题。当出现这样的问题时，应当依照本条规定的办法处理，保护好双方当事人的利益：

1. 当事人在买卖合同中约定的检验期限过短，根据标的物的性质和交易习惯，买受人在检验期限内难以完成全面检验的，该期限仅视为买受人对标的物外观瑕疵提出异议的期限。对于标的物内在瑕疵的检验期限，本条没有明确规定，视为没有约定或者约定不明确，应当按照民法典第510条的规定进行补充协议，协议不成的，按照第511条的规定确定适当的期限。

2. 在买卖合同中，双方当事人约定的检验期限或者质量保证期短于法律、行政法规规定期限的，应当以法律、行政法规规定的期限为准。例如，法律规定的质量保证期为2年的，双方当事人在合同中约定的质量保证期为1年，则应当以法律规定的2年为准。

**第六百二十三条** 当事人对检验期限未作约定，买受人签收的送货单、确认单等载明标的物数量、型号、规格的，推定买受人已经对数量和外观瑕疵进行检验，但是有相关证据足以推翻的除外。

【条文要义】

本条是对买受人签收送货单等推定对数量和外观瑕疵进行检验的规定。

标的物数量和外观瑕疵的检验推定，是指虽然买受人对标的物的数量、质量未进行检验，但是根据法律规定的情形，推定其进行了数量和外观瑕疵检验的规则。

这一规则的适用条件是：（1）在买卖合同中，当事人对标的物的检验期限未作规定；（2）出卖人已经将买卖标的物交付买受人；（3）买受人对出卖人送交的标的物签收了送货单、确认单，这些单据载明了标的物的数量、型号、规格等内容。符合这三个要件的，就可以推定买受人对标的物的数量和外观瑕疵进行了检验，并认为其符合要求。

适用这一推定，对受推定事实约束的买受人予以救济机会，如果买受人能够举证证明自己对标的物的数量和外观瑕疵未做检验，则可以推翻推定。买受人尚未确认标的物的数量和外观瑕疵的，仍然可以提出标的物异议通知。

**第六百二十四条** 出卖人依照买受人的指示向第三人交付标的物，出卖人和买受人约定的检验标准与买受人和第三人约定的检验标准不一致的，以出卖人和买受人约定的检验标准为准。

【条文要义】

本条是对向第三人交付标的物标准不一致的规定。

在买卖合同中，如果买受人依照民法典第522条的规定，指示出卖人向第三人履行合同义务交付标的物的，出卖人应当向第三人交付标的物。当出现了出卖人与买受人约定的检验标准和买受人与第三人约定的检验标准不一致，发生争议的，应当有一个确定的方法来确定标的物的检验标准。本条规定，当这两个检验标准不一致时，应当以出卖人和买受人约定的检验标准为准，理由是出卖人与买受人约定的检验标准是双方确定的检验标准，买受人与第三人约定的检验标准不能改变出卖人与买受人约定的检验标准。如果第三人坚持其与买受人约定的检验标准，则应由买受人负责，而不能因此责令出卖人承担买受人与第三人约定的检验标准，增加出卖人的负担。

**第六百二十五条　依照法律、行政法规的规定或者按照当事人的约定，标的物在有效使用年限届满后应予回收的，出卖人负有自行或者委托第三人对标的物予以回收的义务。**

【条文要义】

本条是对约定买卖标的物有效使用年限届满回收义务的规定。

买卖合同的标的物在有效使用年限届满后应当回收有两种情况：（1）法律、行政法规规定应当回收；（2）当事人在买卖合同中约定应当回收。

出现上述情形之一，不管当事人在合同中对回收义务人有约定还是无约定，回收的义务人是出卖人，而不是买受人。当标的物在有效使用年限届满后，由出卖人承担回收义务，出卖人可以自行回收，也可以委托第三人回收。回收标的物的费用，有约定的依照其约定；没有约定的，由出卖人负担，因为出卖人是负责回收的义务人，理应由其承担回收标的物的费用。

**第六百二十六条　买受人应当按照约定的数额和支付方式支付价款。对价款的数额和支付方式没有约定或者约定不明确的，适用本法第五百一十条、第五百一十一条第二项和第五项的规定。**

【条文要义】

本条是对买受人支付价款数额和价款支付方式的规定。

支付价款是买受人的主要义务，是出卖人交付标的物并转移所有权的对价条件，出卖人必须依约履行。

对价款数额的确定。价款数额由总价和单价构成。总价为单价乘以标的物的数量。合同约定的总价与单价不一致，又不能证明总价为折扣价的，原则上应当按照单价计算总价。当事人对价款的确定须遵守国家物价法规的强制性规定。在买卖合同中，买受人应当按照约定的数额支付价款。对价款数额没有约定或者约定不明确的：（1）应当按照民法典第510条的规定，进行补充协议；（2）不能达成补充协议的，依照民法典第511条第2项的规定，按照订立合同时履行地的市场价格履行，依法应当执行政府定价或者政府指导价的，按照规定履行。具体的办法是：当事人在合同中约定执行政府定价的，在合同约定的交付期限内政府价格调整时，按照交付时的价格计价。逾期交付标的物的，遇价格上涨时，按照原价格执行；价格下降时，按照新价格执行。逾期提取标的物或者逾期付款的，遇价格上涨时，按照新价格执行；价格下降时，按照原价格执行。

对价款支付方式的确定。首先，价款的支付方式可以由当事人约定，有约定的，依照其约定的支付方式履行。其次，如果当事人在合同中对价款支付方式没有约定或者约定不明确的，依照民法典第510条的规定，可以补充协议；不能达成补充协议的，依照民法典第511条第5项的规定，按照有利于实现合同目的的方式履行。当事人关于价款支付方式的约定，不得违反国家关于现金管理的规定。

**第六百二十七条** 买受人应当按照约定的地点支付价款。对支付地点没有约定或者约定不明确，依据本法第五百一十条的规定仍不能确定的，买受人应当在出卖人的营业地支付；但是，约定支付价款以交付标的物或者交付提取标的物单证为条件的，在交付标的物或者交付提取标的物单证的所在地支付。

【条文要义】

本条是对买受人价款支付地点的规定。

在买卖合同履行中，买受人支付价款的地点，分为有约定和无约定两种情况确定：

1. 价款的支付地点由双方当事人约定。双方当事人在买卖合同中约定了价款支付地点的，买受人应当按照约定的地点支付价款。

2. 对价款支付地点没有约定或者约定不明确的，可以依照民法典第510条的规定，双方进行补充协议，按照补充协议的约定地点支付价款。

3. 双方当事人不能达成补充协议的，买受人应当在出卖人的营业地支付，但是，如果约定支付价款以交付标的物或者交付提取标的物的单证为条件，则不以出卖人的营业地址为支付地点，而应当在交付标的物或者提取标的物单证的所在地支付。

**第六百二十八条** 买受人应当按照约定的时间支付价款。对支付时间没有约定或者约定不明确，依据本法第五百一十条的规定仍不能确定的，买受人应当在收到标的物或者提取标的物单证的同时支付。

【条文要义】

本条是对买受人支付价款时间的规定。

在买卖合同中，价款的支付时间可以由双方当事人约定，如果没有约定或者约定不明确的，按照法律规定的方法进行确定。

1. 买卖合同中当事人约定了价款支付时间的，买受人应当按照约定的时间支付价款。

2. 当事人在合同中对支付时间没有约定或者约定不明确的，按照民法典第510条的规定，当事人可以补充协议，达成补充协议的，按照协议的时间支付价款。

3. 当事人不能达成补充协议的，买受人应当在收到标的物或者提取标的物单证的同时支付。价款支付迟延时，买受人要继续支付价款，并且要支付迟延支付价款的利息。

如果出卖人违约，买受人有拒绝支付价款、请求减少价款、请求返还价款的权利。如果出卖人交付的标的物有重大瑕疵以致难以使用，买受人有权拒绝接收交付，有权拒绝支付价款。如果出卖人交付的标的物虽有瑕疵，但买受人同意接收，买受人可以请求减少价款。标的物在交付后部分或者全部被第三人追索的，买受人不但有权解除合同、请求损害赔偿，而且有权要求返还全部或部分价款。

【相关司法解释】

**《最高人民法院关于审理买卖合同纠纷案件适用法律问题的解释》**

第十八条 买卖合同对付款期限作出的变更，不影响当事人关于逾期付款违约金的约定，但该违约金的起算点应当随之变更。

买卖合同约定逾期付款违约金，买受人以出卖人接受价款时未主张逾期付款违约金为由拒绝支付该违约金的，人民法院不予支持。

买卖合同约定逾期付款违约金，但对账单、还款协议等未涉及逾期付款责任，出卖人根据对账单、还款协议等主张欠款时请求买受人依约支付逾期付款违约金的，人民法院应予支持，但对账单、还款协议等明确载有本金及逾期付款利息数额或者已经变更买卖合同中关于本金、利息等约定内容的除外。

买卖合同没有约定逾期付款违约金或者该违约金的计算方法，出卖人以买受人违约为由主张赔偿逾期付款损失，违约行为发生在2019年8月19日之前的，人民法院可以中国人民银行同期同类人民币贷款基准利率为基础，参照逾期罚息利率标准计算；违约行为发生在2019年8月20日之后的，人民法院可以违约行为发生时中国人民银行授权全国银行间同业拆借中心公布的一年期贷款市场报价利率（LPR）标准为基础，加计30—50%计算逾期付款损失。

第三十一条　出卖人履行交付义务后诉请买受人支付价款，买受人以出卖人违约在先为由提出异议的，人民法院应当按照下列情况分别处理：

（一）买受人拒绝支付违约金、拒绝赔偿损失或者主张出卖人应当采取减少价款等补救措施的，属于提出抗辩；

（二）买受人主张出卖人应支付违约金、赔偿损失或者要求解除合同的，应当提起反诉。


**第六百二十九条　出卖人多交标的物的，买受人可以接收或者拒绝接收多交的部分。买受人接收多交部分的，按照约定的价格支付价款；买受人拒绝接收多交部分的，应当及时通知出卖人。**

【条文要义】

本条是对出卖人多交标的物的规定。

在买卖合同履行过程中，有可能出现出卖人多交标的物的情形。对此，关键在于买受人的态度，即买受人是否愿意接收多交的标的物。买受人既可以接收多交的标的物，也可以拒绝接收多交的标的物，选择权在于买受人：

1. 买受人选择接收多交部分标的物的，对多交的标的物，应当按照双方订立合同时约定的标的物的价格计算并支付价款，而不是按照交付时的价格计算。

2. 买受人拒绝接收多交部分标的物的，应当及时通知出卖人，出卖人应当将多交付的标的物取回，取回标的物的费用由出卖人负担。

## 【相关司法解释】

**《最高人民法院关于审理买卖合同纠纷案件适用法律问题的解释》**

第三条 根据民法典第六百二十九条的规定，买受人拒绝接收多交部分标的物的，可以代为保管多交部分标的物。买受人主张出卖人负担代为保管期间的合理费用的，人民法院应予支持。

买受人主张出卖人承担代为保管期间非因买受人故意或者重大过失造成的损失的，人民法院应予支持。

**第六百三十条** 标的物在交付之前产生的孳息，归出卖人所有；交付之后产生的孳息，归买受人所有。但是，当事人另有约定的除外。

## 【条文要义】

本条是对买卖标的物孳息归属（买卖合同利益承受）的规定。

买卖标的物孳息归属规则，也叫买卖合同的利益承受规则，是指标的物于买卖合同订立前后所生孳息归一方当事人享有的规则。标的物于合同订立前后所生孳息的归属，即利益承受，与买卖合同的标的物风险负担密切相关，二者遵循同一原则，即权利归谁所有，利益和风险就归谁享有或者负担。

标的物的孳息，是指标的物在合同履行期间产生的增值或者收益，既包括天然孳息，也包括法定孳息。买卖合同利益承受中的孳息，主要是天然孳息，也包括一些法定孳息。前者如树木的果实、牲畜的幼畜；后者如买卖正在出租房屋的租金。

利益承受的规则是：

1. 标的物在交付之前产生的孳息，归出卖人所有，如买卖牲畜，在交付之前出生的幼畜，归出卖人所有。

2. 标的物交付之后产生的孳息，由买受人承受，如交付之后的出租房屋，收取的租金归买受人所有。

3. 合同另有约定的，依其约定，不适用上述规则。

**第六百三十一条** 因标的物的主物不符合约定而解除合同的，解除合同的效力及于从物。因标的物的从物不符合约定被解除的，解除的效力不及于主物。

【条文要义】

本条是对交付标的物不符合约定解除合同的从随主原则的规定。

在买卖合同履行中，出卖人交付的标的物不符合约定，对方当事人可以因对方违约而解除合同。当交付的标的物有主物和从物之分时，主物与从物只有一个是不符合约定，另一个是符合约定的，解除的效力范围怎样确定，本条规定的规则是：

1. 因标的物的主物不符合约定而解除合同的，解除合同的效力及于从物，合同有关的主物和从物部分一并解除。

2. 因标的物的从物不符合约定被解除的，解除的效力不及于主物，只能解除合同的从物部分。

第六百三十二条 标的物为数物，其中一物不符合约定的，买受人可以就该物解除。但是，该物与他物分离使标的物的价值显受损害的，买受人可以就数物解除合同。

【条文要义】

本条是对交付数物其中一物不符合约定解除合同的规定。

在买卖合同中，买卖的标的物为数物，有的物符合约定，有的物不符合约定，受让人的解除权应当如何确定，本条规定的规则是：

1. 其中一物不符合约定的，买受人可以就该物解除，如购买大米、面粉若干，大米符合约定，面粉不符合约定，可以就面粉的买卖部分予以解除，大米部分的买卖不能解除。

2. 如果该物与他物分离使标的物的价值明显受损害的，买受人可以就数物解除合同，如购买对联，上联符合约定，下联不符合约定，可以一并解除。

第六百三十三条 出卖人分批交付标的物的，出卖人对其中一批标的物不交付或者交付不符合约定，致使该批标的物不能实现合同目的的，买受人可以就该批标的物解除。

出卖人不交付其中一批标的物或者交付不符合约定，致使之后其他各批标的物的交付不能实现合同目的的，买受人可以就该批以及之后其他各批标的物解除。

买受人如果就其中一批标的物解除，该批标的物与其他各批标的物相互依存的，可以就已经交付和未交付的各批标的物解除。

## 【条文要义】

本条是对买卖标的物分批交付部分违约解除权的规定。

分批交付，是指买卖合同的标的物是种类物并分批进行交付的交付方法。分批交付标的物，其中一批不交付或者交付不符合约定，买受人解除合同的效力规则是：

1. 就其中一批解除。出卖人分批交付标的物的，出卖人对其中一批标的物不交付或交付不符合约定，致使不能实现合同目的的，买受人可以就该批标的物解除，效力不及于其他各批交付的标的物。

2. 就该批和今后各批的解除。出卖人不交付其中一批标的物或交付不符合约定，致使今后其他各批标的物的交付不能实现合同目的的，买受人可以就该批以及今后其他各批标的物解除，此前交付的各批标的物不能解除。

3. 全部解除。出卖人已经就其中一批标的物解除，该批标的物与其他各批标的物相互依存的，买受人可以就已经交付的和未交付的各批标的物，全部予以解除。

## 【相关司法解释】

### 《最高人民法院关于审理买卖合同纠纷案件适用法律问题的解释》

**第十九条** 出卖人没有履行或者不当履行从给付义务，致使买受人不能实现合同目的，买受人主张解除合同的，人民法院应当根据民法典第五百六十三条第一款第四项的规定，予以支持。

**第二十条** 买卖合同因违约而解除后，守约方主张继续适用违约金条款的，人民法院应予支持；但约定的违约金过分高于造成的损失的，人民法院可以参照民法典第五百八十五条第二款的规定处理。

**第二十一条** 买卖合同当事人一方以对方违约为由主张支付违约金，对方以合同不成立、合同未生效、合同无效或者不构成违约等为由进行免责抗辩而未主张调整过高的违约金的，人民法院应当就法院若不支持免责抗辩，当事人是否需要主张调整违约金进行释明。

一审法院认为免责抗辩成立且未予释明，二审法院认为应当判决支付违约金的，可以直接释明并改判。

**第二十二条** 买卖合同当事人一方违约造成对方损失，对方主张赔偿可得利益损失的，人民法院在确定违约责任范围时，应当根据当事人的主张，依据民法典第五百八十四条、第五百九十一条、第五百九十二条、本解释第二十三条等规定进行认定。

**第二十三条** 买卖合同当事人一方因对方违约而获有利益，违约方主张从损失赔偿额中扣除该部分利益的，人民法院应予支持。

**第二十四条** 买受人在缔约时知道或者应当知道标的物质量存在瑕疵，主张出卖人承担瑕疵担保责任的，人民法院不予支持，但买受人在缔约时不知道该瑕疵会导致标的物的基本效用显著降低的除外。

**第六百三十四条** 分期付款的买受人未支付到期价款的数额达到全部价款的五分之一，经催告后在合理期限内仍未支付到期价款的，出卖人可以请求买受人支付全部价款或者解除合同。

出卖人解除合同的，可以向买受人请求支付该标的物的使用费。

## 【条文要义】

本条是对分期付款买卖合同付款违约的规定。

分期付款买卖，是指买受人将其应付的总价款按照一定期限分批向出卖人支付的买卖合同。分期付款买卖是一种特殊形式的买卖，通常用于房屋、机动车、高档消费品的买卖。由于买受人的分期支付货款影响了出卖人的资金周转，故分期付款的总价款可略高于一次性付款的价款。

在分期付款买卖中，出卖人须先交付标的物，买受人在受领标的物后分若干次付款，因而出卖人存在不能实现价款债权的风险。在交易实践中，当事人双方就分期付款买卖通常有以下特别约定：

1. 所有权保留特约，是指买受人虽先占有、使用标的物，但在双方当事人约定的特定条件（通常是价款的部分或者全部清偿）成就之前，出卖人保留标的物的所有权，待条件成就后，再将所有权转移给买受人。

2. 请求支付全部价款或者解除合同，买受人未付到期价款的数额达到全部价款的五分之一的，出卖人可以请求买受人支付全部价款或者解除合同，除非当事人另有约定。

3. 出卖人解除合同可以请求买受人支付该标的物的使用费，买受人应当向出卖人支付该标的物的使用费，按照市场价格计算。使用费可以从已经支付的价款中扣除，剩余部分应当返还。标的物有毁损的，买受人应当支付损害赔偿金。

**【相关司法解释】**

《最高人民法院关于审理买卖合同纠纷案件适用法律问题的解释》

第二十七条　民法典第六百三十四条第一款规定的"分期付款"，系指买受人将应付的总价款在一定期限内至少分三次向出卖人支付。

分期付款买卖合同的约定违反民法典第六百三十四条第一款的规定，损害买受人利益，买受人主张该约定无效的，人民法院应予支持。

第二十八条　分期付款买卖合同约定出卖人在解除合同时可以扣留已受领价金，出卖人扣留的金额超过标的物使用费以及标的物受损赔偿额，买受人请求返还超过部分的，人民法院应予支持。

当事人对标的物的使用费没有约定的，人民法院可以参照当地同类标的物的租金标准确定。

**第六百三十五条**　凭样品买卖的当事人应当封存样品，并可以对样品质量予以说明。出卖人交付的标的物应当与样品及其说明的质量相同。

**【条文要义】**

本条是对样品买卖标的物质量的规定。

样品买卖又称为货样买卖，是指当事人双方约定一定的样品，出卖人交付的标的物应当与样品具有相同品质的买卖合同。

样品又称为货样，是指当事人选定的用以决定标的物品质的货物，通常是从一批货物中抽取出来或者由生产、使用部门加工、设计出来的，用以反映和代表整批商品品质的少量实物。

由于样品买卖是在普通买卖关系中附加了出卖人的一项"须按样品的品质标准交付标的物"的担保，故样品买卖除适用普通买卖的规定外，还产生下列效力：

1. 封存样品予以说明。样品买卖合同在订立时，当事人就应当将样品封存，并且可以对样品质量予以说明，以作为样品买卖合同标的物的质量标准。

2. 出卖人交付的标的物应当与样品及其说明的质量相同，即在合同的实际履行中，出卖人交付标的物的质量，应当与样品的质量及其说明相一致。在判断交付的标的物是否与样品及其说明的质量相同时，应当依据合同的性质以及交易的习惯确定。

3. 出卖人交付的标的物与样品及其说明的质量不相同的，高于样品及其说明的标准的，当然没有问题；低于样品及其说明的标准的，构成违约行为，买受人可以解除合同或者追究出卖人的违约责任。

【相关司法解释】

《最高人民法院关于审理买卖合同纠纷案件适用法律问题的解释》

第二十九条 合同约定的样品质量与文字说明不一致且发生纠纷时当事人不能达成合意，样品封存后外观和内在品质没有发生变化的，人民法院应当以样品为准；外观和内在品质发生变化，或者当事人对是否发生变化有争议而又无法查明的，人民法院应当以文字说明为准。

**第六百三十六条 凭样品买卖的买受人不知道样品有隐蔽瑕疵的，即使交付的标的物与样品相同，出卖人交付的标的物的质量仍然应当符合同种物的通常标准。**

【条文要义】

本条是对样品买卖标的物隐蔽瑕疵的规定。

在样品买卖合同中，出卖人提供的样品存在隐蔽瑕疵，买受人并不知道的，就失去了样品的作用，如果确认该样品是样品买卖合同标的物的质量标准，将会使买受人的利益受到损害。

隐蔽瑕疵，与外观瑕疵相对应，是不经专业的特别检验，难以发现的商品瑕疵。按照默示瑕疵担保责任规则的要求，出卖人对隐蔽瑕疵同样承担质量担保责任。故买受人不知道样品有隐蔽瑕疵的，即使交付的标的物与样品相同，也不能认定样品买卖合同标的物的质量符合要求，确定出卖人交付的标的物的质量不能以该样品为准，而应当符合同种物的通常标准。当出卖人提供的样品存在隐蔽瑕疵，并按照具有隐蔽瑕疵的样品提供买卖合同标的物，不符合同种物的通常标准，买受人不知情的，可以追究出卖人的违约责任。

**第六百三十七条** 试用买卖的当事人可以约定标的物的试用期限。对试用期限没有约定或者约定不明确，依据本法第五百一十条的规定仍不能确定的，由出卖人确定。

【条文要义】

本条是对试用买卖试用期限的规定。

试用买卖合同，是指当事人双方约定于合同成立时，出卖人将标的物交付买受人试验或者检验，并以买受人在约定期限内对标的物的认可为生效要件的买卖合同。其特征是：（1）试用买卖约定由买受人试验或者检验标的物；（2）试用买卖是以买受人对标的物的认可为生效条件的买卖合同。

由于试用买卖合同的生效是以买受人在标的物试用期限内对标的物认可为条件，因而试用期限对确定买受人的认可具有重要意义。故本条规定的对试用期限的规则是：

1. 试用买卖合同当事人可以约定标的物的试用期限，当事人在合同中约定的试用期限就有对双方当事人的拘束力。

2. 试用买卖合同的当事人对试用期限没有约定或者约定不明确的，按照民法典第510条的规定，可以进行补充协议，达成补充协议的，按照补充协议确定的试用期限确定。

3. 当事人不能达成补充协议的，由出卖人确定试用期限。

在用上述三种办法确定的试用期限内，买受人应当作出对试用买卖合同标的物是否认可的意思表示，即购买或者拒绝购买该标的物。

【相关司法解释】

**《最高人民法院关于审理买卖合同纠纷案件适用法律问题的解释》**

**第三十条** 买卖合同存在下列约定内容之一的，不属于试用买卖。买受人主张属于试用买卖的，人民法院不予支持：

（一）约定标的物经过试用或者检验符合一定要求时，买受人应当购买标的物；

（二）约定第三人经试验对标的物认可时，买受人应当购买标的物；

（三）约定买受人在一定期限内可以调换标的物；

（四）约定买受人在一定期限内可以退还标的物。

**第六百三十八条** 试用买卖的买受人在试用期内可以购买标的物，也可以拒绝购买。试用期限届满，买受人对是否购买标的物未作表示的，视为购买。

试用买卖的买受人在试用期内已经支付部分价款或者对标的物实施出卖、出租、设立担保物权等行为的，视为同意购买。

【条文要义】

本条是对试用买卖合同买受人对标的物购买选择权的规定。

试用买卖合同在试用期限内，买受人对试用的标的物享有购买或者拒绝购买的选择权。该权利属于买受人，他人不得干涉。买受人认可的意思表示就是选择权的行使。该意思表示既可以是口头的，也可以是书面的。

在一些情况下，尽管买受人未作出认可的意思表示，即未作出购买该标的物的意思表示，法律规定也应当视为认可：

1. 买受人在试用期限届满后未作出是否认可的意思表示，既不表示购买，也不表示拒绝购买的，视为认可购买该标的物，且标的物已经交付，买受人应当履行其义务。

2. 买受人对试用买卖的标的物支付部分价款，对标的物实施出卖、出租、设定担保物权等行为的，视为同意购买，标的物交付，买受人应当履行其义务。

买受人同意购买标的物或者视为同意购买标的物的，买卖合同即发生效力，双方当事人应按约定履行合同。在试用期间买受人作出拒绝购买的意思表示的，该买卖合同不发生效力。

**第六百三十九条** 试用买卖的当事人对标的物使用费没有约定或者约定不明确的，出卖人无权请求买受人支付。

【条文要义】

本条是对试用买卖合同标的物使用费的规定。

试用买卖合同，按照其本来的含义，就是将标的物交给买受人试用，在试用期间，买受人既可以购买，也可以不购买。在试用期间买受人对试用标的物的使用是试用，而不是购买。

对于试用期间买受人对试用的标的物是否需要缴纳使用费，确定试用期间使用费缴纳的规则是：

1. 依照当事人在试用买卖合同中的约定确定，约定缴纳使用费的，应当缴纳使用费；约定不缴纳使用费的，不缴纳使用费。

2. 当事人对标的物使用费没有约定或者约定不明确的，应当确定为不缴纳使用费，因而出卖人无权要求买受人缴纳标的物使用费。

**第六百四十条　标的物在试用期内毁损、灭失的风险由出卖人承担。**

【条文要义】

本条是对试用买卖标的物在试用期间毁损灭失风险负担的规定。

在买卖合同中，都存在买卖标的物意外灭失风险的问题，原则上是由对标的物享有所有权的一方负担意外灭失风险的后果。在试用买卖合同中，同样适用这样的规则，但是存在部分变化。

1. 在标的物试用期间标的物意外毁损灭失的风险，都由出卖人负担，因为试用买卖合同的标的物在试用期间，标的物的所有权并未转移，即实际上并未交付，买受人仅是试用，而不是取得了标的物的所有权，因而由对标的物享有所有权的出卖人负担意外灭失风险的后果。

2. 当买受人一方拒绝购买试用标的物时，买受人负有返还试用标的物的义务。这时，如果是因可归责于买受人的事由造成标的物毁损、灭失而返还不能，买受人应当对出卖人负赔偿责任，赔偿标的物的损失。

**第六百四十一条　当事人可以在买卖合同中约定买受人未履行支付价款或者其他义务的，标的物的所有权属于出卖人。**

**出卖人对标的物保留的所有权，未经登记，不得对抗善意第三人。**

【条文要义】

本条是对买卖合同所有权保留的一般性规定。

在买卖合同中，所有权保留的特约，是指买受人虽先占有、使用标的物，但在双方当事人约定的特定条件（通常是价款的一部分或者全部清偿）成就之前，出卖人保留标的物的所有权，待条件成就后，再将所有权转移给买受人的特别约定。这种特约一般适用于动产买卖，不动产的买卖不适用这种方法。

所有权保留，既是买卖合同的特别约定，也是一种担保物权。从担保物权的角度解释，所有权保留是指在转移财产所有权的商品交易中，根据法律规定或者当事人约定，财产所有权人转移财产占有于对方当事人，而保留其对该财产的所有权，待对方当事人交付价金或者完成特定条件时，所有权才发生转移的担保物权。

所以，当事人在买卖合同中关于买受人未履行支付价款或者其他义务的，标的物的所有权属于出卖人的约定，就是所有权保留，既是分期付款买卖合同的特别约定，也是分期付款买卖合同的出卖人为保护自己的价款债权而设置的物权担保，用保留的标的物的所有权，对债权进行担保。

所有权保留的担保物权，可以进行担保物权的登记。出卖人对标的物保留的所有权未经登记的，不得对抗善意第三人。

**【相关司法解释】**

**《最高人民法院关于审理买卖合同纠纷案件适用法律问题的解释》**

第二十五条　买卖合同当事人主张民法典第六百四十一条关于标的物所有权保留的规定适用于不动产的，人民法院不予支持。

**《最高人民法院关于适用〈中华人民共和国民法典〉有关担保制度的解释》**

第一条　因抵押、质押、留置、保证等担保发生的纠纷，适用本解释。所有权保留买卖、融资租赁、保理等涉及担保功能发生的纠纷，适用本解释的有关规定。

第六十七条　在所有权保留买卖、融资租赁等合同中，出卖人、出租人的所有权未经登记不得对抗的"善意第三人"的范围及其效力，参照本解释第五十四条的规定处理。

第六百四十二条　当事人约定出卖人保留合同标的物的所有权，在标的物所有权转移前，买受人有下列情形之一，造成出卖人损害的，除当事人另有约定外，出卖人有权取回标的物：

（一）未按照约定支付价款，经催告后在合理期限内仍未支付；

（二）未按照约定完成特定条件；

（三）将标的物出卖、出质或者作出其他不当处分。

出卖人可以与买受人协商取回标的物；协商不成的，可以参照适用担保物权的实现程序。

## 【条文要义】

本条是对所有权保留的担保物权人取回权的规定。

所有权保留作为担保物权的一种，最重要的担保价值，就在于出卖人将分期付款的标的物交付买受人后，还保留自己对标的物的所有权，正是基于该所有权的保留，出卖人享有买卖合同标的物的取回权。当出现危及其价款债权的情形时，出卖人行使取回权，追回交付买受人占有的买卖标的物。

故本条规定的出卖人取回权的规则是，当事人约定出卖人保留合同标的物的所有权，在标的物所有权转移前，买受人有下列情形之一，对出卖人造成损害的，除法律另有规定或者当事人另有约定外，出卖人有权取回标的物。产生取回权的原因有：（1）买受人未按照约定支付价款，经催告后在合理期限内仍未支付；（2）买受人未按照约定完成特定条件；（3）买受人将标的物出卖、出质或者作出其他不当处分。

实现取回权的方法有：（1）出卖人行使取回权，取回标的物；（2）协商确定，出卖人可以与买受人协商实现取回权的办法；（3）当事人协商不成的，参照适用担保物权的实现程序，如拍卖或者变卖标的物，用价款优先偿还未支付的价金等；（4）取回的标的物价值明显减少的，出卖人有权要求买受人赔偿损失，买受人承担损害赔偿责任。

## 【相关司法解释】

**《最高人民法院关于审理买卖合同纠纷案件适用法律问题的解释》**

**第二十六条** 买受人已经支付标的物总价款的百分之七十五以上，出卖人主张取回标的物的，人民法院不予支持。

在民法典第六百四十二条第一款第三项情形下，第三人依据民法典第三百一十一条的规定已经善意取得标的物所有权或者其他物权，出卖人主张取回标的物的，人民法院不予支持。

**《最高人民法院关于适用〈中华人民共和国民法典〉有关担保制度的解释》**

**第六十四条** 在所有权保留买卖中，出卖人依法有权取回标的物，但是与买受人协商不成，当事人请求参照民事诉讼法"实现担保物权案件"的有关规定，拍卖、变卖标的物的，人民法院应予准许。

出卖人请求取回标的物，符合民法典第六百四十二条规定的，人民法院应予支持；买受人以抗辩或者反诉的方式主张拍卖、变卖标的物，并在扣除买受人未支付的价款以及必要费用后返还剩余款项的，人民法院应当一并处理。

**第六百四十三条** 出卖人依据前条第一款的规定取回标的物后，买受人在双方约定或者出卖人指定的合理回赎期限内，消除出卖人取回标的物的事由的，可以请求回赎标的物。

买受人在回赎期限内没有回赎标的物，出卖人可以以合理价格将标的物出卖给第三人，出卖所得价款扣除买受人未支付的价款以及必要费用后仍有剩余的，应当返还买受人；不足部分由买受人清偿。

**【条文要义】**

本条是对出卖人取回标的物后买受人回赎权的规定。

在买卖合同中，出现了出卖人享有取回权事由的，出卖人取回买卖标的物后，买受人享有回赎权，可以在回赎期间回赎买卖标的物。其规则是：

1. 回赎权的产生，是在出卖人依照民法典第642条第1款的规定取回标的物之后，出卖人一旦取回买卖标的物，买受人即产生回赎权。

2. 回赎期间，即双方当事人可以约定回赎期间或者出卖人指定合理的回赎期间。

3. 回赎权的行使要件，是买受人消除出卖人取回标的物的事由，即买受人支付了未按照约定支付的价款，或者买受人按照约定完成了特定条件，或者买受人将出卖、出质或者作出其他不当处分的标的物收回。

在具备了上述三个要件之后，买受人可以要求回赎标的物，出卖人应当将取回的标的物交付买受人。

买受人取得了回赎权，但是在回赎期间内没有回赎标的物的，出卖人可以以合理的价格将标的物卖给第三人，出卖所得价款在扣除买受人未支付的价款及必要费用后仍有剩余的，应当返还买受人；不足部分由买受人清偿。

**第六百四十四条** 招标投标买卖的当事人的权利和义务以及招标投标程序等，依照有关法律、行政法规的规定。

## 【条文要义】

本条是对招标投标买卖适用法律的规定。

招标投标，是指由招标人向数人或公众发出招标通知或招标公告，在诸多投标中选择自己最满意的投标人并与之订立合同的方式。招标投标买卖当事人的权利和义务以及招标投标的程序，都有专门的法律规定，应当依照专门的法律和行政法规的规定进行。

简要的招标投标程序是：

1. 招标，是招标人采取招标通知或招标公告的形式，向数人或者公众发出投标邀请。

2. 投标，是投标人按照招标文件的要求，向招标人提出报价的行为。

3. 开标和验标，开标是招标人在召开的投标人会议上，当众启封标书，公开标书内容。验标是验证标书的效力，对不具备投标资格的标书、不符合招标文件规定的标书以及超过截止期限送达的标书，招标人可以宣布其无效。

4. 评标和定标，评标由招标人依法组成的评标委员会负责，由招标人和专家组成，成员应在5人以上。定标是招标人对有效标书进行评审，选择自己满意的投标人，决定其中标。定标是对投标的完全接受，因此是承诺。

5. 签订合同书，中标人接到中标通知书后，在指定的时间和地点与招标人签订合同书，招标投标即告完成。

**第六百四十五条** 拍卖的当事人的权利和义务以及拍卖程序等，依照有关法律、行政法规的规定。

## 【条文要义】

本条是对拍卖适用法律的规定。

拍卖是对物品的拍卖，即以公开竞价的方法，将标的物的所有权转移给最高应价者的买卖方式，分为法定拍卖和意定拍卖、委托拍卖和自己拍卖、强制拍卖和任意拍卖。

拍卖的程序是：

1. 签订拍卖委托合同，约定拍卖的权利义务关系。

2. 拍卖公告和拍品展示。在拍卖日的前7日发布拍卖公告，拍卖前应当展示拍卖标的物不得少于2日。

3. 竞买,是以应价的方式向拍卖人作出应买的意思表示,竞买人彼此互不隐瞒情况,以公开的方式应价,形成竞争。竞买的性质属于要约。

4. 拍定,是拍卖人在竞买人众多的应价中选择最高者予以接受的意思表示,其法律性质属于承诺。拍卖人一经拍定,拍卖合同即告成立。

拍卖的效力是:

1. 拍卖人应当履行交付标的物和转移标的物所有权的义务。
2. 拍卖人应当对交付的标的物承担瑕疵担保责任。
3. 买受人应当按照约定向拍卖人支付价款和佣金,未按照约定支付价款的,应当承担违约责任或者由拍卖人将拍卖的标的物再行拍卖。再拍卖时,原拍卖的买受人应当支付第一次拍卖中买卖双方应支付的佣金。
4. 流拍,在拍卖中,由于起拍价格过高造成的拍卖失败,对拍卖的标的物得不到想要成交的数额。

**第六百四十六条　法律对其他有偿合同有规定的,依照其规定;没有规定的,参照适用买卖合同的有关规定。**

【条文要义】

本条是对其他有偿合同准用买卖合同规则的规定。

合同分为有偿合同和无偿合同。有偿合同是当事人享有合同权利须向对方支付对价的合同,如租赁合同。无偿合同是享有合同权利而无须支付对价的合同,如借用合同和赠与合同。

在有偿合同中,买卖合同是基准性合同,是有偿合同的典型代表。因此,民法典物权编规定买卖合同条文的内容是最完整、最详细的。在有关买卖合同的规定中,集中了有偿合同的主要规则,基本上属于有偿合同高弹性的规则。为避免立法条文的重复和繁杂,在有些有偿合同中就不再详细规定有偿合同的一般性规则,直接可以适用关于买卖合同的相应规则。因此,法律对其他有偿合同有规定的,直接依照其特别规定适用法律;如果没有明文规定,则应当参照适用民法典有关买卖合同的规定。

## 【相关司法解释】

**《最高人民法院关于审理买卖合同纠纷案件适用法律问题的解释》**

**第三十二条** 法律或者行政法规对债权转让、股权转让等权利转让合同有规定的，依照其规定；没有规定的，人民法院可以根据民法典第四百六十七条和第六百四十六条的规定，参照适用买卖合同的有关规定。

权利转让或者其他有偿合同参照适用买卖合同的有关规定的，人民法院应当首先引用民法典第六百四十六条的规定，再引用买卖合同的有关规定。

**第六百四十七条** 当事人约定易货交易，转移标的物的所有权的，参照适用买卖合同的有关规定。

## 【条文要义】

本条是对互易合同法律适用的规定。

互易合同，也叫物换物合同、易货贸易或者易货交易合同，是指当事人双方约定以货币以外的财物进行交换的合同。互易合同也是转移财产所有权的合同，与买卖合同的区别在于，互易合同是双方当事人都转移财产的所有权，即以交付和转移自己所有的财产和所有权为目的，其中没有货币作为中介。互易合同的当事人互为互易人，互易人各自享有取得对方互易标的物的权利，负有将本人的互易标的物交付对方的义务。

互易合同的基本类型有：（1）单纯互易，是指当事人双方并不考虑给付对方的财产的价值，而只追求相互的财产所有权转移的互易；（2）价值互易，是指当事人双方以标的物的价值为标准，互换财产标的物的互易。

互易合同一经成立生效，其效力适用买卖合同的规定。互易合同当事人应当负担以下义务：（1）按照合同约定向对方交付标的物并转移所有权；（2）当事人相互对其应交付的标的物负瑕疵担保义务；（3）当事人的互易为补足价款的价值互易的，负有补足价款义务的一方应当按照约定的时间、地点补足应当缴纳的价款。当事人不履行其补足价款义务的，应当承担违约责任。

## 【相关司法解释】

**《最高人民法院关于审理商品房买卖合同纠纷案件适用法律若干问题的解释》**

**第一条** 本解释所称的商品房买卖合同，是指房地产开发企业（以下统称为出卖人）将尚未建成或者已竣工的房屋向社会销售并转移房屋所有权于买受人，买受人支付价款的合同。

**第二条** 出卖人未取得商品房预售许可证明，与买受人订立的商品房预售合同，应当认定无效，但是在起诉前取得商品房预售许可证明的，可以认定有效。

**第三条** 商品房的销售广告和宣传资料为要约邀请，但是出卖人就商品房开发规划范围内的房屋及相关设施所作的说明和允诺具体确定，并对商品房买卖合同的订立以及房屋价格的确定有重大影响的，构成要约。该说明和允诺即使未载入商品房买卖合同，亦应当为合同内容，当事人违反的，应当承担违约责任。

**第四条** 出卖人通过认购、订购、预订等方式向买受人收受定金作为订立商品房买卖合同担保的，如果因当事人一方原因未能订立商品房买卖合同，应当按照法律关于定金的规定处理；因不可归责于当事人双方的事由，导致商品房买卖合同未能订立的，出卖人应当将定金返还买受人。

**第五条** 商品房的认购、订购、预订等协议具备《商品房销售管理办法》第十六条规定的商品房买卖合同的主要内容，并且出卖人已经按照约定收受购房款的，该协议应当认定为商品房买卖合同。

**第六条** 当事人以商品房预售合同未按照法律、行政法规规定办理登记备案手续为由，请求确认合同无效的，不予支持。

当事人约定以办理登记备案手续为商品房预售合同生效条件的，从其约定，但当事人一方已经履行主要义务，对方接受的除外。

**第七条** 买受人以出卖人与第三人恶意串通，另行订立商品房买卖合同并将房屋交付使用，导致其无法取得房屋为由，请求确认出卖人与第三人订立的商品房买卖合同无效的，应予支持。

**第八条** 对房屋的转移占有，视为房屋的交付使用，但当事人另有约定的除外。

房屋毁损、灭失的风险，在交付使用前由出卖人承担，交付使用后由买受人承担；买受人接到出卖人的书面交房通知，无正当理由拒绝接收的，房屋毁损、灭失的风险自书面交房通知确定的交付使用之日起由买受人承担，但法律另有规定或者当事人另有约定的除外。

**第九条** 因房屋主体结构质量不合格不能交付使用，或者房屋交付使用后，房屋主体结构质量经核验确属不合格，买受人请求解除合同和赔偿损失的，应予支持。

第十条　因房屋质量问题严重影响正常居住使用，买受人请求解除合同和赔偿损失的，应予支持。

交付使用的房屋存在质量问题，在保修期内，出卖人应当承担修复责任；出卖人拒绝修复或者在合理期限内拖延修复的，买受人可以自行或者委托他人修复。修复费用及修复期间造成的其他损失由出卖人承担。

第十一条　根据民法典第五百六十三条的规定，出卖人迟延交付房屋或者买受人迟延支付购房款，经催告后在三个月的合理期限内仍未履行，解除权人请求解除合同的，应予支持，但当事人另有约定的除外。

法律没有规定或者当事人没有约定，经对方当事人催告后，解除权行使的合理期限为三个月。对方当事人没有催告的，解除权人自知道或者应当知道解除事由之日起一年内行使。逾期不行使的，解除权消灭。

第十二条　当事人以约定的违约金过高为由请求减少的，应当以违约金超过造成的损失30%为标准适当减少；当事人以约定的违约金低于造成的损失为由请求增加的，应当以违约造成的损失确定违约金数额。

第十三条　商品房买卖合同没有约定违约金数额或者损失赔偿额计算方法，违约金数额或者损失赔偿额可以参照以下标准确定：

逾期付款的，按照未付购房款总额，参照中国人民银行规定的金融机构计收逾期贷款利息的标准计算。

逾期交付使用房屋的，按照逾期交付使用房屋期间有关主管部门公布或者有资格的房地产评估机构评定的同地段同类房屋租金标准确定。

第十四条　由于出卖人的原因，买受人在下列期限届满未能取得不动产权属证书的，除当事人有特殊约定外，出卖人应当承担违约责任：

（一）商品房买卖合同约定的办理不动产登记的期限；

（二）商品房买卖合同的标的物为尚未建成房屋的，自房屋交付使用之日起90日；

（三）商品房买卖合同的标的物为已竣工房屋的，自合同订立之日起90日。

合同没有约定违约金或者损失数额难以确定的，可以按照已付购房款总额，参照中国人民银行规定的金融机构计收逾期贷款利息的标准计算。

第十五条　商品房买卖合同约定或者《城市房地产开发经营管理条例》第三十二条规定的办理不动产登记的期限届满后超过一年，由于出卖人的原因，导致买受人无法办理不动产登记，买受人请求解除合同和赔偿损失的，应予支持。

**第十六条** 出卖人与包销人订立商品房包销合同，约定出卖人将其开发建设的房屋交由包销人以出卖人的名义销售的，包销期满未销售的房屋，由包销人按照合同约定的包销价格购买，但当事人另有约定的除外。

**第十七条** 出卖人自行销售已经约定由包销人包销的房屋，包销人请求出卖人赔偿损失的，应予支持，但当事人另有约定的除外。

**第十八条** 对于买受人因商品房买卖合同与出卖人发生的纠纷，人民法院应当通知包销人参加诉讼；出卖人、包销人和买受人对各自的权利义务有明确约定的，按照约定的内容确定各方的诉讼地位。

**第十九条** 商品房买卖合同约定，买受人以担保贷款方式付款、因当事人一方原因未能订立商品房担保贷款合同并导致商品房买卖合同不能继续履行的，对方当事人可以请求解除合同和赔偿损失。因不可归责于当事人双方的事由未能订立商品房担保贷款合同并导致商品房买卖合同不能继续履行的，当事人可以请求解除合同，出卖人应当将收受的购房款本金及其利息或者定金返还买受人。

**第二十条** 因商品房买卖合同被确认无效或者被撤销、解除，致使商品房担保贷款合同的目的无法实现，当事人请求解除商品房担保贷款合同的，应予支持。

**第二十一条** 以担保贷款为付款方式的商品房买卖合同的当事人一方请求确认商品房买卖合同无效或者撤销、解除合同的，如果担保权人作为有独立请求权第三人提出诉讼请求，应当与商品房担保贷款合同纠纷合并审理；未提出诉讼请求的，仅处理商品房买卖合同纠纷。担保权人就商品房担保贷款合同纠纷另行起诉的，可以与商品房买卖合同纠纷合并审理。

商品房买卖合同被确认无效或者被撤销、解除后，商品房担保贷款合同也被解除的，出卖人应当将收受的购房贷款和购房款的本金及利息分别返还担保权人和买受人。

**第二十二条** 买受人未按照商品房担保贷款合同的约定偿还贷款，亦未与担保权人办理不动产抵押登记手续，担保权人起诉买受人，请求处分商品房买卖合同项下买受人合同权利的，应当通知出卖人参加诉讼；担保权人同时起诉出卖人时，如果出卖人为商品房担保贷款合同提供保证的，应当列为共同被告。

**第二十三条** 买受人未按照商品房担保贷款合同的约定偿还贷款，但是已经取得不动产权属证书并与担保权人办理了不动产抵押登记手续，抵押权人请求买受人偿还贷款或者就抵押的房屋优先受偿的，不应当追加出卖人为当事人，但出卖人提供保证的除外。

# 第十章　供用电、水、气、热力合同

第六百四十八条　供用电合同是供电人向用电人供电,用电人支付电费的合同。

向社会公众供电的供电人,不得拒绝用电人合理的订立合同要求。

**【条文要义】**

本条是对供用电合同概念和强制缔约义务的规定。

供用电合同是指供电人向用电人供电,用电人支付电费的合同。其法律特征是:(1)供用电合同的标的物是无形物,通常称为自然力。因电能供应对保障社会正常运转具有十分重要的作用,所以供用电合同在履行中对供电质量及连续性的要求非常高,国家对供电人应连续供电义务作出了严格要求。(2)供用电合同是强制缔约合同,供电一方负有强制缔约义务,没有正当理由不得拒绝用电人的缔约请求。(3)供用电合同是双务、有偿合同,供电人有义务按合同约定向用电人供应符合合同要求的电能,违约应承担相应责任;用电人有义务按合同约定向供电人及时、足额交付电费,否则亦应承担相应责任。(4)供用电合同通常是格式条款,实行统一价格。

本条第2款规定的是供电单位的强制缔约义务。强制缔约义务也叫强制性合同,是指在若干特殊情形下,个人或者企业负有应相对人的请求与其订立合同的义务,负有强制缔约义务的人非有正当理由不得拒绝。这种强制性力量来源于法律的规定,旨在保护消费者,限制居于垄断地位的公用事业单位当事人。因为一旦消费者的要约被拒绝,要约人将无法从他处获得该种服务或商品。供电企业就是这样的公用事业单位,负有强制缔约义务,故向社会公众供电的法人或者非法人组织,不得拒绝用电人合理的订立合同要求。违反者,应当承担法律责任。

**第六百四十九条** 供用电合同的内容一般包括供电的方式、质量、时间，用电容量、地址、性质，计量方式，电价、电费的结算方式，供用电设施的维护责任等条款。

【条文要义】

本条是对供用电合同内容的规定。

供用电合同的主要内容有：

1. 供电方式、质量、时间：供电方式，是供电人以何种方式向用电人供电，包括主电源、备用电源、保安电源的供电方式以及委托供电等。供电质量，是供电的频率、电压质量和供电可靠性三项指标。供电的频率是以频率允许偏差来衡量，电压质量是以电压的闪变、偏离额定值的幅度和电压正弦波畸变程度来衡量，供电可靠性是以供电企业对用户停电的时间及次数来衡量。用电时间是用电人有权使用电力的起止时间。

2. 用电容量、地址、性质：用电容量，是供电人认定的用电人受电设备的总容量，以千伏安（千瓦）表示。用电地址，是用电人使用电力的地址。用电性质，包括用电人行业分类和用电分类，用电人行业分类分为农业、工业、建筑业等七大类和城乡居民生活用电。用电分类分为大工业用电、非普工业用电、农业生产用电、商业用电、居民生活用电、非居民照明用电、趸售用电和其他用电。

3. 计量方式和电价、电费的结算方式：计量方式是供电人如何计算用电人使用的电量，电价即电网销售电价，实行国家统一电价。电费是电力资源实现商品交换的货币形式，应当按照国家核准的电价和用电计量装置记录，收取电费。

4. 供用电设施的维护责任：应当依供用电设施的产权所属划分，也可由双方约定。除此之外，供用电双方还可在合同中约定违约责任及双方同意的其他条款。

**第六百五十条** 供用电合同的履行地点，按照当事人约定；当事人没有约定或者约定不明确的，供电设施的产权分界处为履行地点。

【条文要义】

本条是对供用电合同履行地点的规定。

供用电合同的履行地点，是供用电合同双方当事人行使其权利、履行其义务的地点，具体是指供电人将电力的所有权转移给用电人的转移点。由于发电、供电和用电都是在一条线上进行的。因此，供用电合同的履行地点必须界定清楚，明确权利、义务和责任，这不仅对供用电双方具有重要价值，而且对出现问题时追究责任具有重要意义。例如，在电力事故发生后，以供用电合同的履行地点为界，谁享有电力的产权，谁就应当承担后果责任。

供用电合同的履行地点的确定有两种方法：（1）按照当事人约定，约定以何种方式界分履行地点，就以该种界限为准；（2）当事人没有约定或者约定不明确的，则以供电设施的产权分界处为履行地点。

**第六百五十一条** 供电人应当按照国家规定的供电质量标准和约定安全供电。供电人未按照国家规定的供电质量标准和约定安全供电，造成用电人损失的，应当承担赔偿责任。

【条文要义】

本条是对供电人安全供电义务与违约责任的规定。

供电人作为供用电合同的供电一方，应当按照国家规定的供电标准和约定安全供电。用电人提出申请后，供电人应当尽快确定供电方案，并在一定期限内以正式书面形式通知用户。供用电合同订立后，供电人应当按照合同约定的时间向用电人供电。当事人对供电质量标准有约定的，依其标准供电；当事人没有特别约定的，则根据用电人具体的用电意图可以推定的标准或者国家规定的标准供电。供电人必须安全、合格地供电，不得超过电力系统正常状况下所供电能的频率的电压允许的偏差。这是供电人应当履行的供电义务。

供电人违反上述供电义务，未按照国家规定的供电标准和约定安全供电，并且造成用电人的预期利益和固有利益损失的，应当承担违约损害赔偿责任或者侵权损害赔偿责任，构成责任竞合，由受害人一方选择行使何种损害赔偿请求权。

**第六百五十二条** 供电人因供电设施计划检修、临时检修、依法限电或者用电人违法用电等原因，需要中断供电时，应当按照国家有关规定事先通知用电人；未事先通知用电人中断供电，造成用电人损失的，应当承担赔偿责任。

【条文要义】

本条是对供电人因故中断供电的通知义务与违约责任的规定。

在供用电合同履行期间，对因供电设施计划检修、临时检修、依法限电或者用电人违法用电等原因，需要中断供电时，按照国家有关规定，供电人负有事先通知用电人的义务。这是因为电力在社会生产、生活中的特殊作用，要求供电人的供应须是连续不断的。供电人在发电、供电系统正常的情况下，应当连续向用电人供电，不得中断，这是供电人应当履行的义务。供电人因供电设施计划检修、临时检修、依法限电或者用电人违法用电等原因，需要中断供电时，应当按照国家有关规定事先通知用电人。

供电人因故需要停止供电时，应当按照下列要求事先通知用户或者进行公告：（1）因供电设施计划检修需要停电时，供电人应当提前7天通知用户或者进行公告；（2）因供电设施临时检修需要停止供电时，供电人应当提前24小时通知重要用户；（3）因发电、供电系统发生故障需要停电、限电时，供电人应当按照事先确定的限电序位进行停电或者限电。引起停电或者限电的原因消除后，供电人应当尽快恢复供电。用电人如因未事先得到断电通知而遭受的损失，由供电人承担损害赔偿责任。

用电人对供电人正当检修、停电、限电，负有容忍义务。

**第六百五十三条　因自然灾害等原因断电，供电人应当按照国家有关规定及时抢修；未及时抢修，造成用电人损失的，应当承担赔偿责任。**

【条文要义】

本条是对因自然灾害等原因断电时供电人抢修义务的规定。

造成断电的自然灾害等原因，通常是指不可抗力的原因，按照民法典第180条关于不可抗力免责的规定以及民法典第580条的规定，供电人对此不负责任。但是，由于连续供电的重要性，供电人必须以诚实善意的态度去克服灾害的影响，最大限度地减少自然灾害等原因造成的损失。因此，因自然灾害等原因断电，供电人应当按照国家有关规定及时抢修，及时恢复供电。

按照规定，引起停电或限电的原因消除后，供电企业应在3日内恢复供电。不能在3日内恢复供电的，供电企业应向用户说明情况。如果供电人怠于职守，故意拖延，迟迟不能恢复供电，使用电人因此而遭受损失的，供电人应承担损害赔偿责任。

**第六百五十四条** 用电人应当按照国家有关规定和当事人的约定及时支付电费。用电人逾期不支付电费的，应当按照约定支付违约金。经催告用电人在合理期限内仍不支付电费和违约金的，供电人可以按照国家规定的程序中止供电。

供电人依据前款规定中止供电的，应当事先通知用电人。

【条文要义】

本条是对用电人应当及时支付电费义务的规定。

用电人既然使用电能，就应履行交付电费的义务。用电人应当按照国家有关规定和当事人的约定及时向供电人交付电费；如双方当事人在合同中约定了交费时间，用电人应当按约定时间交费。

用电人逾期不交电费，应当承担的责任有：（1）如果合同中有违约金条款，用电人应按照约定向供电人支付违约金；（2）如果没有约定违约金，则用电人应支付电费的逾期利息；（3）经催告用电人在合理期限内仍不支付电费和违约金的，供电人可以按照国家规定的程序中止供电。供电人中止供电，应当事先通知用电人。

**第六百五十五条** 用电人应当按照国家有关规定和当事人的约定安全、节约和计划用电。用电人未按照国家有关规定和当事人的约定用电，造成供电人损失的，应当承担赔偿责任。

【条文要义】

本条是对用电人安全用电义务与违约责任的规定。

用电人对电力设施的安全负有保持义务。用电人按照国家有关规定和双方当事人的约定用电，是其应尽的义务。用户用电不得危害供电、用电安全和扰乱供电、用电秩序。

用户不得有下列危害供电、用电安全，扰乱正常供电、用电秩序的行为：（1）擅自改变用电类别；（2）擅自超过合同约定的容量用电；（3）擅自超过计划分配的用电指标；（4）擅自使用已经在供电企业办理暂停使用手续的电力设备或者擅自启用已经被供电企业查封的电力设备；（5）擅自迁移、更动或者擅自操作供电企业的用电计量装置、电力负荷控制装置、供电设施以及约定由供电企业调度的用户受电设备；（6）未经供电企业许可，擅自引入、供出电源或者自备电源擅自并网。用电人实施了上述行为，会打乱电力生产的供需平衡，极易影响整个电网的稳定运转，引起不必要的拉闸限电、停电，给供电人和其他用户造成不应有的损失。

用电人未按照国家有关规定和当事人的约定用电，擅自改动供电人的用电计量装置和供电设施、擅自超负荷用电等，造成供电人损失的，应当承担损害赔偿责任。

**第六百五十六条** 供用水、供用气、供用热力合同，参照适用供用电合同的有关规定。

【条文要义】

本条是对供用水、供用气、供用热力合同参照适用供用电合同规则的规定。

供用水、供用气、供用热力合同，是指一方提供水、气、热力供另一方利用，另一方支付报酬的合同。提供水、气、热力的一方为供应人，利用水、气、热力的一方为利用人。

供用水、供用气、供用热力合同具有的共同属性是：

1. 公用性，它们的消费对象是一般的社会公众，涉及公众生活和社会经济发展。因此，供应人一方须保障一切人都能够平等地享有与供应人订立合同利用这些资源的权利。

2. 公益性，供用合同的目的不只是让供应方从中得到利益，更主要的是满足人民的生产、生活需要，提高人民的生活水平。供应人不是纯粹的营利性企业，而是以提高公共生活水平等公益事业为目标的企业。故供应人不得随意将收费标准提高。

3. 继续性，供用水、供用气、供用热力合同的标的物都是一种对能源的利用，无论对于哪一方当事人都不是一次性的，而是持续不断的，因此是继续性合同。

4. 合同消灭的非溯及性，供用水、供用气、供用热力合同的标的物都是可消耗物，在一次利用以后不再存在，即为返还不能。因此，供用水、供用气、供用热力合同因各种原因终止以后，其效力只能向将来的方向发生，不能溯及过去。

由于这些合同与供用电合同的性质和规则基本上是一致的，因此，本条规定参照适用供用电合同的有关规定。

由于供用水、供用气、供用热力合同的使用是大量的、经常的、持续的，因此采用格式条款实属必然。供应人提供格式条款，利用人申请订立合同时只要在格式条款上签名，并添上相应事项，合同即告成立，不必再做更多的协商。

# 第十一章　赠与合同

**第六百五十七条**　赠与合同是赠与人将自己的财产无偿给予受赠人，受赠人表示接受赠与的合同。

【条文要义】

本条是对赠与合同概念的规定。

赠与合同是指赠与人将自己的财产及权利无偿给予受赠人，受赠人表示接受赠与的合同。在赠与合同中，转让财产的一方为赠与人，接受财产的一方为受赠人。赠与行为是赠与人依法处分自己财产的法律行为，要求自然人作为赠与人必须有民事行为能力。接受赠与是一种纯获利的行为，法律承认无民事行为能力人和限制民事行为能力人的受赠人法律地位。

赠与合同的性质是：（1）赠与合同是诺成合同；（2）赠与是无偿法律行为；（3）赠与合同是单务合同；（4）赠与合同不是商品流通的法律形式；（5）赠与合同为非要式合同。

赠与合同的种类分为：（1）附条件赠与合同和无条件赠与合同；（2）履行道德义务的赠与合同和非履行道德义务的赠与合同。

赠与合同的效力是：（1）赠与合同的生效时间，在受赠人表示接受赠与，如果该合同不存在妨碍合同生效的消极条件，该合同生效。（2）赠与合同的效力内容是：①交付赠与标的物。②瑕疵担保责任，一般不要求赠与人承担瑕疵担保责任，但在附义务赠与中，赠与的财产有瑕疵的，赠与人在附义务的限度内承担与出卖人相同的瑕疵担保责任；赠与人故意不告知赠与财产的瑕疵或保证赠与的财产无瑕疵，造成受赠人损失的，应当承担损害赔偿责任。

赠与合同无效的情形是：（1）以赠与为名规避有关限制流通物和禁止流通物规定的赠与合同无效；（2）国有财产或者集体财产的行政管理者，除非有特殊情况并经特别批准，否则不得将所管理财产赠与他人，但是国有财产或者集体财产已经被授予他人经营管理，并由经营管理人依法赠与处分的除外；（3）以规避法律义务为目的的赠与无效。

**第六百五十八条** 赠与人在赠与财产的权利转移之前可以撤销赠与。

经过公证的赠与合同或者依法不得撤销的具有救灾、扶贫、助残等公益、道德义务性质的赠与合同，不适用前款规定。

【条文要义】

本条是对赠与合同的任意撤销权及限制的规定。

赠与的任意撤销，是指无须具备法定情形，可由赠与人依其意思任意撤销赠与合同。撤销的时间应当在赠与财产的权利转移之前。赠与已经撤销，视为没有赠与合同，双方当事人之间不再存在赠与的权利义务关系。赠与人任意撤销赠与合同，没有期限的限制，即不存在除斥期间的约束。赠与合同允许任意撤销并且不受除斥期间的限制，是因为赠与是无偿行为。

即使如此，对于赠与的撤销也不是绝对的，在一定情形下，赠与人不得撤销赠与。不得撤销赠与的情形有：（1）标的物已经交付或已经办理登记等有关手续的，这时赠与的标的物已经转移，赠与行为已经完成，因而不得撤销；（2）赠与合同订立后，已经经过公证机构证明，表明赠与的意思表示已经经过慎重考虑并且提交公证机关证明，也不得任意撤销；（3）依法不得撤销的具有救灾、扶贫、助残等公益、道德义务性质的赠与合同，由于当事人之间具有道德上的因素，如果允许赠与人任意撤销，与公益和道义不符，因此也不得任意撤销。

【相关司法解释】

《最高人民法院关于适用〈中华人民共和国民法典〉婚姻家庭编的解释（一）》

**第三十二条** 婚前或者婚姻关系存续期间，当事人约定将一方所有的房产赠与另一方或者共有，赠与方在赠与房产变更登记之前撤销赠与，另一方请求判令继续履行的，人民法院可以按照民法典第六百五十八条的规定处理。

**第六百五十九条** 赠与的财产依法需要办理登记或者其他手续的，应当办理有关手续。

【条文要义】

本条是对赠与特殊财产需要办理登记等手续的规定。

赠与是转移所有权的无偿行为，对于不动产等赠与物，不仅要交付财产，还要根据法律规定进行过户登记等应当办理的手续，才能实现所有权的转移。故赠与人向他人赠与依法需要办理登记等手续的，应当办理有关手续。

依照法律规定，有的需要办理登记或者其他手续的是登记转移所有权，有的需要办理登记手续的却不是登记转移所有权。登记对赠与成立是否有影响，要根据法律规定来确定。如果法律规定登记只是备案的性质，虽未履行办理登记手续，赠与合同应当成立，登记并不影响赠与合同的成立。如果法律规定登记是合同成立要件，则赠与合同成立必须履行登记手续，否则合同不成立。如果法律规定登记是合同生效要件，未经登记，不影响合同的成立，只是合同不生效力。

**第六百六十条** 经过公证的赠与合同或者依法不得撤销的具有救灾、扶贫、助残等公益、道德义务性质的赠与合同，赠与人不交付赠与财产的，受赠人可以请求交付。

依据前款规定应当交付的赠与财产因赠与人故意或者重大过失致使毁损、灭失的，赠与人应当承担赔偿责任。

【条文要义】

本条是对受赠人的交付请求权及赠与人责任的规定。

一般的赠与合同是无偿行为，因此，订立赠与合同后，赠与人是可以撤销合同的。但是，具有救灾、扶贫、助残等公益、道德义务性质的赠与合同或者经过公证的赠与合同，赠与人的赠与目的是履行道德义务。履行道德义务的赠与对赠与人的约束力较强，不能任意撤销。

对于公益赠与以及履行道德义务的赠与或者经过公证的赠与合同，一经成立，不得任意撤销，赠与人必须履行赠与义务，交付赠与物并将赠与物的所有权转移给受赠与人。如果不予赠与，则应当承担继续履行的违约责任。

本条第1款规定的应当交付的赠与财产，因赠与人故意或者重大过失致使毁损、灭失的，不仅不能将赠与物转移给受赠与人，而且会造成受赠与人的损失，因此，赠与人应当承担损害赔偿责任。

**第六百六十一条** 赠与可以附义务。

赠与附义务的，受赠人应当按照约定履行义务。

**【条文要义】**

本条是对附义务赠与的规定。

附义务的赠与，也叫附负担的赠与，是指以受赠人对赠与人或者第三人为一定给付条件的赠与，即受赠人接受赠与后负担一定义务的赠与。附义务赠与的特征是：（1）附义务赠与是在接受赠与时附加一定的条件；（2）附义务赠与所附义务的限度应当低于赠与物的价值；（3）一般情况下，赠与行为在后，附条件的履行在先，但是可以另外约定；（4）所附义务既可以向赠与人履行，也可以向第三人履行；（5）所附义务是赠与合同的组成部分，不是独立的合同。

法律确认附义务的赠与有效，受赠人接受赠与的，应当按照约定履行所附义务，否则为违约行为，应当承担违约责任。

**第六百六十二条** 赠与的财产有瑕疵的，赠与人不承担责任。附义务的赠与，赠与的财产有瑕疵的，赠与人在附义务的限度内承担与出卖人相同的责任。

赠与人故意不告知瑕疵或者保证无瑕疵，造成受赠人损失的，应当承担赔偿责任。

**【条文要义】**

本条是对赠与人瑕疵担保责任的规定。

赠与是无偿合同，一般不要求赠与人承担瑕疵担保责任，受赠人不得因赠与物有瑕疵而要求赠与人承担违约责任。但是有两个例外：

1. 在附义务赠与中，如果赠与的财产有瑕疵，赠与人在附义务的限度内承担与出卖人相同的瑕疵担保责任。这是因为赠与合同是无偿合同，既然赠与物有瑕疵，虽然不能要求承担完全的瑕疵担保责任，但是对所附条件而言，赠与的价值与所附条件的价值相当，才符合公平原则。

2. 赠与人故意不告知赠与财产的瑕疵或保证赠与的财产无瑕疵，造成受赠人损失的，应当承担损害赔偿责任：（1）赠与财产存在的瑕疵，如果赠与人已明知但未履行告知义务或者故意隐瞒赠与财产的瑕疵，受赠人因此而受到损失的，应承担损害赔偿责任；赠与人对赠与财产的瑕疵仅在其明知而故意不告知的情况下承担瑕疵担保责任。对于因重大过失而不知其赠与财产上存在瑕疵，或赠与人虽未告知但受赠人已知赠与的财产有瑕疵，不发生因信赖赠与财产无瑕疵而受有损害的问题，赠与人此时也无瑕疵担保责任。（2）赠与人保证赠与财产无瑕疵，指的是其保证赠与财产具有同类财产的通常效用或价值。保证赠与物无瑕疵而实际有瑕疵，造成损害的赔偿范围也应限于受赠人信赖赠与财产具有保证的价值而受到的信赖利益损失，不应包括赠与物完全没有瑕疵时所得到的利益损失。信赖利益损失，主要是指订约支出的费用，受领该赠与财产的费用。受赠人就因赠与物的瑕疵所造成的直接损失亦得请求损害赔偿。

**第六百六十三条** 受赠人有下列情形之一的，赠与人可以撤销赠与：

（一）严重侵害赠与人或者赠与人近亲属的合法权益；

（二）对赠与人有扶养义务而不履行；

（三）不履行赠与合同约定的义务。

赠与人的撤销权，自知道或者应当知道撤销事由之日起一年内行使。

**【条文要义】**

本条是对赠与人法定撤销权与除斥期间的规定。

赠与的法定撤销，是指具备法定条件时，允许赠与人或其继承人、监护人行使撤销权，撤销赠与合同的行为。法定撤销与任意撤销不同，必须具有法定事由，在具备这些法定事由时，权利人可以撤销赠与。

赠与人的法定撤销事由规定为三种情形：

1. 受赠人严重侵害赠与人或赠与人的近亲属。对于严重侵害，一些大陆法系国家将其限定在受赠人对赠与人及其近亲属实施的故意犯罪行为。民法典第1125条也将继承人丧失继承权的法定事由限定在继承人故意实施的犯罪行为中。不过，此处的严重侵害行为，是指受赠人对赠与人及其近亲属实施的触犯《刑法》和违反《治安管理处罚法》的行为，含故意和重大过失两种。

2. 受赠人对赠与人有扶养义务而不履行。因违反扶养义务而撤销其受赠权，符合正义原则。

3. 不履行赠与合同约定的义务。在附义务的赠与合同中，受赠人如果不按约定履行该负担的义务，有损于赠与人利益的，赠与人可以行使法定撤销权。

赠与人行使撤销权应当自知道撤销原因之日起一年内为之，超过一年不行使的，为超过除斥期间的撤销权，该撤销权即消灭。

**第六百六十四条** 因受赠人的违法行为致使赠与人死亡或者丧失民事行为能力的,赠与人的继承人或者法定代理人可以撤销赠与。

赠与人的继承人或者法定代理人的撤销权,自知道或者应当知道撤销事由之日起六个月内行使。

【条文要义】

本条是对赠与人的继承人或法定代理人的撤销权与除斥期间的规定。

在一般情况下,法定赠与撤销权应由赠与人本人享有,但在因受赠人的违法行为致使赠与人死亡或者丧失民事行为能力时,赠与人的继承人或者法定代理人享有法定撤销权。这是因为赠与人的继承人或者法定代理人往往与该赠与人有密切的血缘关系,关注赠与人的财产,往往都能达成一致意见积极行使该撤销权,以维护赠与人的利益。

赠与人的继承人或者法定代理人的撤销权,自知道或者应当知道撤销事由之日起6个月内行使,即继承人和法定代理人的法定撤销权的除斥期间,比赠与人的法定撤销权的除斥期间要短,为6个月。

**第六百六十五条** 撤销权人撤销赠与的,可以向受赠人请求返还赠与的财产。

【条文要义】

本条是对撤销权行使效果的规定。

无论是赠与人的任意撤销赠与,还是赠与人或者其继承人、法定代理人的法定撤销赠与,其撤销权都是形成权。赠与撤销权一经行使,即发生撤销赠与法律行为的效力,其效力溯及既往。撤销权行使的效力分为两个方面:

1. 对赠与人而言,行使撤销权后,赠与人产生返还赠与财产的请求权,赠与人可以向受赠人请求返还赠与财产。

2. 受赠人产生返还赠与财产的义务,应当向赠与人返还赠与财产,并将赠与财产的所有权一并返还给赠与人。

**第六百六十六条** 赠与人的经济状况显著恶化,严重影响其生产经营或者家庭生活的,可以不再履行赠与义务。

【条文要义】

本条是对赠与人拒绝履行赠与义务的规定。

因赠与行为是无偿行为，故赠与人除享有任意撤销权和法定撤销权保护自己外，还在法律规定的情形时，享有拒绝履行赠与义务的权利，这也是为了更好地保护赠与人的合法权益。

赠与人行使拒绝履行赠与义务的权利的条件，是经济状况显著恶化，严重影响生产经营或者家庭生活。只要具备其中一个要件，就构成拒绝履行赠与义务的权利。经济状况显著恶化，应当不是一般的恶化，而是达到显著的程度。严重影响，应以客观标准判断，参照赠与人生产经营或者家庭原有生活的标准。

拒绝履行赠与权的性质是形成权，一经行使，即发生效力。赠与人行使拒绝履行赠与权，既可以用口头形式表示，也可以用书面形式为之。如果是在诉讼中，还可以作为抗辩事由提出，同样发生拒绝履行赠与权的效果。

# 第十二章　借款合同

**第六百六十七条**　借款合同是借款人向贷款人借款，到期返还借款并支付利息的合同。

【条文要义】

本条是对借款合同概念的规定。

借款合同，是指借款人向贷款人借款，到期返还借款并支付利息的合同。借款人是借进款项的一方当事人，可以是自然人、法人或非法人组织，法律对借款人的资格并未作出任何限制。贷款人是借出款项的一方当事人，可以是适格贷款人的法人即商业银行、信托投资公司等经中国人民银行批准，有经营金融业务资格的金融机构，其他民事主体也可以进行民间借贷，也是合格的贷款人。

借款合同的特征是：（1）借款合同的标的物为货币。货币本身是消费物，一经使用即被消耗，原物不再存在。所以，借款人在借到款项并投入使用后，无法再向贷款人返还"原来"的借款，在合同到期时只能返还给贷款人同种货币的款项本息。（2）借款合同是转让借款所有权的合同，货币是消耗物，在借款合同中，借款一旦交付借款人，则该款项即归借款人使用并所有，贷款人对该款项的所有权则转化为合同到期时主张借款人偿还借款本息的请求权。（3）借款合同一般是有偿合同，除法律另有规定外，都向借款人按一定标准收取利息。利息是借款人取得并使用借款的对价，故借款合同是有偿合同。自然人之间借款对利息如无约定或约定不明确的，视为不支付利息。（4）借款合同一般是诺成、双务合同，自然人之间的口头借款合同是实践性合同。

贷款人在与借款人签订借款合同前，须先了解借款人业务活动以及财务状况，对借款人的经营情况进行调查，再根据调查情况，来决定是否向借款人发放贷款。借款人在借款合同订立过程中，应当按照贷款人的要求，提供与借款有关的真实情况。在订立借款合同时，贷款人为了确保借款人能够按时返还借款，可以要求借款人提供相应的担保，借款人应当提供。

**第六百六十八条** 借款合同应当采用书面形式，但是自然人之间借款另有约定的除外。

借款合同的内容一般包括借款种类、币种、用途、数额、利率、期限和还款方式等条款。

【条文要义】

本条是对借款合同的形式和内容的规定。

借款合同是要式合同，通常都应当采用书面形式以固定双方当事人的权利义务关系。只有自然人之间的民间借贷在另有约定的情况下，可以用口头形式订立合同，不过，即使是民间借贷，最好也采用书面形式，防止出现纠纷后无法确定权利义务关系。

借款合同的内容包括：（1）借款种类，如长期借款或者短期借款等；（2）币种，是人民币还是外币；（3）用途，即借款使用的目的；（4）数额，即借款的数量；（5）利率，是借款人和贷款人约定的应当收取的利息与出借资金的比率；（6）期限，是借款人在合同中约定的偿还借款的时间；（7）还款方式，是贷款人和借款人约定以什么结算方式偿还借款给贷款人。

以上列举的是借款合同的基本条款，借款合同的当事人还可以约定其他需要约定的内容，如担保等。

**第六百六十九条** 订立借款合同，借款人应当按照贷款人的要求提供与借款有关的业务活动和财务状况的真实情况。

【条文要义】

本条是对借款人应向贷款人提供真实情况的规定。

贷款人与借款人签订借款合同前，必须了解借款人的业务活动以及财务状况，对借款人的经营情况进行调查，再根据调查情况，来决定是否向借款人发放贷款。在借款合同订立过程中，借款人应当按照贷款人的要求，提供与借款有关的真实情况，从而使贷款人能够系统地分析借款人的信用状况，为贷款提供依据。

如果借款人故意隐瞒上述真实情况或者捏造虚假情况，应当按照民法典关于欺诈的规定处理。

**第六百七十条** 借款的利息不得预先在本金中扣除。利息预先在本金中扣除的，应当按照实际借款数额返还借款并计算利息。

【条文要义】

本条是对借款合同禁止利息先扣的规定。

借款合同禁止利息先扣。所谓利息先扣，是在贷款人发放借款之时，就将一部分利息在本金中预先扣除的做法。利息先扣的问题在于，在支付本金时就预先扣除一部分利息，使借款人从一开始就没有得到全部的借款数额。例如，借款100万元，约定月息2%为2万元，在支付本金时，只支付88万元，其余12万元作为6个月的利息预先扣除，借款人实际使用的借款金额就是88万元。

当事人约定利息先扣的，在法律上不具有效力，其处理办法是按照实际借款数额认定借款本金并计算利息。如上例，贷款人出借借款利息先扣除12万元，实际支付88万元，就按照88万元计算本金，月息的利率2%，利息为1.76万元。

**第六百七十一条** 贷款人未按照约定的日期、数额提供借款，造成借款人损失的，应当赔偿损失。

借款人未按照约定的日期、数额收取借款的，应当按照约定的日期、数额支付利息。

【条文要义】

本条是对支付借款迟延责任的规定。

在借贷合同的履行中，贷款人应当按照约定的日期和数额提供借款，借款人应当按照约定的日期、数额收取借款，均不得迟延履行上述义务。如果贷款人或者借款人违反上述义务，构成违约行为，承担的违约责任是：

1. 贷款人未按照约定的日期、数额提供借款的，如果造成了借款人的损失，应当对借款人承担赔偿损失的违约责任。

2. 借款人未按照约定的日期、数额收取借款的，则构成受领迟延的违约责任，承担责任的方式是应当按照约定的日期、数额支付利息，不能因为未使用借款而主张抗辩。

**第六百七十二条** 贷款人按照约定可以检查、监督借款的使用情况。借款人应当按照约定向贷款人定期提供有关财务会计报表或者其他资料。

【条文要义】

本条是对贷款人有权检查、监督借款使用情况的规定。

贷款人是借款合同的出借人，对于借款人使用借款的安全享有重大利益。因此，借款人负有按照约定的用途使用借款的义务，贷款人享有检查、监督的权利。贷款人在借贷关系存续期间，对借款人使用借款的情况，按照约定可以进行检查、监督，发现涉及借款安全的问题，可以要求借款人予以纠正或者采取必要措施。由于借款人负有应当按照合同约定的用途使用借款的义务，故应当接受贷款人的检查和监督并且负有按照约定向贷款人定期提供有关财务会计报表或者其他资料的义务。若违反这些义务，贷款人则有权采取必要措施。

**第六百七十三条** 借款人未按照约定的借款用途使用借款的，贷款人可以停止发放借款、提前收回借款或者解除合同。

【条文要义】

本条是对借款人未按照约定用途使用借款的违约责任的规定。

借款人同贷款人订立借款合同并取得借款所有权，应当按照合同约定的用途使用借款，保障借款的安全，防止出现损害债权人利益的情形。借款人未按照约定的借款用途使用借款的，就是违约行为，应当承担违约责任，贷款人可以停止发放借款、提前收回借款或者解除合同以保障自己的资金安全，防止借款人的违约行为损害自己的债权。

**第六百七十四条** 借款人应当按照约定的期限支付利息。对支付利息的期限没有约定或者约定不明确，依据本法第五百一十条的规定仍不能确定，借款期间不满一年的，应当在返还借款时一并支付；借款期间一年以上的，应当在每届满一年时支付，剩余期间不满一年的，应当在返还借款时一并支付。

【条文要义】

本条是对借款人支付利息期限的规定。

借款合同通常是有偿合同，其借款利息就是对借款的报偿。因此，借款人应当按期支付借款利息，以保障贷款人出借贷款的利益回报。

确定借款利息期限的办法有：

1. 当事人约定，在借款合同中有借款利息支付期限约定的，借款人应当按照约定，按期支付利息。

2. 对支付利息的期限没有约定或者约定不明确的，应当依照民法典第510条的规定进行补充协商，按照补充协议约定的支付利息期间支付利息。

3. 补充协议仍然不能确定的，确定利息支付期限的方法是，借款期间不满一年的，应当在返还借款时一并支付；借款期间一年以上的，应当在每届满一年时支付，剩余期间不满一年的，应当在返还借款时一并支付。

**第六百七十五条** 借款人应当按照约定的期限返还借款。对借款期限没有约定或者约定不明确，依据本法第五百一十条的规定仍不能确定的，借款人可以随时返还；贷款人可以催告借款人在合理期限内返还。

【条文要义】

本条是对借款人返还借款义务与期限的规定。

按期返还借款是借款人的主要义务，必须履行。返还借款的按期，就是按照借款的清偿期清偿还款债务。

确定还款期限的办法有：

1. 当事人在借款合同中有约定的，约定的期限是还款期限，借款人应当按照约定的还款期限清偿借款。

2. 借款合同对借款期限没有约定或者约定不明确的，依据民法典第510条的规定，双方当事人可以协议补充，按照补充协商的期限还款。

3. 通过补充协商仍然不能达成补充协议的，借款人可以随时向贷款人返还借款，贷款人不得拒绝；贷款人也可以随时向借款人请求返还，但应先进行催告，并给借款人保留合理的准备期限，合理期限的标准应根据具体情况确定。在合理的准备期限届满后，如果借款人仍不能按时归还借款本金和利息，则应承担违约责任。

**第六百七十六条** 借款人未按照约定的期限返还借款的，应当按照约定或者国家有关规定支付逾期利息。

**【条文要义】**

本条是对借款人未按照约定期限还款责任的规定。

借款人未按照约定的还款期限清偿债务，构成违约行为，应当承担违约责任。逾期还款的违约责任，通常除继续履行清偿借款的责任外，还要按照约定或者依照国家规定的要求，承担支付逾期利息的责任。

逾期利息应当按照当事人的约定处理，当事人没有约定的，可以协商补充，补充协议不成的，依照国家规定的逾期利息的计算方法确定逾期利息。

**第六百七十七条** 借款人提前返还借款的，除当事人另有约定外，应当按照实际借款的期间计算利息。

**【条文要义】**

本条是对提前还款及利息的规定。

民法典第 530 条规定，债务人可以主张提前履行债务，债权人可以拒绝债务人提前履行债务，但是提前履行不损害债权人利益的除外。在借款合同中，根据借款合同的实际情况，不适用该条规定。

本条规定借款人提前还款的规则是：

1. 在借款合同中，借款人是可以提前偿还借款的，债权人应当同意，不适用可以拒绝债务人提前履行债务的规定，因为提前还款不会造成债权人利益的损害，只是少收利息而已，并且早日收回借款还可以继续出借。

2. 提前还款的利息问题，应按照当事人的约定处理；没有约定的，应当按照实际借款的期间计算利息。

**第六百七十八条** 借款人可以在还款期限届满前向贷款人申请展期；贷款人同意的，可以展期。

**【条文要义】**

本条是对还款期限届满后展期的规定。

展期，是把原来约定的期限向后推迟或者延长。当借款合同约定的还款期限将要届满，当事人约定在还款期限届满时再向后推迟或者延长期限的，就是借款合同借款期限的展期。还款期限届满请求展期，是借款人的权利，可以根据自己的资金需求，申请展期。但是，借款人申请展期，只是一方的意思表示，需要另一方的同意，才能够达成合意。如果双方当事人都同意借款人展期，借款合同期限届满就可以展期。展期的要求是，借款人须在还款期限届满前申请，如果超过还款期限，就构成违约，再申请展期，就可能出现以新还旧的问题了。以新还旧，是用新的借款清偿到期的借款，即用新债务清偿旧债务。

借款合同展期之后，借款人就有了新的还款期限，应当按照展期后的期限清偿债务。

**第六百七十九条 自然人之间的借款合同，自贷款人提供借款时成立。**

【条文要义】

本条是对自然人之间借款合同性质的规定。

自然人之间的借款合同是实践性合同，即自贷款人提供借款时成立，也就是贷款人将借款交付借款人时成立。

本条规定的言外之意，是除自然人之间的借款合同外，其他法人、非法人组织之间以及法人或者非法人组织与自然人之间的借款合同，都是诺成合同，而不是实践合同。

**第六百八十条 禁止高利放贷，借款的利率不得违反国家有关规定。**

**借款合同对支付利息没有约定的，视为没有利息。**

**借款合同对支付利息约定不明确，当事人不能达成补充协议的，按照当地或者当事人的交易方式、交易习惯、市场利率等因素确定利息；自然人之间借款的，视为没有利息。**

【条文要义】

本条是对借款合同利息之债的规定。

对于借款合同的利息之债，本条规定的基本规则是：

1. 借款合同分为本金之债和利息之债。利息之债是否存在，依据当事人的约定。当事人对利息之债有约定的，依据其约定确定。

2. 禁止高利放贷。这是通过民法典规定的借贷合同必须遵守的准则。目前，民间借贷中存在高利放贷现象，甚至有约定月息10%的高利贷，年息就是120%。高利贷破坏国家金融秩序，损害借款人的合法权益，必须予以禁止。因而，凡是借款合同约定支付利息之债的，借款的利率应当依照国家的有关规定确定，不得违反国家关于利息之债的有关规定。例如，自然人之间的借款合同可以约定支付利息，但约定的利息不得违反国家有关限制高利贷的规定。依照《最高人民法院关于审理民间借贷案件适用法律若干问题的规定》第25条规定，出借人请求借款人按照合同约定利率支付利息的，人民法院应予支持，但是双方约定的利率超过合同成立时一年期贷款市场报价利率四倍的除外。"一年期贷款市场报价利率"，是指中国人民银行授权全国银行间同业拆借中心自2019年8月20日起每月发布的一年期贷款市场报价利率。

3. 如果借款合同对支付利息之债没有约定，视为没有利息，为无息借款；不过，如果借款的主合同上没有约定利息，但是在补充合同上规定有利息之债，则为有息借款。

4. 借款合同对支付利息约定不明确的，可以协议补充，协议补充不成的，对于法人、非法人组织之间的借贷，以及法人、非法人组织与自然人之间的借贷，应当按照当地或者当事人的交易方式、交易习惯、市场利率等因素确定利息；对于自然人之间的借贷，支付利息约定不明确的，视为没有利息，为无息借款。

【相关司法解释】

**《最高人民法院关于审理民间借贷案件适用法律若干问题的规定》**[①]

为正确审理民间借贷纠纷案件，根据《中华人民共和国民法典》《中华人民共和国民事诉讼法》《中华人民共和国刑事诉讼法》等相关法律之规定，结合审判实践，制定本规定。

**第一条** 本规定所称的民间借贷，是指自然人、法人和非法人组织之间进行资金融通的行为。

经金融监管部门批准设立的从事贷款业务的金融机构及其分支机构，因发放贷款等相关金融业务引发的纠纷，不适用本规定。

**第二条** 出借人向人民法院提起民间借贷诉讼时，应当提供借据、收据、欠条等债权凭证以及其他能够证明借贷法律关系存在的证据。

---

① 该司法解释是对民间借贷纠纷案件适用法律的规定，与民法典关于借款合同规定的条文联系紧密，故收录于此。

当事人持有的借据、收据、欠条等债权凭证没有载明债权人，持有债权凭证的当事人提起民间借贷诉讼的，人民法院应予受理。被告对原告的债权人资格提出有事实依据的抗辩，人民法院经审查认为原告不具有债权人资格的，裁定驳回起诉。

**第三条** 借贷双方就合同履行地未约定或者约定不明确，事后未达成补充协议，按照合同相关条款或者交易习惯仍不能确定的，以接受货币一方所在地为合同履行地。

**第四条** 保证人为借款人提供连带责任保证，出借人仅起诉借款人的，人民法院可以不追加保证人为共同被告；出借人仅起诉保证人的，人民法院可以追加借款人为共同被告。

保证人为借款人提供一般保证，出借人仅起诉保证人的，人民法院应当追加借款人为共同被告；出借人仅起诉借款人的，人民法院可以不追加保证人为共同被告。

**第五条** 人民法院立案后，发现民间借贷行为本身涉嫌非法集资等犯罪的，应当裁定驳回起诉，并将涉嫌非法集资等犯罪的线索、材料移送公安或者检察机关。

公安或者检察机关不予立案，或者立案侦查后撤销案件，或者检察机关作出不起诉决定，或者经人民法院生效判决认定不构成非法集资等犯罪，当事人又以同一事实向人民法院提起诉讼的，人民法院应予受理。

**第六条** 人民法院立案后，发现与民间借贷纠纷案件虽有关联但不是同一事实的涉嫌非法集资等犯罪的线索、材料的，人民法院应当继续审理民间借贷纠纷案件，并将涉嫌非法集资等犯罪的线索、材料移送公安或者检察机关。

**第七条** 民间借贷纠纷的基本案件事实必须以刑事案件的审理结果为依据，而该刑事案件尚未审结的，人民法院应当裁定中止诉讼。

**第八条** 借款人涉嫌犯罪或者生效判决认定其有罪，出借人起诉请求担保人承担民事责任的，人民法院应予受理。

**第九条** 自然人之间的借款合同具有下列情形之一的，可以视为合同成立：

（一）以现金支付的，自借款人收到借款时；

（二）以银行转账、网上电子汇款等形式支付的，自资金到达借款人账户时；

（三）以票据交付的，自借款人依法取得票据权利时；

（四）出借人将特定资金账户支配权授权给借款人的，自借款人取得对该账户

实际支配权时;

（五）出借人以与借款人约定的其他方式提供借款并实际履行完成时。

**第十条** 法人之间、非法人组织之间以及它们相互之间为生产、经营需要订立的民间借贷合同，除存在民法典第一百四十六条、第一百五十三条、第一百五十四条以及本规定第十三条规定的情形外，当事人主张民间借贷合同有效的，人民法院应予支持。

**第十一条** 法人或者非法人组织在本单位内部通过借款形式向职工筹集资金，用于本单位生产、经营，且不存在民法典第一百四十四条、第一百四十六条、第一百五十三条、第一百五十四条以及本规定第十三条规定的情形，当事人主张民间借贷合同有效的，人民法院应予支持。

**第十二条** 借款人或者出借人的借贷行为涉嫌犯罪，或者已经生效的裁判认定构成犯罪，当事人提起民事诉讼的，民间借贷合同并不当然无效。人民法院应当依据民法典第一百四十四条、第一百四十六条、第一百五十三条、第一百五十四条以及本规定第十三条之规定，认定民间借贷合同的效力。

担保人以借款人或者出借人的借贷行为涉嫌犯罪或者已经生效的裁判认定构成犯罪为由，主张不承担民事责任的，人民法院应当依据民间借贷合同与担保合同的效力、当事人的过错程度，依法确定担保人的民事责任。

**第十三条** 具有下列情形之一的，人民法院应当认定民间借贷合同无效：

（一）套取金融机构贷款转贷的；

（二）以向其他营利法人借贷、向本单位职工集资，或者以向公众非法吸收存款等方式取得的资金转贷的；

（三）未依法取得放贷资格的出借人，以营利为目的向社会不特定对象提供借款的；

（四）出借人事先知道或者应当知道借款人借款用于违法犯罪活动仍然提供借款的；

（五）违反法律、行政法规强制性规定的；

（六）违背公序良俗的。

**第十四条** 原告以借据、收据、欠条等债权凭证为依据提起民间借贷诉讼，被告依据基础法律关系提出抗辩或者反诉，并提供证据证明债权纠纷非民间借贷行为引起的，人民法院应当依据查明的案件事实，按照基础法律关系审理。

当事人通过调解、和解或者清算达成的债权债务协议，不适用前款规定。

第十五条　原告仅依据借据、收据、欠条等债权凭证提起民间借贷诉讼，被告抗辩已经偿还借款的，被告应当对其主张提供证据证明。被告提供相应证据证明其主张后，原告仍应就借贷关系的存续承担举证责任。

被告抗辩借贷行为尚未实际发生并能作出合理说明的，人民法院应当结合借贷金额、款项交付、当事人的经济能力、当地或者当事人之间的交易方式、交易习惯、当事人财产变动情况以及证人证言等事实和因素，综合判断查证借贷事实是否发生。

第十六条　原告仅依据金融机构的转账凭证提起民间借贷诉讼，被告抗辩转账系偿还双方之前借款或者其他债务的，被告应当对其主张提供证据证明。被告提供相应证据证明其主张后，原告仍应就借贷关系的成立承担举证责任。

第十七条　依据《最高人民法院关于适用〈中华人民共和国民事诉讼法〉的解释》第一百七十四条第二款之规定，负有举证责任的原告无正当理由拒不到庭，经审查现有证据无法确认借贷行为、借贷金额、支付方式等案件主要事实的，人民法院对原告主张的事实不予认定。

第十八条　人民法院审理民间借贷纠纷案件时发现有下列情形之一的，应当严格审查借贷发生的原因、时间、地点、款项来源、交付方式、款项流向以及借贷双方的关系、经济状况等事实，综合判断是否属于虚假民事诉讼：

（一）出借人明显不具备出借能力；

（二）出借人起诉所依据的事实和理由明显不符合常理；

（三）出借人不能提交债权凭证或者提交的债权凭证存在伪造的可能；

（四）当事人双方在一定期限内多次参加民间借贷诉讼；

（五）当事人无正当理由拒不到庭参加诉讼，委托代理人对借贷事实陈述不清或者陈述前后矛盾；

（六）当事人双方对借贷事实的发生没有任何争议或者诉辩明显不符合常理；

（七）借款人的配偶或者合伙人、案外人的其他债权人提出有事实依据的异议；

（八）当事人在其他纠纷中存在低价转让财产的情形；

（九）当事人不正当放弃权利；

（十）其他可能存在虚假民间借贷诉讼的情形。

第十九条　经查明属于虚假民间借贷诉讼，原告申请撤诉的，人民法院不予准许，并应当依据民事诉讼法第一百一十二条之规定，判决驳回其请求。

诉讼参与人或者其他人恶意制造、参与虚假诉讼，人民法院应当依据民事诉讼法第一百一十一条、第一百一十二条和第一百一十三条之规定，依法予以罚款、拘留；构成犯罪的，应当移送有管辖权的司法机关追究刑事责任。

单位恶意制造、参与虚假诉讼的，人民法院应当对该单位进行罚款，并可以对其主要负责人或者直接责任人员予以罚款、拘留；构成犯罪的，应当移送有管辖权的司法机关追究刑事责任。

**第二十条** 他人在借据、收据、欠条等债权凭证或者借款合同上签名或者盖章，但是未表明其保证人身份或者承担保证责任，或者通过其他事实不能推定其为保证人，出借人请求其承担保证责任的，人民法院不予支持。

**第二十一条** 借贷双方通过网络贷款平台形成借贷关系，网络贷款平台的提供者仅提供媒介服务，当事人请求其承担担保责任的，人民法院不予支持。

网络贷款平台的提供者通过网页、广告或者其他媒介明示或者有其他证据证明其为借贷提供担保，出借人请求网络贷款平台的提供者承担担保责任的，人民法院应予支持。

**第二十二条** 法人的法定代表人或者非法人组织的负责人以单位名义与出借人签订民间借贷合同，有证据证明所借款项系法定代表人或者负责人个人使用，出借人请求将法定代表人或者负责人列为共同被告或者第三人的，人民法院应予准许。

法人的法定代表人或者非法人组织的负责人以个人名义与出借人订立民间借贷合同，所借款项用于单位生产经营，出借人请求单位与个人共同承担责任的，人民法院应予支持。

**第二十三条** 当事人以订立买卖合同作为民间借贷合同的担保，借款到期后借款人不能还款，出借人请求履行买卖合同的，人民法院应当按照民间借贷法律关系审理。当事人根据法庭审理情况变更诉讼请求的，人民法院应当准许。

按照民间借贷法律关系审理作出的判决生效后，借款人不履行生效判决确定的金钱债务，出借人可以申请拍卖买卖合同标的物，以偿还债务。就拍卖所得的价款与应偿还借款本息之间的差额，借款人或者出借人有权主张返还或者补偿。

**第二十四条** 借贷双方没有约定利息，出借人主张支付利息的，人民法院不予支持。

自然人之间借贷对利息约定不明，出借人主张支付利息的，人民法院不予支持。除自然人之间借贷的外，借贷双方对借贷利息约定不明，出借人主张利息的，人民法院应当结合民间借贷合同的内容,并根据当地或者当事人的交易方式、交易习惯、市场报价利率等因素确定利息。

**第二十五条** 出借人请求借款人按照合同约定利率支付利息的,人民法院应予支持,但是双方约定的利率超过合同成立时一年期贷款市场报价利率四倍的除外。

前款所称"一年期贷款市场报价利率",是指中国人民银行授权全国银行间同业拆借中心自 2019 年 8 月 20 日起每月发布的一年期贷款市场报价利率。

**第二十六条** 借据、收据、欠条等债权凭证载明的借款金额,一般认定为本金。预先在本金中扣除利息的,人民法院应当将实际出借的金额认定为本金。

**第二十七条** 借贷双方对前期借款本息结算后将利息计入后期借款本金并重新出具债权凭证,如果前期利率没有超过合同成立时一年期贷款市场报价利率四倍,重新出具的债权凭证载明的金额可认定为后期借款本金。超过部分的利息,不应认定为后期借款本金。

按前款计算,借款人在借款期间届满后应当支付的本息之和,超过以最初借款本金与以最初借款本金为基数、以合同成立时一年期贷款市场报价利率四倍计算的整个借款期间的利息之和的,人民法院不予支持。

**第二十八条** 借贷双方对逾期利率有约定的,从其约定,但是以不超过合同成立时一年期贷款市场报价利率四倍为限。

未约定逾期利率或者约定不明的,人民法院可以区分不同情况处理:

(一)既未约定借期内利率,也未约定逾期利率,出借人主张借款人自逾期还款之日起参照当时一年期贷款市场报价利率标准计算的利息承担逾期还款违约责任的,人民法院应予支持;

(二)约定了借期内利率但是未约定逾期利率,出借人主张借款人自逾期还款之日起按照借期内利率支付资金占用期间利息的,人民法院应予支持。

**第二十九条** 出借人与借款人既约定了逾期利率,又约定了违约金或者其他费用,出借人可以选择主张逾期利息、违约金或者其他费用,也可以一并主张,但是总计超过合同成立时一年期贷款市场报价利率四倍的部分,人民法院不予支持。

**第三十条** 借款人可以提前偿还借款,但是当事人另有约定的除外。

借款人提前偿还借款并主张按照实际借款期限计算利息的,人民法院应予支持。

**第三十一条** 本规定施行后,人民法院新受理的一审民间借贷纠纷案件,适用本规定。

2020年8月20日之后新受理的一审民间借贷案件,借贷合同成立于2020年8月20日之前,当事人请求适用当时的司法解释计算自合同成立到2020年8月19日的利息部分的,人民法院应予支持;对于自2020年8月20日到借款返还之日的利息部分,适用起诉时本规定的利率保护标准计算。

本规定施行后,最高人民法院以前作出的相关司法解释与本规定不一致的,以本规定为准。

# 第十三章　保证合同

## 第一节　一般规定

**第六百八十一条**　保证合同是为保障债权的实现，保证人和债权人约定，当债务人不履行到期债务或者发生当事人约定的情形时，保证人履行债务或者承担责任的合同。

【条文要义】

本条是对保证合同概念的规定。

保证合同是为保障债权的实现，当债务人不履行到期债务或者发生当事人约定的情形时，保证人履行债务或者承担责任的合同。

保证合同的特征是：

1. 保证合同是依附于主合同的从合同，以主合同的存在为基础和前提，是从属于主债的从债。

2. 保证合同具有人身性，其担保的属性称为"人保"，以保证人的信誉作为担保的基础，保证合同的建立与保证人的人格、身份密不可分。

3. 保证合同具有补充性，其功能既表现在担保功能上以督促债务人的债务履行，也表现在保证的补充性上。当债务期限届满债务人不履行主债务时，保证人才履行保证债务，即保证合同系以主债务的不履行为生效条件的合同。

4. 保证合同具有相对独立性，尽管依附于主债而存在，但是区别于主债的从债，具有相对独立性。

保证合同的当事人为主债权人和保证人，他们之间通过保证合同约定保证债务。保证人接受主债务人的委托，为债权人的债权提供担保，与债权人之间构成保证合同关系，与主债务人之间不存在保证合同关系。

**第六百八十二条** 保证合同是主债权债务合同的从合同。主债权债务合同无效的，保证合同无效，但是法律另有规定的除外。

保证合同被确认无效后，债务人、保证人、债权人有过错的，应当根据其过错各自承担相应的民事责任。

【条文要义】

本条是对保证合同与主债权债务合同关系及保证合同无效责任的规定。

保证合同与主债权债务合同之间的关系，是主合同和从合同的关系，即主债权债务合同是主合同，保证合同是从合同。

在主债权债务合同的效力与保证合同效力的关系上，保证合同的效力随从于主债权债务合同的效力。主债权债务合同有效的，保证合同原则上有效，如果保证合同无效，不影响主债权债务合同的效力；主债权债务合同无效的，则保证合同必定无效，主合同和保证合同均为无效。其原因是，主债权债务合同无效的，保证合同就失去了所保证的债权债务合同，自然无效。

保证合同被确认无效后，包括主债权债务合同无效引发的保证合同无效和保证合同本身无效，并非不产生民事责任，而是依据过错责任原则的要求，债务人、保证人、债权人有过错的，应当根据各自的过错程度，承担相应的民事责任。例如，债务人、保证人、债权人各自都有过错，且过错均等，则每个主体承担三分之一的民事责任。

**第六百八十三条** 机关法人不得为保证人，但是经国务院批准为使用外国政府或者国际经济组织贷款进行转贷的除外。

以公益为目的的非营利法人、非法人组织不得为保证人。

【条文要义】

本条是对保证人资格的规定。

保证人的资格，是自然人、法人、非法人组织能够作为保证人，为债权人提供保证的条件。保证人的资格，最主要的是具有民事行为能力和相当财产的保证资力。

本条是从否定保证人的资格进行规定的，排除了不能作为保证人的组织，其余的民事主体都具有保证人资格。

不得作为保证人的组织是：

1. 机关法人，但是经国务院批准为使用外国政府或者国际经济组织贷款进行转贷的除外。例如，原来存在的人民政府以及有关部门提供的保证，都因为保证人没有保证资格而使保证合同无效。

2. 以公益为目的的非营利法人、非法人组织，原因是这种组织提供保证，一旦承担保证责任，就会损害公共利益。

**【相关司法解释】**

《最高人民法院关于适用〈中华人民共和国民法典〉有关担保制度的解释》

第五条　机关法人提供担保的，人民法院应当认定担保合同无效，但是经国务院批准为使用外国政府或者国际经济组织贷款进行转贷的除外。

居民委员会、村民委员会提供担保的，人民法院应当认定担保合同无效，但是依法代行村集体经济组织职能的村民委员会，依照村民委员会组织法规定的讨论决定程序对外提供担保的除外。

第六条　以公益为目的的非营利性学校、幼儿园、医疗机构、养老机构等提供担保的，人民法院应当认定担保合同无效，但是有下列情形之一的除外：

（一）在购入或者以融资租赁方式承租教育设施、医疗卫生设施、养老服务设施和其他公益设施时，出卖人、出租人为担保价款或者租金实现而在该公益设施上保留所有权；

（二）以教育设施、医疗卫生设施、养老服务设施和其他公益设施以外的不动产、动产或者财产权利设立担保物权。

登记为营利法人的学校、幼儿园、医疗机构、养老机构等提供担保，当事人以其不具有担保资格为由主张担保合同无效的，人民法院不予支持。

**第六百八十四条　保证合同的内容一般包括被保证的主债权的种类、数额，债务人履行债务的期限，保证的方式、范围和期间等条款。**

**【条文要义】**

本条是对保证合同主要内容的规定。

保证合同的内容，依照意思自治原则，应当由当事人约定。在订立保证合同时，一般包括以下条款：

1. 被保证的主债权的种类、数额；如被保证的债权是银行贷款，具体数额是多少。
2. 债务人履行债务的期限：决定保证责任的开始时间。
3. 保证的方式：承担的保证责任是一般保证还是连带责任保证。
4. 保证的范围：即在主债权的何种范围内承担保证责任。
5. 保证的期间：即保证人在保证责任开始后应当在何种期间承担保证责任。
6. 当事人认为需要约定的其他事项。

第六百八十五条　保证合同可以是单独订立的书面合同，也可以是主债权债务合同中的保证条款。

第三人单方以书面形式向债权人作出保证，债权人接收且未提出异议的，保证合同成立。

【条文要义】

本条是对保证合同形式的规定。

保证合同是要式合同，必须采取书面形式作出。保证合同的具体表现形式是：

1. 单独订立的书面合同。即在主合同之外，另行订立的保证合同。
2. 主合同中的保证条款。在主合同中设置保证条款，也是保证合同的表现形式，但有保证条款的主合同，需要在合同当事人中，将保证人列明，并且要在主合同上签字或者盖章。
3. 保证书或者保函。即第三人单方以书面形式，向债权人作出的保证。在保证书或者保函上应当有保证人的签字，保证书或者保函等作出后，债权人接收且未提出异议的，保证合同即告成立。

第六百八十六条　保证的方式包括一般保证和连带责任保证。

当事人在保证合同中对保证方式没有约定或者约定不明确的，按照一般保证承担保证责任。

【条文要义】

本条是对保证方式的规定。

保证方式是指保证人承担保证责任的具体方式，只有两种：一是一般保证；

二是连带责任保证。

保证人承担何种保证方式，依照保证合同约定，保证合同约定保证人承担何种保证方式，就应当承担何种保证方式。

当事人在保证合同中如果没有对保证方式作出约定或者约定不明确的，原《担保法》的规定是推定为承担连带责任保证。这种规定须予斟酌，因为保证人承担保证责任，一般是没有特别利益的，所以不能要求过高，当事人在保证合同中没有约定保证方式或者约定不明确的，就推定承担的是连带责任保证，使保证人的权利义务以及利益关系发生不平衡。因此，本章在规定这个问题时，改变了这个做法，即当事人在保证合同中对保证方式没有约定或者约定不明确的，推定为承担一般保证，而不是连带责任保证。

【相关司法解释】

《最高人民法院关于适用〈中华人民共和国民法典〉有关担保制度的解释》

第二十五条 当事人在保证合同中约定了保证人在债务人不能履行债务或者无力偿还债务时才承担保证责任等类似内容，具有债务人应当先承担责任的意思表示的，人民法院应当将其认定为一般保证。

当事人在保证合同中约定了保证人在债务人不履行债务或者未偿还债务时即承担保证责任、无条件承担保证责任等类似内容，不具有债务人应当先承担责任的意思表示的，人民法院应当将其认定为连带责任保证。

第六百八十七条 当事人在保证合同中约定，债务人不能履行债务时，由保证人承担保证责任的，为一般保证。

一般保证的保证人在主合同纠纷未经审判或者仲裁，并就债务人财产依法强制执行仍不能履行债务前，有权拒绝向债权人承担保证责任，但是有下列情形之一的除外：

（一）债务人下落不明，且无财产可供执行；

（二）人民法院已经受理债务人破产案件；

（三）债权人有证据证明债务人的财产不足以履行全部债务或者丧失履行债务能力；

（四）保证人书面表示放弃本款规定的权利。

## 【条文要义】

本条是对一般保证与先诉抗辩权的规定。

一般保证，是指当事人在保证合同中约定，在债务人不能履行债务时，由保证人承担保证责任，代为履行债务的保证方式。一般保证其实就是附条件的保证，即以债务人不能履行债务为条件，只有当条件具备时，保证人才承担保证责任。

一般保证的突出特点是保证人享有先诉抗辩权。先诉抗辩权是指保证人基于其一般保证的特定地位所享有的，于债权人在主合同纠纷未经审判或者仲裁，并就债务人的财产强制执行无效果前，对债权人拒绝代债务人向债权人履行清偿义务的抗辩权。因此，债权人仅向债务人请求履行，并不能阻止先诉抗辩权的行使，保证人可以先诉抗辩权予以抗辩，保证人一旦行使先诉抗辩权，即可对抗债权人的代债务人履行债务的请求，并拒绝承担保证责任。

先诉抗辩权行使的条件是，债权人未就债务人的财产强制执行无效果，实际上就是债务人已经无财产可供强制执行。

出现法定事由时，保证人不得以先诉抗辩权对抗债权人清偿债务的请求。这些事由是：

1. 债务人下落不明，且无财产可供执行，保证人不得行使先诉抗辩权。

2. 人民法院受理债务人破产案件，中止执行程序，保证人不得行使先诉抗辩权。

3. 债权人有证据证明债务人的财产不足以履行全部债务或者丧失履行债务能力的，保证人不得以先诉抗辩权对抗债权人的请求。

4. 保证人书面放弃本款规定的权利，即放弃先诉抗辩权，愿意为债务人承担保证责任。这种放弃权利的意思表示应当采用书面形式固定。

## 【相关司法解释】

**《最高人民法院关于适用〈中华人民共和国民法典〉有关担保制度的解释》**

**第二十六条** 一般保证中，债权人以债务人为被告提起诉讼的，人民法院应予受理。债权人未就主合同纠纷提起诉讼或者申请仲裁，仅起诉一般保证人的，人民法院应当驳回起诉。

一般保证中，债权人一并起诉债务人和保证人的，人民法院可以受理，但是在作出判决时，除有民法典第六百八十七条第二款但书规定的情形外，应当在判决书主文中明确，保证人仅对债务人财产依法强制执行后仍不能履行的部分承担保证责任。

债权人未对债务人的财产申请保全，或者保全的债务人的财产足以清偿债务，债权人申请对一般保证人的财产进行保全的，人民法院不予准许。

**第二十七条** 一般保证的债权人取得对债务人赋予强制执行效力的公证债权文书后，在保证期间内向人民法院申请强制执行，保证人以债权人未在保证期间内对债务人提起诉讼或者申请仲裁为由主张不承担保证责任的，人民法院不予支持。

**第二十八条** 一般保证中，债权人依据生效法律文书对债务人的财产依法申请强制执行，保证债务诉讼时效的起算时间按照下列规则确定：

（一）人民法院作出终结本次执行程序裁定，或者依照民事诉讼法第二百五十七条第三项、第五项的规定作出终结执行裁定的，自裁定送达债权人之日起开始计算；

（二）人民法院自收到申请执行书之日起一年内未作出前项裁定的，自人民法院收到申请执行书满一年之日起开始计算，但是保证人有证据证明债务人仍有财产可供执行的除外。

一般保证的债权人在保证期间届满前对债务人提起诉讼或者申请仲裁，债权人举证证明存在民法典第六百八十七条第二款但书规定情形的，保证债务的诉讼时效自债权人知道或者应当知道该情形之日起开始计算。

**第六百八十八条** 当事人在保证合同中约定保证人和债务人对债务承担连带责任的，为连带责任保证。

连带责任保证的债务人不履行到期债务或者发生当事人约定的情形时，债权人可以请求债务人履行债务，也可以请求保证人在其保证范围内承担保证责任。

【条文要义】

本条是对连带责任保证的规定。

连带责任保证，是指债务人在债务履行期届满时未履行债务或者发生当事人约定的情形时，债权人既可以请求债务人履行债务，也可以请求保证人在其保证范围内履行保证责任的保证方式。

在连带责任保证中，保证人与债务人的地位是平等的，保证人不享有先诉抗辩权。只要债务履行期届满或者约定的情形出现，债务人未履行债务的，既不问其原因如何，也不问债务人有无履行能力，债权人均可不请求债务人履行债务，而直接向保证人请求履行保证债务，保证人则须承担保证责任，不得主张履行顺序的抗辩。

应当明确的是，连带责任保证属于不真正连带债务。尽管在保证人和债务人之间存在债权人可以选择的连带关系，但最终的债务必定是由债务人承担的，而不是分为份额，各自承担自己的份额。因此，不是典型的连带责任。当保证人承担了保证责任之后，对债务人产生追偿权，就可以向债务人请求赔偿自己因为债务人清偿债务而造成的全部损失。

## 第六百八十九条　保证人可以要求债务人提供反担保。

【条文要义】

本条是对保证合同反担保的规定。

反担保，又叫求偿担保，是第三人为债务人向债权人提供的担保，担保人为将来承担担保责任后对债务人的追偿权的实现而设定的担保。在债务人以外的第三人为债务人向债权人提供保证时，保证人承担了保证责任后，即成为债务人的新债权人，为避免或减少其追偿权实现的风险，可以要求债务人提供反担保。反担保的担保权人为本担保人即保证人，是债务人或者第三人为本担保的保证人提供的担保，担保方式限于保证、抵押和质押。反担保具有重要意义，是维护本担保人即保证人的利益，保障其将来可能发生的追偿权得以实现的有效措施。

保证人向债务人要求提供反担保请求的，债务人应当提供反担保，以自己的财产或者第三人的财产订立反担保合同，为保证人提供反担保。

【相关司法解释】

《最高人民法院关于适用〈中华人民共和国民法典〉有关担保制度的解释》

**第十九条**　担保合同无效，承担了赔偿责任的担保人按照反担保合同的约定，在其承担赔偿责任的范围内请求反担保人承担担保责任的，人民法院应予支持。

反担保合同无效的，依照本解释第十七条的有关规定处理。当事人仅以担保合同无效为由主张反担保合同无效的，人民法院不予支持。

**第六百九十条** 保证人与债权人可以协商订立最高额保证的合同，约定在最高债权额限度内就一定期间连续发生的债权提供保证。

最高额保证除适用本章规定外，参照适用本法第二编最高额抵押权的有关规定。

**【条文要义】**

本条是对最高额保证的规定。

最高额保证，是保证的一种特殊形式，是在最高债权额限度内，对一定期间连续发生的不特定同种类债权提供的保证，是银行融资业务中较常用的担保方式。其特征是：（1）最高额保证所担保的债务在保证设立时可能已经发生，也可能没有发生，最高额保证的生效与被保证的债务是否实际发生无关；（2）最高额保证所担保的债务为一定期间内连续发生的债务；（3）最高额保证约定有保证人承担保证责任的最高限额；（4）最高额保证所担保的不是多笔债务的简单累加，而是债务整体，各笔债务的清偿期仅对债务人有意义，并不影响保证人承担保证责任。

最高额保证通常适用于债权人与债务人之间具有经常性的、同类性质的业务往来，多次订立合同而产生的债务，如经常性的借款合同或者某项商品交易合同关系等。对一段时期内订立的若干合同，以订立一份最高额保证合同为其担保，可以减少每一份主合同订立一个保证合同所带来的不便，同时仍能起到债务担保的作用。

最高额保证的期间与普通保证的期间不同。最高额保证在设定时，其担保的债权尚未发生或虽已发生却仍处于变动的不特定状态，债权额是不确定的，只有一定期间届满，决算期届至，债权额才能确定，保证人的保证责任才能产生。因此，在最高额保证中，保证期间虽然从性质上也是保证人承担保证责任的责任期间，但其存在两个期间：（1）保证人应对一系列债权承担责任的范围期间；（2）在不特定债权额确定之后，债权人向保证人主张权利的期间。

最高额保证与最高额抵押的基本规则相同。因此，除适用本章规定外，参照适用民法典关于最高额抵押权的有关规定。

**【相关司法解释】**

《最高人民法院关于适用〈中华人民共和国民法典〉有关担保制度的解释》

**第十五条** 最高额担保中的最高债权额，是指包括主债权及其利息、违约金、损害赔偿金、保管担保财产的费用、实现债权或者实现担保物权的费用等在内的全部债权，但是当事人另有约定的除外。

登记的最高债权额与当事人约定的最高债权额不一致的，人民法院应当依据登记的最高债权额确定债权人优先受偿的范围。

## 第二节　保证责任

**第六百九十一条**　保证的范围包括主债权及其利息、违约金、损害赔偿金和实现债权的费用。当事人另有约定的，按照其约定。

【条文要义】

本条是对保证范围的规定。

保证范围，是指保证人对债权人债权实现应当承担保证责任的范围。确定保证范围的规则是：

1. 有约定的，按照约定确定保证责任范围。依照合同自由原则，确定保证责任的具体范围，应按照保证合同的约定确定。约定的保证责任范围可能与主债务的范围并不一致，应当允许，但约定的保证责任范围只能比主债务轻，不能比主债务重，否则应当缩减至主债务的限度。

2. 没有约定的保证责任范围的确定。依照本条规定，保证担保的范围包括主债权及其利息、违约金、损害赔偿金和实现债权的费用。不过，在保证债务成立后，主债务人与债权人约定的或约定增加的利息、违约金，属于新增加的债务，保证人未同意担保的，不应列入保证范围。

**第六百九十二条**　保证期间是确定保证人承担保证责任的期间，不发生中止、中断和延长。

债权人与保证人可以约定保证期间，但是约定的保证期间早于主债务履行期限或者与主债务履行期限同时届满的，视为没有约定；没有约定或者约定不明确的，保证期间为主债务履行期限届满之日起六个月。

债权人与债务人对主债务履行期限没有约定或者约定不明确的，保证期间自债权人请求债务人履行债务的宽限期届满之日起计算。

## 【条文要义】

本条是对保证期间的规定。

保证期间，是确立保证人承担保证责任的期间。换言之，保证人只在保证期间内对其担保的主债务负保证责任，保证期间届满后，保证人不再负保证责任。保证期间只能是在保证人的保证责任发生后的一定期间，而不能是保证责任发生前的一定期间。保证期间是不变期间，不发生中止、中断、延长的情形。

保证期间的确定，分为约定的保证期间和法定的保证期间：

1. 约定的保证期间。按照合同自由原则，双方当事人对于保证期间有约定的，按照约定的期间确定。约定的保证期间早于主债务履行期限或者与主债务履行期限同时届满的，视为没有约定。

2. 法定的保证期间。一般保证的保证人与债权人未约定保证期间或者约定不明确的，保证期间为主债务履行期限届满之日起6个月。连带责任保证的保证人与债权人未约定保证期间或者约定不明确的，债权人有权自主债务履行期限届满之日起6个月内要求保证人承担保证责任。债权人与债务人对主债务履行期限没有约定或者约定不明确的，保证期间自债权人要求债务人履行义务的宽限期限届满之日起计算。

一般保证的债权人在合同约定的保证期间和法定的保证期间，未对债务人提起诉讼或者申请仲裁的，保证人免除保证责任。连带责任保证的债权人在合同约定的保证期间和前款规定的保证期间，未要求保证人承担保证责任的，保证人则免除保证责任。

## 【相关司法解释】

**《最高人民法院关于适用〈中华人民共和国民法典〉有关担保制度的解释》**

第二十九条 同一债务有两个以上保证人，债权人以其已经在保证期间内依法向部分保证人行使权利为由，主张已经在保证期间内向其他保证人行使权利的，人民法院不予支持。

同一债务有两个以上保证人，保证人之间相互有追偿权，债权人未在保证期间内依法向部分保证人行使权利，导致其他保证人在承担保证责任后丧失追偿权，其他保证人主张在其不能追偿的范围内免除保证责任的，人民法院应予支持。

**第三十条** 最高额保证合同对保证期间的计算方式、起算时间等有约定的，按照其约定。

最高额保证合同对保证期间的计算方式、起算时间等没有约定或者约定不明，被担保债权的履行期限均已届满的，保证期间自债权确定之日起开始计算；被担保债权的履行期限尚未届满的，保证期间自最后到期债权的履行期限届满之日起开始计算。

前款所称债权确定之日，依照民法典第四百二十三条的规定认定。

**第三十一条** 一般保证的债权人在保证期间内对债务人提起诉讼或者申请仲裁后，又撤回起诉或者仲裁申请，债权人在保证期间届满前未再行提起诉讼或者申请仲裁，保证人主张不再承担保证责任的，人民法院应予支持。

连带责任保证的债权人在保证期间内对保证人提起诉讼或者申请仲裁后，又撤回起诉或者仲裁申请，起诉状副本或者仲裁申请书副本已经送达保证人的，人民法院应当认定债权人已经在保证期间内向保证人行使了权利。

**第三十二条** 保证合同约定保证人承担保证责任直至主债务本息还清时为止等类似内容的，视为约定不明，保证期间为主债务履行期限届满之日起六个月。

**第三十三条** 保证合同无效，债权人未在约定或者法定的保证期间内依法行使权利，保证人主张不承担赔偿责任的，人民法院应予支持。

**第三十四条** 人民法院在审理保证合同纠纷案件时，应当将保证期间是否届满、债权人是否在保证期间内依法行使权利等事实作为案件基本事实予以查明。

债权人在保证期间内未依法行使权利的，保证责任消灭。保证责任消灭后，债权人书面通知保证人要求承担保证责任，保证人在通知书上签字、盖章或者按指印，债权人请求保证人继续承担保证责任的，人民法院不予支持，但是债权人有证据证明成立了新的保证合同的除外。

**第三十五条** 保证人知道或者应当知道主债权诉讼时效期间届满仍然提供保证或者承担保证责任，又以诉讼时效期间届满为由拒绝承担保证责任或者请求返还财产的，人民法院不予支持；保证人承担保证责任后向债务人追偿的，人民法院不予支持，但是债务人放弃诉讼时效抗辩的除外。

**《最高人民法院关于适用〈中华人民共和国民法典〉时间效力的若干规定》**

**第二十七条** 民法典施行前成立的保证合同，当事人对保证期间约定不明确，主债务履行期限届满至民法典施行之日不满二年，当事人主张保证期间为主债务履行期限届满之日起二年的，人民法院依法予以支持；当事人对保证期间没有约定，主债务履行期限届满至民法典施行之日不满六个月，当事人主张保证期间为主债务履行期限届满之日起六个月的，人民法院依法予以支持。

**第六百九十三条** 一般保证的债权人未在保证期间对债务人提起诉讼或者申请仲裁的，保证人不再承担保证责任。

连带责任保证的债权人未在保证期间请求保证人承担保证责任的，保证人不再承担保证责任。

【条文要义】

本条是对债权人未在保证期间主张权利丧失保证债权的规定。

债权人对保证人主张权利，应当在保证期间进行。如果债权人在保证期间没有主张权利，将会发生法律后果，即债权人丧失对保证人的保证债权，保证人不再承担保证责任。

由于一般保证和连带责任保证规则不同，因此债权人未主张保证债权的形式也有所不同。按照本条规定：

1. 一般保证的债权人未在保证期间对债务人提起诉讼或者申请仲裁，因而丧失保证债权，保证人不再对其承担保证责任。

2. 连带责任保证的债权人未在保证期间对保证人主张承担保证责任，既包括未提起诉讼或者申请仲裁，也包括未直接向保证人主张，债权人丧失保证债权，保证人也不再对债权人承担保证责任。

**第六百九十四条** 一般保证的债权人在保证期间届满前对债务人提起诉讼或者申请仲裁的，从保证人拒绝承担保证责任的权利消灭之日起，开始计算保证债务的诉讼时效。

连带责任保证的债权人在保证期间届满前请求保证人承担保证责任的，从债权人请求保证人承担保证责任之日起，开始计算保证债务的诉讼时效。

【条文要义】

本条是对保证债务诉讼时效起算的规定。

保证期间和诉讼时效是不同的期间。保证期间是保证债权人可以主张保证债权的期间,这是债权人对保证债务的第一次请求权的行使。当债权人主张保证债务,保证人拒绝履行保证债务之时起,债权人产生保证债权的二次请求权,二次请求权适用诉讼时效期间。

由于一般保证和连带责任保证规则不同,计算诉讼时效也有所不同。依照本条规定:

1. 一般保证的债权人在保证期间届满前对债务人提起诉讼或者申请仲裁的,是行使第一次请求权,如果保证人履行保证债务的,就没有问题了。如果保证人主张先诉抗辩权被驳回,保证人拒绝承担保证责任的抗辩权就消灭了,从该权利消灭之日起,就开始计算保证债务的诉讼时效。

2. 连带责任保证的债权人在保证期间届满前要求保证人承担保证责任,主张保证债权的,从债权人要求保证人承担保证责任之日起,开始计算保证债务的诉讼时效。

**第六百九十五条** 债权人和债务人未经保证人书面同意,协商变更主债权债务合同内容,减轻债务的,保证人仍对变更后的债务承担保证责任;加重债务的,保证人对加重的部分不承担保证责任。

债权人和债务人变更主债权债务合同的履行期限,未经保证人书面同意的,保证期间不受影响。

【条文要义】

本条是对变更主合同对保证责任发生影响的规定。

任何合同在订立之后,都可以经过当事人协商对合同内容进行变更。主合同和保证合同是两个合同,尽管有主合同和从合同之别,但毕竟是两个合同。因此,主合同变更须当事人合意,从合同即保证合同的变更亦须债权人与保证人达成合意。债权人与债务人协商变更主合同,债权人与保证人协商变更保证合同,使主从合同的变更相一致,当然没有问题。

问题是,债权人与债务人变更主合同,如果保证人不知情,即不知道主合同的变更,则只有主合同发生变更,原则上从合同并未变更。具体的规则是:

1. 债权人和债务人未经保证人同意,协商变更主债权债务合同内容,减轻债务人的债务的,由于保证合同并未变更,因而保证人仍须对变更后的债务承担保证责任;但是加重债务人的债务的,保证人对加重的部分不承担保证责任,因为保证人并未对变更后的债务承诺提供保证。

2. 债权人与债务人变更主合同履行期限，未经保证人书面同意的，也是由于保证合同并未变更，因而保证期间仍然为原合同约定的期间或者法律规定的期间，保证期间不受影响。

【相关司法解释】

《最高人民法院关于适用〈中华人民共和国民法典〉有关担保制度的解释》①

第十六条 主合同当事人协议以新贷偿还旧贷，债权人请求旧贷的担保人承担担保责任的，人民法院不予支持；债权人请求新贷的担保人承担担保责任的，按照下列情形处理：

（一）新贷与旧贷的担保人相同的，人民法院应予支持；

（二）新贷与旧贷的担保人不同，或者旧贷无担保新贷有担保的，人民法院不予支持，但是债权人有证据证明新贷的担保人提供担保时对以新贷偿还旧贷的事实知道或者应当知道的除外。

主合同当事人协议以新贷偿还旧贷，旧贷的物的担保人在登记尚未注销的情形下同意继续为新贷提供担保，在订立新的贷款合同前又以该担保财产为其他债权人设立担保物权，其他债权人主张其担保物权顺位优先于新贷债权人的，人民法院不予支持。

第二十条 人民法院在审理第三人提供的物的担保纠纷案件时，可以适用民法典第六百九十五条第一款、第六百九十六条第一款、第六百九十七条第二款、第六百九十九条、第七百条、第七百零一条、第七百零二条等关于保证合同的规定。

第六百九十六条 债权人转让全部或者部分债权，未通知保证人的，该转让对保证人不发生效力。

保证人与债权人约定禁止债权转让，债权人未经保证人书面同意转让债权的，保证人对受让人不再承担保证责任。

【条文要义】

本条是对债权人转让主债权对保证责任效力的规定。

---

① 民法典没有规定以新还旧的规则，对司法解释关于以新还旧担保责任的规定，放置在合同变更部分项下。

债权人转让全部债权或者部分债权，实际上是转让两个债权：一是主合同的债权；二是保证合同的债权。债权人转让这两个债权，都应当符合债权转让的规则，即通知债务人，否则转让债权不发生债权转让的后果。因此，债权人将主债权的全部或者部分转让给第三人，如果通知了保证人，就是将保证合同的保证债权也一并转移，转让债权的通知到达保证人后，保证人成为受让人即新债权人的保证人，对受让人即新债权人承担相应的保证责任。未经通知保证人的，保证合同的保证债权就没有转让。因此，该转让主债权的行为对保证人不发生效力，保证人对受让人不承担保证责任，因原债权人的债权已经消灭或者部分消灭，保证债权亦随之消灭或者部分消灭。

上述规则的例外情形是，如果保证人与债权人在保证合同中约定，保证人仅对特定的债权人承担保证责任或者约定禁止债权转让的，债权人在保证期间内未经保证人书面同意转让全部或者部分债权的，因债权人违反保证合同的约定，保证债权没有转让，保证人就受让人即新债权人的债权不再承担保证责任。

**【相关司法解释】**

《最高人民法院关于适用〈中华人民共和国民法典〉有关担保制度的解释》

第二十条　人民法院在审理第三人提供的物的担保纠纷案件时，可以适用民法典第六百九十五条第一款、第六百九十六条第一款、第六百九十七条第二款、第六百九十九条、第七百条、第七百零一条、第七百零二条等关于保证合同的规定。

**第六百九十七条**　债权人未经保证人书面同意，允许债务人转移全部或者部分债务，保证人对未经其同意转移的债务不再承担保证责任，但是债权人和保证人另有约定的除外。

第三人加入债务的，保证人的保证责任不受影响。

**【条文要义】**

本条是对主合同债务人转让债务对保证责任效力的规定。

主合同的债务人转让债务，转让的是对主合同债权人的债务，须债权人同意方可。就一般的规则而言，主合同的债务人转让债务，并不是转让保证合同的债务，对保证人的利益似乎并不发生影响，因为保证人的债权人是主合同的债权人，保证合同并未发生变化。但是，保证人成为债权人的保证债务人，一般都是由于与债务人有相当关系，才肯为其向债权人提供保证，债务人一旦发生变化，就会改变保证人与债务人的关系，对保证人会产生不利。所以，主合同的债务人转让债务，也应当经过保证人的同意，即债权人应当征得保证人的同意。

本条第1款规定的规则是，债权人未经保证人书面同意，允许债务人转移全部或者部分债务，保证人对未经其同意转移的债务不再承担保证责任，但是债权人和保证人另有约定的除外。例如，债权人和保证人约定同意转让保证债务，或者债务人在保证合同中约定转让债务保证人也承担保证责任的，应当依照约定。

本条第2款规定的规则是，第三人加入债务的，只是增加了债务人，原债务人并未脱离主合同的债务人地位，保证人的利益并未受到影响。因此，保证人的保证责任不受影响，应当继续承担保证责任。

**第六百九十八条** 一般保证的保证人在主债务履行期限届满后，向债权人提供债务人可供执行财产的真实情况，债权人放弃或者怠于行使权利致使该财产不能被执行的，保证人在其提供可供执行财产的价值范围内不再承担保证责任。

**【条文要义】**

本条是对一般保证的债权人放弃或怠于行使权利免除保证责任的规定。

一般保证的保证人享有先诉抗辩权，债务人在未穷尽其财产履行债务之前，债权人不得向一般保证人主张保证债权。正因如此，一般保证的保证人在主债务履行期限届满后，可以向债权人提供债务人可供执行财产的真实情况，使债权人及时行使自己的债权，向债务人主张债权。在这样的情况下，债权人如果放弃或者怠于行使自己的债权，致使债务人的该财产不能被执行，债权人向一般保证人主张保证债权，要求保证人承担保证债务的，保证人可以拒绝债权人的请求，并在其提供可供执行财产的价值范围内不再承担保证责任。

**第六百九十九条** 同一债务有两个以上保证人的，保证人应当按照保证合同约定的保证份额，承担保证责任；没有约定保证份额的，债权人可以请求任何一个保证人在其保证范围内承担保证责任。

## 【条文要义】

本条是对共同保证的规定。

两个以上的保证人共同为同一债务人的同一债务提供保证的，是共同保证。共同保证分为按份保证和连带保证：

1. 按份保证，是数个共同保证人与债权人约定保证的各自份额，按照约定的保证份额承担保证责任的共同保证。在按份保证中，保证人不承担连带责任。不过，按份保证必须由保证人与债权人进行特别约定，如无特别约定，则数个保证人应负共同保证责任。也就是说，他们共同对债权人负连带责任。

2. 连带保证，是数个共同保证人与债权人没有约定保证份额或者约定不明确，共同作为债务人的保证人，并对全部债务负连带责任的共同保证。在连带保证中，债权人可以请求任何一个保证人承担全部保证责任，保证人都负有担保全部债权实现的义务。连带保证的特点在于他们彼此之间是连带关系，都要向债权人负连带责任。

**第七百条** 保证人承担保证责任后，除当事人另有约定外，有权在其承担保证责任的范围内向债务人追偿，享有债权人对债务人的权利，但是不得损害债权人的利益。

## 【条文要义】

本条是对保证人承担保证责任后享有追偿权的规定。

保证人承担保证责任后，对债务人产生追偿权。该追偿权是请求权，追偿权人即保证人成为债务人的新债权人，债务人对保证人负有债务，保证人有权向债务人追偿。

保证人对债务人即被保证人行使追偿权的条件，即追偿权产生的条件是：(1) 保证人向债权人履行了保证债务；(2) 因保证人的履行而使债务人对债权人免责；(3) 保证人履行保证债务无过错。

保证人取得追偿权，就成为债务人的债权人，享有债权人的权利，有权在其承担保证责任的范围内向债务人追偿，享有债权人对债务人的权利。但是，保证人在行使债权时，不得损害债权人的利益。

**第七百零一条** 保证人可以主张债务人对债权人的抗辩。债务人放弃抗辩的，保证人仍有权向债权人主张抗辩。

【条文要义】

本条是对保证人享有债务人对债权人的抗辩的规定。

保证合同是主合同的从合同，在地位上具有从属性，且是为了债务人的利益对债权人提供担保。因此，无论是一般保证还是连带责任保证，债务人对于债权人所有的抗辩，都从属于保证人，保证人均可对债权人提出主张。即使债务人对债权人已经放弃抗辩的，保证人仍然有权就此向债权人主张抗辩，并且发生抗辩的效果。

**第七百零二条** 债务人对债权人享有抵销权或者撤销权的，保证人可以在相应范围内拒绝承担保证责任。

【条文要义】

本条是对保证人享有债务人抵销权或撤销权的规定。

保证合同是主合同的从合同，保证人是为债务人的利益向债权人提供保证的，与主合同的债务人具有一体性。因此，债务人对债权人享有抵销权或者撤销权的，保证人享有相应的利益。当债权人向保证人主张保证债权时，保证人可以在债务人享有的抵销权和撤销权相应的范围内，拒绝承担保证责任。例如，债务人对债权人享有债权或者享有抵销权，就该范围内的债务，保证人可以拒绝承担保证责任。

# 第十四章　租赁合同

**第七百零三条**　租赁合同是出租人将租赁物交付承租人使用、收益，承租人支付租金的合同。

【条文要义】

本条是对租赁合同概念的规定。

租赁合同是指出租人将租赁物交付承租人使用、收益，承租人支付租金的合同。在出租合同关系中，出租人是负有将租赁物交付对方使用、收益的当事人，承租人是以租赁合同可以取得租赁物的使用、收益并向承租人交付租金的当事人。租赁合同的标的物即租赁物，是指出租人于合同生效后应交付承租人使用、收益的物。租赁物既可以为动产，也可以为不动产。

租赁合同的特征是：（1）租赁合同为双务、有偿、诺成性合同；（2）租赁合同是转移财产使用、收益权的合同；（3）租赁合同是承租人须交付租金的合同；（4）租赁合同具有临时性；（5）租赁合同终止后承租人须返还原物。

租赁合同的种类有：（1）动产租赁合同与不动产租赁合同；（2）定期租赁合同与不定期租赁合同；（3）本租合同和转租合同。

**第七百零四条**　租赁合同的内容一般包括租赁物的名称、数量、用途、租赁期限、租金及其支付期限和方式、租赁物维修等条款。

【条文要义】

本条是对租赁合同主要内容的规定。

租赁合同的主要内容是：

1. 租赁物的名称：约定租赁物的具体名称，既可以是种类物，也可以是特定物。

2. 租赁物的数量：明确交付租赁物和返还租赁物的具体数量。

3. 租赁物的用途：如制造加工精密仪器的机床不能用于制造加工一般的器件等。

4. 租赁期限：明确约定租赁期间的起始和终止的时间。

5. 租金及其支付期限和方式：是租赁合同的主要条款，明确约定具体数额，支付的期限起止时间，支付的方式是人民币还是外币等。

6. 租赁物维修：明确约定由出租人维修或者承租人维修，以及维修方法和费用负担。

7. 其他条款：如违约条款、解决争议的条款和解除权条款等。

**第七百零五条** 租赁期限不得超过二十年。超过二十年的，超过部分无效。

租赁期限届满，当事人可以续订租赁合同；但是，约定的租赁期限自续订之日起不得超过二十年。

**【条文要义】**

本条是对最高租赁期限限制的规定。

租赁期限，是出租人与承租人约定的对租赁物的使用期间。对租赁期限的一般规则是自由约定，但是有最高期限的限制。设定租赁合同的最高限制，是为了适应客观情况的不断变化，特别是不动产，其价格会因经济形势的变化而发生较大的变化，对一方当事人产生经济上的不利益，需要均衡当事人之间的利益关系。

我国的租赁期限最高限制为20年，超过20年的，超过的部分约定无效，要缩短为20年。对租赁合同最高期限的限制，并不妨碍当事人在租赁期届满后续订租赁合同。续订租赁合同就会给双方当事人的租赁利益关系一个缓冲期，重新考虑双方之间的权利义务关系。所以，在租赁期届满后，当事人可以续订租赁合同，但是约定的租赁期限也受最高期限的限制，自续订之日起也不得超过20年，这就是租赁合同的约定更新。当然，租赁合同期满也可以进行法定更新，即租赁合同期满后，承租人仍然使用租赁物，交付租金，出租人仍然收取租金，原租赁合同就成为无期限合同。

**第七百零六条** 当事人未依照法律、行政法规规定办理租赁合同登记备案手续的，不影响合同的效力。

## 【条文要义】

本条是对租赁合同登记备案的规定。

有些租赁合同在订立之后，需要依照法律、行政法规的规定进行登记备案，特别是不动产租赁合同，更是如此。不过，这种租赁合同的登记备案，不对租赁合同的效力产生影响，即使不登记备案，也不影响租赁合同的效力。

如果当事人在租赁合同中约定备案登记才生效的，应当进行登记备案，否则租赁合同无效。但是，如果约定了备案登记生效，没有备案登记当事人就交付了租赁物，并且实际使用、收取租金的，该租赁合同仍然有效。

**第七百零七条** 租赁期限六个月以上的，应当采用书面形式。当事人未采用书面形式，无法确定租赁期限的，视为不定期租赁。

## 【条文要义】

本条是对租赁合同形式的规定。

租赁合同并非绝对的要式合同。不过，本条规定租赁合同的形式有两个内容：(1) 租赁期限为6个月以上的租赁合同，应当使用书面形式，即为要式合同；(2) 无论是何种租赁合同，如果未采用书面形式，因而无法确定租赁期限的，就不认为是有期限的租赁合同，而视为不定期合同，适用不定期租赁合同的规则。

**第七百零八条** 出租人应当按照约定将租赁物交付承租人，并在租赁期限内保持租赁物符合约定的用途。

## 【条文要义】

本条是对出租人交付租赁物的规定。

租赁合同生效之后，出租人负有按照约定将租赁物交付承租人的义务，以满足承租人对租赁物的占有、使用和收益的目的。

出租人的主要义务是：

1. 依合同约定交付租赁物的义务。交付租赁物是移转标的物的占有于承租人。出租人应于合同约定的时间交付租赁物。依合同约定的使用性质不以标的物的交付为必要，则出租人应达成适于承租人使用的状态。租赁物有从物的，出租人于交付租赁物时应当同时交付从物。出租人不能按时交付标的物的，应负迟延履行的违约责任。

2. 出租人应保持租赁物合于使用、收益的状态。承租人不仅应使交付的租赁物合于约定的使用、收益状态，而且于租赁关系存续期限内也应保持租赁物的状态符合约定。当承租人的使用、收益因毁损以外的原因，受有妨害或有受妨害的危险时，出租人负有除去或防止的义务。第三人侵夺租赁物或为其他妨害时，承租人得基于自己对租赁物的占有权，直接对于第三人主张占有的返还或请求排除妨害，也可代位行使出租人的物上请求权。在标的物受到自然侵害而不适于约定的使用、收益状态时，出租人应当予以恢复。

**第七百零九条** 承租人应当按照约定的方法使用租赁物。对租赁物的使用方法没有约定或者约定不明确，依据本法第五百一十条的规定仍不能确定的，应当根据租赁物的性质使用。

【条文要义】

本条是对承租人使用租赁物方法的规定。

承租人在占有租赁物后，应当合理利用租赁物。对租赁物的合理利用包括：

1. 在双方当事人就租赁物的使用方法有明确约定时，应当按照双方约定的方法使用租赁物。

2. 在双方当事人对使用方法没有约定或者约定不明确时，可以依据本编第510条的规定，由双方当事人补充协议确定，达成协议的，按照协议的使用方法使用；如果经补充协议无法达成合意的，则应当按照租赁物的性质使用。例如，以居住为使用方法的房屋租赁，不能作商用。

承租人不依约定的方法或者租赁物的性质使用、收益，出租人得请求承租人停止其违反义务的行为。

**第七百一十条** 承租人按照约定的方法或者根据租赁物的性质使用租赁物，致使租赁物受到损耗的，不承担赔偿责任。

【条文要义】

本条是对承租人合理使用租赁物正常损耗不负赔偿责任的规定。

承租人在使用租赁物的过程中，都会对租赁物造成正常的损耗，不仅动产如此，即使不动产在使用中，也会有正常的损耗。对于这种损耗，只要承租人是按照约定的方法或者租赁物的性质使用租赁物，就是正常的，对此，承租人不用承担赔偿责任。

**第七百一十一条** 承租人未按照约定的方法或者未根据租赁物的性质使用租赁物，致使租赁物受到损失的，出租人可以解除合同并请求赔偿损失。

【条文要义】

本条是对承租人违反约定使用致使租赁物受到损失的规定。

与承租人按照约定的方法或者根据租赁物的性质使用租赁物形成损耗相反的是，承租人没有按照约定的方法或者租赁物的性质使用租赁物。因此，使租赁物受到损失的，不仅是违约行为，而且是对出租人财产权利的侵害。

对此，出租人的救济方法有：

1. 出租人有权解除合同，行使的是法定或者合同约定的解除权。

2. 请求承租人承担损害赔偿责任，这种损害赔偿责任既是违约责任，也是侵权责任，出租人可以选择一个适当的请求权，救济自己的损害。这两个救济损害的权利，可以一并行使，既解除合同，又请求对方承担损害赔偿责任。

**第七百一十二条** 出租人应当履行租赁物的维修义务，但是当事人另有约定的除外。

【条文要义】

本条是对出租人负担租赁物维修义务的规定。

除法律规定或合同另有约定外，出租人对租赁物有维修义务。出租人的该项义务，实际上是出租人应维持租赁物合于使用、收益状态义务的延伸。维修是指于租赁物不合约定的使用、收益状态时，对租赁物予以修理，以使承租人得以按照约定正常使用、收益。维修义务的构成是：（1）确有维修的必要，是指租赁物需要维修方能满足承租人依约定对租赁物的使用、收益。（2）有维修的可能，是指损毁的租赁物在事实上能够修复，并且在经济上也合算。（3）在租赁期间承租人应通知而未通知的，出租人不发生维修租赁物的义务。

法律另有规定或者当事人另有约定的，租赁物的维修按照规定或者约定进行。

**第七百一十三条** 承租人在租赁物需要维修时可以请求出租人在合理期限内维修。出租人未履行维修义务的，承租人可以自行维修，维修费用由出租人负担。因维修租赁物影响承租人使用的，应当相应减少租金或者延长租期。

因承租人的过错致使租赁物需要维修的，出租人不承担前款规定的维修义务。

【条文要义】

本条是对出租人不履行维修义务承租人可自行维修的规定。

承租人在租赁物需要维修时，可以发出通知，要求出租人在合理期限内维修。如果出租人接到通知后，不履行维修义务，承租人可以对租赁物自行进行维修，其维修费用应当由出租人负担，承租人出具维修费用单据，出租人据实予以承担。如果因维修租赁物而影响承租人使用，承租人享有减少租金或者延长租期的请求权，出租人应当依照其请求，相应减少其租金或者延长租期，以弥补承租人的损失。

在承租过程中，如果是因承租人的过错，致使租赁物需要维修的，则承租人应当承担责任，出租人不承担维修费用、同意解除合同以及减少租金或者延长租期的义务。

**第七百一十四条** 承租人应当妥善保管租赁物，因保管不善造成租赁物毁损、灭失的，应当承担赔偿责任。

【条文要义】

本条是对承租人应当妥善保管租赁物的规定。

承租人在租赁期间占有租赁物的，负有妥善保管租赁物的义务。承租人应以善良管理人的注意保管租赁物。租赁物有收益能力的，应保持其收益能力。

承租人保管不善，违背妥善保管租赁物的义务致使租赁物毁损、灭失的，应对出租人承担损害赔偿责任，可以依照债务不履行的违约责任确定；在承租人系因故意或过失致租赁物毁损时，也可以依照民法典侵权责任编的规定处理，构成民事责任竞合，出租人可选择其一向承租人主张赔偿损失。

**第七百一十五条** 承租人经出租人同意，可以对租赁物进行改善或者增设他物。

承租人未经出租人同意，对租赁物进行改善或者增设他物的，出租人可以请求承租人恢复原状或者赔偿损失。

【条文要义】

本条是对承租人改善租赁物或者增设他物的规定。

承租人在承租租赁物期间，原则上不得随意对租赁物进行改善或者增设他物，除非出租人同意。承租人在对租赁物进行改善或者增设他物时，应当在约定的范围内进行。

如果承租人未经出租人同意，就对租赁物进行改善或者增设他物的，违反了承租人的义务，属于违约行为，出租人可以请求承租人恢复原状。对于改善或者增设他物给租赁物造成的损失，承租人应当承担损害赔偿责任。

**第七百一十六条** 承租人经出租人同意，可以将租赁物转租给第三人。承租人转租的，承租人与出租人之间的租赁合同继续有效；第三人造成租赁物损失的，承租人应当赔偿损失。

承租人未经出租人同意转租的，出租人可以解除合同。

【条文要义】

本条是对转租的规定。

在租赁合同中，承租人的义务之一，是未经出租人同意不得转租。承租人经过出租人同意，将租赁物转租给第三人，构成合法转租，转租合同有效。

出租人的同意，既可以是在承租人转租前，经概括授权的方式，也可以采用个别认可的方式表示同意，还可以在转租事实发生后采用予以追认的方式。

转租合同成立，在同一个租赁物上就出现了出租人、转租人（承租人）和次承租人三种主体，形成转租合同的法律关系。当事人之间的法律关系是：

1. 转租人与次承租人的关系，与普通的租赁并无区别，但在出租人与承租人之间的租赁关系与承租人和次承租人之间的租赁关系同时终止时，次承租人可以直接将租赁物返还给出租人，免除其对于承租人的返还义务。

2. 出租人与承租人之间的租赁关系不因转租而受影响，承租人应就因次承租人应负责的事由所产生的损害向出租人负赔偿责任。至于损害的发生，承租人有无过失在所不问，只要是可归责于次承租人的事由即可。

3. 出租人与次承租人之间原本并不存在直接的法律关系，但基于保护出租人利益的法律目的，确认以下法律关系：次承租人可以直接向出租人履行承租人应当履行的义务，出租人也可以直接向次承租人行使转租人可以行使的权利。

转租是以承租人享有租赁权为基础的。在承租人的租赁权因合同终止等原因消灭时，次承租人不能向出租人主张租赁权。如果因此导致次承租人不能得到租赁权而受有损害时，次承租人也只能向转租人请求赔偿。

未经出租人同意，承租人对租赁物转租构成违约行为，是不合法的转租。其法律关系是：

1. 转租人与次承租人之间的租赁合同可以生效，转租人负有使次承租人取得对租赁物为使用、收益权利的义务，因转租人不能行使次承租人取得的租赁物的使用、收益的权利，次承租人应向其主张违约的损害赔偿责任。在双方当事人订立租赁合同时，次承租人如果误信转租人业已取得出租人的允许，可以认识错误为理由行使合同的撤销权，以营造次承租人更大的选择空间。

2. 承租人擅自转租为严重的违约行为，出租人有权解除合同。

3. 次承租人的租赁权不得对抗出租人。在出租人终止租赁关系时，出租人自应直接向次承租人请求返还租赁物。但如果出租人不终止租赁关系，其应以所有权为据向次承租人主张排除妨害。

**第七百一十七条**　承租人经出租人同意将租赁物转租给第三人，转租期限超过承租人剩余租赁期限的，超过部分的约定对出租人不具有法律约束力，但是出租人与承租人另有约定的除外。

【条文要义】

本条是对转租期限的规定。

出租人同意转租的，转租合同约定的租赁期限应当在承租人的剩余租赁期限内，即转租期限不能超过本租所剩期限，超出承租人于本租所剩余租赁期限的转租期间无效，对出租人不发生法律上的拘束力。不过，转租期限超过本租的期限部分，如果出租人与承租人另有约定，予以同意的，等于对本租又约定了新的租赁期间，超出本租期限的转租期限就成为本租期限，对各方当事人都具有法律效力。

转租合同的次承租人在与本租当事人之间发生争议时，可以参加诉讼，次承租人的身份是无独立请求权的第三人。

**第七百一十八条** 出租人知道或者应当知道承租人转租，但是在六个月内未提出异议的，视为出租人同意转租。

【条文要义】

本条是对出租人对转租默示同意的规定。

出租人对承租人转租的默示同意，是指出租人知道或者应当知道承租人转租，超过异议期限而不反对，即发生同意转租的意思表示。或言之，承租人已经构成擅自转租，自出租人知道或者应当知道之日起，出租人享有6个月的异议期，在6个月内可以提出异议。一经提出异议，转租即为无效。超出6个月异议期，出租人没有提出异议的，推定出租人默示同意转租，该转租合同有效，认可承租人和次承租人之间转租合同的效力。

**第七百一十九条** 承租人拖欠租金的，次承租人可以代承租人支付其欠付的租金和违约金，但是转租合同对出租人不具有法律约束力的除外。

次承租人代为支付的租金和违约金，可以充抵次承租人应当向承租人支付的租金；超出其应付的租金数额的，可以向承租人追偿。

【条文要义】

本条是对承租人拖欠租金次承租人可以代缴的规定。

在转租合同的法律关系中，承租人对出租人承担缴纳租金义务，次承租人对转租人承担缴纳租金义务。承租人对出租人拖欠租金，属于根本违约，出租人当然可以向承租人主张解除合同。但是由于存在转租关系，涉及次承租人的转租合同利益，如果因为承租人未缴纳租金而解除租赁合同，次承租人的转租合同将因无处依附而消灭。对此，次承租人可以代承租人缴纳拖欠的租金和违约金，并可以此作为抗辩理由进行抗辩，主张出租人不得解除合同。

次承租人缴纳的租金和违约金其实是替承租人履行义务。因此，次承租人支付的租金和违约金，可以充抵转租的租金；超出其应付的租金数额的，可以向承租人追偿。

**第七百二十条** 在租赁期限内因占有、使用租赁物获得的收益，归承租人所有，但是当事人另有约定的除外。

【条文要义】

本条是对承租人享有租赁物收益权的规定。

占有、使用、收益，是承租人签订租赁合同使用租赁物的应有之义，是承租人通过租赁合同实现的合同目的。因此，承租人在租赁期限内对租赁物的占有、使用而使租赁物获得收益的，其收益的权属当然属于承租人所有。如果当事人在合同中另有约定，应当按照约定处理。

**第七百二十一条** 承租人应当按照约定的期限支付租金。对支付租金的期限没有约定或者约定不明确，依据本法第五百一十条的规定仍不能确定，租赁期限不满一年的，应当在租赁期限届满时支付；租赁期限一年以上的，应当在每届满一年时支付，剩余期限不满一年的，应当在租赁期限届满时支付。

【条文要义】

本条是对承租人按期支付租金的规定。

租金，是承租人使用、收益租赁物的对价，一般以金钱计算，但当事人约定以租赁物的孳息或其他物品充当租金的也可以。

租金的数额由当事人自行约定，但法律对租金数额有特别规定的，应依法律的规定约定；当事人约定的租金高于法律规定的最高限额的，其超过部分为无效。承租人支付租金应依当事人约定的数额交付。租金虽为租赁物使用、收益的代价，但在因承租人自己的事由而导致不能对租赁物的部分或全部为使用、收益的，不能免除或部分免除承租人交付租金的义务，仍应按约定的数额交付租金。由于承租人的原因致租赁物全部毁损、灭失的，当事人之间的租赁合同终止，承租人应负损害赔偿责任，但其交付租金的义务应当终止。

承租人支付租金应当按照约定的支付期限进行。租金支付期限的确定方法是：

1. 承租人应当按照约定的期限支付租金，约定的支付期限必须遵守。

2. 租赁合同对支付期限没有约定或者约定不明确的，依照民法典合同编第510条的规定，当事人可以补充协议，按照补充协议确定支付期限。

3. 补充协议仍不能确定的，支付期限的确定办法是：租赁期限不满一年的，应当在租赁期限届满时支付；租赁期限在一年以上的，应当在每届满一年时支付，剩余期限不满一年的，应当在租赁期限届满时支付。

**第七百二十二条** 承租人无正当理由未支付或者迟延支付租金的，出租人可以请求承租人在合理期限内支付；承租人逾期不支付的，出租人可以解除合同。

【条文要义】

本条是对承租人违反支付租金义务的规定。

承租人按期支付租金是其义务。承租人没有正当理由，未支付或者迟延支付租金的，构成违约行为。对此，出租人救济违约后果的方法是：

1. 催告。承租人未支付租金或者迟延支付租金，出租人对承租人进行催告的，采用通知的方式，请求承租人在合理期间内支付租金，合理期间是宽限期，如3个月。

2. 在出租人提出的宽限期内，承租人仍不支付租金的，出租人产生解除权，可以解除合同。一经行使该解除权，租赁合同即告解除。

**第七百二十三条** 因第三人主张权利，致使承租人不能对租赁物使用、收益的，承租人可以请求减少租金或者不支付租金。

第三人主张权利的，承租人应当及时通知出租人。

【条文要义】

本条是对租赁物权利瑕疵担保责任的规定。

出租人的权利瑕疵担保责任，是指出租人应担保不因第三人对承租人主张权利而使承租人不能依约使用、收益租赁物的责任。如果出租人未经租赁物的所有权人或处分权人许可即出租他人之物或者租赁物因受其他用益物权的限制，致使承租人事实上不能对租赁物为使用、收益的，即发生出租人承担权利的瑕疵担保责任问题。

出租人权利瑕疵担保责任的构成要件是：（1）有第三人就租赁物向承租人主张权利的事实发生；（2）第三人就租赁物向承租人所主张的权利发生于租赁物交付之前，妨害了承租人对租赁物的使用、收益；（3）承租人于合同订立时不知有权利瑕疵存在；（4）承租人在第三人主张权利时及时通知了出租人。承租人未通知的，构成违约责任。

出租人承担权利瑕疵担保责任的，承租人可以请求减少价金或者不支付价金。其中不支付价金，既包括暂时不支付价金，也包括解除租赁合同而终局地不支付价金。

**第七百二十四条** 有下列情形之一，非因承租人原因致使租赁物无法使用的，承租人可以解除合同：

（一）租赁物被司法机关或者行政机关依法查封、扣押；

（二）租赁物权属有争议；

（三）租赁物具有违反法律、行政法规关于使用条件的强制性规定情形。

**【条文要义】**

本条是对承租人法定解除权的规定。

承租人产生法定解除权的原因，是非因承租人的原因使租赁物无法使用，构成根本违约，因此，承租人产生法定解除权。

承租人产生法定解除权的事由是：

1. 在租赁过程中，司法机关或者行政机关依法查封了租赁房屋，承租人无法使用的，其可以请求解除。

2. 租赁房屋出现了权属争议，租赁房屋的所有权权属不清，承租人当然可以要求解除合同。

3. 租赁物违反《建筑法》《消防法》等关于房屋使用条件的强制性规定。

在上述三种情况下，租赁房屋没有适住条件，承租人享有法定解除权，可以行使解除权，要求解除租赁合同。

**第七百二十五条** 租赁物在承租人按照租赁合同占有期限内发生所有权变动的，不影响租赁合同的效力。

【条文要义】

本条是对"买卖不破租赁"的规定。

"买卖不破租赁"是租赁权物权化的体现，是指在租赁关系存续期间，承租人对租赁物的占有和使用可以对抗第三人，即使该租赁物所有权人或享有其他物权的人也不例外。我国民法确认租赁权的对抗效力，无论房屋租赁要求进行登记备案是否妥当，只要经由登记备案，承租人的租赁权即可具有对抗的效力。无论是需要进行登记的租赁还是不需要进行登记的租赁，无论是动产租赁还是不动产租赁，租赁权都具有对抗效力。承租人可以基于租赁权对第三人主张排除妨害请求权。

适用"买卖不破租赁"的条件是：（1）租赁合同成立并且已经生效；（2）租赁物已经交付承租人，被承租人实际占有；（3）租赁物的所有权变动发生在租赁期间；（4）出租人或者租赁物的所有人将租赁物所有权让与第三人。具备上述条件，即使租赁物的买受人不知道该租赁合同的存在，租赁关系仍然能够对抗该买受人，租赁关系对买受人具有拘束力。

租赁房屋在租赁期间发生所有权变动，承租人请求房屋受让人继续履行原租赁合同的，符合"买卖不破租赁"原则要求，应予支持。例外的是：（1）当事人另有约定，依照约定；（2）房屋在出租前已设立抵押权，因抵押权人实现抵押权发生所有权变动；（3）房屋在出租前已被人民法院依法查封。上述三种情形，都不适用"买卖不破租赁"规则。

**第七百二十六条** 出租人出卖租赁房屋的，应当在出卖之前的合理期限内通知承租人，承租人享有以同等条件优先购买的权利；但是，房屋按份共有人行使优先购买权或者出租人将房屋出卖给近亲属的除外。

出租人履行通知义务后，承租人在十五日内未明确表示购买的，视为承租人放弃优先购买权。

【条文要义】

本条是对承租人对租赁房屋享有优先购买权的规定。

承租人的优先购买权，是指当出租人出卖承租人租赁的房屋时，承租人在同等条件下，依法享有优先于其他人而购买房屋的权利。承租人的优先购买权依法产生，只能属于特定人享有，具有一定的专属性，承租人不能将该权利转让给他人享有。承租人只有在特定的法律事实出现时才可以行使：

1. 承租人的优先购买权发生于出租人转让房屋所有权时。

2. 出租人出卖租赁房屋应为通知义务。承租人应当在接到通知之后的15日内行使优先购买权。

3. 承租人仅在同等条件下享有优先购买权。同等条件是指价格的同一，主要是指出价，包括价格、交付房价期限、方式等，至于所出售房屋的部位、数量应无区别；如果出租人基于某种特殊原因给予了其他买受人一种较优惠的价格，而此种优惠能以金钱计算，则应折合金钱加入价格。如果不能以金钱计算，则应以市场价格来确定房价。

对抗承租人优先购买权的事由是：

1. 房屋按份共有人行使优先购买权的，依照物权优先原则，可以对抗承租人的优先购买权。

2. 出租人将房屋出卖给近亲属，包括配偶、父母、子女、兄弟姐妹、祖父母、外祖父母、孙子女、外孙子女的，其近亲属的购买权优先。

3. 承租人放弃优先购买权，即出租人履行通知义务后，承租人在15日内未明确表示购买的，视为承租人放弃优先购买权。

**第七百二十七条** 出租人委托拍卖人拍卖租赁房屋的，应当在拍卖五日前通知承租人。承租人未参加拍卖的，视为放弃优先购买权。

**【条文要义】**

本条是对拍卖租赁物承租人行使优先购买权的规定。

出租人委托拍卖人拍卖租赁房屋时，无法如以一般买卖方式出让租赁房屋那样，以通知的方式通知承租人。因而，本条规定，出租人委托拍卖行对出租房屋进行拍卖时，应当在拍卖的5日前通知承租人。承租人主张购买出租房屋的，应当参加拍卖，通过竞买的方式实现自己的权利，但是在竞买中不存在优先购买权的问题，仍然是出价高者获得购买的资格。如果经通知后承租人未参加拍卖，应当认定承租人放弃优先购买权，不得再主张优先购买权。

**第七百二十八条** 出租人未通知承租人或者有其他妨害承租人行使优先购买权情形的，承租人可以请求出租人承担赔偿责任。但是，出租人与第三人订立的房屋买卖合同的效力不受影响。

【条文要义】

本条是对出租人侵害承租人优先购买权救济的规定。

出租人违反义务侵害承租人的优先购买权的，主要是未通知承租人以及其他妨害承租人行使优先购买权的行为。当构成出租人侵害承租人优先购买权时，无论其救济方式是对抗出租人与买受人买卖合同的效力，还是其他方式，在实践中存在争议。最高人民法院在司法解释中规定其救济方式是损害赔偿，而不是必须保障承租人优先购买，其理由是：承租人的优先购买权基于租赁的债权而产生，与基于物权而产生的共有人的优先购买权不同。本条采纳了这种做法，如果出租人未通知承租人或者有其他妨害承租人行使优先购买权情形的，则构成侵害承租人的优先购买权，救济方式是承租人可以请求出租人承担损害赔偿责任，对承租人造成的实际损失承担赔偿责任。

对于出租人与第三人订立的房屋买卖合同，由于采用了对承租人所受损害承担赔偿责任的方式救济，而不是保障承租人优先购买，因此出租人与第三人买卖合同的效力不受影响。

**第七百二十九条** 因不可归责于承租人的事由，致使租赁物部分或者全部毁损、灭失的，承租人可以请求减少租金或者不支付租金；因租赁物部分或者全部毁损、灭失，致使不能实现合同目的的，承租人可以解除合同。

【条文要义】

本条是对租赁期间租赁物意外灭失风险负担规则的规定。

租赁物的意外灭失风险负担，即由于不可归责于承租人和出租人双方当事人的事由，致使租赁物部分或全部毁损、灭失的法律后果，自罗马法以来就形成了由物之所有人负担风险，即"不幸事件只能落在被击中者头上"的法律观念，出租人应负担此种情形下标的物毁损、灭失的风险。

出现不可归责于承租人事由，致使租赁物部分或者全部毁损、灭失的，除风险由出租人负担外，对承租人而言，可以适用的救济方法有：

1. 承租人可以请求减少租金或者不支付租金，出租人应当准许。

2. 因租赁物部分或者全部毁损、灭失，致使不能实现合同目的的，承租人可以解除合同，既可以协商解除，也可以单方解除。

**第七百三十条** 当事人对租赁期限没有约定或者约定不明确，依据本法第五百一十条的规定仍不能确定的，视为不定期租赁；当事人可以随时解除合同，但是应当在合理期限之前通知对方。

【条文要义】

本条是对不定期租赁解除权的规定。

租赁合同通常是定期租赁合同，存在租赁期限。不定期租赁合同表现为三种情形：（1）租赁合同当事人明确约定是不定期租赁；（2）当事人在租赁合同中对租赁期限没有约定；（3）当事人在租赁合同中对租赁期限有约定，但是约定不明确，依据民法典第 510 条关于补充协议的规定仍不能确定的，视为不定期租赁。其中第一种是确定的不定期租赁，第二种是推定的不定期租赁，第三种是视为不定期租赁。

不管是哪种不定期租赁合同，当事人都可以随时解除合同，但是在解除合同之前，应当进行催告，并且给出合理期限作为宽限期，当宽限期届满时，当事人可以解除租赁合同。

**第七百三十一条** 租赁物危及承租人的安全或者健康的，即使承租人订立合同时明知该租赁物质量不合格，承租人仍然可以随时解除合同。

【条文要义】

本条是对租赁物危及承租人人身安全的法定解除权的规定。

在租赁合同中，对于租赁物的质量，出租人负有告知义务。在一般情况下，租赁物的质量问题一经告知，承租人在使用、收益租赁物时，就会加以注意，防止发生危险。不过，租赁物存在危及承租人的安全或者健康的质量问题，并且会发生更危险的事由，租赁物的质量问题就不是一般的质量问题了，而是关系到承租人的人身健康和安全问题。对此，即使承租人订立合同时明知该租赁物质量不合格，但承租人只要以租赁物的质量问题存在危及自身的安全和健康的情形为由行使解除权，主张解除合同的，人民法院就应当支持。

**第七百三十二条** 承租人在房屋租赁期限内死亡的，与其生前共同居住的人或者共同经营人可以按照原租赁合同租赁该房屋。

【条文要义】

本条是对房屋租赁权主体变更的规定。

房屋租赁权的主体变更，是指在房屋租赁合同存续期间，当承租人死亡后，租赁权的主体可以依照本条规定进行变更的规则，包括租赁权的法定让与和租赁权的承继：

1. 租赁权的法定让与，是承租人在房屋租赁期限内死亡，与其生前共同居住的人可以按照原租赁合同继续租赁该房屋，至租赁合同期限届满为止。

2. 租赁权的承继，是承租人租赁房屋后以个体工商户或者合伙方式从事经营活动，承租人在租赁期限内死亡、被宣告失踪或者宣告死亡后，其共同经营人或者其他合伙人承继租赁权的地位，请求按照原租赁合同租赁房屋的，发生承租人的变更，可以继续租赁该房屋进行经营活动，至原房屋租赁合同租赁期间届满为止。

**第七百三十三条** 租赁期限届满，承租人应当返还租赁物。返还的租赁物应当符合按照约定或者根据租赁物的性质使用后的状态。

【条文要义】

本条是对租赁期限届满返还租赁物的规定。

承租人于租赁合同约定的租赁期限届满，租赁关系消灭时，应向出租人返还租赁物。返还租赁物的要求是，应当按照约定或者租赁物的性质使用后的状态。这是因为承租人在租赁期限占有、使用和收益租赁物时，负有妥善保管租赁物的义务。对返还的租赁物状态的要求是：（1）符合租赁合同约定，即约定的对返还租赁物状态的要求；（2）根据租赁物的性质进行使用后的状态，如租赁房屋的性质是居住，返还租赁房屋时，仍然应当是居住的状态。

**第七百三十四条** 租赁期限届满,承租人继续使用租赁物,出租人没有提出异议的,原租赁合同继续有效,但是租赁期限为不定期。

租赁期限届满,房屋承租人享有以同等条件优先承租的权利。

## 【条文要义】

本条是对租赁期满承租人续租权和优先承租权的规定。

租赁合同约定的租赁期限届满后,承租人享有两个权利:

1. 续租权。在租赁合同约定的租赁期限届满后,如果承租人继续使用租赁物,出租人没有提出异议的,就继续租赁,原租赁合同继续有效,实际上是成立了新的租赁合同。这个新成立的租赁合同是不定期租赁合同,适用不定期租赁合同的规定确定双方当事人的权利义务关系。

2. 优先承租权。房屋租赁合同约定的租赁期限届满后,承租人要求续租,他人也要求承租的,原承租人享有优先承租权,在同等条件下,优先承租的,订立新的租赁合同。优先承租权的基本条件是同等条件,主要是租金数额,也包括租赁期限等。在订立新的租赁合同时,只要约定条件是一样的,原承租人就优先承租。

## 【相关司法解释】

《最高人民法院关于适用〈中华人民共和国民法典〉时间效力的若干规定》

**第二十一条** 民法典施行前租赁期限届满,当事人主张适用民法典第七百三十四条第二款规定的,人民法院不予支持;租赁期限在民法典施行后届满,当事人主张适用民法典第七百三十四条第二款规定的,人民法院依法予以支持。

《最高人民法院关于审理城镇房屋租赁合同纠纷案件具体应用法律若干问题的解释》[①]

**第一条** 本解释所称城镇房屋,是指城市、镇规划区内的房屋。

乡、村庄规划区内的房屋租赁合同纠纷案件,可以参照本解释处理。但法律另有规定的,适用其规定。

当事人依照国家福利政策租赁公有住房、廉租住房、经济适用住房产生的纠纷案件,不适用本解释。

---

[①] 该司法解释是针对城镇房屋租赁合同纠纷法律适用规定的解释,与民法典关于租赁合同规定的条文有一定联系,因此收录于此。

**第二条** 出租人就未取得建设工程规划许可证或者未按照建设工程规划许可证的规定建设的房屋，与承租人订立的租赁合同无效。但在一审法庭辩论终结前取得建设工程规划许可证或者经主管部门批准建设的，人民法院应当认定有效。

**第三条** 出租人就未经批准或者未按照批准内容建设的临时建筑，与承租人订立的租赁合同无效。但在一审法庭辩论终结前经主管部门批准建设的，人民法院应当认定有效。

租赁期限超过临时建筑的使用期限，超过部分无效。但在一审法庭辩论终结前经主管部门批准延长使用期限的，人民法院应当认定延长使用期限内的租赁期间有效。

**第四条** 房屋租赁合同无效，当事人请求参照合同约定的租金标准支付房屋占有使用费的，人民法院一般应予支持。

当事人请求赔偿因合同无效受到的损失，人民法院依照民法典第一百五十七条和本解释第七条、第十一条、第十二条的规定处理。

**第五条** 出租人就同一房屋订立数份租赁合同，在合同均有效的情况下，承租人均主张履行合同的，人民法院按照下列顺序确定履行合同的承租人：

（一）已经合法占有租赁房屋的；

（二）已经办理登记备案手续的；

（三）合同成立在先的。

不能取得租赁房屋的承租人请求解除合同、赔偿损失的，依照民法典的有关规定处理。

**第六条** 承租人擅自变动房屋建筑主体和承重结构或者扩建，在出租人要求的合理期限内仍不予恢复原状，出租人请求解除合同并要求赔偿损失的，人民法院依照民法典第七百一十一条的规定处理。

**第七条** 承租人经出租人同意装饰装修，租赁合同无效时，未形成附合的装饰装修物，出租人同意利用的，可折价归出租人所有；不同意利用的，可由承租人拆除。因拆除造成房屋毁损的，承租人应当恢复原状。

已形成附合的装饰装修物，出租人同意利用的，可折价归出租人所有；不同意利用的，由双方各自按照导致合同无效的过错分担现值损失。

**第八条** 承租人经出租人同意装饰装修，租赁期间届满或者合同解除时，除当事人另有约定外，未形成附合的装饰装修物，可由承租人拆除。因拆除造成房屋毁损的，承租人应当恢复原状。

**第九条** 承租人经出租人同意装饰装修，合同解除时，双方对已形成附合的装饰装修物的处理没有约定的，人民法院按照下列情形分别处理：

（一）因出租人违约导致合同解除，承租人请求出租人赔偿剩余租赁期内装饰装修残值损失的，应予支持；

（二）因承租人违约导致合同解除，承租人请求出租人赔偿剩余租赁期内装饰装修残值损失的，不予支持。但出租人同意利用的，应在利用价值范围内予以适当补偿；

（三）因双方违约导致合同解除，剩余租赁期内的装饰装修残值损失，由双方根据各自的过错承担相应的责任；

（四）因不可归责于双方的事由导致合同解除的，剩余租赁期内的装饰装修残值损失，由双方按照公平原则分担。法律另有规定的，适用其规定。

**第十条** 承租人经出租人同意装饰装修，租赁期间届满时，承租人请求出租人补偿附合装饰装修费用的，不予支持。但当事人另有约定的除外。

**第十一条** 承租人未经出租人同意装饰装修或者扩建发生的费用，由承租人负担。出租人请求承租人恢复原状或者赔偿损失的，人民法院应予支持。

**第十二条** 承租人经出租人同意扩建，但双方对扩建费用的处理没有约定的，人民法院按照下列情形分别处理：

（一）办理合法建设手续的，扩建造价费用由出租人负担；

（二）未办理合法建设手续的，扩建造价费用由双方按照过错分担。

**第十三条** 房屋租赁合同无效、履行期限届满或者解除，出租人请求负有腾房义务的次承租人支付逾期腾房占有使用费的，人民法院应予支持。

**第十四条** 租赁房屋在承租人按照租赁合同占有期限内发生所有权变动，承租人请求房屋受让人继续履行原租赁合同的，人民法院应予支持。但租赁房屋具有下列情形或者当事人另有约定的除外：

（一）房屋在出租前已设立抵押权，因抵押权人实现抵押权发生所有权变动的；

（二）房屋在出租前已被人民法院依法查封的。

**第十五条** 出租人与抵押权人协议折价、变卖租赁房屋偿还债务，应当在合理期限内通知承租人。承租人请求以同等条件优先购买房屋的，人民法院应予支持。

**第十六条** 本解释施行前已经终审，本解释施行后当事人申请再审或者按照审判监督程序决定再审的案件，不适用本解释。

# 第十五章 融资租赁合同

**第七百三十五条** 融资租赁合同是出租人根据承租人对出卖人、租赁物的选择，向出卖人购买租赁物，提供给承租人使用，承租人支付租金的合同。

【条文要义】

本条是对融资租赁合同概念的规定。

融资租赁合同，是指出租人根据承租人对出卖人、租赁物的选择，向出卖人购买租赁物，提供给承租人使用，承租人支付租金的合同。融资租赁合同是集金融、贸易和租赁于一体的新型信贷方式，在世界范围内尤其是在经济发达国家获得发展。融资租赁合同就是融资租赁交易的法律表现形式。

融资租赁合同是由两个合同、三方当事人结合在一起的合同，两个合同是由融资租赁公司与承租人所签订的融资性租赁合同和由融资租赁公司与供应商所签订的买卖合同。三方当事人，即出卖人、出租人（买受人）和承租人。其过程是：(1) 由用户（未来的承租人）与供应商协商确定买卖设备（未来的租赁物）的合同条件；(2) 用户向融资租赁公司提出融资性租赁申请；(3) 融资租赁公司作为出租人与用户（承租人）订立融资性租赁合同；(4) 由融资租赁公司（出租人）作为买受人与供应商订立买卖合同；(5) 供应商（出卖方）向承租人交货；(6) 承租人向出租人交付物件受领证，并支付第一期租金；(7) 买受人（出租人）向出卖人支付买卖价金。

融资租赁合同中的两个合同并不是独立存在的，在效力上相互交错，主要体现在：买卖合同的出卖人不是向买卖合同的买受人履行现实交付标的物的义务，而是向另一合同即租赁合同中的承租人交付标的物，承租人享有与受领标的物有关的买受人的权利和义务；在出卖人不履行买卖合同义务时，承租人得在一定前提下，向出卖人主张赔偿损失；买卖合同的双方当事人不得随意变更买卖合同中与租赁合同的承租人有关的合同内容。

实践中存在另一种融资租赁合同，即回租。回租是指承租人将自己所有的物出卖给出租人，同时与出租人签订一份融资租赁合同，再将租赁物从出租人处租回使用的一种融资租赁形式。在回租中，承租人和出卖人是同一人，买受人也是出租人，这些都不影响融资租赁合同的成立。

【相关司法解释】

《最高人民法院关于审理融资租赁合同纠纷案件适用法律问题的解释》

**第一条** 人民法院应当根据民法典第七百三十五条的规定，结合标的物的性质、价值、租金的构成以及当事人的合同权利和义务，对是否构成融资租赁法律关系作出认定。

对名为融资租赁合同，但实际不构成融资租赁法律关系的，人民法院应按照其实际构成的法律关系处理。

**第二条** 承租人将其自有物出卖给出租人，再通过融资租赁合同将租赁物从出租人处租回的，人民法院不应仅以承租人和出卖人系同一人为由认定不构成融资租赁法律关系。

**第七百三十六条** 融资租赁合同的内容一般包括租赁物的名称、数量、规格、技术性能、检验方法，租赁期限，租金构成及其支付期限和方式、币种，租赁期限届满租赁物的归属等条款。

融资租赁合同应当采用书面形式。

【条文要义】

本条是对融资租赁合同主要内容和形式的规定。

融资租赁合同应当约定的主要内容有：

1. 租赁物名称：合同的租赁物条款应当写明租赁物的名称。
2. 数量：对具体的租赁物的数量应当写明。
3. 规格：对租赁物的规格需要明确约定。
4. 技术性能：对租赁物的技术形成须明确约定。
5. 检验方法：采用何种检验方法应当明确约定。
6. 租赁期限：约定明确的起止时间。
7. 租金构成及其支付期限、方式、币种：对租金的总额、构成的部分、支付期限、支付方式、支付的币种等，都须明确约定。

8. 租赁期限届满租赁物的归属：约定租赁物最终归何方当事人所有。

9. 其他条款：如租赁物的交付、使用、保养、维修、保险、违约责任等条款，都须约定。

由于融资租赁合同的法律关系复杂，融资金额较大，履行期较长，为了明确当事人的权利义务关系，规定融资租赁合同应当采用书面形式，为要式合同。

**第七百三十七条　当事人以虚构租赁物方式订立的融资租赁合同无效。**

【条文要义】

本条是对禁止虚构租赁物订立融资租赁合同的规定。

所谓当事人以虚构租赁物方式订立融资租赁合同掩盖非法目的，就是以虚构的租赁物作为标的，签订虚假的融资租赁合同，以掩盖其非法目的。在融资租赁合同中，排除了虚构的租赁物，不存在租赁物和购买租赁物的法律关系，其实剩下的就是融资法律关系。用虚构租赁物的方式订立融资租赁合同，其实就是非法融资合同。按照本条规定，这种虚构租赁物订立的融资租赁合同是无效的。

依照民法典第146条第2款的规定，以合法形式掩盖非法目的的民事法律行为是隐藏行为，应当根据被隐藏的行为的性质适用法律。用形式上的融资租赁合同掩盖非法的融资行为，融资行为是非法的，则该融资租赁合同当然是无效的。

**第七百三十八条　依照法律、行政法规的规定，对于租赁物的经营使用应当取得行政许可的，出租人未取得行政许可不影响融资租赁合同的效力。**

【条文要义】

本条是对特定租赁物经营未经行政许可对融资租赁合同效力影响的规定。

在融资租赁合同中，一般租赁物的经营是不需要经过行政许可的。但是对于一些特定的机器设备等的融资租赁经营，是需要经过行政许可的，出租人在经营这类需要经过行政许可的租赁物时，如果没有经过政府的行政许可，对于是否影响融资租赁合同的效力问题，有不同的看法。本条规定，在这种情形下，并不影响融资租赁合同的效力,该合同仍须履行。对于出租人的违规行为,则应当依照相应的法律、行政法规的规定予以处罚,制裁其违规行为,但是不能使订立融资租赁合同的当事人因此受到影响。

**第七百三十九条** 出租人根据承租人对出卖人、租赁物的选择订立的买卖合同,出卖人应当按照约定向承租人交付标的物,承租人享有与受领标的物有关的买受人的权利。

**【条文要义】**

本条是对融资租赁合同交付标的物的规定。

在融资租赁合同中,承租人具有买受人的地位,出租人是根据承租人对出卖人、租赁物的选择订立的买卖合同,并且租赁物也是由承租人使用,将来还会把所有权转移给承租人。因此,虽然买卖合同是出租人和出卖人订立的,但是对买卖合同的标的物也就是融资租赁合同的租赁物,须由出卖人直接交付承租人。同时,承租人在融资租赁合同中,相当于出卖人与出租人订立的买卖合同中买受人的地位,享有与受领买卖合同标的物有关买受人的权利,在买卖合同中,买受人的一切权利承租人都享有,出卖人向承租人交付标的物,并承担租赁物的瑕疵担保责任。

**【相关司法解释】**

《最高人民法院关于审理融资租赁合同纠纷案件适用法律问题的解释》

第八条 租赁物不符合融资租赁合同的约定且出租人实施了下列行为之一,承租人依照民法典第七百四十四条、第七百四十七条的规定,要求出租人承担相应责任的,人民法院应予支持:

(一)出租人在承租人选择出卖人、租赁物时,对租赁物的选定起决定作用的;

(二)出租人干预或者要求承租人按照出租人意愿选择出卖人或者租赁物的;

(三)出租人擅自变更承租人已经选定的出卖人或者租赁物的。

承租人主张其系依赖出租人的技能确定租赁物或者出租人干预选择租赁物的,对上述事实承担举证责任。

**第七百四十条** 出卖人违反向承租人交付标的物的义务，有下列情形之一的，承租人可以拒绝受领出卖人向其交付的标的物：

（一）标的物严重不符合约定；

（二）未按照约定交付标的物，经承租人或者出租人催告后在合理期限内仍未交付。

承租人拒绝受领标的物的，应当及时通知出租人。

【条文要义】

本条是对承租人对出卖人交付标的物行使拒绝受领权的规定。

在买卖合同中，买受人享有拒绝受领权，当出卖人交付的标的物不符合约定等原因出现时，就可以拒绝受领交付的标的物。在融资租赁合同中，承租人具有买受人的地位，也享有买受人所享有的拒绝受领权。

承租人行使拒绝受领权的事由有：（1）租赁物严重不符合约定，承租人可以拒绝受领；（2）出卖人未按照约定交付租赁物，经承租人或者出租人催告，在合理期限内仍未交付，这是出卖人迟延交付标的物，构成根本违约，承租人有权拒绝受领。

承租人行使买受人的拒绝受领权，拒绝受领租赁物的，应当及时通知出租人。符合上述规定的条件的，出卖人构成违约行为，应当取回租赁物，采取补救措施或者承担其他违约责任。

【相关司法解释】

《最高人民法院关于审理融资租赁合同纠纷案件适用法律问题的解释》

第三条 承租人拒绝受领租赁物，未及时通知出租人，或者无正当理由拒绝受领租赁物，造成出租人损失，出租人向承租人主张损害赔偿的，人民法院应予支持。

**第七百四十一条** 出租人、出卖人、承租人可以约定，出卖人不履行买卖合同义务的，由承租人行使索赔的权利。承租人行使索赔权利的，出租人应当协助。

【条文要义】

本条是对承租人行使索赔权的规定。

在融资租赁合同中，出租人是根据承租人的委托和选择，向出卖人购买租赁物，出租给承租人使用的，构成融资、买卖和租赁多重合同关系。在这样复杂的法律关系中，三方当事人即出租人、出卖人、承租人可以在融资租赁合同中对索赔权由谁行使作出约定。例如，约定出卖人不履行买卖合同义务的，由承租人行使索赔的权利，而不是由出租人即买受人行使索赔权。不过，即使在融资租赁合同中没有这样的约定，承租人在融资租赁合同中相当于买受人，承租人也享有这样的索赔权。当承租人向出卖人行使索赔权时，由于出租人是名义上的买受人，因此应当对承租人行使索赔权负有协助义务。

**第七百四十二条** 承租人对出卖人行使索赔权利，不影响其履行支付租金的义务。但是，承租人依赖出租人的技能确定租赁物或者出租人干预选择租赁物的，承租人可以请求减免相应租金。

【条文要义】

本条是对承租人索赔期间向出租人支付租金的规定。

融资租赁合同的租赁物是出租人按照承租人的选择向出卖人购买的，并且直接交给承租人使用，只要出卖人将租赁物交付承租人，承租人就应当向出租人支付租金。因此，承租人因买卖合同的标的物有瑕疵或者出卖人有其他违约行为，在向出卖人主张索赔权期间，也应当向出租人支付租金，没有理由拒付租金的，出租人应当承担违约责任。

除外情形是，承租人是依赖出租人的技能确定租赁物或者出租人干预选择租赁物的，由于对于租赁物并非真正由承租人所选择，且依赖于出租人的专业技能等作出的选择，因此承租人在索赔期间可以向出租人请求减轻或者免除租金。出租人应当根据实际情况，对承租人减免租金的请求进行协商，达成合意。如果不能达成合意而发生争议，人民法院或仲裁机构应当根据实际情况确定租金的减免数额。

**第七百四十三条** 出租人有下列情形之一，致使承租人对出卖人行使索赔权利失败的，承租人有权请求出租人承担相应的责任：

（一）明知租赁物有质量瑕疵而不告知承租人；

（二）承租人行使索赔权利时，未及时提供必要协助。

出租人怠于行使只能由其对出卖人行使的索赔权利，造成承租人损失的，承租人有权请求出租人承担赔偿责任。

**【条文要义】**

本条是对出租人行使索赔权失败承担责任的规定。

在融资租赁合同中，对于出卖人交付买卖合同标的物违约的索赔权，原则上属于承租人。因此，承租人行使索赔权利失败，应当由承租人自己承担后果。出租人违反义务，致使承租人对出卖人行使索赔权利失败的，出租人才应当承担责任，承租人有权要求出租人承担赔偿责任。出租人承担行使索赔权利失败责任的事由是：

1. 明知租赁物有质量瑕疵而不告知承租人，会让承租人因出租人的不作为而使自己无法查知标的物存在质量瑕疵，因而不能及时行使索赔权，导致索赔逾期。

2. 承租人行使索赔权利时，未及时提供必要协助，违反出租人对承租人索赔的协助义务，也是索赔失败的原因。

出现这两种情形之一的，承租人有权要求出租人承担赔偿责任。

在融资租赁合同或者买卖合同中约定只能由出租人对出卖人行使索赔权利的，承租人无权行使。如果出租人怠于行使索赔权，造成承租人的利益损害的，承租人有权要求出租人承担相应的赔偿责任。

**第七百四十四条** 出租人根据承租人对出卖人、租赁物的选择订立的买卖合同，未经承租人同意，出租人不得变更与承租人有关的合同内容。

**【条文要义】**

本条是对出租人不得擅自变更买卖合同内容的规定。

在通常情况下，融资租赁合同约定购买的租赁物，是由承租人选择确定的，然后出租人再与出卖人订立买卖合同。出租人购买的标的物，体现的是承租人的需求和意思表示。因此，出租人与出卖人订立租赁物的买卖合同后，出租人不得独立行使合同变更权，不能擅自与出卖人协商变更买卖合同。如果要变更买卖合同，须经承租人同意，按照承租人的意志进行变更。出租人不能自己单独决定变更买卖合同。

**第七百四十五条** 出租人对租赁物享有的所有权,未经登记,不得对抗善意第三人。

**【条文要义】**

本条是对融资租赁合同租赁物所有权的规定。

融资租赁合同的租赁物的所有权,归属于出租人。这是因为融资租赁合同毕竟是租赁合同,只有租赁物的所有权属于出租人,承租人才能够依据租赁合同对自己没有所有权的标的物进行占有、使用和收益。如果租赁物归属于承租人,就失去了租赁合同的意义,不成为融资租赁合同了。

融资租赁的租赁物多数是大型的机器设备等,属于准不动产,需要依照法律或者行政法规的规定进行登记。出租人对租赁物未按照规定进行登记的,不得对抗善意第三人。对此,出租人应当善尽所有权人的注意义务,因为租赁物尽管属于自己所有,但是占有和使用、收益权能均脱离了自己而掌握在承租人手中,为避免发生意外及造成损失,应当进行登记。

**【相关司法解释】**

《最高人民法院关于适用〈中华人民共和国民法典〉有关担保制度的解释》

**第一条** 因抵押、质押、留置、保证等担保发生的纠纷,适用本解释。所有权保留买卖、融资租赁、保理等涉及担保功能发生的纠纷,适用本解释的有关规定。

**第六十七条** 在所有权保留买卖、融资租赁等合同中,出卖人、出租人的所有权未经登记不得对抗的"善意第三人"的范围及其效力,参照本解释第五十四条的规定处理。

**第七百四十六条** 融资租赁合同的租金,除当事人另有约定外,应当根据购买租赁物的大部分或者全部成本以及出租人的合理利润确定。

**【条文要义】**

本条是对融资租赁合同的租金构成的规定。

确定融资租赁合同租赁物的租金,有两个方法:(1)约定方法。当事人双方有约定的,按照约定的租金确定承租人支付租金数额。(2)法定方法。按照本条规定，融资租赁合同租赁物的法定租金构成，有购买租赁物的成本加上出租人的合理利润两个部分。购买租赁物的成本可以是大部分，也可以是全部。合理利润，应在合理的限度内确定，不得约定过高，避免显失公平。将这两个部分加到一起，就是法定的租金数额。

事实上，即使双方当事人对租金有约定，也应当按照这样的租金构成因素来确定，使租金的约定更为公平。

计算租金，究竟是购买租赁物所支出的大部分还是全部费用，主要是根据出租人和承租人如何在租赁合同中约定租赁期间届满时租赁物的归属而定，约定在租赁期间届满租赁物的所有权即转归承租人所有的，出租人收取的租金应包括购买租赁物的全部费用；约定在租赁期间届满出租人有权收回租赁物或者约定承租人在租赁期限届满时再支付一部分价金即可取得租赁物的所有权的，出租人应收取的租金就只包括购买租赁物的部分价金。

## 【相关司法解释】

**《最高人民法院关于审理融资租赁合同纠纷案件适用法律问题的解释》**

**第十二条** 诉讼期间承租人与出租人对租赁物的价值有争议的，人民法院可以按照融资租赁合同的约定确定租赁物价值；融资租赁合同未约定或者约定不明的，可以参照融资租赁合同约定的租赁物折旧以及合同到期后租赁物的残值确定租赁物价值。

承租人或者出租人认为依前款确定的价值严重偏离租赁物实际价值的，可以请求人民法院委托有资质的机构评估或者拍卖确定。

**第七百四十七条** 租赁物不符合约定或者不符合使用目的的，出租人不承担责任。但是，承租人依赖出租人的技能确定租赁物或者出租人干预选择租赁物的除外。

## 【条文要义】

本条是对租赁物质量瑕疵担保责任的规定。

融资租赁合同成立，在履行期间，出现租赁物不符合约定或者不符合使用目的之情形的，有责任的一方应当承担租赁物质量瑕疵担保责任。租赁物质量瑕疵担保责任分配的规则有：

1. 一般规则，出租人不承担责任，而是由承租人承担该责任。理由是：租赁物的选择是由承租人确定的，承租人承担租赁物质量瑕疵担保责任具有正当性。

2. 特殊规则，如果承租人选择购买租赁物是依赖出租人的技能确定的或者是出租人干预选择租赁物的，由于在租赁物的选择上加入了出租人的意志，因此租赁物质量瑕疵担保责任应当由出租人承担。

**第七百四十八条** 出租人应当保证承租人对租赁物的占有和使用。

出租人有下列情形之一的，承租人有权请求其赔偿损失：

（一）无正当理由收回租赁物；

（二）无正当理由妨碍、干扰承租人对租赁物的占有和使用；

（三）因出租人的原因致使第三人对租赁物主张权利；

（四）不当影响承租人对租赁物占有和使用的其他情形。

【条文要义】

本条是对出租人保证承租人占有和使用租赁物的规定。

既然融资租赁合同是租赁合同，那么出租人就必须保证承租人对租赁物的占有和使用。这是租赁合同中出租人对承租人租赁权的最低保障。

在融资租赁合同中，出租人履行这一义务，具有以下含义：

1. 出租人不得妨碍承租人行使依照融资租赁合同所拥有的承租权，也不得擅自变更原来约定的承租条件。

2. 承租人在租赁期间对租赁物拥有独占的使用权，对使用租赁物的收益可以独立处分。

3. 出租人应当保证承租人在租赁期间对租赁物的占有和使用不受第三人的干扰，即使出租人在租赁期间转让租赁物的所有权或者设置抵押等，也须受到"买卖不破租赁"规则的规制，不得影响承租人的承租权。如果受到第三人的干扰，出租人应当承担违约责任。

在融资租赁合同存续期间，出租人违反保证承租人对租赁物的占有和使用义务，造成承租人损失的，应当承担违约责任。

出租人承担不履行保证承租人对租赁物占有、使用义务违约责任的情形有：

1. 无正当理由收回租赁物，构成根本违约。

2. 无正当理由妨碍、干扰承租人对租赁物的占有和使用。例如，组织人员对租赁物的占有和使用进行阻挠、干扰、破坏、封锁等。

3. 因出租人的原因致使第三人对租赁物主张权利。例如，出租人将租赁物转让他人或者设置抵押。

4. 不当影响承租人对租赁物占有和使用的其他情形。

当出现上述情形之一，致使承租人无法正常使用租赁物，不能正常发挥租赁物的效益，造成承租人损失的，构成违约，承租人可行使损害赔偿请求权，出租人应当承担赔偿责任。

**第七百四十九条　承租人占有租赁物期间，租赁物造成第三人人身损害或者财产损失的，出租人不承担责任。**

【条文要义】

本条是对租赁物造成第三人损害出租人免责的规定。

在一般情况下，物件造成第三人损害，应当适用民法典侵权责任编关于物件损害责任的规定，由物件的所有人、使用人、管理人承担赔偿责任。按照这样的规则，租赁物造成第三人损害，也应当由所有人、使用人承担责任，使用人就是承租人。由于在融资租赁合同中，承租人对租赁物享有独占使用的权利，特别是出租人依照承租人的意志购买，交付承租人占有、使用，因此对租赁物造成第三人损害的，不论是人身损害还是财产损失，都排除出租人的责任，其赔偿责任应当由承租人负责。

**第七百五十条　承租人应当妥善保管、使用租赁物。**
**承租人应当履行占有租赁物期间的维修义务。**

【条文要义】

本条是对承租人保管、使用、维修租赁物的规定。

在租赁期间，承租人占有和使用租赁物，因而对租赁物负有妥善保管、使用的义务。承租人在对租赁物使用、收益时，应当充分顾及对出租人利益的保护，妥善保管、正确使用，防止对租赁物造成损害，使出租人对租赁物的所有权受到损害。

承租人在占有租赁物期间，还须承担租赁物的维修义务。融资租赁合同具有较强的融资性，因而与一般的租赁合同有所不同，不是由出租人承担维修义务，而是由承租人履行在租赁物占有期间的维修义务。承租人应当善尽此项义务，未尽此义务造成租赁物损坏的，应当承担赔偿责任。

**第七百五十一条** 承租人占有租赁物期间，租赁物毁损、灭失的，出租人有权请求承租人继续支付租金，但是法律另有规定或者当事人另有约定的除外。

【条文要义】

本条是对融资租赁物意外灭失后承租人继续支付租金的规定。

融资租赁合同与一般的租赁合同的不同之处就在于其融资性，等于承租人向出租人融资，购买自己需要的标的物，出租给自己使用。因此，在融资租赁的租赁物由承租人占有期间，因不可归责于当事人的原因而使租赁物毁损、灭失的，需要对此不利益进行适当的分配，意外灭失的风险固然要由所有权人承担，但是承租人不能因此而免除租金支付的义务。故本条规定，租赁物即使因意外毁损、灭失，出租人仍然有权请求承租人继续支付租金。例外规定是，如果法律另有规定或者当事人另有约定的，则按照法律规定或者当事人的约定处理，不适用前述规则。

【相关司法解释】

《最高人民法院关于审理融资租赁合同纠纷案件适用法律问题的解释》

第六条 因出租人的原因致使承租人无法占有、使用租赁物，承租人请求解除融资租赁合同的，人民法院应予支持。

第七条 当事人在一审诉讼中仅请求解除融资租赁合同，未对租赁物的归属及损失赔偿提出主张的，人民法院可以向当事人进行释明。

**第七百五十二条** 承租人应当按照约定支付租金。承租人经催告后在合理期限内仍不支付租金的，出租人可以请求支付全部租金；也可以解除合同，收回租赁物。

【条文要义】

本条是对承租人支付租金义务的规定。

支付租金，是融资租赁合同的承租人应当履行的主要义务。承租人支付租金，应当按照约定的租金数额和方式履行，不得违反合同的约定。

如果承租人不按照约定支付租金，出租人应当对承租人进行催告，并且确定合理的宽限期，要求承租人在宽限期内支付租金。承租人在宽限期届满后仍不支付的，可以采取的措施是：

1. 请求承租人支付到期和未到期的全部租金。支付全部租金的，如果约定支付全部租金即可取得租赁物所有权，应当转移标的物的所有权；如果约定取得租赁物所有权须补交价款，则补交价款后取得租赁物的所有权，不补交价款的，所有权仍归出租人所有。

2. 解除合同，收回租赁物。如果当事人已经约定租赁期满租赁物归承租人所有，承租人已经支付大部分租金，只是无力支付剩余租金，出租人因此解除合同收回租赁物，收回租赁物的价值超过承租人欠付的租金以及其他费用的，承租人可以要求部分返还。

## 【相关司法解释】

### 《最高人民法院关于适用〈中华人民共和国民法典〉有关担保制度的解释》

**第六十五条** 在融资租赁合同中，承租人未按照约定支付租金，经催告后在合理期限内仍不支付，出租人请求承租人支付全部剩余租金，并以拍卖、变卖租赁物所得的价款受偿的，人民法院应予支持；当事人请求参照民事诉讼法"实现担保物权案件"的有关规定，以拍卖、变卖租赁物所得价款支付租金的，人民法院应予准许。

出租人请求解除融资租赁合同并收回租赁物，承租人以抗辩或者反诉的方式主张返还租赁物价值超过欠付租金以及其他费用的，人民法院应当一并处理。当事人对租赁物的价值有争议的，应当按照下列规则确定租赁物的价值：

（一）融资租赁合同有约定的，按照其约定；

（二）融资租赁合同未约定或者约定不明的，根据约定的租赁物折旧以及合同到期后租赁物的残值来确定；

（三）根据前两项规定的方法仍然难以确定，或者当事人认为根据前两项规定的方法确定的价值严重偏离租赁物实际价值的，根据当事人的申请委托有资质的机构评估。

### 《最高人民法院关于审理融资租赁合同纠纷案件适用法律问题的解释》

**第五条** 有下列情形之一，出租人请求解除融资租赁合同的，人民法院应予支持：

（一）承租人未按照合同约定的期限和数额支付租金，符合合同约定的解除条件，经出租人催告后在合理期限内仍不支付的；

（二）合同对于欠付租金解除合同的情形没有明确约定，但承租人欠付租金达到两期以上，或者数额达到全部租金百分之十五以上，经出租人催告后在合理期限内仍不支付的；

（三）承租人违反合同约定，致使合同目的不能实现的其他情形。

**第九条** 承租人逾期履行支付租金义务或者迟延履行其他付款义务，出租人按照融资租赁合同的约定要求承租人支付逾期利息、相应违约金的，人民法院应予支持。

**第十条** 出租人既请求承租人支付合同约定的全部未付租金又请求解除融资租赁合同的，人民法院应告知其依照民法典第七百五十二条的规定作出选择。

出租人请求承租人支付合同约定的全部未付租金，人民法院判决后承租人未予履行，出租人再行起诉请求解除融资租赁合同、收回租赁物的，人民法院应予受理。

**第十一条** 出租人依照本解释第五条的规定请求解除融资租赁合同，同时请求收回租赁物并赔偿损失的，人民法院应予支持。

前款规定的损失赔偿范围为承租人全部未付租金及其他费用与收回租赁物价值的差额。合同约定租赁期间届满后租赁物归出租人所有的，损失赔偿范围还应包括融资租赁合同到期后租赁物的残值。

**第十四条** 当事人因融资租赁合同租金欠付争议向人民法院请求保护其权利的诉讼时效期间为三年，自租赁期限届满之日起计算。

**第七百五十三条** 承租人未经出租人同意，将租赁物转让、抵押、质押、投资入股或者以其他方式处分的，出租人可以解除融资租赁合同。

【条文要义】

本条是对出租人法定解除权的规定。

在融资租赁合同中，承租人对租赁物有权占有、使用、收益，出租人应当予以保证。但是，承租人对租赁物不享有处分权，如果承租人对租赁物行使处分权，就是对租赁物所有权的侵害。因此，本条规定，承租人一旦未经出租人的同意而处分租赁物（例如，将租赁物转让、转租、抵押、质押、投资入股或者以其他方式进行处分），不仅侵害出租人的所有权，而且构成根本违约，出租人可以行使法定解除权，解除该融资租赁合同，收回自己的租赁物。

【相关司法解释】

《最高人民法院关于审理融资租赁合同纠纷案件适用法律问题的解释》

第四条 出租人转让其在融资租赁合同项下的部分或者全部权利，受让方以此为由请求解除或者变更融资租赁合同的，人民法院不予支持。

第十三条 出卖人与买受人因买卖合同发生纠纷，或者出租人与承租人因融资租赁合同发生纠纷，当事人仅对其中一个合同关系提起诉讼，人民法院经审查后认为另一合同关系的当事人与案件处理结果有法律上的利害关系的，可以通知其作为第三人参加诉讼。

承租人与租赁物的实际使用人不一致，融资租赁合同当事人未对租赁物的实际使用人提起诉讼，人民法院经审查后认为租赁物的实际使用人与案件处理结果有法律上的利害关系的，可以通知其作为第三人参加诉讼。

承租人基于买卖合同和融资租赁合同直接向出卖人主张受领租赁物、索赔等买卖合同权利的，人民法院应通知出租人作为第三人参加诉讼。

第七百五十四条 有下列情形之一的，出租人或者承租人可以解除融资租赁合同：

（一）出租人与出卖人订立的买卖合同解除、被确认无效或者被撤销，且未能重新订立买卖合同；

（二）租赁物因不可归责于当事人的原因毁损、灭失，且不能修复或者确定替代物；

（三）因出卖人的原因致使融资租赁合同的目的不能实现。

【条文要义】

本条是对融资租赁合同双方当事人法定解除权的规定。

在融资租赁合同成立之后，当出现的情形使融资租赁合同无法继续履行时，出租人或者承租人都享有法定解除权，都可以解除融资租赁合同。本条规定出租人或者承租人都可以解除融资租赁合同的事由有：

1. 出租人与出卖人订立的买卖合同解除、被确认无效或者被撤销，且未能重新订立买卖合同。出现这种情形，就失去了融资租赁合同存在的意义，当然可以解除合同。

2. 租赁物因不可归责于当事人的原因毁损、灭失，且不能修复或者确定替代物。在这种情形下，融资租赁合同无法继续履行，合同继续存在对双方都没有意义，因而可以解除合同。

3. 因出卖人的原因致使融资租赁合同的目的不能实现。例如，出卖人破产无法交付标的物等。

本条规定的法定解除权，是出租人和承租人都享有的解除权，双方都可以行使该解除权，解除融资租赁合同。

**第七百五十五条** 融资租赁合同因买卖合同解除、被确认无效或者被撤销而解除，出卖人、租赁物系由承租人选择的，出租人有权请求承租人赔偿相应损失；但是，因出租人原因致使买卖合同解除、被确认无效或者被撤销的除外。

出租人的损失已经在买卖合同解除、被确认无效或者被撤销时获得赔偿的，承租人不再承担相应的赔偿责任。

【条文要义】

本条是对承租人承担出租人损失赔偿责任的规定。

在融资租赁合同履行过程中，如果融资租赁合同因买卖合同解除、被确认无效或者被撤销而解除，对于造成的损失承担责任的基本标准是，究竟是谁选择的出卖人及租赁物。处理的规则是：

1. 出卖人及租赁物系由承租人选择的，出租人有权要求承租人赔偿相应损失；但是，因出租人原因致使买卖合同解除、被确认无效或者被撤销的除外。

2. 出卖人及租赁物是由出租人选择的，出租人自己承担损失后果，不得向承租人主张赔偿责任。

在上述第一种情形下，如果出租人的损失已经在买卖合同解除、被确认无效或者被撤销时，从出卖人那里获得赔偿，根据"同一来源"规则，应当免除承租人应当承担的赔偿责任中相应的部分。

**第七百五十六条** 融资租赁合同因租赁物交付承租人后意外毁损、灭失等不可归责于当事人的原因解除的,出租人可以请求承租人按照租赁物折旧情况给予补偿。

【条文要义】

本条是对租赁物意外毁损、灭失承租人应补偿损失的规定。

融资租赁合同存续期间,租赁物交付承租人后,因意外等不可归责于当事人的原因毁损、灭失,融资租赁合同被解除的,按照标的物意外灭失风险负担规则,应当由租赁物的所有人承受损害。由于融资租赁合同的特殊性,特别是承租人在租赁物意外毁损、灭失之前已经占有、使用、收益租赁物,并获得利益,因而应当适当分担租赁物意外灭失风险的后果,按照本条的规定,出租人可以要求承租人按照租赁物折旧情况给予补偿。具体的办法是,按照意外风险发生之时标的物的折旧情况。例如,当时的折旧是五成,则承租人补偿出租人损失的范围就是50%左右。

**第七百五十七条** 出租人和承租人可以约定租赁期限届满租赁物的归属;对租赁物的归属没有约定或者约定不明确,依据本法第五百一十条的规定仍不能确定的,租赁物的所有权归出租人。

【条文要义】

本条是对租赁期限届满租赁物权利归属确定方法的规定。

融资租赁合同租赁期限届满后,租赁物的权利归属的处理办法是:

1. 双方当事人约定,出租人和承租人在合同中约定了租赁物权利归属的,按照约定处理。

2. 对租赁物的权利归属没有约定或者约定不明确的,依照民法典第510条的规定,由双方当事人补充协议,达成合意的,按照合意处理。

3. 仍然不能达成补充协议,不能确定租赁物的权利归属的,租赁物的所有权归属于出租人。

**第七百五十八条** 当事人约定租赁期限届满租赁物归承租人所有，承租人已经支付大部分租金，但是无力支付剩余租金，出租人因此解除合同收回租赁物，收回的租赁物的价值超过承租人欠付的租金以及其他费用的，承租人可以请求相应返还。

当事人约定租赁期限届满租赁物归出租人所有，因租赁物毁损、灭失或者附合、混合于他物致使承租人不能返还的，出租人有权请求承租人给予合理补偿。

【条文要义】

本条是对租赁期限届满租赁物归属及处理办法的规定。

融资租赁合同的租赁期限届满，租赁物的归属应当依照融资租赁合同的约定确定。对于确定租赁物权属归属出现的不同情况，应当根据约定租赁期限届满租赁物权利归属的不同确定具体的办法：

1. 当事人约定租赁期限届满租赁物归承租人所有的，如果承租人已经支付了大部分租金，无力支付剩余租金，出租人因此解除合同收回租赁物的，应当解决针对承租人欠付的租金及其他费用与租赁物价值之差，是否可以请求部分返还的问题。办法是：如果出租人收回的租赁物的价值超过承租人欠付的租金以及其他费用的，承租人可以请求返还；反之，承租人不能要求返还。

2. 当事人约定租赁期限届满租赁物归出租人所有，因租赁物毁损、灭失或者附合、混合于他物，致使承租人不能返还的，应当解决的是如何处理出租人不能收回租赁物的损失问题。办法是：既然承租人不能返还租赁物，那么出租人有权请求承租人对于不能返还的租赁物给予合理补偿。

**第七百五十九条** 当事人约定租赁期限届满，承租人仅需向出租人支付象征性价款的，视为约定的租金义务履行完毕后租赁物的所有权归承租人。

【条文要义】

本条是对租赁期限届满租赁物所有权归属于承租人的规定。

在融资租赁合同中，如果当事人约定租赁期限届满，承租人仅需向出租人支付象征性价款的，尽管没有明确约定租赁物应当归属于承租人，但是约定承租人仅需向出租人支付象征性价款的事实，就足以证明支付了象征性价款的后果，承租人因此取得租赁物的所有权。例如，约定在租赁期限届满时，承租人需向出租人支付1元人民币，这就意味着，租赁期限届满，承租人已经支付了租金，再支付若干价款，如果不取得租赁物的所有权，是没有道理的。因此，本条规定，对此视为约定的租金义务履行完毕后，租赁物的所有权归承租人。

**第七百六十条** 融资租赁合同无效，当事人就该情形下租赁物的归属有约定的，按照其约定；没有约定或者约定不明确的，租赁物应当返还出租人。但是，因承租人原因致使合同无效，出租人不请求返还或者返还后会显著降低租赁物效用的，租赁物的所有权归承租人，由承租人给予出租人合理补偿。

【条文要义】

本条是对融资租赁合同无效租赁物归属的规定。

融资租赁合同无效，解决合同无效后的租赁物权利归属问题，应当根据原合同是否有约定而确定。具体办法是：

1. 融资租赁合同无效，当事人就合同无效情形下租赁物的归属有约定的，按照其约定。

2. 当事人对合同无效情形下租赁物的归属没有约定或者约定不明确的，租赁物应当返还出租人。

3. 因承租人原因致使合同无效，出租人不要求返还租赁物或者返还出租人后会显著降低租赁物效用的，租赁物的所有权归承租人，并由承租人对出租人给予合理补偿。

# 第十六章　保理合同

**第七百六十一条**　保理合同是应收账款债权人将现有的或者将有的应收账款转让给保理人，保理人提供资金融通、应收账款管理或者催收、应收账款债务人付款担保等服务的合同。

【条文要义】

本条是对保理合同和应收账款概念的规定。

1. 保理合同的概念

保理合同是应收账款债权人将现有的或者将有的应收账款转让给保理人，保理人提供资金融通、应收账款管理或者催收、应收账款债务人付款担保等服务的合同。其法律特征是：(1) 保理合同以货物贸易合同和服务贸易合同所产生的应收账款的转让为前提；(2) 基于应收账款的转让，受让方为转让方提供综合型的金融服务；(3) 提供金融服务的内容是提供资金融通、应收账款管理或者催收、应收账款债务人的付款担保等服务。

以保理人对应收账款是否享有追索权为标准，保理合同分为有追索权的保理和无追索权的保理。

在保理合同中，转让应收账款债权的一方是应收账款债权人，接受应收账款债权并提供金融服务的一方是保理人。

2. 应收账款的概念

应收账款是指企业在正常的经营过程中因销售商品、产品、提供劳务等业务，应向购买单位收取的款项，包括应由购买单位或接受劳务单位负担的税金、代购买方垫付的各种运杂费等。应收账款是伴随企业的销售行为发生而形成的一项债权。应收账款包括已经发生的债权和将来发生的债权。前者是已经发生并明确成立的债权，后者是现实并未发生但是将来一定会发生的债权。

**【相关司法解释】**

《最高人民法院关于适用〈中华人民共和国民法典〉时间效力的若干规定》

第十二条　民法典施行前订立的保理合同发生争议的，适用民法典第三编第十六章的规定。

《最高人民法院关于适用〈中华人民共和国民法典〉有关担保制度的解释》

第一条　因抵押、质押、留置、保证等担保发生的纠纷，适用本解释。所有权保留买卖、融资租赁、保理等涉及担保功能发生的纠纷，适用本解释的有关规定。

第七百六十二条　保理合同的内容一般包括业务类型、服务范围、服务期限、基础交易合同情况、应收账款信息、保理融资款或者服务报酬及其支付方式等条款。

保理合同应当采用书面形式。

**【条文要义】**

本条是对保理合同主要内容和形式的规定。

保理合同是要式合同，必须采用书面形式订立。

保理合同的主要内容有：

1. 业务类型。保理分为三类：一是商业保理，是指由非银行保理人开展的保理业务。二是国内保理，是指保理人为在国内贸易中的买方、卖方提供的保理业务。三是国际保理，是指保理人为在国际贸易中的买方、卖方提供的保理业务。

保理的立法分类是有追索权的保理和无追索权的保理，合同应当写清楚是哪一种保理。

2. 服务范围。即保理人为应收账款债权人提供的是何种保理服务，确定提供的服务是融资、对应收账款管理或者催收，还是为应收账款债务人的付款担保，明确约定具体的服务范围是什么。

3. 基础交易合同情况。基础交易合同是应收账款债权人据以产生应收账款债权的交易合同，合同中应当记载清楚。

4. 应收账款信息。合同应当写明交给保理人的应收账款债权的具体信息，便于保理人按照约定对该应收账款债权提供服务，获得利益等。

5. 保理融资款或者服务报酬及支付方式。保理人为应收账款债权人进行保理，应当得到的保理融资款或者服务报酬的数额及支付的方式。

**第七百六十三条** 应收账款债权人与债务人虚构应收账款作为转让标的，与保理人订立保理合同的，应收账款债务人不得以应收账款不存在为由对抗保理人，但是保理人明知虚构的除外。

【条文要义】

本条是对虚构应收账款设置保理的规定。

在保理合同中，设置保理的应收账款应当是真实存在的应收账款债权，保理人基于转让的应收账款债权，为应收账款债权人提供融资服务。如果应收账款债权人和应收账款债务人虚构应收账款作为转让标的，与保理人订立保理合同，其实质是骗取保理人的融资等服务。如果保理人是善意且无过失的，那么订立保理合同之后，就实际取得了应收账款债权，有权对应收账款债务人主张债权。如果应收账款债务人以应收账款债权是虚构的、并不存在的债权进行抗辩，会使保理人接受转让的应收账款债权落空，失去保理合同订立的基础，使善意的保理人受到损失。

因此，应收账款债务人不得以应收账款不存在为由对抗保理人，即应收账款债务人必须承担应收账款的清偿债务。至于应收账款的债权人或者债务人之间的关系，由他们自己处理。只有在应收账款债权人和应收账款债务人虚构应收账款，保理人明知其转让的应收账款为虚构时，才不受这一规则的约束，法律不保护不具有善意的保理人的利益。

**第七百六十四条** 保理人向应收账款债务人发出应收账款转让通知的，应当表明保理人身份并附有必要凭证。

【条文要义】

本条是对保理人向债务人行使权利的规定。

在保理合同中，保理人接受了应收账款债权人转让的应收账款，并支付了提供融资服务的对价之后，就取得了应收账款债权，成为应收账款债权的实际债权人，有权利请求应收账款债务人对其清偿债务，自己受领应收账款债务人实施的债务清偿的给付。

保理人对应收账款债务人行使应收账款债权，应当遵守的规则是：

1. 向应收账款债务人发出应收账款转让通知，说明对其行使债权。

2. 表明自己是保理人，说明自己取得保理人身份的事实依据。

3. 在通知中，须负有转让应收账款债权以及自己取得保理人身份的必要凭证。这是因为保理合同的当事人是应收账款债权人和保理人，并不包括应收账款债务人，保理人依据保理合同向应收账款债务人主张债权，须让应收账款债务人明确保理人的身份、地位以及事实依据和法律依据。

**第七百六十五条** 应收账款债务人接到应收账款转让通知后，应收账款债权人与债务人无正当理由协商变更或者终止基础交易合同，对保理人产生不利影响的，对保理人不发生效力。

【条文要义】

本条是对应收账款转让通知后对应收账款债务人发生效果的规定。

应收账款债权人订立保理合同，将应收账款债权转让给保理人后，保理人向应收账款债务人发出应收账款转让的通知，就完成了应收账款转让的行为，保理人取得应收账款债权人的地位。应收账款债务人收到应收账款转让通知后，该通知对应收账款债务人发生法律效力，即保理人成为应收账款债务人的债权人，应收账款债务人负有对保理人履行应收账款债务的义务。如果应收账款债权人和债务人无正当理由协商变更或者终止基础交易合同，对保理人产生不利影响，由于应收账款债权人将债权转让给保理人后，无权对已经转让的应收账款进行变更或者终止，因此对保理人不发生效力，保理人仍然按照保理合同的约定行使保理的权利。

**第七百六十六条** 当事人约定有追索权保理的，保理人可以向应收账款债权人主张返还保理融资款本息或者回购应收账款债权，也可以向应收账款债务人主张应收账款债权。保理人向应收账款债务人主张应收账款债权，在扣除保理融资款本息和相关费用后有剩余的，剩余部分应当返还给应收账款债权人。

【条文要义】

本条是对有追索权的保理人行使权利及后果的规定。

在保理合同中，如果当事人约定为有追索权保理的，保理人享有追索权，可以向应收账款债权人主张返还保理融资款的本息或者回购应收账款债权，也可以向应收账款债务人主张应收账款债权。保理人享有的追索权，就是有权选择向应收账款债权人主张返还保理的融资款或者主张应收账款债权人回购应收账款债权。如果保理人行使了追索权，那么就可以保障自己的合法权益不受损害。如果保理人不行使追索权，则可以直接向应收账款债务人主张实现债权。保理人向应收账款债务人主张应收账款债权，实现其债权的，在扣除保理融资款的本息和相关费用后有剩余的，剩余部分应当返还给应收账款债权人。

第七百六十七条 当事人约定无追索权保理的，保理人应当向应收账款债务人主张应收账款债权，保理人取得超过保理融资款本息和相关费用的部分，无需向应收账款债权人返还。

【条文要义】

本条是对无追索权保理合同的保理人行使权利的规定。

在保理合同中，如果当事人约定为无追索权保理的，保理人不享有追索权，不能选择向应收账款债权人主张返还保理融资款本息或者回购应收账款债权，只能向应收账款债务人主张应收账款债权。保理人实现应收账款债权取得的利益超过保理融资款本息和相关费用部分的，也无须向应收账款债权人返还，应收账款债权人无权请求保理人返还超过保理融资款本息和相关费用剩余的部分利益。

第七百六十八条 应收账款债权人就同一应收账款订立多个保理合同，致使多个保理人主张权利的，已经登记的先于未登记的取得应收账款；均已经登记的，按照登记时间的先后顺序取得应收账款；均未登记的，由最先到达应收账款债务人的转让通知中载明的保理人取得应收账款；既未登记也未通知的，按照保理融资款或者服务报酬的比例取得应收账款。

【条文要义】

本条是对多个保理人主张权利顺序的规定。

应收账款债权人将同一应收账款重复转让，订立多个保理合同，形成多重保理合同。就同一应收账款重复设置保理合同后，致使多个保理人主张权利的，确定行使保理权利顺序的方法是：

1. 登记在先权利优先：已经登记的保理权利先于未登记的保理权利取得应收账款。

2. 时间在先权利优先：多重保理合同的保理权利均已登记的，按照登记的先后顺序取得应收账款。

3. 通知在先权利优先：多重保理合同的保理权利均未登记的，由最先到达应收账款债务人的转让通知中载明的保理人优先取得应收账款；既未登记也未通知的，按照保理融资款或者服务报酬的比例取得应收账款。

【相关司法解释】

《最高人民法院关于适用〈中华人民共和国民法典〉有关担保制度的解释》

第六十六条 同一应收账款同时存在保理、应收账款质押和债权转让，当事人主张参照民法典第七百六十八条的规定确定优先顺序的，人民法院应予支持。

在有追索权的保理中，保理人以应收账款债权人或者应收账款债务人为被告提起诉讼，人民法院应予受理；保理人一并起诉应收账款债权人和应收账款债务人的，人民法院可以受理。

应收账款债权人向保理人返还保理融资款本息或者回购应收账款债权后，请求应收账款债务人向其履行应收账款债务的，人民法院应予支持。

第七百六十九条 本章没有规定的，适用本编第六章债权转让的有关规定。

【条文要义】

本条是对保理合同准用债权转让有关规则的规定。

保理合同在以往的法律中没有规定，民法典只是对保理合同的基本规则作出规定，缺少细节的规定。由于保理的实质就是应收账款债权的转让，因此本章没有规定的，准用民法典合同编第六章关于合同债权转让的具体规则。

# 第十七章　承揽合同

**第七百七十条**　承揽合同是承揽人按照定作人的要求完成工作，交付工作成果，定作人支付报酬的合同。

承揽包括加工、定作、修理、复制、测试、检验等工作。

【条文要义】

本条是对承揽合同概念的规定。

承揽合同，是指承揽人按照定作人的要求完成工作，交付工作成果，定作人支付报酬的合同。根据当事人之间订立的承揽合同，承揽人应使用自己的设备、技术和劳力，为定作人加工、定作、修理或完成其他工作；定作人则应给付相应报酬。提出工作要求并给付报酬的一方是定作人，按照要求完成一定工作的一方是承揽人，都可以是自然人、法人或者非法人组织。

承揽合同是双务、有偿、诺成合同，其特征是：（1）承揽合同以完成一定的工作并表现为一定的劳动成果为目的；（2）承揽合同的定作物是具有特定性质的物；（3）承揽人须以自己的设备、技术和劳力独立完成主要工作；（4）承揽人在工作中自己承担风险；（5）承揽合同以留置定作物的方式实现担保。

承揽合同的种类主要有：

1. 加工合同，是指由承揽人利用定作人提供的原材料或半成品，按照双方约定的产品、规格、数量、质量和期限等要求，加工特定产品，并由定作人按照约定给付报酬的协议。

2. 定作合同，是指由承揽人根据定作人提出的品种、规格、质量和数量等要求，使用自己的原材料为定作人制成特定产品并向定作人收取相应报酬的协议。

3. 修理合同，是指承揽人按照定作人的要求为其修复损坏的物品，并由定作人给付约定的报酬的协议。修理合同的标的物一般是机器设备、工具等物品；当标的物是房屋时，修理合同又称修缮合同。在修理合同中，如果修理所需的材料由承揽人提供，那么定作人除给付承揽人工作报酬外，还应向其支付修理材料的价款。

4. 复制合同，是指由承揽人按照定作人提出的要求，为其重新制作与其提供的样品相类似的制品，并由定作人支付相应报酬的协议。

5. 其他承揽合同，包括测试合同、检验合同以及改造、改制、翻译、医疗护理等承揽形式的合同。

**第七百七十一条** 承揽合同的内容一般包括承揽的标的、数量、质量、报酬，承揽方式，材料的提供，履行期限，验收标准和方法等条款。

【条文要义】

本条是对承揽合同主要内容的规定。

承揽合同的内容包括：

1. 承揽的标的：是指承揽合同权利义务所指向的对象，是承揽人按照定作人要求所应进行的承揽工作。

2. 数量、质量：是承揽合同标的的具体条件，约定数量的计算单位和方法，质量和标的的技术指标、具体要求、规格等。

3. 报酬：是指定作人应当支付承揽人进行承揽工作所付出的技能、劳务的酬金。

4. 承揽方式：是指承揽合同属于加工、定作、修理、复制、测试、检验的具体方式。

5. 材料的提供：是指完成承揽工作所需原料由哪一方提供及提供的具体要求。

6. 履行期限：是指双方当事人履行义务的时间，主要是指完成工作、交付工作成果的时间，以及对方支付报酬或者价款的时间。

7. 验收标准和方法：约定具体的验收标准和方法。

8. 其他条款：如争议解决方法、违约条款等。

**第七百七十二条** 承揽人应当以自己的设备、技术和劳力，完成主要工作，但是当事人另有约定的除外。

承揽人将其承揽的主要工作交由第三人完成的，应当就该第三人完成的工作成果向定作人负责；未经定作人同意的，定作人也可以解除合同。

【条文要义】

本条是对承揽人应当独立完成主要工作的规定。

承揽合同建立在定作人对承揽人信任的基础上，因而承揽人应当以自己的设备、技术和劳力独立完成主要工作，当事人另有约定的除外。主要工作，是指对定作人提交的工作构成实质意义的部分，即对定作物的质量有决定性作用的部分或者是指定工作中数量上的大部分。

经过定作人的同意，承揽人可以将其承揽的主要工作交由第三人完成，并应当就该第三人完成的工作成果向定作人负责，而不是第三人向定作人负责。未经定作人的同意，承揽人将其承揽的主要工作交由第三人完成的，定作人享有法定解除权，可以解除合同。解除权的行使以通知的方式进行。

**第七百七十三条** 承揽人可以将其承揽的辅助工作交由第三人完成。承揽人将其承揽的辅助工作交由第三人完成的，应当就该第三人完成的工作成果向定作人负责。

【条文要义】

本条是对承揽工作辅助部分可交由第三人完成的规定。

承揽人可以将其承揽的辅助工作交由第三人完成，不必征得定作人的同意。

承揽工作中的辅助工作，是指承揽工作中主要工作之外的部分，如定制服装合同，缝扣子、熨烫等工作就是主要工作之外的辅助工作。承揽人将其承揽的辅助工作交由第三人完成的，应当就该第三人完成的工作成果向定作人负责，如果第三人完成的辅助工作不符合承揽合同的要求，承揽人应当承担违约责任，而不是由第三人承担违约责任。

**第七百七十四条** 承揽人提供材料的，应当按照约定选用材料，并接受定作人检验。

【条文要义】

本条是对承揽人提供材料的规定。

承揽合同的材料来源有两种：（1）由承揽合同的承揽人提供；（2）由定作人提供。当事人有约定的依照约定，没有约定的，一般是由承揽人提供。

由承揽人提供原材料的，承揽人应当按照合同的约定选用材料：（1）合同对原材料的质量有约定的，承揽人提供的原材料应当符合约定的质量标准。不符合约定的质量要求的，承揽人应当对此负责，造成违约的，应当承担违约责任。承揽人提供的材料质量高于合同约定的，未经定作人同意而使用，视为材料质量符合约定标准，承揽人不得要求定作人支付增加的费用。（2）承揽合同未约定材料质量标准的，承揽人应当按照通常的加工定作物所需要材料的质量标准提供材料。同时应当考虑承揽合同中有关定作物的质量要求及定作物的使用目的选择提供材料。承揽合同没有约定材料的质量要求的，承揽人自行选定的材料，在加工前应当征求定作人的同意。

承揽人选用材料应当接受定作人的检验。对材料进行检验是定作人的一项权利，是承揽人的法定义务，不以当事人在合同中有约定为必要。

**第七百七十五条** 定作人提供材料的，应当按照约定提供材料。承揽人对定作人提供的材料应当及时检验，发现不符合约定时，应当及时通知定作人更换、补齐或者采取其他补救措施。

承揽人不得擅自更换定作人提供的材料，不得更换不需要修理的零部件。

【条文要义】

本条是对定作人提供材料的规定。

由定作人提供原材料的，定作人应当按照约定提供材料。具体要求是：（1）定作人提供材料的质量应当符合约定。不符合约定的，承揽人有权要求其更换材料。（2）定作人提供的材料数量应当符合约定。定作人提交材料，承揽人应当进行相应的验收，发现定作人提供的材料数量不足时，定作人应当及时补足。（3）定作人提交材料应当符合约定的时间。定作人应当在合同约定的期限内向承揽人交付材料，一般不得违反。如果迟延履行，承揽人有权推迟定作物的交付时间。

承揽人应当及时接受定作人交付的材料。及时接受，是在定作人向其提出材料的交付时，能够按照合同的约定接受材料，不得拒受或者迟延接受。因承揽人不能及时接受材料，造成的材料的一切损失以及其他增加的一切必要费用，应当由承揽人承担或者赔偿。

**第七百七十六条** 承揽人发现定作人提供的图纸或者技术要求不合理的，应当及时通知定作人。因定作人怠于答复等原因造成承揽人损失的，应当赔偿损失。

【条文要义】

本条是对定作人提供图纸、技术要求的规定。

在承揽合同中，如果约定承揽的工作由定作人提供图纸、技术要求的，承揽人在接受其提供的图纸、技术要求后，发现定作人提供的图纸或者技术要求不合理的，应当及时通知定作人，要求定作人改进。双方意见不一致的，应当进行协商，达成合意。如果因定作人怠于答复等原因，给承揽人造成损失的，定作人应当承担赔偿责任，赔偿承揽人因此造成的损失。

**第七百七十七条** 定作人中途变更承揽工作的要求，造成承揽人损失的，应当赔偿损失。

【条文要义】

本条是对定作人变更承揽工作要求的规定。

承揽合同的基本要求，是承揽人按照定作人对承揽工作的要求进行工作，交付工作成果。定作人对承揽工作的要求，是通过承揽合同的要求进行的，承揽人按照承揽合同的约定工作，交付的工作成果符合合同的约定的，视为已履行完合同义务。

在承揽合同的履行过程中，定作人认为确有必要的，可以中途变更承揽工作的要求，承揽人应当按照定作人的变更要求完成承揽工作。依照公平原则，定作人改变承揽工作要求，给承揽人造成损失的，应当承担赔偿责任。对于已经按照原来要求完成的部分工作，定作人应当支付这一部分工作的报酬。

**第七百七十八条** 承揽工作需要定作人协助的，定作人有协助的义务。定作人不履行协助义务致使承揽工作不能完成的，承揽人可以催告定作人在合理期限内履行义务，并可以顺延履行期限；定作人逾期不履行的，承揽人可以解除合同。

【条文要义】

本条是对定作人协助义务的规定。

当承揽人为完成工作需要定作人协助时，定作人有予以协助的义务。协助义务的内容有：

1. 根据承揽的工作性质，双方约定由定作人提供原材料的，定作人应当按照约定的标准提供原材料。

2. 约定由定作人提供设计图纸或者技术要求、技术资料的，定作人应当按照约定的期限提供设计图纸、技术要求和技术资料。

3. 约定由定作人提供样品的，定作人应当按照约定提供所需的样品。

4. 约定由定作人提供工作场所的，定作人应当提供工作场所。

5. 约定由定作人提供承揽人完成工作所需要的工作环境和生活条件的，定作人应当按照合同的约定予以提供。

定作人不履行协助义务，致使承揽工作不能完成的，承揽人的权利有：

1. 催告：可以催告定作人在合理期限内履行义务，催告以通知的方式进行，该合理期限就是宽限期。

2. 顺延：可以按照定作人迟延履行协助义务的时间，顺延履行期限。

3. 定作人超过宽限期而仍不履行：承揽人享有解除权，可以解除该承揽合同。

**第七百七十九条　承揽人在工作期间，应当接受定作人必要的监督检验。定作人不得因监督检验妨碍承揽人的正常工作。**

【条文要义】

本条是对定作人监督检验的规定。

承揽人在完成工作期间，应当接受定作人必要的监督、检验。必要的要求是，在承揽合同中已经约定监督检验范围的，应当在约定的范围内进行监督检验；合同中没有约定的，定作人应当根据承揽工作的性质对承揽工作质量进行检验。在定作人提出对承揽工作进行检验时，承揽人不得拒绝。承揽人为定作人的监督检验应当提供必要的方便。承揽人应当如实向定作人反映工作情况，不得故意隐瞒工作中存在的问题。

定作人在对承揽人的工作进行监督检验时，不得妨碍承揽人的正常工作。不得妨碍，是指定作人的监督检验工作不得给承揽人带来不合理负担，不得影响承揽人的正常工作秩序。如果定作人的监督检验工作给承揽人的定作工作造成妨碍，承揽人可以拒绝，对造成的损失可以要求赔偿。

**第七百八十条** 承揽人完成工作的,应当向定作人交付工作成果,并提交必要的技术资料和有关质量证明。定作人应当验收该工作成果。

【条文要义】

本条是对承揽人交付工作成果的规定。

向定作人按期交付工作成果,是承揽人的主要义务。交付工作成果,首先应当按时交付,对工作成果的交付期限有约定的,承揽人应当按照合同约定的期限交付工作成果,不能按约交付的构成违约。如果不能按约交付是由于定作人的原因造成的或者是由于不可抗力,则迟延交付工作成果不构成违约。对交付期限没有约定的,承揽人应当在完成工作后的合理期限内向定作人交付工作成果。

承揽人交付定作物应当按照合同约定的方式和地点进行,可以由承揽人送交交付或者由定作人自提,也可以通过运输部门代为运送或通过邮政、快递部门代为寄送。由承揽人送交的,以定作人指定的地点为交付的地点,定作人实际接受的日期即为承揽人实际交付的日期;由定作人提货的,交付地点应为承揽人工作完成的地点或者承揽人指定的地点,以承揽人通知定作人提货的合理日期为交付日期;由运输部门代为运送或由邮政、快递部门代为寄送的,一般应以合同约定的运(寄)送部门收货的地点为交付地点,以运(寄)送部门接受货物的日期为实际交付日期。按照合同的约定无须为特别交付的承揽工作,则于承揽人完成工作之日即交付。

承揽人向定作人交付工作成果,应当向定作人提交必要的技术资料和有关质量证明,如实反映工作成果的情况,以便定作人进行验收。

在承揽人交付工作成果时,定作人应当对工作成果进行验收,对承揽人提交的工作成果的数量、质量进行检验,以确定与合同约定的工作成果的质量和数量是否相同。

**第七百八十一条** 承揽人交付的工作成果不符合质量要求的,定作人可以合理选择请求承揽人承担修理、重作、减少报酬、赔偿损失等违约责任。

【条文要义】

本条是对承揽人交付工作成果不符合质量要求的规定。

承揽合同的基本内容是承揽人按照定作人的请求完成承揽工作，交付工作成果。对工作成果最主要的要求是符合定作人在合同中约定的质量标准。如果承揽人交付的工作成果不符合约定的质量标准，则要承担违约责任。

构成该违约责任的要件是：

1. 承揽人交付的工作成果不符合质量要求：承揽合同对工作成果的质量有约定的，依照其约定确定是否符合质量要求，对工作成果的质量没有要求或者约定不明确的，应当补充协商或者按照工作成果的性质和交易习惯确定质量标准。

2. 定作人在合理期限内提出质量异议：合同约定异议期的，应当在异议期内提出，没有约定异议期的，应当在接收成果后的合理期限内提出。

承揽人交付的工作成果不符合质量要求，定作人提出异议的，定作人应当合理选择，请求承揽人承担修理、重作、减少报酬的责任，造成定作人损失的，还可以请求其承担赔偿损失的违约责任。

**第七百八十二条** 定作人应当按照约定的期限支付报酬。对支付报酬的期限没有约定或者约定不明确，依据本法第五百一十条的规定仍不能确定的，定作人应当在承揽人交付工作成果时支付；工作成果部分交付的，定作人应当相应支付。

【条文要义】

本条是对定作人支付报酬的规定。

定作人应当按照约定的期限支付报酬。按期支付报酬的要求是：

1. 承揽合同对报酬的支付期限有约定的，按照约定的期限支付报酬。

2. 对支付报酬的期限没有约定或者约定不明确的，应当依照民法典第510条的规定补充协议，按照补充协议确定支付期限。

3. 补充协议仍不能确定的，定作人应当在交付工作成果的同时支付报酬；工作成果部分交付的，定作人应当作相应支付。

本条未对支付报酬的数额作出规定，应当按照约定的数额支付报酬。承揽合同中对定作人须支付的报酬标准有约定的，按照约定的报酬支付；没有约定的，则按照通常标准支付，即以工作成果交付的当时、当地的同种类工作成果的一般报酬为标准。

**第七百八十三条** 定作人未向承揽人支付报酬或者材料费等价款的，承揽人对完成的工作成果享有留置权或者有权拒绝交付，但是当事人另有约定的除外。

【条文要义】

本条是对承揽人留置权和拒绝交付权的规定。

定作人未向承揽人支付报酬或者材料费等价款的，构成违约行为。对此，承揽人享有以下两项权利：

1. 留置权。承揽人可以留置定作物，并应当向定作人催告，给予合理的宽限期，宽限期届满定作人仍未支付报酬或者材料费等价款的，承揽人可以拍卖或者变卖加工物，实现留置权。

2. 拒绝交付权。承揽人拒绝交付工作成果，直至定作人支付报酬或者材料费等价款后交付或者责令其承担违约责任。如果当事人在承揽合同中另有约定，则应当依照约定处理。

**第七百八十四条** 承揽人应当妥善保管定作人提供的材料以及完成的工作成果，因保管不善造成毁损、灭失的，应当承担赔偿责任。

【条文要义】

本条是对承揽人保管工作成果和材料的规定。

承揽人对定作人提供的材料和已经完成的工作成果，负有妥善保管的义务。承揽人应当以善良管理人的注意履行保管义务。因保管不善，造成定作材料和工作成果毁损、灭失的，应当承担损害赔偿责任。这种赔偿责任既是违约责任，也是侵权责任，构成责任竞合，应当依照民法典总则编第186条的规定，由定作人根据自己的利益选择应当承担的责任。

本条没有规定工作成果意外灭失风险负担规则。这一规则是指承揽人完成承揽工作，工作成果仍由承揽人占有时的意外毁损、灭失风险负担规则，基本规则是：

1. 工作成果须实际交付的，在工作成果交付前发生风险的，由承揽人负担；交付后发生风险的，由定作人负担。

2. 工作成果的毁损、灭失是在定作人受领迟延后发生的，则应由定作人承担该风险。

3. 工作成果无须实际交付的，工作完成即视为交付，在工作完成前发生的风险由承揽人负担；在工作完成后发生的风险则由定作人负担。

**第七百八十五条** 承揽人应当按照定作人的要求保守秘密，未经定作人许可，不得留存复制品或者技术资料。

【条文要义】

本条是对承揽人保密义务的规定。

承揽合同约定保密条款或者虽然没有约定保密条款，但是定作人有保密要求的，承揽人对其所完成的工作负有保密义务，未经定作人许可，不得泄露定作人的秘密，不得留存定作成果的复制品或者技术资料。否则，定作人因此受到的损失应由泄密的承揽人负责赔偿。

**第七百八十六条** 共同承揽人对定作人承担连带责任，但是当事人另有约定的除外。

【条文要义】

本条是对共同承揽及责任的规定。

在承揽合同中，有两个以上承揽人时，有以下三种情况：

1. 共同承揽：承揽工作由共同承揽人共同完成，每一个承揽人都负有完成承揽工作的义务。构成共同承揽关系的，各承揽人承担连带责任。在承揽工作未能按约定完成或者因承揽人的原因造成其他损失的，定作人可以向共同承揽人全体或其中的任何一人请求赔偿，被请求者应当承担全部责任。其中一个承揽人对定作人承担法律责任后，其实际承担的部分超过其应当承担的份额的，有权向其他承揽人追偿。本条规定的主要内容是共同承揽及连带责任的规则。

2. 按份承揽：数个承揽人中的每一个承揽人只按照既定的份额完成承揽工作的，各承揽人为按份承揽人，承担责任是按份承担而不是连带责任。

3. 每一个承揽人单独承揽：在各承揽人单独向定作人负责的承揽合同中，各承揽人只对自己履行合同的行为负责，对于其他承揽人的工作不负任何责任，是单独责任，也是分别承揽。

**第七百八十七条** 定作人在承揽人完成工作前可以随时解除合同，造成承揽人损失的，应当赔偿损失。

**【条文要义】**

本条是对定作人任意解除权的规定。

民法典规定的合同解除权有协商解除、约定解除和法定解除。在承揽合同中，定作人享有的是任意解除权，即在承揽合同成立后至承揽人完成承揽工作前，定作人随时可以行使任意解除权，解除承揽合同。

这是承揽合同特有的解除权，是由承揽合同的性质决定的。承揽合同是按照定作人的要求完成定作工作，当定作人觉得定作工作已经没有必要，再继续完成定作工作会造成双方的损失时，解除合同就是必要的，可以避免更大的损失。定作人行使任意解除权的要求是：

1. 定作人在合同有效期间内提出解除合同，行使解除权，即在承揽合同成立后至承揽人完成定作工作前。

2. 定作人行使解除权应当通知承揽人，通知到达承揽人时，承揽合同解除。

3. 定作人解除合同给承揽人造成损失的，应当承担全部损失的赔偿责任，包括已经完成的工作部分的报酬、支出的材料费，解除合同的实际损失。

承揽合同解除后，双方各自负有返还的义务。承揽人应当将已经完成的部分工作成果交付定作人，定作人提供材料有剩余的，应返还定作人。定作人预先支付报酬的，在扣除已完成部分的报酬外，承揽人应当将剩余部分返还定作人。

# 第十八章　建设工程合同

**第七百八十八条**　建设工程合同是承包人进行工程建设，发包人支付价款的合同。

建设工程合同包括工程勘察、设计、施工合同。

【条文要义】

本条是对建设工程合同概念的规定。

建设工程合同，是承包人进行工程建设，发包人支付价款的合同，是承揽合同的一种。其特征是：(1) 合同的标的物仅限于基本建设工程，指土木建筑工程和建筑业范围内的线路、管道、设备安装，工程的新建、扩建、改建，以及大型的建筑装修装饰活动；(2) 合同的承包主体应当具备相当的条件，要受法律规定的资质的限制和要求；(3) 建设工程合同具有很强的国家管理性。

建设工程合同包括建设工程勘察合同、建设工程设计合同和建设工程施工合同三种不同形式。

**第七百八十九条**　建设工程合同应当采用书面形式。

【条文要义】

本条是对建设工程合同形式的规定。

建设工程合同为要式合同，应当采用书面形式，不得采用口头形式。原因是：建设工程合同的标的通常规模大、时间长、要求高，涉及安全问题，采用要式形式订立合同较为稳妥。同时，这也是国家对基本建设实行监督的需要，是由建设工程合同的签订大多经过招标投标程序，其履行经常需要发包方派驻工地代表、监理工程师和承包人会签文件等特点决定的。

司法实践中出现的"黑白合同""阴阳合同"，即提交备案的合同与实际执行的合同不是一个合同。对此，司法机关的态度是以备案合同为准，即以"白"合同或者"阳"合同为准。

**第七百九十条** 建设工程的招标投标活动，应当依照有关法律的规定公开、公平、公正进行。

【条文要义】

本条是对建设工程招标投标的规定。

我国有关建设工程招标投标活动的法律是《招标投标法》，该法于1999年8月30日第九届全国人民代表大会常务委员会第十一次会议通过，自2000年1月1日起施行，经2017年12月27日第十二届全国人民代表大会常务委员会第三十一次会议修正。按照该法的要求，在我国境内进行下列工程建设项目包括项目的勘察、设计、施工、监理以及与工程建设有关的重要设备、材料等的采购，必须进行招标：(1) 大型基础设施、公用事业等关系社会公共利益、公众安全的项目；(2) 全部或者部分使用国有资金投资或者国家融资的项目；(3) 使用国际组织或者外国政府贷款、援助资金的项目。这些所列项目的具体范围和规模标准，由国务院发展计划部门会同国务院有关部门制定，报国务院批准。法律或者国务院对必须进行招标的其他项目的范围有规定的，依照其规定。该法第5条也规定，招标投标活动应当遵循公开、公平、公正和诚实信用的原则，与本条规定相一致。

**第七百九十一条** 发包人可以与总承包人订立建设工程合同，也可以分别与勘察人、设计人、施工人订立勘察、设计、施工承包合同。发包人不得将应当由一个承包人完成的建设工程支解成若干部分发包给数个承包人。

总承包人或者勘察、设计、施工承包人经发包人同意，可以将自己承包的部分工作交由第三人完成。第三人就其完成的工作成果与总承包人或者勘察、设计、施工承包人向发包人承担连带责任。承包人不得将其承包的全部建设工程转包给第三人或者将其承包的全部建设工程支解以后以分包的名义分别转包给第三人。

禁止承包人将工程分包给不具备相应资质条件的单位。禁止分包单位将其承包的工程再分包。建设工程主体结构的施工必须由承包人自行完成。

**【条文要义】**

本条是对建设工程合同订立方式的规定。

建设工程合同的订立主要采取以下两种方式：

1. 总发包。发包人与总承包人就整个建设工程从勘察、设计到施工签订总承包协议，由总承包人对整个建设工程进行承包。

2. 平行发包。由发包人分别与勘察人、设计人、施工人签订勘察、设计、施工承包合同，实行平行发包，各个承包人分别就建设工程的勘察、设计、建筑、安装阶段的质量、工期、工程造价等与发包人发生债权债务关系。

无论是总发包还是平行发包，都必须贯彻禁止支解建设工程承包合同的原则，即发包人不得将应当由一个承包人完成的建设工程支解成若干部分发包给数个承包人。

建设工程合同可以分包。分包是指工程的总承包人或者勘察、设计、施工合同的承包人经发包人同意后，依法将其承包的部分工程交给第三人完成的行为。对建设工程合同的分包法律适用的规则是：

1. 分包须经发包人同意，承包人将自己承包的部分工作交由第三人完成，第三人就其完成的工作成果与总承包人或者勘察、设计、施工承包人向发包人承担连带责任。

2. 禁止承包人将工程分包给不具备相应资质条件的单位。

3. 禁止分包单位将其承包的工程再分包，建设工程主体结构的施工必须由承包人自行完成。

4. 禁止全部转包，承包人不得将其承包的全部建设工程转包给第三人。

5. 禁止支解工程转包，即承包人不得将其承包的全部建设工程支解以后以分包的名义分别转包给第三人。转包是指施工单位以营利为目的，将承包的工程转给其他的施工单位，不对工程质量承担任何法律责任的行为。

6. 分包人须具备相应的建设资质，并且分包只能进行一次，不得再次分包。

**第七百九十二条** 国家重大建设工程合同，应当按照国家规定的程序和国家批准的投资计划、可行性研究报告等文件订立。

**【条文要义】**

本条是对国家重大建设工程合同订立要求的规定。

建设工程合同中的国家重大建设工程合同，关乎国计民生的重大利益，应当按照国家规定的程序和国家批准的投资计划、可行性报告等文件订立。

对于哪些属于国家重大建设工程，法律没有具体规定。一般认为，属于国家重大建设工程的有：

1. 列入国家重点投资计划而且投资数额巨大，建设周期特别长，由中央政府全部投资或者参与投资的工程，属于国家重大建设工程。

2. 有些虽然没有列入国家重点投资计划，投资额不算巨大，但是影响很大的工程项目，也属于国家重大建设工程项目。

3. 有些地方工程，虽然主要是地方政府的投资，但其投资计划是经过国家批准的，也属于国家重大建设工程项目。

对这些建设工程订立合同，都要符合本条规定的程序要求。

**第七百九十三条** 建设工程施工合同无效，但是建设工程经验收合格的，可以参照合同关于工程价款的约定折价补偿承包人。

建设工程施工合同无效，且建设工程经验收不合格的，按照以下情形处理：

（一）修复后的建设工程经验收合格的，发包人可以请求承包人承担修复费用；

（二）修复后的建设工程经验收不合格的，承包人无权请求参照合同关于工程价款的约定折价补偿。

发包人对因建设工程不合格造成的损失有过错的，应当承担相应的责任。

【条文要义】

本条是对建设工程合同无效、建设工程验收合格或不合格的规定。

建设工程合同无效，应当是自始无效，不具有法律的拘束力。但是，建设工程合同本身无效，而建造的建筑工程已经完成，且经过验收合格的，应当本着实事求是、物当其用的效益原则，对施工者予以补偿。因此，建设工程施工合同无效，但是建设工程经验收合格的，可以参照合同关于工程价款的约定折价补偿承包人，实际上还是要实事求是地给付承包人相应的工程费用。

对于建设工程施工合同无效，建设工程经验收不合格的，不适用上述原则，处理的方法是：

1. 修复后的建设工程经验收合格的，发包人可以要求承包人承担修复费用，尽管可以参照合同关于工程价款的约定补偿承包人，但是承包人要负担修复的费用。

2. 修复后的建设工程经验收不合格的，承包人无权请求参照合同关于工程价款的约定折价补偿，应当自负其责。

如果发包人对因建设工程不合格造成的损失有过错的，应当依照过错责任原则的要求，自己承担相应的责任，而不是把责任都推给承包人。

**第七百九十四条** 勘察、设计合同的内容一般包括提交有关基础资料和概预算等文件的期限、质量要求、费用以及其他协作条件等条款。

【条文要义】

本条是对勘察、设计合同主要内容的规定。

勘察、设计合同是对勘察合同和设计合同的统称，是指建设工程的发包人或承包人与勘察人、设计人之间订立的，由勘察人、设计人完成特定的勘察、设计工作，发包人向承包人支付相应对价的合同。勘察是指勘察人对工程的地理状况进行调查研究，包括对工程进行测量，对工程建设地址、水文进行调查等工作。设计是指设计人对工程结构进行设计、对工程价款进行概预算。

勘察、设计合同与施工合同不同，其主要内容有：

1. 提交勘察或设计基础资料和概预算文件的期限，勘察、设计的基础资料和文件是勘察人、设计人进行勘察、设计工作所依据的基础文件和情况，应当约定提交的期限。

2. 勘察、设计的质量要求，是发包人对勘察、设计工作提出的质量标准和具体要求。

3. 勘察、设计的费用，即工作报酬。

4. 其他协作条件，是双方当事人为了保证勘察、设计工作顺利完成所应当履行的相互协助的内容。

**第七百九十五条** 施工合同的内容一般包括工程范围、建设工期、中间交工工程的开工和竣工时间、工程质量、工程造价、技术资料交付时间、材料和设备供应责任、拨款和结算、竣工验收、质量保修范围和质量保证期、相互协作等条款。

**【条文要义】**

本条是对建设施工合同主要内容的规定。

建设施工合同，是指发包方即建设单位与承包方即施工人为完成商定的施工工程，明确相互权利、义务的协议。依照施工合同，施工单位应当完成建设单位交给的施工任务，建设单位应当按照约定提供必要的条件并支付工程价款。

建设施工合同的主要内容有：

1. 工程范围：主要包括工程名称、地点、建筑物的栋数、结构、层数、面积等。

2. 建设工期：是指施工人完整施工工程的时间或者期限，是重要的合同条款。

3. 中间交工工程的开工和竣工时间：一个整体的工程中有很多中间工程，前后有序，必须有明确的开工、完工时间，否则影响后续工程的开工。

4. 工程质量：对建设工程的设计、施工方法和安全要求，要按照统一的技术标准进行，合同应当约定清楚，并且由建设主管部门对工程质量进行监督。

5. 工程造价：在以招标投标方式订立的合同中，应以中标时确定的金额为准。如果按初步设计总概算投资包干时，应以经审批的概算投资中与承包内容相应的部分的投资为工程款。如按施工图预算包干，则应以审查后的施工图总预算或综合预算为准。

6. 技术资料交付时间：工程的技术资料，如勘察、设计资料等，发包方必须全面、客观、及时地交付施工人，以保证工程的顺利进行。

7. 材料和设备供应责任：应当明确约定，由哪一方承担这个责任。

8. 拨款和结算：采用何种方式拨款、结算，合同均要明确约定：（1）预付款；（2）工程进度款；（3）竣工结算款；（4）保修扣留金。

9. 竣工验收：对建设工程的验收方法、程序和标准，国家制定了相应的行政法规予以规范的，应当遵守。

10. 质量保修范围和质量保证期：施工工程在办理移交验收手续后，在规定的期限内，因施工、材料等原因造成施工质量缺陷的，施工单位应当负责维修、更换。对于建筑工程的质量保证期限，国家有明确的要求。

11. 相互协作：各方当事人不仅需要各自积极履行义务，还需要相互协作，协助对方履行义务。

**第七百九十六条** 建设工程实行监理的，发包人应当与监理人采用书面形式订立委托监理合同。发包人与监理人的权利和义务以及法律责任，应当依照本编委托合同以及其他有关法律、行政法规的规定。

**【条文要义】**

本条是对工程监理合同的规定。

建设工程监理，是由具有法定资质条件的工程监理单位，受发包人的委托，依据国家批准的工程项目建设文件，有关工程建设的法律、法规和工程建设监理合同及其他工程建设合同，代表发包人对承包人的工程建设工作实施监督的专业服务活动。其特点是：（1）是一种有偿的工程咨询服务；（2）是受发包方委托进行工程建设的监督；（3）监理的主要依据是法律、法规、技术标准、相关合同及文件；（4）监理的准则是守法、诚信、公正和科学；（5）监理的目的是确保工程建设的质量和安全，提高工程建设水平，充分发挥投资效益。

对建设工程进行监理，发包人应当与监理人采用书面形式订立委托监理合同。建设单位将勘察、设计、保修阶段等相关服务一并委托的，应在合同中明确相关服务的工作范围、内容、服务期限和酬金等相关条款。发包人与监理人的权利和义务以及法律责任，应当依照民法典合同编委托合同以及其他有关法律、行政法规的规定。

**第七百九十七条** 发包人在不妨碍承包人正常作业的情况下，可以随时对作业进度、质量进行检查。

**【条文要义】**

本条是对发包人检查权的规定。

发包人是将自己建设的工程的勘察、设计、施工工程发包给承包人进行，故发包人有权对承包人进行的勘察、设计、施工工程的作业进度和质量进行检查，行使自己的检查权。发包人行使检查权的方式有两种：一是委派工地代表进行；二是委托工程监理人进行。工地代表和监理人为了维护发包人的利益，保证工程的质量和进度，随时可以进行检查，发现问题，及时提出，予以解决，防止出现工程拖延和质量不符合要求的问题。

对发包人行使检查权的要求是不得妨碍承包人正常作业。如果发包人的工地代表或者监理人对工程行使检查权的不当行为造成承包人停工、返工、窝工等损失的，承包人有权要求发包人承担损害赔偿责任。

**第七百九十八条** 隐蔽工程在隐蔽以前，承包人应当通知发包人检查。发包人没有及时检查的，承包人可以顺延工程日期，并有权请求赔偿停工、窝工等损失。

【条文要义】

本条是对隐蔽工程在隐蔽前检查的规定。

对建设工程的隐蔽工程的检查验收，要早于主体工程的检查验收进行，不能在隐蔽工程被覆盖后再与主体工程一起进行检查验收。对此，法律规定承包人承担通知义务，在隐蔽工程被隐蔽以前，应当及时通知发包人进行检查验收，以确定隐蔽工程的质量是否符合合同约定和法律规定的要求。

因怠于通知或未及时通知造成的损失，由承包人负担。发包人负有及时进行检查验收的义务。不过，即使发包人没有及时对隐蔽工程进行检查，承包人也不能自行检查后将工程隐蔽。

发包人不及时履行检查验收义务时，承包人可以要求顺延工期，并享有请求赔偿停工、窝工等损失的权利。

**第七百九十九条** 建设工程竣工后，发包人应当根据施工图纸及说明书、国家颁发的施工验收规范和质量检验标准及时进行验收。验收合格的，发包人应当按照约定支付价款，并接收该建设工程。

建设工程竣工经验收合格后，方可交付使用；未经验收或者验收不合格的，不得交付使用。

【条文要义】

本条是对建设工程验收的规定。

建设工程完工后，验收既是发包人的义务，也是发包人的权利。承包人报告发包人工程竣工后，发包人应当及时对工程进行验收。

验收的依据是：(1) 施工图纸及说明书。施工图纸有更改的，验收时应当以施工图纸为准。(2) 国家颁发的施工验收规范。(3) 国家颁发的建设工程质量验收标准。施工验收规范和质量检验标准是指国家制定、颁发的，在全国范围内统一实行的考核基本建设投产项目的重要技术经济法规，是进行基本建设项目竣工验收和检查建筑安装工程质量的依据和标准。

在建设工程施工合同中，验收合格是发包人支付全部工程款的条件。建设工程验收合格的，发包人应当按照约定，在扣除一定的保证金后，将剩余工程价款按约定方式付给承包人。给付工程价款是发包人的主要合同义务。如果发包人逾期支付，应当承担逾期付款的违约责任。同时，发包人应当与承包人办理移交工程手续，正式接收建设工程，投入使用。建设工程未经验收或者验收不合格的，不得交付使用。

**第八百条** 勘察、设计的质量不符合要求或者未按照期限提交勘察、设计文件拖延工期，造成发包人损失的，勘察人、设计人应当继续完善勘察、设计，减收或者免收勘察、设计费并赔偿损失。

**【条文要义】**

本条是对勘察、设计合同违约责任的规定。

依照勘察、设计合同的要求，勘察人、设计人应当依照质量要求和期限要求完成勘察、设计工作，提交勘察、设计文件。

依约履行勘察、设计合同的要求是：（1）符合有关法律、行政法规的规定；（2）符合建设工程质量、安全标准；（3）符合建设工程勘察、设计技术规范；（4）符合合同的约定。

勘察人、设计人的违约行为主要是：

1. 勘察、设计质量不符合要求，质量没有达到合同的要求或者勘察、设计不符合法律、法规的强制性标准。

2. 勘察人、设计人未按照合同约定的期限提交勘察、设计文件，致使工期拖延。勘察人、设计人因上述违约行为，给发包人造成损失的，应当对发包人承担违约责任。

勘察人、设计人承担违约责任的方式有：

1. 实际履行：继续完成勘察、设计。

2. 赔偿损失：方法是减收或者免收应得的勘察、设计费用以补偿相对人的损失，如果减收或者免收勘查、设计费用仍不足以赔偿的，应当继续承担赔偿损失的责任。

**第八百零一条** 因施工人的原因致使建设工程质量不符合约定的，发包人有权请求施工人在合理期限内无偿修理或者返工、改建。经过修理或者返工、改建后，造成逾期交付的，施工人应当承担违约责任。

【条文要义】

本条是对建设工程质量违约责任的规定。

工程施工合同的施工人对建设工程施工质量负有义务，必须保证建设工程质量符合要求，达到合格的标准。施工人因自己的原因致使建设工程质量不符合约定，构成质量违约时，施工人应当承担违约责任。

发包人有权要求施工人承担的违约责任是：

1. 在合理期限内无偿修理或者返工、改建。修理是对建设工程质量不符合要求的部分进行改进，返工是对不符合质量要求的部分重新进行施工，改建是对已经建好的部分重新进行建设。

2. 经过修理或者返工、改建后，即使质量符合约定，但对造成建设工程逾期交付的，也构成迟延履行，承包人应当承担迟延履行的违约责任，施工人还应当承担逾期交付的违约责任，赔偿发包人因此而遭受的损失。

**第八百零二条** 因承包人的原因致使建设工程在合理使用期限内造成人身损害和财产损失的，承包人应当承担赔偿责任。

【条文要义】

本条是对承包人对建设工程在合理使用期限内造成损害承担赔偿责任的规定。

因承包人的原因致使建设工程在合理使用期限内造成人身损害和财产损失的，是承包人承包建设的工程质量不符合约定，造成建设工程施工合同期待利益以外的人身损害或者财产损失的固有利益损害。这种损害构成不动产的加害给付责任。

加害给付责任，是指因债务人交付的标的物存在缺陷或者瑕疵，造成他人的人身、财产损害的给付行为而由违约行为人承担的损害赔偿责任。加害给付责任既是违约责任，也是侵权责任，构成违约责任和侵权责任的竞合。对此，受害人可以选择依照民法典总则编第186条的规定，要求承包人承担违约责任，或者依照民法典侵权责任编的规定要求承包人承担侵权责任。承包人应当对因此造成的损害承担赔偿责任。

**第八百零三条** 发包人未按照约定的时间和要求提供原材料、设备、场地、资金、技术资料的，承包人可以顺延工程日期，并有权请求赔偿停工、窝工等损失。

**【条文要义】**

本条是对发包人违反协助义务违约责任的规定。

在建设工程施工合同中，发包人负有协助义务，保证建设工程承包合同得以顺利履行。发包人必须履行的协助义务包括按照约定提供相关材料、设备、场地、资金、技术资料等。

发包人违约行为体现在：

1. 违反材料和设备的协助义务：发包人应当按照约定提供材料和设备。在承包人采用包工不包料、包工半包料的方式时，发包人应当负责材料和设备的全部或者部分的供应。未按照约定的时间和要求提供原材料、设备的，构成违约。

2. 发包人提供场地：发包人未按期完成这些工作，没有按照约定的时间对承包人提供施工场地的，构成违约。

3. 发包人应当按时提供建设资金：没有按照约定的时间和支付方式支付工程价款的，构成违约。

4. 发包人应当按照合同要求及时全面地提供相关技术资料：不得无故拖延和隐匿，违反者构成违约。

发包人违反上述协助义务，如果影响建设工程进度，应当承担违约责任，承包人可以要求发包人顺延工期，还可以请求赔偿停工、窝工给自己造成的实际损失。

**第八百零四条** 因发包人的原因致使工程中途停建、缓建的，发包人应当采取措施弥补或者减少损失，赔偿承包人因此造成的停工、窝工、倒运、机械设备调迁、材料和构件积压等损失和实际费用。

**【条文要义】**

本条是对发包人造成工程停建、缓建的违约责任的规定。

在建设工程合同履行中，发包人应当对承包人进行必要的协助，相互配合完成施工任务。如果是因发包人的原因,包括未履行协助义务、未及时获得建设手续等,致使建设工程在中途停建、缓建的,构成发包人的违约行为,发包人应当承担违约责任:(1)采取措施弥补;(2)采取其他措施减少损失;(3)赔偿承包人因此造成的停工、窝工、倒运、机械设备调迁、材料和构件积压等损失,赔偿实际支出的费用。

**第八百零五条** 因发包人变更计划,提供的资料不准确,或者未按照期限提供必需的勘察、设计工作条件而造成勘察、设计的返工、停工或者修改设计,发包人应当按照勘察人、设计人实际消耗的工作量增付费用。

**【条文要义】**

本条是对勘察、设计合同发包人违约责任的规定。

在勘察、设计合同中,因发包人的原因而造成勘察人、设计人损失的,构成发包人的违约行为。

其主要违约行为有:(1)发包人变更计划,使勘察人、设计人增加工作量;(2)提供的资料不准确,造成勘察人、设计人工作成果出现问题;(3)未按照期限提供必需的勘察、设计工作条件,使勘察人、设计人无法正常进行工作。发包人的这些违约行为造成的后果是,使勘察人、设计人进行的勘察、设计返工、停工或者修改设计,造成财产上的损失。

对此,发包人应当承担的违约责任是,按照勘察人、设计人实际消耗的工作量,增加支出的实际费用。

**第八百零六条** 承包人将建设工程转包、违法分包的,发包人可以解除合同。

发包人提供的主要建筑材料、建筑构配件和设备不符合强制性标准或者不履行协助义务,致使承包人无法施工,经催告后在合理期限内仍未履行相应义务的,承包人可以解除合同。

合同解除后,已经完成的建设工程质量合格的,发包人应当按照约定支付相应的工程价款;已经完成的建设工程质量不合格的,参照本法第七百九十三条的规定处理。

**【条文要义】**

本条是对发包人、承包人法定解除权的规定。

发包人产生法定解除权的事由,是承包人将建设工程转包、违法分包。法律规定禁止承包人转包工程,从中获利。法律准许在符合条件的情况下,承包人分包部分工程,但违法进行分包也构成严重违约行为。因此,承包人进行转包或者违法进行分包的,发包人产生法定解除权,可以通知承包人解除建设工程合同。

承包人产生法定解除权的要件是:(1)发包人提供的主要建筑材料、建筑构配件和设备不符合强制性标准或者不履行协助义务;(2)上述原因须致使承包人无法施工;(3)承包人进行了催告,发包人在催告的合理期限内仍未履行相应义务。符合上述三个要件的要求,承包人产生法定解除权,可以通知发包人解除建设工程合同。

建设工程合同解除后,应当处理好的善后事宜是:

1. 已经完成的建设工程质量合格的,发包人应当按照约定支付相应的工程价款。

2. 已经完成的建设工程质量不合格的,参照民法典第793条的规定处理,即(1)修复后的建设工程经竣工验收合格的,发包人可以要求承包人承担修复费用;(2)修复后的建设工程经竣工验收不合格的,承包人不能要求参照合同关于工程价款的约定补偿。发包人对因建设工程不合格造成的损失有过错的,应当承担相应的责任。

**第八百零七条** 发包人未按照约定支付价款的,承包人可以催告发包人在合理期限内支付价款。发包人逾期不支付的,除根据建设工程的性质不宜折价、拍卖外,承包人可以与发包人协议将该工程折价,也可以请求人民法院将该工程依法拍卖。建设工程的价款就该工程折价或者拍卖的价款优先受偿。

**【条文要义】**

本条是对承包人建设工程留置权的规定。

建设工程经验收合格后,发包人未按照约定支付价款的,承包人有权对其进行催告,并确定支付价款的宽限期,通知发包人在宽限期内支付价款。发包人逾期不支付的,应当依照法律规定承担违约责任,承包人享有法定的建设工程留置权。

承包人行使留置权的基本规则是:

1. 发包人未按时支付建设工程价款,由于此时建设工程仍控制在承包人手中,只要不交付给发包人,实际上就是留置以担保自己的价款受偿权,应当对发包人进行催告,同时规定支付价款的合理期限,即付款宽限期。

2. 宽限期届满发包人仍不支付的,承包人可以行使留置权,方式有:(1)通过发包人与承包人之间的协议,对建设工程折价,发包人在支付折价款与工程款的差额后,取得该项建设工程的所有权,使承包人的工程价款债权得到实现。(2)对建设工程进行拍卖,在拍卖变价款中,承包人优先受偿。

3. 优先受偿权的优先顺位,优先于发包人已经在在建工程上为其他债权人所设定的抵押权,即工程价款受偿权优先实现之后,其他抵押权才可以行使。

4. 对建设工程留置权没有规定要进行登记,原因是,由于建设工程留置权的性质属于法定担保物权,是基于法定条件的满足而直接取得,因此不需要进行登记。

**第八百零八条　本章没有规定的,适用承揽合同的有关规定。**

【条文要义】

本条是对建设工程合同准用承揽合同规则的规定。

建设工程合同的本质属性是承揽合同,建设工程实际上也是承揽。故承揽合同是建设工程合同、技术服务合同、技术开发合同的基准性合同。尽管本章对建设工程合同的规则作出了详细规定,但是仍有不足部分。因建设工程合同也是承揽合同,故本章对建设工程合同的规则没有规定的内容,应当适用承揽合同的有关规定。例如,民法典第 774 条关于"承揽人提供材料的,应当按照约定选用材料,并接受定作人检验"的规定,第 775 条关于"定作人提供材料的,应当按照约定提供材料。承揽人对定作人提供的材料应当及时检验,发现不符合约定时,应当及时通知定作人更换、补齐或者采取其他补救措施""承揽人不得擅自更换定作人提供的材料,不得更换不需要修理的零部件"的规定,第 776 条关于"承揽人发现定作人提供的图纸或者技术要求不合理的,应当及时通知定作人。因定作人怠于答复等原因造成承揽人损失的,应当赔偿损失"的规定,第 784 条关于

"承揽人应当妥善保管定作人提供的材料以及完成的工作成果，因保管不善造成毁损、灭失的，应当承担赔偿责任"的规定，以及第785条关于"承揽人应当按照定作人的要求保守秘密，未经定作人许可，不得留存复制品或者技术资料"的规定，本章都没有具体规定，可以适用于建设工程合同。

## 【相关司法解释】

### 《最高人民法院关于审理建设工程施工合同纠纷案件适用法律问题的解释（一）》

第一条 建设工程施工合同具有下列情形之一的，应当依据民法典第一百五十三条第一款的规定，认定无效：

（一）承包人未取得建筑业企业资质或者超越资质等级的；

（二）没有资质的实际施工人借用有资质的建筑施工企业名义的；

（三）建设工程必须进行招标而未招标或者中标无效的。

承包人因转包、违法分包建设工程与他人签订的建设工程施工合同，应当依据民法典第一百五十三条第一款及第七百九十一条第二款、第三款的规定，认定无效。

第二条 招标人和中标人另行签订的建设工程施工合同约定的工程范围、建设工期、工程质量、工程价款等实质性内容，与中标合同不一致，一方当事人请求按照中标合同确定权利义务的，人民法院应予支持。

招标人和中标人在中标合同之外就明显高于市场价格购买承建房产、无偿建设住房配套设施、让利、向建设单位捐赠财物等另行签订合同，变相降低工程价款，一方当事人以该合同背离中标合同实质性内容为由请求确认无效的，人民法院应予支持。

第三条 当事人以发包人未取得建设工程规划许可证等规划审批手续为由，请求确认建设工程施工合同无效的，人民法院应予支持，但发包人在起诉前取得建设工程规划许可证等规划审批手续的除外。

发包人能够办理审批手续而未办理，并以未办理审批手续为由请求确认建设工程施工合同无效的，人民法院不予支持。

第四条 承包人超越资质等级许可的业务范围签订建设工程施工合同，在建设工程竣工前取得相应资质等级，当事人请求按照无效合同处理的，人民法院不予支持。

第五条　具有劳务作业法定资质的承包人与总承包人、分包人签订的劳务分包合同，当事人请求确认无效的，人民法院依法不予支持。

第六条　建设工程施工合同无效，一方当事人请求对方赔偿损失的，应当就对方过错、损失大小、过错与损失之间的因果关系承担举证责任。

损失大小无法确定，一方当事人请求参照合同约定的质量标准、建设工期、工程价款支付时间等内容确定损失大小的，人民法院可以结合双方过错程度、过错与损失之间的因果关系等因素作出裁判。

第七条　缺乏资质的单位或者个人借用有资质的建筑施工企业名义签订建设工程施工合同，发包人请求出借方与借用方对建设工程质量不合格等因出借资质造成的损失承担连带赔偿责任的，人民法院应予支持。

第八条　当事人对建设工程开工日期有争议的，人民法院应当分别按照以下情形予以认定：

（一）开工日期为发包人或者监理人发出的开工通知载明的开工日期；开工通知发出后，尚不具备开工条件的，以开工条件具备的时间为开工日期；因承包人原因导致开工时间推迟的，以开工通知载明的时间为开工日期。

（二）承包人经发包人同意已经实际进场施工的，以实际进场施工时间为开工日期。

（三）发包人或者监理人未发出开工通知，亦无相关证据证明实际开工日期的，应当综合考虑开工报告、合同、施工许可证、竣工验收报告或者竣工验收备案表等载明的时间，并结合是否具备开工条件的事实，认定开工日期。

第九条　当事人对建设工程实际竣工日期有争议的，人民法院应当分别按照以下情形予以认定：

（一）建设工程经竣工验收合格的，以竣工验收合格之日为竣工日期；

（二）承包人已经提交竣工验收报告，发包人拖延验收的，以承包人提交验收报告之日为竣工日期；

（三）建设工程未经竣工验收，发包人擅自使用的，以转移占有建设工程之日为竣工日期。

第十条　当事人约定顺延工期应当经发包人或者监理人签证等方式确认，承包人虽未取得工期顺延的确认，但能够证明在合同约定的期限内向发包人或者监理人申请过工期顺延且顺延事由符合合同约定，承包人以此为由主张工期顺延的，人民法院应予支持。

当事人约定承包人未在约定期限内提出工期顺延申请视为工期不顺延的，按照约定处理，但发包人在约定期限后同意工期顺延或者承包人提出合理抗辩的除外。

**第十一条** 建设工程竣工前，当事人对工程质量发生争议，工程质量经鉴定合格的，鉴定期间为顺延工期期间。

**第十二条** 因承包人的原因造成建设工程质量不符合约定，承包人拒绝修理、返工或者改建，发包人请求减少支付工程价款的，人民法院应予支持。

**第十三条** 发包人具有下列情形之一，造成建设工程质量缺陷，应当承担过错责任：

（一）提供的设计有缺陷；

（二）提供或者指定购买的建筑材料、建筑构配件、设备不符合强制性标准；

（三）直接指定分包人分包专业工程。

承包人有过错的，也应当承担相应的过错责任。

**第十四条** 建设工程未经竣工验收，发包人擅自使用后，又以使用部分质量不符合约定为由主张权利的，人民法院不予支持；但是承包人应当在建设工程的合理使用寿命内对地基基础工程和主体结构质量承担民事责任。

**第十五条** 因建设工程质量发生争议的，发包人可以以总承包人、分包人和实际施工人为共同被告提起诉讼。

**第十六条** 发包人在承包人提起的建设工程施工合同纠纷案件中，以建设工程质量不符合合同约定或者法律规定为由，就承包人支付违约金或者赔偿修理、返工、改建的合理费用等损失提出反诉的，人民法院可以合并审理。

**第十七条** 有下列情形之一，承包人请求发包人返还工程质量保证金的，人民法院应予支持：

（一）当事人约定的工程质量保证金返还期限届满；

（二）当事人未约定工程质量保证金返还期限的，自建设工程通过竣工验收之日起满二年；

（三）因发包人原因建设工程未按约定期限进行竣工验收的，自承包人提交工程竣工验收报告九十日后当事人约定的工程质量保证金返还期限届满；当事人未约定工程质量保证金返还期限的，自承包人提交工程竣工验收报告九十日后起满二年。

发包人返还工程质量保证金后，不影响承包人根据合同约定或者法律规定履行工程保修义务。

**第十八条** 因保修人未及时履行保修义务，导致建筑物毁损或者造成人身损害、财产损失的，保修人应当承担赔偿责任。

保修人与建筑物所有人或者发包人对建筑物毁损均有过错的，各自承担相应的责任。

**第十九条** 当事人对建设工程的计价标准或者计价方法有约定的，按照约定结算工程价款。

因设计变更导致建设工程的工程量或者质量标准发生变化，当事人对该部分工程价款不能协商一致的，可以参照签订建设工程施工合同时当地建设行政主管部门发布的计价方法或者计价标准结算工程价款。

建设工程施工合同有效，但建设工程经竣工验收不合格的，依照民法典第五百七十七条规定处理。

**第二十条** 当事人对工程量有争议的，按照施工过程中形成的签证等书面文件确认。承包人能够证明发包人同意其施工，但未能提供签证文件证明工程量发生的，可以按照当事人提供的其他证据确认实际发生的工程量。

**第二十一条** 当事人约定，发包人收到竣工结算文件后，在约定期限内不予答复，视为认可竣工结算文件的，按照约定处理。承包人请求按照竣工结算文件结算工程价款的，人民法院应予支持。

**第二十二条** 当事人签订的建设工程施工合同与招标文件、投标文件、中标通知书载明的工程范围、建设工期、工程质量、工程价款不一致，一方当事人请求将招标文件、投标文件、中标通知书作为结算工程价款的依据的，人民法院应予支持。

**第二十三条** 发包人将依法不属于必须招标的建设工程进行招标后，与承包人另行订立的建设工程施工合同背离中标合同的实质性内容，当事人请求以中标合同作为结算建设工程价款依据的，人民法院应予支持，但发包人与承包人因客观情况发生了在招标投标时难以预见的变化而另行订立建设工程施工合同的除外。

**第二十四条** 当事人就同一建设工程订立的数份建设工程施工合同均无效，但建设工程质量合格，一方当事人请求参照实际履行的合同关于工程价款的约定折价补偿承包人的，人民法院应予支持。

实际履行的合同难以确定，当事人请求参照最后签订的合同关于工程价款的约定折价补偿承包人的，人民法院应予支持。

**第二十五条** 当事人对垫资和垫资利息有约定，承包人请求按照约定返还垫资及其利息的，人民法院应予支持，但是约定的利息计算标准高于垫资时的同类贷款利率或者同期贷款市场报价利率的部分除外。

当事人对垫资没有约定的，按照工程欠款处理。

当事人对垫资利息没有约定，承包人请求支付利息的，人民法院不予支持。

**第二十六条** 当事人对欠付工程价款利息计付标准有约定的，按照约定处理。没有约定的，按照同期同类贷款利率或者同期贷款市场报价利率计息。

**第二十七条** 利息从应付工程价款之日开始计付。当事人对付款时间没有约定或者约定不明的，下列时间视为应付款时间：

（一）建设工程已实际交付的，为交付之日；

（二）建设工程没有交付的，为提交竣工结算文件之日；

（三）建设工程未交付，工程价款也未结算的，为当事人起诉之日。

**第二十八条** 当事人约定按照固定价结算工程价款，一方当事人请求对建设工程造价进行鉴定的，人民法院不予支持。

**第二十九条** 当事人在诉讼前已经对建设工程价款结算达成协议，诉讼中一方当事人申请对工程造价进行鉴定的，人民法院不予准许。

**第三十条** 当事人在诉讼前共同委托有关机构、人员对建设工程造价出具咨询意见，诉讼中一方当事人不认可该咨询意见申请鉴定的，人民法院应予准许，但双方当事人明确表示受该咨询意见约束的除外。

**第三十一条** 当事人对部分案件事实有争议的，仅对有争议的事实进行鉴定，但争议事实范围不能确定，或者双方当事人请求对全部事实鉴定的除外。

**第三十二条** 当事人对工程造价、质量、修复费用等专门性问题有争议，人民法院认为需要鉴定的，应当向负有举证责任的当事人释明。当事人经释明未申请鉴定，虽申请鉴定但未支付鉴定费用或者拒不提供相关材料的，应当承担举证不能的法律后果。

一审诉讼中负有举证责任的当事人未申请鉴定，虽申请鉴定但未支付鉴定费用或者拒不提供相关材料，二审诉讼中申请鉴定，人民法院认为确有必要的，应当依照民事诉讼法第一百七十条第一款第三项的规定处理。

**第三十三条** 人民法院准许当事人的鉴定申请后，应当根据当事人申请及查明案件事实的需要，确定委托鉴定的事项、范围、鉴定期限等，并组织当事人对争议的鉴定材料进行质证。

**第三十四条** 人民法院应当组织当事人对鉴定意见进行质证。鉴定人将当事人有争议且未经质证的材料作为鉴定依据的，人民法院应当组织当事人就该部分材料进行质证。经质证认为不能作为鉴定依据的，根据该材料作出的鉴定意见不得作为认定案件事实的依据。

**第三十五条** 与发包人订立建设工程施工合同的承包人，依据民法典第八百零七条的规定请求其承建工程的价款就工程折价或者拍卖的价款优先受偿的，人民法院应予支持。

**第三十六条** 承包人根据民法典第八百零七条规定享有的建设工程价款优先受偿权优于抵押权和其他债权。

**第三十七条** 装饰装修工程具备折价或者拍卖条件，装饰装修工程的承包人请求工程价款就该装饰装修工程折价或者拍卖的价款优先受偿的，人民法院应予支持。

**第三十八条** 建设工程质量合格，承包人请求其承建工程的价款就工程折价或者拍卖的价款优先受偿的，人民法院应予支持。

**第三十九条** 未竣工的建设工程质量合格，承包人请求其承建工程的价款就其承建工程部分折价或者拍卖的价款优先受偿的，人民法院应予支持。

**第四十条** 承包人建设工程价款优先受偿的范围依照国务院有关行政主管部门关于建设工程价款范围的规定确定。

承包人就逾期支付建设工程价款的利息、违约金、损害赔偿金等主张优先受偿的，人民法院不予支持。

**第四十一条** 承包人应当在合理期限内行使建设工程价款优先受偿权，但最长不得超过十八个月，自发包人应当给付建设工程价款之日起算。

**第四十二条** 发包人与承包人约定放弃或者限制建设工程价款优先受偿权，损害建筑工人利益，发包人根据该约定主张承包人不享有建设工程价款优先受偿权的，人民法院不予支持。

**第四十三条** 实际施工人以转包人、违法分包人为被告起诉的，人民法院应当依法受理。

实际施工人以发包人为被告主张权利的，人民法院应当追加转包人或者违法分包人为本案第三人，在查明发包人欠付转包人或者违法分包人建设工程价款的数额后，判决发包人在欠付建设工程价款范围内对实际施工人承担责任。

**第四十四条** 实际施工人依据民法典第五百三十五条规定，以转包人或者违法分包人怠于向发包人行使到期债权或者与该债权有关的从权利，影响其到期债权实现，提起代位权诉讼的，人民法院应予支持。

**第四十五条** 本解释自2021年1月1日起施行。

# 第十九章 运输合同

## 第一节 一般规定

**第八百零九条** 运输合同是承运人将旅客或者货物从起运地点运输到约定地点，旅客、托运人或者收货人支付票款或者运输费用的合同。

【条文要义】

本条是对运输合同概念的规定。

运输合同又叫运送合同，是指承运人将旅客或者货物从起运地点运输到约定地点，旅客、托运人或者收货人支付票款或者运输费用的合同。

运输合同是实现人流、物流的重要法律形式，其特征是：(1) 运输合同是双务、有偿合同；(2) 运输合同为诺成合同；(3) 运输合同多为格式条款。

以运输的对象为标准，运输合同可以分为旅客运输合同与货物运输合同；以运输工具为标准，运输合同可以分为铁路运输合同、公路运输合同、航空运输合同、水上运输合同、海上运输合同以及管道运输合同等；以承运人的多少为标准，运输合同可以分为单一运输合同和联合运输合同。

**第八百一十条** 从事公共运输的承运人不得拒绝旅客、托运人通常、合理的运输要求。

【条文要义】

本条是对公共运输承运人强制缔约义务的规定。

公共运输，是班轮、班机和班车运输以及其他对外公布的以固定路线、固定时间、固定价格进行商业性运输的运输服务行为。公共运输合同中承运人承担的义务，既包括运送旅客的活动，也包括运送货物的活动，都是关乎广大群众利益的工作，具有重要的社会意义，因而法律赋予公共运输承运人以强制缔约义务，即从事公共运输的承运人对要求订立合同的旅客和承运人，负有必须签订合同，不得拒绝旅客、托运人通常、合理的运输要求的义务。换言之，承运人不得拒绝旅客和托运人的订约要求，对于旅客和托运人的通常的、合理的订约要求，必须作出承诺。如果拒载，就是违反了强制缔约义务，应当对旅客、承运人承担违约责任。

**第八百一十一条** 承运人应当在约定期限或者合理期限内将旅客、货物安全运输到约定地点。

【条文要义】

本条是对承运人按时、安全运送义务的规定。

在运输合同中，承运人的主要义务是按时、安全地将旅客、货物运输到约定的地点。这是运输合同适当履行义务的表现，具体为按照运输期限、地点和约定方式，由特定主体履行，承运人在运输期限内将客货运送到目的地的义务。具体的要求是：

1. 承运人按照约定期限或者合理期限履行运送义务。强调合理期限，通常是指出现异常情形时。例如，不可抗力、其他意外原因而导致承运人不能按期履行的时间要求。

2. 安全运输义务，旅客持票上了承运人的运输工具后或者托运人将货物交付承运人之后，承运人即负有将客货安全运输到目的地的义务。非因法定的免责原因而造成客货损害的，应当承担相应的责任。

3. 承运人按照约定的地点履行运送义务，包括起始地点和运送终点都应符合约定。即承运人负有将客货运送到约定地点并交付合同载明的收货人的义务。未按约定地点运送客货的，承运人对造成的损害承担违约责任。

**第八百一十二条** 承运人应当按照约定的或者通常的运输路线将旅客、货物运输到约定地点。

【条文要义】

本条是对承运人按照约定运输路线运送的规定。

在运输合同中，承运人负有按照约定的或者通常的运输路线运送旅客或者货物的义务。对运输线路的不同选择，影响着客货的运输时间以及其他利益，关系重大，故承运人负有按照通常的运输路线将旅客、货物运输到约定地点的义务。按照约定的运输线路运送，是运输合同选择运输线路的基本要求。

不过，也会存在出现异常情形难以按照约定的运输路线运送的情形。例如，约定的运输线路出现异常天气而选择合理绕行，约定的运输线路出现危险而选择约定路线以外的路线运送，这些都是通常的运输路线，不能认为凡是没有按照约定的运输路线运送的都是违约行为。

承运人没有按照约定的或者通常的运输路线运送旅客、货物的，构成违约，应当承担违约责任。

**第八百一十三条** 旅客、托运人或者收货人应当支付票款或者运输费用。承运人未按照约定路线或者通常路线运输增加票款或者运输费用的，旅客、托运人或者收货人可以拒绝支付增加部分的票款或者运输费用。

【条文要义】

本条是对旅客、托运人或收货人支付票款或运费的规定。

旅客、托运人或者收货人按照约定支付票款和运费，是其在运输合同中的主要义务。对客货运输中杂费的支付，也属于旅客、托运人、收货人的义务，不应拒绝。支付费用的主要依据是运输合同的约定，只要约定的费用不违反国家的强制性规定，旅客、托运人、收货人予以承诺的，就应当依约履行。

承运人未按照约定的或者通常的路线运送，使旅客、托运人或者收货人增加票款或者运费的，应当承担违约责任，具体方式是旅客、托运人、收货人有权拒绝支付增加部分的票款和运费，对承运人未按照规定多收的杂费等，旅客、托运人、收货人也有权拒付。

## 第二节 客运合同

**第八百一十四条** 客运合同自承运人向旅客出具客票时成立，但是当事人另有约定或者另有交易习惯的除外。

【条文要义】

本条是对客运合同成立时间的规定。

客运合同也叫旅客运输合同，是指承运人与旅客关于承运人将旅客及其行李安全运送到目的地，旅客为此支付运费的运输合同。其特征是：（1）客运合同的标的是运输旅客的行为；（2）客运合同为格式合同，旅客只能选择购票或者不购票，没有讨价还价的余地。

客运合同自承运人向旅客出具客票时成立，旅客提出购票的请求为要约。在特殊情况下，承运人出具客票并不是合同成立。例如，旅客先上交通工具而后补票的，承运人准许其乘用交通工具时，是承诺之时，只不过乘用交通工具时尚未有书面合同，这属于另有约定。在当前实行的电子客票形式中，出具客票的形式基本不存在，通常是网上购票，网上申请购票并得到确认，即为合同成立，这属于另有交易习惯。这是规定当事人另有约定或者另有交易习惯的除外条款的原因。

客运合同何时生效，本条没有规定，一般认为是客票剪口，办理登机、乘船手续时生效，开始约束双方当事人。实行电子客票的，按照交易习惯确定生效时间。

**第八百一十五条** 旅客应当按照有效客票记载的时间、班次和座位号乘坐。旅客无票乘坐、超程乘坐、越级乘坐或者持不符合减价条件的优惠客票乘坐的，应当补交票款，承运人可以按照规定加收票款；旅客不支付票款的，承运人可以拒绝运输。

实名制客运合同的旅客丢失客票的，可以请求承运人挂失补办，承运人不得再次收取票款和其他不合理费用。

**【条文要义】**

本条是对旅客须持有效客票乘坐的规定。

在客运合同中，客票是表示承运人负有运送其持有人义务的书面凭证，是收到旅客乘坐费用的收据，是旅客和承运人双方当事人之间存在客运合同的有效债权文书。旅客必须出示有效客票，按照有效客票记载的时间、班次和座位号乘坐，不能无票乘坐。旅客无票乘坐，持不符合减价条件的优惠客票乘坐的，都是逃票行为；旅客超程乘坐、越级乘坐的，属于违约行为，应当承担违约责任。旅客承担须持有效客票承运义务的违约责任的主要方式是补交票款，承运人可以按照规定加收票款。旅客不支付票款的，承运人可以拒绝运输。

当前多数客运合同都实行实名制，对此，原《合同法》没有规定。本条第2

款作出新规定，实名制客运合同的旅客丢失客票的，可以请求承运人挂失补办，承运人不得再次收取票款和其他不合理费用。这样的规定有利于保护旅客的合法权益。

**第八百一十六条** 旅客因自己的原因不能按照客票记载的时间乘坐的，应当在约定的期限内办理退票或者变更手续；逾期办理的，承运人可以不退票款，并不再承担运输义务。

【条文要义】

本条是对旅客退票或改签的规定。

在客运合同中，旅客由于自己的原因，不能按照客票记载的时间乘坐的，可以退票或者改签。退票，是解除客运合同；改签，是变更客运合同。旅客由于自己的原因，可以解除合同或者变更合同，这是旅客的权利。

旅客要求退票或者改签，应当在约定的期限内办理，办理好退票或者改签的手续后，解除客运合同或者变更客运合同。旅客逾期办理退票和改签的，承运人可以不退票款，并不再承担运输义务。旅客应当注意保护自己的期限利益，避免超过期限要求而使自己承担不利后果。

**第八百一十七条** 旅客随身携带行李应当符合约定的限量和品类要求；超过限量或者违反品类要求携带行李的，应当办理托运手续。

【条文要义】

本条是对旅客携带行李的规定。

旅客在运输中携带行李，既是权利也是义务，可以携带行李是权利，携带行李须受到数量和品类要求的限制则是义务。客运合同准许旅客携带行李一同乘运，为保障旅客旅行安全需要而限制旅客携带行李的数量和品类的，旅客应当履行义务，原因是客运合同毕竟不是货运合同。旅客携带行李超出限制的，旅客应当凭客票办理行李托运手续，承运人应当向旅客出具行李票。

这里包括两种情形：（1）可以随身携带的行李超出数量和品类要求的要托运；（2）超出免费托运行李的数量和品类要求的，超量部分的托运实际上是订立了货运合同，应当缴纳托运费用。

第八百一十八条　旅客不得随身携带或者在行李中夹带易燃、易爆、有毒、有腐蚀性、有放射性以及可能危及运输工具上人身和财产安全的危险物品或者违禁物品。

旅客违反前款规定的，承运人可以将危险物品或者违禁物品卸下、销毁或者送交有关部门。旅客坚持携带或者夹带危险物品或者违禁物品的，承运人应当拒绝运输。

【条文要义】

本条是对不得携带或夹带危险物品或违禁物品的规定。

旅客在行使客运合同的权利时，负有保障运输安全的义务，不得随身携带或者在行李中夹带易燃、易爆、有腐蚀性、有放射性以及有可能危及运输工具上他人人身和财产安全的危险物品或者其他违禁物品。这些义务旅客都必须履行，不得违反。

旅客违反上述义务的，应当承担违约责任，后果是：承运人有权将上述影响公共安全的物品予以卸下、销毁或者送交有关部门。如果旅客坚持携带或者夹带，承运人有权拒绝运输，即强制解除客运合同。

第八百一十九条　承运人应当严格履行安全运输义务，及时告知旅客安全运输应当注意的事项。旅客对承运人为安全运输所作的合理安排应当积极协助和配合。

【条文要义】

本条是对承运人承担安全运输义务的规定。

在客运合同中，在承运人应当履行的义务中，安全运输义务是重要内容。承运人在履行安全义务时，有重要的告知义务：及时告知旅客安全运输应当注意的事项，要求旅客按照其要求进行，如乘坐飞机时要系好安全带。旅客对承运人为安全运输所作的合理安排，负有积极协助和配合的义务，要按照承运人的要求做好。

**第八百二十条** 承运人应当按照有效客票记载的时间、班次和座位号运输旅客。承运人迟延运输或者有其他不能正常运输情形的，应当及时告知和提醒旅客，采取必要的安置措施，并根据旅客的要求安排改乘其他班次或者退票；由此造成旅客损失的，承运人应当承担赔偿责任，但是不可归责于承运人的除外。

【条文要义】

本条是对承运人按照时间、班次和座位号运输旅客的规定。

客票上载明的时间、班次和座位号，是客运合同双方当事人的合意，承运人应当按照约定的内容履行，将旅客安全运送到约定地点。承运人未按照客票载明的时间、班次和座位号运输，构成迟延运输或者有其他不能正常运输情形的，应当承担的责任是：

1. 对旅客承担告知和提醒义务，满足旅客的知情权。
2. 采取必要的安置措施，安置好旅客。
3. 根据旅客的要求安排改乘其他班次或者退票，即变更或者解除合同，这是旅客的权利，承运人应当予以满足。
4. 因承运人迟延运输而造成旅客损失的，承运人应当承担赔偿责任，但是不可归责于承运人的除外，如天气原因以及其他不可抗力的原因导致的运输迟延，承运人不承担赔偿责任。

**第八百二十一条** 承运人擅自降低服务标准的，应当根据旅客的请求退票或者减收票款；提高服务标准的，不得加收票款。

【条文要义】

本条是对承运人擅自降低服务标准的规定。

在客运合同中，承运人应当按照约定的标准提供运输工具。承运人没有经过旅客的同意而擅自变更运输工具等降低服务标准的，会引起以下法律上的后果：

1. 承运人擅自变更运输工具等降低服务标准的，旅客享有解除权和减收票款的变更权，承运人应当根据旅客的请求退票即解除合同或者减收票款即变更合同价款条款。
2. 承运人擅自变更运输工具而提高服务标准的，对旅客有利。因此，没有规定旅客有解除权和变更权,而是对承运人规定了不得加收票款的义务。例如,因航空公司将旅客由经济舱升为公务舱的,承运人不得增收票款。

**第八百二十二条** 承运人在运输过程中,应当尽力救助患有急病、分娩、遇险的旅客。

【条文要义】

本条是对承运人救助义务的规定。

在客运合同履行过程中,承运人对旅客负有救助义务。在运输过程中,如果乘运的旅客出现意外情况,如患病、分娩、遇险等,承运人应当尽力救助,尽力采取救助措施,使旅客脱离危险。这是承运人负担安全运输义务的体现,也是保障旅客安全的内容,承运人应当善尽这一义务。违反该义务造成不良后果的,承运人应当承担违约责任。

**第八百二十三条** 承运人应当对运输过程中旅客的伤亡承担赔偿责任;但是,伤亡是旅客自身健康原因造成的或者承运人证明伤亡是旅客故意、重大过失造成的除外。

前款规定适用于按照规定免票、持优待票或者经承运人许可搭乘的无票旅客。

【条文要义】

本条是对旅客伤亡损害赔偿责任的规定。

承运人应当保证旅客的人身安全,对旅客在运输过程中伤亡的,应当承担赔偿责任。这种赔偿责任,既是违约责任,也是侵权责任,应当适用民法典第186条的规定,由受害的旅客选择适当的请求权。

承运人免除责任的事由有:(1)旅客因自身健康原因造成的伤亡;(2)承运人能够证明伤亡是由旅客的故意、重大过失造成的。

承运人对旅客伤亡的损害赔偿责任及免责事由,不仅适用于正常购票乘运的旅客,而且适用于按照规定免票、持优待票或者经承运人许可搭乘的无票旅客。对于没有合法有效的合同关系、未经允许乘坐的无票乘坐人,承运人对其伤亡不承担赔偿责任。

**第八百二十四条** 在运输过程中旅客随身携带物品毁损、灭失,承运人有过错的,应当承担赔偿责任。

旅客托运的行李毁损、灭失的,适用货物运输的有关规定。

【条文要义】

本条是对旅客随身携带行李毁损、灭失损害赔偿责任的规定。

在客运合同中,承运人对运输过程中旅客随身携带的行李毁损、灭失承担赔偿责任。这种行李损害赔偿责任分为两种情形:

1. 旅客随身携带的行李毁损、灭失的,承运人应当承担过错责任的损害赔偿责任,承运人对行李的毁损、灭失有过错的,承担赔偿责任,没有过错不承担赔偿责任。

2. 旅客托运行李的毁损、灭失,适用货物运输的有关规定,即民法典第832条关于"承运人对运输过程中货物的毁损、灭失承担赔偿责任。但是,承运人证明货物的毁损、灭失是因不可抗力、货物本身的自然性质或者合理损耗以及托运人、收货人的过错造成的,不承担赔偿责任"的规定,确定赔偿责任。

## 第三节 货运合同

**第八百二十五条** 托运人办理货物运输,应当向承运人准确表明收货人的姓名、名称或者凭指示的收货人,货物的名称、性质、重量、数量,收货地点等有关货物运输的必要情况。

因托运人申报不实或者遗漏重要情况,造成承运人损失的,托运人应当承担赔偿责任。

【条文要义】

本条是对货运合同及托运人如实申报的规定。

货运合同,是指承运人将托运人交付的运输货物运送到约定地点,托运人支付运费的合同。其特征是:(1)货运合同往往涉及第三人即收货人;(2)货运合同的标的是运输行为,不仅要将运输的货物运输到目的地,而且要把货物交付收货人。货运合同的成立，以托运人提出运输货物的请求为要约，以承运人的同意运输为承诺。

托运人托运货物应当办理托运手续，负有如实申报义务，如实填报托运单，承运人在托运单上签字认可后，货运合同即告成立。如实申报的内容是：（1）收货人：向承运人准确表明收货人的姓名（自然人）、名称（法人或者非法人组织）或者凭指示的收货人；（2）托运的货物：货物的名称、性质、重量、数量；（3）收货地点；（4）有关货物运输的必要情况：如是否为鲜活物品等。

托运人不如实申报的后果是：因托运人申报不实或者遗漏重要情况，造成承运人损失的，托运人应当承担赔偿责任。

**第八百二十六条** 货物运输需要办理审批、检验等手续的，托运人应当将办理完有关手续的文件提交承运人。

【条文要义】

本条是对托运人提交审批、检验等文件的规定。

对于货物的运输，有些会涉及各种审批、检验等手续问题。例如，国际货物运输合同，须向海关办理出口货物的报关，须为出口的货物办理检疫、检验等手续。这些手续是货物运输所必需的，没有这些手续，无法进行正常的运输。所以，对需要国家审批、检验之后才可以运输的货物，托运人应当按照规定办理，并将办理的审批、检验手续的文件提交给承运人，以保证货物运输的正常进行。

**第八百二十七条** 托运人应当按照约定的方式包装货物。对包装方式没有约定或者约定不明确的，适用本法第六百一十九条的规定。

托运人违反前款规定的，承运人可以拒绝运输。

【条文要义】

本条是对托运货物包装的规定。

在货运合同中，托运人对托运的货物负有包装的义务，以避免货物在运输途中因包装不妥而毁损、灭失。托运人履行对运输货物包装义务的方法有：（1）合同对包装方式有约定的，托运人应当按照约定的方式包装货物；（2）合同中对包装方式没有约定或者约定不明确的，包装方式应当按照本编第619条规定的方法确定，即补充协议，按照补充协议约定的方法包装；补充协议仍然不能确定的，应当采用通用的方式包装；没有通用方式的，应当采取足以保护货物的包装方式进行包装。

托运人违反包装义务，没有采取适当方式包装托运货物的，承运人有权拒绝运输，这并不违反强制缔约义务的规定。

**第八百二十八条** 托运人托运易燃、易爆、有毒、有腐蚀性、有放射性等危险物品的，应当按照国家有关危险物品运输的规定对危险物品妥善包装，做出危险物品标志和标签，并将有关危险物品的名称、性质和防范措施的书面材料提交承运人。

托运人违反前款规定的，承运人可以拒绝运输，也可以采取相应措施以避免损失的发生，因此产生的费用由托运人负担。

【条文要义】

本条是对托运人托运危险物品的规定。

托运人托运易燃、易爆、有毒、有腐蚀性、有放射性等危险物品，负有托运危险物品应当履行的义务，包括：（1）应当按照国家有关危险物品运输的规定对危险物品妥善包装；（2）标示危险物品标志和标签；（3）将有关危险物品的名称、性质和防范措施的书面材料提交承运人。

托运人通过履行上述义务，保障托运的危险物品不发生危险，保护好托运人、承运人以及公众的安全。

托运人违反托运危险物品义务的后果是：（1）承运人可以拒绝运输，拒绝签订货运合同；（2）也可以采取相应措施以避免损失的发生，由此产生的费用由托运人负担。例如，承运人对托运的危险物品进行妥善包装，费用由托运人承担。上述两种方法，由承运人选择。

**第八百二十九条** 在承运人将货物交付收货人之前，托运人可以要求承运人中止运输、返还货物、变更到达地或者将货物交给其他收货人，但是应当赔偿承运人因此受到的损失。

【条文要义】

本条是对托运人变更、解除货运合同的规定。

在货运合同履行过程中，托运人享有特别解除权和变更权，这是因为货物运输是一个过程，在这个过程中，托运人有可能对托运的货物作出新的处分行为，因而应当享有这样的权利。

故托运人在货物运输过程中，只要在未将货物交付收货人之前，都可以向承运人行使变更权和解除权，按照自己的意愿，对货运合同中的具体内容进行变更或解除：(1) 中止履行合同：由承运人中止运输；(2) 解除合同：要求承运人返还货物；(3) 变更到达地：将原定货运合同的到达地由甲地变更为乙地；(4) 变更收货人：将货物交付原收货人之外的其他收货人。

托运人的变更权和解除权行使的期限为承运人未将托运的货物交付收货人之前。承运人已经将托运的货物交付收货人的，托运人不得变更或解除货运合同。

托运人变更或解除货运合同的后果是：因变更或者解除货运合同而给承运人增加额外负担的，应当对承运人因此受到的损失承担赔偿责任。

**第八百三十条** 货物运输到达后，承运人知道收货人的，应当及时通知收货人，收货人应当及时提货。收货人逾期提货的，应当向承运人支付保管费等费用。

【条文要义】

本条是对承运人通知和收货人及时提货的规定。

货运合同履行中，货物运输到达运送地点后，承运人和收货人都负有相应的义务：

1. 承运人的通知义务：承运人知道收货人的，应当及时通知收货人，通知的内容是货到、提货地点及提货时间，提示收货人按期提货。

2. 收货人的按期提货义务：收货人虽然没有参与订立货运合同的活动，但其享有接收货物的权利，应当承担按期提货的义务。

收货人提货后，货运合同消灭。收货人逾期提货的，即为违反按期提货义务，应当向承运人支付保管费等逾期提货的费用。

**第八百三十一条** 收货人提货时应当按照约定的期限检验货物。对检验货物的期限没有约定或者约定不明确，依据本法第五百一十条的规定仍不能确定的，应当在合理期限内检验货物。收货人在约定的期限或者合理期限内对货物的数量、毁损等未提出异议的，视为承运人已经按照运输单证的记载交付的初步证据。

【条文要义】

本条是对收货人按期检验货物的规定。

收货人接到承运人货到、提货的通知或者托运人的货到通知后，应当如期检验货物，确定是否收货。收货人检验货物期限的确定方法是：

1. 按照约定的提货期限检验货物，即约定的是什么期限，就按照约定的期限确定。

2. 对提货期限没有约定或者约定不明确的，依据民法典第 510 条的规定重新协议，按照协议确定的期限检验货物。

3. 重新协议仍不能确定的，应当在合理期限内检验货物。收货人在约定的期限或者合理期限内对货物的数量、毁损等未提出异议的，视为承运人已经按照运输单证的记载进行交付的初步证据。之所以强调这种情形是交付的初步证据，是因为收货人即使未在约定的期限或者合理期限内提出异议，但以后也可以据此提出进行异议和索赔的相反的证据，一旦有证据证明货物的毁损、灭失是发生在运输期间的，承运人仍然应当承担赔偿责任。实际上，收货人在约定的期限或者合理期限内对货物的数量、毁损等未提出异议的，推定承运人交付的货物与运输单证的记载相符，货物状况良好，承运人已经按照运输单证的记载进行了交付；如果收货人有相反证据推翻这一推定，则按照证明的实际情况认定事实。

**第八百三十二条** 承运人对运输过程中货物的毁损、灭失承担赔偿责任。但是，承运人证明货物的毁损、灭失是因不可抗力、货物本身的自然性质或者合理损耗以及托运人、收货人的过错造成的，不承担赔偿责任。

【条文要义】

本条是对承运人对货损赔偿责任和免责事由的规定。

在货运合同中，对在运输过程中发生的货损，如托运货物毁损、灭失，根据运输中的货物毁损、灭失风险负担规则的要求，应当由承运人负担。即承运人将货物交付收货人后，收货人检验发现货物毁损或者灭失的，承运人基于运输合同对承运的货物毁损、灭失负赔偿责任。

不过，这种货物毁损、灭失风险负担规则并非绝对的，如果存在免责事由，承运人应当免责。承运人具体的免责事由有：

1. 不可抗力：由于运输过程中的货物所有权仍属于托运人或者收货人，因而在运输过程中货物毁损、灭失是因不可抗力所致的，承运人不承担赔偿责任。

2. 货物本身的自然性质或者合理损耗：货物本身的自然性质，如气体因自然属性而挥发；合理损耗是货物在长时间运输过程中必然发生的一部分损失。

3. 因托运人、收货人的过错造成的损失：如包装缺陷所致、收货人卸货造成的损失等。

对于符合上述情形的损失，承运人不承担赔偿责任。

**第八百三十三条　货物的毁损、灭失的赔偿额，当事人有约定的，按照其约定；没有约定或者约定不明确，依据本法第五百一十条的规定仍不能确定的，按照交付或者应当交付时货物到达地的市场价格计算。法律、行政法规对赔偿额的计算方法和赔偿限额另有规定的，依照其规定。**

【条文要义】

本条是对货物毁损、灭失赔偿数额的规定。

在货运合同中，货损发生后，确定由承运人承担赔偿责任的，其具体赔偿数额的确定方法有：

1. 货运合同对赔偿数额有约定的，按照其约定确定。

2. 货运合同对赔偿数额没有约定或者约定不明确的，依据民法典第510条的规定补充协议，按照补充协议约定的数额赔偿。

3. 补充协议仍然不能确定的，按照交付或者应当交付时货物到达地的市场价格计算。

4. 法律和行政法规另有计算方法和赔偿限额规定的，依照规定确定。例如，对某些货运合同的货物关于限额赔偿的规定。

**第八百三十四条　两个以上承运人以同一运输方式联运的，与托运人订立合同的承运人应当对全程运输承担责任；损失发生在某一运输区段的，与托运人订立合同的承运人和该区段的承运人承担连带责任。**

【条文要义】

本条是对单式联运合同货损赔偿责任的规定。

单式联运合同，也叫相继运输合同，是指托运人与两个以上承运人以同一种运输方式就货物运输所订立的合同。单式联运合同的特点是存在转车、转机、转船的运输，实行一票到底，托运人只要与第一承运人签订了运输合同，就可以享受全程所有区段的运输。

单式联运合同中各承运人的责任负担方式是：

1. 与托运人订立合同的承运人即第一承运人，应当对全程运输的货物风险承担责任，凡是在全程运输中发生的货损，第一承运人都应当承担赔偿责任。

2. 损失发生在某一个运输区段的，与托运人订立合同的承运人和该区段的承运人都应当承担赔偿责任，责任形态是连带责任，托运人或者收货人可以向任何一方主张承担全部赔偿责任，任何一方都应当对全部损失承担赔偿责任。

**第八百三十五条** 货物在运输过程中因不可抗力灭失，未收取运费的，承运人不得请求支付运费；已经收取运费的，托运人可以请求返还。法律另有规定的，依照其规定。

【条文要义】

本条是对不可抗力致托运货物灭失运费负担规则的规定。

在货运合同中，货物在运输过程中因不可抗力灭失，因货物的所有权属于托运人或者收货人，因而其应当承担意外灭失风险，不得向承运人主张赔偿责任。对于如何处理该货物的运费，关系当事人之间的利益平衡问题，确定的规则是：（1）未收取运费的，承运人不得请求支付运费；（2）已经收取运费的，托运人可以请求返还，承运人应当返还。

**第八百三十六条** 托运人或者收货人不支付运费、保管费或者其他费用的，承运人对相应的运输货物享有留置权，但是当事人另有约定的除外。

【条文要义】

本条是对承运人对运输货物享有留置权的规定。

在货运合同中，托运人应当承担支付运费等费用的义务，有的是由收货人承担支付运费等费用的义务，如约定"到付"的情形。托运人或者收货人不支付运费、保管费以及其他费用的，由于承运人对运输货物的实际占有，当出现托运人或者收货人拒绝支付费用的情形时，承运人对相应的运输货物享有留置权，作为清偿运费等费用债权的担保。按照留置权的规定，承运人可以继续占有该运输货物，进行催告，给予宽限期，宽限期届满，承运人可以对占有的运输货物进行拍卖、变卖，以其价款优先受偿。但是，如果当事人对支付价款的担保另有约定的，则依照约定处理。

**第八百三十七条** 收货人不明或者收货人无正当理由拒绝受领货物的，承运人依法可以提存货物。

【条文要义】

本条是对运输货物提存的规定。

提存是履行债务的方式之一，经过提存，债务人就完成了交付标的物的债务，债权人就实现了债权。在货运合同的履行中，收货人不明或者收货人无正当理由拒绝受领货物的，承运人无法向收货人交付货物，从而不能将运输义务履行完毕。在这种情形下，承运人就具备了以提存方式消灭债务的条件，可以依照民法典第570条关于难以履行债务，债务人可以将标的物提存的规定，承运人提存货物，即完成交付，履行完毕运输债务，消灭货运合同的债权。

## 第四节　多式联运合同

**第八百三十八条** 多式联运经营人负责履行或者组织履行多式联运合同，对全程运输享有承运人的权利，承担承运人的义务。

【条文要义】

本条是对多式联运经营人权利义务的规定。

多式联运，是与单一运输以及单式联运相对的运输形式。多式联运合同，是指多式联运经营人与托运人订立的，约定以两种或者两种以上的不同运输方式，采用同一种运输凭证将货物运输至约定地点的合同。其特点是，一次托运、一次收费、一票到底、一次保险、全程负责的"一条龙"服务的综合性运输，有独特的优越性，对于满足人民生活需要、促进国民经济发展，都具有重要意义。

多式联运经营人，是多式联运活动的组织者、经营者，与托运人相对应，负责对多式联运合同的履行和组织履行，享有全程运输的全部权利，包括收取运输费用，在托运人违约时请求赔偿等；同时也履行全部义务和承担全部责任，对各实际承运人在运输中造成迟延或者货物损害的，经营人都要承担赔偿责任。

**第八百三十九条** 多式联运经营人可以与参加多式联运的各区段承运人就多式联运合同的各区段运输约定相互之间的责任；但是，该约定不影响多式联运经营人对全程运输承担的义务。

【条文要义】

本条是对多式联运合同责任的规定。

多式联运经营人对多式联运承担责任，是多式联运合同责任承担的基本原则。因为多式联运的各区段承运人之间都存在通过共同合作从事联合运输的内部协作，所以在各承运人之间存在一种事实上的合同型的联营关系。在多式联运经营人与托运人签订了多式联运合同后，各承运人都参与了这一合同关系，都应当承担责任。基本规则是：

1. 多式联运经营人可以与参加多式联运的各区段承运人就多式联运合同的各区段运输约定相互之间的责任。这种约定是有效的，可以依照该约定确定责任归属。

2. 该约定的效力不影响多式联运经营人对全程运输承担的责任，即联运的各个承运人尽管可以约定各区段的责任归属，但是对托运人而言，多式联运经营人仍然要承担全部责任，上述约定对这一责任规则不发生作用。

**第八百四十条** 多式联运经营人收到托运人交付的货物时，应当签发多式联运单据。按照托运人的要求，多式联运单据可以是可转让单据，也可以是不可转让单据。

【条文要义】

本条是对多式联运单据的规定。

多式联运的托运人在办理多式联运手续时，在交付货物、支付运费的同时，还应当填写相关的联运单据，确认相关事项。多式联运经营人在收到托运人交付的货物时，根据托运人提供的资料，签发多式联运单据。多式联运单据既是债权文书，也是货权凭证。

多式联运单据，可以是可转让单据，也可以是不可转让单据。是否为可转让，多式联运经营人应根据托运人的要求签发，托运人对此享有选择权。其意义在于取得不可转让单据的，托运人对托运的货物不可转让权属；取得可转让单据的，在运输过程中可以转让货物的权属。

**第八百四十一条** 因托运人托运货物时的过错造成多式联运经营人损失的，即使托运人已经转让多式联运单据，托运人仍然应当承担赔偿责任。

【条文要义】

本条是对托运人承担赔偿责任的规定。

在多式联运合同中，由于托运人托运货物时的过错造成多式联运经营人损失的，托运人应当承担赔偿责任。即使托运人已经转让了多式联运单据，也不因此而免除其责任或者将赔偿责任转移给多式联运单据的权利人承担，托运人仍然应对自己的过错行为造成的损害承担赔偿责任，并不因为托运人已经不是该货物的所有人而免除责任。

**第八百四十二条** 货物的毁损、灭失发生于多式联运的某一运输区段的，多式联运经营人的赔偿责任和责任限额，适用调整该区段运输方式的有关法律规定；货物毁损、灭失发生的运输区段不能确定的，依照本章规定承担赔偿责任。

【条文要义】

本条是对多式联运经营人货损赔偿责任和责任限额的规定。

在履行多式联运合同的过程中，由于是用不同的运输方式进行货物运输，而我国的专门运输法律、法规对不同的运输方式中的赔偿责任和责任限额的规定是不同的，因而出现不同运输区段有不同的赔偿责任和责任限额的问题。依据能否确定货损发生的运输区段的标准，适用不同的规则：

1. 货物的毁损、灭失发生于多式联运的某一运输区段的，如果法律、法规对某种运输方式、某种运输工具、某一运输区段的赔偿责任和责任限额有特别规定的，多式联运经营人的赔偿责任和责任限额应当适用调整该区段、该运输方式的有关法律规定予以确定。例如，在海运或者空运中发生的货物毁损、灭失，就不能适用铁路运输法律法规的损害赔偿责任的规定，而要适用海运或者空运的法律法规关于损害赔偿责任的规定确定责任。

2. 货物毁损、灭失发生的运输区段不能确定的，依照本章规定承担损害赔偿责任。对此，适用"隐蔽损害一般原则"规定确定多式联运经营人的责任，即对这一类货损采用某项统一规定的办法确定经营人的责任。实际上就是民法典第839条关于"多式联运经营人可以与参加多式联运的各区段承运人就多式联运合同的各区段运输约定相互之间的责任"的规定，确认承担责任的规则。

## 【相关司法解释】

### 《最高人民法院关于审理铁路运输损害赔偿案件若干问题的解释》

#### 一、实际损失的赔偿范围

铁路法第十七条中的"实际损失"，是指因灭失、短少、变质、污染、损坏导致货物、包裹、行李实际价值的损失。

铁路运输企业按照实际损失赔偿时，对灭失、短少的货物、包裹、行李，按照其实际价值赔偿；对变质、污染、损坏降低原有价值的货物、包裹、行李，可按照其受损前后实际价值的差额或者加工、修复费用赔偿。

货物、包裹、行李的赔偿价值按照托运时的实际价值计算。实际价值中未包含已支付的铁路运杂费、包装费、保险费、短途搬运费等费用的，按照损失部分的比例加算。

#### 二、铁路运输企业的重大过失

铁路法第十七条中的"重大过失"是指铁路运输企业或者其受雇人、代理人对承运的货物、包裹、行李明知可能造成损失而轻率地作为或者不作为。

#### 三、保价货物损失的赔偿

铁路法第十七条第一款（一）项中规定的"按照实际损失赔偿，但最高不超过保价额。"是指保价运输的货物、包裹、行李在运输中发生损失，无论托运人在办理保价运输时，保价额是否与货物、包裹、行李的实际价值相符，均应在保价额内按照损失部分的实际价值赔偿，实际损失超过保价额的部分不予赔偿。

如果损失是因铁路运输企业的故意或者重大过失造成的，比照铁路法第十七条第一款（二）项的规定，不受保价额的限制，按照实际损失赔偿。

### 四、保险货物损失的赔偿

投保货物运输险的货物在运输中发生损失，对不属于铁路运输企业免责范围的，适用铁路法第十七条第一款（二）项的规定，由铁路运输企业承担赔偿责任。

保险公司按照保险合同的约定向托运人或收货人先行赔付后，对于铁路运输企业应按货物实际损失承担赔偿责任的，保险公司按照支付的保险金额向铁路运输企业追偿，因不足额保险产生的实际损失与保险金的差额部分，由铁路运输企业赔偿；对于铁路运输企业应按限额承担赔偿责任的，在足额保险的情况下，保险公司向铁路运输企业的追偿额为铁路运输企业的赔偿限额，在不足额保险的情况下，保险公司向铁路运输企业的追偿额在铁路运输企业的赔偿限额内按照投保金额与货物实际价值的比例计算，因不足额保险产生的铁路运输企业的赔偿限额与保险公司在限额内追偿额的差额部分，由铁路运输企业赔偿。

### 五、保险保价货物损失的赔偿

既保险又保价的货物在运输中发生损失，对不属于铁路运输企业免责范围的，适用铁路法第十七条第一款（一）项的规定由铁路运输企业承担赔偿责任。对于保险公司先行赔付的，比照本解释第四条对保险货物损失的赔偿处理。

### 六、保险补偿制度的适用

《铁路货物运输实行保险与负责运输相结合的补偿制度的规定（试行）》（简称保险补偿制度），适用于1991年5月1日铁路法实施以前已投保货物运输险的案件。铁路法实施后投保货物运输险的案件，适用铁路法第十七条第一款的规定，保险补偿制度中有关保险补偿的规定不再适用。

### 七、逾期交付的责任

货物、包裹、行李逾期交付，如果是因铁路逾期运到造成的，由铁路运输企业支付逾期违约金；如果是因收货人或旅客逾期领取造成的，由收货人或旅客支付保管费；既因逾期运到又因收货人或旅客逾期领取造成的，由双方各自承担相应的责任。

铁路逾期运到并且发生损失时，铁路运输企业除支付逾期违约金外，还应当赔偿损失。对收货人或者旅客逾期领取，铁路运输企业在代保管期间因保管不当造成损失的，由铁路运输企业赔偿。

## 八、误交付的责任

货物、包裹、行李误交付（包括被第三者冒领造成的误交付），铁路运输企业查找超过运到期限的，由铁路运输企业支付逾期违约金。不能交付的，或者交付时有损失的，由铁路运输企业赔偿。铁路运输企业赔付后，再向有责任的第三者追偿。

## 九、赔偿后又找回原物的处理

铁路运输企业赔付后又找回丢失、被盗、冒领、逾期等按灭失处理的货物、包裹、行李的，在通知托运人，收货人或旅客退还赔款领回原物的期限届满后仍无人领取的，适用铁路法第二十二条按无主货物的规定处理。铁路运输企业未通知托运人，收货人或者旅客而自行处理找回的货物、包裹、行李的，由铁路运输企业赔偿实际损失与已付赔款差额。

## 十、代办运输货物损失的赔偿

代办运输的货物在铁路运输中发生损失，对代办运输企业接受托运人的委托以自己的名义与铁路运输企业签订运输合同托运或领取货物的，如委托人依据委托合同要求代办运输企业向铁路运输企业索赔的，应予支持。对代办运输企业未及时索赔而超过运输合同索赔时效的，代办运输企业应当赔偿。

## 十一、铁路旅客运送责任期间

铁路运输企业对旅客运送的责任期间自旅客持有效车票进站时起到旅客出站或者应当出站时止。不包括旅客在候车室内的期间。

## 十二、第三者责任造成旅客伤亡的赔偿

在铁路旅客运送期间因第三者责任造成旅客伤亡，旅客或者其继承人要求铁路运输企业先予赔偿的，应予支持。铁路运输企业赔付后，有权向有责任的第三者追偿。

**《最高人民法院关于审理铁路运输人身损害赔偿纠纷案件适用法律若干问题的解释》**

为正确审理铁路运输人身损害赔偿纠纷案件，依法维护各方当事人的合法权益，根据《中华人民共和国民法典》《中华人民共和国铁路法》《中华人民共和国民事诉讼法》等法律的规定，结合审判实践，就有关适用法律问题作如下解释：

**第一条** 人民法院审理铁路行车事故及其他铁路运营事故造成的铁路运输人身损害赔偿纠纷案件，适用本解释。

铁路运输企业在客运合同履行过程中造成旅客人身损害的赔偿纠纷案件，不

适用本解释；与铁路运输企业建立劳动合同关系或者形成劳动关系的铁路职工在执行职务中发生的人身损害，依照有关调整劳动关系的法律规定及其他相关法律规定处理。

第二条　铁路运输人身损害的受害人以及死亡受害人的近亲属为赔偿权利人，有权请求赔偿。

第三条　赔偿权利人要求对方当事人承担侵权责任的，由事故发生地、列车最先到达地或者被告住所地铁路运输法院管辖。

前款规定的地区没有铁路运输法院的，由高级人民法院指定的其他人民法院管辖。

第四条　铁路运输造成人身损害的，铁路运输企业应当承担赔偿责任；法律另有规定的，依照其规定。

第五条　铁路行车事故及其他铁路运营事故造成人身损害，有下列情形之一的，铁路运输企业不承担赔偿责任：

（一）不可抗力造成的；

（二）受害人故意以卧轨、碰撞等方式造成的；

（三）法律规定铁路运输企业不承担赔偿责任的其他情形造成的。

第六条　因受害人的过错行为造成人身损害，依照法律规定应当由铁路运输企业承担赔偿责任的，根据受害人的过错程度可以适当减轻铁路运输企业的赔偿责任，并按照以下情形分别处理：

（一）铁路运输企业未充分履行安全防护、警示等义务，铁路运输企业承担事故主要责任的，应当在全部损害的百分之九十至百分之六十之间承担赔偿责任；铁路运输企业承担事故同等责任的，应当在全部损害的百分之六十至百分之五十之间承担赔偿责任；铁路运输企业承担事故次要责任的，应当在全部损害的百分之四十至百分之十之间承担赔偿责任；

（二）铁路运输企业已充分履行安全防护、警示等义务，受害人仍施以过错行为的，铁路运输企业应当在全部损害的百分之十以内承担赔偿责任。

铁路运输企业已充分履行安全防护、警示等义务，受害人不听从值守人员劝阻强行通过铁路平交道口、人行过道，或者明知危险后果仍然无视警示规定沿铁路线路纵向行走、坐卧故意造成人身损害的，铁路运输企业不承担赔偿责任，但是有证据证明并非受害人故意造成损害的除外。

第七条　铁路运输造成无民事行为能力人人身损害的，铁路运输企业应当承担赔偿责任；监护人有过错的，按照过错程度减轻铁路运输企业的赔偿责任。

铁路运输造成限制民事行为能力人人身损害的，铁路运输企业应当承担赔偿责任；监护人或者受害人自身有过错的，按照过错程度减轻铁路运输企业的赔偿责任。

**第八条** 铁路机车车辆与机动车发生碰撞造成机动车驾驶人员以外的人人身损害的，由铁路运输企业与机动车一方对受害人承担连带赔偿责任。铁路运输企业与机动车一方之间的责任份额根据各自责任大小确定；难以确定责任大小的，平均承担责任。对受害人实际承担赔偿责任超出应当承担份额的一方，有权向另一方追偿。

铁路机车车辆与机动车发生碰撞造成机动车驾驶人员人身损害的，按照本解释第四条至第六条的规定处理。

**第九条** 在非铁路运输企业实行监护的铁路无人看守道口发生事故造成人身损害的，由铁路运输企业按照本解释的有关规定承担赔偿责任。道口管理单位有过错的，铁路运输企业对赔偿权利人承担赔偿责任后，有权向道口管理单位追偿。

**第十条** 对于铁路桥梁、涵洞等设施负有管理、维护等职责的单位，因未尽职责使该铁路桥梁、涵洞等设施不能正常使用，导致行人、车辆穿越铁路线路造成人身损害的，铁路运输企业按照本解释有关规定承担赔偿责任后，有权向该单位追偿。

**第十一条** 有权作出事故认定的组织依照《铁路交通事故应急救援和调查处理条例》等有关规定制作的事故认定书，经庭审质证，对于事故认定书所认定的事实，当事人没有相反证据和理由足以推翻的，人民法院应当作为认定事实的根据。

**第十二条** 在专用铁路及铁路专用线上因运输造成人身损害，依法应当由肇事工具或者设备的所有人、使用人或者管理人承担赔偿责任的，适用本解释。

**第十三条** 本院以前发布的司法解释与本解释不一致的，以本解释为准。

# 第二十章 技术合同

## 第一节 一般规定

**第八百四十三条** 技术合同是当事人就技术开发、转让、许可、咨询或者服务订立的确立相互之间权利和义务的合同。

【条文要义】

本条是对技术合同概念的规定。

技术合同,是指当事人就技术开发、转让、许可、咨询或者服务订立的确立相互之间权利和义务的合同。技术合同的特征是:

1. 技术合同的标的是技术成果,无论是技术开发、技术转让还是技术服务,当事人权利义务共同指向的都是技术成果。

2. 技术合同受多重法律调整,除遵循民法关于债的一般规定外,受民法典合同编的调整,还受知识产权法律规范的调整。

3. 技术合同是双务、有偿合同。

4. 技术合同的主体一方具有特定性,通常至少有一方是能够利用自己的技术力量从事技术开发、技术转让、技术咨询或服务的法人、自然人或者非法人组织。

技术合同包括技术开发合同、技术转让合同、技术许可合同、技术咨询合同和技术服务合同。

**第八百四十四条** 订立技术合同,应当有利于知识产权的保护和科学技术的进步,促进科学技术成果的研发、转化、应用和推广。

【条文要义】

本条是对技术合同订立原则的规定。

订立技术合同,须遵循有利于科学技术的进步,促进科学技术成果的转化、应用和推广的原则。这是因为人类智慧凝成的各项科技成果，已成为现代经济发展的主要动力。要从根本上推动科学技术进步，发挥科学技术第一生产力的作用，就必须实现科学技术与经济建设的结合，加速科研成果的物化过程，使之广泛运用于生产实践，转化为直接的生产力。实践表明，合同制度能够加速科学技术成果的应用和推广，能够使技术充分发挥出社会效益，不断启迪新技术思想，为新科学技术成果的诞生提供基础。将引领科学技术进步、加速科学技术成果的应用和推广作为技术合同订立的原则，目的在于鼓励和引导当事人正确运用技术合同这一法律形式，在科研与生产之间架起桥梁。非法垄断技术、妨碍技术进步的技术合同是无效技术合同，从订立时起就没有法律约束力。根据有利于科学技术进步原则，一切封锁、垄断、妨碍科学技术成果推广应用，进行不正当竞争的行为，都是不符合这一原则要求的。

**第八百四十五条** 技术合同的内容一般包括项目的名称，标的的内容、范围和要求，履行的计划、地点和方式，技术信息和资料的保密，技术成果的归属和收益的分配办法，验收标准和方法，名词和术语的解释等条款。

与履行合同有关的技术背景资料、可行性论证和技术评价报告、项目任务书和计划书、技术标准、技术规范、原始设计和工艺文件，以及其他技术文档，按照当事人的约定可以作为合同的组成部分。

技术合同涉及专利的，应当注明发明创造的名称、专利申请人和专利权人、申请日期、申请号、专利号以及专利权的有效期限。

**【条文要义】**

本条是对技术合同主要内容的规定。

技术合同的内容由当事人约定，包括的条款有：

1. 项目名称：是指技术合同标的涉及项目的名称，应当准确约定。

2. 标的的内容、范围和要求：明确约定该项目的具体内容、技术范围、技术指标要求。

3. 履行的计划、进度、期限、地点、地域和方式：其中履行地点是指合同的履行地，地域是指履行技术合同所涉及的区域范围，履行方式是指当事人采用什么样的方式和手段履行合同约定的义务。

4. 技术信息和资料的保密：约定保密事项、保密范围、保密期限及违反保密义务的责任。

5. 技术成果的归属和收益的分配办法：知识产权的归属与获得利益的分配方法。

6. 验收标准和方法：约定对技术成果的验收项目、验收标准和验收办法。

7. 名词和术语的解释。

上述条款是技术合同应当具备的条款，也是示范性条款，当事人可以按照双方约定确定技术合同的条款和内容。

技术合同的特点是：与履行合同有关的技术背景资料、可行性论证和技术评价报告、项目任务书和计划书、技术标准、技术规范、原始设计和工艺文件，以及其他技术文档，都可以按照当事人的约定，作为合同的组成部分。

技术合同涉及专利的，还应当遵守《专利法》的有关规定，合同中应当注明发明创造的名称、专利申请人和专利权人、申请日期、申请号、专利号以及专利权的有效期限。

**第八百四十六条** 技术合同价款、报酬或者使用费的支付方式由当事人约定，可以采取一次总算、一次总付或者一次总算、分期支付，也可以采取提成支付或者提成支付附加预付入门费的方式。

约定提成支付的，可以按照产品价格、实施专利和使用技术秘密后新增的产值、利润或者产品销售额的一定比例提成，也可以按照约定的其他方式计算。提成支付的比例可以采取固定比例、逐年递增比例或者逐年递减比例。

约定提成支付的，当事人可以约定查阅有关会计账目的办法。

【条文要义】

本条是对技术合同价款、报酬和使用费支付方法的规定。

技术合同价款、报酬和使用费的支付方式多样，由当事人自由约定。可以采用的支付方式有：

1. 一次总算、一次总付：与实物形态商品交易的支付方式类似，在签订合同时，将所有合同价款一次算清，一次付清，付款时间通常是在技术转让方的技术资料交付完毕，经受让方核对验收后进行。

2. 一次总算、分期支付：也叫定额支付，是把技术合同的价款总额按照合同履行的先后顺序分期分批地支付给转让方。支付的原则是使合同价款与转让方完成的工作量挂钩，基本上形成"按劳付酬"的合同对价关系，每次付款的金额根据合同的具体约定而定。

3. 提成支付：是指将技术实施以后所产生的经济效益按一定的比例和期限支付给转让方，作为对转让方出让技术的经济补偿，全部提成费仅在受让方（合同工厂）的产品正式销售之后才向转让方支付，在此之前，受让方无须向对方进行任何支付。

4. "入门费+提成"的支付方式：是把合同价款分为固定价款和提成价款两个部分。固定价款部分的支付方法与一次总算的支付方法相同，即在合同生效后的一段时间内一次或者分期付清。这部分固定价款叫作"入门费"或初付费，再加上约定的提成。

约定以提成方式支付价款、报酬或者使用费，应当注意的问题有：

1. 约定提成支付的，可以按照产品价格、实施专利和使用技术秘密后新增的产值、利润或者产品销售额的一定比例提成，也可以按照约定的其他方式计算。提成支付的比例可以采取固定比例、逐年递增比例或者逐年递减比例。

2. 为避免信息不对称可能给合同当事人利益带来的影响，当技术合同的双方当事人约定采用提成支付方式（包括附加入门费的提成支付）时，转让方、开发方或提供服务、咨询的一方有权核查受让方的账目。双方当事人应当在合同中约定查阅有关会计账目的办法。

**第八百四十七条** 职务技术成果的使用权、转让权属于法人或者非法人组织的，法人或者非法人组织可以就该项职务技术成果订立技术合同。法人或者非法人组织订立技术合同转让职务技术成果时，职务技术成果的完成人享有以同等条件优先受让的权利。

职务技术成果是执行法人或者非法人组织的工作任务，或者主要是利用法人或者非法人组织的物质技术条件所完成的技术成果。

【条文要义】

本条是对职务技术成果及财产权的规定。

职务技术成果包括两种：（1）执行法人或者非法人组织的工作任务，创造的技术成果；（2）主要是利用法人或者非法人组织的物质技术条件所完成的技术成果。例如，主要是由于利用本单位提供的资金、设备、零部件、原材料或者不向外公开的技术资料才得以完成，如果没有这些来自本单位物质上和技术上的各种条件，该发明创造的技术成果是不可能成功的。

职务技术成果的权利归属的原则是：

1. 使用权和转让权。职务技术成果的使用权、转让权属于单位，法人或者非法人组织可以就该项职务技术成果订立技术合同。

2. 完成人的优先受让权。对于职务技术成果，成果完成人享有优先受让权，单位转让职务技术成果时，职务技术成果的完成人在同等条件下，享有优先受让的权利。

**第八百四十八条** 非职务技术成果的使用权、转让权属于完成技术成果的个人，完成技术成果的个人可以就该项非职务技术成果订立技术合同。

【条文要义】

本条是对非职务技术成果及财产权的规定。

非职务技术成果，是指民法典合同编第847条第2款确认的属于职务技术成果以外的其他技术成果。由于非职务技术成果不是执行法人或者非法人组织的工作任务，也不是利用法人或者非法人组织的物质技术条件所完成的技术成果，而是利用自己的条件和能力完成的技术成果，因而对于非职务技术成果，其使用权和转让权都属于技术成果的完成人，完成人可以就该项成果与他人订立相应的技术合同。

**第八百四十九条** 完成技术成果的个人享有在有关技术成果文件上写明自己是技术成果完成者的权利和取得荣誉证书、奖励的权利。

【条文要义】

本条是对技术成果人身权的规定。

技术成果的权利包括财产权和人身权。技术成果的完成人所享有的人身权，其实就是完成人与技术成果之间的身份关系，表明该技术成果完成人的身份，其基本性质属于身份权。

技术成果人身权属于完成技术成果的个人，其身份权的内容是：

1. 享有在有关技术成果文件上写明自己是技术成果完成者的权利，这是确认技术成果与技术成果完成人之间身份关系的证明。

2. 取得荣誉证书、奖励的权利。完成技术成果的个人，是指对技术成果单独作出或者共同作出创造性贡献的人，不包括仅提供资金、设备、材料、试验条件的人员，进行组织管理的人员，协助绘制图纸、整理资料、翻译文献的人员。技术成果文件，是指专利申请书、科学技术奖励申报书、科技成果登记等确认技术成果完成者身份和授予荣誉的证书和文件。

**第八百五十条　非法垄断技术或者侵害他人技术成果的技术合同无效。**

【条文要义】

本条是对技术合同无效特别事由的规定。

我国法律既要采取必要的措施保障技术合同当事人在合法的范围内行使自己的权利，又要避免当事人滥用这种权利损害社会公共利益。故本条规定，技术合同除适用民事法律行为无效的一般规定外，特别规定以下两种技术合同一律无效：（1）涉及非法垄断技术的技术合同；（2）侵害他人技术成果的技术合同。

## 第二节　技术开发合同

**第八百五十一条　技术开发合同是当事人之间就新技术、新产品、新工艺、新品种或者新材料及其系统的研究开发所订立的合同。**

**技术开发合同包括委托开发合同和合作开发合同。**

**技术开发合同应当采用书面形式。**

**当事人之间就具有实用价值的科技成果实施转化订立的合同，参照适用技术开发合同的有关规定。**

**【条文要义】**

本条是对技术开发合同概念的规定。

技术开发合同，是指当事人之间就新技术、新产品、新工艺或者新材料及其系统的研究开发所订立的合同。定义中的新技术、新产品、新工艺或者新材料及其系统，是指当事人在订立技术合同时尚未掌握的技术、产品、工艺、材料及其系统等技术方案，但在技术上没有创新的现有产品改型、工艺变更、材料配方调整以及技术成果的检验、测试和使用除外。

技术开发合同的特征是：（1）技术开发合同的标的是具有创造性的技术成果；（2）技术开发合同是双务合同、有偿合同、诺成合同、要式合同；（3）技术开发合同的当事人须共担风险。

技术开发合同包括：

1. 委托开发合同，是指当事人一方委托另一方进行研究开发所订立的合同，即委托人向研究开发人提供研究开发经费和报酬，研究开发人完成研究开发工作并向委托人交付研究成果的合同。

2. 合作开发合同，是指当事人各方就共同进行研究开发所订立的合同，即当事人各方共同投资、共同参与研究开发活动、共同承担研究开发风险、共享研究成果的合同。

当事人之间就具有实用价值的科技成果实施转化订立的合同，参照适用技术开发合同的有关规定。当事人就科技成果转化订立的合同，是为适应技术创新和科技产业化的需要，具有与技术开发合同相似的特点。因此，准用技术开发合同的规定。

**第八百五十二条** 委托开发合同的委托人应当按照约定支付研究开发经费和报酬，提供技术资料，提出研究开发要求，完成协作事项，接受研究开发成果。

**【条文要义】**

本条是对委托开发合同委托人义务的规定。

委托开发合同的委托方应当履行的义务是：

1. 按照合同约定支付研究开发费用和报酬：研究开发费用是指完成研究开发

工作所必需的成本，除合同另有约定外，委托方应当提供全部研究开发费用。研究开发报酬是指研究开发成果的使用费和研究开发人员的科研补贴，委托方应按合同约定按时支付。

2. 提供研究开发所需要的技术资料、原始数据：应研究开发方的要求，委托人应补充必要的背景材料和数据，以研究开发方为履行合同所必需的范围为限。

3. 提出研究开发要求：对于研究开发的具体要求，应当向研究开发方提出，使委托方能够按照要求进行研究。

4. 按照约定完成协作事项：委托方应依合同约定，对委托方研究开发所需要的事项提供协作。

5. 按期接受研究开发成果：委托方应当按期接受研究开发方完成的研究开发成果。委托方不及时接受研究开发方交付的已完成的成果时，应承担违约责任并支付保管费用。

**第八百五十三条** 委托开发合同的研究开发人应当按照约定制定和实施研究开发计划，合理使用研究开发经费，按期完成研究开发工作，交付研究开发成果，提供有关的技术资料和必要的技术指导，帮助委托人掌握研究开发成果。

【条文要义】

本条是对研究开发人应负义务的规定。

委托开发合同的研究开发人承担的义务是：

1. 依约制订和实施研究开发计划：研究开发人应当按照约定制订研究开发计划，亲自履行研究开发计划。研究开发人不亲自履行研究开发义务的，委托方有权解除合同，请求返还研究开发经费和赔偿损失。

2. 合理使用研究开发费用：研究开发人应当依合同约定合理使用研究开发费用，将研究开发费用用于履行合同以外的目的的，委托方有权制止并要求其退还以用于研究开发工作。

3. 按期完成研究开发工作并交付成果：研究开发人应当按照合同约定的条件按期完成研究开发工作，及时组织验收并将工作成果交付委托方。研究开发人在研究开发工作中不得擅自变更标的内容、形式和要求。由于研究开发人的过错，致使研究开发成果不符合合同约定条件的，研究开发方应当支付违约金或者赔偿损失；致使研究开发工作失败的，应当返还部分或全部研究开发费用，支付违约金或赔偿损失。

4. 研究开发人的后续义务：研究开发人还应当提供有关的技术资料，并给予必要的技术指导，对委托方人员进行技术培训，帮助委托方掌握该项技术成果。不得向第三人泄露技术开发成果的技术秘密，不得向第三人提供该项技术成果，但当事人另有约定或法律另有规定的除外。

**第八百五十四条** 委托开发合同的当事人违反约定造成研究开发工作停滞、延误或者失败的，应当承担违约责任。

【条文要义】

本条是对委托开发合同当事人违约责任的规定。

委托开发合同的当事人违反约定造成研究开发工作停滞、延误或者失败的，应当承担违约责任。构成违约责任的要件有：

1. 一方当事人违反委托开发合同约定的行为，包括违反民法典合同编第852条和第853条规定的委托人义务和研究开发人义务的行为。

2. 研究开发工作停滞、延误或者失败。停滞是一时无法继续进行，延误是超出约定的研究开发时间，失败是研究开发目的无法实现。

3. 一方当事人违约行为与研究开发工作停滞、延误或者失败之间具有因果关系。

具备上述要件，违约一方当事人应当承担违约责任。确定违约责任，应当依照合同的约定和民法典的规定进行。

**第八百五十五条** 合作开发合同的当事人应当按照约定进行投资，包括以技术进行投资，分工参与研究开发工作，协作配合研究开发工作。

【条文要义】

本条是对合作开发合同当事人主要义务的规定。

在合作开发合同中，双方当事人应当负担的主要义务是：

1. 应当依照合同约定投资：合作开发合同当事人各方应依合同的约定投资。以资金以外的形式，如以技术投资的，应当折算成相应的金额，明确当事人在投资中所占的比例。

2.依照合同约定的分工参与研究开发工作：各方当事人都有共同进行研究开发工作的权利和义务，当事人可以由双方代表组成指导机构，对研究开发工作中的重大问题进行决策，协调和组织研究开发工作。

3.协作配合研究开发工作：当事人各方均应按照合同中的约定，在研究开发工作中相互协作，相互配合，共同完成，保守技术情报、资料和技术成果的秘密。

**第八百五十六条** 合作开发合同的当事人违反约定造成研究开发工作停滞、延误或者失败的，应当承担违约责任。

【条文要义】

本条是对合作开发合同当事人违约责任的规定。

在合作开发合同履行过程中，任何一方当事人违反合同，造成研究开发工作停滞、延误或者失败的，应当承担违约责任。

合作开发合同当事人的违约行为主要表现为：（1）不按照合同约定进行投资（包括以技术进行投资）；（2）不按照合同约定的分工参与研究开发工作；（3）不按照合同约定与其他各方完成协作配合任务。

违约方承担责任的方式，应当依照合同约定和民法典有关合同责任的规定，包括继续履行、采取补救措施、支付违约金以及损害赔偿。

**第八百五十七条** 作为技术开发合同标的的技术已经由他人公开，致使技术开发合同的履行没有意义的，当事人可以解除合同。

【条文要义】

本条是对技术开发合同法定解除权的规定。

技术开发合同在履行过程中，作为技术合同标的的技术如果已经由他人公开，技术开发合同的履行就可能没有意义，故本条规定，当出现这种情形时，当事人的任何一方都可以行使法定解除权，解除该合同。合同解除之后，应当依照合同解除后的规则处理。

在委托开发合同中，如果研究开发人明知受委托的技术开发合同标的是已有技术，该合同应当改为技术转让或者技术服务合同。在合作开发合同中，合作开发的各方当事人有义务将自己知道技术开发合同的标的已经公开的情况及时通知另一方当事人，以减少或避免不必要的损失。

**第八百五十八条** 技术开发合同履行过程中，因出现无法克服的技术困难，致使研究开发失败或者部分失败的，该风险由当事人约定；没有约定或者约定不明确，依据本法第五百一十条的规定仍不能确定的，风险由当事人合理分担。

当事人一方发现前款规定的可能致使研究开发失败或者部分失败的情形时，应当及时通知另一方并采取适当措施减少损失；没有及时通知并采取适当措施，致使损失扩大的，应当就扩大的损失承担责任。

【条文要义】

本条是对技术开发合同风险分担和通知义务的规定。

技术开发本身就是探索性研究活动，包含开发失败的风险。在技术开发合同履行过程中，因出现无法克服的技术困难，致使研究开发失败或者部分失败，未能取得合同约定的预期目的，这就是技术开发合同的风险。

技术开发合同风险负担方法是：

1. 该风险如何分担，由当事人约定。

2. 当事人对风险负担没有约定或者约定不明确的，应当依据民法典第510条的规定，进行补充协议，达成协议的，按照协议确定的方法分担。

3. 补充协议仍然不能确定的，研发的风险由当事人合理分担。合理分担并不是指平均分担。

当合同当事人遇有技术风险需要变更或解除合同时或者仲裁机关或人民法院在审理此类纠纷时，应充分考虑技术开发合同履行中的具体情况（如合同的标的、价金、风险的程度等）并斟酌当事人双方的财产状况，最终使合同双方由于技术风险造成的财产损失得到公平、合理的解决。

在技术开发合同中，当事人都负有风险通知义务。当事人一方如果发现研发风险可能出现，致使研究开发失败或者部分失败的情形时，应当及时通知另一方当事人，并采取适当措施以减少损失。发现风险的一方未履行通知义务，没有及时通知并采取适当措施，致使损失扩大的，应当就扩大的损失向对方承担赔偿责任。

**第八百五十九条** 委托开发完成的发明创造，除法律另有规定或者当事人另有约定外，申请专利的权利属于研究开发人。研究开发人取得专利权的，委托人可以依法实施该专利。

研究开发人转让专利申请权的，委托人享有以同等条件优先受让的权利。

## 【条文要义】

本条是对委托开发合同技术成果权益归属的规定。

确定委托开发合同技术成果权益归属的规则是：

1. 委托开发所完成的技术成果如属可以申请专利的，申请专利的权利在一般情况下归研究开发人所有。当事人约定申请专利的权利归委托人或由双方当事人共同行使的，从其约定。委托开发所完成的技术成果如属不可以申请专利或虽可以申请专利但当事人不欲申请专利的，对于此项技术秘密成果当事人各方都有使用、转让和收益的权利；当事人就此另有约定的除外。

2. 研究开发人取得专利权的，委托人有权依法实施该项专利。例如，依照法律规定可以免费使用等。

3. 研究开发人转让专利权的，委托人有优先受让权，在同等条件下，委托人有权优先受让该专利。对于履行委托开发合同所取得的技术秘密成果，研究开发人不得在向委托人交付研究开发成果之前，将研究开发成果转让给第三人，违反此项义务的，应承担违约责任。

**第八百六十条** 合作开发完成的发明创造，申请专利的权利属于合作开发的当事人共有；当事人一方转让其共有的专利申请权的，其他各方享有以同等条件优先受让的权利。但是，当事人另有约定的除外。

合作开发的当事人一方声明放弃其共有的专利申请权的，除当事人另有约定外，可以由另一方单独申请或者由其他各方共同申请。申请人取得专利权的，放弃专利申请权的一方可以免费实施该专利。

合作开发的当事人一方不同意申请专利的，另一方或者其他各方不得申请专利。

【条文要义】

本条是对合作开发研究成果权属的规定。

合作开发所完成的技术成果属可以申请专利的，申请专利的权利属于合作开发的当事人共有。但当事人约定归其中一方或几方所有的，从其约定。如属不可以申请专利或虽可以申请专利但当事人不欲申请专利的，对于此项技术秘密成果，合作开发的各方当事人均有使用、转让、收益的权利。当事人就此另有约定的，从其约定。当事人一方转让专利申请权的，其他各方当事人在同等条件下享有优先受让权，其他各方当事人都行使优先受让权的，应当按原有份额共同受让。此项优先受让权的行使，在本质上系属准共有关系中共有人所享有的优先购买权，当事人另有约定的，可以按照约定处理。

在合作开发合同中，当事人有放弃专利申请的权利。一方如果声明放弃其共有的专利申请权，除当事人另有约定外，可以由另一方单独申请或者由其他各方共同申请。申请人取得专利权的，由于放弃专利申请权的一方也是该专利的合同研发者，因而可以免费实施该专利。

在合作开发合同中，当事人对申请专利享有否决权，任何一方如果不同意对研发成果申请专利的，另一方或者其他各方不得申请专利。

**第八百六十一条** 委托开发或者合作开发完成的技术秘密成果的使用权、转让权以及收益的分配办法，由当事人约定；没有约定或者约定不明确，依据本法第五百一十条的规定仍不能确定的，在没有相同技术方案被授予专利权前，当事人均有使用和转让的权利。但是，委托开发的研究开发人不得在向委托人交付研究开发成果之前，将研究开发成果转让给第三人。

【条文要义】

本条是对技术开发合同产生技术秘密成果分配方法的规定。

技术秘密成果是商业秘密成果的一种，是指不为公众所知悉、能为权利人带来经济利益、具有实用性并经权利人采取保密措施的技术信息和经营信息。例如，技术秘诀、工艺流程、设计图纸、技术数据、化学配方、制造方法、技术资料、技术情报等技术科学方面的研究成果。

委托开发或者合作开发完成的技术秘密成果，尽管不申请专利或者不能申请专利，但是其仍然存在权属问题。对其使用权、转让权以及收益的分配办法的确定方法如下：

1. 由当事人约定，当事人有明确约定的，依照当事人的约定确定。

2. 没有约定或者约定不明确的，依据民法典第510条的规定进行补充协议，按照补充协议的约定确定。

3. 补充协议仍然不能确定的，在没有相同技术方案被授予专利权前，当事人均有使用和转让的权利，但是委托开发的研究开发人不得在向委托人交付研究开发成果之前，将研究开发成果转让给第三人。

## 第三节　技术转让合同和技术许可合同

第八百六十二条　技术转让合同是合法拥有技术的权利人，将现有特定的专利、专利申请、技术秘密的相关权利让与他人所订立的合同。

技术许可合同是合法拥有技术的权利人，将现有特定的专利、技术秘密的相关权利许可他人实施、使用所订立的合同。

技术转让合同和技术许可合同中关于提供实施技术的专用设备、原材料或者提供有关的技术咨询、技术服务的约定，属于合同的组成部分。

【条文要义】

本条是对技术转让合同和技术许可合同概念的规定。

技术转让合同有广义、狭义之分，广义的技术转让合同包括技术转让合同和技术许可合同，狭义的技术转让合同单指技术转让合同。本条将两种合同并列，因此技术转让合同采狭义概念。

技术转让合同是合法拥有技术的权利人，将现有特定的专利、专利申请、技术秘密的相关权利让与他人所订立的合同。其法律特征是：（1）技术转让合同的标的是现有的技术成果；（2）技术转让合同为双务合同、有偿合同、诺成合同、要式合同；（3）依技术转让合同所转移的是技术成果的使用权、所有权。

技术许可合同是合法拥有技术的权利人，将现有特定的专利、技术秘密的相关权利许可他人实施、使用所订立的合同。其与技术转让合同的基本区别是，技术转让合同的技术让与方法，是将特定的专利、技术秘密的相关权利让与他人，本人不再作为权利主体；技术许可合同的技术让与方法则是许可他人使用，只转让使用权，不转让其他权属。

技术转让合同和技术许可合同的特殊问题是：关于提供实施技术的专用设备、原材料或者提供有关的技术咨询、技术服务的约定属于合同的组成部分，具有合同的法律效力。

**第八百六十三条** 技术转让合同包括专利权转让、专利申请权转让、技术秘密转让等合同。

技术许可合同包括专利实施许可、技术秘密使用许可等合同。

技术转让合同和技术许可合同应当采用书面形式。

【条文要义】

本条是对技术转让合同和技术许可合同类型和形式的规定。

技术转让合同的类型包括：（1）专利权转让合同；（2）专利申请权转让合同；（3）技术秘密转让合同。

技术许可合同的类型包括：（1）专利实施许可合同；（2）技术秘密使用许可合同。

技术转让合同和技术许可合同都是要式合同，都应当采用书面形式。

**第八百六十四条** 技术转让合同和技术许可合同可以约定实施专利或者使用技术秘密的范围，但是不得限制技术竞争和技术发展。

【条文要义】

本条是对技术转让合同和技术许可合同使用范围的规定。

技术转让和技术许可都能够促进社会经济发展，故法律鼓励进行。当事人在签订技术转让合同和技术许可合同时，可以依照自己的意愿，约定实施专利或者使用技术秘密的范围，双方都应当按照约定的范围使用专利或者技术秘密，超出范围使用构成违约，应当承担违约责任。但是，技术转让合同和技术许可合同的当事人不得以合同条款限制技术竞争和技术发展，基本要求是：

1. 不得通过合同条款限制另一方在合同标的技术的基础上进行新的研究开发。

2. 不得通过合同条款限制另一方从其他渠道吸收技术或者阻碍另一方根据市场的需求，按照合同的方式充分实施专利和使用技术秘密。

**第八百六十五条** 专利实施许可合同仅在该专利权的存续期限内有效。专利权有效期限届满或者专利权被宣告无效的，专利权人不得就该专利与他人订立专利实施许可合同。

【条文要义】

本条是对专利实施许可合同有效期限的规定。

《专利法》规定，发明专利权的期限为20年，实用新型专利权的期限为10年，外观设计专利权的期限为15年，均自申请之日起计算。专利实施许可合同仅在该专利权的上述存续期间内有效。如果专利权有效期限届满或者专利权被宣告无效的，专利权人不得就该专利与他人订立专利实施许可合同，订立者亦为无效的专利实施许可合同，不发生合同的拘束力。

**第八百六十六条** 专利实施许可合同的许可人应当按照约定许可被许可人实施专利，交付实施专利有关的技术资料，提供必要的技术指导。

【条文要义】

本条是对专利实施许可合同许可人主要义务的规定。

专利实施许可合同许可人的主要义务是：

1. 按照约定许可被许可人实施专利，许可被许可人在约定的范围、期限内实施专利技术，保证其对专利技术享有许可他人使用的权利，保证被许可人依合同约定使用其技术不会损害第三人的权利。如果合同约定专利实施许可为排他实施许可，则许可人不得在已经许可被许可方实施专利的范围内，就同一专利与第三人订立专利实施许可合同，如果合同中约定专利实施许可为独占实施许可的，许可人和任何第三人都不得在已经许可被许可方实施专利的范围内实施该专利。

2. 交付实施专利有关的技术资料。

3. 提供必要的技术指导。

**第八百六十七条** 专利实施许可合同的被许可人应当按照约定实施专利，不得许可约定以外的第三人实施该专利，并按照约定支付使用费。

【条文要义】

本条是对专利实施许可合同被许可人主要义务的规定。

专利实施许可合同被许可人的主要义务是：

1. 按照约定实施专利，在约定的范围、期限内实施专利技术。

2. 不得许可约定以外的第三人实施该专利，被许可人将许可使用的专利许可第三人使用构成违约行为，应当承担违约责任。

3. 按照约定支付专利使用费。

**第八百六十八条** 技术秘密转让合同的让与人和技术秘密使用许可合同的许可人应当按照约定提供技术资料，进行技术指导，保证技术的实用性、可靠性，承担保密义务。

前款规定的保密义务，不限制许可人申请专利，但是当事人另有约定的除外。

【条文要义】

本条是对技术秘密转让合同的让与人和技术秘密使用许可合同的许可人主要义务的规定。

技术秘密转让合同的让与人和技术秘密使用许可合同的许可人应当履行的主要义务有：（1）按照约定提供技术资料；（2）进行技术指导；（3）保证技术的实用性、可靠性；（4）承担保密义务。违反上述义务构成违约行为，应当承担违约责任。

承担该项保密义务，并不限制许可人申请专利，这是因为技术秘密的转让，并未转让专利申请权。但是，如果当事人另有约定，如约定在技术秘密转让期间让与人或者许可人不得申请专利的，则应当按照约定办理。

**第八百六十九条** 技术秘密转让合同的受让人和技术秘密使用许可合同的被许可人应当按照约定使用技术，支付转让费、使用费，承担保密义务。

【条文要义】

本条是对技术秘密转让合同的受让人和技术秘密使用许可合同的被许可人主要义务的规定。

技术秘密转让合同的受让人和技术秘密使用许可合同的被许可人应当承担的主要义务有：（1）按照约定使用技术；（2）支付转让费、使用费；（3）承担保密义务。违反上述义务，构成违约行为，应当承担违约责任。

**第八百七十条** 技术转让合同的让与人和技术许可合同的许可人应当保证自己是所提供的技术的合法拥有者，并保证所提供的技术完整、无误、有效，能够达到约定的目标。

【条文要义】

本条是对技术转让合同的让与人和技术许可合同的许可人保证义务的规定。

技术转让合同转让的是技术，受让人支付费用，换取的是使用该技术的效益，为自己创造价值。在技术转让合同或者技术许可合同中，让与人、许可人必须对自己提供的技术作出保证，并且应当履行自己的保证义务，使受让人实现技术转让合同的预期利益。

技术转让合同让与人和技术许可合同的许可人的两项保证义务是：

1. 保证自己是所提供技术的合法拥有者，而不是剽窃、冒充、仿造的技术，自己有权转让或者有权许可他人使用、实施该技术。

2. 保证所提供的技术是完整的、无误的、有效的，通过受让人对受让技术的使用，能够达到约定的目标，实现技术转让合同的预期利益。

**第八百七十一条** 技术转让合同的受让人和技术许可合同的被许可人应当按照约定的范围和期限，对让与人、许可人提供的技术中尚未公开的秘密部分，承担保密义务。

【条文要义】

本条是对技术转让合同的受让人和技术许可合同的被许可人保密义务的规定。

技术转让合同让与人与受让人转让的技术，以及技术许可合同的许可人与被许可人许可使用的技术，有的尚处于秘密状态，有的技术虽然已经公开，但是相关的背景资料、技术参数等仍未公开，仍需要保密。由于这些秘密部分对当事人有重大利益，一旦泄露，将会造成重大影响，因此技术转让合同受让人和技术许可合同的被许可人应当履行的主要义务，是按照约定的范围和期限，对让与人、许可人提供的技术中尚未公开的秘密部分承担保密义务，不得泄露。一旦泄露，造成让与人、许可人损失的，应当承担赔偿责任。

**第八百七十二条** 许可人未按照约定许可技术的，应当返还部分或者全部使用费，并应当承担违约责任；实施专利或者使用技术秘密超越约定的范围的，违反约定擅自许可第三人实施该项专利或者使用该项技术秘密的，应当停止违约行为，承担违约责任；违反约定的保密义务的，应当承担违约责任。

让与人承担违约责任，参照适用前款规定。

**【条文要义】**

本条是对技术转让合同许可人违约责任的规定。

在技术许可合同中，许可人未履行其应当承担的义务的，应当承担违约责任。本条规定了许可人的以下三种违约责任：

1. 许可人未按照约定许可技术的，应当承担的违约责任是：返还部分或者全部使用费，并应当承担继续履行、采取补救措施、支付违约金、损害赔偿等违约责任。

2. 实施专利或者使用技术秘密超越约定的范围的，违反约定擅自许可第三人实施该项专利或者使用该项技术秘密的，是两种不同的违约行为，都应当停止违约行为，承担支付违约金、损害赔偿等违约责任。

3. 违反约定的保密义务的，应当承担采取补救措施、支付违约金、损害赔偿等违约责任。

技术转让合同的让与人承担的违约责任，参照适用前款关于违约责任规定的规则。

**第八百七十三条** 被许可人未按照约定支付使用费的，应当补交使用费并按照约定支付违约金；不补交使用费或者支付违约金的，应当停止实施专利或者使用技术秘密，交还技术资料，承担违约责任；实施专利或者使用技术秘密超越约定的范围的，未经许可人同意擅自许可第三人实施该专利或者使用该技术秘密的，应当停止违约行为，承担违约责任；违反约定的保密义务的，应当承担违约责任。

受让人承担违约责任，参照适用前款规定。

**【条文要义】**

本条是对技术许可合同被许可人违约责任的规定。

技术许可合同的被许可人违反自己应当履行的义务，构成违约行为，应当承担违约责任。被许可人违约行为及责任有如下四种情形：

1. 被许可人未按照约定支付使用费的，可能有很多种原因，但无论出于何种原因，都是违约行为，应当承担的违约责任方式是补交使用费，并按照约定支付违约金，只要被许可人补交使用费并按照约定支付违约金的，许可人就没有理由解除合同。

2. 不补交使用费或者支付违约金的，构成根本违约，许可人有权行使解除权，被许可人应当停止实施专利或者使用技术秘密，交还技术资料，承担违约责任。

3. 实施专利或者使用技术秘密超越约定的范围的，未经许可人同意擅自许可第三人实施该专利或者使用该技术秘密的，也是两种违约行为，都应当停止违约行为，按照约定的范围使用以及禁止第三人继续使用，否则还需承担违约责任。

4. 违反约定的保密义务的，应当承担违约责任，该支付违约金的支付违约金，该承担赔偿责任的承担赔偿责任。

技术许可合同的被许可人应当承担违约责任的，参照适用前款关于违约责任规定的规则办理。

**第八百七十四条** 受让人或者被许可人按照约定实施专利、使用技术秘密侵害他人合法权益的，由让与人或者许可人承担责任，但是当事人另有约定的除外。

**【条文要义】**

本条是对实施专利、使用技术秘密侵害他人合法权益责任的规定。

在技术转让合同的履行中，如果受让人或者被许可人按照约定实施专利、使用技术秘密,却侵害了他人合法权益的,构成侵权行为。造成这种实施专利或者使用技术秘密行为构成侵权的原因,一般应当是让与人或者许可人对转让的专利或者技术秘密的权属出现了问题,即有权利瑕疵,该侵权责任应当由让与人或者许可人承担。不过,当事人对此情形如何承担侵权责任,如果另有约定的,则不受此规则的限制,应当依照约定办理。

**第八百七十五条** 当事人可以按照互利的原则,在合同中约定实施专利、使用技术秘密后续改进的技术成果的分享办法;没有约定或者约定不明确,依据本法第五百一十条的规定仍不能确定的,一方后续改进的技术成果,其他各方无权分享。

【条文要义】

本条是对技术转让合同后续改进技术成果分享办法的规定。

在技术转让合同履行中,一方或者双方当事人对作为合同标的的专利技术或者技术秘密成果进行革新和改良,取得了后续改进技术成果,不仅起到技术转移、推广的作用,而且改进了技术,取得了新的成果。对此,本条规定了该后续改进技术成果的分享办法:

1. 当事人可以按照互利的原则,在合同中约定实施专利、使用技术秘密后续改进的技术成果的分享办法,按照约定的分享办法处理。

2. 没有约定或者约定不明确的,依据民法典第510条的规定签订补充协议,按照补充协议约定的办法处理。

3. 补充协议仍不能确定的,一方后续改进的技术成果,属于改进技术成果的一方享有,其他各方无权分享。

**第八百七十六条** 集成电路布图设计专有权、植物新品种权、计算机软件著作权等其他知识产权的转让和许可,参照适用本节的有关规定。

【条文要义】

本条是对其他知识产权转让和许可准用技术转让合同和技术许可合同规则的规定。

民法典总则编第123条规定的集成电路布图设计专有权、植物新品种权、计算机软件著作权等其他知识产权，与专利权等具有同样的性质，都可以转让实施或者许可使用。对于这些知识产权的转让和许可使用，参照适用民法典合同编关于技术转让合同和技术许可使用合同的规定，调整让与人与受让人之间的权利义务关系。

**第八百七十七条** 法律、行政法规对技术进出口合同或者专利、专利申请合同另有规定的，依照其规定。

【条文要义】

本条是对技术进出口合同或者专利、专利申请合同法律适用的规定。

技术进出口合同，是指我国境内的自然人、法人或者非法人组织从境外引进或者向境外输出技术，与技术输出地或者技术引进地的当事人订立的合同。这些合同的性质是技术使用合同和技术许可合同，由于技术进出口的情况比较复杂，订立技术进出口合同虽然是市场主体的自主行为，但对涉及产业发展或者国计民生的重大技术进出口，还要经过有关部门的审批，故法律、行政法规另有规定的，应当依照法律、法规的特别规定。

专利权的转让、专利申请权转让涉及专利问题，当事人订立专利权转让合同或者专利申请权转让合同，要遵守民法典的规定，法律、行政法规另有规定的，应当适用法律、法规的特别规定。

## 第四节 技术咨询合同和技术服务合同

**第八百七十八条** 技术咨询合同是当事人一方以技术知识为对方就特定技术项目提供可行性论证、技术预测、专题技术调查、分析评价报告等所订立的合同。

技术服务合同是当事人一方以技术知识为对方解决特定技术问题所订立的合同，不包括承揽合同和建设工程合同。

【条文要义】

本条是对技术咨询合同和技术服务合同概念的规定。

技术咨询合同，是当事人一方以技术知识为对方就特定技术项目提供可行性论证、技术预测、专题技术调查、分析评价报告等所订立的合同。技术咨询合同的特征是：

1. 技术咨询合同的调整对象，是合同当事人完成一定的技术项目的可行性论证、技术预测、专题技术调查。

2. 履行技术咨询合同的目的，在于受托方为委托方进行科学研究、技术开发、成果推广、技术改造、工程建设、科技管理等项目提出建议、意见和方案。

3. 技术咨询合同的风险责任承担原则，是因实施咨询报告而造成的风险损失，义务人可免予承担责任。

技术服务合同，是指当事人一方以技术知识为另一方解决特定技术问题所订立的合同。不包括建设工程的勘察、设计、施工合同和承揽合同。技术服务合同的种类包括：

1. 技术辅助服务合同，是指当事人一方利用科技知识为另一方解决特定专业技术问题所订立的合同。

2. 技术中介合同，又称技术中介服务合同，是指一方当事人为另一方当事人提供订立技术合同的机会或者作为订立技术合同的媒介的合同。

3. 技术培训合同，又称技术培训服务合同，是指一方当事人为另一方当事人所指定的人员进行特定技术培养和训练的合同。

**第八百七十九条** 技术咨询合同的委托人应当按照约定阐明咨询的问题，提供技术背景材料及有关技术资料，接受受托人的工作成果，支付报酬。

【条文要义】

本条是对技术咨询合同委托人主要义务的规定。

在技术咨询合同中，委托人应当负担的义务包括：

1. 阐明咨询的问题，并按照合同的约定向受托人提供有关技术背景资料及有关材料、数据。

2. 按时接受受托人的工作成果并按约定支付报酬。委托方迟延支付报酬的，应当支付违约金。不支付报酬的，应当退还咨询报告和意见，补交报酬，支付违约金或者赔偿损失。

**第八百八十条** 技术咨询合同的受托人应当按照约定的期限完成咨询报告或者解答问题，提出的咨询报告应当达到约定的要求。

【条文要义】

本条是对技术咨询合同受托人主要义务的规定。

在技术咨询合同中，受托人应当负担的主要义务是：

1. 应当依照合同约定的期限，完成咨询报告或者解答问题。技术咨询要有实用性和针对性，应在系统、全面考虑的基础上，抓住问题的核心，提出解决的方法。

2. 提出的咨询报告应当达到约定的要求，受托人应当在咨询报告中向委托人提供全面、可靠的信息资料，具体标准应达到约定的要求。

**第八百八十一条** 技术咨询合同的委托人未按照约定提供必要的资料，影响工作进度和质量，不接受或者逾期接受工作成果的，支付的报酬不得追回，未支付的报酬应当支付。

技术咨询合同的受托人未按期提出咨询报告或者提出的咨询报告不符合约定的，应当承担减收或者免收报酬等违约责任。

技术咨询合同的委托人按照受托人符合约定要求的咨询报告和意见作出决策所造成的损失，由委托人承担，但是当事人另有约定的除外。

【条文要义】

本条是对技术咨询合同当事人违约责任和风险负担规则的规定。

技术咨询合同委托人的违约行为有：（1）未按照约定提供必要的资料和数据，影响工作进度和质量，主要表现是迟延提供、提供的资料和数据有严重缺陷、不提供三种情形；（2）不接受或者逾期接受工作成果。承担的违约责任是，支付的报酬不得追回，未支付的报酬应当支付。

技术咨询合同受托人的违约行为有：（1）未按期提出咨询报告；（2）提出的咨询报告不符合约定。此时，应当承担减收或者免收报酬等违约责任。

技术咨询合同的委托方采纳和实施受托方作出的符合合同约定的咨询报告和意见后出现的风险责任承担的原则是：除合同另有约定外，委托方按照受托方符合约定要求的咨询报告和意见作出决策所造成的损失，应当由委托方承担，受托方不承担责任。

**第八百八十二条** 技术服务合同的委托人应当按照约定提供工作条件，完成配合事项，接受工作成果并支付报酬。

【条文要义】

本条是对技术服务合同委托人主要义务的规定。

在技术服务合同中，委托人负担的主要义务包括：

1. 按照约定提供工作条件，完成配合事项。

2. 按照合同的约定按期接受受托方的工作成果，在验收工作成果时，发现工作成果不符合合同规定的技术指标和要求的，应当在约定的期限内及时通知对方返工或改进。

3. 应当按照约定向受托人给付报酬。

**第八百八十三条** 技术服务合同的受托人应当按照约定完成服务项目，解决技术问题，保证工作质量，并传授解决技术问题的知识。

【条文要义】

本条是对技术服务合同受托人主要义务的规定。

在技术服务合同中，受托人的主要义务是，按照合同约定完成服务项目，解决技术问题，保证工作质量，并传授解决技术问题的知识。此外，应当履行的义务包括：

1. 未经委托人同意，不得擅自改动合同中注明的技术指标和要求。

2. 在合同中有保密条款时，不得将有关技术资料、数据、样品或其他工作成果擅自引用、发表或提供给第三人。

3. 发现委托人提供的技术资料、数据、样品、材料或工作条件不符合合同约定时，应在约定期限内通知委托人改进或者更换。

4. 应对委托人交给的技术资料、样品等妥善保管。

**第八百八十四条** 技术服务合同的委托人不履行合同义务或者履行合同义务不符合约定，影响工作进度和质量，不接受或者逾期接受工作成果的，支付的报酬不得追回，未支付的报酬应当支付。

技术服务合同的受托人未按照约定完成服务工作的，应当承担免收报酬等违约责任。

【条文要义】

本条是对技术服务合同当事人违约责任的规定。

技术服务合同的委托人违约行为体现在：不履行合同义务或者履行合同不符合约定，影响工作进度和质量，不接受或者逾期接受工作成果。应当承担的违约责任是：已经支付的报酬不得追回，未支付的报酬应当继续支付。

技术服务合同的受托人的违约行为是未按照合同约定完成服务工作。应当承担免收报酬等违约责任。

**第八百八十五条** 技术咨询合同、技术服务合同履行过程中，受托人利用委托人提供的技术资料和工作条件完成的新的技术成果，属于受托人。委托人利用受托人的工作成果完成的新的技术成果，属于委托人。当事人另有约定的，按照其约定。

【条文要义】

本条是对技术咨询合同、技术服务合同新技术成果归属的规定。

技术咨询合同、技术服务合同履行过程中，如果产生了新的技术成果，该成果的归属规则是：

1. 受托人利用委托人提供的技术资料和工作条件完成的新的技术成果，属于受托人，理由是受托人是该新的技术成果的发明创造人。

2. 委托人利用受托人的工作成果完成的新的技术成果，属于委托人，理由是委托人委托受托人完成工作成果，就是要予以利用，进行技术开发，将利用其工作成果完成的新的技术成果归属于委托人，名正言顺。

3. 当事人另有约定的，应当按照其约定处理，不适用上述规则。

**第八百八十六条** 技术咨询合同和技术服务合同对受托人正常开展工作所需费用的负担没有约定或者约定不明确的，由受托人负担。

【条文要义】

本条是对技术咨询合同和技术服务合同受托人的工作费用的规定。

技术咨询合同和技术服务合同都是有偿合同，在规定委托人的义务中，都有支付报酬的规定。既然技术咨询合同和技术服务合同的委托人需要支付报酬，受托人正常开展工作所需费用的负担规则是：

1. 遵守约定，在合同中约定由谁负担，就由谁负担。

2. 合同中没有约定或者约定不明确的，由受托人负担，这与委托方支付报酬的规定是一致的。

**第八百八十七条** 法律、行政法规对技术中介合同、技术培训合同另有规定的，依照其规定。

【条文要义】

本条是对技术中介合同和技术培训合同法律适用的规定。

技术中介合同，是指能够使一方以知识、技术、经验和信息为另一方与第三方订立技术合同进行联系、介绍、组织工业化开发，并对履行合同提供服务所订立的合同。

技术培训合同，是指当事人一方委托另一方对指定的专业技术人员进行特定项目的技术指导和专业训练所订立的合同，不包括职业培训、文化学习和按照行业、单位的计划进行的职工业余教育。

对这两种技术合同，民法典合同编没有作出具体规定，应当适用本章第一节的一般规定，法律、行政法规另有规定的，应当适用特别规定。

# 第二十一章　保管合同

**第八百八十八条**　保管合同是保管人保管寄存人交付的保管物，并返还该物的合同。

寄存人到保管人处从事购物、就餐、住宿等活动，将物品存放在指定场所的，视为保管，但是当事人另有约定或者另有交易习惯的除外。

【条文要义】

本条是对保管合同概念的规定。

保管合同，又称寄托合同、寄存合同，是指保管人保管寄存人交付的保管物，并返还该物的合同。交付物品保管的一方为寄存人，保管物品的一方为保管人，其所保管的物品为保管物。保管合同包括一般保管合同和仓储合同，本法分别作出规定。保管合同的特征是：（1）保管合同为实践合同，寄存人交付保管物是保管合同成立的要件；（2）保管合同为无偿合同、不要式合同、双务合同；（3）保管合同的标的是保管行为，是由保管人保管物品，保管人的主要义务是保管寄存人交付其保管的物品；（4）保管合同移转保管物的占有，但不是以保管人获得保管物的所有权或使用权为目的，只是将保管物交由保管人保管。

本条第2款规定的是特殊保管合同，即到商店、饭店、旅店等地进行购物、就餐、住宿等活动的人，将自己的物品存放在这些单位的指定场所的，如将行李交给饭店寄存、洗浴中心将衣物放在保管箱内等，都视为保管，构成保管合同关系，保管人和寄存人产生保管合同的权利义务。但是，当事人如果另有约定或者另有交易习惯的除外，如将贵重物品交付宾馆未作声明，通常认为超出保管范围，宾馆不承担保管物遗失的责任。

**第八百八十九条**　寄存人应当按照约定向保管人支付保管费。

当事人对保管费没有约定或者约定不明确，依据本法第五百一十条的规定仍不能确定的，视为无偿保管。

【条文要义】

本条是对保管费的规定。

保管合同可以是有偿合同,也可以是无偿合同。确定保管费的规则是:

1. 当事人约定为有偿保管合同的,寄存人应当按照约定向保管人支付保管费。

2. 如果当事人对保管费没有约定或者约定不明确的,应当依据民法典第510条的规定进行补充协议,按照补充协议的约定确定保管费。

3. 补充协议仍然不能确定的,应当确定保管是无偿的。理由是:保管合同主要是社会成员之间相互提供帮助或者服务部门向社会提供服务的方式,这种保管合同通常是无偿的,因而在无法确定保管合同是否有偿时,按照无偿保管处理。

**第八百九十条** 保管合同自保管物交付时成立,但是当事人另有约定的除外。

【条文要义】

本条是对保管合同成立时间的规定。

保管合同是实践性合同,不是诺成性合同。保管合同的成立,不仅须当事人双方意思表示一致,而且寄存人须将保管物交付保管人,即寄存人交付保管物是保管合同成立的要件。故本条规定,保管合同自保管物交付时成立。如果当事人对保管合同的成立另有约定的,依照约定确定合同成立的时间。

**第八百九十一条** 寄存人向保管人交付保管物的,保管人应当出具保管凭证,但是另有交易习惯的除外。

【条文要义】

本条是对保管人给付保管凭证的规定。

由于保管合同是实践性合同,因而当寄存人向保管人交付保管物后,在通常情况下,保管人应当对寄存人出具保管凭证,证明收到了保管物,成立了保管合同。保管凭证既是保管合同成立的证明,也是领取保管物的凭证,如果没有订立书面的保管合同,保管凭证就是保管合同的债权文书。

保管凭证的作用是:(1)证明保管人收到了保管物;(2)证明保管合同关系

已经存在；（3）寄存人凭保管凭证领取保管物。

不过，在很多情况下，保管合同并不需要交付保管凭证。例如，在商场的停车场里，按照交易习惯就不给付保管凭证，有车位就可以停车，出场时付款即可，因而本条规定了另有交易习惯的除外条款。

**第八百九十二条　保管人应当妥善保管保管物。**

**当事人可以约定保管场所或者方法。除紧急情况或者为维护寄存人利益外，不得擅自改变保管场所或者方法。**

【条文要义】

本条是对保管人妥善保管保管物的规定。

妥善保管保管物是保管人应负的主要义务。保管人对保管物的保管，在保管合同为无偿时，应尽与处理自己的事务程度同一的注意义务，负具体过失责任；在保管合同为有偿时，应尽善良管理人的注意，负抽象过失责任。为充分保护消费者的利益，商业经营场所对顾客寄存的物品，无论其保管是有偿还是无偿，都应尽善良管理人的注意义务。

对保管物的保管方法和场所，当事人有约定的从其约定；无约定的应依保管物的性质、合同的目的以及诚实信用原则确定。除紧急情况或者为维护寄存人利益外，不得擅自改变保管场所或者方法。

**第八百九十三条　寄存人交付的保管物有瑕疵或者根据保管物的性质需要采取特殊保管措施的，寄存人应当将有关情况告知保管人。寄存人未告知，致使保管物受损失的，保管人不承担赔偿责任；保管人因此受损失的，除保管人知道或者应当知道且未采取补救措施外，寄存人应当承担赔偿责任。**

【条文要义】

本条是对寄存人告知义务的规定。

在保管合同中，寄存人对保管人负有通知义务的情形有两种：（1）保管物有瑕疵，应当将保管物的真实情况告知保管人；（2）根据保管物的性质，需要采取特殊保管措施的，寄存人应当将其特殊要求告知保管人，如保管物属于易燃、易爆、有毒、有腐蚀性、有放射性等危险物品或者易变质物品等。

寄存人未尽告知义务的责任是：

1. 因寄存人未告知致使保管物受损失的，保管人不承担赔偿责任。

2. 由于保管物本身的性质或者瑕疵使保管人受到损害的，寄存人应当承担赔偿责任。在保管人于合同成立时已知保管物有发生危险的性质或瑕疵的情况下，寄存人免除赔偿责任，但保管人因过失而不知上述情形时，寄存人不能免责，应适用过失相抵原则。寄存人以保管人于合同成立时知道保管物有发生危险的性质或瑕疵为由主张免责的，应负举证责任。

3. 因保管物的性质或瑕疵而给第三人造成损害的，寄存人应负侵权赔偿责任，本条对此没有规定，但依照民法典侵权责任编的规定应负此责。

**第八百九十四条　保管人不得将保管物转交第三人保管，但是当事人另有约定的除外。**

**保管人违反前款规定，将保管物转交第三人保管，造成保管物损失的，应当承担赔偿责任。**

【条文要义】

本条是对保管人亲自保管的规定。

寄存人将保管物交付保管人保管，是基于对保管人的信任，保管人应当依照诚实信用原则，亲自履行保管行为，不得将保管物转交第三人保管。当事人另有约定或者保管人因特殊事由不能亲自履行保管行为的除外。

保管人违反亲自保管义务，将保管物转交第三人保管，构成违约，造成保管物损失的，应当承担赔偿责任。

**第八百九十五条　保管人不得使用或者许可第三人使用保管物，但是当事人另有约定的除外。**

【条文要义】

本条是对保管人或第三人不得使用保管物的规定。

交付保管人保管的保管物，其所有权并未转移，仍为寄存人享有，保管人享有的是占有权，基于保管合同而有权占有保管物，不得使用保管物，也不得许可第三人使用。只有寄存人与保管人约定或者基于保管物的性质必须使用（保管物的使用属于保管方法的一部分）的情形除外。如果没有约定，保管人未经寄存人同意，使用也不为保管物的性质所必要，擅自使用保管物或者许可第三人使用保管物的，则无论保管人有无过错，均应向寄存人支付相当的报酬，以资补偿。

**第八百九十六条** 第三人对保管物主张权利的，除依法对保管物采取保全或者执行措施外，保管人应当履行向寄存人返还保管物的义务。

第三人对保管人提起诉讼或者对保管物申请扣押的，保管人应当及时通知寄存人。

【条文要义】

本条是对第三人对寄存物提出权利主张时保管人义务的规定。

第三人对保管物主张权利的，会对寄存人对保管物的权属产生危险，保管人知悉后，应当对寄存人承担的义务是：

1. 返还保管物义务：除人民法院依法对保管物采取保全或者执行措施外，保管人应当履行向寄存人返还保管物的义务，使寄存人占有自己的保管物，行使自己的权利，避免发生危险。

2. 危险通知义务：危险通知，是指在出现寄存人寄存的保管物因第三人的原因可能会丧失的危险情形时，应当及时通知寄存人，使寄存人了解自己寄存的保管物的情况，采取必要措施，保全自己的权利。在保管物受到意外毁损、灭失或者在保管物的危险程度增大时，保管人也应及时将有关情况通知寄存人。

**第八百九十七条** 保管期内，因保管人保管不善造成保管物毁损、灭失的，保管人应当承担赔偿责任。但是，无偿保管人证明自己没有故意或者重大过失的，不承担赔偿责任。

【条文要义】

本条是对保管物毁损、灭失责任的规定。

保管物毁损、灭失责任，是指保管物在保管期内毁损、灭失，应当由哪一方当事人承担责任的规则。本条规定了两个规则：

1. 在一般情况下，保管物在保管期内，因保管人保管不善造成毁损、灭失的，保管人应当承担损害赔偿责任。这是保管人的职责所在，必须承担这样的违约责任。

2. 如果保管行为是无偿的，只要保管人能够证明自己没有故意或者重大过失，即使存在一般过失，也不承担赔偿责任；不能证明自己没有故意或者重大过失的，应当承担赔偿责任。

**第八百九十八条** 寄存人寄存货币、有价证券或者其他贵重物品的，应当向保管人声明，由保管人验收或者封存；寄存人未声明的，该物品毁损、灭失后，保管人可以按照一般物品予以赔偿。

【条文要义】

本条是对寄存贵重物品及责任的规定。

在保管合同中，保管一般物品和保管贵重物品的责任不同，规则也不相同。具体规则是：

1. 声明义务：寄存人寄存货币、有价证券或者其他贵重物品，如珠宝、金银首饰等，应当向保管人作出特别声明，并且要由保管人验收或者封存。保管人验收、封存之后，应当尽最大的注意义务保管贵重物品，避免毁损、灭失，使自己承担更大的责任。

2. 寄存人寄存贵重物品未按照要求声明，致使该物品毁损、灭失的，保管人可以按照一般物品予以赔偿，如按件或者其他方法进行赔偿，不能按照贵重物品的价值进行赔偿。

**第八百九十九条** 寄存人可以随时领取保管物。

当事人对保管期限没有约定或者约定不明确的，保管人可以随时请求寄存人领取保管物；约定保管期限的，保管人无特别事由，不得请求寄存人提前领取保管物。

【条文要义】

本条是对保管期限的规定。

保管合同无论是否约定期限，无论是否已经到期，寄存人都可以随时领取寄存物，保管人负有返还义务。保管人返还保管物的时间为保管合同终止之时。

变更合同的保管期限由当事人约定，按照约定的期限确定。如果保管合同没有约定期限或者约定不明确的，保管人可以随时要求寄存人领取保管物。在保管期限之内，除非有特别理由，否则保管人不得要求寄存人提前领取保管物。

**第九百条　保管期限届满或者寄存人提前领取保管物的，保管人应当将原物及其孳息归还寄存人。**

【条文要义】

本条是对返还保管物应同时返还保管物孳息的规定。

依照民法典物权编第321条的规定，对于物的孳息，原则上由所有权人取得。在保管合同中，保管物的孳息主要是自然孳息，应当适用这一规则，属于保管物的所有权人即寄存人取得。因此，保管期限届满后或者寄存人提前领取保管物的，保管人应当将原物及其孳息一并归还寄存人。

**第九百零一条　保管人保管货币的，可以返还相同种类、数量的货币；保管其他可替代物的，可以按照约定返还相同种类、品质、数量的物品。**

【条文要义】

本条是对消费保管合同的规定。

消费保管合同又称不规则保管合同，是指保管物为种类物，双方约定保管人取得保管物的所有权（或处分权），而仅负以种类、品质、数量相同的物返还寄存人义务的合同。消费保管合同也以保管物的保管为目的，属于实践合同，并以寄存人将物品交付保管人时为成立。但其与一般保管合同有以下不同：（1）消费保管合同的保管物须为种类物；（2）消费保管合同须移转保管物的所有权（或处分权）于保管人；（3）消费保管合同的保管人须以种类、品质、数量相同的物予以返还；（4）消费保管合同的保管物所有权（或处分权）既已移转于保管人，则保管物利益及危险亦由保管人享有和负担；（5）在保管人破产时，寄存人对于保管物无取回权。

在消费保管合同中，保管人负有返还种类、品质、数量相同的保管物品的义务。如果当事人约定有利息的，还应负有支付利息的义务，寄存人无须支付报酬和偿还费用。约定由保管人支付利息的，则寄存人应就保管物的瑕疵负瑕疵担保责任。

**第九百零二条** 有偿的保管合同，寄存人应当按照约定的期限向保管人支付保管费。

当事人对支付期限没有约定或者约定不明确，依据本法第五百一十条的规定仍不能确定的，应当在领取保管物的同时支付。

【条文要义】

本条是对寄存人应当按期支付保管费的规定。

保管合同为有偿合同，寄存人负有向保管人支付保管费的义务。有关部门对保管费有规定的，应从其规定；无规定的，从当事人的约定。在一般情况下，保管人自得依合同的约定期限请求全额保管费，保管合同因不可归责于保管人的事由而终止时，除合同另有约定外，保管人可以就其已为保管的部分请求保管费。对其他为保管保管物支出的必要费用，寄存人应当一并支付。保管合同因可归责于保管人的事由而终止的，除非当事人另有约定，否则保管人不得就其已为保管的部分请求保管费，但仍可主张偿还费用。保管合同中的保管费给付采报酬后付原则的，保管人不得就保管费未付与保管物的保管主张同时履行抗辩权，但可以就保管费的给付与保管物的返还主张同时履行抗辩权。当事人对保管费没有约定的，保管合同为无偿合同，寄存人无保管费给付义务。

对于支付保管费期限的确定方法是：

1. 当事人有约定的，依照其约定确定。

2. 当事人没有约定或者约定不明确的，依据民法典第510条的规定确定，即由当事人补充协议，按照补充协议的约定确定。

3. 补充协议仍然不能确定的，领取保管物的时间是支付保管费的期限。

**第九百零三条** 寄存人未按照约定支付保管费或者其他费用的，保管人对保管物享有留置权，但是当事人另有约定的除外。

【条文要义】

本条是对保管人对保管物享有留置权的规定。

寄存人未按照约定支付保管费以及其他费用的，由于保管物被保管人所占有，并且具有同一法律关系等要件，因而保管人对保管物享有留置权。可以依照民法典物权编第四分编担保物权中关于留置权的规定，进行留置、催告、规定宽限期，宽限期届满寄存人仍不履行的，即可变卖、拍卖保管物，就其价金优先受偿。如果当事人约定保管人不得行使留置权等，则保管人不得因此行使留置权，应依照约定办理。

# 第二十二章　仓储合同

**第九百零四条**　仓储合同是保管人储存存货人交付的仓储物，存货人支付仓储费的合同。

【条文要义】

本条是对仓储合同概念的规定。

仓储合同是保管人储存存货人交付的仓储物，存货人支付仓储费的合同。故仓储也称为仓库营业或者仓库内寄托。仓储营业是一种专为他人储藏、保管货物的商业营业活动，随着国际和地区贸易的不断发展，仓库营业的作用日渐重要。当代的仓库营业已经成为社会化大生产和国际、国内商品流转中不可或缺的环节。

以经营目的为标准，仓库分为保管仓库和保税仓库。保管仓库指仅以物品的堆藏和保管为目的的仓库。保税仓库是存储进口手续未完成的货物的处所。以营业对象为标准，仓库分为营业仓库和利用仓库。营业仓库是指接受他方报酬，并为他方提供货物的堆藏及保管的仓库；利用仓库是指为储藏或保管自己的物品而经营的仓库。民法典所说的仓储合同，指的是与保管仓库和营业仓库相关的货物储藏及保管合同关系。

仓储合同的特征是：（1）保管人须有仓储设备和专事仓储保管业务的仓库营业人；（2）仓储合同的保管对象须为动产，不能以不动产为保管对象而订立仓储合同；（3）仓储合同为诺成合同、双务合同、有偿合同、不要式合同；（4）存货人主张货物已交付或行使返还请求权以仓单为凭证。

**第九百零五条**　仓储合同自保管人和存货人意思表示一致时成立。

【条文要义】

本条是对仓储合同成立时间的规定。

仓储合同是诺成合同，仓储合同的成立时间就是保管人和存货人就货物进行仓储的意思表示一致的时间，而无须以仓储物交付保管人时为成立时间。

**第九百零六条** 储存易燃、易爆、有毒、有腐蚀性、有放射性等危险物品或者易变质物品的，存货人应当说明该物品的性质，提供有关资料。

存货人违反前款规定的，保管人可以拒收仓储物，也可以采取相应措施以避免损失的发生，因此产生的费用由存货人负担。

保管人储存易燃、易爆、有毒、有腐蚀性、有放射性等危险物品的，应当具备相应的保管条件。

【条文要义】

本条是对储存危险物品或者易变质物品的规定。

对于储存危险物品或者易变质物品的仓储合同，由于储存物具有危险性和不易保管性，因而法律提出以下特别要求：

1. 说明义务：储存易燃、易爆、有毒、有腐蚀性、有放射性等危险物品或者易变质物品的，存货人应当说明该物品的性质，提供有关资料。存货人应当善尽此义务。

2. 拒收或者采取相应措施：存货人违反说明义务的，保管人可以拒收仓储物，也可以采取相应措施以避免损失的发生，采取相应措施是为了维护存货人的利益，因此产生的费用由存货人负担。

3. 保管人储存易燃、易爆、有毒、有腐蚀性、有放射性等危险物品的，应当具备相应的保管条件，保管人没有相应的保管条件而进行仓储的，损害后果由其承担。

**第九百零七条** 保管人应当按照约定对入库仓储物进行验收。保管人验收时发现入库仓储物与约定不符合的，应当及时通知存货人。保管人验收后，发生仓储物的品种、数量、质量不符合约定的，保管人应当承担赔偿责任。

【条文要义】

本条是对保管人应当验收仓储物的规定。

仓储合同标的是储存实物，保管人对仓储的实物承担保管责任。因此，保管人在仓储物入库时，应当按照约定对入库仓储物进行验收。保管人在验收时发现入库仓储物与约定不符合的，应当及时通知存货人，进行核对和确认，避免出现责任不清的问题。正是因为仓储物验收的重要性，所以当保管人对仓储物验收后，发现仓储物的品种、数量、质量不符合约定的，保管人应当承担赔偿责任，而不是由存货人负责。

**第九百零八条** 存货人交付仓储物的，保管人应当出具仓单、入库单等凭证。

【条文要义】

本条是对保管人出具仓单、入库单义务的规定。

仓单，是指保管人在收到仓储物时，向存货人出具的表示收到一定数量的仓储物的法律文书。存货人交付了仓储物的，保管人应当向存货人开具由其签名的仓单。

仓单的作用是：（1）证明保管人已经收到仓储物，保管人与存货人之间的仓储关系客观存在；（2）是有价证券，是记名的物权证券，存单可以背书转让；（3）是提取仓储物的凭证，存货人或者仓单持有人可以凭仓单提取仓储物。我国立法采取一单主义，保管人应存货人的请求仅填发一张仓单，不填发两张仓单。

入库单，是指仓储合同的保管人收到存货人的仓储物后给存货人的凭证。

**第九百零九条** 保管人应当在仓单上签名或者盖章。仓单包括下列事项：

（一）存货人的姓名或者名称和住所；
（二）仓储物的品种、数量、质量、包装及其件数和标记；
（三）仓储物的损耗标准；
（四）储存场所；
（五）储存期限；
（六）仓储费；
（七）仓储物已经办理保险的，其保险金额、期间以及保险人的名称；
（八）填发人、填发地和填发日期。

## 【条文要义】

本条是对仓单应记载事项的规定。

仓单是仓库营业人应存货人的请求而签发的一种有价证券,除保管人应当签字或者盖章外,还须明确记载以下内容,不能有缺项:

1. 存货人的名称或者姓名和住所:因为仓单是记名证券。
2. 仓储物的品种、数量、质量、包装及其件数和标记:因为仓单可经背书而产生物权转移的效力,必须明确以上事项。
3. 仓储物的损耗标准:避免发生纠纷。
4. 储存场所:便于被背书人明确仓储物的所在位置。
5. 储存期限:便于被背书人及时提取仓储物。
6. 仓储费:明确缴纳数额和时间。
7. 仓储物已经办理保险的,其保险金额、期间以及保险人的名称:便于保险费计入成本。
8. 填发人、填发地和填发日期:填发人应当签名或者盖章。

**第九百一十条　仓单是提取仓储物的凭证。存货人或者仓单持有人在仓单上背书并经保管人签名或者盖章的,可以转让提取仓储物的权利。**

## 【条文要义】

本条是对仓单作用的规定。

仓单以给付一定的物品为标的,为物品证券,是提取仓储物的凭证。因仓单上所载货物的移转,须移转仓单始生所有权转移的效力,故仓单又称为物权证券或处分证券。因仓单上记载的事项须依法律的规定作出,故为要式证券。仓单的记载事项决定当事人的权利义务,当事人须依仓单上的记载主张权利义务,故仓单为文义证券、不要因证券。又因为仓单是由保管人自己填发的,由自己负担给付义务,所以仓单为自付证券。

仓单上所载明的权利与仓储物是不可分离的,故仓单的效力是:

1. 提取仓储物的效力。仓库营业人一经填发仓单,则持单人对于仓储物的受领,不仅应提供仓单,而且应缴回仓章。
2. 移转仓储物的效力。仓单上所记载的货物,由货物所有人在仓单上背书,并经仓库营业人签名，发生所有权转移的效力。

3. 以仓单出质的效力。存货人或者仓单持有人可以凭仓单设立质权。当存货人或者仓单持有人转移仓单的货物时，应当在仓单上背书，并经保管人签字或者盖章，将背书的仓单交给受让人，提取仓储物的权利即转移给被背书人享有。

第九百一十一条　保管人根据存货人或者仓单持有人的要求，应当同意其检查仓储物或者提取样品。

【条文要义】

本条是对存货人或仓单持有人检查仓储物或提取样品的规定。

仓储合同生效之后，仓储物被保管人占有，存放于保管人的仓库。存货人或者仓单持有人为了解仓库堆藏及保管的安全程度与保管行为，有权检查仓储物或者提取仓储物样品，保管人应当同意其进行检查或者提取。

第九百一十二条　保管人发现入库仓储物有变质或者其他损坏的，应当及时通知存货人或者仓单持有人。

【条文要义】

本条是对保管人通知义务的规定。

仓储物在仓储期间有可能发生变质或者其他损坏。遇有这样的情形，保管人负有通知义务，应当将上述情况及时通知存货人或者仓单持有人，由他们对仓储物进行妥善处理，以避免损失扩大。存货人或者仓单持有人在接到通知后，应当及时处理仓储物。存货人或者仓单持有人处理不及时或者不处理，造成损失的，由自己承担损失。

第九百一十三条　保管人发现入库仓储物有变质或者其他损坏，危及其他仓储物的安全和正常保管的，应当催告存货人或者仓单持有人作出必要的处置。因情况紧急，保管人可以作出必要的处置；但是，事后应当将该情况及时通知存货人或者仓单持有人。

【条文要义】

本条是对仓储物变质或损坏危及其他仓储物的规定。

在仓储物仓储期间，保管人如果发现入库仓储物有变质或者其他损坏，危及其他仓储物的安全和正常保管的，处理的规则是：

1. 应当及时催告存货人或者仓单持有人，对其仓储物作出必要的处置。

2. 如果情况紧急，保管人可以作出必要的处置，但是事后应当将该情况及时通知存货人或者仓单持有人，使存货人或者仓单持有人了解情况，便于处理。

**第九百一十四条　当事人对储存期限没有约定或者约定不明确的，存货人或者仓单持有人可以随时提取仓储物，保管人也可以随时请求存货人或者仓单持有人提取仓储物，但是应当给予必要的准备时间。**

【条文要义】

本条是对储存期限不明提取仓储物的规定。

当事人对仓储合同的储存期限没有约定或者约定不明确的，处理的方法是：

1. 存货人或者仓单持有人可以随时提取仓储物。

2. 保管人也可以随时要求存货人或者仓单持有人提取仓储物。

3. 不论是存货人或者仓单持有人提取仓储物，还是保管人要求存货人或者仓单持有人提取仓储物，都应当给予必要的准备时间，以便妥善进行提取仓储物的准备工作。

**第九百一十五条　储存期限届满，存货人或者仓单持有人应当凭仓单、入库单等提取仓储物。存货人或者仓单持有人逾期提取的，应当加收仓储费；提前提取的，不减收仓储费。**

【条文要义】

本条是对储存期限届满提取仓储物的规定。

仓储物的储存期限届满，存货人或者仓单持有人应依约提取仓储物。存货人或者仓单持有人提货应当持仓单、入库单等进行，保管人"认单不认人"，凭单付货。存货人或者仓单持有人提货逾期的，应当对逾期部分补交仓储费用。提前提货的，由于没有按照合同的约定提货，对已经收取的仓储费用不予减收。

**第九百一十六条** 储存期限届满,存货人或者仓单持有人不提取仓储物的,保管人可以催告其在合理期限内提取;逾期不提取的,保管人可以提存仓储物。

【条文要义】

本条是对存货人或仓单持有人逾期提货的规定。

储存期限届满,存货人或者仓单持有人不按时提货的规则是:

1. 保管人应当对存货人或者仓单持有人进行催告。

2. 确定宽限期,通知存货人或者仓单持有人,限其在宽限期内提货。

3. 存货人或者仓单持有人在催告的合理期限内仍不提货的,保管人可以对该仓储物予以提存,其后果由存货人或者仓单持有人负责。

**第九百一十七条** 储存期内,因保管不善造成仓储物毁损、灭失的,保管人应当承担赔偿责任。因仓储物本身的自然性质、包装不符合约定或者超过有效储存期造成仓储物变质、损坏的,保管人不承担赔偿责任。

【条文要义】

本条是对仓储物毁损、灭失赔偿责任的规定。

在仓储合同中,仓储物在储存期限内,因保管人保管不善造成毁损、灭失的,构成违约,这时应当承担的违约责任是对存货人或者仓单持有人予以赔偿。

如果仓储物的毁损、灭失是因仓储物的性质、包装不符合约定或者超过有效储存期造成,不可归责于保管人的,保管人不承担赔偿责任,由存货人或者仓单持有人自负其责。

**第九百一十八条** 本章没有规定的,适用保管合同的有关规定。

【条文要义】

本条是对仓储合同准用保管合同规则的规定。

在所有典型合同中,仓储合同与保管合同是最相似的合同类型,在很多方面适用的规则是一样的。因此,本章在规定了仓储合同的主要规则之后,同时规定了关于仓储合同没有约定的部分，适用保管合同的规定。例如，保管人不得将仓储物转交第三人保管、保管人不得使用或者许可第三人使用仓储物等规定，都可以适用于保管合同。

# 第二十三章　委托合同

**第九百一十九条**　委托合同是委托人和受托人约定，由受托人处理委托人事务的合同。

【条文要义】

本条是对委托合同概念的规定。

委托合同也称委任合同，是指委托人和受托人约定，由受托人处理委托人事务的合同。委托他方处理事务者为委托人，允诺为他方处理事务者为受托人。

委托合同是一种古老的合同类型。古巴比伦《汉谟拉比法典》就有关于委托合同的规定。罗马帝政时期出现了委托、代理的法律规定，不区分委托和代理的关系，认为委托合同必含有代理权的授予。《法国民法典》承袭了罗马法传统。自《德国民法典》以后，各地立法多严格区分委托合同和代理，一般在总则规定代理制度，在债编规定委托合同。

委托合同的特征是：（1）委托合同是以为他人处理事务为目的的合同；（2）委托合同的订立以委托人和受托人之间的相互信任为前提；（3）委托合同是诺成合同、不要式合同；（4）委托合同是否有偿在于当事人的约定。

**第九百二十条**　委托人可以特别委托受托人处理一项或者数项事务，也可以概括委托受托人处理一切事务。

【条文要义】

本条是对特别委托与概括委托的规定。

根据委托权限的不同，可以将委托合同分为特别委托和概括委托。

1. 特别委托，是指委托受托人处理一项或者数项特别事务的委托。例如，不动产出售、出租或者就不动产设定抵押权，赠与，和解，诉讼，仲裁等，都可以进行特别委托。

2. 概括委托，是指委托人委托受托人处理一切事务的委托。例如，委托人委托受托人处理其买卖业务或者租赁业务的所有事宜，就是概括委托。

**第九百二十一条** 委托人应当预付处理委托事务的费用。受托人为处理委托事务垫付的必要费用，委托人应当偿还该费用并支付利息。

【条文要义】

本条是对委托人支付处理委托事务费用的规定。

不论委托合同是否有偿，委托人都负有支付委托事务费用的义务。委托人履行支付费用的义务有以下两种方式：

1. 预付费用：委托人预付费用的多少以及预付的时间、地点、方式等，应依据委托事务的性质和处理的具体情况而定。预付费用系为委托人利益而使用的，与委托事务的处理并不成立对价关系，二者之间不存在适用同时履行抗辩权的问题。

2. 偿还费用：当事人约定受托人垫付委托事务费用的，委托人应当偿还费用，偿还费用的范围一般应限于受托人为处理事务所支出的必要费用及利息。非经约定，受托人并无垫付费用的义务，即使受托人请求，委托人也不负履行迟延或拒绝履行的责任。在有偿委托合同中，因委托人拒付费用以致影响受托人基于该合同的收益或给受托人造成损失时，受托人有权请求赔偿。

**第九百二十二条** 受托人应当按照委托人的指示处理委托事务。需要变更委托人指示的，应当经委托人同意；因情况紧急，难以和委托人取得联系的，受托人应当妥善处理委托事务，但是事后应当将该情况及时报告委托人。

【条文要义】

本条是对受托人应当按照委托人指示处理委托事务的规定。

受托人是以委托人的名义和费用为委托人处理委托事务的，故受托人应当按照委托人的指示处理委托事务，不能背离委托人的指示而为委托行为。只有出现以下两种情形才可以变更委托人的指示：

1. 委托人同意变更指示。受托人需要变更委托人指示，应当经委托人同意，委托人同意变更委托指示，受托人当然可以按照委托人新的指示处理受托事务。

2. 因情况紧急需要变更指示。紧急情况出现后需要变更指示，又难以和委托人取得联系的，受托人应当妥善处理委托事务，事后应当将该情况及时告知委托人。

**第九百二十三条** 受托人应当亲自处理委托事务。经委托人同意，受托人可以转委托。转委托经同意或者追认的，委托人可以就委托事务直接指示转委托的第三人，受托人仅就第三人的选任及其对第三人的指示承担责任。转委托未经同意或者追认的，受托人应当对转委托的第三人的行为承担责任；但是，在紧急情况下受托人为了维护委托人的利益需要转委托第三人的除外。

【条文要义】

本条是对受托人亲自处理委托事务和转委托的规定。

由于委托合同的当事人之间有相互信赖关系，原则上受托人应亲自处理受托事务，意在防止出现受托人有负委托人信任致委托人利益受损的情形。这是法谚"委托的结果，不得再委托"的精神。

如果委托人同意转委托或者有紧急情况发生，受托人可以转委托。

转委托有以下两种原因：

1. 经委托人同意，受托人可以转委托。转委托经同意或追认的，委托人可以就委托事务直接指示转委托的第三人，受托人仅就第三人的选任及其对第三人的指示承担责任。转委托未经同意或追认的，受托人应当对转委托的第三人的行为承担责任。

2. 在紧急情况下，受托人为维护委托人的利益进行转委托，是被准许的。例如，受托人临时患急病，不能前去处理，由于情况紧急，如果不转委托第三人代为处理，就会使委托人的利益受到损失，即可临时转委托。

**第九百二十四条** 受托人应当按照委托人的要求，报告委托事务的处理情况。委托合同终止时，受托人应当报告委托事务的结果。

【条文要义】

本条是对受托人及时报告义务的规定。

受托人在履行委托事项的过程中,应当按照委托人的要求,随时或者定期向委托人报告委托事务的处理情况。受托事务终了或者委托合同终止时,受托人应当将处理委托事务的始末和处理结果报告给委托人,并提交必要的证明文件,如各种账目、收支计算情况等。

受托人作有关汇报不以有委托人的请求为前提,尤其是委托事务办理终了的报告,应包括有关收支的计算及提交必要的证明文件,如清单、发票等。受托人因怠于报告所致损害,委托人有权请求受托人赔偿。

**第九百二十五条** 受托人以自己的名义,在委托人的授权范围内与第三人订立的合同,第三人在订立合同时知道受托人与委托人之间的代理关系的,该合同直接约束委托人和第三人;但是,有确切证据证明该合同只约束受托人和第三人的除外。

**【条文要义】**

本条是对间接代理第三人知道代理关系规则的规定。

间接代理,是指受托人接受委托人的委托,以自己的名义,在委托人的授权范围内与第三人实施民事法律行为的代理。间接代理与直接代理的区别是:(1)代理人从事法律行为的名义不同,间接代理是代理人以自己的名义从事法律行为,而直接代理的代理人行使代理权是以被代理人的名义进行;(2)代理的效果不同,间接代理的效果不直接对被代理人发生效力;(3)法律根据不同,间接代理不适用直接代理的规定。

间接代理的基本内容如下:

1. 基本代理的关系是:委托人欲从事一项民事交易,委托代理人进行。受托人接受委托,取得了间接代理的权利,然后以自己的名义而不是用委托人的名义,寻找交易的相对人,直接与其进行交易,实施民事法律行为。受托人与第三人之间的民事法律关系终结,受托人将其结果交付委托人,受托人从中获得佣金。

2. 具体的法律关系是:(1)委托人与受托人之间成立委托合同关系,在其中确定双方的权利义务。(2)受托人接受委托,与第三人订立民事法律行为,按照委托人的意思表示,确定该民事法律行为的内容,最终实现交易目的。(3)按照第一个合同的规定,将实施第二个民事法律行为的利益交还委托人,取得受托人的利益,终结间接代理关系。

在间接代理法律关系中,订约时第三人知道代理关系,就是在受托人与第三人订立第二个法律关系的时候,已经知道受托人是在为委托人从事交易。这个"知道"应当是确定的,要有确切的证据证明。知道的内容是:(1)知道具体的委托人;(2)知道委托授权的内容和期限;(3)知道的时间,即在订约时知道这个代理关系。在履行合同关系中知道的,不构成间接代理关系。在这种情况下,受托人与第三人之间发生的民事法律关系直接约束委托人和第三人,即委托人可以根据受托人与第三人之间订立的合同直接请求第三人履行合同义务或者接受第三人的履行;也可以在对方违约时,请求对方承担违约责任或者直接向对方承担责任。

**第九百二十六条** 受托人以自己的名义与第三人订立合同时,第三人不知道受托人与委托人之间的代理关系的,受托人因第三人的原因对委托人不履行义务,受托人应当向委托人披露第三人,委托人因此可以行使受托人对第三人的权利。但是,第三人与受托人订立合同时如果知道该委托人就不会订立合同的除外。

受托人因委托人的原因对第三人不履行义务,受托人应当向第三人披露委托人,第三人因此可以选择受托人或者委托人作为相对人主张其权利,但是第三人不得变更选定的相对人。

委托人行使受托人对第三人的权利的,第三人可以向委托人主张其对受托人的抗辩。第三人选定委托人作为其相对人的,委托人可以向第三人主张其对受托人的抗辩以及受托人对第三人的抗辩。

【条文要义】

本条是对间接代理第三人订约时不知道委托关系的规定。

在间接代理中,受托人以自己的名义与第三人订立合同时,第三人不知道受托人与委托人之间的代理关系的,受托人由于第三人的原因,对委托人不履行义务,受托人应当向委托人披露第三人。委托人因此可以行使受托人对第三人的权利,但是第三人与受托人订立合同时如果知道该委托人就不会订立合同的,则不得披露。

具体规则是:

1. 委托人的介入权:是指当受托人因第三人的原因对委托人不履行合同义务

时，委托人介入受托人与第三人之间的合同关系，直接向第三人主张合同权利。其前提是：（1）受托人因第三人的原因对委托人不履行义务；（2）受托人已经向委托人披露了第三人；（3）第三人在与受托人订立合同时，不存在如果知道该委托人就不会订立合同的情形。委托人的介入权是形成权，完全可以基于自身的利益和意志而决定是否行使该项权利，不需要征得受托人或者第三人的同意。委托人如果愿意行使该权利，则将取代受托人的地位，而受托人以自己的名义从事的法律行为将直接对委托人发生效力，也就是发生了直接代理的后果。

2. 第三人的选择权：在上述关系中，受托人已经向他方披露了委托人或者第三人，第三人主张权利可以进行选择，既可以选择向受托人主张权利，也可以选择向委托人主张权利。第三人对受托人或者委托人的选择权一经行使，就确定了所选择的相对人，选择之后不得变更。其要件是：（1）第三人在订立民事法律行为时，不知道受托人与委托人之间的代理关系；（2）受托人因委托人的原因对第三人不履行合同义务；（3）受托人已经向第三人披露了委托人；（4）第三人作出了选择。这种选择权也是形成权，其行使与否，取决于第三人自己的意愿，无须他人同意。选择了相对人后，选择委托人作为相对人的，构成直接代理的后果。选择受托人作为相对人的，仍然执行原来的合同关系。

3. 第三人和委托人的抗辩权：（1）委托人行使受托人对第三人的权利的，第三人可以向委托人主张其对受托人的抗辩。（2）第三人选定委托人作为其相对人的，委托人可以向第三人主张其对受托人的抗辩以及受托人对第三人的抗辩。其基本规则是，只要委托人行使了介入权，第三人行使了选择权，相对方原来对另一方当事人的抗辩权就可以行使，由行使权利的对方当事人享有该抗辩权。具体的情况是：（1）委托人行使介入权，并根据介入权向第三人主张权利时，第三人可以向委托人主张抗辩，对抗委托人的请求权。（2）第三人选定委托人为相对人的，委托人可以向第三人主张其对受托人的抗辩以及受托人对第三人的抗辩。

**第九百二十七条　受托人处理委托事务取得的财产，应当转交给委托人。**

【条文要义】

本条是对受托人办理事务所得利益交给委托人的规定。

受托人因处理委托事务所取得的财产，应当转交给委托人。这些财产包括金钱、物品及其孳息、权利等，不论是以委托人名义取得的，还是以受托人自己名义取得的，也不论是由次委托人取得的，还是由受托人自己在处理事务时直接取得的，受托人均应将其交还给委托人。委托人可以请求受托人交付财产的各项权利，也可以让与他人。

**第九百二十八条** 受托人完成委托事务的，委托人应当按照约定向其支付报酬。

因不可归责于受托人的事由，委托合同解除或者委托事务不能完成的，委托人应当向受托人支付相应的报酬。当事人另有约定的，按照其约定。

【条文要义】

本条是对有偿委托合同应当支付报酬的规定。

有偿的委托合同，委托人应负支付报酬的义务，如委托律师进行诉讼或提供其他法律服务等。报酬的标的和数额由双方当事人自行约定，无约定的从习惯。对于报酬额的确定，除有强制的报酬率或价目表外，不受限制。支付报酬的日期，各地民法大多采后付主义，即除当事人另有约定事先付报酬的外，非于委托关系终止及受托人明确报告后，受托人不得请求给付。

因可归责于受托人的事由而致委托合同终止或委托事务不能完成时，受托人无报酬请求权。因不可归责于受托人的事由而致合同解除或者委托事务不能完成的，委托人应当支付相应的报酬。不可归责于受托人的事由是：（1）委托人的原因，如委托人不提供委托事务费用等；（2）客观原因，如不可抗力、受托人死亡或者破产等。

**第九百二十九条** 有偿的委托合同，因受托人的过错造成委托人损失的，委托人可以请求赔偿损失。无偿的委托合同，因受托人的故意或者重大过失造成委托人损失的，委托人可以请求赔偿损失。

受托人超越权限造成委托人损失的，应当赔偿损失。

【条文要义】

本条是对受托人承担赔偿责任的规定。

在委托合同中，受托人对委托人承担赔偿责任的规则是：

1. 有偿委托合同，因受托人的过错（包括故意、重大过失、过失）给委托人造成损失的，委托人可以要求赔偿损失，受托人应当承担赔偿责任。

2. 无偿的委托合同，因受托人的故意或者重大过失（不包括过失）给委托人造成损失的，委托人可以要求赔偿损失，受托人应当承担赔偿责任。

3. 受托人超越权限给委托人造成损失的，应当对委托人承担赔偿损失的责任，与民法典总则编第170条第3款规定的超越代理权承担的赔偿责任相一致。

**第九百三十条** 受托人处理委托事务时，因不可归责于自己的事由受到损失的，可以向委托人请求赔偿损失。

【条文要义】

本条是对受托人受到损失请求委托人赔偿的规定。

受托人在处理委托事务时，因不可归责于自己的事由受到损失的，可以向委托人要求赔偿损失。理由是，受托人依据委托人的委托为委托人处理委托事务，而非为其他原因，按照权利义务相一致的原则，既然受托人为委托人执行委托事务，只要不是因为受托人自己的故意、过失或者其他可归责于自己的原因造成自身损害的，委托人就应当对受托人的损害承担赔偿责任。

**第九百三十一条** 委托人经受托人同意，可以在受托人之外委托第三人处理委托事务。因此造成受托人损失的，受托人可以向委托人请求赔偿损失。

【条文要义】

本条是对委托人委托第三人处理部分委托事务的规定。

在委托合同存续期间，受托人依照委托人的委托进行委托事项，委托人不得将已经委托事项再委托他人。如果委托人有必要将部分委托事务委托第三人处理的，须经受托人同意。委托人另行委托第三人处理委托事务，给受托人造成损失的，如报酬减少等，受托人可以向委托人要求赔偿损失，委托人应当承担赔偿责任。

**第九百三十二条** 两个以上的受托人共同处理委托事务的,对委托人承担连带责任。

【条文要义】

本条是对共同委托及责任的规定。

共同委托是相对单独委托而言的。单独委托是指受托人为一人的委托。共同委托是指受托人为两人以上的委托。可见,单独委托和共同委托是对受托人的数量所作的划分。委托人为二人以上,受托人是一人的,不是共同委托,而是单独委托。

共同委托的数个受托人,应当共同处理委托人的委托事务。共同委托中的一个或者数个受托人违反了受托人的义务,给委托人带来损失的,委托人可以向所有受托人或其中任何一个委托人要求赔偿,受托人相互之间负连带责任。

**第九百三十三条** 委托人或者受托人可以随时解除委托合同。因解除合同造成对方损失的,除不可归责于该当事人的事由外,无偿委托合同的解除方应当赔偿因解除时间不当造成的直接损失,有偿委托合同的解除方应当赔偿对方的直接损失和合同履行后可以获得的利益。

【条文要义】

本条是对委托合同当事人任意解除权的规定。

在委托合同中,合同的当事人双方均享有任意终止权,可任意终止合同。这是因为委托基于信任关系而产生主观任意性。如果当事人在观念上对对方的信任有所动摇时,就应不问有无确凿的理由,均允许其随时终止合同。

因解除合同给对方造成损失的,属于不可归责于该当事人的事由的,该方当事人不承担赔偿责任。除此之外,承担赔偿责任的规则是:

1. 无偿委托合同的解除方,应当赔偿因解除时间不当给对方造成的直接损失。由于是无偿委托合同,因而只对解除时间不当造成的损失承担责任,其他原因均不为赔偿责任的根据。

2. 有偿委托合同的解除方应当赔偿对方的直接损失和合同履行后可以获得的利益,即直接损失和间接损失。理由是,既然是有偿委托,就应当承担行使任意解除权所造成的后果。

**第九百三十四条** 委托人死亡、终止或者受托人死亡、丧失民事行为能力、终止的，委托合同终止；但是，当事人另有约定或者根据委托事务的性质不宜终止的除外。

**【条文要义】**

本条是对委托合同终止事由的规定。

在委托法律关系存续期间，委托关系终止的事由是：（1）委托人或者受托人一方死亡；（2）受托人一方丧失民事行为能力；（3）法人或者非法人组织终止。除外的情形是：（1）双方当事人另有约定，如委托律师诉讼的委托合同约定不因委托人死亡而停止代理诉讼；（2）根据委托事务的性质不宜终止，如对委托人死亡或者丧失行为能力发生过疑问。

本条规定与民法典第173条第3项至第5项的规定基本一致。

**第九百三十五条** 因委托人死亡或者被宣告破产、解散，致使委托合同终止将损害委托人利益的，在委托人的继承人、遗产管理人或者清算人承受委托事务之前，受托人应当继续处理委托事务。

**【条文要义】**

本条是对委托合同终止后受托人继续处理委托事务的规定。

委托人死亡或者被宣告破产、解散，委托合同当然终止。但是，如果出现委托合同终止将损害委托人利益的情况，受托人负有继续处理委托事务的义务，即在委托人的继承人、遗产管理人或者清算人承受委托事务之前，受托人应当继续处理委托事务，不能停止委托事务的处理。与民法典第174条的规定相衔接，继续处理委托事务义务的期间自委托人死亡或者终止之时起，至委托人的继承人、遗产管理人或者清算人承受委托事务之时止。超过这个期间的，受托人不再承担继续处理委托事务的义务。

**第九百三十六条** 因受托人死亡、丧失民事行为能力或者被宣告破产、解散，致使委托合同终止的，受托人的继承人、遗产管理人、法定代理人或者清算人应当及时通知委托人。因委托合同终止将损害委托人利益的，在委托人作出善后处理之前，受托人的继承人、遗产管理人、法定代理人或者清算人应当采取必要措施。

**【条文要义】**

本条是对受托人的继承人、遗产管理人、法定代理人或者清算人采取必要措施的规定。

在委托合同关系存续期间，因受托人死亡、丧失民事行为能力或者被宣告破产、解散，致使委托合同终止的，受托人的继承人、遗产管理人、法定代理人或者清算人应当负担的义务是：

1. 及时通知义务：将受托人死亡、丧失民事行为能力或者终止的情形，及时通知委托人，便于委托人尽快选择新的受托人，作出善后处理。

2. 采取必要措施义务：如果因委托合同终止将损害委托人利益的，在委托人作出善后处理之前，受托人的继承人、遗产管理人、法定代理人或者清算人应当依照诚实信用原则，采取必要措施。必要措施包括消极的保存行为和积极的对委托事务的处理，如保存好与委托事务有关的单证和资料，保管好与委托事务有关的财产，以便交付委托人。采取措施的期间，自受托人死亡、丧失民事行为能力或者终止之时起，至委托人作出善后处理之时止。

# 第二十四章　物业服务合同

**第九百三十七条**　物业服务合同是物业服务人在物业服务区域内，为业主提供建筑物及其附属设施的维修养护、环境卫生和相关秩序的管理维护等物业服务，业主支付物业费的合同。

物业服务人包括物业服务企业和其他管理人。

【条文要义】

本条是对物业服务合同和物业服务人概念的规定。

物业服务合同，是物业服务人在物业服务区域内，为业主持续提供建筑物及其附属设施的维修养护、环境卫生和相关秩序的管理维护等物业服务，业主支付物业费的合同。其法律特征是：

1. 物业服务合同的主体是享有建筑物区分所有权的业主和物业服务人，他们互为权利义务主体。

2. 合同的内容是物业服务，即在物业服务区域内，为业主提供建筑物及其附属设施的维修养护、环境卫生和相关秩序的维护等物业方面的服务。

3. 物业服务合同是双务合同、有偿合同，业主负有支付物业费的义务。

物业服务人是通过物业服务合同承担区分所有建筑物管理服务的民事主体，既包括具有专业资质和法人资格的物业服务企业，也包括其他管理人，如单个的具有专业物业管理技能的自然人或者非法人组织。

【相关司法解释】

《最高人民法院关于审理物业服务纠纷案件适用法律若干问题的解释》

**第四条**　因物业的承租人、借用人或者其他物业使用人实施违反物业服务合同，以及法律、法规或者管理规约的行为引起的物业服务纠纷，人民法院可以参照关于业主的规定处理。

**第九百三十八条** 物业服务合同的内容一般包括服务事项、服务质量、服务费用的标准和收取办法、维修资金的使用、服务用房的管理和使用、服务期限、服务交接等条款。

物业服务人公开作出的有利于业主的服务承诺,为物业服务合同的组成部分。

物业服务合同应当采用书面形式。

## 【条文要义】

本条是对物业服务合同主要内容和形式的规定。

物业服务合同的内容包括:

1. 服务事项:是双方约定的物业服务的具体事项,包括区分所有建筑物的维护、管理、修缮等内容。

2. 服务质量:是物业服务事项应当达到的质量标准和要求。

3. 服务费用的标准和收取办法:约定按照什么样的标准收费,如每平方米应当收取多少钱,是月交、季交还是年交等。

4. 维修资金的使用:约定在何种项目、何种情况下使用维修资金。

5. 服务用房的管理和使用:对属于业主共有的服务用房,物业公司如何进行管理,如何使用等。

6. 服务期限:约定物业服务合同的起止时间。

7. 服务交接:约定在终止服务合同时如何移交管理业务。

8. 其他条款:如违约条款、纠纷解决办法等合同应有的条款。

对物业服务合同内容的特别规定是:物业服务人无论是在宣传、广告中所作的承诺还是以其他形式所作的承诺,究竟是否具有拘束力,应当区分具体内容。对于物业服务人通过这些形式公开作出的有利于业主的服务承诺,属于物业服务合同的组成部分,对物业服务人具有合同拘束力。对于那些不利于业主的承诺,以及其他不具有有利于业主的服务承诺的内容,不具有合同的拘束力,不是物业服务合同的内容。

物业服务合同是要式合同,应当采用书面形式,目的是将双方当事人的权利义务关系用文字形式固定下来,避免发生争议。

**第九百三十九条** 建设单位依法与物业服务人订立的前期物业服务合同，以及业主委员会与业主大会依法选聘的物业服务人订立的物业服务合同，对业主具有法律约束力。

【条文要义】

本条是对不同主体订立物业服务合同对业主效力的规定。

以物业服务合同订立主体的角度为标准，可以将物业服务合同分为建设单位与物业服务人订立的前期物业服务合同和业主委员会、业主大会依照法律规定选聘的物业服务人订立的物业服务合同。前一种物业服务合同之所以被称为前期物业服务合同，是因为在区分所有建筑物的建设和销售过程中，尚未成立业主大会和业主委员会的，建设单位只能先指定自己的物业公司或者与其他物业服务公司签订物业服务合同，对区分所有建筑物进行物业管理。当区分所有建筑物的业主成立业主大会或者业主委员会后，该业主大会或者业主委员会才是选聘物业管理人的法定主体，他们代表全体业主选聘物业管理人并与其签订的物业服务合同，是正式的、有效的物业服务合同。

两相比较，前期物业服务合同的签订并没有充分体现业主的意志，后者才是根据全体业主的意志选聘物业服务人订立的物业服务合同。不过，无论是建设单位依法与物业服务人订立的前期物业服务合同，还是业主委员会与业主大会依法选聘物业服务人并与之订立的物业服务合同，都是合法的、有效的物业服务合同，签订之后都具有合同的法律效力，对双方当事人都具有法律效力。本条特别规定两种物业服务合同对业主都具有法律约束力，除强调这一点外，还特别强调了前期物业服务合同虽然没有业主参与，但是对业主同样具有法律拘束力。

**第九百四十条** 建设单位依法与物业服务人订立的前期物业服务合同约定的服务期限届满前，业主委员会或者业主与新物业服务人订立的物业服务合同生效的，前期物业服务合同终止。

【条文要义】

本条是对前期物业服务合同与业主选聘新物业服务人订立的物业服务合同衔接的规定。

对区分所有建筑物的管理和维护，是一个持续不断的专业管理事业，既关系到区分所有建筑物的安全和寿命问题，也关系到全体业主的根本利益问题。无论是哪一种物业服务合同及聘任的物业管理人，都必须对此认真负责，不可以在物业服务人的交替中出现衔接不上的问题，损害业主的利益。因此，前期物业服务合同与业主代表订立的物业服务合同在交替中，须实现无缝对接。不仅如此，与业主选任的物业服务人订立的物业服务合同生效，建设单位依法与物业服务人订立的前期物业服务合同约定的服务期限尚未届满的，业主委员会或者业主与新物业服务人订立的物业服务合同效力优先，一经生效，前期物业服务合同终止，新的物业服务合同的物业管理人即时取得物业管理权，履行物业管理职责，前期物业服务合同的物业管理人不得以任何理由拒绝移交管理的物业。不论双方以任何理由发生争执，都不得违背新的物业服务合同效力优先、可以对抗前期物业服务合同的这一规则。理由是，新的物业服务合同具有业主的意志，而前期物业服务合同没有业主的意志，因而才出现效力上的高低之分。

**第九百四十一条** 物业服务人将物业服务区域内的部分专项服务事项委托给专业性服务组织或者其他第三人的，应当就该部分专项服务事项向业主负责。

物业服务人不得将其应当提供的全部物业服务转委托给第三人，或者将全部物业服务支解后分别转委托给第三人。

【条文要义】

本条是对物业服务人委托第三人管理部分专项服务事项的规定。

从性质上看，物业服务合同类似于承揽合同，受到承揽人亲自履行承揽业务规则的约束。这是因为，物业服务人是业主大会或者业主委员会以及建设单位根据其资质和管理业务水平等因素选聘的，物业服务人如果在接受选聘后，不是亲力亲为而是转包给他人，就失去了选聘的意义。不过，这一规则并不意味着物业管理人不得将任何物业管理事项委托给他人。有些专项服务事项具有专业性质，是物业管理人无法胜任或者须委托他人进行的，法律允许委托第三人负责。所以，物业服务人将物业服务区域内的部分专项服务事项委托给专业性服务组织或者其他第三人是可以的，不违反自己履行原则。但是，这不是转委托，而是部分委托，并且对于部分委托的事项，物业管理人不能推脱责任，仍然应当就该部分的专项服务事项向业主负责，而不是由接受部分委托的专业性服务组织或者第三人向业主负责。

正因如此，根据本条第 2 款之规定，物业服务人必须自己亲自履行，不得违反。违反该规则的行为是：（1）将其应提供的全部物业服务转委托给第三人，这是公然违反亲自履行原则的严重违约行为；（2）将全部物业服务支解后分别转委托给第三人，这是变相违反亲自履行原则的违约行为。出现这些情况，都须承担违约责任。

**第九百四十二条** 物业服务人应当按照约定和物业的使用性质，妥善维修、养护、清洁、绿化和经营管理物业服务区域内的业主共有部分，维护物业服务区域内的基本秩序，采取合理措施保护业主的人身、财产安全。

对物业服务区域内违反有关治安、环保、消防等法律法规的行为，物业服务人应当及时采取合理措施制止、向有关行政主管部门报告并协助处理。

【条文要义】

本条是对物业服务人的物业服务职责范围的规定。

物业管理人履行物业管理职责的依据，是物业服务合同的约定和物业服务的性质。物业服务人应当履行的主要管理职责是：

1. 妥善维修、养护、清洁、绿化和经营管理物业服务区域内的业主共有部分：维修、养护是对建筑物及其附属设施的本身功能、寿命而言的，清洁、绿化是对物业内环境的美化和保持，使业主的生活环境能够保持适宜，经营是对共有部分的利用并获得收益。例如，用公共空间刊登广告等，使业主获得利益。对于这里提到的共有部分不可作狭义理解，对于建筑物的基础部分、外墙部分等，都应解释为共有部分。

2. 维护物业服务区域内的基本秩序：包括公共生活秩序、道路交通秩序、环境管理秩序等。

3. 采取合理措施保护业主的人身、财产安全：即负有安全保障义务，防止建筑物对业主的危害，防范违法犯罪人员实施侵害业主的人身和财产的行为；对于业主之外的接近或者进入物业管理区域的人员的人身安全，也应负有职责，防止建筑物的脱落物、坠落物致害他人。否则，将依照民法典第1254条关于高空抛物、高空坠落物损害赔偿责任的规定承担责任。

本条第2款规定的是物业管理人纠正违法违规行为的职责范围。对物业服务区域内违反有关治安、环保、消防等法律、法规的行为，其行为主体不仅有外来人员，也包括自己物业管理区域的业主，只要是在物业管理区域之内的人员实施上述行为，物业服务人都有权及时采取合理措施予以制止，防止其损害全体业主的利益。在对上述违法、违规行为进行制止的同时，物业管理人应当及时向有关行政管理部门报告并协助处理，特别是需要对物业管理人并无此种权利的制止措施报告并协助处理，物业管理人自己不得实施。

【相关司法解释】

《最高人民法院关于审理使用人脸识别技术处理个人信息相关民事案件适用法律若干问题的规定》

第十条 物业服务企业或者其他建筑物管理人以人脸识别作为业主或者物业使用人出入物业服务区域的唯一验证方式，不同意的业主或者物业使用人请求其提供其他合理验证方式的，人民法院依法予以支持。

物业服务企业或者其他建筑物管理人存在本规定第二条规定的情形，当事人请求物业服务企业或者其他建筑物管理人承担侵权责任的，人民法院依法予以支持。

第九百四十三条 物业服务人应当定期将服务的事项、负责人员、质量要求、收费项目、收费标准、履行情况，以及维修资金使用情况、业主共有部分的经营与收益情况等以合理方式向业主公开并向业主大会、业主委员会报告。

【条文要义】

本条是对物业服务人应当公开履行管理职责情况的规定。

说到底，物业管理人是全体业主的"管家"，应当按照业主的意志和利益管理物业，并对业主负责。物业服务人在履行管理职责的同时，还负有报告的义务，将履行管理职责的情况及时向业主报告和公开，使全体业主掌握物业管理的实际情况，以便业主根据自己的利益，决定自己的行为。

需要定期报告和公开的事项是：

1. 服务的事项：须一一列明。
2. 负责人员：包括总负责人和各项事项的负责人。
3. 质量要求：每一种具体管理事项的质量要求。
4. 收费项目：哪些项目是收费的。
5. 收费计算标准：应当执行约定的标准。
6. 履行情况：各项服务事项的履行情况。
7. 维修资金使用情况：依据何种理由使用、使用标准、使用数额、结余数额等。
8. 业主共有部分的经营与收益情况：特别是如何处置的结果。
9. 其他情况。

对于上述物业管理事项的情况，物业管理人应以合理方式向业主公开或者向业主大会、业主委员会报告，以便接受业主的监督，改进工作。

**第九百四十四条** 业主应当按照约定向物业服务人支付物业费。物业服务人已经按照约定和有关规定提供服务的，业主不得以未接受或者无需接受相关物业服务为由拒绝支付物业费。

业主违反约定逾期不支付物业费的，物业服务人可以催告其在合理期限内支付；合理期限届满仍不支付的，物业服务人可以提起诉讼或者申请仲裁。

物业服务人不得采取停止供电、供水、供热、供燃气等方式催交物业费。

【条文要义】

本条是对业主向物业管理人支付物业费的规定。

物业服务合同是双务合同、有偿合同，物业管理人提供物业服务，接受物业服务的业主应当支付物业费。业主应当按照约定向物业服务人支付物业费，这是业主的义务，是必须履行的。业主违反支付物业费的义务，应当强制履行。

对业主履行支付物业费义务的强制性，包括以下两个方面：

1. 不得无理拒绝：物业管理人进行物业管理，是按照合同的约定和有关规定进行的。只要切实提供了这些服务，如果业主以自己未接受或者无须接受相关物业服务为由拒绝支付物业费，就是无理拒绝支付物业费，构成违约，应当承担违约责任。

2. 逾期支付物业费：业主违反约定，合理期限届满仍不支付物业费。首先，物业服务人可以对业主进行催告，并且确定宽限期，要求其在合理宽限期内支付；其次，业主超过宽限期仍不支付的，物业服务人可以提起诉讼或者申请仲裁，由法院或者仲裁机构进行裁判。裁判后，业主拒不履行裁判确定的支付报酬义务时，法院可以强制执行。

业主拖欠物业费，物业服务人可以催交，也可以起诉，但是不得采取停止供电、供水、供热、供燃气等方式催交。这是因为，电、水、热和燃气等，都是业主的基本生活所必需的，即使拖欠物业费，也不得用这样的方法损害业主的利益。

【相关司法解释】

《最高人民法院关于审理物业服务纠纷案件适用法律若干问题的解释》

第一条 业主违反物业服务合同或者法律、法规、管理规约，实施妨碍物业服务与管理的行为，物业服务人请求业主承担停止侵害、排除妨碍、恢复原状等相应民事责任的，人民法院应予支持。

第二条 物业服务人违反物业服务合同约定或者法律、法规、部门规章规定，擅自扩大收费范围、提高收费标准或者重复收费，业主以违规收费为由提出抗辩的，人民法院应予支持。

业主请求物业服务人退还其已经收取的违规费用的，人民法院应予支持。

**第九百四十五条** 业主装饰装修房屋的，应当事先告知物业服务人，遵守物业服务人提示的合理注意事项，并配合其进行必要的现场检查。

业主转让、出租物业专有部分、设立居住权或者依法改变共有部分用途的，应当及时将相关情况告知物业服务人。

【条文要义】

本条是对业主装饰装修、转让、出租等应事先告知的规定。

业主是建筑物区分所有权专有部分的所有权人，对其专有部分享有与所有权几乎没有区别的支配权。但是，在区分所有的建筑物中，不仅有专有部分，还有共用部分的共有权和共同管理的成员权，特别是全体业主共居同一小区，一举一动都关涉其他业主的利益。所以，业主在对自己专有部分的房屋进行装饰装修、转让、出租、设立居住权、依法改变共有部分用途时，都应当事先向物业管理人告知，使物业管理人知悉并掌握情况，便于其行使管理职责。

对于业主的上述事项，本条分为两个层次作出如下规定：

1. 业主装饰装修房屋，原则上是自己的事情，自己做主。虽然业主进行装饰装修是行使支配权的行为，但是一家装修，会影响其他业主的生活安宁，处理不当，还会影响建筑物的安全和寿命，关乎全体业主的利益。所以，业主应当事先告知物业服务人。物业服务人提示的合理注意事项，业主应当遵守，不得违反，物业管理人还有权进行必要的现场检查。

2. 业主转让、出租专有部分、设立居住权，也是业主行使支配权的行为，他人无权干涉。即使依法改变共有部分用途而不违反物业管理公约的，也应当及时将相关情况告知物业服务人，使物业管理人掌握情况，便于其行使管理职责。

**第九百四十六条** 业主依照法定程序共同决定解聘物业服务人的，可以解除物业服务合同。决定解聘的，应当提前六十日书面通知物业服务人，但是合同对通知期限另有约定的除外。

依据前款规定解除合同造成物业服务人损失的，除不可归责于业主的事由外，业主应当赔偿损失。

【条文要义】

本条是对业主解聘物业管理人的规定。

业主以及业主大会、业主委员会与物业管理人的关系，是合同关系。业主有权依照自己的意志选聘物业管理人订立物业管理合同，也有权解除物业管理合同，解聘物业管理人。

业主对物业管理人行使解聘权的要点是：

1. 解聘程序和方法：业主行使解聘权，依照法定程序共同决定。按照民法典物权编第278条的规定，选聘和解聘物业服务企业或者其他管理人是全体业主共同决定的事项，应当由专有部分面积占比三分之二以上的业主且人数占比三分之二以上的业主参与表决，应当经参与表决专有部分面积过半数的业主且参与表决人数过半数的业主同意。按照这样的程序作出解聘决定后，行使解聘权的方法是：通过解除物业服务合同，解聘物业管理人。

2. 行使解聘权的时间要求：决定解聘物业管理人的，应当提前60日书面通知物业服务人，如果物业管理合同对通知期限另有约定的，应当依照其约定，不适用60日的规定。

3. 行使解聘权的损害赔偿责任：解聘物业管理人是单方解除合同，因解除物业管理合同造成物业服务人损失，是否承担赔偿责任，标准在于解除合同是否具有可归责于业主的事由，如果解除合同不可归责于业主的决定，而是物业管理人的责任，业主不承担赔偿责任；否则业主应当赔偿损失，如业主无正当理由解除物业管理合同而解聘物业管理人的。

**第九百四十七条** 物业服务期限届满前，业主依法共同决定续聘的，应当与原物业服务人在合同期限届满前续订物业服务合同。

物业服务期限届满前，物业服务人不同意续聘的，应当在合同期限届满前九十日书面通知业主或者业主委员会，但是合同对通知期限另有约定的除外。

**【条文要义】**

本条是对业主续聘或物业管理人不同意续聘的规定。

续聘物业管理人，实际上相当于选聘，即选聘已聘的物业管理人继续作为物业管理人。续聘的程序是：

1. 时间要求。应在物业服务期限届满前。

2. 依照民法典第278条规定的业主共同决定的程序作出续聘的决定。符合前述三分之二和过半数的规定作出续聘决议的，方为有效。

3. 续订物业服务合同。由代表业主的业主委员会或者业主大会（业主人数少的可以是全体业主），与原物业服务人在合同期限届满之前，续订物业服务合同，双方履行新的合同。

物业管理人在合同到期不同意续聘的，原物业服务合同消灭，双方当事人的权利义务终止，双方不再受到该合同的约束。物业服务合同不续聘，存在与新的物业管理人进行交接的问题和原物业管理人的利益问题。故物业管理人不同意续聘的程序是：

1. 物业管理人有不同意续聘的权利。不再续聘的主张，可以由业主提出，也可以由物业管理人提出。物业管理人提出不再续聘，可以是自己主动提出，也可以是业主主张续聘而物业管理人不同意续聘。这都是物业管理人行使权利的行为。

2. 不同意续聘的时间要求在物业服务期限届满前。物业服务人应当在物业服务合同期限届满前的 90 日，用书面通知的形式，通知业主或者业主委员会，但是合同对通知期限另有约定的除外。

3. 不同意续聘的后果。物业服务合同期限届满时，物业服务合同消灭，双方不再受该合同的约束，物业管理人不再承担管理职责。

**第九百四十八条** 物业服务期限届满后，业主没有依法作出续聘或者另聘物业服务人的决定，物业服务人继续提供物业服务的，原物业服务合同继续有效，但是服务期限为不定期。

当事人可以随时解除不定期物业服务合同，但是应当提前六十日书面通知对方。

**【条文要义】**

本条是对物业服务合同转变为不定期合同的规定。

物业服务合同具备一定的条件时，会由定期合同转变为不定期合同。物业服务合同通常是定期合同，只有具备必要条件时，方能转变为不定期合同。转变的条件是：（1）物业服务期限已经届满；（2）业主没有依法作出续聘或者另聘物业服务人的决定；（3）物业服务人按照原合同继续提供物业服务。具备上述三个条件，物业服务合同就由定期合同转变为不定期合同。其后果是，原物业服务合同继续有效，双方当事人仍然受到该合同的拘束。

物业服务合同转变为不定期合同后，适用不定期合同的规则。不论是哪一方当事人，都可以随时解除该不定期物业服务合同。行使不定期合同解除权的要求是：（1）应当提前通知行使解除权，通知的方式是要式行为，即用书面形式行使通知权通知对方；（2）给予对方 60 日的准备时间，该期限届满，不定期合同归于消灭。

**第九百四十九条** 物业服务合同终止的，原物业服务人应当在约定期限或者合理期限内退出物业服务区域，将物业服务用房、相关设施、物业服务所必需的相关资料等交还给业主委员会、决定自行管理的业主或者其指定的人，配合新物业服务人做好交接工作，并如实告知物业的使用和管理状况。

原物业服务人违反前款规定的，不得请求业主支付物业服务合同终止后的物业费；造成业主损失的，应当赔偿损失。

【条文要义】

本条是对物业管理人后合同义务及责任的规定。

在物业服务合同终止后，物业管理人应当做好善后工作，完成自己应当完成的义务。这些义务是：

1. 退出义务：应当在约定期限或者合理期限内退出物业服务区域，不能继续占用这些区域。

2. 交还资料义务：原物业管理人应当将物业服务用房、相关设施、物业服务所必需的相关资料等交还业主委员会、决定自行管理的业主或者其指定的人（如新的物业管理人）。

3. 配合新的物业服务人做好交接工作：使物业管理的新旧交替工作正常进行。

4. 如实告知物业的使用和管理状况：便于业主了解账务情况，也便于新的物业管理人做好物业管理工作。

如果原物业服务人违反前款规定的后合同义务，其后果是：

1. 不得请求业主支付物业服务合同终止后的物业费，即使物业服务合同终止后提供了物业服务的，也不得请求支付该物业费。

2. 原物业管理人不履行上述义务，给业主造成损失的，应当对业主的损失承担赔偿责任。

【相关司法解释】

**《最高人民法院关于审理物业服务纠纷案件适用法律若干问题的解释》**

第三条 物业服务合同的权利义务终止后，业主请求物业服务人退还已经预收，但尚未提供物业服务期间的物业费的，人民法院应予支持。

**第九百五十条** 物业服务合同终止后，在业主或者业主大会选聘的新物业服务人或者决定自行管理的业主接管之前，原物业服务人应当继续处理物业服务事项，并可以请求业主支付该期间的物业费。

**【条文要义】**

本条是对物业服务合同终止原物业管理人继续处理物业服务事项的规定。

物业服务事项是专业服务事项，应当是连续行为，不能中断，一旦物业服务中断，业主的权利将受到重大损害，甚至酿成危险。物业服务合同终止后，如果没有新的物业管理人接替，就会形成物业服务行为中断，会发生上述后果。为了避免出现这样的状况，本条要求物业管理人负有继续提供物业服务行为的义务。即物业服务合同终止后，在业主或者业主大会选聘的新物业服务人或者决定自行管理的业主接管之前，原物业服务人应当继续处理物业服务事项，不得推辞或推诿。按照权利义务相一致的原则，继续处理物业服务事项的物业管理人，享有请求业主支付该期间的物业费的权利，其标准应当与已经消灭的物业服务合同的约定相一致。如果原物业管理人拒不履行该继续处理物业服务事项的义务，给业主造成损害的，应当承担赔偿责任。

## 第二十五章 行纪合同

**第九百五十一条** 行纪合同是行纪人以自己的名义为委托人从事贸易活动，委托人支付报酬的合同。

【条文要义】

本条是对行纪合同概念的规定。

行纪合同又称信托合同，是指行纪人以自己的名义为委托人从事贸易活动，委托人支付报酬的合同。其中以自己的名义为他方办理业务者，为行纪人；由行纪人为其办理业务并支付报酬者为委托人。

行纪合同是随着信托业务的发展，出现了独立从事行纪业务的行纪组织后产生的。现代各国大多有关于行纪合同的规定。我国汉代就已出现经营行纪业务的行栈，称为牙行。改革开放后，行纪业又兴盛起来，至今已形成规模。

行纪合同是双务有偿合同、诺成合同和不要式合同。其法律特征是：（1）行纪合同主体的限定性，即限定为经批准经营行纪业务的法人、非法人组织或自然人；（2）行纪人以自己的名义为委托人办理业务；（3）行纪人为委托人的利益办理业务，所产生的权利义务最终归属于委托人承受；（4）行纪合同的标的是行纪人为委托人实施一定的法律行为。

**第九百五十二条** 行纪人处理委托事务支出的费用，由行纪人负担，但是当事人另有约定的除外。

【条文要义】

本条是对行纪人负担行纪费用的规定。

与委托合同不同，行纪人处理委托事务支出的费用应当由行纪人负担，而不是由委托人负担。这就是行纪业的商业风险负担规则，将行纪费用作为行纪的成本，如果没有处理好行纪委托事务，所付出的代价就是行纪风险由行纪人自己负担。如果当事人另有约定的，依照约定处理，不适用这一规则。行纪费用，是指行纪人在处理委托事务时所支出的费用，不仅包含行纪的必要费用，还应该包含改换包装费、保险费等有益的费用。

**第九百五十三条　行纪人占有委托物的，应当妥善保管委托物。**

【条文要义】

本条是对行纪人妥善保管委托物的规定。

行纪人在占有其代委托人进行交易所买入的物品时，负有妥善保管义务。行纪合同为有偿合同，行纪人对物的保管应尽善良管理人的注意义务。除非委托人另有指示，否则行纪人并无为保管的物品办理保险的义务。对于物的意外灭失，只要行纪人已尽到善良管理人的注意义务，行纪人不负任何责任。委托人指示行纪人为保管物品办理保险，行纪人未予保险，行纪人应对此种情况下的保管物的毁损、灭失负损害赔偿责任。委托人未有投保的指示，但行纪人自动投保的，投保费用为行纪费用。

**第九百五十四条　委托物交付给行纪人时有瑕疵或者容易腐烂、变质的，经委托人同意，行纪人可以处分该物；不能与委托人及时取得联系的，行纪人可以合理处分。**

【条文要义】

本条是对行纪人合理处分委托物的规定。

委托人委托行纪人出卖的物品，交付行纪人时有瑕疵或者容易腐烂、变质的，行纪人为了委托人的利益，负有合理处置委托物的义务。履行该义务的要求是：

1. 经过委托人同意的，行纪人可以处分该委托物。

2. 不能及时将委托物的瑕疵及易腐、变质状况告知委托人，取得委托人同意的，行纪人可以合理处分，处分委托物时须负有合理的注意义务。

行纪人违反对委托物的合理处分义务，如发现委托物有瑕疵或者即将腐烂、变质，怠于通知委托人，没有采取合理处置措施，致使损失进一步扩大，给委托人造成损失的，应承担违约责任，赔偿给委托人造成的损失。

**第九百五十五条** 行纪人低于委托人指定的价格卖出或者高于委托人指定的价格买入的,应当经委托人同意;未经委托人同意,行纪人补偿其差额的,该买卖对委托人发生效力。

行纪人高于委托人指定的价格卖出或者低于委托人指定的价格买入的,可以按照约定增加报酬;没有约定或者约定不明确,依据本法第五百一十条的规定仍不能确定的,该利益属于委托人。

委托人对价格有特别指示的,行纪人不得违背该指示卖出或者买入。

【条文要义】

本条是对行纪人依照委托人指示处理事务的规定。

在行纪合同中,对于委托人所指定的委托物的卖出价格或买入价格,行纪人有遵从指示的义务。具体的处理方法是:

1. 行纪人以低于指定价格卖出或者高于指定价格买进的,应当经委托人同意或者行纪人补偿其差额的,该买卖对委托人发生效力。适用的要件是:(1)须有委托人所指定的价格;(2)须超越了指定价格卖出或买进;(3)须经委托人同意或行纪人同意补偿其差额。

2. 行纪人以高于指定价格卖出或低于指定价格买进委托物的,可以按照约定增加报酬。没有约定或者约定不明确的,依照民法典合同编第510条的规定仍不能确定的,该利益属于委托人。适用的要件是:(1)委托人指定了委托物的卖出价格或买进价格;(2)行纪人以对委托人更有利的价格卖出或买进委托物;(3)行纪人可以按照约定增加报酬;(4)所增加的利益一般应归于委托人享有。

3. 委托人对价格有特别指示的,不允许行纪人予以变更,行纪人只能依照委托人指定的价格卖出或买进委托物。

**第九百五十六条** 行纪人卖出或者买入具有市场定价的商品,除委托人有相反的意思表示外,行纪人自己可以作为买受人或者出卖人。

行纪人有前款规定情形的,仍然可以请求委托人支付报酬。

【条文要义】

本条是对行纪人介入权的规定。

行纪人的介入权,也叫行纪人的自约权,是指行纪人接受委托买卖有市场定价的证券或其他商品时,除委托人有反对的意思表示外,行纪人自己可以作为出卖人或买受人行使权利。例如,委托人委托行纪人以一定价格出卖某物,行纪人直接以自己名义按此价格买下。行纪人此时所行使的就是介入权。

行纪人行使介入权的要件又称介入要件,包括积极要件和消极要件。积极要件是指所受委托的物品须为有市场定价的有价证券或其他商品。消极要件包括:(1)委托人未作出反对行纪人介入的意思表示;(2)行纪人尚未对委托事务作出处理;(3)行纪合同有效存在。

介入权行使的后果,使委托人和行纪人之间产生了买卖合同,民法典合同编关于买卖的规定均可适用。行纪人行使介入权之后仍有报酬请求权,委托人应按合同约定付给行纪人报酬。

**第九百五十七条** 行纪人按照约定买入委托物,委托人应当及时受领。经行纪人催告,委托人无正当理由拒绝受领的,行纪人依法可以提存委托物。

委托物不能卖出或者委托人撤回出卖,经行纪人催告,委托人不取回或者不处分该物的,行纪人依法可以提存委托物。

**【条文要义】**

本条是对委托人拒绝受领买入物与拒绝取回卖出物的规定。

委托人委托行纪人买入委托物,委托人有及时受领的义务,应当及时受领,支付报酬,终止委托合同。委托人不予受领的,行纪人应当对其进行催告。经过催告,委托人仍无正当理由而拒绝受领的,行纪人依照民法典第570条关于提存的规定,可以提存委托物,终止行纪合同关系。

委托人委托行纪人出卖委托物的,行纪人应当依照约定将委托物卖出。委托物不能卖出或者委托人撤回出卖,行纪人应当催告委托人取回委托物或者处分委托物。经行纪人催告,委托人仍不取回或者不处分该物的,行纪人依照民法典第570条关于提存的规定,可以将委托物提存,终止行纪合同关系。

**第九百五十八条** 行纪人与第三人订立合同的,行纪人对该合同直接享有权利、承担义务。

第三人不履行义务致使委托人受到损害的，行纪人应当承担赔偿责任，但是行纪人与委托人另有约定的除外。

【条文要义】

本条是对行纪人与第三人订立合同的规定。

行纪合同与委托合同有所不同，存在两重法律关系，即行纪人与委托人之间订立的行纪合同关系、行纪人与第三人之间订立的买卖合同关系。在这两重法律关系中，行纪人既是行纪合同的行纪人，又是买卖合同的当事人。在这样的法律关系中，行纪人与第三人订立合同是合理合法的。故对行纪人与第三人订立的合同，行纪人直接享有权利、承担义务。

在这样的法律关系中，如果第三人不履行义务致使委托人受到损害的，究竟由哪一方承担赔偿责任，基本规则是由行纪人承担赔偿责任，因为第三人不履行义务造成委托人的损害，也应当由行纪人承担。只有在行纪人与委托人另有约定的情况下，才不适用这一规则。

**第九百五十九条** 行纪人完成或者部分完成委托事务的，委托人应当向其支付相应的报酬。委托人逾期不支付报酬的，行纪人对委托物享有留置权，但是当事人另有约定的除外。

【条文要义】

本条是对委托人支付报酬的规定。

委托人应当对行纪人支付报酬。具体规则是：

1. 报酬数额的确定：该报酬是行纪人履行行纪行为的对价，其数额应由双方当事人约定，无约定的，依习惯确定。在习惯上，行纪人的报酬多以其所为交易的价额依一定的比率提取，在证券交易中尤为常见。

2. 行纪人行使报酬请求权的条件：其仅与第三人订立合同是不够的，只有该买卖合同已经履行，买入物品已由第三人交付行纪人或已由委托人直接介入履行。行纪人在请求报酬时须将第三人履行的标的，如委托买入的物或委托卖出物的价金交给委托人，并有义务向委托人汇报所为行为的始末。否则，委托人有权以此为由拒绝支付报酬。

3. 丧失报酬请求权：由于行纪人自己的过失致使不能向委托人交付委托卖出

物的价金或买进物品的，行纪人丧失报酬请求权。

4. 部分报酬请求权：因不可归责于行纪人的事由发生，致使行纪人不能完成行纪行为的，如果行纪人已部分履行，且该部分履行相对于全部委托事务来说可以独立存在，则行纪人有权就委托事务完成的部分请求委托人支付报酬。

5. 另有约定：行纪人和委托人对行纪报酬另有约定的，依其约定。

行纪人完成全部或部分委托事务，委托人应当支付报酬却逾期不支付的，行纪人享有留置委托物，并依照法律规定以委托物折价或从拍卖、变卖该财产所得的价款中优先受偿的权利。

**第九百六十条　本章没有规定的，参照适用委托合同的有关规定。**

【条文要义】

本条是对行纪合同准用委托合同规则的规定。

行纪合同与委托合同最为相近，行纪关系中委托人与行纪人的基础关系就是委托，只不过委托的事项特殊、固定而已。行纪合同就是一种特殊的委托合同。所以，本条规定，本章关于行纪合同没有规定的，参照适用委托合同的有关规定。

# 第二十六章　中介合同

第九百六十一条　中介合同是中介人向委托人报告订立合同的机会或者提供订立合同的媒介服务，委托人支付报酬的合同。

【条文要义】

本条是对中介合同概念的规定。

中介合同，是指中介人向委托人报告订立合同的机会或者提供订立合同的媒介服务，委托人支付报酬的合同。报告订约机会的中介称为报告中介，媒介合同的中介称为媒介中介。在中介合同中，提供报告订约机会或提供交易媒介的一方为中介人，给付报酬的一方为委托人。

中介也叫居间，是古老的商业现象，在古希腊时代即已出现。在中世纪，非为中介人团体成员不得进行中介活动。其后的中介活动都带有官营性质，禁止私自从事中介活动。我国古代将中介人称为"互郎"，是指促进双方交易成交而从中取酬的中间人，习惯称之为"牙行"或"牙纪"，民间将其称为"对缝"。

中介合同的特征是：

1. 中介合同为有名合同，立法承认中介合同的独立地位，不予禁止。
2. 中介合同是一方为他方报告订约机会或为订约媒介的合同。
3. 中介合同为有偿合同、诺成合同和不要式合同。
4. 中介合同委托人给付义务的履行有不确定性，是否付给中介人报酬也是不确定的。
5. 中介合同的主体具有特殊性，是经过核准可以从事中介营业的法人或自然人。

第九百六十二条　中介人应当就有关订立合同的事项向委托人如实报告。

中介人故意隐瞒与订立合同有关的重要事实或者提供虚假情况，损害委托人利益的，不得请求支付报酬并应当承担赔偿责任。

【条文要义】

本条是对中介人报告义务和忠实义务的规定。

中介人应当就订立合同的事项向委托人如实报告，是中介合同中介人应负的主要义务。在报告中介中，中介人对于订约事项，应就其所知据实报告给委托人，中介人对相对人没有报告委托人有关情况的义务。在媒介中介中，中介人应将有关订约的事项据实报告给各方当事人，媒介中介的报告义务是向双方报告。

忠实义务，是指中介合同不管是单务的还是双务的，中介人就自己所为的中介活动都负有遵守诚实信用原则的义务，不得对订立合同实施不利影响，影响合同的订立或者损害委托人的利益，对所提供的信息、成交机会以及后来的订约情况，负有向其他人保密的义务。中介人故意隐瞒与订立合同有关的重要事实或者提供虚假情况，损害委托人利益的，不得要求支付报酬，造成委托人损害的，应当承担损害赔偿责任。

**第九百六十三条** 中介人促成合同成立的，委托人应当按照约定支付报酬。对中介人的报酬没有约定或者约定不明确，依据本法第五百一十条的规定仍不能确定的，根据中介人的劳务合理确定。因中介人提供订立合同的媒介服务而促成合同成立的，由该合同的当事人平均负担中介人的报酬。

中介人促成合同成立的，中介活动的费用，由中介人负担。

【条文要义】

本条是对委托人支付报酬的规定。

中介报酬支付的一般规则是"约定报酬制"，即中介人从事中介活动收取报酬的多少，主要依中介人和委托人的约定，在中介人促成合同有效成立后，委托人就应按约定支付报酬。因中介人提供订立合同的媒介服务而促成合同成立的，由该合同的当事人平均负担中介人的报酬。

数个中介人确定报酬的规则是：

1. 报告中介，先向委托人报告订约信息并促成其订立合同者，享有中介报酬请求权。

2. 媒介中介，如果委托人与相对人之间所订立的合同可归功于某个中介人时，则此中介人享有收取中介报酬请求权,其他中介人无此项权利;如果是数个中介人同心协力,致使不能确定是其中哪个中介人为当事人与相对人交易的达成起了决定性作用时,则应视情况而定:(1)委托人以数个中介人为一整体,只给予一次报酬,由各中介人平均分配该报酬;(2)委托人对各中介人分别委托同一事项,中介人也独立地开展产生中介结果的活动时,中介人可以各自请求报酬;(3)各中介人就同一事项分别受同一委托人的委托,但在实施中介行为时,各中介人相互结合为共同的媒介,则各中介人只能共同地接受一次报酬。

3. 交易双方各自委托中介人,双方委托的两个中介人又共同协力促成委托人和交易相对人订立合同,则委托人和交易相对人分别对自己所委托的中介人支付中介报酬。

对中介人的报酬没有约定或者约定不明确,依据民法典第510条的规定补充协议仍不能确定的,根据中介人的劳务合理确定。因中介人提供订立合同的媒介服务而促成合同成立的,由该合同的当事人平均负担中介人的报酬。

中介人促成合同成立的,中介活动的费用由中介人负担,因为中介人已经取得了应得的报酬,该报酬中包含中介活动的费用。

**第九百六十四条　中介人未促成合同成立的,不得请求支付报酬;但是,可以按照约定请求委托人支付从事中介活动支出的必要费用。**

【条文要义】

本条是对中介人未促成合同成立可请求支付中介活动费用的规定。

中介费用一般包含在报酬中,中介成功时,中介费用未经约定不得请求委托人支付,应由中介人自己负担。居间人已尽报告义务或者媒介义务,但仍不能使合同成立,未达到委托人预期目的的,由于中介人获得报酬的前提是完成中介活动并达到中介目的,因而就未完成委托人的委托不得请求支付报酬,但可以按照约定要求委托人支付从事中介活动支出的必要费用,如中介人在实施中介活动中的差旅费等。

**第九百六十五条　委托人在接受中介人的服务后,利用中介人提供的交易机会或者媒介服务,绕开中介人直接订立合同的,应当向中介人支付报酬。**

【条文要义】

本条是对委托人"跳单"应支付中介报酬的规定。

"跳单"行为也叫"跳中介",是指合同的一方或者双方当事人已经与中介人订立了合同,中介公司已经按照协议履行了提供中介信息,并促使买卖双方见面洽谈等促进交易的义务或者媒介服务,买卖一方或双方为了规避或减少按照协议约定履行向中介人交付中介费的义务,跳过中介而私自签订合同的行为。这是中介合同的严重违约行为,应当承担违约责任。委托人接受了中介人的服务,利用了中介人提供的交易机会,却绕开中介人直接与第三人订立合同的,仍然应当承担支付中介报酬的义务,满足中介人的权利请求。

实践中,委托人"跳单",中介人向委托人主张报酬权利,委托人不认可的,可以直接向法院起诉,请求法院依照本条规定满足报酬请求权。中介人在中介活动中,应当注意保存证据,一方面,可以避免出现委托人"跳单"行为;另一方面,即使委托人出现了"跳单"行为,在诉讼中也能有证据证明自己的主张。

**第九百六十六条　本章没有规定的,参照适用委托合同的有关规定。**

【条文要义】

本条是对中介合同准用委托合同规则的规定。

中介合同的性质也是委托合同,只是与委托合同有所区别而已。除本章规定的中介合同的特有规则外,其他都是可以适用委托合同的规定的。故本条规定,中介合同在本章没有规定的,适用委托合同的有关规定。

# 第二十七章　合伙合同

**第九百六十七条**　合伙合同是两个以上合伙人为了共同的事业目的，订立的共享利益、共担风险的协议。

【条文要义】

本条是对合伙合同概念的规定。

合伙合同是两个以上合伙人为了共同的事业目的，订立的共享利益、共担风险的协议。合伙合同的特征是：（1）当事人为两个以上的合伙人，包括自然人、法人、非法人组织，通常是自然人；（2）合伙合同的设立目的是两个以上的合伙人实现共同的事业，主要是经营性的目的；（3）合同的内容是约定合伙人共同投资、共同经营、共担风险；（4）合伙合同设立的是普通合伙，不包括设立合伙企业的合同。合伙企业是民法典第102条规定的非法人组织。

通过合伙合同设立的是合伙，两人以上通过订立合伙合同，按照约定，为共同的事业目的，各自提供资金、实物、技术等，合伙经营，共同劳动，共享收益，共担风险。

合伙的法律特征是：（1）合伙由两个以上的自然人、法人或者非法人组织组成，以合伙人的意思表示一致为基础；（2）合伙由合伙人共同投资成立，其财产属于合伙人共有；（3）合伙由合伙人共同经营管理，共担经济利益和风险；（4）合伙以其名义独立从事民事活动，合伙人对外承担无限连带责任。

**第九百六十八条**　合伙人应当按照约定的出资方式、数额和缴付期限，履行出资义务。

【条文要义】

本条是对合伙人出资义务的规定。

合伙人的出资，是合伙财产的最初来源。合伙人在合伙合同中应当约定合伙人的出资方式、数额和缴付期限，履行出资义务。各合伙人应按约定，向合伙投资，投资财产构成合伙的财产基础。投资既可以是资金，也可以是设备；既可以是财产，也可以是其他用益物权，如将建设用地使用权、土地经营权等投资入股；既可以是知识产权，也可以是技术。合伙财产一经成立，合伙即可进行经营活动。

合伙人的出资义务具有强制性。在所有的合伙人中，如果一个或者数个合伙人不履行出资义务的，可以要求其出资或者不承认其合伙人资格，但是其他合伙人不能因此而拒绝出资，因为都拒绝出资，将使合伙无法设立、无法经营。

**第九百六十九条** 合伙人的出资、因合伙事务依法取得的收益和其他财产，属于合伙财产。

合伙合同终止前，合伙人不得请求分割合伙财产。

【条文要义】

本条是对合伙财产及禁止分割合伙财产的规定。

合伙财产是指由合伙人依照合伙协议向合伙投资的财产和合伙在共同经营中积累的财产构成的，由全体合伙人共有的财产所有关系。

合伙财产的特征是：（1）合伙财产依合伙关系而成立，依法律规定基于合伙关系的存在而必然存在；（2）合伙财产具有组合性，包括合伙人的投资、合伙经营的收益积累以及其他财产；（3）合伙财产体现全体合伙人的共有权，全体合伙人都是共有人，平等地享有权利，分担义务；（4）合伙人对合伙财产对外享有连带权利，承担连带义务，每个合伙人都是连带债权人，每个合伙人都是连带债务人。

正是由于合伙财产具有组合性和整体性，在合伙合同终止前，合伙人不得请求分割合伙财产，但不妨碍合伙人对合伙收益进行分红。

**第九百七十条** 合伙人就合伙事务作出决定的，除合伙合同另有约定外，应当经全体合伙人一致同意。

合伙事务由全体合伙人共同执行。按照合伙合同的约定或者全体合伙人的决定，可以委托一个或者数个合伙人执行合伙事务；其他合伙人不再执行合伙事务，但是有权监督执行情况。

合伙人分别执行合伙事务的，执行事务合伙人可以对其他合伙人执行的事务提出异议；提出异议后，其他合伙人应当暂停该项事务的执行。

【条文要义】

本条是对合伙事务执行的规定。

合伙事业经营，包括合伙的经营决策、合伙事务执行和合伙负责人三个方面的内容。合伙人对合伙事务作出决定，除合伙合同另有约定外，应当经全体合伙人一致同意。合伙人有执行和监督的权利。合伙人可以推举负责人。合伙负责人和其他人员的经营活动，由全体合伙人承担民事责任。

合伙事务执行，是合伙事业经营中的一个环节，是指合伙事业经营决策确定之后，究竟由哪些合伙人负责执行，执行人之外的合伙人可行使哪些权利来实现合伙经营目的的活动。合伙的经营决策作出后，具体的执行方式有以下三种：

1. 共同执行，即由全体合伙人共同执行。

2. 代表执行，即按照合伙合同的约定或者全体合伙人的决定，可以委托一个或者数个合伙人执行合伙事务；其他合伙人不再执行，但是有权监督执行情况。

3. 分别执行，即合伙人分别执行合伙事务的，执行事务合伙人可以对其他合伙人执行的事务提出异议；提出异议后，其他合伙人应当暂停该项事务的执行。

合伙事务执行不论采取哪种方式，都应由全体合伙人共同承担责任，而不是由合伙事务执行人个人承担民事责任。不论采取何种执行方式，所有的合伙人（包括没有执行合伙事务权的合伙人）都对合伙事务执行享有监督权，监督合伙事务执行人的执行活动，发现问题时，都有权提出监督意见，提交全体合伙人讨论，由全体合伙人作出决定。

**第九百七十一条** 合伙人不得因执行合伙事务而请求支付报酬，但是合伙合同另有约定的除外。

【条文要义】

本条是对合伙人执行合伙事务不支付报酬的规定。

合伙人与合伙雇用的人不同。合伙雇用的人员不是合伙的成员，而是合伙的工作人员，其向合伙提供劳务，合伙对其给付报酬。合伙人是合伙的共有人之一，是合伙组织的成员，其在合伙中的经济利益是通过对合伙盈利进行分红实现的，而不是在执行合伙事务中取得报酬。因此，合伙人在执行合伙事务时，不得请求合伙对其另行支付报酬。如果合伙合同对执行合伙事务的合伙人计算报酬另有约定，体现的是合伙的意志，则另当别论。

**第九百七十二条** 合伙的利润分配和亏损分担，按照合伙合同的约定办理；合伙合同没有约定或者约定不明确的，由合伙人协商决定；协商不成的，由合伙人按照实缴出资比例分配、分担；无法确定出资比例的，由合伙人平均分配、分担。

【条文要义】

本条是对合伙利益分配和亏损分担的规定。

合伙的宗旨是共同出资、共同经营、共享利益、共担风险。按照这一宗旨，合伙利益分配和亏损负担的规则是：

1. 利益分配：合伙人享有合伙共同财产的分取红利权，就是共同享有共有人的收益权。在合伙经营中，对于经营盈余，合伙除留下足够的积累以供发展外，其盈余按红利分配给合伙人，各合伙人均享有此权利。

2. 分担风险：合伙遭遇经营风险，造成亏损，也应当由合伙人即共有人共同分担。

3. 利益分配和亏损分担的确定方法是：（1）应当依照合伙合同的约定办理；（2）合伙合同对利益分配和亏损分担的方法没有约定或者约定不明确的，由合伙人协商决定，按照协商达成的协议办理；（3）协商不成的，由合伙人按照实缴的出资比例分配、分担；（4）无法确定出资比例的，由合伙人平均分配、分担。

**第九百七十三条** 合伙人对合伙债务承担连带责任。清偿合伙债务超过自己应当承担份额的合伙人，有权向其他合伙人追偿。

【条文要义】

本条是对合伙债务清偿承担连带责任的规定。

合伙债务属于合伙的消极财产，是合伙对他人所负的债务。合伙债务产生于合伙关系存续期间，产生债务的原因是合伙人对第三人的合同行为或侵权行为以及不当得利和无因管理等。

对于合伙债务，承担债务的主体是合伙，履行债务的担保或承担债务的财产范围是合伙财产和每个合伙人的个人财产。

合伙债务与合伙人的个人债务不同。合伙人的个人债务是合伙人个人对他人所欠的债务，合伙人与债权人是债权债务关系的当事人，与合伙事务和合伙毫无关系。因此，应当由合伙人个人承担清偿责任。

合伙债务清偿责任的形式是无限连带责任。具体规则是：（1）合伙债务由合伙财产承担；（2）合伙财产清偿不足部分，各合伙人以自己的全部个人财产连带承担；（3）个人财产清偿不足部分，由其他合伙人承担；（4）以个人财产偿还合伙债务超过自己股份份额的合伙人，有权向其他合伙人追偿。

合伙人应当以自己的个人财产承担连带责任，又负有个人债务应当清偿的，没有规定哪一种债权优先，通常认为合伙负担的债务和合伙人负担的个人债务都是债权人的债权，具有同等的效力。能够清偿的，分别清偿；不足以清偿的，按比例清偿。

**第九百七十四条** 除合伙合同另有约定外，合伙人向合伙人以外的人转让其全部或者部分财产份额的，须经其他合伙人一致同意。

【条文要义】

本条是对限制合伙人转让合伙份额的规定。

合伙人对合伙的份额，是其享有的财产权利（也包括一定的身份权），合伙人对其合伙份额有权进行支配，包括将其转让给他人。由于合伙具有人身性，尤其是合伙人相互之间具有信赖关系，如果对合伙人转让自己的合伙份额不加任何限制，将会使受转让人加入合伙，成为新的合伙人，破坏合伙人相互之间的信赖关系，造成合伙关系的损害。因此，法律适当限制合伙人转让合伙的全部或者部分财产份额。

适当限制，并非绝对禁止合伙人转让，只是对转让加以限制：

1. 合伙人将其合伙份额转让给其他合伙人的，法律不予以限制，只要双方同意即可。

2. 合伙人将其合伙份额转让给合伙人以外的人，须经全体合伙人一致同意，否则不得转让。这是因为合伙人之间具有人格信赖关系，而合伙份额的转让具有入伙和退伙的双重性质，属于一种"人"的变动，应当严格履行程序。

3. 对于合伙人将其合伙份额转让给他人的，如果合伙合同另有约定的，则依其约定。

**第九百七十五条** 合伙人的债权人不得代位行使合伙人依照本章规定和合伙合同享有的权利，但是合伙人享有的利益分配请求权除外。

【条文要义】

本条是对限制合伙人的债权人代位行使合伙人债权的规定。

合伙债权是合伙的财产，属于合伙人共同共有，各合伙人虽然对此享有权利，但不是个人的债权，应当全体享有。所以，此种债权的债务人必须对合伙履行债务，如果某合伙人个人对该债务人负有债务，则禁止该债务人将合伙债权与该合伙人的个人债务相抵销。这是因为，合伙人个人债务应以个人财产清偿，如果直接以全体合伙人享有的债权相抵销，则该合伙人就侵害了全体合伙人的共有权。

债权人为保全其债权，可依债权人代位权，代位行使债务人对他人行使的权利，民法典第535条等对此已经有明确规定。对合伙人的债权人代位权予以禁止，是指合伙人的债权人在合伙存续期间，不得代合伙人之位行使债权人代位权。这是因为，合伙人对合伙的权利有专属权性质，不能与合伙人的地位相分离，一旦合伙人的债权人对合伙的权利行使代位权，将会损害全体合伙人的利益。所不同的是，对合伙人享有的分取红利权，因其已成为合伙人自己独立享有的权利，并无专属性，故合伙人的债权人可以对其行使债权人代位权，以保全自己的债权。

**第九百七十六条** 合伙人对合伙期限没有约定或者约定不明确，依据本法第五百一十条的规定仍不能确定的，视为不定期合伙。

合伙期限届满，合伙人继续执行合伙事务，其他合伙人没有提出异议的，原合伙合同继续有效，但是合伙期限为不定期。

合伙人可以随时解除不定期合伙合同，但是应当在合理期限之前通知其他合伙人。

【条文要义】

本条是对合伙期限的规定。

合伙成立之后，不可能永久存在，故合伙存在合伙期限的问题。

对合伙期限的确定方法是：

1. 合伙人在合伙合同中对合伙期限有约定的，依照其约定确定合伙期限；

2. 合伙人对合伙期限没有约定或者约定不明确的，依照民法典第 510 条的规定进行补充协议，按照补充协议约定的合伙期限确定；

3. 补充协议仍然不能确定合伙期限的，视为该合伙的合伙期限为不定期合伙。

合伙合同约定的合伙期限届满，合伙应该散伙。如果合伙人还在继续执行合伙事务，而其他合伙人对此也没有提出异议的，合伙人是以其各自的行为确认合伙合同继续履行，该合伙继续存在，原合伙合同继续有效，但是该合伙的合伙期限变为不定期，为不定期合伙。

对于不定期合伙，包括约定为不定期合伙、确定为不定期合伙以及推定为不定期合伙的，合伙人都可以随时解除不定期合伙合同，即散伙。但是，解除不定期合伙合同应当通知其他合伙人，并且留出合理期限，以便其他合伙人做好准备。

**第九百七十七条** 合伙人死亡、丧失民事行为能力或者终止的，合伙合同终止；但是，合伙合同另有约定或者根据合伙事务的性质不宜终止的除外。

**【条文要义】**

本条是对合伙人死亡、丧失民事行为能力或者终止使合伙散伙的规定。

散伙是指合伙的解散。在通常情况下，散伙的事由有：（1）合伙合同约定的合伙经营期限届满，合伙人不愿意继续经营；（2）合伙合同约定散伙的事由出现；（3）全体合伙人决定解散；（4）合伙人已经不具备法定人数，如只剩下一个合伙人；（5）合伙合同约定的合伙目的已经实现或者不能实现；（6）出现法律、行政法规规定的合伙解散的其他原因。当合伙出现上述事由时，合伙应当散伙。

本条规定的"合伙人死亡、丧失民事行为能力或者终止的，合伙合同终止"，是指当合伙人为自然人，已经死亡或者丧失民事行为能力的，或者合伙人为法人、非法人组织，其已经终止的，合伙合同终止，合伙应当解散。其实并不像字面意思这样简单：如果合伙人为多人，其中之一死亡或者终止，其他合伙人仍然健在或者存在，只要没有达到只剩一人的条件的，该合伙其实并不必然散伙；如果所有的合伙人都死亡、终止的，合伙合同关系当然消灭；当合伙人还有一人没有死亡或者终止的，这个合伙合同关系其实也已经消灭，变成一人经营了。

如果合伙合同另有约定或者根据合伙事务的性质不宜终止的，合伙合同的关系仍然继续存在。

**第九百七十八条** 合伙合同终止后，合伙财产在支付因终止而产生的费用以及清偿合伙债务后有剩余的，依据本法第九百七十二条的规定进行分配。

## 【条文要义】

本条是对合伙散伙时财产利益分配的规定。

合伙散伙的财产利益分配规则，就是合伙散伙时的清算规则。合伙散伙时，必须进行清算。合伙的清算，是对企业的债权、债务、资产进行清理的过程，是合伙退出市场的必经程序，合伙未经清算不得散伙。

合伙财产关系消灭的原因分为两种：（1）合伙解散，即散伙，引起合伙财产的全部消灭；（2）合伙人退伙，引起合伙财产的部分消灭。合伙财产全部消灭，应当对合伙财产进行清算；合伙财产部分消灭，应当对退伙人的应有份进行结算。这种清算和结算，都是对共有财产的分割。

合伙解散，是合伙财产全部消灭的原因。合伙一经解散，产生合伙财产的必要前提即不存在，合伙财产关系当然终止，因此发生合伙财产的清算后果。合伙至清算结束时，为完全消灭。清算的办法是：（1）了结现务；（2）收取债权；（3）清偿债务；（4）返还出资；（5）分配剩余财产。该剩余财产，是合伙财产在清偿合伙债务、返还出资以后所剩的财产。对此剩余财产，由全体合伙人分配，而无论各合伙人以何种方式出资。分配的原则，就是民法典第972条规定的按各合伙人应受分配利益的比例进行分配。经过清算，如全部合伙财产不足以清偿合伙债务的，就是亏损，对内由各合伙人按比例分担，对外连带负责清偿。

合伙人退伙是合伙财产部分消灭的原因。退伙分为以下两种：

1. 声明退伙，是合伙人以其一方通过声明的意思表示退出合伙的行为。

2. 法定退伙，不需要任何声明，遇有法定事由的发生即当然发生的退伙，如合伙人死亡、合伙人丧失民事行为能力、合伙人被开除。

合伙人无论是声明退伙，还是法定退伙，都使该合伙人丧失合伙人的资格，在合伙财产关系上失去共有人的资格，应对其在合伙财产中的份额进行结算，分配其应得的损益。除此之外，整个合伙关系及合伙财产继续存在。

# 第三分编　准　合　同

## 第二十八章　无因管理

**第九百七十九条**　管理人没有法定的或者约定的义务，为避免他人利益受损失而管理他人事务的，可以请求受益人偿还因管理事务而支出的必要费用；管理人因管理事务受到损失的，可以请求受益人给予适当补偿。

管理事务不符合受益人真实意思的，管理人不享有前款规定的权利；但是，受益人的真实意思违反法律或者违背公序良俗的除外。

【条文要义】

本条是对无因管理之债及一般规则的规定。

无因管理是指没有法定的或者约定的义务，为避免他人利益受损失而管理他人事物，符合受益人真实意思的一种法律事实。在无因管理中，管理人和本人之间发生的法律关系，就是无因管理之债，为他人进行管理或者服务的人为管理人，其事务受到管理或者服务的人为受益人，也叫作本人。无因管理的法律特征是：（1）无因管理是债的发生根据之一；（2）无因管理是管理人的自愿行为；（3）无因管理是有益于他人的行为，是法律应当予以鼓励和表彰的行为。民法典总则编第121条规定了无因管理之债。

构成无因管理须具备以下条件：（1）管理人须对他人事务进行管理或者服务；（2）管理人没有法定的或者约定的义务；（3）管理人须为避免他人利益受损失而管理；（4）符合受益人真实意思。

无因管理之债当事人的权利义务是：

1. 管理人有权请求受益人偿还因管理行为而支出的必要费用，受益人负有支付管理人因管理行为而支出的必要费用的义务。

2. 管理人因管理事务受到损失的，可以请求受益人给予适当补偿，受益人应当对此损失予以赔偿。

3. 管理行为不符合受益人真实意思的，管理人不享有上述权利，但是如果管理事务受益人的真实意思违反法律或者违背公序良俗的，仍应依照无因管理的规则处理，管理人享有无因管理之债的权利。

**第九百八十条** 管理人管理事务不属于前条规定的情形，但是受益人享有管理利益的，受益人应当在其获得的利益范围内向管理人承担前条第一款规定的义务。

**【条文要义】**

本条是对不适法无因管理及后果的规定。

不适法无因管理也叫不适当无因管理，是不真正无因管理中的一种，指欠缺无因管理的法定要件为他人管理事务的行为。不真正无因管理的特征是：

1. 管理的是他人的事务。

2. 管理人的管理出于主观上的原因，是管理人在主观上出现了认识上的不当，或者是误将他人的事务当成自己的事务，或者是明知是他人的事务而作为自己的事务进行管理。

3. 管理人将他人的事务作为自己的事务进行管理。

4. 不真正无因管理仍然产生债的关系，但内容有所不同，仍然享有补偿的请求权，但以受益人所得的利益为限。对于不真正无因管理，只要受益人享有管理利益，就准用无因管理的规定。

当管理人实施管理行为的管理事务不符合无因管理构成要件，但受益人享有管理利益的，构成不真正无因管理，其管理人享有的权利是：（1）受益人对于因管理所生的利益，仍然可以享有；（2）管理人对受益人享有费用及利息的偿还请求权、债务代偿请求权和损害赔偿请求权，但以受益人所得利益为限承担义务，超过受益部分的，受益人不负责任。

**第九百八十一条** 管理人管理他人事务，应当采取有利于受益人的方法。中断管理对受益人不利的，无正当理由不得中断。

**【条文要义】**

本条是对管理人适当管理义务的规定。

管理人对管理事务负有适当管理的义务，应当尽到与管理自己的事务为同一注意。

适当管理义务就是在管理受益人的事务时，以管理自己的事务为同一注意，采取有利于受益人的方法进行管理。管理人尽到这种管理义务的，即为适当管理。如果管理人在管理他人事务时未尽到与处理自己的事务为同一注意，采取的方法不利于受益人，则为有过失，造成损害的，应当承担赔偿责任。

在开始管理受益人的事务后，不得中断管理，即管理人对管理事务中断管理对受益人不利的，在无正当理由的情况下，管理人不得中断管理，否则应当对受益人造成的损害后果承担赔偿责任。

**第九百八十二条** 管理人管理他人事务，能够通知受益人的，应当及时通知受益人。管理的事务不需要紧急处理的，应当等待受益人的指示。

【条文要义】

本条是对管理人通知义务的规定。

管理人于管理开始后，应当将管理开始的事实通知受益人，如果没有急迫情形，应当等待受益人的指示。如果不能进行通知，如管理人不知受益人是谁，或不知受益人的住址，或交通断绝，或因其他原因无法通知，则不负通知义务；如果受益人已知管理开始的事实，则没有必要进行通知，依可得推知受益人的意思，以有利于受益人的方法进行管理。管理人通知受益人之后，应当听候受益人的处置。如果等候受益人的指示会使受益人的利益受到损失，则不应坐等指示，而应直接管理。管理人违反通知义务，应负债务不履行的责任，但继续管理的部分仍成立无因管理，而不是不适法管理；如果受益人反对继续管理，管理人仍继续管理者，则为管理人违反受益人的意思而进行管理。对于造成的损害，管理人应负无过失赔偿责任。

**第九百八十三条** 管理结束后，管理人应当向受益人报告管理事务的情况。管理人管理事务取得的财产，应当及时转交给受益人。

【条文要义】

本条是对管理人管理结束后报告和结算义务的规定。

无因管理所得的利益最终须归属于受益人，因而在管理结束后，管理人应当及时将管理的情况报告给受益人。同时，管理人应当进行结算，将管理所得的财产及时转交给受益人。管理人为了自己的需要而使用的部分，除应交付受益人外，还应当自使用之日起支付利息。

**第九百八十四条** 管理人管理事务经受益人事后追认的，从管理事务开始时起，适用委托合同的有关规定，但是管理人另有意思表示的除外。

【条文要义】

本条是对无因管理转化为委托关系的规定。

无因管理的最显著特征是管理的无因性和受益人的未知性，据此构成无因管理。现实中，如果管理人为他人管理事务的行为一旦经过受益人的事后追认，无因管理的性质就发生了变化，管理就从无因变为有因，受益人的未知变为已知。在管理事务行为的受益人已经明确并得到追认后，管理行为就从无因管理变为委托关系，双方当事人实际上形成了委托人和管理人的关系，因而从管理事务开始时起，就应当适用委托合同的有关规定，只有在管理人另有意思表示时不适用这样的规则，如管理人坚持认可无因管理。

# 第二十九章　不当得利

**第九百八十五条**　得利人没有法律根据取得不当利益的,受损失的人可以请求得利人返还取得的利益,但是有下列情形之一的除外:
(一)为履行道德义务进行的给付;
(二)债务到期之前的清偿;
(三)明知无给付义务而进行的债务清偿。

**【条文要义】**

本条是对不当得利之债及一般规则的规定。

不当得利是指没有法律根据,取得不当利益,他人财产因此受到损失的法律事实。不当得利的特征是:(1)不当得利是债的发生根据之一;(2)得利人不具有产生债的关系的效果意思;(3)不当得利具有使受损人受到损害的不正当性。没有法律根据而取得利益的一方当事人叫得利人(也叫受益人),受有损害的一方叫受损人。受损人依据不当得利之债所享有的权利,是不当得利返还请求权。

不当得利的性质是法律事实,其意义在于,法律规定不当得利的目的并不是对人或者行为的非难,而在于消除没有法律上的原因而取得利益,并同时造成他人受到损害的当事人之间利益的不当变动的事实状态,恢复正常的民法秩序。只有当受领不当得利非法利益之人明知是不当得利,仍然将不当利益据为己有的,才应当受到法律谴责。

构成不当得利的要件是:(1)须一方受有财产利益;(2)须他方受有损失;(3)须受有损失与取得利益之间有因果关系;(4)一方受有财产利益须无法律根据。

具备上述构成要件,发生不当得利之债的后果,即因不当得利受到损失的人成为债权人,享有请求得利人返还所取得的利益的请求权,得利人成为债务人,负有返还所获利益的义务,构成债的关系。

有下列情形之一的,不构成不当得利之债:

1. 为履行道德义务进行的给付，虽然受领人无合法根据而受领，但给付人不得请求返还。

2. 债务到期之前的清偿，在期限系为债务人的利益而设时，清偿期未届至，债务人并无清偿义务，如果其不存在提前清偿的目的而为清偿，属于欠缺给付目的的清偿。受领人受领并非无合法根据，并且这种清偿也发生债务消灭的后果，所以债务人清偿之后，为避免增繁法律关系，受损人不得以不当得利为由请求返还。

3. 明知无给付义务而进行的债务清偿。例如，债务人对超过诉讼时效的债务本可以拒绝给付而故意给付时，推定其有意放弃给付返还请求权，不能再请求返还。

**第九百八十六条** 得利人不知道且不应当知道取得的利益没有法律根据，取得的利益已经不存在的，不承担返还该利益的义务。

【条文要义】

本条是对善意得利人返还范围的规定。

善意得利是指得利人在取得利益之时不知道其受益没有法律上的原因。确认善意得利的依据是：（1）在取得利益时得利人不知其没有法律上的原因；（2）对其不知得利人应以没有故意为标准。

善意得利人不当得利返还的范围，以现存利益为限。法律之所以对善意得利人给予照顾，意义在于不当得利制度不是以补偿受损人的损失为目的，而在于恢复利益不平衡的状态，因而仅使善意得利人返还其现存的不当利益，对已不存在的利益不承担返还义务，不使得利人的财产状况受不利影响。

判断现存利益应以受损人行使返还请求权之时尚存的利益为限。这种判断标准是差额说，即利益是否存在应依得利人整个财产是否较受益前有所增加而判断。有增加的为既存利益，没有增加的为无既存利益。但现存利益并不是指其所受领利益的物质形态现在仍然存在；得利人因消灭其受领的利益而取得的对价，无论其对价是否低于原物的通常价值，其利益都为存在。所得利益受到侵权行为的侵害而灭失的，如果得利人取得赔偿金或者补偿金，应当将其认定为所得利益。

利益已经消灭的，不问消灭的原因如何，善意得利人均不必返还原物或者偿还价额。得利人主张其所得利益已经不存在的，应当由其举证，不能证明者，不认为现存利益不存在。

返还现存利益时，得利人在受益过程中所受到的损失和支出应予以扣除。

**第九百八十七条** 得利人知道或者应当知道取得的利益没有法律根据的，受损失的人可以请求得利人返还其取得的利益并依法赔偿损失。

【条文要义】

本条是对恶意得利人返还范围的规定。

恶意得利，是指得利人在受益时明知没有法律上的根据或受领后知道得利没有法律上的根据的不当得利。

基于过失而不知的不属于明知，因而不构成恶意。在具有无效或者得撤销原因的民事法律行为中，该民事法律行为被宣告无效或者被撤销的，得利人在受领时明知其无效或者得撤销的，也属于明知没有法律上的原因。得利人明知时间的确定，一般应当在受领利益之时，即自始恶意。在受领时不知，但在其后知道的，自其知晓之时成为恶意得利人，即嗣后恶意。得利人在成立恶意之前，仍适用关于善意得利人返还义务的规则。受领人为法人机关的，如法定代表人，则该机关明知即为法人明知，代理人明知即由本人负责。得利人是未成年人的，其善意与否，根据其法定代理人是否知道无法律上的原因而确定，因为法定代理人对未成年人的财产有管理的权利和义务。

恶意得利人的返还利益范围，为加重责任，即其返还的不当利益不仅包括受领时的所得利益，还包括基于该利益所产生的利益。例如，所受领利益为金钱时，应附加利息。返还利益不足以弥补损失的，不足部分须另行作出损害赔偿。因恶意得利人明知没有法律根据而取得利益，主观上有致他人利益损害的目的，具有可谴责性，故在返还不当利益时，对其没有必要加以照顾，而应给予其较重的返还义务，以示制裁。同时，给受损人以更周全的保护，使其不因他人的恶意而受损失。恶意得利人不得主张所受利益不存在而免予返还，对因受领利益所支出的费用，恶意得利人不得主张扣除，但为保持或者增加标的物的价值而支出的必要费用和有益费用，受损人应予补偿。

嗣后恶意得利人的返还义务分两个阶段：在知道无法律上的原因以前，仅返还现存利益，取得利益时所支出的费用也可以请求扣除；在知道无法律上的原因之后，负加重责任，即将现存利益附加利息一并偿还，如有损害仍须赔偿。

**第九百八十八条** 得利人已经将取得的利益无偿转让给第三人的,受损失的人可以请求第三人在相应范围内承担返还义务。

**【条文要义】**

本条是对得利人将利益无偿转让给第三人的规定。

无论是善意得利人还是恶意得利人,在取得不当利益之后,将已经取得的利益无偿转让给第三人的,受损人的债权所指向的债务人变更为第三人,第三人成为不当得利的债务人。其原因在于,第三人取得的利益是无偿取得的,而非有偿取得。其后果是,受损人是不当得利之债的债权人,有权向第三人主张在相应范围内承担返还责任;第三人取得债务人的地位,负有向受损人在相应范围内返还利益的责任。如果第三人取得的利益并非无偿,而为支付对价的,则构成善意取得,受损人不得向其主张返还利益,而应当向得利人主张承担损害赔偿责任。

# 第四编

# 人格权

# 第一章 一般规定

**第九百八十九条** 本编调整因人格权的享有和保护产生的民事关系。

【条文要义】

本条是对民法典人格权编调整范围的规定。

人格,通常是指作为人的资格,也指构成人格的不同人格利益要素。当不同的人格利益要素构成一体,成为一个人时,就是民事主体,人格利益就成为人格权的客体。

人格权分为一般人格权和具体人格权。一般人格权是民法典第990条第2款规定的以其他人格利益为客体的抽象人格权。具体人格权是以具体的人格利益要素作为权利客体构建的人格权,如生命权、身体权、健康权、名誉权等。

人格权法律关系就是因人格权发生的民事法律关系。人格权法律关系的权利主体是自然人、法人及非法人组织,义务主体是人格权权利主体之外的其他任何不特定的自然人、法人及非法人组织。因此,人格权是绝对权,人格权法律关系是绝对权的法律关系,权利主体特定而义务主体不特定。人格权法律关系的客体是人格利益,而不是人格。就特定的人格利益构成的权利义务关系,就是人格权法律关系的内容。

上述人格权法律关系,就是人格权法即本编调整的对象。这些人格权受到侵害的,应当依据民法典有关人格权请求权和侵权请求权的规定予以保护。

**第九百九十条** 人格权是民事主体享有的生命权、身体权、健康权、姓名权、名称权、肖像权、名誉权、荣誉权、隐私权等权利。

除前款规定的人格权外,自然人享有基于人身自由、人格尊严产生的其他人格权益。

【条文要义】

本条是对人格权的概念和一般人格权的规定。

人格权，是指民事主体专属享有，以人格利益为客体，为维护民事主体的独立人格所必备的固有民事权利。简言之，将构成人格的不同人格利益要素用权利的方法予以法律保护的这些民事权利，就是人格权。

本条对人格权没有从内涵的角度作定义，而是以列举的方式及外延的方式作出界定，即人格权是包含生命权、身体权、健康权、姓名权、名称权、肖像权、名誉权、荣誉权和隐私权等权利的民事权利。

一般人格权，是指自然人享有的，概括人格独立、人格自由和人格尊严全部内容的一般人格利益，并由此产生和规定具体人格权，以及对具体人格权不能保护的其他人格利益进行保护的抽象人格权。一般人格权的核心内容是人格尊严（而不是人身自由），具体内容是基于人格尊严而产生的其他人格权益。通常认为，一般人格权有创造功能（创造新的人格权）、解释功能（解释具体人格权的内容）和补充功能（保护具体人格权不能保护的人格利益），但是实际发挥的最重要功能是补充功能，即除具体的人格权外，基于人格尊严产生的其他人格权益都予以保护，当这些人格利益受到侵害时，由一般人格权予以保护，如知情权等权益，法律没有明确规定为具体人格权，却都是基于人格尊严产生的人格权益。这些人格权益受到侵害的，由一般人格权予以保护。

**第九百九十一条　民事主体的人格权受法律保护，任何组织或者个人不得侵害。**

【条文要义】

本条是对人格权依法保护的规定。

人格权法律保护原则，是民法典第 3 条规定的民事权利依法保护原则的组成部分，任何民事权利及合法利益都受法律保护，人格权当然也不例外。问题是，人格权是所有民事权利中最重要的民事权利，是第一位的、关于自己的人格的民事权利，当然更应当加强法律保护。我国民法典专门规定民法典人格权编，加强对人格权的保护，以维护人的尊严，任何组织或者个人都不得侵害。

**第九百九十二条　人格权不得放弃、转让或者继承。**

【条文要义】

本条是对人格权固有权利属性的规定。

人格权的固有权利属性，是指人格权为自然人专属享有，不得放弃、转让和继承。

人格权的固有性特征，是指自然人生而具有的权利，而不是后天依据何种原因而取得的权利。人格权和身份权都是基于出生的事实产生的，但是人格权基于出生而获得该固有权利，身份权却是基于出生的事实而取得的权利。人格权由于具有固有性特征，因而是专属权、必备权，与权利主体不可须臾分开，终身为权利主体所享有，人格权一旦与权利主体分离，人将不成其为人，就丧失了作为人的资格。

正因为人格权是固有权、专属权、必备权，所以在任何民事活动中，权利主体都不得放弃人格权、转让人格权、继承人格权，不能通过这些行为将人格权与权利主体相分离。对此，必须分清，有些人格利益是可以许可他人使用的，如肖像、姓名、隐私、个人信息等，但是，不能对这些人格权予以放弃、转让或者继承。

不过，并不是说在所有情况下人格权都不得放弃、转让或者继承。现实生活中会出现某些人格要素与权利主体有所分离的特殊情况：一是法人或非法人组织可以在转让组织体本身时一并转让自己的名称权；二是当权利人死亡，其近亲属可以作为当事人请求保护死者的人格权，继承死者基于人格权获取的财产利益；三是民法典第993条所规定的对部分人格要素许可他人使用的情形。

**第九百九十三条　民事主体可以将自己的姓名、名称、肖像等许可他人使用，但是依照法律规定或者根据其性质不得许可的除外。**

【条文要义】

本条是对自然人对自己的人格利益享有公开权的规定。

公开权也称为商品化权、人格利益商业利用权、商事人格权等，是指民事主体包括自然人、法人、非法人组织对其具有一定声誉或吸引力的人格标识利益进行商品化利用，并享有利益的抽象人格权。

在人的人格利益中，有些特殊的人格利益能够引起他人的关注和兴趣，将这种人格利益用于市场经济中，可产生财产利益。公开权的主旨，就是权利人可以将自己享有的这种人格利益许可他人使用，并获得相应的收益。因此，公开权的核心价值是某些人格利益的市场价值，基本方法是许可他人使用，所得收益归权利人所有，使用人可以分享。

可以许可他人使用的人格利益，包括姓名、名称、肖像、声音、个人信息等。这些人格利益都能够脱离权利人的本身而独立存在，能够增强个人的声誉，对他人产生吸引力，因而具有相当的市场价值，经过使用能够获得经济利益。在人格利益中，凡是具有这些属性的，都是公开权的客体。

并不是所有的人格利益都能成为公开权的客体，因此本条规定，依照法律规定或者根据其性质不得许可的除外。当法律规定某种人格利益不得许可他人使用时，权利人不得许可他人使用；当权利性质不得许可他人使用时，也不得许可他人使用，如生命、健康、人身自由等都不能许可他人使用。

**第九百九十四条** 死者的姓名、肖像、名誉、荣誉、隐私、遗体等受到侵害的，其配偶、子女、父母有权依法请求行为人承担民事责任；死者没有配偶、子女且父母已经死亡的，其他近亲属有权依法请求行为人承担民事责任。

【条文要义】

本条是对死者人格利益保护方法的规定。

自然人死亡，其民事权利能力消灭，因而主体消灭。不过，一个人死亡后，虽然主体消灭了，但其人格利益不是一并都随之消灭，这些依然存在的死者人格利益仍须依法进行保护。否则，社会秩序将会出现混乱，道德观念受到损害。本条列举的死者姓名、肖像、名誉、荣誉、隐私、遗体等受到侵害的，死者的近亲属有权进行保护。不过，死者的个人信息等也都需要依法保护，可以概括在"等"字中。

对死者人格利益的保护，采取死者近亲属保护的方式进行。当死者的人格利益受到侵害时，死者的第一顺位的近亲属，即配偶、子女、父母有权向法院起诉，请求行为人承担民事责任，保护死者的人格利益。死者如果没有第一顺位的近亲属，其他近亲属即第二顺位的近亲属，包括兄弟姐妹、祖父母、外祖父母、孙子女、外孙子女，有权行使这种保护的权利。

关于保护死者的人格利益的请求权是否有期限的限制，本条采用我国司法习惯，不规定期限，而是以死者的近亲属健在为限，死者不再有近亲属的，法律不再予以保护。

死者的人格利益需要保护，但其没有近亲属的，可以根据实际情况进行处理，如存在公共利益的原因，可以采用公益诉讼的方法进行保护。侵害英雄烈士的人格利益，即使死者没有近亲属，有关组织也可以提出保护的诉讼请求，由人民法院依法裁判。

【相关司法解释】

《最高人民法院关于审理使用人脸识别技术处理个人信息相关民事案件适用法律若干问题的规定》

第十五条 自然人死亡后，信息处理者违反法律、行政法规的规定或者双方的约定处理人脸信息，死者的近亲属依据民法典第九百九十四条请求信息处理者承担民事责任的，适用本规定。

**第九百九十五条** 人格权受到侵害的，受害人有权依照本法和其他法律的规定请求行为人承担民事责任。受害人的停止侵害、排除妨碍、消除危险、消除影响、恢复名誉、赔礼道歉请求权，不适用诉讼时效的规定。

【条文要义】

本条是对人格权请求权的规定。

对于人格权的法律保护，除可以适用侵权请求权的方法进行外，还可以适用人格权请求权的方法进行，这正像对物权的保护存在侵权请求权的保护方法和物权请求权的保护方法一样。

人格权请求权，是人格权本身包含的保护自己的请求权。这正像人体之内蕴含着保护自己、防御疾病的抵抗力一样，人格权请求权就是人格权本身包含的保护自己的救济权利。而保护人格权的外部力量，则是侵权请求权，是用外部的请求权保护人格权，就像感冒采取吃药、打针的方法进行治疗一样。

人格权请求权的具体方法，应当是除损害赔偿方法外的救济人格权被侵害的方式，如停止侵害、排除妨碍、消除危险、消除影响、恢复名誉、赔礼道歉请求权。损害赔偿是侵权责任请求权救济损害的一般方法，不属于人格权请求权的内容。

正是由于人格权请求权是人格权本身包含的原有救济权利，因此人格权请求权不受诉讼时效的限制，而侵权请求权的行使必然受到诉讼时效的限制。

**第九百九十六条** 因当事人一方的违约行为，损害对方人格权并造成严重精神损害，受损害方选择请求其承担违约责任的，不影响受损害方请求精神损害赔偿。

【条文要义】

本条是对违约行为造成精神损害可以直接请求精神损害赔偿责任的规定。

违约行为能够造成债权人的人格利益损害，进而造成严重精神损害。例如，旅行社组织的旅行团混进传染病患者，其他团员则面临感染疾病的威胁，造成严重精神损害。

长期以来，我国司法采取违约行为不得请求适用精神损害赔偿责任的做法，当事人如果坚持主张，则应通过民事责任竞合的方法，选择侵权诉讼方可获得支持。这样的做法虽然有其道理，但是个别情况下对当事人形成讼累。本条规定违约造成严重精神损害的，受害人可以起诉要求对方承担精神损害赔偿责任，解决了这个困扰受害人的问题。

适用本条的要件是：（1）双方当事人存在合同等债的关系；（2）一方当事人违反合同义务构成违约行为；（3）违约行为在损害了债权人债权的同时，还侵害了债权人的人格权益造成严重精神损害。具备上述要件，受损害一方请求其承担违约责任，并不影响其一并请求精神损害赔偿。换言之，违约行为同时造成债权人的严重精神损害，可以同时请求法院确认其承担违约责任和侵权的精神损害赔偿责任。

本条与民法典第1183条第1款的关系是：第1183条第1款是一般规定，本条是特别规定，在违约责任领域，本条具有优先适用的效力。说到底，违约的精神损害赔偿是精神损害赔偿责任中的一种具体内容，是对发生在违约领域中违约行为侵害自然人人格权造成严重精神损害的救济方法。

**第九百九十七条** 民事主体有证据证明行为人正在实施或者即将实施侵害其人格权的违法行为，不及时制止将使其合法权益受到难以弥补的损害的，有权依法向人民法院申请采取责令行为人停止有关行为的措施。

【条文要义】

本条是对侵害人格权的禁令的规定。

禁令就是禁止实施某种行为的命令。侵害人格权的禁令，是人民法院发出的禁止行为人实施有可能侵害他人人格权的行为的命令。这种命令具有强制性，受禁令禁止的行为人，必须遵从禁令的要求，不得实施被禁令禁止的行为。违反者，应当承担民事责任。

对行为人发出禁令的要件是：（1）民事主体有证据证明行为人正在实施或者即将实施某种违法行为；（2）该种行为能够侵害受害人的人格权；（3）不及时制止将会使受害人的合法权益受到难以弥补的损害；（4）受害人须向人民法院请求发布禁令。符合上述要件的，人民法院应当对行为人发布禁令，行为人受到该禁令的拘束。

从本条引申出两个问题：（1）申请发布禁令的请求权人对禁令应当提供担保，一旦请求禁令发生错误，使受禁令禁止的行为人受到损害的，禁令申请人应当承担侵权责任；未提供担保的，人民法院可以拒绝发布禁令；（2）被禁令禁止的行为人违反禁令，继续实施被禁止的行为的，应当承担造成损害的赔偿责任，违反禁令的行为也应当同时受到民事诉讼强制措施的制裁。

## 【相关司法解释】

《最高人民法院关于审理使用人脸识别技术处理个人信息相关民事案件适用法律若干问题的规定》

**第九条** 自然人有证据证明信息处理者使用人脸识别技术正在实施或者即将实施侵害其隐私权或者其他人格权益的行为，不及时制止将使其合法权益受到难以弥补的损害，向人民法院申请采取责令信息处理者停止有关行为的措施的，人民法院可以根据案件具体情况依法作出人格权侵害禁令。

**第九百九十八条** 认定行为人承担侵害除生命权、身体权和健康权外的人格权的民事责任，应当考虑行为人和受害人的职业、影响范围、过错程度，以及行为的目的、方式、后果等因素。

## 【条文要义】

本条是对侵害生命权、身体权、健康权以外的人格权承担民事责任的规定。

在人格权中，理论上分为物质性人格权和精神性人格权，前者如生命权、身体权和健康权，后者如姓名权、名称权、肖像权、声音权、名誉权、荣誉权、隐私权和个人信息权等。尽管侵害人格权后产生人格权请求权，但是由于侵害的人格权的类型不同，因此在侵权请求权中有人身损害赔偿请求权和精神损害赔偿请求权之分。行为人承担侵害除生命权、身体权和健康权外的人格权的民事责任，就是指权利人享有的侵害其精神性人格权的精神损害赔偿请求权，可以请求侵权人承担精神损害赔偿责任。本条规定的就是确定侵害精神性人格权的精神损害赔偿的计算方法。

确定侵害精神性人格权的精神损害赔偿责任，应当考虑的因素是：（1）行为人和受害人的职业、影响范围、过错程度；（2）行为人的行为目的、方式、后果等。例如，恶意诽谤他人的侵害名誉权的行为与记者调查事实进行新闻报道因过失而导致事实失实侵害名誉权，虽然都是侵害名誉权的侵权行为，但在职业、影响范围、过错程度以及行为人的行为目的、方式和后果等方面都有不同，应当斟酌这些不同情节，确定适当的精神损害赔偿责任，而不能一概而论。

【相关司法解释】

《最高人民法院关于审理使用人脸识别技术处理个人信息相关民事案件适用法律若干问题的规定》

第三条　人民法院认定信息处理者承担侵害自然人人格权益的民事责任，应当适用民法典第九百九十八条的规定，并结合案件具体情况综合考量受害人是否为未成年人、告知同意情况以及信息处理的必要程度等因素。

第九百九十九条　为公共利益实施新闻报道、舆论监督等行为的，可以合理使用民事主体的姓名、名称、肖像、个人信息等；使用不合理侵害民事主体人格权的，应当依法承担民事责任。

【条文要义】

本条是对新闻报道可以合理使用他人人格要素及不当使用责任的规定。

在实施新闻报道、舆论监督中，因正当事由合理使用他人人格要素的行为，不构成侵害人格权。其要件是：（1）具有的正当事由是实施新闻报道、舆论监督等行为；（2）使用的是民事主体的姓名、名称、肖像、个人信息等人格要素；（3）须符合正当使用的范围，即为实施新闻报道、舆论监督的目的，不得超出该范围。符合上述要件要求的，使用人对他人人格要素的使用，为正当使用行为，不承担民事责任。例如，拍摄新闻事件照片等用了人物的肖像，不构成侵害肖像权，因为其具有新闻性。

行为人对他人的人格要素进行不合理使用，侵害民事主体人格权的，应当依法承担民事责任。不合理使用的行为包括：（1）没有正当事由而使用；（2）使用的人格要素超出了法律规定的范围，如揭露个人隐私；（3）超出了正当使用的范围，在正当使用范围之外进行使用。这些对他人人格要素的使用，都是非法使用，构成侵害人格权的民事责任。

**第一千条** 行为人因侵害人格权承担消除影响、恢复名誉、赔礼道歉等民事责任的，应当与行为的具体方式和造成的影响范围相当。

行为人拒不承担前款规定的民事责任的，人民法院可以采取在报刊、网络等媒体上发布公告或者公布生效裁判文书等方式执行，产生的费用由行为人负担。

**【条文要义】**

本条是对侵害人格权承担消除影响、恢复名誉、赔礼道歉责任方法的规定。

与人格权请求权相对应的是民事责任，包括消除影响、恢复名誉、赔礼道歉等，都是人格权请求权的内容。这里提到的几种民事责任，也都是精神性的民事责任。当精神性人格权受到侵害后，救济该种精神损害的民事责任，就是侵害精神性人格权请求权的具体内容。

确定消除影响、恢复名誉、赔礼道歉等精神性民事责任方式的具体方法，一是应当与行为的具体方式相当，二是应当与行为造成的影响范围相当。前者要求承担消除影响、恢复名誉、赔礼道歉的责任，与行为人的行为方式相适应，如造成恶劣影响的应当消除影响、造成名誉损害的应当恢复名誉、应当赔礼道歉的赔礼道歉。同时，在互联网上造成的损害，不能要求到传统媒体上消除影响。后者与行为造成的影响范围相当，不能扩大范围进行消除影响等，如在本地报刊上进行诽谤，不能责令行为人在全国性传统媒体上消除影响等。不相适应的消除影响、恢复名誉、赔礼道歉会扩大损害后果，给受害人的人格权益造成新的侵害。

对行为确定了上述民事责任，责任人拒不承担民事责任的，人民法院可以对这些民事责任方式进行强制履行，方法是：人民法院可以采取在报刊、网络等媒体上发布公告或者公布生效裁判文书等方式执行，对于因采取强制履行方式而产生的费用由行为人负担。这也是一种制裁方式。

【相关司法解释】

《最高人民法院关于审理国家赔偿案件确定精神损害赔偿责任适用法律若干问题的解释》

第四条 侵权行为致人精神损害，应当为受害人消除影响、恢复名誉或者赔礼道歉；侵权行为致人精神损害并造成严重后果，应当在支付精神损害抚慰金的同时，视案件具体情形，为受害人消除影响、恢复名誉或者赔礼道歉。

消除影响、恢复名誉与赔礼道歉，可以单独适用，也可以合并适用，并应当与侵权行为的具体方式和造成的影响范围相当。

第五条 人民法院可以根据案件具体情况，组织赔偿请求人与赔偿义务机关就消除影响、恢复名誉或者赔礼道歉的具体方式进行协商。

协商不成作出决定的，应当采用下列方式：

（一）在受害人住所地或者所在单位发布相关信息；

（二）在侵权行为直接影响范围内的媒体上予以报道；

（三）赔偿义务机关有关负责人向赔偿请求人赔礼道歉。

第六条 决定为受害人消除影响、恢复名誉或者赔礼道歉的，应当载入决定主文。

赔偿义务机关在决定作出前已为受害人消除影响、恢复名誉或者赔礼道歉，或者原侵权案件的纠正被媒体广泛报道，客观上已经起到消除影响、恢复名誉作用，且符合本解释规定的，可以在决定书中予以说明。

**第一千零一条** 对自然人因婚姻家庭关系等产生的身份权利的保护，适用本法第一编、第五编和其他法律的相关规定；没有规定的，可以根据其性质参照适用本编人格权保护的有关规定。

【条文要义】

本条是对身份权请求权的规定。

身份权请求权，跟人格权请求权和物权请求权一样，是身份权本身包含的保护自己的请求权，在配偶权、亲权、亲属权受到侵害后，为救济身份权的损害，请求行为人承担民事责任，以恢复身份权完满状态的权利保护请求权。

本条规定的重大意义是：

1. 确认身份权的概念。在以往的民事法律中，没有明确使用过身份权的概念，原《民法总则》第112条使用的也仅是"自然人因婚姻、家庭关系等产生的人身权利"的概念。本条是我国民事立法第一次使用"身份权"的概念。

2. 确认身份权请求权的概念。为避免身份权请求权与侵权请求权相混淆，此次规定将二者严格区分开来。

3. 对于身份权请求权的具体规则，适用人格权请求权的具体规则，不再具体规定相类似的身份权请求权的具体规则。

对于身份权请求权的法律适用，应当适用民法典第一编（总则）、第五编（婚姻家庭）和其他法律的相关规定；没有规定的，可以根据其性质参照人格权编保护人格权的有关规定，因为人格权和身份权都是人身权利，所以保护的方法基本相同。

## 第二章　生命权、身体权和健康权

**第一千零二条**　自然人享有生命权。自然人的生命安全和生命尊严受法律保护。任何组织或者个人不得侵害他人的生命权。

【条文要义】

本条是对生命权概念和内容的规定。

生命权，是自然人享有的以维持其生命存在，保证其生命安全和生命尊严为基本内容的具体人格权。本条规定，生命权的基本内容，一是维护生命安全，二是维护生命尊严。

维护生命安全，是权利人保持其生命，防止他人危害其生命的权利内容。可以依据维护生命安全的权利，防止他人对自己生命的非法侵害，在环境对生命构成的危险尚未发生时，可以要求改变生命危险环境，保护生命安全。

维护生命尊严是维护人格尊严的组成部分。人格尊严主要维护的是自然人在主体资格存续期间的尊严，包括生的尊严和死的尊严，而生的尊严就是生命尊严，死的尊严包括选择尊严死、生前预嘱和临终关怀等内容。当自然人的生命濒临终结，不可治愈，且采取延命措施会造成巨大痛苦时，权利人有权通过生前预嘱等方式，选择尊严死，实行临终关怀，实行减轻痛苦的医疗措施。

生命权的义务主体是任何组织或者个人，即"任何组织或者个人不得侵害他人的生命权"。生命权是绝对权，一个自然人是生命权的权利主体，其他任何自然人、法人或者其他组织都是该生命权的义务主体，都负有不得侵害生命权权利主体的生命的义务。生命权权利主体之外的所有的自然人、法人和非法人组织，都概括在"任何组织或者个人"的概念之中，作为生命权的义务主体，都负有"不得侵害他人生命权"的法定义务。

**第一千零三条**　自然人享有身体权。自然人的身体完整和行动自由受法律保护。任何组织或者个人不得侵害他人的身体权。

【条文要义】

本条是对身体权概念和内容的规定。

原《民法通则》规定的是生命健康权，没有明确规定身体权。因此，身体权是否属于人格权曾经被怀疑，直至最高人民法院通过司法解释规定了身体权，身体权属于人格权才有了定论。

身体权，是自然人享有的维护其身体组成部分完整，并支配其肢体、器官和身体组织的具体人格权。本条将行动自由纳入身体权的内容，其实是一个误读，行动自由不是身体权的内容，而是人身自由权的内容。

身体权的客体是身体。身体是自然人生理组织的整体，包括两个部分：（1）主体部分，即头颅、躯干、肢体的总体构成，包括肢体、器官和其他组织；（2）附属部分，毛发、指甲等附着于身体的其他人体组织。移植的器官或者其他组织与受移植人成为一体的，成为受移植人身体的组成部分。镶装、配置的人工制作的身体残缺部分的替代物，为躯体的组成部分，不能自由拆卸的，构成身体的组成部分，如种植牙是身体的组成部分；能够自由拆卸的，不认为是身体的组成部分，不受身体权的保护。

身体权的内容是：（1）维护身体的完整性，任何人不得破坏自然人的身体完整性；（2）支配自己身体的组成部分，包括对肢体、器官、身体其他组成部分的支配权，其前提是不得妨碍自己的生命和健康。

身体权的义务主体是权利人以外的其他自然人、法人和非法人组织。"任何组织或者个人不得侵害他人的身体权"是对义务主体负有义务的规定。

**第一千零四条　自然人享有健康权。自然人的身心健康受法律保护。任何组织或者个人不得侵害他人的健康权。**

【条文要义】

本条是对健康权概念和内容的规定。

健康权，是指自然人以自己的机体生理机能正常运作和功能完善发挥，维持人体生命活动的利益为内容的具体人格权。健康权与身体权的区别是：健康权维护的是自然人的机体生理机能正常运作和功能完善发挥，身体权维护的是自然人身体组成部分的完整。简言之，健康权保护的是身体机能的完善性，身体权保护的是身体组成部分的完整性。

健康权的客体是健康。健康，是指维持人体生命活动的生理机能的正常运作和功能的完善发挥，这两个要素协调一致发挥作用，达到维持人体生命活动的最终目的。对规定身心健康是健康权的客体，有不同看法，因为有的观点认为心理健康并不是健康权的内容，本条坚持认为心理健康也是健康权保护的内容。

健康权的义务主体是权利人之外的所有的自然人、法人和非法人组织。"任何组织或者个人不得侵害他人的健康权"，规定的就是健康权的义务主体及负有的法定义务。

**第一千零五条** 自然人的生命权、身体权、健康权受到侵害或者处于其他危难情形的，负有法定救助义务的组织或者个人应当及时施救。

【条文要义】

本条是对自然人处于危难时特定主体负有救助义务的规定。

当自然人的人身遭受侵害或者处于其他危难情形时，负有法定救助义务的组织和个人应当及时履行救助义务。这一规定与民法典第1220条关于医疗机构紧急救助的规定相衔接，也和民法典第184条规定相衔接。

负有法定救助义务的组织和个人，是指医疗机构、院前救助机构以及负有法定救助义务的单位和个人等，这些单位和个人依照法律的规定，负有对处于危难之中的自然人的救助义务。

实施法定救助义务的情形包括：（1）自然人的生命权、身体权、健康权受到侵害之时；（2）自然人的生命权、身体权、健康权处于其他危难情形。当出现这样的情形时，负有法定救助义务的机构和个人，必须负起紧急救助的责任，对该自然人进行紧急救助。没有及时实施相应的医疗措施，应当依照民法典第1218条和第1221条的规定，承担侵权责任，赔偿受害人的损失。

本条规定的是负有法定救助义务的机构和个人。如果不属于负有法定救助义务的机构或者个人，发现自然人的生命权、身体权、健康权受到侵害或者处于其他危难情形时，依据道德也是应当予以救助的，造成被救助人的损害，应当适用民法典第184条的规定，免除责任。

**第一千零六条** 完全民事行为能力人有权依法自主决定无偿捐献其人体细胞、人体组织、人体器官、遗体。任何组织或者个人不得强迫、欺骗、利诱其捐献。

完全民事行为能力人依据前款规定同意捐献的，应当采用书面形式，也可以订立遗嘱。

自然人生前未表示不同意捐献的，该自然人死亡后，其配偶、成年子女、父母可以共同决定捐献，决定捐献应当采用书面形式。

【条文要义】

本条是对自然人捐献人体组成部分及方式的规定。

自然人捐献自己的身体组成部分或者遗体，是行使身体权的行为，受民法典总则编第130条规定的自我决定权的约束，须自主决定。捐献自己人体组成部分的行为，是有利于他人的高尚行为，在不影响或者不严重影响自己身体健康的情况下，依照权利人自己的意志进行，通过书面形式或者遗嘱形式作出意思表示。捐献行为不得有偿进行，但是并不妨碍受益人给予一定的补偿或者营养费，以弥补权利人健康受到的损害。捐献的对象是身体的组成部分，也可以是自己死亡后的遗体，但是不得捐献会对生命或者健康造成严重影响的人体组成部分。

对于捐献自己身体组成部分的行为，任何组织和个人都不得实施欺诈、利诱、胁迫，不能通过这样的方法强令自然人进行上述的人体组成部分的捐献。实施欺诈、利诱或者胁迫的方法使自然人违背其真实意志而实施捐献行为的，构成侵害身体权的侵权行为，应当依照民法典侵权责任编的规定，承担侵权责任。

自然人在生前未表示不同意捐献的，就是没有否定捐献自己遗体的意志。在该自然人死亡后，其配偶、成年子女、父母可以代表其作出捐献的决定。对此，应当采用书面形式，由其配偶、成年子女和父母共同决定捐献。

**第一千零七条** 禁止以任何形式买卖人体细胞、人体组织、人体器官、遗体。

违反前款规定的买卖行为无效。

【条文要义】

本条是对禁止买卖人体组成部分的规定。

任何人体细胞、人体组织、人体器官以及遗体，都是人的身体组成部分或者是人的身体的变异物，都不是交易的对象。出于救助他人的高尚目的，自然人可以将自己的身体组成部分或者遗体捐献给他人或者公益组织，但这不是买卖。进行人体细胞、人体组织、人体器官或者遗体的买卖行为，都是违法行为。任何买卖人体细胞、人体组织、人体器官以及遗体的行为，都是无效的行为，都在被禁止之列。

买卖行为是转移标的物所有权并予以报酬的交易行为。捐献身体组成部分的行为是无偿行为，不是买卖行为，即使在捐献身体组成部分或者遗体时会有一定的补偿费用，但这不是交易标的物的对价，捐献的身体组成部分也不是交易的标的物，而是对捐献者作出牺牲使身体受损的补偿，且通常是由医疗机构给付的。因此，两种行为的性质不同，一种是法律所严格禁止的，另一种是法律所支持、保护的。

**第一千零八条** 为研制新药、医疗器械或者发展新的预防和治疗方法，需要进行临床试验的，应当依法经相关主管部门批准并经伦理委员会审查同意，向受试者或者受试者的监护人告知试验目的、用途和可能产生的风险等详细情况，并经其书面同意。

进行临床试验的，不得向受试者收取试验费用。

【条文要义】

本条是对自然人进行临床试验的范围和程序的规定。

为了提高医学科学水平，维护人类健康，法律准许对受试者进行临床试验，经过临床试验，取得医疗经验，将成熟的医疗技术和药品应用于临床，使更多的患者采用同样的医疗技术或者药品进行治疗而受益，恢复健康，延长生命，生活得更好。

不过，只要是临床试验就会存在风险，而临床试验的目的之一，就是探索新的医疗技术和药品的风险所在以及如何改进。因此，进行临床试验是必要的，但是必须经过严格的批准程序，要符合法律规定的范围，否则就是违法行为，是侵害接受试验的人的身体权、健康权的行为。

本条规定临床试验的范围是：（1）研制新药；（2）研制新的医疗器械；（3）发展新的预防方法；（4）发展新的治疗方法。只有在这个范围内的行为，才是法定的临床试验范围，超出这个范围进行的临床试验，都是违法的，都是侵害受试者的身体权、健康权的行为。

进行临床试验的程序是：（1）依法经过相关主管部门的批准；（2）经过医疗机构的伦理委员会审查同意；（3）须向受试者或者其监护人履行告知义务，告知的内容是实验目的、用途和可能发生的风险等，告知的要求是详细；（4）接受临床试验者须有书面同意，口头同意不发生效力，以避免日后发生纠纷。

符合上述规定的试验范围和试验程序的临床试验，是合法的临床试验，法律予以保护。违反者，为侵权行为，须承担民事责任。

进行临床试验是免费的，任何一方都不得向受试者收取试验费用。

**第一千零九条** 从事与人体基因、人体胚胎等有关的医学和科研活动，应当遵守法律、行政法规和国家有关规定，不得危害人体健康，不得违背伦理道德，不得损害公共利益。

【条文要义】

本条是对从事与人体基因、人体胚胎有关的医学和科研活动须依法进行的规定。

人体基因，是 DNA[①] 分子上携带遗传信息的功能片段，是生物传递遗传信息的物质。研究人体基因，就是通过体液、血液检测，经提取和扩增其基因信息后，通过基因芯片技术或超高通量 SNP[②] 分型技术，对被检测者细胞中的 DNA 分子的基因信息进行检测，分析所含有的各种疾病易感基因的情况，使人们能及时了解自己的基因信息，预测身体患病的风险，从而有针对性地主动改善自己的生活环境和生活习惯，预防和避免重大疾病的发生。

人体胚胎，是发育时期在受精之后 8 个星期的人类早期幼体。

随着当代医学科学的发展，生殖技术已经达到了相当高的水平，并且还在继续发展。涉及人体基因和人体胚胎的医学和科研活动都在深入进行，这些活动都是有益于人类健康的。不过，凡是进行高科技研究，都会存在风险，处置不当就会对人类造成危害。例如，个别人体基因编辑的研究和试验，突破了研究底线，应当禁止。本条对此作出规定，凡是从事人体基因、人体胚胎等有关医学和科研

---

[①] DNA 一般指脱氧核糖核酸。下文对此不再提示。
[②] SNP 一般指单核苷酸多态性。下文对此不再提示。

活动的，都必须遵守法律规定的红线：（1）遵守法律、行政法规和国家有关规定；（2）不得危害人体健康；（3）不得违背伦理道德；（4）不得损害公共利益。违反这些红线之一，就是突破了研究和医学的底线，就是违法行为，就在禁止之列。

本条规定人体胚胎还有一个重要意义，即在司法实践中出现的人体冷冻胚胎权属争议的案件，对人体冷冻胚胎的民法属性不明确。有了本条规定，就可以以此作为法律依据，对权属争议进行判决。

**第一千零一十条** 违背他人意愿，以言语、文字、图像、肢体行为等方式对他人实施性骚扰的，受害人有权依法请求行为人承担民事责任。

机关、企业、学校等单位应当采取合理的预防、受理投诉、调查处置等措施，防止和制止利用职权、从属关系等实施性骚扰。

【条文要义】

本条是对自然人享有性自主权和规制性骚扰行为的规定。

本条直接规定的是对性骚扰行为的规制办法，但是其中包含着性自主权，是规定性自主权的一个变通办法。

性自主权是自然人保持其性纯洁的良好品行，依照自己的意志支配其性利益的具体人格权。未成年人尚未性成熟，不能行使性自主权，自18周岁起，方可行使该权利，支配自己的性利益。性自主权不是身体权的组成部分，而是独立的具体人格权。

性骚扰行为，是行为人违背权利人的意志，与权利人强制进行性交之外的性行为，是侵害权利人性自主权的行为。具体的形式包括言语、文字、图像、肢体行为等。因此，任何人对他人实施侵害性自主权的性骚扰行为，都应当承担民事责任。

规制性骚扰行为有两种立法模式：（1）权利保护主义，即以保护性自主权人的权利为主，追究性骚扰行为人的民事责任；（2）职场保护主义，即对性骚扰行为的制裁，以制裁职场负责人未尽保护义务的违法行为为主，以保护权利人的性利益及性安全。我国采取以权利保护主义为主，职场保护主义为辅的对策，既追究实施性骚扰行为的行为人的责任，也追究职场负责人未尽保护义务的责任。本条第1款规定的是权利保护主义的规则，第2款暗含的是职场保护主义的规则，但只规定了机关、企业、学校等单位的职场责任，即在工作场所采取合理的预防、受理投诉、调查处置等措施，防止和制止对职场工作人员进行性骚扰。虽然没有直接规定责任条款，但是如果用人单位没有尽到上述义务，发生性骚扰行为，侵害了职工的性自主权，就可以依照民法典第1198条关于违反安全保障义务的责任或者第1191条第1款关于用人单位的责任的规定，追究单位的民事责任。

**第一千零一十一条** 以非法拘禁等方式剥夺、限制他人的行动自由，或者非法搜查他人身体的，受害人有权依法请求行为人承担民事责任。

**【条文要义】**

本条是对人身自由权及侵害人身自由权责任的规定。

人身自由权与人格自由不同，不是抽象人格权，而是指自然人在法律规定的范围内，按照自己的意志和利益进行行动和思维，人身不受约束、控制和妨碍的具体人格权。其基本内容包括两种自由权：(1) 身体自由权，即自然人对自己的行动自由支配，不受他人约束、控制和妨碍的权利；(2) 思维自由权，即自然人对自己的思维自由支配，不受他人约束、控制和妨碍的权利。本条规定的是人身自由权中的行动自由权。

人身自由权是自然人享有的具体人格权，权利人之外的其他任何人，包括自然人、法人和非法人组织，都对权利人的人身自由权负有义务，即不可侵义务。

本条规定了两种侵害行动自由的行为：(1) 以非法拘禁等方式剥夺、限制他人的行动自由；(2) 非法搜查他人身体的行为。前一种行为的范围比较广泛，不仅包括非法拘禁，还包括其他剥夺、限制他人行动自由的行为，都属于这种侵害人身自由权的行为。其实，在侵害人身自由权的行为中，非法拘禁等方式并不重要，重要的是剥夺、限制他人的行动自由，凡是非法剥夺、限制他人行动自由的行为，都是侵害人身自由权的行为。至于非法搜查他人身体，只要没有合法手续搜查他人身体的，都是侵害人身自由的行为，都应当承担民事责任。

本条没有规定侵害思维自由的行为及责任。故意以使他人陷入错误为目的的行为或者故意以不当的目的和手段预告凶险而使人产生恐惧的行为，妨碍、干涉、限制他人正当的思维活动，使其陷于错误的观念的行为，都是侵害思维自由的违法行为，也应当承担民事责任。

## 第三章　姓名权和名称权

**第一千零一十二条**　自然人享有姓名权，有权依法决定、使用、变更或者许可他人使用自己的姓名，但是不得违背公序良俗。

【条文要义】

本条是对姓名权的概念和内容的规定。

姓名，是以确定和代表个体自然人，并与其他自然人相区别的文字符号和标识。姓名权，是指自然人决定、使用和依照规定改变自己的姓名，并维护其姓名利益的具体人格权。

姓名权的内容有：

1. 决定权，也叫命名权，即自然人对自己的姓名的决定权。由于人出生即要命名，而权利人无法自己行使这一权利，因而由其亲权人行使命名权。

2. 使用权，姓名权人有权使用自己的姓名，用以区别自己与其他自然人，确定自己的主体地位，实施民事法律行为。

3. 变更权，自然人对自己的姓名可以进行变更，不过通常变更的是名，而不是姓，变更姓氏一般须有特别理由，且变更姓名时须经变更姓名的登记。

4. 许可他人使用自己姓名的权利，由于姓名权具有专属性，准许他人使用须为正当，如委托代理、法定代理、意定代理对本人姓名的使用是正当的许可使用。未经本人同意，又没有行使他人姓名权的免责事由的，构成侵害姓名权的侵权行为。

自然人行使姓名权，不得违背公序良俗，如决定、使用、变更或者许可他人使用自己的姓名，有损公共利益、善良风俗的，都在禁止之列。

**第一千零一十三条**　法人、非法人组织享有名称权，有权依法决定、使用、变更、转让或者许可他人使用自己的名称。

【条文要义】

本条是对法人、非法人组织享有的名称权及内容的规定。

名称权，是指法人和非法人组织依法享有的决定、使用、变更或者依照法律规定许可他人使用自己的名称，并排除任何组织和个人非法干涉、盗用或者冒用的具体人格权。

名称权的主体是法人和非法人组织，自然人享有的是姓名权，而不是名称权。除法人和非法人组织外，有些自然人组合也有名称，如没有民事主体地位的合伙可以起字号。对于这些没有主体地位的自然人组合的名称权，比照适用名称权的规则进行保护。

名称权的具体内容是：

1. 决定权，即决定自己的名称，法人、非法人组织在设立时，享有命名权，对法人或者非法人组织决定名称，并依法进行登记，即享有名称权。

2. 使用权，即使用自己的名称，法人、非法人组织取得名称就是为了使用，以区别自己的人格与其他主体的人格，进行民事活动，取得民事权利，履行民事义务。

3. 变更权，即变更自己的名称，法人、非法人组织认为确有必要，可以改变自己的名称，须依照法律规定进行变更登记。

4. 全部转让权和部分转让权，名称权与其他人格权的最大不同，是其他人格权都不能转让或者不能全部转让，而名称权不仅可以部分转让，而且可以全部转让。本条说的转让，是全部转让；本条说的许可他人使用自己的名称，是部分转让。名称权全部转让的，一般须将业务一并转让，是绝对转让主义。例如，将自己的饭店转让给他人，名称和业务须一并转让，这叫名称权转让的绝对转让主义。

**第一千零一十四条** 任何组织或者个人不得以干涉、盗用、假冒等方式侵害他人的姓名权或者名称权。

【条文要义】

本条是对姓名权和名称权义务主体负有义务的规定。

在前两个条文中，规定姓名权和名称权都没有规定义务主体负有的义务，本条一并作出规定。

姓名权和名称权都是绝对权，自然人享有姓名权，法人、非法人组织享有名称权，其他任何民事主体都是权利人的义务主体。本条所说的"任何组织或者个人"，就是对姓名权、名称权义务主体的规定，包括权利人以外的所有的自然人、法人、非法人组织。

姓名权、名称权的义务主体负有的法定义务，都是不可侵义务，即不得以任何方式侵害他人的姓名权和名称权。

侵害姓名权、名称权的方式是：（1）干涉，包括对自然人行使命名权、使用权、变更权和许可他人使用权的强制干涉行为；（2）盗用，是未经权利人本人同意而非法使用权利人的姓名、名称，盗用不同于冒用，是非法使用而未冒名顶替权利人；（3）冒用，是未经权利人本人同意，不仅非法使用权利人的姓名或者名称，而且直接冒用姓名权人或者名称权人的身份，进行民事活动。

没有遵守上述姓名权、名称权的义务主体应负的法定义务，对权利人姓名权、名称权进行干涉、盗用或者冒用的，违反了法定义务，构成侵害姓名权或者名称权的行为，应当承担民事责任。

**第一千零一十五条** 自然人应当随父姓或者母姓，但是有下列情形之一的，可以在父姓和母姓之外选取姓氏：

（一）选取其他直系长辈血亲的姓氏；

（二）因由法定扶养人以外的人扶养而选取扶养人姓氏；

（三）有不违背公序良俗的其他正当理由。

少数民族自然人的姓氏可以遵从本民族的文化传统和风俗习惯。

**【条文要义】**

本条是对自然人姓氏选取规则的规定。

自然人的姓氏，原则上应当随父姓或者母姓。这是因为，姓氏与名字不同，姓氏标表的是一个自然人的血缘传承，至于随父姓的血缘传承，还是随母姓的血缘传承，则可以选择。

自然人选择父姓、母姓之外的第三姓，须符合法定条件：

1. 选取其他长辈直系血亲的姓氏，如祖父母、外祖父母的姓氏与父母姓氏不一致，而选择祖父母、外祖父母的姓氏。

2. 因由法定扶养人以外的人扶养而选取扶养人姓氏，如长期被父母以外的人扶养但未形成收养关系，而随扶养人的姓氏。

3. 有不违背公序良俗的其他正当理由，如本家族原姓氏为"萧"，因错误简化为"肖"，故恢复姓"萧"。

自然人是少数民族的，其姓氏依据民族自治原则，遵从本民族的文化传统和风俗习惯；有的少数民族因改姓汉姓，而改变原民族的姓氏等。

**第一千零一十六条** 自然人决定、变更姓名，或者法人、非法人组织决定、变更、转让名称的，应当依法向有关机关办理登记手续，但是法律另有规定的除外。

民事主体变更姓名、名称的，变更前实施的民事法律行为对其具有法律约束力。

## 【条文要义】

本条是对民事主体决定、变更姓名、名称及转让名称的规定。

无论是自然人决定、使用、变更姓名，还是法人、非法人组织决定、变更以及转让自己的名称，都应当依照本条的规定，向有关机关办理登记手续。例如，自然人决定和变更自己的姓名，应当在公安机关的户籍管理部门进行登记，并且在自己的户口簿上进行登记和变更。法人、非法人组织决定和变更名称以及转让自己的名称，应当在有关管理机关进行登记，如营利法人应当在市场监督管理部门登记，非营利法人应当在民政部门或者其他相关部门进行登记。

本条说的转让自己的名称，是法人、非法人组织全部转让自己的名称，这不仅是转让自己的名称，而且是让与自己的名称权，因此必须依照法律规定进行登记。这里的转让名称，不包括部分转让，即许可他人使用自己的名称。部分转让名称，适用许可使用合同确定，应当依照许可使用合同的约定，确定转让方和受让方的权利义务关系。

**第一千零一十七条** 具有一定社会知名度，被他人使用足以造成公众混淆的笔名、艺名、网名、译名、字号、姓名和名称的简称等，参照适用姓名权和名称权保护的有关规定。

## 【条文要义】

本条是对笔名、艺名、网名、字号及简称予以保护的规定。

笔名，是作者在发表作品时使用的标表作者人格特征的署名，如鲁迅等。艺名，是艺术家在艺术领域使用的标表自己人格特征的署名，如红线女、小白玉霜等。网名，是自然人以及其他主体在互联网等网络上使用的署名、昵称。字号，是法人、非法人组织的名号。姓名的简称，通常是只称谓姓或者只称谓名或者其他简称（如字、号），而法人、非法人组织名称的简称比较普遍，如将北京大学称为"北大"，将南京大学称为"南大"，将西南政法大学称为"西政"等，对此发生争议的并不少见。

上述这些对自然人、法人或者非法人组织的称谓，只有在具备法定条件时，才适用姓名权和名称权的保护方法进行同等保护：（1）具有一定知名度，即这些称谓必须达到一定的社会知名度，否则不予以保护，如鲁迅、金庸这些笔名具有相当的知名度，应当适用姓名权的保护方法予以保护；（2）被他人使用足以造成公众混淆，如果将北方工业大学或者北京交通大学称为"北大"，就会与北京大学相混淆。

不遵守对这些自然人、法人或者非法人组织称谓的保护规则，进行干涉、盗用或者冒用，同样构成对姓名权、名称权的侵害行为，应当承担民事责任。

# 第四章 肖像权

**第一千零一十八条** 自然人享有肖像权，有权依法制作、使用、公开或者许可他人使用自己的肖像。

肖像是通过影像、雕塑、绘画等方式在一定载体上所反映的特定自然人可以被识别的外部形象。

【条文要义】

本条是对自然人享有肖像权及其客体的规定。

肖像权，是指自然人以在自己的肖像上所体现的人格利益为内容，享有的制作、使用、公开以及许可他人使用自己肖像的具体人格权。

肖像的概念，本条第2款明确界定为"是通过影像、雕塑、绘画等方式在一定载体上所反映的特定自然人可以被识别的外部形象"。肖像的要素是：（1）表现方法是艺术手段，如影像、雕塑、绘画等；（2）须固定在一定的载体之上，而不是镜中影、水中形；（3）可以被识别，肖像具有人格标识的作用，可以通过固定在载体上的形象区别本人与他人的人格特征，不具有可识别性的形象就不是肖像；（4）自然人的外部形象，这个要素有些宽泛，因为通常界定肖像是"以面部形象为主的形象"，这里使用外部形象，并不专指肖像，而且也包含"形象权"的概念。例如，可供识别的自然人的手、脚、背的外部形象被侵害，算不算侵权呢？"半张脸"是否为肖像呢？在这个条文里，这些问题就能够得到回答。

肖像权的内容包括：

1. 制作权：权利人可以依照自己的意愿，通过多种艺术表现形式制作自己的肖像，如自拍。

2. 使用权：权利人对于自己的肖像，依照自己的意愿决定如何使用，如自我欣赏。

3. 公开权：权利人有权依照自己的意愿决定自己的肖像是否可以公开，以及怎样进行公开。

4. 许可他人使用权：权利人可以与他人协商，签订肖像许可使用合同，准许他人使用自己的肖像，这实际上是对肖像权使用权的部分转让，只要符合法律的规定，不违反法律规定和公序良俗，都是正当的行为，是行使民法典第 993 条规定的公开权的合法行为。

**第一千零一十九条** 任何组织或者个人不得以丑化、污损，或者利用信息技术手段伪造等方式侵害他人的肖像权。未经肖像权人同意，不得制作、使用、公开肖像权人的肖像，但是法律另有规定的除外。

未经肖像权人同意，肖像作品权利人不得以发表、复制、发行、出租、展览等方式使用或者公开肖像权人的肖像。

【条文要义】

本条是对不得非法使用肖像权人肖像的规定。

肖像权的权利主体是肖像权本人，其义务主体是其他任何自然人、法人、非法人组织，即任何组织或者个人。

肖像权的义务主体负有的义务是不可侵义务，包括：

1. 不得以丑化、污损或者利用信息技术手段伪造等方式侵害他人的肖像权。丑化、污损他人肖像，或者利用信息技术手段"深度伪造"他人的肖像，都属于侵害他人肖像权的行为。丑化和污损肖像应当具有恶意，深度伪造肖像可能为恶意，也可能为善意，只要未经本人同意，都是侵害肖像权的行为。

2. 未经肖像权人同意，不得制作、使用、公开他人的肖像。制作、使用和公开肖像，是肖像权人本人的权利，他人都不得实施，经过权利人授权的，当然不为侵权。只要未经本人同意，制作、使用和公开他人的肖像，都是侵权行为。

在肖像权保护中，有一种特殊的义务主体，即肖像作品著作权的权利人。由于肖像是通过艺术方式固定在特定的载体之上，构成作品，因而就存在作品的著作权人，除非权利人本人作为作者，如自画像。从原则上说，肖像的作者虽然享有肖像作品的著作权，但是受到肖像权的拘束，只要未经权利人的同意，肖像作品的权利人就不得以发表、复制、发行、出租、展览等方式使用或者公开肖像权人的肖像。因此，本条第 2 款的规定是很重要的，需要特别强调。

不过，这里规定的，一是没有提到人体模特的肖像权问题，二是没有提到肖像权人死亡后的保护期限问题，这两个问题都需要明确。人体模特的肖像权，原则上无明确规定者应当视为可以公开。死者肖像权的保护期限,就肖像作品的作者而言,一般保护10年,比其他对死者人格利益保护的时间要短。肖像权人死亡10年之后,肖像著作权人可以使用、公开,不受民法典第994条规定的限制。

第一千零二十条　合理实施下列行为的,可以不经肖像权人同意:

(一)为个人学习、艺术欣赏、课堂教学或者科学研究,在必要范围内使用肖像权人已经公开的肖像;

(二)为实施新闻报道,不可避免地制作、使用、公开肖像权人的肖像;

(三)为依法履行职责,国家机关在必要范围内制作、使用、公开肖像权人的肖像;

(四)为展示特定公共环境,不可避免地制作、使用、公开肖像权人的肖像;

(五)为维护公共利益或者肖像权人合法权益,制作、使用、公开肖像权人的肖像的其他行为。

【条文要义】

本条是对肖像合理使用的规定。

符合本条规定的特定事由,可以不经过肖像权人的同意,直接使用肖像权人的肖像,不构成侵害肖像权。

合理使用的事由是:

1. 为个人学习、艺术欣赏、课堂教学或者科学研究,在必要范围内使用肖像权人已经公开的肖像。(1)合理使用的方式是,个人学习、艺术欣赏、课堂教学、科学研究。(2)合理使用的范围是必要范围,在上述方式的可控范围内,不得超出该范围。(3)使用的是肖像权人已经公开的肖像,而不是没有公开的肖像,更不是自己制作的他人肖像。

2. 为实施新闻报道,不可避免地制作、使用、公开肖像权人的肖像。这种合理使用称为"新闻性",当一个人的肖像不可避免地出现在新闻事件里的时候,肖像权人不得主张肖像权。

3. 为依法履行职责,国家机关在必要范围内制作、使用、公开肖像权人的肖像。最典型的方式是对逃犯制作、使用、公开其肖像,进行刑事通缉。

4. 为展示特定公共环境，不可避免地制作、使用、公开肖像权人的肖像。例如，为了拍天安门城楼而不可避免地将路人拍摄在画面之中，对此，不得主张肖像权。

5. 为维护公共利益或者肖像权人的合法权益，制作、使用、公开肖像权人的肖像的其他行为。例如，在寻人启事中使用走失者的肖像，是为了肖像权人的合法权益而合法使用。

**第一千零二十一条** 当事人对肖像许可使用合同中关于肖像使用条款的理解有争议的，应当作出有利于肖像权人的解释。

【条文要义】

本条是对肖像许可使用合同的规定。

肖像许可使用合同，是肖像权人行使公开权，与授权使用人签订的对肖像使用范围、方式、期限、报酬等内容进行约定的合同。对此，双方当事人应当遵守约定，行使约定的权利和履行约定的义务，实现各自的利益。

肖像许可使用合同可以对肖像使用的范围、方式、报酬等进行约定。双方当事人如果对这些约定发生争议，应当依照民法典规定的合同解释原则进行解释，由于肖像许可使用合同是支配人格利益的合同，因此在解释时，对争议应当作出有利于肖像权人的解释，以保护肖像权人的合法权益。例如，约定的使用方式不够明确，双方发生争议，为保护肖像权人的合法权益，可以以肖像权人的理解作为解释的基础。

**第一千零二十二条** 当事人对肖像许可使用期限没有约定或者约定不明确的，任何一方当事人可以随时解除肖像许可使用合同，但是应当在合理期限之前通知对方。

当事人对肖像许可使用期限有明确约定，肖像权人有正当理由的，可以解除肖像许可使用合同，但是应当在合理期限之前通知对方。因解除合同造成对方损失的，除不可归责于肖像权人的事由外，应当赔偿损失。

【条文要义】

本条是对肖像许可使用合同解除权的规定。

肖像许可使用合同的解除权分为两种情况：（1）没有约定期限或者约定不明确的解除规则；（2）有明确约定的解除规则。

对于肖像许可使用合同，当事人对使用期限没有约定或者约定不明确的，采用通常的规则，即任何一方当事人都可以随时解除肖像许可使用合同，终止合同的履行，唯一的要求是，解除合同之前留出适当的合理期限，并在合理期限之前通知对方。这种解除权是任意解除权，不受法定解除权、约定解除权、协商解除的限制，只要一方提出行使解除权，通知对方之后，该合同即解除。原因在于，这是有关人格利益的许可使用合同，不是一般的交易关系，因而尊重肖像利益使用各方的意志。

当事人对肖像许可使用期限有明确约定，只有肖像权人享有解除权，且须有正当理由，才可以解除肖像许可使用合同，但是也应当在合理期限之前通知对方。与没有约定使用期限或者约定不明确的解除权的区别是，使用期限有明确约定的，在使用期限内行使解除权是肖像权人的权利，且须肖像权人有正当理由，使用肖像的一方当事人没有这种解除权。肖像权人没有正当理由也不得行使解除权。正当理由的确定，应当根据具体情形判断。肖像权人没有正当理由而解除合同的，构成违约，应当承担违约责任。肖像权人行使解除权，因解除合同造成对方损失的，应当承担赔偿责任，但是对不可归责于肖像权人的事由而行使解除权的，不承担赔偿责任。

**第一千零二十三条　对姓名等的许可使用，参照适用肖像许可使用的有关规定。**

**对自然人声音的保护，参照适用肖像权保护的有关规定。**

【条文要义】

本条是对其他人格利益许可使用和声音权的规定。

本条规定了两个准用条款：（1）对姓名、名称等其他人格利益行使公开权，参照适用肖像许可使用合同规则的准用条款；（2）声音权参照适用肖像权保护的规则。

公开权是民法典第993条规定的，包括姓名、名称、肖像等。对于公开权的具体行使规则，民法典只在肖像权的规定中，规定了肖像许可使用合同规则，没有对其他人格利益的公开使用作出具体规定。实际上，人格权人行使公开权，具体规则基本上是一样的，因此采取了只规定肖像许可使用合同的规则，然后再规定本条的准用条款，规定姓名、名称等其他人格利益的许可使用，准用肖像许可使用合同的规则，规则明确、简洁，既便于操作，又节省立法的篇幅。准用的条款是民法典第1021条和第1022条。

在所有的人格利益中，与肖像权的肖像利益最相似的就是声音，与姓名一样，都能够标表特定自然人主体的人格特征，不仅便于识别，而且具有相当的财产利益。在民法典人格权编立法过程中，笔者一直主张应当规定声音权，并且提出比照适用肖像权保护规则的准用条款。立法者采用了这个建议，增加了这个准用条款。

自然人的声音是声音权的客体，声音权是指自然人自主支配自己的声音利益，决定对自己的声音进行使用和许可他人使用的具体人格权。声音权的主要内容是：

1. 自我使用权：声音权人对自己的声音可以进行使用，利用声音表达自己的意志，也可以利用自己的声音创造财产利益，全凭权利人本人自主决定，准用的条款是本编第1018条至第1020条。

2. 许可他人使用权：声音权人可以将自己的声音许可他人使用，并从中获得利益或者不获得利益，许可他人使用就是行使公开权，准用的条款是本编第1021条和第1022条。

# 第五章　名誉权和荣誉权

**第一千零二十四条**　民事主体享有名誉权。任何组织或者个人不得以侮辱、诽谤等方式侵害他人的名誉权。

名誉是对民事主体的品德、声望、才能、信用等的社会评价。

【条文要义】

本条是对名誉权及其客体的规定。

名誉权，是指自然人和法人、非法人组织就其自身属性和价值所获得的社会评价，享有的保有和维护的具体人格权。名誉权的基本内容是对名誉利益的保有和维护的权利。

名誉是名誉权的客体，本条第2款对名誉概念作出界定，即名誉是对民事主体的品德、声望、才能、信用等的社会评价。应当区别的是，名誉分为主观名誉和客观名誉，作为名誉权客体的名誉是客观名誉，即独立于权利主体之外的"对民事主体的品德、声望、才能、信用等的社会评价"，既不是权利人对自己的自我评价，也不是权利人本身的自我感觉，而是社会对权利人的客观评价。主观名誉也叫名誉感，是主体对自己品德、声望、才能、信用等的自我评价和感受，名誉权对此不予以保护，只保护主体的客观名誉不为他人的非法行为侵害而降低。

名誉权的义务主体是权利主体之外的其他任何自然人、法人、非法人组织，即"任何组织或者个人"，负有的义务是不可侵义务，即"不得以侮辱、诽谤等方式侵害他人的名誉权"。名誉权的义务主体违反这一不可侵义务，造成权利人损害的，应当承担民事责任。

**第一千零二十五条**　行为人为公共利益实施新闻报道、舆论监督等行为，影响他人名誉的，不承担民事责任，但是有下列情形之一的除外：

（一）捏造、歪曲事实；

（二）对他人提供的严重失实内容未尽到合理核实义务；

（三）使用侮辱性言辞等贬损他人名誉。

**【条文要义】**

本条是对新闻报道、舆论监督等影响他人名誉免责及除外条款的规定。

正当的新闻报道和舆论监督等行为，具有社会正当性，是合法行为，也是履行媒体新闻批评职责的正当行为。媒体在为公共利益实施新闻报道和舆论监督等正当的新闻行为中，即使发生了对他人名誉造成影响的后果，也不构成侵害名誉权，不承担民事责任。例如，以调查事实为依据批评某食品企业卫生条件不好，督促其改进，对其名誉有一定的影响，但是不构成侵害名誉权，而是正当的舆论监督行为。

在新闻报道和舆论监督等新闻行为中，如果存在法定情形，则构成侵害名誉权。本条规定的情形有：

1. 行为人捏造、歪曲事实。这种情形是故意利用新闻报道、舆论监督而侵害他人名誉权的行为。捏造事实是无中生有，歪曲事实是不顾真相而进行歪曲。这些都是故意所为，性质恶劣，构成侵害名誉权。

2. 对他人提供的失实内容未尽到合理核实义务。这种情形是新闻事实失实，是因未尽合理核实义务而使事实背离真相，是过失所为。其实不只是对他人提供的失实内容未尽核实义务，即使是媒体自己采制的新闻，未尽必要注意义务而使新闻事实失实，同样也构成侵害名誉权的行为。

3. 使用侮辱性言辞等贬损他人名誉。在新闻报道、舆论监督中，即使没有上述两种情形，但是在其中有过度贬损他人名誉的侮辱性言辞，对其人格有损害的，也构成侵害名誉权的行为。

有上述这些侵害名誉权的行为，应当承担民事责任。

**第一千零二十六条** 认定行为人是否尽到前条第二项规定的合理核实义务，应当考虑下列因素：

（一）内容来源的可信度；

（二）对明显可能引发争议的内容是否进行了必要的调查；

（三）内容的时限性；

（四）内容与公序良俗的关联性；

（五）受害人名誉受贬损的可能性；

（六）核实能力和核实成本。

**【条文要义】**

本条是对新闻媒体承担合理核实义务的规定。

"合理核实义务"是民法典第 1025 条第 2 项规定的传统媒体负有的义务，网络媒体除对自己采制的报道负有合理核实义务外，对他人在自己的网络平台上发布的信息，原则上不承担合理核实义务，只负有民法典第 1194 条至第 1197 条规定的义务。

确定传统媒体在新闻报道和舆论监督中是否尽到合理核实义务的因素是：

1. 内容来源的可信度：如果是权威消息来源，则不必进行核实。

2. 对明显可能引发争议的内容是否进行了必要的调查：如果该调查未调查，为未尽合理核实义务。

3. 内容的时限性：是否须及时报道，不及时报道将会损害公众知情权。

4. 内容与公序良俗的关联性：与公序良俗具有相当关联性的，应当履行合理核实义务。

5. 受害人名誉受贬损的可能性：新闻报道或者舆论监督的内容即使发表，受害人名誉的贬损可能性不大的，也不认为是未尽核实义务。

6. 核实能力和核实成本：一是媒体的核实能力，如需要专业调查甚至侦查才能核对属实的新闻，媒体显然做不到；二是核实成本过巨，得不偿失，也不必苛求媒体必须核实。

不符合上述任何一个要求的新闻报道、舆论监督，未尽合理核实义务，造成事实失实，侵害了受害人的名誉权的，都应当承担民事责任。

主张自己已尽合理核实义务而免责的主体是新闻媒体。按照"谁主张，谁举证"的诉讼证据规则要求，新闻媒体认为自己在新闻报道、舆论监督中已尽合理核实义务的，应当证明自己符合上述规定的要求，没有过失，即可免责，否则可以认定为侵害名誉权。

**第一千零二十七条** 行为人发表的文学、艺术作品以真人真事或者特定人为描述对象，含有侮辱、诽谤内容，侵害他人名誉权的，受害人有权依法请求该行为人承担民事责任。

行为人发表的文学、艺术作品不以特定人为描述对象，仅其中的情节与该特定人的情况相似的，不承担民事责任。

【条文要义】

本条是对文学、艺术作品侵害名誉权责任的规定。

确定文学、艺术作品侵害名誉权责任，应当依照本条前后两款规定的不同来确定：

1. 以真人真事或者特定人为描述对象的作品。任何人发表的文学、艺术作品，凡是以真人真事或者特定人为描述对象的，由于其描述对象的确定性，因而只要在作品的内容中含有侮辱、诽谤等内容，对被描述的对象名誉权有损害的，就构成侵害名誉权，受害人享有名誉权请求权，可以请求作者承担侵害名誉权的民事责任。对此，关键之处是确定作品是否描述真人真事或者特定人。如果使用的是真实姓名，就容易确定这就是特定人。如果没有使用真实姓名，其判断标准是：基本的人格特征、基本生活工作经历是否相一致，如果具有上述一致性，可以认定为描述的就是真人真事。

2. 不以特定人为描述对象的作品。如果行为人发表的文学、艺术作品不是以特定人为描述对象，仅是其中的情节与该特定人的情况相似的，不符合主要人格特征和主要生活工作经历的一致性原则，就不属于描述的是真人真事，不认为是对所谓的受害人的名誉权侵害，不应当承担民事责任。

**第一千零二十八条** 民事主体有证据证明报刊、网络等媒体报道的内容失实，侵害其名誉权的，有权请求该媒体及时采取更正或者删除等必要措施。

【条文要义】

本条是对媒体报道内容失实负有更正和删除义务的规定。

这一规定与民法典第1025条第2项的规定相衔接。报刊、网络等媒体报道的内容失实，侵害他人名誉权的，负有的是更正和删除义务（还应当包括道歉义务）。该作为义务不履行，拒不更正、删除或者道歉的，构成不作为的侵害名誉权行为，要承担侵权责任。

规定这一条文的必要性在于，民法典规定了第1025条、第1026条和本条，给媒体的行为规范划出了界限，有利于保护民事主体的合法权益，保护好媒体的新闻报道和新闻批评的权利，平衡权利保护和媒体监督的利益关系，有利于推动社会的进步。

**第一千零二十九条** 民事主体可以依法查询自己的信用评价；发现信用评价不当的，有权提出异议并请求采取更正、删除等必要措施。信用评价人应当及时核查，经核查属实的，应当及时采取必要措施。

【条文要义】

本条是对信用权的变通性规定。

对于信用权，原《民法通则》没有规定，而是采取适用名誉权的规定进行间接保护，即用保护名誉权的方法保护信用权。事实上，信用权是一个独立的具体人格权，与名誉权不仅基本内容不完全相同，保护的程度和方法也有所不同。民法典虽然没有直接规定信用权，但是通过本条的变通规定，实际上规定了信用权。

信用是民事主体包括自然人、法人、非法人组织对其所具有的经济能力，在社会上获得的信赖与评价。信用权，是指自然人、法人、非法人组织就其所具有的经济能力在社会上获得的相应信赖与评价，所享有的保有和维护的具体人格权。

本条主要是针对征信机构及信用权人的权利作出的规定。我国是重礼仪、守信用的国家，"仁义礼智信"是传统道德。因此，必须加强征信系统建设，从而维护诚信道德和诚信秩序。

征信机构就是征集民事主体信用，进行加工，提供给他人使用的机构，有权征集民事主体的信用信息，进行加工，提供给他人使用。这是加强诚信建设所必需的。每一个主体在接受征信机构征集信用信息的同时也享有权利。

本条规定的是信用权人对征信系统享有的权利：（1）民事主体可以依法查询自己的信用评价，征信机构不得拒绝；（2）发现信用评价不当的，有权提出异议，并要求采取更正、删除等必要措施，以保持对信用权人信用评价资料和评价结论的正确性。

征信机构也就是信用评价人的义务是：（1）接受权利人对自己的信用评价的查询；（2）对于权利人提出的异议，应当及时核查；（3）对异议经核查属实的，应当及时采取必要措施，予以纠正，对权利人保持正常的、客观的、准确的评价。

## 【相关司法解释】

《最高人民法院关于审理银行卡民事纠纷案件若干问题的规定》

**第十四条** 持卡人依据其对伪卡盗刷交易或者网络盗刷交易不承担或者不完全承担责任的事实，请求发卡行及时撤销相应不良征信记录的，人民法院应予支持。

**第一千零三十条** 民事主体与征信机构等信用信息处理者之间的关系，适用本编有关个人信息保护的规定和其他法律、行政法规的有关规定。

## 【条文要义】

本条是对民事主体与征信机构关系及适用法律的规定。

关于信用权和信用权人与征信机构之间的关系，民法典人格权编除第1029条外，没有作进一步规定。由于信用权人和征信机构之间的权利义务关系与个人信息权人和个人信息处理者的权利义务关系基本相同，因此规定准用条款，准用民法典人格权编有关个人信息的规定以及其他法律、行政法规的有关规定。其他法律如《网络安全法》《全国人民代表大会常务委员会关于加强网络信息保护的决定》《个人信息保护法》等，以及国务院关于保护个人信息的行政法规的规定。

征信机构处理信用信息准用民法典的法律规定，如第1035条规定的处理原则和条件，第1036条规定的处理个人信息的免责条款，第1037条规定的自然人对信息处理者的权利，第1038条规定的信息处理者的义务等，在个人信用信息的处理中都可以适用。

**第一千零三十一条** 民事主体享有荣誉权。任何组织或者个人不得非法剥夺他人的荣誉称号，不得诋毁、贬损他人的荣誉。

获得的荣誉称号应当记载而没有记载的，民事主体可以请求记载；获得的荣誉称号记载错误的，民事主体可以请求更正。

## 【条文要义】

本条是对荣誉权的规定。

对荣誉权,有观点认为不是一种人格权,不能规定为人格权,因为它不具有人格权的基本特征。不过,我国早在1986年,原《民法通则》就规定了荣誉权,民法典将其规定为具体人格权。

荣誉,是指特定民事主体在社会生产、社会活动中有突出表现或者突出贡献,政府、单位、团体等组织所给予的积极、肯定性的正式评价。在荣誉利益中,不仅包括精神利益,而且包括财产利益,如给予特定民事主体以荣誉,不仅包括精神嘉奖,还包括物质奖励。

荣誉权,是指民事主体对其获得的荣誉及其利益所享有的保持、支配、维护的具体人格权。对于荣誉利益的精神利益,权利人的权利内容主要是保持和维护的权利;对于荣誉利益的财产利益,权利人对该财产利益与其他物的权利一样,享有支配权。

荣誉权的义务主体是权利人之外的所有自然人、法人和非法人组织,都负有不得非法剥夺他人的荣誉称号,不得诋毁、贬损他人荣誉的法定义务。违反这种不可侵的法定义务,构成侵害荣誉权的行为,应当承担民事责任。

本条第2款规定的是荣誉权人的权利,即获得的荣誉称号应当记载而没有记载或者记载错误的,民事主体可以要求记载或者更正。这是荣誉权人对所获得的荣誉享有的保持和维护权利的体现。

# 第六章　隐私权和个人信息保护

**第一千零三十二条**　自然人享有隐私权。任何组织或者个人不得以刺探、侵扰、泄露、公开等方式侵害他人的隐私权。

隐私是自然人的私人生活安宁和不愿为他人知晓的私密空间、私密活动、私密信息。

【条文要义】

本条是对隐私权和隐私概念的规定。

隐私权是自然人享有的人格权，是指自然人享有的私人生活安宁和对不愿为他人知晓的私密空间、私密活动和私密信息等私生活安全利益自主进行支配和控制，不受他人侵扰的具体人格权。其内容是：（1）对自己的隐私进行隐瞒，不为他人所知的权利；（2）对自己的隐私享有积极利用，以满足自己的精神、物质等方面需要的权利；（3）对自己的隐私享有支配权，只要不违背公序良俗即可。

隐私，一为隐，二为私，前者指权利人不愿意将其公开为他人知晓，后者指纯粹是个人的，与公共利益、群体利益无关。因此，隐私是指与公共利益、群体利益无关的私人生活安宁和当事人不愿他人知晓或他人不便知晓的私密信息，当事人不愿他人干涉或者他人不便干涉的私密活动以及当事人不愿他人侵入或者他人不便侵入的私密空间。

隐私权的义务主体是权利人以外的其他所有自然人、法人和非法人组织。这些义务主体负有的是对自然人隐私不可侵的义务，即不得以刺探、侵扰、泄露、公开等方式侵害他人的隐私权。违反这些义务，构成对隐私权的侵害，应当承担民事责任。

**第一千零三十三条**　除法律另有规定或者权利人明确同意外，任何组织或者个人不得实施下列行为：

（一）以电话、短信、即时通讯工具、电子邮件、传单等方式侵扰他人的私人生活安宁；

　　（二）进入、拍摄、窥视他人的住宅、宾馆房间等私密空间；

　　（三）拍摄、窥视、窃听、公开他人的私密活动；

　　（四）拍摄、窥视他人身体的私密部位；

　　（五）处理他人的私密信息；

　　（六）以其他方式侵害他人的隐私权。

## 【条文要义】

　　本条是对不侵害或者侵害隐私权行为的规定。

　　首先，隐私权保护的是自然人与社会公共利益无关的私人生活安宁以及私密空间、私密活动和私密信息，因此，如果有法律的规定，或者有权利人的明确同意，行为人实施涉及个人隐私的行为就不属于侵害隐私权，而是正当的行为，权利人不得主张隐私权的侵害。法律另有规定，即法律作出相反的规定，或者获得权利人明确同意的，无论何种隐私，都因隐私权人同意而构成对侵害隐私权的有效抗辩，不成立侵害隐私权的行为。

　　其次，任何组织或者个人作为隐私权的义务主体，都不得实施下列有关个人的私密空间、私密活动、私密部位、私密信息和生活安宁等的侵害隐私权的行为：

　　1. 以电话、短信、即时通讯工具、电子邮件、传单等方式侵扰他人的生活安宁。生活安宁，是自然人享有的维持安稳宁静的私人生活状态，并排除他人不法侵扰，保持无形的精神需要的满足。以电话、短信、即时通讯工具、电子邮件、传单等方式侵扰个人的生活安宁，通常称为骚扰电话、骚扰短信、骚扰邮件等，侵害个人的生活安宁，构成侵害隐私权。

　　2. 进入、拍摄、窥视他人的住宅、宾馆房间等私密空间。隐私权保护的私密空间，包括具体的私密空间和抽象的私密空间。前者如个人住宅、宾馆房间、旅客行李、学生书包等，后者可指日记等，即思想的私密空间。凡是对私密空间进行窥视、拍摄等，都构成对隐私的侵害。

　　3. 拍摄、窥视、窃听、公开他人的私密活动。私密活动是一切个人的、与公共利益无关的活动，如日常生活、社会交往、夫妻生活等。对此进行拍摄、录制、公开、窥视、窃听，都构成侵害隐私权。

　　4. 拍摄、窥视他人身体的私密部位。身体的私密部位也属于隐私。拍摄或者窥视他人身体私密部位，构成侵害隐私权。

5. 处理他人的私密信息。私密信息是关于自然人个人的隐私信息,获取、删除、公开、买卖他人的私密信息,构成侵害隐私权。

6. 以其他方式侵害他人的隐私权。这是兜底条款,凡是侵害私密信息、私密活动、私密空间、身体私密、生活安宁等的行为,都构成侵害隐私权。

**第一千零三十四条** 自然人的个人信息受法律保护。

个人信息是以电子或者其他方式记录的能够单独或者与其他信息结合识别特定自然人的各种信息,包括自然人的姓名、出生日期、身份证件号码、生物识别信息、住址、电话号码、电子邮箱、健康信息、行踪信息等。

个人信息中的私密信息,适用有关隐私权的规定;没有规定的,适用有关个人信息保护的规定。

【条文要义】

本条是对个人信息保护的规定。

与民法典第111条的规定相对应,本条首先规定自然人的个人信息受法律保护,之后对个人信息概念的内涵和外延进行界定,并区别于隐私权保护的私密信息。

个人信息的内涵是:以电子或者其他方式记录的,能够单独或者与其他信息结合而识别特定自然人的各种信息。其中:(1)电子信息的记录方式是电子方式或者其他记录方式;(2)能够单独或者与其他信息结合发挥作用;(3)个人信息的表现形式是信息,即音讯、消息、通信系统传输和处理的对象,泛指人类社会传播的一切内容;(4)个人信息的基本作用是识别特定自然人的人格特征,因而个人信息的基本属性是个人身份信息,而不是个人私密信息。从学术的角度上界定个人信息,即个人信息是对客观世界中特定自然人的身份状况和变化的反映,是特定自然人在与他人和客观事物之间活动的联系的表征,表现的是特定自然人的身份属性和人格特征的实质内容。

个人信息的外延是:自然人的姓名、出生日期、身份证件号码、生物识别信息、住址、电话号码、电子邮箱、健康信息、行踪信息等。这些都是个人信息的组成部分。

个人信息中的私密信息,既有隐私的属性,又有个人信息的属性。因此,适用有关隐私权的规定；没有规定的，适用有关个人信息保护的规定。

应当注意的是，民法典对个人信息的规定没有使用"权"的概念，《个人信息保护法》使用了"个人信息权益"的概念，说明保护个人信息的权利既然是人格权，当然就是个人信息权。

还应当注意的是，《个人信息保护法》规定了侵害个人信息的责任，着重规范的是个人信息处理者侵害个人信息权益的责任，不包括个人信息权益的一般义务主体的侵权责任。因此，个人信息权益受到个人信息处理者以外的一般义务主体的侵害，应当适用民法典保护个人信息权益的规定。

【相关司法解释】

**《最高人民法院关于审理使用人脸识别技术处理个人信息相关民事案件适用法律若干问题的规定》**

**第一条** 因信息处理者违反法律、行政法规的规定或者双方的约定使用人脸识别技术处理人脸信息、处理基于人脸识别技术生成的人脸信息所引起的民事案件，适用本规定。

人脸信息的处理包括人脸信息的收集、存储、使用、加工、传输、提供、公开等。

本规定所称人脸信息属于民法典第一千零三十四条规定的"生物识别信息"。

**第一千零三十五条** 处理个人信息的，应当遵循合法、正当、必要原则，不得过度处理，并符合下列条件：

（一）征得该自然人或者其监护人同意，但是法律、行政法规另有规定的除外；

（二）公开处理信息的规则；

（三）明示处理信息的目的、方式和范围；

（四）不违反法律、行政法规的规定和双方的约定。

个人信息的处理包括个人信息的收集、存储、使用、加工、传输、提供、公开等。

【条文要义】

本条是对处理个人信息的规定。

处理个人信息，包括对个人信息的收集、存储、使用、加工、传输、提供、公开等。

处理自然人个人信息的原则是：（1）合法：必须依照法律规定处理，不得非法进行；（2）正当：处理自然人个人信息应当具有正当性目的，不得非法处理；（3）必要：即使合法、正当处理自然人的个人信息，也不得超出必要范围，不得过度处理。

处理自然人个人信息应当符合下列条件：

1. 征得该自然人或者其监护人同意，但是法律、行政法规另有规定的除外。其中征得自然人监护人的同意，是指处理无民事行为能力人或者限制民事行为能力人的个人信息，须征得其监护人的同意，如未成年人或者丧失或者部分丧失民事行为能力的成年人，未经其监护人同意的处理，构成侵害个人信息行为。

2. 公开处理信息的规则。处理自然人个人信息，须将处理的规则予以公开，以判明是否符合处理的规则。

3. 明示处理信息的目的、方式和范围，并且符合明示的处理信息的目的、方式，在其明示的范围进行处理。

4. 不违反法律、行政法规的规定和双方的约定，违反法律、行政法规的规定和双方约定的处理，都构成侵害个人信息。

【相关司法解释】

《最高人民法院关于审理使用人脸识别技术处理个人信息相关民事案件适用法律若干问题的规定》

**第二条** 信息处理者处理人脸信息有下列情形之一的，人民法院应当认定属于侵害自然人人格权益的行为：

（一）在宾馆、商场、银行、车站、机场、体育场馆、娱乐场所等经营场所、公共场所违反法律、行政法规的规定使用人脸识别技术进行人脸验证、辨识或者分析；

（二）未公开处理人脸信息的规则或者未明示处理的目的、方式、范围；

（三）基于个人同意处理人脸信息的，未征得自然人或者其监护人的单独同意，或者未按照法律、行政法规的规定征得自然人或者其监护人的书面同意；

（四）违反信息处理者明示或者双方约定的处理人脸信息的目的、方式、范围等；

（五）未采取应有的技术措施或者其他必要措施确保其收集、存储的人脸信息安全，致使人脸信息泄露、篡改、丢失；

（六）违反法律、行政法规的规定或者双方的约定，向他人提供人脸信息；

（七）违背公序良俗处理人脸信息；

（八）违反合法、正当、必要原则处理人脸信息的其他情形。

**第六条** 当事人请求信息处理者承担民事责任的，人民法院应当依据民事诉讼法第六十四条及《最高人民法院关于适用〈中华人民共和国民事诉讼法〉的解释》第九十条、第九十一条，《最高人民法院关于民事诉讼证据的若干规定》的相关规定确定双方当事人的举证责任。

信息处理者主张其行为符合民法典第一千零三十五条第一款规定情形的，应当就此所依据的事实承担举证责任。

信息处理者主张其不承担民事责任的，应当就其行为符合本规定第五条规定的情形承担举证责任。

**第一千零三十六条** 处理个人信息，有下列情形之一的，行为人不承担民事责任：

（一）在该自然人或者其监护人同意的范围内合理实施的行为；

（二）合理处理该自然人自行公开的或者其他已经合法公开的信息，但是该自然人明确拒绝或者处理该信息侵害其重大利益的除外；

（三）为维护公共利益或者该自然人合法权益，合理实施的其他行为。

**【条文要义】**

本条是对合理处理个人信息的规定。

对自然人个人信息的合理处理，尽管在有些时候未经过个人信息权人的同意，但是也不构成侵害个人信息权，不承担侵害个人信息权的民事责任。被处理个人信息的自然人不得主张侵害其个人信息权。

这些可以免责的行为是：

1. 在该自然人或者其监护人同意的范围内实施的行为。处理自然人个人信息，如果经过权利人的同意，并且是在其同意的范围内实施的行为，则不构成侵害个人信息。这与民法典第1035条第1款规定的第3项即"明示处理信息的目的、方式和范围"相关。对此进行判断，符合明示的上述使用范围的，不构成侵害个人信息，超出范围的处理个人信息的行为，构成侵害个人信息。

2. 合理处理该自然人自行公开的或者其他已经合法公开的信息，但是该自然人明确拒绝或者处理该信息侵害其重大利益的除外。这一事由包括两个方面：首先，自然人自行公开或者其他已经合法公开的信息是可以处理的，一般情况下不构成侵害个人信息；其次，尽管如此，如果处理这种信息损害自然人个人的重大利益或者自然人已经明确拒绝他人使用的，仍然构成侵害个人信息。

3. 为维护公共利益或者该自然人的合法权益，合理实施的其他行为。处理自然人的个人信息，如果具有维护公共利益的目的或者是为了维护该自然人自身的合法权益，则具有正当性，为合理实施，不构成侵害个人信息。

合理处理自然人个人信息的行为，不构成侵害个人信息，不承担民事责任。

## 【相关司法解释】

**《最高人民法院关于审理使用人脸识别技术处理个人信息相关民事案件适用法律若干问题的规定》**

**第四条** 有下列情形之一，信息处理者以已征得自然人或者其监护人同意为由抗辩的，人民法院不予支持：

（一）信息处理者要求自然人同意处理其人脸信息才提供产品或者服务的，但是处理人脸信息属于提供产品或者服务所必需的除外；

（二）信息处理者以与其他授权捆绑等方式要求自然人同意处理其人脸信息的；

（三）强迫或者变相强迫自然人同意处理其人脸信息的其他情形。

**第五条** 有下列情形之一，信息处理者主张其不承担民事责任的，人民法院依法予以支持：

（一）为应对突发公共卫生事件，或者紧急情况下为保护自然人的生命健康和财产安全所必需而处理人脸信息的；

（二）为维护公共安全，依据国家有关规定在公共场所使用人脸识别技术的；

（三）为公共利益实施新闻报道、舆论监督等行为在合理的范围内处理人脸信息的；

（四）在自然人或者其监护人同意的范围内合理处理人脸信息的；

（五）符合法律、行政法规规定的其他情形。

**第六条** 当事人请求信息处理者承担民事责任的，人民法院应当依据民事诉讼法第六十四条及《最高人民法院关于适用〈中华人民共和国民事诉讼法〉的解释》第九十条、第九十一条,《最高人民法院关于民事诉讼证据的若干规定》的相关规定确定双方当事人的举证责任。

信息处理者主张其行为符合民法典第一千零三十五条第一款规定情形的,应当就此所依据的事实承担举证责任。

信息处理者主张其不承担民事责任的,应当就其行为符合本规定第五条规定的情形承担举证责任。

**第一千零三十七条** 自然人可以依法向信息处理者查阅或者复制其个人信息;发现信息有错误的,有权提出异议并请求及时采取更正等必要措施。

自然人发现信息处理者违反法律、行政法规的规定或者双方的约定处理其个人信息的,有权请求信息处理者及时删除。

**【条文要义】**

本条是个人信息权人享有权利的规定。

个人信息权的主要内容是:

1. 自然人享有查阅和复制的权利。自然人可以依法向信息处理者查阅或者复制其个人信息。这是因为,自己是个人信息的权利人,其信息就是自己的身份信息,即使被信息处理者处理,该信息的归属也不变,仍然为权利人所拥有。

2. 发现信息错误的,有提出异议并请求更正的权利。权利人在查阅和复制自己的个人信息时,发现个人信息有错误的,有权提出异议并请求及时采取更正等必要措施。信息处理者负有更正的义务。

3. 自然人发现信息处理者违反法律、行政法规的规定或者双方的约定处理其个人信息的,有权要求信息处理者及时删除其个人信息。这里还应当包括对被收集的、已经过时的、对自己可能造成不良影响的个人信息的删除权,即被遗忘权,以保护自己的合法权益。

对于个人信息权利人享有的具体权利,《个人信息保护法》规定得更为具体和全面,应当依照该法的规定确定个人信息权的具体内容。例如:(1)个人对其个人信息的处理享有知情权、决定权,有权限制或者拒绝他人对其个人信息进行处理。(2)个人有权向个人信息处理者查阅、复制其个人信息;个人发现其个人信息不准确或者不完整的,有权请求个人信息处理者更正、补充。(3)个人信息处理者应当主动删除个人信息,个人信息处理者未删除的,个人有权请求删除。(4)个人有权要求个人信息处理者对其个人信息处理规则进行解释说明。(5)自然人死亡的,其近亲属为了自身的合法、正当利益,可以对死者的相关个人信息行使查阅、复制、更正、删除等权利。(6)个人信息处理者拒绝个人行使权利的请求的,个人可以依法向人民法院提起诉讼。

**第一千零三十八条** 信息处理者不得泄露或者篡改其收集、存储的个人信息;未经自然人同意,不得向他人非法提供其个人信息,但是经过加工无法识别特定个人且不能复原的除外。

信息处理者应当采取技术措施和其他必要措施,确保其收集、存储的个人信息安全,防止信息泄露、篡改、丢失;发生或者可能发生个人信息泄露、篡改、丢失的,应当及时采取补救措施,按照规定告知自然人并向有关主管部门报告。

**【条文要义】**

本条是对信息处理者负有保密义务的规定。

个人信息的处理者,是指合法收集并控制自然人个人信息的主体。个人信息处理者对自然人的个人信息负有的保密义务,包括两个方面:

1. 信息处理者负有的消极义务。(1)保持个人信息的自己占有及信息的真实性的义务,即不得泄露、篡改、丢失其收集、存储的个人信息;(2)不得向他人提供的义务,即未经自然人同意,不得向他人非法提供个人信息。例外的是,经过加工无法识别特定个人且不能复原的信息,属于衍生信息,俗称"已经过脱敏处理"的信息,不再具有个人身份信息的属性,已经进入可以公开使用的领域。对于衍生信息的使用不构成侵害个人信息。

2. 信息处理者负有的积极义务。(1)信息处理者对已经收集、存储的个人信息,应当采取技术措施和其他必要措施,确保其收集、存储的个人信息安全,防止信息泄露、篡改、丢失。(2)如果发生或者可能发生个人信息泄露、篡改、丢失的情况的,应当及时采取补救措施,依照规定告知自然人并向有关主管部门报告,防止损失扩大,并挽回已经造成的损失。

信息处理者违反上述对自然人个人信息负有的义务,构成侵害个人信息的行为,应当承担民事责任。

**第一千零三十九条** 国家机关、承担行政职能的法定机构及其工作人员对于履行职责过程中知悉的自然人的隐私和个人信息，应当予以保密，不得泄露或者向他人非法提供。

【条文要义】

本条是对国家机关、承担行政职能的法定机构及其工作人员对自然人隐私和个人信息保密义务的规定。

国家机关、承担行政职能的法定机构及其工作人员有多种渠道收集和知悉自然人隐私和个人信息。例如，办理出生登记、护照、身份证明等，都必须提供个人信息，甚至涉及个人隐私。可以说，国家机关、承担行政职能的法定机构及其工作人员是掌握个人隐私和个人信息最主要的机构和人员。对此，国家机关、承担行政职能的法定机构及其工作人员必须对个人信息负有保密义务，不得泄露或者非法向他人提供。曾经有个案例：某男士驾车，某女士坐在副驾驶位置上，车在高速公路行驶的过程中，男士将手伸进女士的前胸，被高速公路探头拍摄到。高速公路管理部门的管理人员将该视频公布在网上，泄露了个人隐私，侵害了个人的隐私权。

本条规定了国家机关、承担行政职能的法定机构及其工作人员对于知悉的个人隐私和个人信息的保密义务，但是没有规定应当承担责任的规范。对此，应当适用民法典第995条的规定，受害人有权依照民法典和其他法律的规定，请求行为人承担民事责任。有人主张这是国家赔偿责任，这是不对的，这里明确规定的是承担民事责任，而不是国家赔偿责任。

# 第五编

# 婚姻家庭

# 第一章　一般规定

**第一千零四十条**　本编调整因婚姻家庭产生的民事关系。

【条文要义】

本条是对民法典婚姻家庭编调整范围的规定。

民法典婚姻家庭编调整的范围，是婚姻家庭产生的民事法律关系，规定的是亲属身份关系的发生、变更和消灭，以及配偶、父母、子女和其他一定范围的亲属之间的身份地位和权利义务关系。

婚姻家庭编在习惯上称为亲属法。形式上的亲属法，是指民法典的婚姻家庭编；实质上的亲属法，是指一切规定亲属身份关系的发生、变更和消灭，规定配偶、父母、子女以及其他一定范围内的亲属之间的身份地位、权利义务的法律规范的总和。婚姻家庭法的特征：（1）是规范亲属之间身份关系的法律；（2）是具有习俗性和伦理性的法律；（3）是具有亲属团体性的法律；（4）是强行法、普通法。

在民法典编纂完成之前，我国的《婚姻法》通常被认为是单独的部门法，之后有《婚姻法》回归民法典的意向，民法典将其编入分则中，使之成为民法典分则的一编，回归民法典体系之中。

婚姻家庭法调整的民事法律关系的属性是：

1. 婚姻家庭法调整的亲属法律关系是民事法律关系。亲属法律关系是作为亲属的民事主体之间的权利义务关系，具有民事法律关系的一切特征。

2. 婚姻家庭法调整的亲属身份关系是人身法律关系。民法分为人法和财产法，亲属身份关系属于人身关系，因而亲属身份关系是人法的范畴。

3. 婚姻家庭法调整的亲属法律关系是身份法律关系，而不是人格法律关系，是不同的亲属之间形成的权利义务关系，属于人法中的亲属身份法律关系。

**第一千零四十一条** 婚姻家庭受国家保护。

实行婚姻自由、一夫一妻、男女平等的婚姻制度。

保护妇女、未成年人、老年人、残疾人的合法权益。

【条文要义】

本条是对婚姻家庭法基本原则的规定。

1. 婚姻家庭保护原则，是指法律对婚姻家庭关系予以保护，他人不得侵害的基本准则。婚姻家庭是社会的细胞，是构成社会生活的基础。婚姻家庭的稳定是每一个婚姻家庭关系的当事人的追求，更是社会稳定的基础。民法典将婚姻家庭保护作为婚姻家庭法律规范的基本原则，赋予了国家对私权利即身份权的保护职责，同时也着眼于社会的安定和稳定，让人民生活更幸福。

2. 婚姻自由原则，是指自然人依照法律规定结婚或者离婚不受拘束、不受控制、不受非法干预的权利。婚姻自由是近现代婚姻家庭立法努力推进的一项基本原则，以人格的独立、平等、自由、尊严为基础，是自然人的一项基本权利，是亲属法的基本原则。具体内容是：（1）依法行使婚姻权利，婚姻家庭法规定婚姻自由，是在亲属法中保障自然人依法行使婚姻自主权的自由权。行使婚姻自主权是自由的，但是要依法进行，按照法律的规定确定婚姻关系；（2）不受拘束、不受控制、不受非法干预，行为人能够在不受拘束、不受控制和不受非法干预的状态下，自主决定婚姻行为；（3）包括结婚自由和离婚自由。

3. 一夫一妻原则，是一男一女结为夫妻的婚姻制度，也是我国亲属法规定的婚姻关系基本原则。含义是：（1）任何人，无论居于何种社会地位、有多少钱财，都不得同时有两个以上的配偶；（2）任何人在结婚后、配偶死亡或者离婚前，不得再行结婚；（3）一切公开的、隐蔽的一夫多妻或者一妻多夫的两性关系，都是非法的。

4. 男女平等原则，即两性平等、男女平等，是现代社会的一项基本原则，表现在亲属身份关系中就是无论男女都享有一样的权利，负担一样的义务。其基本含义是：（1）在婚姻关系中的男女平等；（2）家庭成员的地位平等；（3）所有的近亲属之间的地位平等。

5. 保护妇女、未成年人、老年人和残疾人的合法权益原则，是社会公德的要求，婚姻家庭法特别强调对妇女、未成年人、老年人和残疾人合法权益的保护，将其作为亲属法的基本原则，以更好地保护亲属中的弱势群体，防止其合法权益受到侵害。

**第一千零四十二条** 禁止包办、买卖婚姻和其他干涉婚姻自由的行为。禁止借婚姻索取财物。

禁止重婚。禁止有配偶者与他人同居。

禁止家庭暴力。禁止家庭成员间的虐待和遗弃。

【条文要义】

本条是对婚姻家庭领域禁止行为的规定。

1. 法律禁止包办、买卖婚姻和其他干涉婚姻自由的行为。这些违反婚姻自由的行为，侵害了婚姻自主权，应当承担侵权责任，受害人可以请求侵权人承担民事责任，保护自己的权利。借婚姻索取财物，也是侵害婚姻自由原则的行为，也在禁止之列。

2. 法律禁止重婚、禁止有配偶者与他人同居，都是在维护一夫一妻原则。法律保障一夫一妻制的实现，对于重婚、有配偶者而姘居等行为予以法律制裁。对于重婚行为，法律认为构成犯罪，追究刑事责任。

3. 法律禁止家庭暴力，禁止家庭成员间的虐待和遗弃。家庭暴力是发生在家庭成员之间的造成身体、精神、性或者财产上损害的行为。家庭暴力行为都是针对特定的人实施的，后果都会使受害人的权利受到侵害，人身利益、财产利益或者精神利益受到损害或者损失。对家庭暴力的行为人责令其承担侵权责任，赔偿受害人的人身损害、财产损害以及精神损害，是保护受害人最重要的方法。应当重视侵权责任对于救济家庭暴力受害人的权利损害，惩罚家庭暴力违法行为的基本功能。

【相关司法解释】

**《最高人民法院关于适用〈中华人民共和国民法典〉婚姻家庭编的解释（一）》**

**第一条** 持续性、经常性的家庭暴力，可以认定为民法典第一千零四十二条、第一千零七十九条、第一千零九十一条所称的"虐待"。

**第二条** 民法典第一千零四十二条、第一千零七十九条、第一千零九十一条规定的"与他人同居"的情形，是指有配偶者与婚外异性，不以夫妻名义，持续、稳定地共同居住。

**第三条** 当事人提起诉讼仅请求解除同居关系的，人民法院不予受理；已经受理的，裁定驳回起诉。

当事人因同居期间财产分割或者子女抚养纠纷提起诉讼的，人民法院应当受理。

**第五条** 当事人请求返还按照习俗给付的彩礼的，如果查明属于以下情形，人民法院应当予以支持：

（一）双方未办理结婚登记手续；

（二）双方办理结婚登记手续但确未共同生活；

（三）婚前给付并导致给付人生活困难。

适用前款第二项、第三项的规定，应当以双方离婚为条件。

**第一千零四十三条** 家庭应当树立优良家风，弘扬家庭美德，重视家庭文明建设。

夫妻应当互相忠实，互相尊重，互相关爱；家庭成员应当敬老爱幼，互相帮助，维护平等、和睦、文明的婚姻家庭关系。

## 【条文要义】

本条是对家庭建设和夫妻关系、家庭成员关系的规定。

民法典重视家庭建设，要求家庭树立优良家风，弘扬家庭美德，重视家庭文明建设，把家庭建设好，使之成为社会和谐稳定的基础。

忠实义务，是指配偶的专一性生活义务，也称不为婚外性生活的义务。广义解释，还包括不得恶意遗弃配偶以及不得为第三人的利益而牺牲、损害配偶的利益。忠实义务要求配偶之间相互负不为婚外性交的不作为义务，是为保持爱情专一、感情忠诚而负担的义务，目的是忠实于配偶的对方当事人，不仅约束配偶双方当事人，而且也约束配偶权的义务人。配偶权的权利主体以外的其他任何人，负有对配偶权的不可侵义务，与配偶一方通奸、破坏一方配偶的忠实义务，构成对配偶权的侵害。确立配偶互负忠实义务的重要意义是：（1）体现婚姻的本质要求，保持一夫一妻制的实质；（2）体现婚姻道德的要求，以性爱为基础的婚姻，具有排他性和专一性；（3）夫妻相互忠实，可以保证子女血缘纯正，避免乱伦，防止造成血缘混乱；（4）对夫妻的行为提供评断是非的标准。

同时，夫妻之间还要互相尊重、互相关爱，这是建立和睦家庭的基础。

家庭成员之间应当相互尊重，敬老爱幼，互相帮助，维护平等、和睦、文明的家庭婚姻关系，把家庭建设好，成为精神文明的基础。

【相关司法解释】

《最高人民法院关于适用〈中华人民共和国民法典〉婚姻家庭编的解释（一）》

第四条　当事人仅以民法典第一千零四十三条为依据提起诉讼的，人民法院不予受理；已经受理的，裁定驳回起诉。

第一千零四十四条　收养应当遵循最有利于被收养人的原则，保障被收养人和收养人的合法权益。

禁止借收养名义买卖未成年人。

【条文要义】

本条是对收养子女原则的规定。

收养通常是为了满足收养人没有子女而渴望收养子女的愿望，组建完整的家庭。但是，收养即使具有这样的目的，也必须依照收养的法律要求进行。收养的基本原则是最有利于被收养人的原则。这是因为，任何被收养人都是独立的个体，都是具有人格尊严的民事主体，应当得到尊重；由于被收养人多数是未成年人，是祖国和民族的未来和希望，收养必须有利于他们的健康成长，使他们的合法权益得到保障。只有符合这样要求的收养行为，才是法律承认的收养关系。

在现实生活中，存在以收养为借口而买卖未成年人的现象。这是社会的丑恶现象，必须严格禁止，严厉打击借收养名义买卖未成年人的违法犯罪行为。

第一千零四十五条　亲属包括配偶、血亲和姻亲。

配偶、父母、子女、兄弟姐妹、祖父母、外祖父母、孙子女、外孙子女为近亲属。

配偶、父母、子女和其他共同生活的近亲属为家庭成员。

【条文要义】

本条是对亲属、近亲属和家庭成员以及亲属种类的规定。

1. 亲属

亲属，是指因婚姻、血缘和法律拟制而产生的人与人之间的特定身份关系，以及具有这种特定身份关系的人相互之间的称谓。亲属的法律特征是：（1）亲属是以婚姻和血缘为基础产生的社会关系；（2）亲属是有固定身份和称谓的社会关系；（3）一定范围内的亲属有法律上的权利义务关系。

我国亲属分为三个种类：（1）配偶，是关系最为密切的亲属，是因男女双方结婚而发生的亲属，是血亲的源泉、姻亲的基础。配偶的亲属身份始于结婚，终于配偶一方死亡或离婚。（2）血亲，是指有血缘联系的亲属，是亲属中的主要部分。血亲分为自然血亲和拟制血亲。自然血亲是指出于同一祖先、有血缘联系的亲属，如父母与子女、祖父母与孙子女、外祖父母与外孙子女、兄弟姐妹等。拟制血亲是指本无血缘联系或者没有直接的血缘联系，但法律确认与自然血亲有同等权利义务的亲属。拟制血亲一般因收养而产生，在养父母养子女之间产生父母子女的权利义务关系。血亲还分为直系血亲和旁系血亲，直系血亲是指有直接血缘关系的亲属，包括生育自己和自己所生育的上下各代的亲属。旁系血亲是指有间接血缘关系的亲属，即与自己同出一源的亲属。（3）姻亲，是指以婚姻为中介而产生的亲属，配偶一方与另一方的血亲之间为姻亲关系。如公婆与儿媳、岳父母与女婿等。我国的姻亲分为三类：一是血亲的配偶，是指己身的血亲，包括直系血亲和旁系血亲的配偶。二是配偶的血亲，是指配偶的直系血亲和旁系血亲。三是配偶的血亲的配偶，是指自己配偶的血亲的夫或者妻。

2. 近亲属

亲属之间存在亲疏远近的区别，国外通常用亲等表示。我国没有这样的制度，而是使用近亲属的概念，确认配偶、父母、子女、兄弟姐妹、祖父母、外祖父母、孙子女、外孙子女为近亲属，在他们之间产生权利义务关系。超出这个范围的亲属，不产生权利义务关系，不受婚姻家庭法的调整。我国这个近亲属的概念，相当于"三代以内的血亲"。

3. 家庭成员

民法典没有规定家制，虽然有家庭的表述，但没有对家庭的概念作出界定，仅规定了家庭成员的概念。配偶、父母、子女和其他共同生活的近亲属，为家庭成员，是家庭的组成部分。

笔者认为，我国的近亲属概念范围似乎过于狭窄。举例说明：四世同堂的情形并不少见，但是曾祖父母、曾外祖父母和曾孙子女、曾外孙子女就不是近亲属，即使在一个家庭共同生活，也不是法定的家庭成员。

# 第二章 结 婚

**第一千零四十六条** 结婚应当男女双方完全自愿，禁止任何一方对另一方加以强迫，禁止任何组织或者个人加以干涉。

**【条文要义】**

本条是对结婚须有男女双方婚姻合意的规定。

婚姻，是指男女双方以共同生活为目的，以产生配偶之间的权利义务为内容的两性结合。婚姻是最重要的身份关系，创设婚姻的行为是结婚的身份行为。结婚是男女双方依照法律规定的条件和程序缔结配偶关系，并由此产生相应的民事权利、义务和责任的身份法律行为。按照我国法律规定，结婚必须得到法律的确认，即结婚行为再加上婚姻登记，就构成了婚姻关系，双方产生配偶权。

结婚的必备要件也称结婚的积极要件，是当事人结婚时必须具备的法定条件。结婚须具备结婚合意、符合法定婚龄和不违反一夫一妻制这三个必备要件。

结婚的双方当事人必须具有结婚合意，结婚合意是结婚的必备要件之一。这是因为，结婚是婚姻当事人双方的法律行为，双方自愿是婚姻结合的基础。结婚合意是结婚的首要条件，是保障结婚自由的前提，是结婚自主权在亲属法中的体现。法律要求当事人双方确立夫妻关系的意思表示真实、一致、完全自愿，具体表现为：(1) 双方自愿而不是单方自愿；(2) 双方本人自愿而不是父母或者第三者自愿；(3) 完全自愿而不是勉强同意。法律禁止当事人的父母或者第三人对婚姻进行包办、强迫或者执意干预，排斥当事人非自愿的被迫同意，任何组织或者个人都不得加以干涉。

法律对结婚行为要求"合意"，更进一步说明，当事人的结婚行为是双方民事法律行为，即身份法律行为，而不仅仅是政府确认的行为。结婚行为是双方的合意行为，这是结婚行为的基础，结婚登记是政府确认行为。

**第一千零四十七条** 结婚年龄，男不得早于二十二周岁，女不得早于二十周岁。

【条文要义】

本条是对法定婚龄的规定。

法定婚龄是法律规定的准许结婚的最低年龄，是民事主体具有婚姻行为能力的年龄起点。本条规定，结婚年龄，男不得早于22周岁，女不得早于20周岁。当事人须具有婚姻行为能力，达到法定婚龄，才可以结婚。

确定法定婚龄所要考虑的是婚姻的自然因素和社会因素。自然因素是人的生理条件和心理条件发展的因素，社会因素是指政治、经济、文化、人口状况、道德、宗教、民族习惯等因素。确定法定婚龄必须符合上述因素。我国的法定婚龄较高，更多考虑的是我国的社会因素，为的是提高人的生活质量。

**第一千零四十八条** 直系血亲或者三代以内的旁系血亲禁止结婚。

【条文要义】

本条是对禁婚亲的规定。

禁婚亲是禁止结婚的血亲，是指法律规定的禁止结婚的亲属范围。

禁止一定范围内的亲属结婚，在原始社会中就存在，被称为结婚禁忌，是人类在群婚制中逐渐发现两性近亲结合的危害，因而禁止一定范围内的亲属两性结合。进入个体婚时期，人类有意识地通过立法禁止近亲结婚，考虑的是优生学的原因和伦理道德以及身份上和继承上的原因。现代亲属法尽管对禁止结婚的亲属范围有所区别，但是确定禁婚亲的制度则是基本相同的。

在我国，直系血亲和三代以内的旁系血亲为禁婚亲。具体的禁婚亲是：（1）依照世代计算法规定，凡是出自同一祖父母、外祖父母的血亲，都是禁婚亲；（2）三代以内的旁系血亲，一是兄弟姐妹，二是伯、叔、姑与侄、侄女，舅、姨与甥、甥女，三是堂兄弟姐妹和表兄弟姐妹。

拟制血亲是否属于禁婚亲，各国规定都不同，我国婚姻家庭法没有明文规定。在实务中的做法是，直系的拟制血亲之间不准结婚；旁系的拟制血亲关系未经解除，禁止结婚；拟制旁系血亲关系已经解除的，则准许结婚。

**第一千零四十九条** 要求结婚的男女双方应当亲自到婚姻登记机关申请结婚登记。符合本法规定的，予以登记，发给结婚证。完成结婚登记，即确立婚姻关系。未办理结婚登记的，应当补办登记。

## 【条文要义】

本条是对结婚程序的规定。

婚姻是社会制度，所以男女的结合必须经过社会的承认，才能正式成立婚姻关系。结婚的程序是结婚的形式要件，是法律规定的缔结婚姻关系必须履行的法律手续。

我国结婚实行登记制，要求结婚的男女双方必须亲自到婚姻登记机关进行结婚登记。符合民法典规定的，予以登记，发给结婚证。可见，结婚登记是我国婚姻成立的唯一形式要件，是结婚的法定程序。其意义在于，只有在履行了法律规定的结婚程序，即进行结婚登记之后，婚姻才具有法律上的效力，才能得到国家和社会的承认。同时，加强结婚登记制度的管理，对保障婚姻自由、一夫一妻、男女平等婚姻制度的实施，保护婚姻当事人的合法权益，都具有重要意义。

结婚的具体程序要求是：

1. 要求结婚的男女双方应当亲自到婚姻登记机关申请结婚登记。

2. 符合民法典规定的，婚姻登记机构予以登记，发给结婚证。男女双方完成结婚登记，即确立婚姻关系，双方当事人成为配偶，相互之间产生配偶权。

3. 未办理结婚登记的男女如果要得到法律的承认，即使在一起同居甚至形成了事实婚姻关系，也应当补办登记。

## 【相关司法解释】

**《最高人民法院关于适用〈中华人民共和国民法典〉婚姻家庭编的解释（一）》**

**第六条** 男女双方依据民法典第一千零四十九条规定补办结婚登记的，婚姻关系的效力从双方均符合民法典所规定的结婚的实质要件时起算。

**第七条** 未依据民法典第一千零四十九条规定办理结婚登记而以夫妻名义共同生活的男女，提起诉讼要求离婚的，应当区别对待：

（一）1994年2月1日民政部《婚姻登记管理条例》公布实施以前，男女双方已经符合结婚实质要件的，按事实婚姻处理。

（二）1994年2月1日民政部《婚姻登记管理条例》公布实施以后，男女双方符合结婚实质要件的，人民法院应当告知其补办结婚登记。未补办结婚登记的，依据本解释第三条规定处理。

第八条　未依据民法典第一千零四十九条规定办理结婚登记而以夫妻名义共同生活的男女，一方死亡，另一方以配偶身份主张享有继承权的，依据本解释第七条的原则处理。

**第一千零五十条　登记结婚后，按照男女双方约定，女方可以成为男方家庭的成员，男方可以成为女方家庭的成员。**

【条文要义】

本条是对男女结婚后可以成为对方家庭成员的规定。

男女双方进行了登记结婚后，就成为配偶，成为一个家庭的实体成员。但是，究竟成为哪一方家庭的成员，应当按照男女双方的约定确定。在现实生活中，通常情况下是女方成为男方家庭的成员，但是也不妨碍约定男方成为女方家庭的成员。在后者，通常叫作"入赘"，是男方"嫁入"女方家庭。根据男女平等原则，任何一方成为另一方的家庭成员都是双方的共同选择，符合法律规定。

**第一千零五十一条　有下列情形之一的，婚姻无效：**
**（一）重婚；**
**（二）有禁止结婚的亲属关系；**
**（三）未到法定婚龄。**

【条文要义】

本条是对无效婚姻的规定。

无效婚姻，是指男女因违反法律规定的结婚要件而不具有法律效力的两性违法结合。无效婚姻是违反婚姻成立要件的违法婚姻，不具有婚姻的法律效力。结婚是确立夫妻关系的法律行为，必须符合法律规定的各项条件，只有具备法定实质要件和通过法定程序确立的男女结合，方为合法婚姻，发生婚姻的法律效力。无效婚姻不符合这样的要件，属于无效的婚姻关系。

婚姻无效的法定事由是：

1. 重婚。一夫一妻是基本原则,任何人不得有两个或两个以上的配偶,有配偶者在前婚终止之前不得结婚,否则即构成重婚,后婚当然无效。重婚包括法律上的重婚和事实上的重婚,两者都构成婚姻无效的法定理由。

2. 当事人为禁婚亲。直系血亲和三代以内的旁系血亲禁止结婚,凡属上述范围内的亲属,无论是全血缘还是半血缘、无论是自然血亲还是拟制血亲,都不得结婚。

3. 未到法定婚龄。当事人未到法定婚龄而登记的,一方申请宣告婚姻无效,应当依法获准。

4. 以伪造、变造、冒用证件等方式骗取结婚登记的,当然属于无效婚姻。

**【相关司法解释】**

**《最高人民法院关于适用〈中华人民共和国民法典〉婚姻家庭编的解释(一)》**

**第九条** 有权依据民法典第一千零五十一条规定向人民法院就已办理结婚登记的婚姻请求确认婚姻无效的主体,包括婚姻当事人及利害关系人。其中,利害关系人包括:

(一)以重婚为由的,为当事人的近亲属及基层组织;

(二)以未到法定婚龄为由的,为未到法定婚龄者的近亲属;

(三)以有禁止结婚的亲属关系为由的,为当事人的近亲属。

**第十条** 当事人依据民法典第一千零五十一条规定向人民法院请求确认婚姻无效,法定的无效婚姻情形在提起诉讼时已经消失的,人民法院不予支持。

**第十一条** 人民法院受理请求确认婚姻无效案件后,原告申请撤诉的,不予准许。

对婚姻效力的审理不适用调解,应当依法作出判决。

涉及财产分割和子女抚养的,可以调解。调解达成协议的,另行制作调解书;未达成调解协议的,应当一并作出判决。

**第十二条** 人民法院受理离婚案件后,经审理确属无效婚姻的,应当将婚姻无效的情形告知当事人,并依法作出确认婚姻无效的判决。

**第十三条** 人民法院就同一婚姻关系分别受理了离婚和请求确认婚姻无效案件的,对于离婚案件的审理,应当待请求确认婚姻无效案件作出判决后进行。

**第十四条** 夫妻一方或者双方死亡后,生存一方或者利害关系人依据民法典第一千零五十一条的规定请求确认婚姻无效的,人民法院应当受理。

第十五条　利害关系人依据民法典第一千零五十一条的规定，请求人民法院确认婚姻无效的，利害关系人为原告，婚姻关系当事人双方为被告。

夫妻一方死亡的，生存一方为被告。

第十六条　人民法院审理重婚导致的无效婚姻案件时，涉及财产处理的，应当准许合法婚姻当事人作为有独立请求权的第三人参加诉讼。

第十七条　当事人以民法典第一千零五十一条规定的三种无效婚姻以外的情形请求确认婚姻无效的，人民法院应当判决驳回当事人的诉讼请求。

当事人以结婚登记程序存在瑕疵为由提起民事诉讼，主张撤销结婚登记的，告知其可以依法申请行政复议或者提起行政诉讼。

**第一千零五十二条**　因胁迫结婚的，受胁迫的一方可以向人民法院请求撤销婚姻。

请求撤销婚姻的，应当自胁迫行为终止之日起一年内提出。

被非法限制人身自由的当事人请求撤销婚姻的，应当自恢复人身自由之日起一年内提出。

【条文要义】

本条是对胁迫为可撤销婚姻法定事由的规定。

可撤销婚姻亦称可撤销婚，是指已经成立的婚姻关系因欠缺婚姻合意，受胁迫的一方当事人可向人民法院申请撤销的违法两性结合。可撤销婚姻是婚姻的基础合意没有达成，在结婚的法律强制性规定方面则没有违反而构成的违法两性结合。可撤销婚姻的法理基础，在于尊重当事人的意思，确定相对的无效状况，赋予当事人撤销婚姻关系的权利或者维持婚姻关系的权利，让其根据自己的意愿自由选择，有利于保护婚姻当事人的利益，有利于维护婚姻家庭的稳定，而不至于将更多的违法婚姻归入绝对无效的范围，造成社会的不稳定，损害妇女、儿童的权利。

胁迫是可撤销婚姻的法定事由。婚姻胁迫是指行为人以给另一方当事人或者其近亲属以生命、健康、身体、名誉、财产等方面造成损害为要挟，迫使另一方当事人违背自己的真实意愿而结婚的行为。构成婚姻胁迫，须具备以下要件：（1）行为人为婚姻当事人或者第三人。至于受胁迫者，则既可以是婚姻关系当事人，也可以是婚姻关系当事人的近亲属；（2）行为人须有胁迫的故意，是通过自己的威胁而使一方当事人产生恐惧心理并基于这种心理而被迫同意结婚；（3）行为人须实施胁迫行为，使其产生恐惧心理；（4）受胁迫人同意结婚与胁迫行为之间须有因果关系。

撤销婚姻的请求权受除斥期间的约束，除斥期间为1年，申请人应当自胁迫行为终止之日起1年内提出撤销婚姻的请求。被非法限制人身自由的当事人请求撤销婚姻的，则应当自恢复人身自由之日起1年内提出。超过除斥期间的，撤销权消灭，不得再提出撤销婚姻的请求。

【相关司法解释】

《最高人民法院关于适用〈中华人民共和国民法典〉时间效力的若干规定》

第二十六条　当事人以民法典施行前受胁迫结婚为由请求人民法院撤销婚姻的，撤销权的行使期限适用民法典第一千零五十二条第二款的规定。

《最高人民法院关于适用〈中华人民共和国民法典〉婚姻家庭编的解释（一）》

第十八条　行为人以给另一方当事人或者其近亲属的生命、身体、健康、名誉、财产等方面造成损害为要挟，迫使另一方当事人违背真实意愿结婚的，可以认定为民法典第一千零五十二条所称的"胁迫"。

因受胁迫而请求撤销婚姻的，只能是受胁迫一方的婚姻关系当事人本人。

第十九条　民法典第一千零五十二条规定的"一年"，不适用诉讼时效中止、中断或者延长的规定。

受胁迫或者被非法限制人身自由的当事人请求撤销婚姻的，不适用民法典第一百五十二条第二款的规定。

**第一千零五十三条**　一方患有重大疾病的，应当在结婚登记前如实告知另一方；不如实告知的，另一方可以向人民法院请求撤销婚姻。

请求撤销婚姻的，应当自知道或者应当知道撤销事由之日起一年内提出。

【条文要义】

本条是对当事人患有重大疾病未告知可撤销婚姻的规定。

在缔结婚姻关系时，如果一方患有重大疾病，虽然不属于禁止结婚的事由，但是对对方当事人负有告知义务，应当在结婚登记前如实告知另一方，对方当事人同意的,当然可以缔结婚姻关系。患病一方当事人如果不尽告知义务或者不如实告知的,即不告知或者虚假告知,另一方当事人享有撤销权,可以向人民法院请求撤销该婚姻关系。

因重大疾病未告知而提出撤销婚姻请求的撤销权,受除斥期间的限制,除斥期间为1年,权利人自知道或者应当知道撤销事由之日起1年内提出。超过除斥期间,撤销权消灭,不得再提出撤销婚姻的请求。

**第一千零五十四条** 无效的或者被撤销的婚姻自始没有法律约束力,当事人不具有夫妻的权利和义务。同居期间所得的财产,由当事人协议处理;协议不成的,由人民法院根据照顾无过错方的原则判决。对重婚导致的无效婚姻的财产处理,不得侵害合法婚姻当事人的财产权益。当事人所生的子女,适用本法关于父母子女的规定。

婚姻无效或者被撤销的,无过错方有权请求损害赔偿。

**【条文要义】**

本条是对婚姻无效或者被撤销后果的规定。

婚姻被确认无效或者被撤销,其直接的法律后果是当事人之间的不合法婚姻关系溯及既往地消灭,即自始没有法律约束力。宣告婚姻无效与从来没有婚姻的逻辑相同,法庭对无效婚姻和可撤销婚姻所作的无效宣告,至少从表面来看,其效力可被追溯至婚姻关系成立之时。由此发生的法律后果是:

1. 对当事人的法律后果。婚姻无效和婚姻被撤销,对当事人的法律后果是婚姻关系自始无效。无效或者被撤销的婚姻在依法被宣告或者被撤销时,才确定该婚姻自始不受法律保护。所以,婚姻无效或者被撤销的效力溯及既往,自始不具有婚姻的效力,当事人不具有夫妻间的权利义务,并且自始不享有配偶权。

2. 对子女的法律后果。婚姻无效或者被撤销,其婚姻关系为自始无效,而对无效婚姻关系或者可撤销婚姻关系中父母所生育的子女却不认为是非婚生子女。为了保护子女利益,法律应当规定子女的婚生地位并不因父母婚姻被宣告无效或者被撤销而改变。在婚姻被宣告无效或者被撤销后,当事人必须妥善处理子女的抚养和教育问题;当事人不能就子女的抚养和教育达成协议的,由人民法院依法判决。

3. 对财产的法律后果。由于无效婚姻关系不具有婚姻的法律效力,因而原则上不能适用夫妻财产制的有关规定。同居期间所得的财产，由当事人协议处理，协议不成时，由人民法院根据照顾无过错方的原则判决。同居期间的财产已经形成共有的，应当按照共有的一般规则处理；没有形成共有的，则按照各自的财产归个人的原则处理；无法确认财产所有的性质的，按照共有处理。

4. 对重婚导致的无效婚姻的财产处理，应当保护好合法婚姻关系当事人的权益，妥善处理，不得侵害合法婚姻当事人的财产权益。

5. 婚姻无效或者被撤销的，无过错方有权向人民法院起诉请求损害赔偿。

## 【相关司法解释】

**《最高人民法院关于适用〈中华人民共和国民法典〉婚姻家庭编的解释（一）》**

**第二十条** 民法典第一千零五十四条所规定的"自始没有法律约束力"，是指无效婚姻或者可撤销婚姻在依法被确认无效或者被撤销时，才确定该婚姻自始不受法律保护。

**第二十一条** 人民法院根据当事人的请求，依法确认婚姻无效或者撤销婚姻的，应当收缴双方的结婚证书并将生效的判决书寄送当地婚姻登记管理机关。

**第二十二条** 被确认无效或者被撤销的婚姻，当事人同居期间所得的财产，除有证据证明为当事人一方所有的以外，按共同共有处理。

# 第三章　家庭关系

## 第一节　夫妻关系

**第一千零五十五条**　夫妻在婚姻家庭中地位平等。

【条文要义】

本条是对夫妻在婚姻家庭关系中地位平等的规定。

夫妻在婚姻家庭关系中的权利和地位，就是配偶权关系，各自享有配偶权利，负担配偶义务。

男女平等既是宪法原则，也是民法原则，在婚姻家庭领域表现为男女平等。夫妻在婚姻家庭关系中地位平等，是婚姻家庭领域男女平等原则的主要内容，是一切自然人在法律面前人人平等的基本原则在婚姻关系中的体现，体现的是两性平等，是配偶权的最重要内容。这对保护妇女的合法权益，实现妇女在婚姻家庭方面的平等地位有十分重要的意义。

夫妻在婚姻家庭关系中平等原则的具体表现是：

1. 男女在缔结婚姻关系中权利义务平等，条件平等。

2. 在结婚后处理家庭事务中，夫妻双方的地位平等，权利义务平等。

3. 在对待各自的亲属方面，夫妻双方都有平等的权利和义务，都须平等地尊重对方的尊亲属。

4. 在对待自己的子女、孙子女的关系上，地位平等，权利义务平等。

5. 在双方感情破裂后，夫妻双方都有平等的离婚请求权，有同等的共同财产分割权利和抚养子女的权利，在共同债务的清偿和经济互助等方面也都有同等的权利。

**第一千零五十六条**　夫妻双方都有各自使用自己姓名的权利。

【条文要义】

本条是对夫妻姓氏权的规定。

夫妻姓氏权是配偶权的重要内容，也叫夫妻称姓权，是指夫妻缔结婚姻关系后，妻是否有独立姓氏的权利，也包括赘夫是否有独立姓氏的权利。

配偶各自有无独立的姓氏权，是配偶有无独立人格的标志之一。夫妻之间的形式平等应与实质平等相统一，没有形式平等，实质平等亦难保障。为保障配偶各自的人格独立，尤其是保障妻的独立人格，夫妻应有独立的姓氏权，不能遵循妻从夫姓（同姓说）或妻冠夫姓（冠姓说）而使夫妻一体，避免妻对夫的人身依附关系，故1950年《婚姻法》就废除了妻随夫姓的封建传统，实行了夫妻姓氏权的完全平等（即别姓说）。夫妻双方都有各自使用自己姓名的权利，体现了我国配偶的独立人格。

我国夫妻姓氏权的含义是：

1. 夫妻各用自己的姓氏，一方既不从另一方姓，也无须冠另一方之姓。其重点在于彻底推翻"妻随夫姓"的陋习，赋予已婚妇女以独立的姓名权，维护妇女的独立人格。

2. 夫妻姓氏权的平等，也意味着双方人格的真正平等，既不歧视妇女的独立人格地位，也不歧视赘夫的独立人格地位，赘夫也有独立的姓氏权。

3. 法律作这样的规定，并不妨碍配偶双方在平等自愿的基础上，就姓名问题作出约定，并通过约定，女方可改姓男方的姓，男方也可改姓女方的姓。

4. 在婚姻关系存续期间，双方的姓名权得独立行使，依法可以使用自己的姓名、改变自己的姓名。

**第一千零五十七条** 夫妻双方都有参加生产、工作、学习和社会活动的自由，一方不得对另一方加以限制或者干涉。

【条文要义】

本条是对配偶职业、学习和社会活动自由权的规定。

从业、学习和社会活动自由权也是配偶权的主要内容，亦称从业自由权或平等从业权，是指已婚者以独立身份，按本人意愿决定社会职业、参加学习和社会活动，不受对方约束的权利。这既是配偶法律地位平等的标志，又是配偶平等行使权利和承担义务的法律保障。配偶只有享有平等的从业权，才能把社会、家庭和夫妻双方的个人利益有机地结合起来。平等从业权是配偶双方共同享有的权利，更重要的是指妻的从业权，保障已婚妇女参加工作、学习和社会活动的自由权利。

职业、学习和社会活动自由权的内容是：

1. 从业自由权。夫妻双方都有权参加生产和工作，反对禁止已婚妇女参加工作的做法，保障双方的权利平等。夫妻双方都有选择职业的自由，反对一方干涉另一方的择业自由。

2. 学习自由权。夫妻在婚姻关系存续期间，有权通过适当的方式进行学习，提高自己的素质和能力，特别是保障已婚女性的学习自由，提高妇女的素质和工作能力。

3. 社会活动自由权。夫妻在婚姻关系存续期间享有平等的社会活动自由权，可以自由进行参政、议政活动，参加科学、技术、文学、艺术和其他文化活动，参加群众组织、社会团体的活动以及各种形式的公益活动。

本条在规定职业、学习和社会活动自由权时，特别规定一方不得对另一方加以限制或干涉。夫妻双方应当互相尊重，保证其自由，不得进行非法限制和干预，特别要消除重男轻女、男外女内的传统观念，确保已婚妇女的自由。

**第一千零五十八条　夫妻双方平等享有对未成年子女抚养、教育和保护的权利，共同承担对未成年子女抚养、教育和保护的义务。**

【条文要义】

本条是对共同亲权的规定。

亲权，是指父母对未成年子女在人身和财产方面的管教和保护的权利和义务。近代法关于亲子关系效力的规定中，最重要、最核心的部分就是亲权。现代亲属法的亲权是父母共同亲权。

共同亲权，是指亲权的共同行使，即亲权内容的行使均应由父母共同的意思决定，并对外共同代理子女。共同亲权原则之前的亲权原则是父亲专权原则，是男女不平等原则的产物，体现了亲属法上的人格不平等。近代以来，因男女平等观念的兴起，各国立法以共同亲权原则取代了父亲专权原则，在亲权领域中逐步实现了男女平等。

共同亲权的内容是：

1. 亲权为父母平等的权利，无孰高孰低之分。

2. 亲权为父母共同的权利，是一个整体的权利，父和母是共同亲权人，而不是将亲权分割，由父和母分别享有。

3. 亲权的行使由父母共同为之，行使亲权时，应由父母共同的意思来决定，单独行使符合配偶权的相互代理权的，认其有效，但父母中的一方违背另一方意思表示的亲权行为，则为无效。

父母共同行使亲权原则，以父母间有婚姻关系存在为前提。因而在父母离婚后，亲权由与未成年子女共同生活的一方行使；对非婚生子女，亲权由母亲行使，当其被父亲认领后，亲权才为其父母共同行使。

父母共同行使亲权，当意思表示不一致时的规则是：

1. 一般事务，父母的意思表示不一致或者一方违反另一方的意思，虽有争议，但不致引起法律上的问题，因而并不排斥由父母各自独立处理。

2. 重要事项，如果父母意思表示不一致，无法共同行使亲权时，必须采取妥善的对策解决。在实务中，首先应当坚持父母协商原则，对重大问题父母无法统一意见时，应当准许亲权人一方向法院起诉，法院依子女最大利益原则作出判决。

**第一千零五十九条　夫妻有相互扶养的义务。**

**需要扶养的一方，在另一方不履行扶养义务时，有要求其给付扶养费的权利。**

**【条文要义】**

本条是对配偶相互扶养的规定。

相互扶养、扶助权是配偶权的内容之一。配偶之间享有相互扶养、扶助的权利，相对一方对对方负有此义务。本条只规定了相互扶养权，而没有规定相互扶助权。完整的相互扶养权、扶助权，不仅包括扶养权，还应包括夫妻间的彼此协作、互相救助的权利和义务。

夫妻之间的扶养，是指夫妻在物质上和生活上互相扶助、互相供养。夫妻双方完全平等，有扶养能力的一方必须自觉承担这一义务，尤其是在一方丧失劳动能力时，另一方更应当履行这一义务。一方违反这一义务，另一方有权要求其履行，可以请求有关组织调解，也可以向人民法院提起请求给付之诉，要求对方给付扶养费。

配偶之间的彼此扶助义务，要求夫妻相互支持对方的意愿和活动，对家事共同努力，相互协力。当配偶一方遭遇危急情况，对方配偶负有救助、援救的义务。违反这种彼此协作、互相救助的义务，法律一般将其作为离婚的法定理由。我国古代立法中的"义绝"就包含这种意思。有的国家规定配偶一方有权限制或禁止另一方从事有害于自己的行为。限制、禁止配偶一方有害于另一方的行为的权利，依正当防卫的原则，如配偶一方实施有害于另一方的行为构成不法侵害时，对方配偶有权防卫。

**第一千零六十条** 夫妻一方因家庭日常生活需要而实施的民事法律行为，对夫妻双方发生效力，但是夫妻一方与相对人另有约定的除外。

夫妻之间对一方可以实施的民事法律行为范围的限制，不得对抗善意相对人。

【条文要义】

本条是对夫妻日常事务代理权的规定。

日常事务代理权，亦称家事代理权，也是配偶权的重要内容，是指配偶一方在与第三人就家庭日常事务实施一定法律行为时，享有代理对方行使权利的权利。日常事务代理权行使的法律后果是，配偶一方代表家庭所为的行为，对方配偶须承担后果、责任，配偶双方对其行为应当承担连带责任。家事代理权与表见代理相似，适用表见代理的原理，其目的就在于保护无过失第三人的利益，有利于保障交易的动态安全。

家事代理权为法定代理权之一种，非有法定的原因不得加以限制，夫妻因其身份当然有此项代理权。日常家事的范围，包括夫妻、家庭共同生活中的一切必要事项。如购物、保健、衣食、娱乐、医疗、雇工、接受馈赠等，皆包括在内。但一般认为，家庭对外经营活动不包括在内。

家事代理权的行使，应以配偶双方的名义为之。配偶一方以自己的名义为之者，仍为有效，行为的后果及于配偶二人。如为夫妻共同财产制，夫妻共同承担行为的后果，取得权利或承担义务；夫妻有其他约定的，从其约定。对于配偶一方超越日常事务代理权的范围或者滥用该代理权，另一方可以因违背其意思表示而予以撤销，但行为的相对人如为善意无过失，则不得撤销，因为法律保护善意第三人的合法权益。

家事代理权的行使规则是：

1. 代理的事务限于家庭日常事务。如一家的食物、衣着等用品的购买，保健、娱乐、医疗，子女的教养，家具及日常用品的购置，保姆、家庭教师的聘用，亲友的馈赠，报纸杂志的订阅，皆包含在内。对于这类事务，夫妻间均有代理权，一方不得以不知情而推卸共同的责任。

2. 紧迫情形处理的代理权推定。该代理权的范围可以适当扩张，推定有代理权。对于夫妻一方在紧迫情形下，如果为婚姻共同生活的利益考虑，某业务不容延缓，并且他方配偶因疾病、缺席或者类似原因，无法表示同意时，推定夫妻一方对超出日常事务代理权范围的其他事务的代理，为有代理权。

3. 其他事务的共同决定。超出上述范围的婚姻家庭事务，应当由夫妻双方共同决定，不得一方擅自决定。

4. 第三人无法辨别配偶一方是否有代理权的责任。如果配偶中任何一方实施的行为为个人责任，该行为无法使第三人辨别是否已经超越日常事务代理权的，他方配偶应当承担连带责任。

夫妻一方滥用日常事务代理权的，他方可以对其代理权加以限制。为保障交易的安全，保护善意第三人的合法利益，该种限制不得对抗善意第三人。

**第一千零六十一条　夫妻有相互继承遗产的权利。**

【条文要义】

本条是对配偶相互享有继承权的规定。

依照民法典继承编的规定，夫妻之间互为配偶，相互享有继承权。配偶可以用遗嘱将遗产分配给对方配偶继承。在法定继承中，配偶是第一顺序法定继承人。在对方配偶死亡时，若其没有遗嘱，依照法定继承的规定，第一顺序继承人享有继承其遗产的权利。

**第一千零六十二条　夫妻在婚姻关系存续期间所得的下列财产，为夫妻的共同财产，归夫妻共同所有：**

（一）工资、奖金、劳务报酬；

（二）生产、经营、投资的收益；

（三）知识产权的收益；

（四）继承或者受赠的财产，但是本法第一千零六十三条第三项规定的除外；

（五）其他应当归共同所有的财产。

夫妻对共同财产，有平等的处理权。

【条文要义】

本条是对夫妻共同财产及范围的规定。

夫妻共同财产，是指夫妻在婚姻关系存续期间，一方或双方取得，依法由夫妻双方共同享有所有权的共有关系。它不是单指某种财产，而是指一种夫妻财产制度，以及在该种财产制度下财产所有人的权利义务关系。

夫妻共同财产的法律特征是：（1）夫妻共同财产的发生以夫妻关系缔结为前提；（2）夫妻共同财产的权利主体是夫妻二人；（3）夫妻共同财产的来源为夫妻双方或一方的婚后所得；（4）夫妻共同财产的性质为共同共有。

夫妻共同财产分为五个部分，只要是夫妻双方在夫妻关系存续期间所得，即成为夫妻共同财产：

1. 工资、奖金和其他劳务报酬。工资、奖金和其他劳务报酬，均为劳动所得，是指夫或妻一方或者双方从事一切劳动包括脑力劳动、体力劳动所获得的工资报酬和奖金报酬等。

2. 生产、经营、投资的收益。凡在夫妻关系存续期间一方或双方经营承包、租赁企业、私营企业、个体工商业、合伙、投资等，其所获收益均为夫妻共同财产。

3. 知识产权的收益。夫妻共同取得的知识产权，如共同写作的书籍、论文，共同发明的专利等，归夫妻共同享有，其所得经济利益，属于夫妻共同财产。一方取得的知识产权，权利本身属于个人所有，依该权利已经取得的经济利益为夫妻共同财产，在夫妻关系存续期间尚未取得的经济利益即预期利益，不属于夫妻共同财产。

4. 继承或受赠的财产。共同受赠、继承的财产，为夫妻共有财产。一方继承、受赠的财产作为夫妻共同财产，符合婚后所得共同制的原则，但是按照民法典第1063条第3项的规定，遗嘱或赠与合同中确定只归夫或妻一方的财产除外。

5. 其他应当归夫妻共同所有的财产。例如，一方或双方取得的债权，一方或者双方获得的资助、捐助等，都为夫妻共有财产。

【相关司法解释】

《最高人民法院关于适用〈中华人民共和国民法典〉婚姻家庭编的解释（一）》

**第二十四条** 民法典第一千零六十二条第一款第三项规定的"知识产权的收

益"，是指婚姻关系存续期间，实际取得或者已经明确可以取得的财产性收益。

**第二十五条** 婚姻关系存续期间，下列财产属于民法典第一千零六十二条规定的"其他应当归共同所有的财产"：

（一）一方以个人财产投资取得的收益；

（二）男女双方实际取得或者应当取得的住房补贴、住房公积金；

（三）男女双方实际取得或者应当取得的基本养老金、破产安置补偿费。

**第二十六条** 夫妻一方个人财产在婚后产生的收益，除孳息和自然增值外，应认定为夫妻共同财产。

**第二十七条** 由一方婚前承租、婚后用共同财产购买的房屋，登记在一方名下的，应当认定为夫妻共同财产。

**第二十八条** 一方未经另一方同意出售夫妻共同所有的房屋，第三人善意购买、支付合理对价并已办理不动产登记，另一方主张追回该房屋的，人民法院不予支持。

夫妻一方擅自处分共同所有的房屋造成另一方损失，离婚时另一方请求赔偿损失的，人民法院应予支持。

**第二十九条** 当事人结婚前，父母为双方购置房屋出资的，该出资应当认定为对自己子女个人的赠与，但父母明确表示赠与双方的除外。

当事人结婚后，父母为双方购置房屋出资的，依照约定处理；没有约定或者约定不明确的，按照民法典第一千零六十二条第一款第四项规定的原则处理。

### 第一千零六十三条　下列财产为夫妻一方的个人财产：

（一）一方的婚前财产；

（二）一方因受到人身损害获得的赔偿或者补偿；

（三）遗嘱或者赠与合同中确定只归一方的财产；

（四）一方专用的生活用品；

（五）其他应当归一方的财产。

## 【条文要义】

本条是对夫妻个人财产范围的规定。

法律保护的夫妻个人财产，是配偶一方自己的财产，属于个人财产，不认为是夫妻共同财产。夫妻的个人财产受法律保护。

夫妻个人财产的范围是：

1. 婚前个人财产。婚前个人所有的货币及一般的生产资料、生活资料归个人所有，不属于夫妻共同财产。

2. 一方因受到人身损害获得的赔偿或者补偿。一方因受到人身伤害而获得的医疗费、残疾人生活补助费等赔偿或者补偿，是因其受到人身损害而得到的赔偿金或者补偿费。该种财产具有人身性质，是用于保障受害人生活的基本费用，须归个人所有，不能作为夫妻共同财产。

3. 遗嘱或赠与合同中确定只归夫或妻一方的财产。赠与人或被继承人明确以赠与、继承给个人为条件，所赠与或者所继承的物品具有鲜明的个人属性，也体现了财产所有人支配财产的真实意志，完全是所有权应有的内容。这些财产属于夫妻个人财产。

4. 一方专用的生活物品。个人衣物、书籍、资料等，都是极具个人属性的财产，为个人财产。在离婚纠纷中争夺这些财产的也不在少数。

5. 其他应当归一方所有的财产。包括：（1）婚前个人财产增值部分。婚前个人财产在婚后增值，应当分为两个部分：经过夫妻共同管理、经营部分的增值，为夫妻共同财产；自然增值和未经共同管理、经营部分的增值，为个人财产。（2）复员、转业军人的复员费、转业费、医疗补助费和回乡生产补助费，归个人所有。（3）夫妻一方的人身保险金。人寿保险金、伤害保险金等具有人身性质，只能作为个人财产。（4）其他个人财产。如与个人身份密切相关的奖品、奖金，国家资助优秀科学工作者的科研津贴，一方创作的手稿、文稿、艺术品设计图、草图等，为个人所有。

【相关司法解释】

《最高人民法院关于适用〈中华人民共和国民法典〉婚姻家庭编的解释（一）》

**第三十条** 军人的伤亡保险金、伤残补助金、医药生活补助费属于个人财产。

**第三十一条** 民法典第一千零六十三条规定为夫妻一方的个人财产，不因婚姻关系的延续而转化为夫妻共同财产。但当事人另有约定的除外。

**第三十二条** 婚前或者婚姻关系存续期间，当事人约定将一方所有的房产赠与另一方或者共有，赠与方在赠与房产变更登记之前撤销赠与，另一方请求判令继续履行的，人民法院可以按照民法典第六百五十八条的规定处理。

**第三十三条** 债权人就一方婚前所负个人债务向债务人的配偶主张权利的，人民法院不予支持。但债权人能够证明所负债务用于婚后家庭共同生活的除外。

**第一千零六十四条** 夫妻双方共同签名或者夫妻一方事后追认等共同意思表示所负的债务，以及夫妻一方在婚姻关系存续期间以个人名义为家庭日常生活需要所负的债务，属于夫妻共同债务。

夫妻一方在婚姻关系存续期间以个人名义超出家庭日常生活需要所负的债务，不属于夫妻共同债务；但是，债权人能够证明该债务用于夫妻共同生活、共同生产经营或者基于夫妻双方共同意思表示的除外。

## 【条文要义】

本条是对夫妻共同债务的规定。

夫妻共同债务，是以夫妻共同财产作为一般财产担保，在夫妻共有财产的基础上设定的债务。包括夫妻在婚姻关系存续期间为解决共同生活所需的衣、食、住、行、医、履行法定扶养义务、必要的交往应酬，因共同生产经营活动等所负之债，以及为抚育子女、赡养老人，夫妻双方同意而资助亲朋所负债务。

夫妻共同债务与夫妻个人债务相对应。

本条规定的确定夫妻共同债务的规则是：夫妻双方共同签字或者夫妻一方事后追认等共同意思表示所负的债务，以及夫妻一方在婚姻关系存续期间以个人名义为家庭日常生活需要所负的债务，属于夫妻共同债务。具体标准是：

1. 夫妻双方共同签字或者夫妻一方事后追认等共同意思表示所负的债务。法律准许夫妻双方对财产的所有关系进行约定，也包括对债务的负担进行约定，双方约定归个人负担的债务，为个人债务。约定个人债务，可以与财产所有的约定一并约定，也可以单独就个人债务进行约定。举债时没有夫妻的共同约定，但是举债之后对方配偶追认是夫妻共同债务的，也应作为夫妻共同债务。

2. 夫妻一方在婚姻关系存续期间以个人名义为家庭日常生活需要所负的债务。包括为保持配偶或其子女的生活产生的债务，为了履行配偶双方或一方的生活保持义务产生的债务，其他根据配偶一方或债权人的请求确认为具有此等性质的债务。例如，购置家庭生活用品、修缮房屋、支付家庭生活开支、夫妻一方或双方乃至子女治疗疾病、生产经营，以及其他因生活需要所负的债务。为抚育子女、赡养老人，夫妻双方同意而资助亲朋所负债务，亦为夫妻共同债务。

夫妻一方在婚姻关系存续期间以个人名义超出家庭日常生活需要所负的债务，不属于夫妻共同债务。例如，一方未经对方同意擅自资助与其没有扶养义务的亲朋所负的债务，一方未经对方同意独自筹资从事经营活动，其收入确未用于共同生活所负的债务以及因个人实施违法行为所欠的债务，婚后一方为满足个人欲望确系与共同生活无关而负的债务等。为保护债权人的合法权益，本条特别规定，债权人能够证明该债务用于夫妻共同生活、共同生产经营或者基于夫妻双方共同意思表示的除外。

本条的规定，对于保护债权人的权益不利。对此，向夫妻一方提供借贷的出借人，应当保留好夫妻双方共同意思表示或者将借款用于夫妻共同经营等的证据，防止另一方逃避夫妻共同债务。

【相关司法解释】

《最高人民法院关于适用〈中华人民共和国民法典〉婚姻家庭编的解释（一）》

第三十四条　夫妻一方与第三人串通，虚构债务，第三人主张该债务为夫妻共同债务的，人民法院不予支持。

夫妻一方在从事赌博、吸毒等违法犯罪活动中所负债务，第三人主张该债务为夫妻共同债务的，人民法院不予支持。

第三十五条　当事人的离婚协议或者人民法院生效判决、裁定、调解书已经对夫妻财产分割问题作出处理的，债权人仍有权就夫妻共同债务向男女双方主张权利。

一方就夫妻共同债务承担清偿责任后，主张由另一方按照离婚协议或者人民法院的法律文书承担相应债务的，人民法院应予支持。

第三十六条　夫或者妻一方死亡的，生存一方应当对婚姻关系存续期间的夫妻共同债务承担清偿责任。

第一千零六十五条　男女双方可以约定婚姻关系存续期间所得的财产以及婚前财产归各自所有、共同所有或者部分各自所有、部分共同所有。约定应当采用书面形式。没有约定或者约定不明确的，适用本法第一千零六十二条、第一千零六十三条的规定。

夫妻对婚姻关系存续期间所得的财产以及婚前财产的约定，对双方具有法律约束力。

夫妻对婚姻关系存续期间所得的财产约定归各自所有，夫或者妻一方对外所负的债务，相对人知道该约定的，以夫或者妻一方的个人财产清偿。

**【条文要义】**

本条是对夫妻约定财产的规定。

夫妻约定财产，是指夫妻以协议形式决定婚姻关系存续期间所得财产所有关系的夫妻财产制度，是夫妻法定财产的对称。

立法者将夫妻法定财产制确定为基本的夫妻财产制，将约定财产制作为特殊的、补充的财产制，约定财产制有排斥法定财产制的效力，只要缔结夫妻财产协议的男女双方协商成立，在他们之间就不再适用法定财产制。

夫妻约定财产的要件是：（1）婚姻关系当事人须有订约能力；（2）订立夫妻财产协议须具备形式要件。

夫妻约定财产的效力是，对双方具有约束力，第三人知道该约定的，可以对抗该第三人。具体内容是：

1. 对内效力，是指该协议对婚姻关系当事人的拘束力。最基本的效力，就在于夫妻财产协议成立并生效，即在配偶间及其继承人间发生夫妻约定财产的物权效力，婚姻关系当事人受此物权效力的约束。在夫妻财产协议中，无论约定分别财产制还是个别财产归一方所有的财产制，乃至就使用权、收益权、处分权的约定，都依其约定发生物权效力。如进行变更或撤销，必须经婚姻当事人双方同意，一方不得依自己的意思表示进行变更或撤销。

2. 对外效力，是指夫妻对婚姻财产的约定可否对抗第三人。承认其对外效力，即可依约定而对抗第三人；不承认其对外效力，则不能依约定而对抗第三人。原则是，第三人知道该约定的，即发生对抗第三人的效力；第三人不知道该约定的，就不发生对抗第三人的效力，应当以双方当事人的财产清偿债务。

夫妻财产约定的内容是，可以约定婚姻关系存续期间所得的财产以及婚前财产归各自所有、共同所有或者部分各自所有、部分共同所有。夫妻财产约定的形式是，应当采用书面形式，即书面协议。夫妻对婚姻关系存续期间所得的财产以及婚前财产的约定，对双方具有约束力。

**【相关司法解释】**

**《最高人民法院关于适用〈中华人民共和国民法典〉婚姻家庭编的解释（一）》**
**第三十七条** 民法典第一千零六十五条第三款所称"相对人知道该约定的"，夫妻一方对此负有举证责任。

**第一千零六十六条** 婚姻关系存续期间，有下列情形之一的，夫妻一方可以向人民法院请求分割共同财产：

（一）一方有隐藏、转移、变卖、毁损、挥霍夫妻共同财产或者伪造夫妻共同债务等严重损害夫妻共同财产利益的行为；

（二）一方负有法定扶养义务的人患重大疾病需要医治，另一方不同意支付相关医疗费用。

【条文要义】

本条是对婚内分割夫妻共同财产的规定。

夫妻共同财产是夫妻共同共有的财产。在共同共有关系发生的原因没有消灭前，共同共有财产不能分割，目的在于保持共有关系的稳定性和基础，保护共有人的合法权益。不过，民法典第303条规定，共有人有重大理由需要分割的，可以请求分割。其中，有重大理由可以对共同共有财产进行分割，就包括对夫妻共同财产部分分割的情形。这就是说，在坚持夫妻共同财产不能分割原则，婚姻关系存续期间夫妻一方请求分割共同财产的原则不予支持的基础上，将特别情形作为例外，准许在婚姻关系存续期间分割夫妻共同财产，以保护婚姻当事人的合法权益。

本条规定以下情形属于重大理由，可以请求人民法院予以财产分割：

1. 一方有隐藏、转移、变卖、毁损、挥霍夫妻共同财产或者伪造夫妻共同债务等严重损害夫妻共同财产利益的行为。这里概括了6种情形，即隐藏、转移、变卖、毁损、挥霍以及伪造夫妻共同债务，具备其中之一，就可以请求进行分割，而不是这些条件都具备才可以请求分割。

2. 一方负有法定扶养义务的人患重大疾病需要医治，另一方不同意支付相关的医疗费用。例如，妻子的父母患重大疾病需要医治，丈夫不同意支付医疗费用的。符合这种情形的，一方当事人可以请求分割共有财产，用自己分割得到的财产支付费用。

夫妻共同财产经过婚内分割之后，分割出来的财产成为个人财产，主张分割的一方对分割所得的部分，享有所有权，可以依照自己的意志处分该财产。

【相关司法解释】

《最高人民法院关于适用〈中华人民共和国民法典〉婚姻家庭编的解释（一）》

第三十八条 婚姻关系存续期间，除民法典第一千零六十六条规定情形以外，夫妻一方请求分割共同财产的，人民法院不予支持。

## 第二节　父母子女关系和其他近亲属关系

**第一千零六十七条**　父母不履行抚养义务的，未成年子女或者不能独立生活的成年子女，有要求父母给付抚养费的权利。

成年子女不履行赡养义务的，缺乏劳动能力或者生活困难的父母，有要求成年子女给付赡养费的权利。

【条文要义】

本条是对父母抚养义务和成年子女赡养义务的规定。

父母对未成年子女的抚养义务是法定义务，是亲权的基本内容。抚养，是指父母对未成年子女的健康成长提供必要的物质条件，包括哺育、喂养、抚育以及提供生活、教育和活动的费用等。父母对未成年子女的抚养义务是无条件的义务，不能以任何借口而免除。从子女出生开始直到能够独立生活止，都必须承担，即使父母离婚后也不能免除。抚养义务是亲权的主要内容，权利主体是未成年子女，义务主体是亲权人。亲权的抚养义务须以直接养育为原则，即让未成年子女与亲权人共同生活，直接进行养育。对于因事脱离亲权人的未成年子女，如参军、就学、与无亲权的父母一方暂居等，亲权人应当支付现金或实物，进行间接养育。未成年子女作为权利人，有权要求父母履行抚养义务。亲权人拒绝履行抚养义务，权利人依法享有抚养费给付请求权。

成年子女对父母的赡养义务，是亲属权的基本内容。赡养义务是法定义务，是成年子女必须履行的义务，特别是对缺乏劳动能力或者生活困难的父母，成年子女必须承担赡养义务。成年子女不履行赡养义务的，缺乏劳动能力或者生活困难的父母，有要求成年子女给付赡养费的权利，可以向法院起诉，请求判令成年子女强制赡养父母。

【相关司法解释】

《最高人民法院关于适用〈中华人民共和国民法典〉婚姻家庭编的解释（一）》

**第四十一条**　尚在校接受高中及其以下学历教育，或者丧失、部分丧失劳动能力等非因主观原因而无法维持正常生活的成年子女，可以认定为民法典第一千零六十七条规定的"不能独立生活的成年子女"。

**第四十二条** 民法典第一千零六十七条所称"抚养费",包括子女生活费、教育费、医疗费等费用。

**第四十三条** 婚姻关系存续期间,父母双方或者一方拒不履行抚养子女义务,未成年子女或者不能独立生活的成年子女请求支付抚养费的,人民法院应予支持。

**第一千零六十八条** 父母有教育、保护未成年子女的权利和义务。未成年子女造成他人损害的,父母应当依法承担民事责任。

【条文要义】

本条是对父母保护和教育未成年子女的规定。

父母对未成年子女的保护和教育义务,通常称为管教权,也是亲权的基本内容,是父母对未成年子女负有必要保护和教育的义务,也是权利。它是基于教养、保护的人身照顾权,特别是教育权而产生的权利。父母行使管教权的目的,是保护和教育子女。未成年子女不听从管教,犯有劣迹时,亲权人应当在必要范围内采取适当措施,教育子女改恶从善。

行使管教权,必须在适当的范围内,以适当的方法为之,以不损伤未成年子女的身心健康为原则,具体方法,可以是由亲权人亲自管教,也可以是送交行政机关予以行政处罚。法律严格禁止亲权的滥用,如果采取伤害身体、危害生命、破坏健康等方法为之,应依法追究父母的法律责任。

父母未尽到对未成年子女的保护教育义务,致使未成年子女侵害他人合法权益造成损害的,应当承担赔偿责任。这种赔偿义务的承担原则,应当依照民法典第1188条的规定进行。未成年人造成他人损害的,其父母承担替代责任。父母已经尽了监护责任的,即父母对于未成年子女造成他人损害无过失的,不能免除父母的民事责任,可适当减轻其赔偿责任。未成年子女如果有财产,赔偿费用应当从本人财产中支付,不足部分,由其父母承担。

**第一千零六十九条** 子女应当尊重父母的婚姻权利,不得干涉父母离婚、再婚以及婚后的生活。子女对父母的赡养义务,不因父母的婚姻关系变化而终止。

**【条文要义】**

本条是对子女尊重父母婚姻权利的规定。

子女尊重父母婚姻权利的义务，是亲属权的内容，对父母离婚、再婚以及婚后的生活，子女负有尊重义务，不得干涉。其理由是，父母享有婚姻自由权利，包括离婚自由和再婚自由，任何人不得强制和干涉，子女同样如此。子女干涉父母的婚姻权利，也构成侵权行为。

亲属身份权包括成年子女对父母的赡养义务。父母选择离婚和再婚，并不是成年子女拒绝履行对父母赡养义务的理由，尽管父母离婚甚至再婚，但子女对父母的赡养义务也不得因父母的婚姻关系变化而改变，更不能终止赡养义务。

**第一千零七十条　父母和子女有相互继承遗产的权利。**

**【条文要义】**

本条是对父母和子女相互享有继承权的规定。

父母和子女都享有相互继承遗产的权利。不仅如此，民法典第1127条还规定，父母和子女都是第一顺序法定继承人，在法定继承中，能够最先获得继承。

**第一千零七十一条　非婚生子女享有与婚生子女同等的权利，任何组织或者个人不得加以危害和歧视。**

**不直接抚养非婚生子女的生父或者生母，应当负担未成年子女或者不能独立生活的成年子女的抚养费。**

**【条文要义】**

本条是对非婚生子女权利的规定。

非婚生子女，是指没有婚姻关系的男女所生的子女。确认非婚生子女与母亲的关系，基于"母卵与子宫一体"原则，采用罗马法"谁分娩谁为母亲"的规则，依生理上的出生分娩事实发生法律上的母子（女）关系。非婚生子女与父亲的关系无法以分娩的事实作出确认，因而确定父亲的身份要比证明母亲的身份复杂得多。确立我国的非婚生子女的生父，应当采纳认领主义，并以血缘关系的存在作为认领的基础。

在奴隶社会和封建社会以及资本主义社会的早期，非婚生子女受到歧视。在当代，非婚生子女与婚生子女享有同等的法律地位。这是维护儿童合法权益的基本要求。作为子女，无法选择自己的出身和身份，如果因为非婚生子女的身份而受到歧视，就等于人是生而不平等的，这与现代人权观念完全不相符。当代亲属法研究非婚生子女不是着眼于对非婚生子女权利的限制，而是要根除对非婚生子女的歧视，保障他们享有正常的法律地位，享有同等的人格，其合法权利不受任何侵犯。

对于非婚生子女，不对其直接抚养的生父或者生母，应当负担未成年子女或者不能独立生活的成年子女的抚养费，尽到其亲权和亲属权上的法定义务。

【相关司法解释】

《最高人民法院关于适用〈中华人民共和国民法典〉婚姻家庭编的解释（一）》

第四十条　婚姻关系存续期间，夫妻双方一致同意进行人工授精，所生子女应视为婚生子女，父母子女间的权利义务关系适用民法典的有关规定。

第一千零七十二条　继父母与继子女间，不得虐待或者歧视。

继父或者继母和受其抚养教育的继子女间的权利义务关系，适用本法关于父母子女关系的规定。

【条文要义】

本条是对继父母与继子女关系的规定。

继子女是指丈夫对妻与前夫所生子女或妻子对夫与其前妻所生子女的称谓，也就是配偶一方将他方与其前配偶所生的子女称为继子女。继父母是指子女对母亲或父亲的后婚配偶的称谓，即继父和继母。

继父母子女关系是指因父母一方死亡、他方带子女再行结婚，或者因父母离婚，抚养子女的一方或双方再行结婚，在继父母与继子女间形成的亲属身份关系。

在继父母与继子女关系中，首要的义务是相互之间不得虐待或者歧视，特别是继父母不得对继子女虐待和歧视。违反这一义务，造成对方损害的，构成侵权行为，严重的甚至构成犯罪行为，应当承担刑事责任。

按照继父母和继子女之间是否形成抚养关系的标准，继父母子女关系分为三种类型：

1. 拟制直系血亲关系的继父母子女关系。除需要具备继父母结婚这一法律事实外，还需要具备继父母和继子女之间相互抚养的事实行为。在这种情况下，继父母与继子女关系在法律上的后果与养父母子女的关系基本相同。

2. 直系姻亲关系的继父母子女关系。这种继父母子女关系是由继父母结婚的事实决定的，即只需要具有继父母结婚这一法律事实，此时的继父母和继子女之间的关系即告形成。这种继父母子女关系属于直系姻亲，属于配偶的血亲，不构成血亲关系，不产生相互之间的权利义务关系。

3. 不完全收养的继父母子女关系。即根据事实情况，规定不完全收养的继父母子女关系，即继父母对继子女的抚养是时断时续的，或者是时间中断的，或者是临时性的，都发生不完全收养的继父母子女关系。

在第一种情形下的继父母子女关系，其相互之间的权利义务关系，适用婚生子女与父母之间权利义务关系的规定。

**第一千零七十三条** 对亲子关系有异议且有正当理由的，父或者母可以向人民法院提起诉讼，请求确认或者否认亲子关系。

对亲子关系有异议且有正当理由的，成年子女可以向人民法院提起诉讼，请求确认亲子关系。

【条文要义】

本条是对否认亲子关系和确认亲子关系的规定。

1. 否认亲子关系

否认亲子关系，也叫婚生子女否认，是父或者母对推定为婚生子女的婚生性提供否定性证据，推翻婚生性推定的证明，否定其为婚生子女的制度。否认亲子关系的前提是婚生子女推定，即子女系生母在婚姻关系存续期间受胎或出生，该子女被法律推定为生母和生母之夫的子女。即凡是在婚姻关系存续期间女方分娩的子女，就直接认定为婚生子女。婚生子女推定实际上是在用婚姻关系的存续期间来推定子女的父亲，确定婚生子女身份，而不是靠血缘关系，因此有可能出现错误，可以被客观事实所推翻。法律允许利害关系人提起婚生子女否认之诉，推翻婚生子女推定。父或者母如果确有证据证明婚生子女的非婚生性，即可提出证据，向法院主张否定亲子关系。

婚生子女否认权的构成要件是：（1）婚生子女否认的权利人必须适格；

（2）须有婚生子女的推定；（3）须有否认婚生子女的客观事实。法院审查确认该子女的非婚生性的，即可否定亲子关系，父或母与该子女的权利义务关系不复存在。这种否认一般由丈夫提出，但妻子否认其所生子女为其丈夫的婚生子女的，亦不乏其例。

2. 确认亲子关系

确认亲子关系，也称为非婚生子女认领，是指生父对于非婚生子女承认为其父而领为自己子女的行为。非婚生子女认领分为：

（1）任意认领，也称为自愿认领，是生父的单独行为，无须非婚生子女或母之同意，以父的意思表示为足。认领的权利归父享有，其父的家庭其他成员不享有此权利。该权利的性质为形成权，原则上对此权利的行使无任何限制。认领权可直接行使，亦可经法院判决确认其父子关系的存在。

认领权的构成要件：一是须为非婚生子女的生父本人认领；二是须为非婚生子女被认领；三是须认领人与被认领人间有事实上父子关系的存在。

（2）强制认领，也叫作亲之寻认，是指应被认领人对于应认领而不为认领的生父，向法院请求确定其与生父存在关系的行为。强制认领适用于生父逃避认领责任，而母及子女要求认领的场合，以国家进行干预，体现了国家的强制力。父不为任意认领时，非婚生子女及其他法定代理人得据事实，诉请其父认领。

强制认领的事实，以与生父有父子或父女关系的证据、证明为依据。要求认领人提出认领主张后，被告应举出反证证明认领请求不存在事实上的依据，否则即可确认强制认领。

非婚生子女一经认领，即视为婚生子女，产生父亲与子女间的权利义务关系，无论是任意认领还是强制认领，均与婚生子女相同。经父认领的非婚生子女对于生父的配偶，母之非婚生子女对于生母的配偶，均为姻亲关系，而无父母子女的血亲关系。

【相关司法解释】

《最高人民法院关于适用〈中华人民共和国民法典〉婚姻家庭编的解释（一）》

第三十九条　父或者母向人民法院起诉请求否认亲子关系，并已提供必要证据予以证明，另一方没有相反证据又拒绝做亲子鉴定的，人民法院可以认定否认亲子关系一方的主张成立。

父或者母以及成年子女起诉请求确认亲子关系，并提供必要证据予以证明，另一方没有相反证据又拒绝做亲子鉴定的，人民法院可以认定确认亲子关系一方的主张成立。

**第一千零七十四条** 有负担能力的祖父母、外祖父母，对于父母已经死亡或者父母无力抚养的未成年孙子女、外孙子女，有抚养的义务。

有负担能力的孙子女、外孙子女，对于子女已经死亡或者子女无力赡养的祖父母、外祖父母，有赡养的义务。

【条文要义】

本条是对祖父母、外祖父母与孙子女、外孙子女相互扶养义务的规定。

祖父母、外祖父母与孙子女、外孙子女相互扶养义务，是亲属权的具体内容。由于祖父母、外祖父母与孙子女、外孙子女之间具有直系血亲关系，其血缘关系较近，因而在相互之间负有扶养义务。孙子女、外孙子女对祖父母、外祖父母负有赡养义务，祖父母、外祖父母对孙子女、外孙子女负有抚养义务。

本条对祖父母、外祖父母与孙子女、外孙子女之间的扶养义务的规定有所克制，只规定有负担能力的祖父母、外祖父母，对于父母已经死亡或者父母无力抚养的未成年孙子女、外孙子女，有抚养的义务。同样，有负担能力的孙子女、外孙子女，对于子女已经死亡或者子女无力赡养的祖父母、外祖父母，有赡养的义务。如果一方当事人负担能力不够，或者没有负担能力，对于承担的抚养或者赡养义务可以适当克减，甚至免除。

**第一千零七十五条** 有负担能力的兄、姐，对于父母已经死亡或者父母无力抚养的未成年弟、妹，有扶养的义务。

由兄、姐扶养长大的有负担能力的弟、妹，对于缺乏劳动能力又缺乏生活来源的兄、姐，有扶养的义务。

【条文要义】

本条是对兄弟姐妹相互之间扶养义务的规定。

有负担能力的兄、姐，对于父母已经死亡或者父母无力抚养的未成年弟、妹，有扶养的义务，也是亲属权的内容。

兄弟姐妹是血缘关系最近的旁系血亲，相互之间负有扶养义务。在一方需要扶养时，他方应当尽到扶养义务。本条规定的兄弟姐妹之间的扶养义务也比较克制，只规定有负担能力的兄、姐，对于父母已经死亡或者父母无力抚养的未成年弟、妹，有扶养义务。由兄、姐扶养长大的有负担能力的弟、妹，对于缺乏劳动能力又缺乏生活来源的兄、姐，有扶养义务。笔者认为，这样的规定是有一定缺陷的，如兄、姐对弟妹的扶养义务，需要以有负担能力作为条件吗？即使负担能力不够或者没有负担能力，兄和姐也应当承担扶养义务。弟和妹对兄和姐的扶养义务，难道须以兄、姐扶养长大为前提吗？显然不是。因而应当确定，兄弟姐妹之间相互负有扶养义务，只是要根据自己的负担能力来确定尽到不同程度的扶养义务而已。

# 第四章 离 婚

**第一千零七十六条** 夫妻双方自愿离婚的,应当签订书面离婚协议,并亲自到婚姻登记机关申请离婚登记。

离婚协议应当载明双方自愿离婚的意思表示和对子女抚养、财产以及债务处理等事项协商一致的意见。

【条文要义】

本条是对登记离婚的规定。

离婚,也称为婚姻解除,是指夫妻双方生存期间依照法律规定解除婚姻关系的身份法律行为。离婚的意义,在于夫妻双方在其生存期间通过法律行为消灭既存的婚姻关系。离婚的法律特征是:(1)离婚以有效的婚姻关系存在为前提;(2)离婚须在夫妻双方生存期间才能进行;(3)离婚须依照法定程序进行;(4)离婚将产生婚姻关系消灭的法律后果。

登记离婚,也叫两愿离婚、协议离婚、自愿离婚,是指婚姻关系因双方当事人的合意,并经过登记程序而解除。我国登记离婚的特征是:(1)登记离婚的基础是合意离婚,而不是片意离婚;(2)登记离婚的性质是直接协议离婚,即直接依据当事人的离婚协议,履行必要的程序后,即产生离婚的法律后果;(3)登记离婚也适用于片意离婚经过调解达成离婚协议的离婚;(4)登记离婚须进行登记方发生法律效力,解除婚姻关系。

登记离婚的条件是登记离婚的实质性要件。这些条件是:(1)登记离婚的男女双方必须具有合法的夫妻身份;(2)离婚当事人必须是完全民事行为能力人;(3)双方当事人必须达成离婚的合意,有真实的、意思表示一致的离婚合意;(4)对离婚后子女抚养已经作出适当处理;(5)对夫妻共同财产作出适当处理。符合这些条件要求的,双方应当订立书面离婚协议,亲自到婚姻登记机关申请登记离婚。

离婚协议,是婚姻关系当事人表明离婚意愿和具体内容的文书,表达的是配偶双方解除婚姻关系的合意，其性质也是身份法律行为。协议中，应当载明双方自愿离婚的意思表示以及对子女抚养、财产及债务处理等事项协商一致的意见。

**第一千零七十七条** 自婚姻登记机关收到离婚登记申请之日起三十日内，任何一方不愿意离婚的，可以向婚姻登记机关撤回离婚登记申请。

前款规定期限届满后三十日内，双方应当亲自到婚姻登记机关申请发给离婚证；未申请的，视为撤回离婚登记申请。

【条文要义】

本条是对登记离婚冷静期的规定。我国关于离婚冷静期的规则是：

1. 双方自愿离婚，到婚姻登记机关申请离婚，符合离婚条件的，暂时不发给离婚证，不马上解除婚姻关系。

2. 离婚冷静期是 30 天，自婚姻登记机关收到离婚登记申请之日起 30 日内，任何一方不愿意离婚的，都可以向婚姻登记机关撤回离婚登记申请。

3. 30 天的冷静期限届满后，双方应当在 30 天内亲自到婚姻登记机关申请发给离婚证，婚姻登记机关应当发给离婚证，即解除婚姻关系。

4. 在后一个 30 天内，当事人未到婚姻登记机构申请离婚证的，视为撤回离婚登记申请，不发生离婚的效果。

民法典实施之后，一些青年男女认为离婚冷静期的规定存在不足。笔者认为，就目前的规定看，这一规定确实还存在一些需要改进的问题，简单划一的冷静期不能涵盖所有的情况，缺少灵活性。例如，对存在家暴行为的配偶，经过多方调解后容易达成离婚协议，但是登记离婚又要经历 30 天的冷静期，不仅会发生反复，而且对方有可能继续实施家暴行为，导致严重后果出现。应当总结经验，使这一制度完善起来。

**第一千零七十八条** 婚姻登记机关查明双方确实是自愿离婚，并已经对子女抚养、财产以及债务处理等事项协商一致的，予以登记，发给离婚证。

【条文要义】

本条是对登记离婚程序的规定。

登记离婚的程序是：

1. 申请。当事人申请自愿离婚的，必须双方亲自到一方户口所在地的婚姻登记机关申请离婚登记。申请时应当出具下列证件：（1）户口簿、身份证；（2）本人的结婚证；（3）双方当事人共同签署的离婚协议书。

2. 审查。婚姻登记机关应当对当事人出具的有关材料进行严格审查。审查过程，实际上也是对当事人进行引导、调解和说服的过程，使当事人尽可能地进行慎重考虑，挽救那些还有和好可能的夫妻。审查的过程，最主要的是对离婚登记当事人出具的证件、证明材料进行审查，并询问相关情况，审查双方当事人对于离婚是否达成一致意见，有无欺诈、胁迫、弄虚作假等违法现象，对子女安排和财产分割是否合理等。当事人应当提供真实情况，不得隐瞒或者欺骗。

3. 登记。婚姻登记机关经过审查后，对当事人确属自愿离婚，并且已经对子女抚养、财产、债务等问题达成一致处理意见的，经过30天冷静期后，当事人申请发给离婚证的，应当予以离婚登记，并发给离婚证，正式解除双方当事人之间的婚姻关系，其登记的其他事项也同时发生法律效力。

**第一千零七十九条** 夫妻一方要求离婚的，可以由有关组织进行调解或者直接向人民法院提起离婚诉讼。

人民法院审理离婚案件，应当进行调解；如果感情确已破裂，调解无效的，应当准予离婚。

有下列情形之一，调解无效的，应当准予离婚：

（一）重婚或者与他人同居；

（二）实施家庭暴力或者虐待、遗弃家庭成员；

（三）有赌博、吸毒等恶习屡教不改；

（四）因感情不和分居满二年；

（五）其他导致夫妻感情破裂的情形。

一方被宣告失踪，另一方提起离婚诉讼的，应当准予离婚。

经人民法院判决不准离婚后，双方又分居满一年，一方再次提起离婚诉讼的，应当准予离婚。

【条文要义】

本条是对诉讼离婚的规定。

诉讼离婚也叫裁判离婚,是指夫妻一方当事人基于法定离婚原因,向人民法院提起离婚诉讼,人民法院依法通过调解或判决而解除当事人之间的婚姻关系的离婚方式。诉讼离婚的特点是:

1. 诉讼离婚是对双方有争议的离婚案件进行裁判,确认双方解除婚姻关系。

2. 诉讼离婚是典型的合并之诉。离婚诉讼绝不是仅对离婚进行审理,还要对由于离婚而引起的其他法律后果进行审理,如子女抚养、财产分割、经济扶助、子女探望,甚至还有离婚损害赔偿问题等。

3. 诉讼离婚实行调解先置程序。法官在审理离婚案件时,须依照职权进行调解,在审理中也更多地实行职权主义,这样才能够适应离婚诉讼的特殊性。

离婚诉讼的适用范围:(1)夫妻一方要求离婚,另一方不同意离婚的;(2)夫妻双方都愿意离婚,但在子女抚养、财产分割等离婚后果问题上不能达成协议的;(3)夫妻双方都愿意离婚,并对子女抚养、财产分割等离婚后果达成协议,但未依法办理结婚登记手续而以夫妻名义共同生活且为法律所承认的事实婚姻,请求解除事实婚姻关系的。

诉讼离婚的一般程序是:(1)起诉和答辩;(2)调解,离婚案件未经调解,法院不能直接作出离婚判决;(3)判决,对于调解无效的离婚案件,人民法院应当依法判决。

离婚法定事由分为基本事由和具体事由。判决离婚的基本事由是夫妻感情确已破裂,其含义是:夫妻之间感情已不复存在,已经不能期待夫妻双方有和好的可能。离婚的具体事由是:

1. 重婚或有配偶者与他人同居的,是指有配偶者与婚外异性不以夫妻名义,持续、稳定地共同居住。

2. 实施家庭暴力或虐待、遗弃家庭成员的,是指行为人以殴打、捆绑、残害、强行限制人身自由以及其他手段,给对方配偶以及家庭成员的身体、精神等方面造成损害后果的行为。虐待是指经常以打骂、冻饿、禁闭、有病不予治疗、强迫过度劳动、限制人身自由、凌辱人格等方法,对共同生活的家庭成员进行肉体上、精神上的摧残和折磨的行为。遗弃是指负有扶养义务的家庭成员拒不履行扶养义务的行为。

3. 有赌博、吸毒等恶习屡教不改的。

4. 因感情不和分居满2年的,分居是指配偶双方拒绝在一起共同生活,互不履行夫妻义务的行为,在主观上,配偶确有分居的愿望,拒绝在一起共同生活;

在客观上，配偶的夫妻共同生活完全废止，分开生活。按照法律规定，这种状态已满2年的，构成离婚法定事由。

5. 其他导致夫妻感情破裂的情形。

另外还有两种可以判决离婚的情形：

1. 一方被宣告失踪，另一方提起离婚诉讼的，应当准予离婚。

2. 经人民法院判决不准离婚后，双方又分居满1年，一方再次提起离婚诉讼的，应当准予离婚。

【相关司法解释】

《最高人民法院关于适用〈中华人民共和国民法典〉婚姻家庭编的解释（一）》

第二十三条　夫以妻擅自中止妊娠侵犯其生育权为由请求损害赔偿的，人民法院不予支持；夫妻双方因是否生育发生纠纷，致使感情确已破裂，一方请求离婚的，人民法院经调解无效，应依照民法典第一千零七十九条第三款第五项的规定处理。

第六十三条　人民法院审理离婚案件，符合民法典第一千零七十九条第三款规定"应当准予离婚"情形的，不应当因当事人有过错而判决不准离婚。

《最高人民法院关于适用〈中华人民共和国民法典〉时间效力的若干规定》

第二十二条　民法典施行前，经人民法院判决不准离婚后，双方又分居满一年，一方再次提起离婚诉讼的，适用民法典第一千零七十九条第五款的规定。

**第一千零八十条　完成离婚登记，或者离婚判决书、调解书生效，即解除婚姻关系。**

【条文要义】

本条是对婚姻关系解除时间的规定。

离婚的法律后果是解除当事人之间现存的婚姻关系。在离婚过程中，确定婚姻关系解除的时间是：

1. 登记离婚，是完成离婚登记，即离婚的请求登记在婚姻登记机关的登记簿上，发生解除婚姻关系的效果。

2. 诉讼离婚，是在法院作出判决书或者调解书，且在判决书或者调解书发生法律效力时，婚姻关系正式解除，双方不再存在配偶关系。

**第一千零八十一条** 现役军人的配偶要求离婚,应当征得军人同意,但是军人一方有重大过错的除外。

【条文要义】

本条是对现役军人配偶要求离婚的限制性规定。

这种对离婚权利的限制,限制的是实体权利,即现役军人的配偶可以起诉离婚,但是只要军人一方没有重大过错,且军人一方不同意离婚的,法院就判决不准离婚。起诉的一方是非军人,对方是军人的,即受该条款的限制。军人之间的离婚诉讼,军人起诉非军人的离婚诉讼,则不受该条款的限制。

军人的范围,是指正在人民解放军和人民武装警察部队服现役,具有军籍的干部和士兵。不包括没有军籍的职工、转业、退伍、退休、离休的军人和已经退役的革命残废军人以及编入民兵组织或者预备役的军官、士兵和正在服刑的军人。

军人一方的重大过错包括:重婚或者与他人同居的,实施家庭暴力或虐待、遗弃家庭成员的,有赌博、吸毒恶习屡教不改的,其他重大过错如强奸妇女、奸淫幼女、嫖娼等违法犯罪行为的。

法院审理这类案件应当遵守的规则是:

1. 现役军人的配偶提出离婚诉讼请求的,必须征得军人一方的同意,才可以判决离婚。

2. 现役军人不同意离婚的,原则上不能判决准予离婚。

3. 现役军人有重大过错,非军人一方请求离婚的,其权利不受限制,法院应当根据是否具有法律规定的离婚理由作出判决。

【相关司法解释】

《最高人民法院关于适用〈中华人民共和国民法典〉婚姻家庭编的解释(一)》

第六十四条 民法典第一千零八十一条所称的"军人一方有重大过错",可以依据民法典第一千零七十九条第三款前三项规定及军人有其他重大过错导致夫妻感情破裂的情形予以判断。

**第一千零八十二条** 女方在怀孕期间、分娩后一年内或者终止妊娠后六个月内,男方不得提出离婚;但是,女方提出离婚或者人民法院认为确有必要受理男方离婚请求的除外。

## 【条文要义】

本条是对限制男方离婚请求权的规定。

限制男方离婚请求权的目的，是保护妇女和子女的合法权益。原因是，在法律规定的女方怀孕、分娩后1年内或者终止妊娠6个月内，女方在身体上、精神上都有很重的负担，如果在这个时期判决离婚，对女方的身体、精神会增加过重的负担，对女方本人、正在孕育的胎儿以及出生后的婴儿，都会造成严重的影响。在这个时期禁止男方提出离婚请求是必要的。男方在上述期间提出离婚请求的，人民法院直接判决驳回原告的诉讼请求，而不是判决不准离婚。在上述期间经过之后，男方再提出离婚诉讼请求的，应当依法审理。该期间是法定期间，分为三种：

1. 女方怀孕期间。如果起诉时并没有发现女方怀孕，而是在审理中或者审理结束时发现女方怀孕，适用该规定，驳回原告的诉讼请求；即使在一审判决作出后，在二审期间发现上述事实的，也应当撤销原判，驳回原告的诉讼请求。

2. 女方在分娩后1年内。无论女方分娩的是活着的婴儿还是死胎，均受该期间的限制。

3. 女方终止妊娠后6个月。在此期间，无论女方出于何种原因终止妊娠的，都不准男方提起离婚诉讼。

上述期间是不变期间，不适用诉讼时效中止、中断和延长的规定。

该期间的例外规定是：（1）女方提出离婚的，不受该期间的限制；（2）法院认为确有必要受理男方的离婚诉讼，则不受该期间的限制。例如，在此期间双方确实存在不能继续共同生活的重大而紧迫的情况，一方对另一方有危及生命、人身安全的可能，女方怀孕是因与他人通奸所致等，可认定为确有必要。

**第一千零八十三条　离婚后，男女双方自愿恢复婚姻关系的，应当到婚姻登记机关重新进行结婚登记。**

## 【条文要义】

本条是对离婚后恢复婚姻关系进行结婚登记的规定。

婚姻关系当事人在离婚后，自愿恢复婚姻关系申请复婚的，应当向婚姻登记机关提出申请。婚姻登记机关依照有关结婚登记的程序进行登记，重新进行结婚登记后，发给结婚证。对复婚登记是否需要经过冷静期，法律没有规定，一般认为复婚登记不必受到30天冷静期的限制，审查符合复婚条件的，应当当场发给结婚证。

**第一千零八十四条** 父母与子女间的关系，不因父母离婚而消除。离婚后，子女无论由父或者母直接抚养，仍是父母双方的子女。

离婚后，父母对于子女仍有抚养、教育、保护的权利和义务。

离婚后，不满两周岁的子女，以由母亲直接抚养为原则。已满两周岁的子女，父母双方对抚养问题协议不成的，由人民法院根据双方的具体情况，按照最有利于未成年子女的原则判决。子女已满八周岁的，应当尊重其真实意愿。

**【条文要义】**

本条是对夫妻离婚后对子女抚养的规定。

离婚的直接法律后果之一，是父母亲权的变更，而不是亲权的消灭。亲权内容的部分变更，是直接抚养人由原来的双方变更为单方，监护人也由原来的双方变更为单方。亲权的整体不因离婚而改变，仍然是由父母双方共同享有，只是没有直接抚养未成年子女的一方当事人行使亲权受到一定的限制。

离婚导致夫妻之间婚姻关系的解除，带来的问题是未成年子女无法继续与父和母共同生活，须解决随哪一方生活的问题。未成年子女随哪一方共同生活，谁是直接抚养人，谁就是亲权人（监护人）。即使如此，父母对未成年子女仍有抚养、教育和保护的义务，享有亲权，不得以不直接抚养为由而拒绝支付抚养费。

离婚后子女抚养的规则是：

1. 不满2周岁即哺乳期内的子女，以由哺乳的母亲抚养为原则。哺乳期的长短，一般确定为2年。

2. 在下列情形下应当由其中一方抚养：（1）另一方有久治不愈的传染性疾病或者其他严重疾病的，子女不宜与另一方共同生活的。（2）另一方有抚养条件但不尽抚养义务，而其中一方要求子女随其生活的；如果其中一方没有要求，就应当让另一方抚养，因为抚养子女也是另一方的义务。（3）因其他原因，子女确实无法随另一方生活的。如果父母双方协议不满2周岁的子女随任意一方生活，对子女健康成长无不利影响的，也可以由任意一方抚养。

3. 2周岁以上的未成年子女的抚养和优先抚养条件。对2周岁以上的未成年子女的直接抚养，原则是协商解决，发生争议的，人民法院根据最有利于子女的原则和双方的具体情况判决。子女已满8周岁的，为限制民事行为能力人，已经有一定的辨别能力，对于随父或者随母生活，会有自己的选择。因而，应当尊重其真实意愿。

**【相关司法解释】**

**《最高人民法院关于适用〈中华人民共和国民法典〉婚姻家庭编的解释（一）》**

第四十四条　离婚案件涉及未成年子女抚养的，对不满两周岁的子女，按照民法典第一千零八十四条第三款规定的原则处理。母亲有下列情形之一，父亲请求直接抚养的，人民法院应予支持：

（一）患有久治不愈的传染性疾病或者其他严重疾病，子女不宜与其共同生活；

（二）有抚养条件不尽抚养义务，而父亲要求子女随其生活；

（三）因其他原因，子女确不宜随母亲生活。

第四十五条　父母双方协议不满两周岁子女由父亲直接抚养，并对子女健康成长无不利影响的，人民法院应予支持。

第四十六条　对已满两周岁的未成年子女，父母均要求直接抚养，一方有下列情形之一的，可予优先考虑：

（一）已做绝育手术或者因其他原因丧失生育能力；

（二）子女随其生活时间较长，改变生活环境对子女健康成长明显不利；

（三）无其他子女，而另一方有其他子女；

（四）子女随其生活，对子女成长有利，而另一方患有久治不愈的传染性疾病或者其他严重疾病，或者有其他不利于子女身心健康的情形，不宜与子女共同生活。

第四十七条　父母抚养子女的条件基本相同，双方均要求直接抚养子女，但子女单独随祖父母或者外祖父母共同生活多年，且祖父母或者外祖父母要求并且有能力帮助子女照顾孙子女或者外孙子女的，可以作为父或者母直接抚养子女的优先条件予以考虑。

第四十八条　在有利于保护子女利益的前提下，父母双方协议轮流直接抚养子女的，人民法院应予支持。

第五十四条　生父与继母离婚或者生母与继父离婚时，对曾受其抚养教育的继子女，继父或者继母不同意继续抚养的，仍应由生父或者生母抚养。

第五十五条　离婚后，父母一方要求变更子女抚养关系的，或者子女要求增加抚养费的，应当另行提起诉讼。

第五十六条　具有下列情形之一，父母一方要求变更子女抚养关系的，人民法院应予支持：

（一）与子女共同生活的一方因患严重疾病或者因伤残无力继续抚养子女的；

（二）与子女共同生活的一方不尽抚养义务或有虐待子女行为，或者其与子女共同生活对子女身心健康确有不利影响；

（三）已满八周岁的子女，愿随另一方生活，该方又有抚养能力；

（四）有其他正当理由需要变更。

第五十七条　父母双方协议变更子女抚养关系的，人民法院应予支持。

第六十条　在离婚诉讼期间，双方均拒绝抚养子女的，可以先行裁定暂由一方抚养。

第六十一条　对拒不履行或者妨害他人履行生效判决、裁定、调解书中有关子女抚养义务的当事人或者其他人，人民法院可依照民事诉讼法第一百一十一条的规定采取强制措施。

**第一千零八十五条**　离婚后，子女由一方直接抚养的，另一方应当负担部分或者全部抚养费。负担费用的多少和期限的长短，由双方协议；协议不成的，由人民法院判决。

前款规定的协议或者判决，不妨碍子女在必要时向父母任何一方提出超过协议或者判决原定数额的合理要求。

## 【条文要义】

本条是对未成年子女抚养费的规定。

离婚后，一方直接抚养未成年子女，另一方应当负担部分或者全部抚养费。

确定子女抚养费的基本方法，是根据子女的实际需要，父母双方的负担能力，以及当地实际生活水平，确定具体的抚养费数额。具体的方法是：

1. 有固定收入的，抚养费一般可按其月总收入的20%~30%的比例给付。负担两个以上子女的抚养费的，比例可以适当提高。

2. 无固定收入的，抚养费的数额可依据当年总收入或同行业平均收入，参照上述比例确定。无固定收入的，如农民，可以按年收入的比例确定，每年支付一次；个体工商业者、摊贩等，既可按年收入确定，也可按同行业平均收入，按比例计算确定月给付数额。有特殊情况的，可适当提高或降低上述比例。

子女抚养费的给付期限，由双方当事人协议，协议不成的，由人民法院判决确定。子女抚养费给付的期限一般至子女18周岁时止。如果子女满16周岁不满18周岁，能够以其劳动收入作为主要生活来源，就视为完全民事行为能力人，当他或她能以自己的劳动收入维持当地一般生活水平时，父母也可以停止给付抚养费，让其独立依靠自己的劳动收入维持生活。

当事人对抚养费给付协议或者法院对抚养费的判决，都不妨碍子女在必要时向父母任何一方提出超过协议或者判决原定数额的合理要求，只要是合理的要求，都应当予以支持。

## 【相关司法解释】

**《最高人民法院关于适用〈中华人民共和国民法典〉婚姻家庭编的解释（一）》**

**第四十九条** 抚养费的数额，可以根据子女的实际需要、父母双方的负担能力和当地的实际生活水平确定。

有固定收入的，抚养费一般可以按其月总收入的百分之二十至三十的比例给付。负担两个以上子女抚养费的，比例可以适当提高，但一般不得超过月总收入的百分之五十。

无固定收入的，抚养费的数额可以依据当年总收入或者同行业平均收入，参照上述比例确定。

有特殊情况的，可以适当提高或者降低上述比例。

**第五十条** 抚养费应当定期给付，有条件的可以一次性给付。

**第五十一条** 父母一方无经济收入或者下落不明的，可以用其财物折抵抚养费。

**第五十二条** 父母双方可以协议由一方直接抚养子女并由直接抚养方负担子女全部抚养费。但是，直接抚养方的抚养能力明显不能保障子女所需费用，影响子女健康成长的，人民法院不予支持。

**第五十三条** 抚养费的给付期限，一般至子女十八周岁为止。

十六周岁以上不满十八周岁，以其劳动收入为主要生活来源，并能维持当地一般生活水平的，父母可以停止给付抚养费。

**第五十八条** 具有下列情形之一，子女要求有负担能力的父或者母增加抚养费的，人民法院应予支持：

（一）原定抚养费数额不足以维持当地实际生活水平；

（二）因子女患病、上学，实际需要已超过原定数额；

（三）有其他正当理由应当增加。

**第五十九条** 父母不得因子女变更姓氏而拒付子女抚养费。父或者母擅自将子女姓氏改为继母或继父姓氏而引起纠纷的，应当责令恢复原姓氏。

**第一千零八十六条** 离婚后，不直接抚养子女的父或者母，有探望子女的权利，另一方有协助的义务。

行使探望权利的方式、时间由当事人协议；协议不成的，由人民法院判决。

父或者母探望子女，不利于子女身心健康的，由人民法院依法中止探望；中止的事由消失后，应当恢复探望。

【条文要义】

本条是对不直接抚养子女的父或者母享有探望权的规定。

探望权，是指夫妻离婚后，不直接抚养子女的父或母有权对子女进行探望的权利。直接抚养子女的一方有协助非直接抚养的一方行使探望权的义务。探望权的性质是亲权的内容。

规定探望权的意义在于，保证夫妻离异后非直接抚养一方能够定期与子女团聚，有利于弥合家庭解体给父母子女之间造成的感情伤害，有利于未成年子女的健康成长。探望权不仅可以满足父或母对子女的关心、抚养和教育的情感需要，保持和子女的往来，及时、充分地了解子女的生活、学习情况，更好地对子女进行抚养教育，还可以增加子女和非直接抚养方的沟通与交流，减轻子女的家庭破碎感，有利于子女的健康成长。

探望权是与直接抚养权相对应的身份权利。父母离婚后，如果子女由一方直接抚养，抚养方就成为子女亲权的主要担当人即监护人，取得直接抚养权，非直接抚养方的亲权则受到一定限制，因而非直接抚养子女的父或母享有对子女的探望权。探望权是法定权利。直接抚养权一经确定，对方的探望权也同时成立，非直接抚养一方的父或母即取得探望权。探望权的权利主体是非直接抚养一方的父或母，直接抚养的母或父是探望权的义务主体，应该履行协助探望权人实现探望权的义务。

探望权是法定权利，与直接抚养权同时成立，不存在确权问题。行使探望权，涉及直接抚养一方和子女的利益，确定探望的时间、方式，由当事人协议；协议不成时，由人民法院判决。探望权人按照协议或法院判决实施探望时，如果子女对约定或判决的探望时间不同意，则探望权人不得强行探望。

探望权中止，是指探望人具有探望权中止的法定事由时，由法院判决探望权人在一定时间内中止行使探望权的制度。探望权中止的事由是：行使探望权不利于子女的身心健康，包括子女的身体、精神、道德或感情的健康。一方不负担子女抚养费或未按期给付抚养费，并不是中止探望权的条件，不能作为中止探望权的法律依据。

探望权中止的事由消失后，被中止的探望权应予以恢复。探望权的恢复，可以由当事人协商，也可以由法院判决。当事人协商不成，在探望权中止的原因消灭以后，法院应当判决探望权恢复。

**【相关司法解释】**

《最高人民法院关于适用〈中华人民共和国民法典〉婚姻家庭编的解释（一）》

**第六十五条** 人民法院作出的生效的离婚判决中未涉及探望权，当事人就探望权问题单独提起诉讼的，人民法院应予受理。

**第六十六条** 当事人在履行生效判决、裁定或者调解书的过程中，一方请求中止探望的，人民法院在征询双方当事人意见后，认为需要中止探望的，依法作出裁定；中止探望的情形消失后，人民法院应当根据当事人的请求书面通知其恢复探望。

**第六十七条** 未成年子女、直接抚养子女的父或者母以及其他对未成年子女负担抚养、教育、保护义务的法定监护人，有权向人民法院提出中止探望的请求。

**第六十八条** 对于拒不协助另一方行使探望权的有关个人或者组织，可以由人民法院依法采取拘留、罚款等强制措施，但是不能对子女的人身、探望行为进行强制执行。

**第一千零八十七条** 离婚时，夫妻的共同财产由双方协议处理；协议不成的，由人民法院根据财产的具体情况，按照照顾子女、女方和无过错方权益的原则判决。

对夫或者妻在家庭土地承包经营中享有的权益等，应当依法予以保护。

【条文要义】

本条是对离婚时夫妻共同财产分割的规定。

离婚时，夫妻双方应当对其享有权利的共同财产进行处理。处理的方法是：

1. 由双方协议处理，达成协议的，写在离婚协议中，经过婚姻登记机关确认生效。

2. 协议不成的，由人民法院根据财产的具体情况，以照顾子女、女方和无过错方权益的原则判决，因而并不是平均分配，判决分割时应当照顾子女、照顾女方和照顾无过错方。

3. 保护好土地承包经营权的个人权益。由于农村承包土地是以家庭为单位进行承包的，夫妻离婚后，不会因为离婚而再给其分配承包地，因此夫或者妻在家庭土地承包经营中享有的权益等，在分割共同财产中应当依法予以保护，不能使在家庭关系中分离出去的一方受到损害。

【相关司法解释】

《最高人民法院关于适用〈中华人民共和国民法典〉婚姻家庭编的解释（一）》

第六十九条 当事人达成的以协议离婚或者到人民法院调解离婚为条件的财产以及债务处理协议，如果双方离婚未成，一方在离婚诉讼中反悔的，人民法院应当认定该财产以及债务处理协议没有生效，并根据实际情况依照民法典第一千零八十七条和第一千零八十九条的规定判决。

当事人依照民法典第一千零七十六条签订的离婚协议中关于财产以及债务处理的条款，对男女双方具有法律约束力。登记离婚后当事人因履行上述协议发生纠纷提起诉讼的，人民法院应当受理。

第七十条 夫妻双方协议离婚后就财产分割问题反悔，请求撤销财产分割协议的，人民法院应当受理。

人民法院审理后，未发现订立财产分割协议时存在欺诈、胁迫等情形的，应当依法驳回当事人的诉讼请求。

**第七十一条** 人民法院审理离婚案件，涉及分割发放到军人名下的复员费、自主择业费等一次性费用的，以夫妻婚姻关系存续年限乘以年平均值，所得数额为夫妻共同财产。

前款所称年平均值，是指将发放到军人名下的上述费用总额按具体年限均分得出的数额。其具体年限为人均寿命七十岁与军人入伍时实际年龄的差额。

**第七十二条** 夫妻双方分割共同财产中的股票、债券、投资基金份额等有价证券以及未上市股份有限公司股份时，协商不成或者按市价分配有困难的，人民法院可以根据数量按比例分配。

**第七十三条** 人民法院审理离婚案件，涉及分割夫妻共同财产中以一方名义在有限责任公司的出资额，另一方不是该公司股东的，按以下情形分别处理：

（一）夫妻双方协商一致将出资额部分或者全部转让给该股东的配偶，其他股东过半数同意，并且其他股东均明确表示放弃优先购买权的，该股东的配偶可以成为该公司股东；

（二）夫妻双方就出资额转让份额和转让价格等事项协商一致后，其他股东半数以上不同意转让，但愿意以同等条件购买该出资额的，人民法院可以对转让出资所得财产进行分割。其他股东半数以上不同意转让，也不愿意以同等条件购买该出资额的，视为其同意转让，该股东的配偶可以成为该公司股东。

用于证明前款规定的股东同意的证据，可以是股东会议材料，也可以是当事人通过其他合法途径取得的股东的书面声明材料。

**第七十四条** 人民法院审理离婚案件，涉及分割夫妻共同财产中以一方名义在合伙企业中的出资，另一方不是该企业合伙人的，当夫妻双方协商一致，将其合伙企业中的财产份额全部或者部分转让给对方时，按以下情形分别处理：

（一）其他合伙人一致同意的，该配偶依法取得合伙人地位；

（二）其他合伙人不同意转让，在同等条件下行使优先购买权的，可以对转让所得的财产进行分割；

（三）其他合伙人不同意转让，也不行使优先购买权，但同意该合伙人退伙或者削减部分财产份额的，可以对结算后的财产进行分割；

（四）其他合伙人既不同意转让，也不行使优先购买权，又不同意该合伙人退伙或者削减部分财产份额的，视为全体合伙人同意转让，该配偶依法取得合伙人地位。

第七十五条 夫妻以一方名义投资设立个人独资企业的,人民法院分割夫妻在该个人独资企业中的共同财产时,应当按照以下情形分别处理:

(一)一方主张经营该企业的,对企业资产进行评估后,由取得企业资产所有权一方给予另一方相应的补偿;

(二)双方均主张经营该企业的,在双方竞价基础上,由取得企业资产所有权的一方给予另一方相应的补偿;

(三)双方均不愿意经营该企业的,按照《中华人民共和国个人独资企业法》等有关规定办理。

第七十六条 双方对夫妻共同财产中的房屋价值及归属无法达成协议时,人民法院按以下情形分别处理:

(一)双方均主张房屋所有权并且同意竞价取得的,应当准许;

(二)一方主张房屋所有权的,由评估机构按市场价格对房屋作出评估,取得房屋所有权的一方应当给予另一方相应的补偿;

(三)双方均不主张房屋所有权的,根据当事人的申请拍卖、变卖房屋,就所得价款进行分割。

第七十七条 离婚时双方对尚未取得所有权或者尚未取得完全所有权的房屋有争议且协商不成的,人民法院不宜判决房屋所有权的归属,应当根据实际情况判决由当事人使用。

当事人就前款规定的房屋取得完全所有权后,有争议的,可以另行向人民法院提起诉讼。

第七十八条 夫妻一方婚前签订不动产买卖合同,以个人财产支付首付款并在银行贷款,婚后用夫妻共同财产还贷,不动产登记于首付款支付方名下的,离婚时该不动产由双方协议处理。

依前款规定不能达成协议的,人民法院可以判决该不动产归登记一方,尚未归还的贷款为不动产登记一方的个人债务。双方婚后共同还贷支付的款项及其相对应财产增值部分,离婚时应根据民法典第一千零八十七条第一款规定的原则,由不动产登记一方对另一方进行补偿。

第七十九条 婚姻关系存续期间,双方用夫妻共同财产出资购买以一方父母名义参加房改的房屋,登记在一方父母名下,离婚时另一方主张按照夫妻共同财产对该房屋进行分割的,人民法院不予支持。购买该房屋时的出资,可以作为债权处理。

第八十条 离婚时夫妻一方尚未退休、不符合领取基本养老金条件,另一方请求按照夫妻共同财产分割基本养老金的,人民法院不予支持;婚后以夫妻共同财产缴纳基本养老保险费,离婚时一方主张将养老金账户中婚姻关系存续期间个人实际缴纳部分及利息作为夫妻共同财产分割的,人民法院应予支持。

第八十一条　婚姻关系存续期间,夫妻一方作为继承人依法可以继承的遗产,在继承人之间尚未实际分割,起诉离婚时另一方请求分割的,人民法院应当告知当事人在继承人之间实际分割遗产后另行起诉。

第八十二条　夫妻之间订立借款协议,以夫妻共同财产出借给一方从事个人经营活动或者用于其他个人事务的,应视为双方约定处分夫妻共同财产的行为,离婚时可以按照借款协议的约定处理。

第八十三条　离婚后,一方以尚有夫妻共同财产未处理为由向人民法院起诉请求分割的,经审查该财产确属离婚时未涉及的夫妻共同财产,人民法院应当依法予以分割。

**第一千零八十八条　夫妻一方因抚育子女、照料老年人、协助另一方工作等负担较多义务的,离婚时有权向另一方请求补偿,另一方应当给予补偿。具体办法由双方协议;协议不成的,由人民法院判决。**

**【条文要义】**

本条是对离婚后一方对另一方予以补偿的规定。

一方对他方的补偿,是指夫妻离婚后,一方因抚育子女、照顾老年人、协助另一方工作等付出较多义务的,在离婚时,另一方应当对其承担经济补偿的义务。

夫妻离婚之后一方发生经济补偿责任的条件是:

1. 一方在家庭生活中付出较多义务,是指在婚姻关系存续期间,夫妻一方比另一方付出的抚育子女、照料老人、协助另一方工作等义务更多,对家庭的建设贡献较大。

2. 双方婚姻关系已经解除,是发生经济补偿责任的必要条件。如果没有发生离婚的事实,不发生经济补偿义务。

3. 付出较多义务的一方提出进行经济补偿的请求。

经济补偿义务的补偿数额,应当由双方协商解决。协商不成的,向法院起诉,由人民法院判决。人民法院判决时,应考虑请求权人付出义务的大小、请求权人因此受到的损失和另一方从中受益的情况,综合确定。

**第一千零八十九条** 离婚时，夫妻共同债务应当共同偿还。共同财产不足清偿或者财产归各自所有的，由双方协议清偿；协议不成的，由人民法院判决。

【条文要义】

本条是对夫妻共同债务清偿方法的规定。

离婚时夫妻共同债务清偿的方法是：

1. 夫妻共同债务应由夫妻共同清偿，即以共同财产清偿。方法是：（1）从夫妻共有财产中先清偿夫妻共同债务，然后再对剩余的夫妻共同财产进行分割，即先清偿后分割的办法；（2）先分割后清偿，即先分割共同财产和共同债务，然后各自以各自分得的财产清偿分得的债务。

2. 共同财产不足以清偿或者财产归各自所有的，由双方协议，按照协议约定的方法进行清偿。

3. 双方协议不成的，向法院起诉，由人民法院依法判决。

**第一千零九十条** 离婚时，如果一方生活困难，有负担能力的另一方应当给予适当帮助。具体办法由双方协议；协议不成的，由人民法院判决。

【条文要义】

本条是对离婚时一方对他方适当帮助的规定。

离婚时，原配偶的一方如果生活困难，有负担能力的另一方应当予以适当帮助。适当帮助与补偿不同，补偿义务通常是一次性义务，而适当帮助则是共同财产分割后一方还有生活困难时，发生的经济帮助义务。

确定适当经济帮助义务的条件是：

1. 要求适当经济帮助的一方确有困难，是指依靠个人财产和离婚时分得的财产无法维持当地的基本生活水平，生活难以维持或者没有住房。

2. 提供经济帮助的一方应当有经济负担能力，不仅指实际生活水平，而且包括住房条件等。

3. 接受帮助的一方没有再婚，也没有与他人同居，如果受助方已经再婚或者与他人已经同居并确立了准婚姻关系，那么适当经济帮助义务消灭。

提供适当经济帮助的办法，应当由双方当事人协议，协议不成时，由人民法院判决。确定适当经济帮助义务，应当考虑受助方的具体情况和实际需要，也要考虑帮助方的实际经济负担能力。如果受助方因年龄较轻但有劳动能力，只是存在暂时性困难的，多采取一次性支付帮助费用的做法。如果受助方年老体弱，失去劳动能力，又没有生活来源的，一般要给予长期的妥善安排，确定定期金给付义务。

**第一千零九十一条** 有下列情形之一，导致离婚的，无过错方有权请求损害赔偿：

（一）重婚；

（二）与他人同居；

（三）实施家庭暴力；

（四）虐待、遗弃家庭成员；

（五）有其他重大过错。

**【条文要义】**

本条是对离婚过错损害赔偿的规定。

离婚过错损害赔偿，是指夫妻一方因为过错实施法律规定的违法行为，妨害婚姻关系和家庭关系，导致夫妻离婚，过错方应当承担的侵权损害赔偿责任。

离婚过错损害赔偿的法律特征是：（1）是由于离婚而发生的损害赔偿；（2）是基于过错而发生的损害赔偿；（3）是侵害对方配偶的权利而造成婚姻关系损害的损害赔偿；（4）是发生在婚姻领域中的侵权损害赔偿。

离婚过错损害赔偿责任构成须具备的要件是：

1. 离婚损害赔偿责任的违法行为，一是重婚，二是与他人同居，三是实施家庭暴力，四是虐待、遗弃家庭成员，五是有其他重大过错。实施上述违法行为的主体是有过错的配偶。这些行为侵害他人的权利，行为人违反了这些权利中的法定义务，构成违法性。

2. 离婚损害赔偿责任的损害事实，包括重婚、与他人同居，侵害对方配偶的配偶权；实施家庭暴力、虐待、遗弃，侵害配偶的身体权、健康权，受害人受到的损害包括人身损害和精神损害。

3. 离婚损害赔偿责任的因果关系，表现为：违法行为（重婚、与他人同居、实施家庭暴力、虐待或者遗弃）造成配偶权、身体权或者健康权、亲权或者亲属权等损害；配偶权、身体权或者健康权、亲权或者亲属权的损害造成婚姻关系破裂的损害。

4. 离婚损害赔偿责任的过错，包括故意或者过失。本条规定增加了"有其他重大过错的"违法行为，扩大了离婚过错损害赔偿责任的适用范围，增加了适用的弹性，有利于救济受到损害一方的合法权益，是一个正确的决策。

离婚损害赔偿的责任方式包括两种，即人身损害赔偿和精神损害赔偿。

**【相关司法解释】**

**《最高人民法院关于适用〈中华人民共和国民法典〉婚姻家庭编的解释（一）》**

**第八十六条** 民法典第一千零九十一条规定的"损害赔偿"，包括物质损害赔偿和精神损害赔偿。涉及精神损害赔偿的，适用《最高人民法院关于确定民事侵权精神损害赔偿责任若干问题的解释》的有关规定。

**第八十七条** 承担民法典第一千零九十一条规定的损害赔偿责任的主体，为离婚诉讼当事人中无过错方的配偶。

人民法院判决不准离婚的案件，对于当事人基于民法典第一千零九十一条提出的损害赔偿请求，不予支持。

在婚姻关系存续期间，当事人不起诉离婚而单独依据民法典第一千零九十一条提起损害赔偿请求的，人民法院不予受理。

**第八十八条** 人民法院受理离婚案件时，应当将民法典第一千零九十一条等规定中当事人的有关权利义务，书面告知当事人。在适用民法典第一千零九十一条时，应当区分以下不同情况：

（一）符合民法典第一千零九十一条规定的无过错方作为原告基于该条规定向人民法院提起损害赔偿请求的，必须在离婚诉讼的同时提出。

（二）符合民法典第一千零九十一条规定的无过错方作为被告的离婚诉讼案件，如果被告不同意离婚也不基于该条规定提起损害赔偿请求的，可以就此单独提起诉讼。

（三）无过错方作为被告的离婚诉讼案件，一审时被告未基于民法典第一千零九十一条规定提出损害赔偿请求，二审期间提出的，人民法院应当进行调解；调解不成的，告知当事人另行起诉。双方当事人同意由第二审人民法院一并审理的，第二审人民法院可以一并裁判。

**第八十九条** 当事人在婚姻登记机关办理离婚登记手续后,以民法典第一千零九十一条规定为由向人民法院提出损害赔偿请求的,人民法院应当受理。但当事人在协议离婚时已经明确表示放弃该项请求的,人民法院不予支持。

**第九十条** 夫妻双方均有民法典第一千零九十一条规定的过错情形,一方或者双方向对方提出离婚损害赔偿请求的,人民法院不予支持。

**第一千零九十二条** 夫妻一方隐藏、转移、变卖、毁损、挥霍夫妻共同财产,或者伪造夫妻共同债务企图侵占另一方财产的,在离婚分割夫妻共同财产时,对该方可以少分或者不分。离婚后,另一方发现有上述行为的,可以向人民法院提起诉讼,请求再次分割夫妻共同财产。

**【条文要义】**

本条是对分割夫妻共同财产的规定。

分割夫妻共同财产,首先是在离婚时进行分割。在分割夫妻共同财产时,可能存在以下法定事由:(1)夫妻一方隐藏、转移、变卖、毁损、挥霍夫妻共同财产;(2)伪造夫妻共同债务,企图侵占另一方财产。具有上述情形之一的,在离婚分割夫妻共同财产时,对隐藏、转移、变卖、毁损、挥霍夫妻共同财产或者伪造夫妻共同债务的一方,可以少分或者不分。

如果是在离婚并实际分割了夫妻共同财产后,又发现了上述情形的,另一方当事人产生再次分割夫妻共同财产的请求权。再次分割夫妻共同财产请求权,是指夫妻在离婚中,因出现法定事由,一方享有可以再次请求分割夫妻共同财产的权利。在离婚后,另一方发现有上述行为的,可以向人民法院提起诉讼,请求再次分割夫妻共同财产,人民法院应当受理,并且按照查清的事实,对属于夫妻共同财产的部分进行再次分割。

**【相关司法解释】**

《最高人民法院关于适用〈中华人民共和国民法典〉婚姻家庭编的解释(一)》

**第八十四条** 当事人依据民法典第一千零九十二条的规定向人民法院提起诉讼,请求再次分割夫妻共同财产的诉讼时效期间为三年,从当事人发现之日起计算。

**第八十五条** 夫妻一方申请对配偶的个人财产或者夫妻共同财产采取保全措施的,人民法院可以在采取保全措施可能造成损失的范围内,根据实际情况,确定合理的财产担保数额。

# 第五章 收 养

## 第一节 收养关系的成立

**第一千零九十三条** 下列未成年人,可以被收养:
(一)丧失父母的孤儿;
(二)查找不到生父母的未成年人;
(三)生父母有特殊困难无力抚养的子女。

【条文要义】

本条是对被收养人的规定。

收养,是指自然人领养他人的子女为自己的子女,依法创设拟制血亲亲子关系的身份法律行为。依收养身份法律行为创设的收养关系,就是拟制血亲的亲子关系,是基于收养行为的法律效力而发生的身份法律关系。这种拟制血亲的亲子关系,具有与自然血亲同样内容的权利义务关系。

在收养的身份法律行为中,当事人分别是收养人、被收养人和送养人。收养人为养父或养母,被收养人为养子或养女,送养人是抚养被收养人的生父母或者其他人。

收养行为的特征是:(1)收养是身份法律行为,是要式行为;(2)收养行为人应是具有特定法律身份的人;(3)收养行为是产生法律拟制血亲关系的行为;(4)收养行为消灭养子女的自然血缘关系,但自然血缘关系仍然存在。

收养的基本原则是:(1)最有利于被收养的未成年人的抚养、成长原则;(2)保证被收养人和收养人的合法权益原则;(3)平等自愿原则;(4)不得违背公序良俗原则。

被收养人的条件,本条规定只有下列未成年人具备被收养人的条件:

1. 丧失父母的孤儿。孤儿,是指其父母死亡或者人民法院宣告其父母死亡的未成年人。

2. 查找不到生父母的未成年人。查找不到生父母的未成年人，是适格的被收养人。

3. 生父母有特殊困难无力抚养的未成年子女。具体判断生父母有无特殊困难，应当根据当事人的具体情况认定。

**第一千零九十四条** 下列个人、组织可以作送养人：
（一）孤儿的监护人；
（二）儿童福利机构；
（三）有特殊困难无力抚养子女的生父母。

【条文要义】

本条是对送养人适格条件的规定。

送养人的适格条件是：

1. 孤儿的监护人。孤儿是未成年人，其监护人可以送养，但须符合法律规定的条件。

2. 儿童福利机构。我国的儿童福利机构是指各地民政部门主管的收容、养育孤儿和查找不到生父母的弃婴、儿童的社会福利院。对于他们养育的孤儿及查找不到生父母的弃婴、儿童，可以送养。

3. 有特殊困难无力抚养子女的生父母，也可以将未成年子女送养。

**第一千零九十五条** 未成年人的父母均不具备完全民事行为能力且可能严重危害该未成年人的，该未成年人的监护人可以将其送养。

【条文要义】

本条是对未成年人的监护人作为送养人条件的规定。

未成年人的父母如果都是不具有完全民事行为能力的人，法律禁止该未成年人的监护人将其送养，以防止监护人逃避监护职责，损害被监护人的合法权益。但是，如果不具有完全民事行为能力的父母对该未成年人有可能造成严重危害的，则监护人可以将被监护的未成年人予以送养。

因而，监护人送养被监护的未成年人的条件是：（1）未成年人的父母都是不具有完全民事行为能力的人；（2）不具有完全民事行为能力的父母可能严重危害该未成年人。

**第一千零九十六条** 监护人送养孤儿的，应当征得有抚养义务的人同意。有抚养义务的人不同意送养、监护人不愿意继续履行监护职责的，应当依照本法第一编的规定另行确定监护人。

【条文要义】

本条是对监护人送养孤儿的规定。

监护人送养孤儿，须具备的条件是：（1）未成年人丧失父母，确实是孤儿；（2）该孤儿在监护人的监护之下，是被监护人；（3）将其送养是出于保护孤儿权益的需要；（4）监护人送养被监护的孤儿须征得有抚养义务的人同意，有抚养义务的人，是指民法典婚姻家庭编第 1074 条和第 1075 条规定的有负担能力的祖父母、外祖父母和兄、姐。如果有抚养义务的人不同意将该孤儿送养，监护人又不愿意继续履行监护职责的，应当依照民法典第一编即总则编的规定，在对其负有监护责任的人中，另行确定监护人。

**第一千零九十七条** 生父母送养子女，应当双方共同送养。生父母一方不明或者查找不到的，可以单方送养。

【条文要义】

本条是对生父母送养子女的规定。

有特殊困难无力抚养子女的生父母送养子女的，必须由双方共同送养，如果生父母一方不明或者查找不到的，可以单方送养。生父母一方死亡，对方配偶可以送养子女，但死亡一方的父母主张优先抚养权的，构成送养的法定障碍，该父母得行使优先抚养权，生父母一方不得送养。

**第一千零九十八条** 收养人应当同时具备下列条件：

（一）无子女或者只有一名子女；

（二）有抚养、教育和保护被收养人的能力；

（三）未患有在医学上认为不应当收养子女的疾病；

（四）无不利于被收养人健康成长的违法犯罪记录；

（五）年满三十周岁。

【条文要义】

本条是对收养人条件的规定。

收养人应当同时具备以下条件：

1. 无子女或者只有一名子女。无子女者，包括未婚者无子女和已婚者无子女，以及因欠缺生育能力而不可能有子女等情形。无子女的"子女"，包括婚生子女、非婚生子女及拟制血亲的子女。只有一名子女的父母，也可以再收养一名子女。

2. 有抚养、教育和保护被收养人的能力。不仅要考虑收养人的经济负担能力，而且要考虑在思想品德等方面是否有抚养、教育、保护的能力。其标准，应当不低于对监护人监护能力的要求。

3. 未患有医学上认为不应当收养子女的疾病。医学上认为不应当收养子女的疾病，是自己患有危害养子女健康的传染性疾病以及危害养子女人身安全的精神性疾病。

4. 无不利于被收养人健康成长的违法犯罪记录。例如，曾经有性侵、伤害、虐待、遗弃等犯罪或者有违法行为记录的人，不得收养子女。

5. 年满30周岁。不到30周岁，原则上不得收养子女。

**第一千零九十九条** 收养三代以内旁系同辈血亲的子女，可以不受本法第一千零九十三条第三项、第一千零九十四条第三项和第一千一百零二条规定的限制。

华侨收养三代以内旁系同辈血亲的子女，还可以不受本法第一千零九十八条第一项规定的限制。

【条文要义】

本条是对收养三代以内旁系同辈血亲子女的规定。

收养三代以内旁系同辈血亲的子女，称为"过继"，多是本家族内的近亲属照顾无子女近亲属的一种举措，不必限制过多。因此，可以不受民法典第1093条第3项即被送养人是"生父母有特殊困难无力抚养的子女"、第1094条第3项关于送养人为"有特殊困难无力抚养子女的生父母"和第1101条关于"有配偶者收养子女，应当夫妻共同收养"规定的限制。

华侨收养三代以内旁系同辈血亲的子女，不仅可以不受上述三个规定的限制，还可以不受民法典第 1098 条第 1 项关于收养人"无子女或者只有一名子女"规定的限制。

**第一千一百条** 无子女的收养人可以收养两名子女；有子女的收养人只能收养一名子女。

收养孤儿、残疾未成年人或者儿童福利机构抚养的查找不到生父母的未成年人，可以不受前款和本法第一千零九十八条第一项规定的限制。

【条文要义】

本条是对收养人收养子女数量的规定。

对收养人收养子女数量进行限制，目的在于防止收养人收养子女过多无照顾能力而损害被收养人的利益，同时也防止出现借收养之名而拐卖人口的情况。因此，本条规定无子女的收养人，可以收养两名子女；有一名子女的收养人只能收养一名子女。

鉴于存在爱心人士收养多名孤儿的善举，本条规定，如果收养孤儿，或者收养残疾未成年人，或者收养儿童福利机构抚养的查找不到生父母的未成年人，都是应当受到鼓励的行为，因而不受无子女的收养人可以收养两名子女或者有一名子女的收养人只能收养一名子女的限制，也不受民法典第 1098 条第 1 项关于收养人无子女或者只有一名子女的限制。

**第一千一百零一条** 有配偶者收养子女，应当夫妻共同收养。

【条文要义】

本条是对有配偶者应当共同收养的规定。

有配偶者收养子女，只要符合收养子女的条件要求，是准许的，如双方没有子女或者只有一名子女。有配偶者收养子女，应当夫妻共同收养，即配偶双方有收养子女的合意，不得单方收养，以避免发生一方主张收养，另一方否认收养，进而损害被收养人合法权益的情形。

**第一千一百零二条** 无配偶者收养异性子女的，收养人与被收养人的年龄应当相差四十周岁以上。

【条文要义】

本条是对收养异性子女的特别规定。

无配偶的男性或者女性当然可以收养子女，但是无配偶的男性收养女性子女或者无配偶的女性收养男性子女，如果不加以限制，可能会出现损害被收养人合法权益的问题。为防止这样的问题出现，本条规定，无配偶者收养异性子女的，收养人与被收养人的年龄应当相差40周岁以上。

**第一千一百零三条** 继父或者继母经继子女的生父母同意，可以收养继子女，并可以不受本法第一千零九十三条第三项、第一千零九十四条第三项、第一千零九十八条和第一千一百条第一款规定的限制。

【条文要义】

本条是对继父或者继母收养继子女的规定。

我国有关继父母与继子女关系的规定，曾存在较多问题，如对形成抚养关系的判断没有准确的标准，因而确定发生法律上的父母子女权利义务关系难度较大。其实，最好的办法就是继父或者继母对继子女进行收养确定收养关系的，才发生父母子女的权利义务关系，没有确立收养关系的，就不发生父母子女的权利义务关系。

本条规定向这方面走了一步，即继父或者继母可以收养继子女为养子女。其条件是，须经继子女的生父母的同意。继父或者继母经过继子女的生父母同意的，可以收养继子女为养子女，并可以不受民法典第1093条第3项、第1094条第3项、第1098条和第1100条第1款规定的限制，即收养的条件适当放宽：（1）其生父母无特殊困难、有抚养能力的子女有被收养的资格，也可以被送养；（2）无特殊困难、有抚养能力的生父母有送养的资格，可以送养自己的子女；（3）不受无子女、有抚养教育养子女的能力、疾病以及年满30周岁的被收养人条件的限制；（4）不受"无子女的收养人可以收养两名子女；有子女的收养人只能收养一名子女"的限制。

**第一千一百零四条** 收养人收养与送养人送养，应当双方自愿。收养八周岁以上未成年人的，应当征得被收养人的同意。

**【条文要义】**

本条是对当事人合意收养的规定。

收养行为是民事法律行为，必须具备当事人收养合意这一必要条件。构成收养合意，应当具备以下条件：

1. 双方自愿：收养人收养与送养人送养须双方自愿，意思表示一致。收养与送养，是民法上的身份协议，收养合意应当按照合同成立的条件要求。在收养问题上，收养人和送养人的意思表示必须真实、自愿、一致，才能构成合意。

2. 须经8周岁以上的被送养人同意：收养未满8周岁的未成年人，不必经过本人的同意。收养年满8周岁以上的未成年人，应当征得被收养人的同意。8周岁以上的未成年人是限制民事行为能力人，具有一定的识别能力和民事行为能力，是否接受被收养的事实，改变自己的身份关系，应当征得本人的同意。他（她）的同意，不构成收养的意思表示，但他（她）的不同意，构成收养合意的法律障碍，收养人和送养人即使达成收养合意，但由于有被收养人不同意的法律障碍，收养合意无效。

**第一千一百零五条** 收养应当向县级以上人民政府民政部门登记。收养关系自登记之日起成立。

收养查找不到生父母的未成年人的，办理登记的民政部门应当在登记前予以公告。

收养关系当事人愿意签订收养协议的，可以签订收养协议。

收养关系当事人各方或者一方要求办理收养公证的，应当办理收养公证。

县级以上人民政府民政部门应当依法进行收养评估。

**【条文要义】**

本条是对收养关系成立形式要件的规定。

收养关系成立的形式要件，是指收养关系成立所需要的程序性的必要条件。收养登记是收养的形式要件，必须具备。收养协议和收养公证是出于当事人的意愿和要求而进行的程序，不具有强制的意义。

1. 收养登记。收养各方当事人达成收养合意，须经过收养登记，才能实现变更当事人之间身份关系的效果。故收养登记具有对收养合意的确认、国家承认收养行为、当事人身份关系变更的公示等效力。办理收养登记的机关是县级以上人民政府的民政部门。

收养登记的具体程序，一是申请，二是审查，三是登记。经审查，对符合条件的准予收养登记，发给收养登记证，收养关系自登记之日起成立。对不符合规定的条件的，则不予登记，并对当事人说明理由。

2. 收养协议。签订收养协议不是收养关系成立的必要形式，而由当事人自愿进行，这种规定不妥。收养协议是收养合意的书面表现形式，是对当事人收养合意的文字反映。实施收养行为应当首先签署收养协议，然后才能进行收养登记。

3. 收养公证。签订收养协议后，当事人一方或者双方主张进行公证的，应当进行公证。该公证证明的是收养协议的合法性，而不是证明其他。

4. 收养评估。民政部门进行收养登记，应当对要登记的收养关系进行收养评估，以最大限度地保护被收养人的合法权益。收养评估包括收养关系当事人的收养能力评估、融合期调查和收养后回访。收养能力评估，是指对有收养意愿的当事人抚养、教育被收养人的能力进行评估。融合期调查，是指在收养登记办理前，对收养关系当事人融合情况进行调查。收养后回访，是指收养登记办理后，对收养人与被收养人共同生活的情况进行回访。收养评估工作可以由收养登记机关委托的第三方机构或者收养登记机关开展。民政部门优先采取委托第三方的方式开展收养能力评估。

**第一千一百零六条　收养关系成立后，公安机关应当按照国家有关规定为被收养人办理户口登记。**

【条文要义】

本条是对养子女办理户籍登记的规定。

我国目前仍然实行户籍制度，经过登记的人口才发给户口簿，承认其户籍。送养人和收养人达成收养合意，经过收养登记后，就形成了养父母与养子女的关系，养子女成为养父母的近亲属和家庭成员。对此，公安部门应当依照国家有关规定，为被收养人办理户口登记，原来有户籍的，办理户口迁移手续；原来没有户籍的，直接办理户口登记。

**第一千一百零七条** 孤儿或者生父母无力抚养的子女,可以由生父母的亲属、朋友抚养;抚养人与被抚养人的关系不适用本章规定。

【条文要义】

本条是对生父母的亲属、朋友抚养其子女的规定。

丧失父母的孤儿和生父母无力抚养的子女,如果都是未成年人,需要有人抚养,否则难以继续生存和成长。如果这些未成年人的生父母的亲属、朋友愿意对其进行抚养的,对于这些未成年人的健康成长十分有利,对国家的后备劳动力的培养也十分有利,是值得嘉许的行为。因此,本条规定,孤儿或者生父母无力抚养的子女,可以由生父母的亲属、朋友抚养。这种抚养不是收养,与收养有本质的区别,即抚养不产生父母子女的权利义务关系,故抚养人与被抚养人的关系不适用本章关于收养的规定。

**第一千一百零八条** 配偶一方死亡,另一方送养未成年子女的,死亡一方的父母有优先抚养的权利。

【条文要义】

本条是对祖父母、外祖父母优先抚养权的规定。

配偶一方死亡,另一方主张送养其未成年子女的,死亡一方的父母即被送养人的祖父母或者外祖父母享有优先抚养权。该优先抚养权具有对抗送养人和收养人收养合意的效力,祖父母或者外祖父母一经行使优先抚养权,收养人和送养人的收养合意即不再生效,被送养人由其祖父母或者外祖父母抚养。

**第一千一百零九条** 外国人依法可以在中华人民共和国收养子女。

外国人在中华人民共和国收养子女,应当经其所在国主管机关依照该国法律审查同意。收养人应当提供由其所在国有权机构出具的有关其年龄、婚姻、职业、财产、健康、有无受过刑事处罚等状况的证明材料,并与送养人签订书面协议,亲自向省、自治区、直辖市人民政府民政部门登记。

前款规定的证明材料应当经收养人所在国外交机关或者外交机关授权的机构认证,并经中华人民共和国驻该国使领馆认证,但是国家另有规定的除外。

【条文要义】

本条是对外国人在中国收养子女的规定。

本条确定的规则是，外国人依法可以在中华人民共和国收养子女，对此，不可以否认或者设置障碍。

外国人在中国收养子女，要经过特别的收养程序：

1. 外国人在中华人民共和国收养子女，应当经其所在国主管机关依照该国法律审查同意。

2. 收养人应当提供由其所在国有权机构出具的有关其年龄、婚姻、职业、财产、健康、有无受过刑事处罚等状况的证明材料。

3. 该收养人应当与送养人签订书面协议，亲自向省、自治区、直辖市人民政府民政部门登记，经过该级人民政府民政部门的登记，才能确立收养关系。

4. 上述收养人提供的证明材料，应当经其所在国外交机关或者外交机关授权的机构认证，并经中华人民共和国驻该国使领馆认证，但是国家另有规定的除外。

**第一千一百一十条** 收养人、送养人要求保守收养秘密的，其他人应当尊重其意愿，不得泄露。

【条文要义】

本条是对保守收养秘密的规定。

收养和送养以及被收养，都涉及身份关系的改变，属于隐私的范畴。收养人、送养人要求保守收养秘密，就是为了防止泄露收养和送养以及被收养的隐私。其他人应当尊重收养、送养和被收养的秘密，不得向他人泄露，保护好收养人、送养人和被收养人的个人隐私。

## 第二节 收养的效力

**第一千一百一十一条** 自收养关系成立之日起，养父母与养子女间的权利义务关系，适用本法关于父母子女关系的规定；养子女与养父母的近亲属间的权利义务关系，适用本法关于子女与父母的近亲属关系的规定。

养子女与生父母以及其他近亲属间的权利义务关系，因收养关系的成立而消除。

## 【条文要义】

本条是对收养法律效力的规定。

收养的法律效力，是指法律赋予收养行为发生的强制性法律后果。这种法律后果表现为收养的拟制效力和解销效力：

1. 收养的拟制效力，亦称收养的积极效力，是指收养依法创设新的亲属身份关系及其权利义务的效力。收养的拟制效力不仅及于养父母和养子女以及养子女所出的晚辈直系血亲，同时及于养父母的血亲：（1）对养父母与养子女的拟制效力，主要体现在自收养关系成立之日起，养父母与养子女之间发生父母子女之间的权利义务关系。（2）对养子女与养父母的近亲属的拟制效力。养子女与养子女的近亲属之间的权利义务关系，是养亲子关系在法律上的延伸。收养对养子女与养父母的近亲属的拟制效力，表现为养子女与养父母的近亲属以及养父母与养子女的近亲属之间发生的拟制效力，取得亲属的身份，发生权利义务关系。具体是：养子女与养父母的父母间，取得祖孙的身份，发生祖孙的权利义务；养子女与养父母的子女间，取得兄弟姐妹的身份，发生兄弟姐妹的权利义务；养父母对于养子女所出的晚辈直系血亲，也取得祖孙的身份，发生祖孙的权利义务关系。

2. 收养的解销效力，亦称收养的消极效力，是指收养依法消灭原有的亲属身份关系及其权利义务的效力。收养的解销效力是养子女与生父母之间的权利义务完全消灭。（1）对养子女与生父母的解销效力。收养关系生效，其养子女与生父母之间身份消灭，他们之间的权利义务同时消灭。（2）对养子女与生父母以外的其他近亲属的解销效力。收养关系生效，养子女与生父母以外的其他近亲属间的身份消灭，他们之间的权利义务关系也消灭。养子女与生父母的父母不再存在祖孙间的权利义务关系，与生父母的子女间不再存在兄弟姐妹间的权利义务关系。这种解销效力，消灭的仅是法律意义上的父母子女关系，而不是自然意义上的父母子女关系。养子女与生父母之间基于出生而具有的直接血缘联系是客观存在的，不能通过法律手段加以改变。法律关于禁婚亲的规定仍然适用于养子女与生父母及其近亲属。

**第一千一百一十二条** 养子女可以随养父或者养母的姓氏，经当事人协商一致，也可以保留原姓氏。

【条文要义】

本条是对养子女姓氏的规定。

养子女被收养后，可以随养父或者养母的姓氏，生父母不得反对。如果经当事人协商一致，也可以保留原姓氏，不随养父或者养母的姓氏。

**第一千一百一十三条** 有本法第一编关于民事法律行为无效规定情形或者违反本编规定的收养行为无效。

无效的收养行为自始没有法律约束力。

【条文要义】

本条是对无效收养行为的规定。

无效收养行为，是指欠缺收养成立的法定有效要件，不能发生收养法律后果的收养行为。从性质上来说，无效收养行为就是无效的民事法律行为。发生无效收养行为的原因是：

1. 欠缺收养关系成立的实质要件，如收养人、送养人不具备相应的民事行为能力；收养人、送养人不符合本法规定的收养或送养条件；收养人、送养人关于收养的意思表示不真实；年满8周岁以上的被收养人不同意收养而被收养等。

2. 欠缺收养关系成立的形式要件，如没有经过收养登记，欠缺收养成立的法定程序等。

3. 违反法律、行政法规强制性规定或者违背公序良俗。例如，借收养之名拐卖儿童或者出卖亲生子女等。

确认无效收养的程序是：

1. 通过诉讼程序宣告收养无效。依照诉讼程序宣告收养无效的程序是：（1）当事人或者利害关系人提出请求确认收养无效之诉，由人民法院判决确定收养无效；（2）人民法院在审理相关案件中，发现有收养无效的行为，依照职权，在有关的判决中直接宣告收养无效。后者主要是在赡养、抚养、监护、法定继承等案件中，涉及作为其基础的血缘关系的有无，法院必须作出判决以作为判决的基础，确认收养无效。

2.通过行政程序宣告收养无效。民政部关于收养登记的规定,当事人弄虚作假骗取收养登记的,应当宣告收养登记无效。

收养无效的法律后果是,收养行为被人民法院判决宣告无效的以及收养行为经过收养登记机关依照行政程序确认为无效的,自始无效。收养无效的效力溯及既往,而解除收养关系仅仅是在收养关系解除之时消灭养父母和养子女之间的权利义务关系,因而存在原则性的区别。

## 第三节　收养关系的解除

**第一千一百一十四条**　收养人在被收养人成年以前,不得解除收养关系,但是收养人、送养人双方协议解除的除外。养子女八周岁以上的,应当征得本人同意。

收养人不履行抚养义务,有虐待、遗弃等侵害未成年养子女合法权益行为的,送养人有权要求解除养父母与养子女间的收养关系。送养人、收养人不能达成解除收养关系协议的,可以向人民法院提起诉讼。

**【条文要义】**

本条是对解除收养关系的规定。

收养关系解除,是指收养的法律效力发生后,因出现一定的法定事由,无法继续维持收养亲子关系,通过解除的法定程序将其人为消灭。

本条禁止收养人在被收养人未成年时解除收养关系,以保护未成年被收养人的权益。当然,收养人和送养人达成一致意见协议解除的,不在此限。

收养关系解除的程序有两种:

1.协议解除。协议解除收养关系适用于两种情况:一是在收养关系成立之后,被收养人成年之前,收养人和送养人双方可以通过协议解除收养关系;二是养父母与养子女间关系恶化,无法共同生活的,也可以通过协议解除收养关系。协议解除的条件是:(1)双方当事人必须有解除收养关系的合意。养子女未成年时,解除收养的合意是指收养人与送养人解除收养的意思表示一致;如果被收养人已满8周岁,还需要征求本人同意。养子女成年之后,解除收养的合意是指收养人和被收养人之间解除收养的意思表示一致。（2）当事人必须具有完全民事行为能力，收养人、被收养人以及送养人之中任何一方不具有相应的民事行为能力的，都不能通过协议的方式解除收养关系，而只能通过诉讼由人民法院裁决。（3）夫妻共同收养的，解除收养必须由夫妻双方共同解除。如果属于无配偶者单方收养，或者收养人在收养时无配偶终止收养时已有配偶的，可以单方提出解除收养关系。协议解除收养的程序是：达成收养解除的合意的，到收养登记机关办理解除收养关系的登记。收养关系自登记之日起消灭。

2. 诉讼解除。收养关系当事人就解除收养关系不能达成协议的，收养人、送养人以及已经成年的被收养人可以向人民法院提起诉讼程序，由人民法院裁决收养关系是否予以解除。人民法院应当根据查明的事实，确认解除收养关系的真实原因，养亲子关系的现状和生活实际情况，作出裁决。

**第一千一百一十五条** 养父母与成年养子女关系恶化、无法共同生活的，可以协议解除收养关系。不能达成协议的，可以向人民法院提起诉讼。

【条文要义】

本条是对成年养子女解除收养关系的规定。

被收养人已成年，养父母与养子女关系恶化，一方要求解除收养关系的，应当根据双方关系的实际情况，本着维护收养关系当事人合法权益的原则，如果双方关系尚未恶化到无法共同生活的程度，应当查明纠纷原因，着重调解和好。如果双方关系已经恶化到无法继续共同生活的程度，可以协议解除收养关系，不能达成协议的，可以向人民法院提起诉讼，人民法院根据实际情况，应当准予解除收养关系。

**第一千一百一十六条** 当事人协议解除收养关系的，应当到民政部门办理解除收养关系登记。

【条文要义】

本条是对民法典协议解除收养关系登记的规定。

当事人协议解除收养关系的，应当到民政部门办理解除收养关系登记。只有在民政部门办理了解除收养关系登记的，才发生解除收养关系的法律效力，未经登记的，不发生这种效力。

**第一千一百一十七条** 收养关系解除后，养子女与养父母以及其他近亲属间的权利义务关系即行消除，与生父母以及其他近亲属间的权利义务关系自行恢复。但是，成年养子女与生父母以及其他近亲属间的权利义务关系是否恢复，可以协商确定。

【条文要义】

本条是对解除收养发生身份关系后果的规定。

收养关系解除后，养子女与养父母及其他近亲属之间的权利义务关系即行消灭。养子女和养父母之间的亲子身份地位以及权利义务关系不再存在；养子女与养父母的近亲属身份关系，也不再具有子女与父母的近亲属的身份地位和权利义务关系。

收养关系解除后，养子女已经成年的，其与生父母及其他近亲属的权利义务关系是否恢复，可以由成年的养子女与生父母协商确定，同意恢复的，即行恢复与生父母及其他近亲属之间的身份地位及其权利义务关系；养子女尚未成年的，本条没有规定，但依照本条的逻辑，可以确认养子女与生父母及其他近亲属之间的权利义务关系自行恢复。

**第一千一百一十八条** 收养关系解除后，经养父母抚养的成年养子女，对缺乏劳动能力又缺乏生活来源的养父母，应当给付生活费。因养子女成年后虐待、遗弃养父母而解除收养关系的，养父母可以要求养子女补偿收养期间支出的抚养费。

生父母要求解除收养关系的，养父母可以要求生父母适当补偿收养期间支出的抚养费；但是，因养父母虐待、遗弃养子女而解除收养关系的除外。

【条文要义】

本条是对收养关系解除后发生其他效力的规定。

收养关系解除之后，还发生对解除收养关系后成年养子女的生活费给付义务和养父母的补偿请求权的效力：

1. 成年养子女的生活费给付义务。收养关系解除之后，经养父母抚养的成年养子女，对缺乏劳动能力又缺乏生活来源的养父母，应当给付生活费，其标准一般应不低于当地居民的普通生活费用标准。

2. 养父母的补偿请求权。养子女成年后虐待、遗弃养父母而解除收养关系的，养父母可以要求养子女补偿收养期间支出的生活费和教育费。

3. 生父母要求解除收养关系的，养父母可以要求生父母适当补偿收养期间支出的生活费和教育费，但因养父母虐待、遗弃养子女而解除收养关系的除外。

# 第六编

# 继 承

# 第一章 一般规定

**第一千一百一十九条 本编调整因继承产生的民事关系。**

【条文要义】

本条是对民法典继承编调整范围的规定。

继承,是指继承人对死者生前的财产权利和义务的承受,又称为财产继承,即自然人死亡时,其遗留的个人合法财产归死者生前在法定范围内指定的或者法定的亲属承受的民事法律关系。在继承法律关系中,生前享有的财产因其死亡而移转给他人的死者为被继承人,被继承人死亡时遗留的个人合法财产为遗产,依法承受被继承人遗产的法定范围内的人为继承人。

继承的法律特征是:(1)继承因作为被继承人的自然人死亡而发生;(2)继承中的继承人与被继承人存在特定亲属身份关系;(3)继承是处理死者遗产的法律关系;(4)继承是继承人概括承受被继承人财产权利和义务的法律制度。

以继承人继承财产的方式为标准,可以将继承分为遗嘱继承和法定继承,这是对继承的基本分类。民法典继承编调整的就是这种因继承而发生的民事法律关系。

**第一千一百二十条 国家保护自然人的继承权。**

【条文要义】

本条是对国家保护自然人继承权原则的规定。

保护自然人继承权原则的法律依据,是《宪法》第13条关于"国家依照法律规定保护公民的私有财产权和继承权"的规定,也是民法典继承编的立法目的和任务。

这一基本原则包含两个方面的含义:(1)法律保护自然人享有依法继承遗产的权利,任何人不得干涉;(2)自然人的继承权受到他人非法侵害时,有权依照法律规定请求予以救济，国家以其强制力予以保护。

这个原则具体表现在以下方面：（1）确立遗产范围，依法进行保护；（2）保障被继承人的遗产尽量由继承人或受遗赠人取得；（3）继承人的继承权不得非法剥夺；（4）保障继承人、受遗赠人的继承权、受遗赠权的行使；（5）继承人享有继承权回复请求权。

继承权是指自然人按照被继承人所立的合法有效遗嘱或法律的直接规定享有的继承被继承人遗产的权利。其法律特征是：（1）在继承权的主体方面，继承权只能是自然人享有的权利；（2）在取得根据方面，继承权是自然人依照合法有效的遗嘱或者法律的直接规定而享有的权利；（3）继承权的客体是被继承人生前的财产权利。继承权的本质是独立的民事权利。

**第一千一百二十一条　继承从被继承人死亡时开始。**

**相互有继承关系的数人在同一事件中死亡，难以确定死亡时间的，推定没有其他继承人的人先死亡。都有其他继承人，辈份不同的，推定长辈先死亡；辈份相同的，推定同时死亡，相互不发生继承。**

**【条文要义】**

本条是对继承开始时间的规定。

继承开始的时间，就是被继承人死亡的时间。对被继承人死亡时间的确定，包括自然死亡和宣告死亡两种情形。

1. 自然死亡时间的确定。在我国司法实践中，对自然人死亡时间的确定，是以呼吸停止和心脏搏动停止的时间为生理死亡的时间，医院死亡证书中记载自然人死亡时间的，以死亡证书中记载的为准；户籍登记册中记载自然人死亡时间的，应当以户籍登记册为准；死亡证书与户籍登记册记载不一致的，应当以死亡证书为准；继承人对被继承人的死亡时间有争议的，应当以人民法院查证的时间为准。

2. 宣告死亡时间的确定。失踪人被宣告死亡，依照民法典第48条的规定，人民法院宣告死亡的判决作出之日视为其死亡的日期；因意外事件下落不明宣告死亡的，意外事件发生之日视为其死亡的日期。

两个以上互有继承权的人在同一事故中死亡，如果不能确定死亡先后时间的，各死亡人的死亡时间如何确定，直接影响到继承人的利益。本条确定：

1. 相互有继承关系的数人在同一事件中死亡，难以确定死亡时间的，推定没有其他继承人的人先死亡。

2. 都有其他继承人,辈份不同的,推定长辈先死亡;辈份相同的,推定同时死亡,相互不发生继承。

**【相关司法解释】**

《最高人民法院关于适用〈中华人民共和国民法典〉继承编的解释(一)》

**第一条** 继承从被继承人生理死亡或者被宣告死亡时开始。

宣告死亡的,根据民法典第四十八条规定确定的死亡日期,为继承开始的时间。

**第一千一百二十二条** 遗产是自然人死亡时遗留的个人合法财产。

依照法律规定或者根据其性质不得继承的遗产,不得继承。

**【条文要义】**

本条是对遗产范围的规定。

遗产范围,是指被继承人在其死亡时遗留的可以作为遗产被继承人继承的财产范围。对遗产范围的界定有不同的立法例:(1)排除式,仅规定何种权利义务不能继承,将不能继承的权利义务排除出遗产范围,未被排除的权利义务可作为遗产;(2)列举式,规定何种权利义务可以继承,列举出遗产包括的权利义务的范围,未被列举为遗产的权利义务不属于遗产;(3)列举式与排除式相结合,既列举可为遗产的财产范围,又规定不能列入遗产的权利义务。

原《继承法》采取的是第三种立法例,本条规定改用第一种立法例,为排除式,即依照法律规定或者按照其性质不得继承的遗产,不得继承。

排除的是:(1)依照法律规定不能继承的财产,如国有资源的使用权,自然人可以依法取得和享有,但不得作为遗产继承,继承人要从事被继承人原来从事的事业,须取得国有资源使用权的,应当重新申请并经主管部门核准,不能基于继承权而当然取得;(2)根据其性质不得继承的财产,如与自然人人身不可分离的具有抚恤、救济性质的财产权利,如抚恤金、补助金、残疾补助金、救济金、最低生活保障金等,专属于自然人个人,不能作为遗产由其继承人继承。这些虽然也是遗产,但是不得继承。

**【相关司法解释】**

**《最高人民法院关于适用〈中华人民共和国民法典〉继承编的解释（一）》**

**第二条** 承包人死亡时尚未取得承包收益的，可以将死者生前对承包所投入的资金和所付出的劳动及其增值和孳息，由发包单位或者接续承包合同的人合理折价、补偿。其价额作为遗产。

**第三十九条** 由国家或者集体组织供给生活费用的烈属和享受社会救济的自然人，其遗产仍应准许合法继承人继承。

**第一千一百二十三条** 继承开始后，按照法定继承办理；有遗嘱的，按照遗嘱继承或者遗赠办理；有遗赠扶养协议的，按照协议办理。

**【条文要义】**

本条是对遗赠扶养协议和遗嘱继承优先顺序的规定。

遗嘱继承优先于法定继承，是继承法律制度的原则。这是因为，任何人对于自己的财产都有绝对的支配权，可以按照自己的意志来决定自己所有的财产的命运并进行处分。同样，任何人在自己健在时，对自己死后如何处置遗产，完全有自主支配权，不受任何单位和个人的干涉，只要不违反法律和公序良俗，就应当按照其遗嘱处置其遗产。而法定继承是在被继承人没有遗留遗嘱，按照法律规定推定被继承人支配其遗产的意愿来处置其遗产的。相比之下，遗嘱继承当然优先于法定继承。

遗嘱继承优先原则包括两个含义：

1. 遗嘱继承优先于法定继承，被继承人留有有效遗嘱的，遗嘱继承排斥法定继承，按照被继承人的遗嘱进行继承。

2. 被继承人既留有有效遗嘱，又留有有效的遗赠扶养协议的，遗赠扶养协议优先，先按照遗赠扶养协议的约定处置遗产。遗赠扶养协议约定的是对被继承人生老病死予以扶养，并以取得其遗产为代价，因而排斥遗嘱继承的效力。

**【相关司法解释】**

**《最高人民法院关于适用〈中华人民共和国民法典〉继承编的解释（一）》**

**第三条** 被继承人生前与他人订有遗赠扶养协议，同时又立有遗嘱的，继承开始后，如果遗赠扶养协议与遗嘱没有抵触，遗产分别按协议和遗嘱处理；如果有抵触，按协议处理，与协议抵触的遗嘱全部或者部分无效。

**第一千一百二十四条** 继承开始后，继承人放弃继承的，应当在遗产处理前，以书面形式作出放弃继承的表示；没有表示的，视为接受继承。

受遗赠人应当在知道受遗赠后六十日内，作出接受或者放弃受遗赠的表示；到期没有表示的，视为放弃受遗赠。

【条文要义】

本条是对接受继承和放弃继承的规定。

接受继承，也叫继承权的承认，是指继承人在继承开始后、遗产分割前，以一定的方式作出愿意接受被继承人遗产的意思表示。民法典以继承人承担有限责任为原则，不认可继承权的单纯承认，即限定承认方式，其效力主要体现在以下三个方面：

1. 继承人参与继承法律关系，取得继承既得权，可以实际参与继承法律关系，对遗产进行占有、管理，并有权请求分割遗产。

2. 继承人责任的限制，继承人仅需以因继承所得的积极财产为限，对全部遗产债务承担清偿责任。

3. 继承人固有财产与遗产分离，使其各自享有独立的法律地位。

继承权放弃，又叫继承权拒绝、继承权抛弃，是指继承人于继承开始后、遗产分割前以书面形式作出的放弃继承被继承人遗产的权利的意思表示。继承权放弃是继承人自由表达其意志、行使继承权的表现，是单方民事法律行为，无须征得任何人同意。继承权虽得以继承人的自由意志予以放弃，但并非无所限制，行使继承权的放弃须符合以下要件：（1）必须在继承开始后、遗产分割前放弃；（2）原则上由继承人本人放弃；（3）放弃继承权不得附加条件；（4）不得部分放弃；（5）放弃继承是要式行为，须以书面形式作出。

继承权放弃的方式，是指继承人放弃继承权时表达意思表示的方式，包括明示与默示两种。我国采取明示方式，可以口头方式或书面方式向其他继承人作出。

继承权放弃的效力，指的是继承权放弃后的法律效果，包括：（1）对放弃继承权的继承人的效力，是丧失了参加继承法律关系的资格，应当退出继承法律关系；（2）对放弃继承权人的晚辈直系血亲的效力，我国仅将被继承人的子女先于被继承人死亡作为代位继承的发生原因,继承人放弃继承权,不发生放弃继承权人的晚辈直系血亲的代位继承;(3)对被继承人其他继承人的效力,其放弃的应继份应当按照法定继承处理。

对继承权的承认或者放弃,规则是:继承开始后,继承人放弃继承的,应当在遗产处理前,作出放弃继承的表示。没有表示的,视为接受继承。

对遗赠,承认或者放弃的规则是:受遗赠人应当在知道受遗赠后60日内,作出接受或者放弃受遗赠的表示。到期没有表示的,视为放弃受遗赠。

【相关司法解释】

《最高人民法院关于适用〈中华人民共和国民法典〉继承编的解释(一)》

第三十二条 继承人因放弃继承权,致其不能履行法定义务的,放弃继承权的行为无效。

第三十三条 继承人放弃继承应当以书面形式向遗产管理人或者其他继承人表示。

第三十四条 在诉讼中,继承人向人民法院以口头方式表示放弃继承的,要制作笔录,由放弃继承的人签名。

第三十五条 继承人放弃继承的意思表示,应当在继承开始后、遗产分割前作出。遗产分割后表示放弃的不再是继承权,而是所有权。

第三十六条 遗产处理前或者在诉讼进行中,继承人对放弃继承反悔的,由人民法院根据其提出的具体理由,决定是否承认。遗产处理后,继承人对放弃继承反悔的,不予承认。

第三十七条 放弃继承的效力,追溯到继承开始的时间。

第三十八条 继承开始后,受遗赠人表示接受遗赠,并于遗产分割前死亡的,其接受遗赠的权利转移给他的继承人。

第四十四条 继承诉讼开始后,如继承人、受遗赠人中有既不愿参加诉讼,又不表示放弃实体权利的,应当追加为共同原告;继承人已书面表示放弃继承、受遗赠人在知道受遗赠后六十日内表示放弃受遗赠或者到期没有表示的,不再列为当事人。

**第一千一百二十五条** 继承人有下列行为之一的,丧失继承权:

(一)故意杀害被继承人;

（二）为争夺遗产而杀害其他继承人；

（三）遗弃被继承人，或者虐待被继承人情节严重；

（四）伪造、篡改、隐匿或者销毁遗嘱，情节严重；

（五）以欺诈、胁迫手段迫使或者妨碍被继承人设立、变更或者撤回遗嘱，情节严重。

继承人有前款第三项至第五项行为，确有悔改表现，被继承人表示宽恕或者事后在遗嘱中将其列为继承人的，该继承人不丧失继承权。

受遗赠人有本条第一款规定行为的，丧失受遗赠权。

## 【条文要义】

本条是对继承权丧失及宽宥权的规定。

继承权丧失，是指继承人因发生法律规定的事由失去继承被继承人遗产的资格，故继承权的丧失又叫继承权的剥夺。其特征是：（1）继承权的丧失是继承人继承期待权的丧失；（2）继承权的丧失是继承人继承期待权的自然丧失；（3）继承权的丧失是指在发生法定事由时丧失。

继承权丧失分为绝对丧失和相对丧失。继承权绝对丧失，是指因发生某种使某继承人丧失继承权的法定事由时，该继承人对特定被继承人的继承权便终局地丧失，该继承人再也不能享有对被继承人的继承权。继承权相对丧失，是指虽因发生某种法定事由使得继承人的继承权丧失，但在具备一定条件时继承人的继承权也可最终不丧失的继承制度，所以又叫继承权非终局丧失。

继承权丧失的法定事由，是指依法取消继承人继承权的原因或者理由。具体的法定事由是：

1. 继承人故意杀害被继承人。不论继承人故意杀害被继承人是否受到刑事责任的追究，都丧失继承权。

2. 继承人为争夺遗产而杀害其他继承人。即继承人中的一人或数人出于争夺遗产的动机，而杀害居于同一继承顺序的其他继承人，或者杀害先于自己继承顺序的继承人，或者杀害被继承人在遗嘱中指定的继承人。实施杀害行为的继承人误认为后一顺序的继承人会妨碍他或她继承全部遗产而杀害后一顺序继承人，也丧失继承权。

3. 遗弃被继承人或者虐待被继承人，情节严重。遗弃被继承人，是指继承人对没有劳动能力又没有生活来源和没有独立生活能力的被继承人拒不履行扶养义务；虐待被继承人，是指继承人在被继承人生前对其以各种手段进行身体上或者精神上的摧残或折磨，情节严重的。

4. 伪造、篡改、隐匿或者销毁遗嘱，情节严重。继承人实施这类行为多是从利己的目的出发，为使自己多得或者独得遗产，而侵害其他继承人的合法利益。

5. 以欺诈、胁迫手段迫使或者妨碍被继承人设立、变更或者撤回遗嘱，情节严重。这种行为比较多见，须具有情节严重的要件。

受遗赠人有上述规定的行为的，也丧失受遗赠权。

以法定继承权的丧失为前提，宽宥特指被继承人在情感上对继承人的故意或过失行为的谅解和宽恕，表达被继承人对继承人继承身份或资格的再次认可、肯定与承认，恢复其已丧失的继承权。在继承人丧失继承权后，只要被继承人对继承人予以宽宥，就应当恢复继承人已丧失的继承权。本条规定，遗弃被继承人，或者虐待被继承人情节严重，或者伪造、篡改、隐匿或者销毁遗嘱，情节严重，或者以欺诈、胁迫手段迫使或者妨碍被继承人设立、变更或者撤回遗嘱，情节严重，确有悔改表现，被继承人表示宽恕或者事后在遗嘱中将其列为继承人的，即为宽宥，该继承人恢复继承权。宽宥作为被继承人的单方意思表示，不需要相对方即继承人作出任何意思表示便产生法律效力。

本条第3款规定受遗赠人如果实施本条第1款规定的五种行为之一的，丧失受遗赠权，并且不得予以宽宥。

## 【相关司法解释】

《最高人民法院关于适用〈中华人民共和国民法典〉继承编的解释（一）》

**第五条** 在遗产继承中，继承人之间因是否丧失继承权发生纠纷，向人民法院提起诉讼的，由人民法院依据民法典第一千一百二十五条的规定，判决确认其是否丧失继承权。

**第六条** 继承人是否符合民法典第一千一百二十五条第一款第三项规定的"虐待被继承人情节严重"，可以从实施虐待行为的时间、手段、后果和社会影响等方面认定。

虐待被继承人情节严重的，不论是否追究刑事责任，均可确认其丧失继承权。

**第七条** 继承人故意杀害被继承人的，不论是既遂还是未遂，均应当确认其丧失继承权。

**第八条** 继承人有民法典第一千一百二十五条第一款第一项或者第二项所列

之行为,而被继承人以遗嘱将遗产指定由该继承人继承的,可以确认遗嘱无效,并确认该继承人丧失继承权。

**第九条** 继承人伪造、篡改、隐匿或者销毁遗嘱,侵害了缺乏劳动能力又无生活来源的继承人的利益,并造成其生活困难的,应当认定为民法典第一千一百二十五条第一款第四项规定的"情节严重"。

《最高人民法院关于适用〈中华人民共和国民法典〉时间效力的若干规定》

**第十三条** 民法典施行前,继承人有民法典第一千一百二十五条第一款第四项和第五项规定行为之一,对该继承人是否丧失继承权发生争议的,适用民法典第一千一百二十五条第一款和第二款的规定。

民法典施行前,受遗赠人有民法典第一千一百二十五条第一款规定行为之一,对受遗赠人是否丧失受遗赠权发生争议的,适用民法典第一千一百二十五条第一款和第三款的规定。

# 第二章　法定继承

**第一千一百二十六条**　继承权男女平等。

【条文要义】

本条是对继承权男女平等原则的规定。

法定继承，是指继承人范围、继承顺序、继承条件、继承份额、遗产分配原则及继承程序均由法律直接规定的继承方式。

在法定继承中，继承权男女平等，是继承权平等原则的核心和基本表现。继承权男女平等既是对私有制的古代及近代社会中男女不平等的继承制度的根本否定，也是对我国《宪法》确认的男女平等原则以及国家在遗产继承问题上法律、政策的贯彻落实。

继承权男女平等的含义是：

1. 男性与女性具有平等的继承权，不因性别差异而有所不同。

2. 夫妻在继承上有平等的权利，也有相互继承遗产的继承权，如夫妻一方死亡后另一方再婚的，有权处分所继承的财产，任何人不得干涉。

3. 在继承人的范围和法定继承的顺序上，男女亲等相同，父系亲与母系亲平等。

4. 在代位继承中，男女有平等的代位继承权，适用于父系的代位继承，同样适用于母系。

**第一千一百二十七条**　遗产按照下列顺序继承：

（一）第一顺序：配偶、子女、父母；

（二）第二顺序：兄弟姐妹、祖父母、外祖父母。

继承开始后，由第一顺序继承人继承，第二顺序继承人不继承；没有第一顺序继承人继承的，由第二顺序继承人继承。

本编所称子女，包括婚生子女、非婚生子女、养子女和有扶养关系的继子女。

本编所称父母，包括生父母、养父母和有扶养关系的继父母。

本编所称兄弟姐妹，包括同父母的兄弟姐妹、同父异母或者同母异父的兄弟姐妹、养兄弟姐妹、有扶养关系的继兄弟姐妹。

【条文要义】

本条是对法定继承顺序的规定。

法定继承人的继承顺序，又称为法定继承人的顺位，是指法律直接规定的法定继承人参加继承的先后次序。法定继承人的继承顺序关系到各继承人以何地位参加继承，谁有权继承、谁无权继承，谁是合法继承人、谁是不当继承人，可以避免继承中许多不应发生的争议与纠纷，作用非常重要。

法定继承人继承顺序的特征是：（1）法定性，是指由法律根据继承人与被继承人之间关系的亲疏、密切程度直接规定，而不是由当事人自行决定；（2）强行性，是指任何人、任何机关都不得以任何理由改变，即使被继承人本人也无权改变；（3）排他性，是指在法定继承中，继承人只能依法定的继承顺序依次参加继承，前一顺序的继承人总是排斥后一顺序继承人的继承；（4）限定性，是指法定继承人的继承顺序只限定在法定继承中适用，各法定继承人须按照法律规定的继承顺序依次取得被继承人的遗产。

本条规定两个继承顺序：

1. 配偶、子女、父母为第一顺序法定继承人。其中子女，包括婚生子女、非婚生子女、养子女和有扶养关系的继子女；父母，包括生父母、养父母和有扶养关系的继父母。

2. 兄弟姐妹、祖父母、外祖父母为第二顺序法定继承人。其中，兄弟姐妹包括同父母的兄弟姐妹、同父异母或者同母异父的兄弟姐妹、养兄弟姐妹、有扶养关系的继兄弟姐妹。

法定继承人的继承顺序是：（1）继承开始后，由第一顺序继承人继承，排斥第二顺序继承人的继承，第二顺序继承人不继承；（2）没有第一顺序继承人继承的，才能由第二顺序继承人继承。

【相关司法解释】

《最高人民法院关于适用〈中华人民共和国民法典〉继承编的解释（一）》

**第十一条** 继子女继承了继父母遗产的，不影响其继承生父母的遗产。

继父母继承了继子女遗产的，不影响其继承生子女的遗产。

**第十二条** 养子女与生子女之间、养子女与养子女之间，系养兄弟姐妹，可以互为第二顺序继承人。

被收养人与其亲兄弟姐妹之间的权利义务关系，因收养关系的成立而消除，不能互为第二顺序继承人。

**第十三条** 继兄弟姐妹之间的继承权，因继兄弟姐妹之间的扶养关系而发生。没有扶养关系的，不能互为第二顺序继承人。

继兄弟姐妹之间相互继承了遗产的，不影响其继承亲兄弟姐妹的遗产。

**第一千一百二十八条** 被继承人的子女先于被继承人死亡的，由被继承人的子女的直系晚辈血亲代位继承。

被继承人的兄弟姐妹先于被继承人死亡的，由被继承人的兄弟姐妹的子女代位继承。

代位继承人一般只能继承被代位继承人有权继承的遗产份额。

## 【条文要义】

本条是对代位继承的规定。

代位继承，是指被继承人的子女先于被继承人死亡，由被继承人的子女的直系晚辈血亲代替先亡的被继承人的子女继承被继承人遗产的法定继承制度。本条规定了两种代位继承：一是被继承人的子女的直系晚辈血亲的代位继承，二是被继承人的兄弟姐妹的子女的代位继承。在代位继承中，被继承人的子女或者兄弟姐妹为被代位继承人，承继应继份的被继承人子女或者兄弟姐妹的直系晚辈血亲为代位继承人。应继份，是指各继承人对遗产上一切权利义务可以继承的成数或比例。

代位继承的构成要件是：（1）须被继承人的子女或者兄弟姐妹在继承开始前已经死亡或丧失继承权；（2）被代位人是被继承人的子女或者兄弟姐妹等直系血亲；（3）代位继承人必须是被代位人的直系晚辈血亲。

代位继承产生的法律效力，主要为代位继承人可以继承被代位继承人的应继份，即被代位继承人有权继承的遗产份额。代位继承人的应继份应根据被代位人的应继份确定，按房或支来分割遗产。

## 【相关司法解释】

**《最高人民法院关于适用〈中华人民共和国民法典〉继承编的解释（一）》**

第十四条　被继承人的孙子女、外孙子女、曾孙子女、外曾孙子女都可以代位继承，代位继承人不受辈数的限制。

第十五条　被继承人的养子女、已形成扶养关系的继子女的生子女可以代位继承；被继承人亲生子女的养子女可以代位继承；被继承人养子女的养子女可以代位继承；与被继承人已形成扶养关系的继子女的养子女也可以代位继承。

第十六条　代位继承人缺乏劳动能力又没有生活来源，或者对被继承人尽过主要赡养义务的，分配遗产时，可以多分。

第十七条　继承人丧失继承权的，其晚辈直系血亲不得代位继承。如该代位继承人缺乏劳动能力又没有生活来源，或者对被继承人尽赡养义务较多的，可以适当分给遗产。

**《最高人民法院关于适用〈中华人民共和国民法典〉时间效力的若干规定》**

第十四条　被继承人在民法典施行前死亡，遗产无人继承又无人受遗赠，其兄弟姐妹的子女请求代位继承的，适用民法典第一千一百二十八条第二款和第三款的规定，但是遗产已经在民法典施行前处理完毕的除外。

**第一千一百二十九条**　丧偶儿媳对公婆，丧偶女婿对岳父母，尽了主要赡养义务的，作为第一顺序继承人。

## 【条文要义】

本条是对丧偶儿媳、丧偶女婿作为第一顺序继承人的规定。

丧偶儿媳对公婆、丧偶女婿对岳父母尽了主要赡养义务的，作为第一顺序继承人，是本条规定的主旨。

这一规定没有先例，在各国继承立法中将姻亲（血亲的配偶和配偶的血亲）规定为法定继承人的，是罕见的立法例。在编纂民法典的过程中，许多学者都建议改革这一规定，将对公婆或者岳父母尽了主要赡养义务的丧偶儿媳、丧偶女婿作为可以分得遗产的人，更为妥当，但是立法机关没有采纳这样的意见，仍然将其规定为第一顺序继承人。

丧偶的儿媳或女婿作为第一顺序继承人继承公婆或岳父母的遗产，应具备的条件是：

1. 必须存在丧偶的情形，只有发生丧偶时，儿媳或女婿才有可能以自己的名义作为继承人继承公婆或岳父母的遗产。至于丧偶儿媳或女婿是否再婚，在所不问。

2. 丧偶儿媳或女婿必须对公婆或岳父母尽了主要的赡养义务，即对被继承人生活提供了主要经济来源或在劳务等方面给予了主要扶助。

只要儿媳或女婿符合了这两个条件，就可以作为第一顺序继承人参与继承，取得遗产。

**【相关司法解释】**

**《最高人民法院关于适用〈中华人民共和国民法典〉继承编的解释（一）》**

**第十八条** 丧偶儿媳对公婆、丧偶女婿对岳父母，无论其是否再婚，依照民法典第一千一百二十九条规定作为第一顺序继承人时，不影响其子女代位继承。

**第十九条** 对被继承人生活提供了主要经济来源，或者在劳务等方面给予了主要扶助的，应当认定其尽了主要赡养义务或主要扶养义务。

**第一千一百三十条** 同一顺序继承人继承遗产的份额，一般应当均等。

对生活有特殊困难又缺乏劳动能力的继承人，分配遗产时，应当予以照顾。

对被继承人尽了主要扶养义务或者与被继承人共同生活的继承人，分配遗产时，可以多分。

有扶养能力和有扶养条件的继承人，不尽扶养义务的，分配遗产时，应当不分或者少分。

继承人协商同意的，也可以不均等。

**【条文要义】**

本条是对同一顺序法定继承人分割遗产方法的规定。

法定继承人分割遗产的具体方法是：

1. 同一顺序法定继承人有数人的，继承遗产的份额一般应当均等，在特殊情况下也可以不均等。确定每个继承人的应继份，不是以遗产分割的时间为准，而是按照继承开始时确定的遗产总额计算。

2. 对生活有特殊困难又缺乏劳动能力的继承人，应当予以适当照顾，适当多分。

3. 对被继承人尽了主要扶养义务或者与被继承人共同生活的继承人，可以多分。

4. 对于有扶养能力和扶养条件却不尽扶养义务的继承人，可以不分或者少分。

5. 各继承人协商同意不均等分割的，也可以不均等分割。

在分配遗产时，应当根据不同情况，按照上述分割遗产的方法，确定每个继承人的继承份额。

## 【相关司法解释】

《最高人民法院关于适用〈中华人民共和国民法典〉继承编的解释（一）》

第四条　遗嘱继承人依遗嘱取得遗产后，仍有权依照民法典第一千一百三十条的规定取得遗嘱未处分的遗产。

第二十二条　继承人有扶养能力和扶养条件，愿意尽扶养义务，但被继承人因有固定收入和劳动能力，明确表示不要求其扶养的，分配遗产时，一般不应因此而影响其继承份额。

第二十三条　有扶养能力和扶养条件的继承人虽然与被继承人共同生活，但对需要扶养的被继承人不尽扶养义务，分配遗产时，可以少分或者不分。

第四十三条　人民法院对故意隐匿、侵吞或者争抢遗产的继承人，可以酌情减少其应继承的遗产。

**第一千一百三十一条**　对继承人以外的依靠被继承人扶养的人，或者继承人以外的对被继承人扶养较多的人，可以分给适当的遗产。

## 【条文要义】

本条是对非继承人酌分遗产的规定。

酌分遗产，是指对继承人以外的依靠被继承人扶养的人或者继承人以外的对被继承人扶养较多的人，虽然没有继承权，但是可以根据实际情况分给适当遗产的继承制度。

可以酌分遗产的人有两种：

1. 对继承人以外的依靠被继承人扶养的缺乏劳动能力又没有生活来源的人。

2. 继承人以外的对被继承人扶养较多的人。

这两种人，前者是需要基于一定的遗产以使其有生活着落，后者是依据权利义务相一致原则，因其对被继承人扶养较多而分给适当遗产以资鼓励。具体酌分多少，应当根据实际情况酌定。

**【相关司法解释】**

**《最高人民法院关于适用〈中华人民共和国民法典〉继承编的解释（一）》**

第十条　被收养人对养父母尽了赡养义务，同时又对生父母扶养较多的，除可以依照民法典第一千一百二十七条的规定继承养父母的遗产外，还可以依照民法典第一千一百三十一条的规定分得生父母适当的遗产。

第二十条　依照民法典第一千一百三十一条规定可以分给适当遗产的人，分给他们遗产时，按具体情况可以多于或者少于继承人。

第二十一条　依照民法典第一千一百三十一条规定可以分给适当遗产的人，在其依法取得被继承人遗产的权利受到侵犯时，本人有权以独立的诉讼主体资格向人民法院提起诉讼。

第四十一条　遗产因无人继承又无人受遗赠归国家或者集体所有制组织所有时，按照民法典第一千一百三十一条规定可以分给适当遗产的人提出取得遗产的诉讼请求，人民法院应当视情况适当分给遗产。

**第一千一百三十二条　继承人应当本着互谅互让、和睦团结的精神，协商处理继承问题。遗产分割的时间、办法和份额，由继承人协商确定；协商不成的，可以由人民调解委员会调解或者向人民法院提起诉讼。**

**【条文要义】**

本条是对确定处理继承方法的规定。

确定处理遗产继承应当遵守的基本方法是：

1. 继承人应当本着互谅互让、和睦团结的精神，协商处理继承问题。这是大的原则，通过协商处理，使遗产继承能够公平合理，实现妥善解决。

2. 遗产分割的时间、办法和份额，可以由继承人协商确定，根据协商确定的时间、办法和份额来分割遗产。

3. 如果继承人之间协商不成的，可以由人民调解委员会调解或者向人民法院提起诉讼，由人民调解委员会调解解决，达成调解方案的，按照调解方案处理遗产继承纠纷。人民法院受理继承案件也应当进行调解，调解不成的，依照民法典继承编的规定处理。

# 第三章　遗嘱继承和遗赠

**第一千一百三十三条**　自然人可以依照本法规定立遗嘱处分个人财产，并可以指定遗嘱执行人。

自然人可以立遗嘱将个人财产指定由法定继承人中的一人或者数人继承。

自然人可以立遗嘱将个人财产赠与国家、集体或者法定继承人以外的组织、个人。

自然人可以依法设立遗嘱信托。

【条文要义】

本条是对遗嘱继承的一般规定。

遗嘱继承，是指于继承开始后，继承人按照被继承人合法有效的遗嘱，继承被继承人遗产的继承方式。在遗嘱继承中，具体的继承人、继承顺序、应继份、遗产管理、遗嘱执行等，都可由被继承人在遗嘱中指定，故遗嘱继承也被称作"指定继承"，与法定继承相对应。在遗嘱继承中，生前立有遗嘱的被继承人称为遗嘱人或立遗嘱人，依照遗嘱的指定享有遗产继承权的人为遗嘱继承人。遗嘱继承所指向的客体为被继承人指定的遗产份额。

遗嘱继承的特征是：（1）遗嘱继承以事实构成作为发生依据，除须具备被继承人死亡这一法律事实外，还须以被继承人所立的合法有效的遗嘱为要件；（2）遗嘱继承直接体现被继承人的意志，是通过对遗嘱的执行与实现来直接体现被继承人的意志；（3）遗嘱继承具有效力优先性，既关系到谁可以实际参与继承，也关系到遗嘱继承人可以得到多少遗产份额；（4）遗嘱继承的主体具有限定性，限定在一定的范围内。

规定遗嘱继承的意义是：（1）有利于保护自然人的私有财产权和继承权；（2）有利于体现被继承人的意志；（3）有利于减少继承争议、稳定家庭关系。

在遗嘱继承中，自然人可以依照民法典的规定，用立遗嘱的方法，处分个人死后的遗产，并且可以指定遗嘱执行人，由遗嘱执行人执行自己的遗嘱。自然人可以在遗嘱中，将个人死后的遗产指定由法定继承人中的一人或者数人继承，为遗嘱继承人，而其他继承人不是遗嘱继承人，无权继承其遗产。

自然人可以立遗嘱将个人财产赠与国家、集体或者法定继承人以外的人，即遗赠，设立遗赠也使其他继承人丧失或者部分丧失继承被继承人遗产的权利。

遗嘱信托是通过遗嘱而设立的信托，也叫死后信托。委托人以立遗嘱的方式把财产交付信托，就是遗嘱信托，即委托人预先将财产的规划性内容（包括交付信托后遗产的管理、分配、运用及给付等）写在遗嘱中，在遗嘱生效时，将信托财产转移给受托人，由受托人依据信托的内容（委托人在遗嘱中交办的事项）管理、处分信托财产。

**第一千一百三十四条　自书遗嘱由遗嘱人亲笔书写，签名，注明年、月、日。**

**【条文要义】**

本条是对自书遗嘱的规定。

遗嘱，是指自然人在生前按照法律的规定对自己的财产处分作出意思表示，安排与此有关的事务，并于死后发生法律效力的单方民事行为。

遗嘱的法律特征是：（1）遗嘱是无相对人的单方法律行为；（2）遗嘱是遗嘱人亲自作出的独立的法律行为；（3）遗嘱是于遗嘱人死亡后发生法律效力的法律行为；（4）遗嘱是要式法律行为。

遗嘱的主要形式是：（1）自书遗嘱；（2）代书遗嘱；（3）打印遗嘱；（4）录音录像遗嘱；（5）口头遗嘱；（6）公证遗嘱。

自书遗嘱也叫亲笔遗嘱，是指由遗嘱人亲笔书写的遗嘱形式。自书遗嘱不需要见证人参加，只要遗嘱人亲笔书写出自己的意思表示即可。自书遗嘱对遗嘱人没有特别要求，只要遗嘱人有文字书写能力，就可以独立作出自书遗嘱。

自书遗嘱应当符合以下要求：

1. 须由遗嘱人亲笔书写遗嘱的全部内容，不能由他人代写，而且只能由遗嘱人用笔将其意思记录下来。

2. 须是遗嘱人关于其死亡后财产处分的正式意思表示，如果不是正式制作，仅是在日记或有关的信件中提到准备在其死亡后对某财产作如何处理，不应认定为自书遗嘱。

3. 须由遗嘱人签名，既证明遗嘱确为遗嘱人亲自书写，也证明遗嘱是遗嘱人的真实意思表示。

4. 须注明年、月、日，不仅可以确定自书遗嘱的成立时间，在发生纠纷时方便辨明遗嘱的真伪，而且可以判明遗嘱人在立自书遗嘱时是否具有遗嘱能力，以确定遗嘱是否有效，有助于辨明多份遗嘱的先后顺序，以确定哪份遗嘱是最终具有法律效力的自书遗嘱。

5. 增删或涂改时须签名并注明时间。否则，其涂改、增删的内容无效。

【相关司法解释】

**《最高人民法院关于适用〈中华人民共和国民法典〉继承编的解释（一）》**

**第二十七条** 自然人在遗书中涉及死后个人财产处分的内容，确为死者的真实意思表示，有本人签名并注明了年、月、日，又无相反证据的，可以按自书遗嘱对待。

**第一千一百三十五条** 代书遗嘱应当有两个以上见证人在场见证，由其中一人代书，并由遗嘱人、代书人和其他见证人签名，注明年、月、日。

【条文要义】

本条是对代书遗嘱的规定。

代书遗嘱亦称代笔遗嘱，是指由他人代为书写的遗嘱形式。遗嘱人无文字书写能力或者由于其他原因不能亲笔书写遗嘱的，为了保护遗嘱人的遗嘱自由，允许遗嘱人在符合法定条件的情形下，请他人代为书写遗嘱。代书遗嘱简便易行，节省费用，方便遗嘱人，而且我国民间遗嘱并未十分普及，因此有必要特设此方法。

代书遗嘱须符合以下要求：

1. 须由遗嘱人口授遗嘱内容，并由一见证人代书。遗嘱是必须由遗嘱人亲自进行的行为，不允许他人代理。在代书遗嘱中，遗嘱人也必须亲自表述自己处分财产的意思，进行口述，由他人代笔书写下来。代书人仅是遗嘱人口授遗嘱的文字记录者，不是遗嘱人的代理人，不能就遗嘱内容提出任何意见。

2. 须有两人以上在场见证。遗嘱见证人是参与代书遗嘱，能够证明代书遗嘱真实性的人。为了保证代书遗嘱的真实性，应当有两个以上见证人在场见证。只有代书人一人在场见证制作的代书遗嘱，不具有代书遗嘱的效力。

3. 须代书人、其他见证人和遗嘱人在遗嘱上签名，并注明年、月、日。代书人在书写完遗嘱后，应向遗嘱人宣读遗嘱，在其他见证人和遗嘱人确认无误后，在场的代书人、见证人和遗嘱人都须在遗嘱上签名，并注明年、月、日。遗嘱人可以用按指印来代替签名，因为法律规定代书遗嘱的主要原因是有的人不具有自书遗嘱的能力，确有许多人连自己的名字也不会写。遗嘱人如确实是不会书写自己名字的，可用按指印或者盖章方式代替签名，但遗嘱的见证人、能够书写自己的名字的遗嘱人须在遗嘱上签名，而不能以按指印或盖章的方式代替签名。

**第一千一百三十六条　打印遗嘱应当有两个以上见证人在场见证。遗嘱人和见证人应当在遗嘱每一页签名，注明年、月、日。**

【条文要义】

本条是对打印遗嘱的规定。

打印遗嘱，是指遗嘱人通过电脑制作，用打印机打印出来的遗嘱。在电脑应用普及之后，已经很少有人用笔写作了，通过电脑写作和打印，已经是书写的常态。近年来，很多人制作遗嘱都是用电脑写作，之后用打印机打印出来，形成打印遗嘱。由于原《继承法》没有规定打印遗嘱这种形式，因而在司法实践中对打印遗嘱的效力存在较多争论，有的认为是自书遗嘱，有的认为是代书遗嘱，其实都不准确。

鉴于打印遗嘱应用的普遍性，本条采纳专家的意见，规定打印遗嘱是法定的遗嘱形式，符合条件的，应当确认其法律效力。

打印遗嘱有效的要件是：

1. 遗嘱为电脑制作、打印机打印出来的文本形式。

2. 打印遗嘱应当有两个以上见证人在场见证，打印遗嘱文本的每一页都要签名。

3. 遗嘱人在遗嘱文本的每一页都签名。

4. 最后注明年、月、日。具备这些要件，打印遗嘱发生遗嘱效力。

**【相关司法解释】**

《最高人民法院关于适用〈中华人民共和国民法典〉时间效力的若干规定》

第十五条 民法典施行前,遗嘱人以打印方式立的遗嘱,当事人对该遗嘱效力发生争议的,适用民法典第一千一百三十六条的规定,但是遗产已经在民法典施行前处理完毕的除外。

**第一千一百三十七条** 以录音录像形式立的遗嘱,应当有两个以上见证人在场见证。遗嘱人和见证人应当在录音录像中记录其姓名或者肖像,以及年、月、日。

**【条文要义】**

本条是对录音录像遗嘱的规定。

录音录像遗嘱是一种新型的遗嘱方式,是指以录音或者录像方式录制下来的遗嘱人的口述遗嘱,其实就是视听遗嘱。录音录像遗嘱应当符合下列要件:

1. 须有两个以上的见证人在场见证,见证人应当把各自的姓名、性别、年龄、籍贯、职业、所在工作单位和家庭住址等基本情况予以说明。

2. 须由遗嘱人亲自叙述遗嘱的内容,内容应当具体,对有关财产的处分,应当说明财产的基本情况,说明财产归什么人承受。

3. 须遗嘱人、见证人将有关视听资料封存,并签名、注明日期,以确定遗嘱的订立时间。

4. 须当众开启录音录像遗嘱,在继承开始后,在参与制作遗嘱的见证人和全体继承人到场的情况下,当众启封,以维护录音录像遗嘱的真实性。具备这些要件的录音录像遗嘱,才会发生法律效力。

**第一千一百三十八条** 遗嘱人在危急情况下,可以立口头遗嘱。口头遗嘱应当有两个以上见证人在场见证。危急情况消除后,遗嘱人能够以书面或者录音录像形式立遗嘱的,所立的口头遗嘱无效。

**【条文要义】**

本条是对口头遗嘱的规定。

口头遗嘱,是指在危急情况下,由遗嘱人口头表述,由见证人予以见证的遗嘱,也称口授遗嘱。口头遗嘱应当有两个以上见证人在场见证。危急情况解除后,遗嘱人能够以书面或者录音录像形式立遗嘱的,所立的口头遗嘱无效。

口头遗嘱须具备以下条件:

1. 须遗嘱人处于危急情况下,不能以其他方式设立遗嘱。危急情况,是指遗嘱人生命垂危、在战争中或者发生意外灾害,随时都有生命危险,来不及或无条件设立其他形式遗嘱的情况。

2. 须有两个以上的见证人在场见证。见证人应当与遗产继承无利害关系,将遗嘱人口授的遗嘱记录下来,并由记录人、其他见证人签名,注明年、月、日。

3. 须在危急情况解除后,遗嘱人能够利用其他形式立遗嘱。危急情况一旦解除,遗嘱人应当在一定时间内另立遗嘱。否则,即使遗嘱人没有另立遗嘱,该口头遗嘱也将失去法律效力。

本条没有明确在危急情况解除后,遗嘱人应于多长时间内另立遗嘱,即没有规定口头遗嘱的有效期间。口头遗嘱属遗嘱的简易方式,是在不得已时使用的,因而设立有效期间十分必要。通常认为口头遗嘱在危急情况解除后,经过3个月而失其效力,以保障遗嘱的真实性。如果遗嘱人于危急情况解除3个月后仍未设立其他形式遗嘱的,则对其所立的口头遗嘱不予认可。

**第一千一百三十九条 公证遗嘱由遗嘱人经公证机构办理。**

【条文要义】

本条是对公证遗嘱的规定。

公证遗嘱,是指通过法律规定的公证形式订立的,有关订立程序和形式都由法律规定的遗嘱。公证遗嘱与遗嘱公证不同,遗嘱公证是公证处按照法定程序证明遗嘱人设立遗嘱行为真实、合法的活动。公证遗嘱是最为严格的遗嘱,较其他的遗嘱方式更能保障遗嘱人意思表示的真实性;发生继承纠纷时,公证遗嘱是证明遗嘱人处分财产意思表示真实、可靠的证据。

公证遗嘱的办理要求是:

1. 须由遗嘱人亲自申办,立遗嘱人应当亲自作出遗嘱,亲自申办公证,提供有关证件和材料,不能由他人代理办理遗嘱公证。

2. 须遗嘱人于公证员面前亲自书写遗嘱或者口授遗嘱,由公证员对该遗嘱或者遗嘱草稿进行审核,由遗嘱人签名确立公证遗嘱,并应注明设立遗嘱的地点和年、月、日。

3. 须公证员遵守回避的规定。

4. 须公证员依法作出公证。对于符合下列条件的,公证处应当出具公证书:(1)遗嘱人身份属实,具有完全民事行为能力;(2)遗嘱人意思表示真实;(3)遗嘱人证明或者保证所处分的财产是其个人财产;(4)遗嘱内容不违反法律规定和社会公共利益,内容完备,文字表述准确,签名、制作日期齐全;(5)办证程序符合规定。不符合规定条件的,应当拒绝公证。

**第一千一百四十条 下列人员不能作为遗嘱见证人:**

(一)无民事行为能力人、限制民事行为能力人以及其他不具有见证能力的人;

(二)继承人、受遗赠人;

(三)与继承人、受遗赠人有利害关系的人。

**【条文要义】**

本条是对遗嘱见证人资格的规定。

遗嘱见证人,是指订立遗嘱时亲临遗嘱制作现场,对遗嘱真实性予以证明的第三人。本法规定的多种遗嘱皆须有见证人参与,因而见证人及其信用如何、遗嘱见证人证明的真伪,直接关系着遗嘱的效力。

遗嘱见证人必须是能够客观、公正地证明遗嘱真实性的人,应当具备的条件是:(1)具有完全民事行为能力;(2)与继承人、遗嘱人没有利害关系;(3)知晓遗嘱所使用的语言。

本条规定的是遗嘱见证人的资格限制:

1. 无民事行为能力人、限制民事行为能力人以及其他不具有见证能力的人,不能作为见证人。见证人是否具有民事行为能力,应当以遗嘱见证时为准,如果于遗嘱人立遗嘱时为完全民事行为能力人,而其后丧失行为能力,则不影响遗嘱见证的效力。

2. 继承人、受遗赠人不能作为见证人,是因为与遗嘱有直接的利害关系,由他们作见证人难以保证其证明的客观性、真实性,易生弊端。

3. 与继承人、受遗赠人有利害关系的人,是继承人、受遗赠人能否取得遗产、取得多少遗产会直接影响其利益的人，不能作为见证人。包括继承人、受遗赠人的近亲属，以及继承人、受遗赠人的债权人和债务人、共同经营的合伙人。

不具备遗嘱见证人资格的人不能作为遗嘱的见证人，其所作的见证不具有法律效力。

【相关司法解释】

《最高人民法院关于适用〈中华人民共和国民法典〉继承编的解释（一）》

第二十四条　继承人、受遗赠人的债权人、债务人，共同经营的合伙人，也应当视为与继承人、受遗赠人有利害关系，不能作为遗嘱的见证人。

**第一千一百四十一条　遗嘱应当为缺乏劳动能力又没有生活来源的继承人保留必要的遗产份额。**

【条文要义】

本条是对必留份的规定。

必留份又称必继份，是指被继承人在遗嘱中处分自己的遗产时，必须依法留给特定继承人，不得自由处分的遗产份额。本条规定的遗嘱应当对缺乏劳动能力又没有生活来源的继承人保留必要的遗产份额，就是必留份。

遗嘱非法处分必留份的，该部分遗嘱内容无效。

规定必留份的意义是：（1）对遗嘱自由给予一定的限制；（2）有利于保护那些缺乏劳动能力又无生活来源的继承人的利益；（3）减轻社会的负担，以防遗嘱人将应当由家庭承担的责任推给社会。

享有必留份权利的继承人，须同时具备缺乏劳动能力和没有生活来源两个条件。有劳动能力而没有生活来源，或者缺乏劳动能力而有生活来源的继承人，都不在此列。法定继承人是否为缺乏劳动能力又无生活来源的人，应以继承开始时为准，不能以遗嘱人立遗嘱时继承人的状况为准。

在遗嘱中未为缺乏劳动能力又没有生活来源的继承人保留必要的遗产份额时，遗嘱并非全部无效，而是涉及处分必留份遗产的遗嘱内容无效，其余内容仍可有效。遗产处理时，应当为必留份权利人留下必要的遗产，剩余的部分参照遗嘱确定的分配遗产方法处理。

**【相关司法解释】**

**《最高人民法院关于适用〈中华人民共和国民法典〉继承编的解释（一）》**

第二十五条　遗嘱人未保留缺乏劳动能力又没有生活来源的继承人的遗产份额，遗产处理时，应当为该继承人留下必要的遗产，所剩余的部分，才可参照遗嘱确定的分配原则处理。

继承人是否缺乏劳动能力又没有生活来源，应当按遗嘱生效时该继承人的具体情况确定。

**第一千一百四十二条　遗嘱人可以撤回、变更自己所立的遗嘱。**

**立遗嘱后，遗嘱人实施与遗嘱内容相反的民事法律行为的，视为对遗嘱相关内容的撤回。**

**立有数份遗嘱，内容相抵触的，以最后的遗嘱为准。**

**【条文要义】**

本条是对遗嘱撤回、变更和遗嘱效力冲突的规定。

遗嘱撤回，是指遗嘱人在订立遗嘱后又通过一定的方式取消原来所立的遗嘱。

遗嘱变更，是指遗嘱人在遗嘱订立后对遗嘱内容的部分修改。

遗嘱人撤回或变更遗嘱的构成要件是：（1）遗嘱人须有遗嘱能力；（2）须为遗嘱人的真实意思表示；（3）须由遗嘱人亲自依法定的方式和程序为之。①明示方式，是指遗嘱人以明确的意思表示撤回、变更遗嘱；②推定方式，是指遗嘱人虽未以明确的意思表示撤回、变更遗嘱，但法律根据遗嘱人的行为推定遗嘱人撤回、变更了遗嘱。

以下推定不允许当事人以反证推翻：遗嘱人立有数份遗嘱且内容相抵触的，推定撤回、变更之前的遗嘱；遗嘱人生前的行为与遗嘱的内容相抵触的，推定遗嘱撤回、变更；遗嘱人故意销毁、涂销遗嘱的，推定遗嘱人撤回原遗嘱。

遗嘱撤回或者变更只要符合撤回或者变更的条件，自作出之时即发生效力。遗嘱撤回或者变更的效力，是使被撤回或者变更的遗嘱内容不产生效力：

1. 遗嘱撤回的，自撤回生效时起，被撤回的遗嘱作废，以新设立的遗嘱为遗嘱人处分自己财产的真实意思表示，以新设立的遗嘱来确定遗嘱的效力和执行。遗嘱撤回后遗嘱人未设立新遗嘱的，视为被继承人未立遗嘱。

2. 遗嘱变更的，自变更生效时起，以变更后的遗嘱内容为遗嘱人的真实意思表示，应以变更后的遗嘱来确定遗嘱的有效或者无效，依变更后的遗嘱执行。即使变更后的遗嘱内容无效而原遗嘱内容有效的，也应按变更后的遗嘱内容确认遗嘱无效。

立有数份遗嘱，内容相抵触的，应当视为后设立的遗嘱取代或者变更了原设立的遗嘱。因此，遗嘱人设立数份遗嘱内容抵触的，应当以最后设立的遗嘱为准，即"遗嘱设立在后效力优先"。本条的这一规定，改变了原《继承法》第 20 条规定的公证遗嘱优先原则，是更合适的立法选择。

【相关司法解释】

《最高人民法院关于适用〈中华人民共和国民法典〉时间效力的若干规定》

第二十三条　被继承人在民法典施行前立有公证遗嘱，民法典施行后又立有新遗嘱，其死亡后，因该数份遗嘱内容相抵触发生争议的，适用民法典第一千一百四十二条第三款的规定。

**第一千一百四十三条　无民事行为能力人或者限制民事行为能力人所立的遗嘱无效。**

**遗嘱必须表示遗嘱人的真实意思，受欺诈、胁迫所立的遗嘱无效。**

**伪造的遗嘱无效。**

**遗嘱被篡改的，篡改的内容无效。**

【条文要义】

本条是对遗嘱无效的规定。

遗嘱无效，是指遗嘱因不符合法律规定而不能发生法律效力。遗嘱无效的后果是遗嘱人在遗嘱中处分其财产的意思表示无效，不能依照遗嘱处置被继承人的遗产，遗嘱人在遗嘱中的意思不能实现，不发生遗嘱人所预期的法律后果。

本条规定的遗嘱无效事由是：

1. 无民事行为能力人或者限制民事行为能力人所立的遗嘱。完全民事行为能力人于设立遗嘱后被宣告为无民事行为能力人或限制民事行为能力人的，其原设立的遗嘱仍有效；但其于民事行为能力变动以后对原设立遗嘱变更或撤回的，遗嘱的变更或撤回无效。

2. 受胁迫、欺诈所设立的遗嘱，不是遗嘱人真实意思表示，因欠缺遗嘱的合法要件而无效。受胁迫、欺诈订立的遗嘱，在遗嘱人生前可以通过另立遗嘱、事实行为以及法律行为将该遗嘱撤销；在遗嘱人死后，有关的利害关系人可以向法院请求遗嘱无效，应负证明遗嘱是遗嘱人因受胁迫、欺诈所设立的举证责任。应当注意的是，受胁迫、欺诈所设立的遗嘱，虽然也是民事法律行为，但是不适用民法典第148条至第150条的规定，不属于可撤销的民事法律行为，而是无效的民事法律行为。

3. 伪造遗嘱及代理订立遗嘱。这是指以被继承人的名义设立，但根本不是被继承人意思表示的遗嘱。只要不是遗嘱人的意思表示而名义上是遗嘱人的遗嘱，都属于伪造遗嘱，不论其内容如何、是否损害了继承人的利益，均为无效。

4. 被篡改的遗嘱内容。遗嘱的内容被遗嘱人以外的其他人作了更改，是对遗嘱的内容修改、删节、补充等。经篡改的遗嘱内容已经不再是遗嘱人的意思表示，而是篡改人的意思表示，因而不发生遗嘱的效力，该部分内容无效。遗嘱不能因被篡改而全部无效，遗嘱中未被篡改的内容仍然是遗嘱人的真实意思表示，仍然有效。

**【相关司法解释】**

《最高人民法院关于适用〈中华人民共和国民法典〉继承编的解释（一）》

第二十六条　遗嘱人以遗嘱处分了国家、集体或者他人财产的，应当认定该部分遗嘱无效。

第二十八条　遗嘱人立遗嘱时必须具有完全民事行为能力。无民事行为能力人或者限制民事行为能力人所立的遗嘱，即使其本人后来具有完全民事行为能力，仍属无效遗嘱。遗嘱人立遗嘱时具有完全民事行为能力，后来成为无民事行为能力人或者限制民事行为能力人的，不影响遗嘱的效力。

**第一千一百四十四条　遗嘱继承或者遗赠附有义务的，继承人或者受遗赠人应当履行义务。没有正当理由不履行义务的，经利害关系人或者有关组织请求，人民法院可以取消其接受附义务部分遗产的权利。**

**【条文要义】**

本条是对遗托的规定。

遗托也叫作附负担的遗嘱继承或遗赠或者附义务的遗嘱继承或遗赠，是指遗嘱人在遗嘱中向遗嘱继承人或受遗赠人附加提出必须履行某项义务的要求。遗托中的"托"，是委托之"托"，即通过遗嘱形式，向遗嘱继承人或者受遗赠人委托事项，只不过这种委托之"托"附有继承遗产或者接受遗赠的权利。最典型的遗托如遗赠房屋，受遗赠人须看护及扶养遗赠人的祖父母。在遗托法律关系中，受遗赠人称为负担义务人，相对人称为负担受益人，双方为遗托关系的当事人。本条没有使用遗托的术语，但内容一致。

遗托的法律特征是：（1）遗托以遗嘱方式作出；（2）遗托是遗嘱继承和遗赠的附加义务；（3）履行遗托的义务以接受遗产和接受遗赠为前提。

遗托所设负担的内容必须是能够实现的一定给付，不一定是金钱的价值。设定遗托负担的给付内容，不能是不确定事项、不法事项，所设负担不得违背公序良俗。凡是以不确定的、违法的或者违背公序良俗的事项为负担的，一律无效。

遗托的效力主要表现在受遗赠人接受或者承认遗赠时而确定其负履行负担的义务。遗托因必须履行而具有不可免除性，只要遗嘱人的遗托不违背法律和社会公德，不违反社会公共利益，又是可以履行的，接受了遗产的遗嘱继承人或者受遗赠人就必须履行遗托的义务，不得免除。没有正当理由不履行义务的，经有关单位或者个人请求，人民法院可以取消受托人接受遗产的权利。

**【相关司法解释】**

**《最高人民法院关于适用〈中华人民共和国民法典〉继承编的解释（一）》**

**第二十九条** 附义务的遗嘱继承或者遗赠，如义务能够履行，而继承人、受遗赠人无正当理由不履行，经受益人或者其他继承人请求，人民法院可以取消其接受附义务部分遗产的权利，由提出请求的继承人或者受益人负责按遗嘱人的意愿履行义务，接受遗产。

# 第四章　遗产的处理

**第一千一百四十五条**　继承开始后，遗嘱执行人为遗产管理人；没有遗嘱执行人的，继承人应当及时推选遗产管理人；继承人未推选的，由继承人共同担任遗产管理人；没有继承人或者继承人均放弃继承的，由被继承人生前住所地的民政部门或者村民委员会担任遗产管理人。

【条文要义】

本条是对遗产管理人产生方式的规定。

遗产管理人，是指对死者遗产负责保存和管理的人。本条规定遗产管理人的产生方式是：

1. 继承开始后，遗嘱执行人为遗产管理人。被继承人在遗嘱中指定遗嘱执行人的，该遗嘱执行人即为遗产管理人。

2. 被继承人在遗嘱中明确指定了遗产管理人的，法律自应尊重，继承人也应服从。遗嘱指定的遗产管理人未尽其义务或损害继承人及遗产债权人利益的，利害关系人可以请求法院予以撤换。

3. 没有遗嘱执行人的，继承人应当及时推选遗产管理人。继承人为一人的，则遗产直接转化为该继承人的个人财产，其进行的管理就是所有权人的管理。继承人为多人的，各继承人皆可为遗产管理人，但为了遗产管理能够更好地进行，全体继承人可以推选一人或数人作为遗产管理人，由其进行遗产的管理活动。

4. 继承人未推选的，由全体继承人共同担任遗产管理人。

5. 没有继承人或者继承人均放弃继承的，由被继承人生前住所地的民政部门或者村民委员会担任遗产管理人。法定继承人、村民委员会、居民委员会担任遗产管理人的，不得辞任，但继承人放弃继承权的除外。

**第一千一百四十六条**　对遗产管理人的确定有争议的，利害关系人可以向人民法院申请指定遗产管理人。

【条文要义】

本条是对法院指定遗产管理人的规定。

在特定情况下,应当由法院直接指定遗产管理人:

1. 遗嘱未指定遗嘱执行人或遗产管理人,继承人对遗产管理人的选任有争议的。

2. 没有继承人或者继承人下落不明,遗嘱中又未指定遗嘱执行人或遗产管理人的。

3. 对指定遗产管理人的遗嘱的效力存在争议的。

4. 遗产债权人有证据证明继承人的行为已经或将要损害其利益的。

出现上述情形,利害关系人可以向法院起诉,申请指定遗产管理人。为保证遗产的安全,避免遗产的毁损,人民法院在指定遗产管理人之前,经利害关系人的申请,可以对遗产进行必要的处分,即在紧急情况下(如遗产有毁损、灭失风险时),法院可代行遗产管理人的部分职责。

**第一千一百四十七条** 遗产管理人应当履行下列职责:

(一)清理遗产并制作遗产清单;

(二)向继承人报告遗产情况;

(三)采取必要措施防止遗产毁损、灭失;

(四)处理被继承人的债权债务;

(五)按照遗嘱或者依照法律规定分割遗产;

(六)实施与管理遗产有关的其他必要行为。

【条文要义】

本条是对遗产管理人职责范围的规定。

遗产管理人的职责范围是:

1. 清理遗产并制作遗产清单。清理遗产是指查清遗产的名称、数量、地点、价值等状况。在查清遗产的基础上,遗嘱管理人应当编制遗产清单,全面、准确地载明遗产的具体情况,既包括对积极财产的记载,也包括对消极财产的记载。遗产清单制作完成后,应当进行公证。

2. 向继承人报告遗产情况,使继承人掌握被继承人遗留遗产的真实情况。

3. 采取必要措施防止遗产毁损、灭失。为了妥善保护遗产，需要采取必要的处分措施，如变卖易腐物品、修缮房屋、进行必要的营业行为、收取到期债权等。这些必要的处分措施是为了保护遗产而为，不能超越必要限度，如果超出限度，则属于遗产管理人的非必要处分行为，对继承人、受遗赠人等造成损害的，应由遗产管理人承担赔偿责任，如遗产管理人将遗产无偿赠与他人、将遗产故意毁坏等。

4. 处理被继承人的债权债务。遗产管理人在通知或公告后，对有关遗产债务应当进行清偿，以遗产的实际价值为限。对遗产债务的清偿应当按照一定的顺序，对同一顺序的债务无法全部清偿的，可以按一定的比例清偿。只有在清偿完毕债务后尚有剩余遗产的，才能按照被继承人的遗嘱或者依照法律规定进行继承。

5. 按照遗嘱或者依照法律规定分割遗产。在继承开始后，如果存有遗产的人不是继承人，或者存有遗产的人是放弃继承权的继承人，应当将遗产进行集中管理。如果只有一个继承人，则应当及时将遗产移交给继承人。如果有两个以上继承人的，则应当进行遗产分割，将分割后的遗产交给继承人。

6. 实施与管理遗产有关的其他必要行为，如查明被继承人是否留有遗嘱、确定遗嘱是否真实合法等。

**第一千一百四十八条** 遗产管理人应当依法履行职责，因故意或者重大过失造成继承人、受遗赠人、债权人损害的，应当承担民事责任。

**【条文要义】**

本条是对遗产管理人履行职责及责任的规定。

遗产管理人履行管理遗产职责，首先要解决的是其于执行职务时应尽何种注意义务。为使遗产债权人、受遗赠人等遗产权利人的利益得到保障，遗产管理人应当负善良管理人的注意义务。遗产管理人须忠实、谨慎地履行管理职责。

遗产管理人未尽善良管理人的注意义务，不当履行职责，因故意或者重大过失造成继承人、受遗赠人、债权人损害的，应当承担民事责任，对造成的损失应当予以赔偿。

**第一千一百四十九条** 遗产管理人可以依照法律规定或者按照约定获得报酬。

**【条文要义】**

本条是对遗嘱管理人可以获得报酬的规定。

遗嘱管理人提供遗产管理服务，可以是有偿服务。确定遗产管理服务报酬的方法是：

1. 依照法律规定，如律师担任遗产管理人，按照律师收费标准确定报酬数额。

2. 按照约定，在委托遗产管理人时，双方签订合同，约定报酬的数额。

法律规定或者合同约定遗产管理人获得报酬的，法律依法保护，不履行给付报酬的，遗产管理人可以向法院起诉请求给付。

遗产管理人报酬应当在遗产中支付，享有优先权。

**第一千一百五十条** 继承开始后，知道被继承人死亡的继承人应当及时通知其他继承人和遗嘱执行人。继承人中无人知道被继承人死亡或者知道被继承人死亡而不能通知的，由被继承人生前所在单位或者住所地的居民委员会、村民委员会负责通知。

**【条文要义】**

本条是对继承开始通知的规定。

继承开始的通知，是指将被继承人死亡的事实通知继承人或遗嘱执行人，以便继承人或者遗嘱执行人及时处理有关继承问题。

继承开始后，通知继承人是继承的必要环节，也是继承人行使继承权的前提。因此，继承开始后，应当进行继承开始的通知。

确定负有继承开始通知义务人的方法是：

1. 知道被继承人死亡的继承人。已经知道被继承人死亡的继承人，应当及时将继承开始的事实通知其他继承人和遗嘱执行人。

2. 继承人中无人知道被继承人死亡或者虽然知道被继承人死亡但是无法通知的（如无民事行为能力），负有通知义务的人是被继承人生前所在单位或者住所地的居民委员会、村民委员会。

关于继承开始通知的具体时间和方式，本条没有明确规定。通知的具体时间应当是，负有通知义务的继承人或单位应当及时发出通知，是否及时应当根据具体情况来确定；通知的具体方式应是，以将继承开始的事项传达给对方为原则，可采取口头方式，也可采取书面方式，还可采取公告方式。

负有通知义务的继承人或单位，如果有意隐瞒继承开始的事实，造成其他继承人损失的，应当承担赔偿责任。

【相关司法解释】

《最高人民法院关于适用〈中华人民共和国民法典〉继承编的解释（一）》

第三十条　人民法院在审理继承案件时，如果知道有继承人而无法通知的，分割遗产时，要保留其应继承的遗产，并确定该遗产的保管人或者保管单位。

**第一千一百五十一条　存有遗产的人，应当妥善保管遗产，任何组织或者个人不得侵吞或者争抢。**

【条文要义】

本条是对存有遗产的人负有保管遗产义务的规定。

在继承开始后，遗产如果在特定的人处保存，存有遗产的人就负有妥善保管遗产的义务。妥善的含义，是存有遗产的人对遗产的保管负有善良管理人的注意义务，违反该注意义务，即为过失。存有遗产的人应当将存有的遗产如实报告给遗产管理人，以便确定遗产的数额，进行遗产分割。

对存有遗产的人保管的遗产，任何组织或者个人，特别是遗产继承人、被继承人的债权人等利害关系人，也包括存有遗产的人，都不得侵吞和争抢，侵害遗产。造成遗产损失的，应当承担赔偿责任。

**第一千一百五十二条　继承开始后，继承人于遗产分割前死亡，并没有放弃继承的，该继承人应当继承的遗产转给其继承人，但是遗嘱另有安排的除外。**

【条文要义】

本条是对转继承的规定。

转继承，是指在继承开始后，继承人未放弃继承，于遗产分割前死亡的，其所应继承的遗产份额由其继承人承受的继承制度。转继承是对遗产份额的再继承，而非继承权利的移转。

转继承无论是在法定继承中还是在遗嘱继承中发生，都须具备下列要件：（1）须在被继承人死后、遗产分割前继承人死亡，这是转继承发生的时间要件；（2）须继承人未丧失或放弃继承权，这是转继承发生的客观要件；（3）须由死亡继承人的继承人继承其应继承的遗产份额，这是转继承的结果要件。至于具体的应继份以及继承人的应得份额，根据具体的法定继承与遗嘱继承情形进行判定。

转继承的效力，是指符合了继承的要件，发生转继承后产生的继承法律后果。在转继承中，作为转继承客体的被转继承人的应继份，根据死亡的被转继承人的继承方式而有所差异。如果死亡的被转继承人根据法定继承方式进行继承，则其应继份为根据法定继承取得的份额；如被转继承人为遗嘱继承人，则依照被继承人的遗嘱取得应继份。转继承人取得的份额也根据继承方式的不同而有所差异。转继承人在存在合法有效遗嘱时，适用遗嘱继承取得被转继承人的遗产份额；无遗嘱或者无有效遗嘱存在时，适用法定继承取得被转继承人的遗产份额。

**第一千一百五十三条** 夫妻共同所有的财产，除有约定的外，遗产分割时，应当先将共同所有的财产的一半分出为配偶所有，其余的为被继承人的遗产。

遗产在家庭共有财产之中的，遗产分割时，应当先分出他人的财产。

【条文要义】

本条是对分割遗产前进行析产的规定。

在分割遗产之前，应当先确定遗产的范围。被继承人死亡所遗留的遗产，通常与夫妻共同财产、家庭共同财产以及其他形式的共同财产交织在一起。因此，在分割遗产之前，必须先进行析产，在这些共有财产中分出配偶一方、其他家庭成员以及其他共有人的财产之后，才能确定遗产的范围。因此，在遗产继承中，析产非常重要。

析产的类型是：

1. 夫妻共同财产的析产。夫妻共同所有的财产，除有约定的外，分割遗产时，应当先将共同所有财产的一半分出为配偶所有，其余的为被继承人的遗产。在我国，夫妻财产的性质一般是共同共有财产，除非当事人另有约定。只要没有其他约定，夫妻财产就是法定的夫妻共有财产。将夫妻一方的财产分开，才能确定死亡的一方配偶的财产为遗产。具体方法是：先析出夫妻个人财产；确定夫妻共同财产的范围；将确定为夫妻共同财产的财产一分为二，一半作为生存一方当事人的个人财产，另一半确定为遗产范围。如果夫妻双方约定实行分别财产制的，则不存在这种析产问题。

2. 家庭共同财产的析产。遗产包含在家庭共有财产之中的，分割遗产时，应当先分出他人的财产。这是规定在家庭共有财产中析出遗产，确定遗产的范围。具体方法是，先析出家庭成员的个人财产，析出家庭共同财产中属于子女的财产，析出被继承人个人的遗产债务，确定在家庭共同财产中的遗产。

3. 其他共同财产的析产。主要是指对被继承人参与的合伙等共同财产的分析。首先应当确定被继承人的投资数额，其次应当确定在合伙收益中被继承人的应有部分，将两项财产份额加到一起，就是被继承人的遗产。

**第一千一百五十四条　有下列情形之一的，遗产中的有关部分按照法定继承办理：**

（一）遗嘱继承人放弃继承或者受遗赠人放弃受遗赠；
（二）遗嘱继承人丧失继承权或者受遗赠人丧失受遗赠权；
（三）遗嘱继承人、受遗赠人先于遗嘱人死亡或者终止；
（四）遗嘱无效部分所涉及的遗产；
（五）遗嘱未处分的遗产。

**【条文要义】**

本条是对不执行遗嘱的遗产等适用法定继承的规定。

在遗嘱继承或者遗赠中，应当按照遗嘱继承或者遗赠的规则处理遗产分割。但是在特定的情形下，遗产的有关部分应当按照法定继承办理。这些情形是：

1. 遗嘱继承人放弃继承或者受遗赠人放弃受遗赠。遗嘱继承人放弃继承或者受遗赠人放弃受遗赠，不再发生遗嘱继承和遗赠的效力，当然应当按照法定继承办理。

2. 遗嘱继承人丧失继承权或者受遗赠人丧失受遗赠权。遗嘱继承人或者受遗赠人实施了民法典第 1125 条规定的丧失继承权或者受遗赠权的行为，即丧失继承权或者受遗赠权，不能接受遗产，应当按照法定继承处理遗产。

3. 遗嘱继承人、受遗赠人先于遗嘱人死亡或者终止。这使其遗嘱继承权和受遗赠权丧失，应当按照法定继承处理遗产。

4. 遗嘱无效部分所涉及的遗产。这当然就不再受遗嘱的约束，应当按照法定继承办理。

5. 遗嘱未处分的遗产。对此不受遗嘱效力的约束，当然按照法定继承处理。

**第一千一百五十五条** 遗产分割时，应当保留胎儿的继承份额。胎儿娩出时是死体的，保留的份额按照法定继承办理。

【条文要义】

本条是对胎儿应继份的规定。

胎儿的应继份，是指对在继承开始时的胎儿，在遗产分割时应当为其保留其继承份额，在其出生时予以继承；如果胎儿娩出时是死体的，对保留的应继份，应当按照法定继承办理的继承规则。这是因为，按照民法典第16条规定，胎儿是不具有完全民事行为能力的人，但具有部分民事权利能力，胎儿的继承能力与胎儿的权利能力相适应，只具备部分继承能力。当胎儿出生前，因其尚未具备完整的人格，故还不能继承，而是为其保留应继份；待其出生后，其民事权利能力受到限制的部分已经丧失，具备了完全民事权利能力，就可以直接继承遗产。

如果胎儿在娩出时是死体的，则其受到限制的那一部分民事权利能力消灭，不具有继承能力，保留的份额应当按法定继承处理。

【相关司法解释】

**《最高人民法院关于适用〈中华人民共和国民法典〉继承编的解释（一）》**

第三十一条 应当为胎儿保留的遗产份额没有保留的，应从继承人所继承的遗产中扣回。

为胎儿保留的遗产份额，如胎儿出生后死亡的，由其继承人继承；如胎儿娩出时是死体的，由被继承人的继承人继承。

**第一千一百五十六条** 遗产分割应当有利于生产和生活需要，不损害遗产的效用。

不宜分割的遗产，可以采取折价、适当补偿或者共有等方法处理。

【条文要义】

本条是对遗产分割原则和方法的规定。

遗产分割的原则是：

1. 遗产分割自由原则：是指共同继承人可随时请求分割遗产。继承开始后，各共同继承人对遗产共同共有，允许继承人可以随时请求分割，以更好地满足继承人的生活和生产需要。

2. 互谅互让、协商分割原则：强调继承人之间互谅互让、协商分割遗产，有利于促进家庭的和睦团结，有利于精神文明建设。

3. 不损害遗产效用原则：是指在具体分割遗产标的物时，应当从有利于生产和生活的需要出发，注意发挥遗产的实际效用。在进行遗产分割时，应当考虑遗产的种类、性质、效用等各方面的情况，再结合继承人的职业、性别、文化程度、经营管理能力等具体情况，确定具体遗产标的物的归属。按照不损害遗产效用原则分割遗产，有利于发挥遗产的实际效用，有利于满足继承人的生产和生活需要，从而促进整个社会财富的增加。

遗产分割方法，是指继承人取得遗产应继份的具体方法，主要是当事人协商分割，具体方法是：

1. 实物分割：对可分物，可以作总体的实物分割。对不可分物，只能作个体的实物分割，不能作实物分割，应当采取折价补偿的方法即补偿分割。

2. 变价分割：遗产不宜进行实物分割或者继承人都不愿取得该种遗产，可以将遗产变卖，换取价金，由继承人按照自己应继份的比例，对价金进行分割。

3. 补偿分割：对不宜实物分割的遗产，如果继承人中有人愿意取得该遗产，则由该继承人取得遗产的所有权，由取得遗产所有权的继承人按照其他继承人应继份比例，分别补偿给其他继承人相应的价金。

4. 保留共有的分割：遗产不宜进行实物分割，继承人又都愿意取得遗产的；或者继承人基于某种生产或生活目的，愿意继续保持遗产共有状况的，可以采取保留共有的分割方式，由继承人对遗产享有共有权，其共有份额按照应继份的比例确定。

协商分割不成的，由人民调解委员会调解分割或者向人民法院起诉判决分割。

**【相关司法解释】**

**《最高人民法院关于适用〈中华人民共和国民法典〉继承编的解释（一）》**

**第四十二条** 人民法院在分割遗产中的房屋、生产资料和特定职业所需要的财产时，应当依据有利于发挥其使用效益和继承人的实际需要，兼顾各继承人的利益进行处理。

**第一千一百五十七条** 夫妻一方死亡后另一方再婚的,有权处分所继承的财产,任何组织或者个人不得干涉。

【条文要义】

本条是对夫妻一方死亡后另一方再婚仍有权处分所继承遗产的规定。

夫妻一方或者双方继承了遗产,当一方死亡后,另一方与他人再婚的,并不能改变其所继承的遗产成为自己的财产,因而有权处分自己所继承的财产。这种处分财产的行为,是所有权权能的体现,任何组织或者个人不得干涉。

**第一千一百五十八条** 自然人可以与继承人以外的组织或者个人签订遗赠扶养协议。按照协议,该组织或者个人承担该自然人生养死葬的义务,享有受遗赠的权利。

【条文要义】

本条是对遗赠扶养协议的规定。

遗赠扶养协议,是指遗赠人和扶养人为明确相互间遗赠和扶养的权利义务关系所订立的协议。在遗赠扶养协议中,需要他人扶养并愿将自己的合法财产全部或部分遗赠给扶养人的为遗赠人,也称为受扶养人;对遗赠人尽扶养义务并接受遗赠的人为扶养人。接受扶养的遗赠人只能是自然人,而承担扶养义务的扶养人既可以是自然人,也可以是有关组织。作为扶养人的自然人不能是法定继承人范围内的人。遗赠扶养协议属于继承制度,它既不同于遗赠,也不同于一般的遗产处理,更不是单纯的合同问题,而是一种独立的继承制度。

遗赠扶养协议的特征是:(1)遗赠扶养协议为双方法律行为,须有双方的意思表示一致才能成立;(2)遗赠扶养协议为诺成法律行为,自双方意思表示达成一致时起即发生效力;(3)遗赠扶养协议为要式法律行为,应采用书面形式;(4)遗赠扶养协议为双务有偿法律行为,扶养人负有负责受扶养人的生养死葬的义务,受扶养人也有将自己的财产遗赠给扶养人的义务;(5)遗赠扶养协议具有效力优先性,遗赠扶养协议与遗赠、遗嘱继承并存的,应当优先执行遗赠扶养协议。

遗赠扶养协议的效力是:

1. 对扶养人的效力:扶养人对遗赠人负有生养死葬的义务;扶养人有取得遗赠财产的权利。扶养人不尽或不认真履行扶养义务的,其依协议约定取得财产的权利将会丧失或部分丧失。

2. 对遗赠人的效力：遗赠人有权要求扶养人履行扶养义务，并负有于其死亡后将协议中约定的财产转归扶养人取得的义务，不得将遗产转让他人。

3. 对第三人的效力：遗赠人的继承人、遗赠人均不得主张取得该财产；在遗赠扶养协议存续期间遗赠人将遗产转让他人的，扶养人可以行使不当得利请求权，遗产受到损害的可以行使损害赔偿请求权。

**【相关司法解释】**

《最高人民法院关于适用〈中华人民共和国民法典〉继承编的解释（一）》

第四十条　继承人以外的组织或者个人与自然人签订遗赠扶养协议后，无正当理由不履行，导致协议解除的，不能享有受遗赠的权利，其支付的供养费用一般不予补偿；遗赠人无正当理由不履行，导致协议解除的，则应当偿还继承人以外的组织或者个人已支付的供养费用。

**第一千一百五十九条　分割遗产，应当清偿被继承人依法应当缴纳的税款和债务；但是，应当为缺乏劳动能力又没有生活来源的继承人保留必要的遗产。**

**【条文要义】**

本条是对遗产清偿债务顺序的规定。

遗产在分割之前，应当先清偿债务。遗产债务清偿的顺序是：

1. 遗产管理费。遗产管理、清算、分割等费用的支出，不仅是为了继承人的共同利益，也是为了遗产债权人的利益，应当优先清偿，遗产管理人的费用也在这一项目下支出。虽然本条没有规定遗产管理费具有最优先的地位，但这是必然的。

2. 缴纳所欠税款。被继承人生前所欠税款，应当在清偿生前所欠税款之后，予以扣除。

3. 被继承人生前所欠债务。被继承人的遗产源于被继承人生前所从事的各类法律行为。被继承人在生前进行法律行为是以获得债权为目的，而履行债务则是获得债权的代价，即债务是债权的基础。在清偿遗产债务时，应当优先考虑被继承人生前所欠债务的清偿问题。

对于继承人以外的依靠被继承人扶养的缺乏劳动能力又没有生活来源的人，即使遗产不足以清偿上述税款和债务，也应当保留适当份额，按具体情况可以多于或少于继承人。

**第一千一百六十条** 无人继承又无人受遗赠的遗产，归国家所有，用于公益事业；死者生前是集体所有制组织成员的，归所在集体所有制组织所有。

【条文要义】

本条是对无人继承又无人受遗赠遗产的规定。

无人继承又无人受遗赠的遗产，也叫继承人旷缺，是指被继承人死亡时，没有法定继承人，又无遗嘱继承人和受遗赠人或者其全部继承人都表示放弃继承，受遗赠人表示不接受遗赠，死者的遗产即属无人继承又无人受遗赠的遗产。

形成无人继承又无人受遗赠的遗产的原因包括：（1）没有法定继承人、遗嘱继承人和受遗赠人；（2）法定继承人、遗嘱继承人放弃继承，受遗赠人放弃受遗赠；（3）法定继承人、遗嘱继承人丧失继承权，受遗赠人丧失受遗赠权。

由于无人继承又无人受遗赠被继承人所余留的遗产无人承受，因此应当归国家所有，用于公益事业；如果死者生前是集体所有制组织成员的，则归所在集体所有制组织所有。

**第一千一百六十一条** 继承人以所得遗产实际价值为限清偿被继承人依法应当缴纳的税款和债务。超过遗产实际价值部分，继承人自愿偿还的不在此限。

继承人放弃继承的，对被继承人依法应当缴纳的税款和债务可以不负清偿责任。

【条文要义】

本条是对限定继承和放弃继承的规定。

限定继承也叫限定承认，是指继承人附加限制条件地接受被继承人的全部遗产的意思表示。一般的限定条件是以因继承所得之遗产偿还被继承人债务。如果继承人采取限定承认，则意味着继承人只对被继承人生前所欠债务负有以其所继承的被继承人的遗产为限的清偿责任,对超出部分不负责清偿,故以继承人承担有限责任为原则。

限定继承的效力是:

1. 继承人参与继承法律关系,取得继承既得权,有权请求分割遗产。

2. 继承人责任的限制,仅以因继承所得的积极财产为限,对遗产债务承担清偿责任,即继承人就遗产负有限责任。

3. 继承人固有财产与遗产分离,两种财产各自享有独立的法律地位。据此,继承人清偿被继承人依法应当缴纳的税款和债务,以所得遗产的实际价值为限,超过遗产实际价值的部分,不承担清偿责任,但继承人自愿偿还的不在此限。

继承权放弃,也叫继承权拒绝、继承权抛弃,是指继承人于继承开始后、遗产分割前作出的放弃其继承被继承人遗产权利的意思表示。继承权放弃是继承人自由表达其意志、行使继承权的一种表现,是一种单方民事法律行为,无须征得任何人的同意。

**第一千一百六十二条　执行遗赠不得妨碍清偿遗赠人依法应当缴纳的税款和债务。**

【条文要义】

本条是对执行遗赠不得对抗清偿遗产债务的规定。

受遗赠权不是债权,遗赠人的债权人依法应当缴纳的税款和债权的请求权优于受遗赠人的受遗赠权,受遗赠人不能与税务部门和受遗赠人的债权人平等地分配遗产,故遗赠执行人不能先以遗产用于执行遗赠。遗赠执行人在清偿完被继承人生前所欠的税款和债务后,才能在遗产剩余的部分中执行遗赠。在清偿被继承人生前所欠的税款和债务后没有剩余遗产的,遗赠不能执行,受遗赠人的权利消灭,遗赠执行人没有执行遗赠的义务。

**第一千一百六十三条　既有法定继承又有遗嘱继承、遗赠的,由法定继承人清偿被继承人依法应当缴纳的税款和债务;超过法定继承遗产实际价值部分,由遗嘱继承人和受遗赠人按比例以所得遗产清偿。**

【条文要义】

本条是对法定继承、遗嘱继承和遗赠同时存在时清偿遗产债务顺序的规定。

在一个被继承人的遗产上，既发生了法定继承，又发生了遗嘱继承、遗赠的，究竟先由哪一部分继承的遗产承担遗产债务，既涉及对不同的继承和遗赠的效力认识问题，也涉及对被继承人的债权人的债权保护问题。原《继承法》对此没有规定，本条规定的规则是：

1. 首先由法定继承人清偿被继承人依法应当缴纳的税款和债务。这是因为，遗嘱继承和遗赠的效力优先于法定继承，在清偿遗产债务时，当然应当先用法定继承人继承的遗产部分，清偿被继承人依法应当缴纳的税款和债务。

2. 被继承人依法应当缴纳的税款和债务的数额超过法定继承遗产实际价值的部分。由法定继承人继承的遗产部分清偿税款和债务仍有不足的，再由遗嘱继承人和受遗赠人按比例以所得遗产予以清偿。所谓按比例，就是遗嘱继承人和受遗赠人接受遗产的效力相同，不存在先后顺序问题，因而应当按比例以所得遗产清偿债务。这个比例，是遗嘱继承人和受遗赠人各自所得遗产的比例。

无论是法定继承还是遗嘱继承、遗赠，超过其所得遗产部分，不承担清偿责任。

# 第七编
# 侵权责任

# 第一章　一般规定

**第一千一百六十四条**　本编调整因侵害民事权益产生的民事关系。

【条文要义】

本条是对民法典侵权责任编调整范围的规定。

在民法典中，侵权责任编是专门调整侵权责任法律关系的规范。侵权行为发生后，在侵权人和被侵权人之间发生侵权责任法律关系，被侵权人是侵权责任法律关系的请求权人，是权利主体，侵权人是责任主体，负担满足被侵权人侵权责任请求权的责任。侵权责任编就是调整这种法律关系的专门法。

侵权责任编规定了调整范围，就是规定了侵权责任的保护范围。侵权责任的保护范围，是所有的民事权益。从这个意义上来看，本条规定代替了原《侵权责任法》第2条第2款规定的内容。该法第2条第2款规定的内容比较烦琐，且有遗漏。本条采用概括式的立法方式，将所有的民事权益都包括在侵权责任的保护范围之内。

侵权责任保护的范围是：

1. 所有的民事权利都受侵权责任保护。按照民法典总则编第五章规定的民事权利，即人格权、身份权、物权、债权、知识产权、继承权和股权及其他投资性权利，以及其他法律规定的民事权利，都在侵权责任的保护之中。

2. 法律保护的民事利益即法益。包括一般人格权保护的其他人格利益、胎儿的人格利益、死者的人格利益、其他身份利益和其他财产利益。这些都由侵权责任予以保护。

这些民事权益受到侵害，产生侵权责任法律关系，被侵权人可以行使请求权，侵权人应当承担侵权责任，救济损害。

【相关司法解释】

《最高人民法院关于适用〈中华人民共和国民法典〉时间效力的若干规定》

第二十四条　侵权行为发生在民法典施行前，但是损害后果出现在民法典施行后的民事纠纷案件，适用民法典的规定。

**第一千一百六十五条** 行为人因过错侵害他人民事权益造成损害的，应当承担侵权责任。

依照法律规定推定行为人有过错，其不能证明自己没有过错的，应当承担侵权责任。

【条文要义】

本条是对过错责任原则、过错推定原则及一般侵权责任构成要件的规定。

过错责任原则是侵权责任的一般归责原则。它有三个功能：（1）确定对一般侵权行为适用过错责任原则调整，以行为人存在过错为基本要求，无过错者无责任；（2）一般侵权行为的范围是一般侵权行为，即民法典侵权责任编第三章至第十章没有具体规定的侵权行为，都适用过错责任原则确定侵权责任；（3）过错责任原则的规定包含请求权的基础，请求权人可以依照本条第1款的规定直接起诉，法官依此作出判决。

应当特别强调指出的是，第三人明知当事人之间的债权债务关系，故意帮助债务人转移财产或者以其他违背公序良俗的方式逃避债务，债权人难以通过合同制度、担保制度、破产制度等法律规定实现债权清偿，请求第三人承担侵权责任的，可以依照民法典第1165条的规定作出认定。如果被侵害的债权通过相当的公示方法予以公示的，第三人过失也构成侵权责任。有人认为认定第三人的侵权责任，应当层报所在辖区高级人民法院审核，必要时层报最高人民法院审核，这仍然是行政管理的思维，是完全没有必要的，法官有权依照该条规定，根据过错责任原则作出认定。

过错推定原则从本质上说，仍然是过错责任原则，只是过错的要件实行推定而不是认定，因而在其他构成要件证明成立的情况下，法官可以直接推定行为人有过错，行为人认为自己没有过错的，应当自己举证证明，能够证明则免除责任，不能证明或者证明不足者，责任成立。本条第2款没有规定请求权，须依据适用过错推定原则的具体规定作为请求权基础。

适用过错责任的一般侵权行为和过错推定责任适用的部分特殊侵权行为，其构成要件都是：（1）违法行为；（2）损害事实；（3）因果关系；（4）过错。适用过错责任原则的过错要件须被侵权人证明，适用过错推定原则的特殊侵权责任的过错要件实行推定；违法行为、损害事实、因果关系的要件均由被侵权人负责证明。

**第一千一百六十六条** 行为人造成他人民事权益损害，不论行为人有无过错，法律规定应当承担侵权责任的，依照其规定。

【条文要义】

本条是对无过错责任原则的规定。

无过错责任原则，是在法律有特别规定的情况下，不论行为人致人损害时是否有过错，都要承担侵权赔偿责任的归责原则。

在通常情况下，侵权法认为有过错才有责任，无过错则无责任。但是，在工业革命之后，由于高度危险活动广泛发展，在很多情况下强调无过错则无责任，将会使很多受害人无法得到侵权赔偿的救济，因而创设这一归责原则，使在法律规定的情况下，行为人没有过错而造成损害的被侵权人能够得到赔偿救济。

适用无过错责任原则救济被侵权人，需要有法律的特别规定，没有法律特别规定的，就不能适用无过错责任原则。侵权责任编规定了产品责任、生态环境损害责任、高度危险责任、饲养动物损害责任适用无过错责任原则。这些具体规定是无过错责任原则调整的侵权法律关系的请求权基础，本条规定不是无过错责任原则适用的请求权基础。

适用无过错责任原则的侵权责任构成要件是：（1）违法行为；（2）损害事实；（3）因果关系。具备这三个要件，构成侵权责任。行为人如果能够证明损害是受害人自己故意造成的，则免除侵权责任。

**第一千一百六十七条** 侵权行为危及他人人身、财产安全的，被侵权人有权请求侵权人承担停止侵害、排除妨碍、消除危险等侵权责任。

【条文要义】

本条是对侵权责任禁令的规定。

侵权责任禁令，是指侵权行为危及人身、财产安全时，被侵权人对侵权人享有停止侵害、排除妨碍、消除危险等的请求权。这几种侵权责任的适用条件，都是侵权行为危及他人人身、财产安全，尚未造成实际损害的情形。事实上，即使这种侵权行为已经造成了受害人的损害，除损害赔偿外，被侵权人也可以请求这些救济。不过，本条侧重强调的是前者。

侵权行为危及人身、财产安全，停止侵害就是禁令。在发生这种情况时，向法院请求停止侵害，法院裁判停止侵害，就是禁止行为人继续实施侵权行为。排除妨碍、消除危险其实也是禁令的具体措施，在侵权行为实施过程中，虽然没有造成损害，但是造成了妨碍或者存在权利损害的危险，要在停止侵害的基础上，排除对权利构成妨碍的行为，消除权利受到损害的危险。

本条没有规定请求被侵权人承担上述责任的具体程序，按照法理，应当适用诉讼程序解决。按照禁令的要求，应当准许被侵权人在诉前采取禁令，防止侵权行为继续实施而造成损害。在一般侵权责任案件中，准许诉前禁令是可以探索的，不过须由请求禁令的当事人提供担保，一旦请求错误，应当承担赔偿责任。

## 【相关司法解释】

### 《最高人民法院关于生态环境侵权案件适用禁止令保全措施的若干规定》

**第一条** 申请人以被申请人正在实施或者即将实施污染环境、破坏生态行为，不及时制止将使申请人合法权益或者生态环境受到难以弥补的损害为由，依照民事诉讼法第一百条、第一百零一条规定，向人民法院申请采取禁止令保全措施，责令被申请人立即停止一定行为的，人民法院应予受理。

**第二条** 因污染环境、破坏生态行为受到损害的自然人、法人或者非法人组织，以及民法典第一千二百三十四条、第一千二百三十五条规定的"国家规定的机关或者法律规定的组织"，可以向人民法院申请作出禁止令。

**第三条** 申请人提起生态环境侵权诉讼时或者诉讼过程中，向人民法院申请作出禁止令的，人民法院应当在接受申请后五日内裁定是否准予。情况紧急的，人民法院应当在接受申请后四十八小时内作出。

因情况紧急，申请人可在提起诉讼前向污染环境、破坏生态行为实施地、损害结果发生地或者被申请人住所地等对案件有管辖权的人民法院申请作出禁止令，人民法院应当在接受申请后四十八小时内裁定是否准予。

**第四条** 申请人向人民法院申请作出禁止令的，应当提交申请书和相应的证明材料。

申请书应当载明下列事项：

（一）申请人与被申请人的身份、送达地址、联系方式等基本情况；

（二）申请禁止的内容、范围；

（三）被申请人正在实施或者即将实施污染环境、破坏生态行为，以及如不及

时制止将使申请人合法权益或者生态环境受到难以弥补损害的情形;

(四) 提供担保的财产信息,或者不需要提供担保的理由。

**第五条** 被申请人污染环境、破坏生态行为具有现实而紧迫的重大风险,如不及时制止将对申请人合法权益或者生态环境造成难以弥补损害的,人民法院应当综合考量以下因素决定是否作出禁止令:

(一) 被申请人污染环境、破坏生态行为被行政主管机关依法处理后仍继续实施;

(二) 被申请人污染环境、破坏生态行为对申请人合法权益或者生态环境造成的损害超过禁止被申请人一定行为对其合法权益造成的损害;

(三) 禁止被申请人一定行为对国家利益、社会公共利益或者他人合法权益产生的不利影响;

(四) 其他应当考量的因素。

**第六条** 人民法院审查申请人禁止令申请,应当听取被申请人的意见。必要时,可进行现场勘查。

情况紧急无法询问或者现场勘查的,人民法院应当在裁定准予申请人禁止令申请后四十八小时内听取被申请人的意见。被申请人意见成立的,人民法院应当裁定解除禁止令。

**第七条** 申请人在提起诉讼时或者诉讼过程中申请禁止令的,人民法院可以责令申请人提供担保,不提供担保的,裁定驳回申请。

申请人提起诉讼前申请禁止令的,人民法院应当责令申请人提供担保,不提供担保的,裁定驳回申请。

**第八条** 人民法院裁定准予申请人禁止令申请的,应当根据申请人的请求和案件具体情况确定禁止令的效力期间。

**第九条** 人民法院准予或者不准予申请人禁止令申请的,应当制作民事裁定书,并送达当事人,裁定书自送达之日起生效。

人民法院裁定准予申请人禁止令申请的,可以根据裁定内容制作禁止令张贴在被申请人住所地、污染环境、破坏生态行为实施地、损害结果发生地等相关场所,并可通过新闻媒体等方式向社会公开。

**第十条** 当事人、利害关系人对人民法院裁定准予或者不准予申请人禁止令申请不服的,可在收到裁定书之日起五日内向作出裁定的人民法院申请复议一次。人民法院应当在收到复议申请后十日内审查并作出裁定。复议期间不停止裁定的执行。

**第十一条** 申请人在人民法院作出诉前禁止令后三十日内不依法提起诉讼的,人民法院应当在三十日届满后五日内裁定解除禁止令。

禁止令效力期间内,申请人、被申请人或者利害关系人以据以作出裁定的事由发生变化为由,申请解除禁止令的,人民法院应当在收到申请后五日内裁定是否解除。

**第十二条** 被申请人不履行禁止令的,人民法院可依照民事诉讼法第一百一十一条的规定追究其相应法律责任。

**第十三条** 侵权行为实施地、损害结果发生地在中华人民共和国管辖海域内的海洋生态环境侵权案件中,申请人向人民法院申请责令被申请人立即停止一定行为的,适用海洋环境保护法、海事诉讼特别程序法等法律和司法解释的相关规定。

## 第一千一百六十八条　二人以上共同实施侵权行为,造成他人损害的,应当承担连带责任。

【条文要义】

本条是对共同侵权行为及连带责任的规定。

共同侵权行为,是指二人以上基于主观的或者客观的意思联络,共同实施侵权行为造成他人损害,应当承担连带赔偿责任的多数人侵权行为。构成共同侵权行为,应当承担连带赔偿责任。

构成共同侵权责任的要件是:(1)行为人为二人以上;(2)行为人之间存在关联共同,或者是主观的关联共同即意思联络,或者是客观的关联共同;(3)造成了被侵权人的损害,且该损害不可分割;(4)每一个行为人的行为对损害的发生都有因果关系。

具备上述构成要件,共同侵权行为人应当承担连带责任。

认定共同侵权行为有主观说和客观说的区别。主观说要求共同侵权行为人在主观上有共同故意或者共同过失,客观说认为共同侵权行为人没有主观上的意思联络,但具有客观的关联共同也能构成共同侵权。立法者的意见是有限的客观说,即共同故意构成共同侵权,共同过失也构成侵权,没有共同故意也没有共同过失也可以构成共同侵权。采用关联共同说更为客观和准确,即共同行为人具有主观上的关联共同即共同故意,或者客观上的关联共同即行为人的行为指向特定对象、每一个人的行为都是损害发生的共同原因、造成同一个损害结果，且该损害为不可分的，都构成共同侵权责任。

构成共同侵权责任，共同侵权行为人应当承担连带责任，应当适用民法典第178条规定的规则：

1. 被侵权人可以向任何一个行为人请求承担中间性的全部赔偿责任。

2. 最终责任由每一个共同行为人依据过错程度和行为的原因力，按比例分担责任份额。

3. 承担超过自己责任份额的行为人，有权向没有承担或者承担责任不足份额要求的行为人行使追偿权，实现最终责任。

## 【相关司法解释】

### 《最高人民法院关于审理人身损害赔偿案件适用法律若干问题的解释》

**第二条** 赔偿权利人起诉部分共同侵权人的，人民法院应当追加其他共同侵权人作为共同被告。赔偿权利人在诉讼中放弃对部分共同侵权人的诉讼请求的，其他共同侵权人对被放弃诉讼请求的被告应当承担的赔偿份额不承担连带责任。责任范围难以确定的，推定各共同侵权人承担同等责任。

人民法院应当将放弃诉讼请求的法律后果告知赔偿权利人，并将放弃诉讼请求的情况在法律文书中叙明。[1]

### 《最高人民法院关于审理使用人脸识别技术处理个人信息相关民事案件适用法律若干问题的规定》

**第七条** 多个信息处理者处理人脸信息侵害自然人人格权益，该自然人主张多个信息处理者按照过错程度和造成损害结果的大小承担侵权责任的，人民法院依法予以支持；符合民法典第一千一百六十八条、第一千一百六十九条第一款、第一千一百七十条、第一千一百七十一条等规定的相应情形，该自然人主张多个信息处理者承担连带责任的，人民法院依法予以支持。

信息处理者利用网络服务处理人脸信息侵害自然人人格权益的，适用民法典第一千一百九十五条、第一千一百九十六条、第一千一百九十七条等规定。

### 《最高人民法院关于审理证券市场虚假陈述侵权民事赔偿案件的若干规定》

**第二十条** 发行人的控股股东、实际控制人组织、指使发行人实施虚假陈述，

---

[1] 对于这一司法解释规定，作者持不同意见，参见杨立新：《被侵权人对侵权连带责任人的选择权》，载《当代法学》2022 年第 1 期。

致使原告在证券交易中遭受损失的,原告起诉请求直接判令该控股股东、实际控制人依照本规定赔偿损失的,人民法院应当予以支持。

控股股东、实际控制人组织、指使发行人实施虚假陈述,发行人在承担赔偿责任后要求该控股股东、实际控制人赔偿实际支付的赔偿款、合理的律师费、诉讼费用等损失的,人民法院应当予以支持。

**第二十一条** 公司重大资产重组的交易对方所提供的信息不符合真实、准确、完整的要求,导致公司披露的相关信息存在虚假陈述,原告起诉请求判令该交易对方与发行人等责任主体赔偿由此导致的损失的,人民法院应当予以支持。

**第二十二条** 有证据证明发行人的供应商、客户,以及为发行人提供服务的金融机构等明知发行人实施财务造假活动,仍然为其提供相关交易合同、发票、存款证明等予以配合,或者故意隐瞒重要事实致使发行人的信息披露文件存在虚假陈述,原告起诉请求判令其与发行人等责任主体赔偿由此导致的损失的,人民法院应当予以支持。

**第二十三条** 承担连带责任的当事人之间的责任分担与追偿,按照民法典第一百七十八条的规定处理,但本规定第二十条第二款规定的情形除外。

保荐机构、承销机构等责任主体以存在约定为由,请求发行人或者其控股股东、实际控制人补偿其因虚假陈述所承担的赔偿责任的,人民法院不予支持。

**第一千一百六十九条** 教唆、帮助他人实施侵权行为的,应当与行为人承担连带责任。

教唆、帮助无民事行为能力人、限制民事行为能力人实施侵权行为的,应当承担侵权责任;该无民事行为能力人、限制民事行为能力人的监护人未尽到监护职责的,应当承担相应的责任。

## 【条文要义】

本条是对教唆人、帮助人责任的规定。

教唆人、帮助人是共同故意的共同侵权责任的责任人,包括实行人、教唆人和帮助人。本条对共同侵权的教唆人、帮助人规定的责任承担规则,分为教唆、帮助完全行为能力人,教唆、帮助无民事行为能力人以及教唆、帮助限制民事行为能力人实施侵权行为的不同规则。

在共同故意构成的共同侵权行为中,侵权人存在行为人、教唆人和帮助人的不同身份。对教唆人、帮助人承担侵权连带责任的规则是：

1. 教唆、帮助完全行为能力人：教唆人是造意者，是提出实施侵权行为主张的人，教唆人与实行人承担相同的责任；帮助人是明知侵权行为而对实行人提供帮助的人，也是共同侵权行为人，应当根据其过错程度和帮助行为的原因力承担责任份额。承担责任的规则与共同侵权行为一致，都是连带责任。

2. 教唆、帮助无民事行为能力人：教唆无民事行为能力人实施侵权行为，教唆人是侵权人，无民事行为能力人的监护人无过失，不承担责任；帮助无民事行为能力人实施侵权行为，帮助人为共同侵权行为人，监护人有过失，帮助人应当承担主要的侵权责任。

3. 教唆、帮助限制民事行为能力人：教唆限制民事行为能力人实施侵权行为，教唆人为共同侵权行为人，监护人有过失，教唆人应当承担主要的侵权责任；帮助限制民事行为能力人实施侵权行为，帮助人为共同侵权行为人，监护人有过失，双方承担同等责任。

应当指出的是，教唆、帮助无民事行为能力人、限制民事行为能力人实施侵权行为的，不论教唆人、帮助人是否知道或者应当知道行为人为无民事行为能力人、限制民事行为能力人，均应当依照民法典本条第2款的规定承担侵权责任。

教唆、帮助无民事行为能力人、限制民事行为能力人实施侵权行为，依照民法典本条第2款的规定，被侵权人同时请求教唆人、帮助人和监护人承担侵权责任的，被侵权人主张教唆人、帮助人应承担全部侵权责任，未尽到监护职责的监护人承担与其过错相应的侵权责任的，是可以的。但是，认为教唆人、帮助人主张根据监护人的过错相应减轻自己的责任份额的，人民法院不予支持；教唆人、帮助人承担侵权责任后向监护人追偿的，人民法院不予支持，是不对的，因为这样计算损害赔偿责任，将会导致综合赔偿数额超过损失的数额，违反填平原则。

**第一千一百七十条** 二人以上实施危及他人人身、财产安全的行为，其中一人或者数人的行为造成他人损害，能够确定具体侵权人的，由侵权人承担责任；不能确定具体侵权人的，行为人承担连带责任。

【条文要义】

本条是对共同危险行为及责任的规定。

共同危险行为是指二人或者二人以上共同实施有侵害他人危险的行为，造成损害结果,不能确定其中谁为加害人的多数人侵权行为。能够确定具体加害人的,不属于共同危险行为,由具体加害人承担责任。

共同危险行为是广义的共同侵权行为,其特征是:(1)行为是由数人实施,而不是由一个人实施;(2)共同实施的行为具有侵害他人的危险性;(3)具有危险性的共同行为造成了损害结果,是致人损害的原因;(4)损害结果不是全体共同危险行为人的行为所致,但不能确定具体加害人。

符合上述要求的,构成共同危险行为,应当由全体共同危险行为人对被侵权人承担连带责任。这种连带责任承担,应当依照民法典第178条规定的规则进行。其中,每一个共同加害人的份额分担,基本上实行平均分担,只有在"市场份额"的适用场合,才按照市场份额的比例承担最终责任。例如,某一种产品致人损害,不能确知谁为加害人,只能按照每一个企业同期生产的产品比例确定责任份额。

**第一千一百七十一条**　二人以上分别实施侵权行为造成同一损害,每个人的侵权行为都足以造成全部损害的,行为人承担连带责任。

**【条文要义】**

本条是对叠加的分别侵权行为及责任的规定。

分别侵权行为是二人以上分别实施侵权行为,不存在关联共同,却造成了同一个损害结果,不构成共同侵权行为的多数人侵权行为。叠加的分别侵权行为,是每一个侵权人单独实施侵权行为,造成同一个损害结果时,每一个行为人的行为的原因力都为100%,即每一个行为都是造成损害的全部原因。每一个分别侵权行为人实施的侵权行为,在原因力上叠加在一起,每一个人的行为都是损害发生的全部原因,因此形成了"100%+100%=100%"的情形。

确定叠加的分别侵权行为的责任规则是:

1. 既然每一个分别侵权行为人的行为都是损害发生的100%的原因力,赔偿责任又是一个,那么只能承担连带责任,每一个人都应当对被侵权人的损害承担责任。

2. 具体的份额,按照行为人的人数确定平均比例,如是二人,则为每人50%。

3. 承担责任超出自己份额的分别侵权行为人,有权向未承担或者承担不足的分别侵权行为人追偿。

**第一千一百七十二条** 二人以上分别实施侵权行为造成同一损害，能够确定责任大小的，各自承担相应的责任；难以确定责任大小的，平均承担责任。

【条文要义】

本条是对典型分别侵权行为及责任的规定。

典型的分别侵权行为称为"无过错联系的共同加害行为"，也是行为人分别实施的侵权行为，造成了同一个损害结果，所不同的是，每一个行为人实施的行为的原因力相加，才造成同一个损害结果，即"50%+50%=100%"。如果每一个行为人的行为的原因力相加不是这样的形式，则不属于典型的分别侵权行为。

典型的分别侵权行为的责任分担规则，不是连带责任，而是按份责任，即每一个行为人只对自己实施的行为造成的损害部分承担赔偿责任，而不是对整个损害承担全部责任，典型的特点是"各负其责"。

既然是按份责任，就必须确定每一个分别侵权行为人责任份额的大小。本条规定了两个办法：

1. 能够确定责任大小的，各自承担相应的责任。能够确定责任大小，就是按照每一个人的过错程度和行为的原因力，确定应当承担的份额。

2. 难以确定责任大小的，平均承担责任，即按照人数比例分别承担平均份额的赔偿责任。

在叠加的分别侵权行为和典型的分别侵权行为之间，还存在半叠加的分别侵权行为，即"100%+50%=100%"的情形，应当按照单向连带责任规则即混合责任规则承担责任。对此，民法典侵权责任编没有规定具体规则，可以对原因力比例重合的部分承担连带责任，不重合的部分，则由行为人自己承担。例如，"100%+50%=100%"的情形，对重合的50%双方承担连带责任，对不重合的50%由具有100%原因力的行为人自己承担。

**第一千一百七十三条** 被侵权人对同一损害的发生或者扩大有过错的，可以减轻侵权人的责任。

【条文要义】

本条是对与有过失及过失相抵规则的规定。

与有过失,我国侵权法曾将其称为混合过错,因其表述不准确而被废弃。与有过失是指对同一损害的发生或者扩大,不仅侵权人有过失及原因力,而且被侵权人也有过失及原因力,是双方当事人的过失行为造成了同一个损害结果的情形。

与有过失的后果是过失相抵。所谓相抵,是行为人各自对自己的行为造成的后果负责。其中,主要进行比较的首先是各自的过失程度,其次是比较原因力的大小;如果在无过错责任原则下,无法比较过失,则直接比较行为原因力的大小。根据过失程度和原因力大小的比较确定比例之后,确定侵权人应当承担的责任比例,其他因被侵权人自己的原因造成的损害部分,须自己负担。

根据过失相抵的比较结果,承担责任的后果是:

1. 过失程度和原因力相同者,承担同等责任(50%)。

2. 侵权人的过失程度和行为原因力大于被侵权人的,侵权人承担主要责任(51%以上)。

3. 侵权人的过失程度和行为原因力小于被侵权人的,承担次要责任(49%以下)。

【相关司法解释】

《最高人民法院关于审理银行卡民事纠纷案件若干问题的规定》

第十一条　在收单行与发卡行不是同一银行的情形下,因收单行未尽保障持卡人用卡安全义务或者因特约商户未尽审核持卡人签名真伪、银行卡真伪等审核义务导致发生伪卡盗刷交易,持卡人请求收单行或者特约商户承担赔偿责任的,人民法院应予支持,但持卡人对伪卡盗刷交易具有过错,可以减轻或者免除收单行或者特约商户相应责任。

持卡人请求发卡行承担责任,发卡行申请追加收单行或者特约商户作为第三人参加诉讼的,人民法院可以准许。

发卡行承担责任后,可以依法主张存在过错的收单行或者特约商户承担相应责任。

**第一千一百七十四条　损害是因受害人故意造成的,行为人不承担责任。**

【条文要义】

本条是对受害人故意造成损害免责事由的规定。

笔者认为，这个规定是有一定问题的，因为受害人故意并不是普遍适用的免责事由，只是无过错责任原则适用领域的免责事由。这一规定的真正含义，是指受害人的故意或者过失是损害发生的全部原因的，行为人不承担责任。

理解这一规则，应当与前条规定的过失相抵规则相比较。前条规定的是，侵权人的行为是造成受害人损害的原因的，应当承担侵权责任，但是受害人对损害的发生也有过失、行为也有原因力的，双方当事人要分担损失而形成过失相抵。本条规定的是，虽然行为人的行为是造成受害人损害的原因，但却是因受害人的故意或者过失引起，且为损害发生的全部原因的，行为人免除责任。例如，受害人在地铁轨道卧轨自杀，虽然是地铁公司的列车将其损害，但却是受害人故意所为，地铁公司不承担责任。这是无过错责任原则适用的领域。《道路交通安全法》第76条规定故意碰撞机动车造成损害的，机动车一方不承担责任，则是过错推定责任适用领域的免责情形。

**【相关司法解释】**

**《最高人民法院关于审理铁路运输人身损害赔偿纠纷案件适用法律若干问题的解释》**

第五条　铁路行车事故及其他铁路运营事故造成人身损害，有下列情形之一的，铁路运输企业不承担赔偿责任：

（一）不可抗力造成的；

（二）受害人故意以卧轨、碰撞等方式造成的；

（三）法律规定铁路运输企业不承担赔偿责任的其他情形造成的。

## 第一千一百七十五条　损害是因第三人造成的，第三人应当承担侵权责任。

**【条文要义】**

本条是对第三人原因造成损害免责事由的规定。

第三人原因也叫作第三人过错，是指受害人和加害人对于损害的发生没有过错，受害人的损害完全是第三人的过错行为造成的，应当由第三人承担侵权责任的免责事由。如果第三人的原因对于损害的发生只具有部分原因力，则是减责事由。

第三人原因的特征是：（1）过错的主体是第三人；（2）第三人与当事人特别是行为人之间没有过错联系；（3）第三人的过错是损害发生的全部原因；（4）是免责事由，行为人不承担责任。

确定第三人对损害的发生或者扩大有过错并具全部原因力的，后果是免除加害人的责任。

第三人原因作为免责事由，是一般性的免责事由，但是法律有特别规定的，应当适用特别规定。例如，民法典第1198条第2款、第1204条、第1233条、第1250条等都规定了第三人原因的特别规则，因而不适用本条规定。

**【相关司法解释】**

**《最高人民法院关于审理银行卡民事纠纷案件若干问题的规定》**

第十二条　发卡行、非银行支付机构、收单行、特约商户承担责任后，请求盗刷者承担侵权责任的，人民法院应予支持。

**第一千一百七十六条**　自愿参加具有一定风险的文体活动，因其他参加者的行为受到损害的，受害人不得请求其他参加者承担侵权责任；但是，其他参加者对损害的发生有故意或者重大过失的除外。

活动组织者的责任适用本法第一千一百九十八条至第一千二百零一条的规定。

**【条文要义】**

本条是对自甘风险的规定。

自甘风险也叫危险的自愿承担，是来自英美法的免责事由，原《侵权责任法》没有规定这一免责事由，本条是我国第一次确认自甘风险为免责事由。

自甘风险，是指受害人自愿参加具有一定风险的文体活动，因其他参加者的行为受到损害的，受害人不得请求其他参加者承担侵权责任。但是，其他参加者对损害的发生有故意或者重大过失的除外。其构成要件是：（1）组织者组织的文体活动有一定的风险，如蹦极；（2）受害人对该危险有认识，但是自愿参加；（3）受害人参加此活动，因其他参加者的行为造成损害；（4）组织者没有故意或者过失。具备这些构成要件的，即免除组织者的侵权责任，其他参加者也不承担侵权责任。例如，参加足球比赛活动受到参加者的损害。

本条第 2 款规定的活动组织者的责任适用民法典第 1198 条至第 1201 条的规定，是指自甘风险的危险活动的组织者，如果有故意或重大过失，构成违反安全保障义务的侵权责任或者对学校组织未成年学生参加的文体活动，造成未成年学生人身伤害的，分为两种情况：

1. 组织者因故意或者过失，未尽到安全保障义务而造成受害人损害的，应当承担赔偿责任。

2. 组织者因故意或者过失，致使第三人造成受害人损害的，应承担相应的补偿责任，承担责任后可以向第三人追偿。

【相关司法解释】

《最高人民法院关于适用〈中华人民共和国民法典〉时间效力的若干规定》

第十六条　民法典施行前，受害人自愿参加具有一定风险的文体活动受到损害引起的民事纠纷案件，适用民法典第一千一百七十六条的规定。

**第一千一百七十七条**　合法权益受到侵害，情况紧迫且不能及时获得国家机关保护，不立即采取措施将使其合法权益受到难以弥补的损害的，受害人可以在保护自己合法权益的必要范围内采取扣留侵权人的财物等合理措施；但是，应当立即请求有关国家机关处理。

受害人采取的措施不当造成他人损害的，应当承担侵权责任。

【条文要义】

本条是对自助行为的规定。

原《侵权责任法》没有规定自助行为，民法典将其规定为免责事由。

自助行为，是指权利人为了保护自己的合法权益，在情况紧迫而又不能获得国家机关及时救助的情况下，对他人的财产或者自由在保护自己合法权益的必要范围内采取扣押、拘束或者其他相应的措施，为法律或社会公德所认可的行为。自助行为的性质属于自力救济。本条没有明文规定可以对他人人身自由施加拘束的内容，但是在"等"字中包含了这个意思。例如，去饭店吃饭未带钱而不能付费，店主不让其离开，等待他人送钱来结账的拘束自由的行为，就是自助行为。

自助行为的构成要件是：（1）行为人的合法权益受到侵害；（2）情况紧迫且不能及时获得国家机关保护；（3）不立即采取措施将使其权益受到难以弥补的损

害；（4）在保护自己合法权益的必要范围内对侵权人实施扣留财产或者限制人身自由的行为。

行为人实施了自助行为，在权益得到保障后，即应解除相应的措施；如果仍需继续采取上述措施，应当立即请求有关国家机关依法处理。

行为人如果对受害人采取自助行为的措施不适当，造成受害人损害的，应当承担侵权责任，赔偿损失。

这一条文在文字上没有提到对侵犯人的人身自由的拘束，而是概括在"等"字当中。在学习和适用有关自助行为的规定时，应当注意这一点。

**【相关司法解释】**

**《最高人民法院关于适用〈中华人民共和国民法典〉时间效力的若干规定》**

**第十七条** 民法典施行前，受害人为保护自己合法权益采取扣留侵权人的财物等措施引起的民事纠纷案件，适用民法典第一千一百七十七条的规定。

**第一千一百七十八条** 本法和其他法律对不承担责任或者减轻责任的情形另有规定的，依照其规定。

**【条文要义】**

本条是对民法典和其他法律规定的免责事由、减责事由应予适用的规定。

民法典规定的免责事由，主要是指民法典总则编规定的免责事由，如第180条规定了不可抗力、第181条规定了正当防卫、第182条规定了紧急避险、第184条规定了紧急救助行为，都是免责事由和减责事由，都可以适用于侵权责任编，作为侵权责任的免责事由或者减责事由。侵权责任编规定的免责事由当然更没有问题。

其他法律规定的免责事由，是指民法典之外的其他民事法律或者非民事法律中规定的有关侵权责任的免责事由和减责事由。例如，《道路交通安全法》规定了道路交通事故责任的免责事由，《产品质量法》规定了产品责任的免责事由，各部资源保护法和环境保护法也都规定了相应的免责事由和减责事由。在侵权责任纠纷的法律适用中，都属于特别法规定的免责事由或者减责事由，也都应当予以适用。

# 第二章 损害赔偿

**第一千一百七十九条** 侵害他人造成人身损害的，应当赔偿医疗费、护理费、交通费、营养费、住院伙食补助费等为治疗和康复支出的合理费用，以及因误工减少的收入。造成残疾的，还应当赔偿辅助器具费和残疾赔偿金；造成死亡的，还应当赔偿丧葬费和死亡赔偿金。

【条文要义】

本条是对人身损害赔偿范围的规定。

人身损害赔偿是侵害生命权、身体权、健康权造成的损害，分为一般伤害、造成残疾和造成死亡三种类型的损害。

侵权行为造成他人人身的一般伤害，应当赔偿医疗费、护理费、交通费、营养费、住院伙食补助费等为治疗和康复支出的合理费用以及因误工减少的收入。医疗费是治疗人身伤害的治疗费、医药费、检查费等费用，护理费是对受到伤害的受害人进行护理的费用，交通费是对受害人就医、转院等治疗的本人及护理人员的交通费，营养费是对受到伤害的人在治疗和康复期间需要补充营养的费用，误工损失是因伤残等耽误工作所减少的收入。对于其他因治疗和康复支出的合理费用，也在赔偿范围之内。

受害人因伤害造成残疾的，除赔偿上述费用外，还应当赔偿辅助器具费和残疾赔偿金。辅助器具费是伤残者身体功能丧失应予配置的辅助器具的购置费和维护费，应当予以赔偿。残疾赔偿金实际上是对受到伤害造成残疾丧失劳动能力而失去的工资收入的赔偿，我国不采取实际赔偿的方法，而采用一般赔偿20年损失的一次性赔偿方法。

受害人因伤害造成死亡的，还应当赔偿丧葬费和死亡赔偿金。丧葬费是对死者丧葬所应支付的财产损失，应当按照最高人民法院的司法解释规定予以赔偿。对死亡赔偿金也是采取一次性赔偿20年的固定标准计算。

上述人身损害赔偿项目的实际计算方法，《最高人民法院关于审理人身损害赔偿案件适用法律若干问题的解释》都有具体规定，应当按照司法解释的规定确定具体的赔偿数额。

## 【相关司法解释】

### 《最高人民法院关于审理人身损害赔偿案件适用法律若干问题的解释》

**第一条** 因生命、身体、健康遭受侵害，赔偿权利人起诉请求赔偿义务人赔偿物质损害和精神损害的，人民法院应予受理。

本条所称"赔偿权利人"，是指因侵权行为或者其他致害原因直接遭受人身损害的受害人以及死亡受害人的近亲属。

本条所称"赔偿义务人"，是指因自己或者他人的侵权行为以及其他致害原因依法应当承担民事责任的自然人、法人或者非法人组织。

**第三条** 依法应当参加工伤保险统筹的用人单位的劳动者，因工伤事故遭受人身损害，劳动者或者其近亲属向人民法院起诉请求用人单位承担民事赔偿责任的，告知其按《工伤保险条例》的规定处理。

因用人单位以外的第三人侵权造成劳动者人身损害，赔偿权利人请求第三人承担民事赔偿责任的，人民法院应予支持。

**第四条** 无偿提供劳务的帮工人，在从事帮工活动中致人损害的，被帮工人应当承担赔偿责任。被帮工人承担赔偿责任后向有故意或者重大过失的帮工人追偿的，人民法院应予支持。被帮工人明确拒绝帮工的，不承担赔偿责任。

**第五条** 无偿提供劳务的帮工人因帮工活动遭受人身损害的，根据帮工人和被帮工人各自的过错承担相应的责任；被帮工人明确拒绝帮工的，被帮工人不承担赔偿责任，但可以在受益范围内予以适当补偿。

帮工人在帮工活动中因第三人的行为遭受人身损害的，有权请求第三人承担赔偿责任，也有权请求被帮工人予以适当补偿。被帮工人补偿后，可以向第三人追偿。

**第六条** 医疗费根据医疗机构出具的医药费、住院费等收款凭证，结合病历和诊断证明等相关证据确定。赔偿义务人对治疗的必要性和合理性有异议的，应当承担相应的举证责任。

医疗费的赔偿数额，按照一审法庭辩论终结前实际发生的数额确定。器官功能恢复训练所必要的康复费、适当的整容费以及其他后续治疗费，赔偿权利人可以待实际发生后另行起诉。但根据医疗证明或者鉴定结论确定必然发生的费用，可以与已经发生的医疗费一并予以赔偿。

**第七条** 误工费根据受害人的误工时间和收入状况确定。

误工时间根据受害人接受治疗的医疗机构出具的证明确定。受害人因伤致残持续误工的,误工时间可以计算至定残日前一天。

受害人有固定收入的,误工费按照实际减少的收入计算。受害人无固定收入的,按照其最近三年的平均收入计算;受害人不能举证证明其最近三年的平均收入状况的,可以参照受诉法院所在地相同或者相近行业上一年度职工的平均工资计算。

**第八条** 护理费根据护理人员的收入状况和护理人数、护理期限确定。

护理人员有收入的,参照误工费的规定计算;护理人员没有收入或者雇佣护工的,参照当地护工从事同等级别护理的劳务报酬标准计算。护理人员原则上为一人,但医疗机构或者鉴定机构有明确意见的,可以参照确定护理人员人数。

护理期限应计算至受害人恢复生活自理能力时止。受害人因残疾不能恢复生活自理能力的,可以根据其年龄、健康状况等因素确定合理的护理期限,但最长不超过二十年。

受害人定残后的护理,应当根据其护理依赖程度并结合配制残疾辅助器具的情况确定护理级别。

**第九条** 交通费根据受害人及其必要的陪护人员因就医或者转院治疗实际发生的费用计算。交通费应当以正式票据为凭;有关凭据应当与就医地点、时间、人数、次数相符合。

**第十条** 住院伙食补助费可以参照当地国家机关一般工作人员的出差伙食补助标准予以确定。

受害人确有必要到外地治疗,因客观原因不能住院,受害人本人及其陪护人员实际发生的住宿费和伙食费,其合理部分应予赔偿。

**第十一条** 营养费根据受害人伤残情况参照医疗机构的意见确定。

**第十二条** 残疾赔偿金根据受害人丧失劳动能力程度或者伤残等级,按照受诉法院所在地上一年度城镇居民人均可支配收入标准,自定残之日起按二十年计算。但六十周岁以上的,年龄每增加一岁减少一年;七十五周岁以上的,按五年计算。

受害人因伤致残但实际收入没有减少,或者伤残等级较轻但造成职业妨害严重影响其劳动就业的,可以对残疾赔偿金作相应调整。

第十三条　残疾辅助器具费按照普通适用器具的合理费用标准计算。伤情有特殊需要的，可以参照辅助器具配制机构的意见确定相应的合理费用标准。

辅助器具的更换周期和赔偿期限参照配制机构的意见确定。

第十四条　丧葬费按照受诉法院所在地上一年度职工月平均工资标准，以六个月总额计算。

第十五条　死亡赔偿金按照受诉法院所在地上一年度城镇居民人均可支配收入标准，按二十年计算。但六十周岁以上的，年龄每增加一岁减少一年；七十五周岁以上的，按五年计算。

第十六条　被扶养人生活费计入残疾赔偿金或者死亡赔偿金。

第十七条　被扶养人生活费根据扶养人丧失劳动能力程度，按照受诉法院所在地上一年度城镇居民人均消费支出标准计算。被扶养人为未成年人的，计算至十八周岁；被扶养人无劳动能力又无其他生活来源的，计算二十年。但六十周岁以上的，年龄每增加一岁减少一年；七十五周岁以上的，按五年计算。

被扶养人是指受害人依法应当承担扶养义务的未成年人或者丧失劳动能力又无其他生活来源的成年近亲属。被扶养人还有其他扶养人的，赔偿义务人只赔偿受害人依法应当负担的部分。被扶养人有数人的，年赔偿总额累计不超过上一年度城镇居民人均消费支出额。

第十八条　赔偿权利人举证证明其住所地或者经常居住地城镇居民人均可支配收入高于受诉法院所在地标准的，残疾赔偿金或者死亡赔偿金可以按照其住所地或者经常居住地的相关标准计算。

被扶养人生活费的相关计算标准，依照前款原则确定。

第十九条　超过确定的护理期限、辅助器具费给付年限或者残疾赔偿金给付年限，赔偿权利人向人民法院起诉请求继续给付护理费、辅助器具费或者残疾赔偿金的，人民法院应予受理。赔偿权利人确需继续护理、配制辅助器具，或者没有劳动能力和生活来源的，人民法院应当判令赔偿义务人继续给付相关费用五至十年。

第二十条　赔偿义务人请求以定期金方式给付残疾赔偿金、辅助器具费的，应当提供相应的担保。人民法院可以根据赔偿义务人的给付能力和提供担保的情况，确定以定期金方式给付相关费用。但是，一审法庭辩论终结前已经发生的费用、死亡赔偿金以及精神损害抚慰金，应当一次性给付。

第二十一条　人民法院应当在法律文书中明确定期金的给付时间、方式以及每期给付标准。执行期间有关统计数据发生变化的,给付金额应当适时进行相应调整。

定期金按照赔偿权利人的实际生存年限给付,不受本解释有关赔偿期限的限制。

**第二十二条** 本解释所称"城镇居民人均可支配收入""城镇居民人均消费支出""职工平均工资",按照政府统计部门公布的各省、自治区、直辖市以及经济特区和计划单列市上一年度相关统计数据确定。

"上一年度",是指一审法庭辩论终结时的上一统计年度。

**第二十三条** 精神损害抚慰金适用《最高人民法院关于确定民事侵权精神损害赔偿责任若干问题的解释》予以确定。

## 第一千一百八十条 因同一侵权行为造成多人死亡的,可以以相同数额确定死亡赔偿金。

**【条文要义】**

本条是对因同一侵权行为造成多人死亡确定死亡赔偿金的规定。

2019年4月15日发布的《中共中央、国务院关于建立健全城乡融合发展体制机制和政策体系的意见》提出,要建立健全有利于城乡基本公共服务普惠共享的体制机制,改革人身损害赔偿制度,统一城乡居民赔偿标准。对死亡赔偿金,最高人民法院于2022年4月24日公布了修改后的《最高人民法院关于审理人身损害赔偿案件适用法律若干问题的解释》,其第15条规定:"死亡赔偿金按照受诉法院所在地上一年度城镇居民人均可支配收入标准,按二十年计算。但六十周岁以上的,年龄每增加一岁减少一年;七十五周岁以上的,按五年计算。"此条改变了过去城乡居民按不同标准计算死亡赔偿金的做法,"统一采用城镇居民标准能够更为充分地保护受害人利益。尤其是受害者为农村居民的,赔偿数额将获得较大幅度的提高。采用城镇居民标准,能够兼顾城镇居民受害者和农村居民受害者的整体情况,更好地保护人民群众合法权益"[①]。

---

① 《最高法发布〈关于修改《最高人民法院关于审理人身损害赔偿案件适用法律若干问题的解释》的决定〉》,载最高人民法院官方微信公众号,https://mp.weixin.qq.com/s/vP9yDpE3CTMG-cBAItoGGw,最后访问时间:2022年4月27日。

**第一千一百八十一条** 被侵权人死亡的，其近亲属有权请求侵权人承担侵权责任。被侵权人为组织，该组织分立、合并的，承继权利的组织有权请求侵权人承担侵权责任。

被侵权人死亡的，支付被侵权人医疗费、丧葬费等合理费用的人有权请求侵权人赔偿费用，但是侵权人已经支付该费用的除外。

【条文要义】

本条是对不同的侵权损害赔偿请求权人的规定。

被侵权人死亡，其近亲属当然有权请求侵权人承担侵权责任。但是，以什么理论作为依据，有赔偿权利说、赔偿义务说、瞬间取得说等不同见解。笔者主张采用双重受害人说，即侵权行为导致被侵权人死亡，实际上有两个不同的受害人，即生命权受到侵害的受害人与财产受到损失、精神受到损害的受害人，都因生命权受到损害的事实而产生损害赔偿请求权。本条第1款大致采取这个见解，规定死者近亲属直接享有损害赔偿请求权，可以请求侵权人承担侵权责任。

在侵权责任法律关系中，如果被侵权人为组织，如法人或者非法人组织，在侵权损害赔偿请求权发生后，如果该组织分立、合并的，按照法人或者非法人组织分立和合并的规则，就由实际承继该权利的组织，继续享有侵权请求权，有权请求侵权人承担侵权责任。

被侵权人死亡的另一种情况是，对被侵权人支付过医疗费、丧葬费等合理费用的人，虽然不是该侵权行为的受害人，但也是因救济被侵权人的损害付出财产的人，也对侵权人享有财产损害的赔偿请求权，因而有权请求侵权人承担赔偿费用的责任。如果侵权人已经支付该费用的，当然就不再需要承担赔偿责任。

【相关司法解释】

《最高人民法院关于审理铁路运输人身损害赔偿纠纷案件适用法律若干问题的解释》

**第二条** 铁路运输人身损害的受害人以及死亡受害人的近亲属为赔偿权利人，有权请求赔偿。

**第一千一百八十二条** 侵害他人人身权益造成财产损失的，按照被侵权人因此受到的损失或者侵权人因此获得的利益赔偿；被侵权人因此受到的损失以及侵权人因此获得的利益难以确定，被侵权人和侵权人就赔偿数额协商不一致，向人民法院提起诉讼的，由人民法院根据实际情况确定赔偿数额。

【条文要义】

本条是对侵害他人人身权益造成财产损失的赔偿规则的规定。

民法典第993条规定了公开权，即民事主体可以许可他人使用姓名、名称、肖像等，但是依照法律规定或者根据其性质不得许可的除外。本条与此相对应，规定了侵害公开权造成财产损失的赔偿规则。

这些被侵害的人格利益都是精神性人格利益，应用在商品社会中，会产生财产利益，应当归属于权利人本人。他人未经权利人同意而将权利人的姓名、名称、肖像、隐私、个人信息等人格利益予以公开，就侵害了权利人的人格权，使权利人本人的人格利益包括财产利益受到损害，应当承担赔偿责任，赔偿权利人受到的损害。

侵害公开权造成财产利益损失的赔偿方法是：

1. 被侵权人因此受到实际财产损失的，按照被侵权人实际受到的损失或者侵权人因此获得的利益，承担赔偿责任，选择权在被侵权人。

2. 被侵权人因此受到的损失以及侵权人因此获得的利益难以确定的，被侵权人和侵权人就赔偿数额进行协商，按照协商一致的方法确定赔偿责任。

3. 被侵权人和侵权人就赔偿数额协商不一致，向人民法院提起诉讼的，由人民法院根据实际情况确定赔偿数额。

有很多学者认为，本条规定并非只针对侵害公开权的损害赔偿规定的规则，也包括侵害物质性人格权的损害赔偿。其实这种解释是没有必要的，因为侵害物质性人格权的损害赔偿已经在民法典第1179条和第1180条作了规定，完全没有必要在这一条文中再规定一遍。因此，将这一条文解释为对侵害公开权的财产权益损害赔偿更为妥当。

【相关司法解释】

《最高人民法院关于审理使用人脸识别技术处理个人信息相关民事案件适用法律若干问题的规定》

第八条 信息处理者处理人脸信息侵害自然人人格权益造成财产损失，该自然人依据民法典第一千一百八十二条主张财产损害赔偿的，人民法院依法予以支持。

自然人为制止侵权行为所支付的合理开支，可以认定为民法典第一千一百八十二条规定的财产损失。合理开支包括该自然人或者委托代理人对侵权行为进行调查、取证的合理费用。人民法院根据当事人的请求和具体案情，可以将合理的律师费用计算在赔偿范围内。

**第一千一百八十三条** 侵害自然人人身权益造成严重精神损害的，被侵权人有权请求精神损害赔偿。

因故意或者重大过失侵害自然人具有人身意义的特定物造成严重精神损害的，被侵权人有权请求精神损害赔偿。

**【条文要义】**

本条是对精神损害赔偿责任的规定。

应当承担精神损害赔偿责任的侵权行为，是侵害自然人人身权益的侵权行为。侵权行为侵害了自然人的人身权益造成严重精神损害的，应当承担精神损害赔偿责任：

1. 侵害物质性人格权，即生命权、身体权、健康权的，应当赔偿精神损害抚慰金。

2. 侵害姓名权、肖像权、声音权、名誉权、隐私权、个人信息权造成精神损害的，应当赔偿精神损害赔偿金。

3. 侵害身份权即配偶权、亲权、亲属权造成精神损害的，应当承担精神损害赔偿责任。

4. 侵害自然人的人身利益，包括一般人格利益、胎儿的人格利益、死者的人格利益以及亲属之间的身份利益，侵权人也应当承担精神损害赔偿责任，补偿其精神损害。

对于侵害财产权造成的财产损失，一般不以承担精神损害赔偿责任的方法进行救济，但是，如果是因故意或者重大过失侵害自然人具有人身意义的特定物造成严重精神损害的，由于该特定物中包含人身利益（包括人格利益和身份利益因素），对该特定物的损害会造成被侵权人的严重精神损害，被侵权人有权请求精神损害赔偿，侵权人应当对此因特定物的财产损害而造成的被侵权人的精神损害承担赔偿责任。

对于精神损害赔偿，还应当适用民法典第996条的规定，即因当事人一方的违约行为，损害对方人格权并造成严重精神损害，受损害方选择请求其承担违约责任的，不影响受损害方请求精神损害赔偿。因违约造成对方当事人严重精神损害的，违约方也应当承担精神损害赔偿责任，可以在违约诉讼中直接请求精神损害赔偿。

**【相关司法解释】**

**《最高人民法院关于确定民事侵权精神损害赔偿责任若干问题的解释》**

第一条　因人身权益或者具有人身意义的特定物受到侵害，自然人或者其近亲属向人民法院提起诉讼请求精神损害赔偿的，人民法院应当依法予以受理。

第二条　非法使被监护人脱离监护，导致亲子关系或者近亲属间的亲属关系遭受严重损害，监护人向人民法院起诉请求赔偿精神损害的，人民法院应当依法予以受理。

第三条　死者的姓名、肖像、名誉、荣誉、隐私、遗体、遗骨等受到侵害，其近亲属向人民法院提起诉讼请求精神损害赔偿的，人民法院应当依法予以支持。

第四条　法人或者非法人组织以名誉权、荣誉权、名称权遭受侵害为由，向人民法院起诉请求精神损害赔偿的，人民法院不予支持。

第五条　精神损害的赔偿数额根据以下因素确定：

（一）侵权人的过错程度，但是法律另有规定的除外；

（二）侵权行为的目的、方式、场合等具体情节；

（三）侵权行为所造成的后果；

（四）侵权人的获利情况；

（五）侵权人承担责任的经济能力；

（六）受理诉讼法院所在地的平均生活水平。

**《最高人民法院关于审理国家赔偿案件确定精神损害赔偿责任适用法律若干问题的解释》**

第一条　公民以人身权受到侵犯为由提出国家赔偿申请，依照国家赔偿法第三十五条的规定请求精神损害赔偿的，适用本解释。

法人或者非法人组织请求精神损害赔偿的，人民法院不予受理。

第二条　公民以人身权受到侵犯为由提出国家赔偿申请，未请求精神损害赔偿，或者未同时请求消除影响、恢复名誉、赔礼道歉以及精神损害抚慰金的，人民法院应当向其释明。经释明后不变更请求，案件审结后又基于同一侵权事实另行提出申请的，人民法院不予受理。

**第三条** 赔偿义务机关有国家赔偿法第三条、第十七条规定情形之一，依法应当承担国家赔偿责任的，可以同时认定该侵权行为致人精神损害。但是赔偿义务机关有证据证明该公民不存在精神损害，或者认定精神损害违背公序良俗的除外。

**第七条** 有下列情形之一的，可以认定为国家赔偿法第三十五条规定的"造成严重后果"：

（一）无罪或者终止追究刑事责任的人被羁押六个月以上；

（二）受害人经鉴定为轻伤以上或者残疾；

（三）受害人经诊断、鉴定为精神障碍或者精神残疾，且与侵权行为存在关联；

（四）受害人名誉、荣誉、家庭、职业、教育等方面遭受严重损害，且与侵权行为存在关联。

受害人无罪被羁押十年以上；受害人死亡；受害人经鉴定为重伤或者残疾一至四级，且生活不能自理；受害人经诊断、鉴定为严重精神障碍或者精神残疾一至二级，生活不能自理，且与侵权行为存在关联的，可以认定为后果特别严重。

**第八条** 致人精神损害，造成严重后果的，精神损害抚慰金一般应当在国家赔偿法第三十三条、第三十四条规定的人身自由赔偿金、生命健康赔偿金总额的百分之五十以下（包括本数）酌定；后果特别严重，或者虽然不具有本解释第七条第二款规定情形，但是确有证据证明前述标准不足以抚慰的，可以在百分之五十以上酌定。

**第九条** 精神损害抚慰金的具体数额，应当在兼顾社会发展整体水平的同时，参考下列因素合理确定：

（一）精神受到损害以及造成严重后果的情况；

（二）侵权行为的目的、手段、方式等具体情节；

（三）侵权机关及其工作人员的违法、过错程度、原因力比例；

（四）原错判罪名、刑罚轻重、羁押时间；

（五）受害人的职业、影响范围；

（六）纠错的事由以及过程；

（七）其他应当考虑的因素。

**第十条** 精神损害抚慰金的数额一般不少于一千元；数额在一千元以上的，以千为计数单位。

赔偿请求人请求的精神损害抚慰金少于一千元，且其请求事由符合本解释规定的造成严重后果情形，经释明不予变更的，按照其请求数额支付。

**第十一条** 受害人对损害事实和后果的发生或者扩大有过错的，可以根据其过错程度减少或者不予支付精神损害抚慰金。

**第十二条** 决定中载明的支付精神损害抚慰金及其他责任承担方式，赔偿义务机关应当履行。

**第十三条** 人民法院审理国家赔偿法第三十八条所涉侵犯公民人身权的国家赔偿案件，以及作为赔偿义务机关审查处理国家赔偿案件，涉及精神损害赔偿的，参照本解释规定。

## 第一千一百八十四条 侵害他人财产的，财产损失按照损失发生时的市场价格或者其他合理方式计算。

**【条文要义】**

本条是对财产损害赔偿的规定。

侵害他人财产，实际上是侵害他人财产权，包括对物权、债权、知识产权、继承权、股权及其他投资性权利的侵害造成的财产损失，财产损害赔偿就是对侵害这些财产权造成财产损失的赔偿责任。本条对这样复杂的财产损害赔偿责任的计算规则，只规定了"按照损失发生时的市场价格或者其他合理方式"为主要计算方法，显然不利于保护受害人。好在还规定了"其他合理方式计算"的弹性规定作为补充，具有很大的伸缩性，可以进行选择，以适应财产损害赔偿计算方法的复杂要求。

对侵害用益物权、担保物权以及债权、知识产权、继承权、股权等投资性权利的财产损失，不能用损失发生时的市场价格的方法计算，应当按照其具体的计算方法计算。例如，知识产权损害的计算方法有具体规定；第三人侵害债权的财产损害主要是债权期待利益的损害等。

其他计算方法也包括"可预期利益损失"规则。1999年6月21日凌晨，一辆轿车撞坏沈阳市故宫博物院门前"下马碑"，肇事司机即某火锅城的员工嗣后死亡。故宫博物院向法院起诉，请求赔偿2700万元的财产损失，沈阳市中级人民法院判决某火锅城负责维修费用，并赔偿损失100万元。[①] 这个案件中2700万元的损失完全超出了侵权人的预期，法院适用可预期损失规则确定赔偿责任，是实事求是的做法。

**【相关司法解释】**

**《最高人民法院关于审理证券市场虚假陈述侵权民事赔偿案件的若干规定》**

**第二十四条** 发行人在证券发行市场虚假陈述，导致原告损失的，原告有权请求按照本规定第二十五条的规定赔偿损失。

**第二十五条** 信息披露义务人在证券交易市场承担民事赔偿责任的范围，以原告因虚假陈述而实际发生的损失为限。原告实际损失包括投资差额损失、投资差额损失部分的佣金和印花税。

**第二十六条** 投资差额损失计算的基准日，是指在虚假陈述揭露或更正后，为将原告应获赔偿限定在虚假陈述所造成的损失范围内，确定损失计算的合理期间而规定的截止日期。

在采用集中竞价的交易市场中，自揭露日或更正日起，被虚假陈述影响的证券集中交易累计成交量达到可流通部分100%之日为基准日。

自揭露日或更正日起，集中交易累计换手率在10个交易日内达到可流通部分100%的，以第10个交易日为基准日；在30个交易日内未达到可流通部分100%的，以第30个交易日为基准日。

虚假陈述揭露日或更正日起至基准日期间每个交易日收盘价的平均价格，为损失计算的基准价格。

无法依前款规定确定基准价格的，人民法院可以根据有专门知识的人的专业意见，参考对相关行业进行投资时的通常估值方法，确定基准价格。

**第二十七条** 在采用集中竞价的交易市场中，原告因虚假陈述买入相关股票所造成的投资差额损失，按照下列方法计算：

（一）原告在实施日之后、揭露日或更正日之前买入，在揭露日或更正日之后、基准日之前卖出的股票，按买入股票的平均价格与卖出股票的平均价格之间的差额，乘以已卖出的股票数量；

---

[①] 《沈阳故宫"下马碑"被撞毁案宣判车主要赔百万》，载中国新闻网，https://www.chinanews.com.cn/n/2003-06-20/26/315920.html，最后访问时间：2022年3月4日。

（二）原告在实施日之后、揭露日或更正日之前买入，基准日之前未卖出的股票，按买入股票的平均价格与基准价格之间的差额，乘以未卖出的股票数量。

第二十八条　在采用集中竞价的交易市场中，原告因虚假陈述卖出相关股票所造成的投资差额损失，按照下列方法计算：

（一）原告在实施日之后、揭露日或更正日之前卖出，在揭露日或更正日之后、基准日之前买回的股票，按买回股票的平均价格与卖出股票的平均价格之间的差额，乘以买回的股票数量；

（二）原告在实施日之后、揭露日或更正日之前卖出，基准日之前未买回的股票，按基准价格与卖出股票的平均价格之间的差额，乘以未买回的股票数量。

第二十九条　计算投资差额损失时，已经除权的证券，证券价格和证券数量应当复权计算。

第三十条　证券公司、基金管理公司、保险公司、信托公司、商业银行等市场参与主体依法设立的证券投资产品，在确定因虚假陈述导致的损失时，每个产品应当单独计算。

投资者及依法设立的证券投资产品开立多个证券账户进行投资的，应当将各证券账户合并，所有交易按照成交时间排序，以确定其实际交易及损失情况。

第三十一条　人民法院应当查明虚假陈述与原告损失之间的因果关系，以及导致原告损失的其他原因等案件基本事实，确定赔偿责任范围。

被告能够举证证明原告的损失部分或者全部是由他人操纵市场、证券市场的风险、证券市场对特定事件的过度反应、上市公司内外部经营环境等其他因素所导致的，对其关于相应减轻或者免除责任的抗辩，人民法院应当予以支持。

**《最高人民法院关于审理银行卡民事纠纷案件若干问题的规定》**

第十三条　因同一伪卡盗刷交易或者网络盗刷交易，持卡人向发卡行、非银行支付机构、收单行、特约商户、盗刷者等主体主张权利，所获赔偿数额不应超过其因银行卡被盗刷所致损失总额。

**第一千一百八十五条　故意侵害他人知识产权，情节严重的，被侵权人有权请求相应的惩罚性赔偿。**

【条文要义】

本条是对故意侵害知识产权承担惩罚性赔偿的规定。

侵害知识产权惩罚性赔偿责任的构成要件是：（1）故意侵害知识产权，过失侵害知识产权不适用惩罚性赔偿责任；（2）侵害知识产权的情节严重，而不是一般情节。符合这两个要件要求的，被侵权人有权请求相应的惩罚性赔偿。

《著作权法》《专利法》《商标法》《反不正当竞争法》这些知识产权单行法经过修订，都规定了惩罚性赔偿责任规范，基本的方法是构成故意侵害知识产权情节严重的，可以确定实际损失1倍至5倍的惩罚性赔偿，惩罚性的力度相当大，具有相当的震慑、阻吓作用。《电子商务法》规定的电商侵害知识产权的惩罚性赔偿的倍数是1倍。

【相关司法解释】

**《最高人民法院关于审理侵害知识产权民事案件适用惩罚性赔偿的解释》**

**第一条** 原告主张被告故意侵害其依法享有的知识产权且情节严重，请求判令被告承担惩罚性赔偿责任的，人民法院应当依法审查处理。

本解释所称故意，包括商标法第六十三条第一款和反不正当竞争法第十七条第三款规定的恶意。

**第二条** 原告请求惩罚性赔偿的，应当在起诉时明确赔偿数额、计算方式以及所依据的事实和理由。

原告在一审法庭辩论终结前增加惩罚性赔偿请求的，人民法院应当准许；在二审中增加惩罚性赔偿请求的，人民法院可以根据当事人自愿的原则进行调解，调解不成的，告知当事人另行起诉。

**第三条** 对于侵害知识产权的故意的认定，人民法院应当综合考虑被侵害知识产权客体类型、权利状态和相关产品知名度、被告与原告或者利害关系人之间的关系等因素。

对于下列情形，人民法院可以初步认定被告具有侵害知识产权的故意：

（一）被告经原告或者利害关系人通知、警告后，仍继续实施侵权行为的；

（二）被告或其法定代表人、管理人是原告或者利害关系人的法定代表人、管理人、实际控制人的；

（三）被告与原告或者利害关系人之间存在劳动、劳务、合作、许可、经销、代理、代表等关系，且接触过被侵害的知识产权的；

（四）被告与原告或者利害关系人之间有业务往来或者为达成合同等进行过磋商，且接触过被侵害的知识产权的；

（五）被告实施盗版、假冒注册商标行为的；

（六）其他可以认定为故意的情形。

**第四条** 对于侵害知识产权情节严重的认定，人民法院应当综合考虑侵权手段、次数，侵权行为的持续时间、地域范围、规模、后果，侵权人在诉讼中的行为等因素。

被告有下列情形的，人民法院可以认定为情节严重：

（一）因侵权被行政处罚或者法院裁判承担责任后，再次实施相同或者类似侵权行为；

（二）以侵害知识产权为业；

（三）伪造、毁坏或者隐匿侵权证据；

（四）拒不履行保全裁定；

（五）侵权获利或者权利人受损巨大；

（六）侵权行为可能危害国家安全、公共利益或者人身健康；

（七）其他可以认定为情节严重的情形。

**第五条** 人民法院确定惩罚性赔偿数额时，应当分别依照相关法律，以原告实际损失数额、被告违法所得数额或者因侵权所获得的利益作为计算基数。该基数不包括原告为制止侵权所支付的合理开支；法律另有规定的，依照其规定。

前款所称实际损失数额、违法所得数额、因侵权所获得的利益均难以计算的，人民法院依法参照该权利许可使用费的倍数合理确定，并以此作为惩罚性赔偿数额的计算基数。

人民法院依法责令被告提供其掌握的与侵权行为相关的账簿、资料，被告无正当理由拒不提供或者提供虚假账簿、资料的，人民法院可以参考原告的主张和证据确定惩罚性赔偿数额的计算基数。构成民事诉讼法第一百一十一条规定情形的，依法追究法律责任。

**第六条** 人民法院依法确定惩罚性赔偿的倍数时，应当综合考虑被告主观过错程度、侵权行为的情节严重程度等因素。

因同一侵权行为已经被处以行政罚款或者刑事罚金且执行完毕，被告主张减免惩罚性赔偿责任的，人民法院不予支持，但在确定前款所称倍数时可以综合考虑。

**第一千一百八十六条** 受害人和行为人对损害的发生都没有过错的，依照法律的规定由双方分担损失。

【条文要义】

本条是对公平分担损失规则的规定。

有些人将本条规定解释为侵权责任的归责原则,即公平责任原则。这是不正确的,其应是承担侵权损害赔偿责任的分担规则。从将该条文规定在"损害赔偿"一章的立法方法就可以得出这个结论。

本条规定的公平分担损失规则,究竟是一般性赔偿规则,还是要由法律专门规定才可以适用的规则,是有争论的。原《侵权责任法》第 24 条规定没有强调"依照法律的规定",本条增加了这一内容,这说明,不仅要符合本条规定的条件,而且须有法律的具体规定,才可以适用公平分担损失规则,对双方当事人的损失进行分担。

适用本条规定,对损失进行分担的要件是:(1)行为人造成了受害人的损害;(2)行为人和受害人对损害的发生都没有过错;(3)须有法律的特别规定。具备了这三个要件的损害,才可以适用公平分担损失规则,双方当事人对损失按照公平的要求进行分担。例如,民法典第 1188 条第 1 款、第 1190 条和第 1254 条的规定,都是明文规定可以分担损失的法律规范。

本条规定的分担损失规则并没有请求权,须在法律具体规定的条文中才包括请求权,因此本条规定的公平分担损失规则不可以滥用。

**第一千一百八十七条** 损害发生后,当事人可以协商赔偿费用的支付方式。协商不一致的,赔偿费用应当一次性支付;一次性支付确有困难的,可以分期支付,但是被侵权人有权请求提供相应的担保。

【条文要义】

本条是对损害赔偿支付方法的规定。

按照本条规定,在确定了损害赔偿的数额后,可以协商具体的支付方式,首选的应当是一次性支付,便于尽早了结侵权赔偿法律关系。如果一次性赔偿有困难,也可以采用分期支付的方法,按照约定,按期支付赔偿金。由于分期支付存在风险,因此赔偿责任人在分期支付时,应当提供担保,防止出现意外,致使被侵权人的赔偿权利落空。

侵权法所说的一次性赔偿和定期金赔偿,其实不是本条所说的内容,针对的是将来的损害赔偿，可以选择一次性赔偿和定期金赔偿。将来的损害赔偿，是指判决确定之后才发生的赔偿责任，即残疾赔偿金、残疾辅助器具费和被扶养人的扶养损害赔偿。这三种损害赔偿都不是判决确定之前产生的损害赔偿，而是判决确定之后产生的损害赔偿，可以选择一次性赔偿或者定期金赔偿。一次性赔偿便于了结赔偿法律关系，但存在某些不公平的问题；定期金赔偿比较公平，但存在风险。故各国法律规定选择定期金赔偿的，侵权人应当提供担保，以预防风险。

对于这种赔偿，其实是可以由当事人选择的，既可以选择一次性赔偿，也可以选择定期金赔偿，如果选择定期金赔偿的，一定要侵权人事先提供担保。

【相关司法解释】

**《最高人民法院关于审理人身损害赔偿案件适用法律若干问题的解释》**

第二十条　赔偿义务人请求以定期金方式给付残疾赔偿金、辅助器具费的，应当提供相应的担保。人民法院可以根据赔偿义务人的给付能力和提供担保的情况，确定以定期金方式给付相关费用。但是，一审法庭辩论终结前已经发生的费用、死亡赔偿金以及精神损害抚慰金，应当一次性给付。

# 第三章　责任主体的特殊规定

**第一千一百八十八条**　无民事行为能力人、限制民事行为能力人造成他人损害的，由监护人承担侵权责任。监护人尽到监护职责的，可以减轻其侵权责任。

有财产的无民事行为能力人、限制民事行为能力人造成他人损害的，从本人财产中支付赔偿费用；不足部分，由监护人赔偿。

【条文要义】

本条是对监护人责任的规定。

监护人责任，是指无民事行为能力人或者限制民事行为能力人造成他人损害，其监护人承担的侵权责任。本条规定的规则与民法典第1068条的规定部分重合，其中的"依法"，就是本条规定。

本条第1款规定的是监护人承担侵权责任的规则，第2款规定的是履行该赔偿责任的规则。

监护人承担民事责任的规则是：

1. 替代责任，无民事行为能力人或者限制民事行为能力人造成他人损害的，应当由他们的监护人承担侵权责任，而不是由自己承担责任，因为他们没有或者只有不完全的民事行为能力。

2. 实行过错推定，无民事行为能力人或者限制民事行为能力人造成他人损害的，推定其监护人有监护过失，被侵权人无须提供监护人未尽监护责任的过失的证明。

3. 如果监护人能够证明自己没有监护过失，实行公平分担损失，减轻监护人的赔偿责任，根据双方经济状况，对监护人的赔偿责任适当减轻。

在实体法上确认监护人是否尽到监护职责，应当依照民法典第34条、第35条以及《未成年人保护法》第16条、第17条的规定，监护人应当证明自己已经尽到了上述规定的监护职责。

履行赔偿责任的规则是：

1. 造成他人损害的无民事行为能力人或者限制民事行为能力人自己有财产的，由他们以自己的财产支付赔偿金，如被监护人的财产，是指履行赔偿义务时无民事行为能力人、限制民事行为能力人已通过赠与、继承以及其他合法方式取得的财产；其他合法方式，如成年被监护人自己有收入或者有积蓄等。

2. 用被监护人的财产支付赔偿金有不足的，监护人承担补充责任，不足部分由监护人补充赔偿。

3. 造成他人损害的无民事行为能力人或者限制民事行为能力人没有财产的，不适用前两项规则，应全部由监护人承担侵权责任。

4. 实施侵权行为的无民事行为能力人、限制民事行为能力人有财产的，依照本条第1款和第2款的规定，判令监护人承担损害赔偿责任，并在裁判主文中写明赔偿费用先从被监护人本人财产中支付，不足部分由监护人赔偿。从被监护人的财产中支付赔偿费用的，应当保留被监护人正常生活和接受教育的开支。

在诉讼中，无民事行为能力人、限制民事行为能力人造成他人损害的，无民事行为能力人、限制民事行为能力人和其监护人为共同被告。监护人请求追加代为履行监护职责的受托人为被告的，可以追加。

**第一千一百八十九条** 无民事行为能力人、限制民事行为能力人造成他人损害，监护人将监护职责委托给他人的，监护人应当承担侵权责任；受托人有过错的，承担相应的责任。

【条文要义】

本条是对委托监护人责任的规定。

委托监护人的责任，是指无民事行为能力人或者限制民事行为能力人造成他人损害的，监护人将监护职责委托给他人，监护人与委托监护人分担责任的特殊侵权责任。

委托监护人责任的构成条件是：

1. 委托监护，是监护人将自己负有的对无民事行为能力人或者限制民事行为能力人的监护职责委托给他人承担。

2. 无民事行为能力人或者限制民事行为能力人在委托监护人的监护下，而不是在监护人的监护下。

3.被监护的无民事行为能力人或者限制民事行为能力人实施的行为,造成了被侵权人的损害。

4.对监护人推定其存在未尽监护职责的过失,对委托监护人的过失,应当由被侵权人举证证明。

符合这四个要件的要求,构成委托监护责任,应当承担侵权赔偿责任。

委托监护责任的分担规则是:

1.委托监护侵权责任的主体有两个:一是监护人,二是受托监护人。

2.两种责任主体承担的责任是单向连带责任,即混合责任,监护人承担的是对全部损害的连带责任,只要被侵权人主张其承担全部赔偿责任,就须承担全部赔偿责任。

3.能够证明委托监护人存在未尽监护职责的过失,应当就其过失造成损失的范围,承担相应的按份责任,不承担连带责任,被侵权人不能向其主张承担全部赔偿责任。

无民事行为能力人、限制民事行为能力人造成他人损害,依照民法典本条的规定,被侵权人同时请求监护人和代为履行监护职责的受托人承担侵权责任的,认为监护人应承担全部侵权责任,有过错的受托人承担与其过错相应的侵权责任;监护人主张根据受托人的过错相应减轻自己的责任份额的,不予支持。监护人承担侵权责任后,依照民法典第929条的规定请求代为履行监护职责的受托人赔偿损失的,应予支持。这样的见解也是不妥当的,因为这样的赔偿也会超出实际损失,违反填平原则的要求。

**第一千一百九十条** 完全民事行为能力人对自己的行为暂时没有意识或者失去控制造成他人损害有过错的,应当承担侵权责任;没有过错的,根据行为人的经济状况对受害人适当补偿。

完全民事行为能力人因醉酒、滥用麻醉药品或者精神药品对自己的行为暂时没有意识或者失去控制造成他人损害的,应当承担侵权责任。

【条文要义】

本条是对暂时丧失心智损害责任的规定。

暂时丧失心智,是指完全民事行为能力人因自己的身体原因或者其他原因而暂时没有意识或者失去控制。完全民事行为能力人在暂时丧失心智的情况下造成他人损害的，侵权责任承担的规则是：

1. 暂时丧失心智之人的暂时没有意识或者对其行为失去控制状态的出现，如果是该人存在过错所致，属于过错责任原则调整的范围，有过错则有责任，应当承担侵权责任。

2. 如果暂时丧失心智之人对其暂时没有意识或者对其行为失去控制状态的出现没有过错，即由于其身体的客观原因，而不是主观上有过错的原因，本不应承担责任，但要适用公平分担损失规则，根据行为人的经济状况对受害人进行适当补偿，能够承担多少就补偿多少。

本条第2款规定的是行为人因醉酒、滥用麻醉药品或者精神药品而暂时没有意识或者失去控制造成他人损害，就是对自己暂时丧失心智有过失，因而对造成的损害应当承担赔偿责任。

**第一千一百九十一条** 用人单位的工作人员因执行工作任务造成他人损害的，由用人单位承担侵权责任。用人单位承担侵权责任后，可以向有故意或者重大过失的工作人员追偿。

劳务派遣期间，被派遣的工作人员因执行工作任务造成他人损害的，由接受劳务派遣的用工单位承担侵权责任；劳务派遣单位有过错的，承担相应的责任。

【条文要义】

本条是对用人单位和劳务派遣责任的规定。

本条第1款和第2款分别规定了用人单位损害责任和劳务派遣损害责任，加上第1192条和第1193条的规定，构成用人者责任这种特殊侵权责任的四种类型。

用人单位损害责任的规则是：

1. 用人单位泛指一切聘用他人的法人、非法人组织，如公司、机关、合伙企业、基金会甚至一人有限责任公司等，只要聘用他人作为自己单位的工作人员，都属于用人单位。国家行政机关、司法机关实施行政行为和司法行为，不属于用人单位的范畴，致人损害适用《国家赔偿法》的规定。

2. 工作人员是指用人单位聘用、支付工资报酬、作为用人单位成员的人。个体工商户的雇工因执行工作任务造成他人损害的，应当依照本条第1款关于用人单位损害责任的规定认定民事责任。"工作人员"，包括与用人单位形成劳动关系的员工和执行用人单位工作任务的其他人员。

3. 工作人员应当是在执行职务中造成他人损害，而不是与自己的职务行为无关。

4. 工作人员执行职务行为与造成的他人损害之间有因果关系。

5. 适用过错推定责任，有的主张适用无过错责任，笔者倾向于前者。

6. 侵权责任形态是替代责任，即工作人员执行职务行为造成他人损害，由工作单位承担赔偿责任，工作人员不是责任主体。

7. 用人单位承担了赔偿责任之后，如果工作人员造成他人损害时有故意或者重大过失的，可以对其进行追偿。

劳务派遣损害责任的规则是：

1. 劳务派遣的法律关系为三方当事人，用人单位与工作人员之间具有劳动关系，劳务派遣单位与接受劳务派遣单位之间具有劳务派遣的合同关系，工作人员接受劳务派遣单位的指派，为接受劳务派遣单位提供劳务，但没有直接的劳动合同关系。

2. 被派遣的工作人员在为接受劳务派遣单位提供劳务过程中，因执行工作任务的行为造成他人损害的，构成侵权责任。

3. 实行替代责任，由接受劳务派遣单位作为侵权人，依照过错推定原则承担赔偿责任；如果劳务派遣单位在派遣工作人员中有过错，如选任、培训、管理不当，则应当承担相应的责任。

4. 劳务派遣单位和接受劳务派遣单位之间的这种责任分担规则，是单向连带责任即混合责任，接受劳务派遣单位承担连带责任，应当对全部损害负责，有过错的劳务派遣单位承担按份责任。

劳务派遣期间，被派遣的工作人员因执行工作任务造成他人损害，被侵权人同时请求接受劳务派遣的用工单位和劳务派遣单位承担侵权责任的，接受劳务派遣的用工单位应承担全部侵权责任，有过错的劳务派遣单位承担与其过错相应的侵权责任。接受劳务派遣的用工单位承担侵权责任后，向有过错的劳务派遣单位追偿其应承担的责任份额的，应予支持。

**第一千一百九十二条** 个人之间形成劳务关系，提供劳务一方因劳务造成他人损害的，由接受劳务一方承担侵权责任。接受劳务一方承担侵权责任后，可以向有故意或者重大过失的提供劳务一方追偿。提供劳务一方因劳务受到损害的，根据双方各自的过错承担相应的责任。

提供劳务期间，因第三人的行为造成提供劳务一方损害的，提供劳务一方有权请求第三人承担侵权责任，也有权请求接受劳务一方给予补偿。接受劳务一方补偿后，可以向第三人追偿。

【条文要义】

本条是对个人劳务损害责任的规定。

本条规定的个人劳务损害责任包括三种类型：（1）个人劳务损害责任；（2）个人劳务工伤事故责任；（3）第三人造成个人劳务者损害责任。

个人劳务损害责任规则与用人单位损害责任的规则基本相同。具体规则是：

1. 提供劳务一方与接受劳务一方之间存在劳务关系，一方提供劳务，另一方接受劳务。

2. 提供劳务一方在提供劳务过程中，因自己的行为造成他人损害。

3. 适用过错推定原则，推定接受劳务一方有监督选任不当的过失。

4. 实行替代责任，接受劳务一方对受害人的损害承担赔偿责任。

5. 如果提供劳务一方在造成他人损害中有故意或者重大过失的，接受劳务一方在承担了赔偿责任之后，有权向提供劳务一方进行追偿。

个人劳务工伤事故责任中的提供劳务一方因自己的行为造成自己损害的责任规则是：实行过错责任原则，根据双方各自的过错，承担相应的责任。这个规定对保护接受劳务一方的权益不利，曾经有修改的动议，但是最后没有被采纳。

提供劳务一方因第三人的行为造成自己损害的责任规则是：

1. 提供劳务一方在提供劳务期间，因第三人的行为造成自己损害的，构成个人劳务工伤事故责任。

2. 受到损害的提供劳务一方究竟是向第三人请求赔偿，还是向接受劳务一方请求赔偿，有选择权，可以选择对自己有利的一方行使。前者的请求权是基于第三人的侵权行为而发生，后者的请求权是基于个人劳务关系而发生。

3. 提供劳务一方向第三人请求赔偿，赔偿请求权实现之后，对接受劳务一方的请求权消灭；选择向接受劳务一方行使补偿请求权，接受劳务一方应当承担补偿责任，在承担了补偿责任之后，有权向造成损害的第三人进行追偿。

**第一千一百九十三条** 承揽人在完成工作过程中造成第三人损害或者自己损害的，定作人不承担侵权责任。但是，定作人对定作、指示或者选任有过错的，应当承担相应的责任。

【条文要义】

本条是对定作人指示过失责任的规定。

定作人指示过失责任是大陆法系传统的特殊侵权行为，在国外也被称为独立工人责任，规则基本相同。本条来源于2003年《最高人民法院关于审理人身损害赔偿案件适用法律若干问题的解释》第10条的规定。

加工、定作和承揽统称为定作，法律关系主体主要是定作人和承揽人，定作人委托承揽人进行加工、定作，承揽人依照定作人的指示进行加工、定作。由于承揽人在接受定作之后是独立进行定作、加工，尽管是按照定作人的指示进行，也应当独立负责，承揽人在完成承揽任务过程中，造成第三人损害或者自己损害的，定作人不承担赔偿责任，由承揽人承担责任或者负担自己的损失。这是一般性规则。如果定作人对定作、指示有过失或者对定作人的选任有过失的，则定作人承担相应的赔偿责任。

定作过失，是指定作人确定的定作任务本身就存在过失，这种定作有可能造成他人损害或者定作人的损害，如加工易燃、易爆物品。指示过失，是指定作人下达的定作任务没有问题，是指示承揽人的定作方法存在过失，如不应该采用危险方法进行加工，却作出这样的错误指示。这两种过失都构成定作人指示过失责任中所要求的过失。选任过失，则是指定作人选任承揽人有过失，如没有符合承担特种加工活动的资质而予以选任。

本条规定了两种责任：

1. 定作人指示过失责任中造成他人损害的责任，这是典型的定作人指示过失责任，是典型的替代责任。

2. 造成承揽人自己损害的责任，这其实是承揽人的工伤事故责任，适用工伤事故责任的规则。

**第一千一百九十四条** 网络用户、网络服务提供者利用网络侵害他人民事权益的，应当承担侵权责任。法律另有规定的，依照其规定。

【条文要义】

本条是对网络侵权责任一般规则的规定。

网络侵权责任的一般规则，包括网络用户在他人的网络上实施侵权行为的责任承担规则，以及网络服务提供者利用自己的网络实施侵权行为的责任承担规则。无论是上述两种情形中的哪一种，都适用过错责任原则确定侵权责任，网络用户或者网络服务提供者对自己实施的网络侵权行为负责，即自己责任。

本条规定的"法律另有规定的"，应当是指其他法律对网络用户、网络服务提供者利用网络侵害他人民事权益承担民事责任的情形。例如，《电子商务法》《消费者权益保护法》《食品安全法》等都对这类侵权行为作出特别规定，应当依照其规定确定这些民事主体的侵权责任。

【相关司法解释】

《最高人民法院关于审理利用信息网络侵害人身权益民事纠纷案件适用法律若干问题的规定》

第一条 本规定所称的利用信息网络侵害人身权益民事纠纷案件，是指利用信息网络侵害他人姓名权、名称权、名誉权、荣誉权、肖像权、隐私权等人身权益引起的纠纷案件。

第一千一百九十五条 网络用户利用网络服务实施侵权行为的，权利人有权通知网络服务提供者采取删除、屏蔽、断开链接等必要措施。通知应当包括构成侵权的初步证据及权利人的真实身份信息。

网络服务提供者接到通知后，应当及时将该通知转送相关网络用户，并根据构成侵权的初步证据和服务类型采取必要措施；未及时采取必要措施的，对损害的扩大部分与该网络用户承担连带责任。

权利人因错误通知造成网络用户或者网络服务提供者损害的，应当承担侵权责任。法律另有规定的，依照其规定。

【条文要义】

本条是对网络侵权责任避风港原则的通知规则的规定。

网络侵权责任避风港原则中的通知规则，具体规则比较复杂：

1. 权利人的通知权：网络用户利用他人的网络服务实施侵权行为的，原则上网络服务提供者不承担责任，因为无法承担海量信息的审查义务。解决这种侵权纠纷的方法是"通知—取下"规则，即避风港原则的通知规则：认为自己权益受到损害的权利人，有权通知网络服务提供者，对网络用户在该网站上发布的信息采取删除、屏蔽、断开链接等必要措施，消除侵权信息及其影响。这就是权利人的通知权。

2. 通知的主要内容：应当包括构成侵权的初步证据及权利人的真实身份信息，没有这些必要内容的通知无效。

3. 网络服务提供者的义务：网络服务提供者在接到权利人的通知后，应当实施两个行为。一是及时将该通知转送相关网络用户，二是对侵权信息根据构成侵权的初步证据和服务类型等实际情况需要，及时采取删除、屏蔽或者断开链接等必要措施。网络服务提供者履行了上述两项义务的，就进入避风港，不承担侵权责任。

4. 网络服务提供者违反义务的责任：网络服务提供者未及时采取必要措施的，构成侵权责任，要对损害的扩大部分与该网络用户承担部分连带责任，即网络服务提供者只对扩大的损害部分承担连带责任。

5. 对错误行使通知权的所谓权利人进行惩罚的措施：因权利人错误行使通知权进行通知，依照该通知采取的必要措施造成了网络用户或者网络服务提供者损害的，错误通知的行为人应当对网络用户和网络服务提供者的损害承担侵权赔偿责任。

法律另有规定，一般是指《电子商务法》第42条的规定，即知识产权权利人认为其知识产权受到侵害的，有权通知电子商务平台经营者采取删除、屏蔽、断开链接、终止交易和服务等必要措施。因通知错误造成平台内经营者损害的，依法承担民事责任。恶意发出错误通知，造成平台内经营者损失的，加倍承担赔偿责任。另有规定是后一种损害赔偿即惩罚性赔偿。这一规定的适用范围比较窄。

## 【相关司法解释】

**《最高人民法院关于审理利用信息网络侵害人身权益民事纠纷案件适用法律若干问题的规定》**

**第二条** 原告依据民法典第一千一百九十五条、第一千一百九十七条的规定起诉网络用户或者网络服务提供者的，人民法院应予受理。

原告仅起诉网络用户，网络用户请求追加涉嫌侵权的网络服务提供者为共同被告或者第三人的，人民法院应予准许。

原告仅起诉网络服务提供者，网络服务提供者请求追加可以确定的网络用户为共同被告或者第三人的，人民法院应予准许。

第三条　原告起诉网络服务提供者，网络服务提供者以涉嫌侵权的信息系网络用户发布为由抗辩的，人民法院可以根据原告的请求及案件的具体情况，责令网络服务提供者向人民法院提供能够确定涉嫌侵权的网络用户的姓名（名称）、联系方式、网络地址等信息。

网络服务提供者无正当理由拒不提供的，人民法院可以依据民事诉讼法第一百一十四条的规定对网络服务提供者采取处罚等措施。

原告根据网络服务提供者提供的信息请求追加网络用户为被告的，人民法院应予准许。

第四条　人民法院适用民法典第一千一百九十五条第二款的规定，认定网络服务提供者采取的删除、屏蔽、断开链接等必要措施是否及时，应当根据网络服务的类型和性质、有效通知的形式和准确程度、网络信息侵害权益的类型和程度等因素综合判断。

第五条　其发布的信息被采取删除、屏蔽、断开链接等措施的网络用户，主张网络服务提供者承担违约责任或者侵权责任，网络服务提供者以收到民法典第一千一百九十五条第一款规定的有效通知为由抗辩的，人民法院应予支持。

**《最高人民法院关于审理使用人脸识别技术处理个人信息相关民事案件适用法律若干问题的规定》**

第七条　多个信息处理者处理人脸信息侵害自然人人格权益，该自然人主张多个信息处理者按照过错程度和造成损害结果的大小承担侵权责任的，人民法院依法予以支持；符合民法典第一千一百六十八条、第一千一百六十九条第一款、第一千一百七十条、第一千一百七十一条等规定的相应情形，该自然人主张多个信息处理者承担连带责任的，人民法院依法予以支持。

信息处理者利用网络服务处理人脸信息侵害自然人人格权益的，适用民法典第一千一百九十五条、第一千一百九十六条、第一千一百九十七条等规定。

**第一千一百九十六条**　网络用户接到转送的通知后，可以向网络服务提供者提交不存在侵权行为的声明。声明应当包括不存在侵权行为的初步证据及网络用户的真实身份信息。

网络服务提供者接到声明后，应当将该声明转送发出通知的权利人，并告知其可以向有关部门投诉或者向人民法院提起诉讼。网络服务提供者在转送声明到达权利人后的合理期限内，未收到权利人已经投诉或者提起诉讼通知的，应当及时终止所采取的措施。

**【条文要义】**

本条是对网络侵权责任避风港原则的反通知规则的规定。

避风港原则有两个重要规则：一是通知规则，二是反通知规则，这样的规则配置，是为了保持网络表达自由利益的平衡。

反通知规则的内容是：

1. 网络用户享有反通知权：当权利人行使对网络用户发布的信息采取必要措施的通知权，网络服务提供者将该通知转送网络用户，网络用户接到该通知后，即产生反通知权，可以向网络服务提供者提交自己不存在侵权行为的声明。提交该声明就是行使反通知权的行为。

2. 反通知的主要内容：提交的反通知声明，也应当包括不存在侵权行为的初步证据以及网络用户的真实身份信息，不符合此种要求的反通知声明不发生反通知的效果。

3. 网络服务提供者对反通知的义务：网络用户行使反通知权发送声明，网络服务提供者在接到该反通知声明后负有的义务，一是应当将该声明转送给发出通知的权利人，二是告知其可以向有关部门投诉或者向人民法院提起诉讼，而不是一接到反通知声明就立即终止所采取的必要措施。

4. 反通知声明送达后的期限：网络服务提供者在转送反通知的声明到达权利人后的合理期限，为权利人对反通知作出反应的期限。时间的计算采到达主义，在转送的反通知声明到达权利人后，权利人应当在该期限内通知网络服务提供者自己已经投诉或者提起诉讼。

5. 权利人超出合理期限的后果：权利人在收到反通知的声明合理期限内，未通知网络服务提供者其已经投诉或者提起诉讼通知的，网络服务提供者应当及时对网络用户发布的信息终止所采取的删除、屏蔽或者断开链接的必要措施，保护网络用户即反通知权利人的表达自由。

不论是权利人的通知权还是网络用户的反通知权，其义务主体都是网络服务提供者，负有满足通知权人或者反通知权人权利要求的义务。网络用户和权利人不是对方的义务主体。

**第一千一百九十七条** 网络服务提供者知道或者应当知道网络用户利用其网络服务侵害他人民事权益，未采取必要措施的，与该网络用户承担连带责任。

## 【条文要义】

本条是对网络侵权责任红旗原则的规定。

红旗原则，是指网络用户在网络服务提供者提供的网络上实施侵权行为，侵害他人的民事权益非常明显（即网络上的侵权行为如同红旗飘飘般显眼），网络服务提供者知道或者应当知道而不采取必要措施，即应承担侵权责任的规则。[①]

适用红旗原则的要件是：（1）网络用户在网络服务提供者的网站上实施侵权行为；（2）该侵权行为的侵权性质明显，不必证明即可确认；（3）网络服务提供者知道或者应当知道网络用户在自己的网站上实施了这种侵权行为；（4）对这样的侵权信息没有采取删除、屏蔽或者断开链接的必要措施。在第三个要件中，知道就是明知，应知就是根据实际情况可以确定网络服务提供者是应当知道的，如网络服务提供者已经对该信息进行了编辑、加工、置顶、转发等，都是应知的证明。

适用红旗原则的后果是，明知或者应知网络用户在自己的网站上实施侵权行为的网络服务提供者，对该侵权信息没有采取必要措施，须与实施侵权行为的网络用户一起，对被侵权人造成的损害承担连带赔偿责任。承担连带责任的规则适用民法典总则编第178条的规定。

## 【相关司法解释】

《最高人民法院关于审理利用信息网络侵害人身权益民事纠纷案件适用法律若干问题的规定》

**第六条** 人民法院依据民法典第一千一百九十七条认定网络服务提供者是否"知道或者应当知道"，应当综合考虑下列因素：

（一）网络服务提供者是否以人工或者自动方式对侵权网络信息以推荐、排名、选择、编辑、整理、修改等方式作出处理；

（二）网络服务提供者应当具备的管理信息的能力，以及所提供服务的性质、

---

[①] 《"红旗原则"在信息网络传播权案件中的适用》，载人民网，http：//unn.people.com.cn/n/2014/0905/c14717-25612038.html，最后访问时间：2022年3月5日。

方式及其引发侵权的可能性大小；

（三）该网络信息侵害人身权益的类型及明显程度；

（四）该网络信息的社会影响程度或者一定时间内的浏览量；

（五）网络服务提供者采取预防侵权措施的技术可能性及其是否采取了相应的合理措施；

（六）网络服务提供者是否针对同一网络用户的重复侵权行为或者同一侵权信息采取了相应的合理措施；

（七）与本案相关的其他因素。

**第七条** 人民法院认定网络用户或者网络服务提供者转载网络信息行为的过错及其程度，应当综合以下因素：

（一）转载主体所承担的与其性质、影响范围相适应的注意义务；

（二）所转载信息侵害他人人身权益的明显程度；

（三）对所转载信息是否作出实质性修改，是否添加或者修改文章标题，导致其与内容严重不符以及误导公众的可能性。

**第八条** 网络用户或者网络服务提供者采取诽谤、诋毁等手段，损害公众对经营主体的信赖，降低其产品或者服务的社会评价，经营主体请求网络用户或者网络服务提供者承担侵权责任的，人民法院应依法予以支持。

**第九条** 网络用户或者网络服务提供者，根据国家机关依职权制作的文书和公开实施的职权行为等信息来源所发布的信息，有下列情形之一，侵害他人人身权益，被侵权人请求侵权人承担侵权责任的，人民法院应予支持：

（一）网络用户或者网络服务提供者发布的信息与前述信息来源内容不符；

（二）网络用户或者网络服务提供者以添加侮辱性内容、诽谤性信息、不当标题或者通过增删信息、调整结构、改变顺序等方式致人误解；

（三）前述信息来源已被公开更正，但网络用户拒绝更正或者网络服务提供者不予更正；

（四）前述信息来源已被公开更正，网络用户或者网络服务提供者仍然发布更正之前的信息。

**第十条** 被侵权人与构成侵权的网络用户或者网络服务提供者达成一方支付报酬，另一方提供删除、屏蔽、断开链接等服务的协议，人民法院应认定为无效。

擅自篡改、删除、屏蔽特定网络信息或者以断开链接的方式阻止他人获取网络信息，发布该信息的网络用户或者网络服务提供者请求侵权人承担侵权责任的，人民法院应予支持。接受他人委托实施该行为的，委托人与受托人承担连带责任。

**第十一条** 网络用户或者网络服务提供者侵害他人人身权益，造成财产损失或者严重精神损害，被侵权人依据民法典第一千一百八十二条和第一千一百八十三条的规定，请求其承担赔偿责任的，人民法院应予支持。

**第十二条** 被侵权人为制止侵权行为所支付的合理开支，可以认定为民法典第一千一百八十二条规定的财产损失。合理开支包括被侵权人或者委托代理人对侵权行为进行调查、取证的合理费用。人民法院根据当事人的请求和具体案情，可以将符合国家有关部门规定的律师费用计算在赔偿范围内。

被侵权人因人身权益受侵害造成的财产损失以及侵权人因此获得的利益难以确定的，人民法院可以根据具体案情在50万元以下的范围内确定赔偿数额。

**第一千一百九十八条** 宾馆、商场、银行、车站、机场、体育场馆、娱乐场所等经营场所、公共场所的经营者、管理者或者群众性活动的组织者，未尽到安全保障义务，造成他人损害的，应当承担侵权责任。

因第三人的行为造成他人损害的，由第三人承担侵权责任；经营者、管理者或者组织者未尽到安全保障义务的，承担相应的补充责任。经营者、管理者或者组织者承担补充责任后，可以向第三人追偿。

【条文要义】

本条是对违反安全保障义务侵权责任的规定。

违反安全保障义务侵权责任，是指经营者、管理者或者组织者对经营场所、公共场所、群众性活动场所未尽安全保障义务，造成他人损害的赔偿责任。

违反安全保障义务侵权责任有四种表现形式：（1）对设施设备未尽安全保障义务；（2）对服务管理未尽安全保障义务；（3）对儿童未尽安全保障义务；（4）对防范制止侵权行为未尽安全保障义务。前三种类型概括在本条第1款中，责任形态是自己责任；第2款规定的是第四种违反安全保障义务的侵权责任类型，责任形态是相应的补充责任。

责任形态为自己责任的违反安全保障义务侵权责任三种类型，责任构成的要件是：

1. 负有安全保障义务的场所，是宾馆、商场、银行、车站、机场、体育场馆、娱乐场所等经营场所、公共场所或者群众性活动场所。

2. 负有安全保障义务的义务主体，是这些场所的经营者、管理者或者活动组织者。

3. 经营者、管理者和组织者的安全保障义务来源，是《消费者权益保护法》第 18 条以及其他法律规定或者当事人的约定。

4. 经营者、管理者或者组织者未尽到法律规定或者约定的安全保障义务，造成消费者或者活动参与者在内的他人损害，未尽安全保障义务与他人损害之间有因果关系。

具备上述要件，经营者、管理者或者活动组织者须对受到损害的他人承担侵权责任。例如，未施工完毕的饭店即试营业，造成就餐者损害，为设施设备未尽到安全保障义务；饭店地面油腻致使消费者滑倒受伤，为服务管理未尽安全保障义务；商店楼梯护栏间隙过宽，致使儿童超越而坠落受伤，为对儿童未尽到安全保障义务。这些违反安全保障义务的侵权责任，都由违反安全保障义务的经营者、管理者或者组织者自己承担。

防范、制止侵权行为未尽安全保障义务侵权责任的构成要件是：

1. 负有安全保障义务的场所是经营场所、公共场所或者群众性活动场所。

2. 这些场所的经营者、管理者或者活动的组织者负有防范制止侵权行为侵害消费者和参与者的责任。

3. 第三人实施侵权行为，致使这些场所的消费者、参与者受到损害。

4. 经营者、管理者或者组织者未尽到防范、制止侵权行为的安全保障义务，是造成损害的原因。

防范、制止侵权行为未尽到安全保障义务承担责任的规则是：

1. 实施侵权行为的第三人是直接责任人，对造成的受害人损害承担侵权责任。

2. 经营者、管理者或者组织者未尽到防范、制止侵权行为安全保障义务，使侵权行为得以发生的，就自己的过错和行为对损害发生的原因力，承担与其过错程度和原因力相应的补充责任。

3. 经营者、管理者或者组织者承担补充责任后，因第三人才是侵权行为的直接责任人，故可以向第三人追偿。

例如，住酒店的客人受到第三人侵权行为损害，酒店未尽到防范、制止侵权行为的安全保障义务，即按照这样的规则承担补充责任。

**第一千一百九十九条** 无民事行为能力人在幼儿园、学校或者其他教育机构学习、生活期间受到人身损害的,幼儿园、学校或者其他教育机构应当承担侵权责任;但是,能够证明尽到教育、管理职责的,不承担侵权责任。

【条文要义】

本条是对无民事行为能力人校园伤害事故责任的规定。

本条至第 1201 条规定的是校园伤害事故的侵权责任规则,即无民事行为能力人或者限制民事行为能力人在校园受到人身损害,幼儿园、学校或者其他教育机构应当承担责任的特殊侵权责任。

确定无民事行为能力人在校园受到伤害的侵权责任规则是:

1. 幼儿园、学校或者其他教育机构中的无民事行为能力学生,通常是二年级以下的小学生和幼儿园的学生,即不满 8 周岁的未成年学生。

2. 校方对无民事行为能力的学生负有教育、管理职责,而不是监护权的转移。

3. 无民事行为能力的学生在校园中因第三人实施的行为之外的原因受到人身损害,如校方管理不当行为。

4. 校方未尽到教育、管理职责是造成损害的原因。

无民事行为能力学生在校园受到伤害的侵权责任,适用过错推定原则,能够证明无民事行为能力的学生在校园受到损害,直接推定校方存在未尽到教育、管理职责的过失;实行举证责任倒置,校方可以举证证明自己已尽到教育、管理职责,能够证明者,不承担侵权责任;不能证明者,推定成立,校方应当承担侵权赔偿责任。

**第一千二百条** 限制民事行为能力人在学校或者其他教育机构学习、生活期间受到人身损害,学校或者其他教育机构未尽到教育、管理职责的,应当承担侵权责任。

【条文要义】

本条是对限制民事行为能力人校园伤害事故的规定。

确定限制民事行为能力人在校园受到伤害的侵权责任规则是:

1. 学校或者其他教育机构中的限制民事行为能力的学生,通常是指三年级以上的小学生和中学生，即 8 周岁以上的未成年学生。

2. 校方对限制民事行为能力的学生负有的是教育、管理职责，不是监护权的转移。

3. 限制民事行为能力的学生在校园中因第三人实施的行为之外的原因受到人身损害，如校方管理不当行为。

4. 校方未尽到教育、管理职责是造成损害的原因。

限制民事行为能力人在学校受到人身损害，确定责任适用的是过错责任原则，受到人身损害的限制民事行为能力学生主张校方承担赔偿责任，须证明上述所有的侵权责任构成要件，特别是校方未尽到教育、管理职责的过失。这样的规定，体现了对无民事行为能力学生和限制民事行为能力学生保护的程度不同。不过，对限制民事行为能力学生采用过错责任原则进行保护，确定校方的责任，其实没有太大的必要，因为既然适用过错责任原则，就是一般侵权责任，即使不作这一特别规定，依照过错责任原则的一般规定即民法典第 1165 条第 1 款的规定，也完全可以得出相同的法律适用结果。

应当特别指出的是，民法典上述两个条文并没有规定无民事行为能力人或者限制民事行为能力人在教育机构伤害他人的责任。对此，应当补充，无民事行为能力人或者限制民事行为能力人在幼儿园、学校或者其他教育机构学习、生活期间，造成一同学习的其他无民事行为能力人或者限制民事行为能力人人身损害的，依照民法典第 1199 条、第 1200 条的规定认定教育机构的民事责任。幼儿园、学校或者其他教育机构尽到教育、管理职责的，依照民法典第 1188 条、第 1189 条的规定认定监护人、代为履行监护职责的受托人的民事责任。

**第一千二百零一条**　无民事行为能力人或者限制民事行为能力人在幼儿园、学校或者其他教育机构学习、生活期间，受到幼儿园、学校或者其他教育机构以外的第三人人身损害的，由第三人承担侵权责任；幼儿园、学校或者其他教育机构未尽到管理职责的，承担相应的补充责任。幼儿园、学校或者其他教育机构承担补充责任后，可以向第三人追偿。

【条文要义】

本条是对校园伤害事故中第三人责任的规定。

无民事行为能力或者限制民事行为能力的学生在校园受到第三人实施的侵权

行为侵害，造成人身损害后果，也属于第三人原因造成损害，但不适用民法典第1175条关于"损害是因第三人造成的，第三人应当承担侵权责任"的规定，而是适用本条规定的规则。

本条规定的责任规则是，第三人在校园实施的侵权行为，给校园内无民事行为能力或者限制民事行为能力的学生造成了人身损害的，第三人承担侵权责任，赔偿受害人的损害；如果校方存在未尽到管理职责的过失的，应当承担相应的补充责任，即在自己过失所致损失的范围内，就第三人不能承担的赔偿责任承担补充性的赔偿损失责任。校方承担了相应的补充责任之后，还可以就其损失向第三人请求追偿，其原因也在于第三人才是真正的侵权人，对于损害的发生具有全部原因力，校方只是存在不作为的间接原因。本条规定的"幼儿园、学校或者其他教育机构以外的第三人"，不包括上述教育机构的教职员工以及在教育机构学习、生活的无民事行为能力人或者限制民事行为能力人，他们属于用人单位的工作人员，适用民法典第1191条第1款关于用人单位责任的规定确定责任。

在诉讼中，被侵权人依照民法典前述三个条文的规定，起诉请求幼儿园、学校或者其他教育机构承担侵权责任的，应当列无民事行为能力人、限制民事行为能力人为原告。无民事行为能力人、限制民事行为能力人死亡的，提起诉讼的近亲属为原告。

无民事行为能力人或者限制民事行为能力人在幼儿园、学校或者其他教育机构学习、生活期间，受到幼儿园、学校或者其他教育机构以外的第三人人身损害，被侵权人向第三人和教育机构一并主张侵权责任的，人民法院应当将第三人和教育机构列为共同被告。被侵权人仅起诉教育机构的，人民法院可以向被侵权人释明申请追加第三人为共同被告。

第三人和教育机构共同参加诉讼的，依照民法典第1201条的规定，判令造成损害的第三人承担侵权责任；幼儿园、学校或者其他教育机构未尽到管理职责的，判令其在人民法院对第三人财产依法强制执行后仍不能履行的部分，承担与其未尽到管理职责相应的补充责任。

幼儿园、学校或者其他教育机构承担补充责任后，就承担的全部责任向实施侵权行为的第三人追偿的，人民法院应予支持。

# 第四章 产品责任

**第一千二百零二条** 因产品存在缺陷造成他人损害的，生产者应当承担侵权责任。

**【条文要义】**

本条是对产品责任中生产者责任的规定。

产品责任，是指生产者生产、销售者销售的产品存在缺陷，造成他人损害，产品的生产者、销售者承担无过错责任的特殊侵权责任。

生产者承担产品责任，适用无过错责任原则。其构成要件是：（1）产品存在缺陷，产品缺陷一般是指产品中存在的不合理危险；（2）对被侵权人造成了人身损害或者财产损害；（3）被侵权人受到损害是因产品缺陷引起的，二者之间具有因果关系。符合上述三个要件要求，即构成产品责任，生产者对其生产的缺陷产品造成的损害，应当承担赔偿责任。

产品缺陷有四种类型：

1. 设计缺陷，是指在产品的设计中存在不合理危险。

2. 制造缺陷，是指在产品制造过程中留下的不合理危险。

3. 警示说明缺陷，是指产品中存在合理危险，可以流通、使用，但是对其存在的合理危险应当进行警示，说明怎样使用才能避免危险的发生，未履行警示说明义务或者警示说明不充分的，均构成警示说明缺陷。

4. 跟踪观察缺陷，是指在产品生产完成后，当时的科学技术水平无法发现其是否存在缺陷，可以将产品投放市场流通，但生产者须履行跟踪观察义务，发现有缺陷时，应当及时进行警示说明或者召回，未履行警示说明或者召回义务，为跟踪观察缺陷。

这里涉及产品自损是否可以一并起诉的问题。在传统的产品责任法中，产品责任的损害不包括产品自损，只包括人身损害和产品以外的财产损害，《产品质量法》第41条对此作了清楚的规定。在制定原《侵权责任法》时，立法者考虑到，因同一个行为发生的损害，不必让受害人分别提起侵权责任之诉和违约责任之诉，因而将产品责任的损害只规定为"损害"，就是为了在该"损害"中包含产品自损。故在产品责任诉讼中，被侵权人可以提出产品自损的损害赔偿责任请求，不过这是两个诉讼的合并。

【相关司法解释】

《最高人民法院关于审理道路交通事故损害赔偿案件适用法律若干问题的解释》

第九条 机动车存在产品缺陷导致交通事故造成损害，当事人请求生产者或者销售者依照民法典第七编第四章的规定承担赔偿责任的，人民法院应予支持。

**第一千二百零三条** 因产品存在缺陷造成他人损害的，被侵权人可以向产品的生产者请求赔偿，也可以向产品的销售者请求赔偿。

产品缺陷由生产者造成的，销售者赔偿后，有权向生产者追偿。因销售者的过错使产品存在缺陷的，生产者赔偿后，有权向销售者追偿。

【条文要义】

本条是对产品责任不真正连带责任的规定。

不真正连带责任是多数人侵权行为承担的一种责任形态，基本规则是：

1. 中间责任规则：承担不真正连带责任的数个责任人都有义务对受害人的损害承担全部赔偿责任。

2. 最终责任规则：不真正连带责任的最终责任，终须全部归结到应当承担赔偿责任的最终责任人，而不是在数个责任人之间进行分配。

3. 追偿权规则：承担中间责任的责任人如果不是最终责任人而是中间责任人的，在承担了中间责任后，有权向最终责任人追偿，追偿的范围是全部赔偿责任。

与连带责任相比较，区别主要在于最终责任的分担。连带责任的最终责任一定要分给每一个责任人，而不真正连带责任的最终责任一定要归属于最终责任人一人而不分份额。

产品责任的责任承担规则就是不真正连带责任，具体规则是：

1. 因产品存在缺陷造成他人损害的，被侵权人可以向产品的生产者请求赔偿，也可以向产品的销售者请求赔偿。这是不真正连带责任的中间责任规则，是无过错责任,被侵权人可以按照自己的意愿选择责任人承担赔偿责任。

2. 最终责任是由造成缺陷的生产者或者销售者承担。通常情况下,缺陷是由生产者造成的,生产者是最终责任人;如果是因销售者的过错而使产品存在缺陷,销售者就是最终责任人,应当最终承担侵权责任,且为全部赔偿责任。

3. 通过行使追偿权实现最终责任的归属,即产品缺陷由生产者造成的,销售者赔偿后,有权向生产者追偿,由生产者承担最终责任;因销售者的过错使产品存在缺陷的,生产者赔偿后,有权向销售者追偿,由销售者承担最终责任。

**第一千二百零四条** 因运输者、仓储者等第三人的过错使产品存在缺陷,造成他人损害的,产品的生产者、销售者赔偿后,有权向第三人追偿。

**【条文要义】**

本条是对产品责任中第三人责任的规定。

在典型的产品责任中,承担产品责任的不真正连带责任的主体是生产者和销售者。除此之外,在产品责任中要承担责任的责任主体就是第三人,即在产品责任中,除生产者、销售者外其他对产品存在缺陷有过错、造成受害人损害,而应当承担侵权责任的责任主体。本条列举了运输者和仓储者,以此为例,凡是符合这样要求的责任主体,都是产品责任的第三人,如原材料提供者等。

第三人承担产品责任的构成要件是:(1)争议的产品存在缺陷;(2)该产品缺陷不是生产者、销售者造成的,而是第三人造成的;(3)第三人使产品存在缺陷,在主观上有过失;(4)存在缺陷的产品是造成被侵权人损害的原因,具有因果关系。符合上述要件的,即构成产品责任中的第三人责任。

产品责任的第三人责任的形态叫先付责任,是因为在不真正连带责任中,数个责任主体都是要承担中间责任的,被侵权人作为请求权人可以向任何一方请求承担全部赔偿责任。但是,第三人责任的规则特殊,即须先向无过错的生产者、销售者要求赔偿,在他们承担了赔偿责任之后,由他们再向第三人追偿。

这种不适用不真正连带责任一般性规则而适用有先后顺序,且须由承担中间责任的主体先承担责任的规则,称为不真正连带责任的先付责任,是不真正连带责任的一种变形形态。故在产品责任的第三人责任,被侵权人应当先向生产者或者销售者请求赔偿,在生产者或者销售者承担了赔偿责任之后,由他们向第三人追偿。

这一规则的优势在于有利于被侵权人的索赔，因为第三人藏在表面法律关系之外，被侵权人对其过失很难证明。规定先付责任，方便被侵权人请求权的行使，救济更加便捷。不过，这样的规则有一个风险，那就是生产者、销售者都丧失赔偿能力时，按照本条规定，不能直接向第三人请求赔偿。对此，可以直接依照民法典第1165条规定的过错责任原则，向第三人行使赔偿请求权。

**第一千二百零五条** 因产品缺陷危及他人人身、财产安全的，被侵权人有权请求生产者、销售者承担停止侵害、排除妨碍、消除危险等侵权责任。

【条文要义】

本条是关于产品责任侵权禁令的规定。

这一规定与民法典第1167条规定的内容是一致的，都是规定侵权行为的禁令，只是在产品责任中特别强调这一救济方法。

行使产品责任侵权禁令的要件是：(1)一个或者一种产品存在缺陷；(2)这种有缺陷的产品危及他人人身、财产的安全；(3)实际上该缺陷产品尚未造成他人人身或者财产的损害。符合这样要件要求的，可能受到危及的人可以向法院起诉，请求判令产品的生产者、销售者承担停止侵害、排除妨碍、消除危险的民事责任。

由于这种有可能危及他人损害的侵权行为尚未造成后果，因此申请禁令是有风险的。为避免错误申请而造成生产者、销售者的损害，在申请这种禁令时应当提供担保。

这种产品责任尚未造成实际损害，不存在实际的受害人，可以起诉的原告只能是可能受到损害的人。这样的案件符合公益诉讼的特征，消费者权益组织或者检察机关对这类案件有公益诉讼的起诉权，主张行使该禁令，保护不特定消费者的人身安全和财产安全。

**第一千二百零六条** 产品投入流通后发现存在缺陷的，生产者、销售者应当及时采取停止销售、警示、召回等补救措施；未及时采取补救措施或者补救措施不力造成损害扩大的，对扩大的损害也应当承担侵权责任。

依据前款规定采取召回措施的，生产者、销售者应当负担被侵权人因此支出的必要费用。

【条文要义】

本条是对产品责任跟踪观察缺陷的规定。

如前所述，产品责任中的缺陷，包括设计缺陷、制造缺陷、警示说明缺陷和跟踪观察缺陷。前两种缺陷是产品责任的通常缺陷，对警示说明缺陷，《消费者权益保护法》第18条作了规定，本条对跟踪观察缺陷的产品责任作出了规定。

构成跟踪观察缺陷产品责任的要件是：

1. 产品在流通前，根据现有科学技术无法发现其是否存在缺陷，符合发展风险的要求，可以投入流通。

2. 产品投入流通后发现其存在缺陷，负有停止销售、警示、召回等补救义务。

3. 生产者、销售者未及时采取补救措施或者补救措施不力。

4. 该产品生产者、销售者未采取补救措施或者采取的补救措施不力，造成了被侵权人损害的扩大。

对于跟踪观察缺陷的产品责任赔偿规则，本条规定与原《侵权责任法》的规定有所不同，原条文规定为"未及时采取补救措施或者补救措施不力造成损害的，应当承担侵权责任"，本条规定的是"未及时采取补救措施或者补救措施不力造成损害扩大的，对扩大的损害也应当承担侵权责任"。新的规则，实际上是对发展风险抗辩与跟踪观察缺陷的侵权责任作了适当区分，即发展风险规则是产品责任的免责事由，即《产品质量法》第41条关于"将产品投入流通时的科学技术水平尚不能发现缺陷的存在的"规定。符合这种要求的投入流通的产品发现缺陷已经造成的损害，是免责的；当发现了缺陷后，就负有警示、召回义务，避免继续造成损害。未尽到警示、召回义务，从继续造成损害的这个意义上来说，就是扩大的损害。

根据本条规定，跟踪观察缺陷在未出现之前造成的损害是免责的，在发现缺陷后未尽到警示、召回义务造成的损害，是本条规定的跟踪观察缺陷的赔偿责任；对扩大的损害承担赔偿责任，如果根本不采取补救措施，造成他人死亡或者健康遭受严重损害的，则适用下一条规定，承担惩罚性赔偿责任。

**第一千二百零七条** 明知产品存在缺陷仍然生产、销售，或者没有依据前条规定采取有效补救措施，造成他人死亡或者健康严重损害的，被侵权人有权请求相应的惩罚性赔偿。

**【条文要义】**

本条是对恶意产品侵权责任适用惩罚性赔偿的规定。

目前我国实行侵权惩罚性赔偿责任，主要包括三个方面：（1）产品包括食品恶意造成消费者损害；（2）恶意服务造成消费者损害；（3）恶意侵害知识产权造成损害。本条规定的是第一种侵权惩罚性赔偿责任。

本条规定的惩罚性赔偿责任适用范围，比原《侵权责任法》第47条的规定要宽，除恶意生产、销售产品外，还增加了跟踪观察缺陷中的恶意侵权。

适用惩罚性赔偿责任的产品责任构成要件是：（1）产品存在缺陷；（2）生产者、销售者明知该产品存在缺陷；（3）生产者、销售者对该缺陷产品继续进行生产、销售；（4）造成受害人死亡或者健康严重损害。

跟踪观察缺陷的恶意侵权适用惩罚性赔偿责任的构成要件是：（1）产品存在缺陷，投放市场时因科技水平所限不能发现；（2）生产者、销售者对已经投入流通的产品发现有缺陷；（3）生产者、销售者没有按照法律规定采取有效的停止销售、警示、召回的补救措施；（4）该缺陷产品造成受害人死亡或者健康严重损害。

符合上述要件要求的，侵权人应当承担惩罚性赔偿责任，被侵权人除可以请求其承担实际损害的赔偿责任外，还可以请求承担惩罚性赔偿责任。具体计算方法是，一般的产品造成损害符合惩罚性赔偿责任构成要件的，承担实际损失的2倍以下的惩罚性赔偿责任；食品造成损害符合上述规定的，承担实际损失3倍以下的惩罚性赔偿责任。

**【相关司法解释】**

**《最高人民法院关于审理食品药品纠纷案件适用法律若干问题的规定》**

**第一条** 消费者因食品、药品纠纷提起民事诉讼，符合民事诉讼法规定受理条件的，人民法院应予受理。

**第二条** 因食品、药品存在质量问题造成消费者损害，消费者可以分别起诉或者同时起诉销售者和生产者。

消费者仅起诉销售者或者生产者的，必要时人民法院可以追加相关当事人参加诉讼。

**第三条** 因食品、药品质量问题发生纠纷，购买者向生产者、销售者主张权利，生产者、销售者以购买者明知食品、药品存在质量问题而仍然购买为由进行抗辩的，人民法院不予支持。

**第四条** 食品、药品生产者、销售者提供给消费者的食品或者药品的赠品发生质量安全问题，造成消费者损害，消费者主张权利，生产者、销售者以消费者未对赠品支付对价为由进行免责抗辩的，人民法院不予支持。

**第五条** 消费者举证证明所购买食品、药品的事实以及所购食品、药品不符合合同的约定，主张食品、药品的生产者、销售者承担违约责任的，人民法院应予支持。

消费者举证证明因食用食品或者使用药品受到损害，初步证明损害与食用食品或者使用药品存在因果关系，并请求食品、药品的生产者、销售者承担侵权责任的，人民法院应予支持，但食品、药品的生产者、销售者能证明损害不是因产品不符合质量标准造成的除外。

**第六条** 食品的生产者与销售者应当对于食品符合质量标准承担举证责任。认定食品是否安全，应当以国家标准为依据；对地方特色食品，没有国家标准的，应当以地方标准为依据。没有前述标准的，应当以食品安全法的相关规定为依据。

**第七条** 食品、药品虽在销售前取得检验合格证明，且食用或者使用时尚在保质期内，但经检验确认产品不合格，生产者或者销售者以该食品、药品具有检验合格证明为由进行抗辩的，人民法院不予支持。

**第八条** 集中交易市场的开办者、柜台出租者、展销会举办者未履行食品安全法规定的审查、检查、报告等义务，使消费者的合法权益受到损害的，消费者请求集中交易市场的开办者、柜台出租者、展销会举办者承担连带责任的，人民法院应予支持。

**第九条** 消费者通过网络交易第三方平台购买食品、药品遭受损害，网络交易第三方平台提供者不能提供食品、药品的生产者或者销售者的真实名称、地址与有效联系方式，消费者请求网络交易第三方平台提供者承担责任的，人民法院应予支持。

网络交易第三方平台提供者承担赔偿责任后，向生产者或者销售者行使追偿权的，人民法院应予支持。

网络交易第三方平台提供者知道或者应当知道食品、药品的生产者、销售者利用其平台侵害消费者合法权益，未采取必要措施，给消费者造成损害，消费者要求其与生产者、销售者承担连带责任的，人民法院应予支持。

**第十条** 未取得食品生产资质与销售资质的民事主体，挂靠具有相应资质的生产者与销售者，生产、销售食品，造成消费者损害，消费者请求挂靠者与被挂靠者承担连带责任的，人民法院应予支持。

消费者仅起诉挂靠者或者被挂靠者的，必要时人民法院可以追加相关当事人参加诉讼。

**第十一条** 消费者因虚假广告推荐的食品、药品存在质量问题遭受损害，依据消费者权益保护法等法律相关规定请求广告经营者、广告发布者承担连带责任的，人民法院应予支持。

其他民事主体在虚假广告中向消费者推荐食品、药品，使消费者遭受损害，消费者依据消费者权益保护法等法律相关规定请求其与食品、药品的生产者、销售者承担连带责任的，人民法院应予支持。

**第十二条** 食品检验机构故意出具虚假检验报告，造成消费者损害，消费者请求其承担连带责任的，人民法院应予支持。

食品检验机构因过失出具不实检验报告，造成消费者损害，消费者请求其承担相应责任的，人民法院应予支持。

**第十三条** 食品认证机构故意出具虚假认证，造成消费者损害，消费者请求其承担连带责任的，人民法院应予支持。

食品认证机构因过失出具不实认证，造成消费者损害，消费者请求其承担相应责任的，人民法院应予支持。

**第十四条** 生产、销售的食品、药品存在质量问题，生产者与销售者需同时承担民事责任、行政责任和刑事责任，其财产不足以支付，当事人依照民法典等有关法律规定，请求食品、药品的生产者、销售者首先承担民事责任的，人民法院应予支持。

**第十五条** 生产不符合安全标准的食品或者销售明知是不符合安全标准的食品，消费者除要求赔偿损失外，依据食品安全法等法律规定向生产者、销售者主张赔偿金的，人民法院应予支持。

生产假药、劣药或者明知是假药、劣药仍然销售、使用的，受害人或者其近亲属除请求赔偿损失外，依据药品管理法等法律规定向生产者、销售者主张赔偿金的，人民法院应予支持。

**第十六条** 食品、药品的生产者与销售者以格式合同、通知、声明、告示等方式作出排除或者限制消费者权利，减轻或者免除经营者责任、加重消费者责任等对消费者不公平、不合理的规定，消费者依法请求认定该内容无效的，人民法院应予支持。

**第十七条** 消费者与化妆品、保健食品等产品的生产者、销售者、广告经营者、广告发布者、推荐者、检验机构等主体之间的纠纷，参照适用本规定。

法律规定的机关和有关组织依法提起公益诉讼的，参照适用本规定。

**第十八条** 本规定所称的"药品的生产者"包括药品上市许可持有人和药品生产企业，"药品的销售者"包括药品经营企业和医疗机构。

## 《最高人民法院关于审理食品安全民事纠纷案件适用法律若干问题的解释（一）》

**第一条** 消费者因不符合食品安全标准的食品受到损害，依据食品安全法第一百四十八条第一款规定诉请食品生产者或者经营者赔偿损失，被诉的生产者或者经营者以赔偿责任应由生产经营者中的另一方承担为由主张免责的，人民法院不予支持。属于生产者责任的，经营者赔偿后有权向生产者追偿；属于经营者责任的，生产者赔偿后有权向经营者追偿。

**第二条** 电子商务平台经营者以标记自营业务方式所销售的食品或者虽未标记自营但实际开展自营业务所销售的食品不符合食品安全标准，消费者依据食品安全法第一百四十八条规定主张电子商务平台经营者承担作为食品经营者的赔偿责任的，人民法院应予支持。

电子商务平台经营者虽非实际开展自营业务，但其所作标识等足以误导消费者让消费者相信系电子商务平台经营者自营，消费者依据食品安全法第一百四十八条规定主张电子商务平台经营者承担作为食品经营者的赔偿责任的，人民法院应予支持。

**第三条** 电子商务平台经营者违反食品安全法第六十二条和第一百三十一条规定，未对平台内食品经营者进行实名登记、审查许可证，或者未履行报告、停止提供网络交易平台服务等义务，使消费者的合法权益受到损害，消费者主张电子商务平台经营者与平台内食品经营者承担连带责任的，人民法院应予支持。

**第四条** 公共交通运输的承运人向旅客提供的食品不符合食品安全标准，旅客主张承运人依据食品安全法第一百四十八条规定承担作为食品生产者或者经营者的赔偿责任的，人民法院应予支持；承运人以其不是食品的生产经营者或者食品是免费提供为由进行免责抗辩的，人民法院不予支持。

**第五条** 有关单位或者个人明知食品生产经营者从事食品安全法第一百二十三条第一款规定的违法行为而仍为其提供设备、技术、原料、销售渠道、运输、储存或者其他便利条件,消费者主张该单位或者个人依据食品安全法第一百二十三条第二款的规定与食品生产经营者承担连带责任的,人民法院应予支持。

**第六条** 食品经营者具有下列情形之一,消费者主张构成食品安全法第一百四十八条规定的"明知"的,人民法院应予支持:

（一）已过食品标明的保质期但仍然销售的;

（二）未能提供所售食品的合法进货来源的;

（三）以明显不合理的低价进货且无合理原因的;

（四）未依法履行进货查验义务的;

（五）虚假标注、更改食品生产日期、批号的;

（六）转移、隐匿、非法销毁食品进销货记录或者故意提供虚假信息的;

（七）其他能够认定为明知的情形。

**第七条** 消费者认为生产经营者生产经营不符合食品安全标准的食品同时构成欺诈的,有权选择依据食品安全法第一百四十八条第二款或者消费者权益保护法第五十五条第一款规定主张食品生产者或者经营者承担惩罚性赔偿责任。

**第八条** 经营者经营明知是不符合食品安全标准的食品,但向消费者承诺的赔偿标准高于食品安全法第一百四十八条规定的赔偿标准,消费者主张经营者按照承诺赔偿的,人民法院应当依法予以支持。

**第九条** 食品符合食品安全标准但未达到生产经营者承诺的质量标准,消费者依照民法典、消费者权益保护法等法律规定主张生产经营者承担责任的,人民法院应予支持,但消费者主张生产经营者依据食品安全法第一百四十八条规定承担赔偿责任的,人民法院不予支持。

**第十条** 食品不符合食品安全标准,消费者主张生产者或者经营者依据食品安全法第一百四十八条第二款规定承担惩罚性赔偿责任,生产者或者经营者以未造成消费者人身损害为由抗辩的,人民法院不予支持。

**第十一条** 生产经营未标明生产者名称、地址、成分或者配料表,或者未清晰标明生产日期、保质期的预包装食品,消费者主张生产者或者经营者依据食品安全法第一百四十八条第二款规定承担惩罚性赔偿责任的,人民法院应予支持,但法律、行政法规、食品安全国家标准对标签标注事项另有规定的除外。

**第十二条** 进口的食品不符合我国食品安全国家标准或者国务院卫生行政部门决定暂予适用的标准,消费者主张销售者、进口商等经营者依据食品安全法第一百四十八条规定承担赔偿责任,销售者、进口商等经营者仅以进口的食品符合出口地食品安全标准或者已经过我国出入境检验检疫机构检验检疫为由进行免责抗辩的，人民法院不予支持。

**第十三条** 生产经营不符合食品安全标准的食品，侵害众多消费者合法权益，损害社会公共利益，民事诉讼法、消费者权益保护法等法律规定的机关和有关组织依法提起公益诉讼的，人民法院应予受理。

# 第五章　机动车交通事故责任

**第一千二百零八条**　机动车发生交通事故造成损害的，依照道路交通安全法律和本法的有关规定承担赔偿责任。

【条文要义】

本条是对机动车交通事故责任转至适用道路交通安全法和适用本法的规定。

民法典在机动车交通事故责任一章中，没有规定机动车交通事故责任的一般规则，而是规定直接适用《道路交通安全法》第76条规定的机动车交通事故责任的基本规则。

《道路交通安全法》第76条规定的基本规则是：

1. 确定机动车交通事故责任，首先适用机动车交通事故强制保险规则解决；赔偿不足部分，适用《道路交通安全法》和民法典的相关规定。未依法投保强制保险的机动车发生交通事故造成损害，投保义务人和交通事故责任人不是同一人的，当事人可以请求投保义务人在机动车强制保险责任限额范围内予以赔偿，也可以请求交通事故责任人承担赔偿责任。交通事故责任人承担的这一部分赔偿责任，可以向投保义务人追偿，而不是投保义务人承担赔偿责任后向交通事故责任人追偿。

2. 机动车交通事故责任的归责原则：（1）机动车与行人、非机动车驾驶人之间发生的交通事故，适用过错推定原则；（2）机动车相互之间发生的机动车交通事故，适用过错责任原则。

3. 机动车交通事故责任适用过失相抵的规则：（1）机动车与行人或者非机动车驾驶人之间发生的交通事故，按照双方各自的过错程度和原因力，机动车一方承担的责任比例，在过失相抵确定的比例之上增加10%；（2）机动车相互之间发生的交通事故，按照过失相抵规则确定。

4. 机动车一方完全没有过失，发生交通事故造成损害的全部原因是行人或者非机动车驾驶人过失所致，机动车一方承担不超过10%的赔偿责任，可以根据受害人一方的过失程度，在5%~10%之间确定合适的赔偿责任。

5. 受害人故意造成损害，如受害人故意碰撞机动车造成损害的，机动车一方免责。

**【相关司法解释】**

《最高人民法院关于审理道路交通事故损害赔偿案件适用法律若干问题的解释》

第十条 多辆机动车发生交通事故造成第三人损害，当事人请求多个侵权人承担赔偿责任的，人民法院应当区分不同情况，依照民法典第一千一百七十条、第一千一百七十一条、第一千一百七十二条的规定，确定侵权人承担连带责任或者按份责任。

第十一条 道路交通安全法第七十六条规定的"人身伤亡"，是指机动车发生交通事故侵害被侵权人的生命权、身体权、健康权等人身权益所造成的损害，包括民法典第一千一百七十九条和第一千一百八十三条规定的各项损害。

道路交通安全法第七十六条规定的"财产损失"，是指因机动车发生交通事故侵害被侵权人的财产权益所造成的损失。

第十二条 因道路交通事故造成下列财产损失，当事人请求侵权人赔偿的，人民法院应予支持：

（一）维修被损坏车辆所支出的费用、车辆所载物品的损失、车辆施救费用；

（二）因车辆灭失或者无法修复，为购买交通事故发生时与被损坏车辆价值相当的车辆重置费用；

（三）依法从事货物运输、旅客运输等经营性活动的车辆，因无法从事相应经营活动所产生的合理停运损失；

（四）非经营性车辆因无法继续使用，所产生的通常替代性交通工具的合理费用。

第二十四条 公安机关交通管理部门制作的交通事故认定书，人民法院应依法审查并确认其相应的证明力，但有相反证据推翻的除外。

第二十五条 机动车在道路以外的地方通行时引发的损害赔偿案件，可以参照适用本解释的规定。

**第一千二百零九条** 因租赁、借用等情形机动车所有人、管理人与使用人不是同一人时，发生交通事故造成损害，属于该机动车一方责任的，由机动车使用人承担赔偿责任；机动车所有人、管理人对损害的发生有过错的，承担相应的赔偿责任。

【条文要义】

本条是对租赁、借用机动车发生交通事故责任的规定。

租赁或者借用机动车，使机动车的所有人、管理人与使用人出现不一致，发生交通事故的责任归属，适用本条规定的规则。

适用本条规定的规则的要件是：

1. 应当构成租赁或者借用机动车的法律关系，其中，租赁是光车出租，不是带驾驶员的机动车出租。

2. 机动车的所有人、管理人与使用人不是同一人。

3. 机动车在使用人的操控之下发生交通事故，造成被侵权人的人身损害或者财产损害。

4. 交通事故责任属于机动车一方责任，而不是受害人的责任。

承担责任的形态为单向连带责任，即混合责任，规则是：

1. 机动车的使用人对发生的损害承担赔偿责任，须对全部损害承担赔偿责任，即使机动车所有人、管理人也有过失的，亦须承担连带责任，就全部损害负责。

2. 机动车的所有人或者管理人对于损害的发生也有过失的，应当按照其过失程度和原因力，承担按份责任，即相应的赔偿责任。机动车所有人、管理人的过失，主要表现为明知使用人没有驾驶资质、明知使用人处于不适驾状态如醉酒、知道自己的机动车有故障不予告知等。

原《侵权责任法》第49条没有机动车的管理人这一责任主体，增加这一主体，主要考虑的是各地因机动车限购政策，出现了出资购买机动车的人不是登记的所有权人，而是实际管理人的状况，将机动车管理人列为责任主体，可以摆脱实际上对机动车没有权属利益的人的责任。

【相关司法解释】

**《最高人民法院关于审理道路交通事故损害赔偿案件适用法律若干问题的解释》**

**第一条** 机动车发生交通事故造成损害，机动车所有人或者管理人有下列情形之一，人民法院应当认定其对损害的发生有过错，并适用民法典第一千二百零九条的规定确定其相应的赔偿责任：

（一）知道或者应当知道机动车存在缺陷，且该缺陷是交通事故发生原因之一的；

（二）知道或者应当知道驾驶人无驾驶资格或者未取得相应驾驶资格的；

（三）知道或者应当知道驾驶人因饮酒、服用国家管制的精神药品或者麻醉药品，或者患有妨碍安全驾驶机动车的疾病等依法不能驾驶机动车的；

（四）其他应当认定机动车所有人或者管理人有过错的。

**第一千二百一十条** 当事人之间已经以买卖或者其他方式转让并交付机动车但是未办理登记，发生交通事故造成损害，属于该机动车一方责任的，由受让人承担赔偿责任。

**【条文要义】**

本条是对买卖机动车未过户发生交通事故责任的规定。

买卖机动车交通事故责任，是指买卖后者以其他方式转让机动车，已经交付，但没有进行机动车交易过户登记，发生交通事故造成损害，在事实车主和登记车主之间如何承担责任的机动车交通事故责任规则。这种规则，对在某些地区实行机动车限购而使机动车转让受限的情形也适用。

在以往的经验中，经常出现转让机动车的交易，但双方并未进行机动车转让登记，形成登记车主和事实车主相分离的情况。在制定原《侵权责任法》的过程中，依照原《物权法》的规定，确认机动车的登记是属于行政管理登记而不是权属登记，机动车属于动产，其所有权转移以交付为标志，而非以登记为标志，故确定了这一规则。本条沿用了这种责任承担规则。

适用本条规则的要件是：

1. 出卖人和买受人之间发生了机动车买卖或者以其他方式转让权属的关系，已经交付了机动车和转让价金。

2. 在交易机动车后，未在行政管理机关进行机动车转让登记，形成登记车主和事实车主分离的状态。

3. 机动车发生交通事故，造成受害人的损害。

4. 交通事故责任属于机动车一方责任。

具备上述侵权责任构成要件，责任由受让人即事实车主承担，而不是由出让人即登记车主承担。

在北京等地区，对机动车实行限购政策，没有抽到购车指标不得受让机动车，因而在私下交易的并不少见，行政主管部门不给予过户登记。对此，也应当适用本条规定，确定实际购买日作为受让机动车一方承担交通事故责任的时间。

## 【相关司法解释】

**《最高人民法院关于审理道路交通事故损害赔偿案件适用法律若干问题的解释》**

第二条 被多次转让但是未办理登记的机动车发生交通事故造成损害，属于该机动车一方责任，当事人请求由最后一次转让并交付的受让人承担赔偿责任的，人民法院应予支持。

**第一千二百一十一条** 以挂靠形式从事道路运输经营活动的机动车，发生交通事故造成损害，属于该机动车一方责任的，由挂靠人和被挂靠人承担连带责任。

## 【条文要义】

本条是对挂靠机动车发生交通事故责任的规定。

以挂靠形式从事道路运输经营活动的机动车运营，是比较普遍的现象，原因是从事机动车运营需要政府管理部门核准资质，而政府只给法人或者非法人组织办理运营资质，不给个人颁发运营资质，故个人从事机动车运营活动，只能挂靠到有运营资质的单位，才能进行合法运营活动。

以挂靠形式进行机动车运营法律关系的特点是：

1. 享有机动车所有权的个人没有运营资质，须挂靠到有运营资质的机动车运营单位，以该单位的名义进行运营活动。

2. 被挂靠的运营单位同意其挂靠，将该个人作为自己的名义职工，用自己的名义进行运营。

3. 双方之间的关系通常有一定的利益交换，即挂靠的一方要按期交给被挂靠的一方约定的管理费，就此双方形成权利义务关系；也有极少数是完全免费挂靠的。

4. 挂靠的机动车所有权人虽然是以被挂靠单位的名义运营，但实际上还是自己在运营，原则上并不受被挂靠单位的管控。

挂靠机动车发生交通事故造成他人损害，属于该机动车一方责任的，其责任分担的方式，是由挂靠一方和被挂靠一方共同承担连带责任。被侵权人可以向挂靠一方或者被挂靠一方主张承担连带责任，依照民法典第178条规定的连带责任规则承担责任。

**第一千二百一十二条** 未经允许驾驶他人机动车，发生交通事故造成损害，属于该机动车一方责任的，由机动车使用人承担赔偿责任；机动车所有人、管理人对损害的发生有过错的，承担相应的赔偿责任，但是本章另有规定的除外。

【条文要义】

本条是对擅自驾驶他人机动车发生交通事故责任的规定。

未经允许驾驶他人机动车，就是擅自驾驶他人机动车。构成擅自驾驶他人机动车交通事故责任规则的要件是：

1. 未经允许驾驶他人机动车，有两种情形：一是完全背着机动车所有人或者管理人，秘密将他人的机动车开走；二是行为人与机动车所有人、管理人借车未得到同意，擅自将他人的机动车开走。无论哪种情形，都构成擅自驾驶他人机动车。

2. 行为人在驾驶他人机动车行驶过程中发生交通事故，造成他人人身损害或者财产损害。

3. 交通事故责任属于该机动车一方责任。

擅自驾驶他人机动车交通事故责任的承担方式是：

1. 与民法典第1209条规定的责任形态相同，即单向连带责任（混合责任）。

2. 机动车使用人承担全部责任，即使承担部分责任时也须连带负责。

3. 机动车所有人或者管理人有过失的，承担相应的责任即按份责任，不与使用人一道承担连带责任。

4. 本章另有规定的，依照本章的特别规定承担责任，另有规定的有优先适用的效力。例如，盗窃机动车发生交通事故，也属于擅自驾驶他人机动车，应当适用特别规定确定侵权责任。

【相关司法解释】

《最高人民法院关于审理道路交通事故损害赔偿案件适用法律若干问题的解释》

第三条 套牌机动车发生交通事故造成损害，属于该机动车一方责任，当事人请求由套牌机动车的所有人或者管理人承担赔偿责任的，人民法院应予支持；

被套牌机动车所有人或者管理人同意套牌的，应当与套牌机动车的所有人或者管理人承担连带责任。

第五条 接受机动车驾驶培训的人员，在培训活动中驾驶机动车发生交通事故造成损害，属于该机动车一方责任，当事人请求驾驶培训单位承担赔偿责任的，人民法院应予支持。

第六条 机动车试乘过程中发生交通事故造成试乘人损害，当事人请求提供试乘服务者承担赔偿责任的，人民法院应予支持。试乘人有过错的，应当减轻提供试乘服务者的赔偿责任。①

**第一千二百一十三条 机动车发生交通事故造成损害，属于该机动车一方责任的，先由承保机动车强制保险的保险人在强制保险责任限额范围内予以赔偿；不足部分，由承保机动车商业保险的保险人按照保险合同的约定予以赔偿；仍然不足或者没有投保机动车商业保险的，由侵权人赔偿。**

**【条文要义】**

本条是对机动车强制保险、商业保险与侵权人责任顺序的规定。

机动车所有人对于自己的机动车，每年都须投保机动车强制保险，一般还需投保相应的机动车商业保险。当机动车发生交通事故造成损害，属于该机动车一方责任的，被侵权人同时请求保险人和侵权人承担赔偿责任时，承担保险责任和侵权责任的顺序是：

1. 机动车强制保险优先。出现这种情形时，机动车强制保险人承担第一顺位保险责任，由其在机动车强制保险责任限额范围内，承担赔偿责任。

2. 强制保险赔偿不足部分，商业保险优先。机动车商业保险人的保险责任为第二顺位责任，对机动车强制保险限额范围赔偿不足的部分，商业保险人按照商业保险合同约定的保险范围承担赔偿责任。

3. 商业保险赔偿仍然不足的部分或者根本就没有投保商业保险的，由侵权人承担赔偿责任。凡是商业保险也不能理赔的部分，由应当承担责任的机动车一方的所有人、管理人或者使用人予以赔偿，按照相关的责任形式以及规则承担赔偿责任。

---

① 司法解释规定的这三种特殊的道路交通事故责任没有相应的民法典条文，都放在民法典的这一条文之下。

**【相关司法解释】**

**《最高人民法院关于审理道路交通事故损害赔偿案件适用法律若干问题的解释》**

**第十三条** 同时投保机动车第三者责任强制保险（以下简称交强险）和第三者责任商业保险（以下简称商业三者险）的机动车发生交通事故造成损害，当事人同时起诉侵权人和保险公司的，人民法院应当依照民法典第一千二百一十三条的规定，确定赔偿责任。

被侵权人或者其近亲属请求承保交强险的保险公司优先赔偿精神损害的，人民法院应予支持。

**第十四条** 投保人允许的驾驶人驾驶机动车致使投保人遭受损害，当事人请求承保交强险的保险公司在责任限额范围内予以赔偿的，人民法院应予支持，但投保人为本车上人员的除外。

**第十五条** 有下列情形之一导致第三人人身损害，当事人请求保险公司在交强险责任限额范围内予以赔偿，人民法院应予支持：

（一）驾驶人未取得驾驶资格或者未取得相应驾驶资格的；

（二）醉酒、服用国家管制的精神药品或者麻醉药品后驾驶机动车发生交通事故的；

（三）驾驶人故意制造交通事故的。

保险公司在赔偿范围内向侵权人主张追偿权的，人民法院应予支持。追偿权的诉讼时效期间自保险公司实际赔偿之日起计算。

**第十六条** 未依法投保交强险的机动车发生交通事故造成损害，当事人请求投保义务人在交强险责任限额范围内予以赔偿的，人民法院应予支持。

投保义务人和侵权人不是同一人，当事人请求投保义务人和侵权人在交强险责任限额范围内承担相应责任的，人民法院应予支持。

**第十七条** 具有从事交强险业务资格的保险公司违法拒绝承保、拖延承保或者违法解除交强险合同，投保义务人在向第三人承担赔偿责任后，请求该保险公司在交强险责任限额范围内承担相应赔偿责任的，人民法院应予支持。

**第十八条** 多辆机动车发生交通事故造成第三人损害，损失超出各机动车交强险责任限额之和的，由各保险公司在各自责任限额范围内承担赔偿责任；损失未超出各机动车交强险责任限额之和，当事人请求由各保险公司按照其责任限额与责任限额之和的比例承担赔偿责任的，人民法院应予支持。

依法分别投保交强险的牵引车和挂车连接使用时发生交通事故造成第三人损害，当事人请求由各保险公司在各自的责任限额范围内平均赔偿的，人民法院应予支持。

多辆机动车发生交通事故造成第三人损害，其中部分机动车未投保交强险，当事人请求先由已承保交强险的保险公司在责任限额范围内予以赔偿的，人民法院应予支持。保险公司就超出其应承担的部分向未投保交强险的投保义务人或者侵权人行使追偿权的，人民法院应予支持。

**第十九条** 同一交通事故的多个被侵权人同时起诉的，人民法院应当按照各被侵权人的损失比例确定交强险的赔偿数额。

**第二十条** 机动车所有权在交强险合同有效期内发生变动，保险公司在交通事故发生后，以该机动车未办理交强险合同变更手续为由主张免除赔偿责任的，人民法院不予支持。

机动车在交强险合同有效期内发生改装、使用性质改变等导致危险程度增加的情形，发生交通事故后，当事人请求保险公司在责任限额范围内予以赔偿的，人民法院应予支持。

前款情形下，保险公司另行起诉请求投保义务人按照重新核定后的保险费标准补足当期保险费的，人民法院应予支持。

**第二十一条** 当事人主张交强险人身伤亡保险金请求权转让或者设定担保的行为无效的，人民法院应予支持。

**第二十二条** 人民法院审理道路交通事故损害赔偿案件，应当将承保交强险的保险公司列为共同被告。但该保险公司已经在交强险责任限额范围内予以赔偿且当事人无异议的除外。

人民法院审理道路交通事故损害赔偿案件，当事人请求将承保商业三者险的保险公司列为共同被告的，人民法院应予准许。

**第二十三条** 被侵权人因道路交通事故死亡，无近亲属或者近亲属不明，未经法律授权的机关或者有关组织向人民法院起诉主张死亡赔偿金的，人民法院不予受理。

侵权人以已向未经法律授权的机关或者有关组织支付死亡赔偿金为理由，请求保险公司在交强险责任限额范围内予以赔偿的，人民法院不予支持。

被侵权人因道路交通事故死亡，无近亲属或者近亲属不明，支付被侵权人医疗费、丧葬费等合理费用的单位或者个人，请求保险公司在交强险责任限额范围内予以赔偿的，人民法院应予支持。

**第一千二百一十四条** 以买卖或者其他方式转让拼装或者已经达到报废标准的机动车，发生交通事故造成损害的，由转让人和受让人承担连带责任。

【条文要义】

本条是对拼装车、报废车发生交通事故责任的规定。

国家法律严格禁止拼装车上路，严格禁止已经报废的机动车继续使用，为的是保障交通安全，防止损害发生。同时，也严格禁止对拼装车和报废车进行买卖或者以其他方式进行转让。这些都是国家的强制性规定，不得违反。

本条规定，凡是以买卖或者其他方式转让拼装车或者已经达到报废标准的机动车，发生交通事故造成损害的，转让人和受让人承担连带赔偿责任，并且是绝对责任，不可以适用减轻或者免除责任的规定。

拼装车是没有汽车生产资质的人非法用汽车零部件拼装而成的机动车。报废车，本条明确规定是"已经达到报废标准的机动车"，而不是已经报废的机动车，其含义是，凡是已经达到报废标准的机动车，无论是否已经经过报废程序，都在规范之列，以此表达机动车报废的强制性。拼装车、已经达到报废标准的机动车或者依法禁止行驶的其他机动车被多次转让，发生交通事故造成损害，所有的转让人和受让人都承担连带责任。依法禁止行驶的其他机动车，与拼装车、报废车相似，造成交通事故致人损害，可以参照适用本条规定确定责任。

以买卖或者其他方式转让拼装或者已经达到报废标准的机动车，发生交通事故造成损害，转让人、受让人以其不知道或者不应当知道发生交通事故的机动车为拼装机动车或者已经达到报废标准为由，主张不承担侵权责任的，不予支持。

对于报废车、拼装车的判断，依据公安机关交通管理部门的意见，认定是否达到报废标准；根据工业和信息化、市场监督管理等部门或者机动车生产、改装企业出具的证据，认定是否为拼装车。

【相关司法解释】

**《最高人民法院关于审理道路交通事故损害赔偿案件适用法律若干问题的解释》**

**第四条** 拼装车、已达到报废标准的机动车或者依法禁止行驶的其他机动车被多次转让，并发生交通事故造成损害，当事人请求由所有的转让人和受让人承担连带责任的，人民法院应予支持。

第一千二百一十五条　盗窃、抢劫或者抢夺的机动车发生交通事故造成损害的，由盗窃人、抢劫人或者抢夺人承担赔偿责任。盗窃人、抢劫人或者抢夺人与机动车使用人不是同一人，发生交通事故造成损害，属于该机动车一方责任的，由盗窃人、抢劫人或者抢夺人与机动车使用人承担连带责任。

保险人在机动车强制保险责任限额范围内垫付抢救费用的，有权向交通事故责任人追偿。

【条文要义】

本条是对盗抢机动车发生交通事故责任的规定。

盗窃、抢劫或者抢夺他人的机动车，是侵害他人财产的违法犯罪行为，发生交通事故造成他人损害的，盗窃人、抢劫人或者抢夺人应当承担损害赔偿责任，而不是由机动车所有人、管理人承担侵权责任。在盗窃、抢劫或者抢夺他人机动车的过程中发生的交通事故致人损害，也应当适用本条规定。

本条第1款规定的内容与原《侵权责任法》第52条规定的内容相比，增加了"盗窃人、抢劫人或者抢夺人与机动车使用人不是同一人，发生交通事故造成损害，属于该机动车一方责任的，由盗窃人、抢劫人或者抢夺人与机动车使用人承担连带责任"。这一规定的含义是，盗窃人、抢劫人、抢夺人将非法占有的他人机动车交给使用人使用，形成非法占有人与使用人并非同一人的情形，其中既包括交给他人使用，也包括将非法占有的机动车有偿或者无偿转让给他人使用。在这种情形下发生交通事故致人损害，属于该机动车一方责任的，盗窃人、抢劫人、抢夺人与机动车使用人承担连带责任，而不能因非法占有人已经将机动车转让而不承担责任。

发生保险人在机动车强制保险责任限额范围内垫付抢救费用的情形，是盗窃、抢劫、抢夺的他人机动车发生交通事故致人损害，出现找不到侵权责任主体时，机动车强制保险的保险人应当并且实际垫付了抢救费用。如果找到了侵权责任主体，保险人有权向其进行追偿。被侵权人起诉请求承保机动车强制保险的保险人在强制保险责任限额范围内先予赔偿的，不予支持。

**第一千二百一十六条** 机动车驾驶人发生交通事故后逃逸，该机动车参加强制保险的，由保险人在机动车强制保险责任限额范围内予以赔偿；机动车不明、该机动车未参加强制保险或者抢救费用超过机动车强制保险责任限额，需要支付被侵权人人身伤亡的抢救、丧葬等费用的，由道路交通事故社会救助基金垫付。道路交通事故社会救助基金垫付后，其管理机构有权向交通事故责任人追偿。

【条文要义】

本条是对机动车发生交通事故后驾驶人逃逸责任的规定。

机动车驾驶人在发生交通事故后逃逸，该机动车参加强制保险的，不能改变机动车强制保险的功能，仍然由保险人在机动车强制保险责任限额范围内予以赔偿，以救济受害人的损害。从这个角度来看，机动车强制保险是对交通事故受害人的损害进行的保险，受害人有权请求承保的保险人支付赔偿金。

在上述情况下，如果属于机动车的权属不明、该机动车未参加强制保险或者抢救费用超过机动车强制保险责任限额，而需要支付被侵权人人身伤亡的抢救、丧葬等费用的，无法通过强制保险获得这种补偿，应当由道路交通事故社会救助基金垫付。

道路交通事故社会救助基金是依照《道路交通安全法》第17条创设的基金，是机动车强制保险制度的补充，目的是在保证道路交通事故中受害人不能按照交强险制度赔偿和从侵权人那里得到赔偿时，可以通过该基金的救助，获得及时抢救或者适当补偿。这项制度坚持以人为本的原则，体现了国家和社会对自然人生命安全和健康的关爱和救助。道路交通事故社会救助基金是财团法人即捐助法人。当道路交通事故社会救助基金对上述损失的费用予以垫付后，其管理机构有权向交通事故责任人追偿。

**第一千二百一十七条** 非营运机动车发生交通事故造成无偿搭乘人损害，属于该机动车一方责任的，应当减轻其赔偿责任，但是机动车使用人有故意或者重大过失的除外。

【条文要义】

本条是对机动车交通事故好意同乘规则的规定。

好意同乘，是指无偿搭乘他人的机动车，在运行中发生交通事故，造成无偿搭乘人的损害，属于该机动车一方责任的，减轻机动车一方赔偿责任的规则。

适用好意同乘的规则是：

1. 好意同乘的适用条件，须为无偿搭乘他人机动车，而非有偿搭乘；被搭乘的是他人的非营运机动车，而不是营运的机动车。

2. 发生交通事故造成搭乘人的损害，须构成机动车一方的责任，即被搭乘人的责任。

3. 减轻责任。好意同乘是善意地为他人提供方便的行为，是利他行为，即使造成无偿搭乘人的损害，被搭乘人也不应当承担全部赔偿责任，故本条规定，即使属于该机动车一方的责任，也应减轻该机动车一方的赔偿责任。

4. 全部责任。如果造成交通事故致害无偿搭乘人，是机动车使用人因故意或者重大过失所致，则机动车一方应当承担全部赔偿责任。

这一规则规定的内容还不够全面，好意同乘规则还包括支付部分汽油费或者过路费的赔偿规则。如果搭乘人支付了部分汽油费或者过路费，则属于一定程度的有偿搭乘，被搭乘人承担的赔偿责任范围应当更大一些。例如，无偿搭乘发生交通事故致害无偿搭乘人，机动车一方应当承担50%的赔偿责任，支付了部分汽油费或者过路费而达不到买票乘车的数额的，机动车一方则应当承担70%左右的赔偿责任。如果支付的汽油费或者过路费的数额与买票乘车的费用基本相同或者相近，则属于机动车一方非法运营，机动车一方应当承担更多的甚至是全部的赔偿责任。这样的规则没有规定，在司法实践中可以适当参酌。

根据实践经验，营运机动车出于助人的好意免费搭乘人员，发生交通事故造成无偿搭乘人损害，属于该机动车一方责任的，应当参照适用好意同乘的规定确定民事责任。

**【相关司法解释】**

**《最高人民法院关于适用〈中华人民共和国民法典〉时间效力的若干规定》**

**第十八条** 民法典施行前，因非营运机动车发生交通事故造成无偿搭乘人损害引起的民事纠纷案件，适用民法典第一千二百一十七条的规定。

# 第六章 医疗损害责任

**第一千二百一十八条** 患者在诊疗活动中受到损害，医疗机构或者其医务人员有过错的，由医疗机构承担赔偿责任。

【条文要义】

本条是对医疗损害责任一般条款的规定。

医疗损害责任，是指患者在诊疗活动中受到损害，医疗机构或者医务人员有过错的，由医疗机构承担的替代赔偿责任。

医疗损害责任一般条款的基本内容是：

1. 医疗损害责任适用过错责任原则，只有医疗机构或者其医务人员在诊疗活动中有过错的，才对在该医疗机构就医的患者所受损害承担医疗损害的赔偿责任，只有法律另有规定的，才适用无过错责任原则，如民法典第1223条规定的医疗产品损害责任。

2. 构成医疗损害责任的要件是：（1）患者与医疗机构有医疗服务合同关系，患者是在该医疗机构就医的自然人；（2）患者在诊疗活动中受到人身损害；（3）患者的人身损害与医疗机构或者其医务人员的诊疗活动有因果关系；（4）医疗机构或者其医务人员在诊疗活动中有过失。

3. 承担责任的责任形态是替代责任，即具备上述四个要件，构成医疗损害责任，责任主体是医疗机构而不是医务人员。

4. 医疗机构承担赔偿责任之后，依照民法典第1191条第1款关于用人单位责任的规定，可以向有重大过失的医务人员进行追偿。

医疗损害责任一般条款的作用是：（1）指导本节规定的各种医疗损害责任的法律适用；（2）本节规定的没有责任规范的医疗损害问题以及本节没有规定的医疗损害责任类型，符合本条规定的，适用本条作为确定侵权责任的依据，前者如民法典第1220条只规定了救助义务而没有具体规定违反救助义务造成损害的责任，后者如因医疗管理过失造成患者的损害，都没有具体条文规定应当承担的责任,都可以适用本条规定确定赔偿责任。

医疗损害责任分为四种类型:(1)医疗伦理损害责任(民法典第1219条);(2)医疗技术损害责任(民法典第1221条);(3)医疗产品损害责任(民法典第1223条);(4)医疗管理损害责任(民法典对此没有具体条文规定,应当适用第1218条规定确定责任)。

【相关司法解释】

《最高人民法院关于审理医疗损害责任纠纷案件适用法律若干问题的解释》

第四条 患者依据民法典第一千二百一十八条规定主张医疗机构承担赔偿责任的,应当提交到该医疗机构就诊、受到损害的证据。

患者无法提交医疗机构或者其医务人员有过错、诊疗行为与损害之间具有因果关系的证据,依法提出医疗损害鉴定申请的,人民法院应予准许。

医疗机构主张不承担责任的,应当就民法典第一千二百二十四条第一款规定情形等抗辩事由承担举证证明责任。

第二十四条 被侵权人同时起诉两个以上医疗机构承担赔偿责任,人民法院经审理,受诉法院所在地的医疗机构依法不承担赔偿责任,其他医疗机构承担赔偿责任的,残疾赔偿金、死亡赔偿金的计算,按下列情形分别处理:

(一)一个医疗机构承担责任的,按照该医疗机构所在地的赔偿标准执行;

(二)两个以上医疗机构均承担责任的,可以按照其中赔偿标准较高的医疗机构所在地标准执行。

第二十五条 患者死亡后,其近亲属请求医疗损害赔偿的,适用本解释;支付患者医疗费、丧葬费等合理费用的人请求赔偿该费用的,适用本解释。

本解释所称的"医疗产品"包括药品、消毒产品、医疗器械等。

**第一千二百一十九条** 医务人员在诊疗活动中应当向患者说明病情和医疗措施。需要实施手术、特殊检查、特殊治疗的,医务人员应当及时向患者具体说明医疗风险、替代医疗方案等情况,并取得其明确同意;不能或者不宜向患者说明的,应当向患者的近亲属说明,并取得其明确同意。

医务人员未尽到前款义务,造成患者损害的,医疗机构应当承担赔偿责任。

## 【条文要义】

本条是对医疗伦理损害责任的规定。

在医疗服务合同的履行中,医疗机构及其医务人员对患者负有告知义务,患者享有知情权和决定权。医疗机构及其医务人员未尽到告知义务,侵害了患者的知情权和决定权的,构成医疗伦理损害责任。

本条第1款规定的医务人员的告知义务,分为三种情形:

1. 一般病情一般告知:医务人员在诊疗活动中应当向患者说明病情和医疗措施。

2. 特殊病情特别告知:需要实施手术、特殊检查、特殊治疗的,医务人员应当及时向患者具体说明医疗风险、替代医疗方案等情况,并取得其明确同意。

3. 权利主体是患者:医务人员应当向患者告知,不能或者不宜向患者说明的,应当向患者的近亲属说明,并取得其明确同意。

本条第2款规定的是违反告知义务造成患者损害的医疗伦理损害责任规则,分为两种类型:

1. 未尽到告知义务,造成患者知情权损害并且造成人身损害的,医疗机构应当依照人身损害赔偿的法律规定,承担赔偿责任。

2. 未尽到告知义务造成患者知情权受损但未造成人身损害的,应当承担精神损害赔偿责任。

## 【相关司法解释】

**《最高人民法院关于审理医疗损害责任纠纷案件适用法律若干问题的解释》**

第五条 患者依据民法典第一千二百一十九条规定主张医疗机构承担赔偿责任的,应当按照前条第一款规定提交证据。

实施手术、特殊检查、特殊治疗的,医疗机构应当承担说明义务并取得患者或者患者近亲属明确同意,但属于民法典第一千二百二十条规定情形的除外。医疗机构提交患者或者患者近亲属明确同意证据的,人民法院可以认定医疗机构尽到说明义务,但患者有相反证据足以反驳的除外。

第十七条 医务人员违反民法典第一千二百一十九条第一款规定义务,但未造成患者人身损害,患者请求医疗机构承担损害赔偿责任的,不予支持。[1]

---

[1] 笔者认为,这一条司法解释的规定也是有问题的。医疗伦理损害责任有两种损害,一是侵害物质性人格权造成患者人身损害,二是侵害知情同意权造成精神损害。只赔偿人身损害,不赔偿精神损害,显然对保护患者的知情同意权不利。

**第一千二百二十条** 因抢救生命垂危的患者等紧急情况，不能取得患者或者其近亲属意见的，经医疗机构负责人或者授权的负责人批准，可以立即实施相应的医疗措施。

## 【条文要义】

本条是对医疗机构紧急救助义务的规定。

本条是在发生了一些在抢救生命垂危患者的过程中，患者家属不同意采取紧急医疗措施造成患者损害的事件后，在原《侵权责任法》中规定了经医疗机构负责人或者授权的负责人批准，立即采取相应的医疗措施的权力。

采取紧急救助措施的要件是：

1. 患者因生命垂危等须紧急抢救。

2. 不能取得患者或者其近亲属意见，首先是患者同意，患者不能表达意思的，才能取得患者近亲属的同意，"不能取得"包括其近亲属不同意采取紧急抢救措施。

3. 经过医疗机构负责人或者医疗机构负责人授权的负责人的批准。

具备这些要件，医疗机构及其医务人员就可以实施紧急抢救措施。

本条只规定了授权，没有规定违反紧急救助措施的责任，应当适用民法典第1218条规定的医疗损害责任一般条款，认定医疗机构或者其医务人员未尽紧急救助义务有过错的，对患者造成的损害应当承担赔偿责任。

## 【相关司法解释】

《最高人民法院关于审理医疗损害责任纠纷案件适用法律若干问题的解释》

**第十八条** 因抢救生命垂危的患者等紧急情况且不能取得患者意见时，下列情形可以认定为民法典第一千二百二十条规定的不能取得患者近亲属意见：

（一）近亲属不明的；

（二）不能及时联系到近亲属的；

（三）近亲属拒绝发表意见的；

（四）近亲属达不成一致意见的；

（五）法律、法规规定的其他情形。

前款情形，医务人员经医疗机构负责人或者授权的负责人批准立即实施相应医疗措施，患者因此请求医疗机构承担赔偿责任的，不予支持；医疗机构及其医务人员怠于实施相应医疗措施造成损害，患者请求医疗机构承担赔偿责任的，应予支持。

**第一千二百二十一条** 医务人员在诊疗活动中未尽到与当时的医疗水平相应的诊疗义务，造成患者损害的，医疗机构应当承担赔偿责任。

【条文要义】

本条是对医疗技术损害责任的规定。

医疗技术损害责任，是指医疗机构及其医务人员在医疗活动中，违反医疗技术上的高度注意义务，具有违反当时的医疗水平的医疗技术过失，造成患者损害的医疗损害责任。

医疗技术损害责任的法律特征是：

1. 构成医疗技术损害责任以医疗机构及其医务人员具有医疗过失为前提。

2. 医疗技术损害责任的过失是医疗技术过失，不属于医疗伦理过失或者医疗管理过失。

3. 医疗技术过失的认定方式主要是原告证明，法律规定推定医疗机构及其医务人员有过失的，依照其规定进行推定。

4. 医疗技术损害责任的损害事实只包括人身损害事实，不包括财产损失事实。

确定是否构成医疗技术损害责任的关键要件，是医疗机构及其医务人员是否存在医疗技术过失，即在诊疗活动中未尽到与当时的医疗技术水平相应诊疗义务的不注意心理状态。判断的标准是：

1. 医疗技术水平是临床医疗技术水平，而不是医学科学水平，因为医学科学水平是医学研究所达到的最高水平，绝大多数临床医生达不到这个水平。

2. 确定过失的临床技术水平是当时的水平，而不是发生医疗损害之前或者之后水平，如在医疗损害发生之后很长时间再处理该纠纷的争议，不能以处理纠纷时的临床技术水平确定是否有过失。

3. 证明的责任在原告，原告须提供证据证明存在这种过失（符合第1222条规定的除外）。

具备这样的医疗技术过失，再具备上述其他构成要件，即构成医疗技术损害责任，医疗机构应当对患者的损害承担损害赔偿责任。

## 【相关司法解释】

**《最高人民法院关于审理医疗损害责任纠纷案件适用法律若干问题的解释》**①

**第八条** 当事人依法申请对医疗损害责任纠纷中的专门性问题进行鉴定的,人民法院应予准许。

当事人未申请鉴定,人民法院对前款规定的专门性问题认为需要鉴定的,应当依职权委托鉴定。

**第九条** 当事人申请医疗损害鉴定的,由双方当事人协商确定鉴定人。

当事人就鉴定人无法达成一致意见,人民法院提出确定鉴定人的方法,当事人同意的,按照该方法确定;当事人不同意的,由人民法院指定。

鉴定人应当从具备相应鉴定能力、符合鉴定要求的专家中确定。

**第十条** 委托医疗损害鉴定的,当事人应当按照要求提交真实、完整、充分的鉴定材料。提交的鉴定材料不符合要求的,人民法院应当通知当事人更换或者补充相应材料。

在委托鉴定前,人民法院应当组织当事人对鉴定材料进行质证。

**第十一条** 委托鉴定书,应当有明确的鉴定事项和鉴定要求。鉴定人应当按照委托鉴定的事项和要求进行鉴定。

下列专门性问题可以作为申请医疗损害鉴定的事项:

(一)实施诊疗行为有无过错;

(二)诊疗行为与损害后果之间是否存在因果关系以及原因力大小;

(三)医疗机构是否尽到了说明义务、取得患者或者患者近亲属明确同意的义务;

(四)医疗产品是否有缺陷、该缺陷与损害后果之间是否存在因果关系以及原因力的大小;

(五)患者损伤残疾程度;

(六)患者的护理期、休息期、营养期;

(七)其他专门性问题。

鉴定要求包括鉴定人的资质、鉴定人的组成、鉴定程序、鉴定意见、鉴定期限等。

---

① 民法典对医疗损害责任鉴定没有规定,而医疗损害责任鉴定主要针对的是医疗技术损害责任,因此将这一部分司法解释放在这里,它们对于确定医疗伦理损害责任、医疗产品损害责任和医疗管理损害责任也是适用的。

**第十二条** 鉴定意见可以按照导致患者损害的全部原因、主要原因、同等原因、次要原因、轻微原因或者与患者损害无因果关系，表述诊疗行为或者医疗产品等造成患者损害的原因力大小。

**第十三条** 鉴定意见应当经当事人质证。

当事人申请鉴定人出庭作证，经人民法院审查同意，或者人民法院认为鉴定人有必要出庭的，应当通知鉴定人出庭作证。双方当事人同意鉴定人通过书面说明、视听传输技术或者视听资料等方式作证的，可以准许。

鉴定人因健康原因、自然灾害等不可抗力或者其他正当理由不能按期出庭的，可以延期开庭；经人民法院许可，也可以通过书面说明、视听传输技术或者视听资料等方式作证。

无前款规定理由，鉴定人拒绝出庭作证，当事人对鉴定意见又不认可的，对该鉴定意见不予采信。

**第十四条** 当事人申请通知一至二名具有医学专门知识的人出庭，对鉴定意见或者案件的其他专门性事实问题提出意见，人民法院准许的，应当通知具有医学专门知识的人出庭。

前款规定的具有医学专门知识的人提出的意见，视为当事人的陈述，经质证可以作为认定案件事实的根据。

**第十五条** 当事人自行委托鉴定人作出的医疗损害鉴定意见，其他当事人认可的，可予采信。

当事人共同委托鉴定人作出的医疗损害鉴定意见，一方当事人不认可的，应当提出明确的异议内容和理由。经审查，有证据足以证明异议成立的，对鉴定意见不予采信；异议不成立的，应予采信。

**第十六条** 对医疗机构或者其医务人员的过错，应当依据法律、行政法规、规章以及其他有关诊疗规范进行认定，可以综合考虑患者病情的紧急程度、患者个体差异、当地的医疗水平、医疗机构与医务人员资质等因素。

**第十七条** 医务人员违反民法典第一千二百一十九条第一款规定义务，但未造成患者人身损害，患者请求医疗机构承担损害赔偿责任的，不予支持。

**第十八条** 因抢救生命垂危的患者等紧急情况且不能取得患者意见时，下列情形可以认定为民法典第一千二百二十条规定的不能取得患者近亲属意见：

（一）近亲属不明的；

（二）不能及时联系到近亲属的；

（三）近亲属拒绝发表意见的；

（四）近亲属达不成一致意见的；

（五）法律、法规规定的其他情形。

前款情形，医务人员经医疗机构负责人或者授权的负责人批准立即实施相应医疗措施，患者因此请求医疗机构承担赔偿责任的，不予支持；医疗机构及其医务人员怠于实施相应医疗措施造成损害，患者请求医疗机构承担赔偿责任的，应予支持。

第十九条　两个以上医疗机构的诊疗行为造成患者同一损害，患者请求医疗机构承担赔偿责任的，应当区分不同情况，依照民法典第一千一百六十八条、第一千一百七十一条或者第一千一百七十二条的规定，确定各医疗机构承担的赔偿责任。

第二十条　医疗机构邀请本单位以外的医务人员对患者进行诊疗，因受邀医务人员的过错造成患者损害的，由邀请医疗机构承担赔偿责任。

**第一千二百二十二条　患者在诊疗活动中受到损害，有下列情形之一的，推定医疗机构有过错：**

**（一）违反法律、行政法规、规章以及其他有关诊疗规范的规定；**

**（二）隐匿或者拒绝提供与纠纷有关的病历资料；**

**（三）遗失、伪造、篡改或者违法销毁病历资料。**

【条文要义】

本条是对医疗技术过失推定事由的规定。

医疗技术损害责任适用过错责任原则，原告负有举证责任。在本条规定的三种情形下，直接推定医务人员有医疗技术过失，原告不必举证证明：

1. 违反法律、行政法规、规章以及其他有关诊疗规范的规定：这一过失推定事由，其实并不是推定，而是证明了医务人员有过失。原因在于，证明医务人员的医疗技术过失，就是要证明医务人员在客观上违反了应当遵循的法律、行政法规、规章以及其他有关诊疗规范的规定，只要有确定的证明，就能够证明医务人员在主观上违反了当时的医疗水平，为有过失。法律将其直接规定为推定过失的事由，受害患者一方如果能够证明这一情形，就推定医务人员有医疗技术过失，应当承担医疗技术损害责任。

2. 隐匿或者拒绝提供与纠纷有关的病历资料：这是医疗机构及医务人员在发生医疗损害之后，当需要有关病历资料证明医务人员是否存在医疗技术过失时，却采取不作为的方式，拒绝提供与纠纷有关的病历资料的，直接推定医务人员有过失，不必再举证证明。原因是，医务人员拒绝提供自己掌控的有关病历资料的证据，就相当于负有举证责任而拒绝举证，故依法向相反方向推定，推定医务人员有过失。这样不仅可以解决纠纷，而且对所有的医疗机构及其医务人员都是一个警示，必须配合司法活动提供有关证据，不管这些证据是否有利于自己。

3. 遗失、伪造、篡改或者违法销毁病历资料：在医疗损害责任纠纷发生后，只要医疗机构及其医务人员遗失、伪造、篡改或者违法销毁病历资料，无论是故意还是过失（遗失是过失，伪造、篡改和违法销毁是故意），都会使医疗损害责任纠纷的责任确定失去客观的书证，对此，应当对造成证据灭失的一方作不利的推定，直接推定医务人员有过失，承担侵权责任。这也是对所有医疗机构及其医务人员的警示，在发生医疗损害后千万不要干傻事，意图借此推诿责任，而实际效果正好适得其反。

## 【相关司法解释】

**《最高人民法院关于审理医疗损害责任纠纷案件适用法律若干问题的解释》**

第六条　民法典第一千二百二十二条规定的病历资料包括医疗机构保管的门诊病历、住院志、体温单、医嘱单、检验报告、医学影像检查资料、特殊检查（治疗）同意书、手术同意书、手术及麻醉记录、病理资料、护理记录、出院记录以及国务院卫生行政主管部门规定的其他病历资料。

患者依法向人民法院申请医疗机构提交由其保管的与纠纷有关的病历资料等，医疗机构未在人民法院指定期限内提交的，人民法院可以依照民法典第一千二百二十二条第二项规定推定医疗机构有过错，但是因不可抗力等客观原因无法提交的除外。

**第一千二百二十三条**　因药品、消毒产品、医疗器械的缺陷，或者输入不合格的血液造成患者损害的，患者可以向药品上市许可持有人、生产者、血液提供机构请求赔偿，也可以向医疗机构请求赔偿。患者向医疗机构请求赔偿的，医疗机构赔偿后，有权向负有责任的药品上市许可持有人、生产者、血液提供机构追偿。

## 【条文要义】

本条是对医疗产品损害责任的规定。

医疗产品损害责任原本就是产品责任，由于与医疗损害有关，因此单独规定医疗产品损害责任的规范。

医疗产品损害责任，是指医疗机构在医疗过程中使用有缺陷的药品、消毒产品、医疗器械以及血液等医疗产品（准产品），造成患者人身损害，药品上市许可持有人、医疗产品生产者、销售者或者医疗机构均应当承担的医疗损害赔偿责任。

构成医疗产品损害责任的要件是：

1. 医疗机构在医疗活动中给患者使用了药品、消毒产品、医疗器械或者输入了血液。

2. 给患者使用的药品、消毒产品、医疗器械存在缺陷或者给患者输入的血液不合格。

3. 造成了患者死亡或者健康严重受损的人身损害后果。

4. 患者的人身损害与使用的药品、消毒产品、医疗器械以及输入不合格的血液有因果关系。

医疗产品损害责任的承担方式是不真正连带责任：

1. 责任主体为缺陷药品等的药品上市许可持有人、生产者、医疗机构或者不合格血液的提供机构。

2. 受害患者一方可以向缺陷药品、消毒产品、医疗器械的药品上市许可持有人、生产者、血液提供机构或者医疗机构请求赔偿，根据受害患者一方的意愿选择。

3. 最终责任由医疗产品缺陷的制造者承担。医疗机构承担赔偿责任后，只要不是因自己的过错造成的医疗产品缺陷，就可以向负有责任的药品上市许可持有人、生产者、血液提供机构进行追偿。

## 【相关司法解释】

**《最高人民法院关于审理医疗损害责任纠纷案件适用法律若干问题的解释》**

**第三条** 患者因缺陷医疗产品受到损害，起诉部分或者全部医疗产品的生产者、销售者、药品上市许可持有人和医疗机构的，应予受理。

患者仅起诉医疗产品的生产者、销售者、药品上市许可持有人、医疗机构中部分主体，当事人依法申请追加其他主体为共同被告或者第三人的，应予准许。必要时，人民法院可以依法追加相关当事人参加诉讼。

患者因输入不合格的血液受到损害提起侵权诉讼的，参照适用前两款规定。

**第七条** 患者依据民法典第一千二百二十三条规定请求赔偿的，应当提交使用医疗产品或者输入血液、受到损害的证据。

患者无法提交使用医疗产品或者输入血液与损害之间具有因果关系的证据，依法申请鉴定的，人民法院应予准许。

医疗机构，医疗产品的生产者、销售者、药品上市许可持有人或者血液提供机构主张不承担责任的，应当对医疗产品不存在缺陷或者血液合格等抗辩事由承担举证证明责任。

**第二十一条** 因医疗产品的缺陷或者输入不合格血液受到损害，患者请求医疗机构，缺陷医疗产品的生产者、销售者、药品上市许可持有人或者血液提供机构承担赔偿责任的，应予支持。

医疗机构承担赔偿责任后，向缺陷医疗产品的生产者、销售者、药品上市许可持有人或者血液提供机构追偿的，应予支持。

因医疗机构的过错使医疗产品存在缺陷或者血液不合格，医疗产品的生产者、销售者、药品上市许可持有人或者血液提供机构承担赔偿责任后，向医疗机构追偿的，应予支持。

**第二十二条** 缺陷医疗产品与医疗机构的过错诊疗行为共同造成患者同一损害，患者请求医疗机构与医疗产品的生产者、销售者、药品上市许可持有人承担连带责任的，应予支持。

医疗机构或者医疗产品的生产者、销售者、药品上市许可持有人承担赔偿责任后，向其他责任主体追偿的，应当根据诊疗行为与缺陷医疗产品造成患者损害的原因力大小确定相应的数额。

输入不合格血液与医疗机构的过错诊疗行为共同造成患者同一损害的，参照适用前两款规定。

**第二十三条** 医疗产品的生产者、销售者、药品上市许可持有人明知医疗产品存在缺陷仍然生产、销售，造成患者死亡或者健康严重损害，被侵权人请求生产者、销售者、药品上市许可持有人赔偿损失及二倍以下惩罚性赔偿的，人民法院应予支持。

**第一千二百二十四条** 患者在诊疗活动中受到损害,有下列情形之一的,医疗机构不承担赔偿责任:

(一)患者或者其近亲属不配合医疗机构进行符合诊疗规范的诊疗;

(二)医务人员在抢救生命垂危的患者等紧急情况下已经尽到合理诊疗义务;

(三)限于当时的医疗水平难以诊疗。

前款第一项情形中,医疗机构或者其医务人员也有过错的,应当承担相应的赔偿责任。

【条文要义】

本条是对医疗损害免责事由的规定。

本条规定了以下三种医疗机构免责事由:

1. 患者或者其近亲属不配合医疗机构进行符合诊疗规范的诊疗:对此,通常称为患者一方不配合。医疗机构及医务人员对患者进行符合诊疗规范的诊疗活动,患者及其近亲属却不配合,进行妨碍、干扰、拒绝等,使医务人员无法进行正常的诊疗活动,因此造成的损害,医疗机构不承担赔偿责任。不过,在不配合治疗中,如果医疗机构或者其医务人员也有过错的,则构成与有过失,应当进行过失相抵,医疗机构应当承担相应的赔偿责任。

2. 医务人员在抢救生命垂危的患者等紧急情况下已经尽到合理诊疗义务:在这种情况下,医务人员为了救助患者、挽救生命而采取紧急救助措施,只要医务人员已经尽到合理诊疗义务,对于损害的发生就不承担赔偿责任。

3. 限于当时的医疗水平难以诊疗:也称为医疗水平所限,在发生医疗损害时,由于当时的医疗水平难以诊断或者难以治愈,因此发生损害后果也不构成医疗损害责任,医疗机构不承担赔偿责任。

**第一千二百二十五条** 医疗机构及其医务人员应当按照规定填写并妥善保管住院志、医嘱单、检验报告、手术及麻醉记录、病理资料、护理记录等病历资料。

患者要求查阅、复制前款规定的病历资料的,医疗机构应当及时提供。

**【条文要义】**

本条是对病历资料制作、保管、查阅的规定。

病历资料是包括住院志、医嘱单、检验报告、手术及麻醉记录、病理资料、护理记录等医疗资料的档案材料，通常分为主观病历资料和客观病历资料。不论何种病历资料，在医疗损害责任中都属于书证材料，它们记录了医疗机构对患者进行诊疗的过程，留下的是真实的医疗档案。

病历资料由医疗机构填写和保管，记录的内容是患者的病情及诊疗的记录。病历资料在医疗机构掌控之下，从物的角度看，说医疗机构对其享有所有权也不为过。

对医疗机构掌控的病历资料，患者享有重要的权利，因为事关自己的健康和生命。患者要求查阅、复制病历资料的，医疗机构应当及时提供。这是患者对病历资料享有的查阅权和复制权，医疗机构不仅应当及时提供查阅或者复制，而且不得推诿、拒绝。

本条没有规定医疗机构违反提供查阅、复制义务的责任。例如，医疗机构拒绝、推诿患者要求查阅或者复制的要求，甚至丢失、毁损以及伪造、篡改病历资料，患者是否有权起诉医疗机构承担相应的赔偿责任。对此，可以将查阅、复制的要求归结于患者知情权的范围，违反上述义务，构成对患者知情权的侵害，可以依照民法典第1218条医疗损害责任一般条款，确定医疗机构承担精神损害赔偿责任。

**第一千二百二十六条　医疗机构及其医务人员应当对患者的隐私和个人信息保密。泄露患者的隐私和个人信息，或者未经患者同意公开其病历资料的，应当承担侵权责任。**

**【条文要义】**

本条是对泄露患者隐私和个人信息责任的规定。

患者对医务人员无隐私。在诊疗过程中，为使医务人员准确诊断病情，患者会将自己的隐私和个人信息告知医务人员，记录患者在诊疗过程形成的病历资料本身就是患者的隐私和个人信息。医疗机构和医务人员负有保密义务，对患者的隐私、个人信息和病历资料不得泄露和公开。泄露患者隐私、个人信息或者擅自公开患者病历资料的行为，都是侵害患者隐私权、个人信息权的行为，应当承担赔偿责任。

医疗机构侵害患者隐私权和个人信息权应当承担的侵权责任，与民法典人格权编规定的人格权请求权发生竞合。民法典第995条规定，人格权受到侵害的，受害人有权依照本法和其他法律的规定请求行为人承担民事责任。患者可以依照本条的规定请求损害赔偿，也可以依照第995条的规定请求医疗机构承担其他民事责任。本条规定的性质属于特别法，受害患者依照本条规定请求医疗机构承担侵权责任更为妥当。

**第一千二百二十七条** 医疗机构及其医务人员不得违反诊疗规范实施不必要的检查。

【条文要义】

本条是对医疗机构及其医务人员过度检查的规定。

过度检查或者不必要检查，是指违反诊疗规范，进行了不属于相关病例应当检查的医疗检查。确定过度检查的标准，是卫生主管部门规定的诊疗规范。按照诊疗规范，某种病状应当进行哪些检查都有规定，超出了应当检查的范围的，就是过度检查。

不过，在实践中对过度检查很难确定，一方面是医务人员对患者进行的检查差不多都能找到依据，另一方面是是否属于过度检查都是由医学、医疗专家进行鉴定，结论通常比较倾向于保护医疗机构和医务人员。

过度检查的损害后果，是使患者增加了不必要的医疗费用开支，使患者受到财产损害。本条只规定了医疗机构和医务人员不得过度检查的义务，没有规定违反该义务的责任。

**第一千二百二十八条** 医疗机构及其医务人员的合法权益受法律保护。

干扰医疗秩序，妨碍医务人员工作、生活，侵害医务人员合法权益的，应当依法承担法律责任。

【条文要义】

本条是对依法保护医疗机构及其医务人员合法权益的规定。

医疗机构及其医务人员是解救患者的白衣使者，职责神圣，其合法权益理应得到法律的保护，不能使其受到不法侵害。保护好医疗机构和医务人员的合法权益，就是保护人民自己的健康和安全。

出现医疗损害纠纷后，个别患者及其近亲属一方就开始搅闹医疗机构，侵害医务人员的合法权益，甚至伤害医务人员、使医疗机构无法进行医疗活动。故本条规定：

1. 医疗机构及其医务人员的合法权益受法律保护，不能使他们的合法权益受到非法侵害。

2. 对于那些干扰医疗秩序，妨碍医务人员工作、生活，侵害医务人员合法权益的，应当依法承担法律责任。"医闹"的行为人触犯了何种法律，就应当承担何种法律责任，包括民事责任、行政责任和刑事责任，使"医闹"行为受到处罚，使医疗机构和医务人员的合法权益得到切实保障。

## 第七章　环境污染和生态破坏责任

**第一千二百二十九条**　因污染环境、破坏生态造成他人损害的，侵权人应当承担侵权责任。

【条文要义】

本条是对环境污染和生态破坏责任一般条款的规定。

原《侵权责任法》第八章只规定了环境污染责任，似乎没有明文规定生态损害责任。实际上，原《侵权责任法》规定的环境污染责任中就包含生态环境，只不过由于字面上没有显示出来，而被多数人理解为不包含生态损害责任。民法典对此进行了完善，明确将这种特殊侵权责任确定为"环境污染和生态破坏责任"，本条为环境污染和生态破坏责任的一般条款。

环境污染和生态破坏责任适用无过错责任原则，这一规则早在原《民法通则》第124条就确定了，原《侵权责任法》第65条和本条一直坚持这个立场。故构成环境污染和生态破坏责任无须具备过错要件。

构成环境污染和生态破坏责任的要件是：

1. 行为人实施了环境污染或者生态破坏的行为。

2. 环境受到污染，生态受到破坏。其中，生态是指一切生物的生存状态以及它们之间和它与环境之间环环相扣的关系；环境通常是指人类生活的自然环境，按环境要素可分为大气环境、水环境、土壤环境、地质环境和生物环境等。生态和环境原本是分开的，因而使环境和生态的损害责任对立起来。本条把生态和环境规定在一起，形成统一的概念，凡是造成生态环境损害的，都构成环境污染和生态破坏责任的要件。

3. 行为人实施的行为与环境污染和生态破坏的损害结果之间有因果关系。

符合上述要件的行为，构成环境污染和生态破坏责任，行为人对受到损害的被侵权人承担损害赔偿责任。

## 【相关司法解释】

**《最高人民法院关于审理环境侵权责任纠纷案件适用法律若干问题的解释》**

**第一条** 因污染环境、破坏生态造成他人损害，不论侵权人有无过错，侵权人应当承担侵权责任。

侵权人以排污符合国家或者地方污染物排放标准为由主张不承担责任的，人民法院不予支持。

侵权人不承担责任或者减轻责任的情形，适用海洋环境保护法、水污染防治法、大气污染防治法等环境保护单行法的规定；相关环境保护单行法没有规定的，适用民法典的规定。

**第六条** 被侵权人根据民法典第七编第七章的规定请求赔偿的，应当提供证明以下事实的证据材料：

（一）侵权人排放了污染物或者破坏了生态；

（二）被侵权人的损害；

（三）侵权人排放的污染物或者其次生污染物、破坏生态行为与损害之间具有关联性。

**第十一条** 对于突发性或者持续时间较短的环境污染、生态破坏行为，在证据可能灭失或者以后难以取得的情况下，当事人或者利害关系人根据民事诉讼法第八十一条规定申请证据保全的，人民法院应当准许。

**第十二条** 被申请人具有环境保护法第六十三条规定情形之一，当事人或者利害关系人根据民事诉讼法第一百条或者第一百零一条规定申请保全的，人民法院可以裁定责令被申请人立即停止侵害行为或者采取防治措施。

**第十三条** 人民法院应当根据被侵权人的诉讼请求以及具体案情，合理判定侵权人承担停止侵害、排除妨碍、消除危险、修复生态环境、赔礼道歉、赔偿损失等民事责任。

**第十五条** 被侵权人起诉请求侵权人赔偿因污染环境、破坏生态造成的财产损失、人身损害以及为防止损害发生和扩大、清除污染、修复生态环境而采取必要措施所支出的合理费用的，人民法院应予支持。

**第十七条** 本解释适用于审理因污染环境、破坏生态造成损害的民事案件，但法律和司法解释对环境民事公益诉讼案件另有规定的除外。

相邻污染侵害纠纷、劳动者在职业活动中因受污染损害发生的纠纷，不适用本解释。

**第一千二百三十条** 因污染环境、破坏生态发生纠纷,行为人应当就法律规定的不承担责任或者减轻责任的情形及其行为与损害之间不存在因果关系承担举证责任。

## 【条文要义】

本条是对环境污染和生态破坏责任举证责任倒置的规定。

环境污染和生态破坏责任免责事由、减责事由实行举证责任倒置,由侵权人一方承担。这其实是一个赘文,是不必规定的规则,因为凡是主张免责事由、减责事由的当事人都是侵权人一方,对方当事人不会为其主张和证明。既然是侵权人主张减责或者免责,当然是由其承担举证责任,举证不能或者举证不足自应驳回其请求。

环境污染和生态破坏责任的因果关系要件的证明,实行因果关系推定规则,这个规定是必要的。被侵权人对此不必证明,只要证明了行为人的损害行为和自己受到损害的事实,就可以直接推定被侵权人的行为与该损害结果之间有因果关系。如果行为人主张自己的行为与损害结果之间没有因果关系,则应当举证责任倒置,由其证明推翻因果关系推定。能够证明者,不成立侵权责任;不能证明或者证明不足,不能推翻因果关系推定的,推定因果关系成立,构成侵权责任。

## 【相关司法解释】

**《最高人民法院关于审理环境侵权责任纠纷案件适用法律若干问题的解释》**

第七条 侵权人举证证明下列情形之一的,人民法院应当认定其污染环境、破坏生态行为与损害之间不存在因果关系:

(一)排放污染物、破坏生态的行为没有造成该损害可能的;

(二)排放的可造成该损害的污染物未到达该损害发生地的;

(三)该损害于排放污染物、破坏生态行为实施之前已发生的;

(四)其他可以认定污染环境、破坏生态行为与损害之间不存在因果关系的情形。

第八条 对查明环境污染、生态破坏案件事实的专门性问题,可以委托具备相关资格的司法鉴定机构出具鉴定意见或者由负有环境资源保护监督管理职责的部门推荐的机构出具检验报告、检测报告、评估报告或者监测数据。

**第九条** 当事人申请通知一至两名具有专门知识的人出庭，就鉴定意见或者污染物认定、损害结果、因果关系、修复措施等专业问题提出意见的，人民法院可以准许。当事人未申请，人民法院认为有必要的，可以进行释明。

具有专门知识的人在法庭上提出的意见，经当事人质证，可以作为认定案件事实的根据。

**第十条** 负有环境资源保护监督管理职责的部门或者其委托的机构出具的环境污染、生态破坏事件调查报告、检验报告、检测报告、评估报告或者监测数据等，经当事人质证，可以作为认定案件事实的根据。

**第一千二百三十一条** 两个以上侵权人污染环境、破坏生态的，承担责任的大小，根据污染物的种类、浓度、排放量，破坏生态的方式、范围、程度，以及行为对损害后果所起的作用等因素确定。

## 【条文要义】

本条是对环境污染和生态破坏责任准用市场份额规则的规定。

"市场份额规则"是确定多数人产品责任分担责任份额的规则，即同一类产品能够造成受害人的此种损害，不能确定究竟是哪一个生产者生产的产品所致，按照该类产品同时期各生产者生产份额确定各自责任份额，承担按份责任的规则。

本条规定的多数人环境污染和生态破坏责任，确定各自所造成的损害，参照适用市场份额规则确定各自的责任份额。具体适用的条件是：(1) 被侵权人已经受到实际损害，包括人身损害和财产损害；(2) 造成这种损害的行为人为二人以上，数个行为人的同类行为都能造成该种损害；(3) 究竟每个行为人造成的是哪一部分损害不能实际确定，即每一个行为人的行为对损害发生的原因力无法确定。因环境污染和生态破坏责任适用无过错责任，故不考虑过错要件。

符合上述适用市场份额规则确定数人环境污染和生态破坏责任的责任份额要求的，具体根据污染物的种类、浓度、排放量，破坏生态的方式、范围、程度，行为对损害后果所起的作用等因素，按照实际比例，确定每个行为人应当承担的责任份额。

按照市场份额规则，多数人承担责任的形态是按份责任，即只对个人的责任份额负责，不承担连带责任。对此，本条没有明确规定适用连带责任，故将本条规定的多数人环境污染和生态破坏责任的形态确定为按份责任，是有依据的。

## 【相关司法解释】

**《最高人民法院关于审理环境侵权责任纠纷案件适用法律若干问题的解释》**

**第二条** 两个以上侵权人共同实施污染环境、破坏生态行为造成损害，被侵权人根据民法典第一千一百六十八条规定请求侵权人承担连带责任的，人民法院应予支持。

**第三条** 两个以上侵权人分别实施污染环境、破坏生态行为造成同一损害，每一个侵权人的污染环境、破坏生态行为都足以造成全部损害，被侵权人根据民法典第一千一百七十一条规定请求侵权人承担连带责任的，人民法院应予支持。

两个以上侵权人分别实施污染环境、破坏生态行为造成同一损害，每一个侵权人的污染环境、破坏生态行为都不足以造成全部损害，被侵权人根据民法典第一千一百七十二条规定请求侵权人承担责任的，人民法院应予支持。

两个以上侵权人分别实施污染环境、破坏生态行为造成同一损害，部分侵权人的污染环境、破坏生态行为足以造成全部损害，部分侵权人的污染环境、破坏生态行为只造成部分损害，被侵权人根据民法典第一千一百七十一条规定请求足以造成全部损害的侵权人与其他侵权人就共同造成的损害部分承担连带责任，并对全部损害承担责任的，人民法院应予支持。

**第四条** 两个以上侵权人污染环境、破坏生态，对侵权人承担责任的大小，人民法院应当根据污染物的种类、浓度、排放量、危害性、有无排污许可证、是否超过污染物排放标准、是否超过重点污染物排放总量控制指标，破坏生态的方式、范围、程度，以及行为对损害后果所起的作用等因素确定。

**第十六条** 下列情形之一，应当认定为环境保护法第六十五条规定的弄虚作假：

（一）环境影响评价机构明知委托人提供的材料虚假而出具严重失实的评价文件的；

（二）环境监测机构或者从事环境监测设备维护、运营的机构故意隐瞒委托人超过污染物排放标准或者超过重点污染物排放总量控制指标的事实的；

（三）从事防治污染设施维护、运营的机构故意不运行或者不正常运行环境监测设备或者防治污染设施的；

（四）有关机构在环境服务活动中其他弄虚作假的情形。[①]

---

[①] 《环境保护法》第65条规定的是有关的环境机构承担连带赔偿责任的规定，侵权责任编没有相应的条文。因此，将这一条司法解释放在该条有关多数人环境污染责任的条文之下。

**第一千二百三十二条** 侵权人违反法律规定故意污染环境、破坏生态造成严重后果的，被侵权人有权请求相应的惩罚性赔偿。

**【条文要义】**

本条是对环境污染、破坏生态惩罚性赔偿责任的规定。

故意污染环境、破坏生态承担惩罚性赔偿责任的要件是：

1. 侵权人实施了损害生态环境的行为。

2. 侵权人主观上违反了国家规定，故意损害生态环境，即明知国家规定禁止损害生态环境而执意为之，重大过失不适用惩罚性赔偿责任。

3. 侵权人故意实施的损害生态环境的行为造成的损害后果严重，表现为受害人的死亡或者健康严重损害，而不是一般性的损害。

符合上述要件的要求，被侵权人有权向侵权人请求承担相应的惩罚性赔偿。本条没有惩罚性赔偿责任的计算方法，根据民法典和相关法律的规定，确定损害生态环境，造成受害人死亡或者健康严重损害的，比照《消费者权益保护法》第55条的规定，情形最为相似，因此对于故意环境污染和生态破坏责任，在赔偿实际损失后，再承担实际损失2倍以下的惩罚性赔偿责任比较合适。

**【相关司法解释】**

**《最高人民法院关于审理生态环境侵权纠纷案件适用惩罚性赔偿的解释》**

**第一条** 人民法院审理生态环境侵权纠纷案件适用惩罚性赔偿，应当严格审慎，注重公平公正，依法保护民事主体合法权益，统筹生态环境保护和经济社会发展。

**第二条** 因环境污染、生态破坏受到损害的自然人、法人或者非法人组织，依据民法典第一千二百三十二条的规定，请求判令侵权人承担惩罚性赔偿责任的，适用本解释。

**第三条** 被侵权人在生态环境侵权纠纷案件中请求惩罚性赔偿的，应当在起诉时明确赔偿数额以及所依据的事实和理由。

被侵权人在生态环境侵权纠纷案件中没有提出惩罚性赔偿的诉讼请求，诉讼终结后又基于同一污染环境、破坏生态事实另行起诉请求惩罚性赔偿的，人民法院不予受理。

**第四条** 被侵权人主张侵权人承担惩罚性赔偿责任的，应当提供证据证明以下事实：

（一）侵权人污染环境、破坏生态的行为违反法律规定；

（二）侵权人具有污染环境、破坏生态的故意；

（三）侵权人污染环境、破坏生态的行为造成严重后果。

**第五条** 人民法院认定侵权人污染环境、破坏生态的行为是否违反法律规定，应当以法律、法规为依据，可以参照规章的规定。

**第六条** 人民法院认定侵权人是否具有污染环境、破坏生态的故意，应当根据侵权人的职业经历、专业背景或者经营范围，因同一或者同类行为受到行政处罚或者刑事追究的情况，以及污染物的种类，污染环境、破坏生态行为的方式等因素综合判断。

**第七条** 具有下列情形之一的，人民法院应当认定侵权人具有污染环境、破坏生态的故意：

（一）因同一污染环境、破坏生态行为，已被人民法院认定构成破坏环境资源保护犯罪的；

（二）建设项目未依法进行环境影响评价，或者提供虚假材料导致环境影响评价文件严重失实，被行政主管部门责令停止建设后拒不执行的；

（三）未取得排污许可证排放污染物，被行政主管部门责令停止排污后拒不执行，或者超过污染物排放标准或者重点污染物排放总量控制指标排放污染物，经行政主管机关责令限制生产、停产整治或者给予其他行政处罚后仍不改正的；

（四）生产、使用国家明令禁止生产、使用的农药，被行政主管部门责令改正后拒不改正的；

（五）无危险废物经营许可证而从事收集、贮存、利用、处置危险废物经营活动，或者知道或者应当知道他人无许可证而将危险废物提供或者委托给其从事收集、贮存、利用、处置等活动的；

（六）将未经处理的废水、废气、废渣直接排放或者倾倒的；

（七）通过暗管、渗井、渗坑、灌注、篡改、伪造监测数据，或者以不正常运行防治污染设施等逃避监管的方式，违法排放污染物的；

（八）在相关自然保护区域、禁猎（渔）区、禁猎（渔）期使用禁止使用的猎捕工具、方法猎捕、杀害国家重点保护野生动物、破坏野生动物栖息地的；

（九）未取得勘查许可证、采矿许可证，或者采取破坏性方法勘查开采矿产资源的；

(十) 其他故意情形。

**第八条** 人民法院认定侵权人污染环境、破坏生态行为是否造成严重后果，应当根据污染环境、破坏生态行为的持续时间、地域范围、造成环境污染、生态破坏的范围和程度，以及造成的社会影响等因素综合判断。

侵权人污染环境、破坏生态行为造成他人死亡、健康严重损害，重大财产损失，生态环境严重损害或者重大不良社会影响的，人民法院应当认定为造成严重后果。

**第九条** 人民法院确定惩罚性赔偿金数额，应当以环境污染、生态破坏造成的人身损害赔偿金、财产损失数额作为计算基数。

前款所称人身损害赔偿金、财产损失数额，依照民法典第一千一百七十九条、第一千一百八十四条规定予以确定。法律另有规定的，依照其规定。

**第十条** 人民法院确定惩罚性赔偿金数额，应当综合考虑侵权人的恶意程度、侵权后果的严重程度、侵权人因污染环境、破坏生态行为所获得的利益或者侵权人所采取的修复措施及其效果等因素，但一般不超过人身损害赔偿金、财产损失数额的二倍。

因同一污染环境、破坏生态行为已经被行政机关给予罚款或者被人民法院判处罚金，侵权人主张免除惩罚性赔偿责任的，人民法院不予支持，但在确定惩罚性赔偿金数额时可以综合考虑。

**第十一条** 侵权人因同一污染环境、破坏生态行为，应当承担包括惩罚性赔偿在内的民事责任、行政责任和刑事责任，其财产不足以支付的，应当优先用于承担民事责任。

侵权人因同一污染环境、破坏生态行为，应当承担包括惩罚性赔偿在内的民事责任，其财产不足以支付的，应当优先用于承担惩罚性赔偿以外的其他责任。

**第十二条** 国家规定的机关或者法律规定的组织作为被侵权人代表，请求判令侵权人承担惩罚性赔偿责任的，人民法院可以参照前述规定予以处理。但惩罚性赔偿金数额的确定，应当以生态环境受到损害至修复完成期间服务功能丧失导致的损失、生态环境功能永久性损害造成的损失数额作为计算基数。

**第一千二百三十三条** 因第三人的过错污染环境、破坏生态的，被侵权人可以向侵权人请求赔偿，也可以向第三人请求赔偿。侵权人赔偿后，有权向第三人追偿。

## 【条文要义】

本条是对环境污染和生态破坏第三人责任的规定。

环境污染和生态破坏责任中的第三人责任，是因第三人的过错使他人的行为造成了环境污染或者生态破坏的损害。例如，第三人出于非法占有目的损坏石油输送管道，偷盗石油输送管道中的石油，使管道中的石油泄漏，造成生态环境污染。

环境污染和生态破坏责任适用无过错责任原则，环境污染和生态破坏责任中的第三人过错行为造成损害的，不适用民法典第1175条规定的第三人过错免责的规定，而适用本条规定。

第三人过错行为造成生态环境损害，行为人和第三人承担不真正连带责任，具体规则是：

1. 构成第三人过错环境污染和生态破坏责任的，有过错的第三人和实际造成损害的行为人都应当承担不真正连带责任的中间性责任，被侵权人可以向任何一方请求承担赔偿责任，请求哪一方承担赔偿责任，哪一方就应当承担赔偿责任。

2. 最终的责任人是有过错的第三人，第三人应当承担全部赔偿责任。

3. 造成损害的行为人承担了赔偿责任后，有权向有过错的第三人请求追偿，第三人应当向实际承担损害赔偿责任的行为人承担赔偿全部损失的责任。

## 【相关司法解释】

**《最高人民法院关于审理环境侵权责任纠纷案件适用法律若干问题的解释》**

第五条 被侵权人根据民法典第一千二百三十三条规定分别或者同时起诉侵权人、第三人的，人民法院应予受理。

被侵权人请求第三人承担赔偿责任的，人民法院应当根据第三人的过错程度确定其相应赔偿责任。

侵权人以第三人的过错污染环境、破坏生态造成损害为由主张不承担责任或者减轻责任的，人民法院不予支持。

**第一千二百三十四条** 违反国家规定造成生态环境损害，生态环境能够修复的，国家规定的机关或者法律规定的组织有权请求侵权人在合理期限内承担修复责任。侵权人在期限内未修复的，国家规定的机关或者法律规定的组织可以自行或者委托他人进行修复，所需费用由侵权人负担。

## 【条文要义】

本条是对生态环境损害修复责任的规定。

生态环境损害的修复责任，是将生态环境受到的损害恢复原状，如《草原法》规定的限期恢复植被和《森林法》规定的补种毁坏的树木等，都是修复责任。

受到损害的生态环境一般不是实际被侵权人的损害，而是国家、政府受到的损害，故请求承担修复责任的主体一般不是被侵权人，而是国家规定的机关或者法律规定的组织，如生态环境部门或者环保公益组织。故环境污染和生态破坏责任的修复责任法律关系主体，不是受到实际损害的被侵权人，而是国家规定的机关和法律规定的组织与侵权人。

承担修复责任的规则是：

1. 违反国家规定造成生态环境损害，能够修复的，才承担修复责任。

2. 国家规定的机关或者法律规定的组织是请求权人，有权请求侵权人在合理期限内承担修复责任。

3. 侵权人在合理期限内未履行修复责任的，国家规定的机关或者法律规定的组织可以自行或者委托他人进行修复，所需费用责令由侵权人承担。

## 【相关司法解释】

**《最高人民法院关于审理环境侵权责任纠纷案件适用法律若干问题的解释》**

第十四条　被侵权人请求修复生态环境的，人民法院可以依法裁判侵权人承担环境修复责任，并同时确定其不履行环境修复义务时应当承担的环境修复费用。

侵权人在生效裁判确定的期限内未履行环境修复义务的，人民法院可以委托其他人进行环境修复，所需费用由侵权人承担。

**第一千二百三十五条**　违反国家规定造成生态环境损害的，国家规定的机关或者法律规定的组织有权请求侵权人赔偿下列损失和费用：

（一）生态环境受到损害至修复完成期间服务功能丧失导致的损失；

（二）生态环境功能永久性损害造成的损失；

（三）生态环境损害调查、鉴定评估等费用；

（四）清除污染、修复生态环境费用；

（五）防止损害的发生和扩大所支出的合理费用。

## 【条文要义】

本条是对国家机关或公益组织请求生态环境损害赔偿的规定。

如前条条文要义所述，环境污染和生态破坏责任赔偿法律关系的主体具有双重性：一是侵害了被侵权人的民事权益，二是损害了国家的生态环境，造成损失。在双重的生态环境损害责任法律关系中，前者救济的是被侵权人的权益损失，后者救济的是国家生态环境损害造成的损失。这双重损害赔偿责任并行不悖，损害生态环境的行为人都须承担。

就后者而言，违反国家规定造成生态环境损害的，国家规定的机关或者法律规定的组织有权请求侵权人赔偿，侵权人应当承担赔偿责任。

具体的损害赔偿范围是：

1. 生态环境受到损害至修复完成期间服务功能丧失导致的损失：生态环境受到损害如果造成了服务功能的丧失，在修复期间应当得到的利益是侵权行为造成的损失，在赔偿范围内。

2. 生态环境功能永久性损害造成的损失：生态环境受到侵害，造成的后果是其功能永久丧失，应当进行评估，确定具体的损失范围，应当予以赔偿。

3. 生态环境损害调查、鉴定评估等费用：这是恢复生态环境、确定赔偿责任范围所必须进行的工作，支付的费用由侵权人负责赔偿。

4. 清除污染、修复生态环境费用：这些费用是清除污染、修复生态环境所必需的费用，应当予以赔偿。

5. 防止损害的发生和扩大所支出的合理费用：在生态环境受到损害后，有关机关和组织为了防止损害的发生和扩大，所支出的费用应当予以赔偿。

## 【相关司法解释】

**《最高人民法院关于审理环境侵权责任纠纷案件适用法律若干问题的解释》**

**第十七条** 本解释适用于审理因污染环境、破坏生态造成损害的民事案件，但法律和司法解释对环境民事公益诉讼案件另有规定的除外。

相邻污染侵害纠纷、劳动者在职业活动中因受污染损害发生的纠纷，不适用本解释。

## 《最高人民法院关于审理生态环境损害赔偿案件的若干规定（试行）》[①]

**第一条** 具有下列情形之一，省级、市地级人民政府及其指定的相关部门、机构，或者受国务院委托行使全民所有自然资源资产所有权的部门，因与造成生态环境损害的自然人、法人或者其他组织经磋商未达成一致或者无法进行磋商的，可以作为原告提起生态环境损害赔偿诉讼：

（一）发生较大、重大、特别重大突发环境事件的；

（二）在国家和省级主体功能区规划中划定的重点生态功能区、禁止开发区发生环境污染、生态破坏事件的；

（三）发生其他严重影响生态环境后果的。

前款规定的市地级人民政府包括设区的市，自治州、盟、地区，不设区的地级市，直辖市的区、县人民政府。

**第二条** 下列情形不适用本规定：

（一）因污染环境、破坏生态造成人身损害、个人和集体财产损失要求赔偿的；

（二）因海洋生态环境损害要求赔偿的。

**第三条** 第一审生态环境损害赔偿诉讼案件由生态环境损害行为实施地、损害结果发生地或者被告住所地的中级以上人民法院管辖。

经最高人民法院批准，高级人民法院可以在辖区内确定部分中级人民法院集中管辖第一审生态环境损害赔偿诉讼案件。

中级人民法院认为确有必要的，可以在报请高级人民法院批准后，裁定将本院管辖的第一审生态环境损害赔偿诉讼案件交由具备审理条件的基层人民法院审理。

生态环境损害赔偿诉讼案件由人民法院环境资源审判庭或者指定的专门法庭审理。

**第四条** 人民法院审理第一审生态环境损害赔偿诉讼案件，应当由法官和人民陪审员组成合议庭进行。

**第五条** 原告提起生态环境损害赔偿诉讼，符合民事诉讼法和本规定并提交下列材料的，人民法院应当登记立案：

（一）证明具备提起生态环境损害赔偿诉讼原告资格的材料；

（二）符合本规定第一条规定情形之一的证明材料；

---

[①] 该司法解释的多数条文与民法典具体条文的对应性不够鲜明，因此放在一起收录。

（三）与被告进行磋商但未达成一致或者因客观原因无法与被告进行磋商的说明；

（四）符合法律规定的起诉状，并按照被告人数提出副本。

**第六条** 原告主张被告承担生态环境损害赔偿责任的，应当就以下事实承担举证责任：

（一）被告实施了污染环境、破坏生态的行为或者具有其他应当依法承担责任的情形；

（二）生态环境受到损害，以及所需修复费用、损害赔偿等具体数额；

（三）被告污染环境、破坏生态的行为与生态环境损害之间具有关联性。

**第七条** 被告反驳原告主张的，应当提供证据加以证明。被告主张具有法律规定的不承担责任或者减轻责任情形的，应当承担举证责任。

**第八条** 已为发生法律效力的刑事裁判所确认的事实，当事人在生态环境损害赔偿诉讼案件中无须举证证明，但有相反证据足以推翻的除外。

对刑事裁判未予确认的事实，当事人提供的证据达到民事诉讼证明标准的，人民法院应当予以认定。

**第九条** 负有相关环境资源保护监督管理职责的部门或者其委托的机构在行政执法过程中形成的事件调查报告、检验报告、检测报告、评估报告、监测数据等，经当事人质证并符合证据标准的，可以作为认定案件事实的根据。

**第十条** 当事人在诉前委托具备环境司法鉴定资质的鉴定机构出具的鉴定意见，以及委托国务院环境资源保护监督管理相关主管部门推荐的机构出具的检验报告、检测报告、评估报告、监测数据等，经当事人质证并符合证据标准的，可以作为认定案件事实的根据。

**第十一条** 被告违反国家规定造成生态环境损害的，人民法院应当根据原告的诉讼请求以及具体案情，合理判决被告承担修复生态环境、赔偿损失、停止侵害、排除妨碍、消除危险、赔礼道歉等民事责任。

**第十二条** 受损生态环境能够修复的，人民法院应当依法判决被告承担修复责任，并同时确定被告不履行修复义务时应承担的生态环境修复费用。

生态环境修复费用包括制定、实施修复方案的费用，修复期间的监测、监管费用，以及修复完成后的验收费用、修复效果后评估费用等。

原告请求被告赔偿生态环境受到损害至修复完成期间服务功能损失的，人民法院根据具体案情予以判决。

**第十三条** 受损生态环境无法修复或者无法完全修复,原告请求被告赔偿生态环境功能永久性损害造成的损失的,人民法院根据具体案情予以判决。

**第十四条** 原告请求被告承担下列费用的,人民法院根据具体案情予以判决:

(一)实施应急方案、清除污染以及为防止损害的发生和扩大所支出的合理费用;

(二)为生态环境损害赔偿磋商和诉讼支出的调查、检验、鉴定、评估等费用;

(三)合理的律师费以及其他为诉讼支出的合理费用。

**第十五条** 人民法院判决被告承担的生态环境服务功能损失赔偿资金、生态环境功能永久性损害造成的损失赔偿资金,以及被告不履行生态环境修复义务时所应承担的修复费用,应当依照法律、法规、规章予以缴纳、管理和使用。

**第十六条** 在生态环境损害赔偿诉讼案件审理过程中,同一损害生态环境行为又被提起民事公益诉讼,符合起诉条件的,应当由受理生态环境损害赔偿诉讼案件的人民法院受理并由同一审判组织审理。

**第十七条** 人民法院受理因同一损害生态环境行为提起的生态环境损害赔偿诉讼案件和民事公益诉讼案件,应先中止民事公益诉讼案件的审理,待生态环境损害赔偿诉讼案件审理完毕后,就民事公益诉讼案件未被涵盖的诉讼请求依法作出裁判。

**第十八条** 生态环境损害赔偿诉讼案件的裁判生效后,有权提起民事公益诉讼的国家规定的机关或者法律规定的组织就同一损害生态环境行为有证据证明存在前案审理时未发现的损害,并提起民事公益诉讼的,人民法院应予受理。

民事公益诉讼案件的裁判生效后,有权提起生态环境损害赔偿诉讼的主体就同一损害生态环境行为有证据证明存在前案审理时未发现的损害,并提起生态环境损害赔偿诉讼的,人民法院应予受理。

**第十九条** 实际支出应急处置费用的机关提起诉讼主张该费用的,人民法院应予受理,但人民法院已经受理就同一损害生态环境行为提起的生态环境损害赔偿诉讼案件且该案原告已经主张应急处置费用的除外。

生态环境损害赔偿诉讼案件原告未主张应急处置费用,因同一损害生态环境行为实际支出应急处置费用的机关提起诉讼主张该费用的,由受理生态环境损害赔偿诉讼案件的人民法院受理并由同一审判组织审理。

**第二十条** 经磋商达成生态环境损害赔偿协议的,当事人可以向人民法院申请司法确认。

人民法院受理申请后，应当公告协议内容，公告期间不少于三十日。公告期满后，人民法院经审查认为协议的内容不违反法律法规强制性规定且不损害国家利益、社会公共利益的，裁定确认协议有效。裁定书应当写明案件的基本事实和协议内容，并向社会公开。

**第二十一条** 一方当事人在期限内未履行或者未全部履行发生法律效力的生态环境损害赔偿诉讼案件裁判或者经司法确认的生态环境损害赔偿协议的，对方当事人可以向人民法院申请强制执行。需要修复生态环境的，依法由省级、市地级人民政府及其指定的相关部门、机构组织实施。

**第二十二条** 人民法院审理生态环境损害赔偿案件，本规定没有规定的，参照适用《最高人民法院关于审理环境民事公益诉讼案件适用法律若干问题的解释》《最高人民法院关于审理环境侵权责任纠纷案件适用法律若干问题的解释》等相关司法解释的规定。

# 第八章　高度危险责任

**第一千二百三十六条**　从事高度危险作业造成他人损害的，应当承担侵权责任。

**【条文要义】**

本条是对高度危险责任一般条款的规定。

高度危险责任，是指从事高度危险活动和持有高度危险物，在相关的作业活动中造成他人损害，应当适用无过错责任原则承担侵权责任的特殊侵权责任。

高度危险责任适用无过错责任原则，在侵权责任构成中，无须具备过错要件。构成高度危险责任的要件是：

1. 行为人从事高度危险活动或者持有高度危险物。高度危险作业概念概括的就是从事高度危险活动或者持有高度危险物的作业活动。

2. 从事的高度危险活动或者持有高度危险物的活动造成了他人的人身损害或者财产损害。

3. 进行高度危险活动或者持有高度危险物的作业与他人受到损害之间具有因果关系。

高度危险责任的责任承担规则，是高度危险活动或者高度危险物致人损害，高度危险活动和高度危险物的经营者承担侵权责任。

本条作为高度危险责任的一般条款，其作用是：

1. 规范高度危险活动的责任，统一按照一般规则适用法律，如都适用无过错责任原则。

2. 对本条之下规定的高度危险责任不同类型之外的高度危险责任，因没有规定具体责任规范，可以适用本条规定，符合该一般条款要求的，适用本条确定侵权责任，作为请求权的基础。

**第一千二百三十七条** 民用核设施或者运入运出核设施的核材料发生核事故造成他人损害的,民用核设施的营运单位应当承担侵权责任;但是,能够证明损害是因战争、武装冲突、暴乱等情形或者受害人故意造成的,不承担责任。

**【条文要义】**

本条是对民用核设施和核材料损害责任的规定。

民用核设施以及运入运出核设施的核材料发生核事故致人损害,适用无过错责任原则。

构成民用核设施和核材料损害责任的要件是:

1. 民用核设施和核材料发生了核事故。《核安全法》明确规定,核事故是指核设施内的核燃料、放射性产物、放射性废物或者运入运出核设施的核材料所发生的放射性、毒害性、爆炸性或者其他危害性事故,或者一系列事故。

2. 民用核设施和核材料的核事故造成了他人的人身损害或者财产损害。

3. 民用核设施和核材料的核事故与他人人身损害和财产损害结果之间有因果关系。

民用核设施和核材料发生核事故损害责任的主体,是核设施的营运单位,即核设施的占有人。《核安全法》明确规定,核设施营运单位,是指在中华人民共和国境内,申请或者持有核设施安全许可证,可以经营和运行核设施的单位。核设施营运单位是核设施的经营者。当发生核事故致人损害时,核设施的占有人即营运单位对受害人承担赔偿责任。确定核损害责任,应当适用《核安全法》的相关规定。

本条没有规定民用核设施和核材料损害责任的过失相抵规则,应该理解为不适用过失相抵规则而减轻营运单位的损害赔偿责任。

与其他高度危险责任类型的规则相比,有所区别的是免责事由,即只有证明损害是因战争、武装冲突、暴乱等情形或者受害人故意造成的,才可以免除核设施和核材料占有人的责任。

**第一千二百三十八条** 民用航空器造成他人损害的,民用航空器的经营者应当承担侵权责任;但是,能够证明损害是因受害人故意造成的,不承担责任。

**【条文要义】**

本条是对民用航空器损害责任的规定。

民用航空器，是指经国家有关部门批准而投入营运的民用飞机、热气球等飞行器。现代社会，民用航空器一旦发生事故，造成的损害后果往往十分严重，规定这种损害赔偿责任是为了保障受害人得到救济。

民用航空器损害，是指民用航空器发生事故，对地面人员和财产造成的损害，不是对航空器所载人员或者财产的损害，如因航空器失事造成的损害，从航空器上坠落或者投掷人员或物品、能量造成的损害等。

该种侵权责任适用无过错责任，赔偿责任主体是航空器的经营者，由他们承担侵权民事责任。

民用航空器损害责任的构成要件是：（1）民用航空器发生事故；（2）造成了航空器之外的人的人身损害或者财产损害；（3）民用航空器事故与人身损害或者财产损害之间有因果关系。

对民用航空器发生事故的免责事由，本条仅规定了能够证明损害是因受害人故意造成的，不承担责任。《民用航空法》关于民用航空器的免责事由规定得很复杂，规定了受害人过错可以免责、不可抗力造成损害的免除责任等，应当参酌适用。

民用航空器损害责任没有规定过失相抵规则，受害人即使有重大过失或者过失，也不能减轻民用航空器经营者的赔偿责任。

**第一千二百三十九条** 占有或者使用易燃、易爆、剧毒、高放射性、强腐蚀性、高致病性等高度危险物造成他人损害的，占有人或者使用人应当承担侵权责任；但是，能够证明损害是因受害人故意或者不可抗力造成的，不承担责任。被侵权人对损害的发生有重大过失的，可以减轻占有人或者使用人的责任。

**【条文要义】**

本条是对占有、使用高度危险物损害责任的规定。

占有、使用高度危险物损害责任适用无过错责任原则。其构成要件是：

1. 高度危险物的范围包括易燃、易爆、剧毒、高放射性、强腐蚀性、高致病性等，行为人实施了占有或者使用易燃、易爆、剧毒、高放射性、强腐蚀性、高致病性等高度危险物的行为。

2. 因高度危险物造成他人人身损害或者财产损害。

3. 占有或者使用的高度危险物与人身损害或者财产损害事实之间有因果关系。

具备上述构成要件，构成占有、使用高度危险物损害责任，其责任主体是高度危险物的占有人或者使用人。

占有或者使用高度危险物损害责任的免责事由是：（1）能够证明损害是因受害人故意造成的，可以免责；（2）能够证明损害是因不可抗力造成的，占有人或者使用人也不承担责任。减责事由是：被侵权人对损害的发生有重大过失的，可以减轻占有人或者使用人的责任；被侵权人的一般过失不是减轻责任的事由。

**第一千二百四十条** 从事高空、高压、地下挖掘活动或者使用高速轨道运输工具造成他人损害的，经营者应当承担侵权责任；但是，能够证明损害是因受害人故意或者不可抗力造成的，不承担责任。被侵权人对损害的发生有重大过失的，可以减轻经营者的责任。

【条文要义】

本条是对高度危险活动损害责任的规定。

高度危险活动，是经营者从事的高空、高压、地下挖掘、使用高速轨道运输工具等具有高度危险性的经营活动。高空作业是在离开地面相当距离的具有高度危险性的作业。高压是指从事的经营活动的压力超过普通的程度，如高压电、高压水、高压气泵等，其压强超过通常的标准，即为高压。地下挖掘不同于民法典第1258条规定的道路上挖掘，而是在地面以下进行的挖掘活动。高速轨道运输工具通常是指火车等有轨道的高速运输工具。这样的经营活动，都属于高度危险活动。

构成高度危险活动损害责任的要件是：（1）经营者从事了高度危险活动，且该高度危险活动是合法经营，如果是违法经营要承担更重的责任；（2）造成了他人的人身损害和财产损害；（3）高度危险活动是造成他人人身损害或者财产损害的原因，二者之间有因果关系。

高度危险活动损害责任的主体，是高度危险活动的经营者。确定高度危险活动的经营者，在用输送管线输送的情况下，应当以管线的产权界限为标准。例如，高压电的经营活动，有发电、送电、用电等不同经营者，但都是在一条高压电线之上，当高压电引发事故造成损害时，究竟应当由谁承担责任，就须以高压电线的产权单位作为经营者的界限，在哪一个产权权属范围内发生的事故造成损害，就由这一段高压线路的经营者承担损害赔偿责任。

高度危险活动损害责任的免责事由是：（1）能够证明损害是因受害人故意造成的；（2）损害是因不可抗力造成的。减责事由是：被侵权人对损害的发生有重大过失的，可以减轻经营者的责任。因被侵权人的一般过失所引发的损害，不能减轻经营者的责任。

**第一千二百四十一条　遗失、抛弃高度危险物造成他人损害的，由所有人承担侵权责任。所有人将高度危险物交由他人管理的，由管理人承担侵权责任；所有人有过错的，与管理人承担连带责任。**

【条文要义】

本条是对遗失、抛弃高度危险物损害责任的规定。

遗失、抛弃高度危险物损害责任，是指自然人、法人或者非法人组织所有、占有、管理的危险物被遗失、被抛弃后造成他人损害，应当承担的侵权责任。对这种遗失、抛弃高度危险物损害责任适用无过错责任原则，具体包括三种类型：

1. 遗失高度危险物损害责任：高度危险物遗失，所有人对遗失物虽然丧失了占有，但对该物并没有丧失所有权，其仍然是自己的财产。遗失的危险物造成被侵权人的损害，由其所有人承担侵权责任。

2. 抛弃高度危险物损害责任：高度危险物被抛弃，所有权人丧失了该高度危险物的所有权。该高度危险物由于其自身的危险性而致害他人，虽然抛弃该高度危险物的原所有人已经丧失了对该物的所有权，但是造成损害的原因还是抛弃者所为，只要该高度危险物没有被他人所占有或者他人没有对此产生所有权，仍然由抛弃物的原所有人承担侵权责任。

3. 高度危险物交由他人管理损害责任：所有人将高度危险物交由他人管理，因该危险物造成他人损害，由危险物的管理人承担侵权责任；如果危险物的所有人有过错的，则与管理人承担连带责任。所有人的过错，是对高度危险物交由他人管理未尽高度注意义务，具有疏忽或者懈怠，如未交代告诉危险物的性质、保管方法、危险后果等。

**第一千二百四十二条** 非法占有高度危险物造成他人损害的，由非法占有人承担侵权责任。所有人、管理人不能证明对防止非法占有尽到高度注意义务的，与非法占有人承担连带责任。

【条文要义】

本条是对非法占有高度危险物损害责任的规定。

高度危险物被他人非法占有，在被非法占有状态下的高度危险物造成他人损害的情况下，非法占有人是高度危险物的直接占有人，对该高度危险物实行事实上的管领，应当由该非法占有人承担侵权责任；在特定情况下，高度危险物的所有人也应当承担责任。

确定侵权责任承担的规则是：

1. 被他人非法占有的危险物致人损害的，无论是人身损害还是财产损害，都由该非法占有人承担民事责任。

2. 该危险物的所有人如果不能证明自己对他人非法取得占有已尽到高度注意义务，即对危险物的管理存在过失的，应当与危险物的非法占有人承担连带赔偿责任。

3. 承担连带责任的，适用民法典第178条规定的规则。

**第一千二百四十三条** 未经许可进入高度危险活动区域或者高度危险物存放区域受到损害，管理人能够证明已经采取足够安全措施并尽到充分警示义务的，可以减轻或者不承担责任。

【条文要义】

本条是对擅自进入高度危险活动区域、高度危险物存放区域损害责任的规定。

未经许可进入高度危险活动区域或者高度危险物存放区域损害责任，适用无过错责任原则。因为高度危险活动或高度危险物的高度危险作业是合法的、正当的，是利用现代科学技术服务于社会的，有利于国计民生，所以对这种高度危险责任适用无过错责任原则的要求应当适当放宽。未经许可进入高度危险活动区域或者高度危险物存放区域受到损害，如果高度危险管理人已经采取足够安全的措施，并且尽到了警示义务的，不承担全部赔偿责任，而是减轻或者免除高度危活动和高度危险物品的作业人的侵权赔偿责任。只有没有采取足够的安全措施，也没有尽到警示义务的，才承担全部赔偿责任，是比较宽松的无过错责任原则，接近于过错推定原则。

未经许可进入高度危险活动区域、高度危险物存放区域损害责任的构成要件是：（1）须是在高度危险活动区域或者高度危险物的存放区域；（2）高度危险活动人或者高度危险物管理人已经尽到相当注意义务，采取了足够的安全措施，并尽到了充分警示义务；（3）受害人未经许可进入该区域，造成损害。其中第2个要件，应当由高度危险作业人承担举证责任。

符合上述要件要求，首先应当考虑适用减轻责任；如果擅自进入高度危险区域，对损害的发生具有重大过失的，应当免除高度危险作业人的赔偿责任。

**第一千二百四十四条　承担高度危险责任，法律规定赔偿限额的，依照其规定，但是行为人有故意或者重大过失的除外。**

【条文要义】

本条是对高度危险责任赔偿限额的规定。

限额赔偿是相对于全额赔偿而言的，是行为人的行为已经构成侵权责任，在法律有特别规定的情况下，不适用全额赔偿责任而按照法律规定实行限额赔偿的侵权责任制度。

本条规定的限额赔偿的适用要件是：（1）侵权人已经确定应当承担侵权责任，且承担的是高度危险责任；（2）法律对这种高度危险责任规定了实行限额赔偿的规范。按照这一规定，本章规定的高度危险责任，只要法律规定了限额赔偿，都可以适用限额赔偿制度。

我国目前规定的限额赔偿有三种不同方法：

1. 规定企业应当承担损害赔偿责任的总额限额，如核事故损害赔偿责任最高为3亿元人民币加8亿元人民币的限额。

2. 受害人个体的赔偿限额，如铁路运输损害赔偿责任和航空运输损害赔偿责任，最高限额分别为个人15万元人民币和40万元人民币。

3. 既规定个人限额也规定总限额，如海上运输损害赔偿。

限额赔偿适用的对象包括两种：

1. 合同当事人的损害，如铁路运输、航空运输、海上运输损害赔偿的限额赔偿，都是规定对旅客的损害适用，不包括运输合同之外的其他人的损害。

2. 既包括企业合同当事人的损害赔偿，也包括合同当事人以外的人的损害赔偿，如核事故损害赔偿责任。

在高度危险责任中，排除限额赔偿法律规定适用的情况是，如果行为人在造成被侵权人损害的高度危险责任中有故意或者重大过失，则不适用限额赔偿规则，而应当承担全部赔偿责任。

# 第九章　饲养动物损害责任

**第一千二百四十五条**　饲养的动物造成他人损害的，动物饲养人或者管理人应当承担侵权责任；但是，能够证明损害是因被侵权人故意或者重大过失造成的，可以不承担或者减轻责任。

**【条文要义】**

本条是对饲养动物损害责任一般条款的规定。

饲养动物损害责任适用无过错责任原则，因此在本章规定之下，只有第1248条规定的动物园饲养的动物损害责任适用过错推定原则，其他都适用无过错责任原则。

饲养动物损害责任的构成要件是：（1）民事主体饲养了动物；（2）被侵权人受到了人身损害或者财产损害；（3）造成被侵权人人身损害或者财产损害的原因是该民事主体饲养的动物，二者之间有因果关系。

因被侵权人故意或者重大过失所致的损害，是动物饲养人管理人不承担责任或者减轻责任的事由。本条关于"能够证明损害是因被侵权人故意或者重大过失造成的，可以不承担或者减轻责任"的规定，很多人认为免责或者减责的界限不清晰。对此应当解读为，无论被侵权人是故意造成损害还是因重大过失造成损害，都应当以被侵权人过错行为对损害发生具有的原因力来确定，只要故意或者重大过失是损害发生的全部原因的，就应当免除责任；故意或者重大过失是损害发生的部分原因，即不足百分之百原因力的，应当减轻责任。

饲养动物损害责任一般条款的作用是：

1. 概括本条之下规定的不同高度危险责任的类型，受到本条规定的约束，但第1248条规定的动物园饲养的动物损害责任除外。

2. 对于本章没有规定的具体高度危险责任，应当依照本条规定的一般条款确定责任构成和承担。

**第一千二百四十六条** 违反管理规定，未对动物采取安全措施造成他人损害的，动物饲养人或者管理人应当承担侵权责任；但是，能够证明损害是因被侵权人故意造成的，可以减轻责任。

【条文要义】

本条是对未对动物采取安全措施损害责任的规定。

未对动物采取安全措施造成他人损害的饲养动物损害责任，适用无过错责任确定侵权责任。动物饲养人或者管理人违反管理规定未对动物采取安全措施造成他人损害，无须考察动物饲养人或者管理人的过错，直接按照无过错责任原则确定侵权责任。

未对饲养动物采取安全措施损害责任的构成要件是：（1）动物饲养人在饲养动物的过程中，违反国家法律、法规和规章的管理规定；（2）对应当按照规定采取安全措施的饲养动物，没有采取安全措施；（3）饲养的动物造成了被侵权人的人身损害或者财产损害。例如，在城市饲养大型犬，没有按照规定采取安全措施进行饲养，造成他人损害，应当承担赔偿责任。

原《侵权责任法》第79条规定了这种饲养动物损害责任，并没有规定减轻责任的规则，因此将其称为绝对责任条款。这样的规定是不合适的。本条增加了减轻责任的规则，动物饲养人或者管理人能够证明损害是由被侵权人故意造成的，不是免除责任，而是减轻责任。被侵权人因重大过失或者一般过失所致损害，不在减轻责任之列。

**第一千二百四十七条** 禁止饲养的烈性犬等危险动物造成他人损害的，动物饲养人或者管理人应当承担侵权责任。

【条文要义】

本条是对禁止饲养的危险动物损害责任的规定。

禁止饲养的烈性犬等危险动物造成他人损害的，是饲养动物损害责任中最严格的责任，不仅适用无过错责任原则，而且没有规定免责事由，因而被称为绝对责任条款，不适用民法典有关不承担责任、减轻责任的规定。

禁止饲养的动物，即禁止饲养的烈性犬等危险动物，不仅包括烈性犬，还包括类似烈性犬等其他凶猛的危险动物。具体的范围是：（1）烈性犬，如藏獒等；

(2)家畜、家禽中的其他危险动物；(3)禁止饲养的危险野生动物，如野猪、狼、豺、虎、豹、狮等。

凡是饲养禁止饲养的动物，造成损害的，均应当按照无过错责任原则的要求，由饲养动物的饲养人或者管理人对被侵权人承担赔偿责任。由于本条是绝对责任条款，即使受害人因故意或者重大过失引起损害的，也不能免除或者减轻饲养人或者管理人的赔偿责任。

**第一千二百四十八条** 动物园的动物造成他人损害的，动物园应当承担侵权责任；但是，能够证明尽到管理职责的，不承担侵权责任。

**【条文要义】**

本条是对动物园饲养动物损害责任的规定。

动物园饲养动物，是经过国家批准，符合国家管理规定的经营活动，因而动物园均有专业的资质，符合饲养某些动物的特别要求。动物园饲养野生动物，必须按照法律、法规的规定进行管理，以善良管理人的标准善尽管理职责。

动物园饲养动物损害责任不适用无过错责任原则，而适用过错推定原则。动物园的动物造成他人损害，首先推定加害人具有过错，加害人主张自己无过错的，实行举证责任倒置，必须证明自己已经尽到管理职责。能够证明已经尽到管理职责的，为无过错，免除侵权赔偿责任；不能证明者，为有过错，应当承担侵权赔偿责任。

动物园饲养动物损害责任的构成要件是：(1)动物园符合设置的资质要求，经过国家主管部门的批准；(2)动物园饲养的动物造成了受害人的人身损害或者财产损害；(3)动物园的饲养动物行为与损害后果之间具有因果关系；(4)动物园具有未尽管理职责的过失。符合上述要件要求的，动物园应当承担侵权赔偿责任。

动物园饲养动物造成他人损害，动物园已尽管理职责的，动物园不承担侵权责任。对于这一规定，批评者较多，认为动物园的动物多是凶猛动物，更应当严格要求，应当适用无过错责任。

**第一千二百四十九条** 遗弃、逃逸的动物在遗弃、逃逸期间造成他人损害的，由动物原饲养人或者管理人承担侵权责任。

【条文要义】

本条是对遗弃、逃逸动物损害责任的规定。

遗弃、逃逸动物，称为丧失占有的动物，是动物饲养人或者管理人将动物遗弃或者动物逃逸，而使动物饲养人或者管理人失去了对该动物的占有。例如，遗弃猫、狗而形成流浪猫、流浪狗。

遗弃、逃逸饲养动物损害责任适用无过错责任原则。

动物的遗弃，包括遗失和抛弃。动物遗失，不是所有人放弃了自己的权利，而是暂时丧失了对该动物的占有，所有权关系没有变化，因而遗失的动物造成了他人损害，应当由动物的饲养人或者管理人承担侵权责任。动物被抛弃，是权利人对自己饲养动物的权利的事实处分，是对自己财产权的抛弃，被抛弃的动物与原权利人就没有关系了。被抛弃的动物造成他人的损害，原则上应当由其原饲养人或者管理人承担民事责任；如果被抛弃的动物已经被他人占有的，动物的占有人在事实上已经管领了该动物，是该动物事实上的占有人，造成的损害应当由其占有人承担民事责任。

动物逃逸后，动物的所有权关系并没有变化，仍然由权利人所有。逃逸的动物造成他人损害的，应当由动物的所有人或者管理人承担侵权责任。

驯养的野生动物被抛弃、遗失或者逃逸，该动物有可能彻底脱离驯养人而回归自然，重新成为野生动物。由于初回野生状态的动物可能难以迅速适应新的生活，它们接近人类，侵害他人的财产或人身，动物的原饲养人或管理人应承担赔偿责任。如果恢复野生状态的动物适应了新的生活，与其群体一样生存栖息，动物的原饲养人或管理人不再对其所造成的侵害负赔偿责任。

本条文没有规定免责或者减轻责任的事由，应当适用第1245条规定的免责或者减责事由，即能够证明损害时因被侵权人故意或者重大过失造成的，可以不承担或者减轻责任。

**第一千二百五十条** 因第三人的过错致使动物造成他人损害的，被侵权人可以向动物饲养人或者管理人请求赔偿，也可以向第三人请求赔偿。动物饲养人或者管理人赔偿后，有权向第三人追偿。

【条文要义】

本条是对饲养动物损害责任第三人过错的规定。

饲养动物损害责任的第三人过错，是饲养的动物造成他人损害，原因是第三人故意或者过失引起的。依照民法典第 1175 条规定，因第三人的原因造成的损害，是可以免除行为人的责任的，但是由于第三人过错引起的饲养动物损害责任适用无过错责任原则，因而本条规定采用不真正连带责任规则，而不是饲养人或者管理人免责。

饲养动物损害的第三人过错责任的构成要件是：（1）造成损害的动物是由饲养人或者管理人饲养；（2）该动物造成了被侵权人的人身损害或者财产损害；（3）造成损害的尽管是饲养人或者管理人饲养的动物，但是损害的原因是第三人过错引起的，如第三人唆使饲养人饲养的动物侵害他人。

饲养动物损害责任的第三人过错，承担的责任是不真正连带责任，具体规则是：

1. 被侵权人可以向动物饲养人或者管理人请求赔偿，也可以向第三人请求赔偿，不论请求任何一方都应承担赔偿责任。

2. 如果是动物饲养人或者管理人承担了赔偿责任，属于中间性责任，因而有权向第三人追偿，第三人才是最终责任人，应当对动物饲养人或者管理人承担全部赔偿责任。

**第一千二百五十一条　饲养动物应当遵守法律法规，尊重社会公德，不得妨碍他人生活。**

【条文要义】

本条是对动物饲养人或者管理人义务的规定。

饲养人或者管理人饲养动物，应当遵守法律，按照法律的有关规定进行饲养。应当遵守社会公德，按照公序良俗的要求饲养动物，不得妨碍他人的生活，破坏左邻右舍的生活安宁。

# 第十章　建筑物和物件损害责任

　　**第一千二百五十二条**　建筑物、构筑物或者其他设施倒塌、塌陷造成他人损害的，由建设单位与施工单位承担连带责任，但是建设单位与施工单位能够证明不存在质量缺陷的除外。建设单位、施工单位赔偿后，有其他责任人的，有权向其他责任人追偿。

　　因所有人、管理人、使用人或者第三人的原因，建筑物、构筑物或者其他设施倒塌、塌陷造成他人损害的，由所有人、管理人、使用人或者第三人承担侵权责任。

【条文要义】

　　本条是对不动产倒塌、塌陷损害责任的规定。

　　不动产倒塌、塌陷损害责任分为两种类型：

　　1. 不动产建设缺陷损害责任。具体规则是：（1）该损害责任适用过错推定原则，建筑物、构筑物或者其他设施倒塌、塌陷造成他人损害的，推定该建筑物、构筑物或者其他设施存在建设缺陷，由建设单位与施工单位对被侵权人的损害承担连带责任。（2）建设单位与施工单位能够证明自己的建筑物、构筑物或者其他设施不存在质量缺陷，建设单位与施工单位就不承担赔偿责任。（3）建设单位与施工单位不能证明自己的建筑物、构筑物或者其他设施不存在建设缺陷，但是能够证明建设缺陷是由其他责任人所致，如勘察单位、设计单位、监理单位或者建筑材料供应单位造成的建设缺陷，则建设单位、施工单位在赔偿后，有权向其他责任人追偿。

　　2. 不动产管理缺陷损害责任。建筑物、构筑物或者其他设施的倒塌、塌陷，不是因建设缺陷所致，而是因所有人、管理人、使用人或者第三人存在管理缺陷所致，建筑物、构筑物或者其他设施倒塌、塌陷造成他人人身损害或者财产损害的，不是由建设单位与施工单位承担赔偿责任，而是由建筑物、构筑物或者其他设施的所有人、管理人、使用人或者第三人承担侵权责任。确定赔偿责任主体的方法是，证明是谁造成的管理缺陷致使建筑物等倒塌、塌陷，就向谁请求承担赔偿责任，而不适用不真正连带责任规则。

**【相关司法解释】**

《最高人民法院关于审理道路交通事故损害赔偿责任案件适用法律若干问题的解释》

第七条　因道路管理维护缺陷导致机动车发生交通事故造成损害，当事人请求道路管理者承担相应赔偿责任的，人民法院应予支持。但道路管理者能够证明已经依照法律、法规、规章的规定，或者按照国家标准、行业标准、地方标准的要求尽到安全防护、警示等管理维护义务的除外。

依法不得进入高速公路的车辆、行人，进入高速公路发生交通事故造成自身损害，当事人请求高速公路管理者承担赔偿责任的，适用民法典第一千二百四十三条的规定。

第八条　未按照法律、法规、规章或者国家标准、行业标准、地方标准的强制性规定设计、施工，致使道路存在缺陷并造成交通事故，当事人请求建设单位与施工单位承担相应赔偿责任的，人民法院应予支持。

**第一千二百五十三条**　建筑物、构筑物或者其他设施及其搁置物、悬挂物发生脱落、坠落造成他人损害，所有人、管理人或者使用人不能证明自己没有过错的，应当承担侵权责任。所有人、管理人或者使用人赔偿后，有其他责任人的，有权向其他责任人追偿。

**【条文要义】**

本条是对不动产及其搁置物、悬挂物损害责任的规定。

不动产及其搁置物、悬挂物损害责任，是建筑物、构筑物或者其他设施及其搁置物、悬挂物因设置或保管不善而脱落、坠落等，造成他人人身或财产损害，不动产或者物件的所有人或管理人应当承担损害赔偿责任的物件损害责任。

不动产及其搁置物、悬挂物损害责任的构成要件是：

1. 造成损害的物件是建筑物、构筑物或者其他设施及其搁置物、悬挂物。建筑物、构筑物或者其他设施其实就是不动产，不动产上的搁置物、悬挂物是动产，依附在不动产上，搁置物都属于人工搁置；悬挂物包括人工悬挂物和自然悬挂物，如建筑物上的冰柱、积雪就属于自然悬挂物。

2. 不动产及其搁置物、悬挂物造成损害的方式是脱落、坠落等。

3. 脱落、坠落的不动产组成部分或者搁置物、悬挂物造成了他人的人身损害或者财产损害。

4. 不动产及其搁置物、悬挂物的所有人、管理人或者使用人存在管理过失，采取过错推定的方式，由不动产的所有人、管理人或者使用人举证证明自己没有过失，不能证明或者证明不足的，即确认存在过失。

不动产及其搁置物、悬挂物损害责任的主体为所有人、管理人或者使用人。被侵权人可以选择所有人、管理人或者使用人承担赔偿责任。按照过错推定原则的要求，只要所有人、管理人或者使用人不能证明自己没有过错的，就应当承担侵权责任。

建筑物、构筑物或者其他设施及其搁置物或者悬挂物造成的损害不是所有人、管理人或者使用人，而是所有人、管理人或者使用人以外的其他第三人所致，不动产的所有人、管理人或者使用人在承担了赔偿责任后，有权向其他责任人追偿。

未经登记的农村宅基地自建房的建房人、尚未办理登记手续的城市新建房屋的建设单位，属于本条规定的建筑物的所有人。建筑物、构筑物管理人，包括物业服务企业、遗产管理人等基于法律规定或者合同约定而管理、维护建筑物、构筑物或者其他设施的人。使用人，包括因租赁、借用、赠与或者其他情形使用建筑物、构筑物以及其他设施的人。物业服务企业实际占有、使用建筑物的，可以认定为建筑物使用人。

**第一千二百五十四条** 禁止从建筑物中抛掷物品。从建筑物中抛掷物品或者从建筑物上坠落的物品造成他人损害的，由侵权人依法承担侵权责任；经调查难以确定具体侵权人的，除能够证明自己不是侵权人的外，由可能加害的建筑物使用人给予补偿。可能加害的建筑物使用人补偿后，有权向侵权人追偿。

物业服务企业等建筑物管理人应当采取必要的安全保障措施防止前款规定情形的发生；未采取必要的安全保障措施的，应当依法承担未履行安全保障义务的侵权责任。

发生本条第一款规定的情形的，公安等机关应当依法及时调查，查清责任人。

**【条文要义】**

本条是对建筑物抛掷、坠落物品致害侵权人不明的规定。

这一条文与原《侵权责任法》第87条规定相比，有了重大改变，规定的六项基本规则是：

1. 禁止从建筑物中抛掷物品。这是一个禁止性规定，是对建筑物抛掷物、坠落物损害责任的基础性规定。在建筑物中抛掷物品，是非常危险的危害公共安全的行为。部分居民习惯往窗外抛掷物品，是非常不道德、违背公序良俗的。这些行为必须严格禁止。

2. 从建筑物中抛掷物品或者坠落物品造成的损害由侵权人承担责任。任何人从建筑物中抛掷物品，或者从建筑物上坠落物品，造成他人损害的，都由侵权人承担责任，侵权人就是抛掷物品的行为人，或者坠落物品的建筑物的所有人、管理人或者使用人。他们的作为或者不作为造成他人损害的，当然要由他们自己承担侵权责任。物业服务企业等建筑物管理人未采取必要的安全保障措施的，依照民法典本条第2款、第1198条第2款的规定，判令物业服务企业等建筑物管理人在人民法院对具体侵权人的财产依法强制执行后仍不能履行的部分，承担与其过错相应的补充责任。

3. 经调查难以确定具体侵权人，由可能加害的建筑物使用人给予补偿。这是原《侵权责任法》第87条规定的规则。建筑物抛掷、坠落的物品致人损害侵权人不明补偿责任的构成要件是：（1）行为人在建筑物中抛掷物品，或者建筑物有坠落物品；（2）抛掷的物品或者坠落的物品造成他人损害，主要是人身损害；（3）对实施抛掷行为或者坠落物品的所有人不明，不能确定真正的加害人；（4）在特定建筑物的使用人中，有的不能证明自己不是侵权人。

具备上述四个要件，该建筑物的使用人是可能加害的建筑物使用人。责任承担的方式，是由可能加害的建筑物使用人对受害人的损失给予补偿，而不是承担连带责任。补偿的责任范围，应当依照每一个人的经济状况适当确定。

能够证明自己不是加害人，既没有实施建筑物抛掷物品行为，也不是建筑物坠落物品的权利人的，不承担补偿责任。

4. 可能加害的建筑物使用人补偿后有权向侵权人追偿。由可能加害的建筑物使用人承担补偿责任，其中必定有无辜者，即没有加害的建筑物使用人。为公平起见，可能加害的建筑物使用人承担了补偿责任后，查到了侵权人的，当然对其享有追偿权,可以向其进行追偿。

5. 建筑物管理人未采取必要安全保障措施依法承担责任。建筑物管理人,是建筑物的管理者,即物业管理企业或者物业管理人,他们对建筑物的安全负有安全保障义务。因此,本条第2款规定,建筑物管理人应当采取必要的安全保障措施,防止高空抛掷物品或者坠落物品造成损害的发生。未尽到此安全保障义务,造成损害的,应当依照本法第1198条的规定,承担违反安全保障义务的损害责任。高空抛物、坠物的具体侵权人确定后,物业服务企业等建筑物管理人、可能加害的建筑物使用人就自己承担的全部责任向具体侵权人追偿的,应予支持。因物业服务企业等建筑物管理人的原因,建筑物、构筑物或者其他设施及其搁置物、悬挂物发生脱落、坠落造成他人损害的,物业服务企业等建筑物管理人依照民法典第1253条、第1198条第1款的规定承担侵权责任。

6. 公安等机关应当依法及时查清责任人。在加害人不明的高空抛物损害责任中,绝大多数其实是能够查清的,但是由于高空抛物损害责任是规定在民法中的民事责任,因此案件发生后,有的公安机关并不进行立案侦查,予以推脱,否认这是自己的职责范围。正因如此,才出现了大量的加害人不明的高空抛物损害问题,这被称为"连坐法",使承担补偿责任的人怨声载道。为避免出现加害人不明的高空抛物损害责任,本条规定"公安等机关应当依法及时调查,查清责任人"。对此,公安机关应当依法立案调查,对责任人依法给予治安管理处罚;构成犯罪的,应当依法追究刑事责任。这样就明确了侦查的职责在公安机关,出现高空抛物损害案件后,公安等机关应当及时查清责任人,依法处置。只有动用侦查手段仍然查不清责任人的,才可以适用本条规定的第三个规则。

经公安等机关调查,民事案件一审法庭辩论终结前仍无法确定具体侵权人的,未采取必要安全保障措施的物业服务企业等建筑物管理人承担与其过错相应的侵权责任。被侵权人其余部分的损害,依照本条第1款的规定,由可能加害的建筑物使用人给予适当补偿。

【相关司法解释】

《最高人民法院关于适用〈中华人民共和国民法典〉时间效力的若干规定》

第十九条 民法典施行前,从建筑物中抛掷物品或者从建筑物上坠落的物品造成他人损害引起的民事纠纷案件,适用民法典第一千二百五十四条的规定。

**第一千二百五十五条** 堆放物倒塌、滚落或者滑落造成他人损害，堆放人不能证明自己没有过错的，应当承担侵权责任。

**【条文要义】**

本条是对堆放物损害责任的规定。

堆放物损害责任的归责原则，适用过错推定原则。对堆放物损害责任实行过错推定，受害人在请求赔偿时无须举证证明堆放物的所有人或者管理人对致害有过错，而是从损失事实中推定所有人或者管理人有过错。所有人或者管理人主张自己无过错者，应当举证证明，不能证明或者证明不足则推定成立。

堆放物损害责任的构成要件是：

1. 须有堆放物的致害行为：堆放物倒塌、滚落、滑落。

2. 须有受害人受到损害的事实，造成受害人人身伤害或者财产损失。

3. 堆放物滚落、滑落或者倒塌与受害人损害事实之间的因果关系，倒塌、滚落、滑落等物理力并未直接作用于他人，而是引发其他现象致他人受损害的，亦为有因果关系。

4. 须堆放物的所有人或管理人有过错，如堆放或管理不当、使用方法不当，均为过失方式。

堆放物损害责任的赔偿权利主体是被侵权人，可以直接向责任主体索赔。赔偿责任主体是堆放人，堆放物是由谁堆放的，谁就是损害赔偿责任主体。

堆放人能够证明自己无过错的，不构成侵权责任。堆放物的损害完全是由受害人自己的过错造成的，免除堆放物的堆放人的损害赔偿责任；损害是由双方过错行为造成的，则依过失相抵规则处理。

**第一千二百五十六条** 在公共道路上堆放、倾倒、遗撒妨碍通行的物品造成他人损害的，由行为人承担侵权责任。公共道路管理人不能证明已经尽到清理、防护、警示等义务的，应当承担相应的责任。

**【条文要义】**

本条是对障碍通行物损害责任的规定。

障碍通行物损害责任，是指在公共道路上堆放、倾倒、遗撒妨碍通行的障碍物，造成他人损害的，行为人承担过错责任，公共道路管理人承担过错推定责任的侵权赔偿责任。这里包括两种责任：一是行为人的责任，二是公共道路管理人的责任。

在公共道路上堆放、倾倒、遗撒妨碍通行的障碍物，造成了他人的损害，行为人有过错，符合过错责任的要求，应当承担赔偿责任。

公共道路管理人承担障碍通行物损害责任，应当遵守以下规则：

1. 障碍通行物损害责任的构成要件是：（1）造成损害的物件是在公共道路上堆放、倾倒、遗撒的障碍物，该障碍物妨碍通行；（2）堆放、倾倒、遗撒的障碍物造成了他人的人身损害或者财产损害；（3）公共道路管理人对障碍通行物未尽到清理、防护、警示义务，存在过错。

2. 障碍通行物损害责任的责任主体，是公共道路管理人。原《侵权责任法》第89条规定的是"有关单位或者个人"，含义不是十分明确，也不能确定就是公共道路的管理人。本条对此明确规定为由公共道路管理人承担赔偿责任。

3. 公共道路管理人承担责任的范围，是"相应的责任"，而不是全部赔偿责任。具体确定方法，就是与公共道路管理人管理过失相适应的赔偿责任，即有多少过失，就承担多少责任。

4. 公共道路管理人在承担了赔偿责任之后，对堆放、倾倒、遗撒障碍物的行为人是否享有追偿权，本条没有规定。在公共道路管理人承担了赔偿责任后，发现了障碍物的权利人的，依照法理，有权向堆放、倾倒、遗撒障碍物的行为人主张行使追偿权，使自己的损失得到赔偿。

**第一千二百五十七条　因林木折断、倾倒或者果实坠落等造成他人损害，林木的所有人或者管理人不能证明自己没有过错的，应当承担侵权责任。**

【条文要义】

本条是对林木损害责任的规定。

林木损害责任，是指林木折断、倾倒或者果实坠落等造成他人人身损害、财产损害的，由林木所有人或者管理人承担损害赔偿责任的物件损害责任。

林木损害责任的归责原则是过错推定责任原则。被侵权人请求赔偿无须举证证明林木所有人或者管理人对造成他人损害有过错，从损害事实中推定林木所有人或者管理人在主观上有过错。所有人或者管理人主张自己无过错者，应当举证证明。不能证明或者证明不足，则推定成立，即应承担损害赔偿责任；确能证明者，免除其损害赔偿责任。

林木损害责任须具备的构成要件是：（1）须有林木的致害事实，林木折断、倾倒，果实坠落，都是林木致害事实；（2）须有被侵权人的人身或者财产的损害事实，即林木折断造成被侵权人的人身损害或者财产损害；（3）须损害事实与林木折断事实之间有因果关系；（4）须林木的所有人或管理人有过错，包含在管理不当的行为中，确定过失采推定方式。

林木损害责任的赔偿权利主体是被侵权人，赔偿责任主体是林木的所有人或者管理人。被侵权人向林木的所有人或者管理人请求承担赔偿责任。林木所有人或者管理人能够证明自己无过错的，不成立赔偿责任。

**第一千二百五十八条** 在公共场所或者道路上挖掘、修缮安装地下设施等造成他人损害，施工人不能证明已经设置明显标志和采取安全措施的，应当承担侵权责任。

窨井等地下设施造成他人损害，管理人不能证明尽到管理职责的，应当承担侵权责任。

**【条文要义】**

本条是对地下工作物损害责任的规定。

地下工作物损害责任，是指在公共场所或者道路上挖掘、修缮安装地下设施等形成的地下物，或者窨井等地下工作物，施工人或者管理人没有设置明显标志和采取安全措施，或者没有尽到管理职责，造成他人人身或者财产损害，施工人或者管理人应当承担赔偿损失责任的物件损害责任。

地下工作物损害责任适用过错推定原则。其构成要件是：（1）致害物件为地下工作物，即在公共场所或者道路上挖掘、修缮安装地下设施等形成的工作物，以空间的形式与土地的地表相连；（2）地下工作物造成了他人的人身损害或者财产损害；（3）地下工作物与受害人的损害事实有因果关系；（4）地下工作物的施工人或者管理人存在未设置明显标志和采取安全措施或者未尽管理职责的过失。

地下工作物损害责任分为两种类型：

1. 施工中的地下工作物损害责任，是地下工作物致人损害的过失在于施工人，施工人未设置明显标志和采取安全措施，存在过失，是赔偿责任主体，应当对被侵权人承担侵权赔偿责任。

2. 使用中的地下工作物损害责任，是窨井等地下设施造成他人损害，过失在于管理人未尽管理职责，因而对被侵权人造成的损害，应当承担侵权赔偿责任。

不论是施工中的地下工作物损害责任，还是使用中的地下工作物损害责任，施工人或者管理人能够证明自己没有过失的，都不构成侵权责任，对被侵权人不承担赔偿责任。如果损害完全是由受害人的过错致使地下工作物造成损害的，免除地下工作物施工人、管理人的损害赔偿责任。损害是由双方过错行为造成的，依照民法典第1173条关于过失相抵的规则进行责任分担。

# 附　则

**第一千二百五十九条** 民法所称的"以上"、"以下"、"以内"、"届满",包括本数;所称的"不满"、"超过"、"以外",不包括本数。

**【条文要义】**

本条是对民法部分术语解释的规定。

在民法范围内,凡是规定以上、以下的,都是在基数的基础上,向上提升和向下降低,因此都包含本数。以内和届满通常说的是期间,是指期间范围以及期间的最后完成,当然都包括本数。对于以上和以下,用在自然人的年龄上比较多,8周岁以上为限制民事行为能力人,18周岁以上为完全民事行为能力人,这些当然都包括本数。

在民法范围内,凡是规定不满、超过和以外的,都不包括本数。例如,不满18周岁的自然人为未成年人,就不包括本数。超过和以外与以内相对应,超过和以外不包括本数,以内就包括本数。

**第一千二百六十条** 本法自2021年1月1日起施行。《中华人民共和国婚姻法》、《中华人民共和国继承法》、《中华人民共和国民法通则》、《中华人民共和国收养法》、《中华人民共和国担保法》、《中华人民共和国合同法》、《中华人民共和国物权法》、《中华人民共和国侵权责任法》、《中华人民共和国民法总则》同时废止。

**【条文要义】**

本条是对民法典生效时间和原法律废止的规定。

民法在时间上的适用范围,是指民事法律规范在时间上所具有的法律效力。具体包括两个方面:即民法的生效和民法的失效。民事法律规范开始生效的时间通常有两种情况:一是自民事法律颁布之日起生效;二是民事法律通过并颁布以后经过一段时间再开始生效。民法典第1260条规定了生效的日期为2021年1月1日。因此,自2021年1月1日起,民法典正式生效。

民法典生效实施后,原有的民法单行法即《婚姻法》《继承法》《民法通则》《收养法》《担保法》《合同法》《物权法》《侵权责任法》《民法总则》都同时废止。

**【相关司法解释】**

**《最高人民法院关于适用〈中华人民共和国民法典〉时间效力的若干规定》**

**第一条** 民法典施行后的法律事实引起的民事纠纷案件,适用民法典的规定。

民法典施行前的法律事实引起的民事纠纷案件,适用当时的法律、司法解释的规定,但是法律、司法解释另有规定的除外。

民法典施行前的法律事实持续至民法典施行后,该法律事实引起的民事纠纷案件,适用民法典的规定,但是法律、司法解释另有规定的除外。

**第二条** 民法典施行前的法律事实引起的民事纠纷案件,当时的法律、司法解释有规定,适用当时的法律、司法解释的规定,但是适用民法典的规定更有利于保护民事主体合法权益,更有利于维护社会和经济秩序,更有利于弘扬社会主义核心价值观的除外。

**第三条** 民法典施行前的法律事实引起的民事纠纷案件,当时的法律、司法解释没有规定而民法典有规定的,可以适用民法典的规定,但是明显减损当事人合法权益、增加当事人法定义务或者背离当事人合理预期的除外。

**第四条** 民法典施行前的法律事实引起的民事纠纷案件,当时的法律、司法解释仅有原则性规定而民法典有具体规定的,适用当时的法律、司法解释的规定,但是可以依据民法典具体规定进行裁判说理。

**第五条** 民法典施行前已经终审的案件,当事人申请再审或者按照审判监督程序决定再审的,不适用民法典的规定。

**第二十八条** 本规定自2021年1月1日起施行。

本规定施行后,人民法院尚未审结的一审、二审案件适用本规定。

图书在版编目（CIP）数据

中华人民共和国民法典条文要义／杨立新编著. —北京：中国法制出版社，2024.1
ISBN 978-7-5216-3614-7

Ⅰ. ①中… Ⅱ. ①杨… Ⅲ. ①民法-法典-法律解释-中国 Ⅳ. ①D923.05

中国国家版本馆CIP数据核字（2023）第106810号

策划编辑：谢雯　　　　责任编辑：孙静　白天园　　　　封面设计：杨泽江

### 中华人民共和国民法典条文要义
ZHONGHUA RENMIN GONGHEGUO MINFADIAN TIAOWEN YAOYI

编著／杨立新
经销／新华书店
印刷／三河市紫恒印装有限公司
开本／787毫米×1092毫米　16开　　　　　　　　　　印张／70　字数／899千
版次／2024年1月第1版　　　　　　　　　　　　　　2024年1月第1次印刷

中国法制出版社出版

书号ISBN 978-7-5216-3614-7　　　　　　　　　　　　定价：198.00元

北京市西城区西便门西里甲16号西便门办公区
邮政编码：100053　　　　　　　　　　　　　　　　传真：010-63141600
网址：http://www.zgfzs.com　　　　　　　　　　　编辑部电话：010-63141792
市场营销部电话：010-63141612　　　　　　　　　　印务部电话：010-63141606

（如有印装质量问题，请与本社印务部联系。）